WISSEN FÜR DIE PRAXIS

WALHALLA

WALHALLA Fachredaktion

Das gesamte Behinderten- und Rehabilitationsrecht

Teilhaberecht – bundes- und landesrechtliche Vorschriften in einem Band

7. Auflage, 2021/2022

WALHALLA

Bibliografische Information der Deutschen Nationalbibliothek
Die Deutsche Nationalbibliothek verzeichnet diese Publikation in der Deutschen Nationalbibliografie; detaillierte bibliografische Daten sind im Internet über www.dnb.de abrufbar.

Zitiervorschlag:
Das gesamte Behinderten- und Rehabilitationsrecht
in der Reihe WALHALLA Textausgaben
Walhalla Fachverlag, Regensburg 2021

Rechtsstand: 1. Juli 2021

Produktion Walhalla Fachverlag, 93042 Regensburg
Umschlaggestaltung: grubergrafik, Augsburg
Printed in Germany
ISBN: 978-3-8029-5284-5

3WP-CPI-0821-15047-0

Alle Vorschriften im Blick

Neben den Kernvorschriften des Neunten Buches Sozialgesetzbuch (SGB IX) stehen in dieser Textsammlung die zahlreichen – in verschiedenen bundes- und landesrechtlichen Gesetzen und Verordnungen niedergelegten – Regelungen zur Verfügung, die die Teilhabe behinderter und von Behinderung bedrohter Menschen in der Gesellschaft und im Arbeitsleben berühren.

Diese gezielt für die Praxis zusammengestellte kompakte Gesetzessammlung informiert umfassend und zuverlässig. Das graue Griffregister und die Abschnittsübersichten verdeutlichen die klare rechts- bzw. themensystematische Gliederung. Die alphabetische Schnellübersicht sowie das Stichwortverzeichnis helfen beim schnellen Auffinden des maßgeblichen Paragraphen.

Die Leitziffernsystematik bietet schnelle Orientierung:

Die erste Zahl entspricht der Abschnittsnummer.

Die zweite Zahl stellt die Ordnungsnummer innerhalb des Abschnitts dar.

II.1 **SGB IX: Rehabilitation und Teilhabe**

Änderungshinweise

Die vorliegende Ausgabe beruht auf dem Rechtsstand 1. Juli 2021. Eingearbeitet wurden alle bis dahin in den Gesetzblättern verkündeten Änderungen des im Band vorliegenden Vorschriftenbestands. Soweit die Änderungen am 1. Januar 2022 in Kraft treten, sind sie bereits berücksichtigt (vgl. z. B. im SGB IX die §§ 6, 19, 20, 22, 61a, 63, 111, 117, 123, 185a [neu], 193).

BTHG-Weiterentwicklung: Teilhabestärkungsgesetz

Mit dem Teilhabestärkungsgesetz sollen Verbesserungen und mehr Teilhabechancen für Menschen mit Behinderungen erreicht werden; ab 1. Juli 2021 gelten folgende Verbesserungen:

- Die gesetzlichen Kriterien für die Berechtigung zu Leistungen der Eingliederungshilfe im SGB IX Teil 2 (§ 99 SGB IX) werden entsprechend dem Konzept der Arbeitsgruppe „Leistungsberechtigter Personenkreis" durch Orientierung an den Begrifflichkeiten der UN-BRK und der ICF angepasst.
- Im SGB IX genannte Leistungserbringer sollen geeignete Maßnahmen treffen, um zu gewährleisten, dass Menschen mit Behinderungen und von Behinderung bedrohte Menschen vor Gewalt geschützt werden.
- Digitale Gesundheitsanwendungen wurden neu in den Leistungskatalog zur medizinischen Rehabilitation im SGB IX aufgenommen.
- Das Behindertengleichstellungsgesetz wird um Neuregelungen zu Assistenzhunden erweitert. Der Zutritt soll Menschen mit Behinderungen nicht wegen der Begleitung durch einen Assistenzhund verweigert werden dürfen.

Ab 1. Januar 2022 gelten folgende Verbesserungen:

- Das Budget für Ausbildung (§ 61a SGB IX) wird erweitert. Künftig sollen auch Menschen, die schon in einer Werkstatt für behinderte Menschen arbeiten, über das Budget für Ausbildung gefördert werden können. So wird eine weitere Möglichkeit geschaffen, auf dem allgemeinen Arbeitsmarkt erwerbstätig zu werden.
- Um die Chancen von Menschen mit Behinderung im Arbeitsleben zu verbessern, werden einheitliche Ansprechstellen für Arbeitgeber (sog. „Lotsen") eingeführt.
- Jobcenter können nun Rehabilitanden so fördern wie alle anderen erwerbsfähigen Leistungsberechtigten. Die Möglichkeiten der aktiven Arbeitsförderung in den Jobcentern und Arbeitsagenturen werden dazu ausgebaut.

Ebenfalls mit dem Teilhabestärkungsgesetz neu geregelt – Trägerbestimmung im Recht der Sozialhilfe

Das Bundesverfassungsgericht hat mit Beschluss vom 7. Juli 2020 (Az.: 2 BvR 696/12) Teile des kommunalen Bildungspakets im SGB XII für nicht mit dem Grundgesetz vereinbar erklärt. Die betreffenden Regelungen (§ 34 und § 34a SGB XII) enthalten demnach eine unzulässige Aufgabenübertragung durch Bundesgesetz auf Kommunen.

Aus diesem Grund wird die Trägerbestimmung im SGB XII durchgehend geändert: Die Kommunen werden nicht mehr bundesgesetzlich als örtliche Träger der Sozialhilfe benannt. Die Bestimmung, wer örtlicher oder überörtlicher Träger der Sozialhilfe ist, obliegt allein den Ländern.

Weiterführung der Ergänzenden unabhängigen Teilhabeberatung

Um eine lückenlose Beratung der Ratsuchenden in den Beratungsangeboten der Ergänzenden unabhängigen Teilhabeberatung (EUTB®) zu gewährleisten, wird mit der neuen Teilhabeberatungsverordnung (siehe Leitziffer II.2) die Finanzierung von der bisherigen zuwendungsrechtlichen Förderung umgestellt auf einen Rechtsanspruch auf einen Zuschuss zu Personal- und Sachkosten. Die Rechtsverordnung tritt zum 1. Januar 2022 in Kraft und soll die Weiterführung der EUTB® ab dem Jahr 2023 sichern.

Wir hoffen, mit dieser Textausgabe ein hilfreiches Arbeitsmittel für Schulung, Eigenstudium und tägliche Praxis geschaffen zu haben. Für Verbesserungsvorschläge sind wir stets dankbar!

Ihr Walhalla Fachverlag

Alphabetische Schnellübersicht

Abkürzungen der Bundesländer:

BW	Baden-Württemberg
BY	Bayern
BE	Berlin
BB	Brandenburg
HB	Bremen
HH	Hamburg
HE	Hessen
MV	Mecklenburg-Vorpommern
NI	Niedersachsen
NW	Nordrhein-Westfalen
RP	Rheinland-Pfalz
SL	Saarland
SN	Sachsen
ST	Sachsen-Anhalt
SH	Schleswig-Holstein
TH	Thüringen

Grundsätze der Gleichbehandlung, Inklusion, Barrierefreiheit

SGB IX: Rehabilitation und Teilhabe behinderter Menschen; Schwerbehindertenrecht

II

Ermittlung des Grades der Behinderung

III

Fachleistungen der Sozialversicherungsträger

Eingliederungshilfe, Existenzsicherungsleistungen

Blindenhilfe, weiterführende Hilfen in den Bundesländern

VI

Saarland

Sachsen

Sachsen-Anhalt

Schleswig-Holstein

Thüringen

VI

Grundsätze der Gleichbehandlung, Inklusion, Barrierefreiheit

I

Übereinkommen über die Rechte von Menschen mit Behinderungen (UN-Behindertenrechtskonvention)*

Vom 13. Dezember 2006 (BGBl. II 2008 S. 1420)

Inhaltsübersicht

* Die UN-Konvention wurde von Deutschland am 24. Februar 2009 ratifiziert und trat am 26. März 2009 in Kraft.

Präambel

Die Vertragsstaaten dieses Übereinkommens –

a) unter Hinweis auf die in der Charta der Vereinten Nationen verkündeten Grundsätze, denen zufolge die Anerkennung der Würde und des Wertes, die allen Mitgliedern der menschlichen Gesellschaft innewohnen, sowie ihrer gleichen und unveräußerlichen Rechte die Grundlage von Freiheit, Gerechtigkeit und Frieden in der Welt bildet,

b) in der Erkenntnis, dass die Vereinten Nationen in der Allgemeinen Erklärung der Menschenrechte und in den Internationalen Menschenrechtspakten verkündet haben und übereingekommen sind, dass jeder Mensch ohne Unterschied Anspruch auf alle darin aufgeführten Rechte und Freiheiten hat,

c) bekräftigend, dass alle Menschenrechte und Grundfreiheiten allgemein gültig und unteilbar sind, einander bedingen und miteinander verknüpft sind und dass Menschen mit Behinderungen der volle Genuss dieser Rechte und Freiheiten ohne Diskriminierung garantiert werden muss,

d) unter Hinweis auf den Internationalen Pakt über wirtschaftliche, soziale und kulturelle Rechte, den Internationalen Pakt über bürgerliche und politische Rechte, das Internationale Übereinkommen zur Beseitigung jeder Form von Rassendiskriminierung, das Übereinkommen zur Beseitigung jeder Form von Diskriminierung der Frau, das Übereinkommen gegen Folter und andere grausame, unmenschliche oder erniedrigende Behandlung oder Strafe, das Übereinkommen über die Rechte des Kindes und das Internationale Übereinkommen zum Schutz der Rechte aller Wanderarbeitnehmer und ihrer Familienangehörigen,

e) in der Erkenntnis, dass das Verständnis von Behinderung sich ständig weiterentwickelt und dass Behinderung aus der Wechselwirkung zwischen Menschen mit Beeinträchtigungen und einstellungs- und umweltbedingten Barrieren entsteht, die sie an der vollen, wirksamen und gleichberechtigten Teilhabe an der Gesellschaft hindern,

f) in der Erkenntnis, dass die in dem Weltaktionsprogramm für Behinderte und den Rahmenbestimmungen für die Herstellung der Chancengleichheit für Behinderte enthaltenen Grundsätze und Leitlinien einen wichtigen Einfluss auf die Förderung, Ausarbeitung und Bewertung von politischen Konzepten, Plänen, Programmen und Maßnahmen auf einzelstaatlicher, regionaler und internationaler Ebene zur Verbesserung der Chancengleichheit für Menschen mit Behinderungen haben,

g) nachdrücklich darauf hinweisend, wie wichtig es ist, die Behinderungsthematik zu einem festen Bestandteil der einschlägigen Strategien der nachhaltigen Entwicklung zu machen,

h) ebenso in der Erkenntnis, dass jede Diskriminierung aufgrund von Behinderung eine Verletzung der Würde und des Wertes darstellt, die jedem Menschen innewohnen,

i) ferner in der Erkenntnis der Vielfalt der Menschen mit Behinderungen,

j) in Anerkennung der Notwendigkeit, die Menschenrechte aller Menschen mit Behinderungen, einschließlich derjenigen, die intensivere Unterstützung benötigen, zu fördern und zu schützen,

k) besorgt darüber, dass sich Menschen mit Behinderungen trotz dieser verschiedenen Dokumente und Verpflichtungen in allen Teilen der Welt nach wie vor Hindernissen für ihre Teilhabe als gleichberechtigte Mitglieder der Gesellschaft sowie Verletzungen ihrer Menschenrechte gegenübersehen,

l) in Anerkennung der Bedeutung der internationalen Zusammenarbeit für die Verbesserung der Lebensbedingungen der Menschen mit Behinderungen in allen Ländern, insbesondere den Entwicklungsländern,

m) in Anerkennung des wertvollen Beitrags, den Menschen mit Behinderungen zum allgemeinen Wohl und zur Vielfalt ihrer Gemeinschaften leisten und leisten können, und in der Erkenntnis, dass die Förderung des vollen Genusses der Menschenrechte und Grundfreiheiten durch Menschen mit Behinderungen sowie ihrer uneingeschränkten

Teilhabe ihr Zugehörigkeitsgefühl verstärken und zu erheblichen Fortschritten in der menschlichen, sozialen und wirtschaftlichen Entwicklung der Gesellschaft und bei der Beseitigung der Armut führen wird,

n) in der Erkenntnis, wie wichtig die individuelle Autonomie und Unabhängigkeit für Menschen mit Behinderungen ist, einschließlich der Freiheit, eigene Entscheidungen zu treffen,

o) in der Erwägung, dass Menschen mit Behinderungen die Möglichkeit haben sollen, aktiv an Entscheidungsprozessen über politische Konzepte und über Programme mitzuwirken, insbesondere wenn diese sie unmittelbar betreffen,

p) besorgt über die schwierigen Bedingungen, denen sich Menschen mit Behinderungen gegenübersehen, die mehrfachen oder verschärften Formen der Diskriminierung aufgrund der Rasse, der Hautfarbe, des Geschlechts, der Sprache, der Religion, der politischen oder sonstigen Anschauung, der nationalen, ethnischen, indigenen oder sozialen Herkunft, des Vermögens, der Geburt, des Alters oder des sonstigen Status ausgesetzt sind,

q) in der Erkenntnis, dass Frauen und Mädchen mit Behinderungen sowohl innerhalb als auch außerhalb ihres häuslichen Umfelds oft in stärkerem Maße durch Gewalt, Verletzung oder Missbrauch, Nichtbeachtung oder Vernachlässigung, Misshandlung oder Ausbeutung gefährdet sind,

r) in der Erkenntnis, dass Kinder mit Behinderungen gleichberechtigt mit anderen Kindern alle Menschenrechte und Grundfreiheiten in vollem Umfang genießen sollen, und unter Hinweis auf die zu diesem Zweck von den Vertragsstaaten des Übereinkommens über die Rechte des Kindes eingegangenen Verpflichtungen,

s) nachdrücklich darauf hinweisend, dass es notwendig ist, bei allen Anstrengungen zur Förderung des vollen Genusses der Menschenrechte und Grundfreiheiten durch Menschen mit Behinderungen die Geschlechterperspektive einzubeziehen,

t) unter besonderem Hinweis darauf, dass die Mehrzahl der Menschen mit Behinderungen in einem Zustand der Armut lebt, und diesbezüglich in der Erkenntnis, dass die nachteiligen Auswirkungen der Armut auf Menschen mit Behinderungen dringend angegangen werden müssen,

u) in dem Bewusstsein, dass Frieden und Sicherheit auf der Grundlage der uneingeschränkten Achtung der in der Charta der Vereinten Nationen enthaltenen Ziele und Grundsätze sowie der Einhaltung der anwendbaren Übereinkünfte auf dem Gebiet der Menschenrechte unabdingbar sind für den umfassenden Schutz von Menschen mit Behinderungen, insbesondere in bewaffneten Konflikten oder während ausländischer Besetzung,

v) in der Erkenntnis, wie wichtig es ist, dass Menschen mit Behinderungen vollen Zugang zur physischen, sozialen, wirtschaftlichen und kulturellen Umwelt, zu Gesundheit und Bildung sowie zu Information und Kommunikation haben, damit sie alle Menschenrechte und Grundfreiheiten voll genießen können,

w) im Hinblick darauf, dass der Einzelne gegenüber seinen Mitmenschen und der Gemeinschaft, der er angehört, Pflichten hat und gehalten ist, für die Förderung und Achtung der in der Internationalen Menschenrechtscharta anerkannten Rechte einzutreten,

x) in der Überzeugung, dass die Familie die natürliche Kernzelle der Gesellschaft ist und Anspruch auf Schutz durch Gesellschaft und Staat hat und dass Menschen mit Behinderungen und ihre Familienangehörigen den erforderlichen Schutz und die notwendige Unterstützung erhalten sollen, um es den Familien zu ermöglichen, zum vollen und gleichberechtigten Genuss der Rechte der Menschen mit Behinderungen beizutragen,

y) in der Überzeugung, dass ein umfassendes und in sich geschlossenes internationales Übereinkommen zur Förderung und zum Schutz der Rechte und der Würde von Menschen mit Behinderungen sowohl in den Entwicklungsländern als auch in den entwickelten Ländern einen maßgeblichen Beitrag zur

Beseitigung der tiefgreifenden sozialen Benachteiligung von Menschen mit Behinderungen leisten und ihre Teilhabe am bürgerlichen, politischen, wirtschaftlichen, sozialen und kulturellen Leben auf der Grundlage der Chancengleichheit fördern wird –

haben Folgendes vereinbart:

Artikel 1 Zweck

Zweck dieses Übereinkommens ist es, den vollen und gleichberechtigten Genuss aller Menschenrechte und Grundfreiheiten durch alle Menschen mit Behinderungen zu fördern, zu schützen und zu gewährleisten und die Achtung der ihnen innewohnenden Würde zu fördern.

Zu den Menschen mit Behinderungen zählen Menschen, die langfristige körperliche, seelische, geistige oder Sinnesbeeinträchtigungen haben, welche sie in Wechselwirkung mit verschiedenen Barrieren an der vollen, wirksamen und gleichberechtigten Teilhabe an der Gesellschaft hindern können.

Artikel 2 Begriffsbestimmungen

Im Sinne dieses Übereinkommens

schließt „Kommunikation" Sprachen, Textdarstellung, Brailleschrift, taktile Kommunikation, Großdruck, leicht zugängliches Multimedia sowie schriftliche, auditive, in einfache Sprache übersetzte, durch Vorleser zugänglich gemachte sowie ergänzende und alternative Formen, Mittel und Formate der Kommunikation, einschließlich leicht zugänglicher Informations- und Kommunikationstechnologie, ein;

schließt „Sprache" gesprochene Sprachen sowie Gebärdensprachen und andere nicht gesprochene Sprachen ein;

bedeutet „Diskriminierung aufgrund von Behinderung" jede Unterscheidung, Ausschließung oder Beschränkung aufgrund von Behinderung, die zum Ziel oder zur Folge hat, dass das auf die Gleichberechtigung mit anderen gegründete Anerkennen, Genießen oder Ausüben aller Menschenrechte und Grundfreiheiten im politischen, wirtschaftlichen, sozialen, kulturellen, bürgerlichen oder jedem anderen Bereich beeinträchtigt oder vereitelt wird. Sie umfasst alle Formen der Diskriminierung, einschließlich der Versagung angemessener Vorkehrungen;

bedeutet „angemessene Vorkehrungen" notwendige und geeignete Änderungen und Anpassungen, die keine unverhältnismäßige oder unbillige Belastung darstellen und die, wenn sie in einem bestimmten Fall erforderlich sind, vorgenommen werden, um zu gewährleisten, dass Menschen mit Behinderungen gleichberechtigt mit anderen alle Menschenrechte und Grundfreiheiten genießen oder ausüben können;

bedeutet „universelles Design" ein Design von Produkten, Umfeldern, Programmen und Dienstleistungen in der Weise, dass sie von allen Menschen möglichst weitgehend ohne eine Anpassung oder ein spezielles Design genutzt werden können. „Universelles Design" schließt Hilfsmittel für bestimmte Gruppen von Menschen mit Behinderungen, soweit sie benötigt werden, nicht aus.

Artikel 3 Allgemeine Grundsätze

Die Grundsätze dieses Übereinkommens sind:

a) die Achtung der dem Menschen innewohnenden Würde, seiner individuellen Autonomie, einschließlich der Freiheit, eigene Entscheidungen zu treffen, sowie seiner Unabhängigkeit;
b) die Nichtdiskriminierung;
c) die volle und wirksame Teilhabe an der Gesellschaft und Einbeziehung in die Gesellschaft;
d) die Achtung vor der Unterschiedlichkeit von Menschen mit Behinderungen und die Akzeptanz dieser Menschen als Teil der menschlichen Vielfalt und der Menschheit;
e) die Chancengleichheit;
f) die Zugänglichkeit;
g) die Gleichberechtigung von Mann und Frau;
h) die Achtung vor den sich entwickelnden Fähigkeiten von Kindern mit Behinderungen und die Achtung ihres Rechts auf Wahrung ihrer Identität.

Artikel 4 Allgemeine Verpflichtungen

(1) Die Vertragsstaaten verpflichten sich, die volle Verwirklichung aller Menschenrechte und Grundfreiheiten für alle Menschen mit Behinderungen ohne jede Diskriminierung aufgrund von Behinderung zu gewährleisten und zu fördern. Zu diesem Zweck verpflichten sich die Vertragsstaaten,

a) alle geeigneten Gesetzgebungs-, Verwaltungs- und sonstigen Maßnahmen zur Umsetzung der in diesem Übereinkommen anerkannten Rechte zu treffen;

b) alle geeigneten Maßnahmen einschließlich gesetzgeberischer Maßnahmen zur Änderung oder Aufhebung bestehender Gesetze, Verordnungen, Gepflogenheiten und Praktiken zu treffen, die eine Diskriminierung von Menschen mit Behinderungen darstellen;

c) den Schutz und die Förderung der Menschenrechte von Menschen mit Behinderungen in allen politischen Konzepten und allen Programmen zu berücksichtigen;

d) Handlungen oder Praktiken, die mit diesem Übereinkommen unvereinbar sind, zu unterlassen und dafür zu sorgen, dass die staatlichen Behörden und öffentlichen Einrichtungen im Einklang mit diesem Übereinkommen handeln;

e) alle geeigneten Maßnahmen zur Beseitigung der Diskriminierung aufgrund von Behinderung durch Personen, Organisationen oder private Unternehmen zu ergreifen;

f) Forschung und Entwicklung für Güter, Dienstleistungen, Geräte und Einrichtungen in universellem Design, wie in Artikel 2 definiert, die den besonderen Bedürfnissen von Menschen mit Behinderungen mit möglichst geringem Anpassungs- und Kostenaufwand gerecht werden, zu betreiben oder zu fördern, ihre Verfügbarkeit und Nutzung zu fördern und sich bei der Entwicklung von Normen und Richtlinien für universelles Design einzusetzen;

g) Forschung und Entwicklung für neue Technologien, die für Menschen mit Behinderungen geeignet sind, einschließlich Informations- und Kommunikationstechnologien, Mobilitätshilfen, Geräten und unterstützenden Technologien, zu betreiben oder zu fördern sowie ihre Verfügbarkeit und Nutzung zu fördern und dabei Technologien zu erschwinglichen Kosten den Vorrang zu geben;

h) für Menschen mit Behinderungen zugängliche Informationen über Mobilitätshilfen, Geräte und unterstützende Technologien, einschließlich neuer Technologien, sowie andere Formen von Hilfe, Unterstützungsdiensten und Einrichtungen zur Verfügung zu stellen;

i) die Schulung von Fachkräften und anderem mit Menschen mit Behinderungen arbeitendem Personal auf dem Gebiet der in diesem Übereinkommen anerkannten Rechte zu fördern, damit die aufgrund dieser Rechte garantierten Hilfen und Dienste besser geleistet werden können.

(2) Hinsichtlich der wirtschaftlichen, sozialen und kulturellen Rechte verpflichtet sich jeder Vertragsstaat, unter Ausschöpfung seiner verfügbaren Mittel und erforderlichenfalls im Rahmen der internationalen Zusammenarbeit Maßnahmen zu treffen, um nach und nach die volle Verwirklichung dieser Rechte zu erreichen, unbeschadet derjenigen Verpflichtungen aus diesem Übereinkommen, die nach dem Völkerrecht sofort anwendbar sind.

(3) Bei der Ausarbeitung und Umsetzung von Rechtsvorschriften und politischen Konzepten zur Durchführung dieses Übereinkommens und bei anderen Entscheidungsprozessen in Fragen, die Menschen mit Behinderungen betreffen, führen die Vertragsstaaten mit den Menschen mit Behinderungen, einschließlich Kindern mit Behinderungen, über die sie vertretenden Organisationen enge Konsultationen und beziehen sie aktiv ein.

(4) Dieses Übereinkommen lässt zur Verwirklichung der Rechte von Menschen mit Behinderungen besser geeignete Bestimmungen, die im Recht eines Vertragsstaats oder in dem für diesen Staat geltenden Völkerrecht enthalten sind, unberührt. Die in einem Vertragsstaat durch Gesetze, Übereinkommen,

Verordnungen oder durch Gewohnheitsrecht anerkannten oder bestehenden Menschenrechte und Grundfreiheiten dürfen nicht unter dem Vorwand beschränkt oder außer Kraft gesetzt werden, dass dieses Übereinkommen derartige Rechte oder Freiheiten nicht oder nur in einem geringeren Ausmaß anerkenne.

(5) Die Bestimmungen dieses Übereinkommens gelten ohne Einschränkung oder Ausnahme für alle Teile eines Bundesstaats.

Artikel 5 Gleichberechtigung und Nichtdiskriminierung

(1) Die Vertragsstaaten anerkennen, dass alle Menschen vor dem Gesetz gleich sind, vom Gesetz gleich zu behandeln sind und ohne Diskriminierung Anspruch auf gleichen Schutz durch das Gesetz und gleiche Vorteile durch das Gesetz haben.

(2) Die Vertragsstaaten verbieten jede Diskriminierung aufgrund von Behinderung und garantieren Menschen mit Behinderungen gleichen und wirksamen rechtlichen Schutz vor Diskriminierung, gleichviel aus welchen Gründen.

(3) Zur Förderung der Gleichberechtigung und zur Beseitigung von Diskriminierung unternehmen die Vertragsstaaten alle geeigneten Schritte, um die Bereitstellung angemessener Vorkehrungen zu gewährleisten.

(4) Besondere Maßnahmen, die zur Beschleunigung oder Herbeiführung der tatsächlichen Gleichberechtigung von Menschen mit Behinderungen erforderlich sind, gelten nicht als Diskriminierung im Sinne dieses Übereinkommens.

Artikel 6 Frauen mit Behinderungen

(1) Die Vertragsstaaten anerkennen, dass Frauen und Mädchen mit Behinderungen mehrfacher Diskriminierung ausgesetzt sind, und ergreifen in dieser Hinsicht Maßnahmen, um zu gewährleisten, dass sie alle Menschenrechte und Grundfreiheiten voll und gleichberechtigt genießen können.

(2) Die Vertragsstaaten treffen alle geeigneten Maßnahmen zur Sicherung der vollen Entfaltung, der Förderung und der Stärkung der Autonomie der Frauen, um zu garantieren, dass sie die in diesem Übereinkommen genannten Menschenrechte und Grundfreiheiten ausüben und genießen können.

Artikel 7 Kinder mit Behinderungen

(1) Die Vertragsstaaten treffen alle erforderlichen Maßnahmen, um zu gewährleisten, dass Kinder mit Behinderungen gleichberechtigt mit anderen Kindern alle Menschenrechte und Grundfreiheiten genießen können.

(2) Bei allen Maßnahmen, die Kinder mit Behinderungen betreffen, ist das Wohl des Kindes ein Gesichtspunkt, der vorrangig zu berücksichtigen ist.

(3) Die Vertragsstaaten gewährleisten, dass Kinder mit Behinderungen das Recht haben, ihre Meinung in allen sie berührenden Angelegenheiten gleichberechtigt mit anderen Kindern frei zu äußern, wobei ihre Meinung angemessen und entsprechend ihrem Alter und ihrer Reife berücksichtigt wird, und behinderungsgerechte sowie altersgemäße Hilfe zu erhalten, damit sie dieses Recht verwirklichen können.

Artikel 8 Bewusstseinsbildung

(1) Die Vertragsstaaten verpflichten sich, sofortige, wirksame und geeignete Maßnahmen zu ergreifen, um

a) in der gesamten Gesellschaft, einschließlich auf der Ebene der Familien, das Bewusstsein für Menschen mit Behinderungen zu schärfen und die Achtung ihrer Rechte und ihrer Würde zu fördern;

b) Klischees, Vorurteile und schädliche Praktiken gegenüber Menschen mit Behinderungen, einschließlich aufgrund des Geschlechts oder des Alters, in allen Lebensbereichen zu bekämpfen;

c) das Bewusstsein für die Fähigkeiten und den Beitrag von Menschen mit Behinderungen zu fördern.

(2) Zu den diesbezüglichen Maßnahmen gehören

a) die Einleitung und dauerhafte Durchführung wirksamer Kampagnen zur Bewusstseinsbildung in der Öffentlichkeit mit dem Ziel,

i) die Aufgeschlossenheit gegenüber den Rechten von Menschen mit Behinderungen zu erhöhen,

ii) eine positive Wahrnehmung von Menschen mit Behinderungen und ein größeres gesellschaftliches Bewusstsein ihnen gegenüber zu fördern,

iii) die Anerkennung der Fertigkeiten, Verdienste und Fähigkeiten von Menschen mit Behinderungen und ihres Beitrags zur Arbeitswelt und zum Arbeitsmarkt zu fördern;

b) die Förderung einer respektvollen Einstellung gegenüber den Rechten von Menschen mit Behinderungen auf allen Ebenen des Bildungssystems, auch bei allen Kindern von früher Kindheit an;

c) die Aufforderung an alle Medienorgane, Menschen mit Behinderungen in einer dem Zweck dieses Übereinkommens entsprechenden Weise darzustellen;

d) die Förderung von Schulungsprogrammen zur Schärfung des Bewusstseins für Menschen mit Behinderungen und für deren Rechte.

Artikel 9 Zugänglichkeit

(1) Um Menschen mit Behinderungen eine unabhängige Lebensführung und die volle Teilhabe in allen Lebensbereichen zu ermöglichen, treffen die Vertragsstaaten geeignete Maßnahmen mit dem Ziel, für Menschen mit Behinderungen den gleichberechtigten Zugang zur physischen Umwelt, zu Transportmitteln, Information und Kommunikation, einschließlich Informations- und Kommunikationstechnologien und -systemen, sowie zu anderen Einrichtungen und Diensten, die der Öffentlichkeit in städtischen und ländlichen Gebieten offenstehen oder für sie bereitgestellt werden, zu gewährleisten. Diese Maßnahmen, welche die Feststellung und Beseitigung von Zugangshindernissen und -barrieren einschließen, gelten unter anderem für

a) Gebäude, Straßen, Transportmittel sowie andere Einrichtungen in Gebäuden und im Freien, einschließlich Schulen, Wohnhäusern, medizinischer Einrichtungen und Arbeitsstätten;

b) Informations-, Kommunikations- und andere Dienste, einschließlich elektronischer Dienste und Notdienste.

(2) Die Vertragsstaaten treffen außerdem geeignete Maßnahmen,

a) um Mindeststandards und Leitlinien für die Zugänglichkeit von Einrichtungen und Diensten, die der Öffentlichkeit offenstehen oder für sie bereitgestellt werden, auszuarbeiten und zu erlassen und ihre Anwendung zu überwachen;

b) um sicherzustellen, dass private Rechtsträger, die Einrichtungen und Dienste, die der Öffentlichkeit offenstehen oder für sie bereitgestellt werden, anbieten, alle Aspekte der Zugänglichkeit für Menschen mit Behinderungen berücksichtigen;

c) um betroffenen Kreisen Schulungen zu Fragen der Zugänglichkeit für Menschen mit Behinderungen anzubieten;

d) um in Gebäuden und anderen Einrichtungen, die der Öffentlichkeit offenstehen, Beschilderungen in Brailleschrift und in leicht lesbarer und verständlicher Form anzubringen;

e) um menschliche und tierische Hilfe sowie Mittelspersonen, unter anderem Personen zum Führen und Vorlesen sowie professionelle Gebärdensprachdolmetscher und -dolmetscherinnen, zur Verfügung zu stellen mit dem Ziel, den Zugang zu Gebäuden und anderen Einrichtungen, die der Öffentlichkeit offenstehen, zu erleichtern;

f) um andere geeignete Formen der Hilfe und Unterstützung für Menschen mit Behinderungen zu fördern, damit ihr Zugang zu Informationen gewährleistet wird;

g) um den Zugang von Menschen mit Behinderungen zu den neuen Informations- und Kommunikationstechnologien und -systemen, einschließlich des Internets, zu fördern;

h) um die Gestaltung, die Entwicklung, die Herstellung und den Vertrieb zugänglicher Informations- und Kommunikationstechnologien und -systeme in einem frühen Stadium zu fördern, sodass deren Zugänglichkeit mit möglichst geringem Kostenaufwand erreicht wird.

Artikel 10 Recht auf Leben

Die Vertragsstaaten bekräftigen, dass jeder Mensch ein angeborenes Recht auf Leben hat, und treffen alle erforderlichen Maßnahmen, um den wirksamen und gleichberechtigten Genuss dieses Rechts durch Menschen mit Behinderungen zu gewährleisten.

Artikel 11 Gefahrensituationen und humanitäre Notlagen

Die Vertragsstaaten ergreifen im Einklang mit ihren Verpflichtungen nach dem Völkerrecht, einschließlich des humanitären Völkerrechts und der internationalen Menschenrechtsnormen, alle erforderlichen Maßnahmen, um in Gefahrensituationen, einschließlich bewaffneter Konflikte, humanitärer Notlagen und Naturkatastrophen, den Schutz und die Sicherheit von Menschen mit Behinderungen zu gewährleisten.

Artikel 12 Gleiche Anerkennung vor dem Recht

(1) Die Vertragsstaaten bekräftigen, dass Menschen mit Behinderungen das Recht haben, überall als Rechtssubjekt anerkannt zu werden.

(2) Die Vertragsstaaten anerkennen, dass Menschen mit Behinderungen in allen Lebensbereichen gleichberechtigt mit anderen Rechts- und Handlungsfähigkeit genießen.

(3) Die Vertragsstaaten treffen geeignete Maßnahmen, um Menschen mit Behinderungen Zugang zu der Unterstützung zu verschaffen, die sie bei der Ausübung ihrer Rechts- und Handlungsfähigkeit gegebenenfalls benötigen.

(4) Die Vertragsstaaten stellen sicher, dass zu allen die Ausübung der Rechts- und Handlungsfähigkeit betreffenden Maßnahmen im Einklang mit den internationalen Menschenrechtsnormen geeignete und wirksame Sicherungen vorgesehen werden, um Missbräuche zu verhindern. Diese Sicherungen müssen gewährleisten, dass bei den Maßnahmen betreffend die Ausübung der Rechts- und Handlungsfähigkeit die Rechte, der Wille und die Präferenzen der betreffenden Person geachtet werden, es nicht zu Interessenkonflikten und missbräuchlicher Einflussnahme kommt, dass die Maßnahmen verhältnismäßig und auf die Umstände der Person zugeschnitten sind, dass sie von möglichst kurzer Dauer sind und dass sie einer regelmäßigen Überprüfung durch eine zuständige, unabhängige und unparteiische Behörde oder gerichtliche Stelle unterliegen. Die Sicherungen müssen im Hinblick auf das Ausmaß, in dem diese Maßnahmen die Rechte und Interessen der Person berühren, verhältnismäßig sein.

(5) Vorbehaltlich dieses Artikels treffen die Vertragsstaaten alle geeigneten und wirksamen Maßnahmen, um zu gewährleisten, dass Menschen mit Behinderungen das gleiche Recht wie andere haben, Eigentum zu besitzen oder zu erben, ihre finanziellen Angelegenheiten selbst zu regeln und gleichen Zugang zu Bankdarlehen, Hypotheken und anderen Finanzkrediten zu haben, und gewährleisten, dass Menschen mit Behinderungen nicht willkürlich ihr Eigentum entzogen wird.

Artikel 13 Zugang zur Justiz

(1) Die Vertragsstaaten gewährleisten Menschen mit Behinderungen gleichberechtigt mit anderen wirksamen Zugang zur Justiz, unter anderem durch verfahrensbezogene und altersgemäße Vorkehrungen, um ihre wirksame unmittelbare und mittelbare Teilnahme, einschließlich als Zeugen und Zeuginnen, an allen Gerichtsverfahren, auch in der Ermittlungsphase und in anderen Vorverfahrensphasen, zu erleichtern.

(2) Um zur Gewährleistung des wirksamen Zugangs von Menschen mit Behinderungen zur Justiz beizutragen, fördern die Vertragsstaaten geeignete Schulungen für die im Justizwesen tätigen Personen, einschließlich des Personals von Polizei und Strafvollzug.

Artikel 14 Freiheit und Sicherheit der Person

(1) Die Vertragsstaaten gewährleisten,

a) dass Menschen mit Behinderungen gleichberechtigt mit anderen das Recht auf persönliche Freiheit und Sicherheit genießen;

b) dass Menschen mit Behinderungen gleichberechtigt mit anderen die Freiheit nicht rechtswidrig oder willkürlich entzogen wird, dass jede Freiheitsentziehung im Einklang mit dem Gesetz erfolgt und dass das Vorliegen einer Behinderung in keinem Fall eine Freiheitsentziehung rechtfertigt.

(2) Die Vertragsstaaten gewährleisten, dass Menschen mit Behinderungen, denen aufgrund eines Verfahrens ihre Freiheit entzogen wird, gleichberechtigten Anspruch auf die in den internationalen Menschenrechtsnormen vorgesehenen Garantien haben und im Einklang mit den Zielen und Grundsätzen dieses Übereinkommens behandelt werden, einschließlich durch die Bereitstellung angemessener Vorkehrungen.

Artikel 15 Freiheit von Folter oder grausamer, unmenschlicher oder erniedrigender Behandlung oder Strafe

(1) Niemand darf der Folter oder grausamer, unmenschlicher oder erniedrigender Behandlung oder Strafe unterworfen werden. Insbesondere darf niemand ohne seine freiwillige Zustimmung medizinischen oder wissenschaftlichen Versuchen unterworfen werden.

(2) Die Vertragsstaaten treffen alle wirksamen gesetzgeberischen, verwaltungsmäßigen, gerichtlichen oder sonstigen Maßnahmen, um auf der Grundlage der Gleichberechtigung zu verhindern, dass Menschen mit Behinderungen der Folter oder grausamer, unmenschlicher oder erniedrigender Behandlung oder Strafe unterworfen werden.

Artikel 16 Freiheit von Ausbeutung, Gewalt und Missbrauch

(1) Die Vertragsstaaten treffen alle geeigneten Gesetzgebungs-, Verwaltungs-, Sozial-, Bildungs- und sonstigen Maßnahmen, um Menschen mit Behinderungen sowohl innerhalb als auch außerhalb der Wohnung vor jeder Form von Ausbeutung, Gewalt und Missbrauch, einschließlich ihrer geschlechtsspezifischen Aspekte, zu schützen.

(2) Die Vertragsstaaten treffen außerdem alle geeigneten Maßnahmen, um jede Form von Ausbeutung, Gewalt und Missbrauch zu verhindern, indem sie unter anderem geeignete Formen von das Geschlecht und das Alter berücksichtigender Hilfe und Unterstützung für Menschen mit Behinderungen und ihre Familien und Betreuungspersonen gewährleisten, einschließlich durch die Bereitstellung von Informationen und Aufklärung darüber, wie Fälle von Ausbeutung, Gewalt und Missbrauch verhindert, erkannt und angezeigt werden können. Die Vertragsstaaten sorgen dafür, dass Schutzdienste das Alter, das Geschlecht und die Behinderung der betroffenen Personen berücksichtigen.

(3) Zur Verhinderung jeder Form von Ausbeutung, Gewalt und Missbrauch stellen die Vertragsstaaten sicher, dass alle Einrichtungen und Programme, die für Menschen mit Behinderungen bestimmt sind, wirksam von unabhängigen Behörden überwacht werden.

(4) Die Vertragsstaaten treffen alle geeigneten Maßnahmen, um die körperliche, kognitive und psychische Genesung, die Rehabilitation und die soziale Wiedereingliederung von Menschen mit Behinderungen, die Opfer irgendeiner Form von Ausbeutung, Gewalt oder Missbrauch werden, zu fördern, auch durch die Bereitstellung von Schutzeinrichtungen. Genesung und Wiedereingliederung müssen in einer Umgebung stattfinden, die der Gesundheit, dem Wohlergehen, der Selbstachtung, der Würde und der Autonomie des Menschen förderlich ist und geschlechts- und altersspezifischen Bedürfnissen Rechnung trägt.

(5) Die Vertragsstaaten schaffen wirksame Rechtsvorschriften und politische Konzepte, einschließlich solcher, die auf Frauen und Kinder ausgerichtet sind, um sicherzustellen, dass Fälle von Ausbeutung, Gewalt und Missbrauch gegenüber Menschen mit Behin-

derungen erkannt, untersucht und gegebenenfalls strafrechtlich verfolgt werden.

Artikel 17 Schutz der Unversehrtheit der Person

Jeder Mensch mit Behinderungen hat gleichberechtigt mit anderen das Recht auf Achtung seiner körperlichen und seelischen Unversehrtheit.

Artikel 18 Freizügigkeit und Staatsangehörigkeit

(1) Die Vertragsstaaten anerkennen das gleiche Recht von Menschen mit Behinderungen auf Freizügigkeit, auf freie Wahl ihres Aufenthaltsorts und auf eine Staatsangehörigkeit, indem sie unter anderem gewährleisten, dass

a) Menschen mit Behinderungen das Recht haben, eine Staatsangehörigkeit zu erwerben und ihre Staatsangehörigkeit zu wechseln, und dass ihnen diese nicht willkürlich oder aufgrund von Behinderung entzogen wird;

b) Menschen mit Behinderungen nicht aufgrund von Behinderung die Möglichkeit versagt wird, Dokumente zum Nachweis ihrer Staatsangehörigkeit oder andere Identitätsdokumente zu erhalten, zu besitzen und zu verwenden oder einschlägige Verfahren wie Einwanderungsverfahren in Anspruch zu nehmen, die gegebenenfalls erforderlich sind, um die Ausübung des Rechts auf Freizügigkeit zu erleichtern;

c) Menschen mit Behinderungen die Freiheit haben, jedes Land einschließlich ihres eigenen zu verlassen;

d) Menschen mit Behinderungen nicht willkürlich oder aufgrund von Behinderung das Recht entzogen wird, in ihr eigenes Land einzureisen.

(2) Kinder mit Behinderungen sind unverzüglich nach ihrer Geburt in ein Register einzutragen und haben das Recht auf einen Namen von Geburt an, das Recht, eine Staatsangehörigkeit zu erwerben, und soweit möglich das Recht, ihre Eltern zu kennen und von ihnen betreut zu werden.

Artikel 19 Unabhängige Lebensführung und Einbeziehung in die Gemeinschaft

Die Vertragsstaaten dieses Übereinkommens anerkennen das gleiche Recht aller Menschen mit Behinderungen, mit gleichen Wahlmöglichkeiten wie andere Menschen in der Gemeinschaft zu leben, und treffen wirksame und geeignete Maßnahmen, um Menschen mit Behinderungen den vollen Genuss dieses Rechts und ihre volle Einbeziehung in die Gemeinschaft und Teilhabe an der Gemeinschaft zu erleichtern, indem sie unter anderem gewährleisten, dass

a) Menschen mit Behinderungen gleichberechtigt die Möglichkeit haben, ihren Aufenthaltsort zu wählen und zu entscheiden, wo und mit wem sie leben, und nicht verpflichtet sind, in besonderen Wohnformen zu leben;

b) Menschen mit Behinderungen Zugang zu einer Reihe von gemeindenahen Unterstützungsdiensten zu Hause und in Einrichtungen sowie zu sonstigen gemeindenahen Unterstützungsdiensten haben, einschließlich der persönlichen Assistenz, die zur Unterstützung des Lebens in der Gemeinschaft und der Einbeziehung in die Gemeinschaft sowie zur Verhinderung von Isolation und Absonderung von der Gemeinschaft notwendig ist;

c) gemeindenahe Dienstleistungen und Einrichtungen für die Allgemeinheit Menschen mit Behinderungen auf der Grundlage der Gleichberechtigung zur Verfügung stehen und ihren Bedürfnissen Rechnung tragen.

Artikel 20 Persönliche Mobilität

Die Vertragsstaaten treffen wirksame Maßnahmen, um für Menschen mit Behinderungen persönliche Mobilität mit größtmöglicher Unabhängigkeit sicherzustellen, indem sie unter anderem

a) die persönliche Mobilität von Menschen mit Behinderungen in der Art und Weise und zum Zeitpunkt ihrer Wahl und zu erschwinglichen Kosten erleichtern;

b) den Zugang von Menschen mit Behinderungen zu hochwertigen Mobilitätshilfen, Geräten, unterstützenden Technologien und menschlicher und tierischer Hilfe sowie Mittelspersonen erleichtern, auch durch deren Bereitstellung zu erschwinglichen Kosten;
c) Menschen mit Behinderungen und Fachkräften, die mit Menschen mit Behinderungen arbeiten, Schulungen in Mobilitätsfertigkeiten anbieten;
d) Hersteller von Mobilitätshilfen, Geräten und unterstützenden Technologien ermutigen, alle Aspekte der Mobilität für Menschen mit Behinderungen zu berücksichtigen.

Artikel 21 Recht der freien Meinungsäußerung, Meinungsfreiheit und Zugang zu Informationen

Die Vertragsstaaten treffen alle geeigneten Maßnahmen, um zu gewährleisten, dass Menschen mit Behinderungen das Recht auf freie Meinungsäußerung und Meinungsfreiheit, einschließlich der Freiheit, Informationen und Gedankengut sich zu beschaffen, zu empfangen und weiterzugeben, gleichberechtigt mit anderen und durch alle von ihnen gewählten Formen der Kommunikation im Sinne des Artikels 2 ausüben können, unter anderem indem sie

a) Menschen mit Behinderungen für die Allgemeinheit bestimmte Informationen rechtzeitig und ohne zusätzliche Kosten in zugänglichen Formaten und Technologien, die für unterschiedliche Arten der Behinderung geeignet sind, zur Verfügung stellen;
b) im Umgang mit Behörden die Verwendung von Gebärdensprachen, Brailleschrift, ergänzenden und alternativen Kommunikationsformen und allen sonstigen selbst gewählten zugänglichen Mitteln, Formen und Formaten der Kommunikation durch Menschen mit Behinderungen akzeptieren und erleichtern;
c) private Rechtsträger, die, einschließlich durch das Internet, Dienste für die Allgemeinheit anbieten, dringend dazu auffordern, Informationen und Dienstleistungen in Formaten zur Verfügung zu stellen, die für Menschen mit Behinderungen zugänglich und nutzbar sind;
d) die Massenmedien, einschließlich der Anbieter von Informationen über das Internet, dazu auffordern, ihre Dienstleistungen für Menschen mit Behinderungen zugänglich zu gestalten;
e) die Verwendung von Gebärdensprachen anerkennen und fördern.

Artikel 22 Achtung der Privatsphäre

(1) Menschen mit Behinderungen dürfen unabhängig von ihrem Aufenthaltsort oder der Wohnform, in der sie leben, keinen willkürlichen oder rechtswidrigen Eingriffen in ihr Privatleben, ihre Familie, ihre Wohnung oder ihren Schriftverkehr oder andere Arten der Kommunikation oder rechtswidrigen Beeinträchtigungen ihrer Ehre oder ihres Rufes ausgesetzt werden. Menschen mit Behinderungen haben Anspruch auf rechtlichen Schutz gegen solche Eingriffe oder Beeinträchtigungen.

(2) Die Vertragsstaaten schützen auf der Grundlage der Gleichberechtigung mit anderen die Vertraulichkeit von Informationen über die Person, die Gesundheit und die Rehabilitation von Menschen mit Behinderungen.

Artikel 23 Achtung der Wohnung und der Familie

(1) Die Vertragsstaaten treffen wirksame und geeignete Maßnahmen zur Beseitigung der Diskriminierung von Menschen mit Behinderungen auf der Grundlage der Gleichberechtigung mit anderen in allen Fragen, die Ehe, Familie, Elternschaft und Partnerschaften betreffen, um zu gewährleisten, dass

a) das Recht aller Menschen mit Behinderungen im heiratsfähigen Alter, auf der Grundlage des freien und vollen Einverständnisses der künftigen Ehegatten eine Ehe zu schließen und eine Familie zu gründen, anerkannt wird;
b) das Recht von Menschen mit Behinderungen auf freie und verantwortungsbewuss-

te Entscheidung über die Anzahl ihrer Kinder und die Geburtenabstände sowie auf Zugang zu altersgemäßer Information sowie Aufklärung über Fortpflanzung und Familienplanung anerkannt wird und ihnen die notwendigen Mittel zur Ausübung dieser Rechte zur Verfügung gestellt werden;

c) Menschen mit Behinderungen, einschließlich Kindern, gleichberechtigt mit anderen ihre Fruchtbarkeit behalten.

(2) Die Vertragsstaaten gewährleisten die Rechte und Pflichten von Menschen mit Behinderungen in Fragen der Vormundschaft, Pflegschaft, Personen- und Vermögenssorge, Adoption von Kindern oder ähnlichen Rechtsinstituten, soweit das innerstaatliche Recht solche kennt; in allen Fällen ist das Wohl des Kindes ausschlaggebend. Die Vertragsstaaten unterstützen Menschen mit Behinderungen in angemessener Weise bei der Wahrnehmung ihrer elterlichen Verantwortung.

(3) Die Vertragsstaaten gewährleisten, dass Kinder mit Behinderungen gleiche Rechte in Bezug auf das Familienleben haben. Zur Verwirklichung dieser Rechte und mit dem Ziel, das Verbergen, das Aussetzen, die Vernachlässigung und die Absonderung von Kindern mit Behinderungen zu verhindern, verpflichten sich die Vertragsstaaten, Kindern mit Behinderungen und ihren Familien frühzeitig umfassende Informationen, Dienste und Unterstützung zur Verfügung zu stellen.

(4) Die Vertragsstaaten gewährleisten, dass ein Kind nicht gegen den Willen seiner Eltern von diesen getrennt wird, es sei denn, dass die zuständigen Behörden in einer gerichtlich nachprüfbaren Entscheidung nach den anzuwendenden Rechtsvorschriften und Verfahren bestimmen, dass diese Trennung zum Wohl des Kindes notwendig ist. In keinem Fall darf das Kind aufgrund einer Behinderung entweder des Kindes oder eines oder beider Elternteile von den Eltern getrennt werden.

(5) Die Vertragsstaaten verpflichten sich, in Fällen, in denen die nächsten Familienangehörigen nicht in der Lage sind, für ein Kind mit Behinderungen zu sorgen, alle Anstrengungen zu unternehmen, um andere Formen der Betreuung innerhalb der weiteren Familie und, falls dies nicht möglich ist, innerhalb der Gemeinschaft in einem familienähnlichen Umfeld zu gewährleisten.

Artikel 24 Bildung

(1) Die Vertragsstaaten anerkennen das Recht von Menschen mit Behinderungen auf Bildung. Um dieses Recht ohne Diskriminierung und auf der Grundlage der Chancengleichheit zu verwirklichen, gewährleisten die Vertragsstaaten ein integratives Bildungssystem auf allen Ebenen und lebenslanges Lernen mit dem Ziel,

a) die menschlichen Möglichkeiten sowie das Bewusstsein der Würde und das Selbstwertgefühl des Menschen voll zur Entfaltung zu bringen und die Achtung vor den Menschenrechten, den Grundfreiheiten und der menschlichen Vielfalt zu stärken;

b) Menschen mit Behinderungen ihre Persönlichkeit, ihre Begabungen und ihre Kreativität sowie ihre geistigen und körperlichen Fähigkeiten voll zur Entfaltung bringen zu lassen;

c) Menschen mit Behinderungen zur wirklichen Teilhabe an einer freien Gesellschaft zu befähigen.

(2) Bei der Verwirklichung dieses Rechts stellen die Vertragsstaaten sicher, dass

a) Menschen mit Behinderungen nicht aufgrund von Behinderung vom allgemeinen Bildungssystem ausgeschlossen werden und dass Kinder mit Behinderungen nicht aufgrund von Behinderung vom unentgeltlichen und obligatorischen Grundschulunterricht oder vom Besuch weiterführender Schulen ausgeschlossen werden;

b) Menschen mit Behinderungen gleichberechtigt mit anderen in der Gemeinschaft, in der sie leben, Zugang zu einem integrativen, hochwertigen und unentgeltlichen Unterricht an Grundschulen und weiterführenden Schulen haben;

c) angemessene Vorkehrungen für die Bedürfnisse des Einzelnen getroffen werden;
d) Menschen mit Behinderungen innerhalb des allgemeinen Bildungssystems die notwendige Unterstützung geleistet wird, um ihre erfolgreiche Bildung zu erleichtern;
e) in Übereinstimmung mit dem Ziel der vollständigen Integration wirksame individuell angepasste Unterstützungsmaßnahmen in einem Umfeld, das die bestmögliche schulische und soziale Entwicklung gestattet, angeboten werden.

(3) Die Vertragsstaaten ermöglichen Menschen mit Behinderungen, lebenspraktische Fertigkeiten und soziale Kompetenzen zu erwerben, um ihre volle und gleichberechtigte Teilhabe an der Bildung und als Mitglieder der Gemeinschaft zu erleichtern. Zu diesem Zweck ergreifen die Vertragsstaaten geeignete Maßnahmen; unter anderem

a) erleichtern sie das Erlernen von Brailleschrift, alternativer Schrift, ergänzenden und alternativen Formen, Mitteln und Formaten der Kommunikation, den Erwerb von Orientierungs- und Mobilitätsfertigkeiten sowie die Unterstützung durch andere Menschen mit Behinderungen und das Mentoring;
b) erleichtern sie das Erlernen der Gebärdensprache und die Förderung der sprachlichen Identität der Gehörlosen;
c) stellen sie sicher, dass blinden, gehörlosen oder taubblinden Menschen, insbesondere Kindern, Bildung in den Sprachen und Kommunikationsformen und mit den Kommunikationsmitteln, die für den Einzelnen am besten geeignet sind, sowie in einem Umfeld vermittelt wird, das die bestmögliche schulische und soziale Entwicklung gestattet.

(4) Um zur Verwirklichung dieses Rechts beizutragen, treffen die Vertragsstaaten geeignete Maßnahmen zur Einstellung von Lehrkräften, einschließlich solcher mit Behinderungen, die in Gebärdensprache oder Brailleschrift ausgebildet sind, und zur Schulung von Fachkräften sowie Mitarbeitern und Mitarbeiterinnen auf allen Ebenen des Bildungswesens. Diese Schulung schließt die Schärfung des Bewusstseins für Behinderungen und die Verwendung geeigneter ergänzender und alternativer Formen, Mittel und Formate der Kommunikation sowie pädagogische Verfahren und Materialien zur Unterstützung von Menschen mit Behinderungen ein.

(5) Die Vertragsstaaten stellen sicher, dass Menschen mit Behinderungen ohne Diskriminierung und gleichberechtigt mit anderen Zugang zu allgemeiner Hochschulbildung, Berufsausbildung, Erwachsenenbildung und lebenslangem Lernen haben. Zu diesem Zweck stellen die Vertragsstaaten sicher, dass für Menschen mit Behinderungen angemessene Vorkehrungen getroffen werden.

Artikel 25 Gesundheit

Die Vertragsstaaten anerkennen das Recht von Menschen mit Behinderungen auf das erreichbare Höchstmaß an Gesundheit ohne Diskriminierung aufgrund von Behinderung. Die Vertragsstaaten treffen alle geeigneten Maßnahmen, um zu gewährleisten, dass Menschen mit Behinderungen Zugang zu geschlechtsspezifischen Gesundheitsdiensten, einschließlich gesundheitlicher Rehabilitation, haben. Insbesondere

a) stellen die Vertragsparteien Menschen mit Behinderungen eine unentgeltliche oder erschwingliche Gesundheitsversorgung in derselben Bandbreite, von derselben Qualität und auf demselben Standard zur Verfügung wie anderen Menschen, einschließlich sexual- und fortpflanzungsmedizinischer Gesundheitsleistungen und der Gesamtbevölkerung zur Verfügung stehender Programme des öffentlichen Gesundheitswesens;
b) bieten die Vertragsstaaten die Gesundheitsleistungen an, die von Menschen mit Behinderungen speziell wegen ihrer Behinderungen benötigt werden, soweit angebracht, einschließlich Früherkennung und Frühintervention, sowie Leistungen, durch die, auch bei Kindern und älteren Menschen, weitere Behinderungen möglichst gering gehalten oder vermieden werden sollen;

c) bieten die Vertragsstaaten diese Gesundheitsleistungen so gemeindenah wie möglich an, auch in ländlichen Gebieten;

d) erlegen die Vertragsstaaten den Angehörigen der Gesundheitsberufe die Verpflichtung auf, Menschen mit Behinderungen eine Versorgung von gleicher Qualität wie anderen Menschen angedeihen zu lassen, namentlich auf der Grundlage der freien Einwilligung nach vorheriger Aufklärung, indem sie unter anderem durch Schulungen und den Erlass ethischer Normen für die staatliche und private Gesundheitsversorgung das Bewusstsein für die Menschenrechte, die Würde, die Autonomie und die Bedürfnisse von Menschen mit Behinderungen schärfen;

e) verbieten die Vertragsstaaten die Diskriminierung von Menschen mit Behinderungen in der Krankenversicherung und in der Lebensversicherung, soweit eine solche Versicherung nach innerstaatlichem Recht zulässig ist; solche Versicherungen sind zu fairen und angemessenen Bedingungen anzubieten;

f) verhindern die Vertragsstaaten die diskriminierende Vorenthaltung von Gesundheitsversorgung oder -leistungen oder von Nahrungsmitteln und Flüssigkeiten aufgrund von Behinderung.

Artikel 26 Habilitation und Rehabilitation

(1) Die Vertragsstaaten treffen wirksame und geeignete Maßnahmen, einschließlich durch die Unterstützung durch andere Menschen mit Behinderungen, um Menschen mit Behinderungen in die Lage zu versetzen, ein Höchstmaß an Unabhängigkeit, umfassende körperliche, geistige, soziale und berufliche Fähigkeiten sowie die volle Einbeziehung in alle Aspekte des Lebens und die volle Teilhabe an allen Aspekten des Lebens zu erreichen und zu bewahren. Zu diesem Zweck organisieren, stärken und erweitern die Vertragsstaaten umfassende Habilitations- und Rehabilitationsdienste und -programme, insbesondere auf dem Gebiet der Gesundheit, der Beschäftigung, der Bildung und der Sozialdienste, und zwar so, dass diese Leistungen und Programme

a) im frühestmöglichen Stadium einsetzen und auf einer multidisziplinären Bewertung der individuellen Bedürfnisse und Stärken beruhen;

b) die Einbeziehung in die Gemeinschaft und die Gesellschaft in allen ihren Aspekten sowie die Teilhabe daran unterstützen, freiwillig sind und Menschen mit Behinderungen so gemeindenah wie möglich zur Verfügung stehen, auch in ländlichen Gebieten.

(2) Die Vertragsstaaten fördern die Entwicklung der Aus- und Fortbildung für Fachkräfte und Mitarbeiter und Mitarbeiterinnen in Habilitations- und Rehabilitationsdiensten.

(3) Die Vertragsstaaten fördern die Verfügbarkeit, die Kenntnis und die Verwendung unterstützender Geräte und Technologien, die für Menschen mit Behinderungen bestimmt sind, für die Zwecke der Habilitation und Rehabilitation.

Artikel 27 Arbeit und Beschäftigung

(1) Die Vertragsstaaten anerkennen das gleiche Recht von Menschen mit Behinderungen auf Arbeit; dies beinhaltet das Recht auf die Möglichkeit, den Lebensunterhalt durch Arbeit zu verdienen, die in einem offenen, integrativen und für Menschen mit Behinderungen zugänglichen Arbeitsmarkt und Arbeitsumfeld frei gewählt oder angenommen wird. Die Vertragsstaaten sichern und fördern die Verwirklichung des Rechts auf Arbeit, einschließlich für Menschen, die während der Beschäftigung eine Behinderung erwerben, durch geeignete Schritte, einschließlich des Erlasses von Rechtsvorschriften, um unter anderem

a) Diskriminierung aufgrund von Behinderung in allen Angelegenheiten im Zusammenhang mit einer Beschäftigung gleich welcher Art, einschließlich der Auswahl-, Einstellungs- und Beschäftigungsbedingungen, der Weiterbeschäftigung, des beruflichen Aufstiegs sowie sicherer und gesunder Arbeitsbedingungen, zu verbieten;

b) das gleiche Recht von Menschen mit Behinderungen auf gerechte und günstige Arbeitsbedingungen, einschließlich Chancengleichheit und gleichen Entgelts für gleichwertige Arbeit, auf sichere und gesunde Arbeitsbedingungen, einschließlich Schutz vor Belästigungen, und auf Abhilfe bei Missständen zu schützen;
c) zu gewährleisten, dass Menschen mit Behinderungen ihre Arbeitnehmer- und Gewerkschaftsrechte gleichberechtigt mit anderen ausüben können;
d) Menschen mit Behinderungen wirksamen Zugang zu allgemeinen fachlichen und beruflichen Beratungsprogrammen, Stellenvermittlung sowie Berufsausbildung und Weiterbildung zu ermöglichen;
e) für Menschen mit Behinderungen Beschäftigungsmöglichkeiten und beruflichen Aufstieg auf dem Arbeitsmarkt sowie die Unterstützung bei der Arbeitssuche, beim Erhalt und der Beibehaltung eines Arbeitsplatzes und beim beruflichen Wiedereinstieg zu fördern;
f) Möglichkeiten für Selbständigkeit, Unternehmertum, die Bildung von Genossenschaften und die Gründung eines eigenen Geschäfts zu fördern;
g) Menschen mit Behinderungen im öffentlichen Sektor zu beschäftigen;
h) die Beschäftigung von Menschen mit Behinderungen im privaten Sektor durch geeignete Strategien und Maßnahmen zu fördern, wozu auch Programme für positive Maßnahmen, Anreize und andere Maßnahmen gehören können;
i) sicherzustellen, dass am Arbeitsplatz angemessene Vorkehrungen für Menschen mit Behinderungen getroffen werden;
j) das Sammeln von Arbeitserfahrung auf dem allgemeinen Arbeitsmarkt durch Menschen mit Behinderungen zu fördern;
k) Programme für die berufliche Rehabilitation, den Erhalt des Arbeitsplatzes und den beruflichen Wiedereinstieg von Menschen mit Behinderungen zu fördern.

(2) Die Vertragsstaaten stellen sicher, dass Menschen mit Behinderungen nicht in Sklaverei oder Leibeigenschaft gehalten werden und dass sie gleichberechtigt mit anderen vor Zwangs- oder Pflichtarbeit geschützt werden.

Artikel 28 Angemessener Lebensstandard und sozialer Schutz

(1) Die Vertragsstaaten anerkennen das Recht von Menschen mit Behinderungen auf einen angemessenen Lebensstandard für sich selbst und ihre Familien, einschließlich angemessener Ernährung, Bekleidung und Wohnung, sowie auf eine stetige Verbesserung der Lebensbedingungen und unternehmen geeignete Schritte zum Schutz und zur Förderung der Verwirklichung dieses Rechts ohne Diskriminierung aufgrund von Behinderung.

(2) Die Vertragsstaaten anerkennen das Recht von Menschen mit Behinderungen auf sozialen Schutz und den Genuss dieses Rechts ohne Diskriminierung aufgrund von Behinderung und unternehmen geeignete Schritte zum Schutz und zur Förderung der Verwirklichung dieses Rechts, einschließlich Maßnahmen, um

a) Menschen mit Behinderungen gleichberechtigten Zugang zur Versorgung mit sauberem Wasser und den Zugang zu geeigneten und erschwinglichen Dienstleistungen, Geräten und anderen Hilfen für Bedürfnisse im Zusammenhang mit ihrer Behinderung zu sichern;
b) Menschen mit Behinderungen, insbesondere Frauen und Mädchen sowie älteren Menschen mit Behinderungen, den Zugang zu Programmen für sozialen Schutz und Programmen zur Armutsbekämpfung zu sichern;
c) in Armut lebenden Menschen mit Behinderungen und ihren Familien den Zugang zu staatlicher Hilfe bei behinderungsbedingten Aufwendungen, einschließlich ausreichender Schulung, Beratung, finanzieller Unterstützung sowie Kurzzeitbetreuung, zu sichern;
d) Menschen mit Behinderungen den Zugang zu Programmen des sozialen Wohnungsbaus zu sichern;

I

e) Menschen mit Behinderungen gleichberechtigten Zugang zu Leistungen und Programmen der Altersversorgung zu sichern.

Artikel 29 Teilhabe am politischen und öffentlichen Leben

Die Vertragsstaaten garantieren Menschen mit Behinderungen die politischen Rechte sowie die Möglichkeit, diese gleichberechtigt mit anderen zu genießen, und verpflichten sich,

a) sicherzustellen, dass Menschen mit Behinderungen gleichberechtigt mit anderen wirksam und umfassend am politischen und öffentlichen Leben teilhaben können, sei es unmittelbar oder durch frei gewählte Vertreter oder Vertreterinnen, was auch das Recht und die Möglichkeit einschließt, zu wählen und gewählt zu werden; unter anderem

   i) stellen sie sicher, dass die Wahlverfahren, -einrichtungen und -materialien geeignet, zugänglich und leicht zu verstehen und zu handhaben sind;

   ii) schützen sie das Recht von Menschen mit Behinderungen, bei Wahlen und Volksabstimmungen in geheimer Abstimmung ohne Einschüchterung ihre Stimme abzugeben, bei Wahlen zu kandidieren, ein Amt wirksam innezuhaben und alle öffentlichen Aufgaben auf allen Ebenen staatlicher Tätigkeit wahrzunehmen, indem sie gegebenenfalls die Nutzung unterstützender und neuer Technologien erleichtern;

   iii) garantieren sie die freie Willensäußerung von Menschen mit Behinderungen als Wähler und Wählerinnen und erlauben zu diesem Zweck im Bedarfsfall auf Wunsch, dass sie sich bei der Stimmabgabe durch eine Person ihrer Wahl unterstützen lassen;

b) aktiv ein Umfeld zu fördern, in dem Menschen mit Behinderungen ohne Diskriminierung und gleichberechtigt mit anderen wirksam und umfassend an der Gestaltung der öffentlichen Angelegenheiten mitwirken können, und ihre Mitwirkung an den öffentlichen Angelegenheiten zu begünstigen, unter anderem

   i) die Mitarbeit in nichtstaatlichen Organisationen und Vereinigungen, die sich mit dem öffentlichen und politischen Leben ihres Landes befassen, und an den Tätigkeiten und der Verwaltung politischer Parteien;

   ii) die Bildung von Organisationen von Menschen mit Behinderungen, die sie auf internationaler, nationaler, regionaler und lokaler Ebene vertreten, und den Beitritt zu solchen Organisationen.

Artikel 30 Teilhabe am kulturellen Leben sowie an Erholung, Freizeit und Sport

(1) Die Vertragsstaaten anerkennen das Recht von Menschen mit Behinderungen, gleichberechtigt mit anderen am kulturellen Leben teilzunehmen, und treffen alle geeigneten Maßnahmen, um sicherzustellen, dass Menschen mit Behinderungen

a) Zugang zu kulturellem Material in zugänglichen Formaten haben;

b) Zugang zu Fernsehprogrammen, Filmen, Theatervorstellungen und anderen kulturellen Aktivitäten in zugänglichen Formaten haben;

c) Zugang zu Orten kultureller Darbietungen oder Dienstleistungen, wie Theatern, Museen, Kinos, Bibliotheken und Tourismusdiensten, sowie, so weit wie möglich, zu Denkmälern und Stätten von nationaler kultureller Bedeutung haben.

(2) Die Vertragsstaaten treffen geeignete Maßnahmen, um Menschen mit Behinderungen die Möglichkeit zu geben, ihr kreatives, künstlerisches und intellektuelles Potenzial zu entfalten und zu nutzen, nicht nur für sich selbst, sondern auch zur Bereicherung der Gesellschaft.

(3) Die Vertragsstaaten unternehmen alle geeigneten Schritte im Einklang mit dem Völkerrecht, um sicherzustellen, dass Gesetze zum Schutz von Rechten des geistigen Eigentums keine ungerechtfertigte oder diskriminierende Barriere für den Zugang von

Menschen mit Behinderungen zu kulturellem Material darstellen.

(4) Menschen mit Behinderungen haben gleichberechtigt mit anderen Anspruch auf Anerkennung und Unterstützung ihrer spezifischen kulturellen und sprachlichen Identität, einschließlich der Gebärdensprachen und der Gehörlosenkultur.

(5) Mit dem Ziel, Menschen mit Behinderungen die gleichberechtigte Teilnahme an Erholungs-, Freizeit- und Sportaktivitäten zu ermöglichen, treffen die Vertragsstaaten geeignete Maßnahmen,

a) um Menschen mit Behinderungen zu ermutigen, so umfassend wie möglich an breitensportlichen Aktivitäten auf allen Ebenen teilzunehmen, und ihre Teilnahme zu fördern;
b) um sicherzustellen, dass Menschen mit Behinderungen die Möglichkeit haben, behinderungsspezifische Sport- und Erholungsaktivitäten zu organisieren, zu entwickeln und an solchen teilzunehmen, und zu diesem Zweck die Bereitstellung eines geeigneten Angebots an Anleitung, Training und Ressourcen auf der Grundlage der Gleichberechtigung mit anderen zu fördern;
c) um sicherzustellen, dass Menschen mit Behinderungen Zugang zu Sport-, Erholungs- und Tourismusstätten haben;
d) um sicherzustellen, dass Kinder mit Behinderungen gleichberechtigt mit anderen Kindern an Spiel-, Erholungs-, Freizeit- und Sportaktivitäten teilnehmen können, einschließlich im schulischen Bereich;
e) um sicherzustellen, dass Menschen mit Behinderungen Zugang zu Dienstleistungen der Organisatoren von Erholungs-, Tourismus-, Freizeit- und Sportaktivitäten haben.

Artikel 31 Statistik und Datensammlung

(1) Die Vertragsstaaten verpflichten sich zur Sammlung geeigneter Informationen, einschließlich statistischer Angaben und Forschungsdaten, die ihnen ermöglichen, politische Konzepte zur Durchführung dieses Übereinkommens auszuarbeiten und umzusetzen. Das Verfahren zur Sammlung und Aufbewahrung dieser Informationen muss

a) mit den gesetzlichen Schutzvorschriften, einschließlich der Rechtsvorschriften über den Datenschutz, zur Sicherung der Vertraulichkeit und der Achtung der Privatsphäre von Menschen mit Behinderungen im Einklang stehen;
b) mit den international anerkannten Normen zum Schutz der Menschenrechte und Grundfreiheiten und den ethischen Grundsätzen für die Sammlung und Nutzung statistischer Daten im Einklang stehen.

(2) Die im Einklang mit diesem Artikel gesammelten Informationen werden, soweit angebracht, aufgeschlüsselt und dazu verwendet, die Umsetzung der Verpflichtungen aus diesem Übereinkommen durch die Vertragsstaaten zu beurteilen und die Hindernisse, denen sich Menschen mit Behinderungen bei der Ausübung ihrer Rechte gegenübersehen, zu ermitteln und anzugehen.

(3) Die Vertragsstaaten übernehmen die Verantwortung für die Verbreitung dieser Statistiken und sorgen dafür, dass sie für Menschen mit Behinderungen und andere zugänglich sind.

Artikel 32 Internationale Zusammenarbeit

(1) Die Vertragsstaaten anerkennen die Bedeutung der internationalen Zusammenarbeit und deren Förderung zur Unterstützung der einzelstaatlichen Anstrengungen für die Verwirklichung des Zwecks und der Ziele dieses Übereinkommens und treffen diesbezüglich geeignete und wirksame Maßnahmen, zwischenstaatlich sowie, soweit angebracht, in Partnerschaft mit den einschlägigen internationalen und regionalen Organisationen und der Zivilgesellschaft, insbesondere Organisationen von Menschen mit Behinderungen. Unter anderem können sie Maßnahmen ergreifen, um

a) sicherzustellen, dass die internationale Zusammenarbeit, einschließlich internationaler Entwicklungsprogramme, Menschen mit Behinderungen einbezieht und für sie zugänglich ist;

b) den Aufbau von Kapazitäten zu erleichtern und zu unterstützen, unter anderem durch den Austausch und die Weitergabe von Informationen, Erfahrungen, Ausbildungsprogrammen und vorbildlichen Praktiken;

c) die Forschungszusammenarbeit und den Zugang zu wissenschaftlichen und technischen Kenntnissen zu erleichtern;

d) soweit angebracht, technische und wirtschaftliche Hilfe zu leisten, unter anderem durch Erleichterung des Zugangs zu zugänglichen und unterstützenden Technologien und ihres Austauschs sowie durch Weitergabe von Technologien.

(2) Dieser Artikel berührt nicht die Pflicht jedes Vertragsstaats, seine Verpflichtungen aus diesem Übereinkommen zu erfüllen.

Artikel 33 Innerstaatliche Durchführung und Überwachung

(1) Die Vertragsstaaten bestimmen nach Maßgabe ihrer staatlichen Organisation eine oder mehrere staatliche Anlaufstellen für Angelegenheiten im Zusammenhang mit der Durchführung dieses Übereinkommens und prüfen sorgfältig die Schaffung oder Bestimmung eines staatlichen Koordinierungsmechanismus, der die Durchführung der entsprechenden Maßnahmen in verschiedenen Bereichen und auf verschiedenen Ebenen erleichtern soll.

(2) Die Vertragsstaaten unterhalten, stärken, bestimmen oder schaffen nach Maßgabe ihres Rechts- und Verwaltungssystems auf einzelstaatlicher Ebene für die Förderung, den Schutz und die Überwachung der Durchführung dieses Übereinkommens eine Struktur, die, je nachdem, was angebracht ist, einen oder mehrere unabhängige Mechanismen einschließt. Bei der Bestimmung oder Schaffung eines solchen Mechanismus berücksichtigen die Vertragsstaaten die Grundsätze betreffend die Rechtsstellung und die Arbeitsweise der einzelstaatlichen Institutionen zum Schutz und zur Förderung der Menschenrechte.

(3) Die Zivilgesellschaft, insbesondere Menschen mit Behinderungen und die sie vertretenden Organisationen, wird in den Überwachungsprozess einbezogen und nimmt in vollem Umfang daran teil.

Artikel 34 Ausschuss für die Rechte von Menschen mit Behinderungen

(1) Es wird ein Ausschuss für die Rechte von Menschen mit Behinderungen (im Folgenden als „Ausschuss" bezeichnet) eingesetzt, der die nachstehend festgelegten Aufgaben wahrnimmt.

(2) Der Ausschuss besteht zum Zeitpunkt des Inkrafttretens dieses Übereinkommens aus zwölf Sachverständigen. Nach sechzig weiteren Ratifikationen oder Beitritten zu dem Übereinkommen erhöht sich die Zahl der Ausschussmitglieder um sechs auf die Höchstzahl von achtzehn.

(3) Die Ausschussmitglieder sind in persönlicher Eigenschaft tätig und müssen Persönlichkeiten von hohem sittlichen Ansehen und anerkannter Sachkenntnis und Erfahrung auf dem von diesem Übereinkommen erfassten Gebiet sein. Die Vertragsstaaten sind aufgefordert, bei der Benennung ihrer Kandidaten oder Kandidatinnen Artikel 4 Absatz 3 gebührend zu berücksichtigen.

(4) Die Ausschussmitglieder werden von den Vertragsstaaten gewählt, wobei auf eine gerechte geografische Verteilung, die Vertretung der verschiedenen Kulturkreise und der hauptsächlichen Rechtssysteme, die ausgewogene Vertretung der Geschlechter und die Beteiligung von Sachverständigen mit Behinderungen zu achten ist.

(5) Die Ausschussmitglieder werden auf Sitzungen der Konferenz der Vertragsstaaten in geheimer Wahl aus einer Liste von Personen gewählt, die von den Vertragsstaaten aus dem Kreis ihrer Staatsangehörigen benannt worden sind. Auf diesen Sitzungen, die beschlussfähig sind, wenn zwei Drittel der Vertragsstaaten vertreten sind, gelten diejenigen Kandidaten oder Kandidatinnen als in den Ausschuss gewählt, welche die höchste Stimmenzahl und die absolute Stimmen-

mehrheit der anwesenden und abstimmenden Vertreter beziehungsweise Vertreterinnen der Vertragsstaaten auf sich vereinigen.

(6) Die erste Wahl findet spätestens sechs Monate nach Inkrafttreten dieses Übereinkommens statt. Spätestens vier Monate vor jeder Wahl fordert der Generalsekretär der Vereinten Nationen die Vertragsstaaten schriftlich auf, innerhalb von zwei Monaten ihre Benennungen einzureichen. Der Generalsekretär fertigt sodann eine alphabetische Liste aller auf diese Weise benannten Personen an, unter Angabe der Vertragsstaaten, die sie benannt haben, und übermittelt sie den Vertragsstaaten.

(7) Die Ausschussmitglieder werden für vier Jahre gewählt. Ihre einmalige Wiederwahl ist zulässig. Die Amtszeit von sechs der bei der ersten Wahl gewählten Mitglieder läuft jedoch nach zwei Jahren ab; unmittelbar nach der ersten Wahl werden die Namen dieser sechs Mitglieder von dem oder der Vorsitzenden der in Absatz 5 genannten Sitzung durch das Los bestimmt.

(8) Die Wahl der sechs zusätzlichen Ausschussmitglieder findet bei den ordentlichen Wahlen im Einklang mit den einschlägigen Bestimmungen dieses Artikels statt.

(9) Wenn ein Ausschussmitglied stirbt oder zurücktritt oder erklärt, dass es aus anderen Gründen seine Aufgaben nicht mehr wahrnehmen kann, ernennt der Vertragsstaat, der das Mitglied benannt hat, für die verbleibende Amtszeit eine andere sachverständige Person, die über die Befähigungen verfügt und die Voraussetzungen erfüllt, die in den einschlägigen Bestimmungen dieses Artikels beschrieben sind.

(10) Der Ausschuss gibt sich eine Geschäftsordnung.

(11) Der Generalsekretär der Vereinten Nationen stellt dem Ausschuss das Personal und die Einrichtungen zur Verfügung, die dieser zur wirksamen Wahrnehmung seiner Aufgaben nach diesem Übereinkommen benötigt, und beruft seine erste Sitzung ein.

(12) Die Mitglieder des nach diesem Übereinkommen eingesetzten Ausschusses erhalten mit Zustimmung der Generalversammlung der Vereinten Nationen Bezüge aus Mitteln der Vereinten Nationen zu den von der Generalversammlung unter Berücksichtigung der Bedeutung der Aufgaben des Ausschusses zu beschließenden Bedingungen.

(13) Die Ausschussmitglieder haben Anspruch auf die Erleichterungen, Vorrechte und Immunitäten der Sachverständigen im Auftrag der Vereinten Nationen, die in den einschlägigen Abschnitten des Übereinkommens über die Vorrechte und Immunitäten der Vereinten Nationen vorgesehen sind.

Artikel 35 Berichte der Vertragsstaaten

(1) Jeder Vertragsstaat legt dem Ausschuss über den Generalsekretär der Vereinten Nationen innerhalb von zwei Jahren nach Inkrafttreten dieses Übereinkommens für den betreffenden Vertragsstaat einen umfassenden Bericht über die Maßnahmen, die er zur Erfüllung seiner Verpflichtungen aus dem Übereinkommen getroffen hat, und über die dabei erzielten Fortschritte vor.

(2) Danach legen die Vertragsstaaten mindestens alle vier Jahre und darüber hinaus jeweils auf Anforderung des Ausschusses Folgeberichte vor.

(3) Der Ausschuss beschließt gegebenenfalls Leitlinien für den Inhalt der Berichte.

(4) Ein Vertragsstaat, der dem Ausschuss einen ersten umfassenden Bericht vorgelegt hat, braucht in seinen Folgeberichten die früher mitgeteilten Angaben nicht zu wiederholen. Die Vertragsstaaten sind gebeten, ihre Berichte an den Ausschuss in einem offenen und transparenten Verfahren zu erstellen und dabei Artikel 4 Absatz 3 gebührend zu berücksichtigen.

(5) In den Berichten kann auf Faktoren und Schwierigkeiten hingewiesen werden, die das Ausmaß der Erfüllung der Verpflichtungen aus diesem Übereinkommen beeinflussen.

Artikel 36 Prüfung der Berichte

(1) Der Ausschuss prüft jeden Bericht; er kann ihn mit den ihm geeignet erscheinenden Vorschlägen und allgemeinen Empfehlungen

versehen und leitet diese dem betreffenden Vertragsstaat zu. Dieser kann dem Ausschuss hierauf jede Information übermitteln, die er zu geben wünscht. Der Ausschuss kann die Vertragsstaaten um weitere Angaben über die Durchführung dieses Übereinkommens ersuchen.

(2) Liegt ein Vertragsstaat mit der Vorlage eines Berichts in erheblichem Rückstand, so kann der Ausschuss dem betreffenden Vertragsstaat notifizieren, dass die Durchführung dieses Übereinkommens im betreffenden Vertragsstaat auf der Grundlage der dem Ausschuss zur Verfügung stehenden zuverlässigen Informationen geprüft werden muss, falls der Bericht nicht innerhalb von drei Monaten nach dieser Notifikation vorgelegt wird. Der Ausschuss fordert den betreffenden Vertragsstaat auf, bei dieser Prüfung mitzuwirken. Falls der Vertragsstaat daraufhin den Bericht vorlegt, findet Absatz 1 Anwendung.

(3) Der Generalsekretär der Vereinten Nationen stellt die Berichte allen Vertragsstaaten zur Verfügung.

(4) Die Vertragsstaaten sorgen für eine weite Verbreitung ihrer Berichte im eigenen Land und erleichtern den Zugang zu den Vorschlägen und allgemeinen Empfehlungen zu diesen Berichten.

(5) Der Ausschuss übermittelt, wenn er dies für angebracht hält, den Sonderorganisationen, Fonds und Programmen der Vereinten Nationen und anderen zuständigen Stellen Berichte der Vertragsstaaten, damit ein darin enthaltenes Ersuchen um fachliche Beratung oder Unterstützung oder ein darin enthaltener Hinweis, dass ein diesbezügliches Bedürfnis besteht, aufgegriffen werden kann; etwaige Bemerkungen und Empfehlungen des Ausschusses zu diesen Ersuchen oder Hinweisen werden beigefügt.

Artikel 37 Zusammenarbeit zwischen den Vertragsstaaten und dem Ausschuss

(1) Jeder Vertragsstaat arbeitet mit dem Ausschuss zusammen und ist seinen Mitgliedern bei der Erfüllung ihres Mandats behilflich.

(2) In seinen Beziehungen zu den Vertragsstaaten prüft der Ausschuss gebührend Möglichkeiten zur Stärkung der einzelstaatlichen Fähigkeiten zur Durchführung dieses Übereinkommens, einschließlich durch internationale Zusammenarbeit.

Artikel 38 Beziehungen des Ausschusses zu anderen Organen

Um die wirksame Durchführung dieses Übereinkommens und die internationale Zusammenarbeit auf dem von dem Übereinkommen erfassten Gebiet zu fördern,

a) haben die Sonderorganisationen und andere Organe der Vereinten Nationen das Recht, bei der Erörterung der Durchführung derjenigen Bestimmungen des Übereinkommens, die in ihren Aufgabenbereich fallen, vertreten zu sein. Der Ausschuss kann, wenn er dies für angebracht hält, Sonderorganisationen und andere zuständige Stellen einladen, sachkundige Stellungnahmen zur Durchführung des Übereinkommens auf Gebieten abzugeben, die in ihren jeweiligen Aufgabenbereich fallen. Der Ausschuss kann Sonderorganisationen und andere Organe der Vereinten Nationen einladen, ihm Berichte über die Durchführung des Übereinkommens auf den Gebieten vorzulegen, die in ihren Tätigkeitsbereich fallen;

b) konsultiert der Ausschuss bei der Wahrnehmung seines Mandats, soweit angebracht, andere einschlägige Organe, die durch internationale Menschenrechtsverträge geschaffen wurden, mit dem Ziel, die Kohärenz ihrer jeweiligen Berichterstattungsleitlinien, Vorschläge und allgemeinen Empfehlungen zu gewährleisten sowie Doppelungen und Überschneidungen bei der Durchführung ihrer Aufgaben zu vermeiden.

Artikel 39 Bericht des Ausschusses

Der Ausschuss berichtet der Generalversammlung und dem Wirtschafts- und Sozialrat alle zwei Jahre über seine Tätigkeit und kann aufgrund der Prüfung der von den Vertragsstaaten eingegangenen Berichte und

Auskünfte Vorschläge machen und allgemeine Empfehlungen abgeben. Diese werden zusammen mit etwaigen Stellungnahmen der Vertragsstaaten in den Ausschussbericht aufgenommen.

Artikel 40 Konferenz der Vertragsstaaten

(1) Die Vertragsstaaten treten regelmäßig in einer Konferenz der Vertragsstaaten zusammen, um jede Angelegenheit im Zusammenhang mit der Durchführung dieses Übereinkommens zu behandeln.

(2) Die Konferenz der Vertragsstaaten wird vom Generalsekretär der Vereinten Nationen spätestens sechs Monate nach Inkrafttreten dieses Übereinkommens einberufen. Die folgenden Treffen werden vom Generalsekretär alle zwei Jahre oder auf Beschluss der Konferenz der Vertragsstaaten einberufen.

Artikel 41 Verwahrer

Der Generalsekretär der Vereinten Nationen ist Verwahrer dieses Übereinkommens.

Artikel 42 Unterzeichnung

Dieses Übereinkommen liegt für alle Staaten und für Organisationen der regionalen Integration ab dem 30. März 2007 am Sitz der Vereinten Nationen in New York zur Unterzeichnung auf.

Artikel 43 Zustimmung, gebunden zu sein

Dieses Übereinkommen bedarf der Ratifikation durch die Unterzeichnerstaaten und der förmlichen Bestätigung durch die unterzeichnenden Organisationen der regionalen Integration. Es steht allen Staaten oder Organisationen der regionalen Integration, die das Übereinkommen nicht unterzeichnet haben, zum Beitritt offen.

Artikel 44 Organisationen der regionalen Integration

(1) Der Ausdruck „Organisation der regionalen Integration" bezeichnet eine von souveränen Staaten einer bestimmten Region gebildete Organisation, der ihre Mitgliedstaaten die Zuständigkeit für von diesem Übereinkommen erfasste Angelegenheiten übertragen haben. In ihren Urkunden der förmlichen Bestätigung oder Beitrittsurkunden erklären diese Organisationen den Umfang ihrer Zuständigkeiten in Bezug auf die durch dieses Übereinkommen erfassten Angelegenheiten. Danach teilen sie dem Verwahrer jede erhebliche Änderung des Umfangs ihrer Zuständigkeiten mit.

(2) Bezugnahmen auf „Vertragsstaaten" in diesem Übereinkommen finden auf solche Organisationen im Rahmen ihrer Zuständigkeit Anwendung.

(3) Für die Zwecke des Artikels 45 Absatz 1 und des Artikels 47 Absätze 2 und 3 wird eine von einer Organisation der regionalen Integration hinterlegte Urkunde nicht mitgezählt.

(4) Organisationen der regionalen Integration können in Angelegenheiten ihrer Zuständigkeit ihr Stimmrecht in der Konferenz der Vertragsstaaten mit der Anzahl von Stimmen ausüben, die der Anzahl ihrer Mitgliedstaaten entspricht, die Vertragsparteien dieses Übereinkommens sind. Diese Organisationen üben ihr Stimmrecht nicht aus, wenn einer ihrer Mitgliedstaaten sein Stimmrecht ausübt, und umgekehrt.

Artikel 45 Inkrafttreten

(1) Dieses Übereinkommen tritt am dreißigsten Tag nach Hinterlegung der zwanzigsten Ratifikations- oder Beitrittsurkunde in Kraft.

(2) Für jeden Staat und jede Organisation der regionalen Integration, der beziehungsweise die dieses Übereinkommen nach Hinterlegung der zwanzigsten entsprechenden Urkunde ratifiziert, förmlich bestätigt oder ihm beitritt, tritt das Übereinkommen am dreißigsten Tag nach Hinterlegung der eigenen Urkunde in Kraft.

Artikel 46 Vorbehalte

(1) Vorbehalte, die mit Ziel und Zweck dieses Übereinkommens unvereinbar sind, sind nicht zulässig.

(2) Vorbehalte können jederzeit zurückgenommen werden.

Artikel 47 Änderungen

(1) Jeder Vertragsstaat kann eine Änderung dieses Übereinkommens vorschlagen und beim Generalsekretär der Vereinten Nationen einreichen. Der Generalsekretär übermittelt jeden Änderungsvorschlag den Vertragsstaaten mit der Aufforderung, ihm zu notifizieren, ob sie eine Konferenz der Vertragsstaaten zur Beratung und Entscheidung über den Vorschlag befürworten. Befürwortet innerhalb von vier Monaten nach dem Datum der Übermittlung wenigstens ein Drittel der Vertragsstaaten eine solche Konferenz, so beruft der Generalsekretär die Konferenz unter der Schirmherrschaft der Vereinten Nationen ein. Jede Änderung, die von einer Mehrheit von zwei Dritteln der anwesenden und abstimmenden Vertragsstaaten beschlossen wird, wird vom Generalsekretär der Generalversammlung der Vereinten Nationen zur Genehmigung und danach allen Vertragsstaaten zur Annahme vorgelegt.

(2) Eine nach Absatz 1 beschlossene und genehmigte Änderung tritt am dreißigsten Tag nach dem Zeitpunkt in Kraft, zu dem die Anzahl der hinterlegten Annahmeurkunden zwei Drittel der Anzahl der Vertragsstaaten zum Zeitpunkt der Beschlussfassung über die Änderung erreicht. Danach tritt die Änderung für jeden Vertragsstaat am dreißigsten Tag nach Hinterlegung seiner eigenen Annahmeurkunde in Kraft. Eine Änderung ist nur für die Vertragsstaaten, die sie angenommen haben, verbindlich.

(3) Wenn die Konferenz der Vertragsstaaten dies im Konsens beschließt, tritt eine nach Absatz 1 beschlossene und genehmigte Änderung, die ausschließlich die Artikel 34, 38, 39 und 40 betrifft, für alle Vertragsstaaten am dreißigsten Tag nach dem Zeitpunkt in Kraft, zu dem die Anzahl der hinterlegten Annahmeurkunden zwei Drittel der Anzahl der Vertragsstaaten zum Zeitpunkt der Beschlussfassung über die Änderung erreicht.

Artikel 48 Kündigung

Ein Vertragsstaat kann dieses Übereinkommen durch eine an den Generalsekretär der Vereinten Nationen gerichtete schriftliche Notifikation kündigen. Die Kündigung wird ein Jahr nach Eingang der Notifikation beim Generalsekretär wirksam.

Artikel 49 Zugängliches Format

Der Wortlaut dieses Übereinkommens wird in zugänglichen Formaten zur Verfügung gestellt.

Artikel 50 Verbindliche Wortlaute

Der arabische, der chinesische, der englische, der französische, der russische und der spanische Wortlaut dieses Übereinkommens sind gleichermaßen verbindlich.

Allgemeines Gleichbehandlungsgesetz (AGG)

Vom 14. August 2006 (BGBl. I S. 1897)

Zuletzt geändert durch
SEPA-Begleitgesetz
vom 3. April 2013 (BGBl. I S. 610)

Inhaltsübersicht

Abschnitt 1
Allgemeiner Teil

§ 1 Ziel des Gesetzes

Ziel des Gesetzes ist, Benachteiligungen aus Gründen der Rasse oder wegen der ethnischen Herkunft, des Geschlechts, der Religion oder Weltanschauung, einer Behinderung, des Alters oder der sexuellen Identität zu verhindern oder zu beseitigen.

§ 2 Anwendungsbereich

(1) Benachteiligungen aus einem in § 1 genannten Grund sind nach Maßgabe dieses Gesetzes unzulässig in Bezug auf:

1. die Bedingungen, einschließlich Auswahlkriterien und Einstellungsbedingungen, für den Zugang zu unselbstständiger und selbstständiger Erwerbstätigkeit, unabhängig von Tätigkeitsfeld und beruflicher Position, sowie für den beruflichen Aufstieg,
2. die Beschäftigungs- und Arbeitsbedingungen einschließlich Arbeitsentgelt und Entlassungsbedingungen, insbesondere in individual- und kollektivrechtlichen Vereinbarungen und Maßnahmen bei der Durchführung und Beendigung eines Beschäftigungsverhältnisses sowie beim beruflichen Aufstieg,
3. den Zugang zu allen Formen und allen Ebenen der Berufsberatung, der Berufsbildung einschließlich der Berufsausbildung, der beruflichen Weiterbildung und der Umschulung sowie der praktischen Berufserfahrung,
4. die Mitgliedschaft und Mitwirkung in einer Beschäftigten- oder Arbeitgebervereinigung oder einer Vereinigung, deren Mitglieder einer bestimmten Berufsgruppe angehören, einschließlich der Inanspruchnahme der Leistungen solcher Vereinigungen,
5. den Sozialschutz, einschließlich der sozialen Sicherheit und der Gesundheitsdienste,
6. die sozialen Vergünstigungen,
7. die Bildung,
8. den Zugang zu und die Versorgung mit Gütern und Dienstleistungen, die der Öffentlichkeit zur Verfügung stehen, einschließlich von Wohnraum.

(2) $_1$Für Leistungen nach dem Sozialgesetzbuch gelten § 33c des Ersten Buches Sozialgesetzbuch und § 19a des Vierten Buches Sozialgesetzbuch. $_2$Für die betriebliche Altersvorsorge gilt das Betriebsrentengesetz.

(3) $_1$Die Geltung sonstiger Benachteiligungsverbote oder Gebote der Gleichbehandlung wird durch dieses Gesetz nicht berührt. $_2$Dies gilt auch für öffentlich-rechtliche Vorschriften, die dem Schutz bestimmter Personengruppen dienen.

(4) Für Kündigungen gelten ausschließlich die Bestimmungen zum allgemeinen und besonderen Kündigungsschutz.

§ 3 Begriffsbestimmungen

(1) $_1$Eine unmittelbare Benachteiligung liegt vor, wenn eine Person wegen eines in § 1 genannten Grundes eine weniger günstige Behandlung erfährt, als eine andere Person in einer vergleichbaren Situation erfährt, erfahren hat oder erfahren würde. $_2$Eine unmittelbare Benachteiligung wegen des Geschlechts liegt in Bezug auf § 2 Abs. 1 Nr. 1 bis 4 auch im Falle einer ungünstigeren Behandlung einer Frau wegen Schwangerschaft oder Mutterschaft vor.

(2) Eine mittelbare Benachteiligung liegt vor, wenn dem Anschein nach neutrale Vorschriften, Kriterien oder Verfahren Personen wegen eines in § 1 genannten Grundes gegenüber anderen Personen in besonderer Weise benachteiligen können, es sei denn, die betreffenden Vorschriften, Kriterien oder Verfahren sind durch ein rechtmäßiges Ziel sachlich gerechtfertigt und die Mittel sind zur Erreichung dieses Ziels angemessen und erforderlich.

(3) Eine Belästigung ist eine Benachteiligung, wenn unerwünschte Verhaltensweisen, die mit einem in § 1 genannten Grund in Zusammenhang stehen, bezwecken oder bewirken, dass die Würde der betreffenden Person verletzt und ein von Einschüchterungen, Anfeindungen, Erniedrigungen, Entwürdigungen

oder Beleidigungen gekennzeichnetes Umfeld geschaffen wird.

(4) Eine sexuelle Belästigung ist eine Benachteiligung in Bezug auf § 2 Abs. 1 Nr. 1 bis 4, wenn ein unerwünschtes, sexuell bestimmtes Verhalten, wozu auch unerwünschte sexuelle Handlungen und Aufforderungen zu diesen, sexuell bestimmte körperliche Berührungen, Bemerkungen sexuellen Inhalts sowie unerwünschtes Zeigen und sichtbares Anbringen von pornographischen Darstellungen gehören, bezweckt oder bewirkt, dass die Würde der betreffenden Person verletzt wird, insbesondere wenn ein von Einschüchterungen, Anfeindungen, Erniedrigungen, Entwürdigungen oder Beleidigungen gekennzeichnetes Umfeld geschaffen wird.

(5) $_1$Die Anweisung zur Benachteiligung einer Person aus einem in § 1 genannten Grund gilt als Benachteiligung. $_2$Eine solche Anweisung liegt in Bezug auf § 2 Abs. 1 Nr. 1 bis 4 insbesondere vor, wenn jemand eine Person zu einem Verhalten bestimmt, das einen Beschäftigten oder eine Beschäftigte wegen eines in § 1 genannten Grundes benachteiligt oder benachteiligen kann.

§ 4 Unterschiedliche Behandlung wegen mehrerer Gründe

Erfolgt eine unterschiedliche Behandlung wegen mehrerer der in § 1 genannten Gründe, so kann diese unterschiedliche Behandlung nach den §§ 8 bis 10 und 20 nur gerechtfertigt werden, wenn sich die Rechtfertigung auf alle diese Gründe erstreckt, derentwegen die unterschiedliche Behandlung erfolgt.

§ 5 Positive Maßnahmen

Ungeachtet der in den §§ 8 bis 10 sowie in § 20 benannten Gründe ist eine unterschiedliche Behandlung auch zulässig, wenn durch geeignete und angemessene Maßnahmen bestehende Nachteile wegen eines in § 1 genannten Grundes verhindert oder ausgeglichen werden sollen.

Abschnitt 2
Schutz der Beschäftigten vor Benachteiligung

Unterabschnitt 1
Verbot der Benachteiligung

§ 6 Persönlicher Anwendungsbereich

(1) $_1$Beschäftigte im Sinne dieses Gesetzes sind

1. Arbeitnehmerinnen und Arbeitnehmer,
2. die zu ihrer Berufsbildung Beschäftigten,
3. Personen, die wegen ihrer wirtschaftlichen Unselbstständigkeit als arbeitnehmerähnliche Personen anzusehen sind; zu diesen gehören auch die in Heimarbeit Beschäftigten und die ihnen Gleichgestellten.

$_2$Als Beschäftigte gelten auch die Bewerberinnen und Bewerber für ein Beschäftigungsverhältnis sowie die Personen, deren Beschäftigungsverhältnis beendet ist.

(2) $_1$Arbeitgeber (Arbeitgeber und Arbeitgeberinnen) im Sinne dieses Abschnitts sind natürliche und juristische Personen sowie rechtsfähige Personengesellschaften, die Personen nach Absatz 1 beschäftigen. $_2$Werden Beschäftigte einem Dritten zur Arbeitsleistung überlassen, so gilt auch dieser als Arbeitgeber im Sinne dieses Abschnitts. $_3$Für die in Heimarbeit Beschäftigten und die ihnen Gleichgestellten tritt an die Stelle des Arbeitgebers der Auftraggeber oder Zwischenmeister.

(3) Soweit es die Bedingungen für den Zugang zur Erwerbstätigkeit sowie den beruflichen Aufstieg betrifft, gelten die Vorschriften dieses Abschnitts für Selbstständige und Organmitglieder, insbesondere Geschäftsführer oder Geschäftsführerinnen und Vorstände, entsprechend.

§ 7 Benachteiligungsverbot

(1) Beschäftigte dürfen nicht wegen eines in § 1 genannten Grundes benachteiligt werden; dies gilt auch, wenn die Person, die die Benachteiligung begeht, das Vorliegen eines in § 1 genannten Grundes bei der Benachteiligung nur annimmt.

I

(2) Bestimmungen in Vereinbarungen, die gegen das Benachteiligungsverbot des Absatzes 1 verstoßen, sind unwirksam.

(3) Eine Benachteiligung nach Absatz 1 durch Arbeitgeber oder Beschäftigte ist eine Verletzung vertraglicher Pflichten.

§ 8 Zulässige unterschiedliche Behandlung wegen beruflicher Anforderungen

(1) Eine unterschiedliche Behandlung wegen eines in § 1 genannten Grundes ist zulässig, wenn dieser Grund wegen der Art der auszuübenden Tätigkeit oder der Bedingungen ihrer Ausübung eine wesentliche und entscheidende berufliche Anforderung darstellt, sofern der Zweck rechtmäßig und die Anforderung angemessen ist.

(2) Die Vereinbarung einer geringeren Vergütung für gleiche oder gleichwertige Arbeit wegen eines in § 1 genannten Grundes wird nicht dadurch gerechtfertigt, dass wegen eines in § 1 genannten Grundes besondere Schutzvorschriften gelten.

§ 9 Zulässige unterschiedliche Behandlung wegen der Religion oder Weltanschauung

(1) Ungeachtet des § 8 ist eine unterschiedliche Behandlung wegen der Religion oder der Weltanschauung bei der Beschäftigung durch Religionsgemeinschaften, die ihnen zugeordneten Einrichtungen ohne Rücksicht auf ihre Rechtsform oder durch Vereinigungen, die sich die gemeinschaftliche Pflege einer Religion oder Weltanschauung zur Aufgabe machen, auch zulässig, wenn eine bestimmte Religion oder Weltanschauung unter Beachtung des Selbstverständnisses der jeweiligen Religionsgemeinschaft oder Vereinigung im Hinblick auf ihr Selbstbestimmungsrecht oder nach der Art der Tätigkeit eine gerechtfertigte berufliche Anforderung darstellt.

(2) Das Verbot unterschiedlicher Behandlung wegen der Religion oder der Weltanschauung berührt nicht das Recht der in Absatz 1 genannten Religionsgemeinschaften, der ihnen zugeordneten Einrichtungen ohne Rücksicht auf ihre Rechtsform oder der Vereinigungen, die sich die gemeinschaftliche Pflege einer Religion oder Weltanschauung zur Aufgabe machen, von ihren Beschäftigten ein loyales und aufrichtiges Verhalten im Sinne ihres jeweiligen Selbstverständnisses verlangen zu können.

§ 10 Zulässige unterschiedliche Behandlung wegen des Alters

$_1$Ungeachtet des § 8 ist eine unterschiedliche Behandlung wegen des Alters auch zulässig, wenn sie objektiv und angemessen und durch ein legitimes Ziel gerechtfertigt ist. $_2$Die Mittel zur Erreichung dieses Ziels müssen angemessen und erforderlich sein. $_3$Derartige unterschiedliche Behandlungen können insbesondere Folgendes einschließen:

1. die Festlegung besonderer Bedingungen für den Zugang zur Beschäftigung und zur beruflichen Bildung sowie besonderer Beschäftigungs- und Arbeitsbedingungen, einschließlich der Bedingungen für Entlohnung und Beendigung des Beschäftigungsverhältnisses, um die berufliche Eingliederung von Jugendlichen, älteren Beschäftigten und Personen mit Fürsorgepflichten zu fördern oder ihren Schutz sicherzustellen,
2. die Festlegung von Mindestanforderungen an das Alter, die Berufserfahrung oder das Dienstalter für den Zugang zur Beschäftigung oder für bestimmte mit der Beschäftigung verbundene Vorteile,
3. die Festsetzung eines Höchstalters für die Einstellung auf Grund der spezifischen Ausbildungsanforderungen eines bestimmten Arbeitsplatzes oder auf Grund der Notwendigkeit einer angemessenen Beschäftigungszeit vor dem Eintritt in den Ruhestand,
4. die Festsetzung von Altersgrenzen bei den betrieblichen Systemen der sozialen Sicherheit als Voraussetzung für die Mitgliedschaft oder den Bezug von Altersrente oder von Leistungen bei Invalidität einschließlich der Festsetzung unterschiedlicher Altersgrenzen im Rahmen dieser Systeme für bestimmte Beschäftigte oder

Gruppen von Beschäftigten und die Verwendung von Alterskriterien im Rahmen dieser Systeme für versicherungsmathematische Berechnungen,

5. eine Vereinbarung, die die Beendigung des Beschäftigungsverhältnisses ohne Kündigung zu einem Zeitpunkt vorsieht, zu dem der oder die Beschäftigte eine Rente wegen Alters beantragen kann; § 41 des Sechsten Buches Sozialgesetzbuch bleibt unberührt,
6. Differenzierungen von Leistungen in Sozialplänen im Sinne des Betriebsverfassungsgesetzes, wenn die Parteien eine nach Alter oder Betriebszugehörigkeit gestaffelte Abfindungsregelung geschaffen haben, in der die wesentlich vom Alter abhängenden Chancen auf dem Arbeitsmarkt durch eine verhältnismäßig starke Betonung des Lebensalters erkennbar berücksichtigt worden sind, oder Beschäftigte von den Leistungen des Sozialplans ausgeschlossen haben, die wirtschaftlich abgesichert sind, weil sie, gegebenenfalls nach Bezug von Arbeitslosengeld, rentenberechtigt sind.

Unterabschnitt 2
Organisationspflichten des Arbeitgebers

§ 11 Ausschreibung

Ein Arbeitsplatz darf nicht unter Verstoß gegen § 7 Abs. 1 ausgeschrieben werden.

§ 12 Maßnahmen und Pflichten des Arbeitgebers

(1) 1Der Arbeitgeber ist verpflichtet, die erforderlichen Maßnahmen zum Schutz vor Benachteiligungen wegen eines in § 1 genannten Grundes zu treffen. 2Dieser Schutz umfasst auch vorbeugende Maßnahmen.

(2) 1Der Arbeitgeber soll in geeigneter Art und Weise, insbesondere im Rahmen der beruflichen Aus- und Fortbildung, auf die Unzulässigkeit solcher Benachteiligungen hinweisen und darauf hinwirken, dass diese unterbleiben. 2Hat der Arbeitgeber seine Beschäftigten in geeigneter Weise zum Zwecke der Verhinderung von Benachteiligung geschult, gilt dies als Erfüllung seiner Pflichten nach Absatz 1.

(3) Verstoßen Beschäftigte gegen das Benachteiligungsverbot des § 7 Abs. 1, so hat der Arbeitgeber die im Einzelfall geeigneten, erforderlichen und angemessenen Maßnahmen zur Unterbindung der Benachteiligung wie Abmahnung, Umsetzung, Versetzung oder Kündigung zu ergreifen.

(4) Werden Beschäftigte bei der Ausübung ihrer Tätigkeit durch Dritte nach § 7 Abs. 1 benachteiligt, so hat der Arbeitgeber die im Einzelfall geeigneten, erforderlichen und angemessenen Maßnahmen zum Schutz der Beschäftigten zu ergreifen.

(5) 1Dieses Gesetz und § 61b des Arbeitsgerichtsgesetzes sowie Informationen über die für die Behandlung von Beschwerden nach § 13 zuständigen Stellen sind im Betrieb oder in der Dienststelle bekannt zu machen. 2Die Bekanntmachung kann durch Aushang oder Auslegung an geeigneter Stelle oder den Einsatz der im Betrieb oder der Dienststelle üblichen Informations- und Kommunikationstechnik erfolgen.

Unterabschnitt 3
Rechte der Beschäftigten

§ 13 Beschwerderecht

(1) 1Die Beschäftigten haben das Recht, sich bei den zuständigen Stellen des Betriebs, des Unternehmens oder der Dienststelle zu beschweren, wenn sie sich im Zusammenhang mit ihrem Beschäftigungsverhältnis vom Arbeitgeber, von Vorgesetzten, anderen Beschäftigten oder Dritten wegen eines in § 1 genannten Grundes benachteiligt fühlen. 2Die Beschwerde ist zu prüfen und das Ergebnis der oder dem beschwerdeführenden Beschäftigten mitzuteilen.

(2) Die Rechte der Arbeitnehmervertretungen bleiben unberührt.

§ 14 Leistungsverweigerungsrecht

1Ergreift der Arbeitgeber keine oder offensichtlich ungeeignete Maßnahmen zur Unterbindung einer Belästigung oder sexuellen Belästigung am Arbeitsplatz, sind die betrof-

I

fenen Beschäftigten berechtigt, ihre Tätigkeit ohne Verlust des Arbeitsentgelts einzustellen, soweit dies zu ihrem Schutz erforderlich ist. 2§ 273 des Bürgerlichen Gesetzbuchs bleibt unberührt.

§ 15 Entschädigung und Schadensersatz

(1) 1Bei einem Verstoß gegen das Benachteiligungsverbot ist der Arbeitgeber verpflichtet, den hierdurch entstandenen Schaden zu ersetzen. 2Dies gilt nicht, wenn der Arbeitgeber die Pflichtverletzung nicht zu vertreten hat.

(2) 1Wegen eines Schadens, der nicht Vermögensschaden ist, kann der oder die Beschäftigte eine angemessene Entschädigung in Geld verlangen. 2Die Entschädigung darf bei einer Nichteinstellung drei Monatsgehälter nicht übersteigen, wenn der oder die Beschäftigte auch bei benachteiligungsfreier Auswahl nicht eingestellt worden wäre.

(3) Der Arbeitgeber ist bei der Anwendung kollektiv-rechtlicher Vereinbarungen nur dann zur Entschädigung verpflichtet, wenn er vorsätzlich oder grob fahrlässig handelt.

(4) 1Ein Anspruch nach Absatz 1 oder 2 muss innerhalb einer Frist von zwei Monaten schriftlich geltend gemacht werden, es sei denn, die Tarifvertragsparteien haben etwas anderes vereinbart. 2Die Frist beginnt im Falle einer Bewerbung oder eines beruflichen Aufstiegs mit dem Zugang der Ablehnung und in den sonstigen Fällen einer Benachteiligung zu dem Zeitpunkt, in dem der oder die Beschäftigte von der Benachteiligung Kenntnis erlangt.

(5) Im Übrigen bleiben Ansprüche gegen den Arbeitgeber, die sich aus anderen Rechtsvorschriften ergeben, unberührt.

(6) Ein Verstoß des Arbeitgebers gegen das Benachteiligungsverbot des § 7 Abs. 1 begründet keinen Anspruch auf Begründung eines Beschäftigungsverhältnisses, Berufsausbildungsverhältnisses oder einen beruflichen Aufstieg, es sei denn, ein solcher ergibt sich aus einem anderen Rechtsgrund.

§ 16 Maßregelungsverbot

(1) 1Der Arbeitgeber darf Beschäftigte nicht wegen der Inanspruchnahme von Rechten nach diesem Abschnitt oder wegen der Weigerung, eine gegen diesen Abschnitt verstoßende Anweisung auszuführen, benachteiligen. 2Gleiches gilt für Personen, die den Beschäftigten hierbei unterstützen oder als Zeuginnen oder Zeugen aussagen.

(2) 1Die Zurückweisung oder Duldung benachteiligender Verhaltensweisen durch betroffene Beschäftigte darf nicht als Grundlage für eine Entscheidung herangezogen werden, die diese Beschäftigten berührt. 2Absatz 1 Satz 2 gilt entsprechend.

(3) § 22 gilt entsprechend.

Unterabschnitt 4
Ergänzende Vorschriften

§ 17 Soziale Verantwortung der Beteiligten

(1) Tarifvertragsparteien, Arbeitgeber, Beschäftigte und deren Vertretungen sind aufgefordert, im Rahmen ihrer Aufgaben und Handlungsmöglichkeiten an der Verwirklichung des in § 1 genannten Ziels mitzuwirken.

(2) 1In Betrieben, in denen die Voraussetzungen des § 1 Abs. 1 Satz 1 des Betriebsverfassungsgesetzes vorliegen, können bei einem groben Verstoß des Arbeitgebers gegen Vorschriften aus diesem Abschnitt der Betriebsrat oder eine im Betrieb vertretene Gewerkschaft unter der Voraussetzung des § 23 Abs. 3 Satz 1 des Betriebsverfassungsgesetzes die dort genannten Rechte gerichtlich geltend machen; § 23 Abs. 3 Satz 2 bis 5 des Betriebsverfassungsgesetzes gilt entsprechend. 2Mit dem Antrag dürfen nicht Ansprüche des Benachteiligten geltend gemacht werden.

§ 18 Mitgliedschaft in Vereinigungen

(1) Die Vorschriften dieses Abschnitts gelten entsprechend für die Mitgliedschaft oder die Mitwirkung in einer

1. Tarifvertragspartei,
2. Vereinigung, deren Mitglieder einer bestimmten Berufsgruppe angehören oder die eine überragende Machtstellung im wirtschaftlichen oder sozialen Bereich innehat, wenn ein grundlegendes Interesse am Erwerb der Mitgliedschaft besteht,

sowie deren jeweiligen Zusammenschlüssen.

(2) Wenn die Ablehnung einen Verstoß gegen das Benachteiligungsverbot des § 7 Abs. 1 darstellt, besteht ein Anspruch auf Mitgliedschaft oder Mitwirkung in den in Absatz 1 genannten Vereinigungen.

Abschnitt 3
Schutz vor Benachteiligung im Zivilrechtsverkehr

§ 19 Zivilrechtliches Benachteiligungsverbot

(1) Eine Benachteiligung aus Gründen der Rasse oder wegen der ethnischen Herkunft, wegen des Geschlechts, der Religion, einer Behinderung, des Alters oder der sexuellen Identität bei der Begründung, Durchführung und Beendigung zivilrechtlicher Schuldverhältnisse, die

1. typischerweise ohne Ansehen der Person zu vergleichbaren Bedingungen in einer Vielzahl von Fällen zustande kommen (Massengeschäfte) oder bei denen das Ansehen der Person nach der Art des Schuldverhältnisses eine nachrangige Bedeutung hat und die zu vergleichbaren Bedingungen in einer Vielzahl von Fällen zustande kommen oder
2. eine privatrechtliche Versicherung zum Gegenstand haben,

ist unzulässig.

(2) Eine Benachteiligung aus Gründen der Rasse oder wegen der ethnischen Herkunft ist darüber hinaus auch bei der Begründung, Durchführung und Beendigung sonstiger zivilrechtlicher Schuldverhältnisse im Sinne des § 2 Abs. 1 Nr. 5 bis 8 unzulässig.

(3) Bei der Vermietung von Wohnraum ist eine unterschiedliche Behandlung im Hinblick auf die Schaffung und Erhaltung sozial stabiler Bewohnerstrukturen und ausgewogener Siedlungsstrukturen sowie ausgeglichener wirtschaftlicher, sozialer und kultureller Verhältnisse zulässig.

(4) Die Vorschriften dieses Abschnitts finden keine Anwendung auf familien- und erbrechtliche Schuldverhältnisse.

(5) $_1$Die Vorschriften dieses Abschnitts finden keine Anwendung auf zivilrechtliche Schuldverhältnisse, bei denen ein besonderes Nähe- oder Vertrauensverhältnis der Parteien oder ihrer Angehörigen begründet wird. $_2$Bei Mietverhältnissen kann dies insbesondere der Fall sein, wenn die Parteien oder ihre Angehörigen Wohnraum auf demselben Grundstück nutzen. $_3$Die Vermietung von Wohnraum zum nicht nur vorübergehenden Gebrauch ist in der Regel kein Geschäft im Sinne des Absatzes 1 Nr. 1, wenn der Vermieter insgesamt nicht mehr als 50 Wohnungen vermietet.

§ 20 Zulässige unterschiedliche Behandlung

(1) $_1$Eine Verletzung des Benachteiligungsverbots ist nicht gegeben, wenn für eine unterschiedliche Behandlung wegen der Religion, einer Behinderung, des Alters, der sexuellen Identität oder des Geschlechts ein sachlicher Grund vorliegt. $_2$Das kann insbesondere der Fall sein, wenn die unterschiedliche Behandlung

1. der Vermeidung von Gefahren, der Verhütung von Schäden oder anderen Zwecken vergleichbarer Art dient,
2. dem Bedürfnis nach Schutz der Intimsphäre oder der persönlichen Sicherheit Rechnung trägt,
3. besondere Vorteile gewährt und ein Interesse an der Durchsetzung der Gleichbehandlung fehlt,
4. an die Religion eines Menschen anknüpft und im Hinblick auf die Ausübung der Religionsfreiheit oder auf das Selbstbestimmungsrecht der Religionsgemeinschaften, der ihnen zugeordneten Einrichtungen ohne Rücksicht auf ihre Rechtsform sowie der Vereinigungen, die sich die gemein-

schaftliche Pflege einer Religion zur Aufgabe machen, unter Beachtung des jeweiligen Selbstverständnisses gerechtfertigt ist.

(2) 1Kosten im Zusammenhang mit Schwangerschaft und Mutterschaft dürfen auf keinen Fall zu unterschiedlichen Prämien oder Leistungen führen. 2Eine unterschiedliche Behandlung wegen der Religion, einer Behinderung, des Alters oder der sexuellen Identität ist im Falle des § 19 Abs. 1 Nr. 2 nur zulässig, wenn diese auf anerkannten Prinzipien risikoadäquater Kalkulation beruht, insbesondere auf einer versicherungsmathematisch ermittelten Risikobewertung unter Heranziehung statistischer Erhebungen.

§ 21 Ansprüche

(1) 1Der Benachteiligte kann bei einem Verstoß gegen das Benachteiligungsverbot unbeschadet weiterer Ansprüche die Beseitigung der Beeinträchtigung verlangen. 2Sind weitere Beeinträchtigungen zu besorgen, so kann er auf Unterlassung klagen.

(2) 1Bei einer Verletzung des Benachteiligungsverbots ist der Benachteiligende verpflichtet, den hierdurch entstandenen Schaden zu ersetzen. 2Dies gilt nicht, wenn der Benachteiligende die Pflichtverletzung nicht zu vertreten hat. 3Wegen eines Schadens, der nicht Vermögensschaden ist, kann der Benachteiligte eine angemessene Entschädigung in Geld verlangen.

(3) Ansprüche aus unerlaubter Handlung bleiben unberührt.

(4) Auf eine Vereinbarung, die von dem Benachteiligungsverbot abweicht, kann sich der Benachteiligende nicht berufen.

(5) 1Ein Anspruch nach den Absätzen 1 und 2 muss innerhalb einer Frist von zwei Monaten geltend gemacht werden. 2Nach Ablauf der Frist kann der Anspruch nur geltend gemacht werden, wenn der Benachteiligte ohne Verschulden an der Einhaltung der Frist verhindert war.

Abschnitt 4
Rechtsschutz

§ 22 Beweislast

Wenn im Streitfall die eine Partei Indizien beweist, die eine Benachteiligung wegen eines in § 1 genannten Grundes vermuten lassen, trägt die andere Partei die Beweislast dafür, dass kein Verstoß gegen die Bestimmungen zum Schutz vor Benachteiligung vorgelegen hat.

§ 23 Unterstützung durch Antidiskriminierungsverbände

(1) 1Antidiskriminierungsverbände sind Personenzusammenschlüsse, die nicht gewerbsmäßig und nicht nur vorübergehend entsprechend ihrer Satzung die besonderen Interessen von benachteiligten Personen oder Personengruppen nach Maßgabe von § 1 wahrnehmen. 2Die Befugnisse nach den Absätzen 2 bis 4 stehen ihnen zu, wenn sie mindestens 75 Mitglieder haben oder einen Zusammenschluss aus mindestens sieben Verbänden bilden.

(2) 1Antidiskriminierungsverbände sind befugt, im Rahmen ihres Satzungszwecks in gerichtlichen Verfahren als Beistände Benachteiligter in der Verhandlung aufzutreten. 2Im Übrigen bleiben die Vorschriften der Verfahrensordnungen, insbesondere diejenigen, nach denen Beiständen weiterer Vortrag untersagt werden kann, unberührt.

(3) Antidiskriminierungsverbänden ist im Rahmen ihres Satzungszwecks die Besorgung von Rechtsangelegenheiten Benachteiligter gestattet.

(4) Besondere Klagerechte und Vertretungsbefugnisse von Verbänden zu Gunsten von behinderten Menschen bleiben unberührt.

Abschnitt 5
Sonderregelungen für öffentlich-rechtliche Dienstverhältnisse

§ 24 Sonderregelung für öffentlich-rechtliche Dienstverhältnisse

Die Vorschriften dieses Gesetzes gelten unter Berücksichtigung ihrer besonderen Rechtsstellung entsprechend für

1. Beamtinnen und Beamte des Bundes, der Länder, der Gemeinden, der Gemeindeverbände sowie der sonstigen der Aufsicht des Bundes oder eines Landes unterstehenden Körperschaften, Anstalten und Stiftungen des öffentlichen Rechts,
2. Richterinnen und Richter des Bundes und der Länder,
3. Zivildienstleistende sowie anerkannte Kriegsdienstverweigerer, soweit ihre Heranziehung zum Zivildienst betroffen ist.

Abschnitt 6
Antidiskriminierungsstelle

§ 25 Antidiskriminierungsstelle des Bundes

(1) Beim Bundesministerium für Familie, Senioren, Frauen und Jugend wird unbeschadet der Zuständigkeit der Beauftragten des Deutschen Bundestages oder der Bundesregierung die Stelle des Bundes zum Schutz vor Benachteiligungen wegen eines in § 1 genannten Grundes (Antidiskriminierungsstelle des Bundes) errichtet.

(2) $_1$Der Antidiskriminierungsstelle des Bundes ist die für die Erfüllung ihrer Aufgaben notwendige Personal- und Sachausstattung zur Verfügung zu stellen. $_2$Sie ist im Einzelplan des Bundesministeriums für Familie, Senioren, Frauen und Jugend in einem eigenen Kapitel auszuweisen.

§ 26 Rechtsstellung der Leitung der Antidiskriminierungsstelle des Bundes

(1) $_1$Die Bundesministerin oder der Bundesminister für Familie, Senioren, Frauen und Jugend ernennt auf Vorschlag der Bundesregierung eine Person zur Leitung der Antidiskriminierungsstelle des Bundes. $_2$Sie steht nach Maßgabe dieses Gesetzes in einem öffentlich-rechtlichen Amtsverhältnis zum Bund. $_3$Sie ist in Ausübung ihres Amtes unabhängig und nur dem Gesetz unterworfen.

(2) Das Amtsverhältnis beginnt mit der Aushändigung der Urkunde über die Ernennung durch die Bundesministerin oder den Bundesminister für Familie, Senioren, Frauen und Jugend.

(3) $_1$Das Amtsverhältnis endet außer durch Tod

1. mit dem Zusammentreten eines neuen Bundestages,
2. durch Ablauf der Amtszeit mit Erreichen der Altersgrenze nach § 51 Abs. 1 und 2 des Bundesbeamtengesetzes,
3. mit der Entlassung.

$_2$Die Bundesministerin oder der Bundesminister für Familie, Senioren, Frauen und Jugend entlässt die Leiterin oder den Leiter der Antidiskriminierungsstelle des Bundes auf deren Verlangen oder wenn Gründe vorliegen, die bei einer Richterin oder einem Richter auf Lebenszeit die Entlassung aus dem Dienst rechtfertigen. $_3$Im Falle der Beendigung des Amtsverhältnisses erhält die Leiterin oder der Leiter der Antidiskriminierungsstelle des Bundes eine von der Bundesministerin oder dem Bundesminister für Familie, Senioren, Frauen und Jugend vollzogene Urkunde. $_4$Die Entlassung wird mit der Aushändigung der Urkunde wirksam.

(4) $_1$Das Rechtsverhältnis der Leitung der Antidiskriminierungsstelle des Bundes gegenüber dem Bund wird durch Vertrag mit dem Bundesministerium für Familie, Senioren, Frauen und Jugend geregelt. $_2$Der Vertrag bedarf der Zustimmung der Bundesregierung.

(5) $_1$Wird eine Bundesbeamtin oder ein Bundesbeamter zur Leitung der Antidiskriminierungsstelle des Bundes bestellt, scheidet er oder sie mit Beginn des Amtsverhältnisses aus dem bisherigen Amt aus. $_2$Für die Dauer des Amtsverhältnisses ruhen die aus dem Beamtenverhältnis begründeten Rechte und Pflichten mit Ausnahme der Pflicht zur Amts-

verschwiegenheit und des Verbots der Annahme von Belohnungen oder Geschenken. $_3$Bei unfallverletzten Beamtinnen oder Beamten bleiben die gesetzlichen Ansprüche auf das Heilverfahren und einen Unfallausgleich unberührt.

§ 27 Aufgaben

(1) Wer der Ansicht ist, wegen eines in § 1 genannten Grundes benachteiligt worden zu sein, kann sich an die Antidiskriminierungsstelle des Bundes wenden.

(2) $_1$Die Antidiskriminierungsstelle des Bundes unterstützt auf unabhängige Weise Personen, die sich nach Absatz 1 an sie wenden, bei der Durchsetzung ihrer Rechte zum Schutz vor Benachteiligungen. $_2$Hierbei kann sie insbesondere

1. über Ansprüche und die Möglichkeiten des rechtlichen Vorgehens im Rahmen gesetzlicher Regelungen zum Schutz vor Benachteiligungen informieren,
2. Beratung durch andere Stellen vermitteln,
3. eine gütliche Beilegung zwischen den Beteiligten anstreben.

$_3$Soweit Beauftragte des Deutschen Bundestages oder der Bundesregierung zuständig sind, leitet die Antidiskriminierungsstelle des Bundes die Anliegen der in Absatz 1 genannten Personen mit deren Einverständnis unverzüglich an diese weiter.

(3) Die Antidiskriminierungsstelle des Bundes nimmt auf unabhängige Weise folgende Aufgaben wahr, soweit nicht die Zuständigkeit der Beauftragten der Bundesregierung oder des Deutschen Bundestages berührt ist:

1. Öffentlichkeitsarbeit,
2. Maßnahmen zur Verhinderung von Benachteiligungen aus den in § 1 genannten Gründen,
3. Durchführung wissenschaftlicher Untersuchungen zu diesen Benachteiligungen.

(4) $_1$Die Antidiskriminierungsstelle des Bundes und die in ihrem Zuständigkeitsbereich betroffenen Beauftragten der Bundesregierung und des Deutschen Bundestages legen gemeinsam dem Deutschen Bundestag alle vier Jahre Berichte über Benachteiligungen aus den in § 1 genannten Gründen vor und geben Empfehlungen zur Beseitigung und Vermeidung dieser Benachteiligungen. $_2$Sie können gemeinsam wissenschaftliche Untersuchungen zu Benachteiligungen durchführen.

(5) Die Antidiskriminierungsstelle des Bundes und die in ihrem Zuständigkeitsbereich betroffenen Beauftragten der Bundesregierung und des Deutschen Bundestages sollen bei Benachteiligungen aus mehreren der in § 1 genannten Gründe zusammenarbeiten.

§ 28 Befugnisse

(1) Die Antidiskriminierungsstelle des Bundes kann in Fällen des § 27 Abs. 2 Satz 2 Nr. 3 Beteiligte um Stellungnahmen ersuchen, soweit die Person, die sich nach § 27 Abs. 1 an sie gewandt hat, hierzu ihr Einverständnis erklärt.

(2) $_1$Alle Bundesbehörden und sonstigen öffentlichen Stellen im Bereich des Bundes sind verpflichtet, die Antidiskriminierungsstelle des Bundes bei der Erfüllung ihrer Aufgaben zu unterstützen, insbesondere die erforderlichen Auskünfte zu erteilen. $_2$Die Bestimmungen zum Schutz personenbezogener Daten bleiben unberührt.

§ 29 Zusammenarbeit mit Nichtregierungsorganisationen und anderen Einrichtungen

Die Antidiskriminierungsstelle des Bundes soll bei ihrer Tätigkeit Nichtregierungsorganisationen sowie Einrichtungen, die auf europäischer, Bundes-, Landes- oder regionaler Ebene zum Schutz vor Benachteiligungen wegen eines in § 1 genannten Grundes tätig sind, in geeigneter Form einbeziehen.

§ 30 Beirat

(1) $_1$Zur Förderung des Dialogs mit gesellschaftlichen Gruppen und Organisationen, die sich den Schutz vor Benachteiligungen wegen eines in § 1 genannten Grundes zum Ziel gesetzt haben, wird der Antidiskriminierungsstelle des Bundes ein Beirat beigeordnet. $_2$Der Beirat berät die Antidiskriminierungsstelle des Bundes bei der Vorlage von Berichten und Empfehlungen an den Deut-

schen Bundestag nach § 27 Abs. 4 und kann hierzu sowie zu wissenschaftlichen Untersuchungen nach § 27 Abs. 3 Nr. 3 eigene Vorschläge unterbreiten.

(2) $_1$Das Bundesministerium für Familie, Senioren, Frauen und Jugend beruft im Einvernehmen mit der Leitung der Antidiskriminierungsstelle des Bundes sowie den entsprechend zuständigen Beauftragten der Bundesregierung oder des Deutschen Bundestages die Mitglieder dieses Beirats und für jedes Mitglied eine Stellvertretung. $_2$In den Beirat sollen Vertreterinnen und Vertreter gesellschaftlicher Gruppen und Organisationen sowie Expertinnen und Experten in Benachteiligungsfragen berufen werden. $_3$Die Gesamtzahl der Mitglieder des Beirats soll 16 Personen nicht überschreiten. $_4$Der Beirat soll zu gleichen Teilen mit Frauen und Männern besetzt sein.

(3) Der Beirat gibt sich eine Geschäftsordnung, die der Zustimmung des Bundesministeriums für Familie, Senioren, Frauen und Jugend bedarf.

(4) $_1$Die Mitglieder des Beirats üben die Tätigkeit nach diesem Gesetz ehrenamtlich aus. $_2$Sie haben Anspruch auf Aufwandsentschädigung sowie Reisekostenvergütung, Tagegelder und Übernachtungsgelder. $_3$Näheres regelt die Geschäftsordnung.

Abschnitt 7
Schlussvorschriften

§ 31 Unabdingbarkeit

Von den Vorschriften dieses Gesetzes kann nicht zu Ungunsten der geschützten Personen abgewichen werden.

§ 32 Schlussbestimmung

Soweit in diesem Gesetz nicht Abweichendes bestimmt ist, gelten die allgemeinen Bestimmungen.

§ 33 Übergangsbestimmungen

(1) Bei Benachteiligungen nach den §§ 611a, 611b und 612 Abs. 3 des Bürgerlichen Gesetzbuchs oder sexuellen Belästigungen nach dem Beschäftigtenschutzgesetz ist das vor dem 18. August 2006 maßgebliche Recht anzuwenden.

(2) $_1$Bei Benachteiligungen aus Gründen der Rasse oder wegen der ethnischen Herkunft sind die §§ 19 bis 21 nicht auf Schuldverhältnisse anzuwenden, die vor dem 18. August 2006 begründet worden sind. $_2$Satz 1 gilt nicht für spätere Änderungen von Dauerschuldverhältnissen.

(3) $_1$Bei Benachteiligungen wegen des Geschlechts, der Religion, einer Behinderung, des Alters oder der sexuellen Identität sind die §§ 19 bis 21 nicht auf Schuldverhältnisse anzuwenden, die vor dem 1. Dezember 2006 begründet worden sind. $_2$Satz 1 gilt nicht für spätere Änderungen von Dauerschuldverhältnissen.

(4) $_1$Auf Schuldverhältnisse, die eine privatrechtliche Versicherung zum Gegenstand haben, ist § 19 Abs. 1 nicht anzuwenden, wenn diese vor dem 22. Dezember 2007 begründet worden sind. $_2$Satz 1 gilt nicht für spätere Änderungen solcher Schuldverhältnisse.

(5) $_1$Bei Versicherungsverhältnissen, die vor dem 21. Dezember 2012 begründet werden, ist eine unterschiedliche Behandlung wegen des Geschlechts im Falle des § 19 Absatz 1 Nummer 2 bei den Prämien oder Leistungen nur zulässig, wenn dessen Berücksichtigung bei einer auf relevanten und genauen versicherungsmathematischen und statistischen Daten beruhenden Risikobewertung ein bestimmender Faktor ist. $_2$Kosten im Zusammenhang mit Schwangerschaft und Mutterschaft dürfen auf keinen Fall zu unterschiedlichen Prämien oder Leistungen führen.

I

Gesetz zur Gleichstellung von Menschen mit Behinderungen (Behindertengleichstellungsgesetz – BGG)

Vom 27. April 2002 (BGBl. I S. 1467)

Zuletzt geändert durch
Teilhabestärkungsgesetz
vom 2. Juni 2021 (BGBl. I S. 1387)

Inhaltsübersicht

Abschnitt 1
Allgemeine Bestimmungen

§ 1 Ziel und Verantwortung der Träger öffentlicher Gewalt

(1) 1Ziel dieses Gesetzes ist es, die Benachteiligung von Menschen mit Behinderungen zu beseitigen und zu verhindern sowie ihre gleichberechtigte Teilhabe am Leben in der Gesellschaft zu gewährleisten und ihnen eine selbstbestimmte Lebensführung zu ermöglichen. 2Dabei wird ihren besonderen Bedürfnissen Rechnung getragen.

(1a) Träger öffentlicher Gewalt im Sinne dieses Gesetzes sind

1. Dienststellen und sonstige Einrichtungen der Bundesverwaltung einschließlich der bundesunmittelbaren Körperschaften, bundesunmittelbaren Anstalten und bundesunmittelbaren Stiftungen des öffentlichen Rechts,
2. Beliehene, die unter der Aufsicht des Bundes stehen, soweit sie öffentlich-rechtliche Verwaltungsaufgaben wahrnehmen, und
3. sonstige Bundesorgane, soweit sie öffentlich-rechtliche Verwaltungsaufgaben wahrnehmen.

(2) 1Die Träger der öffentlichen Gewalt sollen im Rahmen ihres jeweiligen Aufgabenbereichs die in Absatz 1 genannten Ziele aktiv fördern und bei der Planung von Maßnahmen beachten. 2Das Gleiche gilt für Landesverwaltungen, einschließlich der landesunmittelbaren Körperschaften, Anstalten und Stiftungen des öffentlichen Rechts, soweit sie Bundesrecht ausführen.

(3) 1Die Träger öffentlicher Gewalt sollen darauf hinwirken, dass Einrichtungen, Vereinigungen und juristische Personen des Privatrechts, an denen die Träger öffentlicher Gewalt unmittelbar oder mittelbar ganz oder überwiegend beteiligt sind, die Ziele dieses Gesetzes in angemessener Weise berücksichtigen. 2Gewähren Träger öffentlicher Gewalt Zuwendungen nach § 23 der Bundeshaushaltsordnung als institutionelle Förderungen, so sollen sie durch Nebenbestimmung zum Zuwendungsbescheid oder vertragliche Vereinbarung sicherstellen, dass die institutionellen Zuwendungsempfängerinnen und -empfänger die Grundzüge dieses Gesetzes anwenden. 3Aus der Nebenbestimmung zum Zuwendungsbescheid oder der vertraglichen Vereinbarung muss hervorgehen, welche Vorschriften anzuwenden sind. 4Die Sätze 2 und 3 gelten auch für den Fall, dass Stellen außerhalb der Bundesverwaltung mit Bundesmitteln im Wege der Zuweisung institutionell gefördert werden. 5Weitergehende Vorschriften bleiben von den Sätzen 1 bis 4 unberührt.

(4) Die Auslandsvertretungen des Bundes berücksichtigen die Ziele dieses Gesetzes im Rahmen der Wahrnehmung ihrer Aufgaben.

§ 2 Frauen mit Behinderungen; Benachteiligung wegen mehrerer Gründe

(1) 1Zur Durchsetzung der Gleichberechtigung von Frauen und Männern und zur Vermeidung von Benachteiligungen von Frauen mit Behinderungen wegen mehrerer Gründe sind die besonderen Belange von Frauen mit Behinderungen zu berücksichtigen und bestehende Benachteiligungen zu beseitigen. 2Dabei sind besondere Maßnahmen zur Förderung der tatsächlichen Durchsetzung der Gleichberechtigung von Frauen mit Behinderungen und zur Beseitigung bestehender Benachteiligungen zulässig.

(2) Unabhängig von Absatz 1 sind die besonderen Belange von Menschen mit Behinderungen, die von Benachteiligungen wegen einer Behinderung und wenigstens eines weiteren in § 1 des Allgemeinen Gleichbehandlungsgesetzes genannten Grundes betroffen sein können, zu berücksichtigen.

§ 3 Menschen mit Behinderungen

1Menschen mit Behinderungen im Sinne dieses Gesetzes sind Menschen, die langfristige körperliche, seelische, geistige oder Sinnesbeeinträchtigungen haben, welche sie in Wechselwirkung mit einstellungs- und umweltbedingten Barrieren an der gleichberechtigten Teilhabe an der Gesellschaft hindern können. $_{2}$Als langfristig gilt ein Zeitraum, der mit hoher Wahrscheinlichkeit länger als sechs Monate andauert.

§ 4 Barrierefreiheit

$_{1}$Barrierefrei sind bauliche und sonstige Anlagen, Verkehrsmittel, technische Gebrauchsgegenstände, Systeme der Informationsverarbeitung, akustische und visuelle Informationsquellen und Kommunikationseinrichtungen sowie andere gestaltete Lebensbereiche, wenn sie für Menschen mit Behinderungen in der allgemein üblichen Weise, ohne besondere Erschwernis und grundsätzlich ohne fremde Hilfe auffindbar, zugänglich und nutzbar sind. $_{2}$Hierbei ist die Nutzung behinderungsbedingt notwendiger Hilfsmittel zulässig.

§ 5 Zielvereinbarungen

(1) $_{1}$Soweit nicht besondere gesetzliche oder verordnungsrechtliche Vorschriften entgegenstehen, sollen zur Herstellung der Barrierefreiheit Zielvereinbarungen zwischen Verbänden, die nach § 15 Absatz 3 anerkannt sind, und Unternehmen oder Unternehmensverbänden der verschiedenen Wirtschaftsbranchen für ihren jeweiligen sachlichen und räumlichen Organisations- oder Tätigkeitsbereich getroffen werden. $_{2}$Die anerkannten Verbände können die Aufnahme von Verhandlungen über Zielvereinbarungen verlangen.

(2) $_{1}$Zielvereinbarungen zur Herstellung von Barrierefreiheit enthalten insbesondere

1. die Bestimmung der Vereinbarungspartner und sonstige Regelungen zum Geltungsbereich und zur Geltungsdauer,
2. die Festlegung von Mindestbedingungen darüber, wie gestaltete Lebensbereiche im Sinne von § 4 künftig zu verändern sind, um dem Anspruch von Menschen mit Behinderungen auf Auffindbarkeit, Zugang und Nutzung zu genügen,
3. den Zeitpunkt oder einen Zeitplan zur Erfüllung der festgelegten Mindestbedingungen.

$_{2}$Sie können ferner eine Vertragsstrafenabrede für den Fall der Nichterfüllung oder des Verzugs enthalten.

(3) $_{1}$Ein Verband nach Absatz 1, der die Aufnahme von Verhandlungen verlangt, hat dies gegenüber dem Zielvereinbarungsregister (Absatz 5) unter Benennung von Verhandlungsparteien und Verhandlungsgegenstand anzuzeigen. $_{2}$Das Bundesministerium für Arbeit und Soziales gibt diese Anzeige auf seiner Internetseite bekannt. $_{3}$Innerhalb von vier Wochen nach der Bekanntgabe haben andere Verbände im Sinne des Absatzes 1 das Recht, den Verhandlungen durch Erklärung gegenüber den bisherigen Verhandlungsparteien beizutreten. $_{4}$Nachdem die beteiligten Verbände von Menschen mit Behinderungen eine gemeinsame Verhandlungskommission gebildet haben oder feststeht, dass nur ein Verband verhandelt, sind die Verhandlungen innerhalb von vier Wochen aufzunehmen.

(4) Ein Anspruch auf Verhandlungen nach Absatz 1 Satz 2 besteht nicht,

1. während laufender Verhandlungen im Sinne des Absatzes 3 für die nicht beigetretenen Verbände behinderter Menschen,
2. in Bezug auf diejenigen Unternehmen, die ankündigen, einer Zielvereinbarung beizutreten, über die von einem Unternehmensverband Verhandlungen geführt werden,
3. für den Geltungsbereich und die Geltungsdauer einer zustande gekommenen Zielvereinbarung,
4. in Bezug auf diejenigen Unternehmen, die einer zustande gekommenen Zielvereinbarung unter einschränkungsloser Übernahme aller Rechte und Pflichten beigetreten sind.

(5) $_{1}$Das Bundesministerium für Arbeit und Soziales führt ein Zielvereinbarungsregister, in das der Abschluss, die Änderung und die Aufhebung von Zielvereinbarungen nach den Absätzen 1 und 2 eingetragen werden. $_{2}$Der die Zielvereinbarung abschließende Verband behinderter Menschen ist verpflichtet, innerhalb eines Monats nach Abschluss einer Zielvereinbarung dem Bundesministerium für Arbeit und Soziales diese als beglaubigte Abschrift und in informationstechnisch erfassbarer Form zu übersenden sowie eine

Änderung oder Aufhebung innerhalb eines Monats mitzuteilen.

§ 6 Gebärdensprache und Kommunikation von Menschen mit Hör- und Sprachbehinderungen

(1) Die Deutsche Gebärdensprache ist als eigenständige Sprache anerkannt.

(2) Lautsprachbegleitende Gebärden sind als Kommunikationsform der deutschen Sprache anerkannt.

(3) Menschen mit Hörbehinderungen (gehörlose, ertaubte und schwerhörige Menschen) und Menschen mit Sprachbehinderungen haben nach Maßgabe der einschlägigen Gesetze das Recht, die Deutsche Gebärdensprache, lautsprachbegleitende Gebärden oder andere geeignete Kommunikationshilfen zu verwenden.

Abschnitt 2 Verpflichtung zur Gleichstellung und Barrierefreiheit

§ 7 Benachteiligungsverbot für Träger öffentlicher Gewalt

(1) $_1$Ein Träger öffentlicher Gewalt darf Menschen mit Behinderungen nicht benachteiligen. $_2$Eine Benachteiligung liegt vor, wenn Menschen mit und ohne Behinderungen ohne zwingenden Grund unterschiedlich behandelt werden und dadurch Menschen mit Behinderungen in der gleichberechtigten Teilhabe am Leben in der Gesellschaft unmittelbar oder mittelbar beeinträchtigt werden. $_3$Eine Benachteiligung liegt auch bei einer Belästigung im Sinne des § 3 Absatz 3 und 4 des Allgemeinen Gleichbehandlungsgesetzes in der jeweils geltenden Fassung vor, mit der Maßgabe, dass § 3 Absatz 4 des Allgemeinen Gleichbehandlungsgesetzes nicht auf den Anwendungsbereich des § 2 Absatz 1 Nummer 1 bis 4 des Allgemeinen Gleichbehandlungsgesetzes begrenzt ist. $_4$Bei einem Verstoß gegen eine Verpflichtung zur Herstellung von Barrierefreiheit wird das Vorliegen einer Benachteiligung widerleglich vermutet.

(2) $_1$Die Versagung angemessener Vorkehrungen für Menschen mit Behinderungen ist eine Benachteiligung im Sinne dieses Gesetzes. $_2$Angemessene Vorkehrungen sind Maßnahmen, die im Einzelfall geeignet und erforderlich sind, um zu gewährleisten, dass ein Mensch mit Behinderung gleichberechtigt mit anderen alle Rechte genießen und ausüben kann, und sie die Träger öffentlicher Gewalt nicht unverhältnismäßig oder unbillig belasten.

(3) $_1$In Bereichen bestehender Benachteiligungen von Menschen mit Behinderungen gegenüber Menschen ohne Behinderungen sind besondere Maßnahmen zum Abbau und zur Beseitigung dieser Benachteiligungen zulässig. $_2$Bei der Anwendung von Gesetzen zur tatsächlichen Durchsetzung der Gleichberechtigung von Frauen und Männern ist den besonderen Belangen von Frauen mit Behinderungen Rechnung zu tragen.

(4) Besondere Benachteiligungsverbote zu Gunsten von Menschen mit Behinderungen in anderen Rechtsvorschriften, insbesondere im Neunten Buch Sozialgesetzbuch, bleiben unberührt.

§ 8 Herstellung von Barrierefreiheit in den Bereichen Bau und Verkehr

(1) $_1$Zivile Neu-, Um- und Erweiterungsbauten im Eigentum des Bundes einschließlich der bundesunmittelbaren Körperschaften, Anstalten und Stiftungen des öffentlichen Rechts sollen entsprechend den allgemein anerkannten Regeln der Technik barrierefrei gestaltet werden. $_2$Von diesen Anforderungen kann abgewichen werden, wenn mit einer anderen Lösung in gleichem Maße die Anforderungen an die Barrierefreiheit erfüllt werden. $_3$Die landesrechtlichen Bestimmungen, insbesondere die Bauordnungen, bleiben unberührt.

(2) Der Bund einschließlich der bundesunmittelbaren Körperschaften, Anstalten und Stiftungen des öffentlichen Rechts soll anlässlich der Durchführung von investiven Baumaßnahmen nach Absatz 1 Satz 1 bauliche Barrieren in den nicht von diesen Baumaßnahmen unmittelbar betroffenen Gebäudeteilen,

I

soweit sie dem Publikumsverkehr dienen, feststellen und unter Berücksichtigung der baulichen Gegebenheiten abbauen, sofern der Abbau nicht eine unangemessene wirtschaftliche Belastung darstellt.

(3) Alle obersten Bundesbehörden und Verfassungsorgane erstellen über die von ihnen genutzten Gebäude, die im Eigentum des Bundes einschließlich der bundesunmittelbaren Körperschaften, Anstalten und Stiftungen des öffentlichen Rechts stehen, bis zum 30. Juni 2021 Berichte über den Stand der Barrierefreiheit dieser Bestandsgebäude und sollen verbindliche und überprüfbare Maßnahmen- und Zeitpläne zum weiteren Abbau von Barrieren erarbeiten.

(4) Der Bund einschließlich der bundesunmittelbaren Körperschaften, Anstalten und Stiftungen des öffentlichen Rechts ist verpflichtet, die Barrierefreiheit bei Anmietungen der von ihm genutzten Bauten zu berücksichtigen. Künftig sollen nur barrierefreie Bauten oder Bauten, in denen die baulichen Barrieren unter Berücksichtigung der baulichen Gegebenheiten abgebaut werden können, angemietet werden, soweit die Anmietung nicht eine unangemessene wirtschaftliche Belastung zur Folge hätte.

(5) $_1$Sonstige bauliche oder andere Anlagen, öffentliche Wege, Plätze und Straßen sowie öffentlich zugängliche Verkehrsanlagen und Beförderungsmittel im öffentlichen Personenverkehr sind nach Maßgabe der einschlägigen Rechtsvorschriften des Bundes barrierefrei zu gestalten. $_2$Weitergehende landesrechtliche Vorschriften bleiben unberührt.

§ 9 Recht auf Verwendung von Gebärdensprache und anderen Kommunikationshilfen

(1) $_1$Menschen mit Hörbehinderungen und Menschen mit Sprachbehinderungen haben nach Maßgabe der Rechtsverordnung nach Absatz 2 das Recht, mit Trägern öffentlicher Gewalt zur Wahrnehmung eigener Rechte im Verwaltungsverfahren in Deutscher Gebärdensprache, mit lautsprachbegleitenden Gebärden oder über andere geeignete Kommunikationshilfen zu kommunizieren. $_2$Auf Wunsch der Berechtigten stellen die Träger öffentlicher Gewalt die geeigneten Kommunikationshilfen im Sinne des Satzes 1 kostenfrei zur Verfügung oder tragen die hierfür notwendigen Aufwendungen.

(2) Das Bundesministerium für Arbeit und Soziales bestimmt durch Rechtsverordnung, die nicht der Zustimmung des Bundesrates bedarf,

1. Anlass und Umfang des Anspruchs auf Bereitstellung von geeigneten Kommunikationshilfen,
2. Art und Weise der Bereitstellung von geeigneten Kommunikationshilfen,
3. die Grundsätze für eine angemessene Vergütung oder eine Erstattung von notwendigen Aufwendungen für den Einsatz geeigneter Kommunikationshilfen und
4. die geeigneten Kommunikationshilfen im Sinne des Absatzes 1.

§ 10 Gestaltung von Bescheiden und Vordrucken

(1) $_1$Träger öffentlicher Gewalt haben bei der Gestaltung von Bescheiden, Allgemeinverfügungen, öffentlich-rechtlichen Verträgen und Vordrucken eine Behinderung von Menschen zu berücksichtigen. $_2$Blinde und sehbehinderte Menschen können zur Wahrnehmung eigener Rechte im Verwaltungsverfahren nach Maßgabe der Rechtsverordnung nach Absatz 2 insbesondere verlangen, dass ihnen Bescheide, öffentlich-rechtliche Verträge und Vordrucke ohne zusätzliche Kosten auch in einer für sie wahrnehmbaren Form zugänglich gemacht werden.

(2) Das Bundesministerium für Arbeit und Soziales bestimmt durch Rechtsverordnung, die nicht der Zustimmung des Bundesrates bedarf, bei welchen Anlässen und in welcher Art und Weise die in Absatz 1 genannten Dokumente blinden und sehbehinderten Menschen zugänglich gemacht werden.

§ 11 Verständlichkeit und Leichte Sprache

(1) $_1$Träger öffentlicher Gewalt sollen mit Menschen mit geistigen Behinderungen und Menschen mit seelischen Behinderungen in

einfacher und verständlicher Sprache kommunizieren. ₂Auf Verlangen sollen sie ihnen insbesondere Bescheide, Allgemeinverfügungen, öffentlich-rechtliche Verträge und Vordrucke in einfacher und verständlicher Weise erläutern.

(2) Ist die Erläuterung nach Absatz 1 nicht ausreichend, sollen Träger öffentlicher Gewalt auf Verlangen Menschen mit geistigen Behinderungen und Menschen mit seelischen Behinderungen Bescheide, Allgemeinverfügungen, öffentlich-rechtliche Verträge und Vordrucke in Leichter Sprache erläutern.

(3) ₁Kosten für Erläuterungen im notwendigen Umfang nach Absatz 1 oder 2 sind von dem zuständigen Träger öffentlicher Gewalt zu tragen. ₂Der notwendige Umfang bestimmt sich nach dem individuellen Bedarf der Berechtigten.

(4) ₁Träger öffentlicher Gewalt sollen Informationen vermehrt in Leichter Sprache bereitstellen. ₂Die Bundesregierung wirkt darauf hin, dass die Träger öffentlicher Gewalt die Leichte Sprache stärker einsetzen und ihre Kompetenzen für das Verfassen von Texten in Leichter Sprache auf- und ausgebaut werden.

Abschnitt 2a
Barrierefreie Informationstechnik öffentlicher Stellen des Bundes

§ 12 Öffentliche Stellen des Bundes

Öffentliche Stellen des Bundes sind

1. die Träger öffentlicher Gewalt,
2. sonstige Einrichtungen des öffentlichen Rechts, die als juristische Personen des öffentlichen oder des privaten Rechts zu dem besonderen Zweck gegründet worden sind, im Allgemeininteresse liegende Aufgaben nicht gewerblicher Art zu erfüllen, wenn sie
   a) überwiegend vom Bund finanziert werden,
   b) hinsichtlich ihrer Leitung oder Aufsicht dem Bund unterstehen oder
   c) ein Verwaltungs-, Leitungs- oder Aufsichtsorgan haben, das mehrheitlich aus Mitgliedern besteht, die durch den Bund ernannt worden sind, und
3. Vereinigungen, an denen mindestens eine öffentliche Stelle nach Nummer 1 oder Nummer 2 beteiligt ist, wenn
   a) die Vereinigung überwiegend vom Bund finanziert wird,
   b) die Vereinigung über den Bereich eines Landes hinaus tätig wird,
   c) dem Bund die absolute Mehrheit der Anteile an der Vereinigung gehört oder
   d) dem Bund die absolute Mehrheit der Stimmen an der Vereinigung zusteht.

Eine überwiegende Finanzierung durch den Bund wird angenommen, wenn er mehr als 50 Prozent der Gesamtheit der Mittel aufbringt.

§ 12a Barrierefreie Informationstechnik

(1) ₁Öffentliche Stellen des Bundes gestalten ihre Websites und mobilen Anwendungen, einschließlich der für die Beschäftigten bestimmten Angebote im Intranet, barrierefrei. ₂Schrittweise, spätestens bis zum 23. Juni 2021, gestalten sie ihre elektronisch unterstützten Verwaltungsabläufe, einschließlich ihrer Verfahren zur elektronischen Vorgangsbearbeitung und elektronischen Aktenführung, barrierefrei. ₃Die grafischen Programmoberflächen sind von der barrierefreien Gestaltung umfasst.

(2) ₁Die barrierefreie Gestaltung erfolgt nach Maßgabe der aufgrund des § 12d zu erlassenden Verordnung. ₂Soweit diese Verordnung keine Vorgaben enthält, erfolgt die barrierefreie Gestaltung nach den anerkannten Regeln der Technik.

(3) Insbesondere bei Neuanschaffungen, Erweiterungen und Überarbeitungen ist die barrierefreie Gestaltung bereits bei der Planung, Entwicklung, Ausschreibung und Beschaffung zu berücksichtigen.

(4) Unberührt bleiben die Regelungen zur behinderungsgerechten Einrichtung und Unterhaltung der Arbeitsstätten zugunsten von Menschen mit Behinderungen in anderen Rechtsvorschriften, insbesondere im Neunten Buch Sozialgesetzbuch.

(5) Die Pflichten aus Abschnitt 2a gelten nicht für Websites und mobile Anwendungen jener öffentlichen Stellen des Bundes nach § 12 Satz 1 Nummer 2 und 3, die keine für die Öffentlichkeit wesentlichen Dienstleistungen oder speziell auf die Bedürfnisse von Menschen mit Behinderungen ausgerichtete oder für diese konzipierte Dienstleistungen anbieten.

(6) Von der barrierefreien Gestaltung können öffentliche Stellen des Bundes ausnahmsweise absehen, soweit sie durch eine barrierefreie Gestaltung unverhältnismäßig belastet würden.

(7) Der Bund wirkt darauf hin, dass gewerbsmäßige Anbieter von Websites sowie von grafischen Programmoberflächen und mobilen Anwendungen, die mit Mitteln der Informationstechnik dargestellt werden, aufgrund von Zielvereinbarungen nach § 5 Absatz 2 ihre Produkte so gestalten, dass sie barrierefrei genutzt werden können.

(8) Angebote öffentlicher Stellen im Internet, die auf Websites Dritter veröffentlicht werden, sind soweit möglich barrierefrei zu gestalten.

§ 12b Erklärung zur Barrierefreiheit

(1) Die öffentlichen Stellen des Bundes veröffentlichen eine Erklärung zur Barrierefreiheit ihrer Websites oder mobilen Anwendungen.

(2) Die Erklärung zur Barrierefreiheit enthält

1. für den Fall, dass ausnahmsweise keine vollständige barrierefreie Gestaltung erfolgt ist,
   a) die Benennung der Teile des Inhalts, die nicht vollständig barrierefrei gestaltet sind,
   b) die Gründe für die nicht barrierefreie Gestaltung sowie
   c) gegebenenfalls einen Hinweis auf barrierefrei gestaltete Alternativen,
2. eine unmittelbar zugängliche barrierefrei gestaltete Möglichkeit, elektronisch Kontakt aufzunehmen, um noch bestehende Barrieren mitzuteilen und um Informationen zur Umsetzung der Barrierefreiheit zu erfragen,
3. einen Hinweis auf das Schlichtungsverfahren nach § 16, der
   a) die Möglichkeit, ein solches Schlichtungsverfahren durchzuführen, erläutert und
   b) die Verlinkung zur Schlichtungsstelle enthält.

(3) Zu veröffentlichen ist die Erklärung zur Barrierefreiheit

1. auf Websites öffentlicher Stellen des Bundes, die nicht vor dem 23. September 2018 veröffentlicht wurden: ab dem 23. September 2019,
2. auf Websites öffentlicher Stellen des Bundes, die nicht unter Nummer 1 fallen: ab dem 23. September 2020,
3. auf mobilen Anwendungen öffentlicher Stellen des Bundes: ab dem 23. Juni 2021.

(4) Die öffentliche Stelle des Bundes antwortet auf Mitteilungen oder Anfragen, die ihr aufgrund der Erklärung zur Barrierefreiheit übermittelt werden, spätestens innerhalb eines Monats.

§ 12c Berichterstattung über den Stand der Barrierefreiheit

(1) 1Die obersten Bundesbehörden erstatten alle drei Jahre, erstmals zum 30. Juni 2021, der Überwachungsstelle des Bundes für Barrierefreiheit von Informationstechnik (§ 13 Absatz 3) Bericht über den Stand der Barrierefreiheit

1. der Websites und mobilen Anwendungen, einschließlich der Intranetangebote, der obersten Bundesbehörden,
2. der elektronisch unterstützten Verwaltungsabläufe.

2Sie erstellen verbindliche und überprüfbare Maßnahmen- und Zeitpläne zum weiteren Abbau von Barrieren ihrer Informationstechnik.

(2) 1Die Länder erstatten alle drei Jahre, erstmals zum 30. Juni 2021, der Überwachungsstelle des Bundes für Barrierefreiheit von In-

formationstechnik (§ 13 Absatz 3) Bericht über den Stand der Barrierefreiheit

1. der Websites der öffentlichen Stellen der Länder und
2. der mobilen Anwendungen der öffentlichen Stellen der Länder.

$_2$Zu berichten ist insbesondere über die Ergebnisse ihrer Überwachung nach Artikel 8 Absatz 1 bis 3 der Richtlinie (EU) 2016/2102. $_3$Art und Form des Berichts richten sich nach den Anforderungen, die auf der Grundlage des Artikels 8 Absatz 6 der Richtlinie (EU) 2016/2102 festgelegt werden.

§ 12d Verordnungsermächtigung

Das Bundesministerium für Arbeit und Soziales wird ermächtigt durch Rechtsverordnung, die nicht der Zustimmung des Bundesrates bedarf, Bestimmungen zu erlassen über

1. diejenigen Websites und mobilen Anwendungen sowie Inhalte von Websites und mobilen Anwendungen, auf die sich der Geltungsbereich der Verordnung bezieht,
2. die technischen Standards, die öffentliche Stellen des Bundes bei der barrierefreien Gestaltung anzuwenden haben, und den Zeitpunkt, ab dem diese Standards anzuwenden sind,
3. die Bereiche und Arten amtlicher Informationen, die barrierefrei zu gestalten sind,
4. die konkreten Anforderungen der Erklärung zur Barrierefreiheit,
5. die konkreten Anforderungen der Berichterstattung über den Stand der Barrierefreiheit und
6. die Einzelheiten des Überwachungsverfahrens nach § 13 Absatz 3 Satz 2 Nummer 1.

Abschnitt 2b
Assistenzhunde

§ 12e Menschen mit Behinderungen in Begleitung durch Assistenzhunde

(1) $_1$Träger öffentlicher Gewalt sowie Eigentümer, Besitzer und Betreiber von beweglichen oder unbeweglichen Anlagen und Einrichtungen dürfen Menschen mit Behinderungen in Begleitung durch ihren Assistenzhund den Zutritt zu ihren typischerweise für den allgemeinen Publikums- und Benutzungsverkehr zugänglichen Anlagen und Einrichtungen nicht wegen der Begleitung durch ihren Assistenzhund verweigern, soweit nicht der Zutritt mit Assistenzhund eine unverhältnismäßige oder unbillige Belastung darstellen würde. $_2$Weitergehende Rechte von Menschen mit Behinderungen bleiben unberührt.

(2) Eine nach Absatz 1 unberechtigte Verweigerung durch Träger öffentlicher Gewalt gilt als Benachteiligung im Sinne von § 7 Absatz 1.

(3)* $_1$Ein Assistenzhund ist ein unter Beachtung des Tierschutzes und des individuellen Bedarfs eines Menschen mit Behinderungen speziell ausgebildeter Hund, der aufgrund seiner Fähigkeiten und erlernten Assistenzleistungen dazu bestimmt ist, diesem Menschen die selbstbestimmte Teilhabe am gesellschaftlichen Leben zu ermöglichen, zu erleichtern oder behinderungsbedingte Nachteile auszugleichen. $_2$Dies ist der Fall, wenn der Assistenzhund

1. zusammen mit einem Menschen mit Behinderungen als Mensch-Assistenzhund-Gemeinschaft im Sinne des § 12g zertifiziert ist oder
2. von einem Träger der gesetzlichen Sozialversicherung, einem Träger nach § 6 des Neunten Buches Sozialgesetzbuch, einem Beihilfeträger, einem Träger der Heilfürsorge oder einem privaten Versicherungsunternehmen als Hilfsmittel zur Teilhabe oder zum Behinderungsausgleich anerkannt ist oder
3. im Ausland als Assistenzhund anerkannt ist und dessen Ausbildung den Anforderungen des § 12f Satz 2 entspricht oder
4. zusammen mit einem Menschen mit Behinderungen als Mensch-Assistenzhund-Gemeinschaft vor dem 1. Juli 2021
   a) in einer den Anforderungen des § 12f Satz 2 entsprechenden Weise ausgebildet und entsprechend § 12g Satz 2 erfolgreich geprüft wurde oder

b) sich in einer den Anforderungen des § 12f Satz 2 entsprechenden Ausbildung befunden hat und innerhalb von zwölf Monaten nach dem 1. Juli 2021 diese Ausbildung beendet und mit einer § 12g Satz 2 entsprechenden Prüfung erfolgreich abgeschlossen hat.

(4) Ein Assistenzhund ist als solcher zu kennzeichnen.

(5) Für den Assistenzhund ist eine Haftpflichtversicherung zur Deckung der durch ihn verursachten Personenschäden, Sachschäden und sonstigen Vermögensschäden abzuschließen und aufrechtzuerhalten.

(6) Für Blindenführhunde und andere Assistenzhunde, die als Hilfsmittel im Sinne des § 33 des Fünften Buches Sozialgesetzbuch gewährt werden, finden die §§ 12f bis 12k und die Vorgaben einer Rechtsverordnung nach § 12l Nummer 1, 2 und 4 bis 6 dieses Gesetzes keine Anwendung.

§ 12f Ausbildung von Assistenzhunden

1Assistenzhund und die Gemeinschaft von Mensch und Tier (Mensch-Assistenzhund-Gemeinschaft) bedürfen einer geeigneten Ausbildung durch eine oder begleitet von einer Ausbildungsstätte für Assistenzhunde (§ 12i). 2Gegenstand der Ausbildung sind insbesondere die Schulung des Sozial- und Umweltverhaltens sowie des Gehorsams des Hundes, grundlegende und spezifische Hilfeleistungen des Hundes, das langfristige Funktionieren der Mensch- Assistenzhund-Gemeinschaft sowie die Vermittlung der notwendigen Kenntnisse und Fähigkeiten an den Halter, insbesondere im Hinblick auf die artgerechte Haltung des Assistenzhundes. 3Aufgabe der Ausbildungsstätte ist dabei nicht nur das Bereitstellen eines Assistenzhundes, sondern nach Abschluss der Ausbildung bei Bedarf auch die nachhaltige Unterstützung des Assistenzhundehalters.

§ 12g Prüfung von Assistenzhunden und der Mensch-Assistenzhund-Gemeinschaft

1Der Abschluss der Ausbildung des Hundes und der Mensch-Assistenzhund-Gemeinschaft nach § 12f erfolgt durch eine Prüfung. 2Die Prüfung dient dazu, die Eignung als Assistenzhund und die Zusammenarbeit der Mensch-Assistenzhund-Gemeinschaft nachzuweisen. 3Die bestandene Prüfung ist durch ein Zertifikat eines Prüfers im Sinne von § 12j Absatz 2 zu bescheinigen.

§ 12h Haltung von Assistenzhunden

(1) 1Der Halter eines Assistenzhundes ist zur artgerechten Haltung des Assistenzhundes verpflichtet. 2Die Anforderungen des Tierschutzgesetzes in der Fassung der Bekanntmachung vom 18. Mai 2006 (BGBl. I S. 1206, 1313), das zuletzt durch Artikel 280 der Verordnung vom 19. Juni 2020 (BGBl. I S. 1328) geändert worden ist, in der jeweils geltenden Fassung sowie der Tierschutz-Hundeverordnung vom 2. Mai 2001 (BGBl. I S. 838), die zuletzt durch Artikel 3 der Verordnung vom 12. Dezember 2013 (BGBl. I S. 4145) geändert worden ist, in der jeweils geltenden Fassung, bleiben unberührt.

(2) 1Soweit aufgrund der Art der Behinderung oder des Alters des Menschen mit Behinderungen die artgerechte Haltung des Assistenzhundes in der Mensch-Assistenzhund-Gemeinschaft nicht sichergestellt ist, ist die Versorgung des Assistenzhundes durch eine weitere Bezugsperson sicherzustellen. 2In diesem Fall gilt diese Bezugsperson als Halter des Assistenzhundes.

§ 12i Zulassung einer Ausbildungsstätte für Assistenzhunde

1Eine Ausbildungsstätte, die Assistenzhunde nach § 12f ausbildet, bedarf der Zulassung durch eine fachliche Stelle. 2Die Zulassung ist jährlich durch die fachliche Stelle zu überprüfen. 3Eine Ausbildungsstätte für Assistenzhunde ist auf Antrag zuzulassen, wenn sie

1. über eine Erlaubnis nach § 11 Absatz 1 Satz 1 Nummer 8 Buchstabe f des Tierschutzgesetzes verfügt oder, soweit eine solche Erlaubnis nicht erforderlich ist, wenn die verantwortliche Person der Ausbildungsstätte die erforderlichen Kenntnisse und Fähigkeiten besitzt,

2. über die erforderliche Sachkunde verfügt, die eine erfolgreiche Ausbildung von Assistenzhunden sowie der Mensch-Assistenzhund-Gemeinschaft erwarten lässt, und
3. die Anforderungen der Verordnung gemäß § 12l erfüllt und ein System zur Qualitätssicherung anwendet.

$_{4}$Der Antrag muss alle Angaben und Nachweise erhalten, die erforderlich sind, um das Vorliegen der Voraussetzungen nach Satz 2 festzustellen. $_{5}$Das Zulassungsverfahren folgt dem Verfahren nach DIN EN ISO/IEC 17065:2013[1]) $_{6}$Die Zulassung einer Ausbildungsstätte ist jeweils auf längstens fünf Jahre zu befristen. $_{7}$Die fachliche Stelle bescheinigt die Kompetenz und Leistungsfähigkeit der Ausbildungsstätte durch ein Zulassungszertifikat.

§ 12j Fachliche Stelle und Prüfer

(1) $_{1}$Als fachliche Stelle dürfen nur Zertifizierungsstellen für Produkte, Prozesse und Dienstleistungen nach DIN EN ISO/IEC 17065:2013 tätig werden, die von einer nationalen Akkreditierungsstelle im Sinne der Verordnung (EG) Nr. 765/2008 des Europäischen Parlaments und des Rates vom 9. Juli 2008 über die Vorschriften für die Akkreditierung und Marktüberwachung im Zusammenhang mit der Vermarktung von Produkten und zur Aufhebung der Verordnung (EWG) Nr. 339/93 des Rates (ABl. L 218 vom 13. 8. 2008, S. 30), die durch die Verordnung (EU) 2019/1020 (ABl. L 169 vom 25. 6. 2019, S. 1) geändert worden ist, in der jeweils geltenden Fassung akkreditiert worden sind. $_{2}$Die Akkreditierung ist jeweils auf längstens fünf Jahre zu befristen. $_{3}$Das Bundesministerium für Arbeit und Soziales übt im Anwendungsbereich dieses Gesetzes die Aufsicht über die nationale Akkreditierungsstelle aus.

(2) $_{1}$Als Prüfer dürfen nur Stellen, die Personen zertifizieren, nach DIN EN ISO/IEC 17024:2012[1]) tätig werden, die von einer nationalen Akkreditierungsstelle im Sinne der Verordnung (EG) Nr. 765/2008 in der jeweils geltenden Fassung akkreditiert worden sind. $_{2}$Die Akkreditierung ist jeweils auf längstens fünf Jahre zu befristen. $_{3}$Ist der Prüfer zugleich als Ausbildungsstätte im Sinne von § 12i tätig, kann die Akkreditierung erteilt werden, wenn die Unabhängigkeitsanforderungen durch interne organisatorische Trennung und die Anforderungen gemäß Nummer 5.2.3 der DIN EN ISO/IEC 17024:2012 erfüllt werden. $_{4}$Die näheren Anforderungen an das Akkreditierungsverfahren ergeben sich aus der Verordnung gemäß § 12l.

§ 12k Studie zur Untersuchung

$_{1}$Das Bundesministerium für Arbeit und Soziales untersucht die Umsetzung und die Auswirkungen der §§ 12e bis 12l in den Jahren 2021 bis 2024. $_{2}$Im Rahmen dieser Studie können Ausgaben wie beispielsweise die Anschaffungs-, Ausbildungs- und Haltungskosten der in die Studie einbezogenen Mensch-Assistenzhund-Gemeinschaften getragen werden.

§ 12l Verordnungsermächtigung

Das Bundesministerium für Arbeit und Soziales wird ermächtigt, im Einvernehmen mit dem Bundesministerium für Ernährung und Landwirtschaft durch Rechtsverordnung, die nicht der Zustimmung des Bundesrates bedarf, Folgendes zu regeln:

1. Näheres über die erforderliche Beschaffenheit des Assistenzhundes, insbesondere Wesensmerkmale, Alter und Gesundheit des auszubildenden Hundes sowie über die vom Assistenzhund zu erbringenden Unterstützungsleistungen,
2. Näheres über die Anerkennung von am 1. Juli 2021 in Ausbildung befindlichen oder bereits ausgebildeten Assistenzhunden sowie von im Ausland anerkannten Assistenzhunden einschließlich des Verfahrens,

[1]) Amtlicher Hinweis: Die bezeichnete technische Norm ist zu beziehen bei der Beuth Verlag GmbH, 10772 Berlin und in der Deutschen Nationalbibliothek archivmäßig gesichert, niedergelegt und einsehbar.

3. Näheres über die erforderliche Kennzeichnung des Assistenzhundes sowie zum Umfang des notwendigen Versicherungsschutzes,
4. Näheres über den Inhalt der Ausbildung nach § 12f und der Prüfung nach § 12g sowie über die Zulassung als Prüfer jeweils einschließlich des Verfahrens sowie des zu erteilenden Zertifikats,
5. Näheres über die Voraussetzungen für die Akkreditierung als fachliche Stelle einschließlich des Verfahrens,
6. nähere Voraussetzungen für die Zulassung als Ausbildungsstätte für Assistenzhunde einschließlich des Verfahrens.

Abschnitt 3
Bundesfachstelle für Barrierefreiheit

§ 13 Bundesfachstelle für Barrierefreiheit

(1) Bei der Deutschen Rentenversicherung Knappschaft-Bahn-See wird eine Bundesfachstelle für Barrierefreiheit errichtet.

(2) 1Die Bundesfachstelle für Barrierefreiheit ist zentrale Anlaufstelle zu Fragen der Barrierefreiheit für die Träger öffentlicher Gewalt. 2Sie berät darüber hinaus auch die übrigen öffentlichen Stellen des Bundes, Wirtschaft, Verbände und Zivilgesellschaft auf Anfrage. 3Ihre Aufgaben sind:

1. zentrale Anlaufstelle und Erstberatung,
2. Bereitstellung, Bündelung und Weiterentwicklung von unterstützenden Informationen zur Herstellung von Barrierefreiheit,
3. Unterstützung der Beteiligten bei Zielvereinbarungen nach § 5 im Rahmen der verfügbaren finanziellen und personellen Kapazitäten,
4. Aufbau eines Netzwerks,
5. Begleitung von Forschungsvorhaben zur Verbesserung der Datenlage und zur Herstellung von Barrierefreiheit und
6. Bewusstseinsbildung durch Öffentlichkeitsarbeit.

Ein Expertenkreis, dem mehrheitlich Vertreterinnen und Vertreter der Verbände von Menschen mit Behinderungen angehören, berät die Fachstelle.

(3) 1Bei der Bundesfachstelle Barrierefreiheit wird eine Überwachungsstelle des Bundes für Barrierefreiheit von Informationstechnik eingerichtet. 2Ihre Aufgaben sind,

1. periodisch zu überwachen, ob und inwiefern Websites und mobile Anwendungen öffentlicher Stellen des Bundes den Anforderungen an die Barrierefreiheit genügen,
2. die öffentlichen Stellen anlässlich der Prüfergebnisse zu beraten,
3. die Berichte der obersten Bundesbehörden und der Länder auszuwerten,
4. den Bericht der Bundesrepublik Deutschland an die Kommission nach Artikel 8 Absatz 4 bis 6 der Richtlinie (EU) 2016/2102 vorzubereiten und
5. als sachverständige Stelle die Schlichtungsstelle nach § 16 zu unterstützen.

(4) Das Bundesministerium für Arbeit und Soziales führt die Fachaufsicht über die Durchführung der in den Absätzen 2 und 3 genannten Aufgaben.

Abschnitt 4
Rechtsbehelfe

§ 14 Vertretungsbefugnisse in verwaltungs- oder sozialrechtlichen Verfahren

1Werden Menschen mit Behinderungen in ihren Rechten aus § 7 Absatz 1, § 8 Absatz 1, § 9 Absatz 1, § 10 Absatz 1 Satz 2 oder § 12a, soweit die Verpflichtung von Trägern öffentlicher Gewalt zur barrierefreien Gestaltung von Websites und mobilen Anwendungen, die für die Öffentlichkeit bestimmt sind, betroffen ist, verletzt, können an ihrer Stelle und mit ihrem Einverständnis Verbände nach § 15 Absatz 3, die nicht selbst am Verfahren beteiligt sind, Rechtsschutz beantragen; Gleiches gilt bei Verstößen gegen Vorschriften des Bundesrechts, die einen Anspruch auf Herstellung von Barrierefreiheit im Sinne des § 4 oder auf Verwendung von Gebärden oder anderen Kommunikationshilfen im Sinne des § 6 Absatz 3 vorsehen. 2In diesen Fällen müssen alle Verfahrensvoraussetzungen wie bei einem Rechtsschutzersuchen durch den Menschen mit Behinderung selbst vorliegen.

§ 15 Verbandsklagerecht

(1) 1Ein nach Absatz 3 anerkannter Verband kann, ohne in seinen Rechten verletzt zu sein, Klage nach Maßgabe der Verwaltungsgerichtsordnung oder des Sozialgerichtsgesetzes erheben auf Feststellung eines Verstoßes gegen

1. das Benachteiligungsverbot für Träger der öffentlichen Gewalt nach § 7 Absatz 1 und die Verpflichtung des Bundes zur Herstellung der Barrierefreiheit in § 8 Absatz 1, § 9 Absatz 1 und § 10 Absatz 1 Satz 2 sowie in § 12a, soweit die Verpflichtung von Trägern öffentlicher Gewalt zur barrierefreien Gestaltung von Websites und mobilen Anwendungen, die für die Öffentlichkeit bestimmt sind, betroffen ist,
2. die Vorschriften des Bundesrechts zur Herstellung der Barrierefreiheit in § 46 Abs. 1 Satz 3 und 4 der Bundeswahlordnung, § 39 Abs. 1 Satz 3 und 4 der Europawahlordnung, § 43 Abs. 2 Satz 2 der Wahlordnung für die Sozialversicherung, § 54 Satz 2 der Wahlordnung für die Sozialversicherung, § 17 Abs. 1 Nr. 4 des Ersten Buches Sozialgesetzbuch, § 4 Abs. 1 Nr. 2a des Gaststättengesetzes, § 3 Nr. 1 Buchstabe d des Gemeindeverkehrsfinanzierungsgesetzes, § 3 Abs. 1 Satz 2 und § 8 Abs. 1 des Bundesfernstraßengesetzes, § 8 Abs. 3 Satz 3 und 4 sowie § 13 Abs. 2a des Personenbeförderungsgesetzes, § 2 Abs. 3 der Eisenbahn-Bau- und Betriebsordnung, § 3 Abs. 5 Satz 1 der Straßenbahn-Bau- und Betriebsordnung, §§ 19d und 20b des Luftverkehrsgesetzes oder
3. die Vorschriften des Bundesrechts zur Verwendung von Gebärdensprache oder anderer geeigneter Kommunikationshilfen in § 17 Abs. 2 des Ersten Buches Sozialgesetzbuch, § 78 Absatz 1 Satz 3 des Neunten Buches Sozialgesetzbuch und § 19 Abs. 1 Satz 2 des Zehnten Buches Sozialgesetzbuch.

2Satz 1 gilt nicht, wenn eine Maßnahme aufgrund einer Entscheidung in einem verwaltungs- oder sozialgerichtlichen Streitverfahren erlassen worden ist.

(2) 1Eine Klage ist nur zulässig, wenn der Verband durch die Maßnahme oder das Unterlassen in seinem satzungsgemäßen Aufgabenbereich berührt wird. 2Soweit ein Mensch mit Behinderung selbst seine Rechte durch eine Gestaltungs- oder Leistungsklage verfolgen kann oder hätte verfolgen können, kann die Klage nach Absatz 1 nur erhoben werden, wenn der Verband geltend macht, dass es sich bei der Maßnahme oder dem Unterlassen um einen Fall von allgemeiner Bedeutung handelt. 3Dies ist insbesondere der Fall, wenn eine Vielzahl gleich gelagerter Fälle vorliegt. 4Für Klagen nach Absatz 1 Satz 1 gelten die Vorschriften des 8. Abschnitts der Verwaltungsgerichtsordnung entsprechend mit der Maßgabe, dass es eines Vorverfahrens auch dann bedarf, wenn die angegriffene Maßnahme von einer obersten Bundes- oder einer obersten Landesbehörde erlassen worden ist; Gleiches gilt bei einem Unterlassen. 5Vor der Erhebung einer Klage nach Absatz 1 gegen einen Träger öffentlicher Gewalt hat der nach Absatz 3 anerkannte Verband ein Schlichtungsverfahren nach § 16 durchzuführen. 6Diese Klage ist nur zulässig, wenn keine gütliche Einigung im Schlichtungsverfahren erzielt werden konnte und dies nach § 16 Absatz 7 bescheinigt worden ist. 7Das Schlichtungsverfahren ersetzt ein vor der Klageerhebung durchzuführendes Vorverfahren.

(3) 1Auf Vorschlag der Mitglieder des Beirates für die Teilhabe behinderter Menschen, die nach § 86 Abs. 2 Satz 2, 1., 3. oder 12. Aufzählungspunkt des Neunten Buches Sozialgesetzbuch berufen sind, kann das Bundesministerium für Arbeit und Soziales die Anerkennung erteilen. 2Es soll die Anerkennung erteilen, wenn der vorgeschlagene Verband

1. nach seiner Satzung ideell und nicht nur vorübergehend die Belange von Menschen mit Behinderungen fördert,
2. nach der Zusammensetzung seiner Mitglieder oder Mitgliedsverbände dazu be-

rufen ist, Interessen von Menschen mit Behinderungen auf Bundesebene zu vertreten,
3. zum Zeitpunkt der Anerkennung mindestens drei Jahre besteht und in diesem Zeitraum im Sinne der Nummer 1 tätig gewesen ist,
4. die Gewähr für eine sachgerechte Aufgabenerfüllung bietet; dabei sind Art und Umfang seiner bisherigen Tätigkeit, der Mitgliederkreis sowie die Leistungsfähigkeit des Vereines zu berücksichtigen und
5. wegen Verfolgung gemeinnütziger Zwecke nach § 5 Abs. 1 Nr. 9 des Körperschaftsteuergesetzes von der Körperschaftsteuer befreit ist.

§ 16 Schlichtungsstelle und -verfahren; Verordnungsermächtigung

(1) 1Bei der oder dem Beauftragten der Bundesregierung für die Belange von Menschen mit Behinderungen nach Abschnitt 5 wird eine Schlichtungsstelle zur außergerichtlichen Beilegung von Streitigkeiten nach den Absätzen 2 und 3 eingerichtet. 2Sie wird mit neutralen schlichtenden Personen besetzt und hat eine Geschäftsstelle. Das Verfahren der Schlichtungsstelle muss insbesondere gewährleisten, dass

1. die Schlichtungsstelle unabhängig ist und unparteiisch handelt,
2. die Verfahrensregeln für Interessierte zugänglich sind,
3. die Beteiligten des Schlichtungsverfahrens rechtliches Gehör erhalten, insbesondere Tatsachen und Bewertungen vorbringen können,
4. die schlichtenden Personen und die weiteren in der Schlichtungsstelle Beschäftigten die Vertraulichkeit der Informationen gewährleisten, von denen sie im Schlichtungsverfahren Kenntnis erhalten und
5. eine barrierefreie Kommunikation mit der Schlichtungsstelle möglich ist.

(2) 1Wer der Ansicht ist, in einem Recht nach diesem Gesetz durch öffentliche Stellen des Bundes oder Eigentümer, Besitzer und Betreiber von beweglichen oder unbeweglichen Anlagen und Einrichtungen verletzt worden zu sein, kann bei der Schlichtungsstell e nach Absatz 1 einen Antrag auf Einleitung eines Schlichtungsverfahrens stellen. 2Kommt wegen der behaupteten Rechtsverletzung auch die Einlegung eines fristgebundenen Rechtsbehelfs in Betracht, beginnt die Rechtsbehelfsfrist erst mit Beendigung des Schlichtungsverfahrens nach Absatz 7. 3In den Fällen des Satzes 2 ist der Schlichtungsantrag innerhalb der Rechtsbehelfsfrist zu stellen. 4Ist wegen der behaupteten Rechtsverletzung bereits ein Rechtsbehelf anhängig, wird dieses Verfahren bis zur Beendigung des Schlichtungsverfahrens nach Absatz 7 unterbrochen.

(3) Ein nach § 15 Absatz 3 anerkannter Verband kann bei der Schlichtungsstelle nach Absatz 1 einen Antrag auf Einleitung eines Schlichtungsverfahrens stellen, wenn er einen Verstoß eines Trägers öffentlicher Gewalt

1. gegen das Benachteiligungsverbot oder die Verpflichtung zur Herstellung von Barrierefreiheit nach § 15 Absatz 1 Satz 1 Nummer 1,
2. gegen die Vorschriften des Bundesrechts zur Herstellung der Barrierefreiheit nach § 15 Absatz 1 Satz 1 Nummer 2 oder
3. gegen die Vorschriften des Bundesrechts zur Verwendung von Gebärdensprache oder anderer geeigneter Kommunikationshilfen nach § 15 Absatz 1 Satz 1 Nummer 3

behauptet.

(4) 1Der Antrag nach den Absätzen 2 und 3 kann in Textform oder zur Niederschrift bei der Schlichtungsstelle gestellt werden. 2Diese übermittelt zur Durchführung des Schlichtungsverfahrens eine Abschrift des Schlichtungsantrags an die öffentliche Stelle oder den Eigentümer, Besitzer oder Betreiber von beweglichen oder unbeweglichen Anlagen oder Einrichtungen.

(5) 1Die schlichtende Person wirkt in jeder Phase des Verfahrens auf eine gütliche Einigung der Beteiligten hin. 2Sie kann einen Schlichtungsvorschlag unterbreiten. 3Der Schlichtungsvorschlag soll am geltenden Recht ausgerichtet sein. 4Die schlichtende

Person kann den Einsatz von Mediation anbieten.

(6) Das Schlichtungsverfahren ist für die Beteiligten unentgeltlich.

(7) 1Das Schlichtungsverfahren endet mit der Einigung der Beteiligten, der Rücknahme des Schlichtungsantrags oder der Feststellung, dass keine Einigung möglich ist. 2Wenn keine Einigung möglich ist, endet das Schlichtungsverfahren mit der Zustellung der Bestätigung der Schlichtungsstelle an die Antragstellerin oder den Antragsteller, dass keine gütliche Einigung erzielt werden konnte.

(8) 1Das Bundesministerium für Arbeit und Soziales wird ermächtigt, durch Rechtsverordnung, die nicht der Zustimmung des Bundesrates bedarf, das Nähere über die Geschäftsstelle, die Besetzung und das Verfahren der Schlichtungsstelle nach den Absätzen 1, 4, 5 und 7 zu regeln sowie weitere Vorschriften über die Kosten des Verfahrens und die Entschädigung zu erlassen. 2Die Rechtsverordnung regelt auch das Nähere zu Tätigkeitsberichten der Schlichtungsstelle.

Abschnitt 5
Beauftragte oder Beauftragter der Bundesregierung für die Belange von Menschen mit Behinderungen

§ 17 Amt der oder des Beauftragten für die Belange von Menschen mit Behinderungen

(1) Die Bundesregierung bestellt eine Beauftragte oder einen Beauftragten für die Belange von Menschen mit Behinderungen.

(2) Der beauftragten Person ist die für die Erfüllung ihrer Aufgabe notwendige Personal- und Sachausstattung zur Verfügung zu stellen.

(3) Das Amt endet, außer im Fall der Entlassung, mit dem Zusammentreten eines neuen Bundestages.

§ 18 Aufgabe und Befugnisse

(1) 1Aufgabe der beauftragten Person ist es, darauf hinzuwirken, dass die Verantwortung des Bundes, für gleichwertige Lebensbedingungen für Menschen mit und ohne Behinderungen zu sorgen, in allen Bereichen des gesellschaftlichen Lebens erfüllt wird. 2Sie setzt sich bei der Wahrnehmung dieser Aufgabe dafür ein, dass unterschiedliche Lebensbedingungen von Frauen mit Behinderungen und Männern mit Behinderungen berücksichtigt und geschlechtsspezifische Benachteiligungen beseitigt werden.

(2) Zur Wahrnehmung der Aufgabe nach Absatz 1 beteiligen die Bundesministerien die beauftragte Person bei allen Gesetzes-, Verordnungs- und sonstigen wichtigen Vorhaben, soweit sie Fragen der Integration von Menschen mit Behinderungen behandeln oder berühren.

(3) 1Alle Bundesbehörden und sonstigen öffentlichen Stellen im Bereich des Bundes sind verpflichtet, die beauftragte Person bei der Erfüllung der Aufgabe zu unterstützen, insbesondere die erforderlichen Auskünfte zu erteilen und Akteneinsicht zu gewähren. 2Die Bestimmungen zum Schutz personenbezogener Daten bleiben unberührt.

Abschnitt 6
Förderung der Partizipation

§ 19 Förderung der Partizipation

Der Bund fördert im Rahmen der zur Verfügung stehenden Haushaltsmittel Maßnahmen von Organisationen, die die Voraussetzungen des § 15 Absatz 3 Satz 2 Nummer 1 bis 5 erfüllen, zur Stärkung der Teilhabe von Menschen mit Behinderungen an der Gestaltung öffentlicher Angelegenheiten.

Verordnung zur Verwendung von Gebärdensprache und anderen Kommunikationshilfen im Verwaltungsverfahren nach dem Behindertengleichstellungsgesetz (Kommunikationshilfenverordnung – KHV)

Vom 17. Juli 2002 (BGBl. I S. 2650)

Zuletzt geändert durch
Kostenrechtsänderungsgesetz 2021
vom 21. Dezember 2020 (BGBl. I S. 3229)

Auf Grund des § 9 Abs. 2 des Behindertengleichstellungsgesetzes vom 27. April 2002 (BGBl. I S. 1467) verordnet das Bundesministerium des Innern im Einvernehmen mit dem Bundesministerium für Arbeit und Sozialordnung:

§ 1 Anwendungsbereich und Anlass

(1) Die Verordnung gilt für alle Menschen mit Hör- oder Sprachbehinderungen nach Maßgabe des § 3 des Behindertengleichstellungsgesetzes, die als Beteiligte eines Verwaltungsverfahrens zur Wahrnehmung eigener Rechte für die mündliche Kommunikation im Verwaltungsverfahren einen Anspruch auf Bereitstellung einer geeigneten Kommunikationshilfe haben (Berechtigte).

(2) Die Berechtigten können ihren Anspruch nach § 9 Absatz 1 des Behindertengleichstellungsgesetzes gegenüber jedem Träger öffentlicher Gewalt im Sinne des § 1 Absatz 2 Satz 1 des Behindertengleichstellungsgesetzes geltend machen.

§ 2 Umfang des Anspruchs

(1) Der Anspruch auf Bereitstellung einer geeigneten Kommunikationshilfe besteht zur Wahrnehmung eigener Rechte in einem Verwaltungsverfahren in dem dafür notwendigen Umfang. Der notwendige Umfang bestimmt sich insbesondere nach dem individuellen Bedarf der Berechtigten.

(2) Die Berechtigten haben nach Maßgabe des Absatzes 1 ein Wahlrecht hinsichtlich der zu benutzenden Kommunikationshilfe. Dies umfasst auch das Recht, eine geeignete Kommunikationshilfe selbst bereitzustellen. Die Berechtigten haben dem Träger öffentlicher Gewalt mitzuteilen, inwieweit sie von ihrem Wahlrecht nach Satz 1 und 2 Gebrauch machen. Der Träger öffentlicher Gewalt kann die ausgewählte Kommunikationshilfe zurückweisen, wenn sie ungeeignet ist. Die Hör- oder Sprachbehinderung sowie die Wahlentscheidung nach Satz 1 sind aktenkundig zu machen und im weiteren Verwaltungsverfahren von Amts wegen zu berücksichtigen.

(3) Erhält der Träger öffentlicher Gewalt Kenntnis von der Hör- oder Sprachbehinderung von Berechtigten im Verwaltungsverfahren, hat er diese auf ihr Recht auf barrierefreie Kommunikation und auf ihr Wahlrecht nach Absatz 2 hinzuweisen.

(4) Zur Abwehr von unmittelbar bevorstehenden Gefahren für bedeutsame Rechtsgüter, wie etwa Leben, Gesundheit, Freiheit oder nicht unwesentliche Vermögenswerte, kann im Einzelfall von dem Einsatz einer Kommunikationshilfe abgesehen werden.

§ 3 Kommunikationshilfen

(1) Eine Kommunikationshilfe ist als geeignet anzusehen, wenn sie im konkreten Fall eine für die Wahrnehmung eigener Rechte im Verwaltungsverfahren erforderliche Verständigung sicherstellt.

(2) Als Kommunikationshilfen kommen in Betracht:

1. Gebärdensprachdolmetscherinnen und Gebärdensprachdolmetscher,
2. Kommunikationshelferinnen und Kommunikationshelfer,
3. Kommunikationsmethoden sowie
4. Kommunikationsmittel.

Kommunikationshelferinnen und Kommunikationshelfer nach Satz 1 Nummer 2 sind insbesondere

1. Schriftdolmetscherinnen und Schriftdolmetscher,
2. Simultanschriftdolmetscherinnen und Simultandolmetscher,
3. Oraldolmetscherinnen und Oraldolmetscher,
4. Kommunikationsassistentinnen und Kommunikationsassistenten oder
5. sonstige Personen des Vertrauens der Berechtigten.

Kommunikationsmethoden nach Satz 1 Nummer 3 sind insbesondere

1. Lormen und taktil wahrnehmbare Gebärden oder
2. gestützte Kommunikation für Menschen mit autistischer Störung.

Kommunikationsmittel nach Satz 1 Nummer 4 sind insbesondere

1. akustisch-technische Hilfen oder
2. grafische Symbol-Systeme.

§ 4 Art und Weise der Bereitstellung von geeigneten Kommunikationshilfen

(1) Geeignete Kommunikationshilfen werden von dem Träger öffentlicher Gewalt kostenfrei bereitgestellt, es sei denn, die Berechtigten machen von ihrem Wahlrecht nach § 2 Absatz 2 Satz 2 Gebrauch.

(2) Die Bundesfachstelle für Barrierefreiheit nach § 13 des Behindertengleichstellungsgesetzes berät und unterstützt den Träger öffentlicher Gewalt bei seiner Aufgabe nach Absatz 1.

§ 5 Grundsätze für eine angemessene Vergütung oder Erstattung

(1) Der Träger öffentlicher Gewalt richtet sich bei der Entschädigung von Gebärdensprachdolmetscherinnen und Gebärdensprachdolmetschern sowie Kommunikationshelferinnen und Kommunikationshelfern nach dem Justizvergütungs- und -entschädigungsgesetz.

(2) Eine Vergütung in Höhe des Honorars für Dolmetscher gemäß § 9 Absatz 5 und 6 des Justizvergütungs- und -entschädigungsgesetzes erhalten Gebärdensprachdolmetscherinnen und Gebärdensprachdolmetscher nach § 3 Absatz 2 Satz 1 Nummer 1 sowie Kommunikationshelferinnen und Kommunikationshelfer nach § 3 Absatz 2 Satz 1 Nummer 2, Satz 2 Nummer 1 bis 4 mit nachgewiesener abgeschlossener Berufsausbildung oder staatlicher Anerkennung für das ausgeübte Tätigkeitsfeld.

(3) Eine Vergütung in Höhe von 75 Prozent der Vergütung nach Absatz 2 erhalten Gebärdensprachdolmetscherinnen und Gebärdensprachdolmetscher nach § 3 Absatz 2 Satz 1 Nummer 1 sowie Kommunikationshelferinnen und Kommunikationshelfer nach § 3 Absatz 2 Satz 1 Nummer 2, Satz 2 Nummer 1 bis 4 mit nachgewiesener abgeschlossener Qualifizierung für das ausgeübte Tätigkeitsfeld.

(4) Eine pauschale Abgeltung in Höhe von 25 Prozent der Vergütung nach Absatz 2, mindestens aber eine Abgeltung für die entstandenen Aufwendungen erhalten Gebärdensprachdolmetscherinnen und Gebärdensprachdolmetscher nach § 3 Absatz 2 Satz 1 Nummer 1 sowie Kommunikationshelferinnen und Kommunikationshelfer nach § 3 Absatz 2 Satz 1 Nummer 2, Satz 2 Nummer 1 bis 5 ohne nachgewiesene abgeschlossene Berufsausbildung oder Qualifizierung für das ausgeübte Tätigkeitsfeld.

(5) Für den Einsatz sonstiger Kommunikationshilfen trägt der Träger öffentlicher Gewalt die entstandenen Aufwendungen.

(6) Die Träger öffentlicher Gewalt können mit Gebärdensprachdolmetscherinnen und Gebärdensprachdolmetschern sowie Kommunikationshelferinnen und Kommunikationshelfern hinsichtlich der Vergütung und Abgeltung von den Absätzen 1 bis 4 abweichende Rahmenvereinbarungen treffen.

(7) Der Träger öffentlicher Gewalt vergütet die Leistungen unmittelbar denjenigen, die sie erbracht haben. Stellen die Berechtigten die Kommunikationshilfe nach § 2 Absatz 2 Satz 2 selbst bereit, trägt der Träger öffentlicher Gewalt die Kosten nach den Absätzen 1 bis 5 nur nach Maßgabe des § 2 Absatz 1. In diesem Fall dürfen die Berechtigten nicht auf eine Erstattung verwiesen werden, es sei denn, sie wünschen dies oder es liegt ein sonstiger besonderer Grund vor.

I

Landesgesetz zur Gleichstellung von Menschen mit Behinderungen (Landes-Behindertengleichstellungsgesetz – L-BGG)

Vom 17. Dezember 2014 (GBl. S. 819)

Zuletzt geändert durch
Gesetz zur Änderung des Landes-Behindertengleichstellungsgesetzes
vom 18. Dezember 2018 (GBl. S. 1560)

Inhaltsübersicht

Abschnitt 1
Allgemeine Bestimmungen

§ 1 Gesetzesziel

Ziel dieses Gesetzes ist es, in Umsetzung des Übereinkommens der Vereinten Nationen über die Rechte von Menschen mit Behinderungen (UN-Behindertenrechtskonvention) vom 13. Dezember 2006 (BGBl. 2008 II S. 1420) den vollen und gleichberechtigten Genuss aller Rechte durch alle Menschen mit Behinderungen zu fördern, zu schützen und zu gewährleisten. Bei der Verwirklichung der Rechte von Menschen mit Behinderungen sind insbesondere folgende in der UN-Behindertenrechtskonvention verankerte Prinzipien zu beachten:

1. die Achtung der dem Menschen innewohnenden Würde,
2. Selbstbestimmung,
3. Nichtbenachteiligung,
4. Inklusion,
5. Partizipation,
6. die Achtung der Unterschiedlichkeit von Menschen mit Behinderungen und die Akzeptanz dieser Menschen als Teil der menschlichen Vielfalt und der Menschheit,
7. Chancengleichheit,
8. Barrierefreiheit,
9. Gleichberechtigung von Mann und Frau und
10. die Achtung von den sich entwickelnden Fähigkeiten von Kindern mit Behinderungen und die Achtung ihres Rechts auf Identität.

§ 2 Geltungsbereich

Dieses Gesetz gilt für

1. die Dienststellen und sonstigen Einrichtungen der Landesverwaltung einschließlich der landesunmittelbaren Körperschaften, Anstalten und Stiftungen sowie für Gemeinden, Gemeindeverbände, die sonstigen der Aufsicht des Landes unterstehenden juristischen Personen des öffentlichen Rechts sowie die Gerichte und Staatsanwaltschaften, soweit sie in Verwaltungsangelegenheiten tätig werden,
2. juristische Personen des öffentlichen und des privaten Rechts, die zu dem besonderen Zweck gegründet wurden, im Allgemeininteresse liegende Aufgaben nicht gewerblicher Art zu erfüllen, sofern
   a) sie überwiegend von öffentlichen Stellen im Sinne von Nummer 1 einzeln oder gemeinsam durch Beteiligung oder auf sonstige Weise finanziert werden,
   b) ihre Leitung der Aufsicht durch öffentliche Stellen im Sinne von Nummer 1 unterliegt oder
   c) mehr als die Hälfte der Mitglieder eines ihrer zur Geschäftsführung oder zur Aufsicht berufenen Organe durch öffentliche Stellen im Sinne von Nummer 1 bestimmt worden ist,
3. Verbände, deren Mitglieder unter Nummer 1 oder Nummer 2 fallen.

   Eine überwiegende Finanzierung durch öffentliche Stellen im Sinne von Nummer 1 wird angenommen, wenn sie mehr als 50 Prozent der Gesamtheit der Mittel finanzieren.

§ 3 Begriffsbestimmungen

(1) Menschen mit Behinderungen im Sinne dieses Gesetzes sind Menschen, die langfristige körperliche, seelische, geistige oder Sinnesbeeinträchtigungen haben, welche sie in Wechselwirkung mit einstellungs- und umweltbedingten Barrieren an der vollen, wirksamen und gleichberechtigten Teilhabe an der Gesellschaft hindern können.

(2) Barrierefrei sind Anlagen, Verkehrsmittel, technische Gebrauchsgegenstände, Systeme der Informationsverarbeitung, akustische und visuelle Informationsquellen und Kommunikationseinrichtungen sowie andere gestaltete Lebensbereiche, wenn sie für Menschen mit Behinderungen in der allgemein üblichen Weise, ohne besondere Erschwernis und grundsätzlich ohne fremde Hilfe zugänglich und nutzbar sind. Eine besondere Erschwernis liegt auch dann vor, wenn Menschen mit Behinderungen die Mitnahme oder der Einsatz benötigter Hilfsmittel verweigert oder erschwert wird. Die Begriffsbestimmungen der Landesbauordnung für Baden-Württemberg bleiben unberührt.

(3) Eine Benachteiligung liegt vor, wenn Menschen mit und ohne Behinderungen ohne

zwingenden Grund unterschiedlich behandelt werden und dadurch Menschen mit Behinderungen in der gleichberechtigten Teilhabe am Leben in der Gesellschaft unmittelbar oder mittelbar beeinträchtigt werden.

§ 4 Frauen mit Behinderungen

Zur Durchsetzung der Gleichberechtigung von Frauen und Männern sind die besonderen Belange von Frauen mit Behinderungen zu berücksichtigen und bestehende Benachteiligungen zu beseitigen. Dabei sind besondere Maßnahmen zur Förderung der tatsächlichen Durchsetzung der Gleichberechtigung von Frauen mit Behinderungen sowie zum Abbau und zur Beseitigung bestehender Benachteiligungen zulässig.

Abschnitt 2 Verpflichtung zur Gleichstellung und Barrierefreiheit

§ 5 Gleichstellungsauftrag

(1) Die Gleichstellung von Menschen mit Behinderungen ist Aufgabe des Staates und der Gesellschaft.

(2) Die öffentlichen Stellen im Sinne von § 2 sollen im Rahmen ihres jeweiligen Aufgabenbereichs die in § 1 genannten Ziele aktiv fördern und bei der Planung von Maßnahmen beachten. In Bereichen bestehender Benachteiligungen von Menschen mit Behinderungen gegenüber nicht behinderten Menschen sind besondere Maßnahmen zum Abbau und zur Beseitigung dieser Benachteiligungen zulässig. Bei der Anwendung von Gesetzen zur tatsächlichen Durchsetzung der Gleichberechtigung von Frauen und Männern ist den besonderen Belangen von Frauen mit Behinderungen Rechnung zu tragen.

§ 6 Benachteiligungsverbot für öffentliche Stellen; Beweislastumkehr

(1) Öffentliche Stellen im Sinne von § 2 dürfen Menschen mit Behinderungen nicht benachteiligen.

(2) Besondere Benachteiligungsverbote zu Gunsten von Menschen mit Behinderungen in anderen Rechtsvorschriften bleiben unberührt.

(3) Wenn ein Mensch mit Behinderung Sachverhalte oder Tatsachen beweist, die eine Benachteiligung aufgrund einer Behinderung vermuten lassen, ist diese Vermutung im Streitfalle von der Gegenseite zu widerlegen.

§ 7 Herstellung von Barrierefreiheit in den Bereichen Bau und Verkehr

(1) Bei Neubau- und Umbaumaßnahmen sind bauliche und andere Anlagen nach Maßgabe der einschlägigen Rechtsvorschriften, insbesondere der Landesbauordnung Baden-Württemberg, barrierefrei herzustellen.

(2) Neu zu errichtende öffentliche Straßen sowie öffentlich zugängliche Verkehrsanlagen und neu zu beschaffende Beförderungsmittel im öffentlichen Personenverkehr sind nach Maßgabe der einschlägigen Rechtsvorschriften des Landes barrierefrei zu gestalten. Bei großen Umbau- oder Erweiterungsmaßnahmen sollen diese nach Maßgabe der einschlägigen Rechtsvorschriften des Landes barrierefrei gestaltet werden.

§ 8 Recht auf Verwendung von Gebärdensprache und anderen Kommunikationshilfen

(1) Die Deutsche Gebärdensprache ist als eigenständige Sprache anerkannt.

(2) Lautsprachbegleitende Gebärden sind als Kommunikationsform der deutschen Sprache anerkannt.

(3) Menschen mit Hörbehinderungen (Gehörlose, Ertaubte und Schwerhörige) und Menschen mit Sprachbehinderungen haben das Recht, mit öffentlichen Stellen im Sinne von § 2 in Deutscher Gebärdensprache, mit lautsprachbegleitenden Gebärden oder über andere geeignete Kommunikationshilfen zu kommunizieren, soweit dies zur Wahrnehmung eigener Rechte im Verwaltungsverfahren erforderlich ist. Die öffentlichen Stellen haben die dafür erforderlichen Aufwendungen zu erstatten.

(4) Die Erstattung der erforderlichen Aufwendungen für die Dolmetscherdienste erfolgt in entsprechender Anwendung des Justizvergütungs- und -entschädigungsgesetzes in der jeweils geltenden Fassung. Für den Einsatz sonstiger Kommunikationshilfen werden die angemessenen Kosten erstattet.

§ 9 Gestaltung des Schriftverkehrs

(1) Öffentliche Stellen im Sinne von § 2 sollen auf Verlangen im Schriftverkehr mit den Bürgerinnen und Bürgern im Rahmen der technischen und verwaltungsorganisatorischen Möglichkeiten sowie rechtlichen Bestimmungen eine Behinderung von Menschen berücksichtigen.

(2) Blinde Menschen und Menschen mit einer Sehbehinderung können insbesondere verlangen, dass ihnen Bescheide, öffentlich-rechtliche Verträge und Vordrucke ohne zusätzliche Kosten auch in einer für sie wahrnehmbaren Form zugänglich gemacht werden, soweit dies zur Wahrnehmung eigener Rechte im Verwaltungsverfahren erforderlich ist. Die Verordnung über barrierefreie Dokumente in der Bundesverwaltung vom 17. Juli 2002 (BGBl. I S. 2652) in der jeweils geltenden Fassung findet entsprechende Anwendung.

(3) Die Vorschriften über Form, Bekanntgabe und Zustellung von Verwaltungsakten bleiben von den in den Absätzen 1 und 2 getroffenen Regelungen unberührt.

§ 10 Barrierefreie mediale Angebote

(1) Öffentliche Stellen im Sinne von § 2 gestalten ihre Webseiten einschließlich Apps und sonstigen Anwendungen für mobile Endgeräte sowie die von ihnen zur Verfügung gestellten grafischen Programmoberflächen, die mit Mitteln der Informationstechnik dargestellt werden (mediale Angebote) so, dass sie von Menschen mit Behinderungen grundsätzlich uneingeschränkt genutzt werden können. Die Anforderungen zur barrierefreien Gestaltung bestimmen sich nach der Maßgabe der Barrierefreie-Informationstechnik-Verordnung vom 12. September 2011 (BGBl. I S. 1843), die zuletzt durch Artikel 4 der Verordnung vom 25. November 2016 (BGBl. S. 2659, 2663) geändert worden ist, in der jeweils geltenden Fassung.

(2) Öffentliche Stellen im Sinne von § 2 können im Einzelfall von einer Gestaltung nach Absatz 1 absehen, soweit diese zu einer unverhältnismäßigen Belastung führt.

(3) Öffentliche Stellen im Sinne von § 2 stellen eine Erklärung zur Barrierefreiheit ihrer medialen Angebote im Sinne von Absatz 1 Satz 1 bereit, die über eine Rückmeldefunktion verfügt, die es Nutzerinnen und Nutzern ermöglicht, der betreffenden öffentlichen Stelle jegliche Mängel bei der Einhaltung der Anforderungen nach Absatz 1 mitzuteilen. Das Sozialministerium und das Innenministerium werden ermächtigt, die Einzelheiten der Erklärung und Rückmeldefunktion durch eine gemeinsame Rechtsverordnung zu regeln.

(4) Die Landesregierung überwacht in regelmäßigen Abständen, inwieweit die medialen Angebote im Sinne von Absatz 1 Satz 1 von öffentlichen Stellen im Sinne von § 2 die Anforderungen nach Absatz 1 erfüllen. Die Ergebnisse werden in einem Bericht festgehalten. Das Sozialministerium und das Innenministerium werden ermächtigt, die Benennung der für das Überwachungsverfahren zuständigen Stelle sowie die Einzelheiten des Überwachungsverfahrens und der Berichterstattung durch eine gemeinsame Rechtsverordnung zu regeln.

Abschnitt 3
Rechtsbehelfe

§ 11 Prozessstandschaft in verwaltungs- und sozialrechtlichen Verfahren

Werden Menschen mit Behinderungen in ihren Rechten nach diesem Gesetz verletzt, können an ihrer Stelle und mit ihrem schriftlichen Einverständnis Verbände nach § 12 Absatz 1, die nicht selbst am Verfahren beteiligt sind, Rechtsschutz beantragen. In diesen Fällen müssen alle Verfahrensvoraussetzungen wie bei einem Rechtsschutzersuchen durch den Menschen mit Behinderungen selbst vorliegen.

§ 12 Verbandsklagerecht

(1) Ein nach § 13 Absatz 3 des Behindertengleichstellungsgesetzes in der jeweils geltenden Fassung anerkannter Verband oder dessen baden-württembergischer Landesverband kann, ohne in seinen Rechten verletzt zu sein, Klage nach Maßgabe der Verwaltungsgerichtsordnung oder des Sozialgerichtsgesetzes auf Feststellung eines Verstoßes gegen

I

1. das Benachteiligungsverbot nach § 6 Absatz 1,
2. die Verpflichtung zur Herstellung von Barrierefreiheit bei Bauvorhaben der öffentlichen Hand und im öffentlichen Personenverkehr nach § 7,
3. das Recht auf Kommunikation in der Gebärdensprache oder mit anderen Kommunikationshilfen nach § 8 Absatz 3,
4. die Verpflichtung zur Herstellung von Barrierefreiheit bei der Ausgestaltung des Schriftverkehrs nach § 9 sowie bei der Gestaltung medialer Angebote nach § 10

durch die in § 2 genannten Behörden erheben. Satz 1 gilt nicht, wenn eine Maßnahme aufgrund einer Entscheidung in einem verwaltungs- oder sozialgerichtlichen Streitverfahren erlassen worden ist.

(2) Eine Klage ist nur zulässig, wenn der Verband durch die angegriffene Maßnahme in seinem satzungsgemäßen Aufgabenbereich berührt ist. Soweit ein Mensch mit Behinderungen selbst seine Rechte durch eine Gestaltungs- oder Leistungsklage verfolgen kann oder hätte verfolgen können, kann die Klage nach Absatz 1 nur erhoben werden, wenn der Verband geltend macht, dass es sich bei der Maßnahme um einen Fall von allgemeiner Bedeutung handelt. Dies ist insbesondere gegeben, wenn eine Vielzahl gleich gelagerter Sachverhalte vorliegt. Für Klagen nach Absatz 1 Satz 1 gelten die Vorschriften des Achten Abschnitts der Verwaltungsgerichtsordnung entsprechend mit der Maßgabe, dass es eines Vorverfahrens auch dann bedarf, wenn die angegriffene Maßnahme von einer obersten Landesbehörde erlassen worden ist.

Abschnitt 4
Interessenvertretung von Menschen mit Behinderungen

§ 13 Amt der oder des Beauftragten der Landesregierung für die Belange von Menschen mit Behinderungen

(1) Die Landesregierung bestellt im Benehmen mit dem Landes-Beirat für die Belange von Menschen mit Behinderungen für die Dauer der Wahlperiode des Landtags eine Beauftragte oder einen Beauftragten der Landesregierung für die Belange von Menschen mit Behinderungen (Landes-Behindertenbeauftragte oder Landes-Behindertenbeauftragter). Die oder der Landes-Behindertenbeauftragte ist unabhängig, weisungsungebunden und ressortübergreifend tätig.

(2) Der beauftragten Person ist die für die Erfüllung ihrer Aufgabe notwendige Personal- und Sachausstattung zur Verfügung zu stellen.

§ 14 Aufgaben und Befugnisse der oder des Landes-Behindertenbeauftragten

(1) Die oder der Landes-Behindertenbeauftragte wirkt darauf hin, dass die Verpflichtung des Landes, für gleichwertige Lebensbedingungen für Menschen mit und ohne Behinderungen zu sorgen, in allen Bereichen des gesellschaftlichen Lebens erfüllt wird. Die oder der Landes-Behindertenbeauftragte setzt sich bei der Wahrnehmung dieser Aufgabe dafür ein, dass unterschiedliche Lebensbedingungen von Frauen und Männern mit Behinderungen berücksichtigt und Benachteiligungen beseitigt werden.

(2) Die oder der Landes-Behindertenbeauftragte berät die Landesregierung in Fragen der Politik für Menschen mit Behinderungen und arbeitet mit der Verwaltung zusammen. Zudem sind die oder der Landes-Behindertenbeauftragte Anlaufstelle für Menschen mit Behinderungen und deren Angehörige (Ombudsfrau beziehungsweise Ombudsmann).

(3) Zur Wahrnehmung dieser Aufgabe ist die oder der Landes-Behindertenbeauftragte, soweit die spezifischen Belange der Menschen mit Behinderungen betroffen sind, bei Gesetzgebungs- und Verordnungsvorhaben frühzeitig zu beteiligen.

(4) Öffentliche Stellen im Sinne des § 2 sollen die Landes-Behindertenbeauftragte oder den Landes-Behindertenbeauftragten bei der Erfüllung ihrer oder seiner Aufgaben unterstützen. Dies umfasst insbesondere die Verpflichtung zur Auskunftserteilung und Akteneinsicht im Rahmen der Bestimmungen zum Schutz personenbezogener Daten.

§ 15 Kommunale Beauftragte für die Belange von Menschen mit Behinderungen

(1) In jedem Stadt- und Landkreis ist eine Beauftragte oder ein Beauftragter für die Belange von Menschen mit Behinderungen (kommunale Behindertenbeauftragte oder kommunaler Behindertenbeauftragter) zu bestellen. In den übrigen Gemeinden können kommunale Behindertenbeauftragte bestellt werden. Die kommunalen Behindertenbeauftragten sind unabhängig und weisungsungebunden.

(2) Das Land fördert die Bestellung von hauptamtlichen Behindertenbeauftragten in den Stadt- und Landkreisen.

(3) Die Beauftragten im Sinne von Absatz 1 Satz 1 beraten die Stadt- und Landkreise in Fragen der Politik für Menschen mit Behinderungen und arbeiten mit der Verwaltung zusammen. Zudem sind sie Ombudsfrau beziehungsweise Ombudsmann. Die Beauftragten der Landkreise nehmen neben ihren eigenen Aufgaben die Koordination der Beauftragten bei den kreisangehörigen Gemeinden wahr.

(4) Die Beauftragten im Sinne von Absatz 1 sind bei allen Vorhaben der Gemeinden und Landkreise, soweit die spezifischen Belange der Menschen mit Behinderungen betroffen sind, frühzeitig zu beteiligen. Über die jeweilige Stellungnahme informiert die Bürgermeisterin oder der Bürgermeister den Gemeinderat sowie die Landrätin oder der Landrat den Kreistag.

(5) Öffentliche Stellen im Sinne von § 2 sollen die Beauftragten im Sinne von Absatz 1 bei der Erfüllung ihrer Aufgaben unterstützen. Dies umfasst insbesondere die Verpflichtung zur Auskunftserteilung und Akteneinsicht im Rahmen der Bestimmungen zum Schutz personenbezogener Daten.

(6) Unbeschadet der Regelung in Absatz 1 können Beiräte für die Belange von Menschen mit Behinderungen auf kommunaler Ebene gebildet werden.

§ 16 Landes-Beirat für die Belange von Menschen mit Behinderungen; Verordnungsermächtigung

(1) Der Landes-Beirat für die Belange von Menschen mit Behinderungen (Landes-Behindertenbeirat) berät und unterstützt die Landes-Behindertenbeauftragte oder den Landes-Behindertenbeauftragten bei allen wesentlichen Fragen, die die Belange von Menschen mit Behinderungen berühren. Zur Wahrnehmung dieser Aufgabe ist der Landes-Behindertenbeirat, soweit die spezifischen Belange der Menschen mit Behinderungen betroffen sind, bei Gesetzgebungs- und Verordnungsvorhaben frühzeitig zu beteiligen.

(2) Der Landes-Behindertenbeirat setzt sich aus 25 Mitgliedern zusammen. Die oder der Landes-Behindertenbeauftragte hat den Vorsitz und ist stimmberechtigtes Mitglied des Landes-Behindertenbeirats. Folgende 14 weitere stimmberechtigte Mitglieder gehören dem Landes-Behindertenbeirat an:

1. zehn Mitglieder auf Vorschlag der Verbände und Selbsthilfegruppen der Menschen mit Behinderungen,
2. ein Mitglied auf Vorschlag der Landesarbeitsgemeinschaft der Werkstatträte,
3. jeweils ein Mitglied auf Vorschlag der Behindertenbeauftragten der Stadt- und Landkreise und der Behindertenbeauftragten kreisangehöriger Gemeinden und
4. ein Mitglied auf Vorschlag der Behinderten- und Rehabilitationssportverbände.

Nicht stimmberechtigte Mitglieder des Landes-Behindertenbeirats sind je eine Vertreterin oder ein Vertreter

1. des Sozialministeriums,
2. der Regionaldirektion Baden-Württemberg der Bundesagentur für Arbeit,
3. der landesunmittelbaren gesetzlichen Krankenkassen,
4. der Deutschen Rentenversicherung Baden-Württemberg,
5. des Integrationsamts,
6. der kommunalen Landesverbände,
7. der Liga der freien Wohlfahrtspflege,
8. der Architektenkammer Baden-Württemberg,
9. der kassenärztlichen oder der kassenzahnärztlichen Vereinigung und
10. die Landesärztin oder der Landesarzt für Menschen mit Behinderungen.

(3) Für jedes stimmberechtigte Mitglied ist eine Stellvertretung vorzuschlagen.

(4) Bei der Auswahl der Vorschläge nach Absatz 2 Satz 3 und Absatz 3 ist dafür Sorge zu tragen, dass möglichst betroffene Menschen mit Behinderungen berücksichtigt werden und Frauen und Männer zu gleichen Anteilen vertreten sind. Bei der Auswahl der Vorschläge der Verbände und Selbsthilfegruppen der Menschen mit Behinderungen ist zu berücksichtigen, dass Menschen mit unterschiedlichen Arten von Behinderungen angemessen Berücksichtigung finden.

(5) Die Mitglieder des Landes-Behindertenbeirats und ihre Stellvertretungen werden von der oder dem Landes-Behindertenbeauftragten für die Dauer einer Wahlperiode des Landtags berufen.

(6) Das Nähere zur Auswahl, Berufung und Abberufung der Mitglieder beziehungsweise Stellvertretungen des Gremiums bestimmt das Sozialministerium durch Rechtsverordnung.

Abschnitt 5
Übergangs- und Schlussvorschriften

§ 17 Übergangsvorschriften

(1) Öffentliche Stellen im Sinne von § 2 wenden die Vorgaben nach § 10 wie folgt an:

1. auf Webseiten im Sinne von § 10 Absatz 1, die nicht vor dem 23. September 2018 veröffentlicht wurden: ab dem 23. September 2019,
2. auf Webseiten im Sinne von § 10 Absatz 1, die nicht unter Nummer 1 fallen: ab dem 23. September 2020,
3. auf Apps und sonstige Anwendungen für mobile Endgeräte im Sinne von § 10 Absatz 1: ab dem 23. Juni 2021.

(2) § 10 gilt nicht für Inhalte von Intranets, die vor dem 23. September 2019 veröffentlicht wurden, bis diese eine grundlegende Überarbeitung erfahren.

§ 18 Inkrafttreten

Dieses Gesetz tritt am 1. Januar 2015 in Kraft. Gleichzeitig tritt das Landes-Behindertengleichstellungsgesetz vom 3. Mai 2005 (GBl. S. 327) außer Kraft.

Bayerisches Behindertengleichstellungsgesetz (BayBGG)

Vom 9. Juli 2003 (GVBl. S. 419, 2008 S. 479)

Zuletzt geändert durch
Gesetz zur Änderung des Bayerischen Behindertengleichstellungsgesetzes
vom 24. Juli 2020 (GVBl. S. 388)

Inhaltsübersicht

I

Abschnitt 1
Allgemeine Bestimmungen

Art. 1 Aufgaben und Ziele

(1) Aus der Bejahung des Lebens jedes Menschen erwächst die Aufgabe, geborenes und ungeborenes Leben umfassend zu schützen.

(2) Gleichberechtigung sowie volle und wirksame Teilhabe in allen Lebensbereichen von Menschen mit Behinderung sind eine gesamtgesellschaftliche Aufgabe.

(3) 1Ziel dieses Gesetzes ist es, das Leben und die Würde von Menschen mit Behinderung zu schützen, ihre Benachteiligung zu beseitigen und zu verhindern sowie die gleichberechtigte Teilhabe von Menschen mit Behinderung am Leben in der Gesellschaft zu gewährleisten, ihre Inklusion zu fördern und ihnen eine selbstbestimmte Lebensführung zu ermöglichen. 2Dabei gilt der Grundsatz der ganzheitlichen Betreuung und Förderung. 3Den besonderen Bedürfnissen von Menschen mit Behinderung wird Rechnung getragen. 4Das gilt auch, soweit deren Behinderung, wie im Fall von Menschen mit seelischer Behinderung, nicht offenkundig ist.

Art. 2 Behinderung

1Menschen mit Behinderung im Sinn dieses Gesetzes sind Menschen, die langfristige körperliche, seelische, geistige oder Sinnesbeeinträchtigungen haben, welche sie in Wechselwirkung mit von außen wirkenden Barrieren an der gleichberechtigten Teilhabe an der Gesellschaft hindern können. 2Als langfristig gilt ein Zeitraum, der mit hoher Wahrscheinlichkeit länger als sechs Monate andauert.

Art. 3 Frauen mit Behinderung

1Um die Benachteiligung von Frauen mit Behinderung wegen mehrerer Gründe zu vermeiden, sind deren besondere Belange zu berücksichtigen, bestehende Benachteiligungen zu beseitigen und künftige Benachteiligungen zu verhindern. 2Dabei sind besondere Maßnahmen zur Förderung der tatsächlichen Durchsetzung der Gleichberechtigung von Frauen mit Behinderung und zur Beseitigung bestehender Benachteiligungen zulässig.

Art. 4 Barrierefreiheit

1Barrierefrei ist, was für Menschen mit Behinderung in der allgemein üblichen Weise, ohne besondere Erschwernis und grundsätzlich ohne fremde Hilfe auffindbar, zugänglich und nutzbar ist. 2An der Barrierefreiheit fehlt es, wenn Menschen mit Behinderung die Mitnahme oder der Einsatz benötigter Hilfsmittel unmöglich ist, verweigert oder erschwert wird.

Art. 5 Benachteiligung

1Eine Benachteiligung liegt vor, wenn Menschen mit und ohne Behinderung ohne zwingenden Grund unterschiedlich behandelt werden und dadurch Menschen mit Behinderung in der gleichberechtigten Teilhabe am Leben in der Gesellschaft unmittelbar oder mittelbar beeinträchtigt werden. 2Die Versagung angemessener Vorkehrungen für Menschen mit Behinderung ist eine Benachteiligung im Sinn dieses Gesetzes.

Art. 6 Kommunikation von Menschen mit Hör- oder Sprachbehinderung

(1) Die Deutsche Gebärdensprache ist als eigenständige Sprache anerkannt.

(2) Lautsprachbegleitende Gebärden sind als Kommunikationsform der deutschen Sprache anerkannt.

(3) 1Menschen mit Hör- oder Sprachbehinderung haben nach Maßgabe der einschlägigen Gesetze das Recht, die Deutsche Gebärdensprache, lautsprachbegleitende Gebärden oder andere geeignete Kommunikationshilfen zu verwenden. 2Aufwendungen der in Satz 1 genannten Personen für die Verwendung der Gebärdensprache oder anderer geeigneter Kommunikationshilfen werden nur nach Maßgabe des Art. 11 erstattet.

Art. 7 Sicherung der Teilhabe

1Die zuständigen Staatsministerien entwickeln Fachprogramme zur Sicherstellung der Teilhabe von Menschen mit Behinderung am Leben in der Gesellschaft. 2Dabei soll insbesondere Menschen mit geistiger Behinderung oder Mehrfachbehinderung, Menschen mit schweren Verhaltensstörungen und Menschen mit psychischer Erkrankung, die großen Hilfebedarf haben, eine Teilhabe am Leben in der Gesellschaft ermöglicht werden.

Art. 8 Selbsthilfe-Organisationen

Die Selbsthilfe-Organisationen von Menschen mit Behinderung oder chronischer Krankheit und von deren Angehörigen nehmen für die Sicherung der Teilhabe wichtige Aufgaben im Bereich der Behindertenhilfe wahr.

Abschnitt 2
Verpflichtung zur Gleichstellung und Barrierefreiheit

Art. 9 Benachteiligungsverbot

(1) 1Die Behörden und sonstigen öffentlichen Stellen des Freistaates Bayern mit Ausnahme der Staatsanwaltschaften, die Gemeinden, Gemeindeverbände und die sonstigen der Aufsicht des Freistaates Bayern unterstehenden juristischen Personen des öffentlichen Rechts mit Ausnahme des Bayerischen Rundfunks und der Bayerischen Landeszentrale für neue Medien (Träger öffentlicher Gewalt) fördern im Rahmen ihres jeweiligen Aufgabenbereichs die in Art. 1 genannten Ziele und beachten diese bei der Planung von Maßnahmen. 2Ferner ist darauf hinzuwirken, dass auch Vereinigungen, Einrichtungen und Unternehmen, deren Anteile sich unmittelbar oder mittelbar ganz oder überwiegend in öffentlicher Hand befinden, diese Ziele berücksichtigen. 3In Bereichen bestehender Benachteiligungen von Menschen mit Behinderung gegenüber Menschen ohne Behinderung sind besondere Maßnahmen zum Abbau und zur Beseitigung dieser Benachteiligungen zulässig. 4Bei der Anwendung von Gesetzen zur tatsächlichen Durchsetzung der Gleichberechtigung von Frauen und Männern ist den besonderen Belangen von Frauen mit Behinderung Rechnung zu tragen.

(2) Ein Träger öffentlicher Gewalt im Sinn des Abs. 1 Satz 1 darf Menschen mit Behinderung nicht benachteiligen.

(3) Besondere Benachteiligungsverbote zu Gunsten von Menschen mit Behinderung in anderen Rechtsvorschriften bleiben unberührt.

Art. 10 Herstellung von Barrierefreiheit in den Bereichen Bau und Verkehr

(1) 1Neu-, Um- und Erweiterungsbauten der Behörden, Gerichte und sonstigen öffentlichen Stellen des Freistaates Bayern sowie entsprechende Bauten der Gemeinden, Gemeindeverbände und der sonstigen der Aufsicht des Freistaates Bayern unterstehenden juristischen Personen des öffentlichen Rechts sollen entsprechend den allgemein anerkannten Regeln der Technik barrierefrei gestaltet werden. 2Gleiches gilt für Tageseinrichtungen für Kinder, die von einem Träger öffentlicher Gewalt getragen werden; dies gilt auch für die Staatsanwaltschaften, den Bayerischen Rundfunk und die Bayerische Landeszentrale für neue Medien. 3Von den Anforderungen nach den Sätzen 1 und 2 kann abgewichen werden, wenn mit einer anderen Lösung in gleichem Maße die Anforderungen an die Barrierefreiheit erfüllt werden. 4Die Regelungen der Bayerischen Bauordnung bleiben unberührt.

(2) Die in Abs. 1 Satz 1 und 2 genannten Stellen sollen anlässlich der Durchführung von investiven Baumaßnahmen nach Abs. 1 bauliche Barrieren in den nicht von diesen Baumaßnahmen unmittelbar betroffenen Gebäudeteilen, soweit sie dem Publikumsverkehr dienen, feststellen und unter Berücksichtigung der baulichen Gegebenheiten abbauen, sofern die Feststellung und der Abbau nicht einen unverhältnismäßigen Aufwand darstellen.

(3) 1Die in Abs. 1 Satz 1 und 2 genannten Stellen sind verpflichtet, die Barrierefreiheit bei Anmietungen der von ihnen genutzten Bauten zu berücksichtigen. 2Künftig sollen möglichst nur barrierefreie Bauten angemietet werden, soweit die Anmietung nicht eine unangemessene wirtschaftliche Belastung zur Folge hätte.

I

(4) Sonstige bauliche oder andere Anlagen, öffentliche Wege, Plätze und Straßen sowie öffentlich zugängliche Verkehrsanlagen und Beförderungsmittel im öffentlichen Personennahverkehr sind nach Maßgabe der einschlägigen Rechtsvorschriften barrierefrei zu gestalten.

Art. 11 Recht auf Verwendung von Gebärdensprache oder anderen Kommunikationshilfen, Verordnungsermächtigung

(1) 1Zur Wahrnehmung eigener Rechte im Verwaltungsverfahren können Menschen mit Hör- oder Sprachbehinderung nach Maßgabe der Rechtsverordnung nach Abs. 2 mit Trägern öffentlicher Gewalt in Deutscher Gebärdensprache, mit lautsprachbegleitenden Gebärden oder über andere geeignete Kommunikationshilfen kommunizieren. 2Die Träger öffentlicher Gewalt haben dafür auf Antrag der Berechtigten nach Maßgabe der Rechtsverordnung nach Abs. 2 die notwendigen Aufwendungen zu erstatten. 3Hör- oder sprachbehinderten Eltern nicht hör- oder sprachbehinderter Kinder werden nach Maßgabe der Rechtsverordnung nach Abs. 2 auf Antrag die notwendigen Aufwendungen für die Kommunikation mit der Kindertageseinrichtung, Tagespflegestelle oder Schule in deutscher Gebärdensprache, mit lautsprachbegleitenden Gebärden oder über andere geeignete Kommunikationshilfen erstattet. 4Die Sätze 1 und 2 gelten auch für die Staatsanwaltschaften.

(2) Die Staatsregierung bestimmt durch Rechtsverordnung,

1. Voraussetzung und Umfang des Anspruchs nach Abs. 1 Satz 1, wobei eine Regelung dahingehend getroffen werden kann, dass ein Anspruch nur dann besteht, wenn der hör- oder sprachbehinderte Mensch einen Gebärdendolmetscher, einen Gebärdensprachdozenten, der hörend und der Lautsprache mächtig ist, oder eine sonstige gemäß Nr. 4 anerkannte Kommunikationshilfe selbst zur Verfügung stellt,
2. Voraussetzungen und Umfang der Ansprüche nach Abs. 1 Sätze 2 und 3,
3. Grundsätze für eine angemessene Vergütung oder eine Erstattung von notwendigen Aufwendungen für die Dolmetscherdienste oder den Einsatz anderer geeigneter Kommunikationshilfen und
4. Kommunikationsformen, die als andere geeignete Kommunikationshilfen im Sinn des Abs. 1 anzusehen sind.

(3) Für die Anerkennung von Prüfungen für Gebärdensprachdozenten erlässt das Staatsministerium für Familie, Arbeit und Soziales (Staatsministerium) eine Rechtsverordnung, in der zu regeln ist:

1. die Prüfungsart,
2. das Prüfungsverfahren,
3. die Übertragbarkeit der Zuständigkeit zur Abhaltung der Prüfung auf geeignete Institute und die Regelung der Vergütung in diesen Fällen und
4. die Voraussetzungen der Anerkennung von bereits tätigen Gebärdensprachdozenten ohne Ablegung der Prüfung.

Art. 12 Gestaltung von Bescheiden und Vordrucken, Verordnungsermächtigung

(1) 1Träger öffentlicher Gewalt haben bei der Gestaltung von schriftlichen Bescheiden, Allgemeinverfügungen, öffentlich-rechtlichen Verträgen und Vordrucken eine Behinderung von Menschen zu berücksichtigen; dies gilt auch für die Staatsanwaltschaften, den Bayerischen Rundfunk und die Landeszentrale für neue Medien. 2Zur Wahrnehmung eigener Rechte im Verwaltungsverfahren können blinde und sehbehinderte Menschen nach Maßgabe der Rechtsverordnung nach Abs. 2 insbesondere verlangen, dass ihnen Bescheide, öffentlich-rechtliche Verträge und Vordrucke ohne zusätzliche Kosten auch in einer für sie wahrnehmbaren Form zugänglich gemacht werden. 3Vorschriften über Form, Bekanntmachung und Zustellung von Verwaltungsakten bleiben unberührt.

(2) Die Staatsregierung bestimmt durch Rechtsverordnung, unter Berücksichtigung

der technischen, finanziellen, wirtschaftlichen und verwaltungsorganisatorischen Möglichkeiten, unter welchen Voraussetzungen und in welcher Art und Weise die in Abs. 1 genannten Dokumente blinden und sehbehinderten Menschen zugänglich gemacht werden.

Art. 13 Verständlichkeit

1Träger öffentlicher Gewalt sollen Informationen zunehmend in besonders leicht verständlicher Sprache bereitstellen. 2Sie sollen besonders leicht verständliche Sprache im Rahmen der Verhältnismäßigkeit stärker einsetzen. 3Außerdem sollen sie ihre oder allgemein verfügbare Fähigkeiten auf- und ausbauen, Texte in besonders leicht verständlicher Sprache zu verfassen. 4Sprache ist besonders leicht verständlich, wenn sie sich an dafür eingeführte Standards hält.

Art. 14 Barrierefreies Internet und Intranet, Verordnungsermächtigung

(1) 1Träger öffentlicher Gewalt gestalten ihre Internet- und Intranetauftritte und -angebote sowie die von ihnen zur Verfügung gestellten grafischen Programmoberflächen, die mit Mitteln der Informationstechnik dargestellt werden, unter Berücksichtigung der nach Satz 2 zu erlassenden Rechtsverordnung schrittweise technisch so, dass sie von Menschen mit Behinderung grundsätzlich uneingeschränkt genutzt werden können; dies gilt entsprechend für die Staatsanwaltschaften und Gerichte. 2Die Staatsregierung bestimmt durch Rechtsverordnung, nach Maßgabe der technischen, finanziellen, wirtschaftlichen und verwaltungsorganisatorischen Möglichkeiten:

1. die anzustrebenden technischen Standards sowie den Zeitpunkt ihrer verbindlichen Anwendung,
2. die zu gestaltenden Bereiche und Arten amtlicher Informationen,
3. Übergangsfristen zur Anpassung bereits bestehender Angebote,
4. Informationspflichten bei Internetauftritten und -angeboten, die zur Barrierefreiheit veröffentlicht werden sollen,
5. Verfahren zur Überwachung nach den Vorgaben des Art. 8 Abs. 1 bis 3 der Richtlinie (EU) 2016/2102 sowie Verfahren zur Berichterstattung, um die Vorgaben des Art. 8 Abs. 4 bis 6 der Richtlinie (EU) 2016/2102 zu erfüllen,
6. Verfahren um die Einhaltung der Anforderungen der Art. 4, 5 und 7 Abs. 1 der Richtlinie (EU) 2016/2102 zu gewährleisten.

(2) Für Websites und mobile Anwendungen im Sinn des Art. 1 der Richtlinie (EU) 2016/2102 öffentlicher Stellen im Sinn des Art. 3 Abs. 1 der Richtlinie (EU) 2016/2102 gilt Abs. 1 entsprechend.

Abschnitt 3
Rechtsbehelfe

Art. 15 Barrierefreie Medien

1Der Bayerische Rundfunk und die Bayerische Landeszentrale für neue Medien sollen ferner die Ziele aus Art. 1 bei ihren Planungen und Maßnahmen beachten. 2Hierzu sollen insbesondere Fernsehprogramme untertitelt oder mit Gebärdensprache begleitet und mit Bildbeschreibungen versehen werden. 3Diejenigen Träger öffentlicher Gewalt, denen kommunikationspolitische Angelegenheiten übertragen sind, sollen darauf hinwirken, dass auch der von Art. 9 Abs. 1 Satz 1 nicht erfasste öffentlich-rechtliche Rundfunk im Rahmen der technischen, finanziellen, wirtschaftlichen und verwaltungsorganisatorischen Möglichkeiten die in Art. 1 genannten Ziele aktiv fördert und bei der Planung von Maßnahmen beachtet.

Art. 16 Rechtsschutz durch Verbände

1Werden Menschen mit Behinderung in ihren Rechten aus Art. 9 Abs. 2, Art. 10 Abs. 1, Art. 11 Abs. 1, Art. 12 Abs. 1 Satz 2 oder Art. 14 Satz 1 verletzt, können an ihrer Stelle und mit ihrem Einverständnis die nach § 15 Abs. 3 des Behindertengleichstellungsgesetzes (BGG) anerkannten Verbände sowie deren bayerische Landesverbände, die nicht selbst am Verfahren beteiligt sind, Rechtsschutz beantragen. 2Gleiches gilt bei Verstößen gegen Vorschriften des Landesrechts, die einen Anspruch auf Herstellung von Barrierefreiheit im Sinn des Art. 4 oder auf Verwendung von Gebärdensprache oder anderen Kommunikationshilfen im Sinn des Art. 6 Abs. 3 vorsehen. ₃In all diesen Fällen müssen alle Verfahrensvoraussetzungen wie bei einem Rechtsschutzersuchen durch den Menschen mit Behinderung selbst vorliegen.

Abschnitt 4 Beauftragte für die Belange von Menschen mit Behinderung; Landesbehindertenrat

Art. 17 Verbandsklagerecht

(1) ₁Ein nach § 15 Abs. 3 BGG anerkannter Verband oder dessen bayerischer Landesverband kann, ohne in seinen Rechten verletzt zu sein, Klage nach Maßgabe der Verwaltungsgerichtsordnung (VwGO) oder des Sozialgerichtsgesetzes erheben auf Feststellung eines Verstoßes durch Träger der öffentlichen Gewalt gegen

1. das Benachteiligungsverbot des Art. 9 Abs. 2 und die Verpflichtung zur Herstellung der Barrierefreiheit in Art. 10 Abs. 1, Art. 11 Abs. 1, Art. 12 Abs. 1 Satz 2, Art. 14 Satz 1,
2. die Vorschriften zur Herstellung der Barrierefreiheit in Art. 9 Abs. 1 Satz 5 des Bayerischen Straßen- und Wegegesetzes (BayStrWG), Art. 4 Abs. 3 Satz 3 und 4 des Gesetzes über den öffentlichen Personennahverkehr in Bayern.

₂Satz 1 gilt nicht, wenn eine Maßnahme auf Grund einer Entscheidung in einem verwaltungs- oder sozialgerichtlichen Streitverfahren erlassen worden ist.

(2) ₁Eine Klage ist nur zulässig, wenn der Verband durch die Maßnahme in seinem satzungsgemäßen Aufgabenbereich berührt wird. ₂Soweit ein Mensch mit Behinderung selbst seine Rechte durch eine Gestaltungs- oder Leistungsklage verfolgen kann oder hätte verfolgen können, kann die Klage nach Abs. 1 nur erhoben werden, wenn der Verband geltend macht, dass es sich bei der Maßnahme um einen Fall von allgemeiner Bedeutung handelt. ₃Dies ist insbesondere der Fall, wenn eine Vielzahl gleichgelagerter Fälle vorliegt. ₄Vor Erhebung der Klage nach Abs. 1 Satz 1 fordert der Verband die betroffene Behörde auf, zu der von ihm behaupteten Rechtsverletzung Stellung zu nehmen. ₅§ 72 VwGO gilt entsprechend.

Art. 18 Der oder die Beauftragte für die Belange von Menschen mit Behinderung

(1) ₁Die Staatsregierung beruft für die Dauer einer Legislaturperiode zu ihrer Beratung und Unterstützung in Fragen der Behindertenpolitik einen Beauftragten oder eine Beauftragte für die Belange von Menschen mit Behinderung. ₂Der oder die Beauftragte wird vom Ministerpräsidenten namens der Staatsregierung berufen. ₃Wiederberufung ist zulässig.

(2) ₁Der oder die Beauftragte

1. ist unabhängig und weisungsungebunden,
2. kann aus dem Amt vor Ablauf der Legislaturperiode nur abberufen werden, wenn eine entsprechende Anwendung der Vorschriften über die Amtsenthebung von Richtern auf Lebenszeit dies rechtfertigt,
3. ist öffentliche Stelle im Sinne des Bayerischen Datenschutzgesetzes und als Amtsträger zur Verschwiegenheit verpflichtet und
4. hat berufliche oder gewerbliche Tätigkeiten, die neben dem Amt wahrgenommen werden, offen zu legen.

₂Er oder sie ist dem Staatsministerium für Familie, Arbeit und Soziales zugewiesen, bei dem eine finanziell und personell angemessene und mit dem Notwendigen ausgestattete Geschäftsstelle angesiedelt ist. ₃Art. 55 der Verfassung bleibt unberührt.

(3) Der oder die Beauftragte

1. ist ressortübergreifend tätig und
   a) arbeitet zur Erfüllung der Amtsaufgaben mit allen Geschäftsbereichen zusammen,
   b) regt Maßnahmen zur verbesserten Teilhabe von Menschen mit Behinderung an,
   c) bearbeitet unbeschadet des Petitionsrechts und der Entscheidungsverant-

wortung der vollziehenden Stellen die an ihn oder sie gerichteten Anregungen von einzelnen Betroffenen, Verbänden, Selbsthilfegruppen, kommunalen Beauftragten und anderen Organisationen im thematisch einschlägigen Bereich,

d) wird zu allen Gesetzes-, Verordnungs- und sonstigen wichtigen Vorhaben der Staatsregierung frühzeitig angehört, soweit sie im Schwerpunkt thematisch einschlägige Fragen behandeln oder berühren,

2. unterrichtet den Ministerrat in der Regel alle zwei Jahre, spätestens aber sechs Monate vor dem Ende einer Wahlperiode des Landtags, über die Ergebnisse seiner Tätigkeit; der Ministerrat leitet den Bericht dem Landtag zu.

Art. 19 Beauftragte auf kommunalen Ebenen für die Belange von Menschen mit Behinderung

$_1$Zur Verwirklichung der Gleichstellung von Menschen mit Behinderung sollen die Bezirke, die Landkreise und die kreisfreien Gemeinden eine Persönlichkeit zur Beratung in Fragen der Behindertenpolitik bestellen. $_2$Die Beauftragten auf kommunaler Ebene sind in der Erfüllung ihrer Aufgaben weisungsfrei, soweit nicht durch Satzung etwas anderes bestimmt wird. $_3$Näheres, insbesondere die Beteiligung bei behindertenspezifischen Belangen, wird durch Satzung oder anderweitige Regelung bestimmt.

Art. 20 Landesbehindertenrat, Verordnungsermächtigung

(1) $_1$Um die Umsetzung dieses Gesetzes und die Verwirklichung der in Art. 1 Abs. 3 genannten Ziele zu fördern, wird ein Landesbehindertenrat gegründet. $_2$Er wird von der Staatsregierung in geeigneter Weise zu Fragen der Fortentwicklung und Umsetzung der Behindertenpolitik in Bayern einbezogen.

(2) $_1$Der Landesbehindertenrat muss durch seine Mitglieder die Menschen mit Behinderung in ihrer Gesamtheit auf Landesebene repräsentieren. $_2$Dabei ist auf ein ausgewogenes Verhältnis von Frauen und Männern zu achten. $_3$Dem Landesbehindertenrat gehören neben dem Vorsitzenden und dem oder der Beauftragten der Bayerischen Staatsregierung für die Belange von Menschen mit Behinderung 15 weitere Mitglieder an. $_4$Den Vorsitz führt der Staatsminister für Familie, Arbeit und Soziales. $_5$Die Amtsperiode des Landesbehindertenrats beträgt fünf Jahre. $_6$Die Geschäftsführung obliegt dem Staatsministerium.

(3) $_1$Die 15 weiteren Mitglieder des Landesbehindertenrats setzen sich aus Vertretern der Selbsthilfeorganisationen, der Freien und Öffentlichen Wohlfahrtspflege sowie der kommunalen Beauftragten für die Belange von Menschen mit Behinderung zusammen. $_2$Für jedes dieser Mitglieder ist ein Stellvertreter zu benennen. $_3$Die Mitglieder und ihre Vertreter werden auf Vorschlag der Verbände für die Dauer der Amtsperiode des Landesbehindertenrats vom Vorsitzenden berufen. $_4$Erneute Berufung ist zulässig. $_5$Die Mitglieder und ihre Stellvertreter üben ihre Tätigkeit ehrenamtlich aus. $_6$Sie können ihr Amt jederzeit niederlegen. $_7$Aus wichtigem Grund können sie von ihrem Amt abberufen werden.

(4) Das Nähere insbesondere zu Auswahl, Berufung und Abberufung der Mitglieder bzw. Stellvertreter nach Abs. 3 wird durch Rechtsverordnung des Staatsministeriums geregelt.

I

Bayerische Verordnung zur Verwendung der Deutschen Gebärdensprache und anderer Kommunikationshilfen im Verwaltungsverfahren und in der Kommunikation mit Kindertageseinrichtungen, Tagespflegestellen und Schulen (Bayerische Kommunikationshilfenverordnung – BayKHV)

Vom 24. Juli 2006 (GVBl. S. 432)

Zuletzt geändert durch
Gesetz zur Änderung des Bayerischen Behindertengleichstellungsgesetzes und der Bayerischen Kommunikationshilfenverordnung
vom 27. November 2012 (GVBl. S. 582)

Auf Grund des Art. 11 Abs. 2 des Bayerischen Gesetzes zur Gleichstellung, Integration und Teilhabe von Menschen mit Behinderung (Bayerisches Behindertengleichstellungsgesetz – BayBGG) vom 9. Juli 2003 (GVBl. S. 419, BayRS 805–9–A) erlässt die Bayerische Staatsregierung folgende Verordnung:

§ 1 Anwendungsbereich

(1) Die Verordnung gilt für alle hör- oder sprachbehinderten Personen, die Beteiligte eines Verwaltungsverfahrens sind, sowie für hör- oder sprachbehinderte Eltern nicht hör- oder sprachbehinderter Kinder bei der Kommunikation mit Kindertageseinrichtungen, Tagespflegestellen und Schulen (Berechtigte).

(2) 1Der Anspruch auf Kommunikation gemäß Art. 11 Abs. 1 Sätze 1 und 2 BayBGG besteht gegenüber jedem Träger öffentlicher Gewalt im Sinn des Art. 9 Abs. 1 Satz 1 BayBGG und gegenüber den Staatsanwaltschaften, soweit diese ein Verwaltungsverfahren durchführen (Verpflichtete). 2Für die Erstattung nach Art. 11 Abs. 1 Satz 3 BayBGG sind die überörtlichen Träger der Sozialhilfe, in deren Bezirk der Antragsteller seinen gewöhnlichen Aufenthalt hat, zuständig.

§ 2 Voraussetzungen und Umfang der Ansprüche

(1) 1Der Anspruch auf Kommunikation gemäß Art. 11 Abs. 1 Sätze 1, 2 und 3 BayBGG besteht nur, soweit die Verwendung von Gebärdensprache oder anderen Kommunikationshilfen zur Wahrnehmung eigener Rechte in einem Verwaltungsverfahren oder zur Kommunikation der Berechtigten mit der Kindertageseinrichtung, Tagespflegestelle oder Schule erforderlich ist. 2Er besteht nicht, wenn die Verpflichteten das Verwaltungsverfahren schriftlich durchführen und die hör- oder sprachbehinderte Person ihre Rechte durch schriftliche Äußerung ausreichend wahrnehmen kann.

(2) 1Die Berechtigten haben nach der Besonderheit des Einzelfalls einen Anspruch auf Hinzuziehung einer Gebärdensprachdolmetscherin oder eines Gebärdensprachdolmetschers oder auf Hinzuziehung anderer geeigneter Kommunikationshilfen, wenn die Verwendung der Kommunikationshilfe erforderlich ist und im konkreten Fall eine für die Wahrnehmung eigener Rechte im Verwaltungsverfahren erforderliche Verständigung oder eine barrierefreie Kommunikation mit der Kindertageseinrichtung, Tagespflegestelle oder Schule sicherstellt. 2Die Kommunikationshilfen sind von den Berechtigten selbst zur Verfügung zu stellen. 3Dies gilt nicht, wenn die Verpflichteten sie selbst zur Verfügung stellen und dies den Berechtigten unverzüglich nach Ausübung des Wahlrechts nach Abs. 3 mitteilen.

(3) 1Die Berechtigten haben ein Wahlrecht hinsichtlich der zu benutzenden Kommunikationshilfe. 2Die Wahlentscheidung ist den Verpflichteten rechtzeitig mitzuteilen; sie kann nachträglich nur geändert werden, wenn dafür ein sachlicher Grund vorliegt und die Änderung nicht zu einer erheblichen Verzögerung des Verfahrens führt. 3Die Verpflichteten können die ausgewählte Kommu-

nikationshilfe zurückweisen, wenn sie mit Mehrkosten verbunden oder ungeeignet oder nicht erforderlich ist. 4Zudem können die Verpflichteten die Berechtigten auf eine von ihnen zur Verfügung gestellte Kommunikationshilfe verweisen, sofern diese für die Berechtigten geeignet ist.

(4) Von der Hinzuziehung von Kommunikationshilfen nach Abs. 2 kann abgesehen werden, wenn eine sofortige Entscheidung wegen Gefahr im Verzug oder im öffentlichen Interesse notwendig erscheint oder wenn durch die Hinzuziehung von Kommunikationshilfen die Einhaltung einer für die Entscheidung maßgeblichen Frist in Frage gestellt würde.

§ 3 Grundsätze für eine angemessene Vergütung oder Aufwendungserstattung

(1) 1Soweit die Berechtigten die Kommunikationshilfe selbst zur Verfügung stellen, erstatten die Verpflichteten den Berechtigten auf Antrag die notwendigen Aufwendungen für Gebärdensprachdolmetscherinnen oder Gebärdensprachdolmetscher, Gebärdensprachdozentinnen oder Gebärdensprachdozenten, Kommunikationshelferinnen oder Kommunikationshelfer in Höhe der nach dem Gesetz über die Vergütung von Sachverständigen, Dolmetscherinnen, Dolmetschern, Übersetzerinnen und Übersetzern sowie die Entschädigung von ehrenamtlichen Richterinnen, ehrenamtlichen Richtern, Zeuginnen, Zeugen und Dritten (Justizvergütungs- und -entschädigungsgesetz – JVEG) vom 5. Mai 2004 (BGBl. I S. 718, 776) für Dolmetscher geltenden Sätze in der jeweils geltenden Fassung. 2Der Vomhundertsatz bezieht sich nur auf die Dolmetscherleistung. 3Fahrtkosten und sonstige notwendige Auslagen werden in vollem Umfang erstattet. 4Bei Nutzung der übrigen Kommunikationshilfen im Sinn des § 3 Abs. 2 tragen die Verpflichteten die entstandenen Aufwendungen, soweit sie notwendig und angemessen sind. 5Die entstandenen Aufwendungen hat die berechtigte Person nachzuweisen. 6Auf Wunsch der Berechtigten können die Verpflichteten die Aufwendungserstattung direkt an den Erbringer der Leistung auszahlen.

(2) 1Eine Kostenerstattung nach Abs. 1 entfällt, wenn die Berechtigten trotz Bereitstellung durch die Verpflichteten die Gebärdensprachdolmetscherin oder den Gebärdensprachdolmetscher, die Gebärdensprachdozentinnen oder Gebärdensprachdozenten oder die andere Kommunikationshilfe selbst zur Verfügung stellen. 2Eine Kostenerstattung nach Abs. 1 entfällt ebenfalls, wenn die berechtigte Person ein Hilfsmittel heranzieht, das hör- oder sprachbehinderte Menschen unabhängig von der Wahrnehmung eigener Rechte in einem konkreten Verwaltungsverfahren sowie unabhängig von der Kommunikation mit der Kindertageseinrichtung, Tagespflegestelle oder Schule regelmäßig von den Sozialleistungsträgern zur Verfügung gestellt wird.

(3) Stellen die Verpflichteten die Kommunikationshilfe selbst zur Verfügung, tragen sie die dadurch entstehenden Kosten.

§ 4 Inkrafttreten

Diese Verordnung tritt am 1. September 2006 in Kraft.

I

Gesetz über die Gleichberechtigung von Menschen mit und ohne Behinderung (Landesgleichberechtigungsgesetz – LGBG)

in der Fassung der Bekanntmachung vom 28. September 2006 (GVBl. S. 957)

Zuletzt geändert durch
Gesetz zur Umsetzung der Richtlinie (EU) 2016/2102 des Europäischen Parlaments und des Rates vom 26. Oktober 2016 über den barrierefreien Zugang zu den Websites und mobilen Anwendungen öffentlicher Stellen
vom 4. März 2019 (GVBl. S. 210)

Inhaltsübersicht

Abschnitt I
Allgemeine Vorschriften

§ 1 Gleichberechtigungsgebot

(1) Ziel dieses Gesetzes ist die Umsetzung des Benachteiligungsverbotes von Menschen mit Behinderung und die Herstellung gleichwertiger Lebensbedingungen von Menschen mit und ohne Behinderung gemäß Artikel 11 der Verfassung von Berlin.

(2) Alle Berliner Behörden sowie Körperschaften, Anstalten und Stiftungen des öffentlichen Rechts wirken im Rahmen ihrer gesetzlichen oder satzungsmäßigen Aufgaben aktiv auf das Erreichen des Ziels nach Absatz 1 hin. Das Gleiche gilt für Betriebe oder Unternehmen, die mehrheitlich vom Land Berlin bestimmt werden.

§ 2 Diskriminierungsverbot

(1) Niemand darf wegen seiner Behinderung diskriminiert werden.

(2) Der Gesetzgeber und der Senat wirken darauf hin, dass Menschen mit Behinderung die Entfaltung ihrer Persönlichkeit, die Teilhabe am Leben in der Gesellschaft, die Teilnahme am Erwerbsleben und die selbstbestimmte Lebensführung ermöglicht werden.

§ 3 Diskriminierung, Beweislastumkehr

(1) Diskriminierung im Sinne dieses Gesetzes ist jede nicht gerechtfertigte Ungleichbehandlung. Nicht gerechtfertigt ist eine Ungleichbehandlung, wenn sie ausschließlich oder überwiegend auf Umständen beruht, die in mittelbarem oder unmittelbarem Zusammenhang mit der Behinderung stehen. Eine nicht gerechtfertigte Ungleichbehandlung ist nicht gegeben, wenn eine Berücksichtigung der Behinderung der Sache nach unverzichtbar geboten oder zur Wahrung der berechtigten Interessen der Menschen mit Behinderung erforderlich ist.

(2) Macht ein Mensch mit Behinderung im Streitfall Tatsachen glaubhaft, die eine Diskriminierung, wegen der Behinderung vermuten lassen, so trägt die Gegenseite die Beweislast dafür, dass keine Diskriminierung vorliegt oder der Tatbestand des Absatzes 1 Satz 3 erfüllt ist.

§ 4 Behinderung

Menschen sind behindert, wenn ihre körperliche Funktion, geistige Fähigkeit oder seelische Gesundheit mit hoher Wahrscheinlichkeit länger als sechs Monate von dem für das Lebensalter typischen Zustand abweichen und daher ihre Teilhabe am Leben in der Gesellschaft beeinträchtigt ist.

§ 4a Barrierefreiheit

Barrierefrei sind bauliche Anlagen, Verkehrsmittel, technische Gebrauchsgegenstände, Systeme der Informationsverarbeitung, akustische und visuelle Informationsquellen und Kommunikationseinrichtungen sowie andere gestaltete Lebensbereiche, wenn sie für Menschen mit Behinderung in der allgemein üblichen Weise, ohne besondere Erschwernis und grundsätzlich ohne fremde Hilfe zugänglich und nutzbar sind. Eine besondere Erschwernis liegt insbesondere auch dann vor, wenn Menschen mit Behinderung die Mitnahme oder der Einsatz benötigter Hilfsmittel verweigert oder erschwert wird.

§ 5 Berliner Landesbeauftragter oder Landesbeauftragte für Menschen mit Behinderung

(1) Der Senat beruft im Einvernehmen mit dem Landesbeirat für Menschen mit Behinderung auf Vorschlag der für Soziales zuständigen Senatsverwaltung einen Landesbeauftragten oder eine Landesbeauftragte für Menschen mit Behinderung. Die Amtsperiode beträgt fünf Jahre. Die erneute Berufung ist möglich. Der oder die Landesbeauftragte für Menschen mit Behinderung ist ressortübergreifend und fachlich eigenständig tätig.

(2) Aufgabe des oder der Landesbeauftragten für Menschen mit Behinderung ist es, darauf hinzuwirken, dass die Verpflichtung des Landes, für gleichwertige Lebensbedingungen von Menschen mit und ohne Behinderung zu sorgen, in allen Bereichen des gesellschaftlichen Lebens erfüllt wird, und insbesondere auf die fortlaufende Umsetzung der Leitlinien zum Ausbau Berlins als behindertengerechte

Stadt zu achten. Er oder sie setzt sich bei der Wahrnehmung seiner oder ihrer Aufgaben dafür ein, dass unterschiedliche Lebensbedingungen von behinderten Frauen und Männern berücksichtigt und geschlechtsspezifische Benachteiligungen beseitigt werden.

(3) Zur Wahrnehmung der Aufgabe nach Absatz 2 beteiligen die Senatsverwaltungen den Landesbeauftragten oder die Landesbeauftragte für Menschen mit Behinderung bei allen Gesetzes-, Verordnungs- und sonstigen wichtigen Vorhaben, soweit sie Fragen der Integration der Menschen mit Behinderung behandeln oder berühren, rechtzeitig vor Beschlussfassung. Im Übrigen unterstützt jede Berliner Behörde sowie Körperschaft, Anstalt und Stiftung des öffentlichen Rechts den Landesbeauftragten oder die Landesbeauftragte bei der Erfüllung seiner oder ihrer Aufgaben.

(4) Der oder die Landesbeauftragte für Menschen mit Behinderung arbeitet mit dem Landesbeirat für Menschen mit Behinderung zusammen. Er oder sie beachtet die Beschlüsse des Landesbeirats für Menschen mit Behinderung und nimmt auf Anforderung innerhalb von sechs Wochen dazu Stellung.

(5) Jeder Mensch kann sich an den Landesbeauftragten oder die Landesbeauftragte für Menschen mit Behinderung wenden, wenn er der Ansicht ist, dass Rechte von Menschen mit Behinderung verletzt worden sind.

(6) Jede Behörde sowie Körperschaft, Anstalt und Stiftung des öffentlichen Rechts erteilt dem oder der Landesbeauftragten für Menschen mit Behinderung zur Erfüllung seiner oder ihrer Aufgaben auf Anforderung die erforderlichen Auskünfte unter Beachtung datenschutzrechtlicher Vorschriften. Stellt der oder die Landesbeauftragte für Menschen mit Behinderung Verstöße gegen das Verbot der Diskriminierung von Menschen mit Behinderung fest, so beanstandet er oder sie dies

1. bei Behörden und sonstigen öffentlichen Stellen der Hauptverwaltung gegenüber dem zuständigen Mitglied des Senats, im Übrigen gegenüber dem Präsidenten oder der Präsidentin des Abgeordnetenhauses, dem Präsidenten oder der Präsidentin des Rechnungshofs oder dem oder der Berliner Datenschutzbeauftragten,
2. bei den landesunmittelbaren Körperschaften, Anstalten und Stiftungen des öffentlichen Rechts sowie bei Vereinigungen solcher Körperschaften, Anstalten und Stiftungen gegenüber dem Vorstand oder dem sonst vertretungsberechtigten Organ

und fordert zur Stellungnahme innerhalb einer von ihm oder ihr zu bestimmenden Frist auf. Mit der Beanstandung können Vorschläge zur Beseitigung der Mängel und zur Verbesserung der Umsetzung des Verbots der Diskriminierung von Menschen mit Behinderung verbunden werden.

§6 Landesbeirat für Menschen mit Behinderung

(1) Es wird ein Landesbeirat für Menschen mit Behinderung gebildet, der den Landesbeauftragten oder die Landesbeauftragte für Menschen mit Behinderung in allen Fragen, die die Belange von Menschen mit Behinderung berühren, berät und unterstützt. Seine Amtsperiode beträgt fünf Jahre.

(2) Dem Landesbeirat für Menschen mit Behinderung gehören als stimmberechtigte Mitglieder jeweils ein Vertreter oder eine Vertreterin von 15 rechtsfähigen gemeinnützigen Verbänden und Vereinen im Land Berlin an, zu deren satzungsmäßigen Aufgaben die Unterstützung der Interessen behinderter Menschen durch Aufklärung und Beratung oder die Bekämpfung der Benachteiligung behinderter Menschen gehört. Der Landesbeirat muss nach der Zusammensetzung seiner stimmberechtigten Mitglieder die Menschen mit Behinderung in ihrer Gesamtheit auf Landesebene vertreten. Dem Landesbeirat gehören außerdem die folgenden neun nicht stimmberechtigten Mitglieder an:

1. der oder die Landesbeauftragte für Menschen mit Behinderung,
2. je ein Vertreter oder eine Vertreterin
   a) des Integrationsamtes,
   b) der Bezirke,
   c) der Regionaldirektion Berlin-Brandenburg der Bundesagentur für Arbeit,

d) der Liga der Spitzenverbände der Freien Wohlfahrtspflege,
e) des Landessportbundes,
f) der Arbeitgeber und Arbeitgeberinnen,
g) der oder des Beauftragten des Senats für Integration und Migration,
3. die Hauptschwerbehindertenvertretung.

Für jedes stimmberechtigte Mitglied ist ein stellvertretendes Mitglied zu berufen.

(3) Die Beschlüsse des Landesbeirats sind unverzüglich dem oder der Landesbeauftragten für Menschen mit Behinderung zur Kenntnis zu geben. Der Landesbeirat kann zu seinen Beschlüssen eine Stellungnahme des oder der Landesbeauftragten für Menschen mit Behinderung fordern.

(4) Der Landesbeirat gibt sich eine Geschäfts- und Wahlordnung und wählt aus seiner Mitte einen Vorsitzenden oder eine Vorsitzende.

(5) Bei dem oder der Landesbeauftragten für Menschen mit Behinderung wird eine Geschäftsstelle des Landesbeirats gebildet. Der oder die Landesbeauftragte für Menschen mit Behinderung beruft die konstituierende Sitzung des Landesbeirats ein.

(6) Die Mitglieder des Landesbeirats üben ihre Tätigkeit ehrenamtlich aus. Die Mitglieder und die stellvertretenden Mitglieder werden auf Vorschlag der Verbände und Vereine beziehungsweise der zuständigen Dienststellen durch den Senat berufen.

§ 7 Bezirksbeauftragte für Menschen mit Behinderung

(1) In den Bezirken wählt die Bezirksverordnetenversammlung auf Vorschlag des Bezirksamtes einen Bezirksbeauftragten oder eine Bezirksbeauftragte für Menschen mit Behinderung. Hinsichtlich seiner oder ihrer Rechte und Aufgaben gegenüber dem Bezirksamt und den anderen bezirklichen Einrichtungen gilt § 5 entsprechend der bezirklichen Zuständigkeit.

(2) Die Bezirksbeauftragten für Menschen mit Behinderung nehmen in engem Zusammenwirken mit den örtlichen Organisationen der Behindertenselbsthilfe insbesondere folgende Aufgaben wahr:

1. Sie geben Anregungen und unterbreiten Vorschläge zu Entwürfen von Anordnungen und Maßnahmen des Bezirks, soweit diese Auswirkungen auf die Verwirklichung der Gleichstellung behinderter Menschen haben.
2. Sie wachen darüber, dass bei allen Projekten, die der Bezirk plant oder realisiert, die Belange behinderter Menschen berücksichtigt werden.

(3) Die Bezirksbeauftragten für Menschen mit Behinderung sind Ansprechpartner oder Ansprechpartnerinnen für Vereine, Initiativen und sonstige Organisationen, die sich mit Fragen im Zusammenhang mit der Lebenssituation behinderter Menschen befassen, sowie für Einzelpersonen bei auftretenden Problemen.

(4) Hierdurch ist die Verantwortung der zuständigen Bezirksverwaltung nicht aufgehoben.

(5) In den Bezirken wird ein Beirat von und für Menschen mit Behinderung gebildet. Er arbeitet eng mit dem oder der Bezirksbeauftragten für Menschen mit Behinderung zusammen und gibt diesem oder dieser sowie dem Bezirksamt und der Bezirksverordnetenversammlung Empfehlungen zu Fragen des Lebens von Menschen mit Behinderung im Bezirk.

(6) Die Beiräte geben sich eine Geschäftsordnung.

§ 8 Stärkung des Zusammenlebens von Menschen mit und ohne Behinderung

Das Land Berlin fördert das freiwillige soziale Engagement zur Stärkung des Zusammenlebens von Menschen mit und ohne Behinderung.

§ 9 Sicherung der Mobilität

(1) Der öffentliche Personennahverkehr in Berlin soll so gestaltet werden, dass Menschen mit Behinderung ihn nutzen können.

(2) Für Fahrten zur Teilhabe am Leben in der Gemeinschaft, die nicht mit dem öffentlichen Personennahverkehr durchgeführt werden können, wird für Menschen mit Behinderung ein besonderer Fahrdienst vorgehalten, auf

den die Vorschriften des § 145 des Neunten Buches Sozialgesetzbuch keine Anwendung finden. Das Nähere über die Berechtigungskriterien, die Finanzierung, die Eigenbeteiligung der Nutzer und Nutzerinnen, die den Fahrdienst Betreibenden, die Beförderungsmittel und das Beförderungsgebiet regelt die für Soziales zuständige Senatsverwaltung durch Rechtsverordnung.

§ 10 Förderung behinderter Frauen

Das Land Berlin fördert die tatsächliche Durchsetzung der Gleichberechtigung von Frauen mit Behinderung in der Gesellschaft. Zur Verbesserung der Situation behinderter Frauen ist auf die Überwindung bestehender geschlechtsspezifischer Nachteile hinzuwirken.

§ 11 Berichte

(1) Der Senat unterrichtet das Abgeordnetenhaus alle vier Jahre über die Lage der Menschen mit Behinderung und die Entwicklung der Teilhabe in Berlin.

(2) Der Senat legt dem Abgeordnetenhaus jährlich den Bericht des oder der Landesbeauftragten für Menschen mit Behinderung vor über

1. Verstöße gegen die Regelungen zur Gleichstellung behinderter Menschen durch Behörden oder sonstige öffentliche Stellen und deren dazu abgegebene Stellungnahmen oder ergriffene Maßnahmen,
2. die Tätigkeit der oder des Landesbeauftragten.

(3) Die für Finanzen zuständige Senatsverwaltung unterrichtet das Abgeordnetenhaus alle zwei Jahre über die Erfüllung der Beschäftigungspflicht durch die einzelnen Berliner Arbeitgeber der öffentlichen Hand, gegliedert nach Hauptverwaltung, Bezirksverwaltungen und landesunmittelbaren Körperschaften, Anstalten und Stiftungen des öffentlichen Rechts, hinsichtlich der Zahl der

1. Arbeits- und Ausbildungsplätze gemäß § 73 des Neunten Buches Sozialgesetzbuch,
2. Pflichtplätze gemäß § 71 des Neunten Buches Sozialgesetzbuch,
3. mit Schwerbehinderten und gleichgestellten Behinderten besetzten Plätze unter Berücksichtigung von nach dem Neunten Buch Sozialgesetzbuch zulässigen Mehrfachanrechnungen.

(4) Alle Aussagen der Berichte sind geschlechtsspezifisch zu treffen.

Abschnitt II
Förderung von Gehörlosen und hörgeschädigten Menschen

§ 12 Kommunikationsformen

(1) Die Deutsche Gebärdensprache ist als eigenständige Sprache anerkannt. Lautsprachbegleitende Gebärden sind eine gleichberechtigte Kommunikationsform der deutschen Sprache.

(2) Hörbehinderte Menschen (Gehörlose, Ertaubte und Schwerhörige) und sprachbehinderte Menschen haben das Recht, mit öffentlichen Stellen (§ 1 Abs. 2 Satz 1) in Deutscher Gebärdensprache, mit lautsprachbegleitenden Gebärden oder über andere geeignete Kommunikationshilfen zu kommunizieren, soweit dies zur Wahrnehmung eigener Rechte im Verwaltungsverfahren erforderlich ist. Die öffentlichen Stellen haben dafür auf Wunsch der Berechtigten im notwendigen Umfang die Übersetzung durch Gebärdensprachdolmetscher oder die Verständigung mit anderen geeigneten Kommunikationshilfen sicherzustellen und die notwendigen Aufwendungen zu tragen. Die §§ 2, 3, 4 Abs. 1 und § 5 der Kommunikationshilfenverordnung vom 17. Juli 2002 (BGBl. I S. 2650) finden in der jeweils geltenden Fassung entsprechende Anwendung.

(3) Der Senat wird ermächtigt, eine Rechtsverordnung zu erlassen, die die Voraussetzungen schafft, dass gehörlosen, hörbehinderten und sprachbehinderten Eltern nicht gehörloser Kinder auf Antrag die notwendigen Aufwendungen für die Kommunikation mit der Schule in deutscher Gebärdensprache, mit lautsprachbegleitenden Gebärden oder über andere geeignete Kommunikationshilfen erstattet werden können.

§ 13 Unterricht

(1) An den Schulen mit dem sonderpädagogischen Förderschwerpunkt Hören in Berlin wird der Unterricht in Lautsprache, lautsprachbegleitenden Gebärden, Gebärdensprache und Schriftsprache erteilt. Bei Kindern, die über die Aktivierung des Resthörvermögens keine Lautsprachkompetenz erwerben können, soll die Gebärdensprache frühzeitig zur Förderung der Kommunikationsfähigkeit und zum Wissenserwerb eingesetzt werden. An integrativen Schulen kann der Unterricht auch in lautsprachbegleitenden Gebärden und in Gebärdensprache angeboten werden.

(2) Die für Schulwesen zuständige Senatsverwaltung erlässt die zur Einführung der Gebärdensprache und zur Durchführung des Unterrichts in lautsprachbegleitenden Gebärden und in Gebärdensprache erforderlichen Ausführungsvorschriften und ergänzt insoweit die 1. Lehrerprüfungsordnung vom 18. August 1982 (GVBl. S. 1650), zuletzt geändert durch Artikel II des Gesetzes vom 26. Oktober 1995 (GVBl. S. 699), um Regelungen über den Erwerb der Befähigung, Unterricht in lautsprachbegleitenden Gebärden und in Gebärdensprache zu erteilen.

(3) Die zum Zeitpunkt des Inkrafttretens dieses Gesetzes im Sinne des Absatzes 1 tätigen Lehrer müssen die Befähigung, Unterricht in Gebärdensprache zu erteilen, bis zum 31. Dezember 2007 erwerben.

§ 14 Berufsqualifizierung für Dolmetscher und Dolmetscherinnen

(1) Die für Hochschulen zuständige Senatsverwaltung wirkt darauf hin, die Voraussetzungen für die Einrichtung eines Studiengangs „Gebärdensprachdolmetschen" zu schaffen.

(2) Die für Schulwesen zuständige Senatsverwaltung bezieht die Gebärdensprache bis zum 31. Dezember 2000 in die Verordnung über die Staatliche Prüfung für Übersetzer und Übersetzerinnen vom 2. Juli 1990 (GVBl. S. 1458) ein.

Abschnitt III
Außerordentliches Klagerecht

§ 15 Außerordentliches Klagerecht

(1) Ein im Landesbeirat für Menschen mit Behinderung mit einem stimmberechtigten Mitglied vertretener rechtsfähiger gemeinnütziger Verband oder Verein kann, ohne die Verletzung eigener Rechte darlegen zu müssen, nach Maßgabe der Vorschriften der Verwaltungsgerichtsordnung Widerspruch einlegen und gerichtlichen Rechtsschutz beantragen (Rechtsbehelfe), wenn er geltend macht, dass die öffentliche Verwaltung in rechtswidriger Weise eine Abweichung von den Vorschriften des § 50 Abs. 1 Satz 1 oder des § 51 der Bauordnung für Berlin oder des § 16 der Betriebs-Verordnung zulässt oder eine Ausnahme oder Befreiung von den Vorschriften des § 3 Abs. 1 Satz 2 oder des § 4 Abs. 1 der Gaststättenverordnung gestattet oder erteilt oder die Pflichten nach den Vorschriften des § 10 Abs. 2 Satz 3 des Sportförderungsgesetzes oder des § 7 Abs. 3 des Berliner Straßengesetzes verletzt hat.

(2) Ein Rechtsbehelf ist ausgeschlossen, wenn die Maßnahme auf Grund einer Entscheidung in einem verwaltungsgerichtlichen Verfahren erfolgt ist.

Abschnitt IV
Barrierefreie Bescheide und Informationstechnik

§ 16 Gestaltung von Bescheiden und Vordrucken

Öffentliche Stellen im Sinne des § 1 Abs. 2 sollen bei der Gestaltung von schriftlichen Bescheiden, Allgemeinverfügungen, öffentlich-rechtlichen Verträgen und Vordrucken eine Behinderung von Menschen berücksichtigen. Insbesondere können blinde und sehbehinderte Menschen verlangen, dass ihnen sämtliche Anträge zur Niederschrift abgenommen werden und Bescheide, öffentlich-rechtliche Verträge und Vordrucke nach Maßgabe der entsprechend anzuwendenden §§ 1 bis 5 und § 6 Abs. 1 und 3 der Verordnung über barrierefreie Dokumente in der Bundesverwaltung vom 17. Juli 2002 (BGBl. I S. 2652) auch in einer für sie wahrnehmbaren Form zugänglich gemacht werden, soweit dies zur Wahrnehmung eigener Rechte im Verwaltungsverfahren erforderlich ist. Vorschriften über Form, Bekanntmachung und Zustellung von Verwaltungsakten bleiben unberührt.

Gesetz des Landes Brandenburg zur Gleichstellung von Menschen mit Behinderungen (Brandenburgisches Behindertengleichstellungsgesetz – BbgBGG)

Vom 11. Februar 2013 (GVBl. I Nr. 5)

Zuletzt geändert durch
Gesetz zur Umsetzung des Bundesteilhabegesetzes
vom 18. Dezember 2018 (GVBl. I Nr. 38)

Inhaltsübersicht

Der Landtag hat das folgende Gesetz beschlossen:

Abschnitt 1
Allgemeine Bestimmungen

§ 1 Gesetzesziel

(1) Ziel dieses Gesetzes ist es, in Umsetzung des Übereinkommens der Vereinten Nationen vom 13. Dezember 2006 über die Rechte von Menschen mit Behinderungen (BGBl. 2008 II S. 1420) Diskriminierungen von Menschen mit Behinderungen im Land Brandenburg zu verhindern und zu beseitigen, gleichwertige Lebensbedingungen und Chancengleichheit sowie die gleichberechtigte Teilhabe am Leben in der Gesellschaft zu gewährleisten und eine selbstbestimmte Lebensführung zu ermöglichen. Dabei wird spezifischen Bedürfnissen von Menschen mit Behinderungen Rechnung getragen.

(2) Die Schaffung einer inklusiven Gesellschaft ist eine gesamtgesellschaftliche Aufgabe.

§ 2 Geltungsbereich

(1) Dieses Gesetz gilt für das Land, die Gemeinden, die Gemeindeverbände sowie für die sonstigen der Aufsicht des Landes unterstehenden juristischen Personen des öffentlichen Rechts des Landes Brandenburg.

(2) Die in Absatz 1 genannten Träger der öffentlichen Verwaltung sollen darauf hinwirken, dass auch Einrichtungen, Vereinigungen und Unternehmen, deren Anteile sich unmittelbar oder mittelbar ganz oder überwiegend in ihrer Hand befinden, die Ziele dieses Gesetzes berücksichtigen.

(3) Die in Absatz 1 genannten Träger der öffentlichen Verwaltung berücksichtigen bei der Gewährung von Zuwendungen und sonstigen Leistungen die Ziele dieses Gesetzes.

§ 3 Begriffsbestimmungen

(1) Menschen mit Behinderungen im Sinne dieses Gesetzes sind Menschen, die langfristige körperliche, seelische, geistige oder Sinnesbeeinträchtigungen haben, welche sie in Wechselwirkung mit einstellungs- und umweltbedingten Barrieren an der gleichberechtigten Teilhabe an der Gesellschaft hindern können.

(2) Eine Diskriminierung liegt vor, wenn Menschen mit und ohne Behinderungen ohne Grund unterschiedlich behandelt werden und dadurch Menschen mit Behinderungen in der gleichberechtigten Teilhabe am Leben in der Gesellschaft unmittelbar beeinträchtigt werden.

(3) Barrierefreiheit liegt vor, wenn bauliche und sonstige Anlagen, Verkehrsmittel, technische Gebrauchsgegenstände, Systeme der Informationsverarbeitung, akustische und visuelle Informationsquellen und Kommunikationseinrichtungen sowie andere gestaltete Lebensbereiche für Menschen mit Behinderungen in der allgemein üblichen Weise ohne besondere Erschwernis und grundsätzlich ohne fremde Hilfe zugänglich und nutzbar sind. Eine besondere Erschwernis liegt auch dann vor, wenn Menschen mit Behinderungen die Mitnahme oder der Einsatz benötigter Hilfsmittel verweigert oder erschwert wird.

Abschnitt 2
Verpflichtung zur Gleichstellung und Barrierefreiheit

§ 4 Diskriminierungsverbot, Beweislasterleichterung

(1) Die in § 2 Absatz 1 benannten Träger der öffentlichen Verwaltung dürfen bei der Erfüllung ihrer gesetzlichen oder satzungsmäßigen Aufgaben Menschen mit Behinderungen nicht diskriminieren.

(2) Wenn ein Mensch mit Behinderung Sachverhalte oder Tatsachen glaubhaft macht, die eine Diskriminierung aufgrund seiner Behinderung vermuten lassen, ist diese Vermutung im Streitfalle von der Gegenseite zu widerlegen.

§ 5 Gleichstellungsgebot

(1) Zur Durchsetzung der Gleichstellung von Menschen mit und ohne Behinderungen sind die spezifischen Belange von Menschen mit Behinderungen zu berücksichtigen und bestehende Diskriminierungen zu beseitigen. Dabei sind besondere Maßnahmen zulässig,

die die gleichberechtigte Teilhabe von Menschen mit Behinderungen fördern und bestehende Diskriminierungen beseitigen.

(2) Zur Durchsetzung der Gleichstellung von Frauen und Männern sind die spezifischen Belange von Frauen mit Behinderungen zu berücksichtigen und bestehende Diskriminierungen zu beseitigen. Dabei sind auch besondere Maßnahmen zur Förderung der tatsächlichen Durchsetzung der Gleichstellung von Frauen mit Behinderungen und zur Beseitigung bestehender Diskriminierungen zulässig.

(3) Zur Verwirklichung einer selbstbestimmten Elternschaft sind die spezifischen Bedürfnisse von Eltern mit Behinderungen zu berücksichtigen.

§ 6 Gebärdensprache und andere Kommunikationshilfen

(1) Die Deutsche Gebärdensprache ist als eigenständige Sprache anerkannt.

(2) Lautsprachbegleitende Gebärden sind als Kommunikationsform der deutschen Sprache anerkannt.

(3) Menschen mit einer Hörbehinderung (Gehörlose, Ertaubte und Schwerhörige) und Menschen mit einer Sprachbehinderung haben nach Maßgabe der einschlägigen Gesetze das Recht, die Deutsche Gebärdensprache oder die als Kommunikationsform anerkannten lautsprachbegleitenden Gebärden zu verwenden. Soweit sie sich nicht in Deutscher Gebärdensprache oder mit lautsprachbegleitenden Gebärden verständigen, haben sie nach Maßgabe der einschlägigen Gesetze das Recht, andere geeignete Kommunikationshilfen zu verwenden.

§ 7 Recht auf Verwendung von Gebärdensprache und anderen Kommunikationshilfen

(1) Menschen mit einer Hör- und Sprachbehinderung haben das Recht, mit den in § 2 Absatz 1 genannten Trägern der öffentlichen Verwaltung in Deutscher Gebärdensprache, mit lautsprachbegleitenden Gebärden oder mit anderen geeigneten Kommunikationshilfen zu kommunizieren, insbesondere soweit dies zur Wahrnehmung eigener Rechte im Verwaltungsverfahren erforderlich ist. Hierfür haben die in Satz 1 genannten Träger der öffentlichen Verwaltung auf Wunsch der Berechtigten im notwendigen Umfang die Übersetzung durch Gebärdensprachdolmetscherinnen und -dolmetscher oder die Verständigung mit anderen geeigneten Kommunikationshilfen ohne zusätzliche Kosten sicherzustellen.

(2) (weggefallen)

(3) Die hierfür entstehenden Kosten werden durch das Land getragen.

(4) Das für Soziales zuständige Mitglied der Landesregierung wird ermächtigt, im Einvernehmen mit dem für Schule und Jugend und dem für Finanzen zuständigen Mitglied der Landesregierung Anlass und Umfang der Bereitstellung einer Gebärdensprachdolmetscherin oder eines Gebärdensprachdolmetschers oder anderer geeigneter Kommunikationshilfen durch Rechtsverordnung zu regeln.

§ 8 Gestaltung von Bescheiden und Vordrucken

(1) Die in § 2 Absatz 1 genannten Träger der öffentlichen Verwaltung haben bei der Gestaltung von Bescheiden, Allgemeinverfügungen, öffentlich-rechtlichen Verträgen und Vordrucken eine Behinderung von Menschen zu berücksichtigen. Soweit Schwierigkeiten mit dem Textverständnis bestehen, sind Bescheide, Allgemeinverfügungen, öffentlich-rechtliche Verträge und Vordrucke in leicht verständlicher Sprache zu erläutern.

(2) Blinde Menschen und Menschen mit einer Sehbehinderung können insbesondere verlangen, dass ihnen Bescheide, öffentlich-rechtliche Verträge und Vordrucke ohne zusätzliche Kosten auch in einer für sie wahrnehmbaren Form zugänglich gemacht werden, soweit dies zur Wahrnehmung eigener Rechte im Verwaltungsverfahren erforderlich ist. Die Verordnung über barrierefreie Dokumente in der Bundesverwaltung vom 17. Juli 2002 (BGBl. I S. 2652) findet entsprechende Anwendung.

§ 9 Barrierefreie Informationstechnik

(1) Die in § 2 Absatz 1 genannten Träger der öffentlichen Verwaltung gestalten ihre Inter-

net- und Intranetauftritte und -angebote sowie die von ihnen zur Verfügung gestellten graphischen Programmoberflächen, die mit Mitteln der Informationstechnik dargestellt werden, unter Berücksichtigung der nach Absatz 2 zu erlassenden Verordnung schrittweise technisch so, dass sie von Menschen mit Behinderungen grundsätzlich uneingeschränkt genutzt werden können.

(2) Das für Soziales zuständige Mitglied der Landesregierung wird ermächtigt, für das Land und für die der Aufsicht des Landes unterstehenden juristischen Personen des öffentlichen Rechts im Einvernehmen mit dem für Inneres zuständigen Mitglied der Landesregierung durch Rechtsverordnung

1. die in den Geltungsbereich der Verordnung einzubeziehenden Gruppen von Menschen mit Behinderungen,
2. die anzuwendenden technischen Standards sowie den Zeitpunkt ihrer verbindlichen Anwendung,
3. die zu gestaltenden Bereiche und Arten amtlicher Informationen,
4. die Informationspflichten bei Internetauftritten und -angeboten, die zur Barrierefreiheit veröffentlicht werden sollen,
5. das Verfahren zur Überwachung nach den Vorgaben des Artikels 8 Absatz 1 bis 3 der Richtlinie (EU) 2016/2102 des Europäischen Parlaments und des Rates vom 26. Oktober 2016 über den barrierefreien Zugang zu den Websites und mobilen Anwendungen öffentlicher Stellen (ABl. L 327 vom 2. 12. 2016, S. 1) sowie das Verfahren zur Berichterstattung, um die Vorgaben des Artikels 8 Absatz 4 bis 6 der Richtlinie (EU) 2016/2102 zu erfüllen,
6. das Verfahren, um die Einhaltung der Anforderungen der Artikel 4, 5 und 7 Absatz 1 der Richtlinie (EU) 2016/2102 zu gewährleisten,

zu bestimmen.

(3) Für Websites und mobile Anwendungen im Sinne des Artikels 1 der Richtlinie (EU) 2016/2102 gilt für öffentliche Stellen im Sinne des Artikels 3 Nummer 1 der Richtlinie (EU) 2016/2102 Absatz 1 entsprechend.

(4) Die Gemeinden und Gemeindeverbände treffen für ihren Zuständigkeitsbereich entsprechende Regelungen.

§ 10 Zielvereinbarungen

(1) Zur Herstellung von Barrierefreiheit sollen Zielvereinbarungen zwischen den Landesverbänden von Menschen mit Behinderungen und den Unternehmen und Unternehmensverbänden für ihren jeweiligen sachlichen und räumlichen Organisations- oder Tätigkeitsbereich geschlossen werden, soweit keine Zielvereinbarung nach § 5 Absatz 1 des Behindertengleichstellungsgesetzes besteht.

(2) Zur Herstellung von Barrierefreiheit können Zielvereinbarungen zwischen den Landesverbänden von Menschen mit Behinderungen und den in § 2 Absatz 1 genannten Trägern der öffentlichen Verwaltung geschlossen werden.

(3) Für das Verfahren zu Zielvereinbarungen ist § 5 Absatz 1, 2 Satz 1 und Absatz 4 des Behindertengleichstellungsgesetzes entsprechend anzuwenden. Der die Zielvereinbarung abschließende Verband von Menschen mit Behinderungen teilt dem für Soziales zuständigen Mitglied der Landesregierung den Abschluss einer Zielvereinbarung mit.

Abschnitt 3
Rechtsbehelfe

§ 11 Vertretungsbefugnis in verwaltungsrechtlichen und sozialrechtlichen Verfahren

Werden Menschen mit Behinderungen in ihren Rechten aus § 7 Absatz 1 oder § 8 Absatz 2 verletzt oder machen sie geltend, dass in einem anderen Verfahren gegen § 4 Absatz 1 verstoßen worden ist, können an ihrer Stelle und mit ihrem Einverständnis die nach § 12 Absatz 3 anerkannten Verbände, die nicht selbst am Verfahren beteiligt sind, Rechtsschutz beantragen. Gleiches gilt bei Verstößen gegen die Vorschriften des Landesrechts, die einen Anspruch auf Herstellung von Barrierefreiheit im Sinne des § 3 Absatz 3 oder auf Verwendung von Gebärden oder anderen Kommunikationshilfen im Sinne des

§ 6 Absatz 3 vorsehen. In diesem Fall müssen alle Verfahrensvoraussetzungen wie bei einem Rechtsschutzersuchen durch den Menschen mit Behinderung selbst vorliegen.

§ 12 Verbandsklage

(1) Ein nach Absatz 3 anerkannter Verband kann, ohne in seinen Rechten verletzt zu sein, Klage nach Maßgabe der Verwaltungsgerichtsordnung oder des Sozialgerichtsgesetzes erheben auf Feststellung eines Verstoßes gegen das Diskriminierungsverbot nach § 4 Absatz 1, gegen die Verpflichtung zur Herstellung der Barrierefreiheit gemäß § 7 Absatz 1, § 8 Absatz 2 und § 9 oder gegen die Vorschriften des Landesrechts, die einen Anspruch auf Herstellung von Barrierefreiheit im Sinne des § 3 Absatz 3 vorsehen. Satz 1 gilt nicht, wenn eine Maßnahme aufgrund einer Entscheidung in einem verwaltungs- oder sozialgerichtlichen Streitverfahren erlassen worden ist.

(2) Eine Klage oder ein Antrag ist nur zulässig, wenn der Verband durch die Maßnahmen in seinem satzungsgemäßen Aufgabenbereich berührt wird. Soweit ein Mensch mit Behinderung selbst seine Rechte durch eine Gestaltungs- oder Leistungsklage verfolgen kann oder hätte verfolgen können, kann die Klage oder der Antrag nach Absatz 1 nur erhoben werden, wenn der Verband geltend macht, dass es sich bei der Maßnahme um einen Fall von allgemeiner Bedeutung handelt. Dies ist insbesondere der Fall, wenn eine Vielzahl gleichgelagerter Fälle vorliegt.

(3) Die Anerkennung eines Verbandes kann das für Soziales zuständige Mitglied der Landesregierung nach Anhörung der beauftragten Person erteilen, wenn der Verband

1. nach seiner Satzung nicht nur vorübergehend die Belange von Menschen mit Behinderungen fördert,
2. nach der Zusammensetzung seiner Mitglieder oder Mitgliedsverbände dazu berufen ist, Interessen von Menschen mit Behinderungen auf Landesebene zu vertreten,
3. zum Zeitpunkt der Anerkennung mindestens drei Jahre besteht und in diesem Zeitraum im Sinne der Nummer 1 tätig gewesen ist,
4. die Gewähr für eine sachgerechte Aufgabenerfüllung bietet; dabei sind Art und Umfang seiner bisherigen Tätigkeit, der Mitgliederkreis sowie die Leistungsfähigkeit des Vereins zu berücksichtigen und
5. wegen Verfolgung gemeinnütziger Zwecke nach § 5 Absatz 1 Nummer 9 des Körperschaftsteuergesetzes von der Körperschaftsteuer befreit ist.

Abschnitt 4
Interessensvertretung der Menschen mit Behinderungen

§ 13 Beauftragte oder Beauftragter der Landesregierung für die Belange der Menschen mit Behinderungen

Auf Vorschlag des für Soziales zuständigen Mitgliedes der Landesregierung wird durch die Landesregierung für die Dauer der Wahlperiode eine Beauftragte oder ein Beauftragter der Landesregierung für die Belange der Menschen mit Behinderungen (beauftragte Person) berufen. Der Landesbehindertenbeirat ist hierbei zu beteiligen. Erneute Berufungen sind zulässig. Die mit der Wahrnehmung der Aufgabe beauftragte Person hat ein direktes Vortragsrecht bei dem für Soziales zuständigen Mitglied der Landesregierung. Sie übt ihre Tätigkeit nach diesem Gesetz weisungsfrei und ressortübergreifend aus.

§ 14 Aufgaben und Befugnisse

(1) Aufgabe der beauftragten Person ist es, insbesondere

1. darauf hinzuwirken, dass die Verantwortung des Landes für gleichwertige Lebensbedingungen für Menschen mit und ohne Behinderungen in allen Bereichen des gesellschaftlichen Lebens erfüllt wird,
2. sich dafür einzusetzen, dass unterschiedliche Lebensbedingungen von Frauen mit Behinderungen und Männern mit Behinderungen berücksichtigt und geschlechtsspezifische Diskriminierungen beseitigt werden,

3. Maßnahmen in Umsetzung des Übereinkommens der Vereinten Nationen vom 13. Dezember 2006 über die Rechte von Menschen mit Behinderungen anzuregen und dabei die zivilgesellschaftlichen Beteiligten einzubinden.

(2) Zur Wahrnehmung dieser Aufgaben ist die beauftragte Person, soweit die Belange der Menschen mit Behinderungen betroffen sind, bei Gesetzgebungs- und Verordnungsvorhaben frühzeitig zu beteiligen.

(3) Jede Person hat das Recht, sich mit Bitten, Beschwerden und Anregungen unmittelbar an die beauftragte Person zu wenden, wenn sie der Auffassung ist, dass Verstöße gegen die Rechte und Belange von Menschen mit Behinderungen erfolgt sind oder drohen.

(4) Die in § 2 Absatz 1 genannten Träger der öffentlichen Verwaltung unterstützen die beauftragte Person bei der Erfüllung ihrer Aufgaben, insbesondere erteilen sie die erforderlichen Auskünfte und gewähren Akteneinsicht, soweit dies zur sachgerechten Aufgabenwahrnehmung erforderlich ist. § 29 Absatz 2 des Verwaltungsverfahrensgesetzes in Verbindung mit § 1 Absatz 1 des Verwaltungsverfahrensgesetzes für das Land Brandenburg gilt hinsichtlich der Erteilung von Auskünften und der Gewährung von Akteneinsicht entsprechend. Die Bestimmungen zum Schutz personenbezogener Daten bleiben unberührt.

(5) Zur Erfüllung der Aufgaben fördert die beauftragte Person die Zusammenarbeit und den Erfahrungsaustausch zwischen den kommunalen Behindertenbeauftragten der Landkreise, dem Landesbehindertenbeirat, den Behindertengruppen, -vereinen und -verbänden, Gewerkschaften und sonstigen Organisationen, die sich mit den besonderen Interessen von Menschen mit Behinderungen befassen, und unterstützt deren Tätigkeit.

(6) Die beauftragte Person legt dem Landtag alle fünf Jahre einen Bericht zur Umsetzung dieses Gesetzes vor. Bei der Erfüllung der Berichtspflicht wird eine zusammenfassende, nach Geschlecht differenzierte Darstellung und Bewertung abgegeben.

§ 15 Landesbehindertenbeirat

(1) Das für Soziales zuständige Mitglied der Landesregierung beruft gemäß § 16 Absatz 1 einen ehrenamtlich tätigen Landesbehindertenbeirat. Das Land leistet Zuwendungen zu den angemessenen Personal- und Sachkosten der Geschäftsstelle des Landesbehindertenbeirates.

(2) Der Landesbehindertenbeirat nimmt die Interessen der Menschen mit Behinderungen nach Teil 2 des Neunten Buches Sozialgesetzbuch wahr.

(3) Der Landesbehindertenbeirat unterstützt die Landesregierung bei der Aufgabe, gleichwertige Lebensbedingungen für Menschen mit und ohne Behinderungen zu schaffen. Er berät die Landesregierung und die beauftragte Person in allen Angelegenheiten und ist berechtigt, ihr und der Landesregierung Empfehlungen zu geben.

(4) Der Landesbehindertenbeirat soll von der Landesregierung vor dem Einbringen von Gesetzentwürfen und dem Erlass von Rechtsverordnungen, die die Belange von Menschen mit Behinderungen betreffen, angehört werden.

§ 16 Mitglieder

(1) Das für Soziales zuständige Mitglied der Landesregierung beruft auf Vorschlag je eine Vertreterin oder einen Vertreter der landesweit tätigen rechtsfähigen Behindertenverbände sowie der Landesarbeitsgemeinschaft der Werkstatträte Brandenburg e. V. als stimmberechtigte Mitglieder in den Landesbehindertenbeirat.

(2) Als nicht stimmberechtigte Mitglieder gehören dem Landesbehindertenbeirat je eine Vertreterin oder ein Vertreter

1. des Landkreistages Brandenburg e. V.,
2. des Städte- und Gemeindebundes Brandenburg,
3. der Verbände der Freien Wohlfahrtspflege,
4. der Regionaldirektion Berlin-Brandenburg der Bundesagentur für Arbeit,
5. der Arbeitgeberverbände des Landes Brandenburg,
6. der Gewerkschaften des Landes Brandenburg,

7. des Behindertensportverbandes Brandenburg e. V. und
8. des Landesamtes für Soziales und Versorgung

an.

(3) Auf Vorschlag des Landesbehindertenbeirates kann das für Soziales zuständige Mitglied der Landesregierung weitere Mitglieder berufen.

(4) Bei den Vorschlägen und bei der Berufung sollen Frauen und Männer in gleicher Zahl berücksichtigt werden.

(5) Die Mitglieder des Landesbehindertenbeirates wählen aus dem Kreis der entsandten Vertreterinnen und Vertreter der landesweit tätigen rechtsfähigen Behindertenverbände eine den Vorsitz führende Person und die stellvertretenden Personen.

(6) Der Landesbehindertenbeirat arbeitet eng mit den behindertenpolitisch sachverständigen Personen, Institutionen und Verbänden zusammen und lädt diese bei Bedarf zu seinen Sitzungen ein.

(7) Der Landesbehindertenbeirat gibt sich eine Geschäftsordnung, die Näheres über die Arbeitsweise und über die Zusammenarbeit mit den behindertenpolitischen Beteiligten festlegt.

§ 17 Überprüfung des Gesetzes

Drei Jahre nach Inkrafttreten ist dieses Gesetz hinsichtlich seiner Wirkungen zu überprüfen. Der Landesregierung ist Bericht über die Prüfung durch das für Soziales zuständige Mitglied der Landesregierung zu erstatten.

§ 18 Inkrafttreten, Außerkrafttreten

Dieses Gesetz tritt am Tag nach der Verkündung in Kraft. Gleichzeitig tritt das Brandenburgische Behindertengleichstellungsgesetz vom 20. März 2003 (GVBl. I S. 42), die Brandenburgische Verordnung über barrierefreie Dokumente in der Landesverwaltung vom 24. Mai 2004 (GVBl. II S. 489) sowie die Brandenburgische Kommunikationshilfenverordnung vom 24. Mai 2004 (GVBl. II S. 490) außer Kraft. § 7 Absatz 2 tritt am 31. Dezember 2014 außer Kraft.

Bremisches Gesetz zur Gleichstellung von Menschen mit Behinderung (Bremisches Behindertengleichstellungsgesetz – BremBGG)

Vom 18. Dezember 2018 (Brem. GBl. S. 608)

Zuletzt geändert durch
Bremisches Gesetz zur Weiterentwicklung des Bremischen Behindertengleichstellungsrechts
vom 18. Dezember 2018 (Brem. GBl. S. 608)

Inhaltsübersicht

Abschnitt 1
Allgemeine Bestimmungen

§ 1 Ziel und Verantwortung der Träger öffentlicher Gewalt

(1) Ziel dieses Gesetzes ist es, Benachteiligungen von Menschen mit Behinderungen zu beseitigen und zu verhindern sowie die volle, wirksame und gleichberechtigte Teilhabe von Menschen mit Behinderungen am Leben in der Gesellschaft zu gewährleisten und ihnen eine selbstbestimmte Lebensführung zu ermöglichen. Dabei wird ihren besonderen Bedürfnissen Rechnung getragen.

(2) Die Träger öffentlicher Gewalt wirken auf die Förderung und Stärkung inklusiver Lebensverhältnisse sowie die Bewusstseinsbildung in der Öffentlichkeit hin und sollen diese im Rahmen ihres Aufgabenkreises aktiv fördern und bei der Planung von Maßnahmen beachten.

§ 2 Geltungsbereich

(1) Dieses Gesetz gilt für die Träger öffentlicher Gewalt. Träger öffentlicher Gewalt im Sinne dieses Gesetzes sind die Behörden der Freien Hansestadt Bremen, der Stadtgemeinden Bremen und Bremerhaven sowie die weiteren landesunmittelbaren und kommunalen Körperschaften, Anstalten und Stiftungen des öffentlichen Rechts. Beliehene und sonstige Landesorgane sind Träger öffentlicher Gewalt, soweit sie öffentlich-rechtliche Verwaltungsaufgaben wahrnehmen.

(2) Bei der Ausübung der Gesellschafterrechte in privatrechtlich organisierten Unternehmen, auf die der Träger öffentlicher Gewalt aufgrund Eigentum, finanzieller Beteiligung, Satzung oder sonstiger Bestimmungen, die die Tätigkeit des Unternehmens regeln, mittelbar oder unmittelbar einen beherrschenden Einfluss ausüben kann, wirken die auf Veranlassung dieser Träger entsandten Mitglieder der Aufsichtsorgane der Unternehmen bei ihrer Tätigkeit daraufhin, dass die Ziele dieses Gesetzes angemessen berücksichtigt werden.

(3) Die Träger öffentlicher Gewalt sollen darauf hinwirken, dass Leistungserbringer öffentlich-rechtlicher Leistungen die Ziele dieses Gesetzes in angemessener Weise berücksichtigen.

(4) Gewähren Träger öffentlicher Gewalt Zuwendungen nach § 23 der Landeshaushaltsordnung als institutionelle Förderungen, so sollen sie durch Nebenbestimmungen zum Zuwendungsbescheid oder vertragliche Vereinbarung darauf hinwirken, dass die institutionellen Zuwendungsempfänger die Ziele dieses Gesetzes berücksichtigen, soweit sie für die Zuwendungsempfänger keine unangemessene wirtschaftliche Belastung darstellen. Für Zuwendungen im Wege der Projektförderung sollen ebenfalls entsprechende Nebenbestimmungen und Vereinbarungen erlassen und getroffen werden, soweit sie für die Zuwendungsempfänger keine unangemessene wirtschaftliche Belastung darstellen. Aus der Nebenbestimmung zum Zuwendungsbescheid oder der vertraglichen Vereinbarung muss hervorgehen, welche Vorschriften anzuwenden sind. Für Forschungseinrichtungen in der Freien Hansestadt Bremen gelten die Regelungen der Sätze 1 und 2 mit der Maßgabe, dass eine Berücksichtigung dieses Gesetzes in seinen Grundzügen erfolgen soll.

(5) Weitergehende Vorschriften bleiben von den Absätzen 1 bis 4 unberührt. Dieses Gesetz findet keine Anwendung, soweit das Behindertengleichstellungsgesetz des Bundes Anwendung findet.

§ 3 Besondere Belange von Frauen, Kindern und Eltern oder anderer Sorgeberechtigter mit Behinderungen; Benachteiligung aus mehreren Gründen

(1) Bei der Verwirklichung der Gleichberechtigung von Frauen und Männern sind von den Trägern öffentlicher Gewalt die besonderen Belange von Frauen mit Behinderungen zu beachten und bestehende Benachteiligungen zu beseitigen. Dabei sollen besondere Maßnahmen getroffen werden, um die tatsächliche Durchsetzung der Gleichberechtigung von Frauen mit Behinderungen zu fördern

und bestehende Benachteiligungen abzubauen oder zu beseitigen.

(2) Die Träger öffentlicher Gewalt treffen besondere Maßnahmen, um den besonderen Schutz und die Teilhabe von Kindern mit Behinderungen zu gewährleisten.

(3) Zur Verwirklichung einer selbstbestimmten Elternschaft sind von den Trägern öffentlicher Gewalt die spezifischen Belange von Eltern oder anderer Sorgeberechtigter mit Behinderungen und deren Kindern sowie Eltern und anderer Sorgeberechtigter und deren Kindern mit Behinderungen zu beachten und besondere Maßnahmen zu treffen.

(4) Zur Verhinderung und Beseitigung von Benachteiligungen aus mehreren Gründen, treffen die Träger öffentlicher Gewalt besondere Maßnahmen. Eine Benachteiligung aus mehreren Gründen ist insbesondere gegeben, wenn eine Benachteiligung nach § 7 vorliegt und wenigstens ein weiterer der in § 1 des Allgemeinen Gleichbehandlungsgesetzes genannten Gründe hinzutritt.

§ 4 Menschen mit Behinderungen

Menschen mit Behinderungen im Sinne dieses Gesetzes sind Menschen, die körperliche, seelische, geistige oder Sinnesbeeinträchtigungen haben, die sie in Wechselwirkung mit einstellungs- und umweltbedingten Barrieren an der gleichberechtigten Teilhabe an der Gesellschaft mit hoher Wahrscheinlichkeit länger als sechs Monate hindern können.

§ 5 Barrierefreiheit

Barrierefrei sind bauliche und sonstige Anlagen, Verkehrsmittel, technische Gebrauchsgegenstände, Systeme der Informationsverarbeitung, akustische und visuelle Informationsquellen und Kommunikationseinrichtungen sowie andere gestaltete Lebensbereiche, wenn sie für Menschen mit Behinderungen in der allgemein üblichen Weise, ohne besondere Erschwernis und grundsätzlich ohne fremde Hilfe auffindbar, zugänglich und nutzbar sind. Hierbei ist die Nutzung behinderungsbedingt notwendiger Hilfsmittel zulässig.

§ 6 Zielvereinbarungen

(1) Zur Herstellung der Barrierefreiheit sollen, soweit nicht besondere gesetzliche oder verordnungsrechtliche Vorschriften entgegenstehen, Zielvereinbarungen zwischen den nach § 20 Absatz 4 anerkannten Verbänden und Unternehmen oder Unternehmensverbänden im Land Bremen für ihren jeweiligen sachlichen und räumlichen Organisations- oder Tätigkeitsbereich getroffen werden. Die anerkannten Verbände können die Aufnahme von Verhandlungen über Zielvereinbarungen verlangen.

(2) Zielvereinbarungen zur Herstellung von Barrierefreiheit enthalten insbesondere:

1. die Bestimmung der Vereinbarungspartner und sonstige Regelungen zum Geltungsbereich und zur Geltungsdauer,
2. die Festlegung von Mindestbedingungen, wie gestaltete Lebensbereiche im Sinne von § 5 künftig zu verändern sind, um dem Anspruch von Menschen mit Behinderungen auf Auffindbarkeit, Zugang und Nutzung zu genügen,
3. die Beschreibung der angemessenen Vorkehrungen, die getroffen werden sollen, um Menschen mit Behinderungen den Zugang zu oder die Nutzung einer öffentlich zugänglichen Infrastruktur sowie den Genuss von Waren und Dienstleistungen zu ermöglichen,
4. den Zeitpunkt oder einen Zeitplan zur Erfüllung der festgelegten Mindestbedingungen.

(3) Ein Verband nach Absatz 1, der die Aufnahme von Verhandlungen verlangt, hat dies gegenüber dem Zielvereinbarungsregister nach Absatz 5 unter Benennung von Verhandlungsgegenstand und Verhandlungsparteien anzuzeigen. Die Senatorin für Soziales, Jugend, Frauen, Integration und Sport gibt diese Anzeige auf ihrer Internetseite bekannt. Innerhalb eines Monats nach der Bekanntgabe haben andere Verbände im Sinne des Absatzes 1 das Recht, den Verhandlungen durch Erklärung gegenüber den bisherigen Verhandlungsparteien beizutreten. Nachdem die beteiligten Verbände eine gemeinsame Ver-

handlungskommission gebildet haben oder feststeht, dass nur ein Verband verhandelt, sind die Verhandlungen innerhalb eines Monats aufzunehmen.

(4) Ein Anspruch auf Verhandlungen nach Absatz 1 Satz 2 besteht nicht,

1. während laufender Verhandlungen im Sinne des Absatzes 3 für die nicht beigetretenen Verbände,
2. in Bezug auf Unternehmen und Unternehmensverbände, die ankündigen, einer Zielvereinbarung beizutreten, über die Verhandlungen geführt werden,
3. für den Geltungsbereich und die Geltungsdauer einer zustande gekommenen Zielvereinbarung,
4. in Bezug auf die Unternehmen und Unternehmensverbände, die einer zustande gekommenen Zielvereinbarung ohne Einschränkung beigetreten sind,
5. wenn die Herstellung der Barrierefreiheit die Vertragspartner unverhältnismäßig oder unbillig belasten würden.

(5) Bei der Senatorin für Soziales, Jugend, Frauen, Integration und Sport wird ein Register geführt, in das der Abschluss, die Änderung und die Aufhebung von Zielvereinbarungen nach Absatz 1 und 2 eingetragen werden. Der die Zielvereinbarung abschließende Verband behinderter Menschen ist verpflichtet, innerhalb eines Monats nach Abschluss einer Zielvereinbarung der Senatorin für Soziales, Jugend, Frauen, Integration und Sport diese als beglaubigte Abschrift und in informationstechnisch erfassbarer Form zu übersenden sowie eine Änderung oder Aufhebung innerhalb eines Monats mitzuteilen.

Abschnitt 2
Verpflichtung zur Gleichstellung und Barrierefreiheit

§ 7 Benachteiligungsverbot

(1) Menschen mit Behinderungen dürfen gegenüber Menschen ohne Behinderungen nicht benachteiligt werden. Bestehende Benachteiligungen von Menschen mit Behinderungen gegenüber Menschen ohne Behinderungen sind abzubauen.

(2) Eine Benachteiligung im Sinne dieses Gesetzes liegt vor, wenn Menschen mit und ohne Behinderungen ohne zwingenden Grund unterschiedlich behandelt werden und dadurch Menschen mit Behinderungen in der vollen, wirksamen und gleichberechtigten Teilhabe am Leben in der Gesellschaft unmittelbar oder mittelbar beeinträchtigt werden. Eine Benachteiligung liegt auch bei einer Belästigung im Sinne des § 3 Absatz 3 und 4 des Allgemeinen Gleichbehandlungsgesetzes vor, mit der Maßgabe, dass § 3 Absatz 4 des Allgemeinen Gleichbehandlungsgesetzes nicht auf den Anwendungsbereich des § 2 Absatz 1 Nummer 1 bis 4 des Allgemeinen Gleichbehandlungsgesetzes begrenzt ist. Bei einem Verstoß gegen eine Verpflichtung zur Herstellung von Barrierefreiheit wird das Vorliegen einer Benachteiligung widerleglich vermutet.

(3) Auch die Versagung von angemessenen Vorkehrungen für Menschen mit Behinderungen ist eine Benachteiligung im Sinne dieses Gesetzes. Angemessene Vorkehrungen sind notwendige Maßnahmen, die im Einzelfall geeignet und erforderlich sind, um zu gewährleisten, dass ein Mensch mit Behinderungen gleichberechtigt mit anderen alle Rechte genießen und ausüben kann. Diese Maßnahmen sollen die Träger öffentlicher Gewalt nicht unverhältnismäßig oder unbillig belasten.

(4) Besondere Benachteiligungsverbote zu Gunsten von Menschen mit Behinderungen in anderen Rechtsvorschriften bleiben unberührt.

§ 8 Herstellung von Barrierefreiheit in den Bereichen Bau und Verkehr

(1) Zivile Neu-, Um- und Erweiterungsbauten im Eigentum der Träger öffentlicher Gewalt sollen entsprechend den allgemein anerkannten Regeln der Technik barrierefrei gestaltet werden. Von diesen Anforderungen kann abgewichen werden, wenn mit einer anderen Lösung in gleichem Maße die Anforderungen an die Barrierefreiheit erfüllt werden.

(2) Die Träger öffentlicher Gewalt sollen anlässlich der Durchführung von investiven Baumaßnahmen nach Absatz 1 Satz 1 bauli-

che Barrieren in den nicht von diesen Baumaßnahmen unmittelbar betroffenen Gebäudeteilen, soweit sie dem Publikumsverkehr dienen, feststellen und unter Berücksichtigung der baulichen Gegebenheiten abbauen sofern der Abbau für den jeweiligen Träger öffentlicher Gewalt nicht eine unangemessene wirtschaftliche Belastung darstellt.

(3) Die Träger öffentlicher Gewalt erstellen über die in ihrem Eigentum stehenden und von ihnen genutzten Gebäude bis zum 1. Januar 2023 Berichte über den Stand der Barrierefreiheit dieser Bestandsgebäude. Beruhend auf den Berichten nach Satz 1, soll die Freie Hansestadt Bremen sowie die Stadtgemeinden Bremen und Bremerhaven verbindliche und überprüfbare Maßnahmen- und Zeitpläne zum weiteren Abbau von Barrieren erarbeiten.

(4) Die Träger öffentlicher Gewalt sind verpflichtet, die Barrierefreiheit bei Anmietungen der von ihnen genutzten Bauten zu berücksichtigen. Künftig sollen nur barrierefreie Bauten oder Bauten, in denen die baulichen Barrieren unter Berücksichtigung der baulichen Gegebenheiten abgebaut werden können, angemietet werden, soweit die Anmietung den Träger öffentlicher Gewalt nicht unverhältnismäßig oder unbillig belastet.

(5) Sonstige bauliche oder andere Anlagen der Träger öffentlicher Gewalt, öffentliche Wege, Plätze und Straßen sowie öffentlich zugängliche Verkehrsanlagen und Beförderungsmittel im öffentlichen Personenverkehr sind nach Maßgabe der einschlägigen Rechtsvorschriften barrierefrei zu gestalten.

(6) Bezüglich baulicher Veränderungen von Kulturdenkmälern gilt das Bremische Denkmalschutzgesetz und die dort niedergelegten Regelungen zur Berücksichtigung der Barrierefreiheit.

(7) Der Senator für Umwelt, Bau und Verkehr soll durch die Sicherstellung von Beratungsangeboten die Träger öffentlicher Gewalt sowie auch die Unternehmen und Unternehmensverbände gemäß § 6 bei der Entwicklung von Konzepten und der Umsetzung von konkreten Maßnahmen zur Herstellung von Barrierefreiheit unterstützen. Insbesondere zu diesem Zweck ist durch den Senator für Umwelt, Bau und Verkehr die Stelle eines oder einer Beauftragten für bauliche Barrierefreiheit zu schaffen. Das Beratungsangebot kann auch an Dritte übertragen werden.

§ 9 Gebärdensprache, Kommunikationshilfen und deren Verwendung

(1) Die Deutsche Gebärdensprache ist als eigenständige Sprache anerkannt.

(2) Lautsprachbegleitende Gebärden sind als Kommunikationsform der deutschen Sprache anerkannt.

(3) Menschen mit Hörbehinderungen (gehörlose, ertaubte und schwerhörige Menschen) und Menschen mit Sprachbehinderungen haben nach Maßgabe der einschlägigen Gesetze das Recht, die Deutsche Gebärdensprache, lautsprach-begleitende Gebärden oder andere geeignete Kommunikationshilfen zu verwenden. Sie haben weiterhin das Recht, nach Maßgabe der Rechtsverordnung im Sinne des Absatzes 4 mit den Trägern öffentlicher Gewalt zur Wahrnehmung eigner Rechte im Verwaltungsverfahren in Deutscher Gebärdensprache, mit lautsprachbegleitenden Gebärden oder mit anderen geeigneten Kommunikationshilfen zu kommunizieren. Die Möglichkeit der Kommunikation im Sinne des Satzes 2 soll auch außerhalb des Verwaltungsverfahrens durch die Träger öffentlicher Gewalt gefördert werden, soweit deren Aufgabenbereich berührt ist. Auf Wunsch der Berechtigten stellen die Träger öffentlicher Gewalt die geeigneten Kommunikationshilfen im Sinne des Satzes 1 kostenfrei zur Verfügung oder tragen die hierfür notwendigen Aufwendungen. Die Senatorin für Soziales, Jugend, Frauen, Integration und Sport trägt die Kosten einer zentralen Stelle bei dem Fachverband der Gehörlosen zur Vermittlung von Gebärdensprachdolmetscherinnen und Gebärdensprachdolmetschern für alle Leistungsbereiche.

(4) Der Senat wird ermächtigt, nach Anhörung des Landesteilhabebeirates gemäß § 25, durch Rechtsverordnung nähere Regelungen über die Heranziehung von Gebärdensprachdolmetscherinnen und Gebärdensprachdol-

metschern und die Grundsätze für deren angemessene Vergütung oder eine Erstattung von notwendigen Aufwendungen für die Dolmetscherdienste oder den Einsatz anderer geeigneter Kommunikationshilfen zu treffen.

§ 10 Gestaltung von Bescheiden und Vordrucken

(1) Die Träger öffentlicher Gewalt haben bei der Gestaltung von schriftlichen Hinweisen, Bescheiden, Allgemeinverfügungen, öffentlich-rechtlichen Verträgen, Vordrucken sowie bei der Gestaltung von für die der Allgemeinheit bestimmten Informationen eine Behinderung von Menschen zu berücksichtigen. Blinde und sehbehinderte Menschen sind zur Wahrnehmung eigener Rechte im Verwaltungsverfahren nach Maßgabe der Rechtsverordnung nach Absatz 2 die in Satz 1 genannten Dokumente und sonstige Inhalte auf ihren Wunsch ohne zusätzliche Kosten in einer für sie wahrnehmbaren Form zugänglich zu machen.

(2) Der Senat wird ermächtigt, nach Anhörung des Landesteilhabebeirates gemäß § 25, durch Rechtsverordnung nähere Regelungen darüber zu treffen, bei welchen Anlässen und in welcher Art und Weise die in Absatz 1 Satz 1 genannten Dokumente und sonstigen Inhalte blinden und sehbehinderten Menschen zugänglich gemacht werden.

§ 11 Verständlichkeit und Leichte Sprache

(1) Träger öffentlicher Gewalt sollen mit Menschen mit geistigen Behinderungen und Menschen mit seelischen Behinderungen in einfacher und verständlicher Sprache kommunizieren. Auf Verlangen sollen sie ihnen insbesondere Bescheide, Allgemeinverfügungen, öffentlich-rechtliche Verträge und Vordrucke in einfacher und verständlicher Weise erläutern.

(2) Ist die Erläuterung nach Absatz 1 nicht ausreichend, sollen Träger öffentlicher Gewalt auf Verlangen Menschen mit geistigen Behinderungen und Menschen mit seelischen Behinderungen Bescheide, Allgemeinverfügungen, öffentlich-rechtliche Verträge und Vordrucke in Leichter Sprache erläutern.

(3) Kosten für Erläuterungen im notwendigen Umfang nach Absatz 1 oder 2 sind von dem zuständigen Träger öffentlicher Gewalt zu tragen. Der notwendige Umfang bestimmt sich nach dem individuellen Bedarf der Berechtigten.

(4) Träger öffentlicher Gewalt sollen Informationen vermehrt in Leichter Sprache bereitstellen. Der Senat wirkt innerhalb seines Zuständigkeitsbereichs darauf hin, dass die Träger öffentlicher Gewalt die Leichte Sprache stärker einsetzen und ihre Kompetenzen für das Verfassen von Texten in Leichter Sprache auf- und ausgebaut werden.

Abschnitt 3 Barrierefreie Informationstechnik öffentlicher Stellen

§ 12 Öffentliche Stellen der Freien Hansestadt Bremen

Öffentliche Stellen sind:

1. die Träger öffentlicher Gewalt,
2. sonstige Einrichtungen des öffentlichen Rechts, die als juristische Personen des öffentlichen oder des privaten Rechts zu dem besonderen Zweck gegründet worden sind, im Allgemeininteresse liegende Aufgaben nicht gewerblicher Art zu erfüllen, wenn sie
   a) überwiegend von der Freien Hansestadt Bremen oder den Stadtgemeinden Bremen oder Bremerhaven finanziert werden,
   b) hinsichtlich ihrer Leitung oder Aufsicht der Freien Hansestadt Bremen oder den Stadtgemeinden Bremen oder Bremerhaven unterstehen oder
   c) ein Verwaltungs-, Leitungs- oder Aufsichtsorgan haben, das mehrheitlich aus Mitgliedern besteht, die durch die Freie Hansestadt Bremen oder die Stadtgemeinden Bremen oder Bremerhaven ernannt worden sind, und

3. Vereinigungen, an denen mindestens eine öffentliche Stelle nach Nummer 1 oder 2 beteiligt ist, wenn
   a) die Vereinigung überwiegend von der Freien Hansestadt Bremen oder den Stadtgemeinden Bremen oder Bremerhaven finanziert wird,
   b) der Freien Hansestadt Bremen oder den Stadtgemeinden Bremen oder Bremerhaven die absolute Mehrheit der Anteile an der Vereinigung gehört oder
   c) der Freien Hansestadt Bremen oder den Stadtgemeinden Bremen oder Bremerhaven die absolute Mehrheit der Stimmen an der Vereinigung zusteht.

Eine überwiegende Finanzierung durch die Freie Hansestadt Bremen oder die Stadtgemeinden Bremen oder Bremerhaven wird angenommen, wenn diese mehr als 50 Prozent der Gesamtheit der Mittel aufbringt.

§ 13 Barrierefreie Informationstechnik öffentlicher Stellen der Freien Hansestadt Bremen

(1) Öffentliche Stellen gestalten ihre digitalen Auftritte und Angebote barrierefrei. Hierzu gestalten sie sie wahrnehmbar, bedienbar, verständlich und robust. Digitale Auftritte und Angebote öffentlicher Stellen sind ihre Websites, Anwendungen für mobile Endgeräte und sonstige Apps sowie die von ihnen zur Verfügung gestellten grafischen Programmoberflächen, die mit Mitteln der Informationstechnik dargestellt werden. Zu den Websites gehören auch die für die Beschäftigten bestimmten Angebote im Intranet sowie die sonstigen Angebote im Internet. Schrittweise barrierefrei gestalten sie ihre elektronisch unterstützten Verwaltungsabläufe, einschließlich ihrer Verfahren zur elektronischen Vorgangsbearbeitung und elektronischen Aktenführung, so dass sie von Menschen mit Behinderungen in der Regel uneingeschränkt genutzt werden können. Die Senatsressorts berichten den jeweiligen Ausschüssen und Deputationen jährlich über die vorgenommenen Umsetzungsschritte der elektronischen Barrierefreiheit.

(2) Die barrierefreie Gestaltung erfolgt nach Maßgabe der auf Grund des § 18 zu erlassenden Rechtsverordnung. Wird von dieser Ermächtigung kein Gebrauch gemacht oder enthält die Rechtsverordnung keine Regelung über die barrierefreie Gestaltung, erfolgt diese nach Maßgabe der Barrierefreie-Informationstechnik-Verordnung des Bundes und den dort festgeschriebenen Standards. Soweit auch die Rechtsverordnung nach Satz 2 keine Vorgaben enthält, erfolgt die barrierefreie Gestaltung nach den allgemein anerkannten Regeln der Technik.

(3) Die barrierefreie Gestaltung ist bereits bei der Planung, Entwicklung, Ausschreibung und Beschaffung, insbesondere bei Neuanschaffungen, Erweiterungen und Überarbeitungen, zu berücksichtigen.

(4) Unberührt bleiben die Regelungen zur behinderungsgerechten Einrichtung und Unterhaltung der Arbeitsstätten zugunsten von Menschen mit Behinderungen in anderen Rechtsvorschriften, insbesondere im Neunten Buch Sozialgesetzbuch.

(5) Von der barrierefreien Gestaltung dürfen öffentliche Stellen nur dann absehen, wenn sie durch eine barrierefreie Gestaltung im Einzelfall unverhältnismäßig belastet würden. Als eine unverhältnismäßige Belastung im Sinne dieses Abschnitts sind Maßnahmen zu verstehen, die

1. einer öffentlichen Stelle eine übermäßige finanzielle Last in Hinblick auf Größe, Ressource und Art der öffentlichen Stelle auferlegen,
2. die Fähigkeit einer öffentlichen Stelle ihren Zweck zu erfüllen gefährden würden oder
3. die Möglichkeit zur Veröffentlichung von Informationen, die für ihre Aufgaben und Dienstleistungen erforderlich oder relevant sind, gefährden würden.

Dabei ist dem voraussichtlich entstehenden Nutzen oder Nachteil für die Bürger, insbesondere für Menschen mit Behinderungen, Rechnung zu tragen, indem die geschätzten Kosten und Vorteile für die betreffende öffentliche Stelle im Verhältnis zu den geschätzten Vorteilen für Menschen mit Behinderungen abgewogen werden, wobei die Nutzungshäufigkeit und die Nutzungsdauer der digitalen Auftritte und Angebote zu berücksichtigen sind.

(6) Sieht die öffentliche Stelle nach Absatz 5 von der barrierefreien Gestaltung ab, bleibt davon die Verpflichtung nach § 14 unberührt.

(7) Die Freie Hansestadt Bremen wirkt darauf hin, dass insbesondere gewerbsmäßige Anbieter von Websites und mobilen Anwendungen sowie von grafischen Programmoberflächen, die mit Mitteln der Informationstechnik dargestellt werden, insbesondere durch Zielvereinbarungen nach § 6 Absatz 2 ihre Produkte so gestalten, dass sie barrierefrei genutzt werden können.

(8) Bedienen sich öffentliche Stellen zum Zwecke ihrer Aufgabenwahrnehmung gewerbsmäßiger Anbieter von Websites sowie von grafischen Programmoberflächen, die mit Mitteln der Informationstechnik dargestellt werden oder von mobilen Anwendungen, so sind die Vergabekriterien entsprechend den technischen Standards nach Absatz 1 und 2 zu gestalten.

§ 14 Erklärung zur Barrierefreiheit

(1) Die öffentlichen Stellen veröffentlichen auf der Startseite des Angebots eine Erklärung zur Barrierefreiheit ihrer Websites oder mobilen Anwendungen.

(2) Die Erklärung zur Barrierefreiheit enthält:

1. für den Fall, dass ausnahmsweise keine vollständige barrierefreie Gestaltung erfolgt ist,
   a) die Benennung der Teile des Inhalts, die nicht vollständig barrierefrei gestaltet sind,
   b) die Gründe für die nicht barrierefreie Gestaltung sowie
   c) gegebenenfalls einen Hinweis auf barrierefrei gestaltete Alternativen,
2. eine auf der Startseite hervorgehobene und unmittelbar barrierefrei zugängliche und abrufbare Beschreibung und Verlinkung, die es ermöglichen elektronisch Kontakt aufzunehmen, um noch bestehende Barrieren mitzuteilen und um Informationen und Inhalte, die nicht barrierefrei sind, in einem zugänglichen Format anzufordern (Feedbackmechanismus),
3. eine auf der Startseite hervorgehobene und unmittelbar barrierefrei zugängliche und abrufbare Verlinkung zum Durchsetzungsverfahren.

(3) Die öffentlichen Stellen sind verpflichtet, eingehende Meldungen und Anfragen binnen zwei Wochen zu beantworten und auf Anforderung barrierefreie Inhalte zu übermitteln.

§ 15 Zentralstelle für barrierefreie Informationstechnik

(1) Für die Freie Hansestadt Bremen wird bei der beauftragten Person eine Zentralstelle für barrierefreie Informationstechnik eingerichtet. Ihre Aufgaben sind:

1. periodisch zu überwachen sowie bei Bedarf anlassbezogen zu kontrollieren, ob und inwiefern digitale Auftritte und Angebote öffentlicher Stellen den Anforderungen an die Barrierefreiheit genügen,
2. die öffentlichen Stellen anlässlich der Prüfergebnisse zu beraten,
3. zu kontrollieren, ob festgestellte Verstöße gegen die Barrierefreiheit beseitigt wurden,
4. die Berichte der obersten Landesbehörden im Sinne des § 17 Absatz 1 auszuwerten,
5. den Bericht im Sinne des § 17 Absatz 2 vorzubereiten,
6. das Durchsetzungsverfahren nach § 16 durchzuführen,
7. die Bewertung der öffentlichen Stelle im Hinblick auf einen Verzicht auf eine barrierefreie Gestaltung aufgrund von § 13 Absatz 5 zu überprüfen und
8. als sachverständige Stelle die Schlichtungsstelle nach § 22 zu unterstützen.

(2) Die öffentlichen Stellen sind verpflichtet, die Zentralstelle für barrierefreie Informationstechnik bei der Erfüllung ihrer Aufgaben zu unterstützen. Sie haben insbesondere:

1. Auskunft zu erteilen sowie Einsicht in alle Unterlagen unabhängig von ihrer Speicherform zu gewähren und

I

2. der Zentralstelle für barrierefreie Informationstechnik unverzüglich Zugang zu den Websites und mobilen Anwendungen zu gewähren.

§ 16 Durchsetzungsverfahren

(1) Wer durch mangelnde Barrierefreiheit bei der Nutzung von digitalen Auftritten und Angeboten öffentlicher Stellen beeinträchtigt wird, kann sich an die Zentralstelle für barrierefreie Informationstechnik als Durchsetzungsstelle wenden, sofern er innerhalb der Frist des § 14 Absatz 3 keine oder keine zufriedenstellende Antwort erhalten hat und die Barriere immer noch besteht.

(2) Stellt die Zentralstelle für barrierefreie Informationstechnik Verstöße gegen Bestimmungen der Barrierefreiheit im Sinne dieses Abschnitts fest, so ist dies gegenüber der öffentlichen Stelle mit der Aufforderung zu beanstanden, den nicht barrierefreien Zustand innerhalb einer von der Zentralstelle für barrierefreie Informationstechnik zu bestimmenden Frist zu beseitigen. Die Beanstandung hat Vorschläge zur Herstellung der Barrierefreiheit zu enthalten. Kommt die öffentliche Stelle der Beanstandung nicht nach, hat sie dies gegenüber der Zentralstelle für barrierefreie Informationstechnik zu begründen. Die am Verfahren Beteiligten sind über den jeweiligen Verfahrensstand zu informieren.

(3) Die Zentralstelle für barrierefreie Informationstechnik schließt das Durchsetzungsverfahren mit einer den Verlauf und die wesentlichen Fakten des Durchsetzungsverfahrens zusammenfassenden Abschlussmitteilung an den Nutzer oder die Nutzerin ab. Die jeweils betroffene öffentliche Stelle sowie die für sie oberste zuständige Landesbehörde sind darüber in Kenntnis zu setzen. Die Abschlussmitteilung enthält einen Hinweis auf das Schlichtungsverfahren nach § 22, der

1. die Möglichkeit, ein solches Schlichtungsverfahren durchzuführen, erläutert und
2. die Verlinkung zur Schlichtungsstelle enthält.

(4) Wer der Ansicht ist, durch öffentliche Stellen der Freien Hansestadt Bremen oder den Stadtgemeinden Bremen oder Bremerhaven in einem Recht nach dem 3. Abschnitt dieses Gesetzes verletzt worden zu sein, kann um gerichtlichen Rechtsschutz auf Feststellung eines Verstoßes oder hinsichtlich der Vornahme oder des Unterlassens einer Handlung erst ersuchen, wenn zuvor das Durchsetzungsverfahren nach Absatz 3 abgeschlossen wurde.

§ 17 Berichterstattung über den Stand der Barrierefreiheit

(1) Die obersten Landesbehörden erstatten alle drei Jahre, erstmals zum 30. Januar 2021, der Zentralstelle für Informationstechnik Bericht über den Stand der Barrierefreiheit:

1. der Websites einschließlich der Intranetangebote der öffentlichen Stellen und
2. der mobilen Anwendungen der öffentlichen Stellen.

(2) Die Zentralstelle für barrierefreie Informationstechnik bereitet den Bericht der Freien Hansestadt Bremen an den Bund im Sinne des § 12c Absatz 2 des Behindertengleichstellungsgesetzes des Bundes vor.

§ 18 Verordnungsermächtigung

Die Senatorin für Finanzen wird ermächtigt, nach Anhörung des Landesteilhabebeirats gemäß § 25, durch Rechtsverordnung Regelungen zu erlassen über:

1. diejenigen digitalen Auftritte und Angebote, auf die sich der Geltungsbereich der Verordnung bezieht,
2. die technischen Standards, die öffentliche Stellen bei der barrierefreien Gestaltung anzuwenden haben und den Zeitpunkt, ab dem diese Standards anzuwenden sind,
3. die Bereiche und Arten amtlicher Informationen, die barrierefrei zu gestalten sind,
4. die Einzelheiten des Durchsetzungsverfahrens,
5. die konkreten Anforderungen der Erklärung zur Barrierefreiheit,
6. die konkreten Anforderungen der Berichterstattung über den Stand der Barrierefreiheit und
7. die Einzelheiten der Berichterstattung nach § 17 Absatz 1.

§ 19 Datenverarbeitung

(1) Die Verarbeitung personenbezogener Daten durch öffentliche Stellen sowie die Schlichtungsstelle ist zulässig, soweit sie zur Beantwortung eingehender Meldungen und Anfragen und zur Übermittlung barrierefreier Inhalte gemäß § 14 Absatz 3 sowie zur Durchführung des Durchsetzungsverfahrens gemäß § 16, des Schlichtungsverfahrens gemäß § 22 oder eines gerichtlichen Verfahrens erforderlich ist.

(2) Die Verarbeitung besonderer Kategorien personenbezogener Daten im Sinne des Artikels 9 Absatz 1 der Verordnung (EU) 2016/679 des Europäischen Parlaments und des Rates vom 27. April 2016 zum Schutz natürlicher Personen bei der Verarbeitung personenbezogener Daten, zum freien Datenverkehr und zur Aufhebung der Richtlinie 95/46/EG (Datenschutz-Grundverordnung) (ABl. L 119 vom 4. Mai 2016, Seite 1; L 314 vom 22. November 2016, Seite 72) ist abweichend von Artikel 9 Absatz 1 der Verordnung (EU) 2016/679 zulässig, wenn die Voraussetzungen des Absatzes 1 vorliegen. Der Verantwortliche sieht angemessene und spezifische Maßnahmen zur Wahrung der Grundrechte und Interessen der betroffenen Person gemäß § 11 Absatz 2 des Bremischen Ausführungsgesetzes zur EU-Datenschutz-Grundverordnung vor.

(3) Die Verarbeitung personenbezogener Daten und besonderer Kategorien personenbezogener Daten im Sinne des Artikels 9 Absatz 1 der Verordnung (EU) 2016/679 durch öffentliche Stellen zum Zwecke der Berichterstattung gemäß § 17 Absatz 1 und 2 ist nur zulässig, soweit die Daten anonymisiert sind.

Abschnitt 4
Rechtsbehelfe

§ 20 Verbandsklagerecht

(1) Einem nach Absatz 4 anerkannten Verband steht, ohne in seinen Rechten verletzt zu sein, der gerichtliche Rechtsweg nach Maßgabe der Verwaltungsgerichtsordnung oder des Sozialgerichtsgesetzes offen, zur Feststellung eines Verstoßes gegen:

1. das Benachteiligungsverbot nach § 7 Absatz 1 und die Verpflichtung zur Herstellung der Barrierefreiheit in § 8 Absatz 1, § 9 Absatz 3 Satz 2 und 4, § 10 Absatz 1 Satz 2 und § 11 Absatz 2 oder gegen Bestimmungen der hierzu erlassenen Rechtsverordnungen,
2. die Vorschriften des Landesrechts zur Herstellung der Barrierefreiheit in § 9 Absatz 1 des Bremischen Tageseinrichtungs- und Kindertagespflegegesetzes, § 34 Absatz 1 Satz 3 und 4 der Bremischen Landeswahlordnung, § 16 Absatz 1 und 2 Satz 1 bis 4 der Wahlordnung zum Bremischen Personalvertretungsgesetz, § 9 Absatz 3 und 4 der Wahlordnung zur Wahl der Frauenbeauftragten, § 10 Absatz 1 Satz 2 Halbsatz 2 und § 20 Absatz 1 Satz 2 des Bremischen Landesstraßengesetzes oder § 4 Absatz 3 Satz 2 des Gesetzes über den öffentlichen Personennahverkehr im Land Bremen,
3. die Vorschriften zur Herstellung der Barrierefreiheit nach der Bremischen Landesbauordnung bei der Erteilung von Baugenehmigungen oder
4. die Verpflichtung zur barrierefreien Gestaltung von Websites und mobilen Anwendungen öffentlicher Stellen, einschließlich der für die Beschäftigten bestimmten Angebote im Intranet gemäß § 13 Absatz 1 oder die Verpflichtung zur Veröffentlichung der Erklärung zur Barrierefreiheit gemäß § 14.

Auf Antrag können dem Verbandsklageberechtigten von der beklagten Behörde die im Falle des Unterliegens zu tragenden Kosten des Beklagten und die Gerichtskosten erstattet werden, soweit eine Kostentragung für den Verbandsklageberechtigten eine unbillige Härte darstellen würde.

(2) Gerichtlicher Rechtsschutz nach Absatz 1 ist nur zulässig, wenn der Verband durch den geltend gemachten Verstoß in seinem satzungsgemäßen Aufgabenbereich berührt wird. Soweit ein Mensch mit Behinderungen selbst seine Rechte durch eine Gestaltungs- oder Leistungsklage verfolgen kann oder hätte verfolgen können, kann um Rechtsschutz nach Absatz 1 nur ersucht werden,

wenn der Verband geltend macht, dass es sich bei dem Verstoß um einen Fall von allgemeiner Bedeutung handelt. Dies ist insbesondere der Fall, wenn eine Vielzahl gleich gelagerter Fälle vorliegt.

(3) Um gerichtlichen Rechtsschutz nach Absatz 1 gegen einen Träger der öffentlichen Gewalt kann ein Verband erst ersuchen, wenn zuvor ein Schlichtungsverfahren nach § 22 durchgeführt wurde. Das gerichtliche Rechtsschutzbegehren ist nur zulässig, wenn gemäß § 22 Absatz 7 Satz 1 festgestellt wurde, dass eine gütliche Einigung nicht erzielt werden konnte und dies nach § 22 Absatz 7 Satz 2 bescheinigt worden ist.

(4) Die Senatorin für Soziales, Jugend, Frauen, Integration und Sport soll einen Verband anerkennen, der

1. nach seiner Satzung ideell und nicht nur vorübergehend die Belange von Menschen mit Behinderungen fördert,
2. nach der Zusammensetzung seiner Mitglieder dazu berufen ist, Interessen von Menschen mit Behinderungen auf der Ebene des Bundes oder des Landes zu vertreten,
3. zum Zeitpunkt der Anerkennung mindestens drei Jahre besteht und in dieser Zeit im Sinne der Nummer 1 tätig gewesen ist,
4. die Gewähr für eine sachgerechte Aufgabenerfüllung bietet; dabei sind Art und Umfang seiner bisherigen Tätigkeit, der Mitgliederkreis sowie die Leistungsfähigkeit des Vereines zu berücksichtigen und
5. den Anforderungen der Gemeinnützigkeit oder Mildtätigkeit im Sinne der Abgabenordnung genügt.

(5) Ein nach § 13 Absatz 3 des Gesetzes zur Gleichstellung von Menschen mit Behinderungen durch das Bundesministerium für Arbeit und Soziales anerkannter Verband gilt auch als anerkannt im Sinne des Absatzes 4; Entsprechendes gilt für rechtlich selbständige Mitgliedsvereine eines solchen Verbandes.

(6) Bei Wegfall einer der in Absatz 4 genannten Voraussetzungen kann die Anerkennung nach Anhörung des betroffenen Verbandes widerrufen werden. Mit einem Widerruf seitens des Bundesministeriums für Arbeit und Soziales entfällt für Verbände nach Absatz 5 die Anerkennung durch die Senatorin für Soziales, Jugend, Frauen, Integration und Sport.

§ 21 Vertretungsbefugnisse in verwaltungs- oder sozialrechtlichen Verfahren

Werden Menschen mit Behinderungen in ihren Rechten aus § 7 Absatz 1, § 8 Absatz 1, § 9 Absatz 3 Satz 2 und 4, § 10 Absatz 1 Satz 2 oder § 11 Absatz 2 verletzt, können an ihrer Stelle und mit ihrem Einverständnis Verbände nach § 20 Absatz 4, die nicht selbst am Verfahren beteiligt sind, Rechtsschutz beantragen. Gleiches gilt bei Verstößen gegen § 13, soweit die Verpflichtung von öffentlichen Stellen zur barrierefreien Gestaltung von Websites und mobilen Anwendungen, die für die Öffentlichkeit bestimmt sind oder der für die Beschäftigten bestimmten Angebote im Intranet betroffen ist sowie bei Verstößen gegen § 14 oder gegen Vorschriften des Landesrechts, die einen Anspruch auf Herstellung von Barrierefreiheit im Sinne des § 5 vorsehen. In diesen Fällen müssen alle Verfahrensvoraussetzungen wie bei einem Rechtsschutzersuchen durch den Menschen mit Behinderungen selbst vorliegen.

§ 22 Schlichtungsstelle und -verfahren; Verordnungsermächtigung

(1) Bei der beauftragten Person gemäß § 23 Absatz 1 Satz 1 wird eine Schlichtungsstelle zur außergerichtlichen Beilegung von Streitigkeiten nach den Absätzen 2 und 3 oder nach § 20 eingerichtet. Sie wird mit neutralen schlichtenden Personen besetzt und hat eine Geschäftsstelle. Das Verfahren der Schlichtungsstelle muss insbesondere gewährleisten, dass

1. die Schlichtungsstelle unabhängig ist und unparteiisch handelt,
2. die Verfahrensregeln für Interessierte zugänglich sind,
3. die Beteiligten des Schlichtungsverfahrens rechtliches Gehör erhalten, insbesondere Tatsachen und Bewertungen vorbringen können,

4. die schlichtenden Personen und die weiteren in der Schlichtungsstelle tätigen Personen die Vertraulichkeit der Informationen gewährleisten, von denen sie im Schlichtungsverfahren Kenntnis erhalten und
5. eine barrierefreie Kommunikation mit der Schlichtungsstelle möglich ist.

(2) Wer der Ansicht ist, in einem Recht nach diesem Gesetz durch öffentliche Stellen der Freien Hansestadt Bremen oder der Stadtgemeinden Bremen oder Bremerhaven verletzt worden zu sein, kann bei der Schlichtungsstelle nach Absatz 1 einen Antrag auf Einleitung eines Schlichtungsverfahrens stellen. Ist vor der Erhebung einer Klage gegen die behauptete Rechtsverletzung nach der Verwaltungsgerichtsordnung oder dem Sozialgerichtsgesetz ein Vorverfahren durchzuführen, gilt dies auch für das Schlichtungsverfahren mit der Maßgabe, dass ein Widerspruchsbescheid gemäß § 73 Verwaltungsgerichtsordnung oder § 85 Absatz 2 Sozialgerichtsgesetz erst nach Durchführung des Schlichtungsverfahrens oder bei Ablehnung des Schlichtungsverfahrens durch den Widerspruchsführer ergeht.

(3) Ein nach § 20 Absatz 4 anerkannter Verband kann bei der Schlichtungsstelle nach Absatz 1 einen Antrag auf Einleitung eines Schlichtungsverfahrens stellen, wenn er die Feststellung eines Verstoßes gemäß § 20 Absatz 1 anstrebt.

(4) Der Antrag nach den Absätzen 2 und 3 kann in Textform oder zur Niederschrift bei der Schlichtungsstelle gestellt werden. Diese übermittelt zur Durchführung des Schlichtungsverfahrens eine Abschrift des Schlichtungsantrags an die jeweilige öffentliche Stelle.

(5) Die Schlichtungsstelle wirkt in jeder Phase des Verfahrens auf eine gütliche Einigung der Beteiligten hin. Sie kann einen Schlichtungsvorschlag unterbreiten. Der Schlichtungsvorschlag soll am geltenden Recht ausgerichtet sein.

(6) Das Schlichtungsverfahren ist für die Beteiligten unentgeltlich.

(7) Das Schlichtungsverfahren endet mit der Einigung der Beteiligten, der Rücknahme des Schlichtungsantrags oder der Feststellung, dass keine Einigung möglich ist. Wenn keine Einigung möglich ist, endet das Schlichtungsverfahren mit der Zustellung der Bestätigung der Schlichtungsstelle an die Antragstellerin oder den Antragsteller, dass keine gütliche Einigung erzielt werden konnte.

(8) Der Senat wird ermächtigt, nach Anhörung des Landesteilhabebeirates gemäß § 23, das Nähere über die Geschäftsstelle, die Besetzung und das Verfahren der Schlichtungsstelle nach den Absätzen 1, 4, 5 und 7 sowie über die Kosten des Verfahrens und die Entschädigung durch Rechtsverordnung zu bestimmen.

Abschnitt 5
Beauftragte oder Beauftragter der Freien Hansestadt Bremen für die Belange von Menschen mit Behinderungen

§ 23 Amt der oder des Landesbehindertenbeauftragten

(1) Die Präsidentin oder der Präsident der Bürgerschaft schlägt eine Landesbehindertenbeauftragte oder einen Landesbehindertenbeauftragten (beauftragte Person) nach Anhörung der Verbände nach § 20 Absatz 4 vor. Die Bürgerschaft wählt die auf Vorschlag der Präsidentin oder des Präsidenten beauftragte Person für sechs Jahre. Sie wird danach vom Vorstand der Bürgerschaft ernannt.

(2) Die beauftragte Person soll ein Mensch mit Behinderung sein.

(3) Die beauftragte Person ist in der Wahrnehmung des Amtes unabhängig und nur dem Gesetz unterworfen.

(4) Der beauftragten Person sind für die Erfüllung ihrer Aufgaben die notwendigen Personal- und Sachmittel zur Verfügung zu stellen.

(5) Der Vorstand der Bürgerschaft bestellt auf Vorschlag der beauftragten Person aus dem Kreis der bei ihr tätigen Beschäftigten eine Vertreterin oder einen Vertreter. Diese oder dieser nimmt die Geschäfte wahr, wenn die beauftragte Person an der Ausübung ihres Amtes verhindert ist oder das Amtsverhältnis endet.

§ 24 Aufgaben und Befugnisse

(1) Die beauftragte Person wirkt auf gleichwertige Lebensbedingungen für Menschen mit und ohne Behinderungen in allen Bereichen des gesellschaftlichen Lebens hin und fördert die Umsetzung des Übereinkommens der Vereinten Nationen über die Rechte von Menschen mit Behinderungen (UN-Behindertenrechtskonvention).

(2) Die beauftragte Person wirkt außerdem darauf hin, dass die Verpflichtung der Träger öffentlicher Gewalt, für die Gleichstellung von Menschen mit Behinderungen und die Beseitigung geschlechtsspezifischer Benachteiligungen von Frauen mit Behinderungen zu sorgen, in allen Bereichen des gesellschaftlichen Lebens erfüllt wird.

(3) Die beauftragte Person steht den Bürgerinnen und Bürgern mit und ohne Behinderungen und ihren Verbänden im Sinne einer Ombudsfunktion als Mittler zwischen den Interessen von Menschen mit Behinderungen, Behindertenverbänden und Organisationen, die Menschen mit Behinderungen vertreten, Rehabilitationsträgern, Einrichtungen für Menschen mit Behinderungen und der öffentlichen Verwaltung sowie der Bürgerschaft zur Verfügung.

(4) Jede Bürgerin und jeder Bürger kann sich an die beauftragte Person wenden. Niemand darf deswegen benachteiligt werden.

(5) Der Senat beteiligt die beauftragte Person bei allen Vorhaben des Senats, die die Belange von Menschen mit Behinderungen betreffen. Die beauftragte Person hat das Recht auf frühzeitige Information und kann jederzeit Stellungnahmen abgeben.

(6) Die beauftragte Person hat gegenüber den Trägern öffentlicher Gewalt einen Anspruch, bei der Erfüllung ihrer Aufgaben die erforderlichen Auskünfte und Akteneinsicht unter Beachtung datenschutzrechtlicher Vorschriften zu erhalten.

(7) Stellt die beauftragte Person Verstöße gegen das Verbot der Benachteiligung von Menschen mit Behinderungen oder gegen die Bestimmungen zur Barrierefreiheit fest oder werden andere Verpflichtungen aus diesem Gesetz nicht eingehalten, so beanstandet sie dies gegenüber dem zuständigen Träger öffentlicher Gewalt oder dem zuständigen Mitglied des Senats. Die beauftragte Person kann sich zur Abhilfe auch an die Präsidentin oder den Präsidenten der Bürgerschaft wenden.

(8) Die beauftragte Person legt der Bürgerschaft alle zwei Jahre einen Bericht über ihre eigene Tätigkeit vor. In der Aussprache über den Tätigkeitsbericht soll die Bürgerschaft der beauftragten Person Gelegenheit zur Vorstellung des Tätigkeitsberichts geben.

(9) Die Absätze 2, 6 und 7 gelten für öffentlichen Stellen entsprechend, soweit Verpflichtungen aus dem 3. Abschnitt berührt sind.

Abschnitt 6
Landesteilhabebeirat

§ 25 Landesteilhabebeirat

(1) Es wird ein Landesteilhabebeirat gebildet. Den Vorsitz führt die beauftragte Person.

(2) Aufgabe des Landesteilhabebeirats ist die inhaltliche Begleitung der Umsetzung der Zielvorgaben des Übereinkommens über die Rechte von Menschen mit Behinderungen vom 13. Dezember 2006 und des „Aktionsplans zur Umsetzung der UN-Behindertenrechtskonvention im Land Bremen". Er ist an der Weiterentwicklung der im Aktionsplan benannten Maßnahmen beteiligt. Er berät und unterstützt die beauftragte Person in allen wesentlichen Fragen, die die Belange von Menschen mit Behinderungen berühren. Der Landesteilhabebeirat hat nach der Zusammensetzung seiner Mitglieder auch die Aufgabe, die Menschen mit Behinderungen in ihrer Gesamtheit auf Landesebene zu vertreten.

(3) Die Zusammensetzung und Arbeitsweise des Landesteilhabebeirates folgen dem Prinzip der Partizipation von Menschen mit Behinderungen als Expertinnen und Experten in eigener Sache. Mitglieder des Landesteilhabebeirates sind:

1. als stimmberechtigte Mitglieder:
   a) die beauftragte Person als Vorsitzende,
   b) die beauftragte Person der Stadtgemeinde Bremerhaven,

c) Vertreterinnen und Vertreter der nach § 20 Absatz 4 klageberechtigten Verbände,
d) zwei Vertreterinnen oder Vertreter des Inklusionsbeirats Bremerhaven,
e) weitere Vertreterinnen und Vertreter von Verbänden, die die Interessen von Menschen mit Behinderungen vertreten und auf Vorschlag der nach § 20 Absatz 4 klageberechtigten Verbände oder auf Vorschlag der beauftragten Person mit einfacher Mehrheit der stimmberechtigten Mitglieder benannt werden,

2. als nicht stimmberechtigte Mitglieder mit Berichterstattungspflicht der Ressorts zu dem Stand der Umsetzung der UN-Behindertenrechtskonvention und des „Aktionsplan zur Umsetzung der UN-Behindertenrechtskonvention im Land Bremen":
   a) eine Vertreterin oder einen Vertreter der Senatskanzlei,
   b) jeweils eine Vertreterin oder einen Vertreter aller Senatsressorts,
   c) eine Vertreterin oder einen Vertreter der Zentralstelle für die Verwirklichung der Gleichberechtigung der Frau,
   d) eine Vertreterin oder einen Vertreter des Magistrats der Stadtgemeinde Bremerhaven,
3. als weitere Mitglieder ohne Stimmrecht zudem zivilgesellschaftliche Organisationen und Gruppen, die durch die stimmberechtigten Mitglieder vorgeschlagen und durch einfache Mehrheit der stimmberechtigten Mitglieder benannt werden können.

(4) Jedes Mitglied hat eine stellvertretende Person. Frauen und Männer sollen bei den Vorschlägen für die Benennung von Mitgliedern jeweils zu fünfzig Prozent berücksichtigt werden. Sofern ein Mann als ordentliches Mitglied vorgeschlagen wird, soll als stellvertretendes Mitglied eine Frau vorgeschlagen werden und umgekehrt.

(5) Die stimmberechtigten Mitglieder nach Absatz 3 Satz 2 Nummer 1 Buchstabe a bis c entscheiden über den Ausschluss der stimmberechtigten Mitglieder nach Absatz 3 Satz 2 Nummer 1 Buchstabe d und der nicht stimmberechtigten Mitglieder nach Absatz 3 Satz 2 Nummer 3 mit der Mehrheit von zwei Dritteln ihrer Stimmen.

(6) Bei der beauftragten Person wird eine Geschäftsstelle des Landesteilhabebeirats gebildet. Der Geschäftsstelle des Landesteilhabebeirates werden die für die Aufgabenerfüllung notwendigen Personal- und Sachmittel durch den Beschluss der Bremischen Bürgerschaft über den Haushaltsplan zur Verfügung gestellt. Hierzu gehört eine Aufwandsentschädigung für die ehrenamtliche Tätigkeit der stimmberechtigten Mitglieder gemäß Absatz 3 Satz 2 Nummer 1 im Landesteilhabebeirat. Weitere Mitglieder nach Absatz 3 Satz 2 Nummer 3 können eine Aufwandsentschädigung für ihre ehrenamtliche Tätigkeit beantragen. Die Aufwandsentschädigung richtet sich nach der Verordnung über Pauschsätze nach dem Ortsgesetz über Beiräte und Ortsämter.

(7) Der Landesteilhabebeirat gibt sich seine Geschäftsordnung, die auch die Zusammensetzung des Landesteilhabebeirats darstellt.

Abschnitt 7
Förderung der Partizipation

§ 26 Förderung der Partizipation

Die Freie Hansestadt Bremen fördert im Rahmen der zur Verfügung stehenden Haushaltsmittel Maßnahmen unabhängiger Verbände, die die Voraussetzungen des § 20 Absatz 4 Nummer 1 bis 5 erfüllen. Sie sollen niedrigschwellig zur Stärkung der Teilhabe von Menschen mit Behinderungen an der Gestaltung öffentlicher Angelegenheiten beitragen.

Abschnitt 8
Schlussbestimmungen

§ 27 Übergangsregelungen

Die beauftragte Person im Sinne des § 23, die am 20. Dezember 2018 im Amt ist, bleibt bis zum Ende ihrer laufenden Amtszeit im Amt.

§ 28 Übergangsregelungen für die Gestaltung von Websites und mobilen Anwendungen

Die Regelungen des Abschnitts 3, die die Gestaltung von Websites und mobilen Anwendungen der öffentlichen Stellen einschließlich der für die Beschäftigten bestimmten Angebote im Intranet betreffen, sind wie folgt anzuwenden:

1. auf Websites öffentlicher Stellen, die ab dem 24. September 2018 veröffentlicht werden: spätestens ab dem 23. September 2019,
2. auf Websites öffentlicher Stellen, die vor dem 24. September 2018 veröffentlicht werden: spätestens ab dem 23. September 2020,
3. auf mobile Anwendungen öffentlicher Stellen: spätestens ab dem 23. Juni 2021.

§ 29 Aufhebung einer Verordnung

Die Verordnung für die Gestaltung barrierefreier Informationstechnik vom 27. September 2005 (Brem.GBl. S. 531), die zuletzt durch die Verordnung vom 20. November 2012 (Brem.GBl. S. 506) geändert worden ist, wird aufgehoben.

Verordnung zur Verwendung von Gebärdensprache und anderen Kommunikationshilfen im Verwaltungsverfahren nach dem Bremischen Behindertengleichstellungsgesetz (Bremische Kommunikationshilfenverordnung – BremKHV)

Vom 14. April 2020 (Brem. GBl. S. 228)

Zuletzt geändert durch
Erste Verordnung zur Änderung der Bremischen Kommunikationshilfenverordnung
vom 13. April 2021 (Brem. GBl. S. 418)

§ 1 Anwendungsbereich und Anlass

(1) Die Verordnung gilt für alle Menschen mit Hör- oder Sprachbehinderungen nach Maßgabe des § 4 des Bremischen Behindertengleichstellungsgesetzes, die als Beteiligte eines Verwaltungsverfahrens zur Wahrnehmung eigener Rechte für die mündliche Kommunikation im Verwaltungsverfahren einen Anspruch auf Bereitstellung einer geeigneten Kommunikationshilfe haben (Berechtigte). Die Verordnung gilt auch für die Kommunikation von hör- oder sprachbehinderten Erziehungsberechtigten nicht hör- oder sprachbehinderter Kinder mit der Kindertagesstätte und der Schule. Die Ansprüche auf Kommunikationshilfen im Sozialleistungsverfahren, entsprechend des § 17 Absatz 2 des Ersten Buches Sozialgesetzbuch, des § 82 des Neunten Buches Sozialgesetzbuch und des § 19 Absatz 1 des Zehnten Buches Sozialgesetzbuch, bleiben unberührt.

(2) Die Berechtigten können ihren Anspruch nach § 9 Absatz 3 Satz 1 bis 4 des Bremischen Behindertengleichstellungsgesetzes gegenüber jedem Träger öffentlicher Gewalt im Sinne des § 2 Absatz 1 des Bremischen Behindertengleichstellungsgesetzes geltend machen.

§ 2 Umfang des Anspruchs

(1) Der Anspruch auf Bereitstellung einer geeigneten Kommunikationshilfe besteht zur Wahrnehmung eigener Rechte in einem Verwaltungsverfahren in dem dafür notwendigen Umfang. Der notwendige Umfang bestimmt sich insbesondere nach dem individuellen Bedarf der Berechtigten.

(2) Die Berechtigten haben nach Maßgabe des Absatzes 1 ein Wahlrecht hinsichtlich der zu benutzenden Kommunikationshilfe. Dies umfasst auch das Recht, eine geeignete Kommunikationshilfe selbst bereitzustellen. Die Berechtigten haben dem Träger öffentlicher Gewalt rechtzeitig mitzuteilen, inwieweit sie von ihrem Wahlrecht nach Satz 1 und 2 Gebrauch machen. Der Träger öffentlicher Gewalt kann die ausgewählte Kommunikationshilfe zurückweisen, wenn sie ungeeignet ist oder in sonstiger Weise den Voraussetzungen des Absatzes 1 nicht entspricht. Die Hör- oder Sprachbehinderung sowie die Wahlentscheidung nach Satz 1 sind aktenkundig zu machen und im weiteren Verwaltungsverfahren von Amts wegen zu berücksichtigen.

(3) Erhält der Träger öffentlicher Gewalt Kenntnis von der Hör- oder Sprachbehinderung von Berechtigten im Verwaltungsverfahren, hat er diese auf ihr Recht auf barrierefreie Kommunikation und auf ihr Wahlrecht nach Absatz 2 hinzuweisen.

(4) Zur Abwehr von unmittelbar bevorstehenden Gefahren für bedeutsame Rechtsgüter, wie etwa Leben, Gesundheit, Freiheit oder nicht unwesentliche Vermögenswerte, kann im Einzelfall von dem Einsatz einer Kommunikationshilfe abgesehen werden.

§ 3 Kommunikationshilfen

(1) Eine Kommunikationshilfe ist als geeignet anzusehen, wenn sie im konkreten Fall eine für die Wahrnehmung eigener Rechte im Verwaltungsverfahren erforderliche Verständigung sicherstellt.

(2) Als Kommunikationshilfen kommen in Betracht:

1. Gebärdensprachdolmetscherinnen und Gebärdensprachdolmetscher,
2. Kommunikationshelferinnen und Kommunikationshelfer,
3. Kommunikationsmethoden sowie
4. Kommunikationsmittel.

(3) Kommunikationshelferinnen und Kommunikationshelfer nach Absatz 2 Nummer 2 sind insbesondere

1. Schriftdolmetscherinnen und Schriftdolmetscher,
2. Simultanschriftdolmetscherinnen und Simultanschriftdolmetscher,
3. Oraldolmetscherinnen und Oraldolmetscher,
4. Kommunikationsassistentinnen und Kommunikationsassistenten oder
5. sonstige Personen des Vertrauens der Berechtigten.

Kommunikationsmethoden nach Absatz 2 Nummer 3 sind insbesondere

1. Lormen und taktil wahrnehmbare Gebärden oder
2. gestützte Kommunikation für Menschen mit autistischer Störung.

Kommunikationsmittel nach Absatz 2 Nummer 4 sind insbesondere

1. akustisch-technische Hilfen oder
2. grafische Symbol-Systeme.

§ 4 Art und Weise der Bereitstellung von geeigneten Kommunikationshilfen

(1) Geeignete Kommunikationshilfen werden von dem Träger öffentlicher Gewalt kostenfrei bereitgestellt, es sei denn, die Berechtigten machen von ihrem Recht nach § 2 Absatz 2 Satz 2 Gebrauch.

(2) Die bei dem Fachverband der Gehörlosen nach § 9 Absatz 3 Satz 5 des Bremischen Behindertengleichstellungsgesetzes eingerichtete zentrale Stelle unterstützt den Träger öffentlicher Gewalt bei seiner Aufgabe nach Absatz 1.

§ 5 Grundsätze für eine angemessene Vergütung oder Erstattung

(1) Der Träger öffentlicher Gewalt richtet sich bei der Entschädigung von Gebärdensprachdolmetscherinnen und Gebärdensprachdolmetschern sowie Kommunikationshelferinnen und Kommunikationshelfern nach dem Justizvergütungs- und –entschädigungsgesetz.

(2) Eine Vergütung in Höhe des Honorars für Dolmetscherinnen und Dolmetscher nach § 9 Absatz 5 Satz 1 des Justizvergütungs- und -entschädigungsgesetzes erhalten

1. Gebärdensprachdolmetscherinnen und Gebärdensprachdolmetscher nach § 3 Absatz 2 Nummer 1 sowie
2. Kommunikationshelferinnen und Kommunikationshelfer nach § 3 Absatz 2 Nummer 2 in Verbindung mit § 3 Absatz 3 Nummer 1 bis 3 mit
   a) nachgewiesener langjähriger Tätigkeit,
   b) abgeschlossener Berufsausbildung oder
   c) staatlicher Anerkennung für das ausgeübte Tätigkeitsfeld.

(3) Eine Vergütung in Höhe von 75 Prozent der Vergütung nach Absatz 2 erhalten Kommunikationshelferinnen und Kommunikationshelfer nach § 3 Absatz 2 Nummer 2, in Verbindung mit Absatz 3 Nummer 1 bis 3 mit nachgewiesener abgeschlossener Qualifizierung für das ausgeübte Tätigkeitsfeld.

(4) Eine pauschale Abgeltung in Höhe von 25 Prozent der Vergütung nach Absatz 2, mindestens aber eine Abgeltung für die entstandenen Aufwendungen erhalten Kommunikationshelferinnen und Kommunikationshelfer nach § 3 Absatz 2 Nummer 2 in Verbindung mit Absatz 3 Nummer 4 bis 5 ohne nachgewiesene abgeschlossene Berufsausbildung oder Qualifizierung für das ausgeübte Tätigkeitsfeld.

(5) Für den Einsatz sonstiger Kommunikationshilfen trägt der Träger öffentlicher Gewalt die entstandenen Aufwendungen.

(6) Die Träger öffentlicher Gewalt können mit Gebärdensprachdolmetscherinnen und Gebärdensprachdolmetschern sowie Kommuni-

kationshelferinnen und Kommunikationshelfern hinsichtlich der Vergütung und Abgeltung von den Absätzen 1 bis 4 abweichende Rahmenvereinbarungen treffen.

(7) Der Träger öffentlicher Gewalt vergütet die Leistungen unmittelbar denjenigen, die sie erbracht haben. Stellen die Berechtigten die Kommunikationshilfe nach § 2 Absatz 2 Satz 2 selbst bereit, trägt der Träger öffentlicher Gewalt die Kosten nach den Absätzen 1 bis 5 nur nach Maßgabe des § 2 Absatz 1. In diesem Fall dürfen die Berechtigten nicht auf eine Erstattung verwiesen werden, es sei denn, sie wünschen dies oder es liegt ein sonstiger besonderer Grund vor.

I

Hamburgisches Gesetz zur Gleichstellung von Menschen mit Behinderungen (Hamburgisches Behindertengleichstellungsgesetz – HmbBGG)

Vom 19. Dezember 2019 (HmbGVBl. 2020 S. 13)

Inhaltsübersicht

Abschnitt 1
Allgemeine Bestimmungen

§ 1 Gesetzesziele

Ziel des Gesetzes ist es, in Umsetzung des Übereinkommens der Vereinten Nationen vom 13. Dezember 2006 über die Rechte von Menschen mit Behinderungen (BGBl. 2008 II S. 1420) Benachteiligungen von Menschen mit Behinderungen zu beseitigen und zu verhindern sowie die volle, wirksame und gleichberechtigte Teilhabe von Menschen mit Behinderungen am Leben in der Gesellschaft zu gewährleisten und ihnen eine selbstbestimmte Lebensführung zu ermöglichen. Dabei wird ihren besonderen Bedürfnissen Rechnung getragen.

§ 2 Geltungsbereich

(1) Dieses Gesetz gilt für

1. Träger öffentlicher Gewalt und
2. juristische Personen des öffentlichen oder des privaten Rechts, an denen die Freie und Hansestadt Hamburg oder die HGV Hamburger Gesellschaft für Vermögens- und Beteiligungsmanagement mbH eine direkte oder indirekte Mehrheitsbeteiligung besitzen.

(2) Träger öffentlicher Gewalt im Sinne dieses Gesetzes sind Behörden und sonstige Einrichtungen der Verwaltung der Freien und Hansestadt Hamburg, einschließlich der landesunmittelbaren Körperschaften, Anstalten und Stiftungen des öffentlichen Rechts sowie Beliehene und sonstige Landesorgane, soweit sie öffentlich-rechtliche Verwaltungsaufgaben wahrnehmen.

(3) Für Gerichte und Strafverfolgungsbehörden gilt das Gesetz, mit Ausnahme von § 11, soweit sie in Verwaltungsangelegenheiten tätig werden. § 11 findet für Gerichte und Strafverfolgungsbehörden uneingeschränkt Anwendung.

(4) Träger öffentlicher Gewalt nach Absatz 1 Nummer 1 haben bei der Bewilligung von Zuwendungen nach § 46 der Landeshaushaltsordnung vom 17. Dezember 2013 (HmbGVBl. S. 503), zuletzt geändert am 29. Mai 2018 (HmbGVBl. S. 200), in der jeweils geltenden Fassung bei Maßnahmen, bei denen Belange von Menschen mit Behinderungen berührt sind oder sein können, die Ziele dieses Gesetzes angemessen zu berücksichtigen. Ferner ist darauf hinzuwirken, dass soweit Dritte Aufgaben wahrnehmen oder Angebote bereitstellen, die im erheblichen öffentlichen Interesse liegen, die Ziele dieses Gesetzes berücksichtigt werden.

§ 3 Behinderung

Menschen mit Behinderungen im Sinne dieses Gesetzes sind Menschen, die langfristige körperliche, seelische, geistige oder Sinnesbeeinträchtigungen haben, welche sie in Wechselwirkung mit einstellungs- und umweltbedingten Barrieren an der vollen, wirksamen und gleichberechtigten Teilhabe an der Gesellschaft hindern können. Als langfristig gilt ein Zeitraum, der mit hoher Wahrscheinlichkeit länger als sechs Monate andauert.

§ 4 Besondere Belange von Frauen und Kindern mit Behinderungen, Benachteiligung wegen mehrerer Gründe

(1) Zur Durchsetzung der Gleichberechtigung von Frauen und zur Vermeidung von Benachteiligungen von Frauen mit Behinderungen wegen mehrerer Gründe sind die besonderen Belange von Frauen mit Behinderungen zu berücksichtigen und bestehende Benachteiligungen zu beseitigen. Dabei sollen besondere Maßnahmen getroffen werden, um die tatsächliche Durchsetzung der Gleichberechtigung von Frauen mit Behinderungen zu fördern und bestehende Benachteiligungen abzubauen.

(2) Die Träger öffentlicher Gewalt und die juristischen Personen nach § 2 Absatz 1 Nummer 2 treffen in ihrem jeweiligen Geschäftsbereich alle erforderlichen Maßnahmen, um den besonderen Schutz und die Teilhabe von Kindern mit Behinderungen zu gewährleisten.

(3) Unabhängig von Absatz 1 sind die besonderen Belange von Menschen mit Behinderungen, die von Benachteiligungen wegen einer Behinderung und wenigstens eines weiteren in § 1 des Allgemeinen Gleichbehandlungsgesetzes (AGG) vom 14. August 2006

I

(BGBl. I S. 1897), zuletzt geändert am 3. April 2013 (BGBl. I S. 610, 615), genannten Grundes betroffen sein können, zu berücksichtigen.

§ 5 Barrierefreiheit

Barrierefrei sind bauliche und sonstige Anlagen, Verkehrsmittel, technische Gebrauchsgegenstände, Systeme der Informationsverarbeitung, akustische und visuelle Informationsquellen und Kommunikationseinrichtungen sowie andere gestaltete Lebensbereiche, wenn sie für Menschen mit Behinderungen in der allgemein üblichen Weise ohne besondere Erschwernis und grundsätzlich ohne besondere Hilfe auffindbar, zugänglich, verständlich und nutzbar sind. Hierbei ist die Nutzung persönlicher Hilfsmittel zulässig.

Abschnitt 2 Verpflichtung zur Gleichstellung und Barrierefreiheit

§ 6 Benachteiligungsverbot

(1) Die Träger öffentlicher Gewalt und die juristischen Personen nach § 2 Absatz 1 Nummer 2 dürfen Menschen mit Behinderungen nicht benachteiligen. Eine Benachteiligung liegt vor, wenn Menschen mit und ohne Behinderungen ohne zwingenden Grund unterschiedlich behandelt werden und dadurch Menschen mit Behinderungen in der vollen und gleichberechtigten Teilhabe am Leben in der Gesellschaft unmittelbar oder mittelbar beeinträchtigt werden. Bestehende Benachteiligungen von Menschen mit Behinderungen gegenüber Menschen ohne Behinderungen sind abzubauen.

(2) Eine Benachteiligung liegt nicht vor, wenn angemessene Vorkehrungen getroffen wurden. Angemessene Vorkehrungen sind Maßnahmen, die im Einzelfall geeignet und erforderlich sind, um zu gewährleisten, dass ein Mensch mit Behinderung gleichberechtigt mit anderen alle Rechte genießen oder ausüben kann, und die Träger öffentlicher Gewalt und die juristischen Personen nach § 2 Absatz 1 Nummer 2 nicht unverhältnismäßig oder unbillig belasten.

(3) Eine Benachteiligung liegt auch bei einer Belästigung im Sinne des § 3 Absätze 3 und 4 AGG vor, mit der Maßgabe, dass § 3 Absatz 4 AGG nicht auf den Anwendungsbereich des § 2 Absatz 1 Nummern 1 bis 4 AGG begrenzt ist.

(4) Wenn im Streitfall der Mensch mit Behinderung Indizien beweist, die eine Benachteiligung auf Grund einer Behinderung vermuten lassen, trägt die andere Partei die Beweislast dafür, dass kein Verstoß gegen die Bestimmungen zum Schutz vor Benachteiligung vorgelegen hat.

§ 7 Barrierefreiheit in den Bereichen Bau und Verkehr

(1) Neu-, Um- und Erweiterungsbauten, die im Eigentum der öffentlichen Stellen stehen, sollen entsprechend den allgemein anerkannten Regeln der Technik und unter Berücksichtigung des Denkmalschutzes barrierefrei gestaltet werden. Von diesen Anforderungen kann abgewichen werden, wenn mit einer anderen Lösung in gleichem Maße die Anforderungen an die Barrierefreiheit erfüllt werden. Die Bestimmungen der Hamburgischen Bauordnung vom 14. Dezember 2005 (HmbGVBl. S. 525, 563), zuletzt geändert am 23. Januar 2018 (HmbGVBl. S. 19), in der jeweils geltenden Fassung bleiben unberührt.

(2) Die Träger öffentlicher Gewalt und die juristischen Personen nach § 2 Absatz 1 Nummer 2 sollen anlässlich der Durchführung von investiven Baumaßnahmen nach Absatz 1 Satz 1 bauliche Barrieren in den nicht von diesen Baumaßnahmen unmittelbar betroffenen Gebäudeteilen, soweit sie dem allgemeinen Besucherverkehr dienen, feststellen und unter Berücksichtigung der baulichen Gegebenheiten abbauen, sofern der Abbau nicht eine unangemessene wirtschaftliche Belastung darstellt.

(3) Die Träger öffentlicher Gewalt und die juristischen Personen nach § 2 Absatz 1 Nummer 2 erstellen über die von ihnen genutzten und im Eigentum eines Trägers öffentlicher Gewalt oder einer juristischen Person nach § 2 Absatz 1 stehenden Gebäude, die dem allgemeinen Besucherverkehr dienen, bis zum 30. Juni 2022 Berichte über den Stand

der Barrierefreiheit dieser Bestandsgebäude. Die Berichte sind der aufsichtführenden Stelle zuzuleiten. Anschließend sollen verbindliche und überprüfbare Maßnahmen- und Zeitpläne zum weiteren Abbau von Barrieren erarbeitet werden.

(4) Die Träger öffentlicher Gewalt und die juristischen Personen nach § 2 Absatz 1 Nummer 2 sind verpflichtet, Barrierefreiheit bei Anmietungen der von ihnen genutzten Bauten zu berücksichtigen. Künftig sollen grundsätzlich nur barrierefreie Bauten, oder Bauten, in denen die baulichen Barrieren unter Berücksichtigung der baulichen Gegebenheiten abgebaut werden können, angemietet werden, soweit die Anmietung nicht eine unangemessene wirtschaftliche Belastung zur Folge hätte.

(5) Neu zu errichtende öffentliche Straßen, Wege und Plätze sowie öffentlich zugängliche Verkehrsanlagen sind nach Maßgabe der einschlägigen Rechtsvorschriften barrierefrei zu gestalten. Weitergehende Vorschriften bleiben unberührt.

(6) Der Senat unterstützt durch die Sicherstellung von Beratungsangeboten die Träger öffentlicher Gewalt, die juristischen Personen nach § 2 Absatz 1 Nummer 2, Vereine, Institutionen sowie Unternehmen und Unternehmensverbände bei der Entwicklung von Konzepten und der Umsetzung von Maßnahmen zur Herstellung von Barrierefreiheit.

§ 8 Barrierefreie Kommunikation, Gebärdensprache

(1) Die Träger öffentlicher Gewalt und die juristischen Personen nach § 2 Absatz 1 Nummer 2 haben bei der Kommunikation mit Menschen mit Behinderungen deren besondere Bedürfnisse zu berücksichtigen. Menschen mit Behinderungen, insbesondere Menschen mit einer Hör- oder Sprachbehinderung haben nach Maßgabe der Rechtsverordnung nach Absatz 2 das Recht, mit den Trägern öffentlicher Gewalt zur Wahrnehmung eigener Rechte im Verwaltungsverfahren in für sie geeigneten Kommunikationsformen zu kommunizieren. Ansprüche aus anderen Bundes- oder Landesgesetzen gehen diesem Gesetz vor. Die Träger öffentlicher Gewalt haben dafür nach Maßgabe der Rechtsverordnung nach Absatz 2 die notwendigen Aufwendungen zu erstatten. Kann eine von einem Träger öffentlicher Gewalt bestimmte und nicht gesetzlich vorgegebene Frist nicht eingehalten werden, weil eine geeignete Kommunikationshilfe nicht rechtzeitig zur Verfügung gestellt werden konnte, ist die Frist angemessen zu verlängern.

(2) Der Senat wird ermächtigt, durch Rechtsverordnung Näheres über die

1. Voraussetzungen und den Umfang des Anspruches nach Absatz 1,
2. Bestimmung der geeigneten Kommunikationsunterstützung nach Absatz 1,
3. Grundsätze und die Höhe für eine angemessene Vergütung oder eine Erstattung von notwendigen Aufwendungen aus Haushaltsmitteln der Freien und Hansestadt Hamburg für den Einsatz geeigneter Kommunikationsunterstützung nach Absatz 1 Satz 2 und
4. Art und Weise der Bereitstellung von geeigneter Kommunikationsunterstützung

zu bestimmen.

(3) Die Deutsche Gebärdensprache ist als eigenständige Sprache anerkannt.

§ 9 Gestaltung von Bescheiden und Formularen

(1) Die Träger öffentlicher Gewalt und die juristischen Personen nach § 2 Absatz 1 Nummer 2 haben bei der Gestaltung von Bescheiden, Allgemeinverfügungen, öffentlich-rechtlichen Verträgen und Formularen auf Verständlichkeit zu achten und die besonderen Belange von Menschen mit Behinderungen zu berücksichtigen.

(2) Blinde und sehbehinderte Menschen können von den Trägern öffentlicher Gewalt zur Wahrnehmung eigener Rechte im Verwaltungsverfahren nach Maßgabe der Rechtsverordnung nach Satz 2 insbesondere verlangen, dass ihnen Bescheide, öffentlich-rechtliche Verträge und Formulare ohne zusätzliche Kosten auch in einer für sie wahrnehmbaren Form zugänglich gemacht werden. Der Senat

wird ermächtigt, durch Rechtsverordnung zu bestimmen, unter welchen Voraussetzungen und in welcher Art und Weise die in Satz 1 genannten Dokumente blinden und sehbehinderten Menschen zugänglich gemacht werden.

(3) Die Vorschriften über Form, Bekanntgabe und Zustellung von Verwaltungsakten bleiben von den in den Absätzen 1 und 2 getroffenen Regelungen unberührt.

§ 10 Verständlichkeit und Leichte Sprache

(1) Die Träger öffentlicher Gewalt und die juristischen Personen nach § 2 Absatz 1 Nummer 2 sollen mit Menschen mit geistigen oder kognitiven Beeinträchtigungen in einfacher und verständlicher Sprache kommunizieren. Auf Verlangen sollen sie ihnen insbesondere Bescheide, Allgemeinverfügungen, öffentlich-rechtliche Verträge und Formulare in einfacher und verständlicher Weise erläutern.

(2) Ist die Erläuterung nach Absatz 1 nicht ausreichend, sollen die Träger öffentlicher Gewalt auf Verlangen Menschen mit geistigen oder kognitiven Beeinträchtigungen Bescheide, Allgemeinverfügungen, öffentlichrechtliche Verträge und Formulare in Leichter Sprache erläutern und auf Verlangen in Leichter Sprache zur Verfügung stellen.

(3) Kosten für Erläuterungen nach Absatz 1 oder Absatz 2 sind von den zuständigen Trägern öffentlicher Gewalt oder juristischen Personen nach § 2 Absatz 1 Nummer 2 zu tragen.

(4) Der Senat kann durch Rechtsverordnung Bestimmungen über die Abgrenzung des anspruchsberechtigten Personenkreises der Menschen mit Behinderungen und über Art und Umfang der Leistungserbringung erlassen.

(5) Die Träger öffentlicher Gewalt und die juristischen Personen nach § 2 Absatz 1 Nummer 2 sollen Informationen vermehrt in Leichter Sprache bereitstellen. Der Senat wirkt darauf hin, dass sie Leichte Sprache stärker einsetzen und ihre Kompetenzen zum Umgang mit Leichter Sprache auf- und ausbauen.

§ 11 Barrierefreie Informationstechnik

(1) Websites und mobile Anwendungen im Internet und im Intranet sowie zur Verfügung gestellte grafische Programmoberflächen, die mit Mitteln der Informationstechnik dargestellt werden, sind von den Trägern öffentlicher Gewalt und den juristischen Personen nach § 2 Absatz 1 Nummer 2 im Rahmen der Richtlinie (EU) 2016/2102 des Europäischen Parlaments und des Rates vom 26. Oktober 2016 über den barrierefreien Zugang zu den Websites und mobilen Anwendungen öffentlicher Stellen (ABl. EU Nr. L 327 S. 1) barrierefrei zu gestalten und mit einer Erklärung zur Barrierefreiheit zu versehen.

(2) Insbesondere bei Neuanschaffungen, Erweiterungen und Überarbeitungen ist die barrierefreie Gestaltung bereits bei der Planung, Entwicklung, Ausschreibung und Beschaffung zu berücksichtigen.

(3) Weitergehende Regelungen, die sich aus anderen Vorschriften ergeben, bleiben unberührt.

(4) Von der barrierefreien Gestaltung können die Träger öffentlicher Gewalt und die juristischen Personen nach § 2 Absatz 1 Nummer 2 im Einzelfall absehen, soweit sie durch eine barrierefreie Gestaltung unverhältnismäßig belastet werden würden.

(5) Es wird eine Überwachungsstelle für Barrierefreiheit von Informationstechnik eingerichtet. Ihre Aufgaben sind,

1. regelmäßig zu überwachen, inwiefern Websites und mobile Anwendungen im Geltungsbereich dieses Gesetzes den Anforderungen an die Barrierefreiheit genügen und
2. an die zuständige Überwachungsstelle des Bundes nach § 13 Absatz 3 des Behindertengleichstellungsgesetzes (BGG) vom 27. April 2002 (BGBl. I S. 1467, 1468), zuletzt geändert am 10. Juli 2018 (BGBl. I S. 1117, 1118), in der jeweils geltenden Fassung zu berichten.

(6) Der Senat wird ermächtigt, durch Rechtsverordnung nach Maßgabe der technischen, finanziellen und verwaltungsorganisatorischen Möglichkeiten zu bestimmen, wie die in den Absätzen 1 bis 6 genannten Verpflichtungen umzusetzen sind. Insbesondere sind festzulegen, die

1. technischen Standards, die die Träger öffentlicher Gewalt und die juristischen Personen nach § 2 Absatz 1 Nummer 2 bei der barrierefreien Gestaltung anzuwenden haben und der Zeitpunkt, ab dem diese Standards anzuwenden sind,
2. konkreten Anforderungen an die Erklärung zur Barrierefreiheit,
3. Einzelheiten des Überwachungsverfahrens.

Abschnitt 3 Vertretungsbefugnisse anerkannter Verbände

§ 12 Vertretungsbefugnisse in gerichtlichen Verfahren

Werden Menschen mit Behinderungen in ihren Rechten nach diesem Gesetz verletzt, können an ihrer Stelle und mit ihrem Einverständnis die nach § 15 Absatz 3 BGG anerkannten Verbände sowie deren Hamburger Landesverbände, die nicht selbst am Verfahren beteiligt sind, Rechtsschutz beantragen. In diesen Fällen müssen alle Verfahrensvoraussetzungen wie bei einem Rechtsschutzersuchen durch den Menschen mit Behinderung selbst vorliegen.

§ 13 Verbandsklagerecht

(1) Ein nach § 15 Absatz 3 BGG anerkannter Verband sowie dessen Hamburger Landesverband kann, ohne in seinen Rechten verletzt zu sein, nach Maßgabe der jeweils geltenden Prozessordnungen Klage erheben auf Feststellung eines Verstoßes der Träger öffentlicher Gewalt oder der juristischen Personen nach § 2 Absatz 1 Nummer 2 gegen

1. das Benachteiligungsverbot nach § 6 Absatz 1,
2. die Verpflichtung zur Herstellung von Barrierefreiheit nach § 7 Absätze 1 und 5,
3. das Recht auf barrierefreie Kommunikation nach § 8 Absatz 1,
4. die Verpflichtung zur Herstellung von Barrierefreiheit bei der Ausgestaltung des Schriftverkehrs nach § 9 Absatz 2 und § 10 Absatz 2 und
5. die Verpflichtung zur barrierefreien Gestaltung medialer Angebote nach § 11 Absatz 1.

Satz 1 gilt nicht, wenn eine Maßnahme auf Grund einer Entscheidung in einem gerichtlichen Streitverfahren getroffen worden ist.

(2) Eine Klage ist nur zulässig, wenn der Verband durch die Maßnahme oder das Unterlassen in seinem satzungsgemäßen Aufgabenbereich berührt wird. Soweit ein Mensch mit Behinderung selbst seine Rechte durch eine Gestaltungs- oder Leistungsklage verfolgen kann oder hätte verfolgen können, ist eine Klage nach Absatz 1 nur zulässig, wenn der Verband geltend macht, dass es sich bei der angegriffenen Maßnahme oder dem Unterlassen um einen Fall von allgemeiner Bedeutung handelt; dies ist insbesondere der Fall, wenn eine Vielzahl gleich gelagerter Fälle vorliegt. Um gerichtlichen Rechtsschutz nach Absatz 1 kann ein Verband erst ersuchen, wenn zuvor ein Schlichtungsverfahren nach § 13a durchgeführt wurde. Das gerichtliche Rechtsschutzbegehren ist nur zulässig, wenn gemäß § 13a Absatz 7 Satz 1 festgestellt wurde, dass eine gütliche Einigung nicht erzielt werden konnte und dies nach § 13a Absatz 7 Satz 2 bescheinigt worden ist.

(3) Handelt es sich bei dem Verstoß um eine Maßnahme oder ein Unterlassen eines Trägers öffentlicher Gewalt, so ist vor Erhebung einer Klage nach Absatz 1 ein Vorverfahren entsprechend den Bestimmungen der §§ 68 bis 73 der Verwaltungsgerichtsordnung oder der §§ 78 bis 86 des Sozialgerichtsgesetzes in der jeweils geltenden Fassung durchzuführen. Dies gilt auch dann, wenn die angegriffene Maßnahme von einer obersten Landesbehörde getroffen worden ist. Gleiches gilt bei einem Unterlassen.

(4) § 6 Absatz 4 gilt auch für das Verbandsklagerecht.

§ 13a Schlichtungsstelle und Schlichtungsverfahren

(1) Es wird eine Schlichtungsstelle zur außergerichtlichen Beilegung von Streitigkeiten nach den Absätzen 2 und 3 eingerichtet. Sie wird mit neutralen schlichtenden Personen

besetzt und hat eine Geschäftsstelle. Das Verfahren der Schlichtungsstelle muss insbesondere gewährleisten, dass

1. die Schlichtungsstelle unabhängig ist und unparteiisch handelt,
2. die Verfahrensregeln für Interessierte zugänglich sind,
3. die Beteiligten des Schlichtungsverfahrens rechtliches Gehör erhalten, insbesondere Tatsachen und Bewertungen vorbringen können,
4. die schlichtenden Personen und die weiteren in der Schlichtungsstelle Beschäftigten die Vertraulichkeit der Informationen gewährleisten, von denen sie im Schlichtungsverfahren Kenntnis erhalten, und
5. eine barrierefreie Kommunikation mit der Schlichtungsstelle möglich ist.

(2) Wer der Ansicht ist, in einem Recht nach diesem Gesetz durch einen Träger öffentlicher Gewalt nach § 2 Absatz 1 Nummer 1 oder eine juristische Person nach § 2 Absatz 1 Nummer 2 verletzt worden zu sein, kann bei der Schlichtungsstelle nach Absatz 1 einen Antrag auf Einleitung eines Schlichtungsverfahrens stellen. Ist vor der Erhebung einer Klage gegen die behauptete Rechtsverletzung nach der Verwaltungsgerichtsordnung oder dem Sozialgerichtsgesetz ein Vorverfahren durchzuführen, gilt dies auch für das Schlichtungsverfahren mit der Maßgabe, dass ein Widerspruchsbescheid gemäß § 73 der Verwaltungsgerichtsordnung oder § 85 Absatz 2 des Sozialgerichtsgesetzes erst nach Durchführung des Schlichtungsverfahrens durch den Widerspruchsführer ergeht.

(3) Ein nach § 13 Absatz 1 Satz 1 zur Verbandsklage berechtigter Verband kann bei der Schlichtungsstelle nach Absatz 1 einen Antrag auf Einleitung eines Schlichtungsverfahrens stellen, wenn er einen Verstoß gegen die zum Verbandsklagerecht berechtigten Verstöße nach § 13 Absatz 1 behauptet.

(4) Der Antrag nach den Absätzen 2 und 3 kann in Textform oder zur Niederschrift bei der Schlichtungsstelle gestellt werden. Diese übermittelt zur Durchführung des Schlichtungsverfahrens eine Abschrift des Schlichtungsantrags an den Träger öffentlicher Gewalt nach § 2 Absatz 1 Nummer 1 oder die juristische Person nach § 2 Absatz 1 Nummer 2.

(5) Die Schlichtungsstelle wirkt in jeder Phase des Verfahrens auf eine gütliche Einigung der Beteiligten hin. Der Schlichtungsvorschlag soll am geltenden Recht ausgerichtet sein.

(6) Das Schlichtungsverfahren ist für die Beteiligten unentgeltlich.

(7) Das Schlichtungsverfahren endet mit der Einigung der Beteiligten, der Rücknahme des Schlichtungsantrags oder der Feststellung, dass keine Einigung möglich ist. Wenn keine Einigung möglich ist, endet das Schlichtungsverfahren mit der Zustellung der Bestätigung der Schlichtungsstelle an die Antragstellerin oder den Antragsteller, dass keine gütliche Einigung erzielt werden konnte.

(8) Der Senat wird ermächtigt, nach Anhörung des Landesbeirats zur Teilhabe von Menschen mit Behinderungen, das Nähere über die Geschäftsstelle, die Besetzung und das Verfahren der Schlichtungsstelle nach den Absätzen 1, 4, 5 und 7 sowie über die Kosten des Verfahrens und die Entschädigung durch Rechtsverordnung zu bestimmen.

Abschnitt 4
Koordination für die Gleichstellung behinderter Menschen

§ 14 Senatskoordinatorin oder Senatskoordinator für die Gleichstellung von Menschen mit Behinderungen

(1) Auf Vorschlag des Senats wählt die Hamburgische Bürgerschaft eine Senatskoordinatorin oder einen Senatskoordinator für die Gleichstellung von Menschen mit Behinderungen. Der Senat bestellt für die Dauer der Wahlperiode der Bürgerschaft die Senatskoordinatorin oder den Senatskoordinator für die Gleichstellung von Menschen mit Behinderungen. Das Amt endet außer im Fall der Entlassung mit dem Zusammentreten einer neuen Bürgerschaft. Die Senatskoordinatorin oder der Senatskoordinator bleibt bis zur Nachfolgebestellung im Amt; eine erneute

Bestellung ist möglich. Die Senatskoordinatorin oder der Senatskoordinator ist unabhängig, weisungsungebunden und ressortübergreifend tätig.

(2) Aufgabe der Senatskoordinatorin oder des Senatskoordinators ist es insbesondere,

1. aus einer unabhängigen Position heraus zwischen Bürgerinnen und Bürgern und der Verwaltung zu vermitteln,
2. als koordinierende Stelle für Menschen mit Behinderungen und deren Verbände und Organisationen zur Verfügung zu stehen,
3. darauf hinzuwirken, dass die Verantwortung der Träger öffentlicher Gewalt und der juristischen Personen nach § 2 Absatz 1 Nummer 2 für die Gleichstellung von Menschen mit Behinderungen und für die Beseitigung geschlechtsspezifischer Benachteiligungen von Frauen mit Behinderungen zu sorgen, in allen Bereichen des gesellschaftlichen Lebens wahrgenommen wird,
4. Maßnahmen in Umsetzung des Übereinkommens der Vereinten Nationen vom 13. Dezember 2006 über die Rechte von Menschen mit Behinderungen anzuregen und dabei die Zivilgesellschaft einzubinden.

(3) Der Senat beteiligt die Senatskoordinatorin oder den Senatskoordinator frühzeitig bei allen Gesetzes-, Verordnungs- und sonstigen wichtigen Vorhaben, die die Gleichstellung von Menschen mit Behinderungen betreffen oder berühren. Anmerkungen der Senatskoordinatorin oder des Senatskoordinators zu Bürgerschaftsdrucksachen müssen der Hamburgischen Bürgerschaft mitgeteilt werden.

(4) Die Träger öffentlicher Gewalt und die juristischen Personen nach § 2 Absatz 1 Nummer 2 unterstützen die Senatskoordinatorin oder den Senatskoordinator bei der Wahrnehmung der Aufgaben, insbesondere erteilen sie die erforderlichen Auskünfte und gewähren Akteneinsicht. Die Bestimmungen zum Schutz personenbezogener Daten und sonstiger Geheimhaltungsvorschriften bleiben unberührt.

(5) Die Senatskoordinatorin oder der Senatskoordinator ist, auch nach Beendigung ihrer oder seiner Bestellung, verpflichtet, über die ihr oder ihm in Ausübung ihrer oder seiner Tätigkeit als Senatskoordinatorin oder Senatskoordinator bekannt gewordenen Angelegenheiten Verschwiegenheit zu bewahren. Dies gilt nicht für Mitteilungen im dienstlichen Verkehr oder für Tatsachen, die offenkundig sind oder ihrer Bedeutung nach keiner Geheimhaltung bedürfen.

(6) Die Senatskoordinatorin oder der Senatskoordinator unterrichtet den Senat alle zwei Jahre über ihre oder seine Tätigkeit, die Umsetzung dieses Gesetzes und die Lage der Menschen mit Behinderungen in Hamburg. Der Landesbeirat zur Teilhabe von Menschen mit Behinderungen kann zu dem Bericht eine Stellungnahme abgeben. Der Senat leitet den Bericht und die Stellungnahme des Landesbeirats der Bürgerschaft zu.

(7) Zur Gewährleistung der Arbeit der Senatskoordinatorin oder des Senatskoordinators sind ausreichende Personal- und Sachmittel zur Verfügung zu stellen.

(8) Die Rechts- und Dienstaufsicht obliegt der zuständigen Behörde.

§ 15 Landesbeirat zur Teilhabe von Menschen mit Behinderungen

(1) Bei der zuständigen Behörde wird für die Dauer der Wahlperiode der Bürgerschaft ein Landesbeirat für die Teilhabe von Menschen mit Behinderungen eingerichtet. Der Landesbeirat unterstützt den Senat bei der Aufgabe, gleichwertige Lebensbedingungen für Menschen mit und ohne Behinderungen zu schaffen. Er berät den Senat und die Senatskoordinatorin oder den Senatskoordinator für die Gleichstellung von Menschen mit Behinderungen insoweit in allen Angelegenheiten. Der Landesbeirat ist berechtigt, dem Senat, der Senatskoordinatorin oder dem Senatskoordinator, den Trägern öffentlicher Gewalt und den juristischen Personen nach § 2 Absatz 1 Nummer 2 Empfehlungen zur Durchsetzung der Gleichstellung von Menschen mit Behinderungen zu geben.

(2) Der Landesbeirat setzt sich aus 20 ständigen, stimmberechtigten Mitgliedern zusammen, die neben den Betroffenen und ihren

Organisationen die für die Gleichstellung und Teilhabe von Menschen mit Behinderungen wichtigen Bereiche und gesellschaftlichen Gruppierungen vertreten sollen. Die Mitglieder werden von der Senatskoordinatorin oder dem Senatskoordinator im Einvernehmen mit den maßgeblichen Interessenvertretungen von Menschen mit Behinderungen der Freien und Hansestadt Hamburg vorgeschlagen und von der zuständigen Behörde bestellt. Maßgebliche Interessenvertretungen sind die in der Rechtsverordnung zu § 3 Absatz 2 des Hamburgischen Gesetzes zur Ausführung des Neunten Buches Sozialgesetzbuch – Rehabilitation und Teilhabe von Menschen mit Behinderungen – vom 21. Juni 2018 (HmbGVBl. S. 214) bestimmten. Die Mitglieder des Landesbeirats üben ihr Amt ehrenamtlich aus. Die Mitgliedschaft endet mit dem Zusammentreten einer neuen Bürgerschaft.

(3) Die Geschäftsführung liegt bei der Senatskoordinatorin oder dem Senatskoordinator für die Gleichstellung von Menschen mit Behinderungen. Die Senatskoordinatorin oder der Senatskoordinator für die Gleichstellung von Menschen mit Behinderungen ist vorsitzendes Mitglied des Landesbeirats ohne Stimmrecht.

(4) Der Landesbeirat gibt sich eine Geschäftsordnung.

(5) Die Mitglieder des Landesbeirats erhalten eine Aufwandsentschädigung. Der Senat wird ermächtigt, die Aufwandsentschädigung der Mitglieder des Landesbeirats in einer Verordnung zu regeln.

§ 15a Förderung der Partizipation

Der Senat fördert die politische Mitbestimmung von Menschen mit Behinderungen. Hierzu fördert die Freie und Hansestadt Hamburg im Rahmen der zur Verfügung stehenden Haushaltsmittel Maßnahmen von Verbänden, die

1. nach ihrer Satzung ideell und nicht nur vorübergehend die Belange von Menschen mit Behinderungen fördern,
2. nach der Zusammensetzung ihrer Mitglieder dazu berufen sind, Interessen von Menschen mit Behinderungen auf der Ebene des Bundes oder des Landes zu vertreten,
3. zum Zeitpunkt der Antragstellung mindestens drei Jahre bestehen und in dieser Zeit im Sinne der Nummer 1 tätig gewesen sind,
4. die Gewähr für eine sachgerechte Aufgabenerfüllung bieten; dabei sind Art und Umfang ihrer bisherigen Tätigkeit, der Mitgliederkreis sowie die Leistungsfähigkeit des Vereines zu berücksichtigen, und
5. den Anforderungen der Gemeinnützigkeit oder Mildtätigkeit im Sinne der Abgabenordnung genügen.

Die Maßnahmen sollen niedrigschwellig zur Stärkung der Teilhabe von Menschen mit Behinderungen an der Gestaltung öffentlicher Angelegenheiten beitragen.

Abschnitt 5 Schlussvorschrift

§ 16 Schlussbestimmungen

(1) Dieses Gesetz tritt am Tage nach der Verkündung in Kraft.

(2) Zum selben Zeitpunkt tritt das Hamburgische Gesetz zur Gleichstellung behinderter Menschen vom 21. März 2005 (HmbGVBl. S. 75) in der geltenden Fassung außer Kraft.

Verordnung zur Verwendung von Gebärdensprache und anderen Kommunikationshilfen im Verwaltungsverfahren (Hamburgische Kommunikationshilfenverordnung – HmbKHVO)

Vom 14. November 2006 (HmbGVBl. S. 540)

Auf Grund von § 8 Absatz 2 des Hamburgischen Gesetzes zur Gleichstellung behinderter Menschen (HmbGGbM) vom 21. März 2005 (HmbGVBl. S. 75) wird verordnet:

§ 1 Anwendungsbereich und Anlass

(1) Diese Verordnung gilt für alle natürlichen Personen im Sinne des § 3 HmbGGbM, die als Beteiligte eines Verwaltungsverfahrens wegen einer Hör- oder Sprachbehinderung zur Wahrnehmung eigener Rechte für die mündliche Kommunikation im Verwaltungsverfahren einen Anspruch auf die Unterstützung durch eine Dolmetscherin oder einen Dolmetscher für die Deutsche Gebärdensprache oder für lautsprachbegleitende Gebärden (Gebärdensprachdolmetscherin oder Gebärdensprachdolmetscher) oder andere geeignete Kommunikationshilfen haben (Berechtigte). Ansprüche behinderter Menschen auf Kommunikationshilfen in Sozialleistungsverfahren, insbesondere nach § 17 Absatz 2 des Ersten Buches Sozialgesetzbuch, § 57 SGB des Neunten Buches Sozialgesetzbuch und § 19 Absatz 1 SGB des Zehnten Buches Sozialgesetzbuch, bleiben davon unberührt.

(2) Die Berechtigten können ihre Ansprüche nach § 8 Absatz 1 HmbGGbM gegenüber den in § 6 Absatz 1 Satz 1 HmbGGbM genannten Trägern öffentlicher Gewalt (Träger) geltend machen.

§ 2 Umfang des Anspruches

(1) Der Anspruch auf Hinzuziehung einer Gebärdensprachdolmetscherin oder eines Gebärdensprachdolmetschers oder einer anderen geeigneten Kommunikationshilfe besteht, soweit eine solche Kommunikationshilfe zur Wahrnehmung eigener Rechte in einem Verwaltungsverfahren erforderlich ist, in dem dafür notwendigen Umfang. Der notwendige Umfang bestimmt sich insbesondere nach dem individuellen Bedarf der Berechtigten.

(2) Die Berechtigten haben nach Maßgabe des Absatzes 1 ein Wahlrecht hinsichtlich der zu benutzenden Kommunikationshilfe. Die Berechtigten haben den Trägern rechtzeitig die Art ihres Kommunikationshilfebedarfs und die von ihnen gewählte Gebärdensprachdolmetscherin oder den von ihnen gewählten Gebärdensprachdolmetscher oder die von ihnen gewählte andere Kommunikationshilfe zu benennen. Der Träger kann die Gebärdensprachdolmetscherin oder den Gebärdensprachdolmetscher oder die andere Kommunikationshilfe zurückweisen, wenn sie ungeeignet sind oder in sonstiger Weise den Voraussetzungen des Absatzes 1 nicht entsprechen. Der konkrete Unterstützungsbedarf ist aktenkundig zu machen und im weiteren Verwaltungsverfahren von Amts wegen zu berücksichtigen.

(3) Erhält der Träger Kenntnis von der Hör- oder Sprachbehinderung der Berechtigten, so sind diese von ihm auf ihr Recht auf barrierefreie Kommunikation in dem anstehenden Verwaltungsverfahren hinzuweisen.

(4) Bei Maßnahmen zur Abwehr unmittelbar bevorstehender Gefahren für bedeutsame Rechtsgüter wie Leben, Gesundheit, Freiheit oder nicht unwesentliche Vermögenswerte ist ein Anspruch auf die Hinzuziehung einer Kommunikationshilfe grundsätzlich ausgeschlossen.

§ 3 Kommunikationshilfen

(1) Die Kommunikation mittels einer Gebärdensprachdolmetscherin oder eines Gebärdensprachdolmetschers oder einer anderen Kommunikationshilfe ist als geeignete Kommunikationsform anzusehen, wenn sie im konkreten Fall eine für die Wahrnehmung eigener Rechte im Verwaltungsverfahren erforderliche Verständigung sicherstellt.

I

(2) Als andere Kommunikationshilfen kommen Kommunikationshelferinnen und Kommunikationshelfer, Kommunikationsmethoden und Kommunikationsmittel in Betracht:

1. Kommunikationshelferinnen und Kommunikationshelfer sind insbesondere
   a) Schriftdolmetscherinnen und Schriftdolmetscher,
   b) Simultanschriftdolmetscherinnen und Simultanschriftdolmetscher,
   c) Oraldolmetscherinnen und Oraldolmetscher,
   d) sonstige Personen des Vertrauens (Kommunikationsassistentinnen oder Kommunikationsassistenten);
2. Kommunikationsmethoden für besondere Personenkreise sind insbesondere
   a) Lormen und taktil wahrnehmbare Gebärden für taubblinde Menschen,
   b) gestützte Kommunikation für Menschen mit Sprachbehinderungen aufgrund spastischer Lähmungen oder mit autistischen Störungen;
3. Kommunikationsmittel sind insbesondere
   a) akustisch-technische Hilfen,
   b) grafische Symbol-Systeme.

§ 4 Bereitstellung geeigneter Kommunikationshilfen

(1) Gebärdensprachdolmetscherinnen oder Gebärdensprachdolmetscher oder andere geeignete Kommunikationshilfen werden grundsätzlich von den Berechtigten beauftragt, sofern der Träger nicht selbst über geeignete Kommunikationshilfen verfügt.

(2) Wenn die Berechtigten aus nachvollziehbaren Gründen nicht in der Lage sind, eine geeignete Gebärdensprachdolmetscherin oder einen geeigneten Gebärdensprachdolmetscher bereitzustellen, wird ein Auftrag durch den Träger erteilt.

§ 5 Gewährung eines Aufwendungsersatzes

Der Träger leistet an die nach § 2 Absatz 1 und § 4 hinzugezogene Gebärdensprachdolmetscherin oder den Gebärdensprachdolmetscher oder an die Kommunikationshelferin oder den Kommunikationshelfer auf Antrag einen Aufwendungsersatz nach Maßgabe der Anlage zu dieser Verordnung. Die Antragsfrist beginnt am Tag der Heranziehung und beträgt einen Monat.

§ 6 Folgenabschätzung

Die Träger dokumentieren Häufigkeit, Art und Kosten der Kommunikationshilfen nach dieser Verordnung. Die Verordnung wird drei Jahre nach ihrem Inkrafttreten vom Senat überprüft.

Anlage

Aufwendungsersatz nach § 5

1. Gebärdensprachdolmetscherinnen oder Gebärdensprachdolmetscher erhalten für ihre Einsatzzeit pro voller Zeitstunde 42,50 Euro (ab 1. Januar 2008 45 Euro), nach der ersten Stunde pro angefangener halber Stunde 21,25 Euro (ab 1. Januar 2008 22,50 Euro).
2. Kommunikationshelferinnen oder Kommunikationshelfer nach § 3 Absatz 2 Nummer 1 Buchstaben a bis c mit einer abgeschlossenen Berufsausbildung für das Tätigkeitsfeld erhalten als Aufwendungsersatz für ihre Einsatzzeit pro voller Zeitstunde 35 Euro, nach der ersten Stunde pro angefangener halber Stunde 17,50 Euro.
3. Kommunikationshelferinnen oder Kommunikationshelfer nach § 3 Absatz 2 Nummer 1 Buchstaben a bis c ohne abgeschlossene Berufsausbildung für das Tätigkeitsfeld erhalten als Aufwendungsersatz für ihre Einsatzzeit pro voller Zeitstunde 30 Euro, nach der ersten Stunde pro angefangener halber Stunde 15 Euro.
4. Sonstige Personen des Vertrauens (Kommunikationsassistentinnen oder Kommunikationsassistenten) können für ihren Einsatz zur Abgeltung aller in Betracht kommender Kosten auf Antrag eine Pauschale von 15 Euro erhalten, soweit sie keinen anderen Anspruch auf Ersatz ihrer Aufwendungen haben.
5. Fahrtkosten für Gebärdensprachdolmetscherinnen oder Gebärdensprachdolmetscher und für Kommunikationshelferinnen oder Kommunikationshelfer nach § 3 Absatz 2 Nummer 1 Buchstaben a bis c werden mit einer Pauschale von 30 Euro vergütet.
6. Für ausschließlich als Gebärdensprachdolmetscherin oder Gebärdensprachdolmetscher nach § 3 Absatz 1 oder als Kommunikationshelferin oder Kommunikationshelfer nach § 3 Absatz 2 Nummer 1 Buchstaben a bis c Tätige kann von dem jeweiligen Träger auf Antrag eine Ausfallentschädigung in Höhe des jeweiligen Aufwendungsersatzes für 60 Minuten gezahlt werden, wenn der oder dem Berechtigten die Absage für einen Termin nicht mindestens zwei Tage vorher mitgeteilt wurde.

I

Hessisches Gesetz zur Gleichstellung von Menschen mit Behinderungen (Hessisches Behinderten-Gleichstellungsgesetz – HessBGG)

Vom 20. Dezember 2004 (GVBl. I S. 482)

Zuletzt geändert durch
Zweites Gesetz zur Änderung des Hessischen Behinderten-Gleichstellungsgesetzes
vom 19. Juni 2019 (GVBl. S. 161)

Inhaltsübersicht

Abschnitt 1
Allgemeine Bestimmungen

§ 1 Ziel des Gesetzes

Ziel dieses Gesetzes ist es, unter Beachtung der allgemeinen Grundsätze des Übereinkommens der Vereinten Nationen über die Rechte von Menschen mit Behinderungen (UN-Behindertenrechtskonvention) vom 13. Dezember 2006 (BGBl. 2008 II S. 1420) die Benachteiligung von Menschen mit Behinderungen zu beseitigen und zu verhindern sowie die volle, wirksame und gleichberechtigte Teilhabe von Menschen mit Behinderungen am Leben in der Gesellschaft zu fördern, zu schützen und zu gewährleisten und ihnen eine selbstbestimmte Lebensführung zu ermöglichen. Dabei wird ihren besonderen Bedürfnissen Rechnung getragen.

§ 2 Menschen mit Behinderungen

Menschen mit Behinderungen im Sinne dieses Gesetzes sind Menschen, die langfristige körperliche, seelische, geistige oder Sinnesbeeinträchtigungen haben, welche sie in Wechselwirkung mit einstellungs- und umweltbedingten Barrieren an der vollen, wirksamen und gleichberechtigten Teilhabe an der Gesellschaft hindern können. Als langfristig gilt in der Regel ein Zeitraum, der mit hoher Wahrscheinlichkeit länger als sechs Monate andauert.

§ 3 Barrierefreiheit, Zielvereinbarungen

(1) Barrierefrei sind bauliche und sonstige Anlagen, Verkehrsmittel, technische Gebrauchsgegenstände, Systeme der Informationsverarbeitung, akustische und visuelle Informationsquellen und Kommunikationseinrichtungen sowie andere gestaltete Lebensbereiche, wenn sie für Menschen mit Behinderungen in der allgemein üblichen Weise ohne besondere Erschwernis und grundsätzlich ohne fremde Hilfe auffindbar, zugänglich und nutzbar sind und über die Auffindbarkeit, Zugänglichkeit und Nutzbarkeit verständlich informiert wird.

(2) Zur Herstellung der Barrierefreiheit sollen Zielvereinbarungen zwischen Landesverbänden von Menschen mit Behinderungen einerseits und Unternehmen oder Unternehmensverbänden andererseits für ihren jeweiligen sachlichen und räumlichen Organisations- oder Tätigkeitsbereich getroffen werden, soweit keine speziellen Rechtsvorschriften entgegenstehen und keine Zielvereinbarungen nach § 5 des Behindertengleichstellungsgesetzes vom 27. April 2002 (BGBl. I S. 1467, 1468), zuletzt geändert durch Gesetz vom 10. Juli 2018 (BGBl. I S. 1117), bestehen. Soweit Landesverbände nicht vorhanden sind, können auch örtliche Verbände, die die Interessen von Menschen mit Behinderungen vertreten, Zielvereinbarungen für ihren jeweiligen sachlichen und räumlichen Organisations- oder Tätigkeitsbereich treffen. Die Verbände können die Aufnahme von Verhandlungen über Zielvereinbarungen verlangen.

(3) Zielvereinbarungen zur Herstellung von Barrierefreiheit enthalten insbesondere

1. die Bestimmung der Vereinbarungspartner und sonstige Regelungen zum Geltungsbereich und zur Geltungsdauer,
2. die Festlegung von Mindestbedingungen darüber, wie gestaltete Lebensbereiche künftig zu verändern sind, um dem Anspruch von Menschen mit Behinderungen auf Auffindbarkeit, Zugang und Nutzung zu genügen,
3. den Zeitpunkt oder einen Zeitplan zur Erfüllung der festgelegten Mindestbedingungen.

(4) Die Verhandlungen über Zielvereinbarungen sind innerhalb von vier Wochen nach deren Anzeige gegenüber dem Vereinbarungspartner aufzunehmen. Verhandlungen können nicht für den Geltungsbereich und die Geltungsdauer einer bereits zustande gekommenen Zielvereinbarung geführt werden. Dies gilt auch in Bezug auf diejenigen, die einer zustande gekommenen Zielvereinbarung ohne Einschränkung aller Rechte und Pflichten beigetreten sind.

(5) Die oder der Beauftragte der Hessischen Landesregierung für Menschen mit Behinderungen nach § 18 führt ein Zielvereinbarungsregister, in das der Abschluss, die Änderung und die Aufhebung von Zielvereinba-

rungen eingetragen werden. Der die Zielvereinbarung abschließende Verband ist verpflichtet, die erforderlichen Anzeigen nach Satz 1 in informationstechnisch erfassbarer Form zu übermitteln.

§ 4 Benachteiligung

(1) Eine Benachteiligung im Sinne dieses Gesetzes liegt vor, wenn

1. Menschen mit und ohne Behinderungen ohne zwingenden sachlichen Grund unterschiedlich behandelt werden und dadurch Menschen mit Behinderungen in der gleichberechtigten Teilhabe am Leben in der Gesellschaft unmittelbar oder mittelbar beeinträchtigt werden,
2. Menschen mit Behinderungen die Mitnahme oder der Einsatz benötigter Hilfsmittel verweigert oder erschwert wird,
3. angemessene Vorkehrungen für Menschen mit Behinderungen im Sinne der Art. 2 und 5 Abs. 3 der UN-Behindertenrechtskonvention versagt werden oder
4. Menschen mit Behinderung im Sinne des § 3 Abs. 3 oder 4 des Allgemeinen Gleichbehandlungsgesetzes vom 14. August 2006 (BGBl. I S. 1897), zuletzt geändert durch Gesetz vom 3. April 2013 (BGBl. I S. 610), belästigt werden.

(2) Bei einem Verstoß gegen eine Verpflichtung zur Herstellung von Barrierefreiheit wird das Vorliegen einer Benachteiligung widerleglich vermutet.

Abschnitt 2
Teilhabe am Leben in der Gesellschaft

§ 5 Vermeidung von Benachteiligungen wegen mehrerer Gründe, besondere Belange von Frauen, Kindern und Eltern mit Behinderungen

(1) Als besonderer Belang von Menschen mit Behinderungen ist die Vermeidung von Benachteiligungen wegen weiterer in § 1 des Allgemeinen Gleichbehandlungsgesetzes genannter Gründe zu berücksichtigen.

(2) Zur Durchsetzung der Gleichberechtigung von Frauen und Männern sind die besonderen Belange von Frauen mit Behinderungen zu berücksichtigen und bestehende Benachteiligungen zu beseitigen. Dabei sind besondere Maßnahmen zur Förderung der tatsächlichen Durchsetzung der Gleichberechtigung von Frauen mit Behinderungen und zur Beseitigung bestehender Benachteiligungen zulässig und nach Möglichkeit durchzuführen.

(3) Die Träger öffentlicher Gewalt im Sinne des § 9 Abs. 1 Satz 1 haben bei Maßnahmen, die Kinder und Jugendliche mit Behinderungen betreffen, das Wohl der Kinder und Jugendlichen vorrangig zu berücksichtigen und darauf hinzuwirken, dass sie gleichberechtigt mit Kindern und Jugendlichen ohne Behinderungen ihre Rechte wahrnehmen können.

(4) Zur Verwirklichung einer selbstbestimmten Elternschaft sind die spezifischen Bedürfnisse von Eltern mit Behinderungen und deren Kindern zu berücksichtigen.

§ 6 Gemeinsame Erziehung und Bildung in öffentlichen Einrichtungen

Öffentliche Einrichtungen zur Erziehung und Bildung in Hessen fördern die selbstbestimmte und gleichberechtigte Teilhabe von Menschen mit und ohne Behinderung am Leben der Gesellschaft und bieten ihnen gemeinsame Lern- und Lebensfelder. Das Nähere regeln die jeweiligen Landesgesetze.

§ 7 Wohnen von Menschen mit Behinderungen

Menschen mit Behinderungen soll im Rahmen der individuellen Hilfeplanung ihren Wünschen entsprechend die Möglichkeit gegeben werden, auch bei wachsendem Hilfebedarf in dem ihnen vertrauten Wohnumfeld zu verbleiben. Dies gilt auch für Einrichtungen der Eingliederungshilfe für Menschen mit Behinderungen.

§ 8 Gebärdensprache und Kommunikation von Menschen mit Hör- und Sprachbehinderungen

(1) Die Deutsche Gebärdensprache ist als eigenständige Sprache anerkannt.

(2) Lautsprachbegleitende Gebärden sind als Kommunikationsform der deutschen Sprache anerkannt.

(3) Menschen mit Hörbehinderungen (gehörlose, ertaubte, schwerhörige und taubblinde Menschen) und Menschen mit Sprachbehinderungen haben nach Maßgabe der einschlägigen Gesetze das Recht, die Deutsche Gebärdensprache oder lautsprachbegleitende Gebärden zu verwenden. Soweit sie sich nicht in Deutscher Gebärdensprache oder mit lautsprachbegleitender Gebärden verständigen, haben sie nach Maßgabe der einschlägigen Gesetze das Recht, andere geeignete Kommunikationshilfen zu verwenden.

Abschnitt 3
Verpflichtung zur Gleichstellung und Barrierefreiheit

§ 8a Sicherung der Teilhabe

(1) Das Land hat bei der Ausgestaltung von Förderprogrammen und -maßnahmen sowie bei der Gewährung von Zuwendungen die Ziele des Gesetzes angemessen zu berücksichtigen.

(2) Das für das Recht der Menschen mit Behinderungen zuständige Ministerium entwickelt Fachkonzepte zur Verbesserung der Teilhabe von Menschen mit Behinderungen am Leben in der Gesellschaft, insbesondere zur

1. Verbesserung der Beratungs- und Versorgungsstruktur,
2. Unterstützung der Hilfen auch im Rahmen des persönlichen Budgets im Sinne des § 29 des Neunten Buches Sozialgesetzbuch mit dem Ziel, die Hilfen personenzentriert auszurichten,
3. Unterstützung des Bürgerengagements,
4. Unterstützung der gleichberechtigten Teilhabe an sportlichen und freizeitbezogenen Aktivitäten.

Satz 1 gilt entsprechend für Fachkonzepte der fachlich zuständigen Ministerien, die die Belange von Menschen mit Behinderungen berühren.

§ 8b Interessenvertretung und Interessenwahrnehmung für Menschen mit Behinderungen

(1) Das Land unterstützt die Arbeit der Interessenvertretungen von Menschen mit Behinderungen und wirkt darauf hin, dass deren Rolle ausgebaut und gefestigt wird.

(2) Die kommunalen Gebietskörperschaften sollen zur Wahrung der Interessen von Menschen mit Behinderungen durch Satzung nähere Regelungen zur vollen, wirksamen und gleichberechtigten Teilhabe auf örtlicher Ebene treffen, soweit die Wahrung der Interessen nicht bereits anderweitig sichergestellt ist.

§ 9 Benachteiligungsverbot

(1) Die

1. Behörden und Dienststellen des Landes, Gerichte, Staatsanwaltschaften und der Hessische Landtag jedoch nur, soweit sie öffentlich-rechtliche Verwaltungsaufgaben wahrnehmen,
2. der Aufsicht des Landes unterstehenden Körperschaften, Anstalten und Stiftungen des öffentlichen Rechts, der Hessische Rundfunk und die Hessische Landesanstalt für privaten Rundfunk und neue Medien jedoch nur, soweit nicht besondere gesetzliche Regelungen zur Ausgestaltung des Art. 5 Abs. 1 des Grundgesetzes bestehen, sowie
3. Beliehenen

sind im Rahmen ihrer gesetzlichen oder satzungsmäßigen Aufgaben verpflichtet, aktiv auf das Erreichen der Ziele nach § 1 hinzuwirken. Die kommunalen Gebietskörperschaften haben die Ziele des § 1 bei der Umsetzung ihrer Planungen und Maßnahmen zu beachten. Vereinigungen, Einrichtungen und Unternehmen, deren Anteile sich unmittelbar oder mittelbar ganz oder überwiegend im Eigentum des Landes befinden, sollen bei der Erfüllung ihrer Aufgaben die Ziele des § 1 berücksichtigen. In Bereichen bestehender Benachteiligungen von Menschen mit Behinderungen gegenüber Menschen ohne Behinderungen sind besondere Maßnahmen zum Abbau und zur Beseitigung dieser Benachteiligungen zulässig.

(2) Träger öffentlicher Gewalt im Sinne des Abs. 1 Satz 1 und 2 dürfen Menschen mit Behinderungen nicht benachteiligen.

(3) Besondere Benachteiligungsverbote zugunsten von Menschen mit Behinderungen in anderen Rechtsvorschriften bleiben unberührt.

§ 10 Herstellung von Barrierefreiheit in den Bereichen Bau und Verkehr

(1) Neubauten sowie Um- oder Erweiterungsbauten der Träger öffentlicher Gewalt im Sinne des § 9 Abs. 1 Satz 1 sollen entsprechend den allgemein anerkannten Regeln der Technik barrierefrei gestaltet werden. Bereits bestehende Bauten sind schrittweise mit dem Ziel einer möglichst weitreichenden Barrierefreiheit zu gestalten. Von diesen Anforderungen kann abgewichen werden, wenn mit einer anderen Lösung in gleichem Maße die Anforderungen an die Barrierefreiheit erfüllt werden können. Weitergehende Anforderungen an die Barrierefreiheit in anderen landesrechtlichen Vorschriften, insbesondere der Hessischen Bauordnung, bleiben unberührt.

(2) Die Träger öffentlicher Gewalt im Sinne des § 9 Abs. 1 Satz 1 sollen auch bei Anmietungen der von ihnen genutzten Bauten auf deren Barrierefreiheit achten. In Zukunft sollen nur barrierefreie Bauten oder Bauten, in denen die baulichen Barrieren unter Berücksichtigung der baulichen Gegebenheiten abgebaut werden können, angemietet werden, soweit die Anmietung nicht eine unangemessene wirtschaftliche Belastung zur Folge hätte.

(3) Die Landesregierung berichtet dem Landtag einmal in jeder Wahlperiode über die Fortentwicklung des Standes der Barrierefreiheit der im Eigentum des Landes stehenden Gebäude, die von Trägern öffentlicher Gewalt des Landes genutzt werden.

(4) Die Anforderungen an die Barrierefreiheit sonstiger baulicher oder anderer Anlagen, öffentlicher Wege, Plätze und Straßen sowie öffentlich zugänglicher Verkehrsanlagen und Beförderungsmittel im öffentlichen Personennahverkehr richten sich nach den für den jeweiligen Bereich gültigen Rechtsvorschriften.

(5) Die kommunalen Gebietskörperschaften sollen im Rahmen ihrer Verpflichtung nach § 9 Abs. 1 Satz 2 auch auf eine Herstellung der Barrierefreiheit nach Abs. 1 und 4 achten.

§ 11 Recht auf Verwendung von Gebärdensprache und anderen Kommunikationshilfen

(1) Menschen mit Hör- oder Sprachbehinderungen haben nach Maßgabe der Rechtsverordnung nach Abs. 2 das Recht, mit Trägern öffentlicher Gewalt im Sinne des § 9 Abs. 1 Satz 1 in Deutscher Gebärdensprache, mit lautsprachbegleitenden Gebärden oder über andere geeignete Kommunikationshilfen zu kommunizieren, soweit dies zur Wahrnehmung eigener Rechte im Verwaltungsverfahren erforderlich ist. Die Träger öffentlicher Gewalt im Sinne des § 9 Abs. 1 Satz 1 haben dafür auf Wunsch der Berechtigten im notwendigen Umfang die Übersetzung durch Gebärdensprachdolmetscherinnen oder Gebärdensprachdolmetscher oder die Verständigung mit anderen geeigneten Kommunikationshilfen ohne Kosten für die Berechtigten sicherzustellen oder die hierfür notwendigen Aufwendungen zu tragen. Eltern mit Hör- oder Sprachbehinderungen werden nach Maßgabe der Rechtsverordnung nach Abs. 2 auf Antrag die notwendigen Aufwendungen für die Kommunikation mit der Schule in deutscher Gebärdensprache, mit lautsprachbegleitenden Gebärden oder mittels anderer geeigneter Kommunikationshilfen durch das Land erstattet, soweit die Tätigkeit der Schule im Rahmen ihres Bildungs- und Erziehungsauftrages betroffen ist. Satz 3 gilt entsprechend in Kindertageseinrichtungen und in der Kindertagespflege.

(2) Die Landesregierung bestimmt durch Rechtsverordnung

1. Anlass und Umfang des Anspruchs auf Bereitstellung einer Gebärdensprachdolmetscherin oder eines Gebärdensprachdolmetschers oder anderer geeigneter Kommunikationshilfen,
2. Art und Weise der Bereitstellung von Gebärdensprachdolmetscherinnen oder Gebärdensprachdolmetschern oder anderen

geeigneten Hilfen für die Kommunikation zwischen hör- oder sprachbehinderten Menschen und den Trägern öffentlicher Gewalt,

3. die Grundsätze für eine angemessene Vergütung oder eine Erstattung von notwendigen Aufwendungen für die Dolmetscherdienste oder den Einsatz anderer geeigneter Kommunikationshilfen und
4. welche Kommunikationsformen als andere geeignete Kommunikationshilfen im Sinne des Abs. 1 anzusehen sind.

§ 12 Gestaltung von Bescheiden und Vordrucken

(1) Träger öffentlicher Gewalt im Sinne des § 9 Abs. 1 Satz 1 haben bei der Gestaltung von schriftlichen Bescheiden, Allgemeinverfügungen, öffentlich-rechtlichen Verträgen und Vordrucken eine Behinderung von Menschen zu berücksichtigen. Blinde, sehbehinderte und taubblinde Menschen können verlangen, dass ihnen Bescheide, öffentlich-rechtliche Verträge und Vordrucke ohne zusätzliche Kosten auch in einer für sie wahrnehmbaren Form zugänglich gemacht werden, soweit dies zur Wahrnehmung eigener Rechte im Verwaltungsverfahren erforderlich ist.

(2) Die Landesregierung bestimmt durch Rechtsverordnung, bei welchen Anlässen und in welcher Art und Weise die in Abs. 1 genannten Dokumente blinden, sehbehinderten und taubblinden Menschen zugänglich gemacht werden.

§ 12a Verständlichkeit und Leichte Sprache

(1) Die Träger öffentlicher Gewalt im Sinne des § 9 Abs. 1 sollen mit Menschen mit geistigen oder seelischen Behinderungen in einer für sie leicht verständlichen Sprache kommunizieren.

(2) Auf Verlangen haben die Träger öffentlicher Gewalt im Sinne des § 9 Abs. 1 Satz 1 Menschen mit geistigen oder seelischen Behinderungen, die Schwierigkeiten mit dem Textverständnis haben, die in § 12 Abs. 1 genannten Dokumente in einfacher und verständlicher Weise und, soweit dies nicht ausreichend ist, im notwendigen Umfang und ohne zusätzliche Kosten in Leichter Sprache schriftlich zu erläutern.

(3) Die Träger öffentlicher Gewalt im Sinne des § 9 Abs. 1 Satz 1 sollen Informationen in Leichter Sprache bereitstellen. Die Landesregierung wirkt darauf hin, dass sie die Leichte Sprache stärker einsetzen und entsprechende Kompetenzen für das Verfassen von Texten in Leichter Sprache auf- und ausgebaut werden.

§ 13 Kostentragung für Stimmzettelschablonen

Übernehmen Blindenvereine die Herstellung oder die Verteilung von Stimmzettelschablonen nach § 37 Abs. 3 der Landeswahlordnung in der Fassung der Bekanntmachung vom 26. Februar 1998 (GVBl. I S. 101, 167), zuletzt geändert durch Verordnung vom 16. Juli 2018 (GVBl. S. 346), oder nach § 6 Abs. 3 Satz 2 der Stimmordnung vom 6. November 1990 (GVBl. I S. 613), zuletzt geändert durch Verordnung vom 16. Juli 2018 (GVBl. S. 346), werden ihnen die dadurch veranlassten notwendigen Ausgaben erstattet.

§ 14 Barrierefreie Informationstechnik, Verordnungsermächtigung

(1) Träger öffentlicher Gewalt im Sinne des § 9 Abs. 1 gestalten ihre Intranet- und Internetauftritte und -angebote, die Träger öffentlicher Gewalt im Sinne des § 9 Abs. 1 Satz 1 auch die von ihnen zur Verfügung gestellten grafischen Programmoberflächen, die mit Mitteln der Informationstechnik dargestellt werden, nach Maßgabe der nach Satz 2 zu erlassenden Verordnung schrittweise technisch so, dass sie von Menschen mit Behinderungen grundsätzlich uneingeschränkt genutzt werden können. Die Landesregierung bestimmt durch Rechtsverordnung nach Maßgabe der technischen, finanziellen und verwaltungsorganisatorischen Möglichkeiten

1. die anzustrebenden technischen Standards sowie den Zeitpunkt ihrer verbindlichen Anwendung,
2. die zu gestaltenden Bereiche und Arten amtlicher Informationen,

3. die zur Umsetzung der Richtlinie (EU) 2016/2102 des Europäischen Parlaments und des Rates vom 26. Oktober 2016 über den barrierefreien Zugang zu den Websites und mobilen Anwendungen öffentlicher Stellen (ABl. EU Nr. L 327 S. 1) notwendigen Regelungen über den Anwendungsbereich,
4. die Informationspflichten bei Internetauftritten und -angeboten, die zur Barrierefreiheit veröffentlicht werden sollen,
5. die Methode der Überwachung der Barrierefreiheitsanforderungen sowie der Berichterstattung hierzu nach Art. 8 der Richtlinie (EU) 2016/2102 und
6. das Verfahren, um die Einhaltung der Anforderungen an die Barrierefreiheit nach Art. 4 bis 7 der Richtlinie (EU) 2016/2102 zu gewährleisten.

(2) Für Websites und mobile Anwendungen öffentlicher Stellen nach Art. 3 der Richtlinie (EU) 2016/2102 gilt Abs. 1 entsprechend.

§ 15 Barrierefreie Medien

(1) Der Hessische Rundfunk soll die Ziele des § 1 bei seinen Planungen und Maßnahmen beachten. Hierzu sollen insbesondere Fernsehprogramme untertitelt sowie mit Bildbeschreibungen für blinde, erblindete und sehbehinderte Menschen versehen werden. Die Intendantin oder der Intendant des Hessischen Rundfunks berichtet dem Rundfunkrat regelmäßig über die getroffenen Maßnahmen.

(2) Die Hessische Landesanstalt für privaten Rundfunk und neue Medien setzt sich dafür ein, dass auch private Fernsehveranstalter im Rahmen ihrer technischen und wirtschaftlichen Möglichkeiten bei ihren Fernsehprogrammen Maßnahmen nach Abs. 1 Satz 2 ergreifen. Ihre Direktorin oder ihr Direktor berichtet der Versammlung der Hessischen Landesanstalt für privaten Rundfunk und neue Medien regelmäßig über den Stand der Barrierefreiheit im Sinne des Satzes 1.

Abschnitt 4
Rechtsbehelfe

§ 16 Prozessstandschaft durch Verbände

Werden Menschen mit Behinderungen in ihren Rechten aus § 9 Abs. 2, § 10 Abs. 1, § 11 Abs. 1, § 12 Abs. 1 oder § 14 verletzt, können an ihrer Stelle und mit ihrem Einverständnis die nach § 15 Abs. 3 des Behindertengleichstellungsgesetzes anerkannten Verbände sowie deren hessischen Landesverbände, die nicht selbst am Verfahren beteiligt sind, Rechtsschutz beantragen. Gleiches gilt bei Verstößen gegen Vorschriften des Landesrechts, die einen Anspruch auf Herstellung von Barrierefreiheit im Sinne des § 3 oder auf Verwendung von Gebärdensprache oder anderen Kommunikationshilfen im Sinne des § 8 Abs. 3 vorsehen. In diesen Fällen müssen alle Verfahrensvoraussetzungen wie bei einem Rechtsschutzersuchen durch den Menschen mit Behinderungen selbst vorliegen.

§ 17 Verbandsklagerecht

(1) Ein nach § 15 Abs. 3 des Behindertengleichstellungsgesetzes anerkannter Verband oder dessen hessischer Landesverband kann, ohne in seinen Rechten verletzt zu sein, Klage nach Maßgabe der Verwaltungsgerichtsordnung oder des Sozialgerichtsgesetzes erheben auf Feststellung eines Verstoßes durch Träger der öffentlichen Gewalt nach § 9 Abs. 1 Satz 1 gegen

1. das Benachteiligungsverbot des § 9 Abs. 2 und die Verpflichtung zur Herstellung der Barrierefreiheit nach § 10 Abs. 1, § 11 Abs. 1, § 12 Abs. 1, §§ 13 und 14,
2. die Vorschriften zur Herstellung der Barrierefreiheit im Gesetz über den öffentlichen Personennahverkehr in Hessen vom 1. Dezember 2005 (GVBl. I S. 786). zuletzt geändert durch Gesetz vom 24. Mai 2018 (GVBl. S. 182).

Satz 1 gilt nicht, wenn eine Maßnahme aufgrund einer Entscheidung in einem verwaltungs- oder sozialgerichtlichen Streitverfahren getroffen worden ist.

(2) Eine Klage ist nur zulässig, wenn der Verband durch die Maßnahme oder ihr Unterlas-

sen in seinem satzungsgemäßen Aufgabenbereich berührt wird. Soweit ein Mensch mit Behinderungen selbst seine Rechte durch eine Gestaltungs- oder Leistungsklage verfolgen kann oder hätte verfolgen können, kann die Klage nach Abs. 1 nur erhoben werden, wenn der Verband geltend macht, dass es sich bei der Maßnahme um einen Fall von allgemeiner Bedeutung handelt. Dies ist insbesondere der Fall, wenn eine Vielzahl gleichgelagerter Fälle vorliegt oder es sich um grundsätzliche Fragen der Barrierefreiheit handelt. Für Klagen nach Abs. 1 gelten die Vorschriften des 8. Abschnitts der Verwaltungsgerichtsordnung entsprechend mit der Maßgabe, dass es eines Vorverfahrens auch dann bedarf, wenn die angegriffene Maßnahme von einer obersten Landesbehörde erlassen worden ist.

Abschnitt 5 Die oder der Beauftragte der Hessischen Landesregierung für Menschen mit Behinderungen

§ 18 Beauftragte oder Beauftragter der Hessischen Landesregierung für Menschen mit Behinderungen

(1) Die Landesregierung beruft für die Dauer der Wahlperiode des Landtags eine Beauftragte oder einen Beauftragten für die Belange von Menschen mit Behinderungen. Die Wiederberufung ist zulässig. Die beauftragte Person ist unabhängig, weisungsungebunden und ressortübergreifend tätig. Sie kann von dem Amt vor Ablauf der Amtszeit außer mit ihrem Einverständnis nur abberufen werden, wenn die Abberufung bei entsprechender Anwendung der Vorschriften über die Amtsenthebung von Richtern auf Lebenszeit gerechtfertigt ist. Nach Ablauf der Wahlperiode bleibt sie bis zur Neuberufung einer beauftragten Person im Amt. Endet das Amt aus einem anderen Grund, nimmt bis zur Neubestellung die Staatssekretärin oder der Staatssekretär im Hessischen Ministerium für Soziales und Integration die Aufgaben wahr.

(2) Die beauftragte Person berät die Landesregierung bei der Fortentwicklung und Umsetzung der Politik für Menschen mit Behinderungen. Ihre Aufgabe ist es, darauf hinzuwirken, dass die Verantwortung des Landes für gleichwertige Lebensbedingungen für Menschen mit und ohne Behinderungen in allen Bereichen des gesellschaftlichen Lebens erfüllt wird. Sie hat zur Wahrung der Belange von Menschen mit Behinderungen insbesondere

1. im Zusammenwirken mit den Schwerbehindertenvertretungen sowie den Behindertenverbänden auf die Einhaltung der Gleichstellungsverpflichtung nach diesem Gesetz durch die Träger öffentlicher Gewalt im Sinne des § 9 Abs. 1 Satz 1 hinzuwirken,
2. Anregungen von einzelnen Betroffenen, von Selbsthilfegruppen und von Behindertenverbänden entgegenzunehmen und zu prüfen,
3. Maßnahmen zur Umsetzung der UN-Behindertenrechtskonvention anzuregen,
4. durch geeignete Maßnahmen darauf hinzuwirken, dass das Land Hessen die Beschäftigungspflicht nach den §§ 154 bis 156 des Neunten Buches Sozialgesetzbuch erfüllt, und hierzu die Hessische Landesregierung in allen Fragen der Ausbildung und Beschäftigung schwerbehinderter Menschen zu beraten sowie Integrationsmaßnahmen in der Landesverwaltung zu initiieren und zu begleiten,
5. die Zusammenarbeit und den Erfahrungsaustausch mit den von den kommunalen Gebietskörperschaften für die Belange von Menschen mit Behinderungen bestellten Persönlichkeiten und Gremien zu fördern und die kommunalen Gebietskörperschaften auf deren Wunsch bei der Erstellung einer Satzung nach § 8b Abs. 2 zu unterstützen,
6. die Zusammenarbeit mit den Verbänden und Organisationen, die sich mit den Interessen der Menschen mit Behinderungen befassen, zu fördern.

Bei der Aufgabenwahrnehmung ist darauf zu achten, dass die unterschiedlichen Lebensbedingungen von Frauen, Männern und Kindern mit Behinderungen berücksichtigt werden.

(3) Zur Wahrnehmung der Aufgaben nach Abs. 2 beteiligen die obersten Landesbehörden die beauftragte Person rechtzeitig bei allen Gesetzes-, Verordnungs- und sonstigen wichtigen Vorhaben, soweit sie Belange von Menschen mit Behinderungen behandeln oder berühren. Die Träger öffentlicher Gewalt im Sinne des § 9 Abs. 1 Satz 1 sind verpflichtet, die beauftragte Person bei der Erfüllung ihrer Aufgaben zu unterstützen, insbesondere die erforderlichen Auskünfte zu erteilen und Akteneinsicht zu gewähren, soweit dies zur sachgerechten Aufgabenwahrnehmung erforderlich ist. Die Bestimmungen zum Schutz personenbezogener Daten bleiben unberührt.

(4) Die beauftragte Person unterrichtet die Landesregierung und den Landtag regelmäßig über ihre Tätigkeit. Der Bericht hat Aussagen über die Wirksamkeit und Umsetzung dieses Gesetzes zu enthalten. Die beauftragte Person unterrichtet die Landesregierung und den Landtag einmal in jeder Wahlperiode über ihre Erfahrungen mit der Fortentwicklung der Interessenwahrnehmung der Belange von Menschen mit Behinderungen in den kommunalen Gebietskörperschaften.

(5) Die beauftragte Person der Hessischen Landesregierung und ihre Dienststelle sind dem Hessischen Ministerium für Soziales und Integration zugeordnet. Die für die Erfüllung der Aufgaben notwendige Personal- und Sachausstattung ist durch das Hessische Ministerium für Soziales und Integration nach Maßgabe des Landeshaushalts zur Verfügung zu stellen. Die beauftragte Person ist hauptamtlich tätig.

(6) Die beauftragte Person hat, auch nach Beendigung der Tätigkeit, über die ihr dabei bekannt gewordenen Angelegenheiten Verschwiegenheit zu bewahren. Dies gilt nicht für Mitteilungen im dienstlichen Verkehr oder über Tatsachen, die offenkundig sind oder ihrer Bedeutung nach keiner Geheimhaltung bedürfen.

§ 19 Inklusionsbeirat

(1) Bei der oder dem Beauftragten der Hessischen Landesregierung für Menschen mit Behinderungen wird ein Inklusionsbeirat gebildet, der sie oder ihn bei allen wesentlichen Fragen, die die Belange von Menschen mit Behinderungen betreffen, insbesondere auch im Zusammenhang mit der Aufgabenerfüllung nach § 18 Abs. 2 Satz 3 Nr. 3, berät und unterstützt.

(2) Der Inklusionsbeirat besteht aus der oder dem Beauftragten der Hessischen Landesregierung für Menschen mit Behinderungen als Vorsitzende oder Vorsitzender und weiteren 30 Mitgliedern, von denen mindestens 16 Mitglieder Vertreterinnen oder Vertreter der Menschen mit Behinderungen sind. Die Mitglieder werden von der Beauftragten oder dem Beauftragten der Hessischen Landesregierung für Menschen mit Behinderungen für die Dauer einer Wahlperiode des Landtags ausgewählt und berufen. Bei der Auswahl der Mitglieder sind Menschen mit unterschiedlichsten Arten von Behinderungen angemessen zu berücksichtigen. Für jedes Mitglied ist ein stellvertretendes Mitglied zu berufen.

(3) Der Inklusionsbeirat arbeitet eng mit weiteren behindertenpolitisch sachverständigen Personen, Institutionen und Verbänden zusammen und kann diese bei Bedarf zu seinen Sitzungen einladen.

(4) Der Inklusionsbeirat gibt sich eine Geschäftsordnung, in der auch das Nähere zur Auswahl und Berufung der Mitglieder geregelt wird. Die Geschäftsordnung hat auch Regelungen über die Aufwandsentschädigung für die Tätigkeit der Mitglieder des Inklusionsbeirats, soweit diese ehrenamtlich tätig sind und diese Aufgabe nicht im Rahmen ihrer Berufstätigkeit wahrnehmen, zu enthalten. Die Regelungen nach Satz 2 bedürfen der Zustimmung der für die gesellschaftliche Teilhabe und das Recht der Menschen mit Behinderungen zuständigen Ministerin oder des hierfür zuständigen Ministers.

Abschnitt 6
Schlussvorschriften

§ 20 Inkrafttreten

Dieses Gesetz tritt am Tage nach der Verkündung in Kraft.

Verordnung zur Ausführung des Hessischen Behinderten-Gleichstellungsgesetzes (HessBGGAV)

Vom 29. Oktober 2010 (GVBl. I S. 369)

Zuletzt geändert durch
Verordnung zur Änderung der Verordnung zur Ausführung des Hessischen Behinderten-Gleichstellungsgesetzes
vom 21. November 2014 (GVBl. S. 300)

Inhaltsübersicht

Aufgrund des § 11 Abs. 2 und des § 12 Abs. 2 des Hessischen Behinderten-Gleichstellungsgesetzes vom 20. Dezember 2004 (GVBl. I S. 482), zuletzt geändert durch Gesetz vom 14. Dezember 2009 (GVBl. I S. 729), wird verordnet:

Erster Teil Zugänglichmachung von Dokumenten für blinde, sehbehinderte und taubblinde Menschen im Verwaltungsverfahren

§ 1 Anwendungsbereich und Anlass

Blinde, sehbehinderte und taubblinde Menschen können zur Wahrnehmung eigener Rechte als Beteiligte eines Verwaltungsverfahrens verlangen, dass ihnen öffentlich-rechtliche Verträge, Vordrucke und Bescheide (Dokumente) einschließlich der Anlagen, die die Dokumente in Bezug nehmen, in einer für sie wahrnehmbaren, geeigneten Form zugänglich gemacht werden. Dies gilt nicht für das behördliche Ordnungswidrigkeitenverfahren.

§ 2 Geeignete Formen der Zugänglichmachung

(1) Die in § 1 Satz 1 genannten Dokumente können

1. in Blindenschrift oder in Großdruck,
2. elektronisch durch E-Mail oder Datenträger,
3. akustisch durch Hörkassette,
4. mündlich von Person zu Person oder
5. in sonstiger Weise

zugänglich gemacht werden. Ein Dokument ist zugänglich gemacht, wenn die oder der Berechtigte den Inhalt des Dokumentes wahrnehmen kann.

(2) Werden Dokumente auf elektronischem Wege zugänglich gemacht, sind die Standards der barrierefreien Informationstechnik nach § 14 Satz 1 des Hessischen Behinderten-Gleichstellungsgesetzes maßgebend.

§ 3 Umfang des Anspruchs auf Zugänglichmachung

(1) Die Berechtigten können zwischen den Formen der Zugänglichmachung nach § 2 Abs. 1 Satz 1 auswählen. Die Auswahlentscheidung ist aktenkundig zu machen und im weiteren Verwaltungsverfahren von Amts wegen zu berücksichtigen.

(2) Erhalten die in § 9 Abs. 1 Satz 1 des Hessischen Behinderten-Gleichstellungsgesetzes genannten Stellen Kenntnis von der Blindheit, Taubblindheit oder einer anderen Sehbehinderung einer oder eines Beteiligten eines Verwaltungsverfahrens, haben sie diese auf ihr Recht auf Zugänglichmachung nach § 1 Satz 1 und ihr Wahlrecht nach Abs. 1 Satz 1 hinzuweisen.

§ 4 Zeitpunkt der Zugänglichmachung

Die Dokumente sollen den Berechtigten, soweit möglich, gleichzeitig mit der Bekanntgabe auch in der für sie wahrnehmbaren Form zugänglich gemacht werden. Die Vorschriften über die Bekanntgabe nach dem Hessischen Verwaltungsverfahrensgesetz in der Fassung vom 15. Januar 2010 (GVBl. I S. 18), geändert durch Gesetz vom 13. Dezember 2012 (GVBl. S. 622), bleiben unberührt.

§ 5 Kosten

Zusätzliche Kosten für die Zugänglichmachung eines Dokuments in wahrnehmbarer Form nach § 1 Abs. 1 Satz 2 des Hessischen Behinderten-Gleichstellungsgesetzes werden nicht erhoben. Dies gilt auch für Folgekosten.

Zweiter Teil Verwendung von Gebärdensprache und anderen Kommunikationshilfen im Verwaltungsverfahren

§ 6 Anwendungsbereich und Anlass

(1) Hör- oder sprachbehinderte Menschen können zur Wahrnehmung eigener Rechte als Beteiligte eines Verwaltungsverfahrens verlangen, dass ihnen für die mündliche Kommunikation eine Dolmetscherin oder ein Dolmetscher für die Deutsche Gebärdensprache, für lautsprachbegleitende Gebärden oder andere geeignete Kommunikationshilfen bereitgestellt werden. Dies gilt nicht für das behördliche Ordnungswidrigkeitenverfahren.

(2) Abs. 1 Satz 1 gilt entsprechend für die Kommunikation von hör- oder sprachbehinderten Eltern mit der Schule im Sinne des § 11 Abs. 1

Satz 3 des Hessischen Behinderten-Gleichstellungsgesetzes. Dies gilt nicht für Unterricht in Schulen und andere schulische Veranstaltungen.

§ 7 Geeignete Kommunikationshilfen

(1) Andere geeignete Kommunikationshilfen im Sinne des § 11 Abs. 1 Satz 2 des Hessischen Behinderten-Gleichstellungsgesetzes sind

1. Kommunikationshelferinnen und Kommunikationshelfer, insbesondere
   a) Schriftdolmetscherinnen und Schriftdolmetscher,
   b) Simultanschriftdolmetscherinnen und Simultanschriftdolmetscher,
   c) Oraldolmetscherinnen und Oraldolmetscher und
   d) Kommunikationsassistentinnen und Kommunikationsassistenten,
2. Kommunikationsmethoden, insbesondere
   a) Lormen und taktil wahrnehmbare Gebärden,
   b) Unterstützte Kommunikation für Menschen mit autistischer Störung,
   c) relaisgestützte Kommunikation und
   d) lautsprachbegleitende Gebärden,
3. Kommunikationsmittel, insbesondere
   a) akustisch-technische Hilfen und
   b) grafische Symbol-Systeme.

(2) Die Kommunikation mittels einer Kommunikationshilfe ist als geeignet anzusehen, wenn sie die für die Wahrnehmung eigener Rechte im Verwaltungsverfahren erforderliche Verständigung sicherstellt.

§ 8 Umfang des Anspruchs auf Kommunikationshilfen

(1) Die Berechtigten können zwischen den geeigneten Kommunikationshilfen im Sinne des § 7 auswählen oder auch selbst eine geeignete Kommunikationshilfe bereitstellen.

(2) Erhalten die in § 9 Abs. 1 Satz 1 des Hessischen Behinderten-Gleichstellungsgesetzes genannten Stellen Kenntnis von der Hör- oder Sprachbehinderung einer oder eines Beteiligten eines Verwaltungsverfahrens, haben sie diese auf ihr Recht auf barrierefreie Kommunikation und auf ihr Wahlrecht nach Abs. 1 hinzuweisen.

(3) Bei der Abwehr von unmittelbar bevorstehenden Gefahren für bedeutsame Rechtsgüter, insbesondere Leben, Gesundheit, Freiheit oder nicht unwesentliche Vermögenswerte, kann von dem Einsatz von Gebärdensprachdolmetscherinnen oder Gebärdensprachdolmetschern oder anderer Kommunikationshilfen abgesehen werden.

§ 9 Art und Weise der Bereitstellung von Kommunikationshilfen

Die geeigneten Kommunikationshilfen im Sinne des § 7 werden von den in § 9 Abs. 1 Satz 1 des Hessischen Behinderten-Gleichstellungsgesetzes genannten Stellen bereitgestellt, es sei denn, die Berechtigten stellen diese selbst bereit. Die Auswahlentscheidung ist aktenkundig zu machen und im weiteren Verwaltungsverfahren von Amts wegen zu berücksichtigen.

§ 10 Vergütung, Entschädigung

Gebärdensprachdolmetscherinnen und Gebärdensprachdolmetscher sowie Kommunikationshelferinnen und Kommunikationshelfer im Sinne des § 7 Abs. 1 Nr. 1 Buchst. a bis c erhalten eine Vergütung nach Maßgabe der Nr. 1 der Anlage und die darauf entfallende Umsatzsteuer, sofern diese nicht nach § 19 Abs. 1 Umsatzsteuergesetz in der Fassung vom 21. Februar 2005 (BGBl. I S. 386), zuletzt geändert durch Gesetz vom 25. Juli 2014 (BGBl. I S. 1266), unerhoben bleibt. Kommunikationsassistentinnen und Kommunikationsassistenten nach § 7 Abs. 1 Nr. 1 Buchst. d erhalten eine Entschädigung nach Maßgabe der Nr. 2 der Anlage.

Dritter Teil
Schlussvorschriften

§ 11 Aufhebung bisherigen Rechts

Aufgehoben werden

1. die Hessische Verordnung über barrierefreie Dokumente vom 29. März 2006 (GVBl. I S. 98) und
2. die Hessische Kommunikationshilfenverordnung vom 29. März 2006 (GVBl. I S. 99).

§ 12 Inkrafttreten

Diese Verordnung tritt am Tage nach der Verkündung in Kraft.

I

Anlage
(zu § 10)

1. Gebärdensprachdolmetscherinnen und Gebärdensprachdolmetscher sowie Kommunikationshelferinnen und Kommunikationshelfer nach § 7 Abs. 1 Nr. 1 Buchst. a bis c (kommunikationsunterstützende Personen) erhalten als Vergütung
   a) ein Entgelt in Höhe von
      aa) 37,50 Euro je angefangene 30 Minuten Dolmetschzeit bei nachgewiesener abgeschlossener Berufsausbildung für das ausgeübte Tätigkeitsfeld,
      bb) 24 Euro je angefangene 30 Minuten Dolmetschzeit ohne nachgewiesene abgeschlossene Berufsausbildung für das ausgeübte Tätigkeitsfeld,
   b) eine Pauschale für entstandene Fahrt- und Wartezeiten bei einer einfachen Wegstrecke zwischen Wohnort und Einsatzort:
      aa) von bis zu 50 Kilometern in Höhe von 46 Euro,
      bb) von bis zu 70 Kilometern in Höhe von 59 Euro,
      cc) von bis zu 90 Kilometern in Höhe von 72 Euro,
      dd) von bis zu 100 Kilometern in Höhe von 85 Euro,
      ee) von bis zu 150 Kilometern in Höhe von 98 Euro,
      ff) bei mehr als 150 Kilometern in Höhe von 150 Euro,
   c) Fahrtkosten und Wegstreckenentschädigung in entsprechender Anwendung des Hessischen Reisekostengesetzes vom 9. Oktober 2009 (GVBl. I S. 397),
   d) eine Ausfallentschädigung anstelle der Vergütung nach Buchst. a bis c im Falle einer Terminverlegung in Höhe von
      aa) 75 Euro bei nachgewiesener abgeschlossener Berufsausbildung für das ausgeübte Tätigkeitsfeld,
      bb) 48 Euro ohne nachgewiesene abgeschlossene Berufsausbildung für das ausgeübte Tätigkeitsfeld,

   wenn die Terminverlegung der kommunikationsunterstützenden Person oder der oder dem Berechtigten, wenn diese oder dieser die kommunikationsunterstützende Person selbst bereitstellt, nicht mindestens einen Tag vorher mitgeteilt wurde.
2. Personen nach § 7 Abs. 1 Nr. 1 Buchst. d erhalten für ihren Einsatz auf Antrag eine pauschale Entschädigung von 30 Euro.

Gesetz zur Gleichstellung, gleichberechtigten Teilhabe und Integration von Menschen mit Behinderungen (Landesbehindertengleichstellungsgesetz – LBGG M-V)

Vom 10. Juli 2006 (GVOBl. M-V S. 539)

Zuletzt geändert durch
Drittes Gesetz zur Änderung des Landesbehindertengleichstellungsgesetzes
vom 29. Mai 2021 (GVOBl. M-V S. 838)

Inhaltsübersicht

I

Abschnitt 1
Allgemeine Bestimmungen

§ 1 Gesetzesziel

(1) Ziel dieses Gesetzes ist es, Benachteiligungen von Menschen mit Behinderungen zu beseitigen und zu verhindern sowie ihre gleichberechtigte Teilhabe am Leben in der Gesellschaft zu gewährleisten und ihnen eine selbstbestimmte Lebensführung zu ermöglichen; dabei ist den individuellen Bedarfen Rechnung zu tragen.

(2) Zur Erreichung des Zieles dieses Gesetzes sollen die in § 2 Absatz 1 genannten Stellen mit den Interessenvertretungen für Menschen mit Behinderungen nach § 10 zusammenarbeiten.

(3) Bei Maßnahmen nach diesem Gesetz sind die unterschiedlichen Auswirkungen auf Frauen und Männer zu berücksichtigen. Dabei ist die Gleichstellung von Frauen und Männern als durchgängiges Prinzip zu befolgen.

§ 2 Geltungsbereich

(1) Dieses Gesetz gilt

1. für die Verwaltungen des Landes und der kommunalen Körperschaften, der ihnen unterstehenden Körperschaften, Anstalten und Stiftungen des öffentlichen Rechts, soweit diese Verwaltungsaufgaben wahrnehmen, und
2. für die in Artikel 3 Nummer 1 der Richtlinie (EU) 2016/2102 des Europäischen Parlaments und des Rates vom 26. Oktober 2016 über den barrierefreien Zugang zu den Websites und mobilen Anwendungen öffentlicher Stellen (ABl. L 327/1) genannten öffentlichen Stellen, soweit sie im Allgemeininteresse liegende Aufgaben nicht gewerblicher Art erfüllen, hinsichtlich Websites und mobiler Anwendungen nach Maßgabe des § 14.

(2) Soweit die in Absatz 1 genannten Stellen Mehrheitsbeteiligungen an juristischen Personen des privaten Rechts halten oder erwerben, haben sie darauf hinzuwirken, dass die Grundzüge dieses Gesetzes auch von den juristischen Personen des privaten Rechts, an denen die Beteiligung besteht, beachtet werden.

§ 3 Menschen mit Behinderungen

Menschen mit Behinderungen im Sinne dieses Gesetzes sind Menschen, die langfristig körperliche, seelische, geistige oder Sinnesbeeinträchtigungen haben, welche sie in Wechselwirkung mit einstellungs- und umweltbedingten Barrieren an der gleichberechtigten Teilhabe an der Gesellschaft hindern können. Als langfristig gilt ein Zeitraum, der mit hoher Wahrscheinlichkeit länger als sechs Monate andauern wird.

§ 4 Frauen mit Behinderungen, Benachteiligungen wegen mehrerer Gründe

(1) Zur Umsetzung der Gleichberechtigung von Frauen und Männern und zur Vermeidung von Benachteiligungen von Frauen mit Behinderungen wegen mehrerer Gründe sind die besonderen Belange von Frauen mit Behinderungen zu berücksichtigen und bestehende Benachteiligungen zu beseitigen. Dabei sind besondere Maßnahmen zur Förderung der tatsächlichen Durchsetzung der Gleichberechtigung von Frauen mit Behinderungen und zur Beseitigung bestehender Benachteiligungen zulässig.

(2) Ungeachtet des Absatzes 1 sind die besonderen Belange von Menschen mit Behinderungen, die von Benachteiligungen wegen einer Behinderung und wenigstens eines weiteren in § 1 des Allgemeinen Gleichbehandlungsgesetzes genannten Grundes betroffen sein können, zu berücksichtigen.

§ 5 Benachteiligung

Eine Benachteiligung im Sinne dieses Gesetzes liegt vor, wenn Menschen mit und ohne Behinderungen ohne zwingenden Grund unterschiedlich behandelt werden und dadurch Menschen mit Behinderungen in der gleichberechtigten Teilhabe am Leben in der Gesellschaft unmittelbar oder mittelbar beeinträchtigt werden.

§ 6 Barrierefreiheit

Barrierefrei sind bauliche und sonstige Anlagen, Verkehrsmittel, technische Gebrauchsgegenstände, Systeme der Informationsverarbeitung, akustische und visuelle Informationsquellen, Kommunikationseinrichtungen sowie andere gestaltete Lebensbereiche, wenn sie für Menschen mit Behinderungen in der allgemein üblichen Weise, ohne besondere Erschwernis und grundsätzlich ohne fremde Hilfe auffindbar, zugänglich und nutzbar sind. Hierbei ist die Nutzung behinderungsbedingt notwendiger Hilfsmittel zulässig.

Abschnitt 2 Verpflichtung zur Gleichstellung und Barrierefreiheit

§ 7 Benachteiligungsverbot und Gleichstellungsgebot

(1) Die in § 2 Absatz 1 genannten Stellen dürfen Menschen mit Behinderungen nicht benachteiligen. Eine Benachteiligung liegt auch bei einer Belästigung im Sinne des § 3 Absatz 3 und 4 des Allgemeinen Gleichbehandlungsgesetzes vor, mit der Maßgabe, dass § 3 Absatz 4 des Allgemeinen Gleichbehandlungsgesetzes nicht auf den Anwendungsbereich des § 2 Absatz 1 Nummer 1 bis 4 des Allgemeinen Gleichbehandlungsgesetzes begrenzt ist. Bei einem Verstoß gegen eine Verpflichtung zur Herstellung der Barrierefreiheit wird das Vorliegen einer Benachteiligung widerlegbar vermutet.

(2) Die Versagung angemessener Vorkehrungen für Menschen mit Behinderungen ist eine Benachteiligung im Sinne dieses Gesetzes. Angemessene Vorkehrungen sind Maßnahmen, die im Einzelfall geeignet und erforderlich sind, um zu gewährleisten, dass ein Mensch mit Behinderung gleichberechtigt mit anderen alle Rechte in Anspruch nehmen und ausüben kann, und sie die in § 2 Absatz 1 genannten Stellen nicht unverhältnismäßig oder unbillig belasten.

(3) In Bereichen bestehender Benachteiligungen von Menschen mit Behinderungen gegenüber Menschen ohne Behinderung ist mit besonderen Maßnahmen auf den Abbau und zur Beseitigung dieser Benachteiligungen hinzuwirken. Bei der Anwendung von Gesetzen zur tatsächlichen Durchsetzung der Gleichberechtigung von Frauen und Männern ist den besonderen Belangen von Frauen mit Behinderungen Rechnung zu tragen.

(4) Macht ein Mensch mit Behinderungen eine Benachteiligung im Sinne von § 5 durch eine Stelle nach § 2 Absatz 1 glaubhaft, so muss jene beweisen, dass eine Benachteiligung nicht vorliegt, für die Benachteiligung zwingende Gründe vorliegen oder dass nicht durch die Behinderung bedingte, sachliche Gründe vorliegen. Satz 1 findet keine Anwendung, soweit bundesrechtliche Vorschriften abweichende Bestimmungen enthalten.

(5) Empfänger öffentlicher Zuwendungen sollen nach Maßgabe der geltenden haushalts- und förderrechtlichen Bestimmungen des Landes auf die Förderung des Gesetzeszieles hinwirken.

(6) Besondere Benachteiligungsverbote zu Gunsten von Menschen mit Behinderungen in anderen Rechtsvorschriften bleiben unberührt.

§ 8 Herstellung von Barrierefreiheit in den Bereichen Bau und Verkehr

(1) Neu- und große Um- und Erweiterungsbauten im Eigentum des Landes einschließlich der landesunmittelbaren Körperschaften, Anstalten und Stiftungen des öffentlichen Rechts sollen entsprechend den allgemein anerkannten Regeln der Technik barrierefrei gestaltet werden. Von diesen Anforderungen kann abgewichen werden, wenn mit einer anderen Lösung in gleichem Maße die Anforderungen an die Barrierefreiheit erfüllt werden. Die Regelungen der Landesbauordnung bleiben unberührt.

(2) Das Land, einschließlich der landesunmittelbaren Körperschaften, Anstalten und Stiftungen des öffentlichen Rechts, sollen anlässlich der Durchführung von investiven Baumaßnahmen nach Absatz 1 Satz 1 bauliche Barrieren in den nicht von diesen Baumaßnahmen unmittelbar betroffenen Gebäudeteilen, soweit sie dem Publikumsverkehr dienen, feststellen und unter Berücksichtigung der baulichen Gegebenheiten schrittweise abbauen, sofern der Abbau nicht eine

unangemessene wirtschaftliche Belastung darstellt.

(3) Die in Absatz 1 Satz 1 genannten Stellen sind verpflichtet, die Barrierefreiheit bei Anmietungen der von ihnen genutzten Bauten zu berücksichtigen. Künftig sollen, soweit möglich, nur barrierefreie Bauten oder Bauten, in denen die baulichen Barrieren unter Berücksichtigung der baulichen Gegebenheiten abgebaut werden können, angemietet werden, soweit die Anmietung nicht eine unangemessene wirtschaftliche Belastung zur Folge hat.

(4) Sonstige bauliche oder andere Anlagen, öffentliche Wege, Plätze und Straßen sowie öffentlich zugängliche Verkehrsanlagen und Beförderungsmittel im öffentlichen Personennahverkehr sind nach Maßgabe der einschlägigen Rechtsvorschriften barrierefrei zu gestalten.

§ 9 Zielvereinbarungen

(1) Soweit Rechtsvorschriften nicht entgegenstehen, können zur Herstellung der Barrierefreiheit zwischen den Landesverbänden von Menschen mit Behinderungen und den in § 2 Absatz 1 genannten Stellen für ihren jeweiligen sachlichen und räumlichen Organisations- oder Tätigkeitsbereich Zielvereinbarungen getroffen werden.

(2) Die Zielvereinbarungen sind an das Zielvereinbarungsregister zu melden, das vom Landesamt für Gesundheit und Soziales geführt wird.

§ 10 Interessenvertretungen für Menschen mit Behinderungen

(1) Rechtsfähige Vereine und Verbände von Menschen mit Behinderungen sowie Selbsthilfeorganisationen von Menschen mit Behinderungen und ihrer Angehörigen sind durch ihre Struktur und demokratische Wahlen als Interessenvertretung der Betroffenen legitimiert.

(2) Das Land erkennt das Recht der rechtsfähigen Vereine und Verbände von Menschen mit Behinderungen sowie der Selbsthilfeorganisationen von Menschen mit Behinderungen und ihrer Angehörigen an, sich auf Landesebene, in den Regionen und lokal zu organisieren und zu vertreten. Insbesondere wird das Land darauf hinwirken, dass die Rolle der Selbsthilfeorganisationen ausgebaut und gefestigt wird, ihr Einfluss im Gemeinwesen, bei der Planung und Evaluierung von Diensten und Maßnahmen, die das Leben von Menschen mit Behinderungen berühren, wirksam bleiben und zur Sensibilisierung der Öffentlichkeit beitragen kann.

(3) Rechtsfähige Vereine und Verbände von Menschen mit Behinderungen sowie Selbsthilfeorganisationen von Menschen mit Behinderungen und ihrer Angehörigen, die individuelle, personenbezogene Beratung und Hilfe anbieten, können nach Maßgabe des Haushaltes gefördert werden.

§ 11 Gebärdensprache und Kommunikationshilfen

(1) Die Deutsche Gebärdensprache ist als eigenständige Sprache anerkannt. Lautsprachbegleitende Gebärden sind als Kommunikationsform der deutschen Sprache anerkannt.

(2) Menschen mit Hörbehinderungen (Gehörlose, Ertaubte und Schwerhörige) und Menschen mit Sprachbehinderungen haben nach Maßgabe der Rechtsverordnung nach Absatz 3 das Recht, mit den in § 2 Absatz 1 genannten Stellen in Deutscher Gebärdensprache, mit lautsprachbegleitenden Gebärden oder über andere geeignete Kommunikationshilfen zu kommunizieren, soweit dies zur Wahrnehmung eigener Rechte im Verwaltungsverfahren erforderlich ist. Die in § 2 Absatz 1 genannten Stellen haben dafür auf Wunsch der Berechtigten im notwendigen Umfang die Übersetzung durch Gebärdensprachdolmetscher oder die Verständigung mit anderen geeigneten Kommunikationshilfen sicherzustellen. Die notwendigen Aufwendungen werden vom Land getragen. Kann eine von den in § 2 Absatz 1 genannten Stellen bestimmte und nicht gesetzlich vorgegebene Frist nicht eingehalten werden, weil ein Gebärdensprachdolmetscher oder eine andere geeignete Kommunikationshilfe nicht rechtzeitig zur Verfügung gestellt wer-

den konnte, ist die Frist angemessen zu verlängern.

(3) Das Ministerium für Soziales, Integration und Gleichstellung bestimmt im Einvernehmen mit dem Ministerium für Inneres und Europa und dem Finanzministerium durch Rechtsverordnung

1. Anlass und Umfang des Anspruchs auf Bereitstellung eines Gebärdensprachdolmetschers oder anderer geeigneter Kommunikationshilfen,
2. Art und Weise der Bereitstellung von Gebärdensprachdolmetschern oder anderen geeigneten Hilfen für die Kommunikation zwischen hör- und sprachbehinderten Menschen und den Trägern öffentlicher Gewalt,
3. die Grundsätze für eine angemessene Vergütung oder eine Erstattung von notwendigen Aufwendungen für die Dolmetscherdienste oder den Einsatz anderer geeigneter Kommunikationshilfen sowie das Verfahren zur Erstattung der notwendigen Aufwendungen durch das Land und
4. welche Kommunikationsformen als andere geeignete Kommunikationshilfen im Sinne des Absatzes 2 anzusehen sind.

§ 12 Verständlichkeit und Leichte Sprache

(1) Das Land, einschließlich der landesunmittelbaren Körperschaften, Anstalten und Stiftungen des öffentlichen Rechts, soweit diese Verwaltungsaufgaben wahrnehmen, sollen mit Menschen mit geistigen Behinderungen und Menschen mit seelischen Behinderungen, entsprechend ihres individuellen Bedarfs, in einfacher und verständlicher Sprache kommunizieren. Insbesondere Bescheide, Allgemeinverfügungen, öffentlich- rechtliche Verträge und Vordrucke sollen auf Verlangen in einfacher und verständlicher Weise erläutert werden.

(2) Ist die Erläuterung nach Absatz 1 nicht ausreichend, sollen die in Absatz 1 genannten Stellen auf Verlangen Menschen mit geistigen Behinderungen und Menschen mit seelischen Behinderungen Bescheide, Allgemeinverfügungen, öffentlichrechtliche Verträge und Vordrucke in Leichter Sprache erläutern.

(3) Kosten für Erläuterungen im notwendigen Umfang nach Absatz 1 oder 2 sind von den in Absatz 1 genannten Stellen in eigener Zuständigkeit zu tragen. Der notwendige Umfang bestimmt sich nach dem individuellen Bedarf der Berechtigten.

(4) Die Landesregierung wirkt darauf hin, dass auch die kommunalen Körperschaften die Leichte Sprache stärker einsetzen und ihre Kompetenzen für das Verfassen von Texten in Leichter Sprache auf- und ausbauen.

§ 13 Gestaltung von Bescheiden und Vordrucken

(1) Die in § 2 Absatz 1 genannten Stellen haben bei der Gestaltung von schriftlichen Bescheiden, Allgemeinverfügungen, öffentlich-rechtlichen Verträgen und Vordrucken die besonderen Belange davon betroffener Menschen mit Behinderungen zu berücksichtigen. Blinde und sehbehinderte Menschen können nach Maßgabe der Rechtsverordnung nach Absatz 2 insbesondere verlangen, dass ihnen die in Satz 1 genannten Dokumente ohne zusätzliche Kosten auch in einer für sie wahrnehmbaren Form zugänglich gemacht werden, soweit dies zur Wahrnehmung eigener Rechte im Verwaltungsverfahren erforderlich ist.

(2) Das Ministerium für Soziales, Integration und Gleichstellung bestimmt im Einvernehmen mit dem Ministerium für Inneres und Europa und dem Finanzministerium durch Rechtsverordnung nach Maßgabe der technischen, finanziellen und verwaltungsorganisatorischen Möglichkeiten, unter welchen Voraussetzungen und in welcher Art und Weise die in Absatz 1 Satz 1 genannten Dokumente blinden und sehbehinderten Menschen zugänglich gemacht werden.

§ 14 Barrierefreier Zugang zu Websites und mobilen Anwendungen, Rechtsverordnungen

(1) Die in § 2 Absatz 1 genannten Stellen gestalten gemäß der Richtlinie (EU) 2016/2102 des Europäischen Parlaments und des

I

Rates vom 26. Oktober 2016 über den barrierefreien Zugang zu den Websites und mobilen Anwendungen öffentlicher Stellen (ABl. L 327 vom 2. 12. 2016, S. 1) ihre Websites und mobilen Anwendungen, einschließlich des Intranets und Extranets nach Maßgabe des Artikels 1 Absatz 4 Buchstabe g dieser Richtlinie, wahrnehmbar, bedienbar, verständlich und robust, sodass sie für Menschen mit Behinderungen grundsätzlich uneingeschränkt genutzt werden können (barrierefreie Gestaltung). Die Websites und mobilen Anwendungen müssen eine detaillierte, umfassende und klare Erklärung zur Barrierefreiheit gemäß Artikel 7 Absatz 1 und 2 der Richtlinie (EU) 2016/2102 enthalten.

(2) Der Absatz l Satz 1 gilt nur, soweit dies nicht eine unverhältnismäßige Belastung für die öffentliche Stelle bewirken würde. Ob eine unverhältnismäßige Belastung bewirkt würde, ist aktenkundig aufgrund einer abwägenden Bewertung unter Beachtung der Vorgaben in Artikel 5 Absatz 2 der Richtlinie (EU) 2016/2102 festzustellen.

(3) Die barrierefreie Gestaltung ist bereits bei der Planung, Entwicklung, Ausschreibung und Beschaffung zu berücksichtigen. Dies gilt insbesondere bei Neuanschaffungen, Erweiterungen und Überarbeitungen von Websites und mobilen Anwendungen.

(4) Für die Websites und mobilen Anwendungen von Schulen, Kindergärten oder Kinderkrippen gelten die vorgenannten Absätze nicht, mit Ausnahme von Inhalten, die sich auf wesentliche Online-Verwaltungsfunktionen beziehen.

(5) Das Ministerium für Soziales, Integration und Gleichstellung ist im Sinne der Richtlinie (EU) 2016/2102 zuständige Stelle (Überwachungsstelle) für

1. das Überwachungs- und Durchsetzungsverfahren gemäß Artikel 8 und 9 der Richtlinie (EU) 2016/2102 und
2. die Berichterstattung an die zuständige Überwachungsstelle des Bundes nach § 13 Absatz 3 des Behindertengleichstellungsgesetzes.

Sie ist zugleich Beschwerdestelle für Beschwerden zu Websites und mobilen Anwendungen von öffentlichen Stellen, wenn die Einhaltung der Anforderungen aus der Richtlinie (EU) 2016/2102 in Frage steht. Im Rahmen ihrer Zuständigkeit nach Satz 1 und 2 kann sich die Überwachungsstelle zur Aufklärung des Sachverhalts sowie insbesondere zur Begutachtung mit anschließendem Begutachtungsvermerk einer Website oder mobilen Anwendung eines Dienstleisters oder einer sachverständigen Stelle bedienen. Die öffentliehen Stellen im Sinne von § 2 Absatz 1 unterstützen die Überwachungsstelle oder von ihr beauftragte Dritte bei der Erfüllung der sich aus der Durchsetzung der Richtlinie (EU) 2016/2102 erforderlichen Aufgaben. Sie erteilen Auskunft, stellen die notwendigen Daten zur Verfügung, gewähren Einsicht in die Unterlagen und Zugriff auf elektronische Dienste im erforderlichen Umfang, sofern andere Rechtsvorschriften dem nicht entgegenstehen. Zur Überwachung der Barrierefreiheit ist die Überwachungsstelle berechtigt, eine Liste der Websites und mobilen Anwendungen der öffentlichen Stellen zu führen.

(6) Das Ministerium für Soziales, Integration und Gleichstellung wird ermächtigt, im Einvernehmen mit dem Finanzministerium und dem Ministerium für Energie, Infrastruktur und Digitalisierung durch Rechtsverordnung nach Maßgabe der technischen, finanziellen, wirtschaftlichen und verwaltungsorganisatorischen Möglichkeiten nähere Bestimmungen zu treffen, insbesondere über

1. die spezifischen technischen Standards, die die öffentlichen Stellen bei der barrierefreien Gestaltung der Websites und mobilen Anwendungen anzuwenden haben,
2. das Verfahren zur regelmäßigen Überprüfung und Aktualisierung der Standards der Informationstechnik bezogen auf die barrierefreie Gestaltung von Websites und mobilen Anwendungen,
3. die konkreten Anforderungen an die Erklärung zur Barrierefreiheit gemäß Absatz 1 und das Verfahren zur regelmäßigen Aktualisierung,

4. die Anforderungen und das Verfahren zum Feedback-Mechanismus gemäß Artikel 7 Absatz 1b) der Richtlinie (EU) 2016/2102,
5. das Verfahren zur Beschwerdestelle, wenn die Einhaltung der Anforderungen aus Artikel 4, 5 und 7 der Richtlinie (EU) 2016/2102 infrage steht,
6. das Abwägungsverfahren nach Absatz 1 und 2,
7. das Verfahren der Überwachung und zur Berichterstattung nach Artikel 8 der Richtlinie (EU) 2016/2102, sowie die dafür zuständige Stelle,
8. die Durchführung von Schulungsprogrammen für öffentliche Stellen im Land.

§ 15 Mitwirkung von Verbänden, Verbandsklage, Vertretungsbefugnis

(1) Ein nach § 15 des Behindertengleichstellungsgesetzes anerkannter Verband, dessen mecklenburg-vorpommerscher Landesverband oder ein nach Absatz 5 anerkannter Verband kann, ohne in seinen Rechten verletzt zu sein, bei dem zuständigen Träger öffentlicher Aufgaben im Sinne des § 2 Absatz 1 die Feststellung beantragen, dass dieser gegen

1. das Benachteiligungsverbot und Gleichstellungsgebot nach § 7 Absatz 1 oder
2. seine Verpflichtung zur Herstellung der Barrierefreiheit nach §§ 8, 11 Abs. 2, § 13 Absatz 1 oder § 14 Absatz 1 und 2

verstoßen hat. Der Antrag ist nur zulässig, wenn der Verband durch die Maßnahme in seinem satzungsgemäßen Aufgabenbereich berührt wird. Über den Antrag ist durch schriftlichen Verwaltungsakt zu entscheiden. Gegen den Verwaltungsakt stehen dem Verband die Rechtsbehelfe nach der Verwaltungsgerichtsordnung zu. Die Sätze 1 bis 4 gelten nicht, wenn eine Maßnahme aufgrund einer gerichtlichen Entscheidung erlassen worden ist.

(2) Soweit ein Mensch mit Behinderungen selbst seine Rechte durch eine Gestaltungs- oder Leistungsklage verfolgen kann oder hätte verfolgen können, ist die Klage gegen einen Verwaltungsakt nach Absatz 1 Satz 3 nur zulässig, wenn der Verband geltend macht, dass es sich bei der Maßnahme um einen Fall von allgemeiner Bedeutung handelt. Dies ist insbesondere der Fall, wenn eine Vielzahl gleich gelagerter Fälle vorliegt.

(3) Werden Menschen mit Behinderungen in ihren Rechten nach § 7 Absatz 1, §§ 8, 11 Absatz 2, § 13 Absatz 1 oder § 14 Absatz 1 und 2 verletzt, können an ihrer Stelle und mit ihrem Einverständnis Verbände nach Absatz 1 Satz 1, die nicht selbst am Verfahren beteiligt sind, Rechtsschutz beantragen. In diesen Fällen müssen alle Verfahrensvoraussetzungen wie bei einem Rechtsschutzersuchen durch den betroffenen Menschen selbst vorliegen. Das Einverständnis ist schriftlich zu erklären.

(4) Solange über einen Antrag nach Absatz 1 Satz 1 nicht bestandskräftig entschieden worden ist oder die Klage eines Verbandes gegen einen Verwaltungsakt nach Absatz 1 Satz 3 rechtshängig ist oder wenn über die Sache selbst rechtskräftig entschieden worden ist, kann die Sache von keinem anderen Verband anderweitig beantragt oder anhängig gemacht werden.

(5) Das Ministerium für Soziales, Integration und Gleichstellung erkennt auf Antrag einen Verband nach Absatz 1 Satz 1 an. Die Anerkennung ist zu erteilen, wenn der Verband

1. nach seiner Satzung ideell und nicht nur vorübergehend vorwiegend die Belange von Menschen mit Behinderungen fördert,
2. nach der Zusammensetzung seiner Mitglieder dazu berufen ist, Menschen mit Behinderungen auf Landesebene zu vertreten,
3. zum Zeitpunkt der Anerkennung mindestens drei Jahre besteht und in diesem Zeitraum im Sinne der Nummer 1 tätig gewesen ist,
4. die Gewähr für eine sachgerechte Aufgabenerfüllung bietet; dabei sind Art und Umfang seiner bisherigen Tätigkeit, der Mitgliederkreis sowie die Leistungsfähigkeit des Vereines zu berücksichtigen und

I

5. wegen Verfolgung gemeinnütziger Zwecke nach § 5 Absatz 1 Nummer 9 des Körperschaftsteuergesetzes von der Körperschaftsteuer befreit ist.

Abschnitt 3
Rat für Integrationsförderung von Menschen mit Behinderungen und chronischen Erkrankungen

§ 16 Ziel

Bei der Landesregierung ist ein Rat für Integrationsförderung für Menschen mit Behinderungen und chronischen Erkrankungen (Integrationsförderrat) eingerichtet. Ziel der Arbeit des Integrationsförderrates ist es, Chancengleichheit für Menschen mit Behinderungen und chronischen Erkrankungen herzustellen, Voraussetzungen für ihre gleichberechtigte Teilnahme am Leben in der Gesellschaft zu schaffen und noch bestehende tatsächliche Benachteiligungen abzubauen.

§ 17 Aufgaben

(1) Der Integrationsförderrat unterstützt und berät die Landesregierung bei der Aufgabe, gleichwertige Lebensbedingungen für Menschen mit und ohne Behinderungen zu schaffen.

(2) Der Integrationsförderrat erstattet der Landesregierung grundsätzlich einmal in der jeweiligen Berufungsperiode einen Bericht über seine Tätigkeit. Der Bericht enthält Schlussfolgerungen und Schwerpunkte für die weitere Arbeit der Landesregierung. Die Landesregierung hat zeitnah dem Landtag diesen Bericht zuzuleiten und über Maßnahmen zur Umsetzung von Beschlüssen des Integrationsförderrats zu unterrichten.

§ 18 Befugnisse

(1) Der Integrationsförderrat ist berechtigt, der Landesregierung Gesetze, Rechtsverordnungen und Verwaltungsvorschriften vorzuschlagen, die geeignet sind, die Benachteiligungen von Menschen mit Behinderungen und chronischen Erkrankungen zu beseitigen und zu verhindern. Diese prüft die Vorschläge auf ihre Durchführbarkeit. Über das Ergebnis der Prüfung und das weitere Verfahren ist der Integrationsförderrat zu unterrichten. Er arbeitet mit dem Bürgerbeauftragten des Landes Mecklenburg-Vorpommern sowie anderen Institutionen und Organisationen, die sich mit den besonderen Belangen von Menschen mit Behinderungen und chronischen Erkrankungen befassen, zusammen.

(2) Der Integrationsförderrat ist von der Landesregierung vor dem Einbringen von Gesetzentwürfen und dem Erlass von Rechtsverordnungen und Verwaltungsvorschriften, die die Belange von Menschen mit Behinderungen und chronischen Erkrankungen betreffen, anzuhören. Bei der inhaltlichen Gestaltung der Regelungen wird er beratend einbezogen und ist befugt, Stellungnahmen und Empfehlungen abzugeben.

(3) Der Integrationsförderrat kann der Landesregierung und einzelnen Ministerien Empfehlungen zur Verbesserung der besonderen Situation von Menschen mit Behinderungen und chronischen Erkrankungen geben und diesbezüglich beratend tätig werden.

(4) Die Landesregierung teilt dem Integrationsförderrat unverzüglich die Gründe für das Nichtrealisieren von Empfehlungen und Vorschlägen des Integrationsförderrates mit.

(5) Im Rahmen seiner Aufgaben kann der Integrationsförderrat auch öffentliche Erklärungen abgeben.

§ 19 Mitglieder

(1) Dem Integrationsförderrat gehören als Mitglieder an:

1. sieben Vertreter der Behindertenverbände,
2. je eine Vertreterin oder ein Vertreter der Staatskanzlei und aller Ministerien der Landesregierung,
3. ein Vertreter des Landkreistages Mecklenburg-Vorpommern e. V.,
4. ein Vertreter des Städte- und Gemeindetages Mecklenburg-Vorpommern e. V.,
5. je eine Vertreterin oder ein Vertreter des Sozialverbandes Deutschland Landesverband Mecklenburg-Vorpommern e. V., des Sozialverbandes VdK Mecklenburg-Vorpommern e. V., der LIGA der Spitzenver-

bände der Freien Wohlfahrtspflege in Mecklenburg-Vorpommern e. V. und des Landesfrauenrates.

(2) Für jedes Mitglied ist ein Stellvertreter zu benennen.

(3) Für die Benennung der Mitglieder und der Stellvertreter gelten folgende Regelungen:

1. Die sieben Vertreter und deren Stellvertreter nach Absatz 1 Nr. 1 werden von der SELBSTHILFE Mecklenburg-Vorpommern e. V. und dem Allgemeinen Behindertenverband in Mecklenburg-Vorpommern e. V. benannt.
2. Die Mitglieder nach Absatz 1 Nr. 2 bis 5 und deren Stellvertreter werden von den jeweiligen Institutionen benannt.
3. Es ist darauf hinzuwirken, dass möglichst viele Menschen mit Behinderungen und chronischen Erkrankungen oder deren Angehörige als Mitglieder benannt werden. Behörden, Organisationen und Gruppen, die mehrere Mitglieder entsenden, müssen mindestens zur Hälfte dieser Mitglieder Frauen entsenden. Behörden, Organisationen und Gruppen, die ein Mitglied entsenden, müssen für mindestens jede zweite Amtszeit eine Frau entsenden.

(4) Der Bürgerbeauftragte des Landes Mecklenburg-Vorpommern ist Mitglied ohne Stimmrecht.

(5) Die Mitglieder und ihre Stellvertreter werden für die Dauer von vier Jahren durch die Landesregierung berufen. Über die Berufung wird eine Urkunde ausgehändigt. Die Mitgliedschaft beginnt mit dem Tag der Berufung. Scheidet ein Mitglied nach Absatz 1 oder ein Stellvertreter nach Absatz 2 vorzeitig aus, so ist von der benennenden Stelle ein neues Mitglied oder ein neuer Stellvertreter für die Restdauer der Berufungsperiode zu benennen.

(6) Die Tätigkeit der Mitglieder des Integrationsförderrats und ihrer Stellvertreter ist ehrenamtlich.

§ 20 Vorsitz

(1) Der Integrationsförderrat wählt aus seiner Mitte in je einem Wahlgang einen Vorsitzenden und zwei stellvertretende Vorsitzende. § 22 Satz 1 gilt entsprechend. Gewählt ist, wer die Mehrheit der Stimmen der anwesenden Mitglieder oder ihrer Vertreter erhält.

(2) Der Vorsitzende vertritt den Integrationsförderrat nach außen und leitet die Sitzungen.

§ 21 Sitzungen

(1) Der Integrationsförderrat gibt sich eine Geschäftsordnung.

(2) Die Sitzungen des Integrationsförderrats sind in der Regel nicht öffentlich. Auf Antrag kann durch Beschluss der Mehrheit der anwesenden Mitglieder die Öffentlichkeit von Sitzungen hergestellt werden. Zu den Sitzungen können Sachverständige, andere sachkundige Personen sowie Vertreter von Verbänden hinzugezogen werden. Die Entscheidung hierzu trifft die Mehrheit der anwesenden Mitglieder.

(3) Die Mitglieder des Integrationsförderrats und andere Sitzungsteilnehmer sind zur Verschwiegenheit über die als vertraulich bezeichneten Beratungsunterlagen und Informationen verpflichtet. Sitzungsteilnehmer, die nicht Mitglied des Integrationsförderrats sind, sind mit der Versendung der Unterlagen und zu Sitzungsbeginn darauf hinzuweisen.

§ 22 Beschlüsse

Der Integrationsförderrat ist beschlussfähig, wenn mit einer Ladungsfrist von 21 Tagen geladen wurde und mindestens zwei Drittel der Mitglieder anwesend sind. Jedes Mitglied hat eine Stimme. Beschlüsse bedürfen der Zustimmung der Mehrheit der Mitglieder des Integrationsförderrates. Ist eine Angelegenheit wegen Beschlussunfähigkeit zurückgestellt worden, ist eine neue Sitzung zur Beratung desselben Gegenstandes mit einer Ladungsfrist von mindestens einer Woche von dem Vorsitzenden einzuberufen. Der Vorsitzende hat auf die Beschlussunfähigkeit der vorhergehenden Sitzung in der Einladung hinzuweisen. Der erneut einberufende Integrationsförderrat ist in seiner zweiten Sitzung mit der Zahl der anwesenden Mitglieder mit der Mehrheit ihrer Stimmen beschlussfähig.

Der Vorsitzende stellt die Beschlussfähigkeit zu Beginn der Sitzung fest.

§ 23 Entschädigung

Über Entschädigungen entscheidet der Integrationsförderrat im Rahmen der ihm zur Verfügung stehenden Haushaltsmittel. Für die Höhe der Reisekosten sind die Regelungen des Landesreisekostengesetzes zu Grunde zu legen.

§ 24 Geschäftsstelle

Der Integrationsförderrat verfügt über eine bei der Landesregierung eingerichtete Geschäftsstelle.

Verordnung zur Verwendung von Gebärdensprache und anderen Kommunikationshilfen in Verwaltungsverfahren nach dem Landesbehindertengleichstellungsgesetz (Kommunikationshilfeverordnung Mecklenburg-Vorpommern – KHVO M-V)

Vom 17. Juli 2007 (GVOBl. M-V S. 269)

Zuletzt geändert durch
Erste Verordnung zur Änderung der
Kommunikationshilfeverordnung Mecklenburg-Vorpommern
vom 2. Juni 2020 (GVOBl. M-V S. 406)

Aufgrund des § 11 Abs. 3 des Landesbehindertengleichstellungsgesetzes vom 10. Juli 2006 (GVOBl. M-V S. 539) verordnet das Ministerium für Soziales und Gesundheit im Einvernehmen mit dem Innenministerium und dem Finanzministerium:

§ 1 Anwendungsbereich und Anlass

(1) Diese Verordnung gilt für alle natürlichen Personen mit einer Hör- oder Sprachbehinderung gemäß § 3 des Landesbehindertengleichstellungsgesetzes, die als Beteiligte eines Verwaltungsverfahrens zur Wahrnehmung eigener Rechte für die mündliche und schriftliche Kommunikation im Verwaltungsverfahren einen Anspruch auf Bereitstellung einer Dolmetscherin oder eines Dolmetschers für die Deutsche Gebärdensprache, für lautsprachbegleitende Gebärden oder anderer geeigneter Kommunikationshilfen haben (Berechtigte).

(2) Die Berechtigten können ihren Anspruch nach § 11 Absatz 2 des Landesbehindertengleichstellungsgesetzes gegenüber jeder Behörde der Verwaltungen des Landes und der kommunalen Körperschaften sowie der ihnen unterstehenden Körperschaften, Anstalten und Stiftungen des öffentlichen Rechts geltend machen.

§ 2 Umfang des Anspruchs

(1) Der Anspruch auf Bereitstellung einer Dolmetscherin oder eines Dolmetschers für die Deutsche Gebärdensprache oder für lautsprachbegleitende Gebärden (Gebärdensprachdolmetscher) oder einer anderen geeigneten Kommunikationshilfe besteht, soweit eine solche Kommunikationshilfe zur Wahrnehmung eigener Rechte in einem Verwaltungsverfahren erforderlich ist, in dem dafür notwendigen Umfang. Der notwendige Umfang bestimmt sich insbesondere nach dem individuellen Bedarf der Berechtigten.

(2) Die Berechtigten haben nach Maßgabe des Absatzes 1 ein Wahlrecht hinsichtlich der zu benutzenden Kommunikationshilfe. Dies umfasst auch das Recht, eine Gebärdensprachdolmetscherin oder einen Gebärdensprachdolmetscher oder eine andere geeignete Kommunikationshilfe selbst bereitzustellen. Die Berechtigten haben der Behörde rechtzeitig mitzuteilen, inwieweit sie von ihrem Wahlrecht nach den Sätzen 1 und 2 Gebrauch machen. Die Behörde kann die ausgewählten Gebärdensprachdolmetscherinnen oder Gebärdensprachdolmetscher oder andere Kommunikationshilfen zurückweisen, wenn sie ungeeignet sind oder in sonstiger Weise den Voraussetzungen des Absatzes 1 nicht entsprechen. Die Hör- oder Sprachbehinderung sowie die Wahlentscheidung nach Satz 1 sind aktenkundig zu machen und im weiteren Verwaltungsverfahren von Amts wegen zu berücksichtigen.

(3) Erhält die Behörde im Verwaltungsverfahren Kenntnis von der Hör- oder Sprachbehinderung von Berechtigten, hat sie diese auf ihr Recht auf barrierefreie Kommunikation und auf ihr Wahlrecht nach Absatz 2 hinzuweisen.

(4) Zur Abwehr von unmittelbar bevorstehenden Gefahren für bedeutsame Rechtsgüter, wie etwa Leben, Gesundheit, Freiheit oder nicht unwesentliche Vermögenswerte,

I

kann im Einzelfall von dem Einsatz von Gebärdensprachdolmetschern oder anderer Kommunikationshilfen abgesehen werden.

§ 3 Kommunikationshilfen

(1) Die Kommunikation mittels einer Gebärdensprachdolmetscherin oder eines Gebärdensprachdolmetschers oder einer anderen Kommunikationshilfe ist als geeignete Kommunikationsform anzusehen, wenn sie im konkreten Fall eine für die Wahrnehmung eigener Rechte im Verwaltungsverfahren erforderliche Verständigung sicherstellt.

(2) Als andere Kommunikationshilfen kommen in Betracht:

1. Kommunikationshelfende, insbesondere
   a) Schriftdolmetscherinnen und Schriftdolmetscher,
   b) Simultanschriftdolmetscherinnen und Simultanschriftdolmetscher,
   c) Oraldolmetscherrinnen und Oraldolmetseher oder
   d) Kommunikationsassistentinnen und Kommunikationsassistenten;
2. Kommunikationsmethoden, insbesondere
   a) Lormen und andere taktil wahrnehmbare Gebärden,
   b) gestützte Kommunikation für Menschen mit Sprachbehinderungen aufgrund spastischer Lähmungen oder mit autistischen Störungen oder
   c) lautsprachbegleitende Gebärden;
3. Kommunikationsmittel, insbesondere
   a) akustisch-technische Hilfen oder
   b) grafische Symbol-Systeme.

§ 4 Art und Weise der Bereitstellung von geeigneten Kommunikationshilfen

Gebärdensprachdolmetscherinnen und Gebärdensprachdolmetscher und andere geeignete Kommunikationshilfen werden von den Behörden bereitgestellt, es sei denn, die Berechtigten machen von ihrem Wahlrecht nach § 2 Absatz 2 Satz 2 Gebrauch. Die Auswahlentscheidung ist aktenkundig zu machen und im weiteren Verwaltungsverfahren von Amts wegen zu berücksichtigen.

§ 5 Grundsätze für eine angemessene Vergütung oder Erstattung

(1) Das Landesamt für Gesundheit und Soziales vergütet auf Antrag Gebärdensprachdolmetscherinnen und Gebärdensprachdolmetscher sowie Kommunikationshelfende gemäß den in der Anlage zu dieser Verordnung genannten Grundsätzen, soweit deren Leistungen erforderlich sind. Antragsberechtigt sind die Personen oder Stellen, welche die Leistungen erbracht oder bereitgestellt haben. Das Landesamt für Gesundheit und Soziales leistet die Vergütung unmittelbar an die Antragsberechtigten.

(2) Stellen die Berechtigten Gebärdensprachdolmetscherinnen und Gebärdensprachdolmetscher, Kommunikationshelfende oder sonstige Kommunikationshilfen selbst bereit, trägt das Landesamt für Gesundheit und Soziales die Aufwendungen nach Absatz 1 nur, soweit sie erforderlich sind.

(3) Für den Einsatz sonstiger Kommunikationshilfen trägt das Landesamt für Gesundheit und Soziales auf Antrag der Behörden (§ 1 Absatz 2) die entstandenen Aufwendungen, soweit sie erforderliche sind.

(4) Die Antragsfrist beginnt am Tag der Heranziehung und beträgt drei Monate.

§ 6 Inkrafttreten

Diese Verordnung tritt mit Wirkung vom 1. Januar 2007 in Kraft.

Anlage
(zu § 5 Absatz 1)

Grundsätze für eine angemessene Vergütung oder Erstattung

1. Gebärdensprachdolmetscherinnen und Gebärdensprachdolmetscher nach § 3 Absatz 1 sowie Kommunikationshelfende nach § 3 Absatz 2 Nummer 1 Buchstabe a bis c erhalten jeweils für die Entschädigung der Fahrt-, Dolmetscher- und Wartezeiten für jede angefangenen 30 Minuten
   a) mit abgeschlossener Berufsausbildung oder staatlicher Anerkennung für das Tätigkeitsfeld 37,50 Euro und
   b) mit abgeschlossener Qualifizierung für das Tätigkeitsfeld 28,15 Euro.

   Vor- und Nachbereitungszeiten werden nicht gesondert entschädigt, wenn diese im Einzelfall 30 Minuten nicht übersteigen.
2. Kommunikationshelfende nach § 3 Absatz 2 Nummer 1 Buchstabe a bis c ohne abgeschlossene Berufsausbildung für das Tätigkeitsfeld erhalten als Aufwendungsersatz für jede angefangenen 30 Minuten 15 Euro.
3. Kommunikationsassistentinnen und Kommunikationsassistenten nach § 3 Absatz 2 Nummer 1 Buchstabe d oder sonstige Personen des Vertrauens können für ihren Einsatz zur Abgeltung aller in Betracht kommenden Aufwendungen auf Antrag eine Pauschale von 15 Euro erhalten, sofern sie keinen anderweitigen Anspruch auf Ersatz haben.
4. Fahrtkosten und Wegstreckenentschädigung werden in entsprechender Anwendung des Landesreisekostengesetzes erstattet.
5. Gebärdensprachdolmetscherinnen und Gebärdensprachdolmetscher nach § 3 Absatz 1 oder Kommunikationshelfende nach § 3 Absatz 2 Nummer 1 Buchstabe a bis e können auf Antrag eine Ausfallentschädigung in Höhe des jeweiligen Aufwendungsersatzes für 120 Minuten gezahlt werden, wenn die in § 1 Absatz 2 genannten Stellen den jeweils Berechtigten die Absage des Termins nicht mindestens zwei Tage vorher mitgeteilt haben.

Niedersächsisches Behindertengleichstellungsgesetz (NBGG)

Vom 25. November 2007 (Nds. GVBl. S. 661)

Zuletzt geändert durch
Gesetz zur Änderung des Niedersächsischen Behindertengleichstellungsgesetzes
vom 25. Oktober 2018 (Nds. GVBl. S. 217)

Inhaltsübersicht

§ 1 Ziel des Gesetzes

Ziel dieses Gesetzes ist es, Benachteiligungen von Menschen mit Behinderungen zu beseitigen und zu verhindern sowie die gleichberechtigte Teilhabe von Menschen mit Behinderungen am Leben in der Gesellschaft zu gewährleisten und ihnen eine selbstbestimmte Lebensführung zu ermöglichen.

§ 2 Begriffsbestimmungen

(1) 1Öffentliche Stellen im Sinne dieses Gesetzes mit Ausnahme der §§ 9 bis 9e sind die Behörden, Gerichte und sonstige Einrichtungen des Landes, die Kommunen sowie die sonstigen der alleinigen Aufsicht des Landes unterstehenden Körperschaften, Anstalten und Stiftungen des öffentlichen Rechts. 2Ausgenommen sind

1. Sparkassen,
2. Gerichte und Staatsanwaltschaften, soweit sie Aufgaben der Rechtsprechung, der Strafverfolgung oder der Strafvollstreckung wahrnehmen,
3. öffentliche Stellen im Sinne des Satzes 1, soweit sie zur Verfolgung und Ahndung von Ordnungswidrigkeiten tätig werden.

(2) Menschen haben eine Behinderung, wenn ihre körperliche Funktion, geistige Fähigkeit oder seelische Gesundheit mit hoher Wahrscheinlichkeit länger als sechs Monate von dem für das Lebensalter typischen Zustand abweicht und daher ihre Teilhabe am Leben in der Gesellschaft beeinträchtigt ist.

(3) 1Barrierefrei sind bauliche und sonstige Anlagen, Verkehrsmittel, technische Gebrauchsgegenstände, Systeme der Informationsverarbeitung, akustische und visuelle Informationsquellen und Kommunikationseinrichtungen sowie andere gestaltete Lebensbereiche, wenn sie für Menschen mit Behinderungen in der allgemein üblichen Weise, ohne besondere Erschwernis und grundsätzlich ohne fremde Hilfe auffindbar, zugänglich und nutzbar sind. 2Hierbei ist die Nutzung behinderungsbedingt notwendiger Hilfsmittel zulässig.

§ 3 Gleichberechtigte Teilhabe von Frauen und Männern

Die öffentlichen Stellen berücksichtigen die unterschiedlichen Lebensbedingungen von Frauen und Männern mit Behinderungen.

§ 4 Benachteiligungsverbot

(1) Die öffentlichen Stellen sollen in ihrem jeweiligen Aufgabenbereich die in § 1 genannten Ziele verwirklichen und bei der Planung von Maßnahmen beachten.

(2) 1Die öffentlichen Stellen dürfen Menschen mit Behinderungen nicht benachteiligen. 2Eine Benachteiligung liegt vor, wenn Menschen mit Behinderungen und Menschen ohne Behinderungen ohne zwingenden Grund unterschiedlich behandelt werden.

§ 5 Gebärdensprache und andere Kommunikationshilfen

(1) Die Deutsche Gebärdensprache ist als eigenständige Sprache anerkannt.

(2) Lautsprachbegleitende Gebärden sind als Kommunikationsform der deutschen Sprache anerkannt.

(3) 1Menschen mit Hörbehinderung und Menschen mit Sprachbehinderung haben nach Maßgabe der einschlägigen Rechtsvorschriften das Recht, die Deutsche Gebärdensprache oder lautsprachbegleitende Gebärden zu verwenden. 2Soweit sie sich nicht in Deutscher Gebärdensprache oder mit lautsprachbegleitenden Gebärden verständigen, haben sie nach Maßgabe der einschlägigen Rechtsvorschriften das Recht, andere geeignete Kommunikationshilfen zu verwenden.

§ 6 Recht auf Verwendung von Gebärdensprache und Kommunikationshilfen

(1) 1Ein Mensch mit Hör- oder Sprachbehinderung hat das Recht, mit öffentlichen Stellen in Deutscher Gebärdensprache, mit lautsprachbegleitenden Gebärden oder über geeignete Kommunikationshilfen zu kommunizieren, soweit dies zur Wahrnehmung eigener Rechte im Verwaltungsverfahren oder zur Wahrnehmung seiner Interessen in Kindertagesstätten und Schulen erforderlich ist. 2Da-

bei ist auf Wunsch der oder des Berechtigten im notwendigen Umfang die Übersetzung durch eine Gebärdensprachdolmetscherin oder einen Gebärdensprachdolmetscher oder die Verständigung über andere geeignete Kommunikationshilfen sicherzustellen. $_{3}$Die Hochschulen in staatlicher Verantwortung müssen auf Antrag für einen Menschen mit Hör- oder Sprachbehinderung anstelle von mündlichen Prüfungen und Leistungsfeststellungen Prüfungen und Leistungsfeststellungen in schriftlicher Form durchführen, soweit der Prüfungs- oder Leistungsfeststellungszweck nicht entgegensteht.

(2) $_{1}$Die öffentlichen Stellen sind verpflichtet, die durch Verwendung der Gebärdensprache, lautsprachbegleitender Gebärden und geeigneter Kommunikationshilfen nach Absatz 1 Satz 1 entstehenden Kosten zu tragen. $_{2}$Herangezogene Gebärdensprachdolmetscherinnen und Gebärdensprachdolmetscher oder andere Kommunikationshelferinnen und Kommunikationshelfer erhalten auf Antrag eine Vergütung in entsprechender Anwendung des Justizvergütungs- und -entschädigungsgesetzes vom 5. Mai 2004 (BGBl. I S. 718, 776), zuletzt geändert durch Artikel 19 des Gesetzes vom 22. Dezember 2006 (BGBl. I S. 3416), in der jeweils geltenden Fassung.

§ 7 Herstellung von Barrierefreiheit in den Bereichen Bau und Verkehr

(1) $_{1}$Neubauten sowie große Um- oder Erweiterungsbauten öffentlicher Stellen sollen nach den allgemein anerkannten Regeln der Technik barrierefrei gestaltet werden. $_{2}$Von den allgemein anerkannten Regeln der Technik kann abgewichen werden, wenn mit einer anderen Lösung die Anforderungen an die Barrierefreiheit in gleichem Maß erfüllt werden. $_{3}$Ausnahmen von Satz 1 sind bei großen Um- und Erweiterungsbauten zulässig, soweit die Anforderungen an die Barrierefreiheit nur mit einem unverhältnismäßigen Mehraufwand erfüllt werden können.

(2) Sonstige öffentliche bauliche oder andere Anlagen, öffentliche Wege, Plätze und Straßen sowie öffentlich zugängliche Verkehrsanlagen und Verkehrsmittel im öffentlichen Personenverkehr sind barrierefrei zu gestalten, soweit dies durch Rechtsvorschrift vorgegeben ist.

§ 8 Gestaltung von Bescheiden und Vordrucken

(1) Die öffentlichen Stellen haben bei der Gestaltung von Bescheiden, öffentlich-rechtlichen Verträgen und Vordrucken Behinderungen von Menschen zu berücksichtigen.

(2) Die öffentlichen Stellen haben einem blinden oder sehbehinderten Menschen auf Verlangen Bescheide, öffentlich-rechtliche Verträge und Vordrucke kostenfrei auch in einer für diesen geeigneten und wahrnehmbaren Form zugänglich zu machen, soweit dies zur Wahrnehmung von Rechten im Verwaltungsverfahren erforderlich ist.

§ 9 Besondere Regelungen für Websites und mobile Anwendungen öffentlicher Stellen

(1) $_{1}$Öffentliche Stellen im Sinne der §§ 9a bis 9e sind

1. das Land, die Kommunen sowie die sonstigen der alleinigen Aufsicht des Landes unterstehenden Körperschaften, Anstalten und Stiftungen des öffentlichen Rechts,
2. sonstige einer öffentlichen Stelle im Sinne der Nummer 1 zuzuordnende Einrichtungen des öffentlichen Rechts und
3. Vereinigungen, an denen mindestens eine öffentliche Stelle im Sinne der Nummer 1 oder 2 beteiligt ist und die zu dem besonderen Zweck gegründet wurden, im Allgemeininteresse liegende Aufgaben nicht gewerblicher Art zu erfüllen.

$_{2}$Einrichtungen des öffentlichen Rechts im Sinne des Satzes 1 Nr. 2 sind Einrichtungen, die

1. zu dem besonderen Zweck gegründet wurden, im Allgemeininteresse liegende Aufgaben nicht gewerblicher Art zu erfüllen,
2. Rechtspersönlichkeit besitzen und
3. überwiegend von einer öffentlichen Stelle im Sinne des Satzes 1 finanziert werden, hinsichtlich ihrer Leitung der Aufsicht einer solchen Stelle unterstehen oder ein Ver-

waltungs-, Leitungs- oder Aufsichtsorgan haben, das mehrheitlich aus Mitgliedern besteht, die von einer solchen Stelle ernannt worden sind.

3Eine überwiegende Finanzierung wird angenommen, wenn mehr als 50 Prozent der Finanzausstattung der Einrichtung aufgebracht werden, worunter auch Zahlungen von Nutzerinnen und Nutzern fallen können, die nach öffentlich-rechtlichen Rechtsvorschriften auferlegt, berechnet und erhoben werden. 4Einrichtungen des öffentlichen Rechts sind auch juristische Personen des privaten Rechts, wie etwa in einer solchen Rechtsform organisierte Krankenhäuser, Pflegedienste und Unternehmen des öffentlichen Personennahverkehrs, wenn sie die Voraussetzungen nach den Sätzen 2 und 3 erfüllen.

(2) 1Die §§ 9a bis 9e gelten nicht für Websites und mobile Anwendungen,

1. für die nach Artikel 1 Abs. 3 der Richtlinie (EU) 2016/ 2102 des Europäischen Parlaments und des Rates vom 26. Oktober 2016 über den barrierefreien Zugang zu den Websites und mobilen Anwendungen öffentlicher Stellen (ABl. EU Nr. L 327 S. 1) die Richtlinie nicht gilt, und
2. von Schulen und Tageseinrichtungen für Kinder in Trägerschaft öffentlicher Stellen, mit Ausnahme der Inhalte, die sich auf wesentliche Online-Verwaltungsfunktionen beziehen.

2Die §§ 9a bis 9e gelten auch nicht für Inhalte von Websites und mobilen Anwendungen, für die nach Artikel 1 Abs. 4 der Richtlinie (EU) 2016/2102 die Richtlinie nicht gilt; § 9a Abs. 1 Satz 5 bleibt unberührt.

(3) 1Auf Schulen und Tageseinrichtungen für Kinder in Trägerschaft öffentlicher Stellen ist, soweit die §§ 9a bis 9e für ihre Websites und mobilen Anwendungen nach Absatz 2 Satz 1 Nr. 2 nicht gelten, § 9 dieses Gesetzes in der bis zum 1. November 2018 geltenden Fassung weiter anzuwenden. 2Die Einhaltung von sich aus Satz 1 ergebenden Anforderungen ist nicht Gegenstand des Überwachungsverfahrens nach § 9c Abs. 1 Satz 2 Nr. 1 und des Durchsetzungsverfahrens nach § 9d.

§ 9a Barrierefreie Informationstechnik öffentlicher Stellen

(1) 1Die öffentlichen Stellen gestalten ihre Websites und mobilen Anwendungen, einschließlich der für ihre Beschäftigten bestimmten Angebote im Intranet, wahrnehmbar, bedienbar, verständlich und robust, um sie barrierefrei zugänglich zu machen (barrierefreie Gestaltung). 2Schrittweise, spätestens bis zum 23. Juni 2021, gestalten sie ihre elektronisch unterstützten Verwaltungsabläufe, einschließlich ihrer Verfahren zur elektronischen Vorgangsbearbeitung und elektronischen Aktenführung, barrierefrei. 3Die grafischen Programmoberflächen sind von der barrierefreien Gestaltung umfasst. 4Angebote öffentlicher Stellen im Internet, die auf Websites Dritter, beispielsweise in sozialen Medien, veröffentlicht werden, sind soweit möglich barrierefrei zu gestalten. 5Dateiformate von Büroanwendungen, für die nach Artikel 1 Abs. 4 Buchst. a der Richtlinie (EU) 2016/2102 die Richtlinie nicht gilt, sind von den öffentlichen Stellen schrittweise mit dem Ziel umzugestalten, die Barrierefreiheitsanforderungen nach Satz 1 zu erfüllen.

(2) 1Die barrierefreie Gestaltung erfolgt nach Maßgabe der nach § 9e zu erlassenden Verordnung. 2Soweit diese Verordnung keine Vorgabe enthält, erfolgt die barrierefreie Gestaltung nach den anerkannten Regeln der Technik.

(3) Insbesondere bei Neuanschaffungen, Erweiterungen und Überarbeitungen ist die barrierefreie Gestaltung bereits bei der Planung, Entwicklung, Ausschreibung und Beschaffung zu berücksichtigen.

(4) 1Von der barrierefreien Gestaltung können öffentliche Stellen ausnahmsweise absehen oder diese schrittweise herstellen, soweit sie durch eine barrierefreie Gestaltung unverhältnismäßig belastet würden. 2Inwieweit eine unverhältnismäßige Belastung bewirkt würde, ist von der öffentlichen Stelle nach Maßgabe und anhand der Kriterien des Artikels 5 der Richtlinie (EU) 2016/2102 zu bewerten; die Bewertung ist so zu dokumentieren, dass eine Überprüfung im Rahmen des Durchsetzungsverfahrens nach § 9d ermöglicht wird.

§ 9b Erklärung zur Barrierefreiheit

(1) Die öffentlichen Stellen veröffentlichen eine detaillierte, umfassende und klare Erklärung zur Barrierefreiheit ihrer Websites oder mobilen Anwendungen und aktualisieren diese bei Bedarf.

(2) Die Erklärung der Barrierefreiheit enthält

1. für den Fall, dass ausnahmsweise keine vollständige barrierefreie Gestaltung erfolgt ist,
   a) die Benennung der Teile des Inhalts, die nicht barrierefrei zugänglich sind,
   b) die Gründe für diese Unzugänglichkeit sowie
   c) gegebenenfalls einen Hinweis auf barrierefrei zugängliche Alternativen,
2. eine Beschreibung und eine Verlinkung zur elektronischen Kontaktaufnahme, über die die Nutzerinnen und Nutzer der betreffenden öffentlichen Stelle jegliche Mängel ihrer Websites und mobilen Anwendungen bei der Einhaltung der Barrierefreiheitsanforderungen mitteilen, die Gründe für die nicht barrierefreie Gestaltung von Informationen erfragen und die nach § 9 Abs. 2 Satz 2 und § 9a Abs. 4 Satz 1 von der Barrierefreiheit ausgenommenen Informationen in einem für sie zugänglichen Format anfordern können,
3. einen Hinweis auf das Durchsetzungsverfahren nach § 9d, der
   a) die Möglichkeit, ein Durchsetzungsverfahren durchzuführen, erläutert und
   b) eine Verlinkung zur Schlichtungsstelle enthält.

(3) Zu veröffentlichen ist die Erklärung zur Barrierefreiheit

1. auf Websites öffentlicher Stellen, die nicht vor dem 23. September 2018 veröffentlicht wurden, ab dem 23. September 2019,
2. auf Websites öffentlicher Stellen, die nicht unter Nummer 1 fallen, ab dem 23. September 2020,
3. auf mobilen Anwendungen öffentlicher Stellen ab dem 23. Juni 2021.

(4) Die öffentlichen Stellen antworten auf Mitteilungen, Anfragen und Anträge nach Absatz 2 Nr. 2 innerhalb eines Monats.

§ 9c Überwachungsstelle und Berichterstattung

(1) 1Bei dem für Soziales zuständigen Ministerium wird eine Überwachungsstelle des Landes für die Barrierefreiheit von Informationstechnik eingerichtet. 2Ihre Aufgaben sind

1. periodisch nach Maßgabe des Artikels 8 Abs. 1 bis 3 der Richtlinie (EU) 2016/2102 zu überwachen, ob und inwiefern Websites und mobile Anwendungen öffentlicher Stellen den Anforderungen an die Barrierefreiheit genügen,
2. zu überwachen, ob festgestellte Mängel beseitigt wurden, und, soweit erforderlich, die öffentlichen Stellen hinsichtlich der Beseitigung festgestellter Mängel zu beraten,
3. Schulungsprogramme im Sinne des Artikels 7 Abs. 4 der Richtlinie (EU) 2016/2102 zu fördern und zu erleichtern,
4. Sensibilisierungsmaßnahmen im Sinne des Artikels 7 Abs. 5 der Richtlinie (EU) 2016/2102 durchzuführen,
5. die nach § 12c Abs. 2 des Behindertengleichstellungsgesetzes (BGG) vom 27. April 2002 (BGBl. I S. 1467), zuletzt geändert durch Artikel 3 des Gesetzes vom 10. Juli 2018 (BGBl. I S. 1117), zu erstattenden Berichte des Landes zu erstellen und
6. als sachverständige Stelle die Schlichtungsstelle nach § 9d zu unterstützen.

3Der Bericht nach Satz 2 Nr. 5 ist auch dem Landtag vorzulegen.

(2) Die obersten Landesbehörden unterstützen die Überwachungsstelle bei der Erstellung des Berichts nach Absatz 1 Satz 2 Nr. 5 und erstellen verbindliche und überprüfbare Maßnahmen- und Zeitpläne zum weiteren Abbau von Barrieren ihrer Informationstechnik.

§ 9d Schlichtungsstelle, Durchsetzungsverfahren, Verordnungsermächtigung

(1) 1Bei der oder dem Landesbeauftragten für Menschen mit Behinderungen wird eine

Schlichtungsstelle zur Beilegung von Streitigkeiten nach den Absätzen 2 und 3 eingerichtet, die für das Durchsetzungsverfahren im Sinne des Artikels 9 der Richtlinie (EU) 2016/2102 zuständig ist. 2Sie wird mit neutralen schlichtenden Personen besetzt und hat eine Geschäftsstelle. 3Das Verfahren der Schlichtungsstelle muss insbesondere gewährleisten, dass

1. die Schlichtungsstelle unabhängig ist und unparteiisch handelt,
2. die Verfahrensregeln für Interessierte zugänglich sind,
3. die Beteiligten des Schlichtungsverfahrens rechtliches Gehör erhalten, insbesondere Tatsachen und Bewertungen vorbringen können,
4. die schlichtenden Personen und die in der Schlichtungsstelle Beschäftigten die Vertraulichkeit der Informationen gewährleisten, von denen sie im Schlichtungsverfahren Kenntnis erhalten, und
5. eine barrierefreie Kommunikation mit der Schlichtungsstelle möglich ist.

(2) Ist eine Nutzerin oder ein Nutzer der Ansicht, dass eine öffentliche Stelle

1. eine Mitteilung, eine Anfrage oder einen Antrag der Nutzerin oder des Nutzers nach § 9b Abs. 2 Nr. 2 nicht wirksam behandelt hat oder
2. eine Bewertung nach § 9a Abs. 4 unrichtig vorgenommen hat,

so kann sie oder er bei der Schlichtungsstelle nach Absatz 1 einen Antrag auf Einleitung eines Schlichtungsverfahrens stellen.

(3) Ein nach § 15 Abs. 3 BGG anerkannter Verband kann bei der Schlichtungsstelle nach Absatz 1 einen Antrag auf Einleitung eines Schlichtungsverfahrens stellen, wenn er einen Verstoß einer öffentlichen Stelle gegen deren Pflichten nach § 9a oder § 9b behauptet.

(4) 1Der Antrag nach den Absätzen 2 und 3 kann in Textform oder zur Niederschrift bei der Schlichtungsstelle gestellt werden. 2Diese übermittelt zur Durchführung des Schlichtungsverfahrens eine Abschrift des Schlichtungsantrags an die öffentliche Stelle.

(5) 1Die öffentlichen Stellen sind verpflichtet, die Schlichtungsstelle bei der Erfüllung ihrer Aufgaben zu unterstützten. 2Dies umfasst auch, der Schlichtungsstelle auf Ersuchen Auskünfte zu erteilen und Einsicht in Akten und sonstige Unterlagen zu gewähren.

(6) 1Die Schlichtungsstelle kann die nach § 9c eingerichtete Überwachungsstelle über deren Beratungspflichten hinaus beteiligen. 2Sie kann im Einzelfall die Überprüfung einer Website oder mobilen Anwendung einer öffentlichen Stelle verlangen.

(7) 1Die schlichtende Person wirkt in jeder Phase des Verfahrens auf eine gütliche Einigung der Beteiligten hin. 2Sie kann einen Schlichtungsvorschlag unterbreiten. 3Der Schlichtungsvorschlag soll am geltenden Recht ausgerichtet sein. 4Die schlichtende Person kann den Einsatz von Mediation anbieten.

(8) Das Schlichtungsverfahren ist für die Beteiligten unentgeltlich.

(9) 1Das Schlichtungsverfahren endet mit der Einigung der Beteiligten, der Rücknahme des Schlichtungsantrags oder der Feststellung, dass keine Einigung möglich ist. 2Wenn keine Einigung möglich ist, endet das Schlichtungsverfahren mit der Zustellung der Bestätigung der Schlichtungsstelle an die Antragstellerin oder den Antragsteller, dass keine gütliche Einigung erzielt werden konnte. 3Kommt eine gütliche Einigung nicht zustande, so kann die Schlichtungsstelle die für die betreffende öffentliche Stelle zuständige Aufsichtsbehörde um Überprüfung der Angelegenheit ersuchen.

(10) 1Das für Soziales zuständige Ministerium wird ermächtigt, durch Verordnung das Nähere über die Geschäftsstelle, die Besetzung und das Verfahren der Schlichtungsstelle nach den Absätzen 1, 4 bis 7 und 9 zu regeln sowie weitere Vorschriften über die Kosten des Verfahrens und die Entschädigung zu erlassen. 2Die Verordnung regelt auch das Nähere zu Tätigkeitsberichten der Schlichtungsstelle.

§ 9e Verordnungsermächtigung

Das für Soziales zuständige Ministerium erlässt durch Verordnung Bestimmungen über

1. diejenigen Websites und mobilen Anwendungen sowie Inhalte von Websites und mobilen Anwendungen, auf die sich der Geltungsbereich der Verordnung bezieht,
2. die technischen Standards, die öffentliche Stellen bei der barrierefreien Gestaltung anzuwenden haben, und den Zeitpunkt, ab dem diese Standards anzuwenden sind,
3. die Bereiche und Arten amtlicher Informationen, die barrierefrei zu gestalten sind,
4. die konkreten Anforderungen der Erklärung zur Barrierefreiheit,
5. die konkreten Anforderungen der Berichterstattung über den Stand der Barrierefreiheit und
6. die Einzelheiten des Überwachungsverfahrens nach § 9c Abs. 1 Satz 2 Nr. 1.

§ 10 Landesbeauftragte oder Landesbeauftragter für Menschen mit Behinderungen

(1) $_1$Die Landesregierung bestellt eine Landesbeauftragte oder einen Landesbeauftragten für Menschen mit Behinderungen, der amtierende Landesbeirat für Menschen mit Behinderungen hat ein Vorschlagsrecht und ist vor der Bestellung anzuhören. $_2$Die oder der Landesbeauftragte soll ein Mensch mit Behinderung sein. $_3$Sie oder er ist in der Wahrnehmung des Amtes unabhängig.

(2) Die oder der Landesbeauftragte ist dem für Soziales zuständigen Ministerium zugeordnet; ihr oder ihm ist die für die Erfüllung der Aufgaben notwendige Ausstattung zur Verfügung zu stellen.

(3) Die Bestellung endet, außer aus beamten- oder arbeitsrechtlichen Gründen, durch Abberufung durch die Landesregierung.

§ 11 Aufgaben der oder des Landesbeauftragten für Menschen mit Behinderungen

(1) Aufgabe der oder des Landesbeauftragten ist es, darauf hinzuwirken, dass die Ziele des Gesetzes verwirklicht werden und die öffentlichen Stellen die Verpflichtungen nach den §§ 3, 4 und 6 bis 9 erfüllen.

(2) Die Ministerien und die Staatskanzlei beteiligen die Landesbeauftragte oder den Landesbeauftragten bei den Gesetzes-, Verordnungs- und sonstigen wichtigen Vorhaben, soweit diese die Zielsetzung dieses Gesetzes betreffen.

(3) $_1$Die öffentlichen Stellen sind mit Ausnahme der kommunalen Gebietskörperschaften verpflichtet, die Landesbeauftragte oder den Landesbeauftragten bei der Erfüllung der Aufgabe zu unterstützen, insbesondere Auskünfte zu erteilen und Einsicht in Unterlagen zu gewähren, soweit dies zur sachgerechten Aufgabenwahrnehmung erforderlich und im Rahmen der Gesetze zulässig ist. $_2$Die Bestimmungen zum Schutz personenbezogener Daten bleiben unberührt.

§ 12 Beiräte für Menschen mit Behinderungen

(1) Die oder der Landesbeauftragte für Menschen mit Behinderungen richtet einen Landesbeirat für Menschen mit Behinderungen ein, die sie oder ihn bei der Wahrnehmung seiner Aufgaben unterstützt.

(2) $_1$Der Landesbeirat für Menschen mit Behinderungen besteht aus der oder dem Landesbeauftragten für Menschen mit Behinderungen als vorsitzendem Mitglied und 20 weiteren Mitgliedern. $_2$Als weitere Mitglieder beruft die oder der Landesbeauftragte für Menschen mit Behinderungen für die Dauer der jeweiligen Wahlperiode des Landtages

1. zehn Personen auf Vorschläge von Landesverbänden von Vereinigungen oder Selbsthilfegruppen von Menschen mit Behinderungen,
2. fünf Personen auf Vorschlag der Landesarbeitsgemeinschaft der Freien Wohlfahrtspflege Niedersachsen,
3. je eine Person auf Vorschlag eines jeden kommunalen Spitzenverbandes,
4. eine Person auf Vorschlag von Gewerkschaften und
5. eine Person auf Vorschlag von Unternehmensverbänden.

$_3$Die weiteren Mitglieder nehmen ihre Aufgabe ehrenamtlich wahr. $_4$Das Land trägt die notwendigen Reisekosten der Mitglieder nach Satz 2 Nr. 1.

(3) 1Der Landesbeirat für Menschen mit Behinderungen gibt sich im Benehmen mit dem für Soziales zuständigen Ministerium eine Geschäftsordnung. 2In der Geschäftsordnung sind insbesondere Regelungen über die Vorbereitung, Einberufung und Durchführung von Sitzungen sowie über die Beschlussfassung zu treffen.

(4) 1Die Landkreise und die kreisfreien Städte richten zu ihrer Unterstützung bei der Verwirklichung der Zielsetzung dieses Gesetzes jeweils einen Beirat oder ein vergleichbares Gremium ein. 2Näheres wird durch Satzung bestimmt.

§ 13 Verbandsklage

(1) 1Ein nach § 15 Abs. 3 BGG anerkannter Verband oder dessen niedersächsischer Landesverband kann, ohne die Verletzung in eigenen Rechten geltend zu machen, nach Maßgabe der Verwaltungsgerichtsordnung oder des Sozialgerichtsgesetzes Klage erheben auf Feststellung eines Verstoßes gegen das Benachteiligungsverbot nach § 4 Abs. 2 und die Verpflichtung zur Herstellung der Barrierefreiheit nach § 6 Abs. 1, § 7 oder 8. 2Die Klage ist nur zulässig, wenn der Verband durch eine Maßnahme in seinem satzungsgemäßen Aufgabenbereich berührt wird.

(2) 1Absatz 1 Satz 1 gilt nicht,

1. wenn sich die Klage auf einen Sachverhalt bezieht, über den bereits in einem verwaltungs- oder sozialgerichtlichen Streitverfahren entschieden oder ein Vergleich geschlossen worden ist, oder
2. soweit ein Mensch mit Behinderung selbst seine Rechte durch eine Gestaltungs- oder Leistungsklage verfolgt, verfolgen kann oder hätte verfolgen können.

2Im Fall des Satzes 1 Nr. 2 kann die Klage nach Absatz 1 erhoben werden, wenn es sich um einen Sachverhalt von allgemeiner Bedeutung handelt. 3Dies ist insbesondere der Fall, wenn eine Vielzahl gleichgelagerter Fälle vorliegt.

§ 14 Leistungen für Aufwendungen der kommunalen Gebietskörperschaften

(1) Die Landkreise, die Region Hannover und die kreisfreien Städte sowie die Landeshauptstadt Hannover und die Stadt Göttingen erhalten vom Land jährlich insgesamt 1 500 000 Euro.

(2) § 7 des Niedersächsischen Finanzverteilungsgesetzes gilt entsprechend.

(3) 1Von den Zuweisungen nach Absatz 2 für einen Landkreis oder die Region Hannover erhalten die Gemeinden, soweit sie nicht Mitglied einer Samtgemeinde sind, und die Samtgemeinden 50 vom Hundert des um 5000 Euro reduzierten Betrages nach dem Verhältnis der Einwohnerzahlen. 2Dies gilt nicht für die Landeshauptstadt Hannover und die Stadt Göttingen.

§ 15 Überprüfung des Gesetzes

Die Landesregierung überprüft bis zum 31. Dezember 2010 die Auswirkungen dieses Gesetzes.

Gesetz des Landes Nordrhein-Westfalen zur Gleichstellung von Menschen mit Behinderung (Behindertengleichstellungsgesetz Nordrhein-Westfalen – BGG NRW)

Vom 16. Dezember 2003 (GV. NRW. S. 766)

Zuletzt geändert durch
Gesetz zur Änderung des Behindertengleichstellungsgesetzes Nordrhein-Westfalen
vom 11. April 2019 (GV. NRW. S. 207)

Inhaltsübersicht

Abschnitt 1
Allgemeine Bestimmungen

§ 1 Ziel des Gesetzes/Geltungsbereich

(1) Ziel dieses Gesetzes ist es, Diskriminierung von Menschen mit Behinderung zu verhindern und zu beseitigen sowie die volle, wirksame und gleichberechtigte Teilhabe von Menschen mit Behinderungen am Leben in der Gesellschaft durch die Beseitigung von Barrieren und die Herstellung von Auffindbarkeit, Zugänglichkeit und Nutzbarkeit zu gewährleisten. Hierzu gehört auch die Ermöglichung einer selbstbestimmten Lebensführung.

(2) Dieses Gesetz gilt für Träger öffentlicher Belange nach § 2 des Inklusionsgrundsätzegesetzes vom 14. Juni 2016 (GV. NRW. S. 442).

(3) Die Träger öffentlicher Belange sind verpflichtet, sich aktiv für die Ziele des Gesetzes einzusetzen. Sie arbeiten hierzu eng mit den Organisationen und Verbänden der Menschen mit Behinderungen zusammen.

(4) Soweit Dritte Aufgaben wahrnehmen oder Angebote bereitstellen, die auch im erheblichen Interesse der Träger öffentlicher Belange liegen, sind Letztere verpflichtet, aktiv darauf hinzuwirken, dass die Ziele dieses Gesetzes beachtet werden. Bei der Gewährung von Zuwendungen und sonstigen Leistungen durch die Träger öffentlicher Belange sind die Ziele dieses Gesetzes in geeigneten Bereichen ebenfalls zu beachten.

§ 2 Verbot jeder Diskriminierung

(1) Eine Diskriminierung im Sinne dieses Gesetzes liegt vor, wenn Menschen mit Behinderungen oder Menschen, die von Behinderung bedroht sind, auf Grund ihrer Behinderung oder ihrer drohenden Behinderung im Vergleich zu Menschen ohne Behinderungen unterschiedlich behandelt werden, ohne dass hierfür ein zwingender Grund vorliegt, und dadurch in der gleichberechtigten Teilhabe am Leben in der Gesellschaft oder in ihrer selbstbestimmten Lebensführung unmittelbar oder mittelbar beeinträchtigt werden.

(2) Die Träger öffentlicher Belange dürfen Menschen mit Behinderungen nicht diskriminieren und haben in ihrem Verantwortungsbereich Maßnahmen zu ergreifen, die verhindern, dass es zu Diskriminierungen von Menschen mit Behinderungen kommt.

(3) Eine Belästigung im Sinne des § 3 Absatz 3 und Absatz 4 des Allgemeinen Gleichbehandlungsgesetzes vom 14. August 2006 (BGBl. I S. 1879) in der jeweils geltenden Fassung stellt ebenfalls eine Diskriminierung im Sinne dieses Gesetzes dar.

(4) Machen Menschen mit Behinderungen eine Ungleichbehandlung auf Grund ihrer Behinderung durch einen Träger öffentlicher Belange glaubhaft, so muss der Träger öffentlicher Belange beweisen, dass eine Diskriminierung nicht vorliegt. Erfolgt eine unterschiedliche Behandlung auch aus weiteren in § 1 des Allgemeinen Gleichbehandlungsgesetzes genannten Gründen, ist die unterschiedliche Behandlung nur gerechtfertigt, wenn die Voraussetzungen der §§ 8 bis 10 des Allgemeinen Gleichbehandlungsgesetzes vorliegen (mehrdimensionale Diskriminierung).

§ 3 Angemessene Vorkehrungen

Angemessene Vorkehrungen sind notwendige und geeignete Änderungen und Anpassungen, die keine unverhältnismäßige oder unbillige Belastung darstellen und die, wenn sie in einem bestimmten Fall erforderlich sind, vorgenommen werden, um zu gewährleisten, dass Menschen mit Behinderungen oder Menschen, die von Behinderung bedroht sind, gleichberechtigt mit anderen teilhaben und ihre Menschenrechte und Grundfreiheiten ausüben können.

Die Versagung angemessener Vorkehrungen stellt eine Diskriminierung im Sinne von § 2 Absatz 1 dar. Für die Beurteilung der Angemessenheit der Vorkehrungen sind die Umstände des Einzelfalles maßgeblich.

§ 4 Barrierefreiheit, Agentur Barrierefrei Nordrhein-Westfalen

(1) Die Erreichung von Barrierefreiheit für Menschen mit Behinderungen ist ein zentrales Ziel dieses Gesetzes, das von den Trägern öffentlicher Belange im Rahmen ihrer Zuständigkeit zu verwirklichen ist. Barrierefreiheit im Sinne dieses Gesetzes ist die Auffind-

barkeit, Zugänglichkeit und Nutzbarkeit der gestalteten Lebensbereiche für alle Menschen. Die Auffindbarkeit, der Zugang und die Nutzung müssen für Menschen mit Behinderungen in der allgemein üblichen Weise, ohne besondere Erschwernis und grundsätzlich ohne fremde Hilfe möglich sein. Hierbei ist die Nutzung persönlicher Hilfsmittel zulässig.

(2) Zu den gestalteten Lebensbereichen gehören insbesondere bauliche und sonstige Anlagen, die Verkehrsinfrastruktur, Beförderungsmittel im Personennahverkehr, technische Gebrauchsgegenstände, Systeme der Informationsverarbeitung, akustische und visuelle Informationsquellen sowie Kommunikationseinrichtungen. Zur Auffindbarkeit, Zugänglichkeit und Nutzbarkeit gehört auch die Gewährleistung der Verständlichkeit von Informationen.

(3) Die Landesregierung unterstützt durch die Sicherstellung von Beratungsangeboten die Träger öffentlicher Belange bei der Entwicklung von Konzepten und der Umsetzung von konkreten Maßnahmen zur Herstellung von Barrierefreiheit.

(4) Das Land unterhält eine Agentur, die vor allem die Verbände und Organisationen der Menschen mit Behinderungen sowie die Träger öffentlicher Belange in Fragen der Barrierefreiheit informiert und berät (Agentur Barrierefrei NRW) sowie bei der Entwicklung und Umsetzung von Konzepten zur Herstellung von Barrierefreiheit unterstützt. Ein Steuerungskreis, dem Vertreterinnen und Vertreter der Verbände der Menschen mit Behinderungen, des Landesbehindertenrates NRW, des für den Bereich der Politik für und mit Menschen mit Behinderungen zuständigen Ministeriums und der Agentur Barrierefrei NRW angehören, legt die Arbeitsinhalte der Agentur fest. Zu den Arbeitsinhalten gehören insbesondere die Erstberatung, die Bereitstellung, die Bündelung und die Weiterentwicklung von unterstützenden Informationen zur Herstellung von Barrierefreiheit, zu universellem Design und assistiver Technologie sowie Bewusstseinsbildung durch Öffentlichkeitsarbeit wie auch Konzeptentwicklung und Forschung im Bereich technologiegestützter Barrierefreiheit.

(5) Das für Inklusion federführend zuständige Ministerium berichtet dem zuständigen Ausschuss des nordrhein-westfälischen Landtags beginnend ab dem Jahr 2017 einmal jährlich über die Tätigkeiten der Agentur nach Absatz 4.

§ 5 Zielvereinbarungen

(1) Zur Herstellung von Barrierefreiheit sollen, soweit dem nicht besondere gesetzliche Vorschriften entgegenstehen, Zielvereinbarungen zwischen den Landesverbänden von Menschen mit Behinderungen und den Trägern öffentlicher Belange für ihren jeweiligen sachlichen und räumlichen Organisations- und Tätigkeitsbereich getroffen werden. Soweit Landesverbände nicht vorhanden sind, treten an ihre Stelle landesweite und örtliche Verbände von Menschen mit Behinderungen. Die vorstehend genannten Verbände können von den betreffenden Trägern die Aufnahme von Verhandlungen über Zielvereinbarungen verlangen.

Die Ermächtigung nach § 5 des Behindertengleichstellungsgesetzes vom 27. April 2002 (BGBl. I S. 1467), das zuletzt durch Artikel 12 des Gesetzes vom 19. Dezember 2007 (BGBl. I S. 3024) geändert worden ist, wonach die Verbände die Aufnahme von Verhandlungen mit Unternehmen und Unternehmensverbänden verlangen können, gilt auch für die Landesverbände.

(2) Zielvereinbarungen zur Herstellung von Barrierefreiheit enthalten insbesondere

1. die Bestimmung der Vereinbarungspartner und Regelungen zum Geltungsbereich und zur Geltungsdauer,
2. die Festlegung von Mindestbedingungen, wie gestaltete Lebensbereiche im Sinne von § 4 Absatz 2 künftig zu verändern sind, um dem Anspruch von Menschen mit Behinderungen auf Auffindbarkeit, Zugang und Nutzung zu genügen und
3. den Zeitpunkt oder einen Zeitplan zur Erfüllung der festgelegten Mindestbedingungen.

(3) Ein Verband, der die Aufnahme von Verhandlungen nach Absatz 1 verlangt, hat dies

gegenüber dem nach Absatz 5 federführend zuständigen Ministerium unter Benennung von Verhandlungsgegenstand und Verhandlungsparteien anzuzeigen. Das für den Bereich der Politik für und mit Menschen mit Behinderungen federführend zuständige Ministerium gibt diese Anzeige auf seiner Internetseite bekannt. Innerhalb von vier Wochen nach der Bekanntgabe haben andere Verbände im Sinne des Absatzes 1 das Recht, den Verhandlungen durch Erklärung gegenüber den bisherigen Verhandlungsparteien beizutreten. Nachdem die beteiligten Verbände eine gemeinsame Verhandlungskommission gebildet haben oder fest steht, dass nur ein Verband verhandelt, sind die Verhandlungen binnen vier Wochen aufzunehmen.

(4) Ein Anspruch auf Verhandlungen nach Absatz 1 Satz 3 besteht nicht

1. während laufender Verhandlungen im Sinne des Absatzes 3 für die nicht beigetretenen Verbände,
2. für die in Absatz 1 Satz 3 Genannten, die ankündigen, einer Zielvereinbarung beizutreten, über die von anderen dort Genannten Verhandlungen geführt werden,
3. für den Geltungsbereich und die Geltungsdauer einer zustande gekommenen Zielvereinbarung oder
4. für die in Absatz 1 Satz 3 Genannten, die einer zustande gekommenen Zielvereinbarung ohne Einschränkung beigetreten sind.

(5) Das für die Politik für und mit Menschen mit Behinderungen federführend zuständige Ministerium führt ein Register, in das der Abschluss, die Änderung und die Aufhebung von Zielvereinbarungen nach Absatz 1 und 2 eingetragen werden. Der die Zielvereinbarung abschließende Verband von Menschen mit Behinderungen ist verpflichtet, innerhalb eines Monats nach Abschluss einer Zielvereinbarung diese dem Ministerium unterschrieben und in erfassbarer Form zu übersenden sowie eine Änderung oder Aufhebung innerhalb eines Monats mitzuteilen.

(6) Sofern die Träger öffentlicher Belange Zielvereinbarungsgespräche ohne Ergebnis abbrechen oder abgeschlossene Zielvereinbarungen nicht einhalten, können die in Absatz 1 genannten Verbände dies gegenüber dem das Register führenden Ministerium anzeigen. Dieses fordert die Träger öffentlicher Belange zur Stellungnahme auf. Diese sind verpflichtet, binnen eines Monats nach Zugang dieses Aufforderungsschreibens die Gründe für den Abbruch oder die Nichteinhaltung zur Eintragung in das Register mitzuteilen.

§ 6 Mitwirkung von Verbänden, Verbandsklage

(1) Ein nach § 13 des Behindertengleichstellungsgesetzes anerkannter Verband oder dessen nordrhein-westfälischer Landesverband kann, ohne dass ihm dadurch eigene Rechte verliehen würden, gegen einen zuständigen Träger öffentlicher Belange sowie im Fall von § 10 und § 10b gegen eine öffentlichen Stelle des Landes Klage erheben wegen eines Verstoßes gegen

1. das Diskriminierungsverbot nach den §§ 2 und 3 und
2. die Verpflichtung zur Herstellung der Barrierefreiheit nach den §§ 7 bis 10 und 10b.

Satz 1 gilt nicht, wenn eine Maßnahme aufgrund einer Entscheidung in einem verwaltungsgerichtlichen Streitverfahren getroffen worden ist.

(2) Eine Klage ist nur zulässig, wenn der Verband durch die Maßnahme in seinem satzungsgemäßen Aufgabenbereich berührt wird. Soweit ein Mensch mit Behinderung selbst seine Rechte durch eine Gestaltungs- oder Leistungsklage verfolgen kann oder hätte verfolgen können, kann die Klage nach Absatz 1 nur erhoben werden, wenn der Verband geltend macht, dass es sich bei der Maßnahme um einen Fall von allgemeiner Bedeutung handelt. Dies ist insbesondere bei einer Vielzahl gleichgelagerter Fälle sowie generell bei Fragen der Barrierefreiheit der Fall.

(3) Werden Menschen mit Behinderung in ihren Rechten nach Absatz 1 verletzt, können an ihrer Stelle und mit ihrem Einverständnis Verbände nach Absatz 1 Satz 1, die nicht selbst am Verfahren beteiligt sind, Rechtsschutz beantragen. In diesen Fällen müssen alle Verfahrensvoraussetzungen wie bei ei-

nem Rechtsschutzersuchen durch den Menschen mit Behinderung selbst vorliegen. Das Einverständnis ist schriftlich zu erklären.

(4) Solange in einer Sache im Sinne des Absatzes 1 die Klage eines Verbandes anhängig ist und soweit über die Sache selbst rechtskräftig entschieden worden ist, kann die Sache von keinem anderen Verband anderweitig anhängig gemacht werden.

Abschnitt 2
Verpflichtung zur Gleichstellung und Barrierefreiheit

§ 7 Barrierefreiheit in den Bereichen Anlagen und Verkehr

(1) Bauliche Anlagen, öffentliche Wege, Plätze, Straßen sowie öffentlich zugängliche Verkehrsanlagen und Beförderungsmittel sowie sonstige Anlagen im Sinne von § 4 Absatz 2 sind nach Maßgabe der geltenden Rechtsvorschriften barrierefrei zu gestalten.

(2) Sofern die Träger öffentlicher Belange in ihrem jeweiligen sachlichen und räumlichen Organisations- oder Tätigkeitsbereich Pläne zur Sicherstellung oder Herstellung der Barrierefreiheit entwickeln, beziehen sie die Verbände der Menschen mit Behinderungen hierbei frühzeitig ein. Dabei soll den Verbänden hierbei fachliche Unterstützung gewährt werden. § 9 des Inklusionsgrundsätzegesetzes ist zu beachten.

§ 8 Barrierefreie Kommunikation, Gebärdensprache

(1) Menschen mit Behinderungen haben unbeschadet anderer Bundes- oder Landesgesetze das Recht, mit Trägern öffentlicher Belange in geeigneten Kommunikationsformen zu kommunizieren, soweit dies im Verwaltungsverfahren zur Wahrnehmung eigener Rechte oder zur Wahrnehmung von Aufgaben im Rahmen der elterlichen Sorge nach § 1626 des Bürgerlichen Gesetzbuches erforderlich ist. Satz 1 gilt auch für die mündliche Kommunikation außerhalb eines Verwaltungsverfahrens, soweit dies zur Wahrnehmung von Aufgaben im Rahmen der elterlichen Sorge nach § 1626 des Bürgerlichen Gesetzbuches erforderlich ist,

1. in schulischen Belangen an öffentlichen Schulen und entsprechend an Ersatzschulen,
2. in Kindertageseinrichtungen und in der Kindertagespflege.

Die Träger öffentlicher Belange haben die geeigneten Kommunikationsunterstützungen kostenfrei zur Verfügung zu stellen oder auf Antrag der Berechtigten die notwendigen Auslagen, die aus der entgeltlichen Nutzung von geeigneten Kommunikationshilfen entstehen, zu erstatten.

(2) Die Träger öffentlicher Belange sollen mit Menschen mit geistiger oder kognitiver Beeinträchtigung in einer leicht verständlichen Sprache kommunizieren.

(3) Die Landesregierung wird ermächtigt,

1. Anlass und Umfang des Anspruchs auf Bereitstellung von geeigneter Kommunikationsunterstützung,
2. die Art und Weise der Bereitstellung von geeigneter Kommunikationsunterstützung,
3. die Grundsätze für eine angemessene Vergütung oder die Einzelheiten Erstattung von notwendigen Aufwendungen für den Einsatz geeigneter Kommunikationsunterstützung und
4. die Bestimmung der im Sinne des Absatzes 1 geeigneten Kommunikationsunterstützung

durch Rechtsverordnung zu regeln.

(4) Die Deutsche Gebärdensprache ist als eigenständige Sprache anerkannt.

§ 9 Gestaltung von Bescheiden, amtlichen Informationen und Vordrucken

(1) Die Träger öffentlicher Belange haben bei der Gestaltung von schriftlichen Bescheiden, Allgemeinverfügungen, öffentlich-rechtlichen Verträgen, Vordrucken und amtlichen Informationen die besonderen Belange betroffener Menschen mit Behinderungen zu berücksichtigen.

(2) Die Träger öffentlicher Belange sollen im Rahmen ihrer personellen und organisatori-

schen Möglichkeiten Schwierigkeiten mit dem Textverständnis durch beigefügte Erläuterungen in leicht verständlicher Sprache entgegen wirken. Die Landesregierung wirkt darauf hin, dass das Instrument der Leichten Sprache vermehrt eingesetzt und angewandt wird und entsprechende Kompetenzen für das Verfassen von Texten in Leichter Sprache auf- und ausgebaut werden.

(3) Blinde und sehbehinderte Menschen können insbesondere verlangen, dass ihnen Bescheide, Vordrucke und amtliche Informationen unentgeltlich auch in einer für sie wahrnehmbaren Form zugänglich gemacht werden, um eigene Rechte oder Aufgaben im Rahmen der elterlichen Sorge nach § 1626 des Bürgerlichen Gesetzbuches im Verwaltungsverfahren wahrzunehmen. § 9 des Inklusionsgrundsätzegesetzes ist zu beachten.

(4) Das für den Bereich der Politik für und mit Menschen mit Behinderungen federführend zuständige Ministerium wird ermächtigt, durch Rechtsverordnung im Einvernehmen mit den übrigen Ministerien zu regeln, in welcher Weise und bei welchen Anlässen die in Absatz 3 genannten Dokumente blinden und sehbehinderten Menschen zugänglich gemacht werden.

§ 10 Barrierefreie Informationstechnik

(1) Die Träger öffentlicher Belange gestalten die von ihnen zur Verfügung gestellten Programmoberflächen im Bereich der elektronischen Datenverarbeitung sowie ihre Online-Auftritte und Angebote technisch so, dass sie von Menschen mit Behinderungen genutzt werden können.

(2) Öffentliche Stellen des Landes gestalten Websites und mobile Anwendungen gemäß Artikel 1 der Richtlinie (EU) 2016/2102 des Europäischen Parlaments und des Rates vom 26. Oktober 2016 über den barrierefreien Zugang zu den Websites und mobilen Anwendungen öffentlicher Stellen (ABl. L 327 vom 2. 12. 2016, S. 1) im Internet sowie im Intranet barrierefrei, so dass sie von Menschen mit Behinderungen uneingeschränkt genutzt werden können.

(3) Die barrierefreie Gestaltung erfolgt nach Maßgabe der gemäß § 10e zu erlassenden Verordnung. Soweit diese Verordnung keine Vorgaben enthält, erfolgt die barrierefreie Gestaltung nach den anerkannten Regeln der Technik.

(4) Von den Vorgaben zur Barrierefreiheit darf nur abgewichen werden, wenn und soweit die barrierefreie Gestaltung gemäß Absatz 2 für öffentliche Stellen des Landes einen unverhältnismäßigen Aufwand bewirkt.

(5) Die Regelungen in Absatz 2, § 10b sowie die Regelungen zum Überwachungs- und Ombudsverfahren gelten nicht für Kindertageseinrichtungen und Kindertagespflege sowie Schulen und Ersatzschulen mit Ausnahme der Inhalte, die sich auf wesentliche Online-Verwaltungsfunktionen beziehen. Wenn und soweit Kindertageseinrichtungen, Kindertagespflege, Schulen sowie Ersatzschulen Träger öffentlicher Belange nach § 2 des Inklusionsgrundsätzegesetzes Nordrhein-Westfalen vom 14. Juni 2016 (GV. NRW. S. 442) in der jeweils geltenden Fassung sind, bleibt die Verpflichtung zur barrierefreien Gestaltung nach Absatz 1 in Verbindung mit Absatz 3 unberührt.

(6) Angebote öffentlicher Stellen im Internet, die auf Websites Dritter veröffentlicht werden, sind soweit möglich barrierefrei zu gestalten.

§ 10a Öffentliche Stellen des Landes

(1) Öffentliche Stellen des Landes sind

1. die Träger öffentlicher Belange nach § 2 des Inklusionsgrundsätzegesetzes Nordrhein-Westfalen, soweit sie Verwaltungsfunktionen wahrnehmen, sowie
2. sonstige öffentliche Stellen nach Artikel 3 Nummer 1 der Richtlinie (EU) 2016/2102, wenn sie dem Land Nordrhein-Westfalen gemäß Absatz 2 zuzurechnen sind.

(2) Dem Land Nordrhein-Westfalen zuzurechnen sind öffentliche Stellen, wenn sie

1. überwiegend vom Land, von Gebietskörperschaften oder von anderen Einrichtungen öffentlicher Stellen des Landes finanziert werden,

2. hinsichtlich ihrer Leitung der Aufsicht dieser Gebietskörperschaften oder Einrichtungen unterstehen oder
3. ein Verwaltungs-, Leitungs- oder Aufsichtsorgan haben, das mehrheitlich aus Mitgliedern besteht, die vom Land, von Gebietskörperschaften oder von anderen Einrichtungen öffentlicher Stellen des Landes ernannt worden sind.

(3) Dem Land Nordrhein-Westfalen sind ferner Vereinigungen zuzurechnen, an denen mindestens eine öffentliche Stelle nach Absatz 2 Nummer 1 oder 2 beteiligt ist, wenn sie

1. nicht über den Bereich des Landes Nordrhein-Westfalen hinaus tätig werden,
2. dem Land die absolute Mehrheit der Anteile gehört,
3. dem Land die absolute Mehrheit der Stimmen zusteht oder
4. überwiegend vom Land finanziert werden.

Eine überwiegende Finanzierung durch das Land wird angenommen, wenn es mehr als 50 Prozent der Gesamtheit der Mittel aufbringt.

§ 10b Erklärung zur Barrierefreiheit und elektronisches Kontaktformular

(1) Die Websites und mobilen Anwendungen öffentlicher Stellen des Landes müssen eine detaillierte, umfassende und klare Erklärung zur Barrierefreiheit nach Maßgabe der Festlegungen der Durchführungsrechtsakte der Kommission nach Artikel 7 Absatz 2 Satz 1 der Richtlinie (EU) 2016/2102 enthalten und diese in einem zugänglichen Format bereitstellen und veröffentlichen.

(2) Die Erklärung nach Absatz 1 enthält

1. für den Fall, dass ausnahmsweise keine vollständige barrierefreie Gestaltung erfolgt ist,
   a) die Benennung der Teile des Inhalts, die nicht vollständig barrierefrei gestaltet sind,
   b) die Gründe für die nicht barrierefreie Gestaltung und
   c) gegebenenfalls einen Hinweis auf barrierefrei gestaltete Alternativen,
2. ein unmittelbar zugängliches und barrierefrei gestaltetes elektronisches Kontaktformular (Feedback-Mechanismus), mit dem noch bestehende Barrieren gemeldet und die von der barrierefreien Gestaltung ausgenommenen Informationen angefordert werden können und aus dem die Kontaktangaben der zuständigen Stelle hervorgehen sowie
3. eine Verlinkung auf das in § 10d geregelte Ombudsverfahren sowie die Kontaktdaten der hierfür zuständigen Stelle.

(3) Die öffentliche Stelle des Landes ist verpflichtet, auf Mitteilungen oder Anfragen, die ihr auf Grund der Erklärung zur Barrierefreiheit übermittelt werden, innerhalb einer angemessenen Frist zu reagieren.

§ 10c Überwachung der Barrierefreiheit und Berichterstattung

(1) Das für den Bereich der Politik für und mit Menschen mit Behinderungen federführend zuständige Ministerium richtet eine Stelle zur Überwachung der Einhaltung der Anforderungen an die Barrierefreiheit von Websites und mobilen Anwendungen der öffentlichen Stellen des Landes ein. Die Art und Weise der Überwachung erfolgt nach Maßgabe der Festlegungen der Durchführungsrechtsakte der Kommission nach Artikel 8 Absatz 2 der Richtlinie (EU) 2016/2102.

(2) Die Überwachungsstelle berichtet dem für den Bereich der Politik für und mit Menschen mit Behinderungen federführend zuständigen Ministerium über die Ergebnisse der Überwachung einschließlich der Messdaten. Die konkreten Modalitäten ergeben sich aus dem Durchführungsrechtsakt der Kommission nach Artikel 8 Absatz 2 der Richtlinie (EU) 2016/2102 sowie der Barrierefreie Informationstechnik-Verordnung Nordrhein-Westfalen vom 24. Juni 2004 (GV. NRW. S. 339) in der jeweils geltenden Fassung.

(3) Die Überwachungsstelle hat zur wirksamen Wahrnehmung ihrer Aufgaben nach den Absätzen 1 und 2 das Recht, von den öffentlichen Stellen des Landes die notwendigen Informationen einzufordern.

(4) Das für den Bereich der Politik für und mit Menschen mit Behinderungen federführend zuständige Ministerium berichtet der Überwachungsstelle des Bundes nach § 13 Absatz 3 des Behindertengleichstellungsgesetzes vom 27. April 2002 (BGBl. I S. 1467, 1468), das zuletzt durch Artikel 3 des Gesetzes vom 10. Juli 2018 (BGBl. I S. 1117) geändert worden ist, alle drei Jahre über die Ergebnisse der Überwachung einschließlich der Messdaten sowie Informationen über die Nutzung des Ombudsverfahrens nach § 10 d.

(5) Das für den Bereich der Politik für und mit Menschen mit Behinderungen federführend zuständige Ministerium kann sich jederzeit über die Tätigkeit der Überwachungsstelle informieren und die Wahrnehmung der Aufgaben nach den Absätzen 1 und 2 prüfen. Hierzu können mündliche, schriftliche und elektronische Berichte sowie Akten und sonstige Unterlagen angefordert und eingesehen werden.

(6) Art und Form der Berichterstattung nach den Absätzen 2 und 4 richten sich nach den Anforderungen, die auf Grundlage von Artikel 8 Absatz 6 der Richtlinie (EU) 2016/2102 festgelegt werden.

§ 10d Ombudsverfahren

(1) Zur Gewährleistung einer angemessenen und wirksamen Durchsetzung der Anforderungen an die Barrierefreiheit gemäß § 10 wird eine Ombudsstelle für barrierefreie Informationstechnik eingerichtet. Diese ist für das Durchsetzungsverfahren im Sinne von Artikel 9 der Richtlinie (EU) 2016/2102 zuständig.

(2) Die Ombudsstelle für barrierefreie Informationstechnik erstattet dem für den Bereich der Politik für und mit Menschen mit Behinderungen federführend zuständigen Ministerium alle drei Jahre, erstmalig zum 30. April 2021, Bericht über die Nutzung des Ombudsverfahrens.

§ 10e Verordnungsermächtigung

Das für den Bereich der Politik für und mit Menschen mit Behinderungen federführend zuständige Ministerium wird ermächtigt, im Einvernehmen mit den übrigen Ressorts durch Rechtsverordnung zu regeln:

1. die barrierefreie Gestaltung der Informationstechnik im Sinne des § 10, die dabei anzuwendenden Standards und den Zeitpunkt, ab dem diese Standards verbindlich anzuwenden sind,
2. die Arten und Bereiche sowie entsprechende Ausnahmen amtlicher Informationen, die barrierefrei zu gestalten sind,
3. die konkreten Anforderungen an die Erklärung zur Barrierefreiheit sowie das elektronische Kontaktformular nach § 10b,
4. die konkrete Ausgestaltung der Berichterstattung über den Stand der Barrierefreiheit nach § 10c,
5. die Einzelheiten zur Ausgestaltung der Überwachungsstelle und des Überwachungsverfahrens nach § 10c,
6. die Einrichtung der Ombudsstelle und die Einzelheiten zur Ausgestaltung des Ombudsverfahrens nach § 10d sowie
7. die Fristen zur Umsetzung der Anforderungen aus §§ 10a bis 10d.

Abschnitt 3
Wahrung der Belange von Menschen mit Behinderung

§ 11 Aufgabenübertragung, Rechtsstellung

(1) Die Landesregierung soll eine Beauftragte oder einen Beauftragten für die Belange der Menschen mit Behinderung (§ 12) bestellen. Das Amt endet, außer im Fall der Entlassung, mit dem Zusammentreten eines neuen Landtags. Bis zur Berufung einer neuen Beauftragten oder eines neuen Beauftragten nimmt die bisherige Beauftragte oder der bisherige Beauftragte die Aufgaben weiterhin kommissarisch wahr. Eine erneute Übertragung ist zulässig. Einem Verlangen der oder des Beauftragten auf vorzeitige Beendigung der Aufgabenübertragung ist stattzugeben.

(2) Das Land hat die für die Erfüllung der Aufgaben notwendige Personal- und Sachausstattung nach Maßgabe des Haushalts zur Verfügung zu stellen.

I

§ 12 Aufgaben

(1) Zur Wahrung der Belange der Menschen mit Behinderung gehören insbesondere folgende Aufgaben:

1. die Durchsetzung der Gleichbehandlung von Menschen mit und ohne Behinderung,
2. die Anregung von Maßnahmen, die darauf gerichtet sind, Diskriminierungen von Menschen mit Behinderung abzubauen oder deren Entstehen entgegenzuwirken,
3. die Zusammenarbeit mit den von den Gemeinden und Gemeindeverbänden auf örtlicher Ebene für die Angelegenheiten von Menschen mit Behinderung bestellten Persönlichkeiten oder Gremien,
4. die Unterstützung der Verbände und Organisationen der Menschen mit Behinderungen bei der Wahrnehmung ihrer Beteiligungsrechte nach § 9 Absatz 4 Inklusionsgrundsätzegesetz.

Darüber hinaus führt die oder der Landesbehindertenbeauftragte den Vorsitz über folgende Gremien:

1. den Beirat der oder des Landesbehindertenbeauftragten. Der Beirat besteht aus maximal neun ständigen Vertreterinnen und Vertretern der Verbände und Organisationen der Menschen mit Behinderungen. Die Berufung der Vertreterinnen und Vertreter im Beirat der oder des Landesbehindertenbeauftragten erfolgt auf Vorschlag der Verbände und Organisationen der Menschen mit Behinderung auf Landesebene durch die Landesbehindertenbeauftragte oder den Landesbehindertenbeauftragten. Die Berufung der Expertinnen und Experten erfolgt durch die Landesbehindertenbeauftragte oder den Landesbehindertenbeauftragten
2. den Fachbeirat Partizipation zum Inklusionsbeirat gemäß § 9 des Inklusionsgrundsätzegesetzes. Der oder die Landesbehindertenbeauftragte kann das Nähere zur Organisation und Zusammensetzung des Fachbeirates regeln.

Bei der Aufgabenwahrnehmung ist darauf zu achten, dass besondere Benachteiligungen von Frauen und Mädchen mit Behinderung beseitigt und unterschiedliche Lebensbedingungen von Frauen und Mädchen mit Behinderung berücksichtigt werden.

(2) Die oder der Landesbeauftragte für die Belange von Menschen mit Behinderung überwacht die Einhaltung der Vorschriften dieses Gesetzes sowie anderer Vorschriften, die die Belange von Menschen mit Behinderung betreffen, bei den Trägern öffentlicher Belange. Sie oder er berät die Träger öffentlicher Belange in Fragen der Belange von Menschen mit Behinderungen und kann ihnen zur Durchsetzung der Gleichstellung von Menschen mit Behinderungen Empfehlungen geben.

(3) Die Ministerien hören die oder den Landesbeauftragten für die Belange von Menschen mit Behinderung bei Gesetzes- und Verordnungsvorhaben sowie bei der Erarbeitung von Verwaltungsvorschriften des Landes rechtzeitig vor einer Kabinettbefassung an, soweit sie Fragen der Belange von Menschen mit Behinderung behandeln oder berühren. Die Ministerien geben der oder dem Landesbehindertenbeauftragten bei sonstigen Ressortabstimmungen, die die Belange der Menschen mit Behinderung betreffen, rechtzeitig Gelegenheit zur Stellungnahme. Die Träger öffentlicher Belange sind verpflichtet, die oder den Landesbeauftragten für die Belange von Menschen mit Behinderung bei der Erfüllung ihrer Aufgaben zu unterstützen, insbesondere die erforderlichen Auskünfte zu erteilen und ihnen Akteneinsicht zu gewähren. Die Bestimmungen zum Schutz personenbezogener Daten bleiben unberührt.

§ 13 Wahrung der Belange von Menschen mit Behinderungen auf örtlicher Ebene

(1) Die Wahrung der Belange von Menschen mit Behinderungen auch auf örtlicher Ebene ist eine Aufgabe von wesentlicher Bedeutung sowohl für die volle, wirksame und gleichberechtigte Teilhabe von Menschen mit Behinderungen als auch für die selbstbestimmte und selbstständige Lebensführung, die Wahrnehmung der Menschen mit Behinderungen als Teil menschlicher Vielfalt sowie für den Schutz vor Diskriminierungen und Be-

nachteiligungen. Das Nähere zur Wahrung der Belange von Menschen mit Behinderungen bestimmen die Gemeinden und Gemeindeverbände durch Satzung.

(2) Die Landesregierung erarbeitet unter Beteiligung des Inklusionsbeirats Empfehlungen und Mustersatzungen zur Unterstützung der Kommunen bei der Wahrung der Belange von Menschen mit Behinderungen.

Abschnitt 4
Berichtspflichten

§ 14 Berichte

(1) Die oder der Landesbeauftragte für die Belange von Menschen mit Behinderungen berichtet der Landesregierung einmal in jeder Wahlperiode über ihre oder seine Tätigkeit. Die Landesregierung leitet diesen Bericht mit ihrer Stellungnahme und mit dem nach § 12 Absatz 1 des Inklusionsgrundsätzegesetzes zu erstellenden Bericht dem Landtag zu.

(2) Alle Feststellungen im Bericht sind geschlechtsbezogen zu treffen. Der Bericht schließt die Darstellung von Verstößen gegen das Benachteiligungsverbot ein und nimmt zu möglichen weiteren Maßnahmen Stellung.

I

Verordnung zur Verwendung von Gebärdensprache und anderen Kommunikationshilfen im Verwaltungsverfahren nach dem Behindertengleichstellungsgesetz Nordrhein-Westfalen (Kommunikationsunterstützungsverordnung Nordrhein-Westfalen – KHV NRW)

Vom 15. Juni 2004 (GV. NRW. S. 336)

Zuletzt geändert durch
Erstes allgemeines Gesetz zur Stärkung der Sozialen Inklusion in Nordrhein-Westfalen
vom 14. Juni 2016 (GV. NRW. S. 442)

Auf Grund des § 8 Abs. 2 des Behindertengleichstellungsgesetzes Nordrhein-Westfalen (BGG NRW) vom 16. Dezember 2003 (GV. NRW. S. 766) wird verordnet:

§ 1 Anwendungsbereich

Die Verordnung gilt für alle natürlichen Personen, die zur Wahrnehmung eigener Rechte als Beteiligte eines Verwaltungsverfahrens oder zur Wahrnehmung von Aufgaben im Rahmen der elterlichen Sorge gemäß § 1626 des Bürgerlichen Gesetzbuches wegen einer Behinderung für die mündliche Kommunikation im Verwaltungsverfahren einen Anspruch nach § 8 des Behindertengleichstellungsgesetzes Nordrhein-Westfalen vom 16. Dezember 2003 (GV. NRW. S. 766), das durch Artikel 2 des Gesetzes vom 14. Juni 2016 (GV. NRW. S. 442) geändert worden ist, auf Nutzung von geeigneten Kommunikationsunterstützungen haben (Berechtigte). Satz 1 gilt auch für die mündliche Kommunikation außerhalb eines Verwaltungsverfahrens, soweit dies zur Wahrnehmung von Aufgaben im Rahmen der elterlichen Sorge nach § 1626 des Bürgerlichen Gesetzbuches erforderlich ist,

1. in schulischen Belangen an öffentlichen Schulen und entsprechend an Ersatzschulen,
2. in Kindertageseinrichtungen und in der Kindertagespflege.

§ 2 Umfang des Anspruches

(1) Der Anspruch besteht in dem durch die Behinderung bedingten erforderlichen Umfang. Dieser bestimmt sich insbesondere nach dem individuellen Bedarf der berechtigten Person.

(2) Die Entscheidung, welche Kommunikationsunterstützung genutzt werden soll, treffen die Berechtigten. Diese teilen dem Träger öffentlicher Belange möglichst frühzeitig die Art der Behinderung sowie die gewählte Kommunikationsunterstützung mit. Der Träger öffentlicher Belange kann von der Wahl der Berechtigten hinsichtlich der Kommunikationsunterstützung nur aus wichtigem Grund abweichen. Eine Abweichung durch den Träger öffentlicher Belange ist insbesondere dann möglich, wenn durch die Wahl das Verwaltungsverfahren erheblich verzögert würde oder für das Verfahren maßgebliche Fristen gefährdet werden. Sofern die Berechtigten den Einsatz von bestimmten Personen als Kommunikationsunterstützer wünschen, sollen die Träger dem Wunsch entsprechen, sofern durch die gewählte Kommunikationsunterstützung im konkreten Fall die erforderliche Verständigung sichergestellt ist.

Die Behinderung sowie die Entscheidung über die Kommunikationsunterstützung sind aktenkundig zu machen und im weiteren Verwaltungsverfahren von Amts wegen zu berücksichtigen.

(3) Erhält der Träger im Verwaltungsverfahren Kenntnis von der Behinderung der Berechtigten im Sinne des § 8 Abs. 1 BGG NRW, so sind diese von ihm auf ihr Recht auf barrierefreie Kommunikation hinzuweisen.

(4) Zur Abwehr von unmittelbar bevorstehenden Gefahren für bedeutsame Rechtsgüter, wie Leben, Gesundheit, Freiheit oder nicht unwesentliche Vermögenswerte kann

im Einzelfall von dem Einsatz einer Kommunikationsunterstützung abgesehen werden.

§ 3 Kommunikationsunterstützungen

(1) Eine Kommunikationsunterstützung ist als geeignete Kommunikationsform anzusehen, wenn sie im konkreten Fall die nach Maßgabe des § 2 Abs. 1 erforderliche Verständigung sicherstellt.

(2) Zur Kommunikationsunterstützung kommen Personen zur Kommunikationsunterstützung, Kommunikationsmethoden und Kommunikationsmittel in Betracht:

1. Personen zur Kommunikationsunterstützung sind insbesondere
   a) gebärdensprachdolmetschende Personen,
   b) schriftdolmetschende Personen,
   c) oraldolmetschende Personen,
   d) kommunikationsassistierende Personen,
   e) lautsprachbegleitend gebärdende Personen oder
   f) in taktil wahrnehmbare Sprache oder Gebärden übersetzende Personen,
   g) in gestützter Kommunikation übersetzende Personen oder
   h) sonstige Personen des Vertrauens
2. Kommunikationsmethoden sind insbesondere
   a) Lormen und taktil wahrnehmbare Gebärden,
   b) gestützte Kommunikation für Menschen mit autistischer Störung,
   c) lautsprachbegleitende Gebärden,
   d) die Deutsche Gebärdensprache oder
   e) die Leichte Sprache
3. Kommunikationsmittel sind insbesondere
   a) akustisch-technische Hilfen oder
   b) grafische Symbol-Systeme.

§ 4 Art und Weise der Bereitstellung von geeigneter Kommunikationsunterstützung

(1) Die Berechtigten können ihren Anspruch gegenüber den in § 2 des Inklusionsgrundsätzegesetzes vom 14. Juni 2016 (GV. NRW. S. 442) genannten Trägern öffentlicher Belange geltend machen. Die Träger öffentlicher Belange haben die geeigneten Kommunikationsunterstützungen kostenfrei zur Verfügung zu stellen oder auf Antrag der Berechtigten die notwendigen Auslagen, die aus der entgeltlichen Nutzung von geeigneten Kommunikationshilfen entstehen, zu erstatten.

(2) Für den Bereich der mündlichen Kommunikation

1. nach § 1 Satz 1 und Satz 2 Nummer 1 hat
   a) die Schule im Rahmen ihrer Möglichkeiten die geeigneten Kommunikationsunterstützungen bereitzustellen oder
   b) die für die Schule zuständige Aufsichtsbehörde die entstandenen notwendigen Aufwendungen zu erstatten,
2. nach § 1 Satz 1 und Satz 2 Nummer 2 haben die zuständigen Träger der öffentlichen Jugendhilfe nach § 69 Achtes Buch Sozialgesetzbuch – Kinder- und Jugendhilfe – in der Fassung der Bekanntmachung vom 1. September 2012 (BGBl I S. 2022), das zuletzt durch Art. 2 des Gesetzes vom 21. Januar 2015 (BGBl. I S. 10), geändert worden ist, die geeigneten Kommunikationsunterstützungen bereitzustellen oder die entstandenen notwendigen Aufwendungen zu erstatten.

§ 5 Grundsätze für eine angemessene Vergütung oder Erstattung

(1) Die Höhe der Vergütung für kommunikationsunterstützende Personen richtet sich nach dem Honorar für Simultandolmetscher gemäß dem Justizvergütungs- und -entschädigungsgesetz vom 5. Mai 2004 (BGBl. I S. 718, 776) in der jeweils geltenden Fassung.

(2) Es erhalten

1. Personen zur Kommunikationsunterstützung gemäß § 3 Absatz 2 Nummer 1 Buchstabe a bis c mit nachgewiesener abgeschlossener Berufsausbildung für das ausgeübte Tätigkeitsfeld eine Vergütung in voller Höhe des Honorars für Simultandolmetscher;
2. Personen zur Kommunikationsunterstützung gemäß § 3 Absatz 2 Nummer 1

Buchstabe e mit nachgewiesener abgeschlossener Berufsausbildung für das ausgeübte Tätigkeitsfeld 75 Prozent der Vergütung nach Absatz 1;

3. Personen zur Kommunikationsunterstützung gemäß § 3 Absatz 2 Nummer 1 Buchstaben a bis f ohne nachgewiesene abgeschlossene Berufsausbildung für das ausgeübte Tätigkeitsfeld eine pauschale Abgeltung in Höhe von 25 Prozent der Vergütung nach Absatz 1.

Die Träger öffentlicher Belange können abweichende Rahmenvereinbarungen hinsichtlich der Vergütung treffen.

3) Fahrtkosten und Wegstreckenentschädigung werden in entsprechender Anwendung des Landesreisekostengesetzes Nordrhein-Westfalen vom 1. Juli 1974 (GV. NRW. S. 214), in der jeweils geltenden Fassung, erstattet.

(4) Wird ein Einsatztermin nicht rechtzeitig abgesagt und ist die Absage nicht durch einen in der Person zur Kommunikationsunterstützung liegenden Grund veranlasst, so wird zur Abgeltung aller in Betracht kommenden Kosten auf Antrag pauschal ein Betrag erstattet, der dem Honorar für eine volle Stunde nach Absatz 2 Nummer 1 bis 3 entspricht. Für Personen nach Absatz 2 Nummer 2 und 3 wird der Pauschalbetrag entsprechend Absatz 2 anteilig berechnet. Die Aufhebung eines Termins erfolgt nicht rechtzeitig, wenn dies der Person zur Kommunikationsunterstützung am Terminstag oder an einem der beiden vorhergehenden Tage mitgeteilt worden ist.

(5) Die Träger öffentlicher Belange vergüten die Leistungen unmittelbar denjenigen, die sie erbracht haben. Stellen die Berechtigten die kommunikationsunterstützende Person selbst bereit, tragen die Träger die Kosten nach § 5, soweit sie nach Maßgabe des § 2 Absatz 1 erforderlich sind. In diesem Fall dürfen die Berechtigten nicht auf eine Erstattung verwiesen werden, es sei denn, sie wünschen dies oder es liegt ein besonderer Grund vor.

§ 6 In-Kraft-Treten

Diese Verordnung tritt am Tag nach der Verkündung in Kraft.

Inklusionsgrundsätzegesetz Nordrhein-Westfalen (IGG NRW)

Vom 14. Juni 2016 (GV. NRW. S. 442)

Zuletzt geändert durch
Ausführungsgesetz des Landes Nordrhein-Westfalen zur Umsetzung des Bundesteilhabegesetzes
vom 21. Juli 2018 (GV. NRW. S. 414)

Inhaltsübersicht

§ 1 Ziele

(1) In Umsetzung des Übereinkommens der Vereinten Nationen vom 13. Dezember 2006 über die Rechte der Menschen mit Behinderungen (BGBl. 2008 II S. 1420; UN-Behindertenrechtskonvention) verankert dieses Gesetz Grundsätze für Nordrhein-Westfalen, die den vollen und gleichberechtigten Genuss aller Menschenrechte und Grundfreiheiten durch alle Menschen mit Behinderungen fördern, schützen und gewährleisten und die Achtung der ihnen innewohnenden Würde fördern. Damit werden die Träger öffentlicher Belange gleichzeitig aufgefordert, die Ziele der UN-Behindertenrechtskonvention im Rahmen ihres Zuständigkeits- und Aufgabenbereichs zu verwirklichen. Sie übernehmen damit auch Vorbildfunktion für alle weiteren Bereiche der Gesellschaft.

(2) Ziel dieses Gesetzes ist die Förderung und Stärkung inklusiver Lebensverhältnisse in Nordrhein-Westfalen sowie die Vermeidung der Benachteiligung behinderter Menschen. Von grundlegender Bedeutung für den Inklusionsprozess sind insbesondere

1. die Achtung der dem Menschen innewohnenden Würde, seiner individuellen Autonomie, einschließlich der Freiheit, eigene Entscheidungen zu treffen, sowie seiner Unabhängigkeit,
2. die Nichtdiskriminierung,
3. die volle, wirksame und gleichberechtigte Teilhabe an der Gesellschaft und Einbeziehung in die Gesellschaft,
4. die Achtung vor der Unterschiedlichkeit von Menschen mit Behinderungen und die Akzeptanz dieser Menschen als Teil der menschlichen Vielfalt und der Menschheit,
5. die Chancengleichheit,
6. die Zugänglichkeit, Auffindbarkeit und Nutzbarkeit,
7. die Gleichberechtigung von Mann und Frau,
8. die Achtung vor den sich entwickelnden Fähigkeiten von Kindern mit Behinderungen und die Achtung ihres Rechts auf Wahrung ihrer Identität.

§ 2 Geltungsbereich

Dieses Gesetz gilt für die Träger öffentlicher Belange. Träger öffentlicher Belange im Sinne dieses Gesetzes sind alle Dienststellen und Einrichtungen des Landes, der Gemeinden und Gemeindeverbände, der sonstigen der Aufsicht des Landes unterstehenden juristischen Personen des öffentlichen Rechts und der Beliehenen. Der Landtag, die Gerichte und die Staatsanwaltschaften sind Träger öffentlicher Belange im Sinne dieses Gesetzes, soweit sie Aufgaben der öffentlichen Verwaltung wahrnehmen. Träger öffentlicher Belange sind darüber hinaus Eigenbetriebe und Krankenhäuser des Landes, der Gemeinden und Gemeindeverbände, Hochschulen, der Landesrechnungshof sowie die staatlichen Rechnungsprüfungsämter, die oder der Landesbeauftragte für Datenschutz und Informationsfreiheit Nordrhein-Westfalen, der Bau- und Liegenschaftsbetrieb des Landes Nordrhein-Westfalen und die Landesbetriebe im Sinne des § 14a des Landesorganisationsgesetzes vom 10. Juli 1962 (GV. NRW. S. 421), das zuletzt durch Artikel 2 des Gesetzes vom 1. Oktober 2013 (GV. NRW. S. 566) geändert worden ist. Die Träger öffentlicher Belange sollen bei der Förderung und Stärkung inklusiver Lebensverhältnisse auch Vorbildfunktion für alle weiteren Bereiche der Gesellschaft übernehmen. Der Westdeutsche Rundfunk Köln und die Landesanstalt für Medien Nordrhein-Westfalen sind Träger öffentlicher Belange, soweit nicht sondergesetzliche Regelungen, die der Ausgestaltung des Artikel 5 Absatz 1 des Grundgesetzes dienen, bestehen.

§ 3 Menschen mit Behinderungen

Menschen mit Behinderungen im Sinne dieses Gesetzes sind Menschen, die langfristige körperliche, seelische, geistige oder Sinnesbeeinträchtigungen haben, welche sie in Wechselwirkung mit verschiedenen Barrieren an der vollen, wirksamen und gleichberechtigten Teilhabe an der Gesellschaft hindern können. Als langfristig gilt in der Regel ein Zeitraum, der mit hoher Wahrscheinlichkeit länger als sechs Monate andauert.

§ 4 Frauen und Mädchen, Kinder und Jugendliche, Eltern

(1) Zur Durchsetzung der Gleichberechtigung von Frauen und Männern sind die besonderen Belange von Frauen und Mädchen mit Behinderung zu berücksichtigen, insbesondere ihre volle Entfaltung sowie die Förderung und Stärkung ihrer Autonomie durch geeignete Maßnahmen zu sichern. Dazu werden auch besondere Maßnahmen zur Förderung der tatsächlichen Gleichstellung von Frauen und Mädchen mit Behinderungen ergriffen. Zudem können Frauen, Mädchen, Kinder und Jugendliche mit Behinderungen und Eltern mit Behinderungen ihre Rechte in dem Inklusionsbeirat nach § 10 wahrnehmen.

(2) Die Träger öffentlicher Belange berücksichtigen bei allen Maßnahmen, die Kinder und Jugendliche mit Behinderungen betreffen, das Wohl der Kinder und Jugendlichen vorrangig. Sie wirken darauf hin, dass Kinder und Jugendliche mit Behinderungen gleichberechtigt neben Kindern und Jugendlichen ohne Behinderungen ihre Rechte wahrnehmen und bei den sie betreffenden Angelegenheiten beteiligt werden. Die Beteiligungsformen sollten entsprechend ihres Alters, Reife und Entwicklungsstand ausgestaltet sein.

(3) Zu Verwirklichung einer selbstbestimmten Elternschaft sind die spezifischen Bedürfnisse von Eltern mit Behinderungen und deren Kindern zu berücksichtigen.

§ 5 Allgemeine Grundsätze für die Träger öffentlicher Belange

(1) Die Herstellung inklusiver Lebensverhältnisse ist eine gesamtgesellschaftliche Aufgabe. Alle Träger öffentlicher Belange wirken als Teil der Gesellschaft an der Gestaltung inklusiver Lebensverhältnisse im Sinne von § 1 Absatz 2 mit und beteiligen sich aktiv an der Bewusstseinsbildung im Sinne von Artikel 8 der UN-Behindertenrechtskonvention.

(2) Sie tragen den spezifischen Bedürfnissen von Menschen mit Behinderungen Rechnung. Dabei sind die in Artikel 3 der UN-Behindertenrechtskonvention verankerten Grundsätze von ihnen zu beachten.

(3) Die Träger arbeiten bei der schrittweisen Verwirklichung der Ziele dieses Gesetzes zusammen und unterstützen sich gegenseitig.

(4) Sie wirken darauf hin, dass Einrichtungen, Vereinigungen und juristische Personen des Privatrechts, an denen die Träger öffentlicher Belange unmittelbar oder mittelbar beteiligt sind, die Ziele dieses Gesetzes verfolgen. Soweit die Träger öffentlicher Belange Aufgaben durch Dritte durchführen lassen, haben sie sicherzustellen, dass die Auftragnehmer die Ziele dieses Gesetzes beachten.

(5) Bei der Gewährung von Zuwendungen und sonstigen Leistungen durch die Träger öffentlicher Belange sind die Ziele dieses Gesetzes in geeigneten Bereichen ebenfalls zu beachten.

(6) Die Landesregierung ist verpflichtet, die in Nordrhein-Westfalen lebenden Menschen auf die gesamtgesellschaftliche Aufgabe der Herstellung inklusiver Lebensverhältnisse aufmerksam zu machen und sie für die Ziele der Inklusion zu sensibilisieren (Maßnahmen der Bewusstseinsbildung). Insbesondere erfasst die Landesregierung Beispiele gelungener inklusiver Praxis und macht sie bekannt (Inklusionskataster).

§ 6 Anforderungen an die Gesetzgebung

(1) Zur Umsetzung einer den Anforderungen an eine inklusive Gesellschaft genügenden Gesetzgebung sollen besondere gesetzliche Regelungen, die ausschließlich auf Menschen mit Behinderungen Anwendung finden, vermieden und Anforderungen, die sich aus besonderen Belangen von Menschen mit Behinderungen ergeben, unmittelbar in den jeweiligen fachgesetzlichen Regelungen getroffen werden.

(2) Die Landesregierung prüft vor Einbringung eines Gesetzes in den Landtag, dass die Bestimmungen dieses Gesetzes der UN-Behindertenrechtskonvention entsprechen. Die Auswirkungen eines Gesetzes auf Menschen mit Behinderungen sind jeweils im Gesetz aufzuzeigen.

§ 7 Zugänglichkeit der Dienste und Einrichtungen für die Allgemeinheit

(1) Dienste und Einrichtungen für die Allgemeinheit sollen durch die Träger der öffentli-

chen Belange schrittweise barrierefrei gestaltet werden und müssen allgemein auffindbar, zugänglich und nutzbar sein. Sondereinrichtungen und -dienste für Menschen mit Behinderungen sollen soweit wie möglich vermieden werden.

(2) Die Träger öffentlicher Belange wirken darauf hin, dass die fachlich und regional erforderlichen Dienste in ausreichender Zahl und Qualität sozialräumlich zur Verfügung stehen.

(3) Die Kompetenz- und Koordinierungsstelle nach § 8 prüft, ob und inwieweit bereits bestehende Dienste und Einrichtungen des Landes für die Allgemeinheit im Sinne des Absatzes 1 angepasst und welche besonderen Dienste und Einrichtungen für Menschen mit Behinderungen sukzessive in allgemeine Dienste und Einrichtungen, die bereits den Anforderungen des Absatzes 1 genügen, überführt werden können.

§ 8 Kompetenz- und Koordinierungsstelle

(1) Bei dem für den Bereich der Politik für und mit Menschen mit Behinderungen federführend zuständigen Ministerium wird eine Kompetenz- und Koordinierungsstelle eingerichtet.

(2) Diese koordiniert die Maßnahmen zur Umsetzung der UN-Behindertenrechtskonvention in den verschiedenen Politikfeldern. Zudem achtet die Kompetenz- und Koordinierungsstelle auf die Einhaltung der Beteiligungspflichten nach § 9.

(3) Die oder der Landesbehindertenbeauftragte ist in die Arbeit der Kompetenz- und Koordinierungsstelle einzubinden.

§ 9 Beteiligung von Menschen mit Behinderungen

(1) Die Träger öffentlicher Belange führen mit Verbänden und Organisationen der Menschen mit Behinderungen, einschließlich derer für Kinder und Jugendliche mit Behinderungen, bei der Ausarbeitung von Rechtsvorschriften und politischen Konzepten zur Durchführung der UN-Behindertenrechtskonvention, zur Durchführung dieses Gesetzes sowie bei anderen Entscheidungsprozessen, die Menschen mit Behinderungen betreffen, enge Konsultationen und beziehen sie aktiv ein.

(2) Die Träger öffentlicher Belange gestalten die Regelungen und Verfahren für die Beteiligung von Bürgerinnen und Bürgern sowie die Einbeziehung von Verbänden und Organisationen derart, dass Menschen mit Behinderungen beziehungsweise deren Verbände und Organisationen ihre Rechte nach Absatz 1 tatsächlich ausüben können.

(3) Die Träger öffentlicher Belange wirken aktiv auf ein Umfeld hin, in dem Menschen mit Behinderungen gleichberechtigt mit anderen wirksam und umfassend an der Gestaltung der inklusiven Lebensverhältnisse mitwirken können. Dabei sollen Menschen mit Behinderungen darin unterstützt und ermutigt werden, ihre Vereinigungsfreiheit wahrzunehmen, ihre eigenen Kompetenzen zu stärken, in ihren eigenen Angelegenheiten selbstständig und selbstbestimmt tätig zu werden, sowie ihre Interessen zu vertreten. Wesentlich hierfür sind insbesondere Organisationen von Menschen mit Behinderungen, die sie auf Landesebene und kommunaler Ebene vertreten, sowie geeignete unabhängige Beratungs- und Unterstützungsstrukturen.

(4) Die oder der Landesbehindertenbeauftragte unterstützt die Verbände und Organisationen der Menschen mit Behinderungen bei der Wahrnehmung ihrer Beteiligungsrechte. Sie oder er hat die Aufgabe, alle für die Verbände und Organisationen der Menschen mit Behinderungen wesentlichen Informationen und Vorhaben der Landesregierung sowie des Landtages auszuwerten und aufzuarbeiten. Diese Informationen sowie die Auswertungen hierzu sind auf Anfrage bereit zu halten, zu bündeln und zu übermitteln. Auf Wunsch der Verbände und Organisationen kann der oder die Landesbehindertenbeauftragte hierzu beraten. Darüber hinaus hat sie oder er die Aufgabe, auf Anfrage der Landesregierung und des Landtags Ansprechpartner bei den Verbänden und Organisationen der Menschen mit Behinderungen zu vermitteln und die Verbände und Organisationen bei Beteiligungsverfahren zu beraten und zu begleiten. Die Beteiligungsrechte der Verbände

und Organisationen der Menschen mit Behinderungen bleiben hiervon unberührt.

§ 10 Inklusionsbeirat

(1) Als Schnittstelle zur Zivilgesellschaft nach Artikel 33 der UN-Behindertenrechtskonvention und in Umsetzung des Beteiligungsgebotes aus § 9 wird auf Landesebene ein Inklusionsbeirat eingerichtet.

(2) Der Inklusionsbeirat hat die Aufgabe,

1. die Landesregierung bei der Umsetzung dieses Gesetzes und der sich aus der UN-Behindertenrechtskonvention ergebenden Verpflichtungen zu beraten und
2. den sich aus Artikel 33 Absatz 3 der UN-Behindertenrechtskonvention ergebenden Überprüfungsprozess zu gestalten.

Er wird dabei von der Monitoringstelle (§ 11) unterstützt.

(3) Der Inklusionsbeirat setzt sich zusammen aus Vertreterinnen und Vertretern

1. der Landesregierung,
2. der Verbände und Organisationen auf Landesebene, die die Interessen der Menschen mit Behinderungen und chronischen Erkrankungen vertreten,
3. der Verbände und Organisationen auf Landesebene sowie auf kommunaler Ebene, die im Bereich der Leistungen und Dienste für Menschen mit Behinderungen tätig sind sowie
4. der oder dem Beauftragten der Landesregierung für die Belange der Menschen mit Behinderungen und
5. ständig beratenden Experten.

Die Mitglieder arbeiten gleichberechtigt und vertrauensvoll zusammen.

(4) Das für den Bereich der Politik für und mit Menschen mit Behinderungen federführend zuständige Ministerium führt den Vorsitz. Die Verbände und Organisationen sowie die Ministerien der Landesregierung entsenden für jeweils eine Legislaturperiode Vertreterinnen und Vertreter in den Inklusionsbeirat. Bei der Entsendung sollen die Verbände und Organisationen sowie die Ministerien die geschlechterparitätische Besetzung beachten.

(5) Zur Unterstützung der Arbeit des Inklusionsbeirates können Fachbeiräte gebildet werden, die dem Inklusionsbeirat zuarbeiten. Die Ministerien entscheiden eigenständig über deren Einrichtung und Besetzung sowie Fragen der Organisation des jeweiligen Fachbeirats. Darüber hinaus können aus der Mitte des Inklusionsbeirates Vorschläge für die Einrichtung weiterer Fachbeiräte erfolgen.

(6) Das Nähere zu Aufgaben, Struktur und Organisation des Inklusionsbeirates regelt die Geschäftsordnung. Die Geschäftsordnung des Inklusionsbeirates wird im Einvernehmen mit den Mitgliedern des Inklusionsbeirates durch das den Vorsitz führende Ministerium erlassen.

§ 11 Monitoringstelle

Zur Wahrnehmung der Aufgaben im Sinne des Artikels 33 Absatz 2 der UN-Behindertenrechtskonvention (Monitoringstelle) schließt das Land eine vertragliche Vereinbarung mit dem Deutschen Institut für Menschenrechte e. V.

§ 12 Berichterstattung

(1) Die Landesregierung berichtet dem Landtag beginnend mit der nächsten Legislaturperiode jeweils ein Mal zur Mitte der Legislaturperiode über die Lebenssituation von Menschen mit Behinderungen und den Stand der Umsetzung der UN-Behindertenrechtskonvention.

(2) § 14 des Behindertengleichstellungsgesetzes Nordrhein-Westfalen vom 16. Dezember 2003 (GV. NRW. S. 766), das zuletzt durch Artikel 3 des Gesetzes vom 18. November 2008 (GV. NRW. S. 738) geändert worden ist, bleibt unberührt.

§ 13 Inkrafttreten, Berichtspflicht

(1) Dieses Gesetz tritt am ersten Tag des auf die Verkündung folgenden Monats in Kraft.

(2) Die Landesregierung berichtet dem Landtag zum 31. Dezember 2020 über die Erfahrungen mit diesem Gesetz.

I

Landesgesetz zur Gleichstellung, Inklusion und Teilhabe von Menschen mit Behinderungen (Landesinklusionsgesetz)

Vom 17. Dezember 2020 (GVBl. S. 719)

Inhaltsübersicht

§ 1 Ziel des Gesetzes

Ziel dieses Gesetzes ist es, auf der Grundlage des Artikels 64 der Verfassung für Rheinland-Pfalz und in Umsetzung des Übereinkommens der Vereinten Nationen vom 13. Dezember 2006 über die Rechte von Menschen mit Behinderungen (BGBl. 2008 II S. 1419 – 1420–) den vollen und gleichberechtigten Genuss aller Rechte durch alle Menschen mit Behinderungen zu fördern, zu schützen und zu gewährleisten, die Achtung der ihnen innewohnenden Würde zu fördern und dabei insbesondere die Benachteiligung von Menschen mit Behinderungen zu beseitigen und zu verhindern sowie die gleichberechtigte Teilhabe von Menschen mit Behinderungen am Leben in der Gesellschaft zu gewährleisten, ihre Inklusion zu fördern und ihnen eine selbstbestimmte Lebensführung zu ermöglichen.

§ 2 Geltungsbereich

(1) Dieses Gesetz gilt für öffentliche Stellen, soweit dieses Gesetz nichts anderes bestimmt.

(2) Öffentliche Stellen im Sinne dieses Gesetzes sind

1. die Verwaltungen des Landes und der kommunalen Gebietskörperschaften, die ihnen unterstehenden Körperschaften, Anstalten und Stiftungen des öffentlichen Rechts, die Gerichte und Staatsanwaltschaften des Landes, soweit diese in Verwaltungsangelegenheiten tätig werden, und
2. die weiteren in Artikel 3 Nr. 1 der Richtlinie (EU) 2016/2102 des Europäischen Parlaments und des Rates vom 26. Oktober 2016 über den barrierefreien Zugang zu den Websites und mobilen Anwendungen öffentlicher Stellen (ABl. EU Nr. L 327 S. 1) genannten öffentlichen Stellen.

§ 3 Begriffsbestimmungen

(1) Menschen mit Behinderungen im Sinne dieses Gesetzes sind Menschen, die körperliche, seelische, geistige oder Sinnesbeeinträchtigungen haben, die sie in Wechselwirkung mit einstellungs- und umweltbedingten Barrieren an der gleichberechtigten Teilhabe an der Gesellschaft mit hoher Wahrscheinlichkeit länger als sechs Monate hindern können.

(2) Eine Benachteiligung im Sinne dieses Gesetzes liegt vor, wenn Menschen mit Behinderungen oder Menschen, die von Behinderung bedroht sind, aufgrund ihrer Behinderung ohne zwingenden Grund unterschiedlich behandelt werden und dadurch in der gleichberechtigten Teilhabe am Leben in der Gesellschaft oder in ihrer selbstbestimmten Lebensführung unmittelbar oder mittelbar beeinträchtigt werden. Eine Benachteiligung umfasst jede Unterscheidung, jeden Ausschluss oder jede Beschränkung aufgrund von Behinderung und die Versagung angemessener Vorkehrungen zur Gleichstellung von Menschen mit Behinderungen. Auch eine Belästigung ist eine Benachteiligung, wenn unerwünschte Verhaltensweisen, die mit einer Behinderung im Zusammenhang stehen, bezwecken oder bewirken, dass die Würde der betreffenden Person verletzt und ein von Einschüchterungen, Anfeindungen, Erniedrigungen, Entwürdigungen oder Beleidigungen gekennzeichnetes Umfeld geschaffen wird.

(3) Angemessene Vorkehrungen sind Maßnahmen, die im Einzelfall geeignet und erforderlich sind, um zu gewährleisten, dass Menschen mit Behinderungen gleichberechtigt mit Anderen alle Rechte selbstbestimmt genießen und ausüben können, und sie die öffentlichen Stellen nicht unverhältnismäßig oder unbillig belasten.

(4) Barrierefrei sind bauliche und sonstige Anlagen, Verkehrsmittel, technische Gebrauchsgegenstände, Systeme der Informationsverarbeitung, akustische und visuelle Informationsquellen und Kommunikationseinrichtungen sowie andere gestaltete Lebensbereiche, wenn sie für Menschen mit Behinderungen in der allgemein üblichen Weise, ohne besondere Erschwernis und grundsätzlich ohne fremde Hilfe auffindbar, zugänglich und nutzbar sind. Zur Auffindbarkeit, Zugänglichkeit und Nutzbarkeit gehört auch die Gewährleistung der Verständlichkeit von

Kommunikation. Eine besondere Erschwernis liegt auch dann vor, wenn Menschen mit Behinderungen die Mitnahme oder der Einsatz benötigter Hilfsmittel verweigert oder erschwert wird.

(5) Verbände der Selbstvertretung und der Selbsthilfe von Menschen mit Behinderungen sind Organisationen von Menschen mit Behinderungen, deren Mitglieder mindestens zur Hälfte aus Menschen mit Behinderungen bestehen, die von Menschen mit Behinderungen verwaltet, geführt und gelenkt werden sowie auf Grundlage des Übereinkommens der Vereinten Nationen über die Rechte der Menschen mit Behinderungen dem Ziel verpflichtet sind, gemeinsam für die Rechte von Menschen mit Behinderungen zu handeln, sich zu äußern, sie zu fördern und sie zu verteidigen.

(6) Ein universelles Design ist ein Design von Produkten, Umfeldern, Programmen und Dienstleistungen in der Weise, dass diese von allen Menschen möglichst weitgehend ohne Anpassung oder ein spezielles Design genutzt werden können. Das universelle Design schließt Hilfsmittel für bestimmte Gruppen von Menschen mit Behinderungen nicht aus.

§ 4 Benachteiligungsverbot

(1) Öffentliche Stellen dürfen Menschen mit Behinderungen gegenüber Menschen ohne Behinderungen nicht benachteiligen.

(2) Öffentliche Stellen haben in ihrem Verantwortungsbereich Maßnahmen zu ergreifen, die verhindern, dass es zu Benachteiligungen von Menschen mit Behinderungen kommt. Bestehende Benachteiligungen von Menschen mit Behinderungen gegenüber Menschen ohne Behinderungen sind abzubauen.

(3) Besteht Streit über das Vorliegen einer Benachteiligung und machen Menschen mit Behinderungen Tatsachen glaubhaft, die eine Benachteiligung aufgrund der Behinderung vermuten lassen, so trägt die Gegenseite die Beweislast dafür, dass keine Benachteiligung vorliegt. Satz 1 findet keine Anwendung, soweit bundesrechtliche Vorschriften abweichende Bestimmungen enthalten. Bei einem Verstoß gegen eine Verpflichtung zur Herstellung von Barrierefreiheit wird das Vorliegen einer Benachteiligung widerleglich vermutet.

(4) Besondere Benachteiligungsverbote zugunsten von Menschen mit Behinderungen in anderen Rechtsvorschriften bleiben unberührt.

§ 5 Besondere Belange von Menschen mit Behinderungen

Bei der Verwirklichung der Gleichstellung von allen Menschen mit Behinderungen, unabhängig von Geschlecht und Alter, haben öffentliche Stellen die besonderen Belange von Menschen mit Behinderungen zu berücksichtigen und bestehende Benachteiligungen zu beseitigen. Dabei sind besondere Maßnahmen zur Förderung der tatsächlichen Durchsetzung der Gleichberechtigung von Menschen mit Behinderungen und zur Beseitigung bestehender Ungleichheiten zulässig.

§ 6 Maßnahmen öffentlicher Stellen zur Verwirklichung von Gleichstellung und Barrierefreiheit

(1) Die öffentlichen Stellen haben im Rahmen ihres jeweiligen Aufgabenbereichs die in § 1 genannten Ziele zu berücksichtigen und aktiv zu fördern. Sie sollen darauf hinwirken, dass Leistungserbringer öffentlich-rechtlicher Leistungen die Ziele nach § 1 in angemessener Weise berücksichtigen.

(2) Öffentliche Stellen haben im Rahmen der verfügbaren Haushaltsmittel geeignete Maßnahmen zur Herstellung der Barrierefreiheit zu ergreifen, soweit diese in ihrem jeweiligen Aufgabenbereich noch nicht gewährleistet ist.

(3) Öffentliche Stellen, die Zuwendungen gewähren, sollen prüfen, ob und inwieweit die Grundzüge dieses Gesetzes bei der Gewährung der Zuwendung in angemessener Weise berücksichtigt werden können. Sofern Dritte für öffentliche Stellen Aufgaben wahrnehmen oder Angebote bereitstellen, die im erheblichen Interesse der öffentlichen Stellen liegen, sind letztere verpflichtet, zu prüfen

und aktiv darauf hinzuwirken, dass die Ziele nach § 1 beachtet werden.

§ 7 Gebärdensprache und andere Kommunikationsformen

(1) Die Deutsche Gebärdensprache ist als eigenständige Sprache anerkannt.

(2) Lautsprachbegleitende Gebärden sind als Kommunikationsform der deutschen Sprache anerkannt.

(3) Menschen mit Hör- oder Sprachbehinderungen haben das Recht, mit öffentlichen Stellen in Deutscher Gebärdensprache, mit lautsprachbegleitenden Gebärden oder über andere geeignete Kommunikationshilfen zu kommunizieren, soweit dies zur Wahrnehmung eigener Rechte im Verwaltungsverfahren erforderlich ist. Öffentliche Stellen haben auf Verlangen der Berechtigten die geeigneten Kommunikationshilfen im erforderlichen Umfang kostenfrei zur Verfügung zu stellen oder die hierfür notwendigen Aufwendungen zu tragen. Im schulischen Bereich wird das Nähere zur Kommunikation in Deutscher Gebärdensprache, mit lautsprachbegleitenden Gebärden und durch andere geeignete Kommunikationshilfen durch Rechtsverordnung des für die Angelegenheiten des Schulwesens zuständigen Ministeriums festgelegt.

(4) Menschen mit einer Hör- oder Sprachbehinderung sowie hörsehbehinderte Menschen haben nach Maßgabe der Rechtsverordnung nach Absatz 5 das Recht, auch außerhalb eines Verwaltungsverfahrens, soweit dies zur Wahrnehmung von Aufgaben im Rahmen der elterlichen Sorge nach § 1626 des Bürgerlichen Gesetzbuches erforderlich ist,

1. in schulischen Belangen an Schulen in öffentlicher Trägerschaft und Ersatzschulen sowie staatlich anerkannten internationalen Schulen,
2. in Kindertageseinrichtungen und in der Kindertagespflege, in Deutscher Gebärdensprache, mit lautsprachbegleitenden Gebärden oder über andere geeignete Kommunikationshilfen zu kommunizieren. Die Kosten trägt das Land.

(5) Das fachlich zuständige Ministerium wird ermächtigt, nach Anhörung des Landesbeirats zur Teilhabe von Menschen mit Behinderungen durch Rechtsverordnung nähere Regelungen zur Ausführung der Bestimmungen der Absätze 3 und 4 zu treffen, insbesondere zu

1. Anlass und Umfang des Anspruchs auf Bereitstellung von geeigneten Kommunikationshilfen,
2. Art und Weise der Bereitstellung von geeigneten Kommunikationshilfen,
3. den Grundsätzen für eine angemessene Vergütung oder eine Erstattung von notwendigen Aufwendungen für den Einsatz geeigneter Kommunikationshilfen und
4. geeigneten Kommunikationshilfen im Sinne des Absatzes 3 Satz 1.

§ 8 Gestaltung von Bescheiden und Vordrucken

(1) Öffentliche Stellen nach § 2 Abs. 2 Nr. 1 haben bei der Gestaltung von schriftlichen Bescheiden, Allgemeinverfügungen, öffentlich-rechtlichen Verträgen und Vordrucken die besonderen Belange davon betroffener Menschen mit Behinderungen zu berücksichtigen. Blinden und sehbehinderten Menschen sind die in Satz 1 genannten Dokumente auf ihren Wunsch ohne zusätzliche Kosten auch in einer für sie wahrnehmbaren Form zugänglich zu machen, soweit dies zur Wahrnehmung eigener Rechte im Verwaltungsverfahren erforderlich ist.

(2) Die Landesregierung wird ermächtigt, nach Anhörung des Landesbeirats zur Teilhabe von Menschen mit Behinderungen durch Rechtsverordnung nähere Regelungen zu erlassen, zu welchen Anlässen und in welcher Art und Weise die in Absatz 1 Satz 2 geregelte Verpflichtung umzusetzen ist.

§ 9 Verständlichkeit und Leichte Sprache

(1) Öffentliche Stellen nach § 2 Abs. 2 Nr. 1 sollen mit Menschen mit geistigen oder seelischen Behinderungen, Gehörlosen und Menschen mit Hörbehinderungen in einfacher und verständlicher Sprache kommunizieren. Auf Verlangen sollen sie ihnen insbe-

sondere die sie betreffenden Bescheide, Allgemeinverfügungen, öffentlich-rechtlichen Verträge und Vordrucke in einfacher und verständlicher Weise erläutern.

(2) Ist die Erläuterung nach Absatz 1 nicht ausreichend, sollen öffentliche Stellen auf Verlangen Menschen mit geistigen oder seelischen Behinderungen Bescheide, Allgemeinverfügungen, öffentlich-rechtliche Verträge und Vordrucke in Leichter Sprache erläutern.

(3) Kosten für Erläuterungen im notwendigen Umfang nach Absatz 1 oder Absatz 2 sind von den zuständigen öffentlichen Stellen zu tragen. Der notwendige Umfang bestimmt sich nach dem individuellen Bedarf der Berechtigten.

(4) Die Landesregierung wirkt darauf hin, dass die Leichte Sprache vermehrt eingesetzt und angewandt wird und entsprechende Kompetenzen für das Verfassen von Texten in Leichter Sprache auf- und ausgebaut werden.

§ 10 Barrierefreie Informationstechnik

(1) Die öffentlichen Stellen gestalten ihre Auftritte und Angebote im Internet und im Intranet, Apps und sonstige Anwendungen für mobile Endgeräte sowie die von ihnen zur Verfügung gestellten grafischen Programmoberflächen, die mit Mitteln der Informationstechnik dargestellt werden, nach Artikel 1 der Richtlinie (EU) 2016/2102 technisch und inhaltlich barrierefrei im Sinne der Anforderungen nach den Artikeln 4 und 12 der Richtlinie (EU) 2016/2102 so, dass sie von Menschen mit Behinderungen grundsätzlich uneingeschränkt genutzt werden können. Sie stellen Erklärungen zur Barrierefreiheit nach Artikel 7 Abs. 1 und 2 der Richtlinie (EU) 2016/2102 bereit und aktualisieren diese regelmäßig.

(2) Die barrierefreie Gestaltung ist bereits bei der Planung, Entwicklung, Ausschreibung und Beschaffung, insbesondere bei Neuanschaffungen, Erweiterungen und Überarbeitungen, zu berücksichtigen.

(3) Absatz 1 Satz 1 und Absatz 2 gelten nur, soweit dies nicht eine unverhältnismäßige Belastung für die öffentliche Stelle bewirken würde. Ob eine unverhältnismäßige Belastung bewirkt würde, ist aktenkundig aufgrund einer abwägenden Bewertung unter Beachtung der Vorgaben in Artikel 5 Abs. 2 der Richtlinie (EU) 2016/2102 festzustellen.

(4) Die Absätze 1 bis 3 und 5 gelten nicht für Websites und mobile Anwendungen von Schulen und Tageseinrichtungen für Kinder in Trägerschaft öffentlicher Stellen, mit Ausnahme der Inhalte, die sich auf wesentliche Online-Verwaltungsfunktionen beziehen. Sie gelten auch nicht, soweit die Geltung der Richtlinie (EU) 2016/2102 für Websites und mobile Anwendungen und deren Inhalte nach Artikel 1 Abs. 3 und 4 der Richtlinie (EU) 2016/2102 ausgeschlossen ist.

(5) Das fachlich zuständige Ministerium wird ermächtigt, im Einvernehmen mit dem für die zentrale Steuerung von E-Government und der IT-Angelegenheiten der Landesverwaltung zuständigen Ministerium und nach Anhörung des Landesbeirats zur Teilhabe von Menschen mit Behinderungen durch Rechtsverordnung zur Umsetzung der Richtlinie (EU) 2016/2102 Bestimmungen zu erlassen über:

1. die spezifischen technischen Standards und die Standards zu Erläuterungen in Deutscher Gebärdensprache und Leichter Sprache, die die öffentlichen Stellen bei der barrierefreien Gestaltung der Websites und mobilen Anwendungen anzuwenden haben,
2. das Verfahren zur regelmäßigen Überprüfung und Aktualisierung der Standards der Informationstechnik bezogen auf die barrierefreie Gestaltung von Websites und mobilen Anwendungen,
3. die konkreten Anforderungen an die Erklärung zur Barrierefreiheit nach Artikel 7 Abs. 1 und 2 der Richtlinie (EU) 2016/2102 und das Verfahren zur regelmäßigen Aktualisierung,
4. die Anforderungen und das Verfahren zum Feedback-Mechanismus gemäß Artikel 7 Abs. 1 Unterabs. 4 Buchst. b der Richtlinie (EU) 2016/2102,
5. die Einrichtung eines angemessenen und wirksamen Durchsetzungsverfahrens, um

die Einhaltung der Anforderungen aus den Artikeln 4, 5 und 7 der Richtlinie (EU) 2016/2102 zu gewährleisten, gemäß Artikel 9 der Richtlinie (EU) 2016/2102 sowie die dafür zuständige Stelle,
6. das Abwägungsverfahren nach Absatz 3,
7. das Verfahren der Überwachung und zur Berichterstattung nach Artikel 8 der Richtlinie (EU) 2016/2102 sowie die dafür zuständige Stelle,
8. die Durchführung von Schulungsprogrammen für öffentliche Stellen im Land.

§ 11 Herstellung von Barrierefreiheit in den Bereichen Bau und Verkehr

(1) Bauliche Anlagen, öffentliche Wege, Plätze und Straßen sowie öffentlich zugängliche Verkehrsanlagen und Beförderungsmittel im öffentlichen Personennahverkehr sind nach Maßgabe der für den jeweiligen Bereich geltenden Rechtsvorschriften barrierefrei zu gestalten. Bereits bestehende Bauten sollen soweit wie möglich schrittweise entsprechend den allgemein anerkannten Regeln der Technik barrierefrei gestaltet werden. Von diesen Anforderungen kann abgewichen werden, wenn mit einer anderen Lösung die Anforderungen an die Barrierefreiheit in gleichem Maße erfüllt werden können.

(2) Die barrierefreie Gestaltung von Neu-, Um- und Erweiterungsbauten im Eigentum öffentlicher Stellen nach § 2 Abs. 2 Nr. 1 soll entsprechend den allgemein anerkannten Regeln der Technik erfolgen. Von diesen Anforderungen kann abgewichen werden, wenn mit einer anderen Lösung die Anforderungen an die Barrierefreiheit in gleichem Maße erfüllt werden.

(3) Abweichend von Absatz 2 gilt für öffentliche Stellen der kommunalen Gebietskörperschaften und ihrer Aufsicht unterstehenden Körperschaften, Anstalten und Stiftungen des öffentlichen Rechts, dass diese

1. bei der barrierefreien Gestaltung von Neubauten sowie bei großen Um- oder Erweiterungsbauten die allgemein anerkannten Regeln der Technik soweit wie möglich berücksichtigen und
2. die bereits bestehenden Bauten schrittweise entsprechend den allgemein anerkannten Regeln der Technik soweit wie möglich barrierefrei gestalten sollen.

Sie können hierzu Umsetzungspläne erstellen.

(4) Öffentliche Stellen nach § 2 Abs. 2 Nr. 1 mit Ausnahme der kommunalen Gebietskörperschaften und ihrer Aufsicht unterstehenden Körperschaften, Anstalten und Stiftungen des öffentlichen Rechts sollen künftig vorrangig nur solche Bauten anmieten, die barrierefrei sind soweit die Anmietung die öffentlichen Stellen nicht unverhältnismäßig oder unbillig belastet.

§ 12 Landesfachstelle für Barrierefreiheit

(1) Das fachlich zuständige Ministerium richtet im Rahmen zur Verfügung stehender Haushaltsmittel eine Landesfachstelle für Barrierefreiheit ein. Es kann hierfür auch eine nachgeordnete Behörde der Landesverwaltung oder Dritte beauftragen.

(2) Die Landesfachstelle für Barrierefreiheit ist zentrale Anlaufstelle für die Erstberatung zur Barrierefreiheit in Rheinland-Pfalz. Sie soll insbesondere

1. öffentliche Stellen, Unternehmen, Verbände und natürliche Personen auf Anfrage bei der Entwicklung von Konzepten und der Umsetzung von konkreten Maßnahmen zur Herstellung von Barrierefreiheit beraten und unterstützen,
2. den Landesbeauftragten für die Belange von Menschen mit Behinderungen sowie kommunale Beauftragte für die Belange von Menschen mit Behinderungen auf Anfrage bei der Durchsetzung von Barrierefreiheit beraten und unterstützen,
3. Informationen zur Herstellung von Barrierefreiheit bereitstellen, bündeln, weiterentwickeln und veröffentlichen und
4. die Bewusstseinsbildung der Allgemeinheit durch Öffentlichkeitsarbeit in Fragen der Barrierefreiheit fördern.

§ 13 Verbandsklagerecht

(1) Ein von dem fachlich zuständigen Ministerium anerkannter Verband kann, ohne in

seinen Rechten verletzt zu sein, nach Maßgabe der Verwaltungsgerichtsordnung oder des Sozialgerichtsgesetzes Klage erheben auf Feststellung eines Verstoßes durch öffentliche Stellen nach § 2 Abs. 2 Nr. 1 gegen

1. § 4 Abs. 1, § 5 Abs. 1, § 7, § 8 Abs. 1, § 10 Abs. 1 und § 11 Abs. 2 oder gegen Bestimmungen der hierzu erlassenen Rechtsverordnungen,
2. § 51 der Landesbauordnung Rheinland-Pfalz,
3. § 38 Abs. 1 Satz 3 und 4 der Landeswahlordnung,
4. § 11 Abs. 3 Satz 1 des Landesstraßengesetzes,
5. § 3 Abs. 7 des Nahverkehrsgesetzes,
6. § 30 Abs. 3 des Landeskrankenhausgesetzes und
7. gegen sonstige Bestimmungen des Landesrechts zur Herstellung von Barrierefreiheit, soweit dort auf die Barrierefreiheit nach § 3 Abs. 4 verwiesen wird.

Ein Verbandsklagerecht nach Satz 1 Nr. 1 besteht bei einem Verstoß gegen § 10 oder gegen Bestimmungen der hierzu erlassenen Rechtsverordnungen nur, soweit es sich um einen schwerwiegenden Verstoß handelt.

(2) Eine Klage nach Absatz 1 ist nicht zulässig, wenn die angegriffene Maßnahme

1. den Verband nicht in seinem satzungsgemäßen Aufgabenbereich berührt,
2. aufgrund einer Entscheidung in einem gerichtlichen Verfahren erfolgt oder
3. in einem gerichtlichen Verfahren als rechtmäßig bestätigt worden ist.

Soweit ein Mensch mit Behinderungen selbst seine Rechte durch eine Gestaltungs- oder Leistungsklage verfolgen kann oder hätte verfolgen können, ist eine Klage nach Absatz 1 nur zulässig, wenn der Verband geltend macht, dass es sich bei der angegriffenen Maßnahme um einen Fall von allgemeiner Bedeutung handelt; dies ist insbesondere der Fall, wenn eine Vielzahl gleichgelagerter Fälle vorliegt.

(3) Vor Erhebung einer Klage nach Absatz 1 ist ein Vorverfahren entsprechend den Bestimmungen der §§ 68 bis 73 der Verwaltungsgerichtsordnung oder der §§ 78 bis 86b des Sozialgerichtsgesetzes durchzuführen; dies gilt auch dann, wenn die angegriffene Maßnahme von einer obersten Landesbehörde getroffen worden ist.

(4) Die Anerkennung eines Verbands nach Absatz 1 soll nach Anhörung des Landesbeirats zur Teilhabe von Menschen mit Behinderungen erteilt werden, wenn der Verband

1. nach seiner Satzung ideell und nicht nur vorübergehend die Belange von Menschen mit Behinderungen fördert,
2. nach der Zusammensetzung seiner Mitglieder dazu berufen ist, Interessen von Menschen mit Behinderungen auf der Ebene des Bundes oder des Landes zu vertreten,
3. zum Zeitpunkt der Anerkennung mindestens drei Jahre besteht und in dieser Zeit im Sinne der Nummer 1 tätig gewesen ist,
4. die Gewähr für eine sachgerechte Aufgabenerfüllung bietet und
5. den Anforderungen der Gemeinnützigkeit oder Mildtätigkeit im Sinne der Abgabenordnung genügt.

Ein nach vergleichbaren Bestimmungen vom Bund anerkannter Verband gilt als anerkannt im Sinne des Absatzes 1.

§ 14 Vertretungsbefugnisse in verwaltungs- oder sozialrechtlichen Verfahren

Werden Menschen mit Behinderungen in den in § 13 Abs. 1 Satz 1 Nr. 1 aufgeführten Rechten dieses Gesetzes verletzt, können an ihrer Stelle und mit ihrem Einverständnis Verbände nach § 13 Abs. 4, die nicht selbst am Verfahren beteiligt sind, Rechtsschutz beantragen. In diesen Fällen müssen alle Verfahrensvoraussetzungen wie bei einem Rechtsschutzersuchen durch den Menschen mit Behinderungen selbst vorliegen.

§ 15 Landesbeauftragte oder Landesbeauftragter für die Belange von Menschen mit Behinderungen

(1) Die Landesregierung bestellt im Benehmen mit dem Landesbeirat zur Teilhabe von

Menschen mit Behinderungen für die Dauer der Wahlperiode des Landtags eine Landesbeauftragte oder einen Landesbeauftragten für die Belange von Menschen mit Behinderungen. Sie oder er bleibt bis zur Nachfolgebestellung im Amt; Wiederbestellung ist zulässig. Die oder der Landesbeauftragte für die Belange von Menschen mit Behinderungen ist in ihrer oder seiner Tätigkeit unabhängig, weisungsungebunden und ressortübergreifend tätig.

(2) Die Landesregierung stellt der oder dem Landesbeauftragten für die Belange von Menschen mit Behinderungen die für die Erfüllung ihrer oder seiner Aufgaben notwendige Personal- und Sachausstattung im Rahmen der verfügbaren Haushaltsmittel zur Verfügung.

(3) Aufgabe der oder des Landesbeauftragten für die Belange von Menschen mit Behinderungen ist es, darauf hinzuwirken, dass die in § 1 dieses Gesetzes genannten Ziele verwirklicht, die sonstigen Bestimmungen dieses Gesetzes und der aufgrund dieses Gesetzes erlassenen Rechtsverordnungen sowie andere Vorschriften zugunsten von Menschen mit Behinderungen eingehalten werden. Sie oder er hat auch dafür Sorge zu tragen, dass die besonderen Belange von Frauen mit Behinderungen berücksichtigt und bestehende Benachteiligungen von Frauen mit Behinderungen beseitigt werden.

(4) Die oder der Landesbeauftragte für die Belange von Menschen mit Behinderungen steht im Sinne einer Ombudsfunktion als Mittler zwischen den Interessen von Menschen mit und ohne Behinderungen, Verbänden und Organisationen, die Menschen mit Behinderungen vertreten, Rehabilitationsträgern, Einrichtungen für Menschen mit Behinderungen und der öffentlichen Verwaltung zur Verfügung. Sie oder er hat Eingaben von Menschen mit Behinderungen oder zugunsten von Menschen mit Behinderungen zu prüfen und auf eine einvernehmliche, die besonderen Interessen der Menschen mit Behinderungen berücksichtigende Erledigung der Eingaben hinzuwirken. Die oder der Landesbeauftragte für die Belange von Menschen mit Behinderungen fungiert als Schlichtungsstelle zur außergerichtlichen Beilegung von Streitigkeiten zur Barrierefreiheit und zur Umsetzung dieses Gesetzes. Das fachlich zuständige Ministerium wird ermächtigt, durch Rechtsverordnungen Bestimmungen zur Ausgestaltung des Schlichtungsverfahrens, zur Organisation der Schlichtungsstelle und zu Umfang und Qualifikation des für diese Aufgabe einzusetzenden Personals zu erlassen.

(5) Jede Bürgerin und jeder Bürger kann sich an die oder den Landesbeauftragten für die Belange von Menschen mit Behinderungen wenden. Niemand darf deswegen benachteiligt werden.

(6) Die oder der Landesbeauftragte für die Belange von Menschen mit Behinderungen ist innerhalb der Landesregierung bei allen grundsätzlichen Fragen, die die Belange von Menschen mit Behinderungen betreffen, rechtzeitig zu beteiligen. Öffentliche Stellen haben die oder den Landesbeauftragten für die Belange von Menschen mit Behinderungen bei der Wahrnehmung der Aufgaben zu unterstützen. Sie haben insbesondere Auskünfte zu erteilen und Akteneinsicht zu gewähren; § 29 Abs. 2 des Verwaltungsverfahrensgesetzes gilt hinsichtlich der Erteilung von Auskünften und der Gewährung von Akteneinsicht entsprechend.

§ 16 Kommunale Beauftragte für die Belange von Menschen mit Behinderungen

Zur Verwirklichung der Gleichstellung von Menschen mit Behinderungen kann in einer kommunalen Gebietskörperschaft eine Person zur Beratung und Unterstützung in Fragen der Behindertenpolitik (kommunale Beauftragte für die Belange von Menschen mit Behinderungen) bestellt werden. Das Nähere zur Bestellung kommunaler Beauftragter für die Belange von Menschen mit Behinderungen, insbesondere deren Aufgaben und ihre Beteiligung bei behindertenspezifischen Belangen, regeln die kommunalen Gebietskörperschaften im Rahmen ihrer kommunalen Selbstverwaltungshoheit.

I

§ 17 Landesbeirat zur Teilhabe von Menschen mit Behinderungen

(1) Es wird ein Landesbeirat zur Teilhabe von Menschen mit Behinderungen gebildet, der die Landesregierung und die oder den Landesbeauftragten für die Belange von Menschen mit Behinderungen in allen wesentlichen Fragen, die die Belange von Menschen mit Behinderungen berühren, berät und unterstützt. Die obersten Landesbehörden haben den Landesbeirat zur Teilhabe von Menschen mit Behinderungen bei der Erstellung von Rechts- und Verwaltungsvorschriften und bei sonstigen Vorhaben, soweit diese für Menschen mit Behinderungen von besonderer Bedeutung sind, innerhalb einer angemessenen Frist anzuhören.

(2) Die oder der Landesbeauftragte für die Belange von Menschen mit Behinderungen ist vorsitzendes Mitglied des Landesbeirats zur Teilhabe von Menschen mit Behinderungen ohne Stimmrecht. Das fachlich zuständige Ministerium legt die Anzahl der weiteren Mitglieder des Landesbeirats zur Teilhabe von Menschen mit Behinderungen fest und beruft diese auf Vorschlag insbesondere

1. von Verbänden der Selbstvertretung und der Selbsthilfe von Menschen mit Behinderungen,
2. der LIGA der Spitzenverbände der Freien Wohlfahrtspflege Rheinland-Pfalz e. V.,
3. der kommunalen Spitzenverbände,
4. der gesetzlichen Sozialversicherungen und
5. von Gewerkschaften und von Unternehmerverbänden.

Für jedes weitere Mitglied ist ein stellvertretendes Mitglied zu berufen, welches die Aufgaben des Mitglieds im Vertretungsfall wahrnimmt. Die oder der Landesbeauftragte für die Belange von Menschen mit Behinderungen kann eine Person bestimmen, die im Vertretungsfall anstelle der oder des Landesbeauftragten für die Belange von Menschen mit Behinderungen an Sitzungen des Landesbeirats zur Teilhabe von Menschen mit Behinderungen als stellvertretendes vorsitzendes Mitglied teilnimmt. Dem Landesbeirat zur Teilhabe von Menschen mit Behinderungen gehören Frauen und Männer in gleicher Zahl an. § 31 Abs. 2 des Landesgleichstellungsgesetzes gilt mit der Maßgabe, dass von einer paritätischen Besetzung des Landesbeirats insofern abgewichen werden kann, dass auch Personen zu berücksichtigen sind, deren Geschlechtsentwicklung gegenüber einer weiblichen oder männlichen Geschlechtsentwicklung Varianten aufweist und die sich deswegen dauerhaft weder dem männlichen noch dem weiblichen Geschlecht zuordnen.

(3) Die weiteren Mitglieder des Landesbeirats zur Teilhabe von Menschen mit Behinderungen werden für die Amtszeit der oder des Landesbeauftragten für die Belange von Menschen mit Behinderungen berufen; erneute Berufung ist zulässig. Sie können ihr Amt jederzeit niederlegen. Auf Antrag der vorschlagenden Stelle hat sie die oder der Landesbeauftragte für die Belange von Menschen mit Behinderungen abzuberufen.

(4) Die stimmberechtigte Mehrheit im Landesbeirat für die Belange von Menschen mit Behinderungen bilden Vertreterinnen und Vertreter der Selbstvertretung und der Selbsthilfe.

(5) Der Landesbeirat zur Teilhabe von Menschen mit Behinderungen gibt sich eine Geschäftsordnung. In der Geschäftsordnung sind insbesondere Regelungen über die Vorbereitung, Einberufung und Durchführung von Sitzungen, über die Bildung von Arbeitsgruppen, über die Beteiligung weiterer sachverständiger Personen und über die Aufwandsentschädigung der Mitglieder des Landesbeirats zur Teilhabe von Menschen mit Behinderungen zu treffen; Regelungen über die Aufwandsentschädigung bedürfen der Zustimmung des fachlich zuständigen Ministeriums.

(6) Die Geschäfte des Landesbeirats zur Teilhabe von Menschen mit Behinderungen werden von dem fachlich zuständigen Ministerium geführt. Die Landesregierung unterrichtet den Landesbeirat zur Teilhabe von Menschen mit Behinderungen frühzeitig über Gesetzesvorhaben, die die Belange von Menschen mit Behinderungen betreffen.

§ 18 Monitoringstelle

Zur Unterstützung der Umsetzung dieses Gesetzes und zur Sicherstellung einer erfolgreichen Umsetzung des Übereinkommens der Vereinten Nationen über die Rechte von Menschen mit Behinderungen beauftragt das fachlich zuständige Ministerium im Rahmen zur Verfügung stehender Haushaltsmittel eine unabhängige Monitoringstelle.

§ 19 Besuchskommission

(1) Das fachlich zuständige Ministerium beruft im Benehmen mit den kommunalen Spitzenverbänden in Rheinland-Pfalz, der Regionaldirektion Rheinland-Pfalz-Saarland der Bundesagentur für Arbeit, der Landesarbeitsgemeinschaft Selbsthilfe Behinderte Rheinland-Pfalz und der LIGA der Freien Wohlfahrtspflege e. V. in Rheinland-Pfalz eine unabhängige Besuchskommission, die Werkstätten für Menschen mit Behinderungen und diesen angegliederte Förder- und Betreuungsbereiche, andere Leistungsanbieter nach § 60 des Neunten Buches Sozialgesetzbuch sowie Einrichtungen mit umfassendem Leistungsangebot nach § 4 des Landesgesetzes über Wohnformen und Teilhabe vom 22. Dezember 2009 (GVBl. S. 399, BS 217-1), in der jeweils geltenden Fassung und deren Außenwohngruppen besucht. Die Besuchskommission überprüft, ob den Menschen mit Behinderungen eine gleichberechtigte Teilhabe am Leben in der Gesellschaft und eine selbstbestimmte Lebensführung unter Beachtung von Gewaltprävention und Gewaltschutz möglich ist. Die von der Besuchskommission zu besuchenden Einrichtungen sind verpflichtet, die Besuchskommission zu unterstützen und Auskünfte zu erteilen. Die Interessenvertretungen von Menschen mit Behinderungen in den Einrichtungen sind bei den Besuchen in geeigneter Form zu beteiligen und vor der Durchführung des Besuchs rechtzeitig zu informieren. Die Bestimmungen zum Schutz personenbezogener Daten bleiben unberührt. Den Menschen mit Behinderungen, ihren gesetzlichen Vertretern und der Interessenvertretung der Menschen mit Behinderungen ist Gelegenheit zu geben, Wünsche oder Beschwerden gegenüber der Besuchskommission vorzutragen.

(2) Die Mitglieder der Besuchskommission dürfen an Überprüfungen nicht mitwirken, die sich auf Einrichtungen beziehen, in denen sie leben oder dort beschäftigt oder ehrenamtlich tätig sind. Sie sind zur Verschwiegenheit in persönlichen Angelegenheiten der in Einrichtungen nach Absatz 1 betreuten Personen verpflichtet.

(3) Die Besuchskommission legt spätestens zwei Monate nach dem Besuch einer Einrichtung deren Träger, der Interessenvertretung der Menschen mit Behinderungen in den besuchten Einrichtungen und dem fachlich zuständigen Ministerium einen Bericht vor. Personenbezogene Daten dürfen dabei nur in anonymisierter Form übermittelt werden.

(4) Die Aufsichtspflichten und Befugnisse der zuständigen Behörden sowie das Recht der Betroffenen, andere Instanzen anzurufen, bleiben unberührt.

§ 20 Berichtspflicht

(1) Die Landesregierung berichtet dem Landtag alle fünf Jahre über die Lage der Menschen mit Behinderungen unter besonderer Berücksichtigung der Situation von Frauen mit Behinderungen und über die Umsetzung dieses Gesetzes. Die Berichte werden mit den Aktionsplänen der Landesregierung zur Umsetzung des Übereinkommens der Vereinten Nationen über die Rechte von Menschen mit Behinderungen und zur Gleichstellung von Menschen mit Behinderungen verbunden.

(2) In den Berichten nach Absatz 1 ist auch auf die Situation am Arbeitsmarkt, gegliedert nach den einzelnen Gruppen von Menschen mit Behinderungen, einzugehen.

(3) In die Berichte nach Absatz 1 ist auch eine geschlechtsspezifisch und nach Ressortbereichen gegliederte statistische Darstellung der Entwicklung der Beschäftigung schwerbehinderter Menschen in öffentlichen Stellen nach § 2 Abs. 2 Nr. 1 aufzunehmen.

§ 21 Förderung der Partizipation

Das Land kann im Rahmen zur Verfügung stehender Haushaltsmittel Maßnahmen von

Verbänden zur Stärkung der Teilhabe von Menschen mit Behinderungen an der Gestaltung öffentlicher Angelegenheiten fördern, die die Voraussetzungen nach § 3 Abs. 5 erfüllen.

§ 22 Übergangsbestimmungen

(1) Die oder der zum Zeitpunkt des Inkrafttretens dieses Gesetzes bestellte Landesbeauftragte für die Belange behinderter Menschen gilt als Landesbeauftragte oder Landesbeauftragter für die Belange von Menschen mit Behinderungen im Sinne des § 15 dieses Gesetzes als bestellt.

(2) Der zum Zeitpunkt des Inkrafttretens dieses Gesetzes gebildete Landesbeirat zur Teilhabe behinderter Menschen bleibt für den Rest der Amtszeit seiner Mitglieder als Landesbeirat zur Teilhabe von Menschen mit Behinderungen bestehen; im Übrigen finden die Bestimmungen des § 17 dieses Gesetzes Anwendung

§§ 23 bis 36 (Änderung anderer Rechtsvorschriften)

(hier nicht aufgenommen)

§ 37 Inkrafttreten

(1) Es treten in Kraft:

1. § 36 am 1. Juli 2022,
2. das Gesetz im Übrigen am Tage nach der Verkündung.

(2) Das Landesgesetz zur Gleichstellung behinderter Menschen vom 16. Dezember 2002 (GVBl. S. 481), zuletzt geändert durch Gesetz vom 22. Mai 2019 (GVBl. S. 63), tritt am Tage vor Inkrafttreten des Landesinklusionsgesetzes vom 17. Dezember 2020 (GVBl. S. 719, BS 87-1) außer Kraft.

Gesetz zur Gleichstellung von Menschen mit Behinderungen im Saarland (Saarländisches Behindertengleichstellungsgesetz – SBGG)

Vom 26. November 2003 (Amtsbl. S. 2987)

Zuletzt geändert durch
Gesetz zur Änderung des Saarländischen Behindertengleichstellungsgesetzes
vom 11. März 2020 (Amtsbl. I S. 330)

Inhaltsübersicht

Der Landtag des Saarlandes hat folgendes Gesetz beschlossen, das hiermit verkündet wird:

Abschnitt 1 Allgemeine Bestimmungen

§ 1 Ziel und Verantwortung der Träger öffentlicher Gewalt

(1) Ziel des Gesetzes ist es, auf der Grundlage des Artikels 12 Abs. 4 der Verfassung des Saarlandes Benachteiligungen von Menschen mit Behinderungen zu beseitigen und zu verhindern sowie die gleichberechtigte Teilhabe von Menschen mit Behinderungen am Leben in der Gesellschaft zu gewährleisten und ihnen eine selbstbestimmte Lebensführung zu ermöglichen. Dabei wird ihren besonderen Bedürfnissen Rechnung getragen.

(2) Die Dienststellen und sonstigen Einrichtungen der Landesverwaltung, einschließlich der landesunmittelbaren Körperschaften, Anstalten und Stiftungen des öffentlichen Rechts sowie Beliehene und sonstige Landesorgane, soweit sie öffentlich-rechtliche Verwaltungsaufgaben wahrnehmen, haben im Rahmen ihres jeweiligen Aufgabenbereichs die in Absatz 1 genannten Ziele aktiv zu fördern und bei der Planung von Maßnahmen zu beachten. Das Gleiche gilt für kommunale Verwaltungen und kommunalunmittelbare Körperschaften sowie ihre Beliehenen. Für Anstalten und Stiftungen des öffentlichen Rechts gilt dies, soweit sie Landesrecht ausführen.

(3) Die Träger öffentlicher Gewalt im Sinne des Absatzes 2 sollen darauf hinwirken, dass Einrichtungen, Vereinigungen und juristische Personen des Privatrechts, an denen die Träger öffentlicher Gewalt unmittelbar oder mittelbar ganz oder überwiegend beteiligt sind, die Ziele dieses Gesetzes in angemessener Weise berücksichtigen. Gewähren Träger öffentlicher Gewalt im Sinne des Absatzes 2 Satz 1 Zuwendungen nach § 23 der Landeshaushaltsordnung als institutionelle Förderungen, so sind durch Nebenbestimmung zum Zuwendungsbescheid oder vertragliche Vereinbarung sicher zu stellen, dass die institutionellen Zuwendungsempfängerinnen und -empfänger die Grundzüge dieses Gesetzes anwenden. Aus der Nebenbestimmung zum Zuwendungsbescheid oder der vertraglichen Vereinbarung muss hervorgehen, welche Vorschriften anzuwenden sind. Die Sätze 2 und 3 gelten auch für den Fall, dass Stellen außerhalb der Landesverwaltung mit Landesmitteln im Wege der Zuweisung institutionell gefördert werden. Weitergehende Vorschriften bleiben von den Sätzen 1 bis 4 unberührt.

(4) Die obersten Landesbehörden und sonstigen Dienststellen der Landesbehörden werden verpflichtet, bauliche Anlagen nur dann zu fördern, wenn sie die in § 4 formulierten Voraussetzungen für Barrierefreiheit erfüllen. Dies gilt nicht, wenn die Förderung ausschließlich private Nutzer begünstigt.

§ 2 Frauen mit Behinderungen; Benachteiligung wegen mehrerer Gründe

(1) Zur Durchsetzung der Gleichberechtigung von Frauen und Männern und zur Vermeidung von Benachteiligungen von Frauen mit Behinderungen wegen mehrerer Gründe sind die besonderen Belange von Frauen mit Behinderungen zu berücksichtigen und bestehende Benachteiligungen zu beseitigen. Dabei sind besondere Maßnahmen zur Förderung der tatsächlichen Durchsetzung der Gleichberechtigung von Frauen mit Behinderungen und zur Beseitigung bestehender Benachteiligungen zulässig.

(2) Unabhängig von Absatz 1 sind die besonderen Belange von Menschen mit Behinderungen, die von Benachteiligungen wegen einer Behinderung und wenigstens eines weiteren in § 1 des Allgemeinen Gleichbehandlungsgesetzes genannten Grundes betroffen sein können, zu berücksichtigen.

§ 3 Menschen mit Behinderungen

Menschen mit Behinderungen im Sinne dieses Gesetzes sind Menschen, die langfristige körperliche, seelische, geistige oder Sinnesbeeinträchtigungen haben, welche sie in

Wechselwirkung mit einstellungs- und umweltbedingten Barrieren an der gleichberechtigten Teilhabe an der Gesellschaft hindern können. Als langfristig gilt ein Zeitraum, der mit hoher Wahrscheinlichkeit länger als sechs Monate andauert.

§ 4 Barrierefreiheit

Barrierefrei sind bauliche und sonstige Anlagen, Verkehrsmittel, technische Gebrauchsgegenstände, Systeme der Informationsverarbeitung, akustische und visuelle Informationsquellen und Kommunikationseinrichtungen sowie andere gestaltete Lebensbereiche, wenn sie für Menschen mit Behinderungen in der allgemein üblichen Weise, ohne besondere Erschwernis und grundsätzlich ohne fremde Hilfe auffindbar, zugänglich und nutzbar sind.

§ 5 Zielvereinbarungen

(1) Soweit nicht besondere gesetzliche oder verordnungsrechtliche Vorschriften entgegenstehen, sollen zur Herstellung der Barrierefreiheit Zielvereinbarungen zwischen Verbänden, die nach § 16 Absatz 4 anerkannt sind, oder Unternehmen oder Unternehmensverbänden der verschiedenen Wirtschaftsbranchen für ihren jeweiligen sachlichen und räumlichen Organisations- oder Tätigkeitsbereich und den in § 1 Absatz 2 genannten Stellen getroffen werden.

(2) Zielvereinbarungen zur Herstellung von Barrierefreiheit enthalten insbesondere

1. die Bestimmung der Vereinbarungspartner und sonstige Regelungen zum Geltungsbereich und zur Geltungsdauer,
2. die Festlegung von Mindestbedingungen darüber, wie gestaltete Lebensbereiche im Sinne von § 4 künftig zu verändern sind, um dem Anspruch von Menschen mit Behinderungen auf Auffindbarkeit, Zugang und Nutzung zu genügen,
3. den Zeitpunkt oder einen Zeitplan zur Erfüllung der festgelegten Mindestbedingungen.

Sie können ferner eine Vertragsstrafenabrede für den Fall der Nichterfüllung oder des Verzugs enthalten.

(3) Ein Verband nach Absatz 1, der die Aufnahme von Verhandlungen verlangt, hat dies gegenüber dem Zielvereinbarungsregister (Absatz 5) unter Benennung von Verhandlungsparteien und Verhandlungsgegenstand anzuzeigen. Die oder der Landesbeauftragte für die Belange von Menschen mit Behinderungen gibt diese Anzeige auf seiner oder ihrer Internetseite bekannt. Innerhalb von vier Wochen nach der Bekanntgabe haben andere Verbände im Sinne des Absatzes 1 das Recht, den Verhandlungen durch Erklärung gegenüber den bisherigen Verhandlungspartnern beizutreten. Nachdem die beteiligten Verbände von Menschen mit Behinderungen eine gemeinsame Verhandlungskommission gebildet haben oder feststeht, dass nur ein Verband verhandelt, sind die Verhandlungen innerhalb von vier Wochen aufzunehmen.

(4) Ein Anspruch auf Verhandlungen nach Absatz 1 Satz 2 besteht nicht

1. während laufender Verhandlungen im Sinne des Absatzes 3 für die nicht beigetretenen Verbände,
2. in Bezug auf diejenigen Unternehmen, die ankündigen, einer Zielvereinbarung beizutreten, über die von einem Unternehmensverband Verhandlungen geführt werden,
3. für den Geltungsbereich und die Geltungsdauer einer zustande gekommenen Zielvereinbarung,
4. in Bezug auf diejenigen Unternehmen, die einer zustande gekommenen Zielvereinbarung unter einschränkungsloser Übernahme aller Rechte und Pflichten beigetreten sind.

(5) Die oder der Landesbeauftragte für die Belange von Menschen mit Behinderungen führt das Zielvereinbarungsregister, in das der Abschluss, die Änderung und die Aufhebung von Zielvereinbarungen nach den Absätzen 1 und 2 eingetragen werden. Der die Zielvereinbarung abschließende Verband ist verpflichtet, innerhalb eines Monats nach Abschluss der Zielvereinbarung der oder dem Landesbeauftragten für die Belange von Menschen mit Behinderungen diese als be-

glaubigte Abschrift und in informationstechnisch erfassbarer Form zu übermitteln sowie eine Änderung oder eine Aufhebung innerhalb eines Monats mitzuteilen.

§ 6 Gebärdensprache und andere Kommunikation von Menschen mit Hör- und Sprachbehinderungen

(1) Die Deutsche Gebärdensprache ist als eigenständige Sprache anerkannt.

(2) Lautsprachbegleitende Gebärden sind als Kommunikationsform der deutschen Sprache anerkannt.

(3) Menschen mit Hörbehinderungen und Menschen mit Sprachbehinderungen haben einen Anspruch darauf, dass ihnen die Ausübung ihrer bürgerlichen Rechte und Pflichten durch die Verwendung der deutschen Gebärdensprache, lautsprachbegleitender Gebärden oder anderer geeigneter Kommunikationshilfen durch die in § 1 Abs. 2 genannten Stellen ermöglicht wird.

Abschnitt 2 Verpflichtung zur Gleichstellung und Barrierefreiheit

§ 7 Benachteiligungsverbot für Träger öffentlicher Gewalt

(1) Ein Träger öffentlicher Gewalt im Sinne des § 1 Absatz 2 darf Menschen mit Behinderungen nicht benachteiligen. Eine Benachteiligung liegt vor, wenn Menschen mit und ohne Behinderungen ohne zwingenden Grund unterschiedlich behandelt werden und dadurch Menschen mit Behinderungen in der gleichberechtigten Teilhabe am Leben in der Gesellschaft unmittelbar oder mittelbar beeinträchtigt werden. Eine Benachteiligung liegt auch bei einer Belästigung im Sinne des § 3 Absatz 3 und 4 des Allgemeinen Gleichbehandlungsgesetzes mit der Maßgabe, dass § 3 Absatz 4 des Allgemeinen Gleichbehandlungsgesetzes nicht auf den Anwendungsbereich des § 2 Absatz 1 Nummer 1 bis 4 des Allgemeinen Gleichbehandlungsgesetzes begrenzt ist. Bei einem Verstoß gegen eine Verpflichtung zur Herstellung von Barrierefreiheit wird das Vorliegen einer Benachteiligung widerleglich vermutet.

(2) Die Versagung angemessener Vorkehrungen für Menschen mit Behinderungen ist eine Benachteiligung im Sinne dieses Gesetzes. Angemessene Vorkehrungen sind Maßnahmen, die im Einzelfall geeignet und erforderlich sind, um zu gewährleisten, dass ein Mensch mit Behinderung gleichberechtigt mit anderen alle Rechte genießen und ausüben kann, und sie die Träger öffentlicher Gewalt nach § 1 Absatz 2 nicht unverhältnismäßig oder unbillig belasten.

(3) In Bereichen bestehender Benachteiligungen von Menschen mit Behinderungen gegenüber Menschen ohne Behinderungen sind besondere Maßnahmen zum Abbau und zur Beseitigung dieser Benachteiligungen zulässig. Bei der Anwendung von Gesetzen zur tatsächlichen Durchsetzung der Gleichberechtigung von Frauen und Männern ist den besonderen Belangen von Frauen mit Behinderungen Rechnung zu tragen.

(4) Besondere Benachteiligungsverbote zugunsten von Menschen mit Behinderungen in anderen Rechtsvorschriften, insbesondere im Neunten Buch Sozialgesetzbuch, bleiben unberührt.

§ 8 Herstellung von Barrierefreiheit in den Bereichen Bau und Verkehr

(1) Neu-, Um- und Erweiterungsbauten im Eigentum der in § 1 Absatz 2 genannten Stellen sollen entsprechend den allgemein anerkannten Regeln der Technik barrierefrei gestaltet werden. Von diesen Anforderungen kann abgewichen werden, wenn mit einer anderen Lösung in gleichem Maße die Anforderungen an die Barrierefreiheit erfüllt werden. Die landesrechtlichen Bestimmungen, insbesondere die Bauordnung, bleiben unberührt.

(2) Das Land einschließlich der landesunmittelbaren Körperschaften, Anstalten und Stiftungen des öffentlichen Rechts soll anlässlich der Durchführung von investiven Baumaßnahmen nach Absatz 1 Satz 1 bauliche Barrieren in den nicht von diesen Baumaßnahmen unmittelbar betroffenen Gebäudeteilen,

I

soweit sie dem Publikumsverkehr dienen, feststellen und unter Berücksichtigung der baulichen Gegebenheiten abbauen, sofern der Abbau nicht eine unangemessene wirtschaftliche Belastung darstellt.

(3) Das Land erstellt einen Bericht über die Gebäude, die im Eigentum der in § 1 Abs. 2 genannten Stellen stehen und von ihnen genutzt werden, und berichtet dem Landtag alle fünf Jahre, erstmals Ende 2021 über den Stand der Barrierefreiheit dieser Bestandsgebäude. Hierbei wirken die in § 1 Abs. 2 genannten Stellen mit. Ausgehend von dem Bericht sollen verbindliche Maßnahmen zum weiteren Abbau von Barrieren erarbeitet werden.

(4) Die in § 1 Absatz 2 genannten Stellen sind verpflichtet, die Barrierefreiheit bei Anmietungen der von ihnen genutzten Bauten zu berücksichtigen. Künftig sollen nur barrierefreie Bauten oder Bauten, in denen die baulichen Barrieren unter Berücksichtigung der baulichen Gegebenheiten abgebaut werden können, angemietet werden, soweit die Anmietung nicht eine unangemessene wirtschaftliche Belastung zur Folge hätte.

(5) Sonstige bauliche oder andere Anlagen, öffentliche Wege, Plätze und Straßen sowie öffentlich zugängliche Verkehrsanlagen und Beförderungsmittel im öffentlichen Personenverkehr sind nach Maßgabe der einschlägigen Rechtsvorschriften des Landes barrierefrei zu gestalten.

§ 9 Recht auf Verwendung von Gebärdensprache und anderen Kommunikationsmitteln

(1) Menschen mit Hörbehinderungen und Menschen mit Sprachbehinderungen haben nach Maßgabe der Rechtsverordnung nach Absatz 2 das Recht, mit Trägern öffentlicher Gewalt im Sinne des § 1 Absatz 2 zur Wahrnehmung eigener Rechte im Verwaltungsverfahren in Deutscher Gebärdensprache, mit lautsprachbegleitenden Gebärden oder über andere geeignete Kommunikationshilfen zu kommunizieren. Auf Wunsch der Berechtigten stellen die Träger öffentlicher Gewalt die geeigneten Kommunikationshilfen im Sinne des Satzes 1 kostenfrei zur Verfügung oder tragen die hierfür notwendigen Aufwendungen.

Bei der Auswahl eines Dolmetschers für Deutsche Gebärdensprache als Kommunikationshilfe im Sinne des Satzes 1 sollen die Wünsche der Berechtigten in angemessener Weise berücksichtigt werden.

(2) Die Landesregierung bestimmt durch Rechtsverordnung:

1. Anlass und Umfang des Anspruchs auf Bereitstellung von geeigneten Kommunikationshilfen,
2. Art und Weise der Bereitstellung von geeigneten Kommunikationshilfen,
3. die Grundsätze für eine angemessene Vergütung oder eine Erstattung von notwendigen Aufwendungen für den Einsatz geeigneter Kommunikationshilfen,
4. die Voraussetzungen, dass Eltern mit Hörbehinderungen oder Sprachbehinderungen von Kindern ohne Hörbehinderungen oder Sprachbehinderungen auf Antrag die notwendigen Aufwendungen für die Kommunikation mit der Schule in deutscher Gebärdensprache, mit lautsprachbegleitenden Gebärden oder über andere geeignete Kommunikationshilfen erstattet werden können und
5. die geeigneten Kommunikationshilfen im Sinne des Absatzes 1.

§ 10 Gestaltung von Bescheiden und Vordrucken

(1) Träger öffentlicher Gewalt im Sinne des § 1 Absatz 2 haben bei der Gestaltung von Bescheiden, Allgemeinverfügungen, öffentlich-rechtlichen Verträgen und Vordrucken eine Behinderung von Menschen zu berücksichtigen. Blinde und sehbehinderte Menschen können zur Wahrnehmung eigener Rechte im Verwaltungsverfahren nach Maßgabe der Rechtsverordnung nach Absatz 2 insbesondere verlangen, dass ihnen Bescheide, öffentlich-rechtliche Verträge und Vordrucke ohne zusätzliche Kosten auch in einer für sie wahrnehmbaren Form zugänglich gemacht werden.

(2) Die Landesregierung bestimmt durch Rechtsverordnung, bei welchen Anlässen und in welcher Art und Weise die in Absatz 1 genannten Dokumente blinden und sehbehinderten Menschen zugänglich gemacht werden.

§ 11 Verständlichkeit und Leichte Sprache

(1) Träger öffentlicher Gewalt im Sinne des § 1 Absatz 2 sollen in verständlicher Sprache kommunizieren. Auf Verlangen sollen sie insbesondere Bescheide, Allgemeinverfügungen, öffentlich-rechtliche Verträge und Vordrucke in einfacher und verständlicher Weise erläutern.

(2) Ist die Erläuterung nach Absatz 1 nicht ausreichend, sollen Träger öffentlicher Gewalt im Sinne des § 1 Absatz 2 auf Verlangen Bescheide, Allgemeinverfügungen, öffentlich-rechtliche Verträge und Vordrucke in Leichter Sprache erläutern.

(3) Kosten für Erläuterungen im notwendigen Umfang nach Absatz 1 oder Absatz 2 sind von dem zuständigen Träger öffentlicher Gewalt nach Absatz 1 zu tragen. Der notwendige Umfang bestimmt sich nach dem individuellen Bedarf.

(4) Träger öffentlicher Gewalt im Sinne des § 1 Absatz 2 sollen Informationen vermehrt in Leichter Sprache bereitstellen. Die Landesregierung wirkt darauf hin, dass die in Satz 1 genannten Träger öffentlicher Gewalt die Leichte Sprache stärker einsetzen und ihre Kompetenzen für das Verfassen von Texten in Leichter Sprache auf- und ausgebaut werden.

Abschnitt 2a
Barrierefreie Informationstechnik öffentlicher Stellen des Landes

§ 12 Öffentliche Stellen des Landes

Öffentliche Stellen des Landes im Sinne dieses Abschnittes sind

1. die Träger öffentlicher Gewalt im Sinne des § 1 Absatz 2,
2. sonstige Einrichtungen des öffentlichen Rechts, die als juristische Personen des öffentlichen oder des privaten Rechts zu dem besonderen Zweck gegründet worden sind, im Allgemeininteresse liegende Aufgaben nicht gewerblicher Art zu erfüllen, wenn sie
   a) überwiegend vom Land finanziert werden,
   b) hinsichtlich ihrer Leitung oder Aufsicht dem Land unterstehen oder
   c) ein Verwaltungs-, Leitungs- oder Aufsichtsorgan haben, das mehrheitlich aus Mitgliedern besteht, die durch das Land ernannt worden sind, und
3. Vereinigungen, an denen mindestens eine öffentliche Stelle nach Nummer 1 oder Nummer 2 beteiligt ist, wenn
   a) die Vereinigung überwiegend vom Land finanziert wird,
   b) dem Land die absolute Mehrheit der Anteile an der Vereinigung gehört oder
   c) dem Land die absolute Mehrheit der Stimmen an der Vereinigung zusteht.

Eine überwiegende Finanzierung durch das Land wird angenommen, wenn es mehr als 50 Prozent der Gesamtheit der Mittel aufbringt.

§ 12a Barrierefreie Informationstechnik

(1) Öffentliche Stellen des Landes gestalten ihre Websites und mobilen Anwendungen, einschließlich der für die Beschäftigten bestimmten Angebote im Intranet, barrierefrei. Schrittweise gestalten sie ihre elektronisch unterstützten Verwaltungsabläufe, einschließlich ihrer Verfahren zur elektronischen Vorgangsbearbeitung und elektronischen Aktenführung, barrierefrei. Die grafischen Programmoberflächen sind von der barrierefreien Gestaltung umfasst.

(2) Die barrierefreie Gestaltung erfolgt nach Maßgabe der aufgrund des § 12d zu erlassenden Verordnung. Soweit diese Verordnung keine Vorgaben enthält, erfolgt die barrierefreie Gestaltung nach den anerkannten Regeln der Technik.

(3) Insbesondere bei Neuanschaffungen, Erweiterungen und Überarbeitungen ist die barrierefreie Gestaltung bereits bei der Pla-

nung, Entwicklung, Ausschreibung und Beschaffung zu berücksichtigen.

(4) Unberührt bleiben die Regelungen zur behinderungsgerechten Einrichtung und Unterhaltung der Arbeitsstätten zugunsten von Menschen mit Behinderungen in anderen Rechtsvorschriften, insbesondere im Neunten Buch Sozialgesetzbuch.

(5) Die Pflichten aus Abschnitt 2a gelten nicht für Websites und mobile Anwendungen jener öffentlichen Stellen des Landes nach § 12 Satz 1 Nummer 2 und 3, die keine für die Öffentlichkeit wesentlichen Dienstleistungen oder speziell auf die Bedürfnisse von Menschen mit Behinderungen ausgerichtete oder für diese konzipierte Dienstleistungen anbieten.

(6) Von der barrierefreien Gestaltung können öffentliche Stellen des Landes ausnahmsweise absehen, soweit sie durch eine barrierefreie Gestaltung unverhältnismäßig belastet würden.

(7) Das Land wirkt darauf hin, dass gewerbsmäßige Anbieter von Websites sowie von grafischen Programmoberflächen und mobilen Anwendungen, die mit Mitteln der Informationstechnik dargestellt werden, aufgrund von Zielvereinbarungen nach § 5 Absatz 2 ihre Produkte so gestalten, dass sie barrierefrei genutzt werden können.

(8) Angebote öffentlicher Stellen im Internet, die auf Websites Dritter veröffentlicht werden, sind soweit möglich barrierefrei zu gestalten.

§ 12b Erklärung zur Barrierefreiheit

(1) Die öffentlichen Stellen des Landes veröffentlichen eine Erklärung zur Barrierefreiheit ihrer Websites oder mobilen Anwendungen.

(2) Die Erklärung zur Barrierefreiheit enthält

1. für den Fall, dass ausnahmsweise keine vollständige barrierefreie Gestaltung erfolgt ist,
   a) die Benennung der Teile des Inhalts, die nicht vollständig barrierefrei gestaltet sind,
   b) die Gründe für die nicht barrierefreie Gestaltung sowie
   c) gegebenenfalls einen Hinweis auf barrierefrei gestaltete Alternativen,
2. eine unmittelbar zugängliche barrierefrei gestaltete Möglichkeit, elektronisch Kontakt aufzunehmen, um noch bestehende Barrieren mitzuteilen und um Informationen zur Umsetzung der Barrierefreiheit zu erfragen,
3. einen Hinweis auf das Schlichtungsverfahren nach § 17, der
   a) die Möglichkeit, ein solches Schlichtungsverfahren durchzuführen, erläutert und
   b) die Verlinkung zur Schlichtungsstelle enthält.

(3) Zu veröffentlichen ist die Erklärung zur Barrierefreiheit

a) auf Websites öffentlicher Stellen des Landes, die nicht vor dem Inkrafttreten des Gesetzes veröffentlicht wurden: ab dem 23. September 2019,

b) auf Websites öffentlicher Stellen des Landes, die nicht unter Buchstabe a) fallen: ab dem 23. September 2020,

c) auf mobilen Anwendungen öffentlicher Stellen des Landes: ab dem 23. Juni 2021.

(4) Die öffentliche Stelle des Landes antwortet auf Mitteilungen oder Anfragen, die ihr aufgrund der Erklärung zur Barrierefreiheit übermittelt werden, spätestens innerhalb eines Monats.

§ 12c Berichterstattung über den Stand der Barrierefreiheit

Die obersten Landesbehörden erstatten alle drei Jahre, erstmals zum 1. Januar 2021, der Überwachungsstelle des Landes für Barrierefreiheit von Informationstechnik (§ 12e) Bericht über den Stand der Barrierefreiheit

1. der Websites und mobilen Anwendungen einschließlich der Intranetangebote der obersten Landesbehörden,
2. der elektronisch unterstützten Verwaltungsabläufe.

Sie erstellen verbindliche und überprüfbare Maßnahmen- und Zeitpläne zum weiteren Abbau von Barrieren ihrer Informationstechnik.

§ 12d Verordnungsermächtigung

Die Landesregierung wird ermächtigt, durch Rechtsverordnung Bestimmungen zu erlassen über

1. diejenigen Websites und mobilen Anwendungen sowie Inhalte von Websites und mobilen Anwendungen, auf die sich der Geltungsbereich der Verordnung bezieht,
2. die technischen Standards, die öffentliche Stellen des Landes bei der barrierefreien Gestaltung anzuwenden haben, und den Zeitpunkt, ab dem diese Standards anzuwenden sind,
3. die Bereiche und Arten amtlicher Informationen, die barrierefrei zu gestalten sind,
4. die konkreten Anforderungen der Erklärung zur Barrierefreiheit,
5. die konkreten Anforderungen der Berichterstattung über den Stand der Barrierefreiheit und
6. die Einzelheiten des Überwachungsverfahrens nach § 12e.

§ 12e Überwachungsstelle des Landes für Barrierefreiheit von Informationstechnik

(1) Die Landesregierung richtet eine Überwachungsstelle des Landes für Barrierefreiheit von Informationstechnik ein. Das Nähere wird durch Rechtsverordnung geregelt.

(2) Ihre Aufgaben sind,

1. periodisch zu überwachen, ob und inwiefern Websites und mobile Anwendungen öffentlicher Stellen des Landes den Anforderungen an die Barrierefreiheit genügen,
2. die öffentlichen Stellen anlässlich der Prüfergebnisse zu beraten,
3. die Berichte der obersten Landesbehörden auszuwerten,
4. den Bericht der Bundesrepublik Deutschland an die Kommission nach Artikel 8 Absatz 4 bis 6 der Richtlinie (EU) 2016/2102 vorzubereiten und
5. als sachverständige Stelle die Schlichtungsstelle nach § 16 zu unterstützen.

§ 13 Barrierefreie Medien

Die in § 1 Absatz 2 genannten Stellen, denen kommunikationspolitische Angelegenheiten übertragen sind, sollen darauf hinwirken, dass sowohl der von § 1 Absatz 2 erfasste öffentlich-rechtliche Rundfunk als auch der von § 1 Absatz 2 nicht unmittelbar erfasste private Rundfunk im Rahmen der technischen, finanziellen, wirtschaftlichen und verwaltungsorganisatorischen Möglichkeiten die in § 1 genannten Ziele aktiv fördert und bei der Planung von Maßnahmen beachtet.

Abschnitt 3
Rechtsbehelfe

§ 14 Beweislastumkehr

Besteht Streit über das Vorliegen einer Benachteiligung im Sinne des § 7 Absatz 2 Satz 1 und macht der behinderte Mensch Tatsachen glaubhaft, die eine Benachteiligung wegen der Behinderung vermuten lassen, so trägt die Gegenseite die Beweislast dafür, dass keine Benachteiligung vorliegt. Satz 1 findet keine Anwendung, soweit bundesrechtliche Vorschriften abweichende Bestimmungen enthalten.

§ 15 Vertretungsbefugnisse in verwaltungs- oder sozialrechtlichen Verfahren

Werden Menschen mit Behinderungen in ihren Rechten aus § 7 Absatz 1, § 8 Absatz 1, § 9 Absatz 1, § 10 Absatz 1 Satz 2 oder § 12a verletzt, können an ihrer Stelle und mit ihrem Einverständnis Verbände nach § 16 Absatz 4, die nicht selbst am Verfahren beteiligt sind, Rechtsschutz beantragen; gleiches gilt bei Verstößen gegen Vorschriften des Landesrechts, die einen Anspruch auf Herstellung von Barrierefreiheit im Sinne des § 4 oder auf Verwendung von Gebärden oder anderen Kommunikationshilfen im Sinne des § 6 Absatz 3 vorsehen. In diesen Fällen müssen alle Verfahrensvoraussetzungen wie bei einem Rechtsschutzersuchen durch den Menschen mit Behinderung selbst vorliegen.

§ 16 Verbandsklagerecht

(1) Ein vom Ministerium für Soziales, Gesundheit, Frauen und Familie nach Absatz 4 anerkannter Verband kann, ohne in seinen

Rechten verletzt zu sein, nach Maßgabe der Verwaltungsgerichtsordnung in der Fassung der Bekanntmachung vom 19. März 1991 (BGBl. I. S. 686), zuletzt geändert durch Artikel 7 des Gesetzes vom 12. Juli 2018 (BGBl. I S. 1151) in der jeweils geltenden Fassung, oder des Sozialgerichtsgesetzes in der Fassung der Bekanntmachung vom 23. September 1975 (BGBl. I S. 2535), zuletzt geändert durch Artikel 9 des Gesetzes vom 12. Juli 2018 (BGBl. I S. 1151) in der jeweils geltenden Fassung, Klage erheben auf Feststellung eines Verstoßes durch die in § 1 Absatz 2 genannten Stellen gegen § 7 (Benachteiligungsverbot für Träger öffentlicher Stellen), § 8 (Herstellung von Barrierefreiheit in den Bereichen Bau und Verkehr), § 9 (Recht auf Verwendung von Gebärdensprache und anderen Kommunikationshilfen), § 10 (Gestaltung von Bescheiden und Vordrucken), § 12a (Barrierefreie Informationstechnik).

Satz 1 gilt nicht, wenn eine Maßgabe auf Grund einer Entscheidung in einem verwaltungs- oder sozialrechtlichen Streitverfahren erlassen worden ist.

(2) Eine Klage ist nur zulässig, wenn der Verband durch die Maßnahme oder das Unterlassen in seinem satzungsgemäßen Aufgabenbereich berührt wird. Soweit ein Mensch mit Behinderung selbst seine Rechte durch eine Gestaltungs- oder Leistungsklage verfolgen kann oder hätte verfolgen können, kann die Klage nach Absatz 1 nur erhoben werden, wenn der Verband geltend macht, dass es sich bei der Maßnahme oder dem Unterlassen um einen Fall von allgemeiner Bedeutung handelt. Dies ist insbesondere dann der Fall, wenn eine Vielzahl von gleichgelagerten Fällen vorliegt.

(3) Vor Erhebung einer Klage nach Absatz 1 ist ein Vorverfahren entsprechend den §§ 68 bis 73 der Verwaltungsgerichtsordnung oder der §§ 78 bis 86 des Sozialgerichtsgesetzes in der jeweils geltenden Fassung durchzuführen. Dies gilt auch dann, wenn die angegriffene Maßnahme von einer obersten Landesbehörde getroffen worden ist; Gleiches gilt bei einem Unterlassen. Vor der Erhebung einer Klage nach Absatz 1 gegen einen Träger öffentlicher Gewalt nach § 1 Absatz 2 hat der nach Absatz 4 anerkannte Verband ein Schlichtungsverfahren nach § 17 durchzuführen.

Diese Klage ist nur zulässig, wenn keine gütliche Einigung im Schlichtungsverfahren erzielt werden konnte und dies nach § 17 Absatz 7 bescheinigt worden ist. Das Schlichtungsverfahren ersetzt ein vor der Klageerhebung durchzuführendes Vorverfahren.

(4) Die Anerkennung eines Verbandes nach Absatz 1 soll nach Anhörung des Landesbeirats für die Belange von Menschen mit Behinderungen erteilt werden, wenn der Verband

1. nach seiner Satzung ideell und nicht nur vorübergehend die Belange behinderter Menschen fördert,
2. nach der Zusammensetzung seiner Mitglieder dazu berufen ist, Interessen behinderter Menschen auf der Ebene des Bundes oder des Landes zu vertreten,
3. zum Zeitpunkt der Anerkennung mindestens drei Jahre besteht und in dieser Zeit im Sinne der Nummer 1 tätig gewesen ist,
4. die Gewähr für eine sachgerechte Aufgabenerfüllung bietet und
5. wegen Verfolgung gemeinnütziger Zwecke nach § 5 Abs. 1 Nr. 9 des Körperschaftsteuergesetzes (KStG) in der Fassung der Bekanntmachung vom 15. Oktober 2002 (BGBl. I S. 4144), in der jeweils geltenden Fassung, von der Körperschaftsteuer befreit ist.

(5) Ein nach § 13 Abs. 3 des Gesetzes zur Gleichstellung behinderter Menschen (Behindertengleichstellungsgesetz – BGG) vom 27. April 2002 (BGBl. I S. 1468 ff.) durch das zuständige Bundesministerium anerkannter Verband gilt auch als anerkannt im Sinne des Absatzes 4; Entsprechendes gilt für rechtlich selbständige Mitgliedsvereine von Verbänden, die auf Bundesebene anerkannt sind.

(6) Bei Wegfall der in Absatz 4 genannten Voraussetzungen ist die Anerkennung nach Anhörung des betroffenen Verbandes zu widerrufen. Mit einem Widerruf seitens des zuständigen Bundesministeriums entfällt für

Verbände nach Absatz 5 die Anerkennung durch das Ministerium für Soziales, Gesundheit, Frauen und Familie.

(7) Wird in einem Fall des Absatzes 1 ein behinderter Mensch in seinen Rechten verletzt, kann an seiner Stelle und mit seinem Einverständnis ein nach Absatz 4 anerkannter Verband, der nicht selbst am Verfahren beteiligt ist, Rechtsschutz beantragen. In diesem Falle müssen alle Verfahrensvoraussetzungen wie bei einem Rechtsschutzersuchen durch den behinderten Menschen selbst vorliegen. Das Einverständnis ist schriftlich zu erklären.

§ 17 Schlichtungsstelle und -verfahren; Verordnungsermächtigung

(1) Bei dem für Soziales zuständigen Ministerium wird eine Schlichtungsstelle zur außergerichtlichen Beilegung von Streitigkeiten nach den Absätzen 2 und 3 eingerichtet. Sie wird mit neutralen schlichtenden Personen besetzt und hat eine Geschäftsstelle. Das Verfahren der Schlichtungsstelle muss insbesondere gewährleisten, dass

1. die Schlichtungsstelle unabhängig ist und unparteiisch handelt,
2. die Verfahrensregeln für Interessierte zugänglich sind,
3. die Beteiligten des Schlichtungsverfahrens rechtliches Gehör erhalten, insbesondere Tatsachen und Bewertungen vorbringen können,
4. die schlichtenden Personen und die weiteren in der Schlichtungsstelle Beschäftigten die Vertraulichkeit der Informationen gewährleisten, von denen sie im Schlichtungsverfahren Kenntnis erhalten und
5. eine barrierefreie Kommunikation mit der Schlichtungsstelle möglich ist.

Wer der Ansicht ist, in einem Recht nach diesem Gesetz durch einen Träger öffentlicher Gewalt nach § 1 Absatz 2 verletzt worden zu sein, kann bei der Schlichtungsstelle nach Absatz 1 einen Antrag auf Einleitung eines Schlichtungsverfahrens stellen. Kommt wegen der behaupteten Rechtsverletzung auch die Durchführung eines Widerspruchsverfahrens in Betracht, ruht das Widerspruchsverfahren für die Dauer des Schlichtungsstellenverfahrens.

(2) In den Fällen des Satzes 2 ist der Antrag auf Einleitung eines Schlichtungsverfahrens innerhalb eines Monats zu stellen, nachdem der Verwaltungsakt dem Beschwerten bekanntgegeben worden ist.

(3) Ein nach § 16 Absatz 4 anerkannter Verband kann bei der Schlichtungsstelle nach Absatz 1 einen Antrag auf Einleitung eines Schlichtungsverfahrens stellen, wenn er einen Verstoß eines Trägers öffentlicher Gewalt nach § 1 Absatz 2

1. gegen das Benachteiligungsverbot nach § 7 oder gegen die Verpflichtung zur Herstellung von Barrierefreiheit nach § 8,
2. gegen die Vorschriften des Landesrechts zur Herstellung der barrierefreien Informationstechnik nach § 12a oder
3. gegen die Vorschriften des Landesrechts zur Verwendung von Gebärdensprache oder anderer geeigneter Kommunikationshilfen nach § 9 oder gegen die Vorschriften über die Gestaltung von Vordrucken und Bescheiden nach § 10

behauptet.

(4) Der Antrag nach den Absätzen 2 und 3 kann in Textform oder zur Niederschrift bei der Schlichtungsstelle gestellt werden. Diese übermittelt zur Durchführung des Schlichtungsverfahrens eine Abschrift des Schlichtungsantrags an den Träger öffentlicher Gewalt.

(5) Die schlichtende Person wirkt in jeder Phase des Verfahrens auf eine gütliche Einigung der Beteiligten hin. Sie kann einen Schlichtungsvorschlag unterbreiten. Der Schlichtungsvorschlag soll am geltenden Recht ausgerichtet sein. Die schlichtende Person kann den Einsatz von Mediation anbieten.

(6) Das Schlichtungsverfahren ist für die Beteiligten unentgeltlich.

(7) Das Schlichtungsverfahren endet mit der Einigung der Beteiligten, der Rücknahme des Schlichtungsantrags oder der Feststellung, dass keine Einigung möglich ist. Wenn keine

I

Einigung möglich ist, endet das Schlichtungsverfahren mit der Zustellung der Bestätigung der Schlichtungsstelle an die Antragstellerin oder den Antragsteller, dass keine gütliche Einigung erzielt werden konnte.

(8) Die Landesregierung wird ermächtigt, durch Rechtsverordnung das Nähere über die Geschäftsstelle, die Besetzung und das Verfahren der Schlichtungsstelle nach den Absätzen 1, 4, 5 und 7 zu regeln sowie weitere Vorschriften über die Kosten des Verfahrens und die Entschädigung zu erlassen. Die Rechtsverordnung regelt auch das Nähere zu Tätigkeitsberichten der Schlichtungsstelle.

Abschnitt 4 Beauftragte oder Beauftragter für die Belange von Menschen mit Behinderungen

§ 18 Amt der oder des Landesbeauftragten für die Belange von Menschen mit Behinderungen

(1) Die oder der Landesbeauftragte für die Belange von Menschen mit Behinderungen wird durch den Landtag für fünf Jahre auf Vorschlag des Präsidiums des Landtages gewählt. Sie oder er wird von der Präsidentin oder dem Präsidenten des Landtages ernannt und in ein Beamtenverhältnis auf Zeit berufen. Vor der Bestellung der oder des Landesbeauftragten für die Belange von Menschen mit Behinderungen ist der Landesbeirat für die Belange von Menschen mit Behinderungen zu hören. Eine Wiederwahl und die Ernennung für weitere Amtszeiten ist zulässig. Das Amt ist bis zur Ernennung einer Nachfolge weiterzuführen.

(2) Die oder der Landesbeauftragte für die Belange von Menschen mit Behinderungen unterliegt der Dienstaufsicht durch die Landtagspräsidentin oder den Landtagspräsidenten und ist im Übrigen in ihrer Amtsführung unabhängig. Bei der Landtagsverwaltung wird eine Geschäftsstelle mit der für die Erfüllung ihrer oder seiner Aufgaben notwendigen Personal- und Sachausstattung eingerichtet.

§ 19 Aufgabe und Befugnisse der oder des Landesbeauftragten für die Belange von Menschen mit Behinderungen

(1) Aufgabe der oder des Landesbeauftragten für die Belange von Menschen mit Behinderungen ist es, darauf hinzuwirken, dass die Verantwortung des Landes, für gleichwertige Lebensbedingungen für Menschen mit und ohne Behinderungen zu sorgen, in allen Bereichen des gesellschaftlichen Lebens erfüllt wird. Die oder der Landesbeauftragte für die Belange von Menschen mit Behinderungen setzt sich bei der Wahrnehmung dieser Aufgabe dafür ein, dass unterschiedliche Lebensbedingungen von Frauen mit Behinderungen und Männern mit Behinderungen berücksichtigt und geschlechtsspezifische Benachteiligungen beseitigt werden.

Hierzu gehört insbesondere

1. darauf hinzuwirken, dass das in § 1 genannte Ziel verwirklicht und die sonstigen Bestimmungen dieses Gesetzes und der aufgrund dieses Gesetzes erlassenen Rechtsverordnungen sowie andere Vorschriften zugunsten von Menschen mit Behinderungen eingehalten werden,
2. die Landesregierung und den Landtag in Grundsatzangelegenheiten von Menschen mit Behinderungen zu beraten,
3. bei der Erstellung von Rechtsvorschriften, die den Bereich von Menschen mit Behinderungen berühren, beratend mitzuwirken, insbesondere bei der Fortschreibung des Landesplans für Menschen mit Behinderungen und der Landesbauordnung,
4. darauf hinzuwirken, dass geschlechtsspezifische behinderungsbedingte Benachteiligungen von Frauen mit Behinderungen abgebaut und verhindert werden,
5. Anlaufstation für die individuellen und allgemeinen Probleme von Menschen mit Behinderungen, ihrer Angehörigen und von Verbänden und Institutionen von Menschen mit Behinderungen zu sein,
6. die Öffentlichkeit über die Situation von Menschen mit Behinderungen und ihrer Angehörigen zu unterrichten,

7. im Rahmen der Öffentlichkeitsarbeit eine enge Zusammenarbeit mit den Medien durchzuführen,
8. dem Landtag und der Landesregierung über die Situation der Menschen mit Behinderungen sowie über ihre/seine Tätigkeit jeweils in der Mitte der Legislaturperiode schriftlich Bericht zu erstatten,
9. in regionalen und überregionalen Gremien mitzuarbeiten und
10. eine grenzüberschreitende Zusammenarbeit mit Institutionen, Verbänden und Selbsthilfegruppen zu pflegen.

(2) Zur Wahrnehmung der Aufgaben nach Absatz 1 beteiligen die Landesministerien die oder den Landesbeauftragten für die Belange von Menschen mit Behinderungen bei allen Gesetzes-, Verordnungs- und sonstigen wichtigen Vorhaben, soweit sie Fragen der Inklusion von Menschen mit Behinderungen behandeln oder berühren. Zur Wahrnehmung der vorgenannten Aufgaben arbeitet die oder der Landesbeauftragte für die Belange von Menschen mit Behinderungen vertrauensvoll mit der Saarländischen Landesregierung, dem saarländischen Landtag und seinen Ausschüssen, den obersten Landesbehörden und sonstigen Dienststellen der Landesbehörden sowie den unter § 20 Absatz 1 genannten Gruppen zusammen.

(3) Alle Landesbehörden und sonstigen öffentlichen Stellen im Bereich des Landes sind verpflichtet, die oder den Landesbeauftragten für die Belange von Menschen mit Behinderungen bei der Erfüllung der Aufgabe zu unterstützen, insbesondere die erforderlichen Auskünfte zu erteilen und Akteneinsicht zu gewähren.

Abschnitt 5
Landesbeirat für die Belange von Menschen mit Behinderungen

§ 20 Landesbeirat für die Belange von Menschen mit Behinderungen

(1) Es wird ein Landesbeirat für die Belange von Menschen mit Behinderungen unter Vorsitz des oder der Landesbeauftragten für die Belange von Menschen mit Behinderungen gebildet. Es ist sicherzustellen, dass sich der Beirat mehrheitlich aus Vertretern/Vertreterinnen der Organisationen und Selbsthilfegruppen der behinderten Menschen zusammensetzt. Im Landesbeirat für die Belange von Menschen mit Behinderungen sind die folgenden Gruppen vertreten:

1. Verbände und Selbsthilfegruppen behinderter Menschen,
2. die LIGA der freien Wohlfahrtspflege Saar,
3. Institutionen der beruflichen und sozialen Rehabilitation,
4. Institutionen des Wirtschafts- und Erwerbslebens,
5. die Arbeitskammer des Saarlandes,
6. die/der Landesbeauftragte für die Belange von Menschen mit Behinderungen,
7. eine Vertreterin/ein Vertreter der kommunalen Selbstverwaltung,
8. eine Vertreterin/ein Vertreter der kommunalen Beauftragten für die Belange von Menschen mit Behinderungen,
9. Arbeitsgemeinschaften von Schwerbehindertenvertretungen der Privatwirtschaft und des öffentlichen Dienstes,
10. die Bundesagentur für Arbeit,
11. eine Vertreterin/ein Vertreter der Landesregierung.

(2) Die Landesregierung wird ermächtigt, durch Rechtsverordnung das Nähere zu regeln. In der Rechtsverordnung sind insbesondere Regelungen zu treffen über:

1. die zahlenmäßige Zusammensetzung der Mitglieder und Gruppen,
2. das Verfahren der Benennung und Ernennung der Mitglieder,
3. die Amtsperiode und
4. die Geschäftsführung des Beirates.

§ 21 Aufgaben und Befugnisse des Landesbeirates für Menschen mit Behinderungen

(1) Der Landesbeirat für die Belange von Menschen mit Behinderungen berät den Landtag und die Landesregierung in allen

grundsätzlichen Fragen der Politik von Menschen mit Behinderungen.

(2) Der Landesbeirat für die Belange von Menschen mit Behinderungen spricht Empfehlungen aus.

(3) Insbesondere ist der Landesbeirat für die Belange von Menschen mit Behinderungen vor Erlass von Gesetzen bzw. Verordnungen, Verwaltungsvorschriften und Richtlinien zu hören, soweit sie besondere Belange von Menschen mit Behinderungen behandeln oder berühren.

(4) Der Landesbeirat für die Belange von Menschen mit Behinderungen soll die Zusammenarbeit zwischen Behörden und Verbänden fördern und auch Initiativen erarbeiten.

(5) Der Landesbeirat für die Belange von Menschen mit Behinderungen bestimmt seine Beratungsthemen in eigener Verantwortung.

(6) Die Sitzungen des Landesbeirates für die Belange von Menschen mit Behinderungen sind öffentlich.

Abschnitt 6 Beteiligung auf kommunaler Ebene

§ 22 Beteiligung auf kommunaler Ebene

(1) Die Gemeinden/die Gemeindeverbände bestellen zur Verwirklichung der Gleichstellung von Menschen mit Behinderungen jeweils eine Person zur Beratung in Fragen der Behindertenpolitik (Beauftragte/Beauftragter für die Belange von Menschen mit Behinderungen). Als Beauftragte sind möglichst in der Behindertenarbeit erfahrene Personen zu bestellen.

(2) Die oder der Beauftragte für die Belange von Menschen mit Behinderungen berät die Gemeinden und die Gemeindeverbände in allen Angelegenheiten, die behinderte Bürger betreffen. Die oder der Behindertenbeauftragte ist berechtigt, an den Sitzungen der Vertretungsorgane der Gemeinden oder Gemeindeverbände beratend teilzunehmen; er oder sie ist zur Verschwiegenheit verpflichtet. Das jeweilige kommunale Vertretungsorgan kann mit den Stimmen einer Fraktion oder einem Viertel der gesetzlichen Zahl seiner Mitglieder dem oder der kommunalen Beauftragten für die Belange von Menschen mit Behinderungen zu jedem Verhandlungsgegenstand der Tagesordnung ein Rederecht einräumen; ein entsprechender Beschluss kann auch auf Antrag der oder des kommunalen Beauftragten für die Belange von Menschen mit Behinderungen herbeigeführt werden.

(3) Zu den Aufgaben der oder des Beauftragten für die Belange von Menschen mit Behinderungen gehört auch die Zusammenarbeit mit den Organisationen der örtlichen Behindertenselbsthilfe.

(4) Unbeschadet der Regelungen über die Bestellung eines/einer Beauftragten für die Belange von Menschen mit Behinderungen können die Gemeinden und Gemeindeverbände zur Beratung und Unterstützung des/der Beauftragten kommunale Beiräte für die Belange von Menschen mit Behinderungen bilden.

(5) Die kommunalen Beauftragten für die Belange von Menschen mit Behinderungen sollen sich unter Leitung des oder der Landesbeauftragten für die Belange von Menschen mit Behinderungen mindestens zweimal im Jahr zum Erfahrungsaustausch treffen.

(6) Näheres wird durch Satzung bestimmt.

Abschnitt 7 Sicherung der Teilhabe und Berichtspflicht

§ 23 Sicherung der Teilhabe

(1) Die Landesregierung entwickelt Fachprogramme mit dem Ziel der gleichberechtigten Teilhabe von Menschen mit Behinderungen an der Gesellschaft und am gesellschaftlichen Leben.

(2) Dabei soll insbesondere Menschen, die aufgrund ihrer schweren Behinderung sowohl im ambulanten als auch im teil- und vollstationären Bereich großen Hilfebedarf haben, eine gleichberechtigte Teilhabe am gesellschaftlichen Leben ermöglicht werden.

§ 24 Berichtspflicht; unabhängige Monitoringstelle

(1) Die Landesregierung legt einmal in einer Legislaturperiode den Landesbehindertenplan vor und verbindet damit einen Bericht zur Umsetzung dieses Gesetzes im Saarland.

(2) Zur Unterstützung der Umsetzung des Gesetzes und zur Wahrnehmung der Aufgaben im Sinne des Artikels 33 Absatz 2 der UN-Behindertenrechtskonvention wird eine unabhängige Monitoringstelle beauftragt.

Verordnung zum Gesetz zur Gleichstellung von Menschen mit Behinderungen im Saarland (Saarländische Behindertengleichstellungsverordnung – SBGVO)

Vom 19. September 2006 (Amtsbl. S. 1698)

Zuletzt geändert durch
Verordnung zur Änderung der Saarländischen Behindertengleichstellungsverordnung
vom 13. November 2020 (Amtsbl. I S. 1173)

Inhaltsübersicht

Auf Grund des § 7 Abs. 2, des § 8 Abs. 2 und des § 11 Abs. 2 des Gesetzes zur Gleichstellung von Menschen mit Behinderungen im Saarland (Saarländisches Behindertengleichstellungsgesetz – SBGG) vom 26. November 2003 (Amtsbl. S. 2987) verordnet die Landesregierung:

Abschnitt 1 Zugänglichmachung von Dokumenten für blinde und sehbehinderte Menschen im Verwaltungsverfahren

§ 1 Anwendungsbereich

(1) Dieser Abschnitt gilt für alle blinden und sehbehinderten Menschen nach Maßgabe von § 3 des Saarländischen Behindertengleichstellungsgesetzes, die als Beteiligte eines Verwaltungsverfahrens zur Wahrnehmung eigener Rechte einen Anspruch darauf haben, dass ihnen Dokumente in einer für sie wahrnehmbaren Form zugänglich gemacht werden (Berechtigte).

(2) Die Berechtigten können ihren Anspruch nach § 10 Abs. 1 des Saarländischen Behindertengleichstellungsgesetzes gegenüber jeder Stelle im Sinne des § 1 Abs. 2 des Saarländischen Behindertengleichstellungsgesetzes geltend machen.

§ 2 Gegenstand der Zugänglichmachung

Der Anspruch nach § 10 Abs. 1 des Saarländischen Behindertengleichstellungsgesetzes umfasst Bescheide, Allgemeinverfügungen, öffentlich-rechtliche Verträge und Vordrucke.

§ 3 Formen der Zugänglichmachung

(1) Die Dokumente können den Berechtigten schriftlich, elektronisch, akustisch, mündlich oder in sonstiger Weise zugänglich gemacht werden.

(2) Werden Dokumente in schriftlicher Form zugänglich gemacht, erfolgt dies in Blindenschrift oder in Großdruck. Bei Großdruck sind ein Schriftbild, eine Kontrastierung und eine Papierqualität zu wählen, die die individuelle Wahrnehmungsfähigkeit der Berechtigten ausreichend berücksichtigt.

(3) Werden Dokumente auf elektronischem Weg zugänglich gemacht, sind die Standards der barrierefreien Informationstechnik (§ 9) maßgebend.

§ 4 Bekanntgabe

Die Dokumente sollen den Berechtigten, soweit möglich, gleichzeitig mit der Bekanntgabe auch in der für sie wahrnehmbaren Form zugänglich gemacht werden. Die Amtssprache ist deutsch. Vorschriften über die im Verwaltungsverfahren maßgeblichen Regelungen zu Fristen, Terminen, Form, Bekanntgabe und Zustellung von Dokumenten bleiben von dieser Verordnung unberührt.

§ 5 Umfang des Anspruchs

(1) Der Anspruch der Berechtigten, dass ihnen Dokumente in einer für sie wahrnehmbaren Form zugänglich gemacht werden, besteht, soweit dies zur Wahrnehmung allgemeiner Rechte im Verwaltungsverfahren erforderlich ist. Dabei ist insbesondere der individuelle Bedarf der Berechtigten zu berücksichtigen.

(2) Die Entscheidung, in welcher der in § 3 genannten Formen die Dokumente zugänglich gemacht werden sollen, treffen die in § 1 Abs. 2 des Saarländischen Behindertengleichstellungsgesetzes genannten Stellen in Abstimmung mit den Berechtigten. Die Berechtigten teilen hierzu den Stellen rechtzeitig die Art der Behinderung und die aus ihrer Sicht geeignete Form der Zugänglichmachung mit. Die Blindheit oder die Sehbehinderung sowie die Entscheidung nach Satz 1 sind aktenkundig zu machen und im weiteren Verwaltungsverfahren von Amts wegen zu berücksichtigen.

(3) Erhalten die in § 1 Abs. 2 genannten Stellen Kenntnis von der Blindheit oder einer anderen Sehbehinderung von Berechtigten im Verwaltungsverfahren, haben sie diese auf ihr Recht hinzuweisen, dass ihnen Dokumente in einer für sie wahrnehmbaren Form zugänglich gemacht werden.

§ 6 Organisation und Kosten

(1) Die Dokumente können den Berechtigten durch die in § 1 Abs. 2 des Saarländischen

Behindertengleichstellungsgesetzes genannten Stellen oder durch eine Beauftragung Dritter in einer für sie wahrnehmbaren Form zugänglich gemacht werden.

(2) Die Vorschriften über die Kosten (Gebühren und Auslagen) öffentlich-rechtlicher Verwaltungstätigkeit bleiben unberührt. Auslagen für besondere Aufwendungen, die dadurch entstehen, dass den Berechtigten Dokumente in einer für sie wahrnehmbaren Form zugänglich gemacht werden, werden nicht erhoben.

Abschnitt 2 Schaffung barrierefreier Informationstechnik

§ 7 Sachlicher Geltungsbereich

(1) Dieser Abschnitt gilt für:

1. Internetauftritte und -angebote,
2. Intranetauftritte und -angebote, die öffentlich zugänglich sind,
3. mittels Informationstechnik realisierte grafische Programmoberflächen, die öffentlich zugänglich sind, einschließlich mobiler Anwendungen (Apps),

der in Absatz 2 genannten Stellen.

(2) Dieser Abschnitt gilt für die Angebote nach Absatz 1 der folgenden Stellen:

1. die in § 1 Abs. 2 des Saarländischen Behindertengleichstellungsgesetzes genannten Stellen,
2. sonstige Einrichtungen des öffentlichen Rechts, die als juristische Personen des öffentlichen oder des privaten Rechts zu dem besonderen Zweck gegründet worden sind, im Allgemeininteresse liegende Aufgaben nicht gewerblicher Art zu erfüllen, wenn sie
   - überwiegend vom Land finanziert werden,
   - hinsichtlich ihrer Leitung oder Aufsicht dem Land unterstehen

   oder
   - ein Verwaltungs-, Leitungs- oder Aufsichtsorgan haben, das mehrheitlich aus Mitgliedern besteht, die durch das Land ernannt worden sind,

und

3. Vereinigungen, an denen mindestens eine öffentliche Stelle nach Nummer 1 oder Nummer 2 beteiligt ist, wenn
   - die Vereinigung überwiegend vom Land finanziert wird,
   - dem Land die absolute Mehrheit der Anteile an der Vereinigung gehört oder

   oder
   - dem Land die absolute Mehrheit der Stimmen an der Vereinigung zusteht.

§ 8 Einzubeziehende Gruppen behinderter Menschen

(1) Die Gestaltung von Angeboten der Informationstechnik nach dieser Verordnung ist dazu bestimmt, Menschen mit Behinderungen im Sinne des § 3 des Saarländischen Behindertengleichstellungsgesetzes, denen ohne die Erfüllung zusätzlicher Bedingungen die Nutzung der Informationstechnik nur eingeschränkt möglich ist, den Zugang zur Informationstechnik zu erleichtern.

(2) Dazu gestalten die Stellen nach § 7 Absatz 2 ihre Websites und mobilen Anwendungen, einschließlich der für die Beschäftigten bestimmten Angebote im Intranet, barrierefrei. Schrittweise gestalten sie ihre elektronisch unterstützten Verwaltungsabläufe, einschließlich ihrer Verfahren zur elektronischen Vorgangsbearbeitung und elektronischen Aktenführung, barrierefrei. Die grafischen Programmoberflächen sind von der barrierefreien Gestaltung umfasst.

§ 9 Prinzipien und anzuwendende Standards

(1) Zur nachhaltigen Herstellung der Barrierefreiheit sind folgende Grundsätze zu beachten:

1. Inhalte und Erscheinungsbild sind so zu gestalten, dass sie für alle wahrnehmbar sind.
2. Die Benutzeroberflächen der Angebote sind so zu gestalten, dass sie für alle bedienbar sind.

3. Inhalte und Bedienung sind so zu gestalten, dass sie allgemein verständlich sind.
4. Die Umsetzung der Inhalte soll so erfolgen, dass sie mit den heutigen Standards funktionieren, an die Entwicklung zukünftiger Technologien angepasst werden können, und zuverlässig von einer Vielfalt von Benutzeragenten, einschließlich assistiver Technologien, interpretiert werden können.

(2) Die barrierefreie Gestaltung des Zugangs zu Websites und Anwendungen im Sinne von § 12a des Saarländischen Behindertengleichstellungsgesetzes erfolgt nach Maßgabe der §§ 1, 2a, 3 und 4 der Barrierefreie-Informationstechnik-Verordnung vom 12. September 2011 (BGBl. I S. 1843), zuletzt geändert durch die Verordnung vom 21. Mai 2019 (BGBl. I S. 738), in der jeweils geltenden Fassung, soweit sich diese auf Websites und mobile Anwendungen im Sinne des § 12a des Saarländischen Behindertengleichstellungsgesetzes beziehen. Soweit die Rechtsverordnung des Bundes keine Vorgaben enthält, erfolgt die barrierefreie Gestaltung nach dem Stand der Technik.

§ 9a Erklärung zur Barrierefreiheit

(1) Die Stellen im Sinne des § 7 veröffentlichen eine Erklärung zur Barrierefreiheit ihrer Websites oder mobilen Anwendungen.

(2) Die Erklärung zur Barrierefreiheit enthält:

1. für den Fall, dass ausnahmsweise keine vollständige barrierefreie Gestaltung erfolgt ist,
   a) die Benennung der Teile des Inhalts, die nicht vollständig barrierefrei gestaltet sind,
   b) die Gründe für die nicht barrierefreie Gestaltung sowie
   c) gegebenenfalls einen Hinweis auf barrierefrei gestaltete Alternativen,
2. eine unmittelbar zugängliche barrierefrei gestaltete Möglichkeit, elektronisch Kontakt aufzunehmen, um noch bestehende Barrieren mitzuteilen und um Informationen zur Umsetzung der Barrierefreiheit zu erfragen,
3. einen Hinweis auf das Verbandsklagerecht nach § 16 Saarländisches Behindertengleichstellungsgesetz bei Verstoß gegen § 12a Saarländisches Behindertengleichstellungsgesetz (barrierefreie Informationstechnik),
4. einen Hinweis auf den oder die Landesbeauftragten für die Belange von Menschen mit Behinderungen in der Funktion als Anlaufstelle für die individuellen und allgemeinen Probleme behinderter Menschen.

(3) Zu veröffentlichen ist die Erklärung zur Barrierefreiheit

a) auf Websites, die nicht vor dem Inkrafttreten der Verordnung veröffentlicht wurden: ab dem 23. September 2019,
b) auf Websites, die nicht unter Buchstabe a) fallen: ab dem 23. September 2020,
c) auf mobilen Anwendungen: ab dem 23. Juni 2021.

(4) Die Stelle im Sinne des § 7 antwortet auf Mitteilungen oder Anfragen, die ihr aufgrund der Erklärung zur Barrierefreiheit übermittelt werden, spätestens innerhalb eines Monats.

§ 9b Überwachungsstelle

(1) Bei dem für Soziales zuständigen Ministerium werden die Aufgaben einer Überwachungsstelle für Barrierefreiheit von Informationstechnik wahrgenommen.

(2) Die Aufgaben dieser Stelle sind

1. periodisch zu überwachen, ob und inwiefern Websites und mobile Anwendungen öffentlicher Stellen des Landes den Anforderungen an die Barrierefreiheit genügen,
2. die öffentlichen Stellen anlässlich der Prüfergebnisse zu beraten,
3. die Berichte der obersten Landesbehörden auszuwerten und
4. ab dem 23. Dezember 2021 und danach alle drei Jahre über die Ergebnisse der Überwachung einschließlich der Messdaten dem für Soziales zuständigen Ministerium zu berichten.

§ 10 Sonderfälle

(1) Von der barrierefreien Gestaltung können Stellen im Sinne des § 7 ausnahmsweise ab-

sehen, soweit sie durch eine barrierefreie Gestaltung unverhältnismäßig belastet würden.

(2) Wird nach Absatz 1 von der barrierefreien Gestaltung abgesehen, ist ein alternatives Angebot zur Verfügung zu stellen, das äquivalente Funktionalitäten und Informationen gleicher Aktualität enthält, soweit es die technischen Möglichkeiten zulassen. Bei Verwendung nicht barrierefreier Technologien sind diese zu ersetzen, sobald aufgrund der technologischen Entwicklung äquivalente zugängliche Lösungen verfügbar und einsetzbar sind.

Abschnitt 3
Verwendung von Gebärdensprache und anderen Kommunikationshilfen im Verwaltungsverfahren und in der Kommunikation von Eltern mit der Schule

§ 11 Anwendungsbereich und Anlass

(1) Dieser Abschnitt gilt für alle natürlichen Personen, die als Beteiligte eines Verwaltungsverfahrens oder als Eltern in der Kommunikation mit der Schule wegen einer Hör- oder Sprachbehinderung nach Maßgabe von § 3 des Saarländischen Behindertengleichstellungsgesetzes zur Wahrnehmung eigener Rechte für die mündliche Kommunikation im Verwaltungsverfahren einen Anspruch auf Bereitstellung einer Dolmetscherin oder eines Dolmetschers für die deutsche Gebärdensprache (Gebärdensprachdolmetscherin oder Gebärdensprachdolmetscher), für lautsprachbegleitende Gebärden oder andere geeignete Kommunikationshilfen haben (Berechtigte).

(2) Die Berechtigten können ihren Anspruch nach § 9 Abs. 1 des Saarländischen Behindertengleichstellungsgesetzes gegenüber den in § 1 Abs. 2 des Saarländischen Behindertengleichstellungsgesetzes genannten Stellen geltend machen.

§ 12 Umfang des Anspruchs

(1) Der Anspruch auf Bereitstellung einer Gebärdensprachdolmetscherin oder eines Gebärdensprachdolmetschers oder einer anderen geeigneten Kommunikationshilfe besteht, soweit eine solche Kommunikationshilfe zur Wahrnehmung eigener Rechte in einem Verwaltungsverfahren erforderlich und eine schriftliche Verständigung nicht möglich sind, in dem dafür notwendigen Umfang. Der notwendige Umfang bestimmt sich insbesondere nach dem individuellen Bedarf der Berechtigten.

(2) Die Berechtigten haben nach Maßgabe des Absatzes 1 ein Wahlrecht hinsichtlich der zu benutzenden Kommunikationshilfe. Dies umfasst auch das Recht, eine Gebärdensprachdolmetscherin oder einen Gebärdensprachdolmetscher oder eine andere geeignete Kommunikationshilfe selbst bereitzustellen. Die Berechtigten haben der in § 1 Abs. 2 des Saarländischen Behindertengleichstellungsgesetzes genannten Stelle rechtzeitig mitzuteilen, inwieweit sie von ihrem Wahlrecht nach Satz 1 und 2 Gebrauch machen. Die in § 1 Abs. 2 des Saarländischen Behindertengleichstellungsgesetzes genannte Stelle kann die ausgewählte Gebärdensprachdolmetscherin oder den ausgewählten Gebärdensprachdolmetscher oder die ausgewählte andere Kommunikationshilfe zurückweisen, wenn sie ungeeignet ist oder in sonstiger Weise den Voraussetzungen des Absatzes 1 nicht entspricht. Die Hör- oder Sprachbehinderung sowie die Wahlentscheidung nach Satz 1 sind aktenkundig zu machen und im weiteren Verwaltungsverfahren von Amts wegen zu berücksichtigen.

(3) Erhält die in § 1 Abs. 2 des Saarländischen Behindertengleichstellungsgesetzes genannte Stelle im Verwaltungsverfahren Kenntnis von der Hör- oder Sprachbehinderung von Berechtigten, hat sie diese auf ihr Recht auf barrierefreie Kommunikation und auf ihr Wahlrecht nach Absatz 2 hinzuweisen.

(4) Zur Abwehr von unmittelbar bevorstehenden Gefahren für bedeutsame Rechtsgüter, wie etwa Leben, Gesundheit, Freiheit oder nicht unwesentliche Vermögenswerte, kann im Einzelfall von dem Einsatz von Gebärdensprachdolmetscherinnen oder Gebär-

densprachdolmetschern oder anderer Kommunikationshilfen abgesehen werden.

§ 13 Kommunikationshilfen

(1) Die Kommunikation mittels einer Gebärdensprachdolmetscherin oder eines Gebärdensprachdolmetschers oder einer anderen Kommunikationshilfe ist als geeignete Kommunikationsform anzusehen, wenn sie im konkreten Fall eine für die Wahrnehmung eigener Rechte im Verwaltungsverfahren erforderliche Verständigung sicherstellt.

(2) Als andere Kommunikationshilfen kommen Kommunikationshelferinnen und Kommunikationshelfer, Kommunikationsmethoden und Kommunikationsmittel in Betracht:

1. Kommunikationshelferinnen und Kommunikationshelfer sind insbesondere
   a) Schriftdolmetscherinnen und Schriftdolmetscher,
   b) Simultanschriftdolmetscherinnen und Simultanschriftdolmetscher,
   c) Oraldolmetscherinnen und Oraldolmetscher oder
   d) Kommunikationsassistentinnen und Kommunikationsassistenten.
2. Kommunikationsmethoden sind insbesondere
   a) Lormen und taktil wahrnehmbare Gebärden,
   b) gestützte Kommunikation für Menschen mit autistischer Störung oder
   c) relaisgestützte Kommunikation.
3. Kommunikationsmittel sind insbesondere
   a) akustisch-technische Hilfen oder
   b) grafische Symbol-Systeme.

§ 14 Art und Weise der Bereitstellung von geeigneten Kommunikationshilfen

(1) Gebärdensprachdolmetscherinnen oder Gebärdensprachdolmetscher und andere geeignete Kommunikationshilfen werden von den in § 1 Abs. 2 des Saarländischen Behindertengleichstellungsgesetzes genannten Stellen bereitgestellt, es sei denn, die Berechtigten machen von ihrem Wahlrecht nach § 12 Abs. 2 Satz 2 Gebrauch.

(2) Das Integrationsamt beim Landesamt für Soziales und die Dolmetscherzentrale für hörbehinderte Menschen im Saarland (DZH) beraten und unterstützen die in § 1 Abs. 2 des Saarländischen Behindertengleichstellungsgesetzes genannten Stellen bei ihrer Aufgabe nach Absatz 1.

§ 15 Grundsätze für eine angemessene Vergütung oder Erstattung

(1) Die in § 1 Abs. 2 des Saarländischen Behindertengleichstellungsgesetzes genannten Stellen entschädigen Gebärdensprachdolmetscherinnen oder Gebärdensprachdolmetscher und Kommunikationshelferinnen oder Kommunikationshelfer entsprechend den Regelungen, die zwischen der Bundesarbeitsgemeinschaft der Integrationsämter und Hauptfürsorgestellen (BIH), dem Deutschen Gehörlosenbund und dem Bundesverband der GebärdensprachdolmetscherInnen getroffen wurden. Darüber hinaus ist eine Pauschale für die Inanspruchnahme der Dolmetscherzentrale zu entrichten. Für den Einsatz sonstiger Kommunikationshilfen tragen sie die entstandenen Aufwendungen.

(2) Die in § 1 Abs. 2 des Saarländischen Behindertengleichstellungsgesetzes genannten Stellen tragen die Kosten nach Absatz 1 nur, soweit die von den Berechtigten bereitgestellte Gebärdensprachdolmetscherin oder Gebärdensprachdolmetscher oder sonstige Kommunikationshilfe erforderlich sind. In diesem Fall dürfen die Berechtigten nicht auf eine Erstattung verwiesen werden, es sei denn, sie wünschen dies oder es liegt ein sonstiger besonderer Grund vor.

Abschnitt 4
Schlussvorschriften

§ 16 Kommunikation von hör- oder sprachbehinderten Eltern mit der Schule

Für die notwendigen Aufwendungen von Eltern mit Hörbehinderungen oder Sprachbehinderungen für die Kommunikation mit der Schule in deutscher Gebärdensprache, mit lautsprachbegleitenden Gebärden oder über andere geeignete Kommunikationshilfen im Sinne des § 9 Absatz 2 Nr. 4 des Saarländischen Behindertengleichstellungsgesetzes gelten die Regelungen für die Verwendung von Gebärdensprache und anderen Kommunikationshilfen im Verwaltungsverfahren nach dieser Verordnung analog.

§ 17 Inkrafttreten

Diese Verordnung tritt am Tag nach ihrer Verkündung in Kraft.

Gesetz zur Stärkung der Inklusion von Menschen mit Behinderungen im Freistaat Sachsen (Sächsisches Inklusionsgesetz – SächsInklusG)

Vom 2. Juli 2019 (SächsGVBl. S. 542)

Inhaltsübersicht

I

Abschnitt 1 Allgemeine Bestimmungen

§ 1 Ziel des Gesetzes

(1) Ziel des Gesetzes ist es, in Umsetzung des Übereinkommens der Vereinten Nationen vom 13. Dezember 2006 über die Rechte von Menschen mit Behinderungen (BGBl. II S. 1419, 1420) die Benachteiligung von Menschen mit Behinderungen zu beseitigen und zu verhindern sowie ihre gleichberechtigte Teilhabe am Leben in der Gesellschaft zu gewährleisten und ihnen eine selbstbestimmte Lebensführung zu ermöglichen. Dabei wird ihren besonderen Bedürfnissen Rechnung getragen.

(2) Behörden des Freistaates Sachsen sowie die der Aufsicht des Freistaates Sachsen unterstehenden Körperschaften, Anstalten und Stiftungen des öffentlichen Rechts müssen im Rahmen ihres jeweiligen Aufgabenbereiches die in Absatz 1 genannten Ziele aktiv fördern und bei der Planung von Maßnahmen beachten. Das Gleiche gilt für Einrichtungen, Vereinigungen und juristische Personen des Privatrechts, an denen die in Satz 1 genannten Stellen unmittelbar oder mittelbar ganz oder überwiegend beteiligt sind oder mehr als die Hälfte der Mitglieder eines ihrer zur Geschäftsführung oder zur Aufsicht berufenen Organe stellen. Auf Gemeinden, Landkreise und Formen der kommunalen Zusammenarbeit nach dem Sächsischen Gesetz über kommunale Zusammenarbeit in der Fassung der Bekanntmachung vom 15. April 2019 (SächsGVBl. S. 270), in der jeweils geltenden Fassung, sowie auf Schulen in Trägerschaft einer der vorgenannten Körperschaften und auf den Kommunalen Sozialverband Sachsen, den Kommunalen Versorgungsverband Sachsen und die Sächsische Anstalt für kommunale Datenverarbeitung findet dieses Gesetz keine Anwendung. Das Gleiche gilt für Einrichtungen, Vereinigungen und juristische Personen des Privatrechts, an denen die in Satz 3 genannten Stellen unmittelbar oder mittelbar ganz oder überwiegend beteiligt sind oder mehr als die Hälfte der Mitglieder eines ihrer zur Geschäftsführung oder zur Aufsicht berufenen Organe stellen.

(3) Die in Absatz 2 Satz 3 genannten Körperschaften werden aufgefordert, im Rahmen der bestehenden Gesetze in eigener Verantwortung Regelungen zu treffen, um die in Absatz 1 genannten Ziele zu erreichen.

§ 2 Behinderung

Menschen mit Behinderungen im Sinne dieses Gesetzes sind Menschen, die langfristige körperliche, seelische, geistige oder Sinnesbeeinträchtigungen haben, welche sie in Wechselwirkung mit einstellungs- und umweltbedingten Barrieren an der gleichberechtigten Teilhabe am Leben in der Gesellschaft hindern können. Als langfristig gilt ein Zeitraum, der mit hoher Wahrscheinlichkeit länger als sechs Monate andauert. Menschen sind von Behinderung bedroht, wenn eine Beeinträchtigung nach Satz 1 zu erwarten ist.

§ 3 Barrierefreiheit

Barrierefrei sind bauliche und sonstige Anlagen, Verkehrsmittel, technische Gebrauchsgegenstände, Systeme der Informationsverarbeitung, akustische und visuelle Informationsquellen und Kommunikationseinrichtungen sowie andere gestaltete Lebensbereiche, wenn sie für Menschen mit Behinderungen in der allgemein üblichen Weise, ohne besondere Erschwernis und grundsätzlich ohne fremde Hilfe auffindbar, zugänglich und nutzbar sind. Hierbei ist die Nutzung behinderungsbedingt notwendiger Hilfsmittel zulässig.

§ 4 Benachteiligungsverbot

(1) Niemand darf von einer der in § 1 Absatz 2 Satz 1 und 2 genannten Stellen wegen seiner Behinderung benachteiligt werden.

(2) Eine Benachteiligung im Sinne dieses Gesetzes liegt vor, wenn Menschen mit Behinderungen ohne zwingenden Grund anders als Menschen ohne Behinderungen behandelt werden und dadurch in der gleichberechtigten Teilhabe am Leben in der Gesellschaft unmittelbar oder mittelbar beeinträchtigt werden. Eine Benachteiligung liegt auch bei einer Belästigung im Sinne von § 3 Absatz 3 und 4 des Allgemeinen Gleichbehandlungsgesetzes vom 14. August 2006 (BGBl. I S. 1897), das zuletzt durch Artikel 8 des Ge-

setzes vom 3. April 2013 (BGBl. I S. 610) geändert worden ist, in der jeweils geltenden Fassung vor, mit der Maßgabe, dass § 3 Absatz 4 des Allgemeinen Gleichbehandlungsgesetzes nicht auf den Anwendungsbereich des § 2 Absatz 1 Nummer 1 bis 4 des Allgemeinen Gleichbehandlungsgesetzes begrenzt ist. Bei einem Verstoß gegen eine Verpflichtung zur Herstellung von Barrierefreiheit wird das Vorliegen einer Benachteiligung vermutet.

(3) Die Versagung angemessener Vorkehrungen für Menschen mit Behinderungen ist eine Benachteiligung im Sinne dieses Gesetzes. Angemessene Vorkehrungen sind Maßnahmen, die im Einzelfall geeignet und erforderlich sind, um zu gewährleisten, dass Menschen mit Behinderungen gleichberechtigt mit anderen alle Rechte genießen und ausüben können, und die die in § 1 Absatz 2 Satz 1 und 2 genannten Stellen nicht unverhältnismäßig oder unbillig belasten.

(4) In Bereichen bestehender Benachteiligungen von Menschen mit Behinderungen gegenüber Menschen ohne Behinderungen sollen die in § 1 Absatz 2 Satz 1 und 2 genannten Stellen geeignete Maßnahmen zum Abbau und zur Beseitigung dieser Benachteiligungen ergreifen. Menschen mit Behinderungen sollen bei gleicher Eignung von den in § 1 Absatz 2 Satz 1 und 2 genannten Stellen bei der Personalauswahl bevorzugt berücksichtigt werden. Bei der Anwendung von Rechtsvorschriften zur tatsächlichen Durchsetzung der Gleichberechtigung von Frauen und Männern ist den besonderen Belangen von Frauen mit Behinderungen Rechnung zu tragen.

§ 5 Gebärdensprache und andere Kommunikationshilfen

(1) Die Deutsche Gebärdensprache ist als eigenständige Sprache anerkannt.

(2) Lautsprachbegleitende Gebärden sind als Kommunikationsform der deutschen Sprache anerkannt.

(3) Menschen mit einer Hörbehinderung (gehörlose, ertaubte und schwerhörige Menschen) und Menschen mit einer Sprachbehinderung haben nach Maßgabe der einschlägigen Rechtsvorschriften das Recht, die Deutsche Gebärdensprache oder lautsprachbegleitende Gebärden zu verwenden. Soweit sie sich nicht in Deutscher Gebärdensprache oder mit lautsprachbegleitenden Gebärden verständigen, haben sie nach Maßgabe der einschlägigen Rechtsvorschriften das Recht, andere geeignete Kommunikationshilfen zu verwenden.

Abschnitt 2
Verpflichtung zur Gleichstellung und Barrierefreiheit

§ 6 Recht auf Verwendung von Gebärdensprache und anderen Kommunikationshilfen

(1) Menschen mit einer Hör- oder Sprachbehinderung haben nach Maßgabe der Rechtsverordnung nach Absatz 3 das Recht, mit den in § 1 Absatz 2 Satz 1 und 2 genannten Stellen zur Wahrnehmung eigener Rechte oder zur Wahrnehmung von Aufgaben im Rahmen der elterlichen Sorge nach § 1626 des Bürgerlichen Gesetzbuches im Verwaltungsverfahren sowie bei der Inanspruchnahme von Beratungsangeboten in Deutscher Gebärdensprache, mit lautsprachbegleitenden Gebärden oder über andere geeignete Kommunikationshilfen zu kommunizieren. Die in § 1 Absatz 2 Satz 1 und 2 genannten Stellen haben auf Verlangen der Berechtigten nach Maßgabe der Rechtsverordnung nach Absatz 3 im notwendigen Umfang die Übersetzung durch Gebärdensprachdolmetscher oder die Verständigung mit anderen geeigneten Kommunikationshilfen sicherzustellen und die notwendigen Aufwendungen zu tragen. Organisiert der Berechtigte die erforderliche Hilfe im Sinne des Satzes 2 selbst, hat er einen Anspruch auf Erstattung notwendiger Aufwendungen.

(2) Menschen mit einer Hör- oder Sprachbehinderung haben nach Maßgabe der Rechtsverordnung nach Absatz 3 das Recht, auch außerhalb eines Verwaltungsverfahrens, soweit dies zur Wahrnehmung von Aufgaben im Rahmen der elterlichen Sorge nach § 1626 des Bürgerlichen Gesetzbuches erforderlich ist,

1. in schulischen Belangen an Schulen in öffentlicher Trägerschaft und Ersatzschulen sowie staatlich anerkannten internationalen Schulen,
2. in Kindertageseinrichtungen und in der Kindertagespflege

in Deutscher Gebärdensprache, mit lautsprachbegleitenden Gebärden oder über andere geeignete Kommunikationshilfen zu kommunizieren.

(3) Die Staatsregierung bestimmt durch Rechtsverordnung

1. den Umfang des gegen den Freistaat Sachsen gerichteten Anspruchs auf Bereitstellung von Gebärdensprachdolmetschern oder anderen geeigneten Kommunikationshilfen,
2. die Art und Weise der Bereitstellung von Gebärdensprachdolmetschern oder anderen geeigneten Kommunikationshilfen,
3. die Grundsätze für eine angemessene Vergütung oder eine Erstattung von notwendigen Aufwendungen für die Dolmetscherdienste oder den Einsatz anderer geeigneter Kommunikationshilfen und
4. welche Kommunikationsformen als andere geeignete Kommunikationshilfen im Sinne des Absatzes 1 Satz 1 und des Absatzes 2 anzusehen sind.

§ 7 Gestaltung von Bescheiden und Vordrucken

Die in § 1 Absatz 2 Satz 1 und 2 genannten Stellen haben bei der Gestaltung von schriftlichen Bescheiden, Allgemeinverfügungen, öffentlich-rechtlichen Verträgen und Vordrucken eine Behinderung von Menschen zu berücksichtigen. Blinde und sehbehinderte Menschen können zur Wahrnehmung eigener Rechte im Verwaltungsverfahren insbesondere verlangen, dass ihnen Bescheide, öffentlich-rechtliche Verträge und Vordrucke ohne zusätzliche Kosten auch in einer für sie wahrnehmbaren Form zugänglich gemacht werden.

§ 8 Verständlichkeit und Leichte Sprache

(1) Die in § 1 Absatz 2 Satz 1 und 2 genannten Stellen sollen mit Menschen mit geistigen Behinderungen und Menschen mit seelischen Behinderungen in einfacher und verständlicher Sprache kommunizieren. Auf Verlangen sollen sie ihnen insbesondere Bescheide, Allgemeinverfügungen, öffentlich-rechtliche Verträge und Vordrucke in einfacher und verständlicher Weise erläutern. Ist die Erläuterung nicht ausreichend, soll dies in Leichter Sprache erfolgen.

(2) Kosten für Erläuterungen im notwendigen Umfang nach Absatz 1 Satz 2 und 3 sind von den nach Absatz 1 Satz 1 verpflichteten Stellen zu tragen. Der notwendige Umfang bestimmt sich nach dem individuellen Bedarf der Berechtigten.

(3) Die in § 1 Absatz 2 Satz 1 und 2 genannten Stellen sollen im Rahmen ihrer Öffentlichkeitsarbeit auch Informationen in Leichter Sprache bereitstellen. Die Staatsregierung wirkt darauf hin, dass die Kompetenzen der in Satz 1 genannten Stellen für das Verfassen von Texten in Leichter Sprache auf- und ausgebaut werden.

§ 9 Barrierefreie Informationstechnik

Die in § 1 Absatz 2 Satz 1 und 2 genannten Stellen gestalten ihre Internetauftritte und -angebote sowie die von ihnen zur Verfügung gestellten graphischen Programmoberflächen, die mit Mitteln der Informationstechnik dargestellt werden, technisch so, dass sie auch von Menschen mit Behinderungen grundsätzlich uneingeschränkt genutzt werden können. Weitergehende rechtliche Verpflichtungen zur barrierefreien Gestaltung von Informationstechnik bleiben unberührt.

§ 10 Förderung der Teilhabe

(1) Um Menschen mit Behinderungen eine gleichberechtigte Teilhabe zu gewährleisten und ihnen eine selbstbestimmte Lebensführung zu ermöglichen, werden insbesondere Maßnahmen der Bewusstseinsbildung für die Lage von Menschen mit Behinderungen, der Verbesserung der Barrierefreiheit, der Einbeziehung in die Gemeinschaft, der Verbesserung der Mobilität, der Teilhabe am Arbeitsleben sowie der Teilhabe am politischen, öffentlichen und kulturellen Leben von Men-

schen mit Behinderungen nach Maßgabe der Absätze 2 und 3 gefördert. Die Förderung nach Satz 1 umfasst auch

1. Maßnahmen von landesweit tätigen Organisationen von Menschen mit Behinderungen zur Stärkung der Teilhabe von Menschen mit Behinderungen an der Gestaltung öffentlicher Angelegenheiten und
2. im angemessenen Umfang Ausgaben für notwendige Assistenzleistungen für Menschen mit Behinderungen für eine regelmäßige ehrenamtliche Tätigkeit.

(2) Zur Förderung der Teilhabe nach Absatz 1 werden jährlich je schwerbehinderten Menschen 70 Euro in den Staatshaushalt eingestellt. Grundlage für die Ermittlung der Anzahl der schwerbehinderten Menschen ist die am 1. Januar des dem Inkrafttreten der Bestimmungen für das erste Haushaltsjahr des Haushaltsplanes vorausgehenden Kalenderjahres vom Statistischen Landesamt des Freistaates Sachsen als Statistischer Bericht veröffentlichte Statistik „Schwerbehinderte Menschen im Freistaat Sachsen" auf der Rechtsgrundlage von § 214 Absatz 1 des Neunten Buches Sozialgesetzbuch vom 23. Dezember 2016 (BGBl. I S. 3234), das zuletzt durch Artikel 4 des Gesetzes vom 18. April 2019 (BGBl. I S. 473) geändert worden ist, in der jeweils geltenden Fassung. Bei der Aufstellung eines Doppelhaushaltes gilt Satz 2 für beide Haushaltsjahre.

(3) Ein Rechtsanspruch auf die Gewährung von Mitteln zur Förderung der Teilhabe besteht nicht.

Abschnitt 3
Wahrung der Belange von Menschen mit Behinderungen

§ 11 Wahrnehmung von Rechten durch Verbände

(1) Werden Menschen mit Behinderungen in ihren Rechten aus § 4 Absatz 1, § 6 Absatz 1 und 2 sowie den §§ 7 bis 9 verletzt, können an ihrer Stelle und mit ihrem Einverständnis die gemäß § 15 Absatz 3 des Behindertengleichstellungsgesetzes vom 27. April 2002 (BGBl. I S. 1467, 1468), das zuletzt durch Artikel 3 des Gesetzes vom 10. Juli 2018 (BGBl. I S. 1117) geändert worden ist, in der jeweils geltenden Fassung, anerkannten Verbände sowie deren sächsische Landesverbände, die nicht selbst am Verfahren beteiligt sind, Rechtsschutz beantragen. Gleiches gilt bei Verstößen gegen Vorschriften des Landesrechts, die einen Anspruch auf Herstellung von Barrierefreiheit im Sinne des § 3 oder auf Verwendung von Gebärdensprache oder anderen Kommunikationshilfen im Sinne des § 5 Absatz 3 vorsehen. In diesen Fällen müssen alle Verfahrensvoraussetzungen wie bei einem Rechtsschutzersuchen durch den Menschen mit Behinderungen vorliegen.

(2) Ein gemäß § 15 Absatz 3 des Behindertengleichstellungsgesetzes anerkannter Verband oder dessen sächsischer Landesverband kann, ohne in seinen Rechten verletzt zu sein, nach Maßgabe der Verwaltungsgerichtsordnung in der Fassung der Bekanntmachung vom 19. März 1991 (BGBl. I S. 686), die zuletzt durch Artikel 7 des Gesetzes vom 12. Juli 2018 (BGBl. I S. 1151) geändert worden ist, in der jeweils geltenden Fassung, oder des Sozialgerichtsgesetzes in der Fassung der Bekanntmachung vom 23. September 1975 (BGBl. I S. 2535), das zuletzt durch Artikel 4 des Gesetzes vom 6. Mai 2019 (BGBl. I S. 646) geändert worden ist, in der jeweils geltenden Fassung, Klage auf Feststellung eines Verstoßes der in § 1 Absatz 2 genannten Stellen gegen das Benachteiligungsverbot des § 4 Absatz 1 und gegen die Verpflichtungen aus § 6 Absatz 1 und 2 sowie den §§ 7, 8 und 9 erheben. Satz 1 gilt nicht, wenn eine Maßnahme aufgrund einer Entscheidung in einem verwaltungs- oder sozialgerichtlichen Streitverfahren getroffen worden ist.

(3) Eine Klage nach Absatz 2 Satz 1 ist nur zulässig, wenn der Verband durch die Maßnahme oder das Unterlassen in seinem satzungsgemäßen Aufgabenbereich berührt ist. Soweit ein Mensch mit Behinderungen seine Rechte durch eine Gestaltungs- oder Leistungsklage selbst verfolgen kann oder hätte verfolgen können, kann die Klage nach Absatz 2 Satz 1 nur erhoben werden, wenn der

Verband geltend macht, dass es sich bei der Maßnahme oder dem Unterlassen um einen Fall von allgemeiner Bedeutung handelt. Dies ist insbesondere dann gegeben, wenn eine Vielzahl gleichgelagerter Fälle vorliegt. Vor Erhebung der Klage nach Absatz 2 Satz 1 soll der Verband die betroffene Stelle auffordern, zu der von ihm behaupteten Rechtsverletzung Stellung zu nehmen. Kommt die Stelle der Aufforderung nach Satz 4 nach, hat sie dem Verband die notwendigen Aufwendungen zu erstatten.

§ 12 Landesbeauftragter für Inklusion der Menschen mit Behinderungen

(1) Zur Wahrung der Belange der im Freistaat Sachsen lebenden Menschen mit Behinderungen und von Behinderung bedrohten Menschen, zur Förderung ihrer gleichberechtigten Teilhabe am Leben in der Gesellschaft und zur Begleitung der Umsetzung des Übereinkommens der Vereinten Nationen vom 13. Dezember 2006 über die Rechte von Menschen mit Behinderungen beruft der Ministerpräsident unter Beteiligung der sächsischen Landesverbände der gemäß § 15 Absatz 3 des Behindertengleichstellungsgesetzes anerkannten Verbände für die Dauer einer Legislaturperiode bei der Staatskanzlei einen Landesbeauftragten für Inklusion der Menschen mit Behinderungen. Der Landesbeauftragte bleibt bis zu einer Nachfolgeberufung im Amt. Die Wiederberufung ist zulässig. Der Landesbeauftragte ist unabhängig, nicht weisungsgebunden und ministeriumsübergreifend tätig. Er kann von seinem Amt vor Ablauf der Amtszeit nur abberufen werden, wenn dies bei entsprechender Anwendung der Vorschriften über die Amtsenthebung von Richtern auf Lebenszeit gerechtfertigt ist.

(2) Aufgabe des Landesbeauftragten ist es, darauf hinzuwirken, dass die in § 1 Absatz 1 genannten Ziele verwirklicht und die sonstigen Bestimmungen dieses Gesetzes und der aufgrund dieses Gesetzes erlassenen Rechtsverordnungen sowie andere Vorschriften zugunsten von Menschen mit Behinderungen eingehalten werden. Er informiert die Öffentlichkeit und berät zu Fragen der Inklusion von Menschen mit Behinderungen. Der Landesbeauftragte trägt auch dafür Sorge, dass die besonderen Belange von Frauen mit Behinderungen berücksichtigt und geschlechtsspezifische Benachteiligungen beseitigt werden.

(3) Der Landesbeauftragte berät die Staatsregierung in Fragen der Politik für Menschen mit Behinderungen sowie bei deren Fortentwicklung und Umsetzung. Er

1. arbeitet hierzu insbesondere mit allen Staatsministerien und dem Landesbeirat für Inklusion der Menschen mit Behinderungen zusammen,
2. bearbeitet die Anregungen von einzelnen Personen, von Selbsthilfegruppen, von Verbänden von Menschen mit Behinderungen und von kommunalen Beauftragten und Beiräten für die Belange von Menschen mit Behinderungen und
3. regt Maßnahmen zur Verbesserung der Inklusion von Menschen mit Behinderungen an.

(4) Die Staatsministerien haben den Landesbeauftragten frühzeitig bei allen Gesetzes-, Verordnungs- und sonstigen Vorhaben grundsätzlicher oder besonderer Bedeutung zu beteiligen, soweit sie Fragen der gleichberechtigten Teilhabe von Menschen mit Behinderungen am Leben in der Gesellschaft behandeln oder berühren. Die Behörden und sonstigen öffentlichen Stellen des Freistaates Sachsen sind verpflichtet, ihn bei der Erfüllung seiner Aufgaben zu unterstützen, insbesondere die erforderlichen Auskünfte zu erteilen und Akteneinsicht zu gewähren. Die Bestimmungen zum Schutz personenbezogener Daten bleiben unberührt.

(5) Der Landesbeauftragte ist hauptamtlich tätig. Die für die Erfüllung der Aufgaben angemessene Personal- und Sachausstattung für seine Geschäftsstelle stellt der Freistaat Sachsen zur Verfügung. Dies wird im Haushaltsplan jeweils in einem besonderen Kapitel dargestellt. Der Sitz des Landesbeauftragten und seiner Geschäftsstelle ist bei der Staatskanzlei.

(6) Der Landesbeauftragte unterrichtet die Staatsregierung spätestens ein Jahr vor dem voraussichtlichen Ende der Legislaturperiode über die Ergebnisse seiner Beratungstätig-

keit. Die Staatsregierung leitet den Bericht dem Landtag zu.

§ 13 Landesbeirat für Inklusion der Menschen mit Behinderungen

(1) Bei der Staatskanzlei wird ein Landesbeirat für Inklusion der Menschen mit Behinderungen errichtet. Er

1. berät und unterstützt den Landesbeauftragten in allen wesentlichen Fragen, die die Belange von Menschen mit Behinderungen berühren, und
2. unterstützt die Staatsregierung bei der Fortentwicklung und Umsetzung der Politik für Menschen mit Behinderungen. Der Landesbeirat kann gegenüber Dritten als Interessenvertretung der Menschen mit Behinderungen im Freistaat Sachsen tätig werden.

(2) Der Landesbeirat repräsentiert durch seine Mitglieder die Menschen mit Behinderungen in ihrer Gesamtheit. Dabei ist auf ein ausgewogenes Verhältnis von Frauen und Männern zu achten. Die Mitglieder des Landesbeirates werden zwei Jahre nach der Berufung des Landesbeauftragten für die Dauer von in der Regel fünf Jahren berufen. Die Mitglieder des Landesbeirates wählen aus ihrer Mitte einen Vorsitzenden und einen stellvertretenden Vorsitzenden. Die Geschäfte des Landesbeirates werden durch die Geschäftsstelle bei der Staatskanzlei geführt. Das Nähere über das Berufungsverfahren, die Zusammensetzung und die Aufgaben des Landesbeirates sowie die Aufwandsentschädigung für seine Mitglieder regelt eine Verwaltungsvorschrift.

(3) Der Landesbeirat gibt sich eine Geschäftsordnung. In der Geschäftsordnung sind insbesondere Regelungen über die Vorbereitung, Einberufung und Durchführung von Sitzungen, über die Bildung von Arbeitsgruppen und über die Beteiligung weiterer sachverständiger Personen zu treffen.

§ 14 Besuchskommissionen

(1) Das Staatsministerium für Soziales und Verbraucherschutz beruft im Benehmen mit den kommunalen Landesverbänden, dem Kommunalen Sozialverband Sachsen, der Regionaldirektion Sachsen der Bundesagentur für Arbeit sowie den Spitzenverbänden der Freien Wohlfahrtspflege unabhängige Kommissionen, die, in der Regel unangemeldet, Werkstätten für behinderte Menschen und diesen angegliederte Förder- und Betreuungsbereiche, andere Leistungsanbieter nach § 60 des Neunten Buches Sozialgesetzbuch sowie Wohnstätten für Menschen mit Behinderungen und deren Außenwohngruppen besuchen. Die Kommissionen überprüfen, ob den Menschen mit Behinderungen eine gleichberechtigte Teilhabe am Leben in der Gesellschaft und eine selbstbestimmte Lebensführung möglich sind. Die von den Kommissionen zu besuchenden Einrichtungen sind verpflichtet, die Kommissionen zu unterstützen und ihnen die gewünschten Auskünfte zu erteilen. Die Interessenvertretungen der Menschen mit Behinderungen in den Einrichtungen sind bei den Besuchen in geeigneter Form zu beteiligen. Die Bestimmungen zum Schutz personenbezogener Daten bleiben unberührt. Den Menschen mit Behinderungen und ihren gesetzlichen Vertretern ist Gelegenheit zu geben, Wünsche oder Beschwerden gegenüber den Kommissionen vorzutragen.

(2) Die Kommission legt spätestens zwei Monate nach dem Besuch einer Einrichtung deren Träger und dem Staatsministerium für Soziales und Verbraucherschutz einen Bericht vor. Personenbezogene Daten dürfen dabei nur in anonymisierter Form übermittelt werden. Das Staatsministerium für Soziales und Verbraucherschutz berichtet dem Landtag einmal in der Legislaturperiode zusammenfassend über die Ergebnisse der Arbeit der Kommissionen.

(3) Die Aufsichtspflichten und Befugnisse der zuständigen Behörden sowie das Recht der Betroffenen, andere Instanzen anzurufen, bleiben unberührt.

§ 15 Bericht zur Lage der Menschen mit Behinderungen im Freistaat Sachsen

Die Staatsregierung legt dem Landtag einmal in jeder Legislaturperiode einen Bericht zur

Lage der Menschen mit Behinderungen im Freistaat Sachsen vor. Neben der Bestandsaufnahme und Analyse soll der Bericht Vorschläge zur Verwirklichung der in § 1 Absatz 1 genannten Ziele enthalten. Der Bericht soll darüber hinaus den Stand der Umsetzung des Übereinkommens der Vereinten Nationen vom 13. Dezember 2006 über die Rechte von Menschen mit Behinderungen widerspiegeln. Der Bericht soll zudem eine begründete Empfehlung enthalten, ob der in § 10 Absatz 2 Satz 1 genannte Betrag erhöht werden soll.

§ 16 Zielvereinbarungen

(1) Soweit Rechtsvorschriften nicht entgegenstehen, können rechtsfähige Organisationen und Verbände der Behindertenselbsthilfe zur Durchführung von Maßnahmen zur Verbesserung der Lebensbedingungen von Menschen mit Behinderungen und ihrer gleichberechtigten Teilhabe am Leben in der Gesellschaft, insbesondere zur Herstellung von Barrierefreiheit, mit den in § 1 Absatz 2 Satz 1 und 2 genannten Stellen, Trägern der öffentlichen und freien Wohlfahrtspflege, Unternehmen oder Unternehmensverbänden der verschiedenen Wirtschaftsbranchen, Kirchen, Parteien sowie sonstigen Organisationen und Verbänden Zielvereinbarungen abschließen. Die Organisationen und Verbände der Behindertenselbsthilfe können die Aufnahme von Verhandlungen über Zielvereinbarungen verlangen.

(2) Die Zielvereinbarungen sind an das Zielvereinbarungsregister zu melden, das von der Geschäftsstelle des Landesbeauftragten für Inklusion der Menschen mit Behinderungen geführt wird.

§ 17 Sicherung der Teilhabe

Rechts- und Verwaltungsvorschriften des Freistaates Sachsen sind vor ihrem Erlass auf die Auswirkungen auf Menschen mit Behinderungen sowie deren Gleichstellung zu überprüfen. Insbesondere prüft die Staatsregierung vor Einbringung eines Gesetzentwurfs in den Landtag, ob dessen Bestimmungen dem Übereinkommen der Vereinten Nationen vom 13. Dezember 2006 über die Rechte von Menschen mit Behinderungen entsprechen.

Abschnitt 4
Beschäftigung von Menschen mit Behinderungen im öffentlichen Dienst des Freistaates Sachsen

§ 18 Barrierefreiheit von Dienstgebäuden, Arbeitsmitteln und Arbeitsplätzen

(1) Um die Beschäftigung von Menschen mit Behinderungen beim Freistaat Sachsen zu ermöglichen, sind Neu-, Um- und Erweiterungsbauten von Dienstgebäuden im Eigentum des Freistaates Sachsen entsprechend den allgemein anerkannten Regeln der Technik barrierefrei zu gestalten. Von Satz 1 kann im Einzelfall abgewichen werden, soweit bei einem nicht öffentlich zugänglichen Dienstgebäude oder Gebäudeteil nach Art des Gebäudes oder der dort auszuübenden Tätigkeiten nicht zu erwarten ist, dass dort künftig auch Menschen mit Behinderungen beschäftigt werden. § 50 Absatz 3 der Sächsischen Bauordnung in der Fassung der Bekanntmachung vom 11. Mai 2016 (SächsGVBl. S. 186), die zuletzt durch Artikel 2 des Gesetzes vom 11. Dezember 2018 (SächsGVBl. S. 706) geändert worden ist, in der jeweils geltenden Fassung, ist entsprechend auch auf die nicht dem allgemeinen Besucher- und Benutzerverkehr dienenden Teile des Dienstgebäudes anzuwenden.

(2) Der Freistaat Sachsen soll anlässlich der Durchführung von Um- und Erweiterungsbauten nach Absatz 1 bauliche Barrieren in den nicht von diesen Baumaßnahmen unmittelbar betroffenen Gebäudeteilen, soweit sie von Bediensteten genutzt werden oder dem Besucher- und Benutzerverkehr dienen, feststellen und unter Berücksichtigung der baulichen Gegebenheiten beseitigen, sofern dies nicht eine unangemessene wirtschaftliche Belastung darstellt. Absatz 1 Satz 2 gilt entsprechend.

(3) Der Freistaat Sachsen ist verpflichtet, die Barrierefreiheit bei Anmietungen von Dienstgebäuden zu berücksichtigen. Künftig sollen nur barrierefreie Dienstgebäude oder solche, in denen die baulichen Barrieren unter Berücksichtigung der baulichen Gegebenheiten beseitigt werden können, angemietet werden,

soweit deren Anmietung nicht eine unangemessene wirtschaftliche Belastung zur Folge hätte. Absatz 1 Satz 2 gilt entsprechend.

(4) Der Staatsbetrieb Sächsisches Immobilien- und Baumanagement hat einen Beauftragten für Barrierefreiheit zu bestellen. Aufgabe des Beauftragten für Barrierefreiheit ist es, darüber zu wachen, dass die in den Absätzen 1 bis 3 genannten Verpflichtungen erfüllt werden. Er ist Ansprechpartner zu Fragen der Barrierefreiheit der jeweiligen Dienstgebäude für die sie nutzenden Behörden oder Dienststellen sowie für deren Schwerbehinderten- und Personalvertretungen. Der Beauftragte für Barrierefreiheit muss die für die Wahrnehmung des Amtes erforderliche bautechnische Ausbildung besitzen, über Wissen und Erfahrungen im barrierefreien Bauen verfügen und soll dieses Wissen durch regelmäßige Fortbildungen erweitern.

(5) Der Staatsbetrieb Sächsisches Immobilien- und Baumanagement hat für alle im Eigentum des Freistaates Sachsen stehenden Dienstgebäude ein Verzeichnis zu führen, in dem von ihm gesammelte Informationen zur Barrierefreiheit in geeigneter Weise zentral verwaltet und staatlichen Stellen auf Nachfrage zur Verfügung gestellt werden.

(6) Der Freistaat Sachsen wird schrittweise und kontinuierlich unter Berücksichtigung der verfügbaren Mittel seine Arbeitsplätze und Arbeitsmittel einschließlich der von den Bediensteten genutzten informationstechnischen Systeme barrierefrei gestalten. Individuelle Rechtsansprüche der Bediensteten gegenüber Sozialleistungsträgern oder dem Integrationsamt auf eine behindertengerechte Arbeitsplatzausstattung sowie andere Rechtsvorschriften, die zur barrierefreien Gestaltung von Arbeitsplätzen oder Arbeitsmitteln verpflichten, bleiben unberührt.

§ 19 Bericht über die Beschäftigungssituation schwerbehinderter Menschen im öffentlichen Dienst des Freistaates Sachsen

Die Staatsregierung legt dem Landtag einmal in der Legislaturperiode einen Bericht über die Beschäftigungssituation schwerbehinderter Menschen im öffentlichen Dienst des Freistaates Sachsen vor. Neben einer Darstellung der Anzahl und des Anteils schwerbehinderter Menschen an allen Bediensteten des Freistaates Sachsen soll der Bericht auch Aussagen zur Barrierefreiheit der Dienstgebäude, der Arbeitsplätze und der Arbeitsmittel einschließlich der informationstechnischen Systeme nach § 18 enthalten.

§ 20 Arbeitsgemeinschaft der Schwerbehindertenvertretungen bei den obersten Landesbehörden im Freistaat Sachsen

(1) Die Hauptschwerbehindertenvertretungen und die örtlichen Schwerbehindertenvertretungen bei der Staatskanzlei, den Staatsministerien, der Verwaltung des Sächsischen Landtags und des Sächsischen Rechnungshofs bilden die Arbeitsgemeinschaft der Schwerbehindertenvertretungen bei den obersten Landesbehörden im Freistaat Sachsen.

(2) Vor Maßnahmen der Staatsregierung in Angelegenheiten, die einzelne oder die schwerbehinderten Menschen als Gruppe in mindestens zwei Geschäftsbereichen der obersten Dienstbehörden berühren, ist die Arbeitsgemeinschaft der Schwerbehindertenvertretungen bei den obersten Landesbehörden im Freistaat Sachsen unverzüglich und umfassend zu unterrichten und vor einer Entscheidung der Staatsregierung anzuhören. § 178 Absatz 2 Satz 1 des Neunten Buches Sozialgesetzbuch gilt mit der Maßgabe entsprechend, dass an die Stelle des Arbeitgebers die federführend zuständige oberste Dienstbehörde tritt.

(3) Die Arbeitsgemeinschaft der Schwerbehindertenvertretungen bei den obersten Landesbehörden im Freistaat Sachsen kann grundsätzliche Angelegenheiten beraten, welche für die Beschäftigung schwerbehinderter Menschen beim Freistaat Sachsen von allgemeiner Bedeutung sind und über den Geschäftsbereich einer obersten Dienstbehörde hinausgehen.

(4) Die Befugnisse und Aufgaben der Schwerbehindertenvertretungen nach dem Neunten Buch Sozialgesetzbuch bleiben unberührt.

Abschnitt 5
Übergangsregelungen

§ 21 Übergangsregelungen

(1) § 12 Absatz 1 Satz 1 gilt mit der Maßgabe, dass die erstmalige Berufung des Landesbeauftragten für Inklusion der Menschen mit Behinderungen zu Beginn der siebenten Legislaturperiode des Landtags erfolgt. Bis zu dieser Berufung bleibt der Beauftragte der Staatsregierung für die Belange von Menschen mit Behinderungen im Amt. Dessen Stellung und Aufgaben bestimmen sich weiterhin nach § 10 des Sächsischen Integrationsgesetzes in der am 19. Juli 2019 geltenden Fassung.

(2) Die Aufgaben des Landesbeirates für Inklusion der Menschen mit Behinderungen werden bis zu dessen erstmaliger Berufung nach § 13 Absatz 2 Satz 3 vom Sächsischen Landesbeirat für die Belange von Menschen mit Behinderungen wahrgenommen.

Verordnung der Sächsischen Staatsregierung über die Verwendung von Gebärdensprache und anderen Kommunikationshilfen im Verwaltungsverfahren (Sächsische Kommunikationshilfenverordnung – SächsKhilfVO)

Vom 20. Oktober 2007 (SächsGVBl. S. 499)

Aufgrund von § 6 Abs. 2 des Gesetzes zur Verbesserung der Integration von Menschen mit Behinderungen im Freistaat Sachsen (Sächsisches Integrationsgesetz – SächsIntegrG) vom 28. Mai 2004 (SächsGVBl. S. 196, 197), das durch Artikel 14 des Gesetzes vom 14. Juli 2005 (SächsGVBl. S. 167, 176) geändert worden ist, wird verordnet:

§ 1 Anwendungsbereich und Anlass

(1) Diese Verordnung gilt für alle Menschen, die nach § 6 Abs. 1 Satz 1 SächsIntegrG das Recht haben, mit Behörden und sonstigen öffentlichen Stellen des Freistaates Sachsen (Behörden) in Deutscher Gebärdensprache, mit lautsprachbegleitenden Gebärden oder über andere geeignete Kommunikationshilfen zu kommunizieren (Berechtigte), sowie für alle Behörden.

(2) Anlass für die Geltendmachung des Anspruchs nach § 6 Abs. 1 SächsIntegrG kann insbesondere sein:

1. das Stellen oder Ergänzen eines Antrages,
2. die Anregung eines von Amts wegen einzuleitenden Verwaltungsverfahrens,
3. eine Anhörung,
4. eine Verhandlung über den Abschluss eines öffentlich-rechtlichen Vertrages,
5. die Bekanntgabe eines Verwaltungsaktes oder
6. das Einlegen eines Rechtsbehelfs.

§ 2 Kommunikationshilfen

Als Kommunikationshilfen kommen in Betracht:

1. Kommunikationshelfer, insbesondere
   a) Dolmetscher für die Deutsche Gebärdensprache oder für lautsprachbegleitende Gebärden (Gebärdensprachdolmetscher),
   b) Schriftdolmetscher,
   c) Simultanschriftdolmetscher,
   d) Oraldolmetscher oder
   e) Kommunikationsassistenten;
2. Kommunikationsmethoden, insbesondere
   a) Lormen und taktil wahrnehmbare Gebärden oder
   b) gestützte Kommunikation für Menschen mit autistischer Behinderung;
3. Kommunikationsmittel, insbesondere
   a) akustisch-technische Hilfen oder
   b) grafische Symbol-Systeme.

§ 3 Umfang des Anspruchs

(1) Der Anspruch ist gerichtet auf die Bereitstellung einer Kommunikationshilfe, die unter Beachtung der individuellen Fähigkeiten des Berechtigten geeignet ist, die im konkreten Fall für die Wahrnehmung eigener Rechte erforderliche Verständigung herzustellen.

(2) Der Berechtigte hat nach Maßgabe des Absatzes 1 ein Wahlrecht hinsichtlich der zu benutzenden Kommunikationshilfe. Dies umfasst auch das Recht, eine geeignete Kommunikationshilfe selbst bereitzustellen. Dem Berechtigten obliegt es, der Behörde rechtzeitig mitzuteilen, für welche Kommunikationshilfe er sich entscheidet. Die Behörde ist berechtigt, die ausgewählte Kommunikationshilfe zurückzuweisen, wenn sie den Voraussetzungen des Absatzes 1 nicht entspricht. Die Hör- oder Sprachbehinderung sowie die Wahlentscheidung nach Satz 1 sind aktenkundig zu machen und im weiteren Verwaltungsverfahren von Amts wegen zu berücksichtigen.

(3) Erhält die Behörde im Verwaltungsverfahren Kenntnis von der Hör- oder Sprachbehinderung des Berechtigten, hat sie diesen auf sein Recht auf Bereitstellung einer Kommu-

I

nikationshilfe und auf sein Wahlrecht nach Absatz 2 hinzuweisen.

(4) Zur Abwehr von unmittelbar bevorstehenden Gefahren für bedeutsame Rechtsgüter, wie etwa Leben, Gesundheit, Freiheit oder nicht unwesentliche Vermögenswerte, kann von dem Einsatz von Kommunikationshilfen abgesehen werden.

§ 4 Bereitstellung von Kommunikationshilfen

(1) Die Kommunikationshilfen werden von der Behörde bereitgestellt, es sei denn, der Berechtigte macht von seinem Recht nach § 3 Abs. 2 Satz 2 Gebrauch.

(2) Kommt der Berechtigte seiner Obliegenheit aus § 3 Abs. 2 Satz 3 nicht rechtzeitig nach und ist die Bereitstellung der gewählten Kommunikationshilfe aus diesem Grund nicht oder nur unter unverhältnismäßigen Schwierigkeiten möglich, ist die Behörde nicht verpflichtet, diese Kommunikationshilfe bereitzustellen. Die Behörde hat sich in diesem Fall um die Bereitstellung einer anderen geeigneten Kommunikationshilfe zu bemühen, die ohne unverhältnismäßige Schwierigkeiten bereitgestellt werden kann.

§ 5 Vergütung und Erstattung von Aufwendungen

(1) Die Vergütung für Kommunikationshelfer darf den Betrag nicht übersteigen, der sich bei entsprechender Anwendung der Regelungen über die Vergütung von Dolmetschern und Übersetzern nach dem Abschnitt 3 des Gesetzes über die Vergütung von Sachverständigen, Dolmetscherinnen, Dolmetschern, Übersetzerinnen und Übersetzern sowie die Entschädigung von ehrenamtlichen Richterinnen, ehrenamtlichen Richtern, Zeuginnen, Zeugen und Dritten (Justizvergütungs- und -entschädigungsgesetz – JVEG) vom 5. Mai 2004 (BGBl. I S. 718, 776), das zuletzt durch Artikel 19 des Gesetzes vom 22. Dezember 2006 (BGBl. I S. 3416, 3428) geändert worden ist, in der jeweils geltenden Fassung, errechnen würde.

(2) Für den Einsatz anderer Kommunikationshilfen trägt die Behörde die entstandenen Aufwendungen, wobei der Verdienstausfall eines Kommunikationshelfers unberücksichtigt bleibt.

(3) Die Behörde vergütet die Leistungen denjenigen, die sie erbracht haben. Stellt der Berechtigte die Kommunikationshilfe selbst bereit, darf er nicht auf eine Erstattung verwiesen werden, es sei denn, er wünscht dies oder es liegt ein sonstiger besonderer Grund vor.

§ 6 Inkrafttreten

Diese Verordnung tritt am Tage nach ihrer Verkündung in Kraft.

Gesetz des Landes Sachsen-Anhalt zur Gleichstellung von Menschen mit Behinderungen (Behindertengleichstellungsgesetz Sachsen-Anhalt – BGG LSA)

Vom 16. Dezember 2010 (GVBl. LSA S. 584)

Zuletzt geändert durch
Gesetz zur Änderung des Behindertengleichstellungsgesetzes Sachsen-Anhalt
vom 6. Mai 2019 (GVBl. LSA S. 85)

Inhaltsübersicht

I

Der Landtag von Sachsen-Anhalt hat das folgende Gesetz beschlossen, das hiermit nach Gegenzeichnung ausgefertigt wird und zu verkünden ist:

Abschnitt 1 Allgemeine Bestimmungen

§ 1 Ziel des Gesetzes

(1) Ziel dieses Gesetzes ist es, in Umsetzung des Übereinkommens der Vereinten Nationen vom 13. Dezember 2006 über die Rechte von Menschen mit Behinderungen Benachteiligungen von Menschen mit Behinderungen im Land Sachsen-Anhalt zu verhindern und zu beseitigen, gleichwertige Lebensbedingungen und Chancengleichheit sowie die gleichberechtigte Teilhabe am Leben in der Gesellschaft zu gewährleisten und eine selbstbestimmte Lebensführung zu ermöglichen.

(2) Dieses Gesetz zielt darauf ab, dass Menschen mit Behinderungen ihre Persönlichkeit entfalten und an Erziehung und Bildung sowie am Erwerbs- und Arbeitsleben teilhaben können.

(3) Geschlechtsspezifische Diskriminierungen von Menschen mit Behinderungen sind abzubauen und zu verhindern.

(4) Die Träger der öffentlichen Verwaltung fördern im Rahmen ihrer Aufgaben aktiv die Verwirklichung der Ziele dieses Gesetzes und ergreifen insbesondere Maßnahmen zur Herstellung der Barrierefreiheit. Die Träger der öffentlichen Verwaltung, denen kommunikationspolitische Aufgaben übertragen sind, wirken darauf hin, dass sowohl die öffentlich-rechtlichen als auch die privaten Medien im Rahmen der technischen, finanziellen, wirtschaftlichen und verwaltungsorganisatorischen Möglichkeiten die Ziele dieses Gesetzes aktiv fördern und bei der Planung von Maßnahmen beachten.

§ 2 Menschen mit Behinderungen

Menschen mit Behinderungen im Sinne dieses Gesetzes sind Menschen mit nicht nur vorübergehenden körperlichen, seelischen, geistigen oder Sinnesbeeinträchtigungen, die sie in Wechselwirkung mit verschiedenen Barrieren an der vollen, wirksamen und gleichberechtigten Teilhabe am Leben in der Gesellschaft hindern können. Als nicht nur vorübergehend gilt ein Zeitraum von mehr als sechs Monaten.

§ 3 Frauen mit Behinderungen; Benachteiligung wegen mehrerer Gründe

(1) Zur Durchsetzung der Gleichberechtigung von Frauen und Männern und zur Vermeidung von Benachteiligungen von Frauen mit Behinderungen wegen mehrerer Gründe sind die besonderen Belange von Frauen mit Behinderungen zu berücksichtigen und bestehende Benachteiligungen zu beseitigen. Dabei sind besondere Maßnahmen zur Förderung der tatsächlichen Durchsetzung der Gleichberechtigung von Frauen mit Behinderungen und zur Beseitigung bestehender Benachteiligungen zulässig.

(2) Unabhängig von Absatz 1 sind die besonderen Belange von Menschen mit Behinderungen, die von Benachteiligungen wegen einer Behinderung und wenigstens eines weiteren in § l des Allgemeinen Gleichbehandlungsgesetzes genannten Grundes betroffen sein können, zu berücksichtigen.

§ 4 Benachteiligung

Eine Benachteiligung liegt vor, wenn Menschen mit und ohne Behinderungen ohne zwingenden Grund unterschiedlich behandelt werden und dadurch Menschen mit Behinderungen in der gleichberechtigten Teilhabe am Leben in der Gesellschaft unmittelbar oder mittelbar beeinträchtigt werden. Sie umfasst alle Formen, einschließlich der Versagung angemessener Vorkehrungen. Angemessene Vorkehrungen sind notwendige und geeignete Änderungen und Anpassungen, die keine unverhältnismäßige oder unbillige Belastung darstellen und die, wenn sie in einem bestimmten Fall erforderlich sind, vorgenommen werden, um zu gewährleisten, dass Menschen mit Behinderungen gleichberechtigt mit Menschen ohne Behinderungen am Leben in der Gesellschaft teilhaben und von ihren Grundfreiheiten Gebrauch machen können.

§ 5 Barrierefreiheit

Barrierefrei sind bauliche und andere Anlagen, Verkehrsmittel, technische Gebrauchsgegenstände, Systeme der Informationsverarbeitung, akustische und visuelle Informationsquellen und Kommunikationseinrichtungen sowie andere gestaltete Lebensbereiche, wenn sie für Menschen mit Behinderungen in der allgemein üblichen Weise, ohne besondere Erschwernis und grundsätzlich ohne fremde Hilfe zugänglich und nutzbar sind. Hierbei ist die Nutzung behinderungsbedingt notwendiger Hilfsmittel zulässig.

§ 6 Kommunikation

Der Begriff der Kommunikation umfasst Sprache, Textdarstellung, Brailleschrift, taktile Kommunikation, allgemein zugängliches Multimedia sowie schriftliche, auditive, in einfache Sprache übersetzte, durch Vorlesende zugänglich gemachte sowie ergänzende und alternative Formen, Mittel und Formate der Kommunikation, einschließlich allgemein zugänglicher Informations- und Kommunikationstechnologie. Der Begriff der Sprache umfasst gesprochene Sprachen sowie Gebärdensprachen und andere nicht gesprochene Sprachen.

§ 7 Geltungsbereich

(1) Träger der öffentlichen Verwaltung sind Dienststellen und sonstige Einrichtungen des Landes Sachsen-Anhalt, der Gemeinden und der Gemeindeverbände in Sachsen-Anhalt sowie die sonstigen Körperschaften, Anstalten und Stiftungen des öffentlichen Rechts, die der Aufsicht des Landes, der Gemeinden oder der Gemeindeverbände unterstehen. Sie haben die Bestimmungen dieses Gesetzes zu beachten und aktiv auf die Verwirklichung seiner Ziele hinzuwirken.

(2) Soweit die Träger der öffentlichen Verwaltung Beteiligungen an juristischen Personen des privaten Rechts halten oder erwerben oder Verwaltungsaufgaben auf Personen des privaten Rechts übertragen, haben sie darauf hinzuwirken, dass die Grundzüge dieses Gesetzes auch von diesen beachtet werden.

(3) Empfängerinnen oder Empfänger öffentlicher Zuwendungen und sonstiger öffentlicher Leistungen sind nach Maßgabe der jeweils geltenden haushalts- und förderrechtlichen Bestimmungen zu verpflichten, sich für die Förderung der in § 1 festgehaltenen Ziele einzusetzen.

Abschnitt 2
Gleichstellung

§ 8 Benachteiligungsverbot

(1) Menschen mit Behinderungen haben einen Anspruch auf eine ungehinderte Entfaltung ihrer Persönlichkeit im Sinne des Grundgesetzes der Bundesrepublik Deutschland und der Verfassung des Landes Sachsen-Anhalt, eine gleichberechtigte Teilhabe am Leben in der Gesellschaft und eine selbstbestimmte Lebensführung. Sie dürfen nicht benachteiligt werden.

(2) Menschen mit Behinderungen haben Anspruch auf die Verhinderung und die Beseitigung von benachteiligenden Maßnahmen und Regelungen.

(3) Besteht Streit über das Vorliegen einer Benachteiligung von Menschen mit Behinderungen und werden Tatsachen dargelegt, die eine Benachteiligung wegen der Behinderung vermuten lassen, so trägt die Gegenseite die Beweislast dafür, dass keine Benachteiligung vorliegt.

§ 9 Sicherung der Teilhabe

(1) Rechts- und Verwaltungsvorschriften des Landes sind vor ihrem Erlass auf die Auswirkungen auf Menschen mit Behinderungen sowie deren Gleichstellung zu überprüfen.

(2) Die Landesregierung entwickelt Fachprogramme mit dem Ziel der gleichberechtigten Teilhabe von Menschen mit Behinderungen am Leben in der Gesellschaft und setzt diese um. Angebote der Teilhabe sind dabei insbesondere am individuellen Bedarf, am Wunsch- und Wahlrecht und am Grundsatz der Vorrangigkeit ambulanter Leistungen auszurichten.

§ 10 Gemeinsame Erziehung und Bildung in öffentlichen Einrichtungen

Einrichtungen zur Erziehung und Bildung fördern die selbstbestimmte und gleichberechtigte Teilhabe von Menschen mit und ohne

Behinderungen am Leben in der Gesellschaft und bieten ihnen gemeinsame Lern- und Lebensfelder. Hierzu gehört auch der Einsatz der in § 6 genannten Mittel der Kommunikation. Die individuell notwendige Förderung ist dabei zu gewährleisten.

§ 11 Leitlinien für Hilfen, Dienste und Einrichtungen

(1) Hilfen, Dienste und Einrichtungen für Menschen mit Behinderungen orientieren sich am Bedarf der Betroffenen. Dabei ist zu gewährleisten, dass sie die Selbständigkeit von Menschen mit Behinderungen in ihrer Lebensführung unterstützen, von ihnen selbst organisierte Hilfeformen ermöglichen und die Zielsetzung der Inklusion von Menschen mit Behinderungen am Leben in der Gesellschaft fördern. Das gesetzlich vorgesehene Wunsch- und Wahlrecht ist zu beachten.

(2) Hilfen, Dienste und Einrichtungen für Menschen mit Behinderungen, auf die ein rechtlicher Anspruch besteht, sind bürgernah vorzuhalten. Qualitätsgerechte Maßnahmen und Leistungen sind sicherzustellen.

(3) Bei der Ausgestaltung familienergänzender und schulbegleitender Angebote der Jugendhilfe sowie spezieller Angebote der Jugendförderung ist solchen Formen der Vorrang einzuräumen, die für Menschen mit und ohne Behinderungen gleichermaßen geeignet sind.

(4) Maßnahmen der Prävention, Habilitation und Rehabilitation haben Vorrang vor sonstigen Hilfen.

(5) Die berufliche Integration und Beschäftigung von Menschen mit Behinderungen auf dem allgemeinen Arbeitsmarkt hat Vorrang vor sonstigen Arbeits- und Beschäftigungsangeboten.

(6) Angebote des selbständigen Wohnens sowie der ambulanten Tagesförderung haben Vorrang vor stationären Betreuungsformen.

(7) Aufklärung über und Abbau von Benachteiligungen gehören zu den wichtigen pädagogischen Inhalten in der Förderung und Betreuung von jungen Menschen.

(8) Die Träger der öffentlichen Verwaltung unterrichten und beraten Menschen mit Behinderungen sowie deren Angehörige oder sonstige ihnen Hilfe leistende Personen im Rahmen ihrer Zuständigkeit über die für sie in Betracht kommenden Hilfen, Dienste und Einrichtungen. Das Recht auf die Wahl einer unabhängigen Beratung bleibt unberührt.

Abschnitt 3
Barrierefreiheit

§ 12 Herstellung von Barrierefreiheit bei der Teilhabe am politischen und öffentlichen Leben

(1) Die Träger der öffentlichen Verwaltung stellen sicher, dass die Verfahren, Einrichtungen und Materialien für die Wahlen zu den Volksvertretungen auch für Menschen mit Behinderungen geeignet, zugänglich und leicht zu verstehen und zu handhaben sind.

(2) Die Träger der öffentlichen Verwaltung schützen das Recht von Menschen mit Behinderungen, ein Amt wirksam innezuhaben und alle öffentlichen Aufgaben wahrzunehmen, indem sie bei Bedarf die Nutzung unterstützender Technologien erleichtern sowie die erforderliche Assistenz sicherstellen.

§ 13 Herstellung von Barrierefreiheit in den Bereichen Bau und Verkehr

(1) Bauliche Anlagen, öffentliche Wege, Plätze und Straßen sowie öffentlich zugängliche Verkehrsanlagen und Beförderungsmittel im öffentlichen Personennahverkehr sind nach Maßgabe der geltenden Rechtsvorschriften barrierefrei zu gestalten.

(2) Neubauten, Um- und Erweiterungsbauten der Träger der öffentlichen Verwaltung sollen entsprechend den allgemein anerkannten Regeln der Technik barrierefrei gestaltet werden.

§ 14 Recht auf Verwendung von Gebärdensprache und anderen Kommunikationshilfen

(1) Die Deutsche Gebärdensprache ist als eigenständige Sprache anerkannt.

(2) Lautsprachbegleitende Gebärden sind als Kommunikationsform der deutschen Sprache anerkannt.

(3) Menschen mit Hörbehinderungen und Menschen mit Sprachbehinderungen haben nach Maßgabe der einschlägigen Gesetze das Recht, die Deutsche Gebärdensprache oder lautsprachbegleitende Gebärden zu verwenden. Soweit sie sich nicht in der Deutschen Gebärdensprache oder mit lautsprachbegleitenden Gebärden verständigen können, haben sie nach Maßgabe der einschlägigen Gesetze das Recht, andere geeignete Kommunikationshilfen zu verwenden.

(4) Soweit es zur Wahrnehmung eigener Rechte im Verwaltungsverfahren erforderlich ist, haben die Träger der öffentlichen Verwaltung die Übersetzung durch Gebärdensprachdolmetscherinnen und -dolmetscher oder die Verständigung mit anderen geeigneten Kommunikationshilfen sicherzustellen und die notwendigen Aufwendungen zu tragen. Satz 1 gilt auch für die mündliche Kommunikation außerhalb eines Verwaltungsverfahrens, soweit dies zur Wahrnehmung von Aufgaben im Rahmen der elterlichen Sorge nach § 1626 des Bürgerlichen Gesetzbuches

1. in schulischen Angelegenheiten an öffentlichen Schulen und an Ersatzschulen,
2. in Kindertageseinrichtungen und in der Kindertagespflege

erforderlich ist.

(5) Die Landesregierung wird ermächtigt, durch Verordnung

1. Anlass und Umfang des Anspruchs auf Bereitstellung von Gebärdensprachdolmetscherinnen und -dolmetschern oder anderen geeigneten Kommunikationshilfen festzulegen,
2. Art und Weise der Bereitstellung von Gebärdensprachdolmetscherinnen und -dolmetschern oder anderen geeigneten Hilfen für die Kommunikation zwischen hör- und sprachbehinderten Menschen und den Trägern der öffentlichen Verwaltung zu regeln,
3. die Grundsätze für eine angemessene Vergütung oder eine Erstattung von notwendigen Aufwendungen für Dolmetscherdienste oder den Einsatz anderer geeigneter Kommunikationshilfen zu regeln und
4. zu regeln, welche Kommunikationsformen als andere geeignete Kommunikationshilfen im Sinne des Absatzes 3 anzusehen sind.

§ 15 Gestaltung von Dokumenten, Verständlichkeit und Leichte Sprache

(1) Die Träger der öffentlichen Verwaltung haben bei der Gestaltung von schriftlichen Bescheiden, Allgemeinverfügungen, öffentlich-rechtlichen Verträgen und Vordrucken die besonderen Belange von Menschen mit Behinderungen in angemessenem Maße zu berücksichtigen.

(2) Blinde und sehbehinderte Menschen haben das Recht, dass ihnen Bescheide, öffentlich-rechtliche Verträge und Vordrucke ohne zusätzliche Kosten auch in einer für sie wahrnehmbaren Form zugänglich gemacht werden, soweit dies zur Wahrnehmung eigener Rechte im Verwaltungsverfahren erforderlich ist. Vorschriften über die Form, die Bekanntgabe und die Zustellung von Verwaltungsakten bleiben unberührt.

(3) Die Träger der öffentlichen Verwaltung sollen mit Menschen mit geistigen und Menschen mit seelischen Behinderungen in verständlicher Sprache und geeignetem Rahmen kommunizieren. Auf Verlangen sollen sie ihnen insbesondere Bescheide, Allgemeinverfügungen, öffentlich-rechtliche Verträge und Vordrucke in verständlicher Weise ohne zusätzliche Kosten erläutern.

(4) Die Landesregierung wird ermächtigt, durch Verordnung zu bestimmen, bei welchen Anlässen und in welcher Art und Weise die in Absatz l genannten Dokumente den in den Absätzen 2 und 3 genannten Personen zugänglich gemacht werden.

(5) Die Träger der öffentlichen Verwaltung sollen Informationen vermehrt in Leichter Sprache bereitstellen.

§ 16 Besondere Regelungen für Websites und mobile Anwendungen öffentlicher Stellen

(1) Öffentliche Stellen im Sinne der §§ 16a bis 16e sind

1. die Träger der öffentlichen Verwaltung im Sinne des § 7 Abs. 1,
2. sonstige Einrichtungen des öffentlichen Rechts, die als juristische Personen des öffentlichen oder des privaten Rechts zu dem besonderen Zweck gegründet worden sind, im Allgemeininteresse liegende Aufgaben nicht gewerblicher Art zu erfüllen, wenn ein Träger der öffentlichen Verwaltung im Sinne des § 7 Abs. l
   a) sie überwiegend finanziert oder
   b) deren Leitung oder Aufsicht ausübt oder
   c) die Mehrzahl der Mitglieder eines Verwaltungs-, Leitungs- oder Aufsichtsorgans ernennt, und
3. Vereinigungen, an denen mindestens eine öffentliche Stelle im Sinne der Nummer 1 oder 2 beteiligt ist, wenn ein Träger der öffentlichen Verwaltung im Sinne des § 7 Abs. l
   a) die Vereinigung überwiegend finanziert oder
   b) die Mehrheit der Anteile an der Vereinigung hat oder
   c) die Mehrheit der Stimmen an der Vereinigung hat.

Eine überwiegende Finanzierung liegt vor, wenn mehr als 50 v. H. der Gesamtheit der Mittel aufgebracht werden.

(2) Die Pflichten aus den §§ 16a, 16b und 16d gelten nicht für Websites und mobile Anwendungen

1. jener öffentlichen Stellen nach Absatz 1 Satz 1 Nrn. 2 und 3, für die nach Artikel 1 Abs. 3 der Richtlinie (EU) 2016/2102 des Europäischen Parlaments und des Rates vom 26. Oktober 2016 über den barrierefreien Zugang zu den Websites und mobilen Anwendungen öffentlicher Stellen (ABl. L 327 vom 2. 12. 2016, S. 1) die Richtlinie nicht gilt, und
2. von Schulen und Tageseinrichtungen für Kinder. mit Ausnahme der Inhalte, die sich auf wesentliche Online-Verwaltungsfunktionen beziehen.

(3) Die §§ 16a bis 16e gelten nicht für Inhalte von Websites und mobilen Anwendungen, für die nach Artikel 1 Abs. 4 der Richtlinie (EU) 2016/2102 die Richtlinie nicht gilt.

§ 16a Barrierefreie Informationstechnik öffentlicher Stellen

(1) Die öffentlichen Stellen gestalten ihre Websites und mobilen Anwendungen, einschließlich der für die Beschäftigten bestimmten Angebote im Intranet, wahrnehmbar, bedienbar, verständlich und robust, um sie barrierefrei zugänglich zu machen. Sie gestalten die von ihnen zur Verfügung gestellten grafischen Programmoberflächen, die mit Mitteln der Informationstechnik dargestellt werden, schrittweise barrierefrei.

(2) Die barrierefreie Gestaltung erfolgt nach Maßgabe der aufgrund des § 16e zu erlassenen Verordnung. Soweit diese Verordnung keine Vorgaben enthält, erfolgt die barrierefreie Gestaltung nach den anerkannten Regeln der Technik.

(3) Insbesondere bei Neuanschaffungen, Erweiterungen und Überarbeitungen ist die barrierefreie Gestaltung bereits bei der Planung, Entwicklung, Ausschreibung und Beschaffung zu berücksichtigen.

(4) Von der barrierefreien Gestaltung können öffentliche Stellen im Einzelfall absehen oder diese schrittweise herstellen, soweit sie durch eine barrierefreie Gestaltung unverhältnismäßig nach den Kriterien des Artikels 5 der Richtlinie (EU) 2016/2102 belastet würden.

(5) Die Landesregierung wirkt darauf hin, dass andere Anbietende von Internetseiten sowie von grafischen Programmoberflächen, die mit Mitteln der Informationstechnik dargestellt werden, durch Zielvereinbarungen ihre Produkte so gestalten, dass sie barrierefrei genutzt werden können.

§ 16b Erklärung zur Barrierefreiheit

(1) Die öffentlichen Stellen veröffentlichen eine detaillierte, umfassende und klare Erklärung zur Barrierefreiheit ihrer Websites oder mobilen Anwendungen und aktualisieren diese bei Bedarf.

(2) Die Erklärung zur Barrierefreiheit enthält:

1. für den Fall, dass ausnahmsweise keine vollständige barrierefreie Gestaltung erfolgt ist,
   a) die Benennung der Teile des Inhalts, die nicht vollständig barrierefrei gestaltet sind,
   b) die Gründe für die nicht barrierefreie Gestaltung sowie
   c) gegebenenfalls einen Hinweis auf barrierefrei gestaltete Alternativen;
2. eine Beschreibung und eine Verlinkung eines unmittelbar zugänglich und barrierefrei gestalteten elektronischen Kontaktformulars, mit dem bestehende Barrieren mitgeteilt und die von der barrierefreien Gestaltung ausgenommenen Informationen angefordert werden können;
3. einen Hinweis auf das Durchsetzungsverfahren nach § 16d, der
   a) die Möglichkeit, ein Durchsetzungsverfahren durchzuführen, erläutert und
   b) eine Verlinkung zur Ombudsstelle enthält.

(3) Zu veröffentlichen ist die Erklärung zur Barrierefreiheit

1. auf Websites öffentlicher Stellen. die nicht vor dem 23. September 2018 veröffentlicht wurden, ab dem 23. September 2019,
2. auf Websites öffentlicher Stellen, die nicht unter Nummer 1 fallen, ab dem 23. September 2020,
3. auf mobilen Anwendungen öffentlicher Stellen ab dem 23. Juni 2021.

(4) Die öffentlichen Stellen antworten auf Mitteilungen oder Anfragen nach Absatz 2 Nr. 2 innerhalb eines Monats in angemessener Weise.

§ 16c Überwachungsstelle und Berichterstattung

Bei der Landesfachstelle für Barrierefreiheit nach § 17a wird eine Überwachungsstelle des Landes für die Barrierefreiheit von Informationstechnik eingerichtet. Ihre Aufgaben sind

1. nach Maßgabe der Festlegungen der Durchführungsrechtsakte der Kommission gemäß Artikel 8 Abs. 2 der Richtlinie (EU) 2016/2102 periodisch zu überwachen, ob und inwieweit Websites und mobile Anwendungen öffentlicher Stellen den Anforderungen an die Barrierefreiheit genügen,
2. die öffentlichen Stellen anlässlich der Prüfergebnisse zu beraten,
3. die nach § 12c Abs. 2 des Behindertengleichstellungsgesetzes vom 27. April 2002 (BGBl. I S. 1467, 1468), zuletzt geändert durch Artikel 3 des Gesetzes vom 10. Juli 2018 (BGBl. I S. 1117, 1118), zu erstattenden Berichte vorzubereiten und
4. als sachverständige Stelle die Ombudsstelle nach § 16d zu unterstützen.

§ 16d Ombudsstelle

(1) Bei der Landesfachstelle für Barrierefreiheit nach § 17a wird eine Ombudsstelle eingerichtet, die für das Durchsetzungsverfahren im Sinne des Artikels 9 der Richtlinie (EU) 2016/2102 zuständig ist.

Die öffentlichen Stellen sind verpflichtet, die Ombudsstelle bei der Erfüllung ihrer Aufgaben zu unterstützen.

Die Ombudsstelle kann die nach § 16c eingerichtete Überwachungsstelle über die Beratungspflichten hinaus beteiligen. Sie kann im Einzelfall die Überprüfung einer Website oder mobilen Anwendung einer öffentlichen Stelle verlangen.

Die Ombudsstelle erstattet dem für Politik für Menschen mit Behinderungen zuständigen Ministerium alle drei Jahre, erstmalig zum 30. April 2021, Bericht über die Nutzung des Durchsetzungsverfahrens.

§ 16e Verordnungsermächtigung

Die Landesregierung wird ermächtigt, durch Verordnung

1. diejenigen Websites und mobilen Anwendungen sowie Inhalte von Websites und mobilen Anwendungen, auf die sich der Geltungsbereich der Verordnung bezieht,
2. die technischen Standards. die öffentliche Stellen des Landes bei der barrierefreien Gestaltung anzuwenden haben, und den Zeitpunkt, ab dem diese Standards verbindlich anzuwenden sind,

3. die Bereiche und Arten amtlicher Informationen. die barrierefrei zu gestalten sind,
4. die konkreten Anforderungen der Erklärung zur Barrierefreiheit.
5. die konkreten Anforderungen der Berichterstattung über den Stand der Barrierefreiheit und
6. die Einzelheiten des Überwachungs- und Durchsetzungsverfahrens gemäß der Richtlinie (EU) 2016/2102

zu bestimmen.

§ 16f Kostenerstattung

Soweit das Gesetz zur Änderung des Behindertengleichstellungsgesetzes Sachsen-Anhalt zu zusätzlichen Kosten führt, erstattet das Land im folgenden Jahr den Kommunen die nachgewiesenen und erforderlichen Aufwendungen auf Antrag.

§ 17 Zielvereinbarungen

(1) Zur Herstellung von Barrierefreiheit sollen Zielvereinbarungen zwischen Landesverbänden von Menschen mit Behinderungen und den Trägern der öffentlichen Verwaltung sowie Unternehmen und Unternehmensverbänden für ihren jeweiligen sachlichen und räumlichen Organisations- oder Tätigkeitsbereich geschlossen werden. Soweit Landesverbände nicht vorhanden sind, können auch örtliche Verbände Zielvereinbarungen für ihren jeweiligen sachlichen und räumlichen Organisations- oder Tätigkeitsbereich treffen. Die nach diesem Gesetz anerkannten Verbände können die Aufnahme von Verhandlungen über Zielvereinbarungen verlangen.

(2) Zielvereinbarungen zur Herstellung von Barrierefreiheit enthalten insbesondere

1. die Bestimmung der Vereinbarungsparteien und sonstige Regelungen zum Geltungsbereich und zur Geltungsdauer,
2. die Festlegung von Mindestbedingungen darüber, wie gestaltete Lebensbereiche künftig zu verändern sind, um dem Anspruch der Menschen mit Behinderungen auf Zugang und Nutzung zu genügen,
3. den Zeitpunkt oder einen Zeitplan zur Erfüllung der festgelegten Mindestbedingungen.

Die Vereinbarungen können ferner eine Vertragsstrafe für den Fall der Nichterfüllung oder des Verzugs enthalten.

(3) Der Abschluss, die Änderung und die Aufhebung von Zielvereinbarungen sind an das für Behindertenpolitik zuständige Ministerium zu melden.

§ 17a Landesfachstelle für Barrierefreiheit

(1) Bei der Unfallkasse Sachsen-Anhalt wird eine Landesfachstelle für Barrierefreiheit eingerichtet.

(2) Die Landesfachstelle für Barrierefreiheit ist zentrale Anlaufstelle zu Fragen der Barrierefreiheit für die öffentlichen Stellen im Sinne von § 16. Sie berät darüber hinaus auch Wirtschaft und Verbände auf Anfrage und im Rahmen der verfügbaren Mittel. Ihre vorrangigen Aufgaben sind:

1. Erstberatung,
2. Erarbeitung von Konzepten zur Barrierefreiheit für alle Bereiche von Behinderungen nach den §§ 2 und 5 auf der Grundlage der Erfassung des Ist-Zustandes.
3. Bereitstellung, Bündelung und Weiterentwicklung von unterstützenden Informationen zur Herstellung von Barrierefreiheit,
4. Unterstützung der Beteiligten bei Zielvereinbarungen nach § 17,
5. Aufbau eines Netzwerks,
6. Begleitung von Forschungsvorhaben zur Verbesserung der Datenlage und zur Herstellung von Barrierefreiheit und
7. Bewusstseinsbildung durch Öffentlichkeitsarbeit.

(3) Ein Expertenbeirat, dem mehrheitlich Vertreterinnen und Vertreter der Verbände von Menschen mit Behinderungen angehören, berät die Landesfachstelle für Barrierefreiheit. Die Mitglieder werden vom Behindertenbeirat des Landes Sachsen-Anhalt vorgeschlagen und von dem für Politik für Menschen mit Behinderungen zuständigen Ministerium berufen.

(4) Das für Politik für Menschen mit Behinderungen zuständige Ministerium führt die Fachaufsicht über die Landesfachstelle für Barrierefreiheit.

(5) Der Unfallkasse Sachsen-Anhalt sind alle durch die Aufgabenwahrnehmung entstehenden Kosten zu erstatten.

(6) Das Nähere zur Kostenerstattung regelt eine Verwaltungsvereinbarung zwischen der Unfallkasse Sachsen-Anhalt und dem für Politik für Menschen mit Behinderungen zuständigen Ministerium.

Abschnitt 4 Rechtsbehelfe

§ 18 Vertretungsbefugnis in verwaltungsrechtlichen und sozialrechtlichen Verfahren

Werden Menschen mit Behinderungen in ihren Rechten nach diesem Gesetz verletzt, können an ihrer Stelle und mit ihrem Einverständnis die nach diesem Gesetz anerkannten Verbände, die nicht selbst am Verfahren beteiligt sind, Rechtsschutz beantragen. In diesem Fall müssen alle Verfahrensvoraussetzungen wie bei Rechtsschutzersuchen durch Menschen mit Behinderungen selbst vorliegen.

§ 19 Klagerecht anerkannter Verbände

(1) Ein anerkannter Verband kann, ohne in seinen Rechten verletzt zu sein, Klage nach Maßgabe der Verwaltungsgerichtsordnung oder des Sozialgerichtsgesetzes auf Feststellung eines Verstoßes durch einen Träger der öffentlichen Verwaltung gegen das Benachteiligungsverbot und die Verpflichtung zur Herstellung der Barrierefreiheit nach diesem Gesetz und anderen landesrechtlichen Bestimmungen, insbesondere nach den Vorschriften zur Herstellung der Barrierefreiheit in der Bauordnung des Landes Sachsen-Anhalt sowie im Gesetz über den öffentlichen Personennahverkehr im Land Sachsen-Anhalt, erheben. Wird eine Maßnahme aufgrund einer Entscheidung in einem Verfahren vor einem Verwaltungs- oder Sozialgericht getroffen, besteht keine Klagebefugnis.

(2) Eine Klage ist nur zulässig, wenn der Verband durch die Maßnahme in seinem satzungsgemäßen Aufgabenbereich berührt wird. Soweit ein Mensch mit Behinderungen selbst seine Rechte durch eine Gestaltungs- oder Leistungsklage verfolgen kann oder hätte verfolgen können, kann eine Klage nur erhoben werden, wenn der Verband geltend macht, dass es sich bei der Maßnahme um einen Fall von allgemeiner Bedeutung handelt.

(3) Vor Erhebung einer Klage ist ein Vorverfahren nach den §§ 68 bis 80b der Verwaltungsgerichtsordnung oder nach den §§ 78 bis 86b des Sozialgerichtsgesetzes durchzuführen.

(4) Die Anerkennung eines Verbandes kann das für Behindertenpolitik zuständige Ministerium auf Antrag nach Anhörung der oder des Landesbehindertenbeauftragten und des Behindertenbeirates des Landes Sachsen-Anhalt erteilen, wenn der Verband

1. nach seiner Satzung die Belange der Menschen mit Behinderungen fördert,
2. nach der Zusammensetzung seiner Mitglieder oder Mitgliedsverbände dazu berufen ist, Interessen von Menschen mit Behinderungen auf Landesebene zu vertreten,
3. unter Berücksichtigung der Art und des Umfangs seiner bisherigen Tätigkeit, des Mitgliederkreises sowie seiner Leistungsfähigkeit die Gewähr für eine sachgerechte Aufgabenerfüllung bietet und
4. aufgrund gemeinnütziger Zwecke von der Körperschaftsteuer befreit ist.

Das für Behindertenpolitik zuständige Ministerium kann die Erteilung der Anerkennung auf eine andere Behörde seines Geschäftsbereichs übertragen. Rücknahme und Widerruf der Anerkennung richten sich nach den entsprechenden verwaltungsverfahrensrechtlichen Bestimmungen. Eine nach vergleichbaren bundesgesetzlichen Bestimmungen durch eine Bundesbehörde erfolgte Anerkennung steht einer Anerkennung im Sinne des Satzes 1 gleich.

Abschnitt 5 Interessenvertretung der Menschen mit Behinderungen

§ 20 Landesbehindertenbeauftragte oder Landesbehindertenbeauftragter

(1) Die Landesregierung beruft auf Vorschlag des für Behindertenpolitik zuständigen Ministeriums und im Benehmen mit dem Behinder-

tenbeirat des Landes Sachsen-Anhalt eine hauptamtliche Landesbehindertenbeauftragte oder einen hauptamtlichen Landesbehindertenbeauftragten für die Dauer von fünf Jahren für die Belange der Menschen mit Behinderungen. Erneute Berufungen sind zulässig.

(2) Die oder der Landesbehindertenbeauftragte trägt die Bezeichnung „Die Beauftragte der Landesregierung von Sachsen-Anhalt für die Belange der Menschen mit Behinderungen – Landesbehindertenbeauftragte" oder „Der Beauftragte der Landesregierung von Sachsen-Anhalt für die Belange der Menschen mit Behinderungen – Landesbehindertenbeauftragter".

(3) Die Landesregierung stellt der oder dem Landesbehindertenbeauftragten die für die Aufgabenerfüllung notwendige Personal- und Sachausstattung zur Verfügung.

(4) Die oder der Landesbehindertenbeauftragte ist dem für Behindertenpolitik zuständigen Mitglied der Landesregierung dienst- oder arbeitsrechtlich direkt unterstellt, jedoch in ihrer oder seiner Tätigkeit unabhängig, weisungsungebunden und geschäftsbereichsübergreifend.

§21 Aufgaben und Befugnisse

(1) Die oder der Landesbehindertenbeauftragte fördert die Verwirklichung der Ziele dieses Gesetzes. Insbesondere

1. berät sie oder er die Landesregierung bei der Fortentwicklung und Umsetzung der Behindertenpolitik,
2. regt sie oder er Maßnahmen an, die darauf gerichtet sind, Benachteiligungen von Menschen mit Behinderungen abzubauen oder ihrem Entstehen entgegenzuwirken,
3. tritt sie oder er dafür ein, dass dem Benachteiligungsverbot gemäß Artikel 3 Abs. 3 des Grundgesetzes und Artikel 7 der Verfassung des Landes Sachsen-Anhalt sowie den bundes- und landesrechtlichen Bestimmungen zugunsten von Menschen mit Behinderungen, insbesondere den Vorschriften dieses Gesetzes, im Sinne des Artikels 38 der Verfassung des Landes Sachsen-Anhalt Rechnung getragen wird,
4. legt sie oder er dem Landtag einmal in der Legislaturperiode einen Bericht zur Umsetzung dieses Gesetzes vor.

(2) Erlangt die oder der Landesbehindertenbeauftragte Kenntnis von Tatsachen, die darauf hindeuten, dass Menschen mit Behinderungen benachteiligt werden, so klärt sie oder er in Zusammenarbeit mit den Trägern der öffentlichen Verwaltung den Sachverhalt auf und vermittelt zwischen den Beteiligten. Hierzu kann sie oder er insbesondere Berichte und Stellungnahmen anfordern, Auskünfte einholen und Akten einsehen. Ist für die Aufklärung des Sachverhaltes im Einzelfall die Weitergabe personenbezogener Daten erforderlich, so bedarf die oder der Landesbehindertenbeauftragte hierzu der Einwilligung der oder des Betroffenen.

(3) Zur Wahrnehmung ihrer oder seiner Aufgaben hat die oder der Landesbehindertenbeauftragte mit Einwilligung der oder des Betroffenen insbesondere das Recht, bei den Trägern der öffentlichen Verwaltung Auskünfte einzuholen und Akteneinsicht zu nehmen, sofern dies im Zusammenhang mit einer glaubhaft gemachten Benachteiligung steht und Rechte Dritter hierdurch nicht verletzt werden. Wird die Auskunft oder die Akteneinsicht verweigert, so haben die Träger der öffentlichen Verwaltung dies der oder dem Landesbehindertenbeauftragten unverzüglich und unter Angabe von Gründen schriftlich mitzuteilen. Für Streitigkeiten, die sich aus der Verweigerung der Auskunft oder der Akteneinsicht ergeben, steht der Verwaltungsrechtsweg offen.

(4) Zur Erfüllung ihrer oder seiner Aufgaben arbeitet die oder der Landesbehindertenbeauftragte insbesondere mit

1. den obersten Landesbehörden,
2. dem Behindertenbeirat des Landes Sachsen-Anhalt,
3. den auf Landesebene tätigen Interessenvertretungen von Menschen mit Behinderungen,
4. den Tarifparteien und Berufsverbänden,
5. dem Runden Tisch für Menschen mit Behinderungen und

6. den kommunalen Behindertenbeauftragten

zusammen.

§ 22 Beteiligung

Die oder der Landesbehindertenbeauftragte ist, soweit die Belange der Menschen mit Behinderungen betroffen sind, bei Gesetzgebungs- und Verordnungsvorhaben sowie bei der Erarbeitung von Verwaltungsvorschriften frühzeitig zu beteiligen. Dabei ist ihr oder ihm Gelegenheit zur Stellungnahme einzuräumen.

§ 23 Anrufungsrecht

Jeder Mensch hat das Recht, sich mit Bitten, Beschwerden oder Anregungen an die Landesbehindertenbeauftragte oder den Landesbehindertenbeauftragten zu wenden, wenn er der Ansicht ist, dass gegen die Rechte von Menschen mit Behinderungen verstoßen oder ihren Belangen auf andere Weise nicht entsprochen wird.

§ 24 Verschwiegenheitspflicht

(1) Die oder der Landesbehindertenbeauftragte hat, auch nach Beendigung ihrer oder seiner Tätigkeit, über die ihr oder ihm bekannt gewordenen Angelegenheiten Verschwiegenheit zu bewahren. Dies gilt nicht für Tatsachen, die offenkundig sind oder ihrer Bedeutung nach keiner Geheimhaltung bedürfen.

(2) Die oder der Landesbehindertenbeauftragte darf nur mit Einwilligung des für Behindertenpolitik zuständigen Ministeriums über Angelegenheiten nach Absatz 1 Satz 1 vor Gericht Aussagen machen oder Erklärungen abgeben.

§ 25 Kommunale Behindertenbeauftragte

(1) Zur Verwirklichung der Gleichstellung von Menschen mit Behinderungen und zu ihrer Einbeziehung in kommunale Entscheidungsprozesse sowie zur Umsetzung dieses Gesetzes im eigenen Zuständigkeitsbereich haben die kreisfreien Städte und Landkreise Behindertenbeauftragte zu bestellen.

(2) Unbeschadet der Regelung des Absatzes 1 können die kreisfreien Städte und Landkreise zur Beratung und Unterstützung der Behindertenbeauftragten Beiräte für die Belange der Menschen mit Behinderungen auf kommunaler Ebene bilden.

(3) Näheres zu den Absätzen 1 und 2 wird durch Satzung bestimmt.

(4) Die oder der Landesbehindertenbeauftragte bildet zusammen mit den kommunalen Behindertenbeauftragten eine Landesarbeitsgemeinschaft, deren Aufgabe der Erfahrungs- und Informationsaustausch ist.

§ 26 Runder Tisch für Menschen mit Behinderungen

(1) Bei dem für Behindertenpolitik zuständigen Ministerium wird ein Runder Tisch für Menschen mit Behinderungen eingerichtet. Seine Tätigkeit ist unabhängig, überparteilich und auf eine Förderung der Selbstbestimmung von Menschen mit Behinderungen sowie deren gleichberechtigter Teilhabe am Leben in der Gesellschaft gerichtet. Zu diesem Zweck greift er eigenständig Themen mit behindertenpolitischem Bezug auf und erarbeitet Beschlussempfehlungen für den Behindertenbeirat des Landes Sachsen-Anhalt.

(2) Leitung und Geschäftsführung des Runden Tisches werden durch die Landesbehindertenbeauftragte oder den Landesbehindertenbeauftragten wahrgenommen. Der Runde Tisch gibt sich im Benehmen mit dem für Behindertenpolitik zuständigen Ministerium eine Geschäftsordnung.

(3) Auf Antrag können die im Zusammenhang mit der Teilnahme am Runden Tisch entstandenen Reisekosten nach dem Bundesreisekostenrecht erstattet werden.

§ 27 Behindertenbeirat des Landes Sachsen-Anhalt

(1) Bei dem für Behindertenpolitik zuständigen Ministerium wird ein Behindertenbeirat des Landes Sachsen-Anhalt eingerichtet.

(2) Der Behindertenbeirat des Landes Sachsen-Anhalt ist unabhängig und überparteilich und berät die Landesregierung in allen Angelegenheiten, die für die Belange der Menschen mit Behinderungen von Bedeutung sind, und wird bei Gesetzgebungs- und Ver-

ordnungsvorhaben angehört, soweit diese für Menschen mit Behinderungen von besonderer Bedeutung sind.

(3) Der Behindertenbeirat des Landes Sachsen-Anhalt besteht aus 16 stimmberechtigten Mitgliedern, der oder dem stimmberechtigten Landesbehindertenbeauftragten und aus sachverständigen, nicht stimmberechtigten Mitgliedern. Der Vorsitz und die Geschäftsführung werden von der oder dem Landesbehindertenbeauftragten wahrgenommen.

(4) Der Runde Tisch für Menschen mit Behinderungen schlägt dem für Behindertenpolitik zuständigen Ministerium 16 stimmberechtigte Mitglieder und deren Vertreterinnen oder Vertreter vor. Bei der Auswahl der Vorschläge ist dafür zu sorgen, dass

1. eine möglichst umfassende Vertretung von Menschen mit unterschiedlichen Behinderungen sichergestellt ist und
2. Frauen und Männer in einem ausgewogenen Verhältnis zueinander vertreten sind.

(5) Folgende Institutionen können dem für Behindertenpolitik zuständigen Ministerium ein sachverständiges, nicht stimmberechtigtes Mitglied und dessen Vertreterin oder Vertreter vorschlagen:

1. die auf Landesebene tätigen Verbände und Vereinigungen der Arbeitnehmerinnen und Arbeitnehmer,
2. die auf Landesebene tätigen Verbände und Vereinigungen der Arbeitgeberinnen und Arbeitgeber,
3. die auf Landesebene tätigen Arbeitsgemeinschaften von Schwerbehindertenvertretungen der Privatwirtschaft und des öffentlichen Dienstes,
4. die Bundesagentur für Arbeit,
5. die als Träger der Grundsicherung für Arbeitsuchende nach dem Zweiten Buch Sozialgesetzbuch zugelassenen Kommunen im Land Sachsen-Anhalt,
6. die landesunmittelbaren Träger der gesetzlichen Krankenversicherung,
7. die Kassenärztliche Vereinigung des Landes Sachsen-Anhalt,
8. die Deutsche Rentenversicherung Mitteldeutschland,
9. die LIGA der freien Wohlfahrtspflege im Land Sachsen-Anhalt,
10. der Städte- und Gemeindebund Sachsen-Anhalt,
11. der Landkreistag Sachsen-Anhalt e. V.,
12. die Architektenkammer Sachsen-Anhalt und
13. die obersten Landesbehörden.

(6) Die für Behindertenpolitik zuständige Ministerin oder der zuständige Minister beruft die Mitglieder und ihre Vertreterinnen und Vertreter für die Dauer von fünf Jahren. Erneute Berufungen sind zulässig.

(7) Der Behindertenbeirat des Landes Sachsen-Anhalt arbeitet mit den folgenden Institutionen zusammen und lädt diese bei Bedarf zu seinen Sitzungen ein:

1. die Landesseniorenvertretung Sachsen-Anhalt e. V.,
2. der Landesfrauenrat e. V.,
3. die Heimaufsicht und
4. Rehabilitationsträger, die nicht in Absatz 5 genannt sind.

(8) Die Mitglieder des Behindertenbeirates des Landes Sachsen-Anhalt und ihre Vertreterinnen oder Vertreter üben ihr Mandat unabhängig von ihrer sonstigen Tätigkeit aus. Sie werden ehrenamtlich oder, sofern sie kraft Amtes dem Behindertenbeirat angehören, im Rahmen ihrer Dienstpflichten tätig.

(9) Aus wichtigem Grund kann ein Mitglied oder ein stellvertretendes Mitglied des Behindertenbeirates des Landes Sachsen-Anhalt auf Vorschlag des Runden Tisches für Menschen mit Behinderungen oder einer der in Absatz 5 genannten Institution vor Ablauf der Amtszeit abberufen werden.

(10) Die im Landtag von Sachsen-Anhalt vertretenen Fraktionen bestimmen je ein Mitglied, das an den Sitzungen des Behindertenbeirates des Landes Sachsen-Anhalt teilnehmen kann. Den Fraktionen des Landtages von Sachsen-Anhalt werden die Sitzungstermine und die jeweils vorgesehene Tagesord-

nung spätestens vier Wochen vor der Sitzung mitgeteilt.

(11) Der Behindertenbeirat des Landes Sachsen-Anhalt gibt sich im Benehmen mit dem für Behindertenpolitik zuständigen Ministerium eine Geschäftsordnung.

(12) Auf Antrag können die im Zusammenhang mit der Mitgliedschaft im Behindertenbeirat und mit der Teilnahme an Sitzungen des Behindertenbeirats entstandenen Reisekosten nach dem Bundesreisekostenrecht erstattet werden.

Abschnitt 6
Übergangs- und Schlussbestimmungen

§ 28 Berichterstattung

Das für Behindertenpolitik zuständige Ministerium evaluiert das Gesetz zwei Jahre nach dem Inkrafttreten und erstattet dem Landtag von Sachsen-Anhalt einen schriftlichen Bericht.

§ 29 Übergangsvorschriften

(1) Der zum Zeitpunkt des Inkrafttretens dieses Gesetzes berufene Beauftragte der Landesregierung von Sachsen-Anhalt für die Belange behinderter Menschen wird als Landesbehindertenbeauftragter tätig. Die Dauer seiner Berufung beträgt unter Anrechnung seiner bisherigen Berufungszeit fünf Jahre.

(2) Der zum Zeitpunkt des Inkrafttretens dieses Gesetzes eingerichtete Behindertenbeirat des Landes Sachsen-Anhalt bleibt für den Rest seiner Amtszeit bestehen. Der zum Zeitpunkt des Inkrafttretens dieses Gesetzes eingerichtete Runde Tisch für behinderte Menschen wird als Runder Tisch für Menschen mit Behinderungen nach § 26 fortgeführt.

§ 30 Inkrafttreten, Außerkrafttreten

(1) Dieses Gesetz tritt am Tage nach seiner Verkündung in Kraft.

(2) Gleichzeitig tritt das Behindertengleichstellungsgesetz vom 20. November 2001 (GVBl. LSA S. 457), geändert durch Artikel 3 des Gesetzes vom 22. Dezember 2004 (GVBl. LSA S. 856), außer Kraft.

I

Verordnung zur Gleichstellung von Menschen mit Behinderungen durch öffentliche Stellen in Sachsen-Anhalt (Behindertengleichstellungsverordnung des Landes Sachsen-Anhalt – BGGVO LSA)*

Vom 23. Februar 2012 (GVBl. LSA S. 71)

Zuletzt geändert durch
Zweite Verordnung zur Änderung der Behindertengleichstellungsverordnung des Landes Sachsen-Anhalt
vom 28. Januar 2021 (GVBl. LSA S. 34)[1])

Aufgrund des § 16e des Behindertengleichstellungsgesetzes Sachsen-Anhalt vom 16. Dezember 2010 (GVBl. LSA S. 584), geändert durch Gesetz vom 6. Mai 2019 (GVBl. LSA S. 85), wird verordnet:

Abschnitt 1 Verwendung von Gebärdensprache und anderen Kommunikationshilfen im Verwaltungsverfahren

§ 1 Anwendungsbereich und Anlass

(1) Abschnitt 1 dieser Verordnung gilt für alle Menschen mit Hör- oder Sprachbehinderungen nach Maßgabe von § 14 Abs. 3 des Behindertengleichstellungsgesetzes Sachsen-Anhalt, die als Beteiligte eines Verwaltungsverfahrens zur Wahrnehmung eigener Rechte für die mündliche und schriftliche Kommunikation im Verwaltungsverfahren einen Anspruch auf Bereitstellung einer geeigneten Kommunikationshilfe haben (Berechtigte).

(2) Die Berechtigten können ihren Anspruch nach § 14 Abs. 4 des Behindertengleichstellungsgesetzes Sachsen-Anhalt gegenüber jedem Träger der öffentlichen Verwaltung im Sinne des § 7 Abs. 1 des Behindertengleichstellungsgesetzes Sachsen-Anhalt geltend machen.

§ 2 Umfang des Anspruchs

(1) Der Anspruch auf Bereitstellung einer geeigneten Kommunikationshilfe besteht zur Wahrnehmung eigener Rechte in einem Verwaltungsverfahren in dem dafür notwendigen Umfang. Der notwendige Umfang bestimmt sich insbesondere nach dem individuellen Bedarf der Berechtigten.

(2) Die Berechtigten haben nach Maßgabe des Absatzes 1 ein Wahlrecht hinsichtlich der zu benutzenden Kommunikationshilfe. Dies umfasst auch das Recht, eine geeignete Kommunikationshilfe selbst bereitzustellen. Die Berechtigten haben dem Träger der öffentlichen Verwaltung rechtzeitig mitzuteilen, inwieweit sie von ihrem Wahlrecht nach Satz 1 und 2 Gebrauch machen. Der Träger der öffentlichen Verwaltung kann die ausgewählte Kommunikationshilfe zurückweisen, wenn sie ungeeignet ist. Die Hör- oder Sprachbehinderung sowie die Wahlentscheidung nach Satz 1 sind aktenkundig zu machen und im weiteren Verwaltungsverfahren von Amts wegen zu berücksichtigen.

(3) Erhält der Träger der öffentlichen Verwaltung Kenntnis von der Hör- oder Sprachbe-

* Die Verpflichtungen aus der Richtlinie 98/34/EG des Europäischen Parlaments und des Rates vom 22. Juni 1998 über ein Informationsverfahren auf dem Gebiet der Normen und technischen Vorschriften und der Vorschriften für die Dienste der Informationsgesellschaft (ABl. L 204 vom 21. 7. 1998, S. 37), die zuletzt durch die Richtlinie 2006/96/EG (ABl. L 363 vom 20. 12. 2006, S. 81) geändert worden ist, sind beachtet worden.

[1]) Diese Verordnung dient der Umsetzung der Richtlinie (EU) 2016/2102 des Europäischen Parlaments und des Rates vom 26. Oktober 2016 über den barrierefreien Zugang zu den Websites und mobilen Anwendungen öffentlicher Stellen (ABl. L 327 vom 2. 12. 2016, S. 1).

hinderung von Berechtigten im Verwaltungsverfahren, hat er diese auf ihr Recht auf barrierefreie Kommunikation und auf ihr Wahlrecht nach Absatz 2 hinzuweisen.

(4) Zur Abwehr einer gegenwärtigen erheblichen Gefahr (§ 3 Nr. 3 Buchst. b und c des Gesetzes über die öffentliche Sicherheit und Ordnung des Landes Sachsen-Anhalt) kann im Einzelfall von dem Einsatz einer Kommunikationshilfe abgesehen werden.

§ 3 Kommunikationshilfen

(1) Eine Kommunikationshilfe ist als geeignet anzusehen, wenn sie im konkreten Fall eine für die Wahrnehmung eigener Rechte im Verwaltungsverfahren erforderliche Verständigung sicherstellt.

(2) Als Kommunikationshilfen kommen in Betracht:

1. Gebärdensprachdolmetscher,
2. Kommunikationshelfer, insbesondere
   a) Schriftdolmetscher,
   b) Simultanschriftdolmetscher,
   c) Oraldolmetscher,
   d) Kommunikationsassistenten oder
   e) sonstige Personen des Vertrauens der Berechtigten;
3. Kommunikationsmethoden, insbesondere
   a) Lormen und taktil wahrnehmbare Gebärden oder
   b) gestützte Kommunikation für Menschen mit autistischer Störung;
4. Kommunikationsmittel, insbesondere
   a) akustisch-technische Hilfen oder
   b) grafische Symbol-Systeme.

§ 4 Art und Weise der Bereitstellung von geeigneten Kommunikationshilfen

(1) Geeignete Kommunikationshilfen werden von dem Träger der öffentlichen Verwaltung kostenfrei bereitgestellt, es sei denn, die Berechtigten machen von ihrem Wahlrecht nach § 2 Abs. 2 Satz 2 Gebrauch.

(2) Die Landesfachstelle für Barrierefreiheit nach § 17a des Behindertengleichstellungsgesetzes Sachsen-Anhalt berät und unterstützt den Träger der öffentlichen Verwaltung bei seiner Aufgabe nach Absatz 1.

§ 5 Grundsätze für eine angemessene Vergütung oder Erstattung

(1) Der Träger der öffentlichen Verwaltung richtet sich bei der Entschädigung von Gebärdensprachdolmetschern sowie Kommunikationshelfern nach dem Justizvergütungs- und -entschädigungsgesetz vom 5. Mai 2004 (BGBl. I S. 718, 776), zuletzt geändert durch Artikel 5 Abs. 2 des Gesetzes vom 11. Oktober 2016 (BGBl. I S. 2222), in der jeweils geltenden Fassung.

(2) Eine Vergütung in Höhe des Honorars für Dolmetscher, die gemäß § 9 Abs. 3 Satz 1 des Justizvergütungs- und -entschädigungsgesetzes für simultanes Dolmetschen herangezogen worden sind, erhalten Gebärdensprachdolmetscher nach § 3 Abs. 2 Nr. 1 sowie Kommunikationshelfer nach § 3 Abs. 2 Nr. 2 Buchst. a bis d mit nachgewiesener abgeschlossener Berufsausbildung oder staatlicher Anerkennung für das ausgeübte Tätigkeitsfeld.

(3) Eine Vergütung in Höhe von 75 v. H. der Vergütung nach Absatz 2 erhalten Gebärdensprachdolmetscher nach § 3 Abs. 2 Nr. 1 sowie Kommunikationshelfer nach § 3 Abs. 2 Nr. 2 Buchst. a bis d mit nachgewiesener abgeschlossener Qualifizierung für das ausgeübte Tätigkeitsfeld.

(4) Eine pauschale Abgeltung in Höhe von 25 v. H. der Vergütung nach Absatz 2, mindestens aber eine Abgeltung für die entstandenen Aufwendungen erhalten Gebärdensprachdolmetscher nach § 3 Abs. 2 Nr. 1 sowie Kommunikationshelfer nach § 3 Abs. 2 Nr. 2 Buchst. a bis e ohne nachgewiesene abgeschlossene Berufsausbildung oder Qualifizierung für das ausgeübte Tätigkeitsfeld.

(5) Für den Einsatz sonstiger Kommunikationshilfen trägt der Träger der öffentlichen Verwaltung die entstandenen Aufwendungen.

(6) Die Träger der öffentlichen Verwaltung können mit Gebärdensprachdolmetschern sowie Kommunikationshelfern hinsichtlich der Vergütung und Abgeltung von den Absätzen 1 bis 4 abweichende Rahmenvereinbarungen treffen.

(7) Der Träger der öffentlichen Verwaltung vergütet die Leistungen unmittelbar denjenigen, die sie erbracht haben. Stellen die Berechtigten die Kommunikationshilfe nach § 2 Abs. 2 Satz 2 selbst bereit, trägt der Träger der öffentlichen Verwaltung die Kosten nach den Absätzen 1 bis 5 nur nach Maßgabe des § 2 Abs. 1. In diesem Fall dürfen die Berechtigten nicht auf eine Erstattung verwiesen werden, es sei denn, sie wünschen dies oder es liegt ein sonstiger besonderer Grund vor.

Abschnitt 2 Dokumentenzugang für blinde und sehbehinderte Menschen im Verwaltungsverfahren

§ 6 Anwendungsbereich

(1) Abschnitt 2 dieser Verordnung gilt für alle natürlichen Personen, die als Beteiligte eines Verwaltungsverfahrens wegen Blindheit oder einer anderen Sehbehinderung nach § 15 Abs. 2 des Behindertengleichstellungsgesetzes Sachsen-Anhalt zur Wahrnehmung eigener Rechte einen Anspruch darauf haben, dass ihnen Bescheide, öffentlich-rechtliche Verträge und Vordrucke (Dokumente) einschließlich ihrer Anlagen, in einer für sie wahrnehmbaren Form zugänglich gemacht werden (Berechtigte).

(2) Die Berechtigten können ihren Anspruch nach § 15 Abs. 1 Satz 2 des Behindertengleichstellungsgesetzes Sachsen-Anhalt gegenüber den Trägern der öffentlichen Verwaltung gemäß § 7 Abs. 1 des Behindertengleichstellungsgesetzes Sachsen-Anhalt geltend machen.

§ 7 Formen des Dokumentenzugangs, Bekanntmachung

(1) Die Dokumente können den Berechtigten schriftlich, elektronisch, akustisch, mündlich oder in sonstiger Weise zugänglich gemacht werden.

(2) Der Dokumentenzugang in schriftlicher Form erfolgt in Blindenschrift oder in Großdruck. Bei Großdruck sind ein Schriftbild, eine Kontrastierung und eine Papierqualität zu wählen, die die individuelle Wahrnehmungsfähigkeit der Berechtigten ausreichend berücksichtigen.

(3) Werden Dokumente auf elektronischem Wege zugänglich gemacht, sind die Standards nach Abschnitt 3 dieser Verordnung maßgebend.

(4) Die Dokumente sollen den Berechtigten, soweit möglich, gleichzeitig mit der Bekanntgabe auch in der für sie wahrnehmbaren Form zugänglich gemacht werden.

§ 8 Umfang des Anspruchs

(1) Der Anspruch der Berechtigten, dass ihnen Dokumente in einer für sie wahrnehmbaren Form zugänglich gemacht werden, besteht, soweit dies zur Wahrnehmung eigener Rechte im Verwaltungsverfahren erforderlich ist. Dabei ist insbesondere der individuelle Bedarf der Berechtigten zu berücksichtigen.

(2) Die Berechtigten haben nach Maßgabe des Absatzes 1 ein Wahlrecht zwischen den in § 7 genannten Formen, in denen Dokumente zugänglich gemacht werden können. Die Berechtigten haben dazu dem Träger der öffentlichen Verwaltung rechtzeitig mitzuteilen, in welcher Form und mit welchen Maßgaben die Dokumente zugänglich gemacht werden sollen. Er kann die ausgewählte Form zurückweisen, wenn sie ungeeignet ist oder in sonstiger Weise den Voraussetzungen des Absatzes 1 nicht entspricht. Die Blindheit oder die Sehbehinderung sowie die Wahlentscheidung nach Satz 1 sind aktenkundig zu machen und im weiteren Verwaltungsverfahren von Amts wegen zu berücksichtigen.

(3) Erhält der verpflichtete Träger der öffentlichen Verwaltung Kenntnis von der Blindheit oder einer anderen Sehbehinderung von Berechtigten im Verwaltungsverfahren, hat er diese auf ihr Recht, dass ihnen Dokumente in einer für sie wahrnehmbaren Form zugänglich gemacht werden, und auf ihr Wahlrecht nach Absatz 2 Satz 1 hinzuweisen.

§ 9 Organisation und Kosten

(1) Die Dokumente können den Berechtigten durch einen Träger der öffentlichen Verwaltung oder durch eine Beauftragung Dritter in

einer für sie wahrnehmbaren Form zugänglich gemacht werden.

(2) Der Dokumentenzugang gemäß § 7 ist für den Berechtigten kostenfrei. Die Vorschriften über die Kosten (Gebühren und Auslagen) öffentlich-rechtlicher Verwaltungstätigkeit bleiben im Übrigen unberührt.

Abschnitt 3 Schaffung barrierefreier Informationstechnik durch öffentliche Stellen

§ 10 Sachlicher Geltungsbereich

Abschnitt 3 gilt unter Berücksichtigung der Umsetzungsfristen der Richtlinie (EU) 2016/2102 des Europäischen Parlaments und des Rates vom 26. Oktober 2016 über den barrierefreien Zugang zu den Websites und mobilen Anwendungen öffentlicher Stellen (ABl. L 327 vom 2. 12. 2016, S. 1) für folgende Angebote und Dienste für öffentliche Stellen im Sinne des § 16 Abs. 1 des Behindertengleichstellungsgesetzes Sachsen-Anhalt:

1. Websites (Internet-, Intranet- und Extranetauftritte und -angebote) und
2. mobile Anwendungen.

§ 11 Anzuwendende Standards

(1) Die Angebote nach § 10 sind barrierefrei zu gestalten. Dies erfordert, dass sie wahrnehmbar, bedienbar, verständlich und robust sind.

(2) Die Erfüllung der Anforderungen nach Absatz 1 wird vermutet, wenn die verwendeten Begriffe und Angebote der Informationstechnik

1. harmonisierten Normen oder Teilen dieser Normen entsprechen und
2. die harmonisierten Normen oder Teile dieser Normen im Amtsblatt der Europäischen Union veröffentlicht worden sind.

(3) Für zentrale Einstiegs- und Navigationsangebote soll ein höchstmögliches Maß an Barrierefreiheit angestrebt werden. Sie sollen außerdem die in der Anlage aufgeführten Anforderungen und Bedingungen erfüllen. Dies gilt auch für Angebote, die eine Nutzerinteraktion ermöglichen, zum Beispiel ausfüllbare Formulare und die Durchführung von Authentifizierungs-, Identifizierungs- und Zahlungsprozessen.

(4) Insbesondere bei Neuanschaffungen, Erweiterungen und Überarbeitungen ist die barrierefreie Gestaltung bereits bei der Planung, Entwicklung, Ausschreibung und Beschaffung zu berücksichtigen.

§ 12 Erklärung zur Barrierefreiheit

Die in Abschnitt 1 des Anhangs des Durchführungsbeschlusses (EU) 2018/1523 der Kommission vom 11. Oktober 2018 zur Festlegung einer Mustererklärung zur Barrierefreiheit gemäß der Richtlinie (EU) 2016/2102 des Europäischen Parlaments und des Rates über den barrierefreien Zugang zu den Websites und mobilen Anwendungen öffentlicher Stellen (ABl. L 256 vom 12. 10. 2018, S. 103) festgelegten obligatorischen inhaltlichen Anforderungen sind in die Erklärung zur Barrierefreiheit aufzunehmen. Die öffentlichen Stellen können auch Angaben zu den in Abschnitt 2 des Anhangs des Durchführungsbeschlusses (EU) 2018/1523 aufgeführten fakultativen Inhalten aufnehmen.

§ 13 Überwachung

Die Überwachungsstelle kommt ihren Verpflichtungen aus § 16c Satz 2 des Behindertengleichstellungsgesetzes Sachsen-Anhalt nach, indem sie regelmäßig und fortlaufend unter Berücksichtigung des Durchführungsbeschlusses (EU) 2018/1523 und des Durchführungsbeschlusses (EU) 2018/1524 der Kommission vom 11. Oktober 2018 zur Festlegung einer Überwachungsmethodik und der Modalitäten für die Berichterstattung der Mitgliedstaaten gemäß der Richtlinie (EU) 2016/2102 des Europäischen Parlaments und des Rates über den barrierefreien Zugang zu den Websites und mobilen Anwendungen öffentlicher Stellen (ABl. L 256 vom 12. 10. 2018, S. 108) Stichproben durchführt und mit einfacher und eingehender Überwachungsmethodik die Einhaltung der harmonisierten Normen oder der Anforderungen an die Barrierefreiheit entsprechend dem Stand der

Technik bei Websites und mobilen Anwendungen überprüft sowie hinsichtlich der Prüfergebnisse die öffentlichen Stellen konstruktiv berät.

§ 13a Berichterstattung

(1) Die Überwachungsstelle kommt ihrer Verpflichtung aus § 16c Satz 2 Nr. 3 des Behindertengleichstellungsgesetzes Sachsen-Anhalt erstmals zum 30. April 2021 und danach im Abstand von drei Jahren nach.

(2) Im Rahmen ihrer Pflicht zur Berichterstattung haben die Überwachungsstelle und die Ombudsstelle die jeweils geltenden Durchführungsbeschlüsse der Kommission zu Grunde zu legen.

§ 14 Durchsetzung

(1) An die Ombudsstelle nach § 16d des Behindertengleichstellungsgesetzes Sachsen-Anhalt kann sich wenden, wer auf eine Anforderung mit dem elektronischen Kontaktformular nach § 16b Abs. 2 Nr. 2 des Behindertengleichstellungsgesetzes Sachsen-Anhalt innerhalb der gesetzlichen Frist keine oder keine zufriedenstellende Antwort erhalten hat, oder wer bekundet, ein elektronisches Kontaktformular sei nicht verlinkt. Die Ombudsstelle beteiligt daraufhin die öffentliche Stelle mit dem Ziel, eine gütliche Einigung zu erreichen. Kommt eine Einigung nicht zustande, nimmt die Ombudsstelle gegenüber den Beteiligten abschließend schriftlich Stellung, ob ein Verstoß gegen die gesetzlichen Bestimmungen zur Barrierefreiheit vorliegt. Stellt sie einen Verstoß fest, unterbreitet sie der öffentlichen Stelle zugleich Vorschläge zu dessen Abbau und fordert sie auf, die Barriere zu beseitigen.

(2) Ein Durchsetzungsverfahren findet nicht statt oder wird beendet, wenn in derselben Angelegenheit ein Gerichtsverfahren anhängig ist.

Abschnitt 4
Schlussvorschriften

§ 15 Sprachliche Gleichstellung

Personen- und Funktionsbezeichnungen in dieser Verordnung gelten jeweils in männlicher und weiblicher Form.

§ 16 Inkrafttreten

Diese Verordnung tritt am Tag nach ihrer Verkündung in Kraft.

Anlage
(zu § 11 Abs. 3 Satz 2)

Anforderungen und Bedingungen für zentrale Einstiegs- und Navigationsangebote[1])

Prinzip 1: Wahrnehmbarkeit

Anforderungen und Bedingungen	Die Informationen und Komponenten der Benutzerschnittstelle sind so darzustellen, dass sie von den Nutzern wahrgenommen werden können.
Anforderung 1.2	Für zeitgesteuerte Medien sind Alternativen bereitzustellen.
Bedingung 1.2.6 Gebärdensprache	Für vorab aufgezeichnete Audio-Inhalte in synchronisierten Medien sind Übersetzungen in Deutscher Gebärdensprache bereitzustellen.
Bedingung 1.2.7 Erweiterte Audio-Deskription	Für vorab aufgezeichnete Video-Inhalte in synchronisierten Medien ist eine erweiterte Audio-Deskription bereitzustellen.
Bedingung 1.2.8 Volltext-Alternative	Für aufgezeichnete synchronisierte Medien ist eine Volltext-Alternative einschließlich aller Interaktionen bereitzustellen. Für aufgezeichnete Video-Dateien ist eine Text-Alternative mit gleichwertigen Informationen bereitzustellen.
Bedingung 1.2.9 Live-Audio-Inhalte	Bei Live-Übertragungen von Audio-Inhalten ist eine Text-Alternative mit gleichwertigen Informationen bereitzustellen.
Anforderung 1.4	Nutzern sind die Wahrnehmung des Inhalts und die Unterscheidung zwischen Vorder- und Hintergrund so weit wie möglich zu erleichtern.
Bedingung 1.4.6 Kontrast	Bei der visuellen Präsentation von Text und Schriftgrafiken ist das Kontrastverhältnis zwischen Vordergrund- und Hintergrundfarbe mindestens 7:1. Für Großschrift und Schriftgrafiken mit Großschrift gilt ein Kontrastverhältnis von mindestens 4,5:1. Kein Mindestkontrast ist erforderlich für nebensächliche Texte und Schriftgrafiken, a) die Teil einer inaktiven Komponente der Benutzerschnittstelle sind, b) die rein dekorativ sind, c) bei denen es sich um nebensächlichen Text in einem Bild handelt oder

[1]) Die Zählweise der hier aufgeführten zusätzlichen Anforderungen und Bedingungen entspricht den harmonisierten Normen oder Teilen dieser Normen, die im Amtsblatt der Europäischen Union veröffentlicht worden sind. Diese Anforderungen und Bedingungen gelten für zentrale Einstiegs- und Navigationsangebote und für Angebote, die eine Nutzerinteraktion ermöglichen.

Prinzip 1: Wahrnehmbarkeit	
	d) die für den Nutzer nicht sichtbar sind. Für Text, der Bestandteil eines Logos oder eines Markennamens ist, gelten ebenfalls keine Anforderungen an den Mindestkontrast.
Bedingung 1.4.7 Hintergrundgeräusche	Aufgezeichnete Audio-Inhalte, die im Vordergrund Sprache enthalten, haben keine oder abschaltbare Hintergrundgeräusche. Hintergrundgeräusche sind mindestens 20 Dezibel leiser als die sprachlichen Inhalte im Vordergrund, sofern es sich nicht um nur gelegentliche Toneffekte handelt, die ein oder zwei Sekunden dauern. Audio-Inhalte, die ein Audio-CAPTCHA oder Audio-Logo sind, sowie Audio-Inhalte, bei denen es vorrangig um den musikalischen Ausdruck geht, sind hiervon ausgenommen.
Bedingung 1.4.8 Visuelle Präsentation	Bei der visuellen Präsentation von Textblöcken sind Mechanismen verfügbar, die Folgendes ermöglichen: a) Vordergrund- und Hintergrundfarben sind von den Nutzern auswählbar, b) die Zeilenbreite beträgt nicht mehr als 80 Zeichen, c) der Text ist nicht im Blocksatz ausgerichtet, d) der Zeilenabstand beträgt mindestens 1,5 Zeilen innerhalb der Absätze, e) der Abstand zwischen den Absätzen ist größer als der Zeilenabstand und f) der Text kann im Vollbildmodus ohne assistive Technologie bis auf 200 v. H. vergrößert werden, ohne dass die Nutzer eine Textzeile horizontal scrollen müssen.
Bedingung 1.4.9 Schriftgrafiken	Schriftgrafiken werden ausschließlich zur Dekoration verwendet oder in Fällen, in denen eine bestimmte Textpräsentation eine wesentliche Voraussetzung für die Vermittlung der Informationen ist.

Prinzip 2: Bedienbarkeit

Anforderungen und Bedingungen	Die Komponenten der Benutzerschnittstelle und die Navigation müssen bedient werden können.
Anforderung 2.1	Für die gesamte Funktionalität ist Zugänglichkeit über die Tastatur sicherzustellen.
Bedingung 2.1.3 Tastaturbedienbarkeit	Die gesamte Funktionalität des Inhalts muss über eine Tastaturschnittstelle bedient werden können, ohne dass bestimmte Zeitvorgaben für die einzelnen Tastenanschläge einzuhalten sind.
Anforderung 2.2	Den Nutzern ist ausreichend Zeit zu geben, um Inhalte zu lesen und zu verwenden.
Bedingung 2.2.3 Keine Zeitbegrenzung	Zeitbegrenzungen sind bei dem Ereignis oder der Aktivität, die durch den Inhalt präsentiert wird, nicht zugelassen. Dies gilt nicht bei nichtinteraktiven, synchronisierten Medien und Echtzeit-Ereignissen.
Bedingung 2.2.4 Unterbrechungen	Unterbrechungen können aufgeschoben oder unterdrückt werden, es sei denn, es handelt sich um Unterbrechungen in Notfällen.
Bedingung 2.2.5 Wiederanmeldung	Bei Ablauf einer authentifizierten Sitzung muss nach der Wiederanmeldung gewährleistet sein, dass die Aktivität ohne Datenverlust weitergeführt werden kann.
Anforderung 2.3	Inhalte sind so zu gestalten, dass keine epileptischen Anfälle ausgelöst werden.
Bedingung 2.3.2 Dreimaliges Aufblitzen	Webseiten enthalten keine Elemente, die in einem Zeitraum von einer Sekunde häufiger als dreimal aufblitzen.
Anforderung 2.4	Dem Nutzer sind Orientierungs- und Navigationshilfen sowie Hilfen zum Auffinden von Inhalten zur Verfügung zu stellen.
Bedingung 2.4.8 Standort	Es sind Informationen über den Standort des Nutzers innerhalb der Webseite sowie innerhalb verbundener Webangebote verfügbar.
Bedingung 2.4.9 Zweck eines Links	Ziel und Zweck eines Links sind aus dem Linktext selbst ersichtlich.
Bedingung 2.4.10 Abschnittsüberschriften	Es sind Abschnittsüberschriften zu verwenden, die den Inhalt weiter strukturieren.

Prinzip 3: Verständlichkeit	
Anforderungen und Bedingungen	Die Informationen und die Bedienung der Benutzerschnittstelle müssen verständlich sein.
Anforderung 3.1	Texte sind lesbar und verständlich zu gestalten.
Bedingung 3.1.3 Ungebräuchliche Wörter	Für Wörter oder Ausdrücke, die in einem ungebräuchlichen oder eingeschränkten Sinn – einschließlich Dialekte und Fachjargon – verwendet werden, gibt es Mechanismen zur Erläuterung.
Bedingung 3.1.4 Abkürzungen	Für Abkürzungen gibt es einen Mechanismus, der ihre ausgeschriebene Form bereitstellt oder ihre Bedeutung beschreibt.
Bedingung 3.1.5 Einfache Sprache	Für alle Inhalte ist die klarste und einfachste Sprache zu verwenden, die angemessen ist. Bei schwierigen Texten werden zusätzliche erklärende Inhalte oder grafische oder Audio-Präsentationen zur Verfügung gestellt.
Bedingung 3.1.6 Aussprache	Für Wörter, deren Sinn ohne die richtige Aussprache nicht eindeutig ist, gibt es einen Mechanismus, der die korrekte Aussprache aufzeigt.
Anforderung 3.2	Webseiten sind so zu gestalten, dass Aufbau und Benutzung vorhersehbar sind.
Bedingung 3.2.5 Kontextänderungen	Änderungen des Kontextes werden nur auf Anforderung durch den Nutzer veranlasst oder es gibt einen Mechanismus, um diese Änderungen abzuschalten.
Anforderung 3.3	Zur Fehlervermeidung und -korrektur sind unterstützende Funktionen für die Eingabe bereitzustellen.
Bedingung 3.3.5 Hilfe	Es sind kontextabhängige Hilfen zur Verfügung zu stellen.
Bedingung 3.3.6 Fehlervermeidung	Bei Webseiten, die verlangen, dass Nutzer Informationen übermitteln, haben diese mindestens eine der folgenden Möglichkeiten: a) Die Ausführung kann rückgängig gemacht werden. b) Die eingegebenen Daten werden auf Eingabefehler überprüft und es besteht die Möglichkeit, diese gegebenenfalls zu korrigieren. c) Die Informationen können durchgesehen, korrigiert und bestätigt werden, bevor sie endgültig abgeschickt werden.

Glossar

Abkürzung	Gekürzte Form eines Wortes, eines Satzes oder eines Namens, die sich auf die Schriftsprache beschränkt; die Kurzform wird also nicht als solche gesprochen. Zu den Abkürzungen zählen auch Kurzwörter, die aus den Anfangsbuchstaben oder -silben einer Wortgruppe oder -zusammensetzung gebildet werden und als ein Wort ausgesprochen werden können.
Änderung des Kontextes	Bedeutende inhaltliche Änderungen einer Webseite, die – falls sie ohne Kenntnis oder Absicht des Nutzers vorgenommen werden – insbesondere die Nutzer verwirren könnten, die eine ganze Seite nicht auf einmal überblicken können. Änderungen des Kontextes beinhalten Änderungen a) des Benutzeragenten, b) des Darstellungsfelds (derjenige Anzeigebereich im Fenster des Webbrowsers, der für die Darstellung des Webinhalts tatsächlich zur Verfügung steht), c) des Fokus und d) des Inhalts, wenn dadurch die Bedeutung der Webseite beeinflusst wird. Änderungen des Inhalts stellen nicht immer eine Änderung des Kontextes dar. Dies gilt zum Beispiel, wenn eine erweiterte Gliederung oder ein dynamisches Menü eingefügt werden, es sei denn, sie ändern einen der in Satz 2 genannten Punkte.
Alternative für zeitgesteuerte Medien	Dokument, das eine korrekt entschlüsselte textliche Beschreibung von zeitgesteuerten visuellen und akustischen Informationen enthält und ein Mittel bereitstellt, um die Ergebnisse aller zeitgesteuerten Wechselbeziehungen zu erreichen. Ein Drehbuch, das für den inhaltlichen Entwurf von synchronisierten Medien geschrieben wird, entspricht dieser Definition nur, wenn es der veröffentlichten Fassung des synchronisierten Mediums entsprechend nachbearbeitet wurde.
Assistive Technologien	Software oder Hardware, die speziell entwickelt wurde, um behinderte Menschen bei der Nutzung des Computers zu unterstützen, wobei die Grenze zwischen Benutzeragenten und assistiver Technologie fließend ist. Folgende assistive Technologien sind im Zusammenhang mit dieser Verordnung wichtig: a) Bildschirmlupen und andere visuelle Hilfsmittel zur Unterstützung blinder und sehbehinderter Menschen beim Lesen, welche sowohl die Schrift, die Größe, den Zeichenabstand und die Farbe verändern als auch mit Sprache synchronisieren, um die Lesbarkeit und Erkennbarkeit von Texten und Bildern zu verbessern oder zu ermöglichen; b) Screenreader, die von blinden Menschen benutzt werden, um textliche Informationen in Sprache oder Braille auszugeben; c) Vorlesesoftware für blinde und sehbehinderte Menschen und Menschen mit Lern- oder geistiger Behinderung;

	d) Spracherkennungssoftware, die zum Beispiel von körperbehinderten Menschen benutzt wird; e) alternative Tastaturen zum Beispiel für seh- und körperbehinderte Menschen; f) alternative Zeigegeräte, die von körperbehinderten Menschen benutzt werden, um eine Maus- oder Schaltflächenaktivierung zu simulieren.
Audio	Technik zur Tonwiedergabe. Mit ihr können Töne synthetisch erzeugt oder von realen Quellen aufgenommen werden. Auch eine Kombination beider Verfahren ist möglich.
Audio-Deskription	Der Tonspur hinzugefügte Beschreibung wichtiger visueller Einzelheiten, deren Verständnis sich nicht allein aus der Haupttonspur ergibt. Sie wird auch „Video-Beschreibung" und „Beschreibende Schilderung" genannt. Eine Audio-Deskription von Videoinhalten stellt Informationen über Handlungen, Figuren oder Akteure, Szenenwechsel, Texte auf dem Bildschirm und über andere visuelle Inhalte bereit. In standardmäßigen Audio-Deskriptionen wird die Schilderung in Pausen zwischen den Dialogen hinzugefügt (siehe auch „erweiterte Audio- Deskription"). Wenn sämtliche Informationen des Videos bereits in der vorhandenen Tonspur enthalten sind, ist keine zusätzliche Audio-Deskription notwendig.
Benutzeragent	Software zum Zugriff des Nutzers auf Webinhalte. Dies umfasst Web-Browser, Multimedia-Player, Plug-ins und andere Programme – einschließlich assistiver Technologien –, die Nutzer beim Zugriff auf Webinhalte unterstützen.
Benutzerschnittstelle	Ermöglicht Eingaben der Nutzer und legt die Darstellung dieser Eingaben fest.
Bestimmte sensorische Erfahrung	Eine sensorische Erfahrung, die nicht rein dekorativ ist und nicht in erster Linie wichtige Informationen ausdrückt oder eine Funktion ausführt.
Bezeichner	Text, durch den die Software eine Komponente im Webinhalt für Anwender aufzeigen kann. Bezeichner können versteckt sein und nur assistiven Technologien gegenüber freigestellt werden. Im Gegensatz zum Bezeichner wird ein Label (Beschriftung) allen Nutzern präsentiert. In vielen Fällen sind Beschriftung und Bezeichner gleich.
Blinken	Wechsel zwischen zwei visuellen Zuständen in einer Art und Weise, die Aufmerksamkeit erregen soll.
CAPTCHA	Abkürzung für „Completely Automated Public Turing test to tell Computers and Humans Apart", benannt nach dem britischen Mathematiker A. M. Turing. CAPTCHA bedeutet wörtlich übersetzt „Vollautomatischer öffentlicher Turing-Test, um Computer und Menschen zu unterscheiden". Ein Turing-Test besteht aus einem System von Tests, um einen Menschen von einem Computer zu unterscheiden. Mit CAPTCHAs werden Nutzer oft aufgefordert, einen Text einzugeben, der in einem unklaren Bild oder in einer Audio-Datei mit Hintergrundrauschen dargestellt ist.

Glossar	
Durch Programme erkennbar	Inhalte sind durch Programme erkennbar, wenn durch eine Software die vom Autor gelieferten Daten in einer solchen Art und Weise bereitgestellt werden, dass Benutzeragenten, einschließlich assistiver Technologien, diese Inhalte erkennen und für Nutzer in verschiedenen Modalitäten auswählen und präsentieren können.
Durch Programme bestimmter	Zusätzliche Informationen, die durch Beziehungen mit einem Hyperlink durch Programme erkennbar sind, mit dem Linktext kombiniert und den Nutzern in verschiedenen Modalitäten präsentiert werden. Da Screenreader Zeichensetzung interpretieren, können sie den Kontext bereitstellen, wenn der Fokus sich auf einem Link befindet.
Durch ein Programm gesetzt werden	Programme sind setzbar, wenn die Software Methoden gebraucht, welche von Benutzeragenten, einschließlich assistiver Technologien, unterstützt werden.
Echtzeit-Ereignis	Ein Ereignis, das zum Zeitpunkt des Sehens geschieht und nicht vollständig vom Inhalt erzeugt wird. Bei Echtzeit-Ereignissen handelt es sich zum Beispiel um Online-Auktionen, bei denen Gebote abgegeben werden können. und die Auktion zeitgleich verfolgt werden kann.
Eingabefehler	Von Nutzern eingegebene Informationen, die vom System nicht akzeptiert werden.
Erklärender Inhalt	Zusätzlicher Inhalt, der vorhandene Inhalte illustriert oder verdeutlicht.
Erweiterte Audio-Deskription	Eine erweiterte Audio-Deskription unterbricht ein Video in seinem Verlauf und ergänzt es durch eine zusätzliche Audio-Beschreibung. Erweiterte Audio-Deskriptionen werden nur eingefügt, wenn der Sinn des Videos ohne diese verlorenginge und die Pausen zwischen Dialog und Audio-Deskription zu kurz sind.
Erweiterte Untertitel (Captions)	Synchronisierte visuelle Alternative oder Text-Alternative oder beides für sprachliche und nichtsprachliche Audio-Informationen, die zum Verständnis des Medieninhalts benötigt werden. Erweiterte Untertitel ähneln grundsätzlich Untertiteln, die gesprochene Dialoge wiedergeben. Darüber hinaus beinhalten sie jedoch auch nichtsprachliche Audioinformationen (wie zum Beispiel Toneffekte, Musik, Gelächter), die zum Verständnis des Programminhalts erforderlich sind. Erweiterte Untertitel sollten relevante Informationen im Video nicht beeinträchtigen. Audio-Deskriptionen müssen nicht mit erweiterten Untertiteln versehen werden, da es sich um Beschreibungen von Informationen handelt, die bereits visuell präsentiert wurden. Man unterscheidet zwischen „Closed Captions" und „Open Captions": „Closed Captions" können, wenn das Abspielgerät es zulässt, an- oder abgeschaltet werden. „Open Captions" können nicht abgeschaltet werden.
Funktionalität	Das Zusammenwirken mehrerer Funktionen, um bestimmte Aufgaben zu lösen. Es kann durch Aktionen der Nutzer veranlasst werden.
Gebärdensprache	Eine Sprache, die durch Kombinationen von Hand- und Armbewegungen, Mimik oder Körperhaltung Inhalte vermittelt.

I

Glossar

„general flash"- oder „ red flash"-Schwelle	Grenzwert für ein Aufblitzen oder eine schnell wechselnde Bildabfolge. Ein Aufblitzen oder eine schnell wechselnde Bildabfolge liegt unter diesem Grenzwert, wenn einer der beiden folgenden Punkte zutrifft: a) Es gibt nicht mehr als drei allgemeine Blitze („general flash") oder nicht mehr als drei rote Blitze („red flash") oder beides innerhalb einer Sekunde. b) Der zusammenhängende Bereich von gleichzeitig auftauchenden Blitzen belegt nicht mehr als die Gesamtsumme von 0,006 Steradianten innerhalb eines Gesichtsfeldes von 10 Grad auf dem Bildschirm (25 v. H. beliebiger 10-Grad-Sichtfelder auf dem Bildschirm) bei einem für die Betrachtung eines Bildschirms typischen Abstand. Dabei gelten folgende Definitionen: c) Allgemeiner Blitz („general flash"): Ein Paar von entgegengesetzten Änderungen der relativen Luminanz um 10 v. H. oder mehr als die maximale relative Luminanz, wobei die relative Luminanz der dunkleren Bilder unter 0,80 liegt und wobei „ein Paar von entgegenwirkenden Änderungen" ein Anstieg gefolgt von einem Rückgang oder ein Rückgang gefolgt von einem Anstieg ist. d) Roter Blitz („red flash"): Ein beliebiges Paar von entgegengesetzten Übergängen, die ein gesättigtes Rot mit sich bringen.
Ausnahme:	Ein Aufblitzen, welches ein feines ausgewogenes Muster darstellt – wie zum Beispiel ein weißes Rauschen oder ein wechselndes Schachbrettmuster, bei dem die Quadrate auf einer Seite kleiner als 0,1 Grad sind –, überschreitet die Schwellenwerte nicht.
Anmerkungen:	Für allgemeine Software oder Webinhalte liefert der Gebrauch eines auf dem angezeigten Bildschirmbereich beliebig platzierten 341 x 256 Pixel großen Rechtecks bei einer Bildschirmauflösung von 1024 x 768 Pixel einen guten Schätzwert eines 10-Grad-Sichtfeldes für Standard-Bildschirmgrößen und Standard-Entfernungen der Augen zum Bildschirm (zum Beispiel 15- bis 17-Zoll-Bildschirm bei 59 bis 66 Zentimeter Entfernung). Da höher auflösende Bildschirme den Inhalt in gleicher Weise mit kleineren und schärferen Bildern wiedergeben, wird die geringere Auflösung für die Definition der Grenzwerte verwendet.Ein „Übergang" ist der Wechsel in der relativen Leuchtdichte (oder relativen Farbsättigung bei roten Blitzen) zwischen angrenzenden Höchst- und Tiefstwerten im Kurvenverlauf der relativen Leuchtdichtemessung (oder der relativen Farbsättigungsmessung bei roten Blitzen) in Abhängigkeit zur Zeit. Ein Blitz besteht aus zwei entgegengesetzten Übergängen. Die Arbeitsdefinition für „ein beliebiges Paar von entgegengesetzten Übergängen, die ein gesättigtes Rot mit sich bringen", lautet: a) Für entweder einen oder beide Zustände eines jeden Überganges gilt: $R/(R + G + B) >= 0,8$

	b) und für beide Zustände eines jeden Überganges ist der Wechsel in den Werten von (R - G - B) x 320 > 20 [negative Werte von (R - G - B) x 320 werden auf 0 gesetzt]. c) R-, G- und B-Werte reichen – wie in der Definition für die „relative Luminanz" angegeben – von 0 bis 1. Es sind Hilfsmittel verfügbar, die eine Analyse von Video-Bildschirmaufnahmen durchführen. Es ist jedoch kein Hilfsmittel zur Bewertung dieser Bedingung notwendig, wenn ein Aufblitzen mit drei oder weniger Blitzen pro Sekunde erfolgt. Der Inhalt erfüllt dann die Anforderungen.
ID	Kurzform für Identifikator, wobei ein eindeutiger Bezeichner in HTML- und XML-Dokumenten gemeint ist.
Inhalt	Umfasst die Information und sensorische Erfahrung, die den Nutzern durch Benutzeragenten vermittelt wird. Hierzu gehören auch Code oder Markup, welche Struktur, Präsentation und Interaktionen des Webinhalts definieren.
Komponenten der Benutzerschnittstelle	Sind Teile des Inhalts und werden von Nutzern als einzelnes Kontrollelement für eine eindeutige Funktion wahrgenommen. Komponenten der Benutzerschnittstelle schließen sowohl Formularelemente und Links als auch durch Skripte erzeugte Komponenten ein. Mehrere Komponenten der Benutzerschnittstelle können als einzelnes programmtechnisches Element implementiert werden. Komponenten sind hier nicht ausschließlich an Programmiertechniken gebunden, vielmehr auch an die Wahrnehmung als einzelnes Kontrollelement durch Nutzer.
Kontext	Kontext im Zusammenhang mit dieser Verordnung beinhaltet folgende Elemente: a) Benutzeragent, b) Darstellungsfeld (Anzeigebereich im Fenster des Webbrowsers, der für die Darstellung des Webinhalts tatsächlich zur Verfügung steht), c) Fokus und d) Inhalt, der Einfluss auf die Bedeutung der Webseite hat.
Kontextabhängige Hilfe	Hilfetext, der Informationen zur gegenwärtig ausgeführten Funktion bereitstellt.
Kontrastverhältnis	Das Kontrastverhältnis berechnet sich aus:(L1+ 0,05) / (L2 + 0,05), wobei a) L1 die relative Luminanz der Ausleuchtung der Vorder- oder Hintergrundfarben ist und b) L2 die relative Luminanz der dunkleren Vorder- oder Hintergrundfarben ist.
Anmerkungen:	Kontrastverhältnisse können zwischen 1 und 21 liegen (1:1 bis 21:1).Das Kontrastverhältnis zwischen Vorder- und Hintergrund kann bei ausgeschaltetem Konturenausgleich evaluiert werden.

I

Glossar

	Im Hinblick auf die Bedingungen 1.4.3 und 1.4.6 wird der Kontrast ausgehend vom festgelegten Hintergrund erfasst, vor dem der Text präsentiert wird. Wenn keine Hintergrundfarbe festgelegt ist, wird von einem weißen Hintergrund ausgegangen. Hintergrundfarbe ist die festgelegte Farbe, auf der der Text dargestellt wird. Ein Fehler liegt vor, wenn die Farbe des Textes festgelegt ist, die Hintergrundfarbe jedoch nicht; für Nutzer ist die Standard-Hintergrundfarbe unbekannt und kann daher nicht als ausreichend kontrastiert bewertet werden. Gleiches gilt für farblich nicht festgelegte Texte in Kombination mit einem farblich festgelegten Hintergrund. Buchstabenumrandungen können den Kontrast verändern und werden bei der Bestimmung des Kontrasts zwischen Buchstabe und Hintergrund einbezogen. Eine schmale Umrandung wird dann als Teil des Buchstabens behandelt, eine breite Umrandung, die die inneren Bestandteile von Buchstaben füllt, als Hintergrund. Die Erfüllung der Anforderungen und Bedingungen sollte für Farbpaare evaluiert werden, die inhaltlich typischerweise so vorgegeben sind, dass ein Autor sie nebeneinander erwartet. Autoren müssen keine unüblichen Präsentationen (wie zum Beispiel vom Nutzer veranlasste Farbwechsel) bedenken, außer wenn diese von ihnen selbst verursacht wurden.
Kontrollierbare Daten	Daten, die so gestaltet sind, dass Nutzer auf sie zugreifen können (zum Beispiel E-Mail-Kontodaten).
Label (Beschriftung)	Text oder andere Komponente mit einer Text-Alternative, die den Nutzern präsentiert wird, um eine Komponente im Webinhalt aufzuzeigen. Ein Label (Beschriftung) wird allen Nutzern präsentiert, während ein Bezeichner versteckt sein kann und nur assistiven Technologien gegenüber freigestellt wird. In vielen Fällen sind Label und Bezeichner gleich. Der Begriff ist nicht nur beschränkt auf das Label-Element in HTML.
Link (Hyperlink)	Verweis in einem elektronischen Dokument auf ein beliebiges Verweisziel. Das Verweisziel kann sich in jeder Quelle befinden, die über den elektronischen Datenaustausch erreichbar ist.
Live	Live sind Informationen, die von einem realen Ereignis erfasst werden und dem Empfänger ohne eine über die Aussendungsverzögerung hinausgehende Verzögerung übermittelt werden. Die Aussendungsverzögerung ist eine nur kurze technisch bedingte Verzögerung und reicht nicht für eine wesentliche inhaltliche Aufbereitung aus. Vollständig computergenerierte Informationen sind nicht live. Untertitel und Text-Alternativen können zum Beispiel durch die zeitgleiche Eingabe oder Aufbereitung vorbereiteter Texte als Live-Untertitel und Live-Text-Alternativen bereitgestellt werden.
Markup-Sprache	Auch „Auszeichnungssprache" genannt. Markup-Sprache ist eine Kategorie von Programmiersprachen, die zum Beispiel HTML (Hypertext

Glossar

	Markup Language) oder XML (Extensible Markup Language) umfasst. Auszeichnungssprachen basieren auf der in der ISO-Norm 8879 festgelegten SGML (Standard Generalized Markup Language). Sie dienen in ihren spezifischen Anwendungsgebieten der logischen Beschreibung von Inhalten, dem Datenaustausch oder der Definition weiterer Auszeichnungssprachen.
Mechanismus	Prozess oder Technik, der oder die dazu dient, ein bestimmtes Resultat zu erreichen. Ein Mechanismus kann ausdrücklich im Inhalt oder aber von der Plattform oder dem Benutzeragenten, einschließlich assistiver Technologien, bereitgestellt werden. Der Mechanismus muss alle an ihn gestellten Anforderungen und Bedingungen erfüllen.
Medien-Alternative für Text	Medien, die nicht mehr Informationen liefern als die, die bereits direkt im Text oder mittels Text-Alternativen dargestellt sind. Eine Medien-Alternative zur Darstellung von Text wird für diejenigen Nutzer bereitgestellt, die von alternativen Präsentationen des Textes profitieren. Medien-Alternativen zur Darstellung von Text können reine Audio-, reine Video- (einschließlich Gebärdensprachvideos) oder gemischte Audio-Video-Darstellungen sein.
Natürliche Sprache	Gesprochene, geschriebene oder durch Zeichen dargestellte Sprache, die sich historisch entwickelt hat und der zwischenmenschlichen Kommunikation dient.
Navigation	Mensch-Computer-Interaktionsmöglichkeit zur Auswahl von Programmen und Dateien. Diese Art der Navigation bezieht sich auf die grafische Benutzeroberfläche eines Computers und dessen Bildschirmdarstellung. Über dargestellte, anwählbare Schaltflächen und Piktogramme können Nutzer Programme aufrufen, Dateien auswählen und mit Inhalten füllen.
Navigationssequenz	Die Navigationssequenz ist die Reihenfolge des von Element zu Element fortschreitenden Fokuswechsels, wenn zur Navigation eine Tastaturschnittstelle verwendet wird.
Nicht-Text-Inhalt	Inhalt, der keine Abfolge von Buchstaben darstellt, der durch Programme erkennbar ist oder dessen Abfolge keine natürliche Sprache darstellt. Nicht-Text-Inhalte sind auch ASCII-Zeichnungen (Muster aus Buchstaben), Emoticons (Zeichenfolgen aus Satzzeichen, die ein Smiley nachbilden), Leetspeak (Ersetzen von Buchstaben durch ähnlich aussehende Ziffern und Sonderzeichen) oder Bilder, die Text abbilden.
Präsentation	Inhalt, der in einer für den Nutzer wahrnehmbaren Form dargestellt wird.
Rechtliche Verpflichtungen	Transaktionen, bei denen der Nutzer Vereinbarungen eingeht, aus denen sich gesetzlich bindende Rechte und Pflichten ergeben.
Rein dekorative Elemente	Dienen nur einem ästhetischen Zweck, liefern keine Informationen und haben keine weiteren Funktionen. Ein Text ist rein dekorativ, wenn die Wörter umgeordnet oder ersetzt werden können und ausschließlich der ästhetische Zweck erfüllt bleibt.
Reines Audio	Eine zeitabhängige Darstellung, die ausschließlich aus Audio-Inhalten besteht (kein Video und keine Interaktionen).

Glossar

Reines Video	Eine zeitabhängige Darstellung, die ausschließlich Video-Inhalte enthält (kein Audio und keine Interaktionen).
Relative LuminanzAnmerkungen:	Die relative Helligkeit eines beliebigen Punktes im Farbraum, normalisiert zu 0 für den dunkelsten schwarzen Punkt und normalisiert zu 1 für den hellsten weißen Punkt.Im standardmäßigen Rot-Grün-Blau-Farbraum (sRGB-Farbraum) ist die relative Luminanz definiert als L = 0,2126 * R + 0,7152 * G + 0,0722 * B Dabei sind R, G und B wie folgt definiert: a) wenn RsRGB ≤ 0,03928 dann R = RsRGB / 12,92 oder R = [(RsRGB+0,055)/ 1,055]2.4 b) wenn GsRGB ≤ 0,03928 dann G = GsRGB / 12,92 oder G = [(GsRGB+0,055)/ 1,055]2.4 c) wenn BsRGB ≤ 0,03928 dann B = BsRGB / 12,92 oder B = [(BsRGB+0,055) / 1,055]2.4 und dabei RsRGB, GsRGB und BsRGB definiert sind als: aa) RsRGB = R8bit / 255 bb) GsRGB = G8bit / 255 cc) BsRGB = B8bit / 255. Fast alle Systeme, die heutzutage verwendet werden, um Webinhalte zu betrachten, setzen eine sRGB-Verschlüsselung voraus. Sofern nicht bekannt ist, dass ein anderer Farbraum zur Anzeige und Verarbeitung des Inhalts verwendet wird, sollten Autoren diesen beliebigen Punkt durch Verwendung des sRGB-Farbraums bewerten. Wenn ein anderer Farbraum verwendet wird, gilt das Mindestkontrastverhältnis der Bedingung 1.4.3. Wenn nach der Ausgabe Fehlerdiffusion (Dithering) auftritt, dann wird der Wert der Quellfarbe verwendet. Für Farben, die am Ursprung schwanken, sollten die Durchschnittswerte der Farben verwendet werden (durchschnittlich R, durchschnittlich G, durchschnittlich B). Es sind Hilfsmittel verfügbar, welche die Berechnung zum Testen des Kontrastes und des Blitzens automatisch ausführen. Eine Mathematical-Markup-Language (MathML)-Version der Definition zur relativen Luminanz ist verfügbar.
Rolle	Text oder Zahl, an der eine Software die Funktion einer Komponente innerhalb eines Webinhalts erkennen kann.
Schriftgrafik	Text, der in nicht-textlicher Form (zum Beispiel als Bild oder in einem Bild) dargestellt wird, um einen bestimmten visuellen Effekt zu erzielen. Dies gilt nicht für einen Text, der Teil eines Bildes ist, das einen anderen wesentlichen visuellen Inhalt hat.

Glossar

Struktur	Bezeichnet die Art, wie Teile einer Webseite im Verhältnis zu anderen Teilen organisiert sind, sowie die Organisation einer Sammlung von Webseiten.
Synchronisierte Medien	Synchronisierte Medien sind Audio- und Video-Inhalte, die mit anderen Formaten zur Darstellung von Informationen oder mit zeitabhängigen interaktiven Kornponenten oder mit beidem synchronisiert werden. Dies gilt nicht für Medien, die als Medien-Alternative für Text klar gekennzeichnet sind.
Tag	Auszeichnung eines Datenbestandes mit Zusatzinformationen, die je nach Verwendungsgebiet unterschiedlichen Zwecken dienen.
Tastaturschnittstelle	Software-Schnittstelle für Eingaben über die Tastatur. Eine Tastaturschnittstelle ermöglicht es Nutzern, Programme über die Tastatur zu bedienen, obwohl die ursprüngliche Technologie keine Tastatur aufweist.
Text	Abfolge von Buchstaben, die durch Programme erkennbar ist und etwas in natürlicher Sprache ausdrückt.
Text-Alternative	Durch Programme erkennbarer Text, der anstelle eines Nicht-Text-Inhalts verwendet wird, oder Text, der zusätzlich zu einem Nicht-Text-Inhalt verwendet wird und auf den der programmtechnisch bestimmte Text verweist.
Ungebräuchliche Wörter	Wörter, bei deren Verwendung es notwendig ist, den Nutzern die Bedeutung zu erläutern, damit diese den Inhalt richtig verstehen.
Verbundene Webangebote	Sammlung von Webseiten, die einen gemeinsamen Zweck haben und die vom gleichen Autor, der gleichen Gruppe oder Organisation stammen. Unterschiedliehe Sprachversionen werden als verschiedene Reihen von Webseiten behandelt.
Video	Die Technik von sich bewegenden oder aufeinander folgenden Fotos oder Bildern. Ein Video kann aus animierten oder fotografischen Bildern oder aus beidem bestehen.
Vollbildmodus	Darstellungsfeld, das bei standardmäßigen Laptops und Computern der Bildschirmgröße entspricht.
Volltext-Alternative für synchronisierte Medien einschließlich jeglicher Interaktion	Dokument mit schriftlicher Beschreibung aller visuellen Schauplätze, Handlungen, Sprecher und nichtsprachlichen Geräusche sowie den Niederschriften aller Dialoge in richtiger Reihenfolge; in Kombination mit der Möglichkeit, zu Ergebnissen zu kommen, die durch Interaktion (sofern vorhanden) im Verlauf der synchronisierten Medien erreicht werden.Ein Drehbuch, das für die Erstellung synchronisierter Medien verwendet wird, ist von dieser Definition nur dann umfasst, wenn es entsprechend dem endgültigen synchronisierten Medium nach Bearbeitung korrigiert wurde.
Webseite	Eine nicht-eingebettete Ressource abgerufen von einem einzelnen URL unter der Benutzung von HTTP plus jeder anderen Ressource, die beim Rendern benutzt wird oder die dazu bestimmt ist, mit der Ursprungs-Ressource zusammen durch einen Benutzeragenten gerendert zu werden.

Glossar	
Wesentlich	Informationen sind wesentlich, wenn sich bei ihrem Fehlen Information oder Funktionalität des Inhalts grundlegend ändern. Außerdem können Information und Funktionalität nicht auf andere Weise erreicht werden.
Zeitgesteuerte Medien	Kombination verschiedener Medien (zum Beispiel Text, Bild, Animation, Audio, Video) mit interaktiven zeitabhängigen Komponenten. Ziel zeitgesteuerter Medien ist es, Informationen steuerbar zu machen und damit das Verständnis bei den Nutzern zu erhöhen.
Zweck eines Links	Ergebnis, das durch Aktivierung eines Hyperlinks erreicht wird.

Gesetz zur Gleichstellung von Menschen mit Behinderung in Schleswig-Holstein (Landesbehindertengleichstellungsgesetz – LBGG)

Vom 18. November 2008 (GVOBl. Schl.-H. S. 582)

Zuletzt geändert durch
Gesetz zur Änderung des Landesbehindertengleichstellungsgesetzes
vom 2. April 2019 (GVOBl. Schl.-H. S. 76)

Inhaltsübersicht

I

Abschnitt I
Allgemeine Bestimmungen

§ 1 Gesetzesziel

(1) Ziel dieses Gesetzes ist es, die Benachteiligung von Menschen mit Behinderung zu beseitigen und zu verhindern sowie gleichwertige Lebensbedingungen und Chancengleichheit für Menschen mit Behinderung herzustellen, ihnen die gleichberechtigte Teilhabe am Leben in der Gesellschaft zu gewährleisten und ein selbstbestimmtes Leben zu ermöglichen.

(2) Die Träger der öffentlichen Verwaltung fördern im Rahmen ihrer gesetzlichen und satzungsmäßigen Aufgaben aktiv die Verwirklichung der Ziele gemäß Absatz 1 und ergreifen insbesondere geeignete Maßnahmen zur Herstellung der Barrierefreiheit in ihrem jeweiligen Aufgabenbereich. Sie dürfen Menschen mit Behinderung nicht benachteiligen.

(3) Bei der Verwirklichung der Gleichstellung von Frauen und Männern sind die besonderen Belange von Frauen mit Behinderung zu berücksichtigen. Dabei sind Maßnahmen zur Förderung der Gleichstellung von Frauen mit Behinderung, die dem Abbau oder dem Ausgleich bestehender Ungleichheiten dienen, zulässig.

§ 2 Begriffsbestimmungen

(1) Menschen sind behindert, wenn ihre körperliche Funktion, geistige Fähigkeit oder seelische Gesundheit mit hoher Wahrscheinlichkeit länger als sechs Monate von dem für das Lebensalter typischen Zustand abweichen und daher ihre Teilhabe am Leben in der Gesellschaft beeinträchtigt ist.

(2) Eine Benachteiligung im Sinne dieses Gesetzes liegt vor, wenn Menschen mit und ohne Behinderung ohne zwingenden Grund unterschiedlich behandelt werden und dadurch Menschen mit Behinderung in der gleichberechtigten Teilhabe am Leben in der Gesellschaft unmittelbar oder mittelbar beeinträchtigt werden. Eine unterschiedliche Behandlung ist insbesondere dann nicht gerechtfertigt, wenn sie ausschließlich oder überwiegend auf Umständen beruht, die in unmittelbarem oder mittelbarem Zusammenhang mit der Behinderung steht. Ist eine Benachteiligung aus zwingenden Gründen nicht zu vermeiden, ist für den Ausgleich ihrer Folgen Sorge zu tragen, soweit hiermit nicht ein unverhältnismäßiger Mehraufwand verbunden ist.

(3) Barrierefrei sind bauliche und sonstige Anlagen, Verkehrsmittel, technische Gebrauchsgegenstände, Systeme der Informationsverarbeitung, akustische und visuelle Informationsquellen und Kommunikationseinrichtungen sowie andere gestaltete Lebensbereiche, wenn sie für Menschen mit Behinderung in der allgemein üblichen Weise, ohne besondere Erschwernis und grundsätzlich ohne fremde Hilfe zugänglich und nutzbar sind.

§ 3 Klagerecht

(1) Ein Interessenverband für Menschen mit Behinderung nach Absatz 3 kann, ohne in seinen Rechten verletzt zu sein, Klage nach Maßgabe der Verwaltungsgerichtsordnung erheben auf Feststellung eines Verstoßes gegen

1. das Benachteiligungsverbot der Träger der öffentlichen Verwaltung nach § 1 Abs. 2,
2. die Verpflichtung der Träger der öffentlichen Verwaltung zur Herstellung der Barrierefreiheit nach § 10, § 11 Abs. 1, hinsichtlich öffentlich zugänglicher Verkehrsanlagen nach § 11 Abs. 2 sowie nach § 13,
3. die Verpflichtung zur Unterrichtung von gehörlosen Schülerinnen und Schülern in Deutscher Gebärdensprache und lautsprachbegleitenden Gebärden nach § 25 Abs. 7 Satz 1 Schulgesetz.

(2) Eine Klage ist nur zulässig, wenn der Verband durch die Maßnahme in seinem satzungsgemäßen Aufgabenbereich berührt wird. Soweit ein Mensch mit Behinderung selbst seine Rechte durch eine Gestaltungs- oder Leistungsklage verfolgen kann oder hätte verfolgen können, kann die Klage nach Absatz 1 nur erhoben werden, wenn der Verband geltend macht, dass es sich bei der Maßnahme um einen Fall von allgemeiner Bedeutung handelt. Dies ist insbesondere dann der Fall, wenn eine Vielzahl gleichgelagerter Fälle vorliegt. Für Klagen nach Absatz 1 gelten die Vorschriften des 8. Abschnittes der Verwaltungsgerichtsordnung

entsprechend mit der Maßgabe, dass es eines Vorverfahrens auch dann bedarf, wenn die angegriffene Maßnahme von einer obersten Landesbehörde erlassen worden ist.

(3) Die Klagebefugnis nach Absatz 1 steht Interessenverbänden für Menschen mit Behinderung zu, die

1. nach ihrer Satzung ideell und nicht nur vorübergehend die Belange von Menschen mit Behinderung fördern,
2. nach der Zusammensetzung ihrer Mitglieder oder Mitgliedsvereine und -verbände dazu berufen sind, Interessen von Menschen mit Behinderung auf Landesebene zu vertreten,
3. mindestens drei Jahre bestehen und in diesem Zeitraum im Sinne der Nummer 1 tätig gewesen sind und
4. wegen Verfolgung gemeinnütziger Zwecke nach § 5 Abs. 1 Nr. 9 des Körperschaftssteuergesetzes von der Körperschaftssteuer befreit sind.

(4) Werden Menschen mit Behinderung in ihren Rechten nach Absatz 1 verletzt, können an ihrer Stelle und mit ihrem Einverständnis Verbände nach Absatz 3, die nicht selbst am Verfahren beteiligt sind, Rechtsschutz beantragen. In diesen Fällen müssen alle Verfahrensvoraussetzungen wie bei einem Rechtsschutzersuchen durch den Menschen mit Behinderung selbst vorliegen. Das Einverständnis ist schriftlich zu erklären.

Abschnitt II
Landesbeauftragte oder Landesbeauftragter für Menschen mit Behinderung

§ 4 Wahl und Abberufung

(1) Das Amt der oder des Beauftragten für Menschen mit Behinderung wird bei der Präsidentin oder dem Präsidenten des Schleswig-Holsteinischen Landtages eingerichtet.

(2) Der Landtag wählt ohne Aussprache die Landesbeauftragte oder den Landesbeauftragten mit mehr als der Hälfte seiner Mitglieder für die Dauer von sechs Jahren. Die Wiederwahl ist zulässig. Die oder der Landesbeauftragte soll ein Mensch mit Behinderung sein. Vorschlagsberechtigt sind die Fraktionen des Schleswig-Holsteinischen Landtages. Kommt vor Ablauf der Amtszeit eine Neuwahl nicht zustande, führt die oder der Landesbeauftragte das Amt bis zur Neuwahl weiter.

(3) Die Präsidentin oder der Präsident des Schleswig-Holsteinischen Landtages ernennt die Landesbeauftragte oder den Landesbeauftragten zur Beamtin oder zum Beamten auf Zeit.

(4) Vor Ablauf der Amtszeit kann die oder der Landesbeauftragte nur mit einer Mehrheit von zwei Dritteln der Mitglieder des Landtages abberufen werden. Die oder der Landesbeauftragte kann jederzeit die Entlassung verlangen. Für den Fall der vorzeitigen Abberufung oder Entlassung führt die Stellvertreterin oder der Stellvertreter gemäß § 6a Abs. 1 bis zur Neuwahl die Geschäfte weiter.

§ 5 Aufgaben

(1) Aufgabe der oder des Landesbeauftragten ist es,

1. die gleichberechtigte Teilhabe von Menschen mit Behinderung am Leben in der Gesellschaft aktiv zu fördern,
2. darauf hinzuwirken, dass die Verpflichtung des Landes, für gleichwertige Lebensbedingungen von Menschen mit und ohne Behinderung zu sorgen, in allen Bereichen des gesellschaftlichen Lebens erfüllt wird und
3. die Landesregierung und den Landtag in Grundsatzangelegenheiten von Menschen mit Behinderung zu beraten.

(2) Die oder der Landesbeauftragte wirkt aktiv darauf hin, dass geschlechtsspezifische Benachteiligungen von Frauen mit Behinderung abgebaut und verhindert werden.

(3) Jede Person, jeder Verband oder jede Institution kann sich in Angelegenheiten, die die Lebenssituation von Menschen mit Behinderung betreffen, an die Landesbeauftragte oder den Landesbeauftragten wenden.

I

§ 6 Rechtliche Stellung

Die oder der Landesbeauftragte ist in der Ausübung des Amtes unabhängig und nur dem Gesetz unterworfen. Dies betrifft insbesondere Stellungnahmen gegenüber dem Landtag, Behörden, Verbänden oder der Öffentlichkeit. Sie oder er untersteht der Dienstaufsicht der Präsidentin oder des Präsidenten des Schleswig-Holsteinischen Landtages. Die oder der Landesbeauftragte darf weder einer Regierung noch einer gesetzgebenden Körperschaft des Bundes oder eines Landes noch einer kommunalen Vertretungskörperschaft angehören.

§ 6a Stellvertretung, Mitarbeiterinnen und Mitarbeiter

(1) Die oder der Landesbeauftragte bestellt eine Mitarbeiterin zur Stellvertreterin oder einen Mitarbeiter zum Stellvertreter. Die Stellvertreterin oder der Stellvertreter führt die Geschäfte, wenn die oder der Landesbeauftragte an der Ausübung des Amtes verhindert ist.

(2) Für die Erfüllung der Aufgaben ist der oder dem Landesbeauftragten die notwendige Personal- und Sachausstattung zur Verfügung zu stellen; die Mittel sind im Einzelplan des Landtages in einem gesonderten Kapitel auszuweisen.

(3) Die Mitarbeiterinnen und Mitarbeiter werden auf Vorschlag der oder des Landesbeauftragten ernannt. Sie können nur im Einvernehmen mit ihr oder ihm versetzt oder abgeordnet werden. Ihre Dienstvorgesetzte oder ihr Dienstvorgesetzter ist die oder der Landesbeauftragte, an deren oder dessen Weisungen sie ausschließlich gebunden sind.

§ 7 Unterstützung durch die Träger der öffentlichen Verwaltung

(1) Die Träger der öffentlichen Verwaltung erteilen der oder dem Landesbeauftragten zur Situation von Menschen mit Behinderung Auskunft und unterstützen sie oder ihn bei der Erfüllung der Aufgaben. Die dem Datenschutz dienenden Vorschriften bleiben hiervon unberührt.

(2) Stellt die oder der Landesbeauftragte Verstöße gegen das Benachteiligungsverbot des § 1 Abs. 2 fest, fordert sie oder er eine Stellungnahme an und beanstandet gegebenenfalls festgestellte Verstöße. Mit der Beanstandung können Vorschläge zur Beseitigung der Mängel und zur Verbesserung der Umsetzung des Benachteiligungsverbots verbunden werden.

§ 8 Beteiligung

(1) Die Landesregierung beteiligt die Landesbeauftragte oder den Landesbeauftragten frühzeitig und umfassend an allen Gesetzes- und Verordnungsvorhaben, die die Belange von Menschen mit Behinderung betreffen.

(2) Bei Gesetzesvorhaben, die den Zuständigkeitsbereich der oder des Landesbeauftragten betreffen, hat sie oder er das Recht auf Anhörung vor dem Landtag.

§ 9 Bericht

Die oder der Landesbeauftragte berichtet dem Landtag alle zwei Jahre über die Situation von Menschen mit Behinderung in Schleswig-Holstein sowie über ihre oder seine Tätigkeit. Darüber hinaus kann die oder der Landesbeauftragte dem Landtag weitere Berichte vorlegen.

Abschnitt III
Besondere Vorschriften

§ 10 Gebärdensprache

(1) Die Deutsche Gebärdensprache wird als eigenständige Sprache anerkannt. Lautsprachbegleitende Gebärden werden als Kommunikationsform der deutschen Sprache anerkannt.

(2) Hörbehinderte Menschen (Gehörlose, Ertaubte, hochgradig Schwerhörige) haben das Recht, in Verwaltungsverfahren mit Trägern der öffentlichen Verwaltung in Deutscher Gebärdensprache oder mit lautsprachbegleitenden Gebärden zu kommunizieren oder, soweit dies nicht möglich ist, andere geeignete Kommunikationshilfen zu verwenden, sofern nicht eine schriftliche Verständigung möglich ist. Die Träger der öffentlichen Verwaltung haben dafür auf Wunsch der Berechtigten

eine Gebärdensprachdolmetscherin oder einen Gebärdensprachdolmetscher hinzuzuziehen oder andere geeignete Kommunikationshilfen bereitzustellen, mit deren oder dessen Hilfe die Verständigung erfolgen kann. Kann eine Frist nicht eingehalten werden, weil eine Gebärdensprachdolmetscherin oder ein Gebärdensprachdolmetscher oder eine andere geeignete Kommunikationshilfe nicht rechtzeitig zur Verfügung gestellt werden konnte, ist die Frist angemessen zu verlängern. Darüber hinaus soll eine Gebärdensprachdolmetscherin oder ein Gebärdensprachdolmetscher hinzugezogen oder eine andere geeignete Kommunikationshilfe bereitgestellt werden, wenn dies zur Wahrnehmung eigener Rechte unerlässlich ist. Die notwendigen Aufwendungen sind von dem Träger der öffentlichen Verwaltung zu tragen. Die Vergütung erfolgt in entsprechender Anwendung des Justizvergütungs- und -entschädigungsgesetzes vom 5. Mai 2004 (BGBl. I S. 718), zuletzt geändert durch Artikel 9 Abs. 2 des Gesetzes vom 16. August 2005 (BGBl. I S. 2437). Welche Kommunikationsformen als andere geeignete Kommunikationshilfen anzusehen sind, richtet sich nach der Kommunikationshilfenverordnung vom 17. Juli 2002 (BGBl. I S. 2650).

§ 11 Herstellung von Barrierefreiheit in den Bereichen Bau- und Verkehr

(1) Neubauten sowie große Um- und Erweiterungsbauten baulicher Anlagen der Träger der öffentlichen Verwaltung sind entsprechend den allgemein anerkannten Regeln der Technik barrierefrei zu gestalten. Von diesen Anforderungen kann abgewichen werden, wenn mit einer anderen Lösung in gleichem Maße die Anforderungen an die Barrierefreiheit erfüllt werden können. Ausnahmen von Satz 1 können hinsichtlich großer Um- und Erweiterungsbauten gestattet werden, wenn die Anforderungen nur mit einem unverhältnismäßigen Mehraufwand erfüllt werden können. Die Bestimmungen der Landesbauordnung bleiben unberührt.

(2) Neubauten, große Um- und Erweiterungsbauten öffentlich zugänglicher Verkehrsanlagen der Träger der öffentlichen Verwaltung sowie die Beschaffungen neuer Beförderungsmittel für den öffentlichen Personennahverkehr sind unter Berücksichtigung der Belange von Menschen mit Behinderung, älterer Menschen sowie anderer Personen mit Mobilitätsbeeinträchtigung zu gestalten oder durchzuführen. Absatz 1 Satz 2 und 3 gilt entsprechend.

§ 12 Barrierefreie Informationstechnik

(1) Die öffentlichen Stellen im Land gestalten ihre Websites und mobilen Anwendungen, einschließlich der für ihre Beschäftigten bestimmten Angebote im Intranet, sowie die von ihnen zur Verfügung gestellten grafischen Programmoberflächen, die mit Mitteln der Informationstechnik dargestellt werden, barrierefrei im Sinne des Artikel 4 der Richtlinie (EU) 2016/2102[1]), soweit dies nicht eine unverhältnismäßige Belastung für die öffentliche Stelle im Land bewirkt. Ob eine unverhältnismäßige Belastung bewirkt würde, ist durch abwägende Bewertung unter Beachtung der Vorgaben in Artikel 5 Absatz 2 der Richtlinie (EU) 2016/2102 festzustellen. Die Gründe für eine unverhältnismäßige Belastung sind in die Erklärung zur Barrierefreiheit nach § 12c einzustellen.

(2) Insbesondere bei Neuanschaffungen, Erweiterungen und Überarbeitungen ist die barrierefreie Gestaltung bereits bei der Planung, Entwicklung, Ausschreibung und Beschaffung zu berücksichtigen.

(3) Die barrierefreie Gestaltung der Websites und mobilen Anwendungen der öffentlichen Stellen im Land erfolgt innerhalb der in Artikel 12 Absatz 3 der Richtlinie (EU) 2016/2102 genannten Fristen.

(4) Die Regelungen zur behindertengerechten Einrichtung und Unterhaltung der Arbeitsstätten zugunsten von Menschen mit Behinderungen in anderen Rechtsvorschriften, ins-

[1]) Richtlinie (EU) 2016/2102 des Europäischen Parlaments und des Rates vom 26. Oktober 2016 über den barrierefreien Zugang zu den Websites und mobilen Anwendungen öffentlicher Stellen (ABl. L 327 S. 1)

besondere im Neunten Buch Sozialgesetzbuch – Rehabilitation und Teilhabe behinderter Menschen –, bleiben unberührt.

(5) Angebote öffentlicher Stellen im Internet, die auf Websites Dritter veröffentlicht werden, sind soweit möglich barrierefrei zu gestalten.

§ 12a Öffentliche Stellen im Land

(1) Öffentliche Stellen im Land im Sinne dieser Vorschrift sind die in Artikel 3 Nummer 1 der Richtlinie (EU) 2016/2102, Artikel 2 Absatz 1 Nummer 4 der Richtlinie (EU) 2014/24[2]) benannten Stellen, insbesondere die Gebietskörperschaften (Land, Kreise, kreisfreie Städte, Gemeinden), die Anstalten, Körperschaften und Stiftungen des öffentlichen Rechts, Beliehene und sonstige Landesorgane, soweit sie öffentlich- rechtliche Aufgaben wahrnehmen sowie Einrichtungen des öffentlichen Rechts oder Verbände, die aus einer oder mehreren Körperschaften oder Einrichtungen des öffentlichen Rechts bestehen. Einrichtungen des öffentlichen Rechts sind alle Einrichtungen, die

1. zu dem besonderen Zweck gegründet wurden, im Allgemeininteresse liegende Aufgaben nicht gewerblicher Art zu erfüllen,
2. Rechtspersönlichkeit besitzen und
3. überwiegend vom Land, anderen Gebietskörperschaften oder von anderen Einrichtungen des öffentlichen Rechts finanziert werden (mehr als 50 Prozent der Gesamtheit der Mittel), oder hinsichtlich ihrer Leitung der Aufsicht dieser Gebietskörperschaften oder Einrichtungen unterstehen oder ein Verwaltungs-, Leitungs- beziehungsweise Aufsichtsorgan haben, das mehrheitlich aus Mitgliedern besteht, die vom Land, von anderen Gebietskörperschaften oder anderen Einrichtungen des öffentlichen Rechts ernannt worden sind.

(2) Öffentliche Stellen im Land sind nicht die öffentlichen Stellen des Bundes und die dem Bund zuzurechnenden öffentlichen Stellen, insbesondere auch nicht Landesverwaltungen, einschließlich der landesunmittelbaren Körperschaften, Anstalten und Stiftungen des öffentlichen Rechts, soweit sie Bundesrecht ausführen.

(3) Die §§ 12 bis 12f gelten nicht für die gemäß Artikel 1 Absatz 3 und 4 der Richtlinie (EU) 2016/2102 ausgenommenen Websites und mobilen Anwendungen.

§ 12b Anforderungen an die Barrierefreiheit, Begriffsbestimmungen

(1) Websites und mobile Anwendungen müssen wahrnehmbar, bedienbar, verständlich und robust gestaltet sein.

(2) Der Begriff

1. „Websites" umfasst die Internet- sowie Intranetauftritte und -angebote;
2. „Mobile Anwendungen" bezeichnet Anwendungssoftware, die von öffentlichen Stellen im Land oder in deren Auftrag zur Nutzung durch die breite Öffentlichkeit auf mobilen Geräten konzipiert und entwickelt wurde. Dazu gehört nicht die Software zur Steuerung dieser Geräte oder die Hardware selbst;
3. „wahrnehmbar" bedeutet, dass dem Nutzer Informationen in einer Weise dargestellt werden, dass er sie wahrnehmen kann;
4. „bedienbar" bedeutet, dass die Nutzer die Komponenten der Nutzerschnittstelle und die Navigation handhaben können;
5. „verständlich" bedeutet, dass die Informationen und die Handhabung der Nutzerschnittstelle verständlich sind;
6. „robust" bedeutet, dass die Inhalte zuverlässig von einer Vielfalt von Benutzeragenten, einschließlich assistiven Technologien, interpretiert werden können.

(3) Die Anforderungen zur barrierefreien Gestaltung ergeben sich aus den Standards gemäß § 3 der Barrierefreie-Informationstechnik-Verordnung vom 12. September 2011 (BGBl. I S. 1843), zuletzt geändert durch Artikel 4 der Verordnung vom 25. November 2016 (BGBl. I S. 2659).

---

[2]) Richtlinie (EU) 2014/24 des Europäischen Parlaments und des Rates vom 26. Februar 2014 über die öffentliche Auftragsvergabe und zur Aufhebung der Richtlinie 2004/18/EG (ABl. L 94 S. 65)

§ 12c Erklärung zur Barrierefreiheit

(1) Die öffentlichen Stellen im Land stellen gemäß Artikel 7 Absatz 1 und 2 der Richtlinie (EU) 2016/2102 eine detaillierte, umfassende und klare Erklärung zur Barrierefreiheit ihrer Websites und mobilen Anwendungen bereit, die in einem zugänglichen Format unter Verwendung der Mustererklärung veröffentlicht wird.

(2) Die Erklärung zur Barrierefreiheit enthält

1. für den Fall, dass ausnahmsweise keine vollständige barrierefreie Gestaltung erfolgt ist,
   a) die Benennung der Teile des Inhalts, die nicht vollständig barrierefrei gestaltet sind,
   b) die Gründe hierfür sowie
   c) gegebenenfalls einen Hinweis auf barrierefrei gestaltete Alternativen;
2. eine unmittelbar zugängliche barrierefrei gestaltete Möglichkeit, elektronisch Kontakt aufzunehmen,
   a) um noch bestehende Barrieren zu melden,
   b) um Informationen zur Umsetzung der Barrierefreiheit zu erfragen und
   c) um die gemäß Artikel 1 Absatz 4 und Artikel 5 der Richtlinie (EU) 2016/2102 ausgenommenen Informationen anzufordern;
3. einen Hinweis auf die Möglichkeit, Beschwerde bei der nach § 12e zu errichtenden zentralen Beschwerdestelle einzulegen mit einer entsprechenden Verlinkung.

(3) Mitteilungen, Anfragen oder Anforderungen nach Absatz 2 werden innerhalb einer angemessenen Frist in einer angemessenen Weise von der jeweiligen öffentlichen Stelle beantwortet.

(4) Die Erklärung zur Barrierefreiheit ist innerhalb der in Artikel 12 Absatz 3 der Richtlinie (EU) 2016/2102 genannten Fristen zu veröffentlichen.

§ 12d Überwachung und Berichterstattung

(1) Die Umsetzung der Barrierefreiheitsanforderungen gemäß Artikel 4 der Richtlinie (EU) 2016/2102 wird periodisch unter Anwendung der in Artikel 8 Absatz 2 der Richtlinie (EU) 2016/2102 vorgesehenen Methode überwacht. Der notwendige Inhalt der Überwachung ergibt sich aus Artikel 8 Absatz 3 der Richtlinie (EU) 2016/2102.

(2) Über die Ergebnisse der Überwachung, einschließlich der Messdaten im Sinne des Artikel 3 Nummer 8 der Richtlinie (EU) 2016/2102 sowie über die Nutzung des Durchsetzungsverfahrens nach § 12e wird der Bundesfachstelle für Barrierefreiheit spätestens ab 30. Juni 2021 und danach alle drei Jahre berichtet. Der Bericht wird auf der Grundlage der in Artikel 8 Absatz 6 Satz 2 der Richtlinie (EU) 2016/2102 genannten Modalitäten für die Berichterstattung erstellt.

(3) Die Überwachung nach Absatz 1 wird von einer durch Rechtsverordnung nach § 12f zu benennenden zentralen Stelle durchgeführt. Diese Stelle erstellt auch die Berichte nach Absatz 2.

§ 12e Beschwerdestelle für barrierefreie Informationstechnik

Bei der oder dem Landesbeauftragten für Menschen mit Behinderung wird eine zentrale Beschwerdestelle errichtet, an die sich die Menschen mit Behinderungen wenden können, wenn die Einhaltung der Anforderungen aus Artikel 4 (§ 12b dieses Gesetzes), Artikel 5 (§ 12 Absatz 3 dieses Gesetzes) und Artikel 7 Absatz 1 (§ 12c dieses Gesetzes) der Richtlinie (EU) 2016/2102 in Frage steht.

§ 12f Verordnungsermächtigung

Die Landesregierung wird ermächtigt, durch Rechtsverordnung zur Umsetzung der Richtlinie (EU) 2016/2102 Regelungen zu treffen über:

1. die spezifizierten technischen Standards, die die öffentlichen Stellen im Land bei der barrierefreien Gestaltung der Websites und mobilen Anwendungen anzuwenden haben,
2. das Verfahren zur regelmäßigen Überprüfung und Aktualisierung der Standards der Informationstechnik,

3. die konkreten Anforderungen an die Erklärung zur Barrierefreiheit nach § 12c und das Verfahren zur regelmäßigen Aktualisierung,
4. die Anforderungen und das Verfahren zum Feedbackmechanismus nach § 12c Absatz 2 und 3,
5. das Verfahren vor der zentralen Beschwerdestelle nach § 12e,
6. das Abwägungsverfahren nach § 12 Absatz 1 Satz 2,
7. das Verfahren der Überwachung und zur Berichterstattung nach § 12d,
8. die Durchführung von Schulungsprogrammen für öffentliche Stellen im Land.

§ 13 Gestaltung von Bescheiden, amtlichen Informationen und Vordrucken

Die Träger der öffentlichen Verwaltung haben bei der Gestaltung von Verwaltungsakten, Allgemeinverfügungen, öffentlich-rechtlichen Verträgen, Vordrucken und amtlichen Informationen Behinderungen von Menschen zu berücksichtigen. Blinde und sehbehinderte Menschen können insbesondere verlangen, dass ihnen Verwaltungsakte, Vordrucke und amtliche Informationen in einer für sie wahrnehmbaren Form zugänglich gemacht werden. Gebühren und Auslagen werden nicht erhoben.

§ 14 Landesbeirat zur Teilhabe von Menschen mit Behinderungen

(1) Beim Landesbeauftragten für Menschen mit Behinderung wird ein Landesbeirat zur Teilhabe von Menschen mit Behinderungen gebildet, der die Landesbeauftragte oder den Landesbeauftragten in allen wesentlichen Fragen, die die Belange von Menschen mit Behinderungen berühren, berät und unterstützt.

(2) Der Landesbeirat besteht aus der oder dem Landesbeauftragten als vorsitzendem Mitglied und weiteren Mitgliedern. Diese sind je eine Vertreterin oder ein Vertreter der Landesarbeitsgemeinschaft der Bewohnerbeiräte und der Landesarbeitsgemeinschaft der Werkstatträte sowie Personen, welche die oder der Landesbeauftragte für die Dauer der jeweiligen Wahlperiode des Landtages auf Vorschlag von landesweit tätigen Selbstvertretungsorganisationen und Vereinigungen von Menschen mit Behinderungen und deren Angehörigen beruft. Die weiteren Mitglieder nehmen ihre Aufgabe ehrenamtlich wahr.

(3) Die Geschäftsführung liegt bei der Landesbeauftragten oder dem Landesbeauftragten. Der oder die Landesbeauftragte für Menschen mit Behinderung beruft die konstituierende Sitzung des Landesbeirats ein.

(4) Der Beirat gibt sich eine Geschäftsordnung. In der Geschäftsordnung sind insbesondere Regelungen über die Vorbereitung, Einberufung und Durchführung von Sitzungen sowie über die Beschlussfassung zu treffen.

Thüringer Gesetz zur Inklusion und Gleichstellung von Menschen mit Behinderungen (ThürGlG)

Vom 30. Juli 2019 (GVBl. S. 303)

Zuletzt geändert durch
Gesetz zur Änderung des Thüringer Gesetzes zur Inklusion und Gleichstellung von Menschen mit Behinderungen – Verbesserung der Barrierefreiheit und Stärkung des Landesbeauftragten für Menschen mit Behinderungen
vom 21. Dezember 2020 (GVBl. S. 682)

Inhaltsübersicht

Erster Abschnitt
Allgemeine Bestimmungen

§ 1 Ziel des Gesetzes

(1) Ziel des Gesetzes ist es, durch die Umsetzung des Übereinkommens der Vereinten Nationen vom 13. Dezember 2006 über die Rechte von Menschen mit Behinderungen (BGBl. 2008 II S. 1420) den vollen und gleichberechtigten Genuss aller Menschenrechte und Grundfreiheiten durch alle Menschen mit Behinderungen zu fördern, zu schützen und zu gewährleisten und die Achtung der ihnen innewohnenden Würde zu fördern. Dabei wird ihren besonderen Bedarfen Rechnung getragen.

(2) Die Schaffung einer inklusiven Gesellschaft ist eine gesamtgesellschaftliche Aufgabe.

§ 2 Geltungsbereich

Dieses Gesetz gilt für das Land und die kommunalen Gebietskörperschaften, deren Behörden und Dienststellen einschließlich der Justizverwaltung und den Rechnungshof, für die landesunmittelbaren Körperschaften, Anstalten und Stiftungen des öffentlichen Rechts im Sinne des § 105 der Thüringer Landeshaushaltsordnung sowie für Beliehene und sonstige Landesorgane, soweit sie öffentlich-rechtliche Verwaltungsaufgaben wahrnehmen (Träger der öffentlichen Gewalt). Das Gesetz gilt für den Landtag, soweit er öffentlich-rechtliche Verwaltungsaufgaben wahrnimmt.

§ 3 Menschen mit Behinderungen

Menschen mit Behinderungen im Sinne dieses Gesetzes sind Menschen, die langfristige körperliche, seelische, geistige oder Sinnesbeeinträchtigungen haben, welche sie in Wechselwirkung mit einstellungs- und umweltbedingten Barrieren an der vollen, wirksamen und gleichberechtigten Teilhabe an der Gesellschaft hindern können. Als langfristig gilt ein Zeitraum, der mit hoher Wahrscheinlichkeit länger als sechs Monate andauert.

§ 4 Benachteiligung

(1) Eine Benachteiligung im Sinne dieses Gesetzes ist jede nicht gerechtfertigte Gleich- oder Ungleichbehandlung. Insbesondere umfasst diese jede Unterscheidung, Ausschließung oder Beschränkung aufgrund einer Behinderung, die zum Ziel oder zur Folge hat, dass der gleichberechtigte Genuss aller Rechte beeinträchtigt oder vereitelt wird.

(2) Eine unmittelbare Benachteiligung im Sinne des Absatzes 1 liegt vor, wenn eine Person aufgrund einer Behinderung eine weniger günstige Behandlung erfährt, erfahren hat oder erfahren würde als eine andere Person in einer vergleichbaren Situation.

(3) Eine mittelbare Benachteiligung liegt vor, wenn dem Anschein nach neutrale Vorschriften, Kriterien oder Verfahren Personen aufgrund einer Behinderung gegenüber anderen Personen in besonderer Weise benachteiligen können, es sei denn, die betreffenden Vorschriften, Kriterien oder Verfahren sind durch ein rechtmäßiges Ziel sachlich gerechtfertigt und die Mittel sind zur Erreichung dieses Zieles angemessen und erforderlich.

(4) Die Versagung von angemessenen Vorkehrungen für Menschen mit Behinderungen ist eine Benachteiligung im Sinne dieses Gesetzes. Angemessene Vorkehrungen sind Maßnahmen, die im Einzelfall geeignet und erforderlich sind, um zu gewährleisten, dass Menschen mit Behinderungen gleichberechtigt mit anderen ihre Rechte wahrnehmen können. Derartige Vorkehrungen sind als angemessen zu betrachten, wenn das für den Träger der öffentlichen Gewalt nicht mit einer unverhältnismäßigen Belastung verbunden ist.

(5) Besondere Maßnahmen, die zur Beschleunigung oder Herbeiführung der tatsächlichen Gleichberechtigung von Menschen mit Behinderungen erforderlich sind, gelten nicht als Benachteiligung im Sinne dieses Gesetzes.

§ 5 Barrierefreiheit

Barrierefrei sind bauliche und sonstige Anlagen, Straßen, Wege, Plätze, Verkehrsmittel, technische Gebrauchsgegenstände, Systeme der Informationsverarbeitung, akustische und visuelle Informationsquellen und Kommunikationseinrichtungen sowie andere gestaltete Lebensbereiche, insbesondere Dienstleistungen, wenn sie für Menschen mit Behinderungen in der allgemein üblichen Weise ohne besondere Erschwernis und grundsätzlich ohne fremde Hilfe auffindbar, zugänglich und nutzbar sind. Zur Auffi ndbarkeit, Zugänglichkeit und Nutzbarkeit gehört auch die Gewährleistung der Verständlichkeit von Informationen, die Bildillustrationen mit einschließt. Eine besondere Erschwernis liegt auch dann vor, wenn Menschen mit Behinderungen die Mitnahme oder der Einsatz benötigter Hilfsmittel verweigert oder erschwert wird, soweit dies nicht durch höherrangige Belange begründet ist.

Zweiter Abschnitt Verpflichtung zur Gleichstellung und zur Herstellung der Barrierefreiheit

§ 6 Umsetzung von Inklusion und Gleichstellung

(1) Die Träger der öffentlichen Gewalt sind verpflichtet, die in § 1 Abs. 1 genannten Ziele im Rahmen ihres jeweiligen Aufgabenbereichs umzusetzen, sich aktiv dafür einzusetzen und die besonderen Verpflichtungen dieses Gesetzes einzuhalten. Sie wirken darauf hin, dass auch Vereinigungen, Einrichtungen und juristische Personen des Privatrechts, deren Anteile sich unmittelbar oder mittelbar ganz oder überwiegend in ihrer Hand befinden, diese Ziele in angemessener Weise berücksichtigen.

(2) Das Land, sowie im eigenen Wirkungskreis die Landkreise und kreisfreien Städte, erstellen Maßnahmenpläne zur Erreichung der in § 1 Abs. 1 genannten Ziele unter Beteiligung von Menschen mit Behinderungen und ihrer Interessenvertretungen. Der Landtag ist seiner verfassungsrechtlichen Stellung entsprechend an der Erstellung der Maßnahmenpläne des Landes zu beteiligen. Die Maßnahmenpläne sollen einen Zeitraum von nicht mehr als fünf Jahren umfassen und sind im Rahmen eines fortlaufenden Beteiligungsprozesses spätestens nach Ablauf dieses Zeitraums fortzuschreiben. Der Landtag, der jeweilige Kreistag oder der jeweilige Stadtrat wird über die Erfüllung des jeweils für das Gebiet erstellten Maßnahmenplans sowie dessen Fortschreibung informiert. Die Landkreise und kreisfreien Städte informieren den Landesbeauftragten für Menschen mit Behinderungen über die Erstellung und Fortschreibung von Maßnahmenplänen. Gemeinden können Maßnahmenpläne erstellen.

(3) Die Landkreise und kreisfreien Städte erstellen die Maßnahmenpläne erstmalig im Jahr 2023.

(4) Empfänger öffentlicher Zuwendungen können nach Maßgabe der jeweiligen haushalts- und förderrechtlichen Bestimmungen verpflichtet werden, die in § 1 Abs. 1 genannten Ziele zu beachten.

§ 7 Gleichstellungsgebot

(1) Bei der Anwendung von Rechtsvorschriften ist zur Durchsetzung der Gleichstellung der Geschlechter den besonderen Belangen von Frauen mit Behinderungen Rechnung zu tragen. Ebenfalls ist die erhöhte Gefahr einer Intersektionalität von Frauen mit Behinderungen besonders zu berücksichtigen, um Benachteiligungen von Frauen mit Behinderungen wegen mehrerer Gründe zu vermeiden oder bestehende Benachteiligungen zu beseitigen. Das Thüringer Gleichstellungsgesetz vom 6. März 2013 (GVBl. S. 49) in der jeweils geltenden Fassung bleibt hiervon unberührt.

(2) Die Pflege von Menschen mit Behinderungen soll auf deren Wunsch nach Möglichkeit von einer Person gleichen Geschlechts durchgeführt werden.

§ 8 Benachteiligungsverbot

(1) Die Träger der öffentlichen Gewalt dürfen niemanden aufgrund einer Behinderung benachteiligen. Erfolgt eine Benachteiligung aufgrund von Behinderungen und wegen anderer Gründe, so kann eine unterschiedliche Behandlung nur gerechtfertigt werden, wenn

sich die Rechtfertigung auf alle diese Gründe erstreckt, derentwegen die unterschiedliche Behandlung erfolgt.

(2) Macht ein Mensch mit Behinderungen eine Benachteiligung durch einen Träger der öffentlichen Gewalt glaubhaft, so muss der Träger beweisen, dass diese Benachteiligung nicht vorliegt, sie durch zwingende Gründe geboten ist oder hierfür nicht auf die Behinderung bezogene, sachliche Gründe vorliegen.

(3) Besondere Benachteiligungsverbote zugunsten von Menschen mit Behinderungen in anderen Rechtsvorschriften, insbesondere im Neunten Buch Sozialgesetzbuch, bleiben unberührt.

§ 9 Grundsätzliche Aufgaben

(1) Die Träger der öffentlichen Gewalt prüfen bei der Erarbeitung und Umsetzung von Rechts- und Verwaltungsvorschriften sowie bei politischen Konzepten zur Durchführung des Übereinkommens der Vereinten Nationen über die Rechte von Menschen mit Behinderungen und bei anderen Entscheidungsprozessen in Fragen, die Menschen mit Behinderungen betreffen, die Auswirkungen auf Menschen mit Behinderungen und stellen deren Gleichstellung sicher. Dabei haben sie die jeweils zuständige für Menschen mit Behinderungen beauftragte Person einzubeziehen.

(2) Die Träger der öffentlichen Gewalt treffen Maßnahmen zur Aufklärung ihrer Beschäftigten im Rahmen der Weiterbildung mit dem Ziel, das Verständnis und die Akzeptanz für die Belange von Menschen mit Behinderungen zu fördern.

§ 10 Herstellung der Barrierefreiheit in den Bereichen Bau und Verkehr

(1) Neubauten sowie Um- oder Erweiterungsbauten der Träger der öffentlichen Gewalt sind nach Maßgabe der geltenden Rechtsvorschriften barrierefrei zu gestalten; dies gilt auch für die nicht öffentlich zugänglichen Bereiche, soweit damit keine unverhältnismäßige Belastung verbunden ist. Bestandsgebäude der Träger der öffentlichen Gewalt, die öffentlich zugänglich sind, sollen nach Maßgabe der geltenden Rechtsvorschriften barrierefrei gestaltet werden, soweit damit keine unverhältnismäßige Belastung verbunden ist.

(2) Die Träger der öffentlichen Gewalt erstellen Berichte über den Stand der Barrierefreiheit der von ihnen genutzten Liegenschaften bis zum 30. Juni 2022 und leiten diese an das für Bauwesen zuständige Ministerium weiter. Bei der Erfassung des Standes der Barrierefreiheit der Bestandsgebäude können in begründeten Einzelfällen im Einvernehmen mit dem für Bauwesen zuständigen Ministerium und nach Anhörung des Landesbeauftragten für Menschen mit Behinderungen einzelne genutzte Liegenschaften von der Betrachtung ausgenommen werden.

(3) Die Träger der öffentlichen Gewalt sollen anlässlich der Durchführung von investiven Baumaßnahmen nach Absatz 1 Satz 1 bauliche Barrieren in den nicht von diesen Baumaßnahmen unmittelbar betroffenen Gebäudeteilen feststellen und unter Berücksichtigung der baulichen Gegebenheiten abbauen, soweit mit dem Abbau keine unverhältnismäßige Belastung verbunden ist sowie dieser den Umfang der durchzuführenden investiven Baumaßnahmen nach Absatz 1 Satz 1 nicht wesentlich übersteigt und deren Ausführung nicht wesentlich beeinträchtigt.

(4) Die Träger der öffentlichen Gewalt sind verpflichtet, die Barrierefreiheit bei Anmietungen der von ihnen genutzten Bauten zu berücksichtigen. Mit Inkrafttreten dieses Gesetzes sollen nur barrierefreie Bauten oder Bauten, in denen die baulichen Barrieren unter Berücksichtigung der baulichen Gegebenheiten abgebaut werden können, angemietet werden, soweit deren Anmietung keine unverhältnismäßige Belastung zur Folge hätte. Bauliche Barrierefreiheit muss nicht vorliegen, wenn eine Anmietung lediglich kurzzeitig beziehungsweise konkret bedarfsorientiert erfolgen soll.

(5) Sonstige bauliche oder andere Anlagen der Träger der öffentlichen Gewalt, öffentliche Wege, Plätze und Straßen sowie öffentlich zugängliche Verkehrsanlagen und Beför-

derungsmittel im öffentlichen Personenverkehr sind nach Maßgabe der einschlägigen Rechtsvorschriften barrierefrei zu gestalten.

(6) Die Landesregierung prüft mit Unterstützung des Landesbeauftragten für Menschen mit Behinderungen und den Verbänden und Institutionen der Menschen mit Behinderungen regelmäßig den Aktualisierungs- und Anpassungsbedarf der einschlägigen Rechtsvorschriften in den Bereichen Bau und Verkehr und berichtet dem Landtag einmal in der Legislaturperiode über das Ergebnis der Prüfung.

§ 11 Berücksichtigung der Inklusion in der Ausbildung

Im Rahmen der beruflichen Ausbildung und Weiterbildung sind soweit möglich die Belange von Menschen mit motorischen, sensorischen, kognitiven und sprachlichen Einschränkungen sowie die Anforderungen der Inklusion zu berücksichtigen. Dies gilt insbesondere bei der beruflichen Ausbildung der Architektur-, Bau-, Verkehrs-, Medien-, Informatik-, Lehr-, Sozial- und Gesundheitsberufe. Im Bereich der beruflichen Ausbildung der Architektur-, Bau-, Verkehrs-, Medien- und Informatikberufe sind zu den jeweiligen Anforderungen der Barrierefreiheit verpflichtende Leistungsnachweise vorzusehen. Das Land vereinbart mit seinen landesunmittelbaren Ausbildungsstätten Näheres über Inhalt und Umfang der zur Erfüllung nach den Sätzen 1 bis 3 zu beachtenden Verpflichtungen. Die Sätze 3 und 4 gelten nicht für die Hochschulen des Landes.

§ 12 Recht auf Verwendung von Gebärdensprache oder anderen Kommunikationsformen

(1) Die Deutsche Gebärdensprache ist als eigenständige Sprache anerkannt.

(2) Lautsprachbegleitende Gebärden sind als Kommunikationsform der deutschen Sprache anerkannt.

(3) Menschen mit Hörbeeinträchtigungen und Menschen mit Sprachbeeinträchtigungen haben nach Maßgabe der Rechtsverordnung nach Absatz 6 gegenüber den Trägern der öffentlichen Gewalt zur Wahrnehmung eigener Rechte im Verwaltungsverfahren das Recht, in Deutscher Gebärdensprache, mit lautsprachbegleitenden Gebärden, durch Lormen, mit Hilfe von Schriftdolmetschern oder mit anderen geeigneten Kommunikationshilfen zu kommunizieren.

(4) Die Träger der öffentlichen Gewalt haben auf Wunsch der Berechtigten nach Absatz 3 im notwendigen Umfang die Übersetzung durch einen Gebärdensprachdolmetscher oder die Verständigung mit anderen geeigneten Kommunikationshilfen sicherzustellen und die notwendigen Aufwendungen nach Maßgabe der Rechtsverordnung nach Absatz 6 zu tragen. Sie haben im Rahmen ihrer Möglichkeiten und des Bedarfs die dafür erforderlichen Voraussetzungen zu schaffen.

(5) Eltern mit Hörbeeinträchtigungen oder Sprachbeeinträchtigungen mit Wohnsitz in Thüringen werden nach Maßgabe der Rechtsverordnung nach Absatz 6 auf Antrag die notwendigen Aufwendungen für die Kommunikation mit der Schule in Deutscher Gebärdensprache, mit lautsprachbegleitenden Gebärden, durch Lormen oder mit anderen geeigneten Kommunikationshilfen erstattet, soweit die entsprechende Kommunikation nicht durch die Schule sichergestellt werden kann. Der Anspruch auf Erstattung der Aufwendungen für die Kommunikation mit einer Schule ist gegenüber dem für die Schule zuständigen Schulamt geltend zu machen. Eltern mit Hör- oder Sprachbeeinträchtigungen mit Wohnsitz in Thüringen werden nach Maßgabe der Rechtsverordnung nach Absatz 6 auf Antrag die notwendigen Aufwendungen für die Kommunikation mit einer Kindertageseinrichtung in Deutscher Gebärdensprache, mit lautsprachbegleitenden Gebärden oder über andere geeignete Kommunikationshilfen nach Maßgabe des SGB VIII beziehungsweise Kinder- und Jugendhilfegesetzes (KJHG) erstattet. Der Anspruch für die Erstattung der notwendigen Aufwendungen für die Kommunikation mit einer Kindertageseinrichtung richtet sich gegen den Landkreis oder die kreisfreie Stadt, als örtlichen Träger der öffentlichen Jugendhilfe, in deren

Zuständigkeitsbereich das Kind die Kindertageseinrichtung besucht.

(6) Die Landesregierung bestimmt durch Rechtsverordnung

1. Anlass und Umfang des Anspruchs auf Bereitstellung eines Gebärdensprachdolmetschers oder anderer geeigneter Kommunikationshilfen,
2. Art und Weise der Bereitstellung von Gebärdensprachdolmetschern oder anderen geeigneten Kommunikationshilfen für die Kommunikation zwischen Menschen mit Hörbeeinträchtigungen oder Sprachbeeinträchtigungen und den Trägern der öffentlichen Gewalt,
3. die Grundsätze für eine angemessene Vergütung oder eine Erstattung von notwendigen Aufwendungen für die Dolmetscherdienste oder den Einsatz anderer geeigneter Kommunikationshilfen und
4. Kommunikationsformen, die als andere geeignete Kommunikationshilfen im Sinne der Absätze 3 bis 6 Nr. 1 bis 3 anzusehen sind.

§ 13 Gestaltung von Bescheiden und Vordrucken

(1) Die Träger der öffentlichen Gewalt haben bei der Gestaltung von Bescheiden, Allgemeinverfügungen, öffentlich-rechtlichen Verträgen und Vordrucken Belange von Menschen mit Behinderungen zu berücksichtigen. Blinde und Menschen mit Sehbeeinträchtigungen können zur Wahrnehmung eigener Rechte im Verwaltungsverfahren nach Maßgabe der Rechtsverordnung nach Absatz 2 verlangen, dass ihnen Bescheide, Allgemeinverfügungen, öffentlich-rechtliche Verträge und Vordrucke ohne zusätzliche Kosten barrierefrei zugänglich gemacht werden. Bestimmungen über Form, Bekanntmachung und Zustellung von Verwaltungsakten bleiben unberührt.

(2) Die Landesregierung bestimmt durch Rechtsverordnung unter Berücksichtigung der technischen, finanziellen und verwaltungsorganisatorischen Möglichkeiten, unter welchen Voraussetzungen und in welcher Art und Weise die in Absatz 1 genannten Dokumente Blinden, Menschen mit Sehbeeinträchtigungen und Menschen mit kognitiven Beeinträchtigungen zugänglich gemacht werden.

(3) Rechtsverordnungen nach diesem Gesetz gelten für den Landtag nur nach Maßgabe einer Umsetzungsanordnung des Präsidenten des Landtags.

§ 14 Verständlichkeit und Leichte Sprache

(1) Die Träger der öffentlichen Gewalt müssen mit Menschen mit kognitiven Beeinträchtigungen in einfacher und leicht verständlicher Sprache kommunizieren. Insbesondere sollen sie diesen Menschen auf Verlangen Bescheide, Allgemeinverfügungen, öffentlich-rechtliche Verträge und Vordrucke ohne zusätzliche Kosten in einfacher und leicht verständlicher Art und Weise erklären. Diese Erklärung kann durch die Träger der öffentlichen Gewalt sowohl in mündlicher Form als auch in schriftlicher Form in Leichter Sprache erfolgen.

(2) Die Träger der öffentlichen Gewalt berücksichtigen die Belange von Menschen mit Sinnesbeeinträchtigungen und Menschen mit kognitiven Beeinträchtigungen bei der Veröffentlichung und Herausgabe von Informationen, die sich speziell an Menschen mit Behinderungen im Sinne des § 3 richten. Sie sollen durch Weiterbildung ihrer Mitarbeiter darauf hinwirken, dass entsprechende Kompetenzen für das Verfassen von Texten in Leichter Sprache auf- beziehungsweise ausgebaut werden.

§ 15 Zielvereinbarungen

(1) Soweit nicht gesetzliche oder verordnungsrechtliche Vorschriften entgegenstehen, können zur Herstellung der Barrierefreiheit zwischen Landesverbänden von Menschen mit Behinderungen oder den Beauftragten nach den §§ 17 oder 23 Abs. 1 Satz 1 einerseits und Unternehmen oder Unternehmensverbänden der verschiedenen Wirtschaftsbranchen sowie den Trägern der öffentlichen Gewalt andererseits für den jeweiligen sachlichen und räumlichen Organi-

sations- oder Tätigkeitsbereich der Beteiligten Zielvereinbarungen getroffen werden.

(2) Die Zielvereinbarungen sind an das Zielvereinbarungsregister zu melden, das von der Geschäftsstelle des Landesbeirats für Menschen mit Behinderungen geführt wird.

Dritter Abschnitt Interessenvertretung für Menschen mit Behinderungen

§ 16 Landesbeauftragter für Menschen mit Behinderungen

(1) Der Landtag wählt einen Landesbeauftragten für Menschen mit Behinderungen in geheimer Wahl mit der Mehrheit seiner Mitglieder. Vorschlagsberechtigt sind die Fraktionen des Landtags und der Landesbeirat für Menschen mit Behinderungen. Eine Aussprache findet nicht statt. Wählbar ist, wer in den Thüringer Landtag gewählt werden kann.

(2) Der Landesbeauftragte soll ein Mensch mit Behinderung sein.

(3) Die Amtszeit des Landesbeauftragten für Menschen mit Behinderungen beträgt sechs Jahre. Einmalige Wiederwahl ist zulässig.

§ 17 Abberufung und Entlassung

(1) Der Landtag kann auf Antrag einer Fraktion oder eines Drittels der Mitglieder des Landtags den Landesbeauftragten für Menschen mit Behinderungen mit der Mehrheit von zwei Dritteln seiner Mitglieder abberufen. Die Abstimmung über den Antrag auf Abberufung hat frühestens zwei Wochen und spätestens vier Wochen nach Eingang des Antrags beim Präsidenten des Landtags zu erfolgen. Eine Aussprache findet nicht statt.

(2) Der Landesbeauftragte für Menschen mit Behinderungen kann jederzeit die Entlassung aus dem Amt verlangen. Der Präsident des Landtags spricht die Entlassung aus.

§ 18 Dienstsitz und Organisation

(1) Der Landesbeauftragte für Menschen mit Behinderungen hat seinen Dienstsitz beim Landtag. Er untersteht der Dienstaufsicht des Präsidenten des Landtags.

(2) Dem Landesbeauftragten für Menschen mit Behinderungen ist die für die Erfüllung seiner Aufgaben angemessene Personal- und Sachausstattung zur Verfügung zu stellen.

(3) Auf Vorschlag des Landesbeauftragten für Menschen mit Behinderungen bestellt der Präsident des Landtags einen Vertreter im Amt.

(4) Die Ernennung oder Einstellung der für den Landesbeauftragten für Menschen mit Behinderungen tätigen Beamten und Tarifbeschäftigten sowie deren Entlassung erfolgt durch den Präsidenten des Landtags im Einvernehmen mit dem Landesbeauftragten für Menschen mit Behinderungen. Entsprechende Versetzungen, Abordnungen und Umsetzungen nimmt der Präsident des Landtags im Einvernehmen mit dem Landesbeauftragten für Menschen mit Behinderungen vor. Die für den Landesbeauftragten für Menschen mit Behinderungen tätigen Mitarbeiter unterstehen der Dienstaufsicht des Landesbeauftragten für Menschen mit Behinderungen.

(5) Die Haushaltsmittel des Landesbeauftragten für Menschen mit Behinderungen werden im Einzelplan des Landtags ausgewiesen.

§ 19 Amtsverhältnis

(1) Der Landesbeauftragte für Menschen mit Behinderungen steht nach Maßgabe dieses Gesetzes in einem öffentlich-rechtlichen Amtsverhältnis zum Land und erhält Amtsbezüge in Höhe der einem Landesbeamten der Besoldungsgruppe B 3 in Thüringen jeweils zustehenden Besoldung. Soweit dieses Gesetz nichts anderes bestimmt, finden die Vorschriften für Beamte des Landes mit Ausnahme des Thüringer Laufbahngesetzes entsprechende Anwendung.

(2) Hat der Landesbeauftragte für Menschen mit Behinderungen neben den Ansprüchen auf Amtsbezüge Ansprüche aus einer aktiven oder früheren Verwendung in einem Amts- oder Dienstverhältnis im öffentlichen Dienst oder aufgrund eines früheren Mandats in einer gesetzgebenden Körperschaft, die keiner Ruhens- oder Kürzungsregelung unterworfen werden, werden die Amtsbezüge um den Ruhensbetrag gekürzt, der bei sinngemäßer

Anwendung des § 70 des Thüringer Beamtenversorgungsgesetzes (ThürBeamtVG) entsteht.

(3) Der Landesbeauftragte für Menschen mit Behinderungen hat bei seinem Ausscheiden Anspruch auf Ruhegehalt aus dem Amtsverhältnis für die Zeit im Amtsverhältnis wie ein Beamter auf Zeit in entsprechender Anwendung des Thüringer Beamtenversorgungsgesetzes, sofern die Voraussetzungen des § 11 Abs. 1 ThürBeamtVG vorliegen. Die Zeit im Amtsverhältnis steht dabei einer Zeit im Beamtenverhältnis, der Anspruch auf Ruhegehalt aus dem Amtsverhältnis dem Anspruch auf Ruhegehalt aus einem Beamtenverhältnis gleich. Der Anspruch auf Ruhegehalt ruht bis zum Erreichen der in § 25 Abs. 2 Satz 1 oder § 25 Abs. 3 des Thüringer Beamtengesetzes für die Beamten bestimmten Regelaltersgrenze.

(4) Das Amtsverhältnis beginnt mit der Aushändigung der Urkunde über die Bestellung durch den Präsidenten des Landtags. Der Präsident des Landtags verpflichtet den Landesbeauftragten für Menschen mit Behinderungen vor dem Landtag, sein Amt gerecht und unparteiisch zu führen, das Grundgesetz, die Verfassung des Freistaats Thüringen sowie die Gesetze zu wahren und zu verteidigen.

(5) Das Amtsverhältnis endet:

1. mit dem Ablauf der Amtszeit,
2. durch Tod,
3. durch Abberufung nach § 17 Abs. 1,
4. mit der Entlassung auf Verlangen nach § 17 Abs. 2 oder
5. im Fall einer länger als sechs Monate dauernden Verhinderung mit der Bestellung eines Nachfolgers.

(6) Der Landesbeauftragte für Menschen mit Behinderungen darf nicht einer Regierung, einer gesetzgebenden Körperschaft des Bundes oder eines Landes oder einem entsprechenden Organ der Europäischen Union oder einer kommunalen Vertretungskörperschaft angehören. Er darf neben seinem Amt kein anderes besoldetes Amt, kein Gewerbe und keinen Beruf ausüben und weder der Leitung noch dem Aufsichts- oder dem Verwaltungsrat eines auf Erwerb gerichteten Unternehmens angehören.

§ 20 Aufgaben und Befugnisse des Landesbeauftragten für Menschen mit Behinderungen

(1) Aufgaben des Landesbeauftragten für Menschen mit Behinderungen sind,

1. darauf hinzuwirken, dass das in § 1 Abs. 1 genannte Ziel verwirklicht und die übrigen Bestimmungen dieses Gesetzes, die aufgrund dieses Gesetzes erlassenen Rechtsverordnungen sowie andere Rechtsvorschriften zugunsten von Menschen mit Behinderungen eingehalten werden,
2. die in den §§ 9 und 10 Abs. 6 genannten Mitwirkungspflichten zu erfüllen,
3. Träger der öffentlichen Gewalt sowie private Institutionen bei der Umsetzung des Übereinkommens der Vereinten Nationen über die Rechte von Menschen mit Behinderungen zu beraten,
4. landesweit Behörden, Verbände, Institutionen und Bürger zu Fragen der barrierefreien Raum-, Verkehrs-, Dokumenten- und Internetgestaltung zu schulen und zu beraten und hierfür eine Landesfachstelle für Barrierefreiheit einzurichten,
5. darauf hinzuwirken, dass geschlechtsspezifische behinderungsbedingte Benachteiligungen abgebaut und verhindert werden,
6. Ansprechpartner für die individuellen und allgemeinen Probleme von Menschen mit Behinderungen, deren Angehörigen und von Verbänden, Institutionen und Selbsthilfegruppen von Menschen mit Behinderungen zu sein,
7. Öffentlichkeitsarbeit insbesondere mit dem Ziel zu betreiben, das Verständnis der Allgemeinheit für Menschen mit Behinderungen zu erweitern,
8. dem Landtag und der Landesregierung einmal in der Legislaturperiode bzw. spätestens alle fünf Jahre über seine Tätigkeit schriftlich und mündlich Bericht zu erstatten,

9. in regionalen und überregionalen Gremien mitzuarbeiten,
10. eng mit Verbänden, Institutionen und Selbsthilfegruppen von Menschen mit Behinderungen zusammenzuarbeiten und
11. den Vorsitz des Landesbeirats für Menschen mit Behinderungen zu führen und dessen Geschäftsstelle zu leiten.

(2) Die Träger der öffentlichen Gewalt unterstützen den Landesbeauftragten für Menschen mit Behinderungen bei der Erfüllung seiner Aufgaben. Sie erteilen ihm auf Ersuchen die erforderlichen Auskünfte und gewähren Akteneinsicht unter Beachtung datenschutzrechtlicher Vorschriften. Der Landesbeauftragte kann die Träger der öffentlichen Gewalt um

1. mündliche oder schriftliche Auskünfte,
2. Einsicht in Akten und Unterlagen sowie
3. Zutritt zu den von ihnen verwalteten öffentlichen Einrichtungen ersuchen, soweit dies zur Bearbeitung einer Aufgabe nach Absatz 1 notwendig ist.

Die gleichen Befugnisse bestehen gegenüber Privaten, soweit sie öffentliche Aufgaben unter maßgeblichem Einfluss des Landes wahrnehmen. Den Ersuchen des Landesbeauftragten ist unverzüglich nachzukommen. Die Wahrnehmung der Rechte nach Satz 3 unterliegt den für den Petitionsausschuss geltenden Schranken.

(3) Stellt der Landesbeauftragte für Menschen mit Behinderungen Verstöße gegen die in Absatz 1 Nr. 1 genannten Rechtsvorschriften fest, fordert er zur Stellungnahme innerhalb einer von ihm zu bestimmenden Frist auf und beanstandet nötigenfalls

1. die Verstöße der Landesverwaltung gegenüber der zuständigen obersten Landesbehörde und
2. die Verstöße sonstiger Träger der öffentlichen Gewalt jeweils gegenüber dem vertretungsberechtigten Organ.

Mit der Beanstandung können Vorschläge zur Beseitigung der Verstöße und zur Verbesserung der Umsetzung des Benachteiligungsverbots von Menschen mit Behinderungen verbunden werden.

§ 21 Landesbeirat für Menschen mit Behinderungen

(1) Der Landesbeauftragte für Menschen mit Behinderungen beruft einmal in fünf Jahren oder aufgrund eines Landtagsbeschlusses auf Vorschlag von Verbänden und Institutionen, zu deren satzungsgemäßen Aufgaben die Durchsetzung der Belange von Menschen mit Behinderungen gehört, einen Landesbeirat für Menschen mit Behinderungen. Vorschlagsberechtigt sind landesweit tätige Verbände und Institutionen von Menschen mit Behinderungen, die sich bei dem Landesbeauftragten für Menschen mit Behinderungen registrieren lassen. Im Zweifelsfall kann der Landesbeauftragte für Menschen mit Behinderungen die Vorlage der Satzung oder des Organisationsstatus verlangen. Die vorschlagsberechtigten Verbände und Institutionen sind rechtzeitig über den Berufungstermin zu unterrichten.

(2) Dem Landesbeirat für Menschen mit Behinderungen gehören als stimmberechtigte Mitglieder der Landesbeauftragte für Menschen mit Behinderungen und jeweils ein Vertreter von sechzehn Verbänden und Institutionen von Menschen mit Behinderungen mit Sitz in Thüringen an, zu deren satzungsgemäßen Aufgaben die Durchsetzung der Belange von Menschen mit Behinderungen gehören. Dem Landesbeirat für Menschen mit Behinderungen gehören außerdem die folgenden, nicht stimmberechtigten Mitglieder an:

1. ein Vertreter des für Sozialrecht zuständigen Ministeriums,
2. ein Vertreter des für Schulwesen zuständigen Ministeriums,
3. ein Vertreter des für Bauwesen zuständigen Ministeriums,
4. zwei Vertreter der LIGA der freien Wohlfahrtspflege in Thüringen e. V.,
5. jeweils ein Vertreter der Fraktionen des Landtags,
6. ein Vertreter des Gemeinde- und Städtebunds Thüringen e. V.,
7. ein Vertreter des Thüringischen Landkreistags e. V.,

I

8. ein Vertreter der Kommunalen Beauftragten für Menschen mit Behinderungen,
9. ein Vertreter der Gewerkschaften,
10. ein Vertreter der Industrie- und Handelskammern in Thüringen,
11. ein Vertreter der Handwerkskammern in Thüringen und
12. ein Vertreter der Architektenkammer Thüringen.

(3) Die nicht stimmberechtigten Mitglieder nehmen mit beratender Stimme an den Sitzungen des Landesbeirats für Menschen mit Behinderungen teil.

(4) Der Landesbeirat für Menschen mit Behinderungen berät den Landesbeauftragten für Menschen mit Behinderungen in allen Angelegenheiten, die Menschen mit Behinderungen betreffen. Der Landesbeirat für Menschen mit Behinderungen kann Empfehlungen für die Arbeit der Landesregierung geben. Die Empfehlungen sind der Landesregierung schriftlich von dem Landesbeauftragten für Menschen mit Behinderungen zu übermitteln.

(5) Die Mitglieder des Landesbeirats für Menschen mit Behinderungen sind rechtzeitig zu den Sitzungen einzuladen. Das Nähere regeln die Geschäfts- und die Wahlordnung des Landesbeirats für Menschen mit Behinderungen.

§ 22 Kommunale Beauftragte für Menschen mit Behinderungen, Landesarbeitsgemeinschaft der Beauftragten für Menschen mit Behinderungen

(1) Die Landkreise und kreisfreien Städte berufen für ihren jeweiligen Zuständigkeitsbereich einen Kommunalen Beauftragten für Menschen mit Behinderungen. Kreisangehörige Gemeinden und Verwaltungsgemeinschaften können einen Kommunalen Beauftragten für Menschen mit Behinderungen berufen. Neben diesen Beauftragten können die Landkreise, kreisfreien Städte, kreisangehörigen Gemeinden und Verwaltungsgemeinschaften für ihren Zuständigkeitsbereich einen Beirat für Menschen mit Behinderungen einrichten.

(2) Kommunale Beauftragte für Menschen mit Behinderungen sind hinsichtlich dieses Aufgabenbereichs fachlich unabhängig und weisungsfrei. Sie sollen jeweils dem Landrat, dem Oberbürgermeister, dem Bürgermeister oder dem Gemeinschaftsvorsitzenden direkt zugeordnet sein und über eine angemessene Personal- und Sachausstattung verfügen.

(3) Kommunale Beauftragte für Menschen mit Behinderungen sind von der Stadt-, Kreis- oder Gemeindeverwaltung oder der Verwaltungsgemeinschaft an allen die Belange von Menschen mit Behinderungen berührenden Maßnahmen zu beteiligen, insbesondere an den in § 9 Abs. 1 genannten Vorhaben. Kommt es bei der Ausübung des Amts zu Meinungsverschiedenheiten, haben die Kommunalen Beauftragten für Menschen mit Behinderungen jederzeit das Recht, sich an den Landesbeauftragten für Menschen mit Behinderungen zu wenden und diesen zu beteiligen.

(4) Kommunale Beauftragte für Menschen mit Behinderungen haben insbesondere folgende Aufgaben und Befugnisse:

1. Teilnahme an den öffentlichen und nichtöffentlichen Sitzungen des Stadtrats, des Kreistages, des Gemeinderates oder der Gemeinschaftsversammlung,
2. Erfüllung der in § 9 Abs. 1 genannten Mitwirkungspflichten,
3. Mitwirkung an dem in § 6 Abs. 2 genannten Maßnahmenplan,
4. Erstattung eines Tätigkeitsberichts gegenüber dem Stadtrat oder Kreistag einmal in deren Wahlperiode,
5. Beratung des Stadtrats oder Kreistags und der jeweiligen Verwaltung bei der Umsetzung der Ziele dieses Gesetzes,
6. Beratung von Menschen mit Behinderungen, deren Angehörigen sowie Verbänden von Menschen mit Behinderungen in individuellen und allgemeinen Angelegenheiten,
7. Wahrung der Gleichberechtigung von Frauen und Männern mit Behinderungen,

8. Zusammenarbeit mit Behörden, Verbänden und Institutionen,
9. Anforderung von behördlichen Auskünften sowie Einsichtnahme in Akten unter Beachtung datenschutzrechtlicher Vorschriften und
10. Mitwirkung in regionalen und überregionalen Gremien.

(5) Der Landesbeauftragte für Menschen mit Behinderungen bildet zusammen mit den Kommunalen Beauftragten für Menschen mit Behinderungen eine Landesarbeitsgemeinschaft, deren Aufgabe der Erfahrungs- und Informationsaustausch sowie die Aus- und Weiterbildung dieser Beauftragten im Sinne einer einheitlichen Beachtung bestehender Rechtsvorschriften zugunsten von Menschen mit Behinderungen ist. Die Landesarbeitsgemeinschaft gibt sich eine Geschäftsordnung.

(6) Die Kommunalen Beauftragten für Menschen mit Behinderungen haben das Recht, mindestens einmal jährlich an einer Aus- und Weiterbildung teilzunehmen.

(7) Ehrenamtliche Beauftragte sind in ihren Funktionen sowie ihren Rechten und Kompetenzen den hauptamtlichen Beauftragten gleichgestellt.

(8) Das Land fördert die Tätigkeit der hauptamtlich kommunalen Beauftragten für Menschen mit Behinderungen und der Beiräte für Menschen mit Behinderungen in den Landkreisen und kreisfreien Städten. Die Ausgestaltung der Förderung bleibt einer Förderrichtlinie vorbehalten.

Vierter Abschnitt
Rechtsbehelfe

§ 23 Rechtsschutz durch Verbände

Werden Menschen mit Behinderungen in ihren Rechten nach diesem Gesetz verletzt, können an ihrer Stelle und mit ihrem Einverständnis Verbände klagen, die nach ihrer Satzung Menschen mit Behinderungen auf Landesebene vertreten und nicht selbst am Prozess beteiligt sind. In diesen Fällen müssen alle Verfahrensvoraussetzungen wie bei einem Rechtsschutzersuchen durch den Menschen mit Behinderungen selbst vorliegen.

§ 24 Verbandsklagerecht

(1) Ein nach Absatz 3 anerkannter Verband kann gegen einen Träger der öffentlichen Gewalt, ohne in seinen Rechten verletzt zu sein, Klage nach Maßgabe der Verwaltungsgerichtsordnung oder des Sozialgerichtsgesetzes erheben auf Feststellung eines Verstoßes

1. gegen das Benachteiligungsverbot nach § 8 Abs. 1,
2. gegen die Verpflichtung des Landes zur Herstellung der Barrierefreiheit nach § 10 Abs. 1 bis 5, § 13 Abs. 3 bis 5, § 14 Abs. 1 und § 15 oder
3. gegen Vorschriften des Landesrechts, die einen Anspruch auf Herstellung der Barrierefreiheit im Sinne des § 5 vorsehen.

Satz 1 gilt nicht, wenn eine Maßnahme aufgrund einer Entscheidung in einem verwaltungs- oder sozialgerichtlichen Streitverfahren erlassen worden ist sowie für Entscheidungen der Bauaufsichtsbehörden im Vollzug der Thüringer Bauordnung.

(2) Soweit ein Mensch mit Behinderung selbst seine Rechte durch eine Gestaltungs- oder Leistungsklage verfolgen kann oder hätte verfolgen können, kann die Klage nach Absatz 1 nur erhoben werden, wenn der Verband geltend macht, dass es sich bei der Maßnahme um einen Fall von allgemeiner Bedeutung handelt und der Betroffene zugestimmt hat. Dies ist insbesondere der Fall, wenn eine Vielzahl gleichgelagerter Fälle vorliegt.

(3) Die Anerkennung eines Verbandes nach Absatz 1 wird auf Vorschlag des Landesbeirats für Menschen mit Behinderungen durch das für Sozialrecht zuständige Ministerium erteilt. Sie ist zu erteilen, wenn der Verband

1. nach seiner Satzung ideell und nicht nur vorübergehend vorwiegend die Belange von Menschen mit Behinderungen fördert,
2. zum Zeitpunkt der Anerkennung mindestens drei Jahre besteht und in diesem Zeitraum im Sinne der Nummer 1 tätig war,

3. die Gewähr für eine sachgerechte Aufgabenerfüllung bietet; dabei sind die Mitgliederstruktur sowie die Leistungsfähigkeit des Verbandes zu berücksichtigen und
4. der Verfolgung gemeinnütziger Zwecke nach § 5 Abs. 1 Nr. 9 des Körperschaftssteuergesetzes von der Körperschaftsteuer steuerbefreit ist.

Fünfter Abschnitt Zentrale Steuerungsstelle, Berichtspflichten, Evaluation

§ 25 Zentrale Steuerungsstelle

(1) Das für Sozialrecht zuständige Ministerium ist innerhalb des Zuständigkeitsbereichs der Landesregierung für die Steuerung und Koordinierung des Prozesses zur Erreichung der Ziele nach diesem Gesetz verantwortlich; davon bleiben die Zuständigkeiten und die Verantwortung der anderen Ressorts der Landesregierung unberührt. Das für Sozialrecht zuständige Ministerium gestaltet die Zusammenarbeit mit dem Landtag zur Wahrung dessen verfassungsrechtlicher Stellung kooperativ.

(2) Zur fachlichen Abstimmung arbeitet die zentrale Steuerungsstelle eng mit den jeweiligen Ressorts der Landesregierung zusammen.

§ 26 Berichtspflichten, Evaluation

(1) Die Landesregierung berichtet dem Landtag einmal in der Legislaturperiode durch das für Sozialrecht zuständige Ministerium über die gesellschaftliche Teilhabe von Menschen mit Behinderungen im Zusammenhang mit der Umsetzung des Übereinkommens der Vereinten Nationen über die Rechte von Menschen mit Behinderungen. Sie bezieht dabei den Landesbeauftragten für Menschen mit Behinderungen mit ein.

(2) Die Landesregierung evaluiert unter Beteiligung des Landtags, der einen eigenen Bericht vorlegen kann, die Wirkung des Gesetzes alle sechs Jahre und berichtet dem Landtag alle sechs Jahre durch das für Sozialrecht zuständige Ministerium über das Ergebnis der Evaluation. Der Bericht erfolgt erstmals spätestens 2024 und muss auch Angaben zum Stand der Barrierefreiheit der Bestandsgebäude nach § 10 Abs. 2 und Angaben zu den Kostenfolgen des Thüringer Gesetzes zur Inklusion und Gleichstellung von Menschen mit Behinderungen für die Kommunen enthalten.

(3) Dem Landesbeauftragten für Menschen mit Behinderungen ist im Rahmen der Beratungen des Landtags Gelegenheit zur Stellungnahme zu den in den Absätzen 1 und 2 genannten Berichten zu geben.

Sechster Abschnitt Schlussbestimmungen

§ 27 Gleichstellungsbestimmung

Status- und Funktionsbezeichnungen in diesem Gesetz gelten jeweils für alle Geschlechter.

Verordnung zur Ausführung des Thüringer Gesetzes zur Gleichstellung und Verbesserung der Integration von Menschen mit Behinderungen (ThürGIGAVO)

Vom 4. Mai 2007 (GVBl. S. 69)

Zuletzt geändert durch
Thüringer Gesetz über den barrierefreien Zugang zu den Websites und mobilen Anwendungen öffentlicher Stellen sowie zur Änderung des Thüringer E-Government-Gesetzes
vom 30. Juli 2019 (GVBl. S. 312)

Aufgrund des § 11 Abs. 6, des § 13 Abs. 2 und des § 14 Abs. 2 des Thüringer Gesetzes zur Gleichstellung und Verbesserung der Integration von Menschen mit Behinderungen (ThürGIG) vom 16. Dezember 2005 (GVBl. S. 383) verordnet die Landesregierung:

Erster Abschnitt
Verwendung von Gebärdensprache und anderen Kommunikationshilfen im Verwaltungsverfahren und in der Kommunikation mit der Schule

§ 1 Anwendungsbereich

(1) Dieser Abschnitt gilt für alle natürlichen Personen, die als Beteiligte eines Verwaltungsverfahrens wegen einer Hör- oder Sprachbehinderung nach Maßgabe des § 3 ThürGIG zur Wahrnehmung eigener Rechte für die mündliche Kommunikation im Verwaltungsverfahren einen Anspruch auf Bereitstellung eines Dolmetschers für die Deutsche Gebärdensprache oder für lautsprachbegleitende Gebärden (Gebärdendolmetscher) oder anderer geeigneter Kommunikationshilfen haben, sowie für hör- oder sprachbehinderte Eltern nicht hör- oder sprachbehinderter Kinder bei der Kommunikation mit Schulen (Berechtigte).

(2) Die Berechtigten können ihren Anspruch nach § 11 Abs. 3 Satz 1 ThürGIG gegen die in § 6 Abs. 1 ThürGIG genannten Träger der öffentlichen Verwaltung geltend machen. Der Anspruch der Berechtigten auf Erstattung der notwendigen Aufwendungen nach § 11 Abs. 5 ThürGIG besteht gegenüber dem jeweils zuständigen Schulamt.

§ 2 Voraussetzung und Umfang des Anspruchs

(1) Der Anspruch auf Bereitstellung eines Gebärdensprachdolmetschers oder einer anderen geeigneten Kommunikationshilfe besteht, soweit eine solche Kommunikationshilfe zur Wahrnehmung eigener Rechte in einem Verwaltungsverfahren oder zur Kommunikation der Berechtigten mit der Schule erforderlich ist, in dem dafür notwendigen Umfang. Der notwendige Umfang bestimmt sich insbesondere nach dem individuellen Bedarf der Berechtigten.

(2) Berechtigte haben nach Maßgabe des Absatzes 1 ein Wahlrecht hinsichtlich der zu benutzenden Kommunikationshilfe. Dieses umfasst auch das Recht, einen Gebärdensprachdolmetscher oder eine andere geeignete Kommunikationshilfe selbst bereitzustellen. Die Berechtigten haben dem Träger der öffentlichen Verwaltung rechtzeitig mitzuteilen, inwieweit sie von ihrem Wahlrecht nach den Sätzen 1 und 2 Gebrauch machen. Der Träger der öffentlichen Verwaltung kann den ausgewählten Gebärdensprachdolmetscher oder die ausgewählte andere Kommunikationshilfe zurückweisen, wenn sie ungeeignet ist oder in sonstiger Weise den Voraussetzungen des Absatzes 1 nicht entspricht. Die Hör- oder Sprachbehinderung sowie die Wahlentscheidung nach den Sätzen 1 und 2 sind aktenkundig zu machen und im weiteren Verwaltungsverfahren von Amts wegen zu berücksichtigen.

(3) Erhält der Träger der öffentlichen Verwaltung Kenntnis von der Hör- oder Sprachbehinderung eines Berechtigten im Verwaltungsverfahren, hat er diesen auf sein Recht

auf barrierefreie Kommunikation und auf das Wahlrecht nach Absatz 2 Satz 1 und 2 hinzuweisen.

(4) Von der Hinzuziehung von Kommunikationshilfen nach Absatz 2 Satz 1 und 2 kann abgesehen werden, wenn eine sofortige Entscheidung wegen Gefahr im Verzug oder im öffentlichen Interesse notwendig erscheint oder wenn durch die Hinzuziehung von Kommunikationshilfen die Einhaltung einer für die Entscheidung maßgeblichen Frist in Frage gestellt würde.

§ 3 Kommunikationshilfen

(1) Die Kommunikation mittels eines Gebärdensprachdolmetschers, eines Gebärdensprachkursleiters oder einer anderen Kommunikationshilfe ist als geeignete Kommunikationsform anzusehen, wenn sie im konkreten Fall eine für die Wahrnehmung eigener Rechte im Verwaltungsverfahren oder eine für die Kommunikation mit der Schule erforderliche Verständigung sicherstellt.

(2) Als andere Kommunikationshilfen kommen

1. Kommunikationshelfer, insbesondere
   a) Schriftmittler,
   b) Simultanschriftdolmetscher,
   c) Oraldolmetscher oder
   d) Kommunikationsassistenten;
2. Kommunikationsmethoden, insbesondere
   a) Lormen und taktil wahrnehmbare Gebärden oder
   b) gestützte Kommunikation für Menschen mit zusätzlicher autistischer Störung;
   c) relaisgestützte Kommunikation;
3. Kommunikationsmittel, insbesondere
   a) akustisch-technische Hilfen oder
   b) grafische Symbolsysteme

in Betracht.

§ 4 Art und Weise der Bereitstellung von geeigneten Kommunikationshilfen

Gebärdensprachdolmetscher und andere geeignete Kommunikationshilfen werden vom Träger der öffentlichen Verwaltung bereitgestellt, es sei denn, die Berechtigten machen von ihrem Wahlrecht nach § 2 Abs. 2 Satz 2 Gebrauch.

§ 5 Grundsätze für eine angemessene Vergütung oder Erstattung

(1) Die Träger der öffentlichen Verwaltung vergüten Gebärdensprachdolmetscher und Kommunikationshelfer unter inhaltlicher Zugrundelegung der von der Bundesarbeitsgemeinschaft der Integrationsämter und Hauptfürsorgestellen, dem Deutschen Gehörlosenbund und dem Bundesverband der Gebärdensprachdolmetscher Deutschlands herausgegebenen Empfehlungen zur Bezuschussung von Kosten für Gebärdensprachdolmetscher-Leistungen (Anlage – Bezuschussung von Kosten für Gebärdensprachdolmetscher-Leistungen im Rahmen des ThürGIG). Für den Einsatz sonstiger Kommunikationshilfen tragen die Träger der öffentlichen Verwaltung die entstandenen Aufwendungen.

(2) Die Träger der öffentlichen Verwaltung vergüten die Leistungen unmittelbar denjenigen, die sie erbracht haben. Stellen Berechtigte den Gebärdensprachdolmetscher oder die sonstige Kommunikationshilfe selbst bereit, tragen die Träger der öffentlichen Verwaltung die Kosten nach Absatz 1 nur, soweit sie nach Maßgabe des § 2 Abs. 1 erforderlich sind; Satz 1 gilt entsprechend; die Berechtigten dürfen nicht auf eine Erstattung verwiesen werden, es sei denn, sie wünschen dies oder es liegt ein sonstiger besonderer Grund vor.

Zweiter Abschnitt Zugänglichmachung von Dokumenten für blinde und sehbehinderte Menschen im Verwaltungsverfahren

§ 6 Geltung

(1) Dieser Abschnitt gilt für alle natürlichen Personen, die als Beteiligte eines Verwaltungsverfahrens wegen Blindheit oder einer anderen Sehbehinderung nach Maßgabe des § 13 Abs. 1 Satz 2 ThürGIG zur Wahrnehmung eigener Rechte einen Anspruch darauf haben, dass ihnen Dokumente in einer für sie wahr-

nehmbaren Form zugänglich gemacht werden (Berechtigte).

(2) Die Berechtigten können ihren Anspruch aus § 13 Abs. 1 Satz 2 ThürGIG gegenüber den Trägern der öffentlichen Verwaltung im Sinne des § 6 Abs. 1 ThürGIG geltend machen.

§ 7 Gegenstand der Zugänglichmachung

Der Anspruch nach § 13 Abs. 1 Satz 2 ThürGIG umfasst Bescheide, öffentlich-rechtliche Verträge und Vordrucke (Dokumente) einschließlich der Anlagen, auf die in den Dokumenten Bezug genommen wird.

§ 8 Formen der Zugänglichmachung

(1) Die Dokumente können den Berechtigten schriftlich, elektronisch, akustisch, mündlich oder in sonstiger Weise zugänglich gemacht werden.

(2) Werden Dokumente in schriftlicher Form zugänglich gemacht, erfolgt dies in Blindenschrift oder in Großdruck. Bei Großdruck sind ein Schriftbild, eine Kontrastierung und eine Papierqualität zu wählen, die die individuelle Wahrnehmungsfähigkeit der Berechtigten ausreichend berücksichtigt.

§ 9 Bekanntgabe

Dokumente sollen dem Berechtigten gleichzeitig mit der Bekanntgabe auch in der für ihn wahrnehmbaren Form zugänglich gemacht werden. Vorschriften über die im Verwaltungsverfahren maßgeblichen Regelungen zu Fristen, Terminen, Form, Bekanntgabe und Zustellung von Dokumenten bleiben von dieser Verordnung unberührt.

§ 10 Umfang des Anspruchs

(1) Die Entscheidung, in welcher der in § 8 Abs. 1 genannten Formen die Dokumente zugänglich gemacht werden sollen, trifft der Träger der öffentlichen Verwaltung in Abstimmung mit dem Berechtigten. Der Berechtigte teilt hierzu dem Träger der öffentlichen Verwaltung rechtzeitig die Art der Behinderung und die aus seiner Sicht geeignete Form der Zugänglichmachung mit. Wünschen von Berechtigten, die sich auf die Form der Zugänglichmachung beziehen, soll entsprochen werden, soweit sie nicht unverhältnismäßige Mehrkosten verursachen, nur mit erheblichem technischem oder verwaltungsorganisatorischem Mehraufwand realisierbar sind oder die Zugänglichmachung dadurch unangemessen verzögert wird.

(2) Erhält der Träger der öffentlichen Verwaltung Kenntnis von der Blindheit oder einer anderen Sehbehinderung eines Berechtigten im Verwaltungsverfahren, hat er ihn auf seinen Anspruch nach § 6 Abs. 1 hinzuweisen.

§ 11 Kostentragung

(1) Die Dokumente können dem Berechtigten durch den Träger der öffentlichen Verwaltung selbst, durch andere Träger der öffentlichen Verwaltung oder durch beauftragte Dritte in der für ihn wahrnehmbaren Form zugänglich gemacht werden.

(2) Die Vorschriften über die Kosten (Gebühren und Auslagen) öffentlich-rechtlicher Verwaltungstätigkeit bleiben unberührt. Auslagen für besondere Aufwendungen, die dadurch entstehen, dass dem Berechtigten Dokumente in einer für ihn wahrnehmbaren Form zugänglich gemacht werden, werden nicht erhoben.

Dritter Abschnitt
Übergangs- und Schlussbestimmungen

§ 12 Gleichstellungsbestimmung

Status- und Funktionsbezeichnungen in dieser Verordnung gelten sowohl in männlicher als auch in weiblicher Form.

§ 13 Inkrafttreten

Diese Verordnung tritt am Tage nach der Verkündung in Kraft.

I

Anlage
zu § 5 Abs. 1

Bezuschussung von Kosten für Gebärdensprachdolmetscher-Leistungen im Rahmen des ThürGIG

1. Geltungsbereich:

Die Regelung bezieht sich auf die Einsätze von Gebärdensprachdolmetschern im Rahmen der Leistungen des ThürGIG.

2. Einsatzzeiten (Dolmetsch-, Fahr- und Wartezeiten):

Einsatzzeiten sind sowohl Dolmetsch- als auch Fahr- und Wartezeiten. Diese werden in gleicher Höhe pro volle Zeitstunde pro Dolmetscher mit bis zu 42,50 Euro, je angefangene halbe Einsatzstunde mit bis zu 21,25 Euro bezuschusst.

Vor- und Nachbereitungszeiten werden nicht gesondert berechnet.

Die Vereinbarung von Pauschalsätzen für Dolmetsch-, Fahr- und Wartezeiten sowie Fahrkosten (s. Ziffer 3) ist – z. B. bei umfangreichen und/oder langfristigen Einsätzen – möglich.

3. Wegstreckenentschädigung:

Die Wegstreckenentschädigung erfolgt in entsprechender Anwendung des Landesreisekostenrechts.

4. Umsatzsteuer:

Sofern Umsatzsteuerpflicht besteht, ist die Umsatzsteuer zusätzlich erstattungsfähig.

5. Ausfallkosten:

Wird ein Einsatztermin innerhalb von drei Werktagen vor dem Einsatz abgesagt, können Ausfallkosten von 50 Prozent der Einsatzzeit erhoben werden. Wird der Termin einen Werktag vor dem Einsatz abgesagt, betragen die Ausfallkosten 100 Prozent. Ausfallkosten werden allerdings nur übernommen, wenn kurzfristig kein anderer Einsatz statt des ausgefallenen Termins wahrgenommen werden kann.

6. Doppeleinsatz:

6.1 Ein Fall für eine Doppelbesetzung mit zwei Dolmetschern liegt vor, wenn die Dolmetschzeit zusammenhängend länger als 60 Minuten dauert und keine Möglichkeit zur Steuerung von Pausen/Unterbrechungen durch den/die Dolmetscher besteht.

6.2 Die Angemessenheit einer Doppelbesetzung bestimmt sich im Übrigen insbesondere nach folgenden Kriterien:
- Vier oder mehr Gesprächsteilnehmer (ohne Dolmetscher),
- Fehlen einer Steuerungsmöglichkeit des Dolmetschers zur Regelung von Pausen/Unterbrechungen während der Dolmetschzeit,
- Dolmetschen bei inner- wie außerbetrieblichen Aus- bzw. Fortbildungsmaßnahmen und Lehrgängen mit einem Theorieanteil von mehr als 50 Prozent.

Dabei ist eine Gesamtwürdigung der Kriterien unter besonderer Berücksichtigung der (voraussichtlichen) Dauer der Dolmetschzeit vorzunehmen.

6.3 Im Übrigen kann in besonders gelagerten Fällen in gemeinsamer Abstimmung zwischen hörbehinderten Menschen, Dolmetschern und dem Träger der öffentlichen Verwaltung eine Doppelbesetzung vereinbart werden.

7. Qualifikation:

Gebärdensprachdolmetscher, die entsprechend dieser Empfehlungen honoriert werden können, sind:

a) Dolmetscher, die folgende Berufsabschlüsse nachweisen können:
- Diplom-Gebärdensprachdolmetscher (Universität)
- Diplom-Gebärdensprachdolmetscher (FH)
- Staatl. geprüfter Gebärdensprachdolmetscher
- (Staatl. Prüfungsamt Darmstadt)

- Staatl. geprüfter Gebärdensprachdolmetscher
- (Staatl. Prüfungsstelle München)
- Geprüfter Gebärdensprachdolmetscher (IHK Düsseldorf)

b) Dolmetscher, die bis 31. Dezember 2006 eine der folgenden Ausbildungen erfolgreich absolviert haben:
   - Berufsbegleitende Ausbildung am Ausbildungszentrum für Gebärdensprachdolmetscher, Zwickau
   - Weiterbildendes Studium, Qualifikation zum Gebärdensprachdolmetscher der Johann-Wolfgang-Goethe-Universität und der Fachhochschule, Frankfurt/Main
   - Berufsbegleitende Ausbildung des Instituts für Gebärdensprache in Baden-Württemberg
   - Modellversuch Gebärdensprachdolmetscher-Ausbildung NRW (Mo Ves DO)
   - Berufsbegleitende Ausbildung des Projektes SIGNaLE, Berlin

Im Sinne der Qualitätssicherung sollten die Gebärdensprachdolmetscher unter Punkt a bei der Vergabe von Dolmetschereinsätzen bevorzugt berücksichtigt werden.

8. Sonderregelung:

Sofern Gebärdensprachdolmetscher mit den unter Punkt 7 geforderten Qualifikationen nicht verfügbar sind, können Gebärdensprachdolmetscher ohne anerkannten Abschluss vergütet werden. Die Vergütung beträgt in diesen Fällen 30 Euro je volle Zeitstunde und 15 Euro je angefangene halbe Zeitstunde.

Alle weiteren Regelungen gelten ohne Einschränkung.

SGB IX: Rehabilitation und Teilhabe behinderter Menschen; Schwerbehindertenrecht

Sozialgesetzbuch Neuntes Buch – Rehabilitation und Teilhabe von Menschen mit Behinderungen – (Neuntes Buch Sozialgesetzbuch – SGB IX)

Vom 23. Dezember 2016 (BGBl. I S. 3234)

Zuletzt geändert durch
Gesetz zur Bekämpfung sexualisierter Gewalt gegen Kinder
vom 16. Juni 2021 (BGBl. I S. 1810)[1])

Inhaltsübersicht

[1]) Ebenfalls berücksichtigt sind die Änderungen durch das Teilhabestärkungsgesetz vom 2. Juni 2021 (BGBl. I S. 1387) soweit diese ab 10. Juni 2021, 1. Juli 2021 bzw. 1. Januar 2022 (siehe §§ 6, 19, 20, 22, 61a, 63, 111, 117, 123, 185a (neu), 193) gelten.

II

Teil 1
Regelungen für behinderte und von Behinderung bedrohte Menschen

Kapitel 1
Allgemeine Vorschriften

§ 1 Selbstbestimmung und Teilhabe am Leben in der Gesellschaft

1Menschen mit Behinderungen oder von Behinderung bedrohte Menschen erhalten Leistungen nach diesem Buch und den für die Rehabilitationsträger geltenden Leistungsgesetzen, um ihre Selbstbestimmung und ihre volle, wirksame und gleichberechtigte Teilhabe am Leben in der Gesellschaft zu fördern, Benachteiligungen zu vermeiden oder ihnen entgegenzuwirken. 2Dabei wird den besonderen Bedürfnissen von Frauen und Kindern mit Behinderungen und von Behinderung bedrohter Frauen und Kinder sowie Menschen mit seelischen Behinderungen oder von einer solchen Behinderung bedrohter Menschen Rechnung getragen.

§ 2 Begriffsbestimmungen

(1) 1Menschen mit Behinderungen sind Menschen, die körperliche, seelische, geistige oder Sinnesbeeinträchtigungen haben, die sie in Wechselwirkung mit einstellungs- und umweltbedingten Barrieren an der gleichberechtigten Teilhabe an der Gesellschaft mit hoher Wahrscheinlichkeit länger als sechs Monate hindern können. 2Eine Beeinträchtigung nach Satz 1 liegt vor, wenn der Körper- und Gesundheitszustand von dem für das Lebensalter typischen Zustand abweicht. 3Menschen sind von Behinderung bedroht, wenn eine Beeinträchtigung nach Satz 1 zu erwarten ist.

(2) Menschen sind im Sinne des Teils 3 schwerbehindert, wenn bei ihnen ein Grad der Behinderung von wenigstens 50 vorliegt und sie ihren Wohnsitz, ihren gewöhnlichen Aufenthalt oder ihre Beschäftigung auf einem Arbeitsplatz im Sinne des § 156 rechtmäßig im Geltungsbereich dieses Gesetzbuches haben.

(3) Schwerbehinderten Menschen gleichgestellt werden sollen Menschen mit Behinderungen mit einem Grad der Behinderung von weniger als 50, aber wenigstens 30, bei denen die übrigen Voraussetzungen des Absatzes 2 vorliegen, wenn sie infolge ihrer Behinderung ohne die Gleichstellung einen geeigneten Arbeitsplatz im Sinne des § 156 nicht erlangen oder nicht behalten können (gleichgestellte behinderte Menschen).

§ 3 Vorrang von Prävention

(1) Die Rehabilitationsträger und die Integrationsämter wirken bei der Aufklärung, Beratung, Auskunft und Ausführung von Leistungen im Sinne des Ersten Buches sowie im Rahmen der Zusammenarbeit mit den Arbeitgebern nach § 167 darauf hin, dass der Eintritt einer Behinderung einschließlich einer chronischen Krankheit vermieden wird.

(2) Die Rehabilitationsträger nach § 6 Absatz 1 Nummer 1 bis 4 und 6 und ihre Verbände wirken bei der Entwicklung und Umsetzung der Nationalen Präventionsstrategie nach den Bestimmungen der §§ 20d bis 20g des Fünften Buches mit, insbesondere mit der Zielsetzung der Vermeidung von Beeinträchtigungen bei der Teilhabe am Leben in der Gesellschaft.

(3) Bei der Erbringung von Leistungen für Personen, deren berufliche Eingliederung auf Grund gesundheitlicher Einschränkungen besonders erschwert ist, arbeiten die Krankenkassen mit der Bundesagentur für Arbeit und mit den kommunalen Trägern der Grundsicherung für Arbeitsuchende nach § 20a des Fünften Buches eng zusammen.

§ 4 Leistungen zur Teilhabe

(1) Die Leistungen zur Teilhabe umfassen die notwendigen Sozialleistungen, um unabhängig von der Ursache der Behinderung

1. die Behinderung abzuwenden, zu beseitigen, zu mindern, ihre Verschlimmerung zu verhüten oder ihre Folgen zu mildern,
2. Einschränkungen der Erwerbsfähigkeit oder Pflegebedürftigkeit zu vermeiden, zu überwinden, zu mindern oder eine Verschlimmerung zu verhüten sowie den vor-

zeitigen Bezug anderer Sozialleistungen zu vermeiden oder laufende Sozialleistungen zu mindern,
3. die Teilhabe am Arbeitsleben entsprechend den Neigungen und Fähigkeiten dauerhaft zu sichern oder
4. die persönliche Entwicklung ganzheitlich zu fördern und die Teilhabe am Leben in der Gesellschaft sowie eine möglichst selbständige und selbstbestimmte Lebensführung zu ermöglichen oder zu erleichtern.

(2) 1Die Leistungen zur Teilhabe werden zur Erreichung der in Absatz 1 genannten Ziele nach Maßgabe dieses Buches und der für die zuständigen Leistungsträger geltenden besonderen Vorschriften neben anderen Sozialleistungen erbracht. 2Die Leistungsträger erbringen die Leistungen im Rahmen der für sie geltenden Rechtsvorschriften nach Lage des Einzelfalles so vollständig, umfassend und in gleicher Qualität, dass Leistungen eines anderen Trägers möglichst nicht erforderlich werden.

(3) 1Leistungen für Kinder mit Behinderungen oder von Behinderung bedrohte Kinder werden so geplant und gestaltet, dass nach Möglichkeit Kinder nicht von ihrem sozialen Umfeld getrennt und gemeinsam mit Kindern ohne Behinderungen betreut werden können. 2Dabei werden Kinder mit Behinderungen alters- und entwicklungsentsprechend an der Planung und Ausgestaltung der einzelnen Hilfen beteiligt und ihre Sorgeberechtigten intensiv in Planung und Gestaltung der Hilfen einbezogen.

(4) Leistungen für Mütter und Väter mit Behinderungen werden gewährt, um diese bei der Versorgung und Betreuung ihrer Kinder zu unterstützen.

§ 5 Leistungsgruppen

Zur Teilhabe am Leben in der Gesellschaft werden erbracht:
1. Leistungen zur medizinischen Rehabilitation,
2. Leistungen zur Teilhabe am Arbeitsleben,
3. unterhaltssichernde und andere ergänzende Leistungen,
4. Leistungen zur Teilhabe an Bildung und
5. Leistungen zur sozialen Teilhabe.

§ 6 Rehabilitationsträger

(1) Träger der Leistungen zur Teilhabe (Rehabilitationsträger) können sein:
1. die gesetzlichen Krankenkassen für Leistungen nach § 5 Nummer 1 und 3,
2. die Bundesagentur für Arbeit für Leistungen nach § 5 Nummer 2 und 3,
3. die Träger der gesetzlichen Unfallversicherung für Leistungen nach § 5 Nummer 1 bis 3 und 5; für Versicherte nach § 2 Absatz 1 Nummer 8 des Siebten Buches die für diese zuständigen Unfallversicherungsträger für Leistungen nach § 5 Nummer 1 bis 5,
4. die Träger der gesetzlichen Rentenversicherung für Leistungen nach § 5 Nummer 1 bis 3, der Träger der Alterssicherung der Landwirte für Leistungen nach § 5 Nummer 1 und 3,
5. die Träger der Kriegsopferversorgung und die Träger der Kriegsopferfürsorge im Rahmen des Rechts der sozialen Entschädigung bei Gesundheitsschäden für Leistungen nach § 5 Nummer 1 bis 5,
6. die Träger der öffentlichen Jugendhilfe für Leistungen nach § 5 Nummer 1, 2, 4 und 5 sowie
7. die Träger der Eingliederungshilfe für Leistungen nach § 5 Nummer 1, 2, 4 und 5.

(2) Die Rehabilitationsträger nehmen ihre Aufgaben selbständig und eigenverantwortlich wahr.

(3) 1Die Bundesagentur für Arbeit ist auch Rehabilitationsträger für die Leistungen zur Teilhabe am Arbeitsleben für erwerbsfähige Leistungsberechtigte mit Behinderungen im Sinne des Zweiten Buches, sofern nicht ein anderer Rehabilitationsträger zuständig ist. 2Die Zuständigkeit der Jobcenter nach § 6d des Zweiten Buches für die Leistungen zur beruflichen Teilhabe von Menschen mit Behinderungen nach § 16 Absatz 1 des Zweiten Buches bleibt unberührt. 3Mit Zustimmung

und Beteiligung des Leistungsberechtigten kann die Bundesagentur für Arbeit mit dem zuständigen Jobcenter eine gemeinsame Beratung zur Vorbereitung des Eingliederungsvorschlags durchführen, wenn eine Teilhabeplankonferenz nach § 20 nicht durchzuführen ist. 4Die Leistungsberechtigten und das Jobcenter können der Bundesagentur für Arbeit in diesen Fällen die Durchführung einer gemeinsamen Beratung vorschlagen. 5§ 20 Absatz 3 und § 23 Absatz 2 gelten entsprechend. 6Die Bundesagentur für Arbeit unterrichtet das zuständige Jobcenter und die Leistungsberechtigten schriftlich oder elektronisch über den festgestellten Rehabilitationsbedarf und ihren Eingliederungsvorschlag. 7Das Jobcenter entscheidet unter Berücksichtigung des Eingliederungsvorschlages innerhalb von drei Wochen über die Leistungen zur beruflichen Teilhabe.

Durch das Teilhabestärkungsgesetz wird § 6 Absatz 3 mit Geltung ab 1. Januar 2022 neu gefasst; er lautet dann:

(3) Die Bundesagentur für Arbeit ist auch Rehabilitationsträger für die Leistungen zur Teilhabe am Arbeitsleben für erwerbsfähige Leistungsberechtigte mit Behinderungen im Sinne des Zweiten Buches, sofern nicht ein anderer Rehabilitationsträger zuständig ist. Die Zuständigkeit der Jobcenter nach § 6d des Zweiten Buches für die Leistungen zur beruflichen Teilhabe von Menschen mit Behinderungen nach § 16 Absatz 1 des Zweiten Buches bleibt unberührt. Die Bundesagentur für Arbeit stellt den Rehabilitationsbedarf fest. Sie beteiligt das zuständige Jobcenter nach § 19 Absatz 1 Satz 2 und berät das Jobcenter zu den von ihm zu erbringenden Leistungen zur Teilhabe am Arbeitsleben nach § 16 Absatz 1 Satz 3 des Zweiten Buches. Das Jobcenter entscheidet über diese Leistungen innerhalb der in Kapitel 4 genannten Fristen.

§ 7 Vorbehalt abweichender Regelungen

(1) 1Die Vorschriften im Teil 1 gelten für die Leistungen zur Teilhabe, soweit sich aus den für den jeweiligen Rehabilitationsträger geltenden Leistungsgesetzen nichts Abweichendes ergibt. 2Die Zuständigkeit und die Voraussetzungen für die Leistungen zur Teilhabe richten sich nach den für den jeweiligen Rehabilitationsträger geltenden Leistungsgesetzen. 3Das Recht der Eingliederungshilfe im Teil 2 ist ein Leistungsgesetz im Sinne der Sätze 1 und 2.

(2) 1Abweichend von Absatz 1 gehen die Vorschriften der Kapitel 2 bis 4 den für die jeweiligen Rehabilitationsträger geltenden Leistungsgesetzen vor. 2Von den Vorschriften in Kapitel 4 kann durch Landesrecht nicht abgewichen werden.

§ 8 Wunsch- und Wahlrecht der Leistungsberechtigten

(1) 1Bei der Entscheidung über die Leistungen und bei der Ausführung der Leistungen zur Teilhabe wird berechtigten Wünschen der Leistungsberechtigten entsprochen. 2Dabei wird auch auf die persönliche Lebenssituation, das Alter, das Geschlecht, die Familie sowie die religiösen und weltanschaulichen Bedürfnisse der Leistungsberechtigten Rücksicht genommen; im Übrigen gilt § 33 des Ersten Buches. 3Den besonderen Bedürfnissen von Müttern und Vätern mit Behinderungen bei der Erfüllung ihres Erziehungsauftrages sowie den besonderen Bedürfnissen von Kindern mit Behinderungen wird Rechnung getragen.

(2) 1Sachleistungen zur Teilhabe, die nicht in Rehabilitationseinrichtungen auszuführen sind, können auf Antrag der Leistungsberechtigten als Geldleistungen erbracht werden, wenn die Leistungen hierdurch voraussichtlich bei gleicher Wirksamkeit wirtschaftlich zumindest gleichwertig ausgeführt werden können. 2Für die Beurteilung der Wirksamkeit stellen die Leistungsberechtigten dem Rehabilitationsträger geeignete Unterlagen zur Verfügung. 3Der Rehabilitationsträger begründet durch Bescheid, wenn er den Wünschen des Leistungsberechtigten nach den Absätzen 1 und 2 nicht entspricht.

(3) Leistungen, Dienste und Einrichtungen lassen den Leistungsberechtigten möglichst viel Raum zu eigenverantwortlicher Gestaltung ihrer Lebensumstände und fördern ihre Selbstbestimmung.

(4) Die Leistungen zur Teilhabe bedürfen der Zustimmung der Leistungsberechtigten.

Kapitel 2
Einleitung der Rehabilitation von Amts wegen

§ 9 Vorrangige Prüfung von Leistungen zur Teilhabe

(1) 1Werden bei einem Rehabilitationsträger Sozialleistungen wegen oder unter Berücksichtigung einer Behinderung oder einer drohenden Behinderung beantragt oder erbracht, prüft dieser unabhängig von der Entscheidung über diese Leistungen, ob Leistungen zur Teilhabe voraussichtlich zur Erreichung der Ziele nach den §§ 1 und 4 erfolgreich sein können. 2Er prüft auch, ob hierfür weitere Rehabilitationsträger im Rahmen ihrer Zuständigkeit zur Koordinierung der Leistungen zu beteiligen sind. 3Werden Leistungen zur Teilhabe nach den Leistungsgesetzen nur auf Antrag erbracht, wirken die Rehabilitationsträger nach § 12 auf eine Antragstellung hin.

(2) 1Leistungen zur Teilhabe haben Vorrang vor Rentenleistungen, die bei erfolgreichen Leistungen zur Teilhabe nicht oder voraussichtlich erst zu einem späteren Zeitpunkt zu erbringen wären. 2Dies gilt während des Bezuges einer Rente entsprechend.

(3) 1Absatz 1 ist auch anzuwenden, um durch Leistungen zur Teilhabe Pflegebedürftigkeit zu vermeiden, zu überwinden, zu mindern oder eine Verschlimmerung zu verhüten. 2Die Aufgaben der Pflegekassen als Träger der sozialen Pflegeversicherung bei der Sicherung des Vorrangs von Rehabilitation vor Pflege nach den §§ 18a und 31 des Elften Buches bleiben unberührt.

(4) Absatz 1 gilt auch für die Jobcenter im Rahmen ihrer Zuständigkeit für Leistungen zur beruflichen Teilhabe nach § 6 Absatz 3 mit der Maßgabe, dass sie mögliche Rehabilitationsbedarfe erkennen und auf eine Antragstellung beim voraussichtlich zuständigen Rehabilitationsträger hinwirken sollen.

§ 10 Sicherung der Erwerbsfähigkeit

(1) 1Soweit es im Einzelfall geboten ist, prüft der zuständige Rehabilitationsträger gleichzeitig mit der Einleitung einer Leistung zur medizinischen Rehabilitation, während ihrer Ausführung und nach ihrem Abschluss, ob durch geeignete Leistungen zur Teilhabe am Arbeitsleben die Erwerbsfähigkeit von Menschen mit Behinderungen oder von Behinderung bedrohten Menschen erhalten, gebessert oder wiederhergestellt werden kann. 2Er beteiligt die Bundesagentur für Arbeit nach § 54.

(2) Wird während einer Leistung zur medizinischen Rehabilitation erkennbar, dass der bisherige Arbeitsplatz gefährdet ist, wird mit den Betroffenen sowie dem zuständigen Rehabilitationsträger unverzüglich geklärt, ob Leistungen zur Teilhabe am Arbeitsleben erforderlich sind.

(3) Bei der Prüfung nach den Absätzen 1 und 2 wird zur Klärung eines Hilfebedarfs nach Teil 3 auch das Integrationsamt beteiligt.

(4) 1Die Rehabilitationsträger haben in den Fällen nach den Absätzen 1 und 2 auf eine frühzeitige Antragstellung im Sinne von § 12 nach allen in Betracht kommenden Leistungsgesetzen hinzuwirken und den Antrag ungeachtet ihrer Zuständigkeit für Leistungen zur Teilhabe am Arbeitsleben entgegenzunehmen. 2Soweit es erforderlich ist, beteiligen sie unverzüglich die zuständigen Rehabilitationsträger zur Koordinierung der Leistungen nach Kapitel 4.

(5) 1Die Rehabilitationsträger wirken auch in den Fällen der Hinzuziehung durch Arbeitgeber infolge einer Arbeitsplatzgefährdung nach § 167 Absatz 2 Satz 4 auf eine frühzeitige Antragstellung auf Leistungen zur Teilhabe nach allen in Betracht kommenden Leistungsgesetzen hin. 2Absatz 4 Satz 2 gilt entsprechend.

§ 11 Förderung von Modellvorhaben zur Stärkung der Rehabilitation, Verordnungsermächtigung

(1) Das Bundesministerium für Arbeit und Soziales fördert im Rahmen der für diesen Zweck zur Verfügung stehenden Haushaltsmittel im Aufgabenbereich der Grundsicherung für Arbeitsuchende und der gesetzlichen Rentenversicherung Modellvorhaben, die

den Vorrang von Leistungen zur Teilhabe nach § 9 und die Sicherung der Erwerbsfähigkeit nach § 10 unterstützen.

(2) 1Das Nähere regeln Förderrichtlinien des Bundesministeriums für Arbeit und Soziales. 2Die Förderdauer der Modellvorhaben beträgt fünf Jahre. 3Die Förderrichtlinien enthalten ein Datenschutzkonzept.

(3) Das Bundesministerium für Arbeit und Soziales kann durch Rechtsverordnung ohne Zustimmung des Bundesrates regeln, ob und inwieweit die Jobcenter nach § 6d des Zweiten Buches, die Bundesagentur für Arbeit und die Träger der gesetzlichen Rentenversicherung bei der Durchführung eines Modellvorhabens nach Absatz 1 von den für sie geltenden Leistungsgesetzen sachlich und zeitlich begrenzt abweichen können.

(4) 1 Die zuwendungsrechtliche und organisatorische Abwicklung der Modellvorhaben nach Absatz 1 erfolgt durch die Deutsche Rentenversicherung Knappschaft-Bahn-See unter der Aufsicht des Bundesministeriums für Arbeit und Soziales. 2Die Aufsicht erstreckt sich auch auf den Umfang und die Zweckmäßigkeit der Modellvorhaben. 3Die Ausgaben, welche der Deutschen Rentenversicherung Knappschaft-Bahn-See aus der Abwicklung der Modellvorhaben entstehen, werden aus den Haushaltsmitteln nach Absatz 1 vom Bund erstattet. 4Das Nähere ist durch Verwaltungsvereinbarung zu regeln.

(5) 1Das Bundesministerium für Arbeit und Soziales untersucht die Wirkungen der Modellvorhaben. 2Das Bundesministerium für Arbeit und Soziales kann Dritte mit diesen Untersuchungen beauftragen.

Kapitel 3
Erkennung und Ermittlung des Rehabilitationsbedarfs

§ 12 Maßnahmen zur Unterstützung der frühzeitigen Bedarfserkennung

(1) 1Die Rehabilitationsträger stellen durch geeignete Maßnahmen sicher, dass ein Rehabilitationsbedarf frühzeitig erkannt und auf eine Antragstellung der Leistungsberechtigten hingewirkt wird. 2Die Rehabilitationsträger unterstützen die frühzeitige Erkennung des Rehabilitationsbedarfs insbesondere durch die Bereitstellung und Vermittlung von geeigneten barrierefreien Informationsangeboten über

1. Inhalte und Ziele von Leistungen zur Teilhabe,
2. die Möglichkeit der Leistungsausführung als Persönliches Budget,
3. das Verfahren zur Inanspruchnahme von Leistungen zur Teilhabe und
4. Angebote der Beratung, einschließlich der ergänzenden unabhängigen Teilhabeberatung nach § 32.

3Die Rehabilitationsträger benennen Ansprechstellen, die Informationsangebote nach Satz 2 an Leistungsberechtigte, an Arbeitgeber und an andere Rehabilitationsträger vermitteln. 4Für die Zusammenarbeit der Ansprechstellen gilt § 15 Absatz 3 des Ersten Buches entsprechend.

(2) Absatz 1 gilt auch für Jobcenter im Rahmen ihrer Zuständigkeit für Leistungen zur beruflichen Teilhabe nach § 6 Absatz 3, für die Integrationsämter in Bezug auf Leistungen und sonstige Hilfen für schwerbehinderte Menschen nach Teil 3 und für die Pflegekassen als Träger der sozialen Pflegeversicherung nach dem Elften Buch.

(3) 1Die Rehabilitationsträger, Integrationsämter und Pflegekassen können die Informationsangebote durch ihre Verbände und Vereinigungen bereitstellen und vermitteln lassen. 2Die Jobcenter können die Informationsangebote durch die Bundesagentur für Arbeit bereitstellen und vermitteln lassen.

§ 13 Instrumente zur Ermittlung des Rehabilitationsbedarfs

(1) 1Zur einheitlichen und überprüfbaren Ermittlung des individuellen Rehabilitationsbedarfs verwenden die Rehabilitationsträger systematische Arbeitsprozesse und standardisierte Arbeitsmittel (Instrumente) nach den für sie geltenden Leistungsgesetzen. 2Die Instrumente sollen den von den Rehabilitationsträgern vereinbarten Grundsätzen für In-

strumente zur Bedarfsermittlung nach § 26 Absatz 2 Nummer 7 entsprechen. 3Die Rehabilitationsträger können die Entwicklung von Instrumenten durch ihre Verbände und Vereinigungen wahrnehmen lassen oder Dritte mit der Entwicklung beauftragen.

(2) Die Instrumente nach Absatz 1 Satz 1 gewährleisten eine individuelle und funktionsbezogene Bedarfsermittlung und sichern die Dokumentation und Nachprüfbarkeit der Bedarfsermittlung, indem sie insbesondere erfassen,

1. ob eine Behinderung vorliegt oder einzutreten droht,
2. welche Auswirkung die Behinderung auf die Teilhabe der Leistungsberechtigten hat,
3. welche Ziele mit Leistungen zur Teilhabe erreicht werden sollen und
4. welche Leistungen im Rahmen einer Prognose zur Erreichung der Ziele voraussichtlich erfolgreich sind.

(3) Das Bundesministerium für Arbeit und Soziales untersucht die Wirkung der Instrumente nach Absatz 1 und veröffentlicht die Untersuchungsergebnisse bis zum 31. Dezember 2019.

(4) Auf Vorschlag der Rehabilitationsträger nach § 6 Absatz 1 Nummer 6 und 7 und mit Zustimmung der zuständigen obersten Landesbehörden kann das Bundesministerium für Arbeit und Soziales die von diesen Rehabilitationsträgern eingesetzten Instrumente im Sinne von Absatz 1 in die Untersuchung nach Absatz 3 einbeziehen.

Kapitel 4
Koordinierung der Leistungen

§ 14 Leistender Rehabilitationsträger

(1) 1Werden Leistungen zur Teilhabe beantragt, stellt der Rehabilitationsträger innerhalb von zwei Wochen nach Eingang des Antrages bei ihm fest, ob er nach dem für ihn geltenden Leistungsgesetz für die Leistung zuständig ist; bei den Krankenkassen umfasst die Prüfung auch die Leistungspflicht nach § 40 Absatz 4 des Fünften Buches. 2Stellt er bei der Prüfung fest, dass er für die Leistung insgesamt nicht zuständig ist, leitet er den Antrag unverzüglich dem nach seiner Auffassung zuständigen Rehabilitationsträger zu und unterrichtet hierüber den Antragsteller. 3Muss für eine solche Feststellung die Ursache der Behinderung geklärt werden und ist diese Klärung in der Frist nach Satz 1 nicht möglich, soll der Antrag unverzüglich dem Rehabilitationsträger zugeleitet werden, der die Leistung ohne Rücksicht auf die Ursache der Behinderung erbringt. 4Wird der Antrag bei der Bundesagentur für Arbeit gestellt, werden bei der Prüfung nach den Sätzen 1 und 2 keine Feststellungen nach § 11 Absatz 2a Nummer 1 des Sechsten Buches und § 22 Absatz 2 des Dritten Buches getroffen.

(2) 1Wird der Antrag nicht weitergeleitet, stellt der Rehabilitationsträger den Rehabilitationsbedarf anhand der Instrumente zur Bedarfsermittlung nach § 13 unverzüglich und umfassend fest und erbringt die Leistungen (leistender Rehabilitationsträger). 2Muss für diese Feststellung kein Gutachten eingeholt werden, entscheidet der leistende Rehabilitationsträger innerhalb von drei Wochen nach Antragseingang. 3Ist für die Feststellung des Rehabilitationsbedarfs ein Gutachten erforderlich, wird die Entscheidung innerhalb von zwei Wochen nach Vorliegen des Gutachtens getroffen. 4Wird der Antrag weitergeleitet, gelten die Sätze 1 bis 3 für den Rehabilitationsträger, an den der Antrag weitergeleitet worden ist, entsprechend; die Frist beginnt mit dem Antragseingang bei diesem Rehabilitationsträger. 5In den Fällen der Anforderung einer gutachterlichen Stellungnahme bei der Bundesagentur für Arbeit nach § 54 gilt Satz 3 entsprechend.

(3) Ist der Rehabilitationsträger, an den der Antrag nach Absatz 1 Satz 2 weitergeleitet worden ist, nach dem für ihn geltenden Leistungsgesetz für die Leistung insgesamt nicht zuständig, kann er den Antrag im Einvernehmen mit dem nach seiner Auffassung zuständigen Rehabilitationsträger an diesen weiterleiten, damit von diesem als leistendem Rehabilitationsträger über den Antrag innerhalb der bereits nach Absatz 2 Satz 4

laufenden Fristen entschieden wird und unterrichtet hierüber den Antragsteller.

(4) 1Die Absätze 1 bis 3 gelten sinngemäß, wenn der Rehabilitationsträger Leistungen von Amts wegen erbringt. 2Dabei tritt an die Stelle des Tages der Antragstellung der Tag der Kenntnis des voraussichtlichen Rehabilitationsbedarfs.

(5) Für die Weiterleitung des Antrages ist § 16 Absatz 2 Satz 1 des Ersten Buches nicht anzuwenden, wenn und soweit Leistungen zur Teilhabe bei einem Rehabilitationsträger beantragt werden.

§ 15 Leistungsverantwortung bei Mehrheit von Rehabilitationsträgern

(1) 1Stellt der leistende Rehabilitationsträger fest, dass der Antrag neben den nach seinem Leistungsgesetz zu erbringenden Leistungen weitere Leistungen zur Teilhabe umfasst, für die er nicht Rehabilitationsträger nach § 6 Absatz 1 sein kann, leitet er den Antrag insoweit unverzüglich dem nach seiner Auffassung zuständigen Rehabilitationsträger zu. 2Dieser entscheidet über die weiteren Leistungen nach den für ihn geltenden Leistungsgesetzen in eigener Zuständigkeit und unterrichtet hierüber den Antragsteller.

(2) 1Hält der leistende Rehabilitationsträger für die umfassende Feststellung des Rehabilitationsbedarfs nach § 14 Absatz 2 die Feststellungen weiterer Rehabilitationsträger für erforderlich und liegt kein Fall nach Absatz 1 vor, fordert er von diesen Rehabilitationsträgern die für den Teilhabeplan nach § 19 erforderlichen Feststellungen unverzüglich an und berät diese nach § 19 trägerübergreifend. 2Die Feststellungen binden den leistenden Rehabilitationsträger bei seiner Entscheidung über den Antrag, wenn sie innerhalb von zwei Wochen nach Anforderung oder im Fall der Begutachtung innerhalb von zwei Wochen nach Vorliegen des Gutachtens beim leistenden Rehabilitationsträger eingegangen sind. 3Anderenfalls stellt der leistende Rehabilitationsträger den Rehabilitationsbedarf nach allen in Betracht kommenden Leistungsgesetzen umfassend fest.

(3) 1Die Rehabilitationsträger bewilligen und erbringen die Leistungen nach den für sie jeweils geltenden Leistungsgesetzen im eigenen Namen, wenn im Teilhabeplan nach § 19 dokumentiert wurde, dass

1. die erforderlichen Feststellungen nach allen in Betracht kommenden Leistungsgesetzen von den zuständigen Rehabilitationsträgern getroffen wurden,
2. auf Grundlage des Teilhabeplans eine Leistungserbringung durch die nach den jeweiligen Leistungsgesetzen zuständigen Rehabilitationsträger sichergestellt ist und
3. die Leistungsberechtigten einer nach Zuständigkeiten getrennten Leistungsbewilligung und Leistungserbringung nicht aus wichtigem Grund widersprechen.

2Anderenfalls entscheidet der leistende Rehabilitationsträger über den Antrag in den Fällen nach Absatz 2 und erbringt die Leistungen im eigenen Namen.

(4) 1In den Fällen der Beteiligung von Rehabilitationsträgern nach den Absätzen 1 bis 3 ist abweichend von § 14 Absatz 2 innerhalb von sechs Wochen nach Antragseingang zu entscheiden. 2Wird eine Teilhabeplankonferenz nach § 20 durchgeführt, ist innerhalb von zwei Monaten nach Antragseingang zu entscheiden. 3Die Antragsteller werden von dem leistenden Rehabilitationsträger über die Beteiligung von Rehabilitationsträgern sowie über die für die Entscheidung über den Antrag maßgeblichen Zuständigkeiten und Fristen unverzüglich unterrichtet.

§ 16 Erstattungsansprüche zwischen Rehabilitationsträgern

(1) Hat ein leistender Rehabilitationsträger nach § 14 Absatz 2 Satz 4 Leistungen erbracht, für die ein anderer Rehabilitationsträger insgesamt zuständig ist, erstattet der zuständige Rehabilitationsträger die Aufwendungen des leistenden Rehabilitationsträgers nach den für den leistenden Rehabilitationsträger geltenden Rechtsvorschriften.

(2) 1Hat ein leistender Rehabilitationsträger nach § 15 Absatz 3 Satz 2 Leistungen im eigenen Namen erbracht, für die ein beteiligter

Rehabilitationsträger zuständig ist, erstattet der beteiligte Rehabilitationsträger die Aufwendungen des leistenden Rehabilitationsträgers nach den Rechtsvorschriften, die den nach § 15 Absatz 2 eingeholten Feststellungen zugrunde liegen. 2Hat ein beteiligter Rehabilitationsträger die angeforderten Feststellungen nicht oder nicht rechtzeitig nach § 15 Absatz 2 beigebracht, erstattet der beteiligte Rehabilitationsträger die Aufwendungen des leistenden Rehabilitationsträgers nach den Rechtsvorschriften, die der Leistungsbewilligung zugrunde liegen.

(3) 1Der Erstattungsanspruch nach den Absätzen 1 und 2 umfasst die nach den jeweiligen Leistungsgesetzen entstandenen Leistungsaufwendungen und eine Verwaltungskostenpauschale in Höhe von 5 Prozent der erstattungsfähigen Leistungsaufwendungen. 2Eine Erstattungspflicht nach Satz 1 besteht nicht, soweit Leistungen zu Unrecht von dem leistenden Rehabilitationsträger erbracht worden sind und er hierbei grob fahrlässig oder vorsätzlich gehandelt hat.

(4) 1Für unzuständige Rehabilitationsträger ist § 105 des Zehnten Buches nicht anzuwenden, wenn sie eine Leistung erbracht haben,

1. ohne den Antrag an den zuständigen Rehabilitationsträger nach § 14 Absatz 1 Satz 2 weiterzuleiten oder
2. ohne einen weiteren zuständigen Rehabilitationsträger nach § 15 zu beteiligen,

es sei denn, die Rehabilitationsträger vereinbaren Abweichendes. 2Hat ein Rehabilitationsträger von der Weiterleitung des Antrages abgesehen, weil zum Zeitpunkt der Prüfung nach § 14 Absatz 1 Satz 3 Anhaltspunkte für eine Zuständigkeit auf Grund der Ursache der Behinderung bestanden haben, bleibt § 105 des Zehnten Buches unberührt.

(5) 1Hat der leistende Rehabilitationsträger in den Fällen des § 18 Aufwendungen für selbstbeschaffte Leistungen nach dem Leistungsgesetz eines nach § 15 beteiligten Rehabilitationsträgers zu erstatten, kann er von dem beteiligten Rehabilitationsträger einen Ausgleich verlangen, soweit dieser durch die Erstattung nach § 18 Absatz 4 Satz 2 von seiner Leistungspflicht befreit wurde. 2Hat ein beteiligter Rehabilitationsträger den Eintritt der Erstattungspflicht für selbstbeschaffte Leistungen zu vertreten, umfasst der Ausgleich den gesamten Erstattungsbetrag abzüglich des Betrages, der sich aus der bei anderen Rehabilitationsträgern eingetretenen Leistungsbefreiung ergibt.

(6) Für den Erstattungsanspruch des Trägers der Eingliederungshilfe, der öffentlichen Jugendhilfe und der Kriegsopferfürsorge gilt § 108 Absatz 2 des Zehnten Buches entsprechend.

§ 17 Begutachtung

(1) 1Ist für die Feststellung des Rehabilitationsbedarfs ein Gutachten erforderlich, beauftragt der leistende Rehabilitationsträger unverzüglich einen geeigneten Sachverständigen. 2Er benennt den Leistungsberechtigten in der Regel drei möglichst wohnortnahe Sachverständige, soweit nicht gesetzlich die Begutachtung durch einen sozialmedizinischen Dienst vorgesehen ist. 3Haben sich Leistungsberechtigte für einen benannten Sachverständigen entschieden, wird dem Wunsch Rechnung getragen.

(2) 1Der Sachverständige nimmt eine umfassende sozialmedizinische, bei Bedarf auch psychologische Begutachtung vor und erstellt das Gutachten innerhalb von zwei Wochen nach Auftragserteilung. 2Das Gutachten soll den von den Rehabilitationsträgern vereinbarten einheitlichen Grundsätzen zur Durchführung von Begutachtungen nach § 25 Absatz 1 Nummer 4 entsprechen. 3Die in dem Gutachten getroffenen Feststellungen zum Rehabilitationsbedarf werden den Entscheidungen der Rehabilitationsträger zugrunde gelegt. 4Die gesetzlichen Aufgaben der Gesundheitsämter, des Medizinischen Dienstes der Krankenversicherung nach § 275 des Fünften Buches und die gutachterliche Beteiligung der Bundesagentur für Arbeit nach § 54 bleiben unberührt.

(3) 1Hat der leistende Rehabilitationsträger nach § 15 weitere Rehabilitationsträger beteiligt, setzt er sich bei seiner Entscheidung

über die Beauftragung eines geeigneten Sachverständigen mit den beteiligten Rehabilitationsträgern über Anlass, Ziel und Umfang der Begutachtung ins Benehmen. 2Die beteiligten Rehabilitationsträger informieren den leistenden Rehabilitationsträger unverzüglich über die Notwendigkeit der Einholung von Gutachten. 3Die in dem Gutachten getroffenen Feststellungen zum Rehabilitationsbedarf werden in den Teilhabeplan nach § 19 einbezogen. 4Absatz 2 Satz 3 gilt entsprechend.

(4) Die Rehabilitationsträger stellen sicher, dass sie Sachverständige beauftragen können, bei denen keine Zugangs- und Kommunikationsbarrieren bestehen.

§ 18 Erstattung selbstbeschaffter Leistungen

(1) Kann über den Antrag auf Leistungen zur Teilhabe nicht innerhalb einer Frist von zwei Monaten ab Antragseingang bei dem leistenden Rehabilitationsträger entschieden werden, teilt er den Leistungsberechtigten vor Ablauf der Frist die Gründe hierfür schriftlich mit (begründete Mitteilung).

(2) 1In der begründeten Mitteilung ist auf den Tag genau zu bestimmen, bis wann über den Antrag entschieden wird. 2In der begründeten Mitteilung kann der leistende Rehabilitationsträger die Frist von zwei Monaten nach Absatz 1 nur in folgendem Umfang verlängern:

1. um bis zu zwei Wochen zur Beauftragung eines Sachverständigen für die Begutachtung infolge einer nachweislich beschränkten Verfügbarkeit geeigneter Sachverständiger,
2. um bis zu vier Wochen, soweit von dem Sachverständigen die Notwendigkeit für einen solchen Zeitraum der Begutachtung schriftlich bestätigt wurde und
3. für die Dauer einer fehlenden Mitwirkung der Leistungsberechtigten, wenn und soweit den Leistungsberechtigten nach § 66 Absatz 3 des Ersten Buches schriftlich eine angemessene Frist zur Mitwirkung gesetzt wurde.

(3) 1Erfolgt keine begründete Mitteilung, gilt die beantragte Leistung nach Ablauf der Frist als genehmigt. 2Die beantragte Leistung gilt auch dann als genehmigt, wenn der in der Mitteilung bestimmte Zeitpunkt der Entscheidung über den Antrag ohne weitere begründete Mitteilung des Rehabilitationsträgers abgelaufen ist.

(4) 1Beschaffen sich Leistungsberechtigte eine als genehmigt geltende Leistung selbst, ist der leistende Rehabilitationsträger zur Erstattung der Aufwendungen für selbstbeschaffte Leistungen verpflichtet. 2Mit der Erstattung gilt der Anspruch der Leistungsberechtigten auf die Erbringung der selbstbeschafften Leistungen zur Teilhabe als erfüllt. 3Der Erstattungsanspruch umfasst auch die Zahlung von Abschlägen im Umfang fälliger Zahlungsverpflichtungen für selbstbeschaffte Leistungen.

(5) Die Erstattungspflicht besteht nicht,

1. wenn und soweit kein Anspruch auf Bewilligung der selbstbeschafften Leistungen bestanden hätte und
2. die Leistungsberechtigten dies wussten oder infolge grober Außerachtlassung der allgemeinen Sorgfalt nicht wussten.

(6) 1Konnte der Rehabilitationsträger eine unaufschiebbare Leistung nicht rechtzeitig erbringen oder hat er eine Leistung zu Unrecht abgelehnt und sind dadurch Leistungsberechtigten für die selbstbeschaffte Leistung Kosten entstanden, sind diese vom Rehabilitationsträger in der entstandenen Höhe zu erstatten, soweit die Leistung notwendig war. 2Der Anspruch auf Erstattung richtet sich gegen den Rehabilitationsträger, der zum Zeitpunkt der Selbstbeschaffung über den Antrag entschieden hat. 3Lag zum Zeitpunkt der Selbstbeschaffung noch keine Entscheidung vor, richtet sich der Anspruch gegen den leistenden Rehabilitationsträger.

(7) Die Absätze 1 bis 5 gelten nicht für die Träger der Eingliederungshilfe, der öffentlichen Jugendhilfe und der Kriegsopferfürsorge.

§ 19 Teilhabeplan

(1) Soweit Leistungen verschiedener Leistungsgruppen oder mehrerer Rehabilitationsträger erforderlich sind, ist der leistende Rehabilitationsträger dafür verantwortlich, dass

er und die nach § 15 beteiligten Rehabilitationsträger im Benehmen miteinander und in Abstimmung mit den Leistungsberechtigten die nach dem individuellen Bedarf voraussichtlich erforderlichen Leistungen hinsichtlich Ziel, Art und Umfang funktionsbezogen feststellen und schriftlich oder elektronisch so zusammenstellen, dass sie nahtlos ineinandergreifen.

(2) 1Der leistende Rehabilitationsträger erstellt in den Fällen nach Absatz 1 einen Teilhabeplan innerhalb der für die Entscheidung über den Antrag maßgeblichen Frist. 2Der Teilhabeplan dokumentiert

1. den Tag des Antragseingangs beim leistenden Rehabilitationsträger und das Ergebnis der Zuständigkeitsklärung und Beteiligung nach den §§ 14 und 15,
2. die Feststellungen über den individuellen Rehabilitationsbedarf auf Grundlage der Bedarfsermittlung nach § 13,
3. die zur individuellen Bedarfsermittlung nach § 13 eingesetzten Instrumente,
4. die gutachterliche Stellungnahme der Bundesagentur für Arbeit nach § 54,
5. die Einbeziehung von Diensten und Einrichtungen bei der Leistungserbringung,
6. erreichbare und überprüfbare Teilhabeziele und deren Fortschreibung,
7. die Berücksichtigung des Wunsch- und Wahlrechts nach § 8, insbesondere im Hinblick auf die Ausführung von Leistungen durch ein Persönliches Budget,
8. die Dokumentation der einvernehmlichen, umfassenden und trägerübergreifenden Feststellung des Rehabilitationsbedarfs in den Fällen nach § 15 Absatz 3 Satz 1,
9. die Ergebnisse der Teilhabeplankonferenz nach § 20,
10. die Erkenntnisse aus den Mitteilungen der nach § 22 einbezogenen anderen öffentlichen Stellen und
11. die besonderen Belange pflegender Angehöriger bei der Erbringung von Leistungen der medizinischen Rehabilitation.

3Wenn Leistungsberechtigte die Erstellung eines Teilhabeplans wünschen und die Voraussetzungen nach Absatz 1 nicht vorliegen, ist Satz 2 entsprechend anzuwenden.

(3) 1Der Teilhabeplan wird entsprechend dem Verlauf der Rehabilitation angepasst und darauf ausgerichtet, den Leistungsberechtigten unter Berücksichtigung der Besonderheiten des Einzelfalles eine umfassende Teilhabe am Leben in der Gesellschaft zügig, wirksam, wirtschaftlich und auf Dauer zu ermöglichen. 2Dabei sichert der leistende Rehabilitationsträger durchgehend das Verfahren. 3Die Leistungsberechtigten können von dem leistenden Rehabilitationsträger Einsicht in den Teilhabeplan oder die Erteilung von Ablichtungen nach § 25 des Zehnten Buches verlangen.

(4) 1Die Rehabilitationsträger legen den Teilhabeplan bei der Entscheidung über den Antrag zugrunde. 2Die Begründung der Entscheidung über die beantragten Leistungen nach § 35 des Zehnten Buches soll erkennen lassen, inwieweit die im Teilhabeplan enthaltenen Feststellungen bei der Entscheidung berücksichtigt wurden.

(5) 1Ein nach § 15 beteiligter Rehabilitationsträger kann das Verfahren nach den Absätzen 1 bis 3 anstelle des leistenden Rehabilitationsträgers durchführen, wenn die Rehabilitationsträger dies in Abstimmung mit den Leistungsberechtigten vereinbaren. 2Die Vorschriften über die Leistungsverantwortung der Rehabilitationsträger nach den §§ 14 und 15 bleiben hiervon unberührt.

(6) Setzen unterhaltssichernde Leistungen den Erhalt von anderen Leistungen zur Teilhabe voraus, gelten die Leistungen im Verhältnis zueinander nicht als Leistungen verschiedener Leistungsgruppen im Sinne von Absatz 1.

---

§ 19 wird mit Geltung ab 1. Januar 2022 durch das Teilhabestärkungsgesetz neu gefasst; er lautet dann:

§ 19 Teilhabeplan

(1) Soweit Leistungen verschiedener Leistungsgruppen oder mehrerer Rehabilitationsträger erforderlich sind, ist der leistende Rehabilitationsträger dafür verantwortlich, dass er und die nach

§15 beteiligten Rehabilitationsträger im Benehmen miteinander und in Abstimmung mit den Leistungsberechtigten die nach dem individuellen Bedarf voraussichtlich erforderlichen Leistungen hinsichtlich Ziel, Art und Umfang funktionsbezogen feststellen und schriftlich oder elektronisch so zusammenstellen, dass sie nahtlos ineinandergreifen. Soweit zum Zeitpunkt der Antragstellung nach §14 Leistungen nach dem Zweiten Buch beantragt sind oder erbracht werden, beteiligt der leistende Rehabilitationsträger das zuständige Jobcenter wie in den Fällen nach Satz 1.

(2) Der leistende Rehabilitationsträger erstellt in den Fällen nach Absatz 1 einen Teilhabeplan innerhalb der für die Entscheidung über den Antrag maßgeblichen Frist. Der Teilhabeplan dokumentiert

1. den Tag des Antragseingangs beim leistenden Rehabilitationsträger und das Ergebnis der Zuständigkeitsklärung und Beteiligung nach den §§14 und 15,
2. die Feststellungen über den individuellen Rehabilitationsbedarf auf Grundlage der Bedarfsermittlung nach §13,
3. die zur individuellen Bedarfsermittlung nach §13 eingesetzten Instrumente,
4. die gutachterliche Stellungnahme der Bundesagentur für Arbeit nach §54,
5. die Einbeziehung von Diensten und Einrichtungen bei der Leistungserbringung,
6. erreichbare und überprüfbare Teilhabeziele und deren Fortschreibung,
7. die Berücksichtigung des Wunsch- und Wahlrechts nach §8, insbesondere im Hinblick auf die Ausführung von Leistungen durch ein Persönliches Budget,
8. die Dokumentation der einvernehmlichen, umfassenden und trägerübergreifenden Feststellung des Rehabilitationsbedarfs in den Fällen nach §15 Absatz 3 Satz 1,
9. die Ergebnisse der Teilhabeplankonferenz nach §20,
10. die Erkenntnisse aus den Mitteilungen der nach §22 einbezogenen anderen öffentlichen Stellen,
11. die besonderen Belange pflegender Angehöriger bei der Erbringung von Leistungen der medizinischen Rehabilitation und
12. die Leistungen zur Eingliederung in Arbeit nach dem Zweiten Buch, soweit das Jobcenter nach Absatz 1 Satz 2 zu beteiligen ist.

Wenn Leistungsberechtigte die Erstellung eines Teilhabeplans wünschen und die Voraussetzungen nach Absatz 1 nicht vorliegen, ist Satz 2 entsprechend anzuwenden.

(3) Der Teilhabeplan wird entsprechend dem Verlauf der Rehabilitation angepasst und darauf ausgerichtet, den Leistungsberechtigten unter Berücksichtigung der Besonderheiten des Einzelfalles eine umfassende Teilhabe am Leben in der Gesellschaft zügig, wirksam, wirtschaftlich und auf Dauer zu ermöglichen. Dabei sichert der leistende Rehabilitationsträger durchgehend das Verfahren. Die Leistungsberechtigten können von dem leistenden Rehabilitationsträger Einsicht in den Teilhabeplan oder die Erteilung von Ablichtungen nach §25 des Zehnten Buches verlangen.

(4) Die Rehabilitationsträger legen den Teilhabeplan bei der Entscheidung über den Antrag zugrunde. Die Begründung der Entscheidung über die beantragten Leistungen nach §35 des Zehnten Buches soll erkennen lassen, inwieweit die im Teilhabeplan enthaltenen Feststellungen bei der Entscheidung berücksichtigt wurden.

(5) Ein nach §15 beteiligter Rehabilitationsträger kann das Verfahren nach den Absätzen 1 bis 3 anstelle des leistenden Rehabilitationsträgers durchführen, wenn die Rehabilitationsträger dies in Abstimmung mit den Leistungsberechtigten vereinbaren. Die Vorschriften über die Leistungsverantwortung der Rehabilitationsträger nach den §§14 und 15 bleiben hiervon unberührt.

(6) Setzen unterhaltssichernde Leistungen den Erhalt von anderen Leistungen zur Teilhabe voraus, gelten die Leistungen im Verhältnis zueinander nicht als Leistungen verschiedener Leistungsgruppen im Sinne von Absatz 1.

§ 20 Teilhabeplankonferenz

(1) 1Mit Zustimmung der Leistungsberechtigten kann der für die Durchführung des Teilhabeplanverfahrens nach § 19 verantwortliche Rehabilitationsträger zur gemeinsamen Beratung der Feststellungen zum Rehabilitationsbedarf eine Teilhabeplankonferenz durchführen. 2Die Leistungsberechtigten, die beteiligten Rehabilitationsträger und die Jobcenter können dem nach § 19 verantwortlichen Rehabilitationsträger die Durchführung einer Teilhabeplankonferenz vorschlagen. 3Von dem Vorschlag auf Durchführung einer Teilhabeplankonferenz kann abgewichen werden,

1. wenn der zur Feststellung des Rehabilitationsbedarfs maßgebliche Sachverhalt schriftlich ermittelt werden kann,

2. wenn der Aufwand zur Durchführung nicht in einem angemessenen Verhältnis zum Umfang der beantragten Leistung steht oder
3. wenn eine Einwilligung nach § 23 Absatz 2 nicht erteilt wurde.

(2) [1]Wird von dem Vorschlag der Leistungsberechtigten auf Durchführung einer Teilhabeplankonferenz abgewichen, sind die Leistungsberechtigten über die dafür maßgeblichen Gründe zu informieren und hierzu anzuhören. [2]Von dem Vorschlag der Leistungsberechtigten auf Durchführung einer Teilhabeplankonferenz kann nicht abgewichen werden, wenn Leistungen an Mütter und Väter mit Behinderungen bei der Versorgung und Betreuung ihrer Kinder beantragt wurden.

(3) [1]An der Teilhabeplankonferenz nehmen Beteiligte nach § 12 des Zehnten Buches sowie auf Wunsch der Leistungsberechtigten die Bevollmächtigten und Beistände nach § 13 des Zehnten Buches sowie sonstige Vertrauenspersonen teil. [2]Auf Wunsch oder mit Zustimmung der Leistungsberechtigten können Rehabilitationsdienste, Rehabilitationseinrichtungen und Jobcenter sowie sonstige beteiligte Leistungserbringer an der Teilhabeplankonferenz teilnehmen. [3]Vor der Durchführung einer Teilhabeplankonferenz sollen die Leistungsberechtigten auf die Angebote der ergänzenden unabhängigen Teilhabeberatung nach § 32 besonders hingewiesen werden.

(4) Wird eine Teilhabeplankonferenz nach Absatz 1 auf Wunsch und mit Zustimmung der Leistungsberechtigten eingeleitet, richtet sich die Frist zur Entscheidung über den Antrag nach § 15 Absatz 4.

---

§ 20 wird mit Geltung ab 1. Januar 2022 durch das Teilhabestärkungsgesetz geändert; er lautet dann:

§ 20 Teilhabeplankonferenz

(1) Mit Zustimmung der Leistungsberechtigten kann der für die Durchführung des Teilhabeplanverfahrens nach § 19 verantwortliche Rehabilitationsträger zur gemeinsamen Beratung der Feststellungen zum Rehabilitationsbedarf eine Teilhabeplankonferenz durchführen. Die Leistungsberechtigten, die beteiligten Rehabilitationsträger und die Jobcenter können dem nach § 19 verantwortlichen Rehabilitationsträger die Durchführung einer Teilhabeplankonferenz vorschlagen. 3 Von dem Vorschlag auf Durchführung einer Teilhabeplankonferenz kann nur abgewichen werden, wenn eine Einwilligung nach § 23 Absatz 2 nicht erteilt wurde oder Einvernehmen der beteiligten Leistungsträger besteht, dass

1. wenn der zur Feststellung des Rehabilitationsbedarfs maßgebliche Sachverhalt schriftlich ermittelt werden kann, kann oder
2. wenn der Aufwand zur Durchführung nicht in einem angemessenen Verhältnis zum Umfang der beantragten Leistung steht oder 3. steht.

(2) Wird von dem Vorschlag der Leistungsberechtigten auf Durchführung einer Teilhabeplankonferenz abgewichen, sind die Leistungsberechtigten über die dafür maßgeblichen Gründe zu informieren und hierzu anzuhören. Von dem Vorschlag der Leistungsberechtigten auf Durchführung einer Teilhabeplankonferenz kann nicht abgewichen werden, wenn Leistungen an Mütter und Väter mit Behinderungen bei der Versorgung und Betreuung ihrer Kinder beantragt wurden.

(3) An der Teilhabeplankonferenz nehmen Beteiligte nach § 12 des Zehnten Buches sowie auf Wunsch der Leistungsberechtigten die Bevollmächtigten und Beistände nach § 13 des Zehnten Buches sowie sonstige Vertrauenspersonen teil. Auf Wunsch oder mit Zustimmung der Leistungsberechtigten können Rehabilitationsdienste und Rehabilitationseinrichtungen sowie sonstige beteiligte Leistungserbringer an der Teilhabeplankonferenz teilnehmen. Vor der Durchführung einer Teilhabeplankonferenz sollen die Leistungsberechtigten auf die Angebote der ergänzenden unabhängigen Teilhabeberatung nach § 32 besonders hingewiesen werden.

(4) Wird eine Teilhabeplankonferenz nach Absatz 1 auf Wunsch und mit Zustimmung der Leistungsberechtigten eingeleitet, richtet sich die Frist zur Entscheidung über den Antrag nach § 15 Absatz 4.

§ 21 Besondere Anforderungen an das Teilhabeplanverfahren

[1]Ist der Träger der Eingliederungshilfe der für die Durchführung des Teilhabeplanverfahrens verantwortliche Rehabilitationsträger, gelten für ihn die Vorschriften für die Gesamtplanung ergänzend; dabei ist das Gesamtplanverfahren ein Gegenstand des Teilhabeplan-

II

verfahrens. 2Ist der Träger der öffentlichen Jugendhilfe der für die Durchführung des Teilhabeplans verantwortliche Rehabilitationsträger, gelten für ihn die Vorschriften für den Hilfeplan nach den § 36, 36b und 37c des Achten Buches ergänzend.

§ 22 Einbeziehung anderer öffentlicher Stellen

(1) Der für die Durchführung des Teilhabeplanverfahrens verantwortliche Rehabilitationsträger bezieht unter Berücksichtigung der Interessen der Leistungsberechtigten andere öffentliche Stellen in die Erstellung des Teilhabeplans in geeigneter Art und Weise ein, soweit dies zur Feststellung des Rehabilitationsbedarfs erforderlich ist.

(2) 1Bestehen im Einzelfall Anhaltspunkte für eine Pflegebedürftigkeit nach dem Elften Buch, wird die zuständige Pflegekasse mit Zustimmung des Leistungsberechtigten vom für die Durchführung des Teilhabeplanverfahrens verantwortlichen Rehabilitationsträger informiert und muss am Teilhabeplanverfahren beratend teilnehmen, soweit dies für den Rehabilitationsträger zur Feststellung des Rehabilitationsbedarfs erforderlich und nach den für die zuständige Pflegekasse geltenden Grundsätzen der Datenverwendung zulässig ist. 2Die §§ 18a und 31 des Elften Buches bleiben unberührt.

(3) 1Die Integrationsämter sind bei der Durchführung des Teilhabeplanverfahrens zu beteiligen, soweit sie Leistungen für schwerbehinderte Menschen nach Teil 3 erbringen. 2Das zuständige Integrationsamt kann das Teilhabeplanverfahren nach § 19 Absatz 5 anstelle des leistenden Rehabilitationsträgers durchführen, wenn die Rehabilitationsträger und das Integrationsamt dies in Abstimmung mit den Leistungsberechtigten vereinbaren.

(4) 1Die Jobcenter können dem nach Absatz 1 verantwortlichen Rehabilitationsträger ihre Beteiligung an der Durchführung des Teilhabeplanverfahrens vorschlagen. 2Sie sind zu beteiligen, soweit es zur Feststellung des Rehabilitationsbedarfs erforderlich ist und dies den Interessen der Leistungsberechtigten entspricht. 3Die Aufgaben und die Beteiligung der Bundesagentur für Arbeit im Rahmen ihrer Zuständigkeit nach § 6 Absatz 3 bleiben unberührt.

(5) Bestehen im Einzelfall Anhaltspunkte für einen Betreuungsbedarf nach § 1896 Absatz 1 des Bürgerlichen Gesetzbuches, informiert der für die Durchführung des Teilhabeplanverfahrens verantwortliche Rehabilitationsträger mit Zustimmung der Leistungsberechtigten die zuständige Betreuungsbehörde über die Erstellung des Teilhabeplans, soweit dies zur Vermittlung anderer Hilfen, bei denen kein Betreuer bestellt wird, erforderlich ist.

---

§ 22 wird mit Geltung ab 1. Januar 2022 durch das Teilhabestärkungsgesetz geändert; er lautet dann:

§ 22 Einbeziehung anderer öffentlicher Stellen

(1) Der für die Durchführung des Teilhabeplanverfahrens verantwortliche Rehabilitationsträger bezieht unter Berücksichtigung der Interessen der Leistungsberechtigten andere öffentliche Stellen in die Erstellung des Teilhabeplans in geeigneter Art und Weise ein, soweit dies zur Feststellung des Rehabilitationsbedarfs erforderlich ist.

(2) Bestehen im Einzelfall Anhaltspunkte für eine Pflegebedürftigkeit nach dem Elften Buch, wird die zuständige Pflegekasse mit Zustimmung des Leistungsberechtigten vom für die Durchführung des Teilhabeplanverfahrens verantwortlichen Rehabilitationsträger informiert und muss am Teilhabeplanverfahren beratend teilnehmen, soweit dies für den Rehabilitationsträger zur Feststellung des Rehabilitationsbedarfs erforderlich und nach den für die zuständige Pflegekasse geltenden Grundsätzen der Datenverwendung zulässig ist. Die §§ 18a und 31 des Elften Buches bleiben unberührt.

(3) Die Integrationsämter sind bei der Durchführung des Teilhabeplanverfahrens zu beteiligen, soweit sie Leistungen für schwerbehinderte Menschen nach Teil 3 erbringen. Das zuständige Integrationsamt kann das Teilhabeplanverfahren nach § 19 Absatz 5 anstelle des leistenden Rehabilitationsträgers durchführen, wenn die Rehabilitationsträger und das Integrationsamt sowie das nach § 19 Absatz 1 Satz 2 zu beteiligende Jobcenter dies in Abstimmung mit den Leistungsberechtigten vereinbaren.

(4) Bestehen im Einzelfall Anhaltspunkte für einen Betreuungsbedarf nach § 1896 Absatz 1 des Bürgerlichen Gesetzbuches, informiert der für die Durchführung des Teilhabeplanverfahrens verantwortliche Rehabilitationsträger mit Zustimmung der Leistungsberechtigten die zuständige Betreuungsbehörde über die Erstellung des Teilhabeplans, soweit dies zur Vermittlung anderer Hilfen, bei denen kein Betreuer bestellt wird, erforderlich ist.

§ 23 Verantwortliche Stelle für den Sozialdatenschutz

(1) Der für die Durchführung des Teilhabeplanverfahrens verantwortliche Rehabilitationsträger ist bei der Erstellung des Teilhabeplans und bei der Durchführung der Teilhabeplankonferenz Verantwortlicher für die Verarbeitung von Sozialdaten nach § 67 Absatz 4 des Zehnten Buches sowie Stelle im Sinne von § 35 Absatz 1 des Ersten Buches.

(2) $_1$Vor Durchführung einer Teilhabeplankonferenz hat der nach Absatz 1 Verantwortliche die Einwilligung der Leistungsberechtigten im Sinne von § 67b Absatz 2 des Zehnten Buches einzuholen, wenn und soweit anzunehmen ist, dass im Rahmen der Teilhabeplankonferenz Sozialdaten verarbeitet werden, deren Erforderlichkeit für die Erstellung des Teilhabeplans zum Zeitpunkt der Durchführung der Teilhabeplankonferenz nicht abschließend bewertet werden kann. $_2$Nach Durchführung der Teilhabeplankonferenz ist die Speicherung, Veränderung, Nutzung, Übermittlung oder Einschränkung der Verarbeitung von Sozialdaten im Sinne von Satz 1 nur zulässig, soweit dies für die Erstellung des Teilhabeplans erforderlich ist.

(3) Die datenschutzrechtlichen Vorschriften des Ersten und des Zehnten Buches sowie der jeweiligen Leistungsgesetze der Rehabilitationsträger bleiben bei der Zuständigkeitsklärung und bei der Erstellung des Teilhabeplans unberührt.

§ 24 Vorläufige Leistungen

$_1$Die Bestimmungen dieses Kapitels lassen die Verpflichtung der Rehabilitationsträger zur Erbringung vorläufiger Leistungen nach den für sie jeweils geltenden Leistungsgesetzen unberührt. $_2$Vorläufig erbrachte Leistungen binden die Rehabilitationsträger nicht bei der Feststellung des Rehabilitationsbedarfs nach diesem Kapitel. $_3$Werden Leistungen zur Teilhabe beantragt, ist § 43 des Ersten Buches nicht anzuwenden.

Kapitel 5
Zusammenarbeit

§ 25 Zusammenarbeit der Rehabilitationsträger

(1) Im Rahmen der durch Gesetz, Rechtsverordnung oder allgemeine Verwaltungsvorschrift getroffenen Regelungen sind die Rehabilitationsträger verantwortlich, dass

1. die im Einzelfall erforderlichen Leistungen zur Teilhabe nahtlos, zügig sowie nach Gegenstand, Umfang und Ausführung einheitlich erbracht werden,
2. Abgrenzungsfragen einvernehmlich geklärt werden,
3. Beratung entsprechend den in den §§ 1 und 4 genannten Zielen geleistet wird,
4. Begutachtungen möglichst nach einheitlichen Grundsätzen durchgeführt werden,
5. Prävention entsprechend dem in § 3 Absatz 1 genannten Ziel geleistet wird sowie
6. die Rehabilitationsträger im Fall eines Zuständigkeitsübergangs rechtzeitig eingebunden werden.

(2) $_1$Die Rehabilitationsträger und ihre Verbände sollen zur gemeinsamen Wahrnehmung von Aufgaben zur Teilhabe von Menschen mit Behinderungen insbesondere regionale Arbeitsgemeinschaften bilden. $_2$§ 88 Absatz 1 Satz 1 und Absatz 2 des Zehnten Buches gilt entsprechend.

§ 26 Gemeinsame Empfehlungen

(1) Die Rehabilitationsträger nach § 6 Absatz 1 Nummer 1 bis 5 vereinbaren zur Sicherung der Zusammenarbeit nach § 25 Absatz 1 gemeinsame Empfehlungen.

(2) Die Rehabilitationsträger nach § 6 Absatz 1 Nummer 1 bis 5 vereinbaren darüber hinaus gemeinsame Empfehlungen,

1. welche Maßnahmen nach § 3 geeignet sind, um den Eintritt einer Behinderung zu vermeiden,
2. in welchen Fällen und in welcher Weise rehabilitationsbedürftigen Menschen notwendige Leistungen zur Teilhabe angeboten werden, insbesondere, um eine durch eine Chronifizierung von Erkrankungen bedingte Behinderung zu verhindern,
3. über die einheitliche Ausgestaltung des Teilhabeplanverfahrens,
4. in welcher Weise die Bundesagentur für Arbeit nach § 54 zu beteiligen ist,
5. wie Leistungen zur Teilhabe nach den §§ 14 und 15 koordiniert werden,
6. in welcher Weise und in welchem Umfang Selbsthilfegruppen, -organisationen und -kontaktstellen, die sich die Prävention, Rehabilitation, Früherkennung und Bewältigung von Krankheiten und Behinderungen zum Ziel gesetzt haben, gefördert werden,
7. für Grundsätze der Instrumente zur Ermittlung des Rehabilitationsbedarfs nach § 13,
8. in welchen Fällen und in welcher Weise der behandelnde Hausarzt oder Facharzt und der Betriebs- oder Werksarzt in die Einleitung und Ausführung von Leistungen zur Teilhabe einzubinden sind,
9. zu einem Informationsaustausch mit Beschäftigten mit Behinderungen, Arbeitgebern und den in § 166 genannten Vertretungen zur möglichst frühzeitigen Erkennung des individuellen Bedarfs voraussichtlich erforderlicher Leistungen zur Teilhabe sowie
10. über ihre Zusammenarbeit mit Sozialdiensten und vergleichbaren Stellen.

(3) Bestehen für einen Rehabilitationsträger Rahmenempfehlungen auf Grund gesetzlicher Vorschriften und soll bei den gemeinsamen Empfehlungen von diesen abgewichen werden oder sollen die gemeinsamen Empfehlungen Gegenstände betreffen, die nach den gesetzlichen Vorschriften Gegenstand solcher Rahmenempfehlungen werden sollen, stellt der Rehabilitationsträger das Einvernehmen mit den jeweiligen Partnern der Rahmenempfehlungen sicher.

(4) 1Die Träger der Renten-, Kranken- und Unfallversicherung können sich bei der Vereinbarung der gemeinsamen Empfehlungen durch ihre Spitzenverbände vertreten lassen. 2Der Spitzenverband Bund der Krankenkassen schließt die gemeinsamen Empfehlungen auch als Spitzenverband Bund der Pflegekassen ab, soweit die Aufgaben der Pflegekassen von den gemeinsamen Empfehlungen berührt sind.

(5) 1An der Vorbereitung der gemeinsamen Empfehlungen werden die Träger der Eingliederungshilfe und der öffentlichen Jugendhilfe über die Bundesvereinigung der Kommunalen Spitzenverbände, die Bundesarbeitsgemeinschaft der überörtlichen Träger der Sozialhilfe, die Bundesarbeitsgemeinschaft der Landesjugendämter sowie die Integrationsämter in Bezug auf Leistungen und sonstige Hilfen für schwerbehinderte Menschen nach Teil 3 über die Bundesarbeitsgemeinschaft der Integrationsämter und Hauptfürsorgestellen beteiligt. 2Die Träger der Eingliederungshilfe und der öffentlichen Jugendhilfe orientieren sich bei der Wahrnehmung ihrer Aufgaben nach diesem Buch an den vereinbarten Empfehlungen oder können diesen beitreten.

(6) 1Die Verbände von Menschen mit Behinderungen einschließlich der Verbände der Freien Wohlfahrtspflege, der Selbsthilfegruppen und der Interessenvertretungen von Frauen mit Behinderungen sowie die für die Wahrnehmung der Interessen der ambulanten und stationären Rehabilitationseinrichtungen auf Bundesebene maßgeblichen Spitzenverbände werden an der Vorbereitung der gemeinsamen Empfehlungen beteiligt. 2Ihren Anliegen wird bei der Ausgestaltung der Empfehlungen nach Möglichkeit Rechnung getragen. 3Die Empfehlungen berücksichtigen auch die besonderen Bedürfnisse von Frauen und Kindern mit Behinderungen oder von Behinderung bedrohter Frauen und Kinder.

(7) $_1$Die beteiligten Rehabilitationsträger vereinbaren die gemeinsamen Empfehlungen im Rahmen der Bundesarbeitsgemeinschaft für Rehabilitation im Benehmen mit dem Bundesministerium für Arbeit und Soziales und den Ländern auf der Grundlage eines von ihnen innerhalb der Bundesarbeitsgemeinschaft vorbereiteten Vorschlags. $_2$Der oder die Bundesbeauftragte für den Datenschutz und die Informationsfreiheit wird beteiligt. $_3$Hat das Bundesministerium für Arbeit und Soziales zu einem Vorschlag aufgefordert, legt die Bundesarbeitsgemeinschaft für Rehabilitation den Vorschlag innerhalb von sechs Monaten vor. $_4$Dem Vorschlag wird gefolgt, wenn ihm berechtigte Interessen eines Rehabilitationsträgers nicht entgegenstehen. $_5$Einwände nach Satz 4 sind innerhalb von vier Wochen nach Vorlage des Vorschlags auszuräumen.

(8) $_1$Die Rehabilitationsträger teilen der Bundesarbeitsgemeinschaft für Rehabilitation alle zwei Jahre ihre Erfahrungen mit den gemeinsamen Empfehlungen mit, die Träger der Renten-, Kranken- und Unfallversicherung über ihre Spitzenverbände. $_2$Die Bundesarbeitsgemeinschaft für Rehabilitation stellt dem Bundesministerium für Arbeit und Soziales und den Ländern eine Zusammenfassung zur Verfügung.

(9) Die gemeinsamen Empfehlungen können durch die regional zuständigen Rehabilitationsträger konkretisiert werden.

§ 27 Verordnungsermächtigung

$_1$Vereinbaren die Rehabilitationsträger nicht innerhalb von sechs Monaten, nachdem das Bundesministerium für Arbeit und Soziales sie dazu aufgefordert hat, gemeinsame Empfehlungen nach § 26 oder ändern sie unzureichend gewordene Empfehlungen nicht innerhalb dieser Frist, kann das Bundesministerium für Arbeit und Soziales mit dem Ziel der Vereinheitlichung des Verwaltungsvollzugs in dem Anwendungsbereich der §§ 25 und 26 Regelungen durch Rechtsverordnung mit Zustimmung des Bundesrates erlassen. $_2$Richten sich die Regelungen nur an Rehabilitationsträger, die nicht der Landesaufsicht unterliegen, wird die Rechtsverordnung ohne Zustimmung des Bundesrates erlassen. $_3$Soweit sich die Regelungen an die Rehabilitationsträger nach § 6 Absatz 1 Nummer 1 richten, erlässt das Bundesministerium für Arbeit und Soziales die Rechtsverordnung im Einvernehmen mit dem Bundesministerium für Gesundheit.

Kapitel 6
Leistungsformen, Beratung

Abschnitt 1
Leistungsformen

§ 28 Ausführung von Leistungen

(1) $_1$Der zuständige Rehabilitationsträger kann Leistungen zur Teilhabe

1. allein oder gemeinsam mit anderen Leistungsträgern,
2. durch andere Leistungsträger oder
3. unter Inanspruchnahme von geeigneten, insbesondere auch freien und gemeinnützigen oder privaten Rehabilitationsdiensten und -einrichtungen nach § 36

ausführen. $_2$Der zuständige Rehabilitationsträger bleibt für die Ausführung der Leistungen verantwortlich. $_3$Satz 1 gilt insbesondere dann, wenn der Rehabilitationsträger die Leistung dadurch wirksamer oder wirtschaftlicher erbringen kann.

(2) Die Leistungen werden dem Verlauf der Rehabilitation angepasst und sind darauf ausgerichtet, den Leistungsberechtigten unter Berücksichtigung der Besonderheiten des Einzelfalles zügig, wirksam, wirtschaftlich und auf Dauer eine den Zielen der §§ 1 und 4 Absatz 1 entsprechende umfassende Teilhabe am Leben in der Gesellschaft zu ermöglichen.

§ 29 Persönliches Budget

(1) $_1$Auf Antrag der Leistungsberechtigten werden Leistungen zur Teilhabe durch die Leistungsform eines Persönlichen Budgets ausgeführt, um den Leistungsberechtigten in eigener Verantwortung ein möglichst selbstbestimmtes Leben zu ermöglichen. $_2$Bei der

II

Ausführung des Persönlichen Budgets sind nach Maßgabe des individuell festgestellten Bedarfs die Rehabilitationsträger, die Pflegekassen und die Integrationsämter beteiligt. 3Das Persönliche Budget wird von den beteiligten Leistungsträgern trägerübergreifend als Komplexleistung erbracht. 4Das Persönliche Budget kann auch nicht trägerübergreifend von einem einzelnen Leistungsträger erbracht werden. 5Budgetfähig sind auch die neben den Leistungen nach Satz 1 erforderlichen Leistungen der Krankenkassen und der Pflegekassen, Leistungen der Träger der Unfallversicherung bei Pflegebedürftigkeit sowie Hilfe zur Pflege der Sozialhilfe, die sich auf alltägliche und regelmäßig wiederkehrende Bedarfe beziehen und als Geldleistungen oder durch Gutscheine erbracht werden können. 6An die Entscheidung sind die Leistungsberechtigten für die Dauer von sechs Monaten gebunden.

(2) 1Persönliche Budgets werden in der Regel als Geldleistung ausgeführt, bei laufenden Leistungen monatlich. 2In begründeten Fällen sind Gutscheine auszugeben. 3Mit der Auszahlung oder der Ausgabe von Gutscheinen an die Leistungsberechtigten gilt deren Anspruch gegen die beteiligten Leistungsträger insoweit als erfüllt. 4Das Bedarfsermittlungsverfahren für laufende Leistungen wird in der Regel im Abstand von zwei Jahren wiederholt. 5In begründeten Fällen kann davon abgewichen werden. 6Persönliche Budgets werden auf der Grundlage der nach Kapitel 4 getroffenen Feststellungen so bemessen, dass der individuell festgestellte Bedarf gedeckt wird und die erforderliche Beratung und Unterstützung erfolgen kann. 7Dabei soll die Höhe des Persönlichen Budgets die Kosten aller bisher individuell festgestellten Leistungen nicht überschreiten, die ohne das Persönliche Budget zu erbringen sind. 8§ 35a des Elften Buches bleibt unberührt.

(3) 1Werden Leistungen zur Teilhabe in der Leistungsform des Persönlichen Budgets beantragt, ist der nach § 14 leistende Rehabilitationsträger für die Durchführung des Verfahrens zuständig. 2Satz 1 findet entsprechend Anwendung auf die Pflegekassen und die Integrationsämter. 3Enthält das Persönliche Budget Leistungen, für die der Leistungsträger nach den Sätzen 1 und 2 nicht Leistungsträger nach § 6 Absatz 1 sein kann, leitet er den Antrag insoweit unverzüglich dem nach seiner Auffassung zuständigen Leistungsträger nach § 15 zu.

(4) 1Der Leistungsträger nach Absatz 3 und die Leistungsberechtigten schließen zur Umsetzung des Persönlichen Budgets eine Zielvereinbarung ab. 2Sie enthält mindestens Regelungen über

1. die Ausrichtung der individuellen Förder- und Leistungsziele,
2. die Erforderlichkeit eines Nachweises zur Deckung des festgestellten individuellen Bedarfs,
3. die Qualitätssicherung sowie
4. die Höhe der Teil- und des Gesamtbudgets.

3Satz 1 findet keine Anwendung, wenn allein Pflegekassen Leistungsträger nach Absatz 3 sind und sie das Persönliche Budget nach Absatz 1 Satz 4 erbringen. 4Die Beteiligten, die die Zielvereinbarung abgeschlossen haben, können diese aus wichtigem Grund mit sofortiger Wirkung schriftlich kündigen, wenn ihnen die Fortsetzung der Vereinbarung nicht zumutbar ist. 5Ein wichtiger Grund kann für die Leistungsberechtigten insbesondere in der persönlichen Lebenssituation liegen. 6Für den Leistungsträger kann ein wichtiger Grund dann vorliegen, wenn die Leistungsberechtigten die Vereinbarung, insbesondere hinsichtlich des Nachweises zur Bedarfsdeckung und der Qualitätssicherung nicht einhalten. 7Im Fall der Kündigung der Zielvereinbarung wird der Verwaltungsakt aufgehoben. 8Die Zielvereinbarung wird im Rahmen des Bedarfsermittlungsverfahrens für die Dauer des Bewilligungszeitraumes der Leistungen in Form des Persönlichen Budgets abgeschlossen.

§ 30 Verordnungsermächtigung

Das Bundesministerium für Arbeit und Soziales wird ermächtigt, im Einvernehmen mit dem Bundesministerium für Gesundheit durch Rechtsverordnung mit Zustimmung des

Bundesrates Näheres zum Inhalt und zur Ausführung des Persönlichen Budgets, zum Verfahren sowie zur Zuständigkeit bei Beteiligung mehrerer Rehabilitationsträger zu regeln.

§ 31 Leistungsort

$_{1}$Sach- und Dienstleistungen können auch im Ausland erbracht werden, wenn sie dort bei zumindest gleicher Qualität und Wirksamkeit wirtschaftlicher ausgeführt werden können. $_{2}$Leistungen zur Teilhabe am Arbeitsleben können im grenznahen Ausland auch ausgeführt werden, wenn sie für die Aufnahme oder Ausübung einer Beschäftigung oder selbständigen Tätigkeit erforderlich sind.

Abschnitt 2
Beratung

§ 32 Ergänzende unabhängige Teilhabeberatung; Verordnungsermächtigung

(1) $_{1}$Zur Stärkung der Selbstbestimmung von Menschen mit Behinderungen und von Behinderung bedrohter Menschen fördert das Bundesministerium für Arbeit und Soziales eine von Leistungsträgern und Leistungserbringern unabhängige ergänzende Beratung als niedrigschwelliges Angebot, das bereits im Vorfeld der Beantragung konkreter Leistungen zur Verfügung steht. $_{2}$Dieses Angebot besteht neben dem Anspruch auf Beratung durch die Rehabilitationsträger.

(2) $_{1}$Das ergänzende Angebot erstreckt sich auf die Information und Beratung über Rehabilitations- und Teilhabeleistungen nach diesem Buch. $_{2}$Die Rehabilitationsträger informieren im Rahmen der vorhandenen Beratungsstrukturen und ihrer Beratungspflicht über dieses ergänzende Angebot.

(3) Bei der Förderung von Beratungsangeboten ist die von Leistungsträgern und Leistungserbringern unabhängige ergänzende Beratung von Betroffenen für Betroffene besonders zu berücksichtigen.

(4) $_{1}$Das Bundesministerium für Arbeit und Soziales erlässt eine Förderrichtlinie, nach deren Maßgabe die Dienste gefördert werden können, welche ein unabhängiges ergänzendes Beratungsangebot anbieten. $_{2}$Das Bundesministerium für Arbeit und Soziales entscheidet im Benehmen mit der zuständigen obersten Landesbehörde über diese Förderung.

(5) $_{1}$Die Förderung erfolgt aus Bundesmitteln und ist bis zum 31. Dezember 2022 befristet. $_{2}$Die Bundesregierung berichtet den gesetzgebenden Körperschaften des Bundes bis zum 30. Juni 2021 über die Einführung und Inanspruchnahme der ergänzenden unabhängigen Teilhabeberatung.

(6) $_{1}$Die Bundesmittel für die Zuschüsse werden ab dem Jahr 2023 auf 65 Millionen Euro festgesetzt. $_{2}$Aus den Bundesmitteln sind insbesondere auch die Aufwendungen zu finanzieren, die für die Administration, die Vernetzung, die Qualitätssicherung und die Öffentlichkeitsarbeit der Beratungsangebote notwendig sind.

(7) $_{1}$Zuständige Behörde für die Umsetzung der ergänzenden unabhängigen Teilhabeberatung ist das Bundesministerium für Arbeit und Soziales. $_{2}$Es kann diese Aufgaben Dritten übertragen. $_{3}$Die Auswahl aus dem Kreis der Antragsteller erfolgt durch das Bundesministerium für Arbeit und Soziales im Benehmen mit den zuständigen obersten Landesbehörden. $_{4}$Das Bundesministerium für Arbeit und Soziales erlässt eine Rechtsverordnung ohne Zustimmung des Bundesrates, um die ergänzende unabhängige Teilhabeberatung nach dem Jahr 2022 auszugestalten und umzusetzen.

§ 33 Pflichten der Personensorgeberechtigten

Eltern, Vormünder, Pfleger und Betreuer, die bei den ihnen anvertrauten Personen Beeinträchtigungen (§ 2 Absatz 1) wahrnehmen oder durch die in § 34 genannten Personen hierauf hingewiesen werden, sollen im Rahmen ihres Erziehungs- oder Betreuungsauftrags diese Personen einer Beratungsstelle nach § 32 oder einer sonstigen Beratungsstelle für Rehabilitation zur Beratung über die geeigneten Leistungen zur Teilhabe vorstellen.

§ 34 Sicherung der Beratung von Menschen mit Behinderungen

(1) 1Die Beratung durch Ärzte, denen eine Person nach § 33 vorgestellt wird, erstreckt sich auf geeignete Leistungen zur Teilhabe. 2Dabei weisen sie auf die Möglichkeit der Beratung durch die Beratungsstellen der Rehabilitationsträger hin und informieren über wohnortnahe Angebote zur Beratung nach § 32. 3Werdende Eltern werden außerdem auf den Beratungsanspruch bei den Schwangerschaftsberatungsstellen hingewiesen.

(2) Nehmen Hebammen, Entbindungspfleger, medizinisches Personal außer Ärzten, Lehrer, Sozialarbeiter, Jugendleiter und Erzieher bei der Ausübung ihres Berufs Behinderungen wahr, weisen sie die Personensorgeberechtigten auf die Behinderung und auf entsprechende Beratungsangebote nach § 32 hin.

(3) Nehmen medizinisches Personal außer Ärzten und Sozialarbeiter bei der Ausübung ihres Berufs Behinderungen bei volljährigen Personen wahr, empfehlen sie diesen Personen oder ihren bestellten Betreuern, eine Beratungsstelle für Rehabilitation oder eine ärztliche Beratung über geeignete Leistungen zur Teilhabe aufzusuchen.

§ 35 Landesärzte

(1) In den Ländern können Landesärzte bestellt werden, die über besondere Erfahrungen in der Hilfe für Menschen mit Behinderungen und von Behinderung bedrohte Menschen verfügen.

(2) Die Landesärzte haben insbesondere folgende Aufgaben:

1. Gutachten für die Landesbehörden, die für das Gesundheitswesen, die Sozialhilfe und Eingliederungshilfe zuständig sind, sowie für die zuständigen Träger der Sozialhilfeund Eingliederungshilfe in besonders schwierig gelagerten Einzelfällen oder in Fällen von grundsätzlicher Bedeutung zu erstatten,
2. die für das Gesundheitswesen zuständigen obersten Landesbehörden beim Erstellen von Konzeptionen, Situations- und Bedarfsanalysen und bei der Landesplanung zur Teilhabe von Menschen mit Behinderungen und von Behinderung bedrohter Menschen zu beraten und zu unterstützen sowie selbst entsprechende Initiativen zu ergreifen und
3. die für das Gesundheitswesen zuständigen Landesbehörden über Art und Ursachen von Behinderungen und notwendige Hilfen sowie über den Erfolg von Leistungen zur Teilhabe von Menschen mit Behinderungen und von Behinderung bedrohter Menschen regelmäßig zu unterrichten.

Kapitel 7
Struktur, Qualitätssicherung, Gewaltschutz und Verträge

§ 36 Rehabilitationsdienste und -einrichtungen

(1) 1Die Rehabilitationsträger wirken gemeinsam unter Beteiligung der Bundesregierung und der Landesregierungen darauf hin, dass die fachlich und regional erforderlichen Rehabilitationsdienste und -einrichtungen in ausreichender Anzahl und Qualität zur Verfügung stehen. 2Dabei achten die Rehabilitationsträger darauf, dass für eine ausreichende Anzahl von Rehabilitationsdiensten und -einrichtungen keine Zugangs- und Kommunikationsbarrieren bestehen. 3Die Verbände von Menschen mit Behinderungen einschließlich der Verbände der Freien Wohlfahrtspflege, der Selbsthilfegruppen und der Interessenvertretungen von Frauen mit Behinderungen sowie die für die Wahrnehmung der Interessen der ambulanten und stationären Rehabilitationseinrichtungen auf Bundesebene maßgeblichen Spitzenverbände werden beteiligt.

(2) 1Nehmen Rehabilitationsträger zur Ausführung von Leistungen Rehabilitationsdienste und -einrichtungen in Anspruch, erfolgt die Auswahl danach, wer die Leistung in der am besten geeigneten Form ausführt. 2Dabei werden Rehabilitationsdienste und -einrichtungen freier oder gemeinnütziger Träger entsprechend ihrer Bedeutung für die Rehabilitation und Teilhabe von Menschen mit Behinderungen berücksichtigt und die

Vielfalt der Träger gewahrt sowie deren Selbständigkeit, Selbstverständnis und Unabhängigkeit beachtet. 3§ 51 Absatz 1 Satz 2 Nummer 4 ist anzuwenden.

(3) Rehabilitationsträger können nach den für sie geltenden Rechtsvorschriften Rehabilitationsdienste oder -einrichtungen fördern, wenn dies zweckmäßig ist und die Arbeit dieser Dienste oder Einrichtungen in anderer Weise nicht sichergestellt werden kann.

(4) Rehabilitationsdienste und -einrichtungen mit gleicher Aufgabenstellung sollen Arbeitsgemeinschaften bilden.

§ 37 Qualitätssicherung, Zertifizierung

(1) 1Die Rehabilitationsträger nach § 6 Absatz 1 Nummer 1 bis 5 vereinbaren gemeinsame Empfehlungen zur Sicherung und Weiterentwicklung der Qualität der Leistungen, insbesondere zur barrierefreien Leistungserbringung, sowie für die Durchführung vergleichender Qualitätsanalysen als Grundlage für ein effektives Qualitätsmanagement der Leistungserbringer. 2§ 26 Absatz 4 ist entsprechend anzuwenden. 3Die Rehabilitationsträger nach § 6 Absatz 1 Nummer 6 und 7 können den Empfehlungen beitreten.

(2) 1Die Erbringer von Leistungen stellen ein Qualitätsmanagement sicher, das durch zielgerichtete und systematische Verfahren und Maßnahmen die Qualität der Versorgung gewährleistet und kontinuierlich verbessert. 2Stationäre Rehabilitationseinrichtungen haben sich an dem Zertifizierungsverfahren nach Absatz 3 zu beteiligen.

(3) 1Die Spitzenverbände der Rehabilitationsträger nach § 6 Absatz 1 Nummer 1 und 3 bis 5 vereinbaren im Rahmen der Bundesarbeitsgemeinschaft für Rehabilitation grundsätzliche Anforderungen an ein einrichtungsinternes Qualitätsmanagement nach Absatz 2 Satz 1 sowie ein einheitliches, unabhängiges Zertifizierungsverfahren, mit dem die erfolgreiche Umsetzung des Qualitätsmanagements in regelmäßigen Abständen nachgewiesen wird. 2Den für die Wahrnehmung der Interessen der stationären Rehabilitationseinrichtungen auf Bundesebene maßgeblichen Spitzenverbänden sowie den Verbänden von Menschen mit Behinderungen einschließlich der Verbände der Freien Wohlfahrtspflege, der Selbsthilfegruppen und der Interessenvertretungen von Frauen mit Behinderungen ist Gelegenheit zur Stellungnahme zu geben. 3Stationäre Rehabilitationseinrichtungen sind nur dann als geeignet anzusehen, wenn sie zertifiziert sind.

(4) Die Rehabilitationsträger können mit den Einrichtungen, die für sie Leistungen erbringen, über Absatz 1 hinausgehende Anforderungen an die Qualität und das Qualitätsmanagement vereinbaren.

(5) In Rehabilitationseinrichtungen mit Vertretungen der Menschen mit Behinderungen sind die nach Absatz 3 Satz 1 zu erstellenden Nachweise über die Umsetzung des Qualitätsmanagements diesen Vertretungen zur Verfügung zu stellen.

(6) § 26 Absatz 3 ist entsprechend anzuwenden für Vereinbarungen auf Grund gesetzlicher Vorschriften für die Rehabilitationsträger.

§ 37a Gewaltschutz

(1) 1Die Leistungserbringer treffen geeignete Maßnahmen zum Schutz vor Gewalt für Menschen mit Behinderungen und von Behinderung bedrohte Menschen, insbesondere für Frauen und Kinder mit Behinderung und von Behinderung bedrohte Frauen und Kinder. 2Zu den geeigneten Maßnahmen nach Satz 1 gehören insbesondere die Entwicklung und Umsetzung eines auf die Einrichtung oder Dienstleistungen zugeschnittenen Gewaltschutzkonzepts.

(2) Die Rehabilitationsträger und die Integrationsämter wirken bei der Erfüllung ihrer gesetzlichen Aufgaben darauf hin, dass der Schutzauftrag nach Absatz 1 von den Leistungserbringern umgesetzt wird.

§ 38 Verträge mit Leistungserbringern

(1) Verträge mit Leistungserbringern müssen insbesondere folgende Regelungen über die Ausführung von Leistungen durch Rehabilitationsdienste und -einrichtungen, die nicht in der Trägerschaft eines Rehabilitationsträgers stehen, enthalten:

1. Qualitätsanforderungen an die Ausführung der Leistungen, das beteiligte Personal und die begleitenden Fachdienste,
2. die Übernahme von Grundsätzen der Rehabilitationsträger zur Vereinbarung von Vergütungen,
3. Rechte und Pflichten der Teilnehmer, soweit sich diese nicht bereits aus dem Rechtsverhältnis ergeben, das zwischen ihnen und dem Rehabilitationsträger besteht,
4. angemessene Mitwirkungsmöglichkeiten der Teilnehmer an der Ausführung der Leistungen,
5. Regelungen zur Geheimhaltung personenbezogener Daten,
6. Regelungen zur Beschäftigung eines angemessenen Anteils von Frauen mit Behinderungen, insbesondere Frauen mit Schwerbehinderungen sowie
7. das Angebot, Beratung durch den Träger der öffentlichen Jugendhilfe bei gewichtigen Anhaltspunkten für eine Kindeswohlgefährdung in Anspruch zu nehmen.

(2) $_{1}$Die Bezahlung tarifvertraglich vereinbarter Vergütungen sowie entsprechender Vergütungen nach kirchlichen Arbeitsrechtsregelungen kann bei Verträgen auf der Grundlage dieses Buches nicht als unwirtschaftlich abgelehnt werden. $_{2}$Auf Verlangen des Rehabilitationsträgers ist die Zahlung von Vergütungen nach Satz 1 nachzuweisen.

(3) $_{1}$Die Rehabilitationsträger wirken darauf hin, dass die Verträge nach einheitlichen Grundsätzen abgeschlossen werden. $_{2}$Dabei sind einheitliche Grundsätze der Wirksamkeit, Zweckmäßigkeit und Wirtschaftlichkeit zu berücksichtigen. $_{3}$Die Rehabilitationsträger können über den Inhalt der Verträge gemeinsame Empfehlungen nach § 26 vereinbaren. $_{4}$Mit den Arbeitsgemeinschaften der Rehabilitationsdienste und -einrichtungen können sie Rahmenverträge schließen. $_{5}$Der oder die Bundesbeauftragte für den Datenschutz und die Informationsfreiheit wird beteiligt.

(4) Absatz 1 Nummer 1 und 3 bis 6 wird für eigene Einrichtungen der Rehabilitationsträger entsprechend angewendet.

Kapitel 8
Bundesarbeitsgemeinschaft für Rehabilitation

§ 39 Aufgaben

(1) $_{1}$Die Rehabilitationsträger nach § 6 Absatz 1 Nummer 1 bis 5 gestalten und organisieren die trägerübergreifende Zusammenarbeit zur einheitlichen personenzentrierten Gestaltung der Rehabilitation und der Leistungen zur Teilhabe im Rahmen einer Arbeitsgemeinschaft nach § 94 des Zehnten Buches. $_{2}$Sie trägt den Namen „Bundesarbeitsgemeinschaft für Rehabilitation".

(2) Die Aufgaben der Bundesarbeitsgemeinschaft für Rehabilitation sind insbesondere

1. die Beobachtung der Zusammenarbeit der Rehabilitationsträger und die regelmäßige Auswertung und Bewertung der Zusammenarbeit; hierzu bedarf es
   a) der Erstellung von gemeinsamen Grundsätzen für die Erhebung von Daten, die der Aufbereitung und Bereitstellung von Statistiken über das Rehabilitationsgeschehen der Träger und ihrer Zusammenarbeit dienen,
   b) der Datenaufbereitung und Bereitstellung von Statistiken über das Rehabilitationsgeschehen der Träger und ihrer Zusammenarbeit und
   c) der Erhebung und Auswertung nicht personenbezogener Daten über Prozesse und Abläufe des Rehabilitationsgeschehens aus dem Aufgabenfeld der medizinischen und beruflichen Rehabilitation der Sozialversicherung mit Zustimmung des Bundesministeriums für Arbeit und Soziales,
2. die Erarbeitung von gemeinsamen Grundsätzen zur Bedarfserkennung, Bedarfsermittlung und Koordinierung von Rehabilitationsmaßnahmen und zur trägerübergreifenden Zusammenarbeit,
3. die Erarbeitung von gemeinsamen Empfehlungen zur Sicherung der Zusammenarbeit nach § 25,
4. die trägerübergreifende Fort- und Weiterbildung zur Unterstützung und Umsetzung

trägerübergreifender Kooperation und Koordination,

5. die Erarbeitung trägerübergreifender Beratungsstandards und Förderung der Weitergabe von eigenen Lebenserfahrungen an andere Menschen mit Behinderungen durch die Beratungsmethode des Peer Counseling,
6. die Erarbeitung von Qualitätskriterien zur Sicherung der Struktur-, Prozess- und Ergebnisqualität im trägerübergreifenden Rehabilitationsgeschehen und Initiierung von deren Weiterentwicklung,
7. die Förderung der Partizipation Betroffener durch stärkere Einbindung von Selbsthilfe- und Selbstvertretungsorganisationen von Menschen mit Behinderungen in die konzeptionelle Arbeit der Bundesarbeitsgemeinschaft für Rehabilitation und deren Organe,
8. die Öffentlichkeitsarbeit zur Inklusion und Rehabilitation sowie
9. die Beobachtung und Bewertung der Forschung zur Rehabilitation sowie Durchführung trägerübergreifender Forschungsvorhaben.

§ 40 Rechtsaufsicht

Die Bundesarbeitsgemeinschaft für Rehabilitation untersteht der Rechtsaufsicht des Bundesministeriums für Arbeit und Soziales.

§ 41 Teilhabeverfahrensbericht

(1) Die Rehabilitationsträger nach § 6 Absatz 1 erfassen

1. die Anzahl der gestellten Anträge auf Leistungen zur Rehabilitation und Teilhabe differenziert nach Leistungsgruppen im Sinne von § 5 Nummer 1, 2, 4 und 5,
2. die Anzahl der Weiterleitungen nach § 14 Absatz 1 Satz 2,
3. in wie vielen Fällen
   a) die Zweiwochenfrist nach § 14 Absatz 1 Satz 1,
   b) die Dreiwochenfrist nach § 14 Absatz 2 Satz 2 sowie
   c) die Zweiwochenfrist nach § 14 Absatz 2 Satz 3

   nicht eingehalten wurde,
4. die durchschnittliche Zeitdauer zwischen Erteilung des Gutachtenauftrages in Fällen des § 14 Absatz 2 Satz 3 und der Vorlage des Gutachtens,
5. die durchschnittliche Zeitdauer zwischen Antragseingang beim leistenden Rehabilitationsträger und der Entscheidung nach den Merkmalen der Erledigung und der Bewilligung,
6. die Anzahl der Ablehnungen von Anträgen sowie der nicht vollständigen Bewilligung der beantragten Leistungen,
7. die durchschnittliche Zeitdauer zwischen dem Datum des Bewilligungsbescheides und dem Beginn der Leistungen mit und ohne Teilhabeplanung nach § 19, wobei in den Fällen, in denen die Leistung von einem Rehabilitationsträger nach § 6 Absatz 1 Nummer 1 erbracht wurde, das Merkmal „mit und ohne Teilhabeplanung nach § 19" nicht zu erfassen ist,
8. die Anzahl der trägerübergreifenden Teilhabeplanungen und Teilhabeplankonferenzen,
9. die Anzahl der nachträglichen Änderungen und Fortschreibungen der Teilhabepläne einschließlich der durchschnittlichen Geltungsdauer des Teilhabeplanes,
10. die Anzahl der Erstattungsverfahren nach § 16 Absatz 2 Satz 2,
11. die Anzahl der beantragten und bewilligten Leistungen in Form des Persönlichen Budgets,
12. die Anzahl der beantragten und bewilligten Leistungen in Form des trägerübergreifenden Persönlichen Budgets,
13. die Anzahl der Mitteilungen nach § 18 Absatz 1,
14. die Anzahl der Anträge auf Erstattung nach § 18 nach den Merkmalen „Bewilligung" oder „Ablehnung",
15. die Anzahl der Rechtsbehelfe sowie der erfolgreichen Rechtsbehelfe aus Sicht der Leistungsberechtigten jeweils nach den Merkmalen „Widerspruch" und „Klage",

II

16. die Anzahl der Leistungsberechtigten, die sechs Monate nach dem Ende der Maßnahme zur Teilhabe am Arbeitsleben eine sozialversicherungspflichtige Beschäftigung aufgenommen haben, soweit die Maßnahme von einem Rehabilitationsträger nach § 6 Absatz 1 Nummer 2 bis 7 erbracht wurde.

(2) 1Die Rehabilitationsträger nach § 6 Absatz 1 Nummer 1 bis 5 melden jährlich die im Berichtsjahr nach Absatz 1 erfassten Angaben an ihre Spitzenverbände, die Rehabilitationsträger nach § 6 Absatz 1 Nummer 6 und 7 jeweils über ihre obersten Landesjugend- und Sozialbehörden, zur Weiterleitung an die Bundesarbeitsgemeinschaft für Rehabilitation in einem mit ihr technisch abgestimmten Datenformat. 2Die Bundesarbeitsgemeinschaft für Rehabilitation wertet die Angaben unter Beteiligung der Rehabilitationsträger aus und erstellt jährlich eine gemeinsame Übersicht. 3Die Erfassung der Angaben soll mit dem 1. Januar 2018 beginnen und ein Kalenderjahr umfassen. 4Der erste Bericht ist 2019 zu veröffentlichen.

(3) Der Bund erstattet der Bundesarbeitsgemeinschaft für Rehabilitation die notwendigen Aufwendungen für folgende Tätigkeiten:

1. die Bereitstellung von Daten,
2. die Datenaufarbeitung und
3. die Auswertungen über das Rehabilitationsgeschehen.

Kapitel 9 Leistungen zur medizinischen Rehabilitation

§ 42 Leistungen zur medizinischen Rehabilitation

(1) Zur medizinischen Rehabilitation von Menschen mit Behinderungen und von Behinderung bedrohter Menschen werden die erforderlichen Leistungen erbracht, um

1. Behinderungen einschließlich chronischer Krankheiten abzuwenden, zu beseitigen, zu mindern, auszugleichen, eine Verschlimmerung zu verhüten oder
2. Einschränkungen der Erwerbsfähigkeit und Pflegebedürftigkeit zu vermeiden, zu überwinden, zu mindern, eine Verschlimmerung zu verhindern sowie den vorzeitigen Bezug von laufenden Sozialleistungen zu verhüten oder laufende Sozialleistungen zu mindern.

(2) Leistungen zur medizinischen Rehabilitation umfassen insbesondere

1. Behandlung durch Ärzte, Zahnärzte und Angehörige anderer Heilberufe, soweit deren Leistungen unter ärztlicher Aufsicht oder auf ärztliche Anordnung ausgeführt werden, einschließlich der Anleitung, eigene Heilungskräfte zu entwickeln,
2. Früherkennung und Frühförderung für Kinder mit Behinderungen und von Behinderung bedrohte Kinder,
3. Arznei- und Verbandsmittel,
4. Heilmittel einschließlich physikalischer, Sprach- und Beschäftigungstherapie,
5. Psychotherapie als ärztliche und psychotherapeutische Behandlung,
6. Hilfsmittel,
6a. digitale Gesundheitsanwendungen sowie
7. Belastungserprobung und Arbeitstherapie.

(3) 1Bestandteil der Leistungen nach Absatz 1 sind auch medizinische, psychologische und pädagogische Hilfen, soweit diese Leistungen im Einzelfall erforderlich sind, um die in Absatz 1 genannten Ziele zu erreichen. 2Solche Leistungen sind insbesondere

1. Hilfen zur Unterstützung bei der Krankheits- und Behinderungsverarbeitung,
2. Hilfen zur Aktivierung von Selbsthilfepotentialen,
3. die Information und Beratung von Partnern und Angehörigen sowie von Vorgesetzten und Kollegen, wenn die Leistungsberechtigten dem zustimmen,
4. die Vermittlung von Kontakten zu örtlichen Selbsthilfe- und Beratungsmöglichkeiten,

5. Hilfen zur seelischen Stabilisierung und zur Förderung der sozialen Kompetenz, unter anderem durch Training sozialer und kommunikativer Fähigkeiten und im Umgang mit Krisensituationen,
6. das Training lebenspraktischer Fähigkeiten sowie
7. die Anleitung und Motivation zur Inanspruchnahme von Leistungen der medizinischen Rehabilitation.

§ 43 Krankenbehandlung und Rehabilitation

Die in § 42 Absatz 1 genannten Ziele und § 12 Absatz 1 und 3 sowie § 19 gelten auch bei Leistungen der Krankenbehandlung.

§ 44 Stufenweise Wiedereingliederung

Können arbeitsunfähige Leistungsberechtigte nach ärztlicher Feststellung ihre bisherige Tätigkeit teilweise ausüben und können sie durch eine stufenweise Wiederaufnahme ihrer Tätigkeit voraussichtlich besser wieder in das Erwerbsleben eingegliedert werden, sollen die medizinischen und die sie ergänzenden Leistungen mit dieser Zielrichtung erbracht werden.

§ 45 Förderung der Selbsthilfe

1Selbsthilfegruppen, Selbsthilfeorganisationen und Selbsthilfekontaktstellen, die sich die Prävention, Rehabilitation, Früherkennung, Beratung, Behandlung und Bewältigung von Krankheiten und Behinderungen zum Ziel gesetzt haben, sollen nach einheitlichen Grundsätzen gefördert werden. 2Die Daten der Rehabilitationsträger über Art und Höhe der Förderung der Selbsthilfe fließen in den Bericht der Bundesarbeitsgemeinschaft für Rehabilitation nach § 41 ein.

§ 46 Früherkennung und Frühförderung

(1) Die medizinischen Leistungen zur Früherkennung und Frühförderung für Kinder mit Behinderungen und von Behinderung bedrohte Kinder nach § 42 Absatz 2 Nummer 2 umfassen auch

1. die medizinischen Leistungen der fachübergreifend arbeitenden Dienste und Einrichtungen sowie
2. nichtärztliche sozialpädiatrische, psychologische, heilpädagogische, psychosoziale Leistungen und die Beratung der Erziehungsberechtigten, auch in fachübergreifend arbeitenden Diensten und Einrichtungen, wenn sie unter ärztlicher Verantwortung erbracht werden und erforderlich sind, um eine drohende oder bereits eingetretene Behinderung zum frühestmöglichen Zeitpunkt zu erkennen und einen individuellen Behandlungsplan aufzustellen.

(2) 1Leistungen zur Früherkennung und Frühförderung für Kinder mit Behinderungen und von Behinderung bedrohte Kinder umfassen weiterhin nichtärztliche therapeutische, psychologische, heilpädagogische, sonderpädagogische, psychosoziale Leistungen und die Beratung der Erziehungsberechtigten durch interdisziplinäre Frühförderstellen oder nach Landesrecht zugelassene Einrichtungen mit vergleichbarem interdisziplinärem Förder-, Behandlungs- und Beratungsspektrum. 2Die Leistungen sind erforderlich, wenn sie eine drohende oder bereits eingetretene Behinderung zum frühestmöglichen Zeitpunkt erkennen helfen oder die eingetretene Behinderung durch gezielte Förder- und Behandlungsmaßnahmen ausgleichen oder mildern.

(3) 1Leistungen nach Absatz 1 werden in Verbindung mit heilpädagogischen Leistungen nach § 79 als Komplexleistung erbracht. 2Die Komplexleistung umfasst auch Leistungen zur Sicherung der Interdisziplinarität. 3Maßnahmen zur Komplexleistung können gleichzeitig oder nacheinander sowie in unterschiedlicher und gegebenenfalls wechselnder Intensität ab Geburt bis zur Einschulung eines Kindes mit Behinderungen oder drohender Behinderung erfolgen.

(4) In den Landesrahmenvereinbarungen zwischen den beteiligten Rehabilitationsträgern und den Verbänden der Leistungserbringer wird Folgendes geregelt:

1. die Anforderungen an interdisziplinäre Frühförderstellen, nach Landesrecht zugelassene Einrichtungen mit vergleichbarem interdisziplinärem Förder-, Behandlungs- und Beratungsspektrum und sozialpädia-

trische Zentren zu Mindeststandards, Berufsgruppen, Personalausstattung, sachlicher und räumlicher Ausstattung,
2. die Dokumentation und Qualitätssicherung,
3. der Ort der Leistungserbringung sowie
4. die Vereinbarung und Abrechnung der Entgelte für die als Komplexleistung nach Absatz 3 erbrachten Leistungen unter Berücksichtigung der Zuwendungen Dritter, insbesondere der Länder, für Leistungen nach der Verordnung zur Früherkennung und Frühförderung.

(5) 1Die Rehabilitationsträger schließen Vereinbarungen über die pauschalierte Aufteilung der nach Absatz 4 Nummer 4 vereinbarten Entgelte für Komplexleistungen auf der Grundlage der Leistungszuständigkeit nach Spezialisierung und Leistungsprofil des Dienstes oder der Einrichtung, insbesondere den vertretenen Fachdisziplinen und dem Diagnosespektrum der leistungsberechtigten Kinder. 2Regionale Gegebenheiten werden berücksichtigt. 3Der Anteil der Entgelte, der auf die für die Leistungen nach § 6 der Verordnung zur Früherkennung und Frühförderung jeweils zuständigen Träger entfällt, darf für Leistungen in interdisziplinären Frühförderstellen oder in nach Landesrecht zugelassenen Einrichtungen mit vergleichbarem interdisziplinärem Förder-, Behandlungs- und Beratungsspektrum 65 Prozent und in sozialpädiatrischen Zentren 20 Prozent nicht überschreiten. 4Landesrecht kann andere als pauschale Abrechnungen vorsehen.

(6) Kommen Landesrahmenvereinbarungen nach Absatz 4 bis zum 31. Juli 2019 nicht zustande, sollen die Landesregierungen Regelungen durch Rechtsverordnung entsprechend Absatz 4 Nummer 1 bis 3 treffen.

§ 47 Hilfsmittel

(1) Hilfsmittel (Körperersatzstücke sowie orthopädische und andere Hilfsmittel) nach § 42 Absatz 2 Nummer 6 umfassen die Hilfen, die von den Leistungsberechtigten getragen oder mitgeführt oder bei einem Wohnungswechsel mitgenommen werden können und unter Berücksichtigung der Umstände des Einzelfalles erforderlich sind, um
1. einer drohenden Behinderung vorzubeugen,
2. den Erfolg einer Heilbehandlung zu sichern oder
3. eine Behinderung bei der Befriedigung von Grundbedürfnissen des täglichen Lebens auszugleichen, soweit die Hilfsmittel nicht allgemeine Gebrauchsgegenstände des täglichen Lebens sind.

(2) 1Der Anspruch auf Hilfsmittel umfasst auch die notwendige Änderung, Instandhaltung, Ersatzbeschaffung sowie die Ausbildung im Gebrauch der Hilfsmittel. 2Der Rehabilitationsträger soll
1. vor einer Ersatzbeschaffung prüfen, ob eine Änderung oder Instandsetzung von bisher benutzten Hilfsmitteln wirtschaftlicher und gleich wirksam ist und
2. die Bewilligung der Hilfsmittel davon abhängig machen, dass die Leistungsberechtigten sich die Hilfsmittel anpassen oder sich in ihrem Gebrauch ausbilden lassen.

(3) Wählen Leistungsberechtigte ein geeignetes Hilfsmittel in einer aufwendigeren Ausführung als notwendig, tragen sie die Mehrkosten selbst.

(4) 1Hilfsmittel können auch leihweise überlassen werden. 2In diesem Fall gelten die Absätze 2 und 3 entsprechend.

§ 47a Digitale Gesundheitsanwendungen

(1) 1Digitale Gesundheitsanwendungen nach § 42 Absatz 2 Nummer 6a umfassen die in das Verzeichnis nach § 139e Absatz 1 des Fünften Buches aufgenommenen digitalen Gesundheitsanwendungen, sofern diese unter Berücksichtigung des Einzelfalles erforderlich sind, um
1. einer drohenden Behinderung vorzubeugen,
2. den Erfolg einer Heilbehandlung zu sichern oder
3. eine Behinderung bei der Befriedigung von Grundbedürfnissen des täglichen Lebens auszugleichen, sofern die digitalen Ge-

sundheitsanwendungen nicht die Funktion von allgemeinen Gebrauchsgegenständen des täglichen Lebens übernehmen.

2Digitale Gesundheitsanwendungen werden nur mit Zustimmung des Leistungsberechtigten erbracht.

(2) Wählen Leistungsberechtigte digitale Gesundheitsanwendungen, deren Funktion oder Anwendungsbereich über die Funktion und den Anwendungsbereich einer vergleichbaren in das Verzeichnis für digitale Gesundheitsanwendungen nach § 139e des Fünften Buches aufgenommenen digitalen Gesundheitsanwendung hinausgehen, so haben sie die Mehrkosten selbst zu tragen.

§ 48 Verordnungsermächtigungen

Das Bundesministerium für Arbeit und Soziales wird ermächtigt, im Einvernehmen mit dem Bundesministerium für Gesundheit durch Rechtsverordnung mit Zustimmung des Bundesrates Näheres zu regeln

1. zur Abgrenzung der in § 46 genannten Leistungen und der weiteren Leistungen dieser Dienste und Einrichtungen und
2. zur Auswahl der im Einzelfall geeigneten Hilfsmittel, insbesondere zum Verfahren, zur Eignungsprüfung, Dokumentation und leihweisen Überlassung der Hilfsmittel sowie zur Zusammenarbeit der anderen Rehabilitationsträger mit den orthopädischen Versorgungsstellen.

Kapitel 10
Leistungen zur Teilhabe am Arbeitsleben

§ 49 Leistungen zur Teilhabe am Arbeitsleben, Verordnungsermächtigung

(1) Zur Teilhabe am Arbeitsleben werden die erforderlichen Leistungen erbracht, um die Erwerbsfähigkeit von Menschen mit Behinderungen oder von Behinderung bedrohter Menschen entsprechend ihrer Leistungsfähigkeit zu erhalten, zu verbessern, herzustellen oder wiederherzustellen und ihre Teilhabe am Arbeitsleben möglichst auf Dauer zu sichern.

(2) Frauen mit Behinderungen werden gleiche Chancen im Erwerbsleben zugesichert, insbesondere durch in der beruflichen Zielsetzung geeignete, wohnortnahe und auch in Teilzeit nutzbare Angebote.

(3) Die Leistungen zur Teilhabe am Arbeitsleben umfassen insbesondere

1. Hilfen zur Erhaltung oder Erlangung eines Arbeitsplatzes einschließlich Leistungen zur Aktivierung und beruflichen Eingliederung,
2. eine Berufsvorbereitung einschließlich einer wegen der Behinderung erforderlichen Grundausbildung,
3. die individuelle betriebliche Qualifizierung im Rahmen Unterstützter Beschäftigung,
4. die berufliche Anpassung und Weiterbildung, auch soweit die Leistungen einen zur Teilnahme erforderlichen schulischen Abschluss einschließen,
5. die berufliche Ausbildung, auch soweit die Leistungen in einem zeitlich nicht überwiegenden Abschnitt schulisch durchgeführt werden,
6. die Förderung der Aufnahme einer selbständigen Tätigkeit durch die Rehabilitationsträger nach § 6 Absatz 1 Nummer 2 bis 5 und
7. sonstige Hilfen zur Förderung der Teilhabe am Arbeitsleben, um Menschen mit Behinderungen eine angemessene und geeignete Beschäftigung oder eine selbständige Tätigkeit zu ermöglichen und zu erhalten.

(4) 1Bei der Auswahl der Leistungen werden Eignung, Neigung, bisherige Tätigkeit sowie Lage und Entwicklung auf dem Arbeitsmarkt angemessen berücksichtigt. 2Soweit erforderlich, wird dabei die berufliche Eignung abgeklärt oder eine Arbeitserprobung durchgeführt; in diesem Fall werden die Kosten nach Absatz 7, Reisekosten nach § 73 sowie Haushaltshilfe und Kinderbetreuungskosten nach § 74 übernommen.

(5) Die Leistungen werden auch für Zeiten notwendiger Praktika erbracht.

(6) 1Die Leistungen umfassen auch medizinische, psychologische und pädagogische Hil-

fen, soweit diese Leistungen im Einzelfall erforderlich sind, um die in Absatz 1 genannten Ziele zu erreichen oder zu sichern und Krankheitsfolgen zu vermeiden, zu überwinden, zu mindern oder ihre Verschlimmerung zu verhüten. 2Leistungen sind insbesondere

1. Hilfen zur Unterstützung bei der Krankheits- und Behinderungsverarbeitung,
2. Hilfen zur Aktivierung von Selbsthilfepotentialen,
3. die Information und Beratung von Partnern und Angehörigen sowie von Vorgesetzten und Kollegen, wenn die Leistungsberechtigten dem zustimmen,
4. die Vermittlung von Kontakten zu örtlichen Selbsthilfe- und Beratungsmöglichkeiten,
5. Hilfen zur seelischen Stabilisierung und zur Förderung der sozialen Kompetenz, unter anderem durch Training sozialer und kommunikativer Fähigkeiten und im Umgang mit Krisensituationen,
6. das Training lebenspraktischer Fähigkeiten,
7. das Training motorischer Fähigkeiten,
8. die Anleitung und Motivation zur Inanspruchnahme von Leistungen zur Teilhabe am Arbeitsleben und
9. die Beteiligung von Integrationsfachdiensten im Rahmen ihrer Aufgabenstellung (§ 193).

(7) Zu den Leistungen gehört auch die Übernahme

1. der erforderlichen Kosten für Unterkunft und Verpflegung, wenn für die Ausführung einer Leistung eine Unterbringung außerhalb des eigenen oder des elterlichen Haushalts wegen Art oder Schwere der Behinderung oder zur Sicherung des Erfolges der Teilhabe am Arbeitsleben notwendig ist sowie
2. der erforderlichen Kosten, die mit der Ausführung einer Leistung in unmittelbarem Zusammenhang stehen, insbesondere für Lehrgangskosten, Prüfungsgebühren, Lernmittel, Leistungen zur Aktivierung und beruflichen Eingliederung.

(8) 1Leistungen nach Absatz 3 Nummer 1 und 7 umfassen auch

1. die Kraftfahrzeughilfe nach der Kraftfahrzeughilfe-Verordnung,
2. den Ausgleich für unvermeidbare Verdienstausfälle des Leistungsberechtigten oder einer erforderlichen Begleitperson wegen Fahrten der An- und Abreise zu einer Bildungsmaßnahme und zur Vorstellung bei einem Arbeitgeber, bei einem Träger oder einer Einrichtung für Menschen mit Behinderungen, durch die Rehabilitationsträger nach § 6 Absatz 1 Nummer 2 bis 5,
3. die Kosten einer notwendigen Arbeitsassistenz für schwerbehinderte Menschen als Hilfe zur Erlangung eines Arbeitsplatzes,
4. die Kosten für Hilfsmittel, die wegen Art oder Schwere der Behinderung erforderlich sind
   a) zur Berufsausübung,
   b) zur Teilhabe an einer Leistung zur Teilhabe am Arbeitsleben oder zur Erhöhung der Sicherheit auf dem Weg vom und zum Arbeitsplatz und am Arbeitsplatz selbst, es sei denn, dass eine Verpflichtung des Arbeitgebers besteht oder solche Leistungen als medizinische Leistung erbracht werden können,
5. die Kosten technischer Arbeitshilfen, die wegen Art oder Schwere der Behinderung zur Berufsausübung erforderlich sind und
6. die Kosten der Beschaffung, der Ausstattung und der Erhaltung einer behinderungsgerechten Wohnung in angemessenem Umfang.

2Die Leistung nach Satz 1 Nummer 3 wird für die Dauer von bis zu drei Jahren bewilligt und in Abstimmung mit dem Rehabilitationsträger nach § 6 Absatz 1 Nummer 1 bis 5 durch das Integrationsamt nach § 185 Absatz 5 ausgeführt. 3Der Rehabilitationsträger erstattet dem Integrationsamt seine Aufwendungen. 4Der Anspruch nach § 185 Absatz 5 bleibt unberührt.

(9) Die Bundesregierung kann durch Rechtsverordnung mit Zustimmung des Bundesrates Näheres über Voraussetzungen, Gegenstand

und Umfang der Leistungen der Kraftfahrzeughilfe zur Teilhabe am Arbeitsleben regeln.

§ 50 Leistungen an Arbeitgeber

(1) Die Rehabilitationsträger nach § 6 Absatz 1 Nummer 2 bis 5 können Leistungen zur Teilhabe am Arbeitsleben auch an Arbeitgeber erbringen, insbesondere als

1. Ausbildungszuschüsse zur betrieblichen Ausführung von Bildungsleistungen,
2. Eingliederungszuschüsse,
3. Zuschüsse für Arbeitshilfen im Betrieb und
4. teilweise oder volle Kostenerstattung für eine befristete Probebeschäftigung.

(2) Die Leistungen können unter Bedingungen und Auflagen erbracht werden.

(3) 1Ausbildungszuschüsse nach Absatz 1 Nummer 1 können für die gesamte Dauer der Maßnahme geleistet werden. 2Die Ausbildungszuschüsse sollen bei Ausbildungsmaßnahmen die monatlichen Ausbildungsvergütungen nicht übersteigen, die von den Arbeitgebern im letzten Ausbildungsjahr gezahlt wurden.

(4) 1Eingliederungszuschüsse nach Absatz 1 Nummer 2 betragen höchstens 50 Prozent der vom Arbeitgeber regelmäßig gezahlten Entgelte, soweit sie die tariflichen Arbeitsentgelte oder, wenn eine tarifliche Regelung nicht besteht, die für vergleichbare Tätigkeiten ortsüblichen Arbeitsentgelte im Rahmen der Beitragsbemessungsgrenze in der Arbeitsförderung nicht übersteigen. 2Die Eingliederungszuschüsse sollen im Regelfall für höchstens ein Jahr gezahlt werden. 3Soweit es für die Teilhabe am Arbeitsleben erforderlich ist, können die Eingliederungszuschüsse um bis zu 20 Prozentpunkte höher festgelegt und bis zu einer Förderungshöchstdauer von zwei Jahren gezahlt werden. 4Werden die Eingliederungszuschüsse länger als ein Jahr gezahlt, sind sie um mindestens 10 Prozentpunkte zu vermindern, entsprechend der zu erwartenden Zunahme der Leistungsfähigkeit der Leistungsberechtigten und den abnehmenden Eingliederungserfordernissen gegenüber der bisherigen Förderungshöhe. 5Bei der Berechnung der Eingliederungszuschüsse nach Satz 1 wird auch der Anteil des Arbeitgebers am Gesamtsozialversicherungsbeitrag berücksichtigt. 6Eingliederungszuschüsse sind zurückzuzahlen, wenn die Arbeitsverhältnisse während des Förderungszeitraums oder innerhalb eines Zeitraums, der der Förderungsdauer entspricht, längstens jedoch von einem Jahr, nach dem Ende der Leistungen beendet werden. 7Der Eingliederungszuschuss muss nicht zurückgezahlt werden, wenn

1. die Leistungsberechtigten die Arbeitsverhältnisse durch Kündigung beenden oder das Mindestalter für den Bezug der gesetzlichen Altersrente erreicht haben oder
2. die Arbeitgeber berechtigt waren, aus wichtigem Grund ohne Einhaltung einer Kündigungsfrist oder aus Gründen, die in der Person oder dem Verhalten des Arbeitnehmers liegen, oder aus dringenden betrieblichen Erfordernissen, die einer Weiterbeschäftigung in diesem Betrieb entgegenstehen, zu kündigen.

8Die Rückzahlung ist auf die Hälfte des Förderungsbetrages, höchstens aber den im letzten Jahr vor der Beendigung des Beschäftigungsverhältnisses gewährten Förderungsbetrag begrenzt; nicht geförderte Nachbeschäftigungszeiten werden anteilig berücksichtigt.

§ 51 Einrichtungen der beruflichen Rehabilitation

(1) 1Leistungen werden durch Berufsbildungswerke, Berufsförderungswerke und vergleichbare Einrichtungen der beruflichen Rehabilitation ausgeführt, wenn Art oder Schwere der Behinderung der Leistungsberechtigten oder die Sicherung des Erfolges die besonderen Hilfen dieser Einrichtungen erforderlich machen. 2Die Einrichtung muss

1. eine erfolgreiche Ausführung der Leistung erwarten lassen nach Dauer, Inhalt und Gestaltung der Leistungen, nach der Unterrichtsmethode, Ausbildung und Berufserfahrung der Leitung und der Lehrkräfte sowie nach der Ausgestaltung der Fachdienste,

2. angemessene Teilnahmebedingungen bieten und behinderungsgerecht sein, insbesondere auch die Beachtung der Erfordernisse des Arbeitsschutzes und der Unfallverhütung gewährleisten,
3. den Teilnehmenden und den von ihnen zu wählenden Vertretungen angemessene Mitwirkungsmöglichkeiten an der Ausführung der Leistungen bieten sowie
4. die Leistung nach den Grundsätzen der Wirtschaftlichkeit und Sparsamkeit, insbesondere zu angemessenen Vergütungssätzen, ausführen.

$_{3}$Die zuständigen Rehabilitationsträger vereinbaren hierüber gemeinsame Empfehlungen nach den §§ 26 und 37.

(2) $_{1}$Werden Leistungen zur beruflichen Ausbildung in Einrichtungen der beruflichen Rehabilitation ausgeführt, sollen die Einrichtungen bei Eignung der Leistungsberechtigten darauf hinwirken, dass diese Ausbildung teilweise auch in Betrieben und Dienststellen durchgeführt wird. $_{2}$Die Einrichtungen der beruflichen Rehabilitation unterstützen die Arbeitgeber bei der betrieblichen Ausbildung und bei der Betreuung der auszubildenden Jugendlichen mit Behinderungen.

§ 52 Rechtsstellung der Teilnehmenden

$_{1}$Werden Leistungen in Einrichtungen der beruflichen Rehabilitation ausgeführt, werden die Teilnehmenden nicht in den Betrieb der Einrichtungen eingegliedert. $_{2}$Sie sind keine Arbeitnehmer im Sinne des Betriebsverfassungsgesetzes und wählen zu ihrer Mitwirkung besondere Vertreter. $_{3}$Bei der Ausführung werden die arbeitsrechtlichen Grundsätze über den Persönlichkeitsschutz, die Haftungsbeschränkung sowie die gesetzlichen Vorschriften über den Arbeitsschutz, den Schutz vor Diskriminierungen in Beschäftigung und Beruf, den Erholungsurlaub und die Gleichberechtigung von Männern und Frauen entsprechend angewendet.

§ 53 Dauer von Leistungen

(1) $_{1}$Leistungen werden für die Zeit erbracht, die vorgeschrieben oder allgemein üblich ist, um das angestrebte Teilhabeziel zu erreichen. $_{2}$Eine Förderung kann darüber hinaus erfolgen, wenn besondere Umstände dies rechtfertigen.

(2) $_{1}$Leistungen zur beruflichen Weiterbildung sollen in der Regel bei ganztägigem Unterricht nicht länger als zwei Jahre dauern, es sei denn, dass das Teilhabeziel nur über eine länger andauernde Leistung erreicht werden kann oder die Eingliederungsaussichten nur durch eine länger andauernde Leistung wesentlich verbessert werden. $_{2}$Abweichend von Satz 1 erster Teilsatz sollen Leistungen zur beruflichen Weiterbildung, die zu einem Abschluss in einem allgemein anerkannten Ausbildungsberuf führen und für die eine allgemeine Ausbildungsdauer von mehr als zwei Jahren vorgeschrieben ist, nicht länger als zwei Drittel der üblichen Ausbildungszeit dauern.

§ 54 Beteiligung der Bundesagentur für Arbeit

$_{1}$Die Bundesagentur für Arbeit nimmt auf Anforderung eines anderen Rehabilitationsträgers gutachterlich Stellung zu Notwendigkeit, Art und Umfang von Leistungen unter Berücksichtigung arbeitsmarktlicher Zweckmäßigkeit. $_{2}$Dies gilt auch, wenn sich die Leistungsberechtigten in einem Krankenhaus oder einer Einrichtung der medizinischen oder der medizinisch-beruflichen Rehabilitation aufhalten.

§ 55 Unterstützte Beschäftigung

(1) $_{1}$Ziel der Unterstützten Beschäftigung ist es, Leistungsberechtigten mit besonderem Unterstützungsbedarf eine angemessene, geeignete und sozialversicherungspflichtige Beschäftigung zu ermöglichen und zu erhalten. $_{2}$Unterstützte Beschäftigung umfasst eine individuelle betriebliche Qualifizierung und bei Bedarf Berufsbegleitung.

(2) $_{1}$Leistungen zur individuellen betrieblichen Qualifizierung erhalten Menschen mit Behinderungen insbesondere, um sie für geeignete betriebliche Tätigkeiten zu erproben, auf ein sozialversicherungspflichtiges Beschäftigungsverhältnis vorzubereiten und bei der Einarbeitung und Qualifizierung auf ei-

nem betrieblichen Arbeitsplatz zu unterstützen. $_{2}$Die Leistungen umfassen auch die Vermittlung von berufsübergreifenden Lerninhalten und Schlüsselqualifikationen sowie die Weiterentwicklung der Persönlichkeit der Menschen mit Behinderungen. $_{3}$Die Leistungen werden vom zuständigen Rehabilitationsträger nach § 6 Absatz 1 Nummer 2 bis 5 für bis zu zwei Jahre erbracht, soweit sie wegen Art oder Schwere der Behinderung erforderlich sind. $_{4}$Sie können bis zu einer Dauer von weiteren zwölf Monaten verlängert werden, wenn auf Grund der Art oder Schwere der Behinderung der gewünschte nachhaltige Qualifizierungserfolg im Einzelfall nicht anders erreicht werden kann und hinreichend gewährleistet ist, dass eine weitere Qualifizierung zur Aufnahme einer sozialversicherungspflichtigen Beschäftigung führt.

(3) $_{1}$Leistungen der Berufsbegleitung erhalten Menschen mit Behinderungen insbesondere, um nach Begründung eines sozialversicherungspflichtigen Beschäftigungsverhältnisses die zu dessen Stabilisierung erforderliche Unterstützung und Krisenintervention zu gewährleisten. $_{2}$Die Leistungen werden bei Zuständigkeit eines Rehabilitationsträgers nach § 6 Absatz 1 Nummer 3 oder 5 von diesem, im Übrigen von dem Integrationsamt im Rahmen seiner Zuständigkeit erbracht, solange und soweit sie wegen Art oder Schwere der Behinderung zur Sicherung des Beschäftigungsverhältnisses erforderlich sind.

(4) Stellt der Rehabilitationsträger während der individuellen betrieblichen Qualifizierung fest, dass voraussichtlich eine anschließende Berufsbegleitung erforderlich ist, für die ein anderer Leistungsträger zuständig ist, beteiligt er diesen frühzeitig.

(5) $_{1}$Die Unterstützte Beschäftigung kann von Integrationsfachdiensten oder anderen Trägern durchgeführt werden. $_{2}$Mit der Durchführung kann nur beauftragt werden, wer über die erforderliche Leistungsfähigkeit verfügt, um seine Aufgaben entsprechend den individuellen Bedürfnissen der Menschen mit Behinderungen erfüllen zu können. $_{3}$Insbesondere müssen die Beauftragten

1. über Fachkräfte verfügen, die eine geeignete Berufsqualifikation, eine psychosoziale oder arbeitspädagogische Zusatzqualifikation und eine ausreichende Berufserfahrung besitzen,
2. in der Lage sein, den Menschen mit Behinderungen geeignete individuelle betriebliche Qualifizierungsplätze zur Verfügung zu stellen und ihre berufliche Eingliederung zu unterstützen,
3. über die erforderliche räumliche und sächliche Ausstattung verfügen sowie
4. ein System des Qualitätsmanagements im Sinne des § 37 Absatz 2 Satz 1 anwenden.

(6) $_{1}$Zur Konkretisierung und Weiterentwicklung der in Absatz 5 genannten Qualitätsanforderungen vereinbaren die Rehabilitationsträger nach § 6 Absatz 1 Nummer 2 bis 5 sowie die Bundesarbeitsgemeinschaft der Integrationsämter und Hauptfürsorgestellen im Rahmen der Bundesarbeitsgemeinschaft für Rehabilitation eine gemeinsame Empfehlung. $_{2}$Die gemeinsame Empfehlung kann auch Ausführungen zu möglichen Leistungsinhalten und zur Zusammenarbeit enthalten. $_{3}$§ 26 Absatz 4, 6 und 7 sowie § 27 gelten entsprechend.

§ 56 Leistungen in Werkstätten für behinderte Menschen

Leistungen in anerkannten Werkstätten für behinderte Menschen (§ 219) werden erbracht, um die Leistungs- oder Erwerbsfähigkeit der Menschen mit Behinderungen zu erhalten, zu entwickeln, zu verbessern oder wiederherzustellen, die Persönlichkeit dieser Menschen weiterzuentwickeln und ihre Beschäftigung zu ermöglichen oder zu sichern.

§ 57 Leistungen im Eingangsverfahren und im Berufsbildungsbereich

(1) Leistungen im Eingangsverfahren und im Berufsbildungsbereich einer anerkannten Werkstatt für behinderte Menschen erhalten Menschen mit Behinderungen

1. im Eingangsverfahren zur Feststellung, ob die Werkstatt die geeignete Einrichtung

für die Teilhabe des Menschen mit Behinderungen am Arbeitsleben ist sowie welche Bereiche der Werkstatt und welche Leistungen zur Teilhabe am Arbeitsleben für die Menschen mit Behinderungen in Betracht kommen, und um einen Eingliederungsplan zu erstellen;

2. im Berufsbildungsbereich, wenn die Leistungen erforderlich sind, um die Leistungs- oder Erwerbsfähigkeit des Menschen mit Behinderungen so weit wie möglich zu entwickeln, zu verbessern oder wiederherzustellen und erwartet werden kann, dass der Mensch mit Behinderungen nach Teilnahme an diesen Leistungen in der Lage ist, wenigstens ein Mindestmaß wirtschaftlich verwertbarer Arbeitsleistung im Sinne des § 219 zu erbringen.

(2) $_1$Die Leistungen im Eingangsverfahren werden für drei Monate erbracht. $_2$Die Leistungsdauer kann auf bis zu vier Wochen verkürzt werden, wenn während des Eingangsverfahrens im Einzelfall festgestellt wird, dass eine kürzere Leistungsdauer ausreichend ist.

(3) $_1$Die Leistungen im Berufsbildungsbereich werden für zwei Jahre erbracht. $_2$Sie werden in der Regel zunächst für ein Jahr bewilligt. $_3$Sie werden für ein weiteres Jahr bewilligt, wenn auf Grund einer fachlichen Stellungnahme, die rechtzeitig vor Ablauf des Förderzeitraums nach Satz 2 abzugeben ist, angenommen wird, dass die Leistungsfähigkeit des Menschen mit Behinderungen weiterentwickelt oder wiedergewonnen werden kann.

(4) $_1$Zeiten der individuellen betrieblichen Qualifizierung im Rahmen einer Unterstützten Beschäftigung nach § 55 werden zur Hälfte auf die Dauer des Berufsbildungsbereichs angerechnet. $_2$Allerdings dürfen die Zeiten individueller betrieblicher Qualifizierung und die Zeiten des Berufsbildungsbereichs insgesamt nicht mehr als 36 Monate betragen.

§ 58 Leistungen im Arbeitsbereich

(1) $_1$Leistungen im Arbeitsbereich einer anerkannten Werkstatt für behinderte Menschen erhalten Menschen mit Behinderungen, bei denen wegen Art oder Schwere der Behinderung

1. eine Beschäftigung auf dem allgemeinen Arbeitsmarkt einschließlich einer Beschäftigung in einem Inklusionsbetrieb (§ 215) oder
2. eine Berufsvorbereitung, eine individuelle betriebliche Qualifizierung im Rahmen Unterstützter Beschäftigung, eine berufliche Anpassung und Weiterbildung oder eine berufliche Ausbildung (§ 49 Absatz 3 Nummer 2 bis 6)

nicht, noch nicht oder noch nicht wieder in Betracht kommt und die in der Lage sind, wenigstens ein Mindestmaß wirtschaftlich verwertbarer Arbeitsleistung zu erbringen. $_2$Leistungen im Arbeitsbereich werden im Anschluss an Leistungen im Berufsbildungsbereich (§ 57) oder an entsprechende Leistungen bei einem anderen Leistungsanbieter (§ 60) erbracht; hiervon kann abgewichen werden, wenn der Mensch mit Behinderungen bereits über die für die in Aussicht genommene Beschäftigung erforderliche Leistungsfähigkeit verfügt, die er durch eine Beschäftigung auf dem allgemeinen Arbeitsmarkt erworben hat. $_3$Die Leistungen sollen in der Regel längstens bis zum Ablauf des Monats erbracht werden, in dem das für die Regelaltersrente im Sinne des Sechsten Buches erforderliche Lebensalter erreicht wird.

(2) Die Leistungen im Arbeitsbereich sind gerichtet auf

1. die Aufnahme, Ausübung und Sicherung einer der Eignung und Neigung des Menschen mit Behinderungen entsprechenden Beschäftigung,
2. die Teilnahme an arbeitsbegleitenden Maßnahmen zur Erhaltung und Verbesserung der im Berufsbildungsbereich erworbenen Leistungsfähigkeit und zur Weiterentwicklung der Persönlichkeit sowie
3. die Förderung des Übergangs geeigneter Menschen mit Behinderungen auf den allgemeinen Arbeitsmarkt durch geeignete Maßnahmen.

(3) $_1$Die Werkstätten erhalten für die Leistungen nach Absatz 2 vom zuständigen Rehabi-

litationsträger angemessene Vergütungen, die den Grundsätzen der Wirtschaftlichkeit, Sparsamkeit und Leistungsfähigkeit entsprechen. 2Die Vergütungen berücksichtigen

1. alle für die Erfüllung der Aufgaben und der fachlichen Anforderungen der Werkstatt notwendigen Kosten sowie
2. die mit der wirtschaftlichen Betätigung der Werkstatt in Zusammenhang stehenden Kosten, soweit diese unter Berücksichtigung der besonderen Verhältnisse in der Werkstatt und der dort beschäftigten Menschen mit Behinderungen nach Art und Umfang über die in einem Wirtschaftsunternehmen üblicherweise entstehenden Kosten hinausgehen.

3Können die Kosten der Werkstatt nach Satz 2 Nummer 2 im Einzelfall nicht ermittelt werden, kann eine Vergütungspauschale für diese werkstattspezifischen Kosten der wirtschaftlichen Betätigung der Werkstatt vereinbart werden.

(4) 1Bei der Ermittlung des Arbeitsergebnisses der Werkstatt nach § 12 Absatz 4 der Werkstättenverordnung werden die Auswirkungen der Vergütungen auf die Höhe des Arbeitsergebnisses dargestellt. 2Dabei wird getrennt ausgewiesen, ob sich durch die Vergütung Verluste oder Gewinne ergeben. 3Das Arbeitsergebnis der Werkstatt darf nicht zur Minderung der Vergütungen nach Absatz 3 verwendet werden.

§ 59 Arbeitsförderungsgeld

(1) 1Die Werkstätten für behinderte Menschen erhalten von dem zuständigen Rehabilitationsträger zur Auszahlung an die im Arbeitsbereich beschäftigten Menschen mit Behinderungen zusätzlich zu den Vergütungen nach § 58 Absatz 3 ein Arbeitsförderungsgeld. 2Das Arbeitsförderungsgeld beträgt monatlich 52 Euro für jeden im Arbeitsbereich beschäftigten Menschen mit Behinderungen, dessen Arbeitsentgelt zusammen mit dem Arbeitsförderungsgeld den Betrag von 351 Euro nicht übersteigt. 3Ist das Arbeitsentgelt höher als 299 Euro, beträgt das Arbeitsförderungsgeld monatlich den Differenzbetrag zwischen dem Arbeitsentgelt und 351 Euro.

(2) Das Arbeitsförderungsgeld bleibt bei Sozialleistungen, deren Zahlung von anderen Einkommen abhängig ist, als Einkommen unberücksichtigt.

§ 60 Andere Leistungsanbieter

(1) Menschen mit Behinderungen, die Anspruch auf Leistungen nach den §§ 57 und 58 haben, können diese auch bei einem anderen Leistungsanbieter in Anspruch nehmen.

(2) Die Vorschriften für Werkstätten für behinderte Menschen gelten mit folgenden Maßgaben für andere Leistungsanbieter:

1. sie bedürfen nicht der förmlichen Anerkennung,
2. sie müssen nicht über eine Mindestplatzzahl und die für die Erbringung der Leistungen in Werkstätten erforderliche räumliche und sächliche Ausstattung verfügen,
3. sie können ihr Angebot auf Leistungen nach § 57 oder § 58 oder Teile solcher Leistungen beschränken,
4. sie sind nicht verpflichtet, Menschen mit Behinderungen Leistungen nach § 57 oder § 58 zu erbringen, wenn und solange die Leistungsvoraussetzungen vorliegen,
5. eine dem Werkstattrat vergleichbare Vertretung wird ab fünf Wahlberechtigten gewählt. Sie besteht bei bis zu 20 Wahlberechtigten aus einem Mitglied,
6. eine Frauenbeauftragte wird ab fünf wahlberechtigten Frauen gewählt, eine Stellvertreterin ab 20 wahlberechtigten Frauen,
7. die Regelungen zur Anrechnung von Aufträgen auf die Ausgleichsabgabe und zur bevorzugten Vergabe von Aufträgen durch die öffentliche Hand sind nicht anzuwenden und
8. erbringen sie Leistungen nach den §§ 57 oder 58 ausschließlich in betrieblicher Form, soll ein besserer als der in § 9 Absatz 3 der Werkstättenverordnung für den Berufsbildungsbereich oder für den Arbeitsbereich in einer Werkstatt für behin-

derte Menschen festgelegte Personalschlüssel angewendet werden.

(3) Eine Verpflichtung des Leistungsträgers, Leistungen durch andere Leistungsanbieter zu ermöglichen, besteht nicht.

(4) Für das Rechtsverhältnis zwischen dem anderen Leistungsanbieter und dem Menschen mit Behinderungen gilt § 221 entsprechend.

§ 61 Budget für Arbeit

(1) Menschen mit Behinderungen, die Anspruch auf Leistungen nach § 58 haben und denen von einem privaten oder öffentlichen Arbeitgeber ein sozialversicherungspflichtiges Arbeitsverhältnis mit einer tarifvertraglichen oder ortsüblichen Entlohnung angeboten wird, erhalten mit Abschluss dieses Arbeitsvertrages als Leistungen zur Teilhabe am Arbeitsleben ein Budget für Arbeit.

(2) $_1$Das Budget für Arbeit umfasst einen Lohnkostenzuschuss an den Arbeitgeber zum Ausgleich der Leistungsminderung des Beschäftigten und die Aufwendungen für die wegen der Behinderung erforderliche Anleitung und Begleitung am Arbeitsplatz. $_2$Der Lohnkostenzuschuss beträgt bis zu 75 Prozent des vom Arbeitgeber regelmäßig gezahlten Arbeitsentgelts, höchstens jedoch 40 Prozent der monatlichen Bezugsgröße nach § 18 Absatz 1 des Vierten Buches. $_3$Dauer und Umfang der Leistungen bestimmen sich nach den Umständen des Einzelfalles. $_4$Durch Landesrecht kann von dem Prozentsatz der Bezugsgröße nach Satz 2 zweiter Halbsatz nach oben abgewichen werden.

(3) Ein Lohnkostenzuschuss ist ausgeschlossen, wenn zu vermuten ist, dass der Arbeitgeber die Beendigung eines anderen Beschäftigungsverhältnisses veranlasst hat, um durch die ersatzweise Einstellung eines Menschen mit Behinderungen den Lohnkostenzuschuss zu erhalten.

(4) Die am Arbeitsplatz wegen der Behinderung erforderliche Anleitung und Begleitung kann von mehreren Leistungsberechtigten gemeinsam in Anspruch genommen werden.

(5) Eine Verpflichtung des Leistungsträgers, Leistungen zur Beschäftigung bei privaten oder öffentlichen Arbeitgebern zu ermöglichen, besteht nicht.

§ 61a Budget für Ausbildung

(1) $_1$Menschen mit Behinderungen, die Anspruch auf Leistungen nach § 57 haben und denen von einem privaten oder öffentlichen Arbeitgeber ein sozialversicherungspflichtiges Ausbildungsverhältnis in einem anerkannten Ausbildungsberuf oder in einem Ausbildungsgang nach § 66 des Berufsbildungsgesetzes oder § 42m der Handwerksordnung angeboten wird, erhalten mit Abschluss des Vertrages über dieses Ausbildungsverhältnis als Leistungen zur Teilhabe am Arbeitsleben ein Budget für Ausbildung. $_2$Das Budget für Ausbildung wird von den Leistungsträgern nach § 63 Absatz 1 erbracht.

(2) $_1$Das Budget für Ausbildung umfasst die Erstattung der Ausbildungsvergütung und die Aufwendungen für die wegen der Behinderung erforderliche Anleitung und Begleitung am Ausbildungsplatz und in der Berufsschule. $_2$Die Erstattung der Ausbildungsvergütung erfolgt bis zu der Höhe, die in einer einschlägigen tarifvertraglichen Vergütungsregelung festgelegt ist. $_3$Fehlt eine solche, erfolgt die Erstattung bis zu der Höhe der nach § 17 des Berufsbildungsgesetzes für das Berufsausbildungsverhältnis ohne öffentliche Förderung angemessenen Vergütung. $_4$Ist wegen Art oder Schwere der Behinderung der Besuch einer Berufsschule am Ort des Ausbildungsplatzes nicht möglich, so kann der schulische Teil der Ausbildung in Einrichtungen der beruflichen Rehabilitation erfolgen; die entstehenden Kosten werden ebenfalls vom Budget für Ausbildung gedeckt.

(3) $_1$Das Budget für Ausbildung wird erbracht, solange es erforderlich ist, längstens bis zum erfolgreichen Abschluss der Ausbildung. $_2$Zeiten eines Budgets für Ausbildung werden auf die Dauer des Eingangsverfahrens und des Berufsbildungsbereiches in Werkstätten für behinderte Menschen nach § 57 Absatz 2 und 3 angerechnet, sofern der Mensch mit Behinderungen in der Werkstatt für behinderte Menschen oder bei einem anderen

Leistungsanbieter seine berufliche Bildung in derselben Fachrichtung fortsetzt.

(4) Die wegen der Behinderung erforderliche Anleitung und Begleitung kann von mehreren Leistungsberechtigten gemeinsam in Anspruch genommen werden.

(5) Der zuständige Leistungsträger soll den Menschen mit Behinderungen bei der Suche nach einem geeigneten Ausbildungsplatz im Sinne von Absatz 1 unterstützen.

---

§ 61a wird mit Geltung ab 1. Januar 2022 durch das Teilhabestärkungsgesetz geändert; er lautet dann:

§ 61a Budget für Ausbildung

(1) Menschen mit Behinderungen, die Anspruch auf Leistungen nach § 57 oder § 58 haben und denen von einem privaten oder öffentlichen Arbeitgeber ein sozialversicherungspflichtiges Ausbildungsverhältnis in einem anerkannten Ausbildungsberuf oder in einem Ausbildungsgang nach § 66 des Berufsbildungsgesetzes oder § 42r der Handwerksordnung angeboten wird, erhalten mit Abschluss des Vertrages über dieses Ausbildungsverhältnis als Leistungen zur Teilhabe am Arbeitsleben ein Budget für Ausbildung.

(2) Das Budget für Ausbildung umfasst

1. die Erstattung der angemessenen Ausbildungsvergütung einschließlich des Anteils des Arbeitgebers am Gesamtsozialversicherungsbeitrag und des Beitrags zur Unfallversicherung nach Maßgabe des Siebten Buches,
2. die Aufwendungen für die wegen der Behinderung erforderliche Anleitung und Begleitung am Ausbildungsplatz und in der Berufsschule sowie
3. die erforderlichen Fahrkosten.

Ist wegen Art oder Schwere der Behinderung der Besuch einer Berufsschule am Ort des Ausbildungsplatzes nicht möglich, so kann der schulische Teil der Ausbildung in Einrichtungen der beruflichen Rehabilitation erfolgen; die entstehenden Kosten werden ebenfalls vom Budget für Ausbildung gedeckt. Vor dem Abschluss einer Vereinbarung mit einer Einrichtung der beruflichen Rehabilitation ist dem zuständigen Leistungsträger das Angebot mit konkreten Angaben zu den entstehenden Kosten zur Bewilligung vorzulegen.

(3) Das Budget für Ausbildung wird erbracht, solange es erforderlich ist, längstens bis zum erfolgreichen Abschluss der Ausbildung. Zeiten eines Budgets für Ausbildung werden auf die Dauer des Eingangsverfahrens und des Berufsbildungsbereiches in Werkstätten für behinderte Menschen nach § 57 Absatz 2 und 3 angerechnet, sofern der Mensch mit Behinderungen in der Werkstatt für behinderte Menschen oder bei einem anderen Leistungsanbieter seine berufliche Bildung in derselben Fachrichtung fortsetzt.

(4) Die wegen der Behinderung erforderliche Anleitung und Begleitung kann von mehreren Leistungsberechtigten gemeinsam in Anspruch genommen werden.

(5) Die Bundesagentur für Arbeit soll den Menschen mit Behinderungen bei der Suche nach einem geeigneten Ausbildungsplatz im Sinne von Absatz 1 unterstützen. Dies umfasst im Fall des Absatzes 2 Satz 4 auch die Unterstützung bei der Suche nach einer geeigneten Einrichtung der beruflichen Rehabilitation.

§ 62 Wahlrecht des Menschen mit Behinderungen

(1) Auf Wunsch des Menschen mit Behinderungen werden die Leistungen nach den §§ 57 und 58 von einer nach § 225 anerkannten Werkstatt für behinderte Menschen, von dieser zusammen mit einem oder mehreren anderen Leistungsanbietern oder von einem oder mehreren anderen Leistungsanbietern erbracht.

(2) Werden Teile einer Leistung im Verantwortungsbereich einer Werkstatt für behinderte Menschen oder eines anderen Leistungsanbieters erbracht, so bedarf die Leistungserbringung der Zustimmung des unmittelbar verantwortlichen Leistungsanbieters.

§ 63 Zuständigkeit nach den Leistungsgesetzen

(1) Die Leistungen im Eingangsverfahren und im Berufsbildungsbereich einer anerkannten Werkstatt für behinderte Menschen erbringen

1. die Bundesagentur für Arbeit, soweit nicht einer der in den Nummern 2 bis 4 genannten Träger zuständig ist,
2. die Träger der Unfallversicherung im Rahmen ihrer Zuständigkeit für durch Arbeitsunfälle Verletzte und von Berufskrankheiten Betroffene,

3. die Träger der Rentenversicherung unter den Voraussetzungen der §§ 11 bis 13 des Sechsten Buches und
4. die Träger der Kriegsopferfürsorge unter den Voraussetzungen der §§ 26 und 26a des Bundesversorgungsgesetzes.

(2) Die Leistungen im Arbeitsbereich einer anerkannten Werkstatt für behinderte Menschen erbringen

1. die Träger der Unfallversicherung im Rahmen ihrer Zuständigkeit für durch Arbeitsunfälle Verletzte und von Berufskrankheiten Betroffene,
2. die Träger der Kriegsopferfürsorge unter den Voraussetzungen des § 27d Absatz 1 Nummer 3 des Bundesversorgungsgesetzes,
3. die Träger der öffentlichen Jugendhilfe unter den Voraussetzungen des § 35a des Achten Buches und
4. im Übrigen die Träger der Eingliederungshilfe unter den Voraussetzungen des § 99.

(3) $_1$Absatz 1 gilt auch für die Leistungen zur beruflichen Bildung bei einem anderen Leistungsanbieter sowie für die Leistung des Budgets für Ausbildung. $_2$Absatz 2 gilt auch für die Leistungen zur Beschäftigung bei einem anderen Leistungsanbieter sowie die Leistung des Budgets für Arbeit.

Durch das Teilhabestärkungsgesetz wird § 63 Absatz 3 mit Geltung ab 1. Januar 2022 neu gefasst; er lautet dann:

(3) Absatz 1 gilt auch für die Leistungen zur beruflichen Bildung bei einem anderen Leistungsanbieter sowie für die Leistung des Budgets für Ausbildung an Menschen mit Behinderungen, die Anspruch auf Leistungen nach § 57 haben. Absatz 2 gilt auch für die Leistungen zur Beschäftigung bei einem anderen Leistungsanbieter, für die Leistung des Budgets für Ausbildung an Menschen mit Behinderungen, die Anspruch auf Leistungen nach § 58 haben und die keinen Anspruch auf Leistungen nach § 57 haben, sowie für die Leistung des Budgets für Arbeit.

Kapitel 11
Unterhaltssichernde und andere ergänzende Leistungen

§ 64 Ergänzende Leistungen

(1) Die Leistungen zur medizinischen Rehabilitation und zur Teilhabe am Arbeitsleben der in § 6 Absatz 1 Nummer 1 bis 5 genannten Rehabilitationsträger werden ergänzt durch

1. Krankengeld, Versorgungskrankengeld, Verletztengeld, Übergangsgeld, Ausbildungsgeld oder Unterhaltsbeihilfe,
2. Beiträge und Beitragszuschüsse
   a) zur Krankenversicherung nach Maßgabe des Fünften Buches, des Zweiten Gesetzes über die Krankenversicherung der Landwirte sowie des Künstlersozialversicherungsgesetzes,
   b) zur Unfallversicherung nach Maßgabe des Siebten Buches,
   c) zur Rentenversicherung nach Maßgabe des Sechsten Buches sowie des Künstlersozialversicherungsgesetzes,
   d) zur Bundesagentur für Arbeit nach Maßgabe des Dritten Buches,
   e) zur Pflegeversicherung nach Maßgabe des Elften Buches,
3. ärztlich verordneten Rehabilitationssport in Gruppen unter ärztlicher Betreuung und Überwachung, einschließlich Übungen für behinderte oder von Behinderung bedrohte Frauen und Mädchen, die der Stärkung des Selbstbewusstseins dienen,
4. ärztlich verordnetes Funktionstraining in Gruppen unter fachkundiger Anleitung und Überwachung,
5. Reisekosten sowie
6. Betriebs- oder Haushaltshilfe und Kinderbetreuungskosten.

(2) $_1$Ist der Schutz von Menschen mit Behinderungen bei Krankheit oder Pflege während der Teilnahme an Leistungen zur Teilhabe am Arbeitsleben nicht anderweitig sichergestellt, können die Beiträge für eine freiwillige Krankenversicherung ohne Anspruch auf Krankengeld und zur Pflegeversicherung bei einem Träger der gesetzlichen Kranken- oder Pflegeversicherung oder, wenn dort im Ein-

zelfall ein Schutz nicht gewährleistet ist, die Beiträge zu einem privaten Krankenversicherungsunternehmen erbracht werden. 2Arbeitslose Teilnehmer an Leistungen zur medizinischen Rehabilitation können für die Dauer des Bezuges von Verletztengeld, Versorgungskrankengeld oder Übergangsgeld einen Zuschuss zu ihrem Beitrag für eine private Versicherung gegen Krankheit oder für die Pflegeversicherung erhalten. 3Der Zuschuss wird nach § 174 Absatz 2 des Dritten Buches berechnet.

§ 65 Leistungen zum Lebensunterhalt

(1) Im Zusammenhang mit Leistungen zur medizinischen Rehabilitation leisten

1. Krankengeld: die gesetzlichen Krankenkassen nach Maßgabe der §§ 44 und 46 bis 51 des Fünften Buches und des § 8 Absatz 2 in Verbindung mit den §§ 12 und 13 des Zweiten Gesetzes über die Krankenversicherung der Landwirte,
2. Verletztengeld: die Träger der Unfallversicherung nach Maßgabe der §§ 45 bis 48, 52 und 55 des Siebten Buches,
3. Übergangsgeld: die Träger der Rentenversicherung nach Maßgabe dieses Buches und der §§ 20 und 21 des Sechsten Buches,
4. Versorgungskrankengeld: die Träger der Kriegsopferversorgung nach Maßgabe der §§ 16 bis 16h und 18a des Bundesversorgungsgesetzes.

(2) Im Zusammenhang mit Leistungen zur Teilhabe am Arbeitsleben leisten Übergangsgeld

1. die Träger der Unfallversicherung nach Maßgabe dieses Buches und der §§ 49 bis 52 des Siebten Buches,
2. die Träger der Rentenversicherung nach Maßgabe dieses Buches und der §§ 20 und 21 des Sechsten Buches,
3. die Bundesagentur für Arbeit nach Maßgabe dieses Buches und der §§ 119 bis 121 des Dritten Buches,
4. die Träger der Kriegsopferfürsorge nach Maßgabe dieses Buches und des § 26a des Bundesversorgungsgesetzes.

(3) Menschen mit Behinderungen oder von Behinderung bedrohte Menschen haben Anspruch auf Übergangsgeld wie bei Leistungen zur Teilhabe am Arbeitsleben für den Zeitraum, in dem die berufliche Eignung abgeklärt oder eine Arbeitserprobung durchgeführt wird (§ 49 Absatz 4 Satz 2) und sie wegen der Teilnahme an diesen Maßnahmen kein oder ein geringeres Arbeitsentgelt oder Arbeitseinkommen erzielen.

(4) Der Anspruch auf Übergangsgeld ruht, solange die Leistungsempfängerin einen Anspruch auf Mutterschaftsgeld hat; § 52 Nummer 2 des Siebten Buches bleibt unberührt.

(5) Während der Ausführung von Leistungen zur erstmaligen beruflichen Ausbildung von Menschen mit Behinderungen, berufsvorbereitenden Bildungsmaßnahmen und Leistungen zur individuellen betrieblichen Qualifizierung im Rahmen Unterstützter Beschäftigung sowie im Eingangsverfahren und im Berufsbildungsbereich von anerkannten Werkstätten für behinderte Menschen und anderen Leistungsanbietern leisten

1. die Bundesagentur für Arbeit Ausbildungsgeld nach Maßgabe der §§ 122 bis 126 des Dritten Buches und
2. die Träger der Kriegsopferfürsorge Unterhaltsbeihilfe unter den Voraussetzungen der §§ 26 und 26a des Bundesversorgungsgesetzes.

(6) Die Träger der Kriegsopferfürsorge leisten in den Fällen des § 27d Absatz 1 Nummer 3 des Bundesversorgungsgesetzes ergänzende Hilfe zum Lebensunterhalt nach § 27a des Bundesversorgungsgesetzes.

(7) Das Krankengeld, das Versorgungskrankengeld, das Verletztengeld und das Übergangsgeld werden für Kalendertage gezahlt; wird die Leistung für einen ganzen Kalendermonat gezahlt, so wird dieser mit 30 Tagen angesetzt.

§ 66 Höhe und Berechnung des Übergangsgelds

(1) 1Der Berechnung des Übergangsgelds werden 80 Prozent des erzielten regelmäßigen Arbeitsentgelts und Arbeitseinkommens,

II

soweit es der Beitragsberechnung unterliegt (Regelentgelt), zugrunde gelegt, höchstens jedoch das in entsprechender Anwendung des § 67 berechnete Nettoarbeitsentgelt; als Obergrenze gilt die für den Rehabilitationsträger jeweils geltende Beitragsbemessungsgrenze. 2Bei der Berechnung des Regelentgelts und des Nettoarbeitsentgelts werden die für die jeweilige Beitragsbemessung und Beitragstragung geltenden Besonderheiten des Übergangsbereichs nach § 20 Absatz 2 des Vierten Buches nicht berücksichtigt. 3Das Übergangsgeld beträgt

1. 75 Prozent der Berechnungsgrundlage für Leistungsempfänger,
   a) die mindestens ein Kind im Sinne des § 32 Absatz 1, 3 bis 5 des Einkommensteuergesetzes haben,
   b) die ein Stiefkind (§ 56 Absatz 2 Nummer 1 des Ersten Buches) in ihren Haushalt aufgenommen haben oder
   c) deren Ehegatten oder Lebenspartner, mit denen sie in häuslicher Gemeinschaft leben, eine Erwerbstätigkeit nicht ausüben können, weil sie die Leistungsempfänger pflegen oder selbst der Pflege bedürfen und keinen Anspruch auf Leistungen aus der Pflegeversicherung haben,
2. 68 Prozent der Berechnungsgrundlage für die übrigen Leistungsempfänger.

4Leisten Träger der Kriegsopferfürsorge Übergangsgeld, beträgt das Übergangsgeld 80 Prozent der Berechnungsgrundlage, wenn die Leistungsempfänger eine der Voraussetzungen von Satz 3 Nummer 1 erfüllen, und im Übrigen 70 Prozent der Berechnungsgrundlage.

(2) 1Das Nettoarbeitsentgelt nach Absatz 1 Satz 1 berechnet sich, indem der Anteil am Nettoarbeitsentgelt, der sich aus dem kalendertäglichen Hinzurechnungsbetrag nach § 67 Absatz 1 Satz 6 ergibt, mit dem Prozentsatz angesetzt wird, der sich aus dem Verhältnis des kalendertäglichen Regelentgeltbetrages nach § 67 Absatz 1 Satz 1 bis 5 zu dem sich aus diesem Regelentgeltbetrag ergebenden Nettoarbeitsentgelt ergibt. 2Das kalendertägliche Übergangsgeld darf das kalendertägliche Nettoarbeitsentgelt, das sich aus dem Arbeitsentgelt nach § 67 Absatz 1 Satz 1 bis 5 ergibt, nicht übersteigen.

§ 67 Berechnung des Regelentgelts

(1) 1Für die Berechnung des Regelentgelts wird das von den Leistungsempfängern im letzten vor Beginn der Leistung oder einer vorangegangenen Arbeitsunfähigkeit abgerechneten Entgeltabrechnungszeitraum, mindestens das während der letzten abgerechneten vier Wochen (Bemessungszeitraum) erzielte und um einmalig gezahltes Arbeitsentgelt verminderte Arbeitsentgelt durch die Zahl der Stunden geteilt, für die es gezahlt wurde. 2Das Ergebnis wird mit der Zahl der sich aus dem Inhalt des Arbeitsverhältnisses ergebenden regelmäßigen wöchentlichen Arbeitsstunden vervielfacht und durch sieben geteilt. 3Ist das Arbeitsentgelt nach Monaten bemessen oder ist eine Berechnung des Regelentgelts nach den Sätzen 1 und 2 nicht möglich, gilt der 30. Teil des in dem letzten vor Beginn der Leistung abgerechneten Kalendermonat erzielten und um einmalig gezahltes Arbeitsentgelt verminderten Arbeitsentgelts als Regelentgelt. 4Wird mit einer Arbeitsleistung Arbeitsentgelt erzielt, das für Zeiten einer Freistellung vor oder nach dieser Arbeitsleistung fällig wird (Wertguthaben nach § 7b des Vierten Buches), ist für die Berechnung des Regelentgelts das im Bemessungszeitraum der Beitragsberechnung zugrunde liegende und um einmalig gezahltes Arbeitsentgelt verminderte Arbeitsentgelt maßgebend; Wertguthaben, die nicht nach einer Vereinbarung über flexible Arbeitszeitregelungen verwendet werden (§ 23b Absatz 2 des Vierten Buches), bleiben außer Betracht. 5Bei der Anwendung des Satzes 1 gilt als regelmäßige wöchentliche Arbeitszeit die Arbeitszeit, die dem gezahlten Arbeitsentgelt entspricht. 6Für die Berechnung des Regelentgelts wird der 360. Teil des einmalig gezahlten Arbeitsentgelts, das in den letzten zwölf Kalendermonaten vor Beginn der Leistung nach § 23a des Vierten Buches der Beitragsberechnung zugrunde gelegen hat, dem

nach den Sätzen 1 bis 5 berechneten Arbeitsentgelt hinzugerechnet.

(2) Bei Teilarbeitslosigkeit ist für die Berechnung das Arbeitsentgelt maßgebend, das in der infolge der Teilarbeitslosigkeit nicht mehr ausgeübten Beschäftigung erzielt wurde.

(3) Für Leistungsempfänger, die Kurzarbeitergeld bezogen haben, wird das regelmäßige Arbeitsentgelt zugrunde gelegt, das zuletzt vor dem Arbeitsausfall erzielt wurde.

(4) Das Regelentgelt wird bis zur Höhe der für den Rehabilitationsträger jeweils geltenden Leistungs- oder Beitragsbemessungsgrenze berücksichtigt, in der Rentenversicherung bis zur Höhe des der Beitragsbemessung zugrunde liegenden Entgelts.

(5) Für Leistungsempfänger, die im Inland nicht einkommensteuerpflichtig sind, werden für die Feststellung des entgangenen Nettoarbeitsentgelts die Steuern berücksichtigt, die bei einer Steuerpflicht im Inland durch Abzug vom Arbeitsentgelt erhoben würden.

§ 68 Berechnungsgrundlage in Sonderfällen

(1) Für die Berechnung des Übergangsgeldes während des Bezuges von Leistungen zur Teilhabe am Arbeitsleben werden 65 Prozent eines fiktiven Arbeitsentgelts zugrunde gelegt, wenn

1. die Berechnung nach den §§ 66 und 67 zu einem geringeren Betrag führt,
2. Arbeitsentgelt oder Arbeitseinkommen nicht erzielt worden ist oder
3. der letzte Tag des Bemessungszeitraums bei Beginn der Leistungen länger als drei Jahre zurückliegt.

(2) Für die Festsetzung des fiktiven Arbeitsentgelts ist der Leistungsempfänger der Qualifikationsgruppe zuzuordnen, die seiner beruflichen Qualifikation entspricht. Dafür gilt folgende Zuordnung:

1. für eine Hochschul- oder Fachhochschulausbildung (Qualifikationsgruppe 1) ein Arbeitsentgelt in Höhe von einem Dreihundertstel der Bezugsgröße,
2. für einen Fachschulabschluss, den Nachweis über eine abgeschlossene Qualifikation als Meisterin oder Meister oder einen Abschluss in einer vergleichbaren Einrichtung (Qualifikationsgruppe 2) ein Arbeitsentgelt in Höhe von einem Dreihundertsechzigstel der Bezugsgröße,
3. für eine abgeschlossene Ausbildung in einem Ausbildungsberuf (Qualifikationsgruppe 3) ein Arbeitsentgelt in Höhe von einem Vierhundertfünfzigstel der Bezugsgröße und
4. bei einer fehlenden Ausbildung (Qualifikationsgruppe 4) ein Arbeitsentgelt in Höhe von einem Sechshundertstel der Bezugsgröße.

Maßgebend ist die Bezugsgröße, die für den Wohnsitz oder für den gewöhnlichen Aufenthaltsort der Leistungsempfänger im letzten Kalendermonat vor dem Beginn der Leistung gilt.

§ 69 Kontinuität der Bemessungsgrundlage

Haben Leistungsempfänger Krankengeld, Verletztengeld, Versorgungskrankengeld oder Übergangsgeld bezogen und wird im Anschluss daran eine Leistung zur medizinischen Rehabilitation oder zur Teilhabe am Arbeitsleben ausgeführt, so wird bei der Berechnung der diese Leistungen ergänzenden Leistung zum Lebensunterhalt von dem bisher zugrunde gelegten Arbeitsentgelt ausgegangen; es gilt die für den Rehabilitationsträger jeweils geltende Beitragsbemessungsgrenze.

§ 70 Anpassung der Entgeltersatzleistungen

(1) Die Berechnungsgrundlage, die dem Krankengeld, dem Versorgungskrankengeld, dem Verletztengeld und dem Übergangsgeld zugrunde liegt, wird jeweils nach Ablauf eines Jahres ab dem Ende des Bemessungszeitraums an die Entwicklung der Bruttoarbeitsentgelte angepasst und zwar entsprechend der Veränderung der Bruttolöhne und -gehälter je Arbeitnehmer (§ 68 Absatz 2 Satz 1 des Sechsten Buches) vom vorvergangenen zum vergangenen Kalenderjahr.

(2) Der Anpassungsfaktor wird errechnet, indem die Bruttolöhne und -gehälter je Arbeitnehmer für das vergangene Kalenderjahr

durch die entsprechenden Bruttolöhne und -gehälter für das vorvergangene Kalenderjahr geteilt werden; § 68 Absatz 7 und § 121 Absatz 1 des Sechsten Buches gelten entsprechend.

(3) Eine Anpassung nach Absatz 1 erfolgt, wenn der nach Absatz 2 berechnete Anpassungsfaktor den Wert 1,0000 überschreitet.

(4) Das Bundesministerium für Arbeit und Soziales gibt jeweils zum 30. Juni eines Kalenderjahres den Anpassungsfaktor, der für die folgenden zwölf Monate maßgebend ist, im Bundesanzeiger bekannt.

§ 71 Weiterzahlung der Leistungen

(1) 1Sind nach Abschluss von Leistungen zur medizinischen Rehabilitation oder von Leistungen zur Teilhabe am Arbeitsleben weitere Leistungen zur Teilhabe am Arbeitsleben erforderlich, während derer dem Grunde nach Anspruch auf Übergangsgeld besteht, und können diese Leistungen aus Gründen, die die Leistungsempfänger nicht zu vertreten haben, nicht unmittelbar anschließend durchgeführt werden, werden das Verletztengeld, das Versorgungskrankengeld oder das Übergangsgeld für diese Zeit weitergezahlt. 2Voraussetzung für die Weiterzahlung ist, dass

1. die Leistungsempfänger arbeitsunfähig sind und keinen Anspruch auf Krankengeld mehr haben oder
2. den Leistungsempfängern eine zumutbare Beschäftigung aus Gründen, die sie nicht zu vertreten haben, nicht vermittelt werden kann.

(2) 1Leistungsempfänger haben die Verzögerung von Weiterzahlungen insbesondere dann zu vertreten, wenn sie zumutbare Angebote von Leistungen zur Teilhabe am Arbeitsleben nur deshalb ablehnen, weil die Leistungen in größerer Entfernung zu ihren Wohnorten angeboten werden. 2Für die Beurteilung der Zumutbarkeit ist § 140 Absatz 4 des Dritten Buches entsprechend anzuwenden.

(3) Können Leistungsempfänger Leistungen zur Teilhabe am Arbeitsleben allein aus gesundheitlichen Gründen nicht mehr, aber voraussichtlich wieder in Anspruch nehmen, werden Übergangsgeld und Unterhaltsbeihilfe bis zum Ende dieser Leistungen, höchstens bis zu sechs Wochen weitergezahlt.

(4) 1Sind die Leistungsempfänger im Anschluss an eine abgeschlossene Leistung zur Teilhabe am Arbeitsleben arbeitslos, werden Übergangsgeld und Unterhaltsbeihilfe während der Arbeitslosigkeit bis zu drei Monate weitergezahlt, wenn sie sich bei der Agentur für Arbeit arbeitslos gemeldet haben und einen Anspruch auf Arbeitslosengeld von mindestens drei Monaten nicht geltend machen können; die Anspruchsdauer von drei Monaten vermindert sich um die Anzahl von Tagen, für die Leistungsempfänger im Anschluss an eine abgeschlossene Leistung zur Teilhabe am Arbeitsleben einen Anspruch auf Arbeitslosengeld geltend machen können. 2In diesem Fall beträgt das Übergangsgeld

1. 67 Prozent bei Leistungsempfängern, bei denen die Voraussetzungen des erhöhten Bemessungssatzes nach § 66 Absatz 1 Satz 3 Nummer 1 vorliegen und
2. 60 Prozent bei den übrigen Leistungsempfängern,

des sich aus § 66 Absatz 1 Satz 1 oder § 68 ergebenden Betrages.

(5) Ist im unmittelbaren Anschluss an Leistungen zur medizinischen Rehabilitation eine stufenweise Wiedereingliederung (§ 44) erforderlich, wird das Übergangsgeld bis zum Ende der Wiedereingliederung weitergezahlt.

§ 72 Einkommensanrechnung

(1) Auf das Übergangsgeld der Rehabilitationsträger nach § 6 Absatz 1 Nummer 2, 4 und 5 wird Folgendes angerechnet:

1. Erwerbseinkommen aus einer Beschäftigung oder einer während des Anspruchs auf Übergangsgeld ausgeübten Tätigkeit, das bei Beschäftigten um die gesetzlichen Abzüge und um einmalig gezahltes Arbeitsentgelt und bei sonstigen Leistungsempfängern um 20 Prozent zu vermindern ist,
2. Leistungen des Arbeitgebers zum Übergangsgeld, soweit sie zusammen mit dem Übergangsgeld das vor Beginn der Leistung erzielte, um die gesetzlichen Abzüge verminderte Arbeitsentgelt übersteigen,

3. Geldleistungen, die eine öffentlich-rechtliche Stelle im Zusammenhang mit einer Leistung zur medizinischen Rehabilitation oder einer Leistung zur Teilhabe am Arbeitsleben erbringt,
4. Renten wegen verminderter Erwerbsfähigkeit oder Verletztenrenten in Höhe des sich aus § 18a Absatz 3 Satz 1 Nummer 4 des Vierten Buches ergebenden Betrages, wenn sich die Minderung der Erwerbsfähigkeit auf die Höhe der Berechnungsgrundlage für das Übergangsgeld nicht ausgewirkt hat,
5. Renten wegen verminderter Erwerbsfähigkeit, die aus demselben Anlass wie die Leistungen zur Teilhabe erbracht werden, wenn durch die Anrechnung eine unbillige Doppelleistung vermieden wird,
6. Renten wegen Alters, die bei der Berechnung des Übergangsgeldes aus einem Teilarbeitsentgelt nicht berücksichtigt wurden,
7. Verletztengeld nach den Vorschriften des Siebten Buches und
8. vergleichbare Leistungen nach den Nummern 1 bis 7, die von einer Stelle außerhalb des Geltungsbereichs dieses Gesetzbuchs erbracht werden.

(2) Bei der Anrechnung von Verletztenrenten mit Kinderzulage und von Renten wegen verminderter Erwerbsfähigkeit mit Kinderzuschuss auf das Übergangsgeld bleibt ein Betrag in Höhe des Kindergeldes nach § 66 des Einkommensteuergesetzes oder § 6 des Bundeskindergeldgesetzes außer Ansatz.

(3) Wird ein Anspruch auf Leistungen, um die das Übergangsgeld nach Absatz 1 Nummer 3 zu kürzen wäre, nicht erfüllt, geht der Anspruch insoweit mit Zahlung des Übergangsgeldes auf den Rehabilitationsträger über; die §§ 104 und 115 des Zehnten Buches bleiben unberührt.

§ 73 Reisekosten

(1) Als Reisekosten werden die erforderlichen Fahr-, Verpflegungs- und Übernachtungskosten übernommen, die im Zusammenhang mit der Ausführung einer Leistung zur medizinischen Rehabilitation oder zur Teilhabe am Arbeitsleben stehen. Zu den Reisekosten gehören auch die Kosten

1. für besondere Beförderungsmittel, deren Inanspruchnahme wegen der Art oder Schwere der Behinderung erforderlich ist,
2. für eine wegen der Behinderung erforderliche Begleitperson einschließlich des für die Zeit der Begleitung entstehenden Verdienstausfalls,
3. für Kinder, deren Mitnahme an den Rehabilitationsort erforderlich ist, weil ihre anderweitige Betreuung nicht sichergestellt ist sowie
4. für den erforderlichen Gepäcktransport.

(2) $_1$Während der Ausführung von Leistungen zur Teilhabe am Arbeitsleben werden im Regelfall auch Reisekosten für zwei Familienheimfahrten je Monat übernommen. $_2$Anstelle der Kosten für die Familienheimfahrten können für Fahrten von Angehörigen vom Wohnort zum Aufenthaltsort der Leistungsempfänger und zurück Reisekosten übernommen werden.

(3) Reisekosten nach Absatz 2 werden auch im Zusammenhang mit Leistungen zur medizinischen Rehabilitation übernommen, wenn die Leistungen länger als acht Wochen erbracht werden.

(4) $_1$Fahrkosten werden in Höhe des Betrages zugrunde gelegt, der bei Benutzung eines regelmäßig verkehrenden öffentlichen Verkehrsmittels der niedrigsten Beförderungsklasse des zweckmäßigsten öffentlichen Verkehrsmittels zu zahlen ist, bei Benutzung sonstiger Verkehrsmittel in Höhe der Wegstreckenentschädigung nach § 5 Absatz 1 des Bundesreisekostengesetzes. $_2$Bei Fahrpreiserhöhungen, die nicht geringfügig sind, hat auf Antrag des Leistungsempfängers eine Anpassung der Fahrkostenentschädigung zu erfolgen, wenn die Maßnahme noch mindestens zwei weitere Monate andauert. $_3$Kosten für Pendelfahrten können nur bis zur Höhe des Betrages übernommen werden, der unter Berücksichtigung von Art und Schwere der Behinderung bei einer zumutbaren auswärtigen Unterbringung für Unterbringung und Verpflegung zu leisten wäre.

§ 74 Haushalts- oder Betriebshilfe und Kinderbetreuungskosten

(1) 1Haushaltshilfe wird geleistet, wenn

1. den Leistungsempfängern wegen der Ausführung einer Leistung zur medizinischen Rehabilitation oder einer Leistung zur Teilhabe am Arbeitsleben die Weiterführung des Haushalts nicht möglich ist,
2. eine andere im Haushalt lebende Person den Haushalt nicht weiterführen kann und
3. im Haushalt ein Kind lebt, das bei Beginn der Haushaltshilfe noch nicht zwölf Jahre alt ist oder wenn das Kind eine Behinderung hat und auf Hilfe angewiesen ist.

2§ 38 Absatz 4 des Fünften Buches gilt entsprechend.

(2) Anstelle der Haushaltshilfe werden auf Antrag des Leistungsempfängers die Kosten für die Mitnahme oder für die anderweitige Unterbringung des Kindes bis zur Höhe der Kosten der sonst zu erbringenden Haushaltshilfe übernommen, wenn die Unterbringung und Betreuung des Kindes in dieser Weise sichergestellt ist.

(3) 1Kosten für die Kinderbetreuung des Leistungsempfängers können bis zu einem Betrag von 160 Euro je Kind und Monat übernommen werden, wenn die Kosten durch die Ausführung einer Leistung zur medizinischen Rehabilitation oder zur Teilhabe am Arbeitsleben unvermeidbar sind. 2Es werden neben den Leistungen zur Kinderbetreuung keine Leistungen nach den Absätzen 1 und 2 erbracht. 3Der in Satz 1 genannte Betrag erhöht sich entsprechend der Veränderung der Bezugsgröße nach § 18 Absatz 1 des Vierten Buches; § 160 Absatz 3 Satz 2 bis 5 gilt entsprechend.

(4) Abweichend von den Absätzen 1 bis 3 erbringen die landwirtschaftliche Alterskasse und die landwirtschaftliche Krankenkasse Betriebs- und Haushaltshilfe nach den §§ 10 und 36 des Gesetzes über die Alterssicherung der Landwirte und nach den §§ 9 und 10 des Zweiten Gesetzes über die Krankenversicherung der Landwirte, die landwirtschaftliche Berufsgenossenschaft für die bei ihr versicherten landwirtschaftlichen Unternehmer und im Unternehmen mitarbeitenden Ehegatten nach den §§ 54 und 55 des Siebten Buches.

Kapitel 12
Leistungen zur Teilhabe an Bildung

§ 75 Leistungen zur Teilhabe an Bildung

(1) Zur Teilhabe an Bildung werden unterstützende Leistungen erbracht, die erforderlich sind, damit Menschen mit Behinderungen Bildungsangebote gleichberechtigt wahrnehmen können.

(2) 1Die Leistungen umfassen insbesondere

1. Hilfen zur Schulbildung, insbesondere im Rahmen der Schulpflicht einschließlich der Vorbereitung hierzu,
2. Hilfen zur schulischen Berufsausbildung,
3. Hilfen zur Hochschulbildung und
4. Hilfen zur schulischen und hochschulischen beruflichen Weiterbildung.

2Die Rehabilitationsträger nach § 6 Absatz 1 Nummer 3 erbringen ihre Leistungen unter den Voraussetzungen und im Umfang der Bestimmungen des Siebten Buches als Leistungen zur Teilhabe am Arbeitsleben oder zur Teilhabe am Leben in der Gemeinschaft.

Kapitel 13
Soziale Teilhabe

§ 76 Leistungen zur Sozialen Teilhabe

(1) 1Leistungen zur Sozialen Teilhabe werden erbracht, um eine gleichberechtigte Teilhabe am Leben in der Gemeinschaft zu ermöglichen oder zu erleichtern, soweit sie nicht nach den Kapiteln 9 bis 12 erbracht werden. 2Hierzu gehört, Leistungsberechtigte zu einer möglichst selbstbestimmten und eigenverantwortlichen Lebensführung im eigenen Wohnraum sowie in ihrem Sozialraum zu befähigen oder sie hierbei zu unterstützen. 3Maßgeblich sind die Ermittlungen und Feststellungen nach den Kapiteln 3 und 4.

(2) Leistungen zur Sozialen Teilhabe sind insbesondere

1. Leistungen für Wohnraum,
2. Assistenzleistungen,

3. heilpädagogische Leistungen,
4. Leistungen zur Betreuung in einer Pflegefamilie,
5. Leistungen zum Erwerb und Erhalt praktischer Kenntnisse und Fähigkeiten,
6. Leistungen zur Förderung der Verständigung,
7. Leistungen zur Mobilität und
8. Hilfsmittel.

§ 77 Leistungen für Wohnraum

(1) 1Leistungen für Wohnraum werden erbracht, um Leistungsberechtigten zu Wohnraum zu verhelfen, der zur Führung eines möglichst selbstbestimmten, eigenverantwortlichen Lebens geeignet ist. 2Die Leistungen umfassen Leistungen für die Beschaffung, den Umbau, die Ausstattung und die Erhaltung von Wohnraum, der den besonderen Bedürfnissen von Menschen mit Behinderungen entspricht.

(2) Aufwendungen für Wohnraum oberhalb der Angemessenheitsgrenze nach § 42a des Zwölften Buches sind zu erstatten, soweit wegen des Umfangs von Assistenzleistungen ein gesteigerter Wohnraumbedarf besteht.

§ 78 Assistenzleistungen

(1) 1Zur selbstbestimmten und eigenständigen Bewältigung des Alltages einschließlich der Tagesstrukturierung werden Leistungen für Assistenz erbracht. 2Sie umfassen insbesondere Leistungen für die allgemeinen Erledigungen des Alltags wie die Haushaltsführung, die Gestaltung sozialer Beziehungen, die persönliche Lebensplanung, die Teilhabe am gemeinschaftlichen und kulturellen Leben, die Freizeitgestaltung einschließlich sportlicher Aktivitäten sowie die Sicherstellung der Wirksamkeit der ärztlichen und ärztlich verordneten Leistungen. 3Sie beinhalten die Verständigung mit der Umwelt in diesen Bereichen.

(2) 1Die Leistungsberechtigten entscheiden auf der Grundlage des Teilhabeplans nach § 19 über die konkrete Gestaltung der Leistungen hinsichtlich Ablauf, Ort und Zeitpunkt der Inanspruchnahme. 2Die Leistungen umfassen

1. die vollständige und teilweise Übernahme von Handlungen zur Alltagsbewältigung sowie die Begleitung der Leistungsberechtigten und
2. die Befähigung der Leistungsberechtigten zu einer eigenständigen Alltagsbewältigung.

3Die Leistungen nach Nummer 2 werden von Fachkräften als qualifizierte Assistenz erbracht. 4Sie umfassen insbesondere die Anleitungen und Übungen in den Bereichen nach Absatz 1 Satz 2.

(3) Die Leistungen für Assistenz nach Absatz 1 umfassen auch Leistungen an Mütter und Väter mit Behinderungen bei der Versorgung und Betreuung ihrer Kinder.

(4) Sind mit der Assistenz nach Absatz 1 notwendige Fahrkosten oder weitere Aufwendungen des Assistenzgebers, die nach den Besonderheiten des Einzelfalles notwendig sind, verbunden, werden diese als ergänzende Leistungen erbracht.

(5) 1Leistungsberechtigten Personen, die ein Ehrenamt ausüben, sind angemessene Aufwendungen für eine notwendige Unterstützung zu erstatten, soweit die Unterstützung nicht zumutbar unentgeltlich erbracht werden kann. 2Die notwendige Unterstützung soll hierbei vorrangig im Rahmen familiärer, freundschaftlicher, nachbarschaftlicher oder ähnlich persönlicher Beziehungen erbracht werden.

(6) Leistungen zur Erreichbarkeit einer Ansprechperson unabhängig von einer konkreten Inanspruchnahme werden erbracht, soweit dies nach den Besonderheiten des Einzelfalles erforderlich ist.

§ 79 Heilpädagogische Leistungen

(1) 1Heilpädagogische Leistungen werden an noch nicht eingeschulte Kinder erbracht, wenn nach fachlicher Erkenntnis zu erwarten ist, dass hierdurch

1. eine drohende Behinderung abgewendet oder der fortschreitende Verlauf einer Behinderung verlangsamt wird oder
2. die Folgen einer Behinderung beseitigt oder gemildert werden können.

II

2Heilpädagogische Leistungen werden immer an schwerstbehinderte und schwerstmehrfachbehinderte Kinder, die noch nicht eingeschult sind, erbracht.

(2) Heilpädagogische Leistungen umfassen alle Maßnahmen, die zur Entwicklung des Kindes und zur Entfaltung seiner Persönlichkeit beitragen, einschließlich der jeweils erforderlichen nichtärztlichen therapeutischen, psychologischen, sonderpädagogischen, psychosozialen Leistungen und der Beratung der Erziehungsberechtigten, soweit die Leistungen nicht von § 46 Absatz 1 erfasst sind.

(3) 1In Verbindung mit Leistungen zur Früherkennung und Frühförderung nach § 46 Absatz 3 werden heilpädagogische Leistungen als Komplexleistung erbracht. 2Die Vorschriften der Verordnung zur Früherkennung und Frühförderung behinderter und von Behinderung bedrohter Kinder finden Anwendung. 3In Verbindung mit schulvorbereitenden Maßnahmen der Schulträger werden die Leistungen ebenfalls als Komplexleistung erbracht.

§ 80 Leistungen zur Betreuung in einer Pflegefamilie

1Leistungen zur Betreuung in einer Pflegefamilie werden erbracht, um Leistungsberechtigten die Betreuung in einer anderen Familie als der Herkunftsfamilie durch eine geeignete Pflegeperson zu ermöglichen. 2Bei minderjährigen Leistungsberechtigten bedarf die Pflegeperson der Erlaubnis nach § 44 des Achten Buches. 3Bei volljährigen Leistungsberechtigten gilt § 44 des Achten Buches entsprechend. 4Die Regelungen über Verträge mit Leistungserbringern bleiben unberührt.

§ 81 Leistungen zum Erwerb und Erhalt praktischer Kenntnisse und Fähigkeiten

1Leistungen zum Erwerb und Erhalt praktischer Kenntnisse und Fähigkeiten werden erbracht, um Leistungsberechtigten die für sie erreichbare Teilhabe am Leben in der Gemeinschaft zu ermöglichen. 2Die Leistungen sind insbesondere darauf gerichtet, die Leistungsberechtigten in Fördergruppen und Schulungen oder ähnlichen Maßnahmen zur Vornahme lebenspraktischer Handlungen einschließlich hauswirtschaftlicher Tätigkeiten zu befähigen, sie auf die Teilhabe am Arbeitsleben vorzubereiten, ihre Sprache und Kommunikation zu verbessern und sie zu befähigen, sich ohne fremde Hilfe sicher im Verkehr zu bewegen. 3Die Leistungen umfassen auch die blindentechnische Grundausbildung.

§ 82 Leistungen zur Förderung der Verständigung

1Leistungen zur Förderung der Verständigung werden erbracht, um Leistungsberechtigten mit Hör- und Sprachbehinderungen die Verständigung mit der Umwelt aus besonderem Anlass zu ermöglichen oder zu erleichtern. 2Die Leistungen umfassen insbesondere Hilfen durch Gebärdensprachdolmetscher und andere geeignete Kommunikationshilfen. 3§ 17 Absatz 2 des Ersten Buches bleibt unberührt.

§ 83 Leistungen zur Mobilität

(1) Leistungen zur Mobilität umfassen

1. Leistungen zur Beförderung, insbesondere durch einen Beförderungsdienst, und
2. Leistungen für ein Kraftfahrzeug.

(2) 1Leistungen nach Absatz 1 erhalten Leistungsberechtigte nach § 2, denen die Nutzung öffentlicher Verkehrsmittel auf Grund der Art und Schwere ihrer Behinderung nicht zumutbar ist. 2Leistungen nach Absatz 1 Nummer 2 werden nur erbracht, wenn die Leistungsberechtigten das Kraftfahrzeug führen können oder gewährleistet ist, dass ein Dritter das Kraftfahrzeug für sie führt und Leistungen nach Absatz 1 Nummer 1 nicht zumutbar oder wirtschaftlich sind.

(3) 1Die Leistungen nach Absatz 1 Nummer 2 umfassen Leistungen

1. zur Beschaffung eines Kraftfahrzeugs,
2. für die erforderliche Zusatzausstattung,
3. zur Erlangung der Fahrerlaubnis,
4. zur Instandhaltung und
5. für die mit dem Betrieb des Kraftfahrzeugs verbundenen Kosten.

2Die Bemessung der Leistungen orientiert sich an der Kraftfahrzeughilfe-Verordnung.

(4) Sind die Leistungsberechtigten minderjährig, umfassen die Leistungen nach Absatz 1 Nummer 2 den wegen der Behinderung erforderlichen Mehraufwand bei der Beschaffung des Kraftfahrzeugs sowie Leistungen nach Absatz 3 Nummer 2.

§ 84 Hilfsmittel

(1) 1Die Leistungen umfassen Hilfsmittel, die erforderlich sind, um eine durch die Behinderung bestehende Einschränkung einer gleichberechtigten Teilhabe am Leben in der Gemeinschaft auszugleichen. 2Hierzu gehören insbesondere barrierefreie Computer.

(2) Die Leistungen umfassen auch eine notwendige Unterweisung im Gebrauch der Hilfsmittel sowie deren notwendige Instandhaltung oder Änderung.

(3) Soweit es im Einzelfall erforderlich ist, werden Leistungen für eine Doppelausstattung erbracht.

Kapitel 14
Beteiligung der Verbände und Träger

§ 85 Klagerecht der Verbände

1Werden Menschen mit Behinderungen in ihren Rechten nach diesem Buch verletzt, können an ihrer Stelle und mit ihrem Einverständnis Verbände klagen, die nach ihrer Satzung Menschen mit Behinderungen auf Bundes- oder Landesebene vertreten und nicht selbst am Prozess beteiligt sind. 2In diesem Fall müssen alle Verfahrensvoraussetzungen wie bei einem Rechtsschutzersuchen durch den Menschen mit Behinderungen selbst vorliegen.

§ 86 Beirat für die Teilhabe von Menschen mit Behinderungen

(1) 1Beim Bundesministerium für Arbeit und Soziales wird ein Beirat für die Teilhabe von Menschen mit Behinderungen gebildet, der das Bundesministerium für Arbeit und Soziales in Fragen der Teilhabe von Menschen mit Behinderungen berät und bei Aufgaben der Koordinierung unterstützt. 2Zu den Aufgaben des Beirats gehören insbesondere auch

1. die Unterstützung bei der Förderung von Rehabilitationseinrichtungen und die Mitwirkung bei der Vergabe der Mittel des Ausgleichsfonds sowie
2. die Anregung und Koordinierung von Maßnahmen zur Evaluierung der in diesem Buch getroffenen Regelungen im Rahmen der Rehabilitationsforschung und als forschungsbegleitender Ausschuss die Unterstützung des Bundesministeriums bei der Festlegung von Fragestellungen und Kriterien.

3Das Bundesministerium für Arbeit und Soziales trifft Entscheidungen über die Vergabe der Mittel des Ausgleichsfonds nur auf Grund von Vorschlägen des Beirats.

(2) 1Der Beirat besteht aus 49 Mitgliedern. 2Von diesen beruft das Bundesministerium für Arbeit und Soziales

1. zwei Mitglieder auf Vorschlag der Gruppenvertreter der Arbeitnehmer im Verwaltungsrat der Bundesagentur für Arbeit,
2. zwei Mitglieder auf Vorschlag der Gruppenvertreter der Arbeitgeber im Verwaltungsrat der Bundesagentur für Arbeit,
3. sechs Mitglieder auf Vorschlag der Behindertenverbände, die nach der Zusammensetzung ihrer Mitglieder dazu berufen sind, Menschen mit Behinderungen auf Bundesebene zu vertreten,
4. 16 Mitglieder auf Vorschlag der Länder,
5. drei Mitglieder auf Vorschlag der Bundesvereinigung der kommunalen Spitzenverbände,
6. ein Mitglied auf Vorschlag der Bundesarbeitsgemeinschaft der Integrationsämter und Hauptfürsorgestellen,
7. ein Mitglied auf Vorschlag des Vorstands der Bundesagentur für Arbeit,
8. zwei Mitglieder auf Vorschlag des Spitzenverbandes Bund der Krankenkassen,
9. ein Mitglied auf Vorschlag der Spitzenvereinigungen der Träger der gesetzlichen Unfallversicherung,
10. drei Mitglieder auf Vorschlag der Deutschen Rentenversicherung Bund,

11. ein Mitglied auf Vorschlag der Bundesarbeitsgemeinschaft der überörtlichen Träger der Sozialhilfe,
12. ein Mitglied auf Vorschlag der Bundesarbeitsgemeinschaft der Freien Wohlfahrtspflege,
13. ein Mitglied auf Vorschlag der Bundesarbeitsgemeinschaft für Unterstützte Beschäftigung,
14. fünf Mitglieder auf Vorschlag der Arbeitsgemeinschaften der Einrichtungen der medizinischen Rehabilitation, der Berufsförderungswerke, der Berufsbildungswerke, der Werkstätten für behinderte Menschen und der Inklusionsbetriebe,
15. ein Mitglied auf Vorschlag der für die Wahrnehmung der Interessen der ambulanten und stationären Rehabilitationseinrichtungen auf Bundesebene maßgeblichen Spitzenverbände,
16. zwei Mitglieder auf Vorschlag der Kassenärztlichen Bundesvereinigung und der Bundesärztekammer und
17. ein Mitglied auf Vorschlag der Bundesarbeitsgemeinschaft für Rehabilitation.

$_3$Für jedes Mitglied ist ein stellvertretendes Mitglied zu berufen.

§ 87 Verfahren des Beirats

$_1$Der Beirat für die Teilhabe von Menschen mit Behinderungen wählt aus den ihm angehörenden Mitgliedern von Seiten der Arbeitnehmer, Arbeitgeber und Organisationen behinderter Menschen jeweils für die Dauer eines Jahres eine Vorsitzende oder einen Vorsitzenden und eine Stellvertreterin oder einen Stellvertreter. $_2$Im Übrigen gilt § 189 entsprechend.

§ 88 Berichte über die Lage von Menschen mit Behinderungen und die Entwicklung ihrer Teilhabe

(1) $_1$Die Bundesregierung berichtet den gesetzgebenden Körperschaften des Bundes einmal in der Legislaturperiode, mindestens jedoch alle vier Jahre, über die Lebenslagen der Menschen mit Behinderungen und der von Behinderung bedrohten Menschen sowie über die Entwicklung ihrer Teilhabe am Arbeitsleben und am Leben in der Gesellschaft. $_2$Die Berichterstattung zu den Lebenslagen umfasst Querschnittsthemen wie Gender Mainstreaming, Migration, Alter, Barrierefreiheit, Diskriminierung, Assistenzbedarf und Armut. $_3$Gegenstand des Berichts sind auch Forschungsergebnisse über Wirtschaftlichkeit und Wirksamkeit staatlicher Maßnahmen und der Leistungen der Rehabilitationsträger für die Zielgruppen des Berichts.

(2) Die Verbände der Menschen mit Behinderungen werden an der Weiterentwicklung des Berichtskonzeptes beteiligt.

§ 89 Verordnungsermächtigung

Das Bundesministerium für Arbeit und Soziales kann durch Rechtsverordnung mit Zustimmung des Bundesrates weitere Vorschriften über die Geschäftsführung und das Verfahren des Beirats nach § 87 erlassen.

Teil 2
Besondere Leistungen zur selbstbestimmten Lebensführung für Menschen mit Behinderungen (Eingliederungshilferecht)

Kapitel 1
Allgemeine Vorschriften

§ 90 Aufgabe der Eingliederungshilfe

(1) $_1$Aufgabe der Eingliederungshilfe ist es, Leistungsberechtigten eine individuelle Lebensführung zu ermöglichen, die der Würde des Menschen entspricht, und die volle, wirksame und gleichberechtigte Teilhabe am Leben in der Gesellschaft zu fördern. $_2$Die Leistung soll sie befähigen, ihre Lebensplanung und -führung möglichst selbstbestimmt und eigenverantwortlich wahrnehmen zu können.

(2) Besondere Aufgabe der medizinischen Rehabilitation ist es, eine Beeinträchtigung nach § 99 Absatz 1 abzuwenden, zu beseitigen, zu mindern, auszugleichen, eine Verschlimmerung zu verhüten oder die Leistungsberechtigten soweit wie möglich unabhängig von Pflege zu machen.

(3) Besondere Aufgabe der Teilhabe am Arbeitsleben ist es, die Aufnahme, Ausübung und Sicherung einer der Eignung und Neigung der Leistungsberechtigten entsprechenden Beschäftigung sowie die Weiterentwicklung ihrer Leistungsfähigkeit und Persönlichkeit zu fördern.

(4) Besondere Aufgabe der Teilhabe an Bildung ist es, Leistungsberechtigten eine ihren Fähigkeiten und Leistungen entsprechende Schulbildung und schulische und hochschulische Aus- und Weiterbildung für einen Beruf zur Förderung ihrer Teilhabe am Leben in der Gesellschaft zu ermöglichen.

(5) Besondere Aufgabe der Sozialen Teilhabe ist es, die gleichberechtigte Teilhabe am Leben in der Gemeinschaft zu ermöglichen oder zu erleichtern.

§ 91 Nachrang der Eingliederungshilfe

(1) Eingliederungshilfe erhält, wer die erforderliche Leistung nicht von anderen oder von Trägern anderer Sozialleistungen erhält.

(2) 1Verpflichtungen anderer, insbesondere der Träger anderer Sozialleistungen, bleiben unberührt. 2Leistungen anderer dürfen nicht deshalb versagt werden, weil dieser Teil entsprechende Leistungen vorsieht; dies gilt insbesondere bei einer gesetzlichen Verpflichtung der Träger anderer Sozialleistungen oder anderer Stellen, in ihrem Verantwortungsbereich die Verwirklichung der Rechte für Menschen mit Behinderungen zu gewährleisten oder zu fördern.

(3) Das Verhältnis der Leistungen der Pflegeversicherung und der Leistungen der Eingliederungshilfe bestimmt sich nach § 13 Absatz 3 des Elften Buches.

§ 92 Beitrag

Zu den Leistungen der Eingliederungshilfe ist nach Maßgabe des Kapitels 9 ein Beitrag aufzubringen.

§ 93 Verhältnis zu anderen Rechtsbereichen

(1) Die Vorschriften über die Leistungen zur Sicherung des Lebensunterhalts nach dem Zweiten Buch sowie über die Hilfe zum Lebensunterhalt und die Grundsicherung im Alter und bei Erwerbsminderung nach dem Zwölften Buch bleiben unberührt.

(2) Die Vorschriften über die Hilfe zur Überwindung besonderer sozialer Schwierigkeiten nach dem Achten Kapitel des Zwölften Buches, über die Altenhilfe nach § 71 des Zwölften Buches und über die Blindenhilfe nach § 72 des Zwölften Buches bleiben unberührt.

(3) Die Hilfen zur Gesundheit nach dem Zwölften Buch gehen den Leistungen der Eingliederungshilfe vor, wenn sie zur Beseitigung einer drohenden wesentlichen Behinderung nach § 99 Absatz 1 in Verbindung mit Absatz 2 geeignet sind.

§ 94 Aufgaben der Länder

(1) Die Länder bestimmen die für die Durchführung dieses Teils zuständigen Träger der Eingliederungshilfe.

(2) 1Bei der Bestimmung durch Landesrecht ist sicherzustellen, dass die Träger der Eingliederungshilfe nach ihrer Leistungsfähigkeit zur Erfüllung dieser Aufgaben geeignet sind. 2Sind in einem Land mehrere Träger der Eingliederungshilfe bestimmt worden, unterstützen die obersten Landessozialbehörden die Träger bei der Durchführung der Aufgaben nach diesem Teil. 3Dabei sollen sie insbesondere den Erfahrungsaustausch zwischen den Trägern sowie die Entwicklung und Durchführung von Instrumenten zur zielgerichteten Erbringung und Überprüfung von Leistungen und der Qualitätssicherung einschließlich der Wirksamkeit der Leistungen fördern.

(3) Die Länder haben auf flächendeckende, bedarfsdeckende, am Sozialraum orientierte und inklusiv ausgerichtete Angebote von Leistungsanbietern hinzuwirken und unterstützen die Träger der Eingliederungshilfe bei der Umsetzung ihres Sicherstellungsauftrages.

(4) 1Zur Förderung und Weiterentwicklung der Strukturen der Eingliederungshilfe bildet jedes Land eine Arbeitsgemeinschaft. 2Die Arbeitsgemeinschaften bestehen aus Vertretern des für die Eingliederungshilfe zuständigen Ministeriums, der Träger der Eingliederungshilfe, der Leistungserbringer sowie aus

Vertretern der Verbände für Menschen mit Behinderungen. 3Die Landesregierungen werden ermächtigt, durch Rechtsverordnung das Nähere über die Zusammensetzung und das Verfahren zu bestimmen.

II

(5) 1Die Länder treffen sich regelmäßig unter Beteiligung des Bundes sowie der Träger der Eingliederungshilfe zur Evidenzbeobachtung und zu einem Erfahrungsaustausch. 2Die Verbände der Leistungserbringer sowie die Verbände für Menschen mit Behinderungen können hinzugezogen werden. 3Gegenstand der Evidenzbeobachtung und des Erfahrungsaustausches sind insbesondere

1. die Wirkung und Qualifizierung der Steuerungsinstrumente,
2. die Wirkungen der Regelungen zur Leistungsberechtigung nach § 99 sowie der neuen Leistungen und Leistungsstrukturen,
3. die Umsetzung des Wunsch- und Wahlrechtes nach § 104 Absatz 1 und 2,
4. die Wirkung der Koordinierung der Leistungen und der trägerübergreifenden Verfahren der Bedarfsermittlung und -feststellung und
5. die Auswirkungen des Beitrags.

4Die Erkenntnisse sollen zur Weiterentwicklung der Eingliederungshilfe zusammengeführt werden.

§ 95 Sicherstellungsauftrag

1Die Träger der Eingliederungshilfe haben im Rahmen ihrer Leistungsverpflichtung eine personenzentrierte Leistung für Leistungsberechtigte unabhängig vom Ort der Leistungserbringung sicherzustellen (Sicherstellungsauftrag), soweit dieser Teil nichts Abweichendes bestimmt. 2Sie schließen hierzu Vereinbarungen mit den Leistungsanbietern nach den Vorschriften des Kapitels 8 ab. 3Im Rahmen der Strukturplanung sind die Erkenntnisse aus der Gesamtplanung nach Kapitel 7 zu berücksichtigen.

§ 96 Zusammenarbeit

(1) Die Träger der Eingliederungshilfe arbeiten mit Leistungsanbietern und anderen Stellen, deren Aufgabe die Lebenssituation von Menschen mit Behinderungen betrifft, zusammen.

(2) Die Stellung der Kirchen und Religionsgesellschaften des öffentlichen Rechts sowie der Verbände der Freien Wohlfahrtspflege als Träger eigener sozialer Aufgaben und ihre Tätigkeit zur Erfüllung dieser Aufgaben werden durch diesen Teil nicht berührt.

(3) Ist die Beratung und Sicherung der gleichmäßigen, gemeinsamen oder ergänzenden Erbringung von Leistungen geboten, sollen zu diesem Zweck Arbeitsgemeinschaften gebildet werden.

(4) Sozialdaten dürfen im Rahmen der Zusammenarbeit nur verarbeitet werden, soweit dies zur Erfüllung von Aufgaben nach diesem Teil erforderlich ist oder durch Rechtsvorschriften des Sozialgesetzbuches angeordnet oder erlaubt ist.

§ 97 Fachkräfte

1Bei der Durchführung der Aufgaben dieses Teils beschäftigen die Träger der Eingliederungshilfe eine dem Bedarf entsprechende Anzahl an Fachkräften aus unterschiedlichen Fachdisziplinen. 2Diese sollen

1. eine ihren Aufgaben entsprechende Ausbildung erhalten haben und insbesondere über umfassende Kenntnisse
   a) des Sozial- und Verwaltungsrechts,
   b) über Personen, die leistungsberechtigt im Sinne des § 99 Absatz 1 bis 3 sind, oder
   c) von Teilhabebedarfen und Teilhabebarrieren

   verfügen,
2. umfassende Kenntnisse über den regionalen Sozialraum und seine Möglichkeiten zur Durchführung von Leistungen der Eingliederungshilfe haben sowie
3. die Fähigkeit zur Kommunikation mit allen Beteiligten haben.

3Soweit Mitarbeiter der Leistungsträger nicht oder nur zum Teil die Voraussetzungen erfüllen, ist ihnen Gelegenheit zur Fortbildung und zum Austausch mit Menschen mit Behinderungen zu geben. 4Die fachliche Fortbildung der Fachkräfte, die insbesondere die Durchführung der Aufgaben nach den §§ 106 und 117 umfasst, ist zu gewährleisten.

§ 98 Örtliche Zuständigkeit

(1) 1Für die Eingliederungshilfe örtlich zuständig ist der Träger der Eingliederungshilfe, in dessen Bereich die leistungsberechtigte Person ihren gewöhnlichen Aufenthalt zum Zeitpunkt der ersten Antragstellung nach § 108 Absatz 1 hat oder in den zwei Monaten vor den Leistungen einer Betreuung über Tag und Nacht zuletzt gehabt hatte. 2Bedarf es nach § 108 Absatz 2 keines Antrags, ist der Beginn des Verfahrens nach Kapitel 7 maßgeblich. 3Diese Zuständigkeit bleibt bis zur Beendigung des Leistungsbezuges bestehen. 4Sie ist neu festzustellen, wenn für einen zusammenhängenden Zeitraum von mindestens sechs Monaten keine Leistungen bezogen wurden. 5Eine Unterbrechung des Leistungsbezuges wegen stationärer Krankenhausbehandlung oder medizinischer Rehabilitation gilt nicht als Beendigung des Leistungsbezuges.

(2) 1Steht innerhalb von vier Wochen nicht fest, ob und wo der gewöhnliche Aufenthalt begründet worden ist, oder ist ein gewöhnlicher Aufenthalt nicht vorhanden oder nicht zu ermitteln, hat der für den tatsächlichen Aufenthalt zuständige Träger der Eingliederungshilfe über die Leistung unverzüglich zu entscheiden und sie vorläufig zu erbringen. 2Steht der gewöhnliche Aufenthalt in den Fällen des Satzes 1 fest, wird der Träger der Eingliederungshilfe nach Absatz 1 örtlich zuständig und hat dem nach Satz 1 leistenden Träger die Kosten zu erstatten. 3Ist ein gewöhnlicher Aufenthalt im Bundesgebiet nicht vorhanden oder nicht zu ermitteln, ist der Träger der Eingliederungshilfe örtlich zuständig, in dessen Bereich sich die leistungsberechtigte Person tatsächlich aufhält.

(3) Werden für ein Kind vom Zeitpunkt der Geburt an Leistungen nach diesem Teil des Buches über Tag und Nacht beantragt, tritt an die Stelle seines gewöhnlichen Aufenthalts der gewöhnliche Aufenthalt der Mutter.

(4) 1Als gewöhnlicher Aufenthalt im Sinne dieser Vorschrift gilt nicht der stationäre Aufenthalt oder der auf richterlich angeordneter Freiheitsentziehung beruhende Aufenthalt in einer Vollzugsanstalt. 2In diesen Fällen ist der Träger der Eingliederungshilfe örtlich zuständig, in dessen Bereich die leistungsberechtigte Person ihren gewöhnlichen Aufenthalt in den letzten zwei Monaten vor der Aufnahme zuletzt hatte.

(5) 1Bei Personen, die am 31. Dezember 2019 Leistungen nach dem Sechsten Kapitel des Zwölften Buches in der am 31. Dezember 2019 geltenden Fassung bezogen haben und auch ab dem 1. Januar 2020 Leistungen nach Teil 2 dieses Buches erhalten, ist der Träger der Eingliederungshilfe örtlich zuständig, dessen örtliche Zuständigkeit sich am 1. Januar 2020 im Einzelfall in entsprechender Anwendung von § 98 Absatz 1 Satz 1 oder Absatz 5 des Zwölften Buches oder in entsprechender Anwendung von § 98 Absatz 2 Satz 1 und 2 in Verbindung mit § 107 des Zwölften Buches ergeben würde. 2Absatz 1 Satz 3 bis 5 gilt entsprechend. 3Im Übrigen bleiben die Absätze 2 bis 4 unberührt.

Kapitel 2
Grundsätze der Leistungen

§ 99 Leistungsberechtigung, Verordnungsermächtigung

(1) Leistungen der Eingliederungshilfe erhalten Menschen mit Behinderungen im Sinne von § 2 Absatz 1 Satz 1 und 2, die wesentlich in der gleichberechtigten Teilhabe an der Gesellschaft eingeschränkt sind (wesentliche Behinderung) oder von einer solchen wesentlichen Behinderung bedroht sind, wenn und solange nach der Besonderheit des Einzelfalles Aussicht besteht, dass die Aufgabe der Eingliederungshilfe nach § 90 erfüllt werden kann.

(2) Von einer wesentlichen Behinderung bedroht sind Menschen, bei denen der Eintritt einer wesentlichen Behinderung nach fachlicher Erkenntnis mit hoher Wahrscheinlichkeit zu erwarten ist.

II

(3) Menschen mit anderen geistigen, seelischen, körperlichen oder Sinnesbeeinträchtigungen, durch die sie in Wechselwirkung mit einstellungs- und umweltbedingten Barrieren in der gleichberechtigten Teilhabe an der Gesellschaft eingeschränkt sind, können Leistungen der Eingliederungshilfe erhalten.

(4) 1Die Bundesregierung kann durch Rechtsverordnung mit Zustimmung des Bundesrates Bestimmungen über die Konkretisierung der Leistungsberechtigung in der Eingliederungshilfe erlassen. 2Bis zum Inkrafttreten einer nach Satz 1 erlassenen Rechtsverordnung gelten die §§ 1 bis 3 der Eingliederungshilfe-Verordnung in der am 31. Dezember 2019 geltenden Fassung entsprechend.

§ 100 Eingliederungshilfe für Ausländer

(1) 1Ausländer, die sich im Inland tatsächlich aufhalten, können Leistungen nach diesem Teil erhalten, soweit dies im Einzelfall gerechtfertigt ist. 2Die Einschränkung auf Ermessensleistungen nach Satz 1 gilt nicht für Ausländer, die im Besitz einer Niederlassungserlaubnis oder eines befristeten Aufenthaltstitels sind und sich voraussichtlich dauerhaft im Bundesgebiet aufhalten. 3Andere Rechtsvorschriften, nach denen Leistungen der Eingliederungshilfe zu erbringen sind, bleiben unberührt.

(2) Leistungsberechtigte nach § 1 des Asylbewerberleistungsgesetzes erhalten keine Leistungen der Eingliederungshilfe.

(3) Ausländer, die eingereist sind, um Leistungen nach diesem Teil zu erlangen, haben keinen Anspruch auf Leistungen der Eingliederungshilfe.

§ 101 Eingliederungshilfe für Deutsche im Ausland

(1) 1Deutsche, die ihren gewöhnlichen Aufenthalt im Ausland haben, erhalten keine Leistungen der Eingliederungshilfe. 2Hiervon kann im Einzelfall nur abgewichen werden, soweit dies wegen einer außergewöhnlichen Notlage unabweisbar ist und zugleich nachgewiesen wird, dass eine Rückkehr in das Inland aus folgenden Gründen nicht möglich ist:

1. Pflege und Erziehung eines Kindes, das aus rechtlichen Gründen im Ausland bleiben muss,
2. längerfristige stationäre Betreuung in einer Einrichtung oder Schwere der Pflegebedürftigkeit oder
3. hoheitliche Gewalt.

(2) Leistungen der Eingliederungshilfe werden nicht erbracht, soweit sie von dem hierzu verpflichteten Aufenthaltsland oder von anderen erbracht werden oder zu erwarten sind.

(3) Art und Maß der Leistungserbringung sowie der Einsatz des Einkommens und Vermögens richten sich nach den besonderen Verhältnissen im Aufenthaltsland.

(4) 1Für die Leistung zuständig ist der Träger der Eingliederungshilfe, in dessen Bereich die antragstellende Person geboren ist. 2Liegt der Geburtsort im Ausland oder ist er nicht zu ermitteln, richtet sich die örtliche Zuständigkeit des Trägers der Eingliederungshilfe nach dem Geburtsort der Mutter der antragstellenden Person. 3Liegt dieser ebenfalls im Ausland oder ist er nicht zu ermitteln, richtet sich die örtliche Zuständigkeit des Trägers der Eingliederungshilfe nach dem Geburtsort des Vaters der antragstellenden Person. 4Liegt auch dieser im Ausland oder ist er nicht zu ermitteln, ist der Träger der Eingliederungshilfe örtlich zuständig, bei dem der Antrag eingeht.

(5) Die Träger der Eingliederungshilfe arbeiten mit den deutschen Dienststellen im Ausland zusammen.

§ 102 Leistungen der Eingliederungshilfe

(1) Die Leistungen der Eingliederungshilfe umfassen

1. Leistungen zur medizinischen Rehabilitation,
2. Leistungen zur Teilhabe am Arbeitsleben,
3. Leistungen zur Teilhabe an Bildung und
4. Leistungen zur Sozialen Teilhabe.

(2) Leistungen nach Absatz 1 Nummer 1 bis 3 gehen den Leistungen nach Absatz 1 Nummer 4 vor.

§ 103 Regelung für Menschen mit Behinderungen und Pflegebedarf

(1) 1Werden Leistungen der Eingliederungshilfe in Einrichtungen oder Räumlichkeiten im Sinne des § 43a des Elften Buches in Verbindung mit § 71 Absatz 4 des Elften Buches erbracht, umfasst die Leistung auch die Pflegeleistungen in diesen Einrichtungen oder Räumlichkeiten. 2Stellt der Leistungserbringer fest, dass der Mensch mit Behinderungen so pflegebedürftig ist, dass die Pflege in diesen Einrichtungen oder Räumlichkeiten nicht sichergestellt werden kann, vereinbaren der Träger der Eingliederungshilfe und die zuständige Pflegekasse mit dem Leistungserbringer, dass die Leistung bei einem anderen Leistungserbringer erbracht wird; dabei ist angemessenen Wünschen des Menschen mit Behinderungen Rechnung zu tragen. 3Die Entscheidung zur Vorbereitung der Vereinbarung nach Satz 2 erfolgt nach den Regelungen zur Gesamtplanung nach Kapitel 7.

(2) 1Werden Leistungen der Eingliederungshilfe außerhalb von Einrichtungen oder Räumlichkeiten im Sinne des § 43a des Elften Buches in Verbindung mit § 71 Absatz 4 des Elften Buches erbracht, umfasst die Leistung auch die Leistungen der häuslichen Pflege nach den §§ 64a bis 64f, 64i und 66 des Zwölften Buches, solange die Teilhabeziele nach Maßgabe des Gesamtplanes (§ 121) erreicht werden können, es sei denn der Leistungsberechtigte hat vor Vollendung des für die Regelaltersrente im Sinne des Sechsten Buches erforderlichen Lebensjahres keine Leistungen der Eingliederungshilfe erhalten. 2Satz 1 gilt entsprechend in Fällen, in denen der Leistungsberechtigte vorübergehend Leistungen nach den §§ 64g und 64h des Zwölften Buches in Anspruch nimmt. 3Die Länder können durch Landesrecht bestimmen, dass der für die Leistungen der häuslichen Pflege zuständige Träger der Sozialhilfe die Kosten der vom Träger der Eingliederungshilfe erbrachten Leistungen der häuslichen Pflege zu erstatten hat.

§ 104 Leistungen nach der Besonderheit des Einzelfalles

(1) 1Die Leistungen der Eingliederungshilfe bestimmen sich nach der Besonderheit des Einzelfalles, insbesondere nach der Art des Bedarfes, den persönlichen Verhältnissen, dem Sozialraum und den eigenen Kräften und Mitteln; dabei ist auch die Wohnform zu würdigen. 2Sie werden so lange geleistet, wie die Teilhabeziele nach Maßgabe des Gesamtplanes (§ 121) erreichbar sind.

(2) 1Wünschen der Leistungsberechtigten, die sich auf die Gestaltung der Leistung richten, ist zu entsprechen, soweit sie angemessen sind. 2Die Wünsche der Leistungsberechtigten gelten nicht als angemessen,

1. wenn und soweit die Höhe der Kosten der gewünschten Leistung die Höhe der Kosten für eine vergleichbare Leistung von Leistungserbringern, mit denen eine Vereinbarung nach Kapitel 8 besteht, unverhältnismäßig übersteigt und
2. wenn der Bedarf nach der Besonderheit des Einzelfalles durch die vergleichbare Leistung gedeckt werden kann.

(3) 1Bei der Entscheidung nach Absatz 2 ist zunächst die Zumutbarkeit einer von den Wünschen des Leistungsberechtigten abweichenden Leistung zu prüfen. 2Dabei sind die persönlichen, familiären und örtlichen Umstände einschließlich der gewünschten Wohnform angemessen zu berücksichtigen. 3Kommt danach ein Wohnen außerhalb von besonderen Wohnformen in Betracht, ist dieser Wohnform der Vorzug zu geben, wenn dies von der leistungsberechtigten Person gewünscht wird. 4Soweit die leistungsberechtigte Person dies wünscht, sind in diesem Fall die im Zusammenhang mit dem Wohnen stehenden Assistenzleistungen nach § 113 Absatz 2 Nummer 2 im Bereich der Gestaltung sozialer Beziehungen und der persönlichen Lebensplanung nicht gemeinsam zu erbringen nach § 116 Absatz 2 Nummer 1. 5Bei Unzumutbarkeit einer abweichenden Leistungsgestaltung ist ein Kostenvergleich nicht vorzunehmen.

(4) Auf Wunsch der Leistungsberechtigten sollen die Leistungen der Eingliederungshilfe von einem Leistungsanbieter erbracht werden, der die Betreuung durch Geistliche ihres Bekenntnisses ermöglicht.

(5) Leistungen der Eingliederungshilfe für Leistungsberechtigte mit gewöhnlichem Aufenthalt in Deutschland können auch im Ausland erbracht werden, wenn dies im Interesse der Aufgabe der Eingliederungshilfe geboten ist, die Dauer der Leistungen durch den Auslandsaufenthalt nicht wesentlich verlängert wird und keine unvertretbaren Mehraufwendungen entstehen.

§ 105 Leistungsformen

(1) Die Leistungen der Eingliederungshilfe werden als Sach-, Geld- oder Dienstleistung erbracht.

(2) Zur Dienstleistung gehören insbesondere die Beratung und Unterstützung in Angelegenheiten der Leistungen der Eingliederungshilfe sowie in sonstigen sozialen Angelegenheiten.

(3) $_1$Leistungen zur Sozialen Teilhabe können mit Zustimmung der Leistungsberechtigten auch in Form einer pauschalen Geldleistung erbracht werden, soweit es dieser Teil vorsieht. $_2$Die Träger der Eingliederungshilfe regeln das Nähere zur Höhe und Ausgestaltung der Pauschalen.

(4) $_1$Die Leistungen der Eingliederungshilfe werden auf Antrag auch als Teil eines Persönlichen Budgets ausgeführt. $_2$Die Vorschrift zum Persönlichen Budget nach § 29 ist insoweit anzuwenden.

§ 106 Beratung und Unterstützung

(1) $_1$Zur Erfüllung der Aufgaben dieses Teils werden die Leistungsberechtigten, auf ihren Wunsch auch im Beisein einer Person ihres Vertrauens, vom Träger der Eingliederungshilfe beraten und, soweit erforderlich, unterstützt. $_2$Die Beratung erfolgt in einer für den Leistungsberechtigten wahrnehmbaren Form.

(2) Die Beratung umfasst insbesondere

1. die persönliche Situation des Leistungsberechtigten, den Bedarf, die eigenen Kräfte und Mittel sowie die mögliche Stärkung der Selbsthilfe zur Teilhabe am Leben in der Gemeinschaft einschließlich eines gesellschaftlichen Engagements,
2. die Leistungen der Eingliederungshilfe einschließlich des Zugangs zum Leistungssystem,
3. die Leistungen anderer Leistungsträger,
4. die Verwaltungsabläufe,
5. Hinweise auf Leistungsanbieter und andere Hilfemöglichkeiten im Sozialraum und auf Möglichkeiten zur Leistungserbringung,
6. Hinweise auf andere Beratungsangebote im Sozialraum,
7. eine gebotene Budgetberatung.

(3) Die Unterstützung umfasst insbesondere

1. Hilfe bei der Antragstellung,
2. Hilfe bei der Klärung weiterer zuständiger Leistungsträger,
3. das Hinwirken auf zeitnahe Entscheidungen und Leistungen der anderen Leistungsträger,
4. Hilfe bei der Erfüllung von Mitwirkungspflichten,
5. Hilfe bei der Inanspruchnahme von Leistungen,
6. die Vorbereitung von Möglichkeiten der Teilhabe am Leben in der Gemeinschaft einschließlich des gesellschaftlichen Engagements,
7. die Vorbereitung von Kontakten und Begleitung zu Leistungsanbietern und anderen Hilfemöglichkeiten,
8. Hilfe bei der Entscheidung über Leistungserbringer sowie bei der Aushandlung und dem Abschluss von Verträgen mit Leistungserbringern sowie
9. Hilfe bei der Erfüllung von Verpflichtungen aus der Zielvereinbarung und dem Bewilligungsbescheid.

(4) Die Leistungsberechtigten sind hinzuweisen auf die ergänzende unabhängige Teilhabeberatung nach § 32, auf die Beratung und Unterstützung von Verbänden der Freien Wohlfahrtspflege sowie von Angehörigen der rechtsberatenden Berufe und von sonstigen Stellen.

§ 107 Übertragung, Verpfändung oder Pfändung, Auswahlermessen

(1) Der Anspruch auf Leistungen der Eingliederungshilfe kann nicht übertragen, verpfändet oder gepfändet werden.

(2) Über Art und Maß der Leistungserbringung ist nach pflichtgemäßem Ermessen zu entscheiden, soweit das Ermessen nicht ausgeschlossen ist.

§ 108 Antragserfordernis

(1) 1Die Leistungen der Eingliederungshilfe nach diesem Teil werden auf Antrag erbracht. 2Die Leistungen werden frühestens ab dem Ersten des Monats der Antragstellung erbracht, wenn zu diesem Zeitpunkt die Voraussetzungen bereits vorlagen.

(2) Eines Antrages bedarf es nicht für Leistungen, deren Bedarf in dem Verfahren nach Kapitel 7 ermittelt worden ist.

Kapitel 3
Medizinische Rehabilitation

§ 109 Leistungen zur medizinischen Rehabilitation

(1) Leistungen zur medizinischen Rehabilitation sind insbesondere die in § 42 Absatz 2 und 3 und § 64 Absatz 1 Nummer 3 bis 6 genannten Leistungen.

(2) Die Leistungen zur medizinischen Rehabilitation entsprechen den Rehabilitationsleistungen der gesetzlichen Krankenversicherung.

§ 110 Leistungserbringung

(1) Leistungsberechtigte haben entsprechend den Bestimmungen der gesetzlichen Krankenversicherung die freie Wahl unter den Ärzten und Zahnärzten sowie unter den Krankenhäusern und Vorsorge- und Rehabilitationseinrichtungen.

(2) 1Bei der Erbringung von Leistungen zur medizinischen Rehabilitation sind die Regelungen, die für die gesetzlichen Krankenkassen nach dem Vierten Kapitel des Fünften Buches gelten, mit Ausnahme des Dritten Titels des Zweiten Abschnitts anzuwenden. 2Ärzte, Psychotherapeuten im Sinne des § 28 Absatz 3 Satz 1 des Fünften Buches und Zahnärzte haben für ihre Leistungen Anspruch auf die Vergütung, welche die Ortskrankenkasse, in deren Bereich der Arzt, Psychotherapeut oder der Zahnarzt niedergelassen ist, für ihre Mitglieder zahlt.

(3) 1Die Verpflichtungen, die sich für die Leistungserbringer aus den §§ 294, 294a, 295, 300 bis 302 des Fünften Buches ergeben, gelten auch für die Abrechnung von Leistungen zur medizinischen Rehabilitation mit dem Träger der Eingliederungshilfe. 2Die Vereinbarungen nach § 303 Absatz 1 sowie § 304 des Fünften Buches gelten für den Träger der Eingliederungshilfe entsprechend.

Kapitel 4
Teilhabe am Arbeitsleben

§ 111 Leistungen zur Beschäftigung

(1) Leistungen zur Beschäftigung umfassen

1. Leistungen im Arbeitsbereich anerkannter Werkstätten für behinderte Menschen nach den §§ 58 und 62,
2. Leistungen bei anderen Leistungsanbietern nach den §§ 60 und 62 sowie
3. Leistungen bei privaten und öffentlichen Arbeitgebern nach § 61.

(2) 1Leistungen nach Absatz 1 umfassen auch Gegenstände und Hilfsmittel, die wegen der gesundheitlichen Beeinträchtigung zur Aufnahme oder Fortsetzung der Beschäftigung erforderlich sind. 2Voraussetzung für eine Hilfsmittelversorgung ist, dass der Leistungsberechtigte das Hilfsmittel bedienen kann. 3Die Versorgung mit Hilfsmitteln schließt eine notwendige Unterweisung im Gebrauch und eine notwendige Instandhaltung oder Änderung ein. 4Die Ersatzbeschaffung des Hilfsmittels erfolgt, wenn sie infolge der körperlichen Entwicklung der Leistungsberechtigten notwendig ist oder wenn das Hilfsmittel aus anderen Gründen ungeeignet oder unbrauchbar geworden ist.

(3) Zu den Leistungen nach Absatz 1 Nummer 1 und 2 gehört auch das Arbeitsförderungsgeld nach § 59.

Durch das Teilhabestärkungsgesetz wird an § 111 Absatz 1 mit Geltung ab 1. Januar 2022 eine Ziffer 4 angefügt; diese lautet dann:

4. Leistungen für ein Budget für Ausbildung nach § 61a.

Kapitel 5 Teilhabe an Bildung

§ 112 Leistungen zur Teilhabe an Bildung

(1) 1Leistungen zur Teilhabe an Bildung umfassen

1. Hilfen zu einer Schulbildung, insbesondere im Rahmen der allgemeinen Schulpflicht und zum Besuch weiterführender Schulen einschließlich der Vorbereitung hierzu; die Bestimmungen über die Ermöglichung der Schulbildung im Rahmen der allgemeinen Schulpflicht bleiben unberührt, und
2. Hilfen zur schulischen oder hochschulischen Ausbildung oder Weiterbildung für einen Beruf.

2Die Hilfen nach Satz 1 Nummer 1 schließen Leistungen zur Unterstützung schulischer Ganztagsangebote in der offenen Form ein, die im Einklang mit dem Bildungs- und Erziehungsauftrag der Schule stehen und unter deren Aufsicht und Verantwortung ausgeführt werden, an den stundenplanmäßigen Unterricht anknüpfen und in der Regel in den Räumlichkeiten der Schule oder in deren Umfeld durchgeführt werden. 3Hilfen nach Satz 1 Nummer 1 umfassen auch heilpädagogische und sonstige Maßnahmen, wenn die Maßnahmen erforderlich und geeignet sind, der leistungsberechtigten Person den Schulbesuch zu ermöglichen oder zu erleichtern. 4Hilfen zu einer schulischen oder hochschulischen Ausbildung nach Satz 1 Nummer 2 können erneut erbracht werden, wenn dies aus behinderungsbedingten Gründen erforderlich ist. 5Hilfen nach Satz 1 umfassen auch Gegenstände und Hilfsmittel, die wegen der gesundheitlichen Beeinträchtigung zur Teilhabe an Bildung erforderlich sind. 6Voraussetzung für eine Hilfsmittelversorgung ist, dass die leistungsberechtigte Person das Hilfsmittel bedienen kann. 7Die Versorgung mit Hilfsmitteln schließt eine notwendige Unterweisung im Gebrauch und eine notwendige Instandhaltung oder Änderung ein. 8Die Ersatzbeschaffung des Hilfsmittels erfolgt, wenn sie infolge der körperlichen Entwicklung der leistungsberechtigten Person notwendig ist oder wenn das Hilfsmittel aus anderen Gründen ungeeignet oder unbrauchbar geworden ist.

(2) 1Hilfen nach Absatz 1 Satz 1 Nummer 2 werden erbracht für eine schulische oder hochschulische berufliche Weiterbildung, die

1. in einem zeitlichen Zusammenhang an eine duale, schulische oder hochschulische Berufsausbildung anschließt,
2. in dieselbe fachliche Richtung weiterführt und
3. es dem Leistungsberechtigten ermöglicht, das von ihm angestrebte Berufsziel zu erreichen.

2Hilfen für ein Masterstudium werden abweichend von Satz 1 Nummer 2 auch erbracht, wenn das Masterstudium auf ein zuvor abgeschlossenes Bachelorstudium aufbaut und dieses interdisziplinär ergänzt, ohne in dieselbe Fachrichtung weiterzuführen. 3Aus behinderungsbedingten oder aus anderen, nicht von der leistungsberechtigten Person beeinflussbaren gewichtigen Gründen kann von Satz 1 Nummer 1 abgewichen werden.

(3) Hilfen nach Absatz 1 Satz 1 Nummer 2 schließen folgende Hilfen ein:

1. Hilfen zur Teilnahme an Fernunterricht,
2. Hilfen zur Ableistung eines Praktikums, das für den Schul- oder Hochschulbesuch oder für die Berufszulassung erforderlich ist, und
3. Hilfen zur Teilnahme an Maßnahmen zur Vorbereitung auf die schulische oder hochschulische Ausbildung oder Weiterbildung für einen Beruf.

(4) 1Die in der Schule oder Hochschule wegen der Behinderung erforderliche Anleitung und Begleitung können an mehrere Leistungsberechtigte gemeinsam erbracht werden, soweit dies nach § 104 für die Leistungsbe-

rechtigten zumutbar ist und mit Leistungserbringern entsprechende Vereinbarungen bestehen. 2Die Leistungen nach Satz 1 sind auf Wunsch der Leistungsberechtigten gemeinsam zu erbringen.

Kapitel 6 Soziale Teilhabe

§ 113 Leistungen zur Sozialen Teilhabe

(1) 1Leistungen zur Sozialen Teilhabe werden erbracht, um eine gleichberechtigte Teilhabe am Leben in der Gemeinschaft zu ermöglichen oder zu erleichtern, soweit sie nicht nach den Kapiteln 3 bis 5 erbracht werden. 2Hierzu gehört, Leistungsberechtigte zu einer möglichst selbstbestimmten und eigenverantwortlichen Lebensführung im eigenen Wohnraum sowie in ihrem Sozialraum zu befähigen oder sie hierbei zu unterstützen. 3Maßgeblich sind die Ermittlungen und Feststellungen nach Kapitel 7.

(2) Leistungen zur Sozialen Teilhabe sind insbesondere

1. Leistungen für Wohnraum,
2. Assistenzleistungen,
3. heilpädagogische Leistungen,
4. Leistungen zur Betreuung in einer Pflegefamilie,
5. Leistungen zum Erwerb und Erhalt praktischer Kenntnisse und Fähigkeiten,
6. Leistungen zur Förderung der Verständigung,
7. Leistungen zur Mobilität,
8. Hilfsmittel,
9. Besuchsbeihilfen.

(3) Die Leistungen nach Absatz 2 Nummer 1 bis 8 bestimmen sich nach den §§ 77 bis 84, soweit sich aus diesem Teil nichts Abweichendes ergibt.

(4) Zur Ermöglichung der gemeinschaftlichen Mittagsverpflegung in der Verantwortung einer Werkstatt für behinderte Menschen, einem anderen Leistungsanbieter oder dem Leistungserbringer vergleichbarer anderer tagesstrukturierender Maßnahmen werden die erforderliche sächliche Ausstattung, die personelle Ausstattung und die erforderlichen betriebsnotwendigen Anlagen des Leistungserbringers übernommen.

(5) In besonderen Wohnformen des § 42a Absatz 2 Satz 1 Nummer 2 und Satz 3 des Zwölften Buches werden Aufwendungen für Wohnraum oberhalb der Angemessenheitsgrenze nach § 42a Absatz 6 des Zwölften Buches übernommen, sofern dies wegen der besonderen Bedürfnisse des Menschen mit Behinderungen erforderlich ist. Kapitel 8 ist anzuwenden.

§ 114 Leistungen zur Mobilität

Bei den Leistungen zur Mobilität nach § 113 Absatz 2 Nummer 7 gilt § 83 mit der Maßgabe, dass

1. die Leistungsberechtigten zusätzlich zu den in § 83 Absatz 2 genannten Voraussetzungen zur Teilhabe am Leben in der Gemeinschaft ständig auf die Nutzung eines Kraftfahrzeugs angewiesen sind und
2. abweichend von § 83 Absatz 3 Satz 2 die Vorschriften der §§ 6 und 8 der Kraftfahrzeughilfe-Verordnung nicht maßgeblich sind.

§ 115 Besuchsbeihilfen

Werden Leistungen bei einem oder mehreren Anbietern über Tag und Nacht erbracht, können den Leistungsberechtigten oder ihren Angehörigen zum gegenseitigen Besuch Beihilfen geleistet werden, soweit es im Einzelfall erforderlich ist.

§ 116 Pauschale Geldleistung, gemeinsame Inanspruchnahme

(1) 1Die Leistungen

1. zur Assistenz zur Übernahme von Handlungen zur Alltagsbewältigung sowie Begleitung der Leistungsberechtigten (§ 113 Absatz 2 Nummer 2 in Verbindung mit § 78 Absatz 2 Nummer 1 und Absatz 5),
2. zur Förderung der Verständigung (§ 113 Absatz 2 Nummer 6) und
3. zur Beförderung im Rahmen der Leistungen zur Mobilität (§ 113 Absatz 2 Nummer 7 in Verbindung mit § 83 Absatz 1 Nummer 1)

können mit Zustimmung der Leistungsberechtigten als pauschale Geldleistungen nach § 105 Absatz 3 erbracht werden. 2Die zuständigen Träger der Eingliederungshilfe regeln das Nähere zur Höhe und Ausgestaltung der pauschalen Geldleistungen sowie zur Leistungserbringung.

(2) 1Die Leistungen

1. zur Assistenz (§ 113 Absatz 2 Nummer 2),
2. zur Heilpädagogik (§ 113 Absatz 2 Nummer 3),
3. zum Erwerb und Erhalt praktischer Fähigkeiten und Kenntnisse (§ 113 Absatz 2 Nummer 5),
4. zur Förderung der Verständigung (§ 113 Absatz 2 Nummer 6),
5. zur Beförderung im Rahmen der Leistungen zur Mobilität (§ 113 Absatz 2 Nummer 7 in Verbindung mit § 83 Absatz 1 Nummer 1) und
5. zur Erreichbarkeit einer Ansprechperson unabhängig von einer konkreten Inanspruchnahme (§ 113 Absatz 2 Nummer 2 in Verbindung mit § 78 Absatz 6)

können an mehrere Leistungsberechtigte gemeinsam erbracht werden, soweit dies nach § 104 für die Leistungsberechtigten zumutbar ist und mit Leistungserbringern entsprechende Vereinbarungen bestehen. 2Maßgeblich sind die Ermittlungen und Feststellungen im Rahmen der Gesamtplanung nach Kapitel 7.

(3) Die Leistungen nach Absatz 2 sind auf Wunsch der Leistungsberechtigten gemeinsam zu erbringen, soweit die Teilhabeziele erreicht werden können.

Kapitel 7
Gesamtplanung

§ 117 Gesamtplanverfahren

(1) Das Gesamtplanverfahren ist nach folgenden Maßstäben durchzuführen:

1. Beteiligung des Leistungsberechtigten in allen Verfahrensschritten, beginnend mit der Beratung,
2. Dokumentation der Wünsche des Leistungsberechtigten zu Ziel und Art der Leistungen,
3. Beachtung der Kriterien
   a) transparent,
   b) trägerübergreifend,
   c) interdisziplinär,
   d) konsensorientiert,
   e) individuell,
   f) lebensweltbezogen,
   g) sozialraumorientiert und
   h) zielorientiert,
4. Ermittlung des individuellen Bedarfes,
5. Durchführung einer Gesamtplankonferenz,
6. Abstimmung der Leistungen nach Inhalt, Umfang und Dauer in einer Gesamtplankonferenz unter Beteiligung betroffener Leistungsträger.

(2) Am Gesamtplanverfahren wird auf Verlangen des Leistungsberechtigten eine Person seines Vertrauens beteiligt.

(3) 1Bestehen im Einzelfall Anhaltspunkte für eine Pflegebedürftigkeit nach dem Elften Buch, wird die zuständige Pflegekasse mit Zustimmung des Leistungsberechtigten vom Träger der Eingliederungshilfe informiert und muss am Gesamtplanverfahren beratend teilnehmen, soweit dies für den Träger der Eingliederungshilfe zur Feststellung der Leistungen nach den Kapiteln 3 bis 6 erforderlich ist. 2Bestehen im Einzelfall Anhaltspunkte, dass Leistungen der Hilfe zur Pflege nach dem Siebten Kapitel des Zwölften Buches erforderlich sind, so soll der Träger dieser Leistungen mit Zustimmung der Leistungsberechtigten informiert und am Gesamtplanverfahren beteiligt werden, soweit dies zur Feststellung der Leistungen nach den Kapiteln 3 bis 6 erforderlich ist.

(4) Bestehen im Einzelfall Anhaltspunkte für einen Bedarf an notwendigem Lebensunterhalt, ist der Träger dieser Leistungen mit Zustimmung des Leistungsberechtigten zu informieren und am Gesamtplanverfahren zu beteiligen, soweit dies zur Feststellung der

Leistungen nach den Kapiteln 3 bis 6 erforderlich ist.

(5) § 22 Absatz 5 ist entsprechend anzuwenden, auch wenn ein Teilhabeplan nicht zu erstellen ist.

(6) 1Bei minderjährigen Leistungsberechtigten wird der nach § 86 des Achten Buches zuständige örtliche Träger der öffentlichen Jugendhilfe vom Träger der Eingliederungshilfe mit Zustimmung des Personensorgeberechtigten informiert und nimmt am Gesamtplanverfahren beratend teil, soweit dies zur Feststellung der Leistungen der Eingliederungshilfe nach den Kapiteln 3 bis 6 erforderlich ist. 2Hiervon kann in begründeten Ausnahmefällen abgesehen werden, insbesondere, wenn durch die Teilnahme des zuständigen örtlichen Trägers der öffentlichen Jugendhilfe das Gesamtplanverfahren verzögert würde.

Durch das Teilhabestärkungsgesetz wird der Verweis in Absatz 5 geändert; der Wortlaut ist dann wie folgt:

(5) § 22 Absatz 4 ist entsprechend anzuwenden, auch wenn ein Teilhabeplan nicht zu erstellen ist.

§ 118 Instrumente der Bedarfsermittlung

(1) 1Der Träger der Eingliederungshilfe hat die Leistungen nach den Kapiteln 3 bis 6 unter Berücksichtigung der Wünsche des Leistungsberechtigten festzustellen. 2Die Ermittlung des individuellen Bedarfes des Leistungsberechtigten muss durch ein Instrument erfolgen, das sich an der Internationalen Klassifikation der Funktionsfähigkeit, Behinderung und Gesundheit orientiert. 3Das Instrument hat die Beschreibung einer nicht nur vorübergehenden Beeinträchtigung der Aktivität und Teilhabe in den folgenden Lebensbereichen vorzusehen:

1. Lernen und Wissensanwendung,
2. Allgemeine Aufgaben und Anforderungen,
3. Kommunikation,
4. Mobilität,
5. Selbstversorgung,
6. häusliches Leben,
7. interpersonelle Interaktionen und Beziehungen,
8. bedeutende Lebensbereiche und
9. Gemeinschafts-, soziales und staatsbürgerliches Leben.

(2) Die Landesregierungen werden ermächtigt, durch Rechtsverordnung das Nähere über das Instrument zur Bedarfsermittlung zu bestimmen.

§ 119 Gesamtplankonferenz

(1) 1Mit Zustimmung des Leistungsberechtigten kann der Träger der Eingliederungshilfe eine Gesamtplankonferenz durchführen, um die Leistungen für den Leistungsberechtigten nach den Kapiteln 3 bis 6 sicherzustellen. 2Die Leistungsberechtigten, die beteiligten Rehabilitationsträger und bei minderjährigen Leistungsberechtigten der nach § 86 des Achten Buches zuständige örtliche Träger der öffentlichen Jugendhilfe können dem nach § 15 verantwortlichen Träger der Eingliederungshilfe die Durchführung einer Gesamtplankonferenz vorschlagen. 3Den Vorschlag auf Durchführung einer Gesamtplankonferenz kann der Träger der Eingliederungshilfe ablehnen, wenn der maßgebliche Sachverhalt schriftlich ermittelt werden kann oder der Aufwand zur Durchführung nicht in einem angemessenen Verhältnis zum Umfang der beantragten Leistung steht.

(2) 1In einer Gesamtplankonferenz beraten der Träger der Eingliederungshilfe, der Leistungsberechtigte und beteiligte Leistungsträger gemeinsam auf der Grundlage des Ergebnisses der Bedarfsermittlung nach § 118 insbesondere über

1. die Stellungnahmen der beteiligten Leistungsträger und die gutachterliche Stellungnahme des Leistungserbringers bei Beendigung der Leistungen zur beruflichen Bildung nach § 57,
2. die Wünsche der Leistungsberechtigten nach § 104 Absatz 2 bis 4,
3. den Beratungs- und Unterstützungsbedarf nach § 106,
4. die Erbringung der Leistungen.

₂Soweit die Beratung über die Erbringung der Leistungen nach Nummer 4 den Lebensunterhalt betrifft, umfasst sie den Anteil des Regelsatzes nach § 27a Absatz 3 des Zwölften Buches, der den Leistungsberechtigten als Barmittel verbleibt.

(3) ₁Ist der Träger der Eingliederungshilfe Leistungsverantwortlicher nach § 15, soll er die Gesamtplankonferenz mit einer Teilhabeplankonferenz nach § 20 verbinden. ₂Ist der Träger der Eingliederungshilfe nicht Leistungsverantwortlicher nach § 15, soll er nach § 19 Absatz 5 den Leistungsberechtigten und den Rehabilitationsträgern anbieten, mit deren Einvernehmen das Verfahren anstelle des leistenden Rehabilitationsträgers durchzuführen.

(4) ₁Beantragt eine leistungsberechtigte Mutter oder ein leistungsberechtigter Vater Leistungen zur Deckung von Bedarfen bei der Versorgung und Betreuung eines eigenen Kindes oder mehrerer eigener Kinder, so ist eine Gesamtplankonferenz mit Zustimmung des Leistungsberechtigten durchzuführen. ₂Bestehen Anhaltspunkte dafür, dass diese Bedarfe durch Leistungen anderer Leistungsträger, durch das familiäre, freundschaftliche und nachbarschaftliche Umfeld oder ehrenamtlich gedeckt werden können, so informiert der Träger der Eingliederungshilfe mit Zustimmung der Leistungsberechtigten die als zuständig angesehenen Leistungsträger, die ehrenamtlich tätigen Stellen und Personen oder die jeweiligen Personen aus dem persönlichen Umfeld und beteiligt sie an der Gesamtplankonferenz.

§ 120 Feststellung der Leistungen

(1) Nach Abschluss der Gesamtplankonferenz stellen der Träger der Eingliederungshilfe und die beteiligten Leistungsträger ihre Leistungen nach den für sie geltenden Leistungsgesetzen innerhalb der Fristen nach den §§ 14 und 15 fest.

(2) ₁Der Träger der Eingliederungshilfe erlässt auf Grundlage des Gesamtplanes nach § 121 den Verwaltungsakt über die festgestellte Leistung nach den Kapiteln 3 bis 6. ₂Der Verwaltungsakt enthält mindestens die bewilligten Leistungen und die jeweiligen Leistungsvoraussetzungen. ₃Die Feststellungen über die Leistungen sind für den Erlass des Verwaltungsaktes bindend. ₄Ist eine Gesamtplankonferenz durchgeführt worden, sind deren Ergebnisse der Erstellung des Gesamtplanes zugrunde zu legen. ₅Ist der Träger der Eingliederungshilfe Leistungsverantwortlicher nach § 15, sind die Feststellungen über die Leistungen für die Entscheidung nach § 15 Absatz 3 bindend.

(3) Wenn nach den Vorschriften zur Koordinierung der Leistungen nach Teil 1 Kapitel 4 ein anderer Rehabilitationsträger die Leistungsverantwortung trägt, bilden die im Rahmen der Gesamtplanung festgestellten Leistungen nach den Kapiteln 3 bis 6 die für den Teilhabeplan erforderlichen Feststellungen nach § 15 Absatz 2.

(4) In einem Eilfall erbringt der Träger der Eingliederungshilfe Leistungen der Eingliederungshilfe nach den Kapiteln 3 bis 6 vor Beginn der Gesamtplankonferenz vorläufig; der Umfang der vorläufigen Gesamtleistung bestimmt sich nach pflichtgemäßem Ermessen.

§ 121 Gesamtplan

(1) Der Träger der Eingliederungshilfe stellt unverzüglich nach der Feststellung der Leistungen einen Gesamtplan insbesondere zur Durchführung der einzelnen Leistungen oder einer Einzelleistung auf.

(2) ₁Der Gesamtplan dient der Steuerung, Wirkungskontrolle und Dokumentation des Teilhabeprozesses. ₂Er bedarf der Schriftform und soll regelmäßig, spätestens nach zwei Jahren, überprüft und fortgeschrieben werden.

(3) Bei der Aufstellung des Gesamtplanes wirkt der Träger der Eingliederungshilfe zusammen mit

1. dem Leistungsberechtigten,
2. einer Person seines Vertrauens und
3. dem im Einzelfall Beteiligten, insbesondere mit
   a) dem behandelnden Arzt,
   b) dem Gesundheitsamt,
   c) dem Landesarzt,

d) dem Jugendamt und

e) den Dienststellen der Bundesagentur für Arbeit.

(4) Der Gesamtplan enthält neben den Inhalten nach § 19 mindestens

1. die im Rahmen der Gesamtplanung eingesetzten Verfahren und Instrumente sowie die Maßstäbe und Kriterien der Wirkungskontrolle einschließlich des Überprüfungszeitpunkts,
2. die Aktivitäten der Leistungsberechtigten,
3. die Feststellungen über die verfügbaren und aktivierbaren Selbsthilferessourcen des Leistungsberechtigten sowie über Art, Inhalt, Umfang und Dauer der zu erbringenden Leistungen,
4. die Berücksichtigung des Wunsch- und Wahlrechts nach § 8 im Hinblick auf eine pauschale Geldleistung,
5. die Erkenntnisse aus vorliegenden sozialmedizinischen Gutachten und
6. das Ergebnis über die Beratung des Anteils des Regelsatzes nach § 27a Absatz 3 des Zwölften Buches, der den Leistungsberechtigten als Barmittel verbleibt.

(5) Der Träger der Eingliederungshilfe stellt der leistungsberechtigten Person den Gesamtplan zur Verfügung.

§ 122 Teilhabezielvereinbarung

$_{1}$Der Träger der Eingliederungshilfe kann mit dem Leistungsberechtigten eine Teilhabezielvereinbarung zur Umsetzung der Mindestinhalte des Gesamtplanes oder von Teilen der Mindestinhalte des Gesamtplanes abschließen. $_{2}$Die Vereinbarung wird für die Dauer des Bewilligungszeitraumes der Leistungen der Eingliederungshilfe abgeschlossen, soweit sich aus ihr nichts Abweichendes ergibt. $_{3}$Bestehen Anhaltspunkte dafür, dass die Vereinbarungsziele nicht oder nicht mehr erreicht werden, hat der Träger der Eingliederungshilfe die Teilhabezielvereinbarung anzupassen. $_{4}$Die Kriterien nach § 117 Absatz 1 Nummer 3 gelten entsprechend.

Kapitel 8
Vertragsrecht

§ 123 Allgemeine Grundsätze

(1) $_{1}$Der Träger der Eingliederungshilfe darf Leistungen der Eingliederungshilfe mit Ausnahme der Leistungen nach § 113 Absatz 2 Nummer 2 in Verbindung mit § 78 Absatz 5 und § 116 Absatz 1 durch Dritte (Leistungserbringer) nur bewilligen, soweit eine schriftliche Vereinbarung zwischen dem Träger des Leistungserbringers und dem für den Ort der Leistungserbringung zuständigen Träger der Eingliederungshilfe besteht. $_{2}$Die Vereinbarung kann auch zwischen dem Träger der Eingliederungshilfe und dem Verband, dem der Leistungserbringer angehört, geschlossen werden, soweit der Verband eine entsprechende Vollmacht nachweist.

(2) $_{1}$Die Vereinbarungen sind für alle übrigen Träger der Eingliederungshilfe bindend. $_{2}$Die Vereinbarungen müssen den Grundsätzen der Wirtschaftlichkeit, Sparsamkeit und Leistungsfähigkeit entsprechen und dürfen das Maß des Notwendigen nicht überschreiten. $_{3}$Sie sind vor Beginn der jeweiligen Wirtschaftsperiode für einen zukünftigen Zeitraum abzuschließen (Vereinbarungszeitraum); nachträgliche Ausgleiche sind nicht zulässig. $_{4}$Die Ergebnisse der Vereinbarungen sind den Leistungsberechtigten in einer wahrnehmbaren Form zugänglich zu machen.

(3) Private und öffentliche Arbeitgeber gemäß § 61 sind keine Leistungserbringer im Sinne dieses Kapitels.

(4) $_{1}$Besteht eine schriftliche Vereinbarung, so ist der Leistungserbringer, soweit er kein anderer Leistungsanbieter im Sinne des § 60 ist, im Rahmen des vereinbarten Leistungsangebotes verpflichtet, Leistungsberechtigte aufzunehmen und Leistungen der Eingliederungshilfe unter Beachtung der Inhalte des Gesamtplanes nach § 121 zu erbringen. $_{2}$Die Verpflichtung zur Leistungserbringung besteht auch in den Fällen des § 116 Absatz 2.

(5) $_{1}$Der Träger der Eingliederungshilfe darf die Leistungen durch Leistungserbringer, mit denen keine schriftliche Vereinbarung besteht, nur erbringen, soweit

1. dies nach der Besonderheit des Einzelfalles geboten ist,
2. der Leistungserbringer ein schriftliches Leistungsangebot vorlegt, das für den Inhalt einer Vereinbarung nach § 125 gilt,
3. der Leistungserbringer sich schriftlich verpflichtet, die Grundsätze der Wirtschaftlichkeit und Qualität der Leistungserbringung zu beachten,
4. der Leistungserbringer sich schriftlich verpflichtet, bei der Erbringung von Leistungen die Inhalte des Gesamtplanes nach § 121 zu beachten,
5. die Vergütung für die Erbringung der Leistungen nicht höher ist als die Vergütung, die der Träger der Eingliederungshilfe mit anderen Leistungserbringern für vergleichbare Leistungen vereinbart hat.

2Die allgemeinen Grundsätze der Absätze 1 bis 3 und 5 sowie die Vorschriften zur Geeignetheit der Leistungserbringer (§ 124), zum Inhalt der Vergütung (§ 125), zur Verbindlichkeit der vereinbarten Vergütung (§ 127), zur Wirtschaftlichkeits- und Qualitätsprüfung (§ 128), zur Kürzung der Vergütung (§ 129) und zur außerordentlichen Kündigung der Vereinbarung (§ 130) gelten entsprechend.

(6) Der Leistungserbringer hat gegen den Träger der Eingliederungshilfe einen Anspruch auf Vergütung der gegenüber dem Leistungsberechtigten erbrachten Leistungen der Eingliederungshilfe.

Durch das Teilhabestärkungsgesetz wird Absatz 3 mit Geltung ab 1. Januar 2022 neu gefasst; er lautet dann:

(3) Keine Leistungserbringer im Sinne dieses Kapitels sind

1. private und öffentliche Arbeitgeber gemäß § 61 oder § 61a sowie
2. Einrichtungen der beruflichen Rehabilitation, in denen der schulische Teil der Ausbildung nach § 61a Absatz 2 Satz 4 erfolgen kann.

§ 124 Geeignete Leistungserbringer

(1) 1Sind geeignete Leistungserbringer vorhanden, soll der Träger der Eingliederungshilfe zur Erfüllung seiner Aufgaben eigene Angebote nicht neu schaffen. 2Geeignet ist ein externer Leistungserbringer, der unter Sicherstellung der Grundsätze des § 104 die Leistungen wirtschaftlich und sparsam erbringen kann. 3Die durch den Leistungserbringer geforderte Vergütung ist wirtschaftlich angemessen, wenn sie im Vergleich mit der Vergütung vergleichbarer Leistungserbringer im unteren Drittel liegt (externer Vergleich). 4Liegt die geforderte Vergütung oberhalb des unteren Drittels, kann sie wirtschaftlich angemessen sein, sofern sie nachvollziehbar auf einem höheren Aufwand des Leistungserbringers beruht und wirtschaftlicher Betriebsführung entspricht. 5In den externen Vergleich sind die im Einzugsbereich tätigen Leistungserbringer einzubeziehen. 6Die Bezahlung tariflich vereinbarter Vergütungen sowie entsprechender Vergütungen nach kirchlichen Arbeitsrechtsregelungen kann dabei nicht als unwirtschaftlich abgelehnt werden, soweit die Vergütung aus diesem Grunde oberhalb des unteren Drittels liegt.

(2) 1Geeignete Leistungserbringer haben zur Erbringung der Leistungen der Eingliederungshilfe eine dem Leistungsangebot entsprechende Anzahl an Fach- und anderem Betreuungspersonal zu beschäftigen. 2Sie müssen über die Fähigkeit zur Kommunikation mit den Leistungsberechtigten in einer für die Leistungsberechtigten wahrnehmbaren Form verfügen und nach ihrer Persönlichkeit geeignet sein. 3Geeignete Leistungserbringer dürfen nur solche Personen beschäftigen oder ehrenamtliche Personen, die in Wahrnehmung ihrer Aufgaben Kontakt mit Leistungsberechtigten haben, mit Aufgaben betrauen, die nicht rechtskräftig wegen einer Straftat nach den §§ 171, 174 bis 174c, 176 bis 180a, 181a, 182 bis 184g, 184i bis 184l, 201a Absatz 3, §§ 225, 232 bis 233a, 234, 235 oder 236 des Strafgesetzbuchs verurteilt worden sind. 4Die Leistungserbringer sollen sich von Fach- und anderem Betreuungspersonal, die in Wahrnehmung ihrer Aufgaben Kontakt mit Leistungsberechtigten haben, vor deren Einstellung oder Aufnahme einer dauerhaften ehrenamtlichen Tätigkeit und in regelmäßigen Abständen ein Führungszeugnis nach § 30a Absatz 1 des Bundeszentral-

registergesetzes vorlegen lassen. 5Nimmt der Leistungserbringer Einsicht in ein Führungszeugnis nach § 30a Absatz 1 des Bundeszentralregistergesetzes, so speichert er nur den Umstand der Einsichtnahme, das Datum des Führungszeugnisses und die Information, ob die das Führungszeugnis betreffende Person wegen einer in Satz 3 genannten Straftat rechtskräftig verurteilt worden ist. 6Der Leistungserbringer darf diese Daten nur verändern und nutzen, soweit dies zur Prüfung der Eignung einer Person erforderlich ist. 7Die Daten sind vor dem Zugriff Unbefugter zu schützen. 8Sie sind unverzüglich zu löschen, wenn im Anschluss an die Einsichtnahme keine Tätigkeit für den Leistungserbringer wahrgenommen wird. 9Sie sind spätestens drei Monate nach der letztmaligen Ausübung einer Tätigkeit für den Leistungserbringer zu löschen. 10Das Fachpersonal muss zusätzlich über eine abgeschlossene berufsspezifische Ausbildung und dem Leistungsangebot entsprechende Zusatzqualifikationen verfügen.

(3) Sind mehrere Leistungserbringer im gleichen Maße geeignet, so hat der Träger der Eingliederungshilfe Vereinbarungen vorrangig mit Leistungserbringern abzuschließen, deren Vergütung bei vergleichbarem Inhalt, Umfang und Qualität der Leistung nicht höher ist als die anderer Leistungserbringer.

§ 125 Inhalt der schriftlichen Vereinbarung

(1) In der schriftlichen Vereinbarung zwischen dem Träger der Eingliederungshilfe und dem Leistungserbringer sind zu regeln:

1. Inhalt, Umfang und Qualität einschließlich der Wirksamkeit der Leistungen der Eingliederungshilfe (Leistungsvereinbarung) und
2. die Vergütung der Leistungen der Eingliederungshilfe (Vergütungsvereinbarung).

(2) 1In die Leistungsvereinbarung sind als wesentliche Leistungsmerkmale mindestens aufzunehmen:

1. der zu betreuende Personenkreis,
2. die erforderliche sächliche Ausstattung,
3. Art, Umfang, Ziel und Qualität der Leistungen der Eingliederungshilfe,
4. die Festlegung der personellen Ausstattung,
5. die Qualifikation des Personals sowie
6. soweit erforderlich, die betriebsnotwendigen Anlagen des Leistungserbringers.

2Soweit die Erbringung von Leistungen nach § 116 Absatz 2 zu vereinbaren ist, sind darüber hinaus die für die Leistungserbringung erforderlichen Strukturen zu berücksichtigen.

(3) 1Mit der Vergütungsvereinbarung werden unter Berücksichtigung der Leistungsmerkmale nach Absatz 2 Leistungspauschalen für die zu erbringenden Leistungen unter Beachtung der Grundsätze nach § 123 Absatz 2 festgelegt. 2Förderungen aus öffentlichen Mitteln sind anzurechnen. 3Die Leistungspauschalen sind nach Gruppen von Leistungsberechtigten mit vergleichbarem Bedarf oder Stundensätzen sowie für die gemeinsame Inanspruchnahme durch mehrere Leistungsberechtigte (§ 116 Absatz 2) zu kalkulieren. 4Abweichend von Satz 1 können andere geeignete Verfahren zur Vergütung und Abrechnung der Fachleistung unter Beteiligung der Interessenvertretungen der Menschen mit Behinderungen vereinbart werden.

(4) 1Die Vergütungsvereinbarungen mit Werkstätten für behinderte Menschen und anderen Leistungsanbietern berücksichtigen zusätzlich die mit der wirtschaftlichen Betätigung in Zusammenhang stehenden Kosten, soweit diese Kosten unter Berücksichtigung der besonderen Verhältnisse beim Leistungserbringer und der dort beschäftigten Menschen mit Behinderungen nach Art und Umfang über die in einem Wirtschaftsunternehmen üblicherweise entstehenden Kosten hinausgehen. 2Können die Kosten im Einzelfall nicht ermittelt werden, kann hierfür eine Vergütungspauschale vereinbart werden. 3Das Arbeitsergebnis des Leistungserbringers darf nicht dazu verwendet werden, die Vergütung des Trägers der Eingliederungshilfe zu mindern.

§ 126 Verfahren und Inkrafttreten der Vereinbarung

(1) 1Der Leistungserbringer oder der Träger der Eingliederungshilfe hat die jeweils andere Partei schriftlich zu Verhandlungen über den Abschluss einer Vereinbarung gemäß § 125

aufzufordern. ₂Bei einer Aufforderung zum Abschluss einer Folgevereinbarung sind die Verhandlungsgegenstände zu benennen. ₃Die Aufforderung durch den Leistungsträger kann an einen unbestimmten Kreis von Leistungserbringern gerichtet werden. ₄Auf Verlangen einer Partei sind geeignete Nachweise zu den Verhandlungsgegenständen vorzulegen.

(2) ₁Kommt es nicht innerhalb von drei Monaten, nachdem eine Partei zu Verhandlungen aufgefordert wurde, zu einer schriftlichen Vereinbarung, so kann jede Partei hinsichtlich der strittigen Punkte die Schiedsstelle nach § 133 anrufen. ₂Die Schiedsstelle hat unverzüglich über die strittigen Punkte zu entscheiden. ₃Gegen die Entscheidung der Schiedsstelle ist der Rechtsweg zu den Sozialgerichten gegeben, ohne dass es eines Vorverfahrens bedarf. ₄Die Klage ist gegen den Verhandlungspartner und nicht gegen die Schiedsstelle zu richten.

(3) ₁Vereinbarungen und Schiedsstellenentscheidungen treten zu dem darin bestimmten Zeitpunkt in Kraft. ₂Wird ein Zeitpunkt nicht bestimmt, wird die Vereinbarung mit dem Tag ihres Abschlusses wirksam. ₃Festsetzungen der Schiedsstelle werden, soweit keine Festlegung erfolgt ist, rückwirkend mit dem Tag wirksam, an dem der Antrag bei der Schiedsstelle eingegangen ist. ₄Soweit in den Fällen des Satzes 3 während des Schiedsstellenverfahrens der Antrag geändert wurde, ist auf den Tag abzustellen, an dem der geänderte Antrag bei der Schiedsstelle eingegangen ist. ₅Ein jeweils vor diesem Zeitpunkt zurückwirkendes Vereinbaren oder Festsetzen von Vergütungen ist in den Fällen der Sätze 1 bis 4 nicht zulässig.

§ 127 Verbindlichkeit der vereinbarten Vergütung

(1) ₁Mit der Zahlung der vereinbarten Vergütung gelten alle während des Vereinbarungszeitraumes entstandenen Ansprüche des Leistungserbringers auf Vergütung der Leistung der Eingliederungshilfe als abgegolten. ₂Die im Einzelfall zu zahlende Vergütung bestimmt sich auf der Grundlage der jeweiligen Vereinbarung nach dem Betrag, der dem Leistungsberechtigten vom zuständigen Träger der Eingliederungshilfe bewilligt worden ist. ₃Sind Leistungspauschalen nach Gruppen von Leistungsberechtigten kalkuliert (§ 125 Absatz 3 Satz 3), richtet sich die zu zahlende Vergütung nach der Gruppe, die dem Leistungsberechtigten vom zuständigen Träger der Eingliederungshilfe bewilligt wurde.

(2) Einer Erhöhung der Vergütung auf Grund von Investitionsmaßnahmen, die während des laufenden Vereinbarungszeitraumes getätigt werden, muss der Träger der Eingliederungshilfe zustimmen, soweit er der Maßnahme zuvor dem Grunde und der Höhe nach zugestimmt hat.

(3) ₁Bei unvorhergesehenen wesentlichen Änderungen der Annahmen, die der Vergütungsvereinbarung oder der Entscheidung der Schiedsstelle über die Vergütung zugrunde lagen, ist die Vergütung auf Verlangen einer Vertragspartei für den laufenden Vereinbarungszeitraum neu zu verhandeln. ₂Für eine Neuverhandlung gelten die Vorschriften zum Verfahren und Inkrafttreten (§ 126) entsprechend.

(4) Nach Ablauf des Vereinbarungszeitraumes gilt die vereinbarte oder durch die Schiedsstelle festgesetzte Vergütung bis zum Inkrafttreten einer neuen Vergütungsvereinbarung weiter.

§ 128 Wirtschaftlichkeits- und Qualitätsprüfung

(1) ₁Soweit tatsächliche Anhaltspunkte dafür bestehen, dass ein Leistungserbringer seine vertraglichen oder gesetzlichen Pflichten nicht erfüllt, prüft der Träger der Eingliederungshilfe oder ein von diesem beauftragter Dritter die Wirtschaftlichkeit und Qualität einschließlich der Wirksamkeit der vereinbarten Leistungen des Leistungserbringers. ₂Die Leistungserbringer sind verpflichtet, dem Träger der Eingliederungshilfe auf Verlangen die für die Prüfung erforderlichen Unterlagen vorzulegen und Auskünfte zu erteilen. ₃Zur Vermeidung von Doppelprüfungen arbeiten die Träger der Eingliederungshilfe mit den Trägern der Sozialhilfe, mit den für die Heimaufsicht zuständigen Behörden sowie mit

dem Medizinischen Dienst gemäß § 278 des Fünften Buches zusammen. 4Der Träger der Eingliederungshilfe ist berechtigt und auf Anforderung verpflichtet, den für die Heimaufsicht zuständigen Behörden die Daten über den Leistungserbringer sowie die Ergebnisse der Prüfungen mitzuteilen, soweit sie für die Zwecke der Prüfung durch den Empfänger erforderlich sind. 5Personenbezogene Daten sind vor der Datenübermittlung zu anonymisieren. 6Abweichend von Satz 5 dürfen personenbezogene Daten in nicht anonymisierter Form an die für die Heimaufsicht zuständigen Behörden übermittelt werden, soweit sie zu deren Aufgabenerfüllung erforderlich sind. 7Durch Landesrecht kann von der Einschränkung in Satz 1 erster Halbsatz abgewichen werden.

(2) Die Prüfung nach Absatz 1 kann ohne vorherige Ankündigung erfolgen und erstreckt sich auf Inhalt, Umfang, Wirtschaftlichkeit und Qualität einschließlich der Wirksamkeit der erbrachten Leistungen.

(3) 1Der Träger der Eingliederungshilfe hat den Leistungserbringer über das Ergebnis der Prüfung schriftlich zu unterrichten. 2Das Ergebnis der Prüfung ist dem Leistungsberechtigten in einer wahrnehmbaren Form zugänglich zu machen.

§ 129 Kürzung der Vergütung

(1) 1Hält ein Leistungserbringer seine gesetzlichen oder vertraglichen Verpflichtungen ganz oder teilweise nicht ein, ist die vereinbarte Vergütung für die Dauer der Pflichtverletzung entsprechend zu kürzen. 2Über die Höhe des Kürzungsbetrags ist zwischen den Vertragsparteien Einvernehmen herzustellen. 3Kommt eine Einigung nicht zustande, entscheidet auf Antrag einer Vertragspartei die Schiedsstelle. 4Für das Verfahren bei Entscheidungen durch die Schiedsstelle gilt § 126 Absatz 2 und 3 entsprechend.

(2) Der Kürzungsbetrag ist an den Träger der Eingliederungshilfe bis zu der Höhe zurückzuzahlen, in der die Leistung vom Träger der Eingliederungshilfe erbracht worden ist und im Übrigen an die Leistungsberechtigten zurückzuzahlen.

(3) 1Der Kürzungsbetrag kann nicht über die Vergütungen refinanziert werden. 2Darüber hinaus besteht hinsichtlich des Kürzungsbetrags kein Anspruch auf Nachverhandlung gemäß § 127 Absatz 3.

§ 130 Außerordentliche Kündigung der Vereinbarungen

1Der Träger der Eingliederungshilfe kann die Vereinbarungen mit einem Leistungserbringer fristlos kündigen, wenn ihm ein Festhalten an den Vereinbarungen auf Grund einer groben Verletzung einer gesetzlichen oder vertraglichen Verpflichtung durch den Leistungserbringer nicht mehr zumutbar ist. 2Eine grobe Pflichtverletzung liegt insbesondere dann vor, wenn

1. Leistungsberechtigte infolge der Pflichtverletzung zu Schaden kommen,
2. gravierende Mängel bei der Leistungserbringung vorhanden sind,
3. dem Leistungserbringer nach heimrechtlichen Vorschriften die Betriebserlaubnis entzogen ist,
4. dem Leistungserbringer der Betrieb untersagt wird oder
5. der Leistungserbringer gegenüber dem Leistungsträger nicht erbrachte Leistungen abrechnet.

3Die Kündigung bedarf der Schriftform. 4§ 59 des Zehnten Buches gilt entsprechend.

§ 131 Rahmenverträge zur Erbringung von Leistungen

(1) 1Die Träger der Eingliederungshilfe schließen auf Landesebene mit den Vereinigungen der Leistungserbringer gemeinsam und einheitlich Rahmenverträge zu den schriftlichen Vereinbarungen nach § 125 ab. 2Die Rahmenverträge bestimmen

1. die nähere Abgrenzung der den Vergütungspauschalen und -beträgen nach § 125 Absatz 1 zugrunde zu legenden Kostenarten und -bestandteile sowie die Zusammensetzung der Investitionsbeträge nach § 125 Absatz 2,
2. den Inhalt und die Kriterien für die Ermittlung und Zusammensetzung der Leis-

tungspauschalen, die Merkmale für die Bildung von Gruppen mit vergleichbarem Bedarf nach § 125 Absatz 3 Satz 3 sowie die Zahl der zu bildenden Gruppen,
3. die Höhe der Leistungspauschale nach § 125 Absatz 3 Satz 1,
4. die Zuordnung der Kostenarten und -bestandteile nach § 125 Absatz 4 Satz 1,
5. die Festlegung von Personalrichtwerten oder anderen Methoden zur Festlegung der personellen Ausstattung,
6. die Grundsätze und Maßstäbe für die Wirtschaftlichkeit und Qualität einschließlich der Wirksamkeit der Leistungen sowie Inhalt und Verfahren zur Durchführung von Wirtschaftlichkeits- und Qualitätsprüfungen und
7. das Verfahren zum Abschluss von Vereinbarungen.

3Für Leistungserbringer, die einer Kirche oder Religionsgemeinschaft des öffentlichen Rechts oder einem sonstigen freigemeinnützigen Träger zuzuordnen sind, können die Rahmenverträge auch von der Kirche oder Religionsgemeinschaft oder von dem Wohlfahrtsverband abgeschlossen werden, dem der Leistungserbringer angehört. 4In den Rahmenverträgen sollen die Merkmale und Besonderheiten der jeweiligen Leistungen berücksichtigt werden.

(2) Die durch Landesrecht bestimmten maßgeblichen Interessenvertretungen der Menschen mit Behinderungen wirken bei der Erarbeitung und Beschlussfassung der Rahmenverträge mit.

(3) Die Vereinigungen der Träger der Eingliederungshilfe und die Vereinigungen der Leistungserbringer vereinbaren gemeinsam und einheitlich Empfehlungen auf Bundesebene zum Inhalt der Rahmenverträge.

(4) Kommt es nicht innerhalb von sechs Monaten nach schriftlicher Aufforderung durch die Landesregierung zu einem Rahmenvertrag, so kann die Landesregierung die Inhalte durch Rechtsverordnung regeln.

§ 132 Abweichende Zielvereinbarungen

(1) Leistungsträger und Träger der Leistungserbringer können Zielvereinbarungen zur Erprobung neuer und zur Weiterentwicklung der bestehenden Leistungs- und Finanzierungsstrukturen abschließen.

(2) Die individuellen Leistungsansprüche der Leistungsberechtigten bleiben unberührt.

(3) Absatz 1 gilt nicht, soweit auch Leistungen nach dem Siebten Kapitel des Zwölften Buches gewährt werden.

§ 133 Schiedsstelle

(1) Für jedes Land oder für Teile eines Landes wird eine Schiedsstelle gebildet.

(2) Die Schiedsstelle besteht aus Vertretern der Leistungserbringer und Vertretern der Träger der Eingliederungshilfe in gleicher Zahl sowie einem unparteiischen Vorsitzenden.

(3) 1Die Vertreter der Leistungserbringer und deren Stellvertreter werden von den Vereinigungen der Leistungserbringer bestellt. Bei der Bestellung ist die Trägervielfalt zu beachten. 2Die Vertreter der Träger der Eingliederungshilfe und deren Stellvertreter werden von diesen bestellt. 3Der Vorsitzende und sein Stellvertreter werden von den beteiligten Organisationen gemeinsam bestellt. 4Kommt eine Einigung nicht zustande, werden sie durch Los bestimmt. 5Soweit die beteiligten Organisationen der Leistungserbringer oder die Träger der Eingliederungshilfe keinen Vertreter bestellen oder im Verfahren nach Satz 3 keine Kandidaten für das Amt des Vorsitzenden und des Stellvertreters benennen, bestellt die zuständige Landesbehörde auf Antrag eines der Beteiligten die Vertreter und benennt die Kandidaten für die Position des Vorsitzenden und seines Stellvertreters.

(4) 1Die Mitglieder der Schiedsstelle führen ihr Amt als Ehrenamt. 2Sie sind an Weisungen nicht gebunden. 3Jedes Mitglied hat eine Stimme. 4Die Entscheidungen werden mit der Mehrheit der Mitglieder getroffen. 5Ergibt sich keine Mehrheit, entscheidet die Stimme des Vorsitzenden.

(5) Die Landesregierungen werden ermächtigt, durch Rechtsverordnung das Nähere zu bestimmen über

1. die Zahl der Schiedsstellen,

2. die Zahl der Mitglieder und deren Bestellung,
3. die Amtsdauer und Amtsführung,
4. die Erstattung der baren Auslagen und die Entschädigung für den Zeitaufwand der Mitglieder der Schiedsstelle,
5. die Geschäftsführung,
6. das Verfahren,
7. die Erhebung und die Höhe der Gebühren,
8. die Verteilung der Kosten,
9. die Rechtsaufsicht sowie
10. die Beteiligung der Interessenvertretungen der Menschen mit Behinderungen.

§ 134 Sonderregelung zum Inhalt der Vereinbarungen zur Erbringung von Leistungen für minderjährige Leistungsberechtigte und in Sonderfällen

(1) In der schriftlichen Vereinbarung zur Erbringung von Leistungen für minderjährige Leistungsberechtigte zwischen dem Träger der Eingliederungshilfe und dem Leistungserbringer sind zu regeln:

1. Inhalt, Umfang und Qualität einschließlich der Wirksamkeit der Leistungen (Leistungsvereinbarung) sowie
2. die Vergütung der Leistung (Vergütungsvereinbarung).

(2) In die Leistungsvereinbarung sind als wesentliche Leistungsmerkmale insbesondere aufzunehmen:

1. die betriebsnotwendigen Anlagen des Leistungserbringers,
2. der zu betreuende Personenkreis,
3. Art, Ziel und Qualität der Leistung,
4. die Festlegung der personellen Ausstattung,
5. die Qualifikation des Personals sowie
6. die erforderliche sächliche Ausstattung.

(3) ₁Die Vergütungsvereinbarung besteht mindestens aus

1. der Grundpauschale für Unterkunft und Verpflegung,
2. der Maßnahmepauschale sowie
3. einem Betrag für betriebsnotwendige Anlagen einschließlich ihrer Ausstattung (Investitionsbetrag).

₂Förderungen aus öffentlichen Mitteln sind anzurechnen. ₃Die Maßnahmepauschale ist nach Gruppen für Leistungsberechtigte mit vergleichbarem Bedarf zu kalkulieren.

(4) ₁Die Absätze 1 bis 3 finden auch Anwendung, wenn volljährige Leistungsberechtigte Leistungen zur Schulbildung nach § 112 Absatz 1 Nummer 1 sowie Leistungen zur schulischen Ausbildung für einen Beruf nach § 112 Absatz 1 Nummer 2 erhalten, soweit diese Leistungen in besonderen Ausbildungsstätten über Tag und Nacht für Menschen mit Behinderungen erbracht werden. ₂Entsprechendes gilt bei anderen volljährigen Leistungsberechtigten, wenn

1. das Konzept des Leistungserbringers auf Minderjährige als zu betreuenden Personenkreis ausgerichtet ist,
2. der Leistungsberechtigte von diesem Leistungserbringer bereits Leistungen über Tag und Nacht auf Grundlage von Vereinbarungen nach den Absätzen 1 bis 3, § 78b des Achten Buches, § 75 Absatz 3 des Zwölften Buches in der am 31. Dezember 2019 geltenden Fassung oder nach Maßgabe des § 75 Absatz 4 des Zwölften Buches in der am 31. Dezember 2019 geltenden Fassung erhalten hat und
3. der Leistungsberechtigte nach Erreichen der Volljährigkeit für eine kurze Zeit, in der Regel nicht länger als bis zur Vollendung des 21. Lebensjahres, Leistungen von diesem Leistungserbringer weitererhält, mit denen insbesondere vor dem Erreichen der Volljährigkeit definierte Teilhabeziele erreicht werden sollen.

Kapitel 9
Einkommen und Vermögen

§ 135 Begriff des Einkommens

(1) Maßgeblich für die Ermittlung des Beitrages nach § 136 ist die Summe der Einkünfte des Vorvorjahres nach § 2 Absatz 2 des Ein-

kommensteuergesetzes sowie bei Renteneinkünften die Bruttorente des Vorvorjahres.

(2) Wenn zum Zeitpunkt der Leistungsgewährung eine erhebliche Abweichung zu den Einkünften des Vorvorjahres besteht, sind die voraussichtlichen Jahreseinkünfte des laufenden Jahres im Sinne des Absatzes 1 zu ermitteln und zugrunde zu legen.

II

§ 136 Beitrag aus Einkommen zu den Aufwendungen

(1) Bei den Leistungen nach diesem Teil ist ein Beitrag zu den Aufwendungen aufzubringen, wenn das Einkommen im Sinne des § 135 der antragstellenden Person sowie bei minderjährigen Personen der im Haushalt lebenden Eltern oder des im Haushalt lebenden Elternteils die Beträge nach Absatz 2 übersteigt.

(2) 1Ein Beitrag zu den Aufwendungen ist aufzubringen, wenn das Einkommen im Sinne des § 135 überwiegend

1. aus einer sozialversicherungspflichtigen Beschäftigung oder selbständigen Tätigkeit erzielt wird und 85 Prozent der jährlichen Bezugsgröße nach § 18 Absatz 1 des Vierten Buches übersteigt oder
2. aus einer nicht sozialversicherungspflichtigen Beschäftigung erzielt wird und 75 Prozent der jährlichen Bezugsgröße nach § 18 Absatz 1 des Vierten Buches übersteigt oder
3. aus Renteneinkünften erzielt wird und 60 Prozent der jährlichen Bezugsgröße nach § 18 Absatz 1 des Vierten Buches übersteigt.

2Wird das Einkommen im Sinne des § 135 überwiegend aus anderen Einkunftsarten erzielt, ist Satz 1 Nummer 2 entsprechend anzuwenden.

(3) Die Beträge nach Absatz 2 erhöhen sich für den nicht getrennt lebenden Ehegatten oder Lebenspartner, den Partner einer eheähnlichen oder lebenspartnerschaftsähnlichen Gemeinschaft um 15 Prozent sowie für jedes unterhaltsberechtigte Kind im Haushalt um 10 Prozent der jährlichen Bezugsgröße nach § 18 Absatz 1 des Vierten Buches.

(4) 1Übersteigt das Einkommen im Sinne des § 135 einer in Absatz 3 erster Halbsatz genannten Person den Betrag, der sich nach Absatz 2 ergibt, findet Absatz 3 keine Anwendung. 2In diesem Fall erhöhen sich für jedes unterhaltsberechtigte Kind im Haushalt die Beträge nach Absatz 2 um 5 Prozent der jährlichen Bezugsgröße nach § 18 Absatz 1 des Vierten Buches.

(5) 1Ist der Leistungsberechtigte minderjährig und lebt im Haushalt der Eltern, erhöht sich der Betrag nach Absatz 2 um 75 Prozent der jährlichen Bezugsgröße nach § 18 Absatz 1 des Vierten Buches für jeden Leistungsberechtigten. 2Die Absätze 3 und 4 sind nicht anzuwenden.

§ 137 Höhe des Beitrages zu den Aufwendungen

(1) Die antragstellende Person im Sinne des § 136 Absatz 1 hat aus dem Einkommen im Sinne des § 135 einen Beitrag zu den Aufwendungen nach Maßgabe der Absätze 2 und 3 aufzubringen.

(2) 1Wenn das Einkommen die Beträge nach § 136 Absatz 2 übersteigt, ist ein monatlicher Beitrag in Höhe von 2 Prozent des den Betrag nach § 136 Absatz 2 bis 5 übersteigenden Betrages als monatlicher Beitrag aufzubringen. 2Der nach Satz 1 als monatlicher Beitrag aufzubringende Betrag ist auf volle 10 Euro abzurunden.

(3) Der Beitrag ist von der zu erbringenden Leistung abzuziehen.

(4) 1Ist ein Beitrag von anderen Personen aufzubringen als dem Leistungsberechtigten und ist die Durchführung der Maßnahme der Eingliederungshilfeleistung ohne Entrichtung des Beitrages gefährdet, so kann im Einzelfall die erforderliche Leistung ohne Abzug nach Absatz 3 erbracht werden. 2Die in Satz 1 genannten Personen haben dem Träger der Eingliederungshilfe die Aufwendungen im Umfang des Beitrages zu ersetzen; mehrere Verpflichtete haften als Gesamtschuldner.

§ 138 Besondere Höhe des Beitrages zu den Aufwendungen

(1) Ein Beitrag ist nicht aufzubringen bei

1. heilpädagogischen Leistungen nach § 113 Absatz 2 Nummer 3,
2. Leistungen zur medizinischen Rehabilitation nach § 109,
3. Leistungen zur Teilhabe am Arbeitsleben nach § 111 Absatz 1,
4. Leistungen zur Teilhabe an Bildung nach § 112 Absatz 1 Nummer 1,
5. Leistungen zur schulischen oder hochschulischen Ausbildung oder Weiterbildung für einen Beruf nach § 112 Absatz 1 Nummer 2, soweit diese Leistungen in besonderen Ausbildungsstätten über Tag und Nacht für Menschen mit Behinderungen erbracht werden,
6. Leistungen zum Erwerb und Erhalt praktischer Kenntnisse und Fähigkeiten nach § 113 Absatz 2 Nummer 5, soweit diese der Vorbereitung auf die Teilhabe am Arbeitsleben nach § 111 Absatz 1 dienen,
7. Leistungen nach § 113 Absatz 1, die noch nicht eingeschulten leistungsberechtigten Personen die für sie erreichbare Teilnahme am Leben in der Gemeinschaft ermöglichen sollen,
8. gleichzeitiger Gewährung von Leistungen zum Lebensunterhalt nach dem Zweiten oder Zwölften Buch oder nach § 27a des Bundesversorgungsgesetzes.

(2) Wenn ein Beitrag nach § 137 aufzubringen ist, ist für weitere Leistungen im gleichen Zeitraum oder weitere Leistungen an minderjährige Kinder im gleichen Haushalt nach diesem Teil kein weiterer Beitrag aufzubringen.

(3) Bei einmaligen Leistungen zur Beschaffung von Bedarfsgegenständen, deren Gebrauch für mindestens ein Jahr bestimmt ist, ist höchstens das Vierfache des monatlichen Beitrages einmalig aufzubringen.

§ 139 Begriff des Vermögens

1Zum Vermögen im Sinne dieses Teils gehört das gesamte verwertbare Vermögen. 2Die Leistungen nach diesem Teil dürfen nicht abhängig gemacht werden vom Einsatz oder von der Verwertung des Vermögens im Sinne des § 90 Absatz 2 Nummer 1 bis 8 des Zwölften Buches und eines Barvermögens oder sonstiger Geldwerte bis zu einem Betrag von 150 Prozent der jährlichen Bezugsgröße nach § 18 Absatz 1 des Vierten Buches. 3Die Eingliederungshilfe darf ferner nicht vom Einsatz oder von der Verwertung eines Vermögens abhängig gemacht werden, soweit dies für den, der das Vermögen einzusetzen hat, und für seine unterhaltsberechtigten Angehörigen eine Härte bedeuten würde.

§ 140 Einsatz des Vermögens

(1) Die antragstellende Person sowie bei minderjährigen Personen die im Haushalt lebenden Eltern oder ein Elternteil haben vor der Inanspruchnahme von Leistungen nach diesem Teil die erforderlichen Mittel aus ihrem Vermögen aufzubringen.

(2) 1Soweit für den Bedarf der nachfragenden Person Vermögen einzusetzen ist, jedoch der sofortige Verbrauch oder die sofortige Verwertung des Vermögens nicht möglich ist oder für die, die es einzusetzen hat, eine Härte bedeuten würde, soll die beantragte Leistung als Darlehen geleistet werden. 2Die Leistungserbringung kann davon abhängig gemacht werden, dass der Anspruch auf Rückzahlung dinglich oder in anderer Weise gesichert wird.

(3) Die in § 138 Absatz 1 genannten Leistungen sind ohne Berücksichtigung von vorhandenem Vermögen zu erbringen.

§ 141 Übergang von Ansprüchen

(1) 1Hat eine Person im Sinne von § 136 Absatz 1 oder der nicht getrennt lebende Ehegatte oder Lebenspartner für die antragstellende Person einen Anspruch gegen einen anderen, der kein Leistungsträger im Sinne des § 12 des Ersten Buches ist, kann der Träger der Eingliederungshilfe durch schriftliche Anzeige an den anderen bewirken, dass dieser Anspruch bis zur Höhe seiner Aufwendungen auf ihn übergeht. 2Dies gilt nicht für bürgerlich-rechtliche Unterhaltsansprüche.

(2) 1Der Übergang des Anspruches darf nur insoweit bewirkt werden, als bei rechtzeitiger Leistung des anderen entweder die Leistung nicht erbracht worden wäre oder ein Beitrag aufzubringen wäre. 2Der Übergang ist nicht

dadurch ausgeschlossen, dass der Anspruch nicht übertragen, verpfändet oder gepfändet werden kann.

(3) $_{1}$Die schriftliche Anzeige bewirkt den Übergang des Anspruches für die Zeit, für die der leistungsberechtigten Person die Leistung ohne Unterbrechung erbracht wird. $_{2}$Als Unterbrechung gilt ein Zeitraum von mehr als zwei Monaten.

(4) $_{1}$Widerspruch und Anfechtungsklage gegen den Verwaltungsakt, der den Übergang des Anspruches bewirkt, haben keine aufschiebende Wirkung. $_{2}$Die §§ 115 und 116 des Zehnten Buches gehen der Regelung des Absatzes 1 vor.

§ 142 Sonderregelungen für minderjährige Leistungsberechtigte und in Sonderfällen

(1) Minderjährigen Leistungsberechtigten und ihren Eltern oder einem Elternteil ist bei Leistungen im Sinne des § 138 Absatz 1 Nummer 1, 2, 4, 5 und 7 die Aufbringung der Mittel für die Kosten des Lebensunterhalts nur in Höhe der für den häuslichen Lebensunterhalt ersparten Aufwendungen zuzumuten, soweit Leistungen über Tag und Nacht oder über Tag erbracht werden.

(2) $_{1}$Sind Leistungen von einem oder mehreren Anbietern über Tag und Nacht oder über Tag oder für ärztliche oder ärztlich verordnete Maßnahmen erforderlich, sind die Leistungen, die der Vereinbarung nach § 134 Absatz 3 zugrunde liegen, durch den Träger der Eingliederungshilfe auch dann in vollem Umfang zu erbringen, wenn den minderjährigen Leistungsberechtigten und ihren Eltern oder einem Elternteil die Aufbringung der Mittel nach Absatz 1 zu einem Teil zuzumuten ist. $_{2}$In Höhe dieses Teils haben sie zu den Kosten der erbrachten Leistungen beizutragen; mehrere Verpflichtete haften als Gesamtschuldner.

(3) $_{1}$Die Absätze 1 und 2 gelten entsprechend für volljährige Leistungsberechtigte, wenn diese Leistungen erhalten, denen Vereinbarungen nach § 134 Absatz 4 zugrunde liegen. $_{2}$In diesem Fall ist den volljährigen Leistungsberechtigten die Aufbringung der Mittel für die Kosten des Lebensunterhalts nur in Höhe der für ihren häuslichen Lebensunterhalt ersparten Aufwendungen zuzumuten.

Kapitel 10
Statistik

§ 143 Bundesstatistik

Zur Beurteilung der Auswirkungen dieses Teils und zu seiner Fortentwicklung werden Erhebungen über

1. die Leistungsberechtigten und
2. die Ausgaben und Einnahmen der Träger der Eingliederungshilfe

als Bundesstatistik durchgeführt.

§ 144 Erhebungsmerkmale

(1) Erhebungsmerkmale bei den Erhebungen nach § 143 Nummer 1 sind für jeden Leistungsberechtigten

1. Geschlecht, Geburtsmonat und -jahr, Staatsangehörigkeit, Bundesland, Wohngemeinde und Gemeindeteil, Kennnummer des Trägers, mit anderen Leistungsberechtigten zusammenlebend, erbrachte Leistungsarten im Laufe und am Ende des Berichtsjahres,
2. die Höhe der Bedarfe für jede erbrachte Leistungsart, die Höhe des aufgebrachten Beitrags nach § 92, die Art des angerechneten Einkommens, Beginn und Ende der Leistungserbringung nach Monat und Jahr, die für mehrere Leistungsberechtigte erbrachte Leistung, die Leistung als pauschalierte Geldleistung, die Leistung durch ein Persönliches Budget sowie
3. gleichzeitiger Bezug von Leistungen nach dem Zweiten, Elften oder Zwölften Buch.

(2) Merkmale bei den Erhebungen nach Absatz 1 Nummer 1 und 2 nach der Art der Leistung sind insbesondere:

1. Leistung zur medizinischen Rehabilitation,
2. Leistung zur Beschäftigung im Arbeitsbereich anerkannter Werkstätten für behinderte Menschen,
3. Leistung zur Beschäftigung bei anderen Leistungsanbietern,

4. Leistung zur Beschäftigung bei privaten und öffentlichen Arbeitgebern,
5. Leistung zur Teilhabe an Bildung,
6. Leistung für Wohnraum,
7. Assistenzleistung nach § 113 Absatz 2 Nummer 2 in Verbindung mit § 78 Absatz 2 Nummer 1,
8. Assistenzleistung nach § 113 Absatz 2 Nummer 2 in Verbindung mit § 78 Absatz 2 Nummer 2,
9. heilpädagogische Leistung,
10. Leistung zum Erwerb praktischer Kenntnisse und Fähigkeiten,
11. Leistung zur Förderung der Verständigung,
12. Leistung für ein Kraftfahrzeug,
13. Leistung zur Beförderung insbesondere durch einen Beförderungsdienst,
14. Hilfsmittel im Rahmen der Sozialen Teilhabe und
15. Besuchsbeihilfen.

(3) Erhebungsmerkmale nach § 143 Nummer 2 sind das Bundesland, die Ausgaben gesamt nach der Art der Leistungen die Einnahmen gesamt und nach Einnahmearten sowie die Höhe der aufgebrachten Beiträge gesamt.

§ 145 Hilfsmerkmale

(1) Hilfsmerkmale sind

1. Name und Anschrift des Auskunftspflichtigen,
2. Name, Telefonnummer und E-Mail-Adresse der für eventuelle Rückfragen zur Verfügung stehenden Person,
3. für die Erhebung nach § 143 Nummer 1 die Kennnummer des Leistungsberechtigten.

(2) 1Die Kennnummern nach Absatz 1 Nummer 3 dienen der Prüfung der Richtigkeit der Statistik und der Fortschreibung der jeweils letzten Bestandserhebung. 2Sie enthalten keine Angaben über persönliche und sachliche Verhältnisse des Leistungsberechtigten und sind zum frühestmöglichen Zeitpunkt, spätestens nach Abschluss der wiederkehrenden Bestandserhebung, zu löschen.

§ 146 Periodizität und Berichtszeitraum

Die Erhebungen erfolgen jährlich für das abgelaufene Kalenderjahr.

§ 147 Auskunftspflicht

(1) 1Für die Erhebungen besteht Auskunftspflicht. 2Die Angaben nach § 145 Absatz 1 Nummer 2 und die Angaben zum Gemeindeteil nach § 144 Absatz 1 Nummer 1 sind freiwillig.

(2) Auskunftspflichtig sind die Träger der Eingliederungshilfe.

§ 148 Übermittlung, Veröffentlichung

(1) Die in sich schlüssigen und nach einheitlichen Standards formatierten Einzeldatensätze sind von den Auskunftspflichtigen elektronisch bis zum Ablauf von 40 Arbeitstagen nach Ende des jeweiligen Berichtszeitraums an das jeweilige statistische Landesamt zu übermitteln.

(2) 1An die fachlich zuständigen obersten Bundes- oder Landesbehörden dürfen für die Verwendung gegenüber den gesetzgebenden Körperschaften und für Zwecke der Planung, jedoch nicht für die Regelung von Einzelfällen, vom Statistischen Bundesamt und von den statistischen Ämtern der Länder Tabellen mit statistischen Ergebnissen übermittelt werden, auch soweit Tabellenfelder nur einen einzigen Fall ausweisen. 2Tabellen, die nur einen einzigen Fall ausweisen, dürfen nur dann übermittelt werden, wenn sie nicht differenzierter als auf Regierungsbezirksebene, bei Stadtstaaten auf Bezirksebene, aufbereitet sind.

(3) 1Die statistischen Ämter der Länder stellen dem Statistischen Bundesamt für Zusatzaufbereitungen des Bundes jährlich unverzüglich nach Aufbereitung der Bestandserhebung und der Erhebung im Laufe des Berichtsjahres die Einzelangaben aus der Erhebung zur Verfügung. 2Angaben zu den Hilfsmerkmalen nach § 145 dürfen nicht übermittelt werden.

(4) Die Ergebnisse der Bundesstatistik nach diesem Kapitel dürfen auf die einzelnen Gemeinden bezogen veröffentlicht werden.

II

Kapitel 11
Übergangs- und Schlussbestimmungen

§ 149 Übergangsregelung für ambulant Betreute

Für Personen, die Leistungen der Eingliederungshilfe für behinderte Menschen erhalten, deren Betreuung am 26. Juni 1996 durch von ihnen beschäftigte Personen oder ambulante Dienste sichergestellt wurde, gilt § 3a des Bundessozialhilfegesetzes in der am 26. Juni 1996 geltenden Fassung.

§ 150 Übergangsregelung zum Einsatz des Einkommens

Abweichend von Kapitel 9 sind bei der Festsetzung von Leistungen für Leistungsberechtigte, die am 31. Dezember 2019 Leistungen nach dem Sechsten Kapitel des Zwölften Buches in der Fassung vom 31. Dezember 2019 erhalten haben und von denen ein Einsatz des Einkommens über der Einkommensgrenze gemäß § 87 des Zwölften Buches in der Fassung vom 31. Dezember 2019 gefordert wurde, die am 31. Dezember 2019 geltenden Einkommensgrenzen nach dem Elften Kapitel des Zwölften Buches in der Fassung vom 31. Dezember 2019 zugrunde zu legen, solange der nach Kapitel 9 aufzubringende Beitrag höher ist als der Einkommenseinsatz nach dem am 31. Dezember 2019 geltenden Recht.

Teil 3
Besondere Regelungen zur Teilhabe schwerbehinderter Menschen (Schwerbehindertenrecht)

Kapitel 1
Geschützter Personenkreis

§ 151 Geltungsbereich

(1) Die Regelungen dieses Teils gelten für schwerbehinderte und diesen gleichgestellte behinderte Menschen.

(2) 1Die Gleichstellung behinderter Menschen mit schwerbehinderten Menschen (§ 2 Absatz 3) erfolgt auf Grund einer Feststellung nach § 152 auf Antrag des behinderten Menschen durch die Bundesagentur für Arbeit. 2Die Gleichstellung wird mit dem Tag des Eingangs des Antrags wirksam. Sie kann befristet werden.

(3) Auf gleichgestellte behinderte Menschen werden die besonderen Regelungen für schwerbehinderte Menschen mit Ausnahme des § 208 und des Kapitels 13 angewendet.

(4) 1Schwerbehinderten Menschen gleichgestellt sind auch behinderte Jugendliche und junge Erwachsene (§ 2 Absatz 1) während der Zeit ihrer Berufsausbildung in Betrieben und Dienststellen oder einer beruflichen Orientierung, auch wenn der Grad der Behinderung weniger als 30 beträgt oder ein Grad der Behinderung nicht festgestellt ist. 2Der Nachweis der Behinderung wird durch eine Stellungnahme der Agentur für Arbeit oder durch einen Bescheid über Leistungen zur Teilhabe am Arbeitsleben erbracht. 3Die Gleichstellung gilt nur für Leistungen des Integrationsamtes im Rahmen der beruflichen Orientierung und der Berufsausbildung im Sinne des § 185 Absatz 3 Nummer 2 Buchstabe c.

§ 152 Feststellung der Behinderung, Ausweise

(1) 1Auf Antrag des behinderten Menschen stellen die für die Durchführung des Bundesversorgungsgesetzes zuständigen Behörden das Vorliegen einer Behinderung und den Grad der Behinderung zum Zeitpunkt der Antragstellung fest. 2Auf Antrag kann festgestellt werden, dass ein Grad der Behinderung oder gesundheitliche Merkmale bereits zu einem früheren Zeitpunkt vorgelegen haben, wenn dafür ein besonderes Interesse glaubhaft gemacht wird. 3Beantragt eine erwerbstätige Person die Feststellung der Eigenschaft als schwerbehinderter Mensch (§ 2 Absatz 2), gelten die in § 14 Absatz 2 Satz 2 und 3 sowie § 17 Absatz 1 Satz 1 und Absatz 2 Satz 1 genannten Fristen sowie § 60 Absatz 1 des Ersten Buches entsprechend. 4Das Gesetz über das Verwaltungsverfahren der Kriegsopferversorgung ist entsprechend anzuwenden, soweit nicht das Zehnte Buch Anwendung findet. 5Die Auswirkungen auf die Teilhabe am Leben in der Gesellschaft

werden als Grad der Behinderung nach Zehnergraden abgestuft festgestellt. 6Eine Feststellung ist nur zu treffen, wenn ein Grad der Behinderung von wenigstens 20 vorliegt. 7Durch Landesrecht kann die Zuständigkeit abweichend von Satz 1 geregelt werden.

(2) 1Feststellungen nach Absatz 1 sind nicht zu treffen, wenn eine Feststellung über das Vorliegen einer Behinderung und den Grad einer auf ihr beruhenden Erwerbsminderung schon in einem Rentenbescheid, einer entsprechenden Verwaltungs- oder Gerichtsentscheidung oder einer vorläufigen Bescheinigung der für diese Entscheidungen zuständigen Dienststellen getroffen worden ist, es sei denn, dass der behinderte Mensch ein Interesse an anderweitiger Feststellung nach Absatz 1 glaubhaft macht. 2Eine Feststellung nach Satz 1 gilt zugleich als Feststellung des Grades der Behinderung.

(3) 1Liegen mehrere Beeinträchtigungen der Teilhabe am Leben in der Gesellschaft vor, so wird der Grad der Behinderung nach den Auswirkungen der Beeinträchtigungen in ihrer Gesamtheit unter Berücksichtigung ihrer wechselseitigen Beziehungen festgestellt. 2Für diese Entscheidung gilt Absatz 1, es sei denn, dass in einer Entscheidung nach Absatz 2 eine Gesamtbeurteilung bereits getroffen worden ist.

(4) Sind neben dem Vorliegen der Behinderung weitere gesundheitliche Merkmale Voraussetzung für die Inanspruchnahme von Nachteilsausgleichen, so treffen die zuständigen Behörden die erforderlichen Feststellungen im Verfahren nach Absatz 1.

(5) 1Auf Antrag des behinderten Menschen stellen die zuständigen Behörden auf Grund einer Feststellung der Behinderung einen Ausweis über die Eigenschaft als schwerbehinderter Mensch, den Grad der Behinderung sowie im Falle des Absatzes 4 über weitere gesundheitliche Merkmale aus. 2Der Ausweis dient dem Nachweis für die Inanspruchnahme von Leistungen und sonstigen Hilfen, die schwerbehinderten Menschen nach diesem Teil oder nach anderen Vorschriften zustehen. 3Die Gültigkeitsdauer des Ausweises soll befristet werden. 4Er wird eingezogen, sobald der gesetzliche Schutz schwerbehinderter Menschen erloschen ist. 5Der Ausweis wird berichtigt, sobald eine Neufeststellung unanfechtbar geworden ist.

§ 153 Verordnungsermächtigung

(1) Die Bundesregierung wird ermächtigt, durch Rechtsverordnung mit Zustimmung des Bundesrates nähere Vorschriften über die Gestaltung der Ausweise, ihre Gültigkeit und das Verwaltungsverfahren zu erlassen.

(2) Das Bundesministerium für Arbeit und Soziales wird ermächtigt, durch Rechtsverordnung mit Zustimmung des Bundesrates die Grundsätze aufzustellen, die für die Bewertung des Grades der Behinderung, die Kriterien für die Bewertung der Hilflosigkeit und die Voraussetzungen für die Vergabe von Merkzeichen maßgebend sind, die nach Bundesrecht im Schwerbehindertenausweis einzutragen sind.

Kapitel 2
Beschäftigungspflicht der Arbeitgeber

§ 154 Pflicht der Arbeitgeber zur Beschäftigung schwerbehinderter Menschen

(1) 1Private und öffentliche Arbeitgeber (Arbeitgeber) mit jahresdurchschnittlich monatlich mindestens 20 Arbeitsplätzen im Sinne des § 156 haben auf wenigstens 5 Prozent der Arbeitsplätze schwerbehinderte Menschen zu beschäftigen. 2Dabei sind schwerbehinderte Frauen besonders zu berücksichtigen. 3Abweichend von Satz 1 haben Arbeitgeber mit jahresdurchschnittlich monatlich weniger als 40 Arbeitsplätzen jahresdurchschnittlich je Monat einen schwerbehinderten Menschen, Arbeitgeber mit jahresdurchschnittlich monatlich weniger als 60 Arbeitsplätzen jahresdurchschnittlich je Monat zwei schwerbehinderte Menschen zu beschäftigen.

(2) Als öffentliche Arbeitgeber im Sinne dieses Teils gelten

1. jede oberste Bundesbehörde mit ihren nachgeordneten Dienststellen, das Bundespräsidialamt, die Verwaltungen des

Deutschen Bundestages und des Bundesrates, das Bundesverfassungsgericht, die obersten Gerichtshöfe des Bundes, der Bundesgerichtshof jedoch zusammengefasst mit dem Generalbundesanwalt, sowie das Bundeseisenbahnvermögen,

2. jede oberste Landesbehörde und die Staats- und Präsidialkanzleien mit ihren nachgeordneten Dienststellen, die Verwaltungen der Landtage, die Rechnungshöfe (Rechnungskammern), die Organe der Verfassungsgerichtsbarkeit der Länder und jede sonstige Landesbehörde, zusammengefasst jedoch diejenigen Behörden, die eine gemeinsame Personalverwaltung haben,
3. jede sonstige Gebietskörperschaft und jeder Verband von Gebietskörperschaften,
4. jede sonstige Körperschaft, Anstalt oder Stiftung des öffentlichen Rechts.

§ 155 Beschäftigung besonderer Gruppen schwerbehinderter Menschen

(1) Im Rahmen der Erfüllung der Beschäftigungspflicht sind in angemessenem Umfang zu beschäftigen:

1. schwerbehinderte Menschen, die nach Art oder Schwere ihrer Behinderung im Arbeitsleben besonders betroffen sind, insbesondere solche,
   a) die zur Ausübung der Beschäftigung wegen ihrer Behinderung nicht nur vorübergehend einer besonderen Hilfskraft bedürfen oder
   b) deren Beschäftigung infolge ihrer Behinderung nicht nur vorübergehend mit außergewöhnlichen Aufwendungen für den Arbeitgeber verbunden ist oder
   c) die infolge ihrer Behinderung nicht nur vorübergehend offensichtlich nur eine wesentlich verminderte Arbeitsleistung erbringen können oder
   d) bei denen ein Grad der Behinderung von wenigstens 50 allein infolge geistiger oder seelischer Behinderung oder eines Anfallsleidens vorliegt oder
   e) die wegen Art oder Schwere der Behinderung keine abgeschlossene Berufsbildung im Sinne des Berufsbildungsgesetzes haben,
2. schwerbehinderte Menschen, die das 50. Lebensjahr vollendet haben.

(2) 1Arbeitgeber mit Stellen zur beruflichen Bildung, insbesondere für Auszubildende, haben im Rahmen der Erfüllung der Beschäftigungspflicht einen angemessenen Anteil dieser Stellen mit schwerbehinderten Menschen zu besetzen. 2Hierüber ist mit der zuständigen Interessenvertretung im Sinne des § 176 und der Schwerbehindertenvertretung zu beraten.

§ 156 Begriff des Arbeitsplatzes

(1) Arbeitsplätze im Sinne dieses Teils sind alle Stellen, auf denen Arbeitnehmerinnen und Arbeitnehmer, Beamtinnen und Beamte, Richterinnen und Richter sowie Auszubildende und andere zu ihrer beruflichen Bildung Eingestellte beschäftigt werden.

(2) Als Arbeitsplätze gelten nicht die Stellen, auf denen beschäftigt werden:

1. behinderte Menschen, die an Leistungen zur Teilhabe am Arbeitsleben nach § 49 Absatz 3 Nummer 4 in Betrieben oder Dienststellen teilnehmen,
2. Personen, deren Beschäftigung nicht in erster Linie ihrem Erwerb dient, sondern vorwiegend durch Beweggründe karitativer oder religiöser Art bestimmt ist, und Geistliche öffentlich-rechtlicher Religionsgemeinschaften,
3. Personen, deren Beschäftigung nicht in erster Linie ihrem Erwerb dient und die vorwiegend zu ihrer Heilung, Wiedereingewöhnung oder Erziehung erfolgt,
4. Personen, die an Arbeitsbeschaffungsmaßnahmen nach dem Dritten Buch teilnehmen,
5. Personen, die nach ständiger Übung in ihre Stellen gewählt werden,
6. Personen, deren Arbeits-, Dienst- oder sonstiges Beschäftigungsverhältnis wegen Wehr- oder Zivildienst, Elternzeit, unbezahlten Urlaubs, wegen Bezuges einer Rente auf Zeit oder bei Altersteilzeitarbeit in der Freistellungsphase (Verblockungs-

modell) ruht, solange für sie eine Vertretung eingestellt ist.

(3) Als Arbeitsplätze gelten ferner nicht Stellen, die nach der Natur der Arbeit oder nach den zwischen den Parteien getroffenen Vereinbarungen nur auf die Dauer von höchstens acht Wochen besetzt sind, sowie Stellen, auf denen Beschäftigte weniger als 18 Stunden wöchentlich beschäftigt werden.

§ 157 Berechnung der Mindestzahl von Arbeitsplätzen und der Pflichtarbeitsplatzzahl

(1) 1Bei der Berechnung der Mindestzahl von Arbeitsplätzen und der Zahl der Arbeitsplätze, auf denen schwerbehinderte Menschen zu beschäftigen sind (§ 154), zählen Stellen, auf denen Auszubildende beschäftigt werden, nicht mit. 2Das Gleiche gilt für Stellen, auf denen Rechts- oder Studienreferendarinnen und -referendare beschäftigt werden, die einen Rechtsanspruch auf Einstellung haben.

(2) Bei der Berechnung sich ergebende Bruchteile von 0,5 und mehr sind aufzurunden, bei Arbeitgebern mit jahresdurchschnittlich weniger als 60 Arbeitsplätzen abzurunden.

§ 158 Anrechnung Beschäftigter auf die Zahl der Pflichtarbeitsplätze für schwerbehinderte Menschen

(1) Ein schwerbehinderter Mensch, der auf einem Arbeitsplatz im Sinne des § 156 Absatz 1 oder Absatz 2 Nummer 1 oder 4 beschäftigt wird, wird auf einen Pflichtarbeitsplatz für schwerbehinderte Menschen angerechnet.

(2) 1Ein schwerbehinderter Mensch, der in Teilzeitbeschäftigung kürzer als betriebsüblich, aber nicht weniger als 18 Stunden wöchentlich beschäftigt wird, wird auf einen Pflichtarbeitsplatz für schwerbehinderte Menschen angerechnet. 2Bei Herabsetzung der wöchentlichen Arbeitszeit auf weniger als 18 Stunden infolge von Altersteilzeit oder Teilzeitberufsausbildung gilt Satz 1 entsprechend. 3Wird ein schwerbehinderter Mensch weniger als 18 Stunden wöchentlich beschäftigt, lässt die Bundesagentur für Arbeit die Anrechnung auf einen dieser Pflichtarbeitsplätze zu, wenn die Teilzeitbeschäftigung wegen Art oder Schwere der Behinderung notwendig ist.

(3) Ein schwerbehinderter Mensch, der im Rahmen einer Maßnahme zur Förderung des Übergangs aus der Werkstatt für behinderte Menschen auf den allgemeinen Arbeitsmarkt (§ 5 Absatz 4 Satz 1 der Werkstättenverordnung) beschäftigt wird, wird auch für diese Zeit auf die Zahl der Pflichtarbeitsplätze angerechnet.

(4) Ein schwerbehinderter Arbeitgeber wird auf einen Pflichtarbeitsplatz für schwerbehinderte Menschen angerechnet.

(5) Der Inhaber eines Bergmannsversorgungsscheins wird, auch wenn er kein schwerbehinderter oder gleichgestellter behinderter Mensch im Sinne des § 2 Absatz 2 oder 3 ist, auf einen Pflichtarbeitsplatz angerechnet.

§ 159 Mehrfachanrechnung

(1) 1Die Bundesagentur für Arbeit kann die Anrechnung eines schwerbehinderten Menschen, besonders eines schwerbehinderten Menschen im Sinne des § 155 Absatz 1 auf mehr als einen Pflichtarbeitsplatz, höchstens drei Pflichtarbeitsplätze für schwerbehinderte Menschen zulassen, wenn dessen Teilhabe am Arbeitsleben auf besondere Schwierigkeiten stößt. 2Satz 1 gilt auch für schwerbehinderte Menschen im Anschluss an eine Beschäftigung in einer Werkstatt für behinderte Menschen und für teilzeitbeschäftigte schwerbehinderte Menschen im Sinne des § 158 Absatz 2.

(2) 1Ein schwerbehinderter Mensch, der beruflich ausgebildet wird, wird auf zwei Pflichtarbeitsplätze für schwerbehinderte Menschen angerechnet. 2Satz 1 gilt auch während der Zeit einer Ausbildung im Sinne des § 51 Absatz 2, die in einem Betrieb oder einer Dienststelle durchgeführt wird. 3Die Bundesagentur für Arbeit kann die Anrechnung auf drei Pflichtarbeitsplätze für schwerbehinderte Menschen zulassen, wenn die Vermittlung in eine berufliche Ausbildungsstelle wegen Art oder Schwere der Behinde-

rung auf besondere Schwierigkeiten stößt. 4Bei Übernahme in ein Arbeits- oder Beschäftigungsverhältnis durch den ausbildenden oder einen anderen Arbeitgeber im Anschluss an eine abgeschlossene Ausbildung wird der schwerbehinderte Mensch im ersten Jahr der Beschäftigung auf zwei Pflichtarbeitsplätze angerechnet; Absatz 1 bleibt unberührt.

(3) Bescheide über die Anrechnung eines schwerbehinderten Menschen auf mehr als drei Pflichtarbeitsplätze für schwerbehinderte Menschen, die vor dem 1. August 1986 erlassen worden sind, gelten fort.

§ 160 Ausgleichsabgabe

(1) 1Solange Arbeitgeber die vorgeschriebene Zahl schwerbehinderter Menschen nicht beschäftigen, entrichten sie für jeden unbesetzten Pflichtarbeitsplatz für schwerbehinderte Menschen eine Ausgleichsabgabe. 2Die Zahlung der Ausgleichsabgabe hebt die Pflicht zur Beschäftigung schwerbehinderter Menschen nicht auf. 3Die Ausgleichsabgabe wird auf der Grundlage einer jahresdurchschnittlichen Beschäftigungsquote ermittelt.

(2) 1Die Ausgleichsabgabe beträgt je unbesetztem Pflichtarbeitsplatz

1. 125 Euro bei einer jahresdurchschnittlichen Beschäftigungsquote von 3 Prozent bis weniger als dem geltenden Pflichtsatz,
2. 220 Euro bei einer jahresdurchschnittlichen Beschäftigungsquote von 2 Prozent bis weniger als 3 Prozent,
3. 320 Euro bei einer jahresdurchschnittlichen Beschäftigungsquote von weniger als 2 Prozent.

2Abweichend von Satz 1 beträgt die Ausgleichsabgabe je unbesetztem Pflichtarbeitsplatz für schwerbehinderte Menschen

1. für Arbeitgeber mit jahresdurchschnittlich weniger als 40 zu berücksichtigenden Arbeitsplätzen bei einer jahresdurchschnittlichen Beschäftigung von weniger als einem schwerbehinderten Menschen 125 Euro und
2. für Arbeitgeber mit jahresdurchschnittlich weniger als 60 zu berücksichtigenden Arbeitsplätzen bei einer jahresdurchschnittlichen Beschäftigung von weniger als zwei schwerbehinderten Menschen 125 Euro und bei einer jahresdurchschnittlichen Beschäftigung von weniger als einem schwerbehinderten Menschen 220 Euro.

(3) 1Die Ausgleichsabgabe erhöht sich entsprechend der Veränderung der Bezugsgröße nach § 18 Absatz 1 des Vierten Buches. 2Sie erhöht sich zum 1. Januar eines Kalenderjahres, wenn sich die Bezugsgröße seit der letzten Neubestimmung der Beträge der Ausgleichsabgabe um wenigstens 10 Prozent erhöht hat. 3Die Erhöhung der Ausgleichsabgabe erfolgt, indem der Faktor für die Veränderung der Bezugsgröße mit dem jeweiligen Betrag der Ausgleichsabgabe vervielfältigt wird. 4Die sich ergebenden Beträge sind auf den nächsten durch fünf teilbaren Betrag abzurunden. 5Das Bundesministerium für Arbeit und Soziales gibt den Erhöhungsbetrag und die sich nach Satz 3 ergebenden Beträge der Ausgleichsabgabe im Bundesanzeiger bekannt.

(4) 1Die Ausgleichsabgabe zahlt der Arbeitgeber jährlich zugleich mit der Erstattung der Anzeige nach § 163 Absatz 2 an das für seinen Sitz zuständige Integrationsamt. 2Ist ein Arbeitgeber mehr als drei Monate im Rückstand, erlässt das Integrationsamt einen Feststellungsbescheid über die rückständigen Beträge und zieht diese ein. 3Für rückständige Beträge der Ausgleichsabgabe erhebt das Integrationsamt nach dem 31. März Säumniszuschläge nach Maßgabe des § 24 Absatz 1 des Vierten Buches; für ihre Verwendung gilt Absatz 5 entsprechend. 4Das Integrationsamt kann in begründeten Ausnahmefällen von der Erhebung von Säumniszuschlägen absehen. 5Widerspruch und Anfechtungsklage gegen den Feststellungsbescheid haben keine aufschiebende Wirkung. 6Gegenüber privaten Arbeitgebern wird die Zwangsvollstreckung nach den Vorschriften über das Verwaltungszwangsverfahren durchgeführt. 7Bei öffentlichen Arbeitgebern wendet sich das Integrationsamt an die Aufsichtsbehörde, gegen deren Entscheidung es die Entscheidung der obersten Bundes- oder Landesbehörde

anrufen kann. 8Die Ausgleichsabgabe wird nach Ablauf des Kalenderjahres, das auf den Eingang der Anzeige bei der Bundesagentur für Arbeit folgt, weder nachgefordert noch erstattet.

(5) 1Die Ausgleichsabgabe darf nur für besondere Leistungen zur Förderung der Teilhabe schwerbehinderter Menschen am Arbeitsleben einschließlich begleitender Hilfe im Arbeitsleben (§ 185 Absatz 1 Nummer 3) verwendet werden, soweit Mittel für denselben Zweck nicht von anderer Seite zu leisten sind oder geleistet werden. 2Aus dem Aufkommen an Ausgleichsabgabe dürfen persönliche und sächliche Kosten der Verwaltung und Kosten des Verfahrens nicht bestritten werden. 3Das Integrationsamt gibt dem Beratenden Ausschuss für behinderte Menschen bei dem Integrationsamt (§ 186) auf dessen Verlangen eine Übersicht über die Verwendung der Ausgleichsabgabe.

(6) 1Die Integrationsämter leiten den in der Rechtsverordnung nach § 162 bestimmten Prozentsatz des Aufkommens an Ausgleichsabgabe an den Ausgleichsfonds (§ 161) weiter. 2Zwischen den Integrationsämtern wird ein Ausgleich herbeigeführt. 3Der auf das einzelne Integrationsamt entfallende Anteil am Aufkommen an Ausgleichsabgabe bemisst sich nach dem Mittelwert aus dem Verhältnis der Wohnbevölkerung im Zuständigkeitsbereich des Integrationsamtes zur Wohnbevölkerung im Geltungsbereich dieses Gesetzbuches und dem Verhältnis der Zahl der im Zuständigkeitsbereich des Integrationsamtes in den Betrieben und Dienststellen beschäftigungspflichtiger Arbeitgeber auf Arbeitsplätzen im Sinne des § 156 beschäftigten und der bei den Agenturen für Arbeit arbeitslos gemeldeten schwerbehinderten und diesen gleichgestellten behinderten Menschen zur entsprechenden Zahl der schwerbehinderten und diesen gleichgestellten behinderten Menschen im Geltungsbereich dieses Gesetzbuchs.

(7) 1Die bei den Integrationsämtern verbleibenden Mittel der Ausgleichsabgabe werden von diesen gesondert verwaltet. 2Die Rechnungslegung und die formelle Einrichtung der Rechnungen und Belege regeln sich nach den Bestimmungen, die für diese Stellen allgemein maßgebend sind.

(8) Für die Verpflichtung zur Entrichtung einer Ausgleichsabgabe (Absatz 1) gelten hinsichtlich der in § 154 Absatz 2 Nummer 1 genannten Stellen der Bund und hinsichtlich der in § 154 Absatz 2 Nummer 2 genannten Stellen das Land als ein Arbeitgeber.

§ 161 Ausgleichsfonds

1Zur besonderen Förderung der Einstellung und Beschäftigung schwerbehinderter Menschen auf Arbeitsplätzen und zur Förderung von Einrichtungen und Maßnahmen, die den Interessen mehrerer Länder auf dem Gebiet der Förderung der Teilhabe schwerbehinderter Menschen am Arbeitsleben dienen, ist beim Bundesministerium für Arbeit und Soziales als zweckgebundene Vermögensmasse ein Ausgleichsfonds für überregionale Vorhaben zur Teilhabe schwerbehinderter Menschen am Arbeitsleben gebildet. 2Das Bundesministerium für Arbeit und Soziales verwaltet den Ausgleichsfonds.

§ 162 Verordnungsermächtigungen

Die Bundesregierung wird ermächtigt, durch Rechtsverordnung mit Zustimmung des Bundesrates

1. die Pflichtquote nach § 154 Absatz 1 nach dem jeweiligen Bedarf an Arbeitsplätzen für schwerbehinderte Menschen zu ändern, jedoch auf höchstens 10 Prozent zu erhöhen oder bis auf 4 Prozent herabzusetzen; dabei kann die Pflichtquote für öffentliche Arbeitgeber höher festgesetzt werden als für private Arbeitgeber,
2. nähere Vorschriften über die Verwendung der Ausgleichsabgabe nach § 160 Absatz 5 und die Gestaltung des Ausgleichsfonds nach § 161, die Verwendung der Mittel durch ihn für die Förderung der Teilhabe schwerbehinderter Menschen am Arbeitsleben und das Vergabe- und Verwaltungsverfahren des Ausgleichsfonds zu erlassen,
3. in der Rechtsverordnung nach Nummer 2

a) den Anteil des an den Ausgleichsfonds weiterzuleitenden Aufkommens an Ausgleichsabgabe entsprechend den erforderlichen Aufwendungen zur Erfüllung der Aufgaben des Ausgleichsfonds und der Integrationsämter,

b) den Ausgleich zwischen den Integrationsämtern auf Vorschlag der Länder oder einer Mehrheit der Länder abweichend von § 160 Absatz 6 Satz 3 sowie

c) die Zuständigkeit für die Förderung von Einrichtungen nach § 30 der Schwerbehinderten-Ausgleichsabgabeverordnung abweichend von § 41 Absatz 2 Nummer 1 dieser Verordnung und von Inklusionsbetrieben und -abteilungen abweichend von § 41 Absatz 1 Nummer 3 dieser Verordnung

zu regeln,

4. die Ausgleichsabgabe bei Arbeitgebern, die über weniger als 30 Arbeitsplätze verfügen, für einen bestimmten Zeitraum allgemein oder für einzelne Bundesländer herabzusetzen oder zu erlassen, wenn die Zahl der unbesetzten Pflichtarbeitsplätze für schwerbehinderte Menschen die Zahl der zu beschäftigenden schwerbehinderten Menschen so erheblich übersteigt, dass die Pflichtarbeitsplätze für schwerbehinderte Menschen dieser Arbeitgeber nicht in Anspruch genommen zu werden brauchen.

Kapitel 3 Sonstige Pflichten der Arbeitgeber; Rechte der schwerbehinderten Menschen

§ 163 Zusammenwirken der Arbeitgeber mit der Bundesagentur für Arbeit und den Integrationsämtern

(1) Die Arbeitgeber haben, gesondert für jeden Betrieb und jede Dienststelle, ein Verzeichnis der bei ihnen beschäftigten schwerbehinderten, ihnen gleichgestellten behinderten Menschen und sonstigen anrechnungsfähigen Personen laufend zu führen und dieses den Vertretern oder Vertreterinnen der Bundesagentur für Arbeit und des Integrationsamtes, die für den Sitz des Betriebes oder der Dienststelle zuständig sind, auf Verlangen vorzulegen.

(2) $_1$Die Arbeitgeber haben der für ihren Sitz zuständigen Agentur für Arbeit einmal jährlich bis spätestens zum 31. März für das vorangegangene Kalenderjahr, aufgegliedert nach Monaten, die Daten anzuzeigen, die zur Berechnung des Umfangs der Beschäftigungspflicht, zur Überwachung ihrer Erfüllung und der Ausgleichsabgabe notwendig sind. $_2$Der Anzeige sind das nach Absatz 1 geführte Verzeichnis sowie eine Kopie der Anzeige und des Verzeichnisses zur Weiterleitung an das für ihren Sitz zuständige Integrationsamt beizufügen. $_3$Dem Betriebs-, Personal-, Richter-, Staatsanwalts- und Präsidialrat, der Schwerbehindertenvertretung und dem Inklusionsbeauftragten des Arbeitgebers ist je eine Kopie der Anzeige und des Verzeichnisses zu übermitteln.

(3) Zeigt ein Arbeitgeber die Daten bis zum 30. Juni nicht, nicht richtig oder nicht vollständig an, erlässt die Bundesagentur für Arbeit nach Prüfung in tatsächlicher sowie in rechtlicher Hinsicht einen Feststellungsbescheid über die zur Berechnung der Zahl der Pflichtarbeitsplätze für schwerbehinderte Menschen und der besetzten Arbeitsplätze notwendigen Daten.

(4) Die Arbeitgeber, die Arbeitsplätze für schwerbehinderte Menschen nicht zur Verfügung zu stellen haben, haben die Anzeige nur nach Aufforderung durch die Bundesagentur für Arbeit im Rahmen einer repräsentativen Teilerhebung zu erstatten, die mit dem Ziel der Erfassung der in Absatz 1 genannten Personengruppen, aufgegliedert nach Bundesländern, alle fünf Jahre durchgeführt wird.

(5) Die Arbeitgeber haben der Bundesagentur für Arbeit und dem Integrationsamt auf Verlangen die Auskünfte zu erteilen, die zur Durchführung der besonderen Regelungen zur Teilhabe schwerbehinderter und ihnen gleichgestellter behinderter Menschen am Arbeitsleben notwendig sind.

(6) $_1$Für das Verzeichnis und die Anzeige des Arbeitgebers sind die mit der Bundesarbeits-

gemeinschaft der Integrationsämter und Hauptfürsorgestellen abgestimmten Vordrucke der Bundesagentur für Arbeit zu verwenden. $_2$Die Bundesagentur für Arbeit soll zur Durchführung des Anzeigeverfahrens in Abstimmung mit der Bundesarbeitsgemeinschaft ein elektronisches Übermittlungsverfahren zulassen.

(7) Die Arbeitgeber haben den Beauftragten der Bundesagentur für Arbeit und des Integrationsamtes auf Verlangen Einblick in ihren Betrieb oder ihre Dienststelle zu geben, soweit es im Interesse der schwerbehinderten Menschen erforderlich ist und Betriebs- oder Dienstgeheimnisse nicht gefährdet werden.

(8) Die Arbeitgeber haben die Vertrauenspersonen der schwerbehinderten Menschen (§ 177 Absatz 1 Satz 1 bis 3 und § 180 Absatz 1 bis 5) unverzüglich nach der Wahl und ihren Inklusionsbeauftragten für die Angelegenheiten der schwerbehinderten Menschen (§ 181 Satz 1) unverzüglich nach der Bestellung der für den Sitz des Betriebes oder der Dienststelle zuständigen Agentur für Arbeit und dem Integrationsamt zu benennen.

§ 164 Pflichten des Arbeitgebers und Rechte schwerbehinderter Menschen

(1) $_1$Die Arbeitgeber sind verpflichtet zu prüfen, ob freie Arbeitsplätze mit schwerbehinderten Menschen, insbesondere mit bei der Agentur für Arbeit arbeitslos oder arbeitsuchend gemeldeten schwerbehinderten Menschen, besetzt werden können. $_2$Sie nehmen frühzeitig Verbindung mit der Agentur für Arbeit auf. $_3$Die Bundesagentur für Arbeit oder ein Integrationsfachdienst schlägt den Arbeitgebern geeignete schwerbehinderte Menschen vor. $_4$Über die Vermittlungsvorschläge und vorliegende Bewerbungen von schwerbehinderten Menschen haben die Arbeitgeber die Schwerbehindertenvertretung und die in § 176 genannten Vertretungen unmittelbar nach Eingang zu unterrichten. $_5$Bei Bewerbungen schwerbehinderter Richterinnen und Richter wird der Präsidialrat unterrichtet und gehört, soweit dieser an der Ernennung zu beteiligen ist. $_6$Bei der Prüfung nach Satz 1 beteiligen die Arbeitgeber die Schwerbehindertenvertretung nach § 178 Absatz 2 und hören die in § 176 genannten Vertretungen an. $_7$Erfüllt der Arbeitgeber seine Beschäftigungspflicht nicht und ist die Schwerbehindertenvertretung oder eine in § 176 genannte Vertretung mit der beabsichtigten Entscheidung des Arbeitgebers nicht einverstanden, ist diese unter Darlegung der Gründe mit ihnen zu erörtern. $_8$Dabei wird der betroffene schwerbehinderte Mensch angehört. $_9$Alle Beteiligten sind vom Arbeitgeber über die getroffene Entscheidung unter Darlegung der Gründe unverzüglich zu unterrichten. $_{10}$Bei Bewerbungen schwerbehinderter Menschen ist die Schwerbehindertenvertretung nicht zu beteiligen, wenn der schwerbehinderte Mensch die Beteiligung der Schwerbehindertenvertretung ausdrücklich ablehnt.

(2) $_1$Arbeitgeber dürfen schwerbehinderte Beschäftigte nicht wegen ihrer Behinderung benachteiligen. $_2$Im Einzelnen gelten hierzu die Regelungen des Allgemeinen Gleichbehandlungsgesetzes.

(3) $_1$Die Arbeitgeber stellen durch geeignete Maßnahmen sicher, dass in ihren Betrieben und Dienststellen wenigstens die vorgeschriebene Zahl schwerbehinderter Menschen eine möglichst dauerhafte behinderungsgerechte Beschäftigung finden kann. $_2$Absatz 4 Satz 2 und 3 gilt entsprechend.

(4) $_1$Die schwerbehinderten Menschen haben gegenüber ihren Arbeitgebern Anspruch auf

1. Beschäftigung, bei der sie ihre Fähigkeiten und Kenntnisse möglichst voll verwerten und weiterentwickeln können,
2. bevorzugte Berücksichtigung bei innerbetrieblichen Maßnahmen der beruflichen Bildung zur Förderung ihres beruflichen Fortkommens,
3. Erleichterungen im zumutbaren Umfang zur Teilnahme an außerbetrieblichen Maßnahmen der beruflichen Bildung,
4. behinderungsgerechte Einrichtung und Unterhaltung der Arbeitsstätten einschließlich der Betriebsanlagen, Maschinen und Geräte sowie der Gestaltung der

Arbeitsplätze, des Arbeitsumfelds, der Arbeitsorganisation und der Arbeitszeit, unter besonderer Berücksichtigung der Unfallgefahr,

5. Ausstattung ihres Arbeitsplatzes mit den erforderlichen technischen Arbeitshilfen

unter Berücksichtigung der Behinderung und ihrer Auswirkungen auf die Beschäftigung. 2Bei der Durchführung der Maßnahmen nach Satz 1 Nummer 1, 4 und 5 unterstützen die Bundesagentur für Arbeit und die Integrationsämter die Arbeitgeber unter Berücksichtigung der für die Beschäftigung wesentlichen Eigenschaften der schwerbehinderten Menschen. 3Ein Anspruch nach Satz 1 besteht nicht, soweit seine Erfüllung für den Arbeitgeber nicht zumutbar oder mit unverhältnismäßigen Aufwendungen verbunden wäre oder soweit die staatlichen oder berufsgenossenschaftlichen Arbeitsschutzvorschriften oder beamtenrechtliche Vorschriften entgegenstehen.

(5) 1Die Arbeitgeber fördern die Einrichtung von Teilzeitarbeitsplätzen. 2Sie werden dabei von den Integrationsämtern unterstützt. 3Schwerbehinderte Menschen haben einen Anspruch auf Teilzeitbeschäftigung, wenn die kürzere Arbeitszeit wegen Art oder Schwere der Behinderung notwendig ist; Absatz 4 Satz 3 gilt entsprechend.

§ 165 Besondere Pflichten der öffentlichen Arbeitgeber

1Die Dienststellen der öffentlichen Arbeitgeber melden den Agenturen für Arbeit frühzeitig nach einer erfolglosen Prüfung zur internen Besetzung des Arbeitsplatzes frei werdende und neu zu besetzende sowie neue Arbeitsplätze (§ 156). 2Mit dieser Meldung gilt die Zustimmung zur Veröffentlichung der Stellenangebote als erteilt. 3Haben schwerbehinderte Menschen sich um einen solchen Arbeitsplatz beworben oder sind sie von der Bundesagentur für Arbeit oder einem von dieser beauftragten Integrationsfachdienst vorgeschlagen worden, werden sie zu einem Vorstellungsgespräch eingeladen. 4Eine Einladung ist entbehrlich, wenn die fachliche Eignung offensichtlich fehlt. 5Einer Inklusionsvereinbarung nach § 166 bedarf es nicht, wenn für die Dienststellen dem § 166 entsprechende Regelungen bereits bestehen und durchgeführt werden.

§ 166 Inklusionsvereinbarung

(1) 1Die Arbeitgeber treffen mit der Schwerbehindertenvertretung und den in § 176 genannten Vertretungen in Zusammenarbeit mit dem Inklusionsbeauftragten des Arbeitgebers (§ 181) eine verbindliche Inklusionsvereinbarung. 2Auf Antrag der Schwerbehindertenvertretung wird unter Beteiligung der in § 176 genannten Vertretungen hierüber verhandelt. 3Ist eine Schwerbehindertenvertretung nicht vorhanden, steht das Antragsrecht den in § 176 genannten Vertretungen zu. 4Der Arbeitgeber oder die Schwerbehindertenvertretung kann das Integrationsamt einladen, sich an den Verhandlungen über die Inklusionsvereinbarung zu beteiligen. 5Das Integrationsamt soll dabei insbesondere darauf hinwirken, dass unterschiedliche Auffassungen überwunden werden. 6Der Agentur für Arbeit und dem Integrationsamt, die für den Sitz des Arbeitgebers zuständig sind, wird die Vereinbarung übermittelt.

(2) 1Die Vereinbarung enthält Regelungen im Zusammenhang mit der Eingliederung schwerbehinderter Menschen, insbesondere zur Personalplanung, Arbeitsplatzgestaltung, Gestaltung des Arbeitsumfelds, Arbeitsorganisation, Arbeitszeit sowie Regelungen über die Durchführung in den Betrieben und Dienststellen. 2Dabei ist die gleichberechtigte Teilhabe schwerbehinderter Menschen am Arbeitsleben bei der Gestaltung von Arbeitsprozessen und Rahmenbedingungen von Anfang an zu berücksichtigen. 3Bei der Personalplanung werden besondere Regelungen zur Beschäftigung eines angemessenen Anteils von schwerbehinderten Frauen vorgesehen.

(3) In der Vereinbarung können insbesondere auch Regelungen getroffen werden

1. zur angemessenen Berücksichtigung schwerbehinderter Menschen bei der Besetzung freier, frei werdender oder neuer Stellen,

2. zu einer anzustrebenden Beschäftigungsquote, einschließlich eines angemessenen Anteils schwerbehinderter Frauen,
3. zu Teilzeitarbeit,
4. zur Ausbildung behinderter Jugendlicher,
5. zur Durchführung der betrieblichen Prävention (betriebliches Eingliederungsmanagement) und zur Gesundheitsförderung,
6. über die Hinzuziehung des Werks- oder Betriebsarztes auch für Beratungen über Leistungen zur Teilhabe sowie über besondere Hilfen im Arbeitsleben.

(4) In den Versammlungen schwerbehinderter Menschen berichtet der Arbeitgeber über alle Angelegenheiten im Zusammenhang mit der Eingliederung schwerbehinderter Menschen.

§ 167 Prävention

(1) Der Arbeitgeber schaltet bei Eintreten von personen-, verhaltens- oder betriebsbedingten Schwierigkeiten im Arbeits- oder sonstigen Beschäftigungsverhältnis, die zur Gefährdung dieses Verhältnisses führen können, möglichst frühzeitig die Schwerbehindertenvertretung und die in § 176 genannten Vertretungen sowie das Integrationsamt ein, um mit ihnen alle Möglichkeiten und alle zur Verfügung stehenden Hilfen zur Beratung und mögliche finanzielle Leistungen zu erörtern, mit denen die Schwierigkeiten beseitigt werden können und das Arbeits- oder sonstige Beschäftigungsverhältnis möglichst dauerhaft fortgesetzt werden kann.

(2) $_1$Sind Beschäftigte innerhalb eines Jahres länger als sechs Wochen ununterbrochen oder wiederholt arbeitsunfähig, klärt der Arbeitgeber mit der zuständigen Interessenvertretung im Sinne des § 176, bei schwerbehinderten Menschen außerdem mit der Schwerbehindertenvertretung, mit Zustimmung und Beteiligung der betroffenen Person die Möglichkeiten, wie die Arbeitsunfähigkeit möglichst überwunden werden und mit welchen Leistungen oder Hilfen erneuter Arbeitsunfähigkeit vorgebeugt und der Arbeitsplatz erhalten werden kann (betriebliches Eingliederungsmanagement). $_2$Beschäftigte können zusätzlich eine Vertrauensperson eigener Wahl hinzuziehen. $_3$Soweit erforderlich, wird der Werks- oder Betriebsarzt hinzugezogen. $_4$Die betroffene Person oder ihr gesetzlicher Vertreter ist zuvor auf die Ziele des betrieblichen Eingliederungsmanagements sowie auf Art und Umfang der hierfür erhobenen und verwendeten Daten hinzuweisen. $_5$Kommen Leistungen zur Teilhabe oder begleitende Hilfen im Arbeitsleben in Betracht, werden vom Arbeitgeber die Rehabilitationsträger oder bei schwerbehinderten Beschäftigten das Integrationsamt hinzugezogen. $_6$Diese wirken darauf hin, dass die erforderlichen Leistungen oder Hilfen unverzüglich beantragt und innerhalb der Frist des § 14 Absatz 2 Satz 2 erbracht werden. $_7$Die zuständige Interessenvertretung im Sinne des § 176, bei schwerbehinderten Menschen außerdem die Schwerbehindertenvertretung, können die Klärung verlangen. $_8$Sie wachen darüber, dass der Arbeitgeber die ihm nach dieser Vorschrift obliegenden Verpflichtungen erfüllt.

(3) Die Rehabilitationsträger und die Integrationsämter können Arbeitgeber, die ein betriebliches Eingliederungsmanagement einführen, durch Prämien oder einen Bonus fördern.

Kapitel 4
Kündigungsschutz

§ 168 Erfordernis der Zustimmung

Die Kündigung des Arbeitsverhältnisses eines schwerbehinderten Menschen durch den Arbeitgeber bedarf der vorherigen Zustimmung des Integrationsamtes.

§ 169 Kündigungsfrist

Die Kündigungsfrist beträgt mindestens vier Wochen.

§ 170 Antragsverfahren

(1) $_1$Die Zustimmung zur Kündigung beantragt der Arbeitgeber bei dem für den Sitz des Betriebes oder der Dienststelle zuständigen Integrationsamt schriftlich oder elektronisch. $_2$Der Begriff des Betriebes und der Begriff der

Dienststelle im Sinne dieses Teils bestimmen sich nach dem Betriebsverfassungsgesetz und dem Personalvertretungsrecht.

(2) Das Integrationsamt holt eine Stellungnahme des Betriebsrates oder Personalrates und der Schwerbehindertenvertretung ein und hört den schwerbehinderten Menschen an.

(3) Das Integrationsamt wirkt in jeder Lage des Verfahrens auf eine gütliche Einigung hin.

§ 171 Entscheidung des Integrationsamtes

(1) Das Integrationsamt soll die Entscheidung, falls erforderlich, auf Grund mündlicher Verhandlung, innerhalb eines Monats vom Tag des Eingangs des Antrages an treffen.

(2) $_1$Die Entscheidung wird dem Arbeitgeber und dem schwerbehinderten Menschen zugestellt. $_2$Der Bundesagentur für Arbeit wird eine Abschrift der Entscheidung übersandt.

(3) Erteilt das Integrationsamt die Zustimmung zur Kündigung, kann der Arbeitgeber die Kündigung nur innerhalb eines Monats nach Zustellung erklären.

(4) Widerspruch und Anfechtungsklage gegen die Zustimmung des Integrationsamtes zur Kündigung haben keine aufschiebende Wirkung.

(5) $_1$In den Fällen des § 172 Absatz 1 Satz 1 und Absatz 3 gilt Absatz 1 mit der Maßgabe, dass die Entscheidung innerhalb eines Monats vom Tag des Eingangs des Antrages an zu treffen ist. $_2$Wird innerhalb dieser Frist eine Entscheidung nicht getroffen, gilt die Zustimmung als erteilt. $_3$Die Absätze 3 und 4 gelten entsprechend.

§ 172 Einschränkungen der Ermessensentscheidung

(1) $_1$Das Integrationsamt erteilt die Zustimmung bei Kündigungen in Betrieben und Dienststellen, die nicht nur vorübergehend eingestellt oder aufgelöst werden, wenn zwischen dem Tag der Kündigung und dem Tag, bis zu dem Gehalt oder Lohn gezahlt wird, mindestens drei Monate liegen. $_2$Unter der gleichen Voraussetzung soll es die Zustimmung auch bei Kündigungen in Betrieben und Dienststellen erteilen, die nicht nur vorübergehend wesentlich eingeschränkt werden, wenn die Gesamtzahl der weiterhin beschäftigten schwerbehinderten Menschen zur Erfüllung der Beschäftigungspflicht nach § 154 ausreicht. $_3$Die Sätze 1 und 2 gelten nicht, wenn eine Weiterbeschäftigung auf einem anderen Arbeitsplatz desselben Betriebes oder derselben Dienststelle oder auf einem freien Arbeitsplatz in einem anderen Betrieb oder einer anderen Dienststelle desselben Arbeitgebers mit Einverständnis des schwerbehinderten Menschen möglich und für den Arbeitgeber zumutbar ist.

(2) Das Integrationsamt soll die Zustimmung erteilen, wenn dem schwerbehinderten Menschen ein anderer angemessener und zumutbarer Arbeitsplatz gesichert ist.

(3) Ist das Insolvenzverfahren über das Vermögen des Arbeitgebers eröffnet, soll das Integrationsamt die Zustimmung erteilen, wenn

1. der schwerbehinderte Mensch in einem Interessenausgleich namentlich als einer der zu entlassenden Arbeitnehmer bezeichnet ist (§ 125 der Insolvenzordnung),
2. die Schwerbehindertenvertretung beim Zustandekommen des Interessenausgleichs gemäß § 178 Absatz 2 beteiligt worden ist,
3. der Anteil der nach dem Interessenausgleich zu entlassenden schwerbehinderten Menschen an der Zahl der beschäftigten schwerbehinderten Menschen nicht größer ist als der Anteil der zu entlassenden übrigen Arbeitnehmer an der Zahl der beschäftigten übrigen Arbeitnehmer und
4. die Gesamtzahl der schwerbehinderten Menschen, die nach dem Interessenausgleich bei dem Arbeitgeber verbleiben sollen, zur Erfüllung der Beschäftigungspflicht nach § 154 ausreicht.

§ 173 Ausnahmen

(1) $_1$Die Vorschriften dieses Kapitels gelten nicht für schwerbehinderte Menschen,

1. deren Arbeitsverhältnis zum Zeitpunkt des Zugangs der Kündigungserklärung ohne

Unterbrechung noch nicht länger als sechs Monate besteht oder

2. die auf Stellen im Sinne des § 156 Absatz 2 Nummer 2 bis 5 beschäftigt werden oder
3. deren Arbeitsverhältnis durch Kündigung beendet wird, sofern sie
   a) das 58. Lebensjahr vollendet haben und Anspruch auf eine Abfindung, Entschädigung oder ähnliche Leistung auf Grund eines Sozialplanes haben oder
   b) Anspruch auf Knappschaftsausgleichsleistung nach dem Sechsten Buch oder auf Anpassungsgeld für entlassene Arbeitnehmer des Bergbaus haben.

$_{2}$Satz 1 Nummer 3 (Buchstabe a und b) finden Anwendung, wenn der Arbeitgeber ihnen die Kündigungsabsicht rechtzeitig mitgeteilt hat und sie der beabsichtigten Kündigung bis zu deren Ausspruch nicht widersprechen

(2) Die Vorschriften dieses Kapitels finden ferner bei Entlassungen, die aus Witterungsgründen vorgenommen werden, keine Anwendung, sofern die Wiedereinstellung der schwerbehinderten Menschen bei Wiederaufnahme der Arbeit gewährleistet ist.

(3) Die Vorschriften dieses Kapitels finden ferner keine Anwendung, wenn zum Zeitpunkt der Kündigung die Eigenschaft als schwerbehinderter Mensch nicht nachgewiesen ist oder das Versorgungsamt nach Ablauf der Frist des § 152 Absatz 1 Satz 3 eine Feststellung wegen fehlender Mitwirkung nicht treffen konnte.

(4) Der Arbeitgeber zeigt Einstellungen auf Probe und die Beendigung von Arbeitsverhältnissen schwerbehinderter Menschen in den Fällen des Absatzes 1 Nummer 1 unabhängig von der Anzeigepflicht nach anderen Gesetzen dem Integrationsamt innerhalb von vier Tagen an.

§ 174 Außerordentliche Kündigung

(1) Die Vorschriften dieses Kapitels gelten mit Ausnahme von § 169 auch bei außerordentlicher Kündigung, soweit sich aus den folgenden Bestimmungen nichts Abweichendes ergibt.

(2) $_{1}$Die Zustimmung zur Kündigung kann nur innerhalb von zwei Wochen beantragt werden; maßgebend ist der Eingang des Antrages bei dem Integrationsamt. $_{2}$Die Frist beginnt mit dem Zeitpunkt, in dem der Arbeitgeber von den für die Kündigung maßgebenden Tatsachen Kenntnis erlangt.

(3) $_{1}$Das Integrationsamt trifft die Entscheidung innerhalb von zwei Wochen vom Tag des Eingangs des Antrages an. $_{2}$Wird innerhalb dieser Frist eine Entscheidung nicht getroffen, gilt die Zustimmung als erteilt.

(4) Das Integrationsamt soll die Zustimmung erteilen, wenn die Kündigung aus einem Grund erfolgt, der nicht im Zusammenhang mit der Behinderung steht.

(5) Die Kündigung kann auch nach Ablauf der Frist des § 626 Absatz 2 Satz 1 des Bürgerlichen Gesetzbuchs erfolgen, wenn sie unverzüglich nach Erteilung der Zustimmung erklärt wird.

(6) Schwerbehinderte Menschen, denen lediglich aus Anlass eines Streiks oder einer Aussperrung fristlos gekündigt worden ist, werden nach Beendigung des Streiks oder der Aussperrung wieder eingestellt.

§ 175 Erweiterter Beendigungsschutz

$_{1}$Die Beendigung des Arbeitsverhältnisses eines schwerbehinderten Menschen bedarf auch dann der vorherigen Zustimmung des Integrationsamtes, wenn sie im Falle des Eintritts einer teilweisen Erwerbsminderung, der Erwerbsminderung auf Zeit, der Berufsunfähigkeit oder der Erwerbsunfähigkeit auf Zeit ohne Kündigung erfolgt. $_{2}$Die Vorschriften dieses Kapitels über die Zustimmung zur ordentlichen Kündigung gelten entsprechend.

Kapitel 5
Betriebs-, Personal-, Richter-, Staatsanwalts- und Präsidialrat, Schwerbehindertenvertretung, Inklusionsbeauftragter des Arbeitgebers

§ 176 Aufgaben des Betriebs-, Personal-, Richter-, Staatsanwalts- und Präsidialrates

$_{1}$Betriebs-, Personal-, Richter-, Staatsanwalts- und Präsidialrat fördern die Eingliederung schwerbehinderter Menschen. $_{2}$Sie achten insbesondere darauf, dass die dem Arbeitgeber nach den §§ 154, 155 und 164 bis 167 obliegenden Verpflichtungen erfüllt werden; sie wirken auf die Wahl der Schwerbehindertenvertretung hin.

II

§ 177 Wahl und Amtszeit der Schwerbehindertenvertretung

(1) 1In Betrieben und Dienststellen, in denen wenigstens fünf schwerbehinderte Menschen nicht nur vorübergehend beschäftigt sind, werden eine Vertrauensperson und wenigstens ein stellvertretendes Mitglied gewählt, das die Vertrauensperson im Falle der Verhinderung vertritt. 2Ferner wählen bei Gerichten, denen mindestens fünf schwerbehinderte Richter oder Richterinnen angehören, diese einen Richter oder eine Richterin zu ihrer Schwerbehindertenvertretung. 3Satz 2 gilt entsprechend für Staatsanwälte oder Staatsanwältinnen, soweit für sie eine besondere Personalvertretung gebildet wird. 4Betriebe oder Dienststellen, die die Voraussetzungen des Satzes 1 nicht erfüllen, können für die Wahl mit räumlich nahe liegenden Betrieben des Arbeitgebers oder gleichstufigen Dienststellen derselben Verwaltung zusammengefasst werden; soweit erforderlich, können Gerichte unterschiedlicher Gerichtszweige und Stufen zusammengefasst werden. 5Über die Zusammenfassung entscheidet der Arbeitgeber im Benehmen mit dem für den Sitz der Betriebe oder Dienststellen einschließlich Gerichten zuständigen Integrationsamt.

(2) Wahlberechtigt sind alle in dem Betrieb oder der Dienststelle beschäftigten schwerbehinderten Menschen.

(3) 1Wählbar sind alle in dem Betrieb oder der Dienststelle nicht nur vorübergehend Beschäftigten, die am Wahltag das 18. Lebensjahr vollendet haben und dem Betrieb oder der Dienststelle seit sechs Monaten angehören; besteht der Betrieb oder die Dienststelle weniger als ein Jahr, so bedarf es für die Wählbarkeit nicht der sechsmonatigen Zugehörigkeit. 2Nicht wählbar ist, wer kraft Gesetzes dem Betriebs-, Personal-, Richter-, Staatsanwalts- oder Präsidialrat nicht angehören kann.

(4) In Dienststellen der Bundeswehr sind auch schwerbehinderte Soldatinnen und Soldaten wahlberechtigt und auch Soldatinnen und Soldaten wählbar.

(5) 1Die regelmäßigen Wahlen finden alle vier Jahre in der Zeit vom 1. Oktober bis 30. November statt. 2Außerhalb dieser Zeit finden Wahlen statt, wenn

1. das Amt der Schwerbehindertenvertretung vorzeitig erlischt und ein stellvertretendes Mitglied nicht nachrückt,
2. die Wahl mit Erfolg angefochten worden ist oder
3. eine Schwerbehindertenvertretung noch nicht gewählt ist.

3Hat außerhalb des für die regelmäßigen Wahlen festgelegten Zeitraumes eine Wahl der Schwerbehindertenvertretung stattgefunden, wird die Schwerbehindertenvertretung in dem auf die Wahl folgenden nächsten Zeitraum der regelmäßigen Wahlen neu gewählt. 4Hat die Amtszeit der Schwerbehindertenvertretung zum Beginn des für die regelmäßigen Wahlen festgelegten Zeitraums noch nicht ein Jahr betragen, wird die Schwerbehindertenvertretung im übernächsten Zeitraum für regelmäßige Wahlen neu gewählt.

(6) 1Die Vertrauensperson und das stellvertretende Mitglied werden in geheimer und unmittelbarer Wahl nach den Grundsätzen der Mehrheitswahl gewählt. 2Im Übrigen sind die Vorschriften über die Wahlanfechtung, den Wahlschutz und die Wahlkosten bei der Wahl des Betriebs-, Personal-, Richter-, Staatsanwalts- oder Präsidialrates sinngemäß anzuwenden. 3In Betrieben und Dienststellen mit weniger als 50 wahlberechtigten schwerbehinderten Menschen wird die Vertrauensperson und das stellvertretende Mitglied im vereinfachten Wahlverfahren gewählt, sofern der Betrieb oder die Dienststelle nicht aus räumlich weit auseinanderliegenden Teilen besteht. 4Ist in einem Betrieb oder einer Dienststelle eine Schwerbehindertenvertretung nicht gewählt, so kann das für den Betrieb oder die Dienststelle zuständige Integrationsamt zu einer Versammlung schwer-

behinderter Menschen zum Zwecke der Wahl eines Wahlvorstandes einladen.

(7) 1Die Amtszeit der Schwerbehindertenvertretung beträgt vier Jahre. 2Sie beginnt mit der Bekanntgabe des Wahlergebnisses oder, wenn die Amtszeit der bisherigen Schwerbehindertenvertretung noch nicht beendet ist, mit deren Ablauf. 3Das Amt erlischt vorzeitig, wenn die Vertrauensperson es niederlegt, aus dem Arbeits-, Dienst- oder Richterverhältnis ausscheidet oder die Wählbarkeit verliert. 4Scheidet die Vertrauensperson vorzeitig aus dem Amt aus, rückt das mit der höchsten Stimmenzahl gewählte stellvertretende Mitglied für den Rest der Amtszeit nach; dies gilt für das stellvertretende Mitglied entsprechend. 5Auf Antrag eines Viertels der wahlberechtigten schwerbehinderten Menschen kann der Widerspruchsausschuss bei dem Integrationsamt (§ 202) das Erlöschen des Amtes einer Vertrauensperson wegen grober Verletzung ihrer Pflichten beschließen.

(8) In Betrieben gilt § 21a des Betriebsverfassungsgesetzes entsprechend.

§ 178 Aufgaben der Schwerbehindertenvertretung

(1) 1Die Schwerbehindertenvertretung fördert die Eingliederung schwerbehinderter Menschen in den Betrieb oder die Dienststelle, vertritt ihre Interessen in dem Betrieb oder der Dienststelle und steht ihnen beratend und helfend zur Seite. 2Sie erfüllt ihre Aufgaben insbesondere dadurch, dass sie

1. darüber wacht, dass die zugunsten schwerbehinderter Menschen geltenden Gesetze, Verordnungen, Tarifverträge, Betriebs- oder Dienstvereinbarungen und Verwaltungsanordnungen durchgeführt, insbesondere auch die dem Arbeitgeber nach den §§ 154, 155 und 164 bis 167 obliegenden Verpflichtungen erfüllt werden,
2. Maßnahmen, die den schwerbehinderten Menschen dienen, insbesondere auch präventive Maßnahmen, bei den zuständigen Stellen beantragt,
3. Anregungen und Beschwerden von schwerbehinderten Menschen entgegennimmt und, falls sie berechtigt erscheinen, durch Verhandlung mit dem Arbeitgeber auf eine Erledigung hinwirkt; sie unterrichtet die schwerbehinderten Menschen über den Stand und das Ergebnis der Verhandlungen.

3Die Schwerbehindertenvertretung unterstützt Beschäftigte auch bei Anträgen an die nach § 152 Absatz 1 zuständigen Behörden auf Feststellung einer Behinderung, ihres Grades und einer Schwerbehinderung sowie bei Anträgen auf Gleichstellung an die Agentur für Arbeit. 4In Betrieben und Dienststellen mit in der Regel mehr als 100 beschäftigten schwerbehinderten Menschen kann sie nach Unterrichtung des Arbeitgebers das mit der höchsten Stimmenzahl gewählte stellvertretende Mitglied zu bestimmten Aufgaben heranziehen. 5Ab jeweils 100 weiteren beschäftigten schwerbehinderten Menschen kann jeweils auch das mit der nächsthöheren Stimmenzahl gewählte Mitglied herangezogen werden. 6Die Heranziehung zu bestimmten Aufgaben schließt die Abstimmung untereinander ein.

(2) 1Der Arbeitgeber hat die Schwerbehindertenvertretung in allen Angelegenheiten, die einen einzelnen oder die schwerbehinderten Menschen als Gruppe berühren, unverzüglich und umfassend zu unterrichten und vor einer Entscheidung anzuhören; er hat ihr die getroffene Entscheidung unverzüglich mitzuteilen. 2Die Durchführung oder Vollziehung einer ohne Beteiligung nach Satz 1 getroffenen Entscheidung ist auszusetzen, die Beteiligung ist innerhalb von sieben Tagen nachzuholen; sodann ist endgültig zu entscheiden. 3Die Kündigung eines schwerbehinderten Menschen, die der Arbeitgeber ohne eine Beteiligung nach Satz 1 ausspricht, ist unwirksam. 4Die Schwerbehindertenvertretung hat das Recht auf Beteiligung am Verfahren nach § 164 Absatz 1 und beim Vorliegen von Vermittlungsvorschlägen der Bundesagentur für Arbeit nach § 164 Absatz 1 oder von Bewerbungen schwerbehinderter Menschen das Recht auf Einsicht in die entscheidungsrele-

vanten Teile der Bewerbungsunterlagen und Teilnahme an Vorstellungsgesprächen.

(3) 1Der schwerbehinderte Mensch hat das Recht, bei Einsicht in die über ihn geführte Personalakte oder ihn betreffende Daten des Arbeitgebers die Schwerbehindertenvertretung hinzuzuziehen. 2Die Schwerbehindertenvertretung bewahrt über den Inhalt der Daten Stillschweigen, soweit sie der schwerbehinderte Mensch nicht von dieser Verpflichtung entbunden hat.

(4) 1Die Schwerbehindertenvertretung hat das Recht, an allen Sitzungen des Betriebs-, Personal-, Richter-, Staatsanwalts- oder Präsidialrates und deren Ausschüssen sowie des Arbeitsschutzausschusses beratend teilzunehmen; sie kann beantragen, Angelegenheiten, die einzelne oder die schwerbehinderten Menschen als Gruppe besonders betreffen, auf die Tagesordnung der nächsten Sitzung zu setzen. 2Erachtet sie einen Beschluss des Betriebs-, Personal-, Richter-, Staatsanwalts- oder Präsidialrates als eine erhebliche Beeinträchtigung wichtiger Interessen schwerbehinderter Menschen oder ist sie entgegen Absatz 2 Satz 1 nicht beteiligt worden, wird auf ihren Antrag der Beschluss für die Dauer von einer Woche vom Zeitpunkt der Beschlussfassung an ausgesetzt; die Vorschriften des Betriebsverfassungsgesetzes und des Personalvertretungsrechts über die Aussetzung von Beschlüssen gelten entsprechend. 3Durch die Aussetzung wird eine Frist nicht verlängert. 4In den Fällen des § 21e Absatz 1 und 3 des Gerichtsverfassungsgesetzes ist die Schwerbehindertenvertretung, außer in Eilfällen, auf Antrag einer betroffenen schwerbehinderten Richterin oder eines schwerbehinderten Richters vor dem Präsidium des Gerichtes zu hören.

(5) Die Schwerbehindertenvertretung wird zu Besprechungen nach § 74 Absatz 1 des Betriebsverfassungsgesetzes, § 65 des Bundespersonalvertretungsgesetzes sowie den entsprechenden Vorschriften des sonstigen Personalvertretungsrechts zwischen dem Arbeitgeber und den in Absatz 4 genannten Vertretungen hinzugezogen.

(6) 1Die Schwerbehindertenvertretung hat das Recht, mindestens einmal im Kalenderjahr eine Versammlung schwerbehinderter Menschen im Betrieb oder in der Dienststelle durchzuführen. 2Die für Betriebs- und Personalversammlungen geltenden Vorschriften finden entsprechende Anwendung.

(7) Sind in einer Angelegenheit sowohl die Schwerbehindertenvertretung der Richter und Richterinnen als auch die Schwerbehindertenvertretung der übrigen Bediensteten beteiligt, so handeln sie gemeinsam.

(8) Die Schwerbehindertenvertretung kann an Betriebs- und Personalversammlungen in Betrieben und Dienststellen teilnehmen, für die sie als Schwerbehindertenvertretung zuständig ist, und hat dort ein Rederecht, auch wenn die Mitglieder der Schwerbehindertenvertretung nicht Angehörige des Betriebes oder der Dienststelle sind.

§ 179 Persönliche Rechte und Pflichten der Vertrauenspersonen der schwerbehinderten Menschen

(1) Die Vertrauenspersonen führen ihr Amt unentgeltlich als Ehrenamt.

(2) Die Vertrauenspersonen dürfen in der Ausübung ihres Amtes nicht behindert oder wegen ihres Amtes nicht benachteiligt oder begünstigt werden; dies gilt auch für ihre berufliche Entwicklung.

(3) 1Die Vertrauenspersonen besitzen gegenüber dem Arbeitgeber die gleiche persönliche Rechtsstellung, insbesondere den gleichen Kündigungs-, Versetzungs- und Abordnungsschutz, wie ein Mitglied des Betriebs-, Personal-, Staatsanwalts- oder Richterrates. 2Das stellvertretende Mitglied besitzt während der Dauer der Vertretung und der Heranziehung nach § 178 Absatz 1 Satz 4 und 5 die gleiche persönliche Rechtsstellung wie die Vertrauensperson, im Übrigen die gleiche Rechtsstellung wie Ersatzmitglieder der in Satz 1 genannten Vertretungen.

(4) 1Die Vertrauenspersonen werden von ihrer beruflichen Tätigkeit ohne Minderung des Arbeitsentgelts oder der Dienstbezüge befreit, wenn und soweit es zur Durchführung ihrer Aufgaben erforderlich ist. 2Sind in den

Betrieben und Dienststellen in der Regel wenigstens 100 schwerbehinderte Menschen beschäftigt, wird die Vertrauensperson auf ihren Wunsch freigestellt; weitergehende Vereinbarungen sind zulässig. 3Satz 1 gilt entsprechend für die Teilnahme der Vertrauensperson und des mit der höchsten Stimmenzahl gewählten stellvertretenden Mitglieds sowie in den Fällen des § 178 Absatz 1 Satz 5 auch des jeweils mit der nächsthöheren Stimmenzahl gewählten weiteren stellvertretenden Mitglieds an Schulungs- und Bildungsveranstaltungen, soweit diese Kenntnisse vermitteln, die für die Arbeit der Schwerbehindertenvertretung erforderlich sind.

(5) 1Freigestellte Vertrauenspersonen dürfen von inner- oder außerbetrieblichen Maßnahmen der Berufsförderung nicht ausgeschlossen werden. 2Innerhalb eines Jahres nach Beendigung ihrer Freistellung ist ihnen im Rahmen der Möglichkeiten des Betriebes oder der Dienststelle Gelegenheit zu geben, eine wegen der Freistellung unterbliebene berufliche Entwicklung in dem Betrieb oder der Dienststelle nachzuholen. 3Für Vertrauenspersonen, die drei volle aufeinander folgende Amtszeiten freigestellt waren, erhöht sich der genannte Zeitraum auf zwei Jahre.

(6) Zum Ausgleich für ihre Tätigkeit, die aus betriebsbedingten oder dienstlichen Gründen außerhalb der Arbeitszeit durchzuführen ist, haben die Vertrauenspersonen Anspruch auf entsprechende Arbeits- oder Dienstbefreiung unter Fortzahlung des Arbeitsentgelts oder der Dienstbezüge.

(7) 1Die Vertrauenspersonen sind verpflichtet,

1. ihnen wegen ihres Amtes anvertraute oder sonst bekannt gewordene fremde Geheimnisse, namentlich zum persönlichen Lebensbereich gehörende Geheimnisse, nicht zu offenbaren und
2. ihnen wegen ihres Amtes bekannt gewordene und vom Arbeitgeber ausdrücklich als geheimhaltungsbedürftig bezeichnete Betriebs- oder Geschäftsgeheimnisse nicht zu offenbaren und nicht zu verwerten.

2Diese Pflichten gelten auch nach dem Ausscheiden aus dem Amt. 3Sie gelten nicht gegenüber der Bundesagentur für Arbeit, den Integrationsämtern und den Rehabilitationsträgern, soweit deren Aufgaben den schwerbehinderten Menschen gegenüber es erfordern, gegenüber den Vertrauenspersonen in den Stufenvertretungen (§ 180) sowie gegenüber den in § 79 Absatz 1 des Betriebsverfassungsgesetzes und den in den entsprechenden Vorschriften des Personalvertretungsrechts genannten Vertretungen, Personen und Stellen.

(8) 1Die durch die Tätigkeit der Schwerbehindertenvertretung entstehenden Kosten trägt der Arbeitgeber; für öffentliche Arbeitgeber gelten die Kostenregelungen für Personalvertretungen entsprechend. 2Das Gleiche gilt für die durch die Teilnahme der stellvertretenden Mitglieder an Schulungs- und Bildungsveranstaltungen nach Absatz 4 Satz 3 entstehenden Kosten. 3Satz 1 umfasst auch eine Bürokraft für die Schwerbehindertenvertretung in erforderlichem Umfang.

(9) Die Räume und der Geschäftsbedarf, die der Arbeitgeber dem Betriebs-, Personal-, Richter-, Staatsanwalts- oder Präsidialrat für dessen Sitzungen, Sprechstunden und laufende Geschäftsführung zur Verfügung stellt, stehen für die gleichen Zwecke auch der Schwerbehindertenvertretung zur Verfügung, soweit ihr hierfür nicht eigene Räume und sächliche Mittel zur Verfügung gestellt werden.

§ 180 Konzern-, Gesamt-, Bezirks- und Hauptschwerbehindertenvertretung

(1) 1Ist für mehrere Betriebe eines Arbeitgebers ein Gesamtbetriebsrat oder für den Geschäftsbereich mehrerer Dienststellen ein Gesamtpersonalrat errichtet, wählen die Schwerbehindertenvertretungen der einzelnen Betriebe oder Dienststellen eine Gesamtschwerbehindertenvertretung. 2Ist eine Schwerbehindertenvertretung nur in einem der Betriebe oder in einer der Dienststellen gewählt, nimmt sie die Rechte und Pflichten

II

der Gesamtschwerbehindertenvertretung wahr.

(2) 1Ist für mehrere Unternehmen ein Konzernbetriebsrat errichtet, wählen die Gesamtschwerbehindertenvertretungen eine Konzernschwerbehindertenvertretung. 2Besteht ein Konzernunternehmen nur aus einem Betrieb, für den eine Schwerbehindertenvertretung gewählt ist, hat sie das Wahlrecht wie eine Gesamtschwerbehindertenvertretung.

(3) 1Für den Geschäftsbereich mehrstufiger Verwaltungen, bei denen ein Bezirks- oder Hauptpersonalrat gebildet ist, gilt Absatz 1 sinngemäß mit der Maßgabe, dass bei den Mittelbehörden von deren Schwerbehindertenvertretung und den Schwerbehindertenvertretungen der nachgeordneten Dienststellen eine Bezirksschwerbehindertenvertretung zu wählen ist. 2Bei den obersten Dienstbehörden ist von deren Schwerbehindertenvertretung und den Bezirksschwerbehindertenvertretungen des Geschäftsbereichs eine Hauptschwerbehindertenvertretung zu wählen; ist die Zahl der Bezirksschwerbehindertenvertretungen niedriger als zehn, sind auch die Schwerbehindertenvertretungen der nachgeordneten Dienststellen wahlberechtigt.

(4) 1Für Gerichte eines Zweiges der Gerichtsbarkeit, für die ein Bezirks- oder Hauptrichterrat gebildet ist, gilt Absatz 3 entsprechend. 2Sind in einem Zweig der Gerichtsbarkeit bei den Gerichten der Länder mehrere Schwerbehindertenvertretungen nach § 177 zu wählen und ist in diesem Zweig kein Hauptrichterrat gebildet, ist in entsprechender Anwendung von Absatz 3 eine Hauptschwerbehindertenvertretung zu wählen. 3Die Hauptschwerbehindertenvertretung nimmt die Aufgabe der Schwerbehindertenvertretung gegenüber dem Präsidialrat wahr.

(5) Für jede Vertrauensperson, die nach den Absätzen 1 bis 4 neu zu wählen ist, wird wenigstens ein stellvertretendes Mitglied gewählt.

(6) 1Die Gesamtschwerbehindertenvertretung vertritt die Interessen der schwerbehinderten Menschen in Angelegenheiten, die das Gesamtunternehmen oder mehrere Betriebe oder Dienststellen des Arbeitgebers betreffen und von den Schwerbehindertenvertretungen der einzelnen Betriebe oder Dienststellen nicht geregelt werden können, sowie die Interessen der schwerbehinderten Menschen, die in einem Betrieb oder einer Dienststelle tätig sind, für die eine Schwerbehindertenvertretung nicht gewählt ist; dies umfasst auch Verhandlungen und den Abschluss entsprechender Inklusionsvereinbarungen. 2Satz 1 gilt entsprechend für die Konzern-, Bezirks- und Hauptschwerbehindertenvertretung sowie für die Schwerbehindertenvertretung der obersten Dienstbehörde, wenn bei einer mehrstufigen Verwaltung Stufenvertretungen nicht gewählt sind. 3Die nach Satz 2 zuständige Schwerbehindertenvertretung ist auch in persönlichen Angelegenheiten schwerbehinderter Menschen, über die eine übergeordnete Dienststelle entscheidet, zuständig; sie gibt der Schwerbehindertenvertretung der Dienststelle, die den schwerbehinderten Menschen beschäftigt, Gelegenheit zur Äußerung. 4Satz 3 gilt nicht in den Fällen, in denen der Personalrat der Beschäftigungsbehörde zu beteiligen ist.

(7) § 177 Absatz 3 bis 8, § 178 Absatz 1 Satz 4 und 5, Absatz 2, 4, 5 und 7 und § 179 gelten entsprechend, § 177 Absatz 5 mit der Maßgabe, dass die Wahl der Gesamt- und Bezirksschwerbehindertenvertretungen in der Zeit vom 1. Dezember bis 31. Januar, die der Konzern- und Hauptschwerbehindertenvertretungen in der Zeit vom 1. Februar bis 31. März stattfindet, § 177 Absatz 6 mit der Maßgabe, dass bei den Wahlen zu überörtlichen Vertretungen der zweite Halbsatz des Satzes 3 nicht gilt.

(8) § 178 Absatz 6 gilt für die Durchführung von Versammlungen der Vertrauens- und der Bezirksvertrauenspersonen durch die Gesamt-, Bezirks- oder Hauptschwerbehindertenvertretung entsprechend.

§ 181 Inklusionsbeauftragter des Arbeitgebers

1Der Arbeitgeber bestellt einen Inklusionsbeauftragten, der ihn in Angelegenheiten schwerbehinderter Menschen verantwortlich vertritt; falls erforderlich, können mehrere Inklusionsbeauftragte bestellt werden. 2Der Inklusionsbeauftragte soll nach Möglichkeit selbst ein schwerbehinderter Mensch sein. 3Der Inklusionsbeauftragte achtet vor allem darauf, dass dem Arbeitgeber obliegende Verpflichtungen erfüllt werden.

§ 182 Zusammenarbeit

(1) Arbeitgeber, Inklusionsbeauftragter des Arbeitgebers, Schwerbehindertenvertretung und Betriebs-, Personal-, Richter-, Staatsanwalts- oder Präsidialrat arbeiten zur Teilhabe schwerbehinderter Menschen am Arbeitsleben in dem Betrieb oder der Dienststelle eng zusammen.

(2) 1Die in Absatz 1 genannten Personen und Vertretungen, die mit der Durchführung dieses Teils beauftragten Stellen und die Rehabilitationsträger unterstützen sich gegenseitig bei der Erfüllung ihrer Aufgaben. 2Vertrauensperson und Inklusionsbeauftragter des Arbeitgebers sind Verbindungspersonen zur Bundesagentur für Arbeit und zu dem Integrationsamt.

§ 183 Verordnungsermächtigung

Die Bundesregierung wird ermächtigt, durch Rechtsverordnung mit Zustimmung des Bundesrates nähere Vorschriften über die Vorbereitung und Durchführung der Wahl der Schwerbehindertenvertretung und ihrer Stufenvertretungen zu erlassen.

Kapitel 6
Durchführung der besonderen Regelungen zur Teilhabe schwerbehinderter Menschen

§ 184 Zusammenarbeit der Integrationsämter und der Bundesagentur für Arbeit

(1) Soweit die besonderen Regelungen zur Teilhabe schwerbehinderter Menschen am Arbeitsleben nicht durch freie Entschließung der Arbeitgeber erfüllt werden, werden sie

1. in den Ländern von dem Amt für die Sicherung der Integration schwerbehinderter Menschen im Arbeitsleben (Integrationsamt) und
2. von der Bundesagentur für Arbeit

in enger Zusammenarbeit durchgeführt.

(2) Die den Rehabilitationsträgern nach den geltenden Vorschriften obliegenden Aufgaben bleiben unberührt.

§ 185 Aufgaben des Integrationsamtes

(1) 1Das Integrationsamt hat folgende Aufgaben:

1. die Erhebung und Verwendung der Ausgleichsabgabe,
2. den Kündigungsschutz,
3. die begleitende Hilfe im Arbeitsleben,
4. die zeitweilige Entziehung der besonderen Hilfen für schwerbehinderte Menschen (§ 200).

2Die Integrationsämter werden so ausgestattet, dass sie ihre Aufgaben umfassend und qualifiziert erfüllen können. 3Hierfür wird besonders geschultes Personal mit Fachkenntnissen des Schwerbehindertenrechts eingesetzt.

(2) 1Die begleitende Hilfe im Arbeitsleben wird in enger Zusammenarbeit mit der Bundesagentur für Arbeit und den übrigen Rehabilitationsträgern durchgeführt. 2Sie soll dahingehend wirken, dass die schwerbehinderten Menschen in ihrer sozialen Stellung nicht absinken, auf Arbeitsplätzen beschäftigt werden, auf denen sie ihre Fähigkeiten und Kenntnisse voll verwerten und weiterentwickeln können sowie durch Leistungen der Rehabilitationsträger und Maßnahmen der Arbeitgeber befähigt werden, sich am Arbeitsplatz und im Wettbewerb mit nichtbehinderten Menschen zu behaupten. 3Dabei gelten als Arbeitsplätze auch Stellen, auf denen Beschäftigte befristet oder als Teilzeitbeschäftigte in einem Umfang von mindestens 15 Stunden, in Inklusionsbetrieben mindestens zwölf Stunden wöchentlich beschäftigt werden. 4Die begleitende Hilfe im Arbeitsleben umfasst auch die nach den Umständen des Einzelfalles notwendige psychosoziale Betreuung schwerbehinderter Menschen. 5Das Integrationsamt kann bei der Durchfüh-

rung der begleitenden Hilfen im Arbeitsleben Integrationsfachdienste einschließlich psychosozialer Dienste freier gemeinnütziger Einrichtungen und Organisationen beteiligen. ₆Das Integrationsamt soll außerdem darauf Einfluss nehmen, dass Schwierigkeiten im Arbeitsleben verhindert oder beseitigt werden; es führt hierzu auch Schulungs- und Bildungsmaßnahmen für Vertrauenspersonen, Inklusionsbeauftragte der Arbeitgeber, Betriebs-, Personal-, Richter-, Staatsanwalts- und Präsidialräte durch. ₇Das Integrationsamt benennt in enger Abstimmung mit den Beteiligten des örtlichen Arbeitsmarktes Ansprechpartner, die in Handwerks- sowie in Industrie- und Handelskammern für die Arbeitgeber zur Verfügung stehen, um sie über Funktion und Aufgaben der Integrationsfachdienste aufzuklären, über Möglichkeiten der begleitenden Hilfe im Arbeitsleben zu informieren und Kontakt zum Integrationsfachdienst herzustellen.

(3) Das Integrationsamt kann im Rahmen seiner Zuständigkeit für die begleitende Hilfe im Arbeitsleben aus den ihm zur Verfügung stehenden Mitteln auch Geldleistungen erbringen, insbesondere

1. an schwerbehinderte Menschen
   a) für technische Arbeitshilfen,
   b) zum Erreichen des Arbeitsplatzes,
   c) zur Gründung und Erhaltung einer selbständigen beruflichen Existenz,
   d) zur Beschaffung, Ausstattung und Erhaltung einer behinderungsgerechten Wohnung,
   e) zur Teilnahme an Maßnahmen zur Erhaltung und Erweiterung beruflicher Kenntnisse und Fertigkeiten und
   f) in besonderen Lebenslagen,
2. an Arbeitgeber
   a) zur behinderungsgerechten Einrichtung von Arbeits- und Ausbildungsplätzen für schwerbehinderte Menschen,
   b) für Zuschüsse zu Gebühren, insbesondere Prüfungsgebühren, bei der Berufsausbildung besonders betroffener schwerbehinderter Jugendlicher und junger Erwachsener,
   c) für Prämien und Zuschüsse zu den Kosten der Berufsausbildung behinderter Jugendlicher und junger Erwachsener, die für die Zeit der Berufsausbildung schwerbehinderten Menschen nach § 151 Absatz 4 gleichgestellt worden sind,
   d) für Prämien zur Einführung eines betrieblichen Eingliederungsmanagements und
   e) für außergewöhnliche Belastungen, die mit der Beschäftigung schwerbehinderter Menschen im Sinne des § 155 Absatz 1 Nummer 1 Buchstabe a bis d, von schwerbehinderten Menschen im Anschluss an eine Beschäftigung in einer anerkannten Werkstatt für behinderte Menschen oder im Sinne des § 158 Absatz 2 verbunden sind, vor allem, wenn ohne diese Leistungen das Beschäftigungsverhältnis gefährdet würde,
3. an Träger von Integrationsfachdiensten einschließlich psychosozialer Dienste freier gemeinnütziger Einrichtungen und Organisationen sowie an Träger von Inklusionsbetrieben,
4. zur Durchführung von Aufklärungs-, Schulungs- und Bildungsmaßnahmen,
5. nachrangig zur beruflichen Orientierung,
6. zur Deckung eines Teils der Aufwendungen für ein Budget für Arbeit oder eines Teils der Aufwendungen für ein Budget für Ausbildung.

(4) Schwerbehinderte Menschen haben im Rahmen der Zuständigkeit des Integrationsamtes aus den ihm aus der Ausgleichsabgabe zur Verfügung stehenden Mitteln Anspruch auf Übernahme der Kosten einer Berufsbegleitung nach § 55 Absatz 3.

(5) ₁Schwerbehinderte Menschen haben im Rahmen der Zuständigkeit des Integrationsamtes für die begleitende Hilfe im Arbeitsleben aus den ihm aus der Ausgleichsabgabe zur Verfügung stehenden Mitteln Anspruch auf Übernahme der Kosten einer notwendi-

gen Arbeitsassistenz. 2Der Anspruch richtet sich auf die Übernahme der vollen Kosten, die für eine als notwendig festgestellte Arbeitsassistenz entstehen.

(6) 1Verpflichtungen anderer werden durch die Absätze 3 bis 5 nicht berührt. 2Leistungen der Rehabilitationsträger nach § 6 Absatz 1 Nummer 1 bis 5 dürfen, auch wenn auf sie ein Rechtsanspruch nicht besteht, nicht deshalb versagt werden, weil nach den besonderen Regelungen für schwerbehinderte Menschen entsprechende Leistungen vorgesehen sind; eine Aufstockung durch Leistungen des Integrationsamtes findet nicht statt.

(7) 1Die §§ 14, 15 Absatz 1, die §§ 16 und 17 gelten sinngemäß, wenn bei dem Integrationsamt eine Leistung zur Teilhabe am Arbeitsleben beantragt wird. 2Das Gleiche gilt, wenn ein Antrag bei einem Rehabilitationsträger gestellt und der Antrag von diesem nach § 16 Absatz 2 des Ersten Buches an das Integrationsamt weitergeleitet worden ist. 3Ist die unverzügliche Erbringung einer Leistung zur Teilhabe am Arbeitsleben erforderlich, so kann das Integrationsamt die Leistung vorläufig erbringen. 4Hat das Integrationsamt eine Leistung erbracht, für die ein anderer Träger zuständig ist, so erstattet dieser die auf die Leistung entfallenden Aufwendungen.

(8) 1Auf Antrag führt das Integrationsamt seine Leistungen zur begleitenden Hilfe im Arbeitsleben als Persönliches Budget aus. 2§ 29 gilt entsprechend.

Mit Geltung ab 1. Januar 2022 wird durch das Teilhabestärkungsgesetz § 185a in das SGB IX eingefügt:

§ 185a Einheitliche Ansprechstellen für Arbeitgeber

(1) Einheitliche Ansprechstellen für Arbeitgeber informieren, beraten und unterstützen Arbeitgeber bei der Ausbildung, Einstellung und Beschäftigung von schwerbehinderten Menschen.

(2) Die Einheitlichen Ansprechstellen für Arbeitgeber werden als begleitende Hilfe im Arbeitsleben aus Mitteln der Ausgleichsabgabe finanziert. 2Sie haben die Aufgabe,

1. Arbeitgeber anzusprechen und diese für die Ausbildung, Einstellung und Beschäftigung von schwerbehinderten Menschen zu sensibilisieren,
2. Arbeitgebern als trägerunabhängiger Lotse bei Fragen zur Ausbildung, Einstellung, Berufsbegleitung und Beschäftigungssicherung von schwerbehinderten Menschen zur Verfügung zu stehen und
3. Arbeitgeber bei der Stellung von Anträgen bei den zuständigen Leistungsträgern zu unterstützen.

(3) Die Einheitlichen Ansprechstellen für Arbeitgeber sind flächendeckend einzurichten. Sie sind trägerunabhängig.

(4) Die Einheitlichen Ansprechstellen für Arbeitgeber sollen

1. für Arbeitgeber schnell zu erreichen sein,
2. über fachlich qualifiziertes Personal verfügen, das mit den Regelungen zur Teilhabe schwerbehinderter Menschen sowie der Beratung von Arbeitgebern und ihren Bedürfnissen vertraut ist, sowie
3. in der Region gut vernetzt sein.

(5) Die Integrationsämter beauftragen die Integrationsfachdienste oder andere geeignete Träger, als Einheitliche Ansprechstellen für Arbeitgeber tätig zu werden. Die Integrationsämter wirken darauf hin, dass die Einheitlichen Ansprechstellen für Arbeitgeber flächendeckend zur Verfügung stehen und mit Dritten, die aufgrund ihres fachlichen Hintergrunds über eine besondere Betriebsnähe verfügen, zusammenarbeiten.

§ 186 Beratender Ausschuss für behinderte Menschen bei dem Integrationsamt

(1) 1Bei jedem Integrationsamt wird ein Beratender Ausschuss für behinderte Menschen gebildet, der die Teilhabe der behinderten Menschen am Arbeitsleben fördert, das Integrationsamt bei der Durchführung der besonderen Regelungen für schwerbehinderte Menschen zur Teilhabe am Arbeitsleben unterstützt und bei der Vergabe der Mittel der Ausgleichsabgabe mitwirkt. 2Soweit die Mittel der Ausgleichsabgabe zur institutionellen Förderung verwendet werden, macht der Beratende Ausschuss Vorschläge für die Entscheidungen des Integrationsamtes.

(2) Der Ausschuss besteht aus zehn Mitgliedern, und zwar aus

1. zwei Mitgliedern, die die Arbeitnehmerinnen und Arbeitnehmer vertreten,
2. zwei Mitgliedern, die die privaten und öffentlichen Arbeitgeber vertreten,
3. vier Mitgliedern, die die Organisationen behinderter Menschen vertreten,
4. einem Mitglied, das das jeweilige Land vertritt,
5. einem Mitglied, das die Bundesagentur für Arbeit vertritt.

(3) 1Für jedes Mitglied ist eine Stellvertreterin oder ein Stellvertreter zu berufen. 2Mitglieder und Stellvertreterinnen oder Stellvertreter sollen im Bezirk des Integrationsamtes ihren Wohnsitz haben.

(4) 1Das Integrationsamt beruft auf Vorschlag

1. der Gewerkschaften des jeweiligen Landes zwei Mitglieder,
2. der Arbeitgeberverbände des jeweiligen Landes ein Mitglied,
3. der zuständigen obersten Landesbehörde oder der von ihr bestimmten Behörde ein Mitglied,
4. der Organisationen behinderter Menschen des jeweiligen Landes, die nach der Zusammensetzung ihrer Mitglieder dazu berufen sind, die behinderten Menschen in ihrer Gesamtheit zu vertreten, vier Mitglieder.

2Die zuständige oberste Landesbehörde oder die von ihr bestimmte Behörde und die Bundesagentur für Arbeit berufen je ein Mitglied.

§ 187 Aufgaben der Bundesagentur für Arbeit

(1) Die Bundesagentur für Arbeit hat folgende Aufgaben:

1. die Berufsberatung, Ausbildungsvermittlung und Arbeitsvermittlung schwerbehinderter Menschen einschließlich der Vermittlung von in Werkstätten für behinderte Menschen Beschäftigten auf den allgemeinen Arbeitsmarkt,
2. die Beratung der Arbeitgeber bei der Besetzung von Ausbildungs- und Arbeitsplätzen mit schwerbehinderten Menschen,
3. die Förderung der Teilhabe schwerbehinderter Menschen am Arbeitsleben auf dem allgemeinen Arbeitsmarkt, insbesondere von schwerbehinderten Menschen,
   a) die wegen Art oder Schwere ihrer Behinderung oder sonstiger Umstände im Arbeitsleben besonders betroffen sind (§ 155 Absatz 1),
   b) die langzeitarbeitslos im Sinne des § 18 des Dritten Buches sind,
   c) die im Anschluss an eine Beschäftigung in einer anerkannten Werkstatt für behinderte Menschen, bei einem anderen Leistungsanbieter (§ 60) oder einem Inklusionsbetrieb eingestellt werden,
   d) die als Teilzeitbeschäftigte eingestellt werden oder
   e) die zur Aus- oder Weiterbildung eingestellt werden,
4. im Rahmen von Arbeitsbeschaffungsmaßnahmen die besondere Förderung schwerbehinderter Menschen,
5. die Gleichstellung, deren Widerruf und Rücknahme,
6. die Durchführung des Anzeigeverfahrens (§ 163 Absatz 2 und 4),
7. die Überwachung der Erfüllung der Beschäftigungspflicht,
8. die Zulassung der Anrechnung und der Mehrfachanrechnung (§ 158 Absatz 2, § 159 Absatz 1 und 2),
9. die Erfassung der Werkstätten für behinderte Menschen, ihre Anerkennung und die Aufhebung der Anerkennung.

(2) 1Die Bundesagentur für Arbeit übermittelt dem Bundesministerium für Arbeit und Soziales jährlich die Ergebnisse ihrer Förderung der Teilhabe schwerbehinderter Menschen am Arbeitsleben auf dem allgemeinen Arbeitsmarkt nach dessen näherer Bestimmung und fachlicher Weisung. 2Zu den Ergebnissen gehören Angaben über die Zahl der geförderten Arbeitgeber und schwerbehinderten Menschen, die insgesamt aufgewandten Mittel und die durchschnittlichen Förderungsbeträge. 3Die Bundesagentur für Arbeit veröffentlicht diese Ergebnisse.

(3) 1Die Bundesagentur für Arbeit führt befristete überregionale und regionale Arbeits-

marktprogramme zum Abbau der Arbeitslosigkeit schwerbehinderter Menschen, besonderer Gruppen schwerbehinderter Menschen, insbesondere schwerbehinderter Frauen, sowie zur Förderung des Ausbildungsplatzangebots für schwerbehinderte Menschen durch, die ihr durch Verwaltungsvereinbarung gemäß § 368 Absatz 3 Satz 2 und Absatz 4 des Dritten Buches unter Zuweisung der entsprechenden Mittel übertragen werden. 2Über den Abschluss von Verwaltungsvereinbarungen mit den Ländern ist das Bundesministerium für Arbeit und Soziales zu unterrichten.

(4) Die Bundesagentur für Arbeit richtet zur Durchführung der ihr in diesem Teil und der ihr im Dritten Buch zur Teilhabe behinderter und schwerbehinderter Menschen am Arbeitsleben übertragenen Aufgaben in allen Agenturen für Arbeit besondere Stellen ein; bei der personellen Ausstattung dieser Stellen trägt sie dem besonderen Aufwand bei der Beratung und Vermittlung des zu betreuenden Personenkreises sowie bei der Durchführung der sonstigen Aufgaben nach Absatz 1 Rechnung.

(5) Im Rahmen der Beratung der Arbeitgeber nach Absatz 1 Nummer 2 hat die Bundesagentur für Arbeit

1. dem Arbeitgeber zur Besetzung von Arbeitsplätzen geeignete arbeitslose oder arbeitssuchende schwerbehinderte Menschen unter Darlegung der Leistungsfähigkeit und der Auswirkungen der jeweiligen Behinderung auf die angebotene Stelle vorzuschlagen,
2. ihre Fördermöglichkeiten aufzuzeigen, soweit möglich und erforderlich, auch die entsprechenden Hilfen der Rehabilitationsträger und der begleitenden Hilfe im Arbeitsleben durch die Integrationsämter.

§ 188 Beratender Ausschuss für behinderte Menschen bei der Bundesagentur für Arbeit

(1) Bei der Zentrale der Bundesagentur für Arbeit wird ein Beratender Ausschuss für behinderte Menschen gebildet, der die Teilhabe der behinderten Menschen am Arbeitsleben durch Vorschläge fördert und die Bundesagentur für Arbeit bei der Durchführung der in diesem Teil und im Dritten Buch zur Teilhabe behinderter und schwerbehinderter Menschen am Arbeitsleben übertragenen Aufgaben unterstützt.

(2) Der Ausschuss besteht aus elf Mitgliedern, und zwar aus

1. zwei Mitgliedern, die die Arbeitnehmerinnen und Arbeitnehmer vertreten,
2. zwei Mitgliedern, die die privaten und öffentlichen Arbeitgeber vertreten,
3. fünf Mitgliedern, die die Organisationen behinderter Menschen vertreten,
4. einem Mitglied, das die Integrationsämter vertritt,
5. einem Mitglied, das das Bundesministerium für Arbeit und Soziales vertritt.

(3) Für jedes Mitglied ist eine Stellvertreterin oder ein Stellvertreter zu berufen.

(4) 1Der Vorstand der Bundesagentur für Arbeit beruft die Mitglieder, die Arbeitnehmer und Arbeitgeber vertreten, auf Vorschlag ihrer Gruppenvertreter im Verwaltungsrat der Bundesagentur für Arbeit. 2Er beruft auf Vorschlag der Organisationen behinderter Menschen, die nach der Zusammensetzung ihrer Mitglieder dazu berufen sind, die behinderten Menschen in ihrer Gesamtheit auf Bundesebene zu vertreten, die Mitglieder, die Organisationen der behinderten Menschen vertreten. 3Auf Vorschlag der Bundesarbeitsgemeinschaft der Integrationsämter und Hauptfürsorgestellen beruft er das Mitglied, das die Integrationsämter vertritt, und auf Vorschlag des Bundesministeriums für Arbeit und Soziales das Mitglied, das dieses vertritt.

§ 189 Gemeinsame Vorschriften

(1) 1Die Beratenden Ausschüsse für behinderte Menschen (§§ 186, 188) wählen aus den ihnen angehörenden Mitgliedern von Seiten der Arbeitnehmer, Arbeitgeber oder Organisationen behinderter Menschen jeweils für die Dauer eines Jahres eine Vorsitzende oder einen Vorsitzenden und eine Stellvertreterin oder einen Stellvertreter. 2Die Gewählten dürfen nicht derselben Gruppe angehören. 3Die Gruppen stellen in regelmäßig jährlich wechselnder Reihenfolge die

II

Vorsitzende oder den Vorsitzenden und die Stellvertreterin oder den Stellvertreter. 4Die Reihenfolge wird durch die Beendigung der Amtszeit der Mitglieder nicht unterbrochen. 5Scheidet die Vorsitzende oder der Vorsitzende oder die Stellvertreterin oder der Stellvertreter aus, wird sie oder er neu gewählt.

(2) 1Die Beratenden Ausschüsse für behinderte Menschen sind beschlussfähig, wenn wenigstens die Hälfte der Mitglieder anwesend ist. 2Die Beschlüsse und Entscheidungen werden mit einfacher Stimmenmehrheit getroffen.

(3) 1Die Mitglieder der Beratenden Ausschüsse für behinderte Menschen üben ihre Tätigkeit ehrenamtlich aus. 2Ihre Amtszeit beträgt vier Jahre.

§ 190 Übertragung von Aufgaben

(1) 1Die Landesregierung oder die von ihr bestimmte Stelle kann die Verlängerung der Gültigkeitsdauer der Ausweise nach § 152 Absatz 5, für die eine Feststellung nach § 152 Absatz 1 nicht zu treffen ist, auf andere Behörden übertragen. 2Im Übrigen kann sie andere Behörden zur Aushändigung der Ausweise heranziehen.

(2) Die Landesregierung oder die von ihr bestimmte Stelle kann Aufgaben und Befugnisse des Integrationsamtes nach diesem Teil auf örtliche Fürsorgestellen übertragen oder die Heranziehung örtlicher Fürsorgestellen zur Durchführung der den Integrationsämtern obliegenden Aufgaben bestimmen.

§ 191 Verordnungsermächtigung

Die Bundesregierung wird ermächtigt, durch Rechtsverordnung mit Zustimmung des Bundesrates das Nähere über die Voraussetzungen des Anspruchs nach § 49 Absatz 8 Nummer 3 und § 185 Absatz 5 sowie über die Dauer und Ausführung der Leistungen zu regeln.

Kapitel 7 Integrationsfachdienste

§ 192 Begriff und Personenkreis

(1) Integrationsfachdienste sind Dienste Dritter, die bei der Durchführung der Maßnahmen zur Teilhabe schwerbehinderter Menschen am Arbeitsleben beteiligt werden.

(2) Schwerbehinderte Menschen im Sinne des Absatzes 1 sind insbesondere

1. schwerbehinderte Menschen mit einem besonderen Bedarf an arbeitsbegleitender Betreuung,
2. schwerbehinderte Menschen, die nach zielgerichteter Vorbereitung durch die Werkstatt für behinderte Menschen am Arbeitsleben auf dem allgemeinen Arbeitsmarkt teilhaben sollen und dabei auf aufwendige, personalintensive, individuelle arbeitsbegleitende Hilfen angewiesen sind sowie
3. schwerbehinderte Schulabgänger, die für die Aufnahme einer Beschäftigung auf dem allgemeinen Arbeitsmarkt auf die Unterstützung eines Integrationsfachdienstes angewiesen sind.

(3) Ein besonderer Bedarf an arbeits- und berufsbegleitender Betreuung ist insbesondere gegeben bei schwerbehinderten Menschen mit geistiger oder seelischer Behinderung oder mit einer schweren Körper-, Sinnes- oder Mehrfachbehinderung, die sich im Arbeitsleben besonders nachteilig auswirkt und allein oder zusammen mit weiteren vermittlungshemmenden Umständen (Alter, Langzeitarbeitslosigkeit, unzureichende Qualifikation, Leistungsminderung) die Teilhabe am Arbeitsleben auf dem allgemeinen Arbeitsmarkt erschwert.

(4) 1Der Integrationsfachdienst kann im Rahmen der Aufgabenstellung nach Absatz 1 auch zur beruflichen Eingliederung von behinderten Menschen, die nicht schwerbehindert sind, tätig werden. 2Hierbei wird den besonderen Bedürfnissen seelisch behinderter oder von einer seelischen Behinderung bedrohter Menschen Rechnung getragen.

§ 193 Aufgaben

(1) Die Integrationsfachdienste können zur Teilhabe schwerbehinderter Menschen am Arbeitsleben (Aufnahme, Ausübung und Sicherung einer möglichst dauerhaften Beschäftigung) beteiligt werden, indem sie

1. die schwerbehinderten Menschen beraten, unterstützen und auf geeignete Arbeitsplätze vermitteln,
2. die Arbeitgeber informieren, beraten und ihnen Hilfe leisten.

(2) Zu den Aufgaben des Integrationsfachdienstes gehört es,

1. die Fähigkeiten der zugewiesenen schwerbehinderten Menschen zu bewerten und einzuschätzen und dabei ein individuelles Fähigkeits-, Leistungs- und Interessenprofil zur Vorbereitung auf den allgemeinen Arbeitsmarkt in enger Kooperation mit den schwerbehinderten Menschen, dem Auftraggeber und der abgebenden Einrichtung der schulischen oder beruflichen Bildung oder Rehabilitation zu erarbeiten,
2. die Bundesagentur für Arbeit auf deren Anforderung bei der Berufsorientierung und Berufsberatung in den Schulen einschließlich der auf jeden einzelnen Jugendlichen bezogenen Dokumentation der Ergebnisse zu unterstützen,
3. die betriebliche Ausbildung schwerbehinderter, insbesondere seelisch und lernbehinderter, Jugendlicher zu begleiten,
4. geeignete Arbeitsplätze (§ 156) auf dem allgemeinen Arbeitsmarkt zu erschließen,
5. die schwerbehinderten Menschen auf die vorgesehenen Arbeitsplätze vorzubereiten,
6. die schwerbehinderten Menschen, solange erforderlich, am Arbeitsplatz oder beim Training der berufspraktischen Fähigkeiten am konkreten Arbeitsplatz zu begleiten,
7. mit Zustimmung des schwerbehinderten Menschen die Mitarbeiter im Betrieb oder in der Dienststelle über Art und Auswirkungen der Behinderung und über entsprechende Verhaltensregeln zu informieren und zu beraten,
8. eine Nachbetreuung, Krisenintervention oder psychosoziale Betreuung durchzuführen sowie
9. als Ansprechpartner für die Arbeitgeber zur Verfügung zu stehen, über die Leistungen für die Arbeitgeber zu informieren und für die Arbeitgeber diese Leistungen abzuklären,
10. in Zusammenarbeit mit den Rehabilitationsträgern und den Integrationsämtern die für den schwerbehinderten Menschen benötigten Leistungen zu klären und bei der Beantragung zu unterstützen.

Durch das Teilhabestärkungsgesetz wird die Ziffer 9 in Absatz 2 mit Geltung ab 1. Januar 2022 neu gefasst; sie lautet dann:

9. als Einheitliche Ansprechstellen für Arbeitgeber zur Verfügung zu stehen, über die Leistungen für die Arbeitgeber zu informieren und für die Arbeitgeber diese Leistungen abzuklären,

§ 194 Beauftragung und Verantwortlichkeit

(1) [1]Die Integrationsfachdienste werden im Auftrag der Integrationsämter oder der Rehabilitationsträger tätig. [2]Diese bleiben für die Ausführung der Leistung verantwortlich.

(2) Im Auftrag legt der Auftraggeber in Abstimmung mit dem Integrationsfachdienst Art, Umfang und Dauer des im Einzelfall notwendigen Einsatzes des Integrationsfachdienstes sowie das Entgelt fest.

(3) Der Integrationsfachdienst arbeitet insbesondere mit

1. den zuständigen Stellen der Bundesagentur für Arbeit,
2. dem Integrationsamt,
3. dem zuständigen Rehabilitationsträger, insbesondere den Berufshelfern der gesetzlichen Unfallversicherung,
4. dem Arbeitgeber, der Schwerbehindertenvertretung und den anderen betrieblichen Interessenvertretungen,
5. der abgebenden Einrichtung der schulischen oder beruflichen Bildung oder Rehabilitation mit ihren begleitenden Diensten und internen Integrationsfachkräften oder -diensten zur Unterstützung von Teilnehmenden an Leistungen zur Teilhabe am Arbeitsleben,
6. den Handwerks-, den Industrie- und Handelskammern sowie den berufsständigen Organisationen,

7. wenn notwendig, auch mit anderen Stellen und Personen,

eng zusammen.

(4) $_1$Näheres zur Beauftragung, Zusammenarbeit, fachlichen Leitung, Aufsicht sowie zur Qualitätssicherung und Ergebnisbeobachtung wird zwischen dem Auftraggeber und dem Träger des Integrationsfachdienstes vertraglich geregelt. $_2$Die Vereinbarungen sollen im Interesse finanzieller Planungssicherheit auf eine Dauer von mindestens drei Jahren abgeschlossen werden.

(5) Die Integrationsämter wirken darauf hin, dass die berufsbegleitenden und psychosozialen Dienste bei den von ihnen beauftragten Integrationsfachdiensten konzentriert werden.

§ 195 Fachliche Anforderungen

(1) Die Integrationsfachdienste müssen

1. nach der personellen, räumlichen und sächlichen Ausstattung in der Lage sein, ihre gesetzlichen Aufgaben wahrzunehmen,
2. über Erfahrungen mit dem zu unterstützenden Personenkreis (§ 192 Absatz 2) verfügen,
3. mit Fachkräften ausgestattet sein, die über eine geeignete Berufsqualifikation, eine psychosoziale oder arbeitspädagogische Zusatzqualifikation und ausreichende Berufserfahrung verfügen, sowie
4. rechtlich oder organisatorisch und wirtschaftlich eigenständig sein.

(2) $_1$Der Personalbedarf eines Integrationsfachdienstes richtet sich nach den konkreten Bedürfnissen unter Berücksichtigung der Zahl der Betreuungs- und Beratungsfälle, des durchschnittlichen Betreuungs- und Beratungsaufwands, der Größe des regionalen Einzugsbereichs und der Zahl der zu beratenden Arbeitgeber. $_2$Den besonderen Bedürfnissen besonderer Gruppen schwerbehinderter Menschen, insbesondere schwerbehinderter Frauen, und der Notwendigkeit einer psychosozialen Betreuung soll durch eine Differenzierung innerhalb des Integrationsfachdienstes Rechnung getragen werden.

(3) $_1$Bei der Stellenbesetzung des Integrationsfachdienstes werden schwerbehinderte Menschen bevorzugt berücksichtigt. $_2$Dabei wird ein angemessener Anteil der Stellen mit schwerbehinderten Frauen besetzt.

§ 196 Finanzielle Leistungen

(1) $_1$Die Inanspruchnahme von Integrationsfachdiensten wird vom Auftraggeber vergütet. $_2$Die Vergütung für die Inanspruchnahme von Integrationsfachdiensten kann bei Beauftragung durch das Integrationsamt aus Mitteln der Ausgleichsabgabe erbracht werden.

(2) Die Bezahlung tarifvertraglich vereinbarter Vergütungen sowie entsprechender Vergütungen nach kirchlichen Arbeitsrechtsregelungen kann bei der Beauftragung von Integrationsfachdiensten nicht als unwirtschaftlich abgelehnt werden.

(3) $_1$Die Bundesarbeitsgemeinschaft der Integrationsämter und Hauptfürsorgestellen vereinbart mit den Rehabilitationsträgern nach § 6 Absatz 1 Nummer 2 bis 5 unter Beteiligung der maßgeblichen Verbände, darunter der Bundesarbeitsgemeinschaft, in der sich die Integrationsfachdienste zusammengeschlossen haben, eine gemeinsame Empfehlung zur Inanspruchnahme der Integrationsfachdienste durch die Rehabilitationsträger, zur Zusammenarbeit und zur Finanzierung der Kosten, die dem Integrationsfachdienst bei der Wahrnehmung der Aufgaben der Rehabilitationsträger entstehen. $_2$§ 26 Absatz 7 und 8 gilt entsprechend.

§ 197 Ergebnisbeobachtung

(1) $_1$Der Integrationsfachdienst dokumentiert Verlauf und Ergebnis der jeweiligen Bemühungen um die Förderung der Teilhabe am Arbeitsleben. $_2$Er erstellt jährlich eine zusammenfassende Darstellung der Ergebnisse und legt diese den Auftraggebern nach deren näherer gemeinsamer Maßgabe vor. $_3$Diese Zusammenstellung soll insbesondere geschlechtsdifferenzierte Angaben enthalten zu

1. den Zu- und Abgängen an Betreuungsfällen im Kalenderjahr,
2. dem Bestand an Betreuungsfällen,

3. der Zahl der abgeschlossenen Fälle, differenziert nach Aufnahme einer Ausbildung, einer befristeten oder unbefristeten Beschäftigung, einer Beschäftigung in einem Integrationsprojekt oder in einer Werkstatt für behinderte Menschen.

(2) Der Integrationsfachdienst dokumentiert auch die Ergebnisse seiner Bemühungen zur Unterstützung der Bundesagentur für Arbeit und die Begleitung der betrieblichen Ausbildung nach § 193 Absatz 2 Nummer 2 und 3 unter Einbeziehung geschlechtsdifferenzierter Daten und Besonderheiten sowie der Art der Behinderung.

§ 198 Verordnungsermächtigung

(1) Das Bundesministerium für Arbeit und Soziales wird ermächtigt, durch Rechtsverordnung mit Zustimmung des Bundesrates das Nähere über den Begriff und die Aufgaben des Integrationsfachdienstes, die für sie geltenden fachlichen Anforderungen und die finanziellen Leistungen zu regeln.

(2) Vereinbaren die Bundesarbeitsgemeinschaft der Integrationsämter und Hauptfürsorgestellen und die Rehabilitationsträger nicht innerhalb von sechs Monaten, nachdem das Bundesministerium für Arbeit und Soziales sie dazu aufgefordert hat, eine gemeinsame Empfehlung nach § 196 Absatz 3 oder ändern sie die unzureichend gewordene Empfehlung nicht innerhalb dieser Frist, kann das Bundesministerium für Arbeit und Soziales Regelungen durch Rechtsverordnung mit Zustimmung des Bundesrates erlassen.

Kapitel 8
Beendigung der Anwendung der besonderen Regelungen zur Teilhabe schwerbehinderter und gleichgestellter behinderter Menschen

§ 199 Beendigung der Anwendung der besonderen Regelungen zur Teilhabe schwerbehinderter Menschen

(1) Die besonderen Regelungen für schwerbehinderte Menschen werden nicht angewendet nach dem Wegfall der Voraussetzungen nach § 2 Absatz 2; wenn sich der Grad der Behinderung auf weniger als 50 verringert, jedoch erst am Ende des dritten Kalendermonats nach Eintritt der Unanfechtbarkeit des die Verringerung feststellenden Bescheides.

(2) 1Die besonderen Regelungen für gleichgestellte behinderte Menschen werden nach dem Widerruf oder der Rücknahme der Gleichstellung nicht mehr angewendet. 2Der Widerruf der Gleichstellung ist zulässig, wenn die Voraussetzungen nach § 2 Absatz 3 in Verbindung mit § 151 Absatz 2 weggefallen sind. 3Er wird erst am Ende des dritten Kalendermonats nach Eintritt seiner Unanfechtbarkeit wirksam.

(3) Bis zur Beendigung der Anwendung der besonderen Regelungen für schwerbehinderte Menschen und ihnen gleichgestellte behinderte Menschen werden die behinderten Menschen dem Arbeitgeber auf die Zahl der Pflichtarbeitsplätze für schwerbehinderte Menschen angerechnet.

§ 200 Entziehung der besonderen Hilfen für schwerbehinderte Menschen

(1) 1Einem schwerbehinderten Menschen, der einen zumutbaren Arbeitsplatz ohne berechtigten Grund zurückweist oder aufgibt oder sich ohne berechtigten Grund weigert, an einer Maßnahme zur Teilhabe am Arbeitsleben teilzunehmen, oder sonst durch sein Verhalten seine Teilhabe am Arbeitsleben schuldhaft vereitelt, kann das Integrationsamt im Benehmen mit der Bundesagentur für Arbeit die besonderen Hilfen für schwerbehinderte Menschen zeitweilig entziehen. 2Dies gilt auch für gleichgestellte behinderte Menschen.

(2) 1Vor der Entscheidung über die Entziehung wird der schwerbehinderte Mensch gehört. 2In der Entscheidung wird die Frist bestimmt, für die sie gilt. 3Die Frist läuft vom Tag der Entscheidung an und beträgt nicht mehr als sechs Monate. 4Die Entscheidung wird dem schwerbehinderten Menschen bekannt gegeben.

Kapitel 9
Widerspruchsverfahren

§ 201 Widerspruch

(1) 1Den Widerspruchsbescheid nach § 73 der Verwaltungsgerichtsordnung erlässt bei Verwaltungsakten der Integrationsämter und bei

Verwaltungsakten der örtlichen Fürsorgestellen (§ 190 Absatz 2) der Widerspruchsausschuss bei dem Integrationsamt (§ 202). 2Des Vorverfahrens bedarf es auch, wenn den Verwaltungsakt ein Integrationsamt erlassen hat, das bei einer obersten Landesbehörde besteht.

(2) Den Widerspruchsbescheid nach § 85 des Sozialgerichtsgesetzes erlässt bei Verwaltungsakten, welche die Bundesagentur für Arbeit auf Grund dieses Teils erlässt, der Widerspruchsausschuss der Bundesagentur für Arbeit.

§ 202 Widerspruchsausschuss bei dem Integrationsamt

(1) Bei jedem Integrationsamt besteht ein Widerspruchsausschuss aus sieben Mitgliedern, und zwar aus zwei Mitgliedern, die schwerbehinderte Arbeitnehmer oder Arbeitnehmerinnen sind, zwei Mitgliedern, die Arbeitgeber sind, einem Mitglied, das das Integrationsamt vertritt, einem Mitglied, das die Bundesagentur für Arbeit vertritt, einer Vertrauensperson schwerbehinderter Menschen.

(2) Für jedes Mitglied wird ein Stellvertreter oder eine Stellvertreterin berufen.

(3) 1Das Integrationsamt beruft auf Vorschlag der Organisationen behinderter Menschen des jeweiligen Landes die Mitglieder, die Arbeitnehmer sind, auf Vorschlag der jeweils für das Land zuständigen Arbeitgeberverbände die Mitglieder, die Arbeitgeber sind, sowie die Vertrauensperson. 2Die zuständige oberste Landesbehörde oder die von ihr bestimmte Behörde beruft das Mitglied, das das Integrationsamt vertritt. 3Die Bundesagentur für Arbeit beruft das Mitglied, das sie vertritt. 4Entsprechendes gilt für die Berufung des Stellvertreters oder der Stellvertreterin des jeweiligen Mitglieds.

(4) 1In Kündigungsangelegenheiten schwerbehinderter Menschen, die bei einer Dienststelle oder in einem Betrieb beschäftigt sind, der zum Geschäftsbereich des Bundesministeriums der Verteidigung gehört, treten an die Stelle der Mitglieder, die Arbeitgeber sind, Angehörige des öffentlichen Dienstes. 2Dem Integrationsamt werden ein Mitglied und sein Stellvertreter oder seine Stellvertreterin von den von der Bundesregierung bestimmten Bundesbehörden benannt. 3Eines der Mitglieder, die schwerbehinderte Arbeitnehmer oder Arbeitnehmerinnen sind, muss dem öffentlichen Dienst angehören.

(5) 1Die Amtszeit der Mitglieder der Widerspruchsausschüsse beträgt vier Jahre. 2Die Mitglieder der Ausschüsse üben ihre Tätigkeit unentgeltlich aus.

§ 203 Widerspruchsausschüsse der Bundesagentur für Arbeit

(1) Die Bundesagentur für Arbeit richtet Widerspruchsausschüsse ein, die aus sieben Mitgliedern bestehen, und zwar aus zwei Mitgliedern, die schwerbehinderte Arbeitnehmer oder Arbeitnehmerinnen sind, zwei Mitgliedern, die Arbeitgeber sind, einem Mitglied, das das Integrationsamt vertritt, einem Mitglied, das die Bundesagentur für Arbeit vertritt, einer Vertrauensperson schwerbehinderter Menschen.

(2) Für jedes Mitglied wird ein Stellvertreter oder eine Stellvertreterin berufen.

(3) 1Die Bundesagentur für Arbeit beruft

1. die Mitglieder, die Arbeitnehmer oder Arbeitnehmerinnen sind, auf Vorschlag der jeweils zuständigen Organisationen behinderter Menschen, der im Benehmen mit den jeweils zuständigen Gewerkschaften, die für die Vertretung der Arbeitnehmerinteressen wesentliche Bedeutung haben, gemacht wird,
2. die Mitglieder, die Arbeitgeber sind, auf Vorschlag der jeweils zuständigen Arbeitgeberverbände, soweit sie für die Vertretung von Arbeitgeberinteressen wesentliche Bedeutung haben, sowie
3. das Mitglied, das die Bundesagentur für Arbeit vertritt, und
4. die Vertrauensperson.

2Die zuständige oberste Landesbehörde oder die von ihr bestimmte Behörde beruft das Mitglied, das das Integrationsamt vertritt. 3Entsprechendes gilt für die Berufung des

Stellvertreters oder der Stellvertreterin des jeweiligen Mitglieds.

(4) § 202 Absatz 5 gilt entsprechend.

§ 204 Verfahrensvorschriften

(1) Für den Widerspruchsausschuss bei dem Integrationsamt (§ 202) und die Widerspruchsausschüsse bei der Bundesagentur für Arbeit (§ 203) gilt § 189 Absatz 1 und 2 entsprechend.

(2) Im Widerspruchsverfahren nach Kapitel 4 werden der Arbeitgeber und der schwerbehinderte Mensch vor der Entscheidung gehört; in den übrigen Fällen verbleibt es bei der Anhörung des Widerspruchsführers.

(3) $_1$Die Mitglieder der Ausschüsse können wegen Besorgnis der Befangenheit abgelehnt werden. $_2$Über die Ablehnung entscheidet der Ausschuss, dem das Mitglied angehört.

Kapitel 10
Sonstige Vorschriften

§ 205 Vorrang der schwerbehinderten Menschen

Verpflichtungen zur bevorzugten Einstellung und Beschäftigung bestimmter Personenkreise nach anderen Gesetzen entbinden den Arbeitgeber nicht von der Verpflichtung zur Beschäftigung schwerbehinderter Menschen nach den besonderen Regelungen für schwerbehinderte Menschen.

§ 206 Arbeitsentgelt und Dienstbezüge

(1) $_1$Bei der Bemessung des Arbeitsentgelts und der Dienstbezüge aus einem bestehenden Beschäftigungsverhältnis werden Renten und vergleichbare Leistungen, die wegen der Behinderung bezogen werden, nicht berücksichtigt. $_2$Die völlige oder teilweise Anrechnung dieser Leistungen auf das Arbeitsentgelt oder die Dienstbezüge ist unzulässig.

(2) Absatz 1 gilt nicht für Zeiträume, in denen die Beschäftigung tatsächlich nicht ausgeübt wird und die Vorschriften über die Zahlung der Rente oder der vergleichbaren Leistung eine Anrechnung oder ein Ruhen vorsehen, wenn Arbeitsentgelt oder Dienstbezüge gezahlt werden.

§ 207 Mehrarbeit

Schwerbehinderte Menschen werden auf ihr Verlangen von Mehrarbeit freigestellt.

§ 208 Zusatzurlaub

(1) $_1$Schwerbehinderte Menschen haben Anspruch auf einen bezahlten zusätzlichen Urlaub von fünf Arbeitstagen im Urlaubsjahr; verteilt sich die regelmäßige Arbeitszeit des schwerbehinderten Menschen auf mehr oder weniger als fünf Arbeitstage in der Kalenderwoche, erhöht oder vermindert sich der Zusatzurlaub entsprechend. $_2$Soweit tarifliche, betriebliche oder sonstige Urlaubsregelungen für schwerbehinderte Menschen einen längeren Zusatzurlaub vorsehen, bleiben sie unberührt.

(2) $_1$Besteht die Schwerbehinderteneigenschaft nicht während des gesamten Kalenderjahres, so hat der schwerbehinderte Mensch für jeden vollen Monat der im Beschäftigungsverhältnis vorliegenden Schwerbehinderteneigenschaft einen Anspruch auf ein Zwölftel des Zusatzurlaubs nach Absatz 1 Satz 1. $_2$Bruchteile von Urlaubstagen, die mindestens einen halben Tag ergeben, sind auf volle Urlaubstage aufzurunden. $_3$Der so ermittelte Zusatzurlaub ist dem Erholungsurlaub hinzuzurechnen und kann bei einem nicht im ganzen Kalenderjahr bestehenden Beschäftigungsverhältnis nicht erneut gemindert werden.

(3) Wird die Eigenschaft als schwerbehinderter Mensch nach § 152 Absatz 1 und 2 rückwirkend festgestellt, finden auch für die Übertragbarkeit des Zusatzurlaubs in das nächste Kalenderjahr die dem Beschäftigungsverhältnis zugrunde liegenden urlaubsrechtlichen Regelungen Anwendung.

§ 209 Nachteilsausgleich

(1) Die Vorschriften über Hilfen für behinderte Menschen zum Ausgleich behinderungsbedingter Nachteile oder Mehraufwendungen (Nachteilsausgleich) werden so gestaltet, dass sie unabhängig von der Ursache der Behinderung der Art oder Schwere der Behinderung Rechnung tragen.

(2) Nachteilsausgleiche, die auf Grund bisher geltender Rechtsvorschriften erfolgen, bleiben unberührt.

§ 210 Beschäftigung schwerbehinderter Menschen in Heimarbeit

(1) Schwerbehinderte Menschen, die in Heimarbeit beschäftigt oder diesen gleichgestellt sind (§ 1 Absatz 1 und 2 des Heimarbeitsgesetzes) und in der Hauptsache für den gleichen Auftraggeber arbeiten, werden auf die Arbeitsplätze für schwerbehinderte Menschen dieses Auftraggebers angerechnet.

(2) $_{1}$Für in Heimarbeit beschäftigte und diesen gleichgestellte schwerbehinderte Menschen wird die in § 29 Absatz 2 des Heimarbeitsgesetzes festgelegte Kündigungsfrist von zwei Wochen auf vier Wochen erhöht; die Vorschrift des § 29 Absatz 7 des Heimarbeitsgesetzes ist sinngemäß anzuwenden. $_{2}$Der besondere Kündigungsschutz schwerbehinderter Menschen im Sinne des Kapitels 4 gilt auch für die in Satz 1 genannten Personen.

(3) $_{1}$Die Bezahlung des zusätzlichen Urlaubs der in Heimarbeit beschäftigten oder diesen gleichgestellten schwerbehinderten Menschen erfolgt nach den für die Bezahlung ihres sonstigen Urlaubs geltenden Berechnungsgrundsätzen. $_{2}$Sofern eine besondere Regelung nicht besteht, erhalten die schwerbehinderten Menschen als zusätzliches Urlaubsgeld 2 Prozent des in der Zeit vom 1. Mai des vergangenen bis zum 30. April des laufenden Jahres verdienten Arbeitsentgelts ausschließlich der Unkostenzuschläge.

(4) $_{1}$Schwerbehinderte Menschen, die als fremde Hilfskräfte eines Hausgewerbetreibenden oder eines Gleichgestellten beschäftigt werden (§ 2 Absatz 6 des Heimarbeitsgesetzes) können auf Antrag eines Auftraggebers auch auf dessen Pflichtarbeitsplätze für schwerbehinderte Menschen angerechnet werden, wenn der Arbeitgeber in der Hauptsache für diesen Auftraggeber arbeitet. $_{2}$Wird einem schwerbehinderten Menschen im Sinne des Satzes 1, dessen Anrechnung die Bundesagentur für Arbeit zugelassen hat, durch seinen Arbeitgeber gekündigt, weil der Auftraggeber die Zuteilung von Arbeit eingestellt oder die regelmäßige Arbeitsmenge erheblich herabgesetzt hat, erstattet der Auftraggeber dem Arbeitgeber die Aufwendungen für die Zahlung des regelmäßigen Arbeitsverdienstes an den schwerbehinderten Menschen bis zur rechtmäßigen Beendigung seines Arbeitsverhältnisses.

(5) Werden fremde Hilfskräfte eines Hausgewerbetreibenden oder eines Gleichgestellten (§ 2 Absatz 6 des Heimarbeitsgesetzes) einem Auftraggeber gemäß Absatz 4 auf seine Arbeitsplätze für schwerbehinderte Menschen angerechnet, erstattet der Auftraggeber die dem Arbeitgeber nach Absatz 3 entstehenden Aufwendungen.

(6) Die den Arbeitgeber nach § 163 Absatz 1 und 5 treffenden Verpflichtungen gelten auch für Personen, die Heimarbeit ausgeben.

§ 211 Schwerbehinderte Beamtinnen und Beamte, Richterinnen und Richter, Soldatinnen und Soldaten

(1) Die besonderen Vorschriften und Grundsätze für die Besetzung der Beamtenstellen sind unbeschadet der Geltung dieses Teils auch für schwerbehinderte Beamtinnen und Beamte so zu gestalten, dass die Einstellung und Beschäftigung schwerbehinderter Menschen gefördert und ein angemessener Anteil schwerbehinderter Menschen unter den Beamten und Beamtinnen erreicht wird.

(2) Absatz 1 gilt für Richterinnen und Richter entsprechend.

(3) $_{1}$Für die persönliche Rechtsstellung schwerbehinderter Soldatinnen und Soldaten gelten die §§ 2, 152, 176 bis 182, 199 Absatz 1 sowie die §§ 206, 208, 209 und 228 bis 230. $_{2}$Im Übrigen gelten für Soldatinnen und Soldaten die Vorschriften über die persönliche Rechtsstellung der schwerbehinderten Menschen, soweit sie mit den Besonderheiten des Dienstverhältnisses vereinbar sind.

§ 212 Unabhängige Tätigkeit

Soweit zur Ausübung einer unabhängigen Tätigkeit eine Zulassung erforderlich ist, soll schwerbehinderten Menschen, die eine Zulassung beantragen, bei fachlicher Eignung und Erfüllung der sonstigen gesetzlichen Voraussetzungen die Zulassung bevorzugt erteilt werden.

§ 213 Geheimhaltungspflicht

(1) Die Beschäftigten der Integrationsämter, der Bundesagentur für Arbeit, der Rehabilitationsträger sowie der von diesen Stellen beauftragten Integrationsfachdienste und die Mitglieder der Ausschüsse und des Beirates für die Teilhabe von Menschen mit Behinderungen (§ 86) und ihre Stellvertreterinnen oder Stellvertreter sowie zur Durchführung ihrer Aufgaben hinzugezogene Sachverständige sind verpflichtet,

1. über ihnen wegen ihres Amtes oder Auftrages bekannt gewordene persönliche Verhältnisse und Angelegenheiten von Beschäftigten auf Arbeitsplätzen für schwerbehinderte Menschen, die ihrer Bedeutung oder ihrem Inhalt nach einer vertraulichen Behandlung bedürfen, Stillschweigen zu bewahren und
2. ihnen wegen ihres Amtes oder Auftrages bekannt gewordene und vom Arbeitgeber ausdrücklich als geheimhaltungsbedürftig bezeichnete Betriebs- oder Geschäftsgeheimnisse nicht zu offenbaren und nicht zu verwerten.

(2) 1Diese Pflichten gelten auch nach dem Ausscheiden aus dem Amt oder nach Beendigung des Auftrages. 2Sie gelten nicht gegenüber der Bundesagentur für Arbeit, den Integrationsämtern und den Rehabilitationsträgern, soweit deren Aufgaben gegenüber schwerbehinderten Menschen es erfordern, gegenüber der Schwerbehindertenvertretung sowie gegenüber den in § 79 Absatz 1 des Betriebsverfassungsgesetzes und den in den entsprechenden Vorschriften des Personalvertretungsrechts genannten Vertretungen, Personen und Stellen.

§ 214 Statistik

(1) Über schwerbehinderte Menschen wird alle zwei Jahre eine Bundesstatistik durchgeführt. Sie umfasst die folgenden Erhebungsmerkmale:

1. die Zahl der schwerbehinderten Menschen mit gültigem Ausweis,
2. die schwerbehinderten Menschen nach Geburtsjahr, Geschlecht, Staatsangehörigkeit und Wohnort,
3. Art, Ursache und Grad der Behinderung.

(2) Hilfsmerkmale sind:

1. Name, Anschrift, Telefonnummer und Adresse für elektronische Post der nach Absatz 3 Satz 2 auskunftspflichtigen Behörden,
2. Name und Kontaktdaten der für Rückfragen zur Verfügung stehenden Personen,
3. die Signiernummern für das Versorgungsamt und für das Berichtsland.

(3) 1Für die Erhebung besteht Auskunftspflicht. 2Auskunftspflichtig sind die nach § 152 Absatz 1 und 5 zuständigen Behörden. 3Die Angaben zu Absatz 2 Nummer 2 sind freiwillig.

Kapitel 11
Inklusionsbetriebe

§ 215 Begriff und Personenkreis

(1) Inklusionsbetriebe sind rechtlich und wirtschaftlich selbständige Unternehmen oder unternehmensinterne oder von öffentlichen Arbeitgebern im Sinne des § 154 Absatz 2 geführte Betriebe oder Abteilungen zur Beschäftigung schwerbehinderter Menschen auf dem allgemeinen Arbeitsmarkt, deren Teilhabe an einer sonstigen Beschäftigung auf dem allgemeinen Arbeitsmarkt auf Grund von Art oder Schwere der Behinderung oder wegen sonstiger Umstände voraussichtlich trotz Ausschöpfens aller Fördermöglichkeiten und des Einsatzes von Integrationsfachdiensten auf besondere Schwierigkeiten stößt.

(2) Schwerbehinderte Menschen nach Absatz 1 sind insbesondere

1. schwerbehinderte Menschen mit geistiger oder seelischer Behinderung oder mit einer schweren Körper-, Sinnes- oder Mehrfachbehinderung, die sich im Arbeitsleben besonders nachteilig auswirkt und allein oder zusammen mit weiteren vermittlungshemmenden Umständen die Teilha-

II

be am allgemeinen Arbeitsmarkt außerhalb eines Inklusionsbetriebes erschwert oder verhindert,

2. schwerbehinderte Menschen, die nach zielgerichteter Vorbereitung in einer Werkstatt für behinderte Menschen oder in einer psychiatrischen Einrichtung für den Übergang in einen Betrieb oder eine Dienststelle auf dem allgemeinen Arbeitsmarkt in Betracht kommen und auf diesen Übergang vorbereitet werden sollen,
3. schwerbehinderte Menschen nach Beendigung einer schulischen Bildung, die nur dann Aussicht auf eine Beschäftigung auf dem allgemeinen Arbeitsmarkt haben, wenn sie zuvor in einem Inklusionsbetrieb an berufsvorbereitenden Bildungsmaßnahmen teilnehmen und dort beschäftigt und weiterqualifiziert werden, sowie
4. schwerbehinderte Menschen, die langzeitarbeitslos im Sinne des § 18 des Dritten Buches sind.

(3) $_1$Inklusionsbetriebe beschäftigen mindestens 30 Prozent schwerbehinderte Menschen im Sinne von Absatz 1. $_2$Der Anteil der schwerbehinderten Menschen soll in der Regel 50 Prozent nicht übersteigen.

(4) Auf die Quoten nach Absatz 3 wird auch die Anzahl der psychisch kranken beschäftigten Menschen angerechnet, die behindert oder von Behinderung bedroht sind und deren Teilhabe an einer sonstigen Beschäftigung auf dem allgemeinen Arbeitsmarkt auf Grund von Art oder Schwere der Behinderung oder wegen sonstiger Umstände auf besondere Schwierigkeiten stößt.

§ 216 Aufgaben

$_1$Die Inklusionsbetriebe bieten den schwerbehinderten Menschen Beschäftigung, Maßnahmen der betrieblichen Gesundheitsförderung und arbeitsbegleitende Betreuung an, soweit erforderlich auch Maßnahmen der beruflichen Weiterbildung oder Gelegenheit zur Teilnahme an entsprechenden außerbetrieblichen Maßnahmen und Unterstützung bei der Vermittlung in eine sonstige Beschäftigung in einem Betrieb oder einer Dienststelle auf dem allgemeinen Arbeitsmarkt sowie geeignete Maßnahmen zur Vorbereitung auf eine Beschäftigung in einem Inklusionsbetrieb. $_2$Satz 1 gilt entsprechend für psychisch kranke Menschen im Sinne des § 215 Absatz 4.

§ 217 Finanzielle Leistungen

(1) Inklusionsbetriebe können aus Mitteln der Ausgleichsabgabe Leistungen für Aufbau, Erweiterung, Modernisierung und Ausstattung einschließlich einer betriebswirtschaftlichen Beratung und für besonderen Aufwand erhalten.

(2) Die Finanzierung von Leistungen nach § 216 Satz 2 erfolgt durch den zuständigen Rehabilitationsträger.

§ 218 Verordnungsermächtigung

Das Bundesministerium für Arbeit und Soziales wird ermächtigt, durch Rechtsverordnung mit Zustimmung des Bundesrates das Nähere über den Begriff und die Aufgaben der Inklusionsbetriebe, die für sie geltenden fachlichen Anforderungen, die Aufnahmevoraussetzungen und die finanziellen Leistungen zu regeln.

Kapitel 12
Werkstätten für behinderte Menschen

§ 219 Begriff und Aufgaben der Werkstatt für behinderte Menschen

(1) $_1$Die Werkstatt für behinderte Menschen ist eine Einrichtung zur Teilhabe behinderter Menschen am Arbeitsleben im Sinne des Kapitels 10 des Teils 1 und zur Eingliederung in das Arbeitsleben. $_2$Sie hat denjenigen behinderten Menschen, die wegen Art oder Schwere der Behinderung nicht, noch nicht oder noch nicht wieder auf dem allgemeinen Arbeitsmarkt beschäftigt werden können,

1. eine angemessene berufliche Bildung und eine Beschäftigung zu einem ihrer Leistung angemessenen Arbeitsentgelt aus dem Arbeitsergebnis anzubieten und
2. zu ermöglichen, ihre Leistungs- oder Erwerbsfähigkeit zu erhalten, zu entwickeln, zu erhöhen oder wiederzugewinnen und dabei ihre Persönlichkeit weiterzuentwickeln.

$_{3}$Sie fördert den Übergang geeigneter Personen auf den allgemeinen Arbeitsmarkt durch geeignete Maßnahmen. $_{4}$Sie verfügt über ein möglichst breites Angebot an Berufsbildungs- und Arbeitsplätzen sowie über qualifiziertes Personal und einen begleitenden Dienst. $_{5}$Zum Angebot an Berufsbildungs- und Arbeitsplätzen gehören ausgelagerte Plätze auf dem allgemeinen Arbeitsmarkt. $_{6}$Die ausgelagerten Arbeitsplätze werden zum Zwecke des Übergangs und als dauerhaft ausgelagerte Plätze angeboten.

(2) $_{1}$Die Werkstatt steht allen behinderten Menschen im Sinne des Absatzes 1 unabhängig von Art oder Schwere der Behinderung offen, sofern erwartet werden kann, dass sie spätestens nach Teilnahme an Maßnahmen im Berufsbildungsbereich wenigstens ein Mindestmaß wirtschaftlich verwertbarer Arbeitsleistung erbringen werden. $_{2}$Dies ist nicht der Fall bei behinderten Menschen, bei denen trotz einer der Behinderung angemessenen Betreuung eine erhebliche Selbst- oder Fremdgefährdung zu erwarten ist oder das Ausmaß der erforderlichen Betreuung und Pflege die Teilnahme an Maßnahmen im Berufsbildungsbereich oder sonstige Umstände ein Mindestmaß wirtschaftlich verwertbarer Arbeitsleistung im Arbeitsbereich dauerhaft nicht zulassen.

(3) $_{1}$Behinderte Menschen, die die Voraussetzungen für eine Beschäftigung in einer Werkstatt nicht erfüllen, sollen in Einrichtungen oder Gruppen betreut und gefördert werden, die der Werkstatt angegliedert sind. $_{2}$Die Betreuung und Förderung kann auch gemeinsam mit den Werkstattbeschäftigten in der Werkstatt erfolgen. $_{3}$Die Betreuung und Förderung soll auch Angebote zur Orientierung auf Beschäftigung enthalten.

§ 220 Aufnahme in die Werkstätten für behinderte Menschen

(1) $_{1}$Anerkannte Werkstätten nehmen diejenigen behinderten Menschen aus ihrem Einzugsgebiet auf, die die Aufnahmevoraussetzungen gemäß § 219 Absatz 2 erfüllen, wenn Leistungen durch die Rehabilitationsträger gewährleistet sind; die Möglichkeit zur Aufnahme in eine andere anerkannte Werkstatt nach Maßgabe des § 104 oder entsprechender Regelungen bleibt unberührt. $_{2}$Die Aufnahme erfolgt unabhängig von

1. der Ursache der Behinderung,
2. der Art der Behinderung, wenn in dem Einzugsgebiet keine besondere Werkstatt für behinderte Menschen für diese Behinderungsart vorhanden ist, und
3. der Schwere der Behinderung, der Minderung der Leistungsfähigkeit und einem besonderen Bedarf an Förderung, begleitender Betreuung oder Pflege.

(2) Behinderte Menschen werden in der Werkstatt beschäftigt, solange die Aufnahmevoraussetzungen nach Absatz 1 vorliegen.

(3) Leistungsberechtigte Menschen mit Behinderungen, die aus einer Werkstatt für behinderte Menschen auf den allgemeinen Arbeitsmarkt übergegangen sind oder bei einem anderen Leistungsanbieter oder mit Hilfe des Budgets für Arbeit oder des Budgets für Ausbildung am Arbeitsleben teilnehmen, haben einen Anspruch auf Aufnahme in eine Werkstatt für behinderte Menschen.

§ 221 Rechtsstellung und Arbeitsentgelt behinderter Menschen

(1) Behinderte Menschen im Arbeitsbereich anerkannter Werkstätten stehen, wenn sie nicht Arbeitnehmer sind, zu den Werkstätten in einem arbeitnehmerähnlichen Rechtsverhältnis, soweit sich aus dem zugrunde liegenden Sozialleistungsverhältnis nichts anderes ergibt.

(2) $_{1}$Die Werkstätten zahlen aus ihrem Arbeitsergebnis an die im Arbeitsbereich beschäftigten behinderten Menschen ein Arbeitsentgelt, das sich aus einem Grundbetrag in Höhe des Ausbildungsgeldes, das die Bundesagentur für Arbeit nach den für sie geltenden Vorschriften behinderten Menschen im Berufsbildungsbereich leistet, und einem leistungsangemessenen Steigerungsbetrag zusammensetzt. $_{2}$Der Steigerungsbetrag bemisst sich nach der individuellen Arbeitsleistung der behinderten Menschen, insbesondere unter Berücksichtigung von Arbeitsmenge und Arbeitsgüte.

(3) Der Inhalt des arbeitnehmerähnlichen Rechtsverhältnisses wird unter Berücksichtigung des zwischen den behinderten Menschen und dem Rehabilitationsträger bestehenden Sozialleistungsverhältnisses durch Werkstattverträge zwischen den behinderten Menschen und dem Träger der Werkstatt näher geregelt.

(4) Hinsichtlich der Rechtsstellung der Teilnehmer an Maßnahmen im Eingangsverfahren und im Berufsbildungsbereich gilt § 52 entsprechend.

(5) Ist ein volljähriger behinderter Mensch gemäß Absatz 1 in den Arbeitsbereich einer anerkannten Werkstatt für behinderte Menschen im Sinne des § 219 aufgenommen worden und war er zu diesem Zeitpunkt geschäftsunfähig, so gilt der von ihm geschlossene Werkstattvertrag in Ansehung einer bereits bewirkten Leistung und deren Gegenleistung, soweit diese in einem angemessenen Verhältnis zueinander stehen, als wirksam.

(6) War der volljährige behinderte Mensch bei Abschluss eines Werkstattvertrages geschäftsunfähig, so kann der Träger einer Werkstatt das Werkstattverhältnis nur unter den Voraussetzungen für gelöst erklären, unter denen ein wirksamer Vertrag seitens des Trägers einer Werkstatt gekündigt werden kann.

(7) Die Lösungserklärung durch den Träger einer Werkstatt bedarf der schriftlichen Form und ist zu begründen.

§ 222 Mitbestimmung, Mitwirkung, Frauenbeauftragte

(1) 1Die in § 221 Absatz 1 genannten behinderten Menschen bestimmen und wirken unabhängig von ihrer Geschäftsfähigkeit durch Werkstatträte in den ihre Interessen berührenden Angelegenheiten der Werkstatt mit. 2Die Werkstatträte berücksichtigen die Interessen der im Eingangsverfahren und im Berufsbildungsbereich der Werkstätten tätigen behinderten Menschen in angemessener und geeigneter Weise, solange für diese eine Vertretung nach § 52 nicht besteht.

(2) Ein Werkstattrat wird in Werkstätten gewählt; er setzt sich aus mindestens drei Mitgliedern zusammen.

(3) Wahlberechtigt zum Werkstattrat sind alle in § 221 Absatz 1 genannten behinderten Menschen; von ihnen sind die behinderten Menschen wählbar, die am Wahltag seit mindestens sechs Monaten in der Werkstatt beschäftigt sind.

(4) 1Die Werkstätten für behinderte Menschen unterrichten die Personen, die behinderte Menschen gesetzlich vertreten oder mit ihrer Betreuung beauftragt sind, einmal im Kalenderjahr in einer Eltern- und Betreuerversammlung in angemessener Weise über die Angelegenheiten der Werkstatt, auf die sich die Mitwirkung erstreckt, und hören sie dazu an. 2In den Werkstätten kann im Einvernehmen mit dem Träger der Werkstatt ein Eltern- und Betreuerbeirat errichtet werden, der die Werkstatt und den Werkstattrat bei ihrer Arbeit berät und durch Vorschläge und Stellungnahmen unterstützt.

(5) 1Behinderte Frauen im Sinne des § 221 Absatz 1 wählen in jeder Werkstatt eine Frauenbeauftragte und eine Stellvertreterin. 2In Werkstätten mit mehr als 700 wahlberechtigten Frauen wird eine zweite Stellvertreterin gewählt, in Werkstätten mit mehr als 1000 wahlberechtigten Frauen werden bis zu drei Stellvertreterinnen gewählt.

§ 223 Anrechnung von Aufträgen auf die Ausgleichsabgabe

(1) 1Arbeitgeber, die durch Aufträge an anerkannte Werkstätten für behinderte Menschen zur Beschäftigung behinderter Menschen beitragen, können 50 Prozent des auf die Arbeitsleistung der Werkstatt entfallenden Rechnungsbetrages solcher Aufträge (Gesamtrechnungsbetrag abzüglich Materialkosten) auf die Ausgleichsabgabe anrechnen. 2Dabei wird die Arbeitsleistung des Fachpersonals zur Arbeits- und Berufsförderung berücksichtigt, nicht hingegen die Arbeitsleistung sonstiger nichtbehinderter Arbeitnehmerinnen und Arbeitnehmer. 3Bei Weiterveräußerung von Erzeugnissen anderer anerkannter Werkstätten für behinderte Men-

schen wird die von diesen erbrachte Arbeitsleistung berücksichtigt. 4Die Werkstätten bestätigen das Vorliegen der Anrechnungsvoraussetzungen in der Rechnung.

(2) Voraussetzung für die Anrechnung ist, dass

1. die Aufträge innerhalb des Jahres, in dem die Verpflichtung zur Zahlung der Ausgleichsabgabe entsteht, von der Werkstatt für behinderte Menschen ausgeführt und vom Auftraggeber bis spätestens 31. März des Folgejahres vergütet werden und
2. es sich nicht um Aufträge handelt, die Träger einer Gesamteinrichtung an Werkstätten für behinderte Menschen vergeben, die rechtlich unselbständige Teile dieser Einrichtung sind.

(3) Bei der Vergabe von Aufträgen an Zusammenschlüsse anerkannter Werkstätten für behinderte Menschen gilt Absatz 2 entsprechend.

§ 224 Vergabe von Aufträgen durch die öffentliche Hand

(1) 1Aufträge der öffentlichen Hand, die von anerkannten Werkstätten für behinderte Menschen ausgeführt werden können, werden bevorzugt diesen Werkstätten angeboten; zudem können Werkstätten für behinderte Menschen nach Maßgabe der allgemeinen Verwaltungsvorschriften nach Satz 2 beim Zuschlag und den Zuschlagskriterien bevorzugt werden. 2Die Bundesregierung erlässt mit Zustimmung des Bundesrates allgemeine Verwaltungsvorschriften zur Vergabe von Aufträgen durch die öffentliche Hand.

(2) Absatz 1 gilt auch für Inklusionsbetriebe.

§ 225 Anerkennungsverfahren

1Werkstätten für behinderte Menschen, die eine Vergünstigung im Sinne dieses Kapitels in Anspruch nehmen wollen, bedürfen der Anerkennung. 2Die Entscheidung über die Anerkennung trifft auf Antrag die Bundesagentur für Arbeit im Einvernehmen mit dem Träger der Eingliederungshilfe. 3Die Bundesagentur für Arbeit führt ein Verzeichnis der anerkannten Werkstätten für behinderte Menschen. 4In dieses Verzeichnis werden auch Zusammenschlüsse anerkannter Werkstätten für behinderte Menschen aufgenommen.

§ 226 Blindenwerkstätten

Die §§ 223 und 224 sind auch zugunsten von auf Grund des Blindenwarenvertriebsgesetzes anerkannten Blindenwerkstätten anzuwenden.

§ 227 Verordnungsermächtigungen

(1) Die Bundesregierung bestimmt durch Rechtsverordnung mit Zustimmung des Bundesrates das Nähere über den Begriff und die Aufgaben der Werkstatt für behinderte Menschen, die Aufnahmevoraussetzungen, die fachlichen Anforderungen, insbesondere hinsichtlich der Wirtschaftsführung, sowie des Begriffs und der Verwendung des Arbeitsergebnisses sowie das Verfahren zur Anerkennung als Werkstatt für behinderte Menschen.

(2) 1Das Bundesministerium für Arbeit und Soziales bestimmt durch Rechtsverordnung mit Zustimmung des Bundesrates im Einzelnen die Errichtung, Zusammensetzung und Aufgaben des Werkstattrats, die Fragen, auf die sich Mitbestimmung und Mitwirkung erstrecken, einschließlich Art und Umfang der Mitbestimmung und Mitwirkung, die Vorbereitung und Durchführung der Wahl, einschließlich der Wahlberechtigung und der Wählbarkeit, die Amtszeit sowie die Geschäftsführung des Werkstattrats einschließlich des Erlasses einer Geschäftsordnung und der persönlichen Rechte und Pflichten der Mitglieder des Werkstattrats und der Kostentragung. 2In der Rechtsverordnung werden auch Art und Umfang der Beteiligung von Frauenbeauftragten, die Vorbereitung und Durchführung der Wahl einschließlich der Wahlberechtigung und der Wählbarkeit, die Amtszeit, die persönlichen Rechte und die Pflichten der Frauenbeauftragten und ihrer Stellvertreterinnen sowie die Kostentragung geregelt. 3Die Rechtsverordnung kann darüber hinaus bestimmen, dass die in ihr getroffenen Regelungen keine Anwendung auf Religionsgemeinschaften und ihre Einrichtungen finden, soweit sie eigene gleichwertige Regelungen getroffen haben.

II

Kapitel 13
Unentgeltliche Beförderung schwerbehinderter Menschen im öffentlichen Personenverkehr

§ 228 Unentgeltliche Beförderung, Anspruch auf Erstattung der Fahrgeldausfälle

(1) 1Schwerbehinderte Menschen, die infolge ihrer Behinderung in ihrer Bewegungsfähigkeit im Straßenverkehr erheblich beeinträchtigt oder hilflos oder gehörlos sind, werden von Unternehmern, die öffentlichen Personenverkehr betreiben, gegen Vorzeigen eines entsprechend gekennzeichneten Ausweises nach § 152 Absatz 5 im Nahverkehr im Sinne des § 230 Absatz 1 unentgeltlich befördert; die unentgeltliche Beförderung verpflichtet zur Zahlung eines tarifmäßigen Zuschlages bei der Benutzung zuschlagpflichtiger Züge des Nahverkehrs. 2Voraussetzung ist, dass der Ausweis mit einer gültigen Wertmarke versehen ist.

(2) 1Die Wertmarke wird gegen Entrichtung eines Betrages von 80 Euro für ein Jahr oder 40 Euro für ein halbes Jahr ausgegeben. 2Der Betrag erhöht sich in entsprechender Anwendung des § 160 Absatz 3 jeweils zu dem Zeitpunkt, zu dem die nächste Neubestimmung der Beträge der Ausgleichsabgabe erfolgt. 3Liegt dieser Zeitpunkt innerhalb der Gültigkeitsdauer einer bereits ausgegebenen Wertmarke, ist der höhere Betrag erst im Zusammenhang mit der Ausgabe der darauffolgenden Wertmarke zu entrichten. 4Abweichend von § 160 Absatz 3 Satz 4 sind die sich ergebenden Beträge auf den nächsten vollen Eurobetrag aufzurunden. 5Das Bundesministerium für Arbeit und Soziales gibt den Erhöhungsbetrag und die sich nach entsprechender Anwendung des § 160 Absatz 3 Satz 3 ergebenden Beträge im Bundesanzeiger bekannt.

(3) 1Wird die für ein Jahr ausgegebene Wertmarke vor Ablauf eines halben Jahres ihrer Gültigkeitsdauer zurückgegeben, wird auf Antrag die Hälfte der Gebühr erstattet. 2Entsprechendes gilt für den Fall, dass der schwerbehinderte Mensch vor Ablauf eines halben Jahres der Gültigkeitsdauer der für ein Jahr ausgegebenen Wertmarke verstirbt.

(4) Auf Antrag wird eine für ein Jahr gültige Wertmarke, ohne dass der Betrag nach Absatz 2 in seiner jeweiligen Höhe zu entrichten ist, an schwerbehinderte Menschen ausgegeben,

1. die blind im Sinne des § 72 Absatz 5 des Zwölften Buches oder entsprechender Vorschriften oder hilflos im Sinne des § 33b des Einkommensteuergesetzes oder entsprechender Vorschriften sind oder
2. die Leistungen zur Sicherung des Lebensunterhalts nach dem Zweiten Buch oder für den Lebensunterhalt laufende Leistungen nach dem Dritten und Vierten Kapitel des Zwölften Buches, dem Achten Buch oder den §§ 27a und 27d des Bundesversorgungsgesetzes erhalten oder
3. die am 1. Oktober 1979 die Voraussetzungen nach § 2 Absatz 1 Nummer 1 bis 4 und Absatz 3 des Gesetzes über die unentgeltliche Beförderung von Kriegs- und Wehrdienstbeschädigten sowie von anderen Behinderten im Nahverkehr vom 27. August 1965 (BGBl. I S. 978), das zuletzt durch Artikel 41 des Zuständigkeitsanpassungs-Gesetzes vom 18. März 1975 (BGBl. I S. 705) geändert worden ist, erfüllten, solange ein Grad der Schädigungsfolgen von mindestens 70 festgestellt ist oder von mindestens 50 festgestellt ist und sie infolge der Schädigung erheblich gehbehindert sind; das Gleiche gilt für schwerbehinderte Menschen, die diese Voraussetzungen am 1. Oktober 1979 nur deshalb nicht erfüllt haben, weil sie ihren Wohnsitz oder ihren gewöhnlichen Aufenthalt zu diesem Zeitpunkt in dem in Artikel 3 des Einigungsvertrages genannten Gebiet hatten.

(5) 1Die Wertmarke wird nicht ausgegeben, solange eine Kraftfahrzeugsteuerermäßigung nach § 3a Absatz 2 des Kraftfahrzeugsteuergesetzes in Anspruch genommen wird. 2Die Ausgabe der Wertmarken erfolgt auf Antrag durch die nach § 152 Absatz 5 zuständigen Behörden. 3Die Landesregierung oder die von ihr bestimmte Stelle kann die Aufgaben nach den Absätzen 2 bis 4 ganz oder teilweise auf andere Behörden übertragen. 4Für Streitigkeiten in Zusammenhang mit der Ausgabe

der Wertmarke gilt § 51 Absatz 1 Nummer 7 des Sozialgerichtsgesetzes entsprechend.

(6) Absatz 1 gilt im Nah- und Fernverkehr im Sinne des § 230, ohne dass die Voraussetzung des Absatzes 1 Satz 2 erfüllt sein muss, für die Beförderung

1. einer Begleitperson eines schwerbehinderten Menschen im Sinne des Absatzes 1, wenn die Berechtigung zur Mitnahme einer Begleitperson nachgewiesen und dies im Ausweis des schwerbehinderten Menschen eingetragen ist, und
2. des Handgepäcks, eines mitgeführten Krankenfahrstuhles, soweit die Beschaffenheit des Verkehrsmittels dies zulässt, sonstiger orthopädischer Hilfsmittel und eines Führhundes; das Gleiche gilt für einen Hund, den ein schwerbehinderter Mensch mitführt, in dessen Ausweis die Berechtigung zur Mitnahme einer Begleitperson nachgewiesen ist, sowie für einen nach § 12e Absatz 4 des Behindertengleichstellungsgesetzes gekennzeichneten Assistenzhund.

(7) $_1$Die durch die unentgeltliche Beförderung nach den Absätzen 1 bis 6 entstehenden Fahrgeldausfälle werden nach Maßgabe der §§ 231 bis 233 erstattet. $_2$Die Erstattungen sind aus dem Anwendungsbereich der Verordnung (EG) Nr. 1370/2007 des Europäischen Parlaments und des Rates vom 23. Oktober 2007 über öffentliche Personenverkehrsdienste auf Schiene und Straße und zur Aufhebung der Verordnungen (EWG) Nr. 1191/69 und (EWG) Nr. 1107/70 des Rates (ABl. L 315 vom 3. 12. 2007, S. 1) ausgenommen.

§ 229 Persönliche Voraussetzungen

(1) $_1$In seiner Bewegungsfähigkeit im Straßenverkehr erheblich beeinträchtigt ist, wer infolge einer Einschränkung des Gehvermögens (auch durch innere Leiden oder infolge von Anfällen oder von Störungen der Orientierungsfähigkeit) nicht ohne erhebliche Schwierigkeiten oder nicht ohne Gefahren für sich oder andere Wegstrecken im Ortsverkehr zurückzulegen vermag, die üblicherweise noch zu Fuß zurückgelegt werden. $_2$Der Nachweis der erheblichen Beeinträchtigung in der Bewegungsfähigkeit im Straßenverkehr kann bei schwerbehinderten Menschen mit einem Grad der Behinderung von wenigstens 80 nur mit einem Ausweis mit halbseitigem orangefarbenem Flächenaufdruck und eingetragenem Merkzeichen „G" geführt werden, dessen Gültigkeit frühestens mit dem 1. April 1984 beginnt, oder auf dem ein entsprechender Änderungsvermerk eingetragen ist.

(2) $_1$Zur Mitnahme einer Begleitperson sind schwerbehinderte Menschen berechtigt, die bei der Benutzung von öffentlichen Verkehrsmitteln infolge ihrer Behinderung regelmäßig auf Hilfe angewiesen sind. $_2$Die Feststellung bedeutet nicht, dass die schwerbehinderte Person, wenn sie nicht in Begleitung ist, eine Gefahr für sich oder für andere darstellt.

(3) $_1$Schwerbehinderte Menschen mit außergewöhnlicher Gehbehinderung sind Personen mit einer erheblichen mobilitätsbezogenen Teilhabebeeinträchtigung, die einem Grad der Behinderung von mindestens 80 entspricht. $_2$Eine erhebliche mobilitätsbezogene Teilhabebeeinträchtigung liegt vor, wenn sich die schwerbehinderten Menschen wegen der Schwere ihrer Beeinträchtigung dauernd nur mit fremder Hilfe oder mit großer Anstrengung außerhalb ihres Kraftfahrzeuges bewegen können. $_3$Hierzu zählen insbesondere schwerbehinderte Menschen, die auf Grund der Beeinträchtigung der Gehfähigkeit und Fortbewegung – dauerhaft auch für sehr kurze Entfernungen – aus medizinischer Notwendigkeit auf die Verwendung eines Rollstuhls angewiesen sind. $_4$Verschiedenste Gesundheitsstörungen (insbesondere Störungen bewegungsbezogener, neuromuskulärer oder mentaler Funktionen, Störungen des kardiovaskulären oder Atmungssystems) können die Gehfähigkeit erheblich beeinträchtigen. $_5$Diese sind als außergewöhnliche Gehbehinderung anzusehen, wenn nach versorgungsärztlicher Feststellung die Auswirkung der Gesundheitsstörungen sowie deren Kombination auf die Gehfähigkeit dauerhaft so schwer ist, dass sie der unter Satz 1 genannten Beeinträchtigung gleich kommt.

§ 230 Nah- und Fernverkehr

(1) Nahverkehr im Sinne dieses Gesetzes ist der öffentliche Personenverkehr mit

1. Straßenbahnen und Obussen im Sinne des Personenbeförderungsgesetzes,
2. Kraftfahrzeugen im Linienverkehr nach den §§ 42 und 43 des Personenbeförderungsgesetzes auf Linien, bei denen die Mehrzahl der Beförderungen eine Strecke von 50 Kilometern nicht übersteigt, es sei denn, dass bei den Verkehrsformen nach § 43 des Personenbeförderungsgesetzes die Genehmigungsbehörde auf die Einhaltung der Vorschriften über die Beförderungsentgelte gemäß § 45 Absatz 3 des Personenbeförderungsgesetzes ganz oder teilweise verzichtet hat,
3. S-Bahnen in der 2. Wagenklasse,
4. Eisenbahnen in der 2. Wagenklasse in Zügen und auf Strecken und Streckenabschnitten, die in ein von mehreren Unternehmern gebildetes, mit den unter Nummer 1, 2 oder 7 genannten Verkehrsmitteln zusammenhängendes Liniennetz mit einheitlichen oder verbundenen Beförderungsentgelten einbezogen sind,
5. Eisenbahnen des Bundes in der 2. Wagenklasse in Zügen, die überwiegend dazu bestimmt sind, die Verkehrsnachfrage im Nahverkehr zu befriedigen (Züge des Nahverkehrs),
6. sonstigen Eisenbahnen des öffentlichen Verkehrs im Sinne von § 2 Absatz 1 und § 3 Absatz 1 des Allgemeinen Eisenbahngesetzes in der 2. Wagenklasse auf Strecken, bei denen die Mehrzahl der Beförderungen eine Strecke von 50 Kilometern nicht überschreitet,
7. Wasserfahrzeugen im Linien-, Fähr- und Übersetzverkehr, wenn dieser der Beförderung von Personen im Orts- und Nachbarschaftsbereich dient und Ausgangs- und Endpunkt innerhalb dieses Bereiches liegen; Nachbarschaftsbereich ist der Raum zwischen benachbarten Gemeinden, die, ohne unmittelbar aneinander grenzen zu müssen, durch einen stetigen, mehr als einmal am Tag durchgeführten Verkehr wirtschaftlich und verkehrsmäßig verbunden sind.

(2) Fernverkehr im Sinne dieses Gesetzes ist der öffentliche Personenverkehr mit

1. Kraftfahrzeugen im Linienverkehr nach § 42a Satz 1 des Personenbeförderungsgesetzes,
2. Eisenbahnen, ausgenommen der Sonderzugverkehr,
3. Wasserfahrzeugen im Fähr- und Übersetzverkehr, sofern keine Häfen außerhalb des Geltungsbereiches dieses Buches angelaufen werden, soweit der Verkehr nicht Nahverkehr im Sinne des Absatzes 1 ist.

(3) Die Unternehmer, die öffentlichen Personenverkehr betreiben, weisen im öffentlichen Personenverkehr nach Absatz 1 Nummer 2, 5, 6 und 7 im Fahrplan besonders darauf hin, inwieweit eine Pflicht zur unentgeltlichen Beförderung nach § 228 Absatz 1 nicht besteht.

§ 231 Erstattung der Fahrgeldausfälle im Nahverkehr

(1) Die Fahrgeldausfälle im Nahverkehr werden nach einem Prozentsatz der von den Unternehmern oder den Nahverkehrsorganisationen im Sinne des § 233 Absatz 2 nachgewiesenen Fahrgeldeinnahmen im Nahverkehr erstattet.

(2) $_1$Fahrgeldeinnahmen im Sinne dieses Kapitels sind alle Erträge aus dem Fahrkartenverkauf. $_2$Sie umfassen auch Erträge aus der Beförderung von Handgepäck, Krankenfahrstühlen, sonstigen orthopädischen Hilfsmitteln, Tieren sowie aus erhöhten Beförderungsentgelten.

(3) Werden in einem von mehreren Unternehmern gebildeten zusammenhängenden Liniennetz mit einheitlichen oder verbundenen Beförderungsentgelten die Erträge aus dem Fahrkartenverkauf zusammengefasst und dem einzelnen Unternehmer anteilmäßig nach einem vereinbarten Verteilungsschlüssel zugewiesen, so ist der zugewiesene Anteil Ertrag im Sinne des Absatzes 2.

(4) $_1$Der Prozentsatz im Sinne des Absatzes 1 wird für jedes Land von der Landesregierung oder der von ihr bestimmten Behörde für jeweils ein Jahr bekannt gemacht. $_2$Bei der Berechnung des Prozentsatzes ist von folgenden Zahlen auszugehen:

1. der Zahl der in dem Land in dem betreffenden Kalenderjahr ausgegebenen Wertmarken und der Hälfte der in dem Land am Jahresende in Umlauf befindlichen gültigen Ausweise im Sinne des § 228 Absatz 1 von schwerbehinderten Menschen, die das sechste Lebensjahr vollendet haben und bei denen die Berechtigung zur Mitnahme einer Begleitperson im Ausweis eingetragen ist; Wertmarken mit einer Gültigkeitsdauer von einem halben Jahr und Wertmarken für ein Jahr, die vor Ablauf eines halben Jahres ihrer Gültigkeitsdauer zurückgegeben werden, werden zur Hälfte gezählt,
2. der in den jährlichen Veröffentlichungen des Statistischen Bundesamtes zum Ende des Vorjahres nachgewiesenen Zahl der Wohnbevölkerung in dem Land abzüglich der Zahl der Kinder, die das sechste Lebensjahr noch nicht vollendet haben, und der Zahlen nach Nummer 1.

3Der Prozentsatz ist nach folgender Formel zu berechnen:

$$\frac{\text{nach Nummer 1 errechnete Zahl}}{\text{nach Nummer 2 errechnete Zahl}} \times 100$$

4Bei der Festsetzung des Prozentsatzes sich ergebende Bruchteile von 0,005 und mehr werden auf ganze Hundertstel aufgerundet, im Übrigen abgerundet.

(5) 1Weist ein Unternehmen durch Verkehrszählung nach, dass das Verhältnis zwischen den nach diesem Kapitel unentgeltlich beförderten Fahrgästen und den sonstigen Fahrgästen den nach Absatz 4 festgesetzten Prozentsatz um mindestens ein Drittel übersteigt, wird neben dem sich aus der Berechnung nach Absatz 4 ergebenden Erstattungsbetrag auf Antrag der nachgewiesene, über dem Drittel liegende Anteil erstattet. 2Die Länder können durch Rechtsverordnung bestimmen, dass die Verkehrszählung durch Dritte auf Kosten des Unternehmens zu erfolgen hat.

(6) Absatz 5 gilt nicht in Fällen des § 233 Absatz 2.

§ 232 Erstattung der Fahrgeldausfälle im Fernverkehr

(1) Die Fahrgeldausfälle im Fernverkehr werden nach einem Prozentsatz der von den Unternehmern nachgewiesenen Fahrgeldeinnahmen im Fernverkehr erstattet.

(2) 1Der maßgebende Prozentsatz wird vom Bundesministerium für Arbeit und Soziales im Einvernehmen mit dem Bundesministerium der Finanzen und dem Bundesministerium für Verkehr und digitale Infrastruktur für jeweils zwei Jahre bekannt gemacht. 2Bei der Berechnung des Prozentsatzes ist von folgenden, für das letzte Jahr vor Beginn des Zweijahreszeitraumes vorliegenden Zahlen auszugehen:

1. der Zahl der im Geltungsbereich dieses Gesetzes am Jahresende in Umlauf befindlichen gültigen Ausweise nach § 228 Absatz 1, auf denen die Berechtigung zur Mitnahme einer Begleitperson eingetragen ist, abzüglich 25 Prozent,
2. der in den jährlichen Veröffentlichungen des Statistischen Bundesamtes zum Jahresende nachgewiesenen Zahl der Wohnbevölkerung im Geltungsbereich dieses Gesetzes abzüglich der Zahl der Kinder, die das vierte Lebensjahr noch nicht vollendet haben, und der nach Nummer 1 ermittelten Zahl.

3Der Prozentsatz ist nach folgender Formel zu errechnen:

$$\frac{\text{nach Nummer 1 errechnete Zahl}}{\text{nach Nummer 2 errechnete Zahl}} \times 100$$

4§ 231 Absatz 4 letzter Satz gilt entsprechend.

§ 233 Erstattungsverfahren

(1) 1Die Fahrgeldausfälle werden auf Antrag des Unternehmers erstattet. 2Bei einem von mehreren Unternehmern gebildeten zusammenhängenden Liniennetz mit einheitlichen oder verbundenen Beförderungsentgelten können die Anträge auch von einer Gemeinschaftseinrichtung dieser Unternehmer für ihre Mitglieder gestellt werden. 3Der Antrag ist innerhalb von drei Jahren nach Ablauf des Abrechnungsjahres zu stellen, und zwar für den Nahverkehr nach § 234 Satz 1 Nummer 1

und für den Fernverkehr an das Bundesverwaltungsamt, für den übrigen Nahverkehr bei den in Absatz 4 bestimmten Behörden.

(2) Haben sich in einem Bundesland mehrere Aufgabenträger des öffentlichen Personennahverkehrs auf lokaler oder regionaler Ebene zu Verkehrsverbünden zusammengeschlossen und erhalten die im Zuständigkeitsbereich dieser Aufgabenträger öffentlichen Personennahverkehr betreibenden Verkehrsunternehmen für ihre Leistungen ein mit diesen Aufgabenträgern vereinbartes Entgelt (Bruttoprinzip), können anstelle der antrags- und erstattungsberechtigten Verkehrsunternehmen auch die Nahverkehrsorganisationen Antrag auf Erstattung der in ihrem jeweiligen Gebiet entstandenen Fahrgeldausfälle stellen, sofern die Verkehrsunternehmen hierzu ihr Einvernehmen erteilt haben.

(3) 1Die Unternehmer oder die Nahverkehrsorganisationen im Sinne des Absatzes 2 erhalten auf Antrag Vorauszahlungen für das laufende Kalenderjahr in Höhe von insgesamt 80 Prozent des zuletzt für ein Jahr festgesetzten Erstattungsbetrages. 2Die Vorauszahlungen werden je zur Hälfte am 15. Juli und am 15. November gezahlt. 3Der Antrag auf Vorauszahlungen gilt zugleich als Antrag im Sinne des Absatzes 1. 4Die Vorauszahlungen sind zurückzuzahlen, wenn Unterlagen, die für die Berechnung der Erstattung erforderlich sind, nicht bis zum 31. Dezember des dritten auf die Vorauszahlung folgenden Kalenderjahres vorgelegt sind. 5In begründeten Ausnahmefällen kann die Rückforderung der Vorauszahlungen ausgesetzt werden.

(4) 1Die Landesregierung oder die von ihr bestimmte Stelle legt die Behörden fest, die über die Anträge auf Erstattung und Vorauszahlung entscheiden und die auf den Bund und das Land entfallenden Beträge auszahlen. 2§ 11 Absatz 2 bis 4 des Personenbeförderungsgesetzes gilt entsprechend.

(5) Erstreckt sich der Nahverkehr auf das Gebiet mehrerer Länder, entscheiden die nach Landesrecht zuständigen Landesbehörden dieser Länder darüber, welcher Teil der Fahrgeldeinnahmen jeweils auf den Bereich ihres Landes entfällt.

(6) Die Unternehmen im Sinne des § 234 Satz 1 Nummer 1 legen ihren Anträgen an das Bundesverwaltungsamt den Anteil der nachgewiesenen Fahrgeldeinnahmen im Nahverkehr zugrunde, der auf den Bereich des jeweiligen Landes entfällt; für den Nahverkehr von Eisenbahnen des Bundes im Sinne des § 230 Absatz 1 Satz 1 Nummer 5 bestimmt sich dieser Teil nach dem Anteil der Zugkilometer, die von einer Eisenbahn des Bundes mit Zügen des Nahverkehrs im jeweiligen Land erbracht werden.

(7) 1Hinsichtlich der Erstattungen gemäß § 231 für den Nahverkehr nach § 234 Satz 1 Nummer 1 und gemäß § 232 sowie der entsprechenden Vorauszahlungen nach Absatz 3 wird dieses Kapitel in bundeseigener Verwaltung ausgeführt. 2Die Verwaltungsaufgaben des Bundes erledigt das Bundesverwaltungsamt nach fachlichen Weisungen des Bundesministeriums für Arbeit und Soziales in eigener Zuständigkeit.

(8) 1Für das Erstattungsverfahren gelten das Verwaltungsverfahrensgesetz und die entsprechenden Gesetze der Länder. 2Bei Streitigkeiten über die Erstattungen und die Vorauszahlungen ist der Verwaltungsrechtsweg gegeben.

§ 234 Kostentragung

1Der Bund trägt die Aufwendungen für die unentgeltliche Beförderung

1. im Nahverkehr, soweit Unternehmen, die sich überwiegend in der Hand des Bundes oder eines mehrheitlich dem Bund gehörenden Unternehmens befinden (auch in Verkehrsverbünden), erstattungsberechtigte Unternehmer sind sowie
2. im Fernverkehr für die Begleitperson und die mitgeführten Gegenstände im Sinne des § 228 Absatz 6.

2Die Länder tragen die Aufwendungen für die unentgeltliche Beförderung im übrigen Nahverkehr.

§ 235 Einnahmen aus Wertmarken

1Von den durch die Ausgabe der Wertmarken erzielten jährlichen Einnahmen erhält der Bund einen Anteil von 27 Prozent. 2Dieser ist unter Berücksichtigung der in der Zeit vom 1. Januar bis 30. Juni eines Kalenderjahres eingegangenen Einnahmen zum 15. Juli und unter Berücksichtigung der vom 1. Juli bis 31. Dezember eines Kalenderjahres eingegangenen Einnahmen zum 15. Januar des darauffolgenden Kalenderjahres an den Bund abzuführen.

§ 236 Erfassung der Ausweise

1Die für die Ausstellung der Ausweise nach § 152 Absatz 5 zuständigen Behörden erfassen

1. die am Jahresende im Umlauf befindlichen gültigen Ausweise, getrennt nach Art und besonderen Eintragungen,
2. die im Kalenderjahr ausgegebenen Wertmarken, unterteilt nach der jeweiligen Gültigkeitsdauer und die daraus erzielten Einnahmen

als Grundlage für die nach § 231 Absatz 4 Satz 2 Nummer 1 und § 232 Absatz 2 Satz 2 Nummer 1 zu ermittelnde Zahl der Ausweise und Wertmarken. 2Die zuständigen obersten Landesbehörden teilen dem Bundesministerium für Arbeit und Soziales das Ergebnis der Erfassung nach Satz 1 spätestens bis zum 31. März des Jahres mit, in dem die Prozentsätze festzusetzen sind.

§ 237 Verordnungsermächtigungen

(1) Die Bundesregierung wird ermächtigt, in der Rechtsverordnung auf Grund des § 153 Absatz 1 nähere Vorschriften über die Gestaltung der Wertmarken, ihre Verbindung mit dem Ausweis und Vermerke über ihre Gültigkeitsdauer zu erlassen.

(2) Das Bundesministerium für Arbeit und Soziales und das Bundesministerium für Verkehr und digitale Infrastruktur werden ermächtigt, durch Rechtsverordnung festzulegen, welche Zuggattungen von Eisenbahnen des Bundes zu den Zügen des Nahverkehrs im Sinne des § 230 Absatz 1 Nummer 5 und zu den zuschlagpflichtigen Zügen des Nahverkehrs im Sinne des § 228 Absatz 1 Satz 1 zweiter Halbsatz zählen.

Kapitel 14
Straf-, Bußgeld- und Schlussvorschriften

§ 237a Strafvorschriften

(1) Mit Freiheitsstrafe bis zu zwei Jahren oder mit Geldstrafe wird bestraft, wer entgegen § 179 Absatz 7 Satz 1 Nummer 2, auch in Verbindung mit Satz 2 oder § 180 Absatz 7, ein Betriebs- oder Geschäftsgeheimnis verwertet.

(2) Die Tat wird nur auf Antrag verfolgt.

§ 237b Strafvorschriften

(1) Mit Freiheitsstrafe bis zu einem Jahr oder mit Geldstrafe wird bestraft, wer entgegen § 179 Absatz 7 Satz 1, auch in Verbindung mit Satz 2 oder § 180 Absatz 7, ein dort genanntes Geheimnis offenbart.

(2) Handelt der Täter gegen Entgelt oder in der Absicht, sich oder einen anderen zu bereichern oder einen anderen zu schädigen, so ist die Strafe Freiheitsstrafe bis zu zwei Jahren oder Geldstrafe.

(3) Die Tat wird nur auf Antrag verfolgt.

§ 238 Bußgeldvorschriften

(1) Ordnungswidrig handelt, wer vorsätzlich oder fahrlässig

1. entgegen § 154 Absatz 1 Satz 1, auch in Verbindung mit einer Rechtsverordnung nach § 162 Nummer 1, oder entgegen § 154 Absatz 1 Satz 3 einen schwerbehinderten Menschen nicht beschäftigt,
2. entgegen § 163 Absatz 1 ein Verzeichnis nicht, nicht richtig, nicht vollständig oder nicht in der vorgeschriebenen Weise führt oder nicht oder nicht rechtzeitig vorlegt,
3. entgegen § 163 Absatz 2 Satz 1 oder Absatz 4 eine Anzeige nicht, nicht richtig, nicht vollständig, nicht in der vorgeschriebenen Weise oder nicht rechtzeitig erstattet,
4. entgegen § 163 Absatz 5 eine Auskunft nicht, nicht richtig, nicht vollständig oder nicht rechtzeitig erteilt,
5. entgegen § 163 Absatz 7 Einblick in den Betrieb oder die Dienststelle nicht oder nicht rechtzeitig gibt,

6. entgegen § 163 Absatz 8 eine dort bezeichnete Person nicht oder nicht rechtzeitig benennt,
7. entgegen § 164 Absatz 1 Satz 4 oder 9 eine dort bezeichnete Vertretung oder einen Beteiligten nicht, nicht richtig, nicht vollständig oder nicht rechtzeitig unterrichtet oder
8. entgegen § 178 Absatz 2 Satz 1 erster Halbsatz die Schwerbehindertenvertretung nicht, nicht richtig, nicht vollständig oder nicht rechtzeitig unterrichtet oder nicht oder nicht rechtzeitig anhört.

(2) Die Ordnungswidrigkeit kann mit einer Geldbuße bis zu zehntausend Euro geahndet werden.

(3) Verwaltungsbehörde im Sinne des § 36 Absatz 1 Nummer 1 des Gesetzes über Ordnungswidrigkeiten ist die Bundesagentur für Arbeit.

(4) $_1$Die Geldbußen fließen in die Kasse der Verwaltungsbehörde, die den Bußgeldbescheid erlassen hat. $_2$§ 66 des Zehnten Buches gilt entsprechend.

(5) $_1$Die nach Absatz 4 Satz 1 zuständige Kasse trägt abweichend von § 105 Absatz 2 des Gesetzes über Ordnungswidrigkeiten die notwendigen Auslagen. $_2$Sie ist auch ersatzpflichtig im Sinne des § 110 Absatz 4 des Gesetzes über Ordnungswidrigkeiten.

§ 239 Stadtstaatenklausel

(1) $_1$Der Senat der Freien und Hansestadt Hamburg wird ermächtigt, die Schwerbehindertenvertretung für Angelegenheiten, die mehrere oder alle Dienststellen betreffen, in der Weise zu regeln, dass die Schwerbehindertenvertretungen aller Dienststellen eine Gesamtschwerbehindertenvertretung wählen. $_2$Für die Wahl gilt § 177 Absatz 2, 3, 6 und 7 entsprechend.

(2) § 180 Absatz 6 Satz 1 gilt entsprechend.

§ 240 Sonderregelung für den Bundesnachrichtendienst und den Militärischen Abschirmdienst

(1) Für den Bundesnachrichtendienst gilt dieses Gesetz mit folgenden Abweichungen:

1. Der Bundesnachrichtendienst gilt vorbehaltlich der Nummer 3 als einheitliche Dienststelle.
2. Für den Bundesnachrichtendienst gelten die Pflichten zur Vorlage des nach § 163 Absatz 1 zu führenden Verzeichnisses, zur Anzeige nach § 163 Absatz 2 und zur Gewährung von Einblick nach § 163 Absatz 7 nicht. Die Anzeigepflicht nach § 173 Absatz 4 gilt nur für die Beendigung von Probearbeitsverhältnissen.
3. Als Dienststelle im Sinne des Kapitels 5 gelten auch Teile und Stellen des Bundesnachrichtendienstes, die nicht zu seiner Zentrale gehören. § 177 Absatz 1 Satz 4 und 5 sowie § 180 sind nicht anzuwenden. In den Fällen des § 180 Absatz 6 ist die Schwerbehindertenvertretung der Zentrale des Bundesnachrichtendienstes zuständig. Im Falle des § 177 Absatz 6 Satz 4 lädt der Leiter oder die Leiterin der Dienststelle ein. Die Schwerbehindertenvertretung ist in den Fällen nicht zu beteiligen, in denen die Beteiligung der Personalvertretung nach dem Bundespersonalvertretungsgesetz ausgeschlossen ist. Der Leiter oder die Leiterin des Bundesnachrichtendienstes kann anordnen, dass die Schwerbehindertenvertretung nicht zu beteiligen ist, Unterlagen nicht vorgelegt oder Auskünfte nicht erteilt werden dürfen, wenn und soweit dies aus besonderen nachrichtendienstlichen Gründen geboten ist. Die Rechte und Pflichten der Schwerbehindertenvertretung ruhen, wenn die Rechte und Pflichten der Personalvertretung ruhen. § 179 Absatz 7 Satz 3 ist nach Maßgabe der Sicherheitsbestimmungen des Bundesnachrichtendienstes anzuwenden. § 182 Absatz 2 gilt nur für die in § 182 Absatz 1 genannten Personen und Vertretungen der Zentrale des Bundesnachrichtendienstes.
4. Im Widerspruchsausschuss bei dem Integrationsamt (§ 202) und in den Widerspruchsausschüssen bei der Bundesagentur für Arbeit (§ 203) treten in Angelegenheiten schwerbehinderter Menschen, die beim Bundesnachrichtendienst beschäf-

tigt sind, an die Stelle der Mitglieder, die Arbeitnehmer oder Arbeitnehmerinnen und Arbeitgeber sind (§ 202 Absatz 1 und § 203 Absatz 1), Angehörige des Bundesnachrichtendienstes, an die Stelle der Schwerbehindertenvertretung die Schwerbehindertenvertretung der Zentrale des Bundesnachrichtendienstes. Sie werden dem Integrationsamt und der Bundesagentur für Arbeit vom Leiter oder von der Leiterin des Bundesnachrichtendienstes benannt. Die Mitglieder der Ausschüsse müssen nach den dafür geltenden Bestimmungen ermächtigt sein, Kenntnis von Verschlusssachen des in Betracht kommenden Geheimhaltungsgrades zu erhalten.

5. Über Rechtsstreitigkeiten, die auf Grund dieses Buches im Geschäftsbereich des Bundesnachrichtendienstes entstehen, entscheidet im ersten und letzten Rechtszug der oberste Gerichtshof des zuständigen Gerichtszweiges.

(2) Der Militärische Abschirmdienst mit seinem Geschäftsbereich gilt als einheitliche Dienststelle.

§ 241 Übergangsregelung

(1) Abweichend von § 154 Absatz 1 beträgt die Pflichtquote für die in § 154 Absatz 2 Nummer 1 und 4 genannten öffentlichen Arbeitgeber des Bundes weiterhin 6 Prozent, wenn sie am 31. Oktober 1999 auf mindestens 6 Prozent der Arbeitsplätze schwerbehinderte Menschen beschäftigt hatten.

(2) Eine auf Grund des Schwerbehindertengesetzes getroffene bindende Feststellung über das Vorliegen einer Behinderung, eines Grades der Behinderung und das Vorliegen weiterer gesundheitlicher Merkmale gelten als Feststellungen nach diesem Buch.

(3) Die nach § 56 Absatz 2 des Schwerbehindertengesetzes erlassenen allgemeinen Richtlinien sind bis zum Erlass von allgemeinen Verwaltungsvorschriften nach § 224 weiter anzuwenden, auch auf Inklusionsbetriebe.

(4) Auf Erstattungen nach Kapitel 13 dieses Teils ist § 231 für bis zum 31. Dezember 2004 entstandene Fahrgeldausfälle in der bis zu diesem Zeitpunkt geltenden Fassung anzuwenden.

(5) Soweit noch keine Verordnung nach § 153 Absatz 2 erlassen ist, gelten die Maßstäbe des § 30 Absatz 1 des Bundesversorgungsgesetzes und der auf Grund des § 30 Absatz 16 des Bundesversorgungsgesetzes erlassenen Rechtsverordnungen entsprechend.

(6) Bestehende Integrationsvereinbarungen im Sinne des § 83 in der bis zum 30. Dezember 2016 geltenden Fassung gelten als Inklusionsvereinbarungen fort.

(7) $_1$Die nach § 22 in der am 31. Dezember 2017 geltenden Fassung bis zu diesem Zeitpunkt errichteten gemeinsamen Servicestellen bestehen längstens bis zum 31. Dezember 2018. $_2$Für die Aufgaben der nach Satz 1 im Jahr 2018 bestehenden gemeinsamen Servicestellen gilt § 22 in der am 31. Dezember 2017 geltenden Fassung entsprechend.

(8) Bis zum 31. Dezember 2019 treten an die Stelle der Träger der Eingliederungshilfe als Rehabilitationsträger im Sinne dieses Buches die Träger der Sozialhilfe nach § 3 des Zwölften Buches, soweit sie zur Erbringung von Leistungen der Eingliederungshilfe für Menschen mit Behinderungen nach § 8 Nummer 4 des Zwölften Buches bestimmt sind.

(9) § 221 Absatz 2 Satz 1 ist mit folgender Maßgabe anzuwenden:

1. Ab dem 1. August 2019 beträgt der Grundbetrag mindestens 80 Euro monatlich.
2. Ab dem 1. Januar 2020 beträgt der Grundbetrag mindestens 89 Euro monatlich.
3. Ab dem 1. Januar 2021 beträgt der Grundbetrag mindestens 99 Euro monatlich.
4. Ab dem 1. Januar 2022 bis zum 31. Dezember 2022 beträgt der Grundbetrag mindestens 109 Euro monatlich.

Verordnung zur Weiterführung der Ergänzenden unabhängigen Teilhabeberatung (Teilhabeberatungsverordnung – EUTBV)

Vom 14. Juni 2021 (BGBl. I S. 1796)[1])

Inhaltsübersicht

[1]) Die Vorschrift tritt am 1. Januar 2022 in Kraft.

Auf Grund des § 32 Absatz 7 Satz 4 des Neunten Buches Sozialgesetzbuch, der durch Artikel 2 Nummer 2 Buchstabe b des Gesetzes vom 10. Dezember 2019 (BGBl. I S. 2135) eingefügt worden ist, verordnet das Bundesministerium für Arbeit und Soziales:

§ 1 Beratungsangebote, Finanzierung

(1) Das Bundesministerium für Arbeit und Soziales finanziert bundesweit ergänzende, niedrigschwellige Beratungsangebote zu Leistungen der Rehabilitation und Teilhabe für Ratsuchende. Diese ergänzende Teilhabeberatung wird unabhängig von der Beratung der Leistungsträger und Leistungserbringer erbracht.

(2) Die Träger der Beratungsangebote erhalten einen Zuschuss, um Menschen mit Behinderungen und von Behinderung bedrohte Menschen sowie ihre Angehörigen dabei zu unterstützen, ihre Rechte auf Chancengleichheit, Selbstbestimmung, eigenständige Lebensplanung und individuelle Teilhabeleistungen zu verwirklichen.

(3) Leistungserbringer sind ausnahmsweise für Zuschüsse zu berücksichtigen, wenn dies für eine ausreichende Abdeckung an regionalen Beratungsangeboten erforderlich ist. In diesem Fall ist von den Trägern der Beratungsangebote eine organisatorische, finanzielle und wirtschaftliche Unabhängigkeit der ergänzenden Teilhabeberatung von den Bereichen der Leistungserbringung nachzuweisen.

§ 2 Beratung, Unabhängigkeit

(1) Das Beratungsangebot soll Ratsuchenden insbesondere im Vorfeld und während der Beantragung konkreter Leistungen die notwendige Orientierungs-, Planungs- und Entscheidungshilfe geben.

(2) Die Inanspruchnahme der Beratung ist für die Ratsuchenden unentgeltlich. Sie setzt weder eine regionale Anbindung an ein Beratungsangebot voraus noch ist sie an eine Teilhabebeeinträchtigung geknüpft.

(3) Die Beraterinnen und Berater sind ausschließlich den Ratsuchenden verpflichtet. In der Beratung sollen soweit wie möglich Menschen mit Behinderungen und von Behinderung bedrohte Menschen sowie deren Angehörige als Beraterinnen und Berater tätig werden.

(4) Die Beratungsangebote leisten keine rechtliche Prüfung von Einzelfällen sowie keine Begleitung in Widerspruchs- und Klageverfahren.

§ 3 Finanzierung der Beratungsangebote, Verteilungsschlüssel

(1) Wird die Anzahl der dem Gebiet eines Landes zugeordneten Vollzeitäquivalente nicht ausgeschöpft, ist den antragstellenden Trägern der Beratungsangebote, die die Voraussetzungen nach § 8 erfüllen, ein Zuschuss zu gewähren.

(2) Die Vollzeitäquivalente verteilen sich wie folgt:

Land	Vollzeitäquivalente
Baden-Württemberg	76,2
Bayern	102,1
Berlin	20,5
Brandenburg	26,5
Bremen	3,9
Hamburg	10,5
Hessen	43,5
Mecklenburg-Vorpommern	18,8
Niedersachsen	64,3
Nordrhein-Westfalen	113,4
Rheinland-Pfalz	31,0
Saarland	6,6
Sachsen	30,3
Sachsen-Anhalt	20,9
Schleswig-Holstein	22,7
Thüringen	18,7

(3) Der Zuschuss wird abweichend von Absatz 1 nicht gewährt, wenn dadurch ein regionales Überangebot entsteht. Ein regionales Überangebot liegt vor, wenn der für das Land errechnete Referenzwert pro zu bewilligendem Vollzeitäquivalent die Einwohnerzahl des betreffenden Landkreises, der betreffenden kreisfreien Stadt oder des Bezirkes der Stadtstaaten pro zu bewilligendem Vollzeitäquivalent überschreitet.

Land	Referenzwert
Baden-Württemberg	145 179
Bayern	128 019
Berlin	178 093
Brandenburg	94 827
Bremen	173 231
Hamburg	175 881
Hessen	143 927
Mecklenburg-Vorpommern	85 598
Niedersachsen	124 074
Nordrhein-Westfalen	158 177
Rheinland-Pfalz	131 856
Saarland	151 108
Sachsen	134 403
Sachsen-Anhalt	105 698
Schleswig-Holstein	127 590
Thüringen	114 482

(4) Der Zuschuss pro Beratungsangebot umfasst mindestens ein Vollzeitäquivalent und ist auf maximal drei Vollzeitäquivalente begrenzt. Ein Vollzeitäquivalent entspricht einer wöchentlichen Arbeitszeit von 39 Stunden.

§ 4 Gegenstand und Höhe des Zuschusses pro Vollzeitäquivalent

Der Zuschuss wird für Personal- und Sachausgaben gewährt. Er ist auf jährlich 95 000 Euro pro Vollzeitäquivalent begrenzt.

§ 5 Personalausgaben

Für sozialversicherungspflichtig beschäftigte Beraterinnen und Berater wird ein Zuschuss unter Berücksichtigung ihrer Qualifikation und Tätigkeit bis zur Höhe der Entgeltgruppe 12 des Tarifvertrags für den öffentlichen Dienst Bund in seiner jeweils gültigen Fassung gewährt. Die Träger der Beratungsangebote dürfen ihre Beschäftigten nicht besserstellen als vergleichbare Bundesbedienstete.

§ 6 Sachausgaben

(1) Für Sachausgaben kann ein Zuschuss gewährt werden für:

1. eine Erstausstattung in Höhe einer einmaligen Pauschale bei der ersten Bewilligung nach dieser Verordnung von 1000 Euro pro Vollzeitäquivalent und Bewilligungsperiode,
2. Verwaltungsausgaben in Höhe einer Jahrespauschale von 10 750 Euro je vollem Kalenderjahr und Vollzeitäquivalent oder anteilig in Höhe eines Zwölftels der Jahrespauschale für jeden vollen Monat der Bewilligung,
3. erforderliche Ausgaben für besondere Bedarfslagen der Ratsuchenden, um das Beratungsangebot in Anspruch zu nehmen, zum Beispiel Ausgaben für Gebärdensprachdolmetscherinnen und Gebärdensprachdolmetscher oder eine aufsuchende Beratung,
4. erforderliche Ausgaben für Sprachdolmetscherinnen und Sprachdolmetscher,
5. erforderliche Ausgaben bis zu einer Höhe von 5 Prozent des bewilligten Zuschusses für einen zusätzlichen Aufwand ehrenamtlich tätiger Mitarbeiterinnen und Mitarbeiter, zum Beispiel für Schulungen und Qualifizierungen,
6. erforderliche Ausgaben im Zusammenhang mit der Qualifizierung und Weiterbildung der Beraterinnen und Berater,
7. erforderliche Ausgaben für Räume zur Durchführung der Beratung,
8. Ausgaben für regionale Öffentlichkeitsarbeit bis zur Höhe von 1000 Euro pro vollem Kalenderjahr und Vollzeitäquivalent oder anteilig bis zur Höhe eines Zwölftels des Jahreshöchstbetrages für jeden vollen Monat der Bewilligung.

(2) Sachausgaben nach Absatz 1 Nummer 3, 4, 6 und 7 sind bis zu einer Überschreitung von 20 Prozent gegenseitig deckungsfähig.

§ 7 Antragsberechtigte

Antragsberechtigt für die Gewährung von Zuschüssen sind juristische Personen mit Sitz in Deutschland. Nicht antragsberechtigt sind Rehabilitationsträger nach dem Neunten Buch Sozialgesetzbuch.

§ 8 Voraussetzungen für die Gewährung des Zuschusses

(1) Der Antragsteller muss zuverlässig sein. Er ist zuverlässig, wenn er die Gewähr dafür

bietet, das Beratungsangebot ordnungsgemäß auszuüben. Ein Mangel der Zuverlässigkeit kann insbesondere dann vorliegen, wenn der Antragsteller oder eine Person, deren Verhalten dem Antragsteller aufgrund einer leitenden Stellung zuzurechnen ist,

1. der Verpflichtung zur Zahlung von Steuern und Abgaben nicht nachgekommen ist,
2. sozialversicherungsrechtliche oder arbeitsrechtliche Pflichten verletzt,
3. im Rahmen der beruflichen Tätigkeit nachweislich eine schwere Verfehlung begangen hat, durch die die Integrität des Antragstellers infrage gestellt wird oder
4. beim Antragsteller mangelnde wirtschaftliche Leistungsfähigkeit besteht.

(2) Der Antragsteller muss fachlich geeignet sein. Davon ist insbesondere auszugehen, wenn der Antragsteller oder die Beraterinnen und Berater Erfahrungen im Bereich der Teilhabe von Menschen mit Behinderungen haben.

(3) Der Antragsteller muss glaubhaft machen,

1. ein behinderungsübergreifendes Beratungsangebot vorzuhalten,
2. die Niedrigschwelligkeit des Beratungsangebotes in seiner inhaltlichen, räumlichen, sozialen und zeitlichen Dimension zu gewährleisten und
3. die Unabhängigkeit der Beraterinnen und Berater sicherzustellen.

(4) Ein Zuschuss wird nicht gewährt, wenn das Beratungsangebot zum Zwecke der Gewinnerzielung erfolgt.

§ 9 Zuteilungsverfahren

(1) Erfüllen bezogen auf das Gebiet eines Landes mehr Antragsteller die Voraussetzungen für die Gewährung des Zuschusses nach § 8 als für das Land Vollzeitäquivalente nach § 3 Absatz 2 vorgesehen sind oder würde durch die Bewilligung ein regionales Überangebot entstehen, tritt hinsichtlich der Antragsteller im Gebiet des betreffenden Landes, des betreffenden Landkreises oder der betreffenden kreisfreien Stadt oder des Bezirkes des Stadtstaates an die Stelle des Anspruchs nach § 3 Absatz 1 ein Anspruch der Antragsteller auf Teilnahme an einem Zuteilungsverfahren.

(2) Die Verteilung des Zuschusses auf die Antragsteller erfolgt in der Rangfolge des Vorliegens der folgenden Kriterien:

1. Erforderlichkeit des Beratungsangebots zur Umsetzung eines flächendeckenden, wohnortnahen Angebots,
2. Einsatz von Menschen mit Behinderungen oder von Behinderung bedrohte Menschen sowie deren Angehörige als hauptamtliche Beraterinnen und Berater und
3. Angemessenheit der Personalausstattung, insbesondere unter Berücksichtigung der Zusammenarbeit von Beraterinnen und Beratern unterschiedlicher Qualifikation und Erfahrungen.

(3) Zwischen zwei oder mehreren Antragstellern gleichen Ranges entscheidet das Los.

§ 10 Zuständigkeit, Antragsverfahren, Ausschlussfrist

(1) Für die Gewährung des Zuschusses ist ein Antrag erforderlich. Der Antrag ist schriftlich oder elektronisch bei der zuständigen Stelle zu stellen. Dem Antrag sind alle erforderlichen Angaben beizufügen, insbesondere eine Übersicht zu den Personal- und Sachausgaben nach den §§ 5 und 6. Die Personal- und Sachausgaben sind getrennt nach Kalenderjahren aufzugliedern.

(2) Anträge, die die Voraussetzungen nach § 8 erfüllen und die im Fall des Verfahrens nach § 9 für eine Zuteilung vorgesehen sind, werden den zuständigen Landesbehörden zugeleitet. Ihnen wird Gelegenheit zur Stellungnahme innerhalb einer Frist von sechs Wochen gegeben.

(3) Der Antrag auf Zuteilung ist bis zum 31. März des Kalenderjahres vor Beginn der jeweiligen Bewilligungsperiode zu stellen. Wird die Anzahl der Vollzeitäquivalente je Land im Verlauf der Bewilligungsperiode nicht ausgeschöpft, kann für das betreffende Land ein Antrag auf Zuteilung bis zum 31. März eines Kalenderjahres für die Restlaufzeit der Bewilligungsperiode gestellt werden.

§ 11 Gewährung und Auszahlung

(1) Die zuständige Stelle entscheidet über die Gewährung des Zuschusses durch Verwaltungsakt. Der Zuschuss kann unter Auflagen und Bedingungen erteilt werden. Der Zuschuss kann unter dem Vorbehalt des Widerrufs erteilt werden, wenn eine abschließende Beurteilung des Antrags noch nicht möglich ist.

(2) Die Auszahlung des Zuschusses erfolgt in Anteilen und auf Anforderung des jeweiligen Beratungsangebotes. Die Anteile des Zuschusses dürfen nur insoweit und nicht eher angefordert werden, als sie innerhalb von drei Monaten nach der Auszahlung für fällige Zahlungen benötigt werden. Jede Anforderung einer anteiligen Auszahlung muss die zur Beurteilung des Bedarfs erforderlichen Angaben enthalten und wird davon abhängig gemacht, dass die Verwendung der bereits gezahlten Teilzuschüsse in summarischer Form bestätigt wird.

§ 12 Dauer und Zeitraum der Bewilligungsperiode

(1) Die erste Bewilligung von Zuschüssen nach dieser Verordnung erfolgt zum 1. Januar 2023.

(2) Die Finanzierung erfolgt jeweils für die Dauer einer Bewilligungsperiode von sieben Jahren. Die erste Bewilligungsperiode endet mit Ablauf des 31. Dezember 2029.

§ 13 Tätigkeitsnachweis, Belegprüfung, Qualitätssicherung

(1) Die Träger der Beratungsangebote legen der zuständigen Stelle bis zum Ablauf des 31. März eines jeden Kalenderjahres einen Tätigkeitsnachweis für das vorausgehende Kalenderjahr vor. Hierfür ist eine einheitliche Vorlage der zuständigen Stelle zu verwenden.

(2) Die Träger der Beratungsangebote berichten vierteljährlich über die von der zuständigen Stelle angeforderten Kennzahlen der Beratungstätigkeit und legen diese bis zum 15. Tag des auf das jeweilige Vierteljahr folgenden Kalendermonats vor. Hierfür ist eine einheitliche Vorlage der zuständigen Stelle zu verwenden.

(3) Die zuständige Stelle prüft die Tätigkeitsnachweise und Belege auf die zweckgerichtete Verwendung des Zuschusses. Die Prüfung der Angaben in dem Tätigkeitsnachweis sowie der Belege kann auf Stichproben beschränkt werden.

(4) Die Träger der Beratungsangebote haben die Originalbelege der bewilligungsfähigen Ausgaben nach den §§ 5 und 6 sowie alle sonst mit dem Zuschuss zusammenhängenden Unterlagen mindestens fünf Jahre nach Vorlage des Tätigkeitsnachweises aufzubewahren. Zur Aufbewahrung können auch Bild- oder Datenträger verwendet werden. Das Aufnahme- und Wiedergabeverfahren muss den Grundsätzen ordnungsmäßiger Buchführung oder einer in der öffentlichen Verwaltung allgemein zugelassenen Regelung entsprechen. Diese Aufbewahrungsfrist gilt nicht, sofern nach steuerrechtlichen oder anderen Vorschriften eine längere Aufbewahrungsfrist bestimmt ist.

(5) Die Träger der Beratungsangebote sowie die Beraterinnen und Berater sind verpflichtet, an der Qualitätssicherung der Angebote mitzuwirken.

§ 14 Datenerhebung

Die zuständige Stelle erhebt bei den Trägern der Beratungsangebote regelmäßig nicht personenbezogene Daten über die Beratungsangebote sowie über die bei der Beratungstätigkeit gesammelten Erfahrungen. Zu den Daten gehören auch Angaben über die Fallzahlen der durchgeführten Beratungen. Die Träger der Beratungsangebote sind verpflichtet, Prüfungen über die wirtschaftliche Verwendung der Zuschüsse durch die zuständige Stelle zu unterstützen.

§ 15 Mitteilungspflichten, sonstige Bestimmungen

(1) Die Träger der Beratungsangebote sind gegenüber der zuständigen Stelle verpflichtet, unverzüglich anzuzeigen, wenn in den tatsächlichen oder rechtlichen Verhältnissen, die beim Erlass eines Verwaltungsaktes zur Gewährung des Zuschusses vorgelegen haben, eine wesentliche Änderung eintritt. Die

wesentliche Änderung muss für den Zuschuss relevant sein.

(2) Der Bundesrechnungshof ist berechtigt, die Gewährung und Verwendung des Zuschusses zu prüfen.

§ 16 Inkrafttreten

Diese Verordnung tritt am 1. Januar 2022 in Kraft.

II

Schwerbehinderten-Ausgleichsabgabeverordnung (SchwbAV)

Vom 28. März 1988 (BGBl. I S. 484)

Zuletzt geändert durch
Teilhabestärkungsgesetz
vom 2. Juni 2021 (BGBl. I S. 1387)[1])

Inhaltsübersicht

[1]) Die Änderungen treten am 1. Januar 2022 in Kraft (siehe §§ 14, 27a, 36).

Auf Grund des § 11 Abs. 3 Satz 3, § 12 Abs. 2 und § 33 Abs. 2 Satz 5 des Schwerbehindertengesetzes in der Fassung der Bekanntmachung vom 26. August 1986 (BGBl. I S. 1421) sowie des Artikels 12 Abs. 2 des Gesetzes zur Erleichterung des Übergangs vom Arbeitsleben in den Ruhestand vom 13. April 1984 (BGBl. I S. 601) verordnet die Bundesregierung mit Zustimmung des Bundesrates:

Erster Abschnitt
(weggefallen)

§§ 1 bis 13 (weggefallen)

Zweiter Abschnitt
Förderung der Teilhabe schwerbehinderter Menschen am Arbeitsleben aus Mitteln der Ausgleichsabgabe durch die Integrationsämter

§ 14 Verwendungszwecke

(1) Die Integrationsämter haben die ihnen zur Verfügung stehenden Mittel der Ausgleichsabgabe einschließlich der Zinsen, der Tilgungsbeträge aus Darlehen, der zurückgezahlten Zuschüsse sowie der unverbrauchten Mittel des Vorjahres zu verwenden für folgende Leistungen:

1. Leistungen zur Förderung des Arbeits- und Ausbildungsplatzangebots für schwerbehinderte Menschen,
2. Leistungen zur begleitenden Hilfe im Arbeitsleben, einschließlich der Durchführung von Aufklärungs-, Schulungs- und Bildungsmaßnahmen,
3. Leistungen für Einrichtungen zur Teilhabe schwerbehinderter Menschen am Arbeitsleben,
4. Leistungen zur Durchführung von Forschungs- und Modellvorhaben auf dem Gebiet der Teilhabe schwerbehinderter Menschen am Arbeitsleben, sofern ihnen ausschließlich oder überwiegend regionale Bedeutung zukommt oder beim Bundesministerium für Arbeit und Soziales beantragte Mittel aus dem Ausgleichsfonds nicht erbracht werden konnten,
5. Maßnahmen der beruflichen Orientierung,
6. Leistungen zur Deckung eines Teils der Aufwendungen für ein Budget für Arbeit oder für ein Budget für Ausbildung und
7. Leistungen an Werkstätten für behinderte Menschen und an andere Leistungsanbieter im Sinne des § 60 des Neunten Buches Sozialgesetzbuch zur Kompensation der aufgrund der COVID-19-Pandemie gesunkenen Arbeitsentgelte der dort beschäftigten Menschen mit Behinderungen, soweit nach § 36 Satz 4 zusätzliche Mittel der Ausgleichsabgabe zur Verfügung stehen.

(2) Die Mittel der Ausgleichsabgabe sind vorrangig für die Förderung nach Absatz 1 Nr. 1 und 2 zu verwenden.

(3) Die Integrationsämter können sich an der Förderung von Vorhaben nach § 41 Abs. 1 Nr. 3 bis 6 durch den Ausgleichsfonds beteiligen.

Durch das Teilhabestärkungsgesetz wird Ziffer 2 in Absatz 1 mit Geltung ab 1. Januar 2022 neu gefasst; sie lautet dann:

2. Leistungen zur begleitenden Hilfe im Arbeitsleben, einschließlich der Durchführung von Aufklärungs-, Schulungs- und Bildungsmaßnahmen sowie der Information, Beratung und Unterstützung von Arbeitgebern (Einheitliche Ansprechstellen für Arbeitgeber),

1. Unterabschnitt
Leistungen zur Förderung des Arbeits- und Ausbildungsplatzangebots für schwerbehinderte Menschen

§ 15 Leistungen an Arbeitgeber zur Schaffung von Arbeits- und Ausbildungsplätzen für schwerbehinderte Menschen

(1) [1]Arbeitgeber können Darlehen oder Zuschüsse bis zur vollen Höhe der entstehenden notwendigen Kosten zu den Aufwendungen für folgende Maßnahmen erhalten:

1. die Schaffung neuer geeigneter, erforderlichenfalls behinderungsgerecht ausge-

statteter Arbeitsplätze in Betrieben oder Dienststellen für schwerbehinderte Menschen,

a) die ohne Beschäftigungspflicht oder über die Beschäftigungspflicht hinaus (§ 154 des Neunten Buches Sozialgesetzbuch) eingestellt werden sollen,
b) die im Rahmen der Erfüllung der besonderen Beschäftigungspflicht gegenüber im Arbeits- und Berufsleben besonders betroffenen schwerbehinderten Menschen (§ 154 Absatz 1 Satz 2 und § 155 des Neunten Buches Sozialgesetzbuch) eingestellt werden sollen,
c) die nach einer längerfristigen Arbeitslosigkeit von mehr als 12 Monaten eingestellt werden sollen,
d) die im Anschluß an eine Beschäftigung in einer anerkannten Werkstatt für behinderte Menschen eingestellt werden sollen oder
e) die zur Durchführung von Maßnahmen der besonderen Fürsorge und Förderung nach § 164 Absatz 3 Satz 1, Absatz 4 Satz 1 Nummer 1, 4 und 5 und Absatz 5 Satz 1 des Neunten Buches Sozialgesetzbuch auf einen neu zu schaffenden Arbeitsplatz umgesetzt werden sollen oder deren Beschäftigungsverhältnis ohne Umsetzung auf einen neu zu schaffenden Arbeitsplatz enden würde,

2. die Schaffung neuer geeigneter, erforderlichenfalls behinderungsgerecht ausgestatteter Ausbildungsplätze und Plätze zur sonstigen beruflichen Bildung für schwerbehinderte Menschen, insbesondere zur Teilnahme an Leistungen zur Teilhabe am Arbeitsleben nach § 49 Absatz 3 Nummer 4 des Neunten Buches Sozialgesetzbuch, in Betrieben oder Dienststellen,

wenn gewährleistet wird, daß die geförderten Plätze für einen nach Lage des Einzelfalles zu bestimmenden langfristigen Zeitraum schwerbehinderten Menschen vorbehalten bleiben.

$_2$Leistungen können auch zu den Aufwendungen erbracht werden, die durch die Ausbildung schwerbehinderter Menschen im Gebrauch der nach Satz 1 geförderten Gegenstände entstehen.

(2) $_1$Leistungen sollen nur erbracht werden, wenn sich der Arbeitgeber in einem angemessenen Verhältnis an den Gesamtkosten beteiligt. $_2$Sie können nur erbracht werden, soweit Mittel für denselben Zweck nicht von anderer Seite zu erbringen sind oder erbracht werden. $_3$Art und Höhe der Leistung bestimmen sich nach den Umständen des Einzelfalles. $_4$Darlehen sollen mit jährlich 10 vom Hundert getilgt werden; von der Tilgung kann im Jahr der Auszahlung und dem darauf folgenden Kalenderjahr abgesehen werden. $_5$Auch von der Verzinsung kann abgesehen werden.

(3) Die behinderungsgerechte Ausstattung von Arbeits- und Ausbildungsplätzen und die Einrichtung von Teilzeitarbeitsplätzen können, wenn Leistungen nach Absatz 1 nicht erbracht werden, nach den Vorschriften über die begleitende Hilfe im Arbeitsleben (§ 26) gefördert werden.

§ 16 Arbeitsmarktprogramme für schwerbehinderte Menschen

Die Integrationsämter können der Bundesagentur für Arbeit Mittel der Ausgleichsabgabe zur Durchführung befristeter regionaler Arbeitsmarktprogramme gemäß § 187 Absatz 3 des Neunten Buches Sozialgesetzbuch zuweisen.

2. Unterabschnitt Leistungen zur begleitenden Hilfe im Arbeitsleben

§ 17 Leistungsarten

(1) $_1$Leistungen zur begleitenden Hilfe im Arbeitsleben können erbracht werden

1. an schwerbehinderte Menschen
   a) für technische Arbeitshilfen (§ 19),
   b) zum Erreichen des Arbeitsplatzes (§ 20),
   c) zur Gründung und Erhaltung einer selbständigen beruflichen Existenz (§ 21),

d) zur Beschaffung, Ausstattung und Erhaltung einer behinderungsgerechten Wohnung (§ 22),
e) (weggefallen)
f) zur Teilnahme an Maßnahmen zur Erhaltung und Erweiterung beruflicher Kenntnisse und Fertigkeiten (§ 24) und
g) in besonderen Lebenslagen (§ 25),

2. an Arbeitgeber
   a) zur behinderungsgerechten Einrichtung von Arbeits- und Ausbildungsplätzen für schwerbehinderte Menschen (§ 26),
   b) für Zuschüsse zu den Gebühren bei der Berufsausbildung besonders betroffener schwerbehinderter Jugendlicher und junger Erwachsener (§ 26a),
   c) für Prämien und Zuschüsse zu den Kosten der Berufsausbildung behinderter Jugendlicher und junger Erwachsener (§ 26b),
   d) für Prämien zur Einführung eines betrieblichen Eingliederungsmanagements (§ 26c) und
   e) bei außergewöhnlichen Belastungen (§ 27),
3. an Träger von Integrationsfachdiensten zu den Kosten ihrer Inanspruchnahme (§ 27a) einschließlich freier gemeinnütziger Einrichtungen und Organisationen zu den Kosten einer psychosozialen Betreuung schwerbehinderter Menschen (§ 28) sowie an Träger von Inklusionsbetrieben (§ 28a),
4. zur Durchführung von Aufklärungs-, Schulungs- und Bildungsmaßnahmen (§ 29).

2Daneben können solche Leistungen unter besonderen Umständen an Träger sonstiger Maßnahmen erbracht werden, die dazu dienen und geeignet sind, die Teilhabe schwerbehinderter Menschen am Arbeitsleben auf dem allgemeinen Arbeitsmarkt (Aufnahme, Ausübung oder Sicherung einer möglichst dauerhaften Beschäftigung) zu ermöglichen, zu erleichtern oder zu sichern.

(1a) Schwerbehinderte Menschen haben im Rahmen der Zuständigkeit des Integrationsamtes für die begleitende Hilfe im Arbeitsleben aus den ihm aus der Ausgleichsabgabe zur Verfügung stehenden Mitteln Anspruch auf Übernahme der Kosten einer notwendigen Arbeitsassistenz.

(1b) Schwerbehinderte Menschen haben im Rahmen der Zuständigkeit des Integrationsamtes aus den ihm aus der Ausgleichsabgabe zur Verfügung stehenden Mitteln Anspruch auf Übernahme der Kosten einer Berufsbegleitung nach § 55 Absatz 3 des Neunten Buches Sozialgesetzbuch.

(2) 1Andere als die in Absatz 1 bis 1b genannten Leistungen, die der Teilhabe schwerbehinderter Menschen am Arbeitsleben nicht oder nur unmittelbar dienen, können nicht erbracht werden. 2Insbesondere können medizinische Maßnahmen sowie Urlaubs- und Freizeitmaßnahmen nicht gefördert werden.

§ 18 Leistungsvoraussetzungen

(1) 1Leistungen nach § 17 Abs. 1 bis 1b dürfen nur erbracht werden, soweit Leistungen für denselben Zweck nicht von einem Rehabilitationsträger, vom Arbeitgeber oder von anderer Seite zu erbringen sind oder, auch wenn auf sie ein Rechtsanspruch nicht besteht, erbracht werden. 2Der Nachrang der Träger der Sozialhilfe gemäß § 2 des Zwölften Buches Sozialgesetzbuch und das Verbot der Aufstockung von Leistungen der Rehabilitationsträger durch Leistungen der Integrationsämter (§ 185 Absatz 6 Satz 2 letzter Halbsatz des Neunten Buches Sozialgesetzbuch) und die Möglichkeit der Integrationsämter, Leistungen der begleitenden Hilfe im Arbeitsleben vorläufig zu erbringen (§ 185 Absatz 7 Satz 3 des Neunten Buches Sozialgesetzbuch), bleiben unberührt.

(2) Leistungen an schwerbehinderte Menschen zur begleitenden Hilfe im Arbeitsleben können erbracht werden,

1. wenn die Teilhabe am Arbeitsleben auf dem allgemeinen Arbeitsmarkt unter Berücksichtigung von Art oder Schwere der Behinderung auf besondere Schwierigkeiten stößt und durch die Leistungen ermöglicht, erleichtert oder gesichert werden kann und

2. wenn es dem schwerbehinderten Menschen wegen des behinderungsbedingten Bedarfs nicht zuzumuten ist, die erforderlichen Mittel selbst aufzubringen. In den übrigen Fällen sind seine Einkommensverhältnisse zu berücksichtigen.

(3) 1Die Leistungen können als einmalige oder laufende Leistungen erbracht werden. 2Laufende Leistungen können in der Regel nur befristet erbracht werden. 3Leistungen können wiederholt erbracht werden.

I. Leistungen an schwerbehinderte Menschen

§ 19 Technische Arbeitshilfen

1Für die Beschaffung technischer Arbeitshilfen, ihre Wartung, Instandsetzung und die Ausbildung des schwerbehinderten Menschen im Gebrauch können die Kosten bis zur vollen Höhe übernommen werden. 2Gleiches gilt für die Ersatzbeschaffung und die Beschaffung zur Anpassung an die technische Weiterentwicklung.

§ 20 Hilfen zum Erreichen des Arbeitsplatzes

Schwerbehinderte Menschen können Leistungen zum Erreichen des Arbeitsplatzes nach Maßgabe der Kraftfahrzeughilfe-Verordnung vom 28. September 1987 (BGBl. I S. 2251) erhalten.

§ 21 Hilfen zur Gründung und Erhaltung einer selbständigen beruflichen Existenz

(1) Schwerbehinderte Menschen können Darlehen oder Zinszuschüsse zur Gründung und zur Erhaltung einer selbständigen beruflichen Existenz erhalten, wenn

1. sie die erforderlichen persönlichen und fachlichen Voraussetzungen für die Ausübung der Tätigkeit erfüllen,
2. sie ihren Lebensunterhalt durch die Tätigkeit voraussichtlich auf Dauer im wesentlichen sicherstellen können und
3. die Tätigkeit unter Berücksichtigung von Lage und Entwicklung des Arbeitsmarkts zweckmäßig ist.

(2) 1Darlehen sollen mit jährlich 10 vom Hundert getilgt werden. 2Von der Tilgung kann im Jahr der Auszahlung und dem darauffolgenden Kalenderjahr abgesehen werden. 3Satz 2 gilt, wenn Darlehen verzinslich gegeben werden, für die Verzinsung.

(3) Sonstige Leistungen zur Deckung von Kosten des laufenden Betriebs können nicht erbracht werden.

(4) Die §§ 17 bis 20 und die §§ 22 bis 27 sind zugunsten von schwerbehinderten Menschen, die eine selbständige Tätigkeit ausüben oder aufzunehmen beabsichtigen, entsprechend anzuwenden.

§ 22 Hilfen zur Beschaffung, Ausstattung und Erhaltung einer behinderungsgerechten Wohnung

(1) Schwerbehinderte Menschen können Leistungen erhalten

1. zur Beschaffung von behinderungsgerechtem Wohnraum im Sinne des § 16 des Wohnraumförderungsgesetzes,
2. zur Anpassung von Wohnraum und seiner Ausstattung an die besonderen behinderungsbedingten Bedürfnisse und
3. zum Umzug in eine behinderungsgerechte oder erheblich verkehrsgünstiger zum Arbeitsplatz gelegene Wohnung.

(2) 1Leistungen können als Zuschüsse, Zinszuschüsse oder Darlehen erbracht werden. 2Höhe, Tilgung und Verzinsung bestimmen sich nach den Umständen des Einzelfalls.

(3) Leistungen von anderer Seite sind nur insoweit anzurechnen, als sie schwerbehinderten Menschen für denselben Zweck wegen der Behinderung zu erbringen sind oder erbracht werden.

§ 23 (weggefallen)

§ 24 Hilfen zur Teilnahme an Maßnahmen zur Erhaltung und Erweiterung beruflicher Kenntnisse und Fertigkeiten

1Schwerbehinderte Menschen, die an inner- oder außerbetrieblichen Maßnahmen der beruflichen Bildung zur Erhaltung und Erweiterung ihrer beruflichen Kenntnisse und Fertigkeiten oder zur Anpassung an die technische Entwicklung teilnehmen, vor allem an besonderen Fortbildungs- und Anpassungsmaßnahmen, die nach Art, Umfang und Dauer den Bedürfnissen dieser schwerbehinderten Menschen entsprechen, können Zuschüsse bis zur Höhe der ihnen durch die Teilnahme an diesen Maßnahmen entstehenden Aufwendungen erhalten. 2Hilfen können auch zum beruflichen Aufstieg erbracht werden.

§ 25 Hilfen in besonderen Lebenslagen

Andere Leistungen zur begleitenden Hilfe im Arbeitsleben als die in den §§ 19 bis 24 geregelten Leistungen können an schwerbehinderte Menschen erbracht werden, wenn und soweit sie unter Berücksichtigung von Art oder Schwere der Behinderung erforderlich sind, um die Teilhabe am Arbeitsleben auf dem allgemeinen Arbeitsmarkt zu ermöglichen, zu erleichtern oder zu sichern.

II. Leistungen an Arbeitgeber

§ 26 Leistungen zur behinderungsgerechten Einrichtung von Arbeits- und Ausbildungsplätzen für schwerbehinderte Menschen

(1) 1Arbeitgeber können Darlehen oder Zuschüsse bis zur vollen Höhe der entstehenden notwendigen Kosten für folgende Maßnahmen erhalten:

1. die behinderungsgerechte Einrichtung und Unterhaltung der Arbeitsstätten einschließlich der Betriebsanlagen, Maschinen und Geräte,
2. die Einrichtung von Teilzeitarbeitsplätzen für schwerbehinderte Menschen, insbesondere wenn eine Teilzeitbeschäftigung mit einer Dauer auch von weniger als 18 Stunden, wenigstens aber 15 Stunden, wöchentlich wegen Art oder Schwere der Behinderung notwendig ist,
3. die Ausstattung von Arbeits- oder Ausbildungsplätzen mit notwendigen technischen Arbeitshilfen, deren Wartung und Instandsetzung sowie die Ausbildung des schwerbehinderten Menschen im Gebrauch der nach den Nummern 1 bis 3 geförderten Gegenstände,
4. sonstige Maßnahmen, durch die eine möglichst dauerhafte behinderungsgerechte Beschäftigung schwerbehinderter Menschen in Betrieben oder Dienststellen ermöglicht, erleichtert oder gesichert werden kann.

2Gleiches gilt für Ersatzbeschaffungen oder Beschaffungen zur Anpassung an die technische Weiterentwicklung.

(2) Art und Höhe der Leistung bestimmen sich nach den Umständen des Einzelfalls, insbesondere unter Berücksichtigung, ob eine Verpflichtung des Arbeitgebers zur Durchführung von Maßnahmen nach Absatz 1 gemäß § 164 Absatz 3 Satz 1, Absatz 4 Satz 1 Nummer 4 und 5 und Absatz 5 Satz 1 des Neunten Buches Sozialgesetzbuch besteht und erfüllt wird sowie ob schwerbehinderte Menschen ohne Beschäftigungspflicht oder über die Beschäftigungspflicht hinaus (§ 154 des Neunten Buches Sozialgesetzbuch) oder im Rahmen der Erfüllung der besonderen Beschäftigungspflicht gegenüber bei der Teilhabe am Arbeitsleben besonders betroffenen schwerbehinderten Menschen (§ 154 Absatz 1 Satz 2 und § 155 des Neunten Buches Sozialgesetzbuch) beschäftigt werden.

(3) § 15 Abs. 2 Satz 1 und 2 gilt entsprechend.

§ 26a Zuschüsse zu den Gebühren bei der Berufsausbildung besonders betroffener schwerbehinderter Jugendlicher und junger Erwachsener

Arbeitgeber, die ohne Beschäftigungspflicht (§ 154 Absatz 1 des Neunten Buches Sozialgesetzbuch) besonders betroffene schwerbehinderte Menschen zur Berufsausbildung einstellen, können Zuschüsse zu den Gebühren, insbesondere Prüfungsgebühren bei der Berufsausbildung, erhalten.

§ 26b Prämien und Zuschüsse zu den Kosten der Berufsausbildung behinderter Jugendlicher und junger Erwachsener

Arbeitgeber können Prämien und Zuschüsse zu den Kosten der Berufsausbildung behinderter Jugendlicher und junger Erwachsener erhalten, die für die Zeit der Berufsausbildung schwerbehinderten Menschen nach § 151 Absatz 4 des Neunten Buches Sozialgesetzbuch gleichgestellt sind.

§ 26c Prämien zur Einführung eines betrieblichen Eingliederungsmanagements

Arbeitgeber können zur Einführung eines betrieblichen Eingliederungsmanagements Prämien erhalten.

§ 27 Leistungen bei außergewöhnlichen Belastungen

(1) 1Arbeitgeber können Zuschüsse zur Abgeltung außergewöhnlicher Belastungen erhalten, die mit der Beschäftigung eines schwerbehinderten Menschen verbunden sind, der nach Art oder Schwere seiner Behinderung im Arbeits- und Berufsleben besonders betroffen ist (§ 155 Absatz 1 Nummer 1 Buchstabe a bis d des Neunten Buches Sozialgesetzbuch) oder im Anschluss an eine Beschäftigung in einer anerkannten Werkstatt für behinderte Menschen oder bei einem anderen Leistungsanbieter im Sinne des § 60 des Neunten Buches Sozialgesetzbuch oder in Teilzeit (§ 158 Absatz 2 des Neunten Buches Sozialgesetzbuch) beschäftigt wird, vor allem, wenn ohne diese Leistungen das Beschäftigungsverhältnis gefährdet würde. 2Leistungen nach Satz 1 können auch in Probebeschäftigungen und Praktika erbracht werden, die ein in einer Werkstatt für behinderte Menschen beschäftigter schwerbehinderter Mensch im Rahmen von Maßnahmen zur Förderung des Übergangs auf den allgemeinen Arbeitsmarkt (§ 5 Abs. 4 der Werkstättenverordnung) absolviert, wenn die dem Arbeitgeber entstehenden außergewöhnlichen Belastungen nicht durch die in dieser Zeit erbrachten Leistungen der Rehabilitationsträger abgedeckt werden.

(2) Außergewöhnliche Belastungen sind überdurchschnittlich hohe finanzielle Aufwendungen oder sonstige Belastungen, die einem Arbeitgeber bei der Beschäftigung eines schwerbehinderten Menschen auch nach Ausschöpfung aller Möglichkeiten entstehen und für die die Kosten zu tragen für den Arbeitgeber nach Art oder Höhe unzumutbar ist.

(3) Für die Zuschüsse zu notwendigen Kosten nach Absatz 2 gilt § 26 Abs. 2 entsprechend.

(4) Die Dauer des Zuschusses bestimmt sich nach den Umständen des Einzelfalls.

III. Sonstige Leistungen

§ 27a Leistungen an Integrationsfachdienste

Träger von Integrationsfachdiensten im Sinne des Kapitels 7 des Teils 3 des Neunten Buches Sozialgesetzbuch können Leistungen nach § 196 des Neunten Buches Sozialgesetzbuch zu den durch ihre Inanspruchnahme entstehenden notwendigen Kosten erhalten.

---

§ 27a wird durch das Teilhabestärkungsgesetz mit Geltung ab 1. Januar 2022 neu gefasst:

§ 27a Leistungen an Integrationsfachdienste

(1) Träger von Integrationsfachdiensten im Sinne des Kapitels 7 des Teils 3 des Neunten Buches Sozialgesetzbuch können Leistungen nach § 196 des Neunten Buches Sozialgesetzbuch zu den durch ihre Inanspruchnahme entstehenden notwendigen Kosten erhalten.

(2) Die Länder legen dem Bundesministerium für Arbeit und Soziales jährlich zum 30. Juni einen Bericht über die Beauftragung der Integrationsfachdienste oder anderer geeigneter Träger als Einheitliche Ansprechstellen für Arbeitgeber vor. Sie berichten auch über deren Aktivitäten in diesem Zusammenhang sowie über die Verwendung der Mittel, die ab dem 30. Juni 2022 nach § 36 nicht mehr an den Ausgleichsfonds abzuführen sind, für diesen Zweck. Der Bericht kann auch gesammelt durch die Bundesarbeitsgemeinschaft der Integrationsämter und Hauptfürsorgestellen erfolgen.

§ 28 Leistungen zur Durchführung der psychosozialen Betreuung schwerbehinderter Menschen

(1) Freie gemeinnützige Träger psychosozialer Dienste, die das Integrationsamt an der Durchführung der ihr obliegenden Aufgabe der im Einzelfall erforderlichen psychosozialen Betreuung schwerbehinderter Menschen unter Fortbestand ihrer Verantwortlichkeit beteiligt, können Leistungen zu den daraus entstehenden notwendigen Kosten erhalten.

(2) 1Leistungen nach Absatz 1 setzen voraus, daß

1. der psychosoziale Dienst nach seiner personellen, räumlichen und sächlichen Ausstattung zur Durchführung von Maßnahmen der psychosozialen Betreuung geeignet ist, insbesondere mit Fachkräften ausgestattet ist, die über eine geeignete Berufsqualifikation, eine psychosoziale Zusatzqualifikation und ausreichende Berufserfahrung verfügen, und
2. die Maßnahmen
   a) nach Art, Umfang und Dauer auf die Aufnahme, Ausübung oder Sicherung einer möglichst dauerhaften Beschäftigung schwerbehinderter Menschen auf dem allgemeinen Arbeitsmarkt ausgerichtet und dafür geeignet sind,
   b) nach den Grundsätzen der Wirtschaftlichkeit und Sparsamkeit durchgeführt werden, insbesondere die Kosten angemessen sind, und
   c) aufgrund einer Vereinbarung zwischen dem Integrationsamt und dem Träger des psychosozialen Dienstes durchgeführt werden.

2Leistungen können gleichermaßen für Maßnahmen für schwerbehinderte Menschen erbracht werden, die diesen Dienst unter bestimmten, in der Vereinbarung näher zu regelnden Voraussetzungen im Einvernehmen mit dem Integrationsamt unmittelbar in Anspruch nehmen.

(3) 1Leistungen sollen in der Regel bis zur vollen Höhe der notwendigen Kosten erbracht werden, die aus der Beteiligung an den im Einzelfall erforderlichen Maßnahmen entstehen. 2Das Nähere über die Höhe der zu übernehmenden Kosten, ihre Erfassung, Darstellung und Abrechnung bestimmt sich nach der Vereinbarung zwischen dem Integrationsamt und dem Träger des psychosozialen Dienstes gemäß Absatz 2 Satz 1 Nr. 2 Buchstabe c.

§ 28a Leistungen an Inklusionsbetriebe

Inklusionsbetriebe im Sinne des Kapitels 11 des Teils 3 des Neunten Buches Sozialgesetzbuch können Leistungen für Aufbau, Erweiterung, Modernisierung und Ausstattung einschließlich einer betriebswirtschaftlichen Beratung und besonderen Aufwand erhalten.

§ 29 Leistungen zur Durchführung von Aufklärungs-, Schulungs- und Bildungsmaßnahmen

(1) 1Die Durchführung von Schulungs- und Bildungsmaßnahmen für Vertrauenspersonen schwerbehinderter Menschen, Beauftragte der Arbeitgeber, Betriebs-, Personal-, Richter-, Staatsanwalts- und Präsidialräte sowie die Mitglieder der Stufenvertretungen wird gefördert, wenn es sich um Veranstaltungen der Integrationsämter im Sinne des § 185 Absatz 2 Satz 6 des Neunten Buches Sozialgesetzbuch handelt. 2Die Durchführung von Maßnahmen im Sinne des Satzes 1 durch andere Träger kann gefördert werden, wenn die Maßnahmen erforderlich und die Integrationsämter an ihrer inhaltlichen Gestaltung maßgeblich beteiligt sind.

(2) 1Aufklärungsmaßnahmen sowie Schulungs- und Bildungsmaßnahmen für andere als in Absatz 1 genannte Personen, die die Teilhabe schwerbehinderter Menschen am Arbeitsleben zum Gegenstand haben, können gefördert werden. 2Dies gilt auch für die Qualifizierung des nach § 185 Absatz 1 des Neunten Buches Sozialgesetzbuch einzusetzenden Personals sowie für notwendige Informationsschriften und -veranstaltungen über Rechte, Pflichten, Leistungen und sonstige Eingliederungshilfen sowie Nachteilsausgleiche nach dem Neunten Buch Sozialgesetzbuch und anderen Vorschriften.

3. Unterabschnitt Leistungen für Einrichtungen zur Teilhabe schwerbehinderter Menschen am Arbeitsleben

§ 30 Förderungsfähige Einrichtungen

(1) 1Leistungen können für die Schaffung, Erweiterung, Ausstattung und Modernisierung folgender Einrichtungen erbracht werden:

1. betriebliche, überbetriebliche und außerbetriebliche Einrichtungen zur Vorberei-

tung von behinderten Menschen auf eine berufliche Bildung oder die Teilhabe am Arbeitsleben,

2. betriebliche, überbetriebliche und außerbetriebliche Einrichtungen zur beruflichen Bildung behinderter Menschen,
3. Einrichtungen, soweit sie während der Durchführung von Leistungen zur medizinischen Rehabilitation behinderte Menschen auf eine berufliche Bildung oder die Teilhabe am Arbeitsleben vorbereiten,
4. Werkstätten für behinderte Menschen im Sinne des § 219 des Neunten Buches Sozialgesetzbuch,
5. Blindenwerkstätten mit einer Anerkennung auf Grund des Blindenwarenvertriebsgesetzes vom 9. April 1965 (BGBl. I S. 311) in der bis zum 13. September 2007 geltenden Fassung,
6. Wohnstätten für behinderte Menschen, die auf dem allgemeinen Arbeitsmarkt, in Werkstätten für behinderte Menschen oder in Blindenwerkstätten tätig sind.

$_2$Zur länderübergreifenden Bedarfsbeurteilung wird das Bundesministerium für Arbeit und Soziales bei der Planung neuer oder Erweiterung bestehender Einrichtungen nach Satz 1 Nr. 4 bis 6 beteiligt.

(2) $_1$Öffentliche oder gemeinnützige Träger eines besonderen Beförderungsdienstes für behinderte Menschen können Leistungen zur Beschaffung und behinderungsgerechten Ausstattung von Kraftfahrzeugen erhalten. $_2$Die Höhe der Leistung bestimmt sich nach dem Umfang, in dem der besondere Beförderungsdienst für Fahrten schwerbehinderter Menschen von und zur Arbeitsstätte benutzt wird.

(3) $_1$Leistungen zur Deckung von Kosten des laufenden Betriebs dürfen nur ausnahmsweise erbracht werden, wenn hierdurch der Verlust bestehender Beschäftigungsmöglichkeiten für behinderte Menschen abgewendet werden kann. $_2$Für Einrichtungen nach Absatz 1 Nr. 4 bis 6 sind auch Leistungen zur Deckung eines Miet- oder Pachtzinses zulässig.

§ 31 Förderungsvoraussetzungen

(1) Die Einrichtungen im Sinne des § 30 Abs. 1 können gefördert werden, wenn sie

1. ausschließlich oder überwiegend behinderte Menschen aufnehmen, die Leistungen eines Rehabilitationsträgers in Anspruch nehmen,
2. behinderten Menschen unabhängig von der Ursache der Behinderung und unabhängig von der Mitgliedschaft in der Organisation des Trägers der Einrichtung offenstehen und
3. nach ihrer personellen, räumlichen und sächlichen Ausstattung die Gewähr dafür bieten, daß die Rehabilitationsmaßnahmen nach zeitgemäßen Erkenntnissen durchgeführt werden und einer dauerhaften Teilhabe am Arbeitsleben dienen.

(2) Darüber hinaus setzt die Förderung voraus bei

1. Einrichtungen im Sinne des § 30 Abs. 1 Nr. 1:
   Die in diesen Einrichtungen durchzuführenden Maßnahmen sollen den individuellen Belangen der behinderten Menschen Rechnung tragen und sowohl eine werkspraktische wie fachtheoretische Unterweisung umfassen. Eine begleitende Betreuung entsprechend den Bedürfnissen der behinderten Menschen muß sichergestellt sein. Maßnahmen zur Vorbereitung auf eine berufliche Bildung sollen sich auf mehrere Berufsfelder erstrecken und Aufschluß über Neigung und Eignung der behinderten Menschen geben.
2. Einrichtungen im Sinne des § 30 Abs. 1 Nr. 2:
   a) Die Eignungsvoraussetzungen nach den §§ 27 bis 30 des Berufsbildungsgesetzes oder nach den §§ 21 bis 22b der Handwerksordnung zur Ausbildung in anerkannten Ausbildungsberufen müssen erfüllt sein. Dies gilt auch für Ausbildungsgänge, die nach § 66 des Berufsbildungsgesetzes oder nach § 42m der Handwerksordnung durchgeführt werden.

b) Außer- oder überbetriebliche Einrichtungen sollen unter Einbeziehung von Plätzen für berufsvorbereitende Maßnahmen über in der Regel mindestens 200 Plätze für die berufliche Bildung in mehreren Berufsfeldern verfügen. Sie müssen in der Lage sein, behinderte Menschen mit besonderer Art oder Schwere der Behinderung beruflich zu bilden. Sie müssen über die erforderliche Zahl von Ausbildern und die personellen und sächlichen Voraussetzungen für eine begleitende ärztliche, psychologische und soziale Betreuung entsprechend den Bedürfnissen der behinderten Menschen verfügen. Bei Unterbringung im Internat muß die behinderungsgerechte Betreuung sichergestellt sein. Die Einrichtungen sind zur vertrauensvollen Zusammenarbeit insbesondere untereinander und mit den für die Rehabilitation zuständigen Behörden verpflichtet.

3. Einrichtungen im Sinne des § 30 Abs. 1 Nr. 3:
Die in diesen Einrichtungen in einem ineinandergreifenden Verfahren durchzuführenden Leistungen zur medizinischen Rehabilitation und zur Teilhabe am Arbeitsleben müssen entsprechend den individuellen Gegebenheiten so ausgerichtet sein, daß nach Abschluß dieser Maßnahmen ein möglichst nahtloser Übergang in eine berufliche Bildungsmaßnahme oder in das Arbeitsleben gewährleistet ist. Für die Durchführung der Maßnahmen müssen besondere Fachdienste zur Verfügung stehen.

4. Werkstätten für behinderte Menschen im Sinne des § 30 Abs. 1 Nr. 4:
Sie müssen gemäß § 225 des Neunten Buches Sozialgesetzbuch anerkannt sein oder voraussichtlich anerkannt werden.

5. Blindenwerkstätten im Sinne des § 30 Abs. 1 Nr. 5:
Sie müssen auf Grund des Blindenwarenvertriebsgesetzes anerkannt sein.

6. Wohnstätten im Sinne des § 30 Abs. 1 Nr. 6:
Sie müssen hinsichtlich ihrer baulichen Gestaltung, Wohnflächenbemessung und Ausstattung den besonderen Bedürfnissen der behinderten Menschen entsprechen. Die Aufnahme auch von behinderten Menschen, die nicht im Arbeitsleben stehen, schließt eine Förderung entsprechend dem Anteil der im Arbeitsleben stehenden schwerbehinderten Menschen nicht aus. Der Verbleib von schwerbehinderten Menschen, die nicht mehr im Arbeitsleben stehen, insbesondere von schwerbehinderten Menschen nach dem Ausscheiden aus einer Werkstatt für behinderte Menschen, beeinträchtigt nicht die zweckentsprechende Verwendung der eingesetzten Mittel.

§ 32 Förderungsgrundsätze

(1) Leistungen sollen nur erbracht werden, wenn sich der Träger der Einrichtung in einem angemessenen Verhältnis an den Gesamtkosten beteiligt und alle anderen Finanzierungsmöglichkeiten aus Mitteln der öffentlichen Hände und aus privaten Mitteln in zumutbarer Weise in Anspruch genommen worden sind.

(2) 1Leistungen dürfen nur erbracht werden, soweit Leistungen für denselben Zweck nicht von anderer Seite zu erbringen sind oder erbracht werden. 2Werden Einrichtungen aus Haushaltsmitteln des Bundes oder anderer öffentlicher Hände gefördert, ist eine Förderung aus Mitteln der Ausgleichsabgabe nur zulässig, wenn der Förderungszweck sonst nicht erreicht werden kann.

(3) Leistungen können nur erbracht werden, wenn ein Bedarf an entsprechenden Einrichtungen festgestellt und die Deckung der Kosten des laufenden Betriebs gesichert ist.

(4) Eine Nachfinanzierung aus Mitteln der Ausgleichsabgabe ist nur zulässig, wenn eine Förderung durch die gleiche Stelle vorangegangen ist.

§ 33 Art und Höhe der Leistungen

(1) 1Leistungen können als Zuschüsse oder Darlehen erbracht werden. 2Zuschüsse sind auch Zinszuschüsse zur Verbilligung von Fremdmitteln.

(2) Art und Höhe der Leistung bestimmen sich nach den Umständen des Einzelfalls, insbesondere nach dem Anteil der schwerbehinderten Menschen an der Gesamtzahl des aufzunehmenden Personenkreises, nach der wirtschaftlichen Situation der Einrichtung und ihres Trägers sowie nach Bedeutung und Dringlichkeit der beabsichtigten Rehabilitationsmaßnahmen.

§ 34 Tilgung und Verzinsung von Darlehen

(1) 1Darlehen nach § 33 sollen jährlich mit 2 vom Hundert getilgt und mit 2 vom Hundert verzinst werden; bei Ausstattungsinvestitionen beträgt die Tilgung 10 vom Hundert. 2Die durch die fortschreitende Tilgung ersparten Zinsen wachsen den Tilgungsbeträgen zu.

(2) Von der Tilgung und Verzinsung von Darlehen kann bis zum Ablauf von zwei Jahren nach Inbetriebnahme abgesehen werden.

Dritter Abschnitt
Ausgleichsfonds

1. Unterabschnitt
Gestaltung des Ausgleichsfonds

§ 35 Rechtsform

1Der Ausgleichsfonds für überregionale Vorhaben zur Teilhabe schwerbehinderter Menschen am Arbeitsleben (Ausgleichsfonds) ist ein nicht rechtsfähiges Sondervermögen des Bundes mit eigener Wirtschafts- und Rechnungsführung. 2Er ist von den übrigen Vermögen des Bundes, seinen Rechten und Verbindlichkeiten getrennt zu halten. 3Für Verbindlichkeiten, die das Bundesministerium für Arbeit und Soziales als Verwalter des Ausgleichsfonds eingeht, haftet nur der Ausgleichsfonds; der Ausgleichsfonds haftet nicht für die sonstigen Verbindlichkeiten des Bundes.

§ 36 Weiterleitung der Mittel an den Ausgleichsfonds

1Die Integrationsämter leiten zum 30. Juni eines jeden Jahres 20 vom Hundert des im Zeitraum vom 1. Juni des vorangegangenen Jahres bis zum 31. Mai des Jahres eingegangenen Aufkommens an Ausgleichsabgabe an den Ausgleichsfonds weiter. 2Sie teilen dem Bundesministerium für Arbeit und Soziales zum 30. Juni eines jeden Jahres das Aufkommen an Ausgleichsabgabe für das vorangegangene Kalenderjahr auf der Grundlage des bis zum 31. Mai des Jahres tatsächlich an die Integrationsämter gezahlten Aufkommens mit. 3Sie teilen zum 31. Januar eines jeden Jahres das Aufkommen an Ausgleichsabgabe für das vorvergangene Kalenderjahr dem Bundesministerium für Arbeit und Soziales mit. 4Abweichend von Satz 1 leiten die Integrationsämter zum 30. Juni 2020 10 Prozent des im Zeitraum vom 1. Juni 2019 bis zum 31. Mai 2020 eingegangenen Aufkommens an Ausgleichsabgabe und zum 30. Juni 2021 10 Prozent des im Zeitraum vom 1. Juni 2020 bis zum 31. Mai 2021 eingegangenen Aufkommens an Ausgleichsabgabe an den Ausgleichsfonds weiter.

Aufgrund der Änderungen von Satz 1 durch das Teilhabestärkungsgesetz sind ab 1. Januar 2022 nur noch 18 vom Hundert des im Zeitraum vom 1. Juni des vorangegangenen Jahres bis zum 31. Mai des Jahres eingegangenen Aufkommens an Ausgleichsabgabe an den Ausgleichsfonds weiterzugeben.

§ 37 Anwendung der Vorschriften der Bundeshaushaltsordnung

Für den Ausgleichsfonds gelten die Bundeshaushaltsordnung sowie die zu ihrer Ergänzung und Durchführung erlassenen Vorschriften entsprechend, soweit die Vorschriften dieser Verordnung nichts anderes bestimmen.

§ 38 Aufstellung eines Wirtschaftsplans

(1) Für jedes Kalenderjahr (Wirtschaftsjahr) ist ein Wirtschaftsplan aufzustellen.

(2) 1Der Wirtschaftsplan enthält alle im Wirtschaftsjahr

1. zu erwartenden Einnahmen,
2. voraussichtlich zu leistenden Ausgaben und
3. voraussichtlich benötigten Verpflichtungsermächtigungen.

2Zinsen, Tilgungsbeträge aus Darlehen, zurückgezahlte Zuschüsse sowie unverbrauchte Mittel des Vorjahres fließen dem Ausgleichsfonds als Einnahmen zu.

(3) Der Wirtschaftsplan ist in Einnahmen und Ausgaben auszugleichen.

(4) Die Ausgaben sind gegenseitig deckungsfähig.

(5) Die Ausgaben sind übertragbar.

§ 39 Feststellung des Wirtschaftsplans

1Das Bundesministerium für Arbeit und Soziales stellt im Benehmen mit dem Bundesministerium der Finanzen und im Einvernehmen mit dem Beirat für die Teilhabe behinderter Menschen (Beirat) den Wirtschaftsplan fest. 2§ 1 der Bundeshaushaltsordnung findet keine Anwendung.

§ 40 Ausführung des Wirtschaftsplans

(1) 1Bei der Vergabe der Mittel des Ausgleichsfonds sind die jeweils gültigen Allgemeinen Nebenbestimmungen für Zuwendungen des Bundes zugrunde zu legen. 2Von ihnen kann im Einvernehmen mit dem Bundesministerium der Finanzen abgewichen werden.

(2) Verpflichtungen, die in Folgejahren zu Ausgaben führen, dürfen nur eingegangen werden, wenn die Finanzierung der Ausgaben durch das Aufkommen an Ausgleichsabgabe gesichert ist.

(3) 1Überschreitungen der Ausgabeansätze sind nur zulässig, wenn

1. hierfür ein unvorhergesehenes und unabweisbares Bedürfnis besteht und
2. entsprechende Einnahmeerhöhungen vorliegen.

2Außerplanmäßige Ausgaben sind nur zulässig, wenn

1. hierfür ein unvorhergesehenes und unabweisbares Bedürfnis besteht und
2. Beträge in gleicher Höhe bei anderen Ausgabeansätzen eingespart werden oder entsprechende Einnahmeerhöhungen vorliegen.

3Die Entscheidung hierüber trifft das Bundesministerium für Arbeit und Soziales im Benehmen mit dem Bundesministerium der Finanzen und im Einvernehmen mit dem Beirat.

(4) Bis zur bestimmungsmäßigen Verwendung sind die Ausgabemittel verzinslich anzulegen.

2. Unterabschnitt
Förderung der Teilhabe schwerbehinderter Menschen am Arbeitsleben aus Mitteln des Ausgleichsfonds

§ 41 Verwendungszwecke

(1) Die Mittel aus dem Ausgleichsfonds sind zu verwenden für

1. Zuweisungen an die Bundesagentur für Arbeit zur besonderen Förderung der Teilhabe schwerbehinderter Menschen am Arbeitsleben, insbesondere durch Eingliederungszuschüsse und Zuschüsse zur Ausbildungsvergütung nach dem Dritten Buch Sozialgesetzbuch, und zwar ab 2009 jährlich in Höhe von 16 vom Hundert des Aufkommens an Ausgleichsabgabe,
2. befristete überregionale Programme zum Abbau der Arbeitslosigkeit schwerbehinderter Menschen, besonderer Gruppen von schwerbehinderten Menschen (§ 155 des Neunten Buches Sozialgesetzbuch) oder schwerbehinderter Frauen sowie zur Förderung des Ausbildungsplatzangebots für schwerbehinderte Menschen,
3. Einrichtungen nach § 30 Abs. 1 Nr. 1 bis 3, soweit sie den Interessen mehrerer Länder dienen; Einrichtungen dienen den Interessen mehrerer Länder auch dann, wenn sie Bestandteil eines abgestimmten Plans sind, der ein länderübergreifendes Netz derartiger Einrichtungen zum Gegenstand hat,
4. überregionale Modellvorhaben zur Weiterentwicklung der Förderung der Teilhabe schwerbehinderter Menschen am Arbeitsleben, insbesondere durch betriebliches Eingliederungsmanagement, und der Förderung der Ausbildung schwerbehinderter Jugendlicher,
5. die Entwicklung technischer Arbeitshilfen und

6. Aufklärungs-, Fortbildungs- und Forschungsmaßnahmen auf dem Gebiet der Teilhabe schwerbehinderter Menschen am Arbeitsleben, sofern diesen Maßnahmen überregionale Bedeutung zukommt.

(2) Die Mittel des Ausgleichsfonds sind vorrangig für die Eingliederung schwerbehinderter Menschen in den allgemeinen Arbeitsmarkt zu verwenden.

(3) Der Ausgleichsfonds kann sich an der Förderung von Forschungs- und Modellvorhaben durch die Integrationsämter nach § 14 Abs. 1 Nr. 4 beteiligen, sofern diese Vorhaben auch für andere Länder oder den Bund von Bedeutung sein können.

(4) Die §§ 31 bis 34 gelten entsprechend.

3. Unterabschnitt Verfahren zur Vergabe der Mittel des Ausgleichsfonds

§ 42 Anmeldeverfahren und Anträge

1Leistungen aus dem Ausgleichsfonds sind vom Träger der Maßnahme beim Bundesministerium für Arbeit und Soziales zu beantragen, in den Fällen des § 41 Abs. 1 Nr. 3 nach vorheriger Abstimmung mit dem Land, in dem der Integrationsbetrieb oder die Integrationsabteilung oder die Einrichtung ihren Sitz hat oder haben soll. 2Das Bundesministerium für Arbeit und Soziales leitet die Anträge mit seiner Stellungnahme dem Beirat zu.

§ 43 Vorschlagsrecht des Beirats

(1) 1Der Beirat nimmt zu den Anträgen Stellung. 2Die Stellungnahme hat einen Vorschlag zu enthalten, ob, in welcher Art und Höhe sowie unter welchen Bedingungen und Auflagen Mittel des Ausgleichsfonds vergeben werden sollen.

(2) Der Beirat kann unabhängig vom Vorliegen oder in Abwandlung eines schriftlichen oder elektronischen Antrags Vorhaben zur Förderung vorschlagen.

§ 44 Entscheidung

(1) Das Bundesministerium für Arbeit und Soziales entscheidet über die Anträge aufgrund der Vorschläge des Beirats durch schriftlichen oder elektronischen Bescheid.

(2) Der Beirat ist über die getroffene Entscheidung zu unterrichten.

§ 45 Vorhaben des Bundesministeriums für Arbeit und Soziales

Für Vorhaben des Bundesministeriums für Arbeit und Soziales, die dem Beirat zur Stellungnahme zuzuleiten sind, gelten die §§ 43 und 44 entsprechend.

Vierter Abschnitt Schlußvorschriften

§ 46 Übergangsregelungen

Abweichend von § 41 können Mittel des Ausgleichsfonds verwendet werden zur Förderung von Inklusionsbetrieben und -abteilungen nach Kapitel 11 des Teils 3 des Neunten Buches Sozialgesetzbuch, die nicht von öffentlichen Arbeitgebern im Sinne des § 154 Absatz 2 des Neunten Buches Sozialgesetzbuch geführt werden, soweit die Förderung bis zum 31. Dezember 2003 bewilligt worden ist, sowie für die Förderung von Einrichtungen nach § 30 Absatz 1 Satz 1 Nummer 4 bis 6, soweit Leistungen als Zinszuschüsse oder Zuschüsse zur Deckung eines Miet- oder Pachtzinses für bis zum 31. Dezember 2004 bewilligte Projekte erbracht werden.

§ 47 Inkrafttreten, Außerkrafttreten

1Diese Verordnung tritt am Tage nach der Verkündung in Kraft. 2Gleichzeitig tritt die Ausgleichsabgabeverordnung Schwerbehindertengesetz vom 8. August 1978 (BGBl. I S. 1228), zuletzt geändert durch § 12 der Kraftfahrzeughilfe-Verordnung vom 28. September 1987 (BGBl. I S. 2251), außer Kraft.

Verordnung über Kraftfahrzeughilfe zur beruflichen Rehabilitation (Kraftfahrzeughilfe-Verordnung – KfzHV)

Vom 28. September 1987 (BGBl. I S. 2251)

Zuletzt geändert durch
Teilhabestärkungsgesetz
vom 2. Juni 2021 (BGBl. I S. 1387)

Inhaltsübersicht

Auf Grund des § 9 Abs. 2 des Gesetzes über die Angleichung der Leistungen zur Rehabilitation vom 7. August 1974 (BGBl. I S. 1881), der durch Artikel 16 des Gesetzes vom 1. Dezember 1981 (BGBl. I S. 1205) geändert worden ist, auf Grund des § 27f in Verbindung mit § 26 Abs. 6 Satz 1 des Bundesversorgungsgesetzes in der Fassung der Bekanntmachung vom 22. Januar 1982 (BGBl. I S. 21) und auf Grund des § 11 Abs. 3 Satz 3 des Schwerbehindertengesetzes in der Fassung der Bekanntmachung vom 26. August 1986 (BGBl. I S. 1421) verordnet die Bundesregierung mit Zustimmung des Bundesrates:

§ 1 Grundsatz

Kraftfahrzeughilfe zur Teilhabe behinderter Menschen am Arbeitsleben richtet sich bei den Trägern der gesetzlichen Unfallversicherung, der gesetzlichen Rentenversicherung, der Kriegsopferfürsorge und der Bundesagentur für Arbeit sowie den Trägern der begleitenden Hilfe im Arbeits- und Berufsleben nach dieser Verordnung.

§ 2 Leistungen

(1) Die Kraftfahrzeughilfe umfaßt Leistungen

1. zur Beschaffung eines Kraftfahrzeugs,
2. für eine behinderungsbedingte Zusatzausstattung,
3. zur Erlangung einer Fahrerlaubnis.

(2) Die Leistungen werden als Zuschüsse und nach Maßgabe des § 9 als Darlehen erbracht.

§ 3 Persönliche Voraussetzungen

(1) Die Leistungen setzen voraus, daß

1. der behinderte Mensch infolge seiner Behinderung nicht nur vorübergehend auf die Benutzung eines Kraftfahrzeugs angewiesen ist, um seinen Arbeits- oder Ausbildungsort oder den Ort einer sonstigen Leistung der beruflichen Bildung zu erreichen, und
2. der behinderte Mensch ein Kraftfahrzeug führen kann oder gewährleistet ist, daß ein Dritter das Kraftfahrzeug für ihn führt.

(2) Absatz 1 gilt auch für in Heimarbeit Beschäftigte im Sinne des § 12 Abs. 2 des Vierten Buches Sozialgesetzbuch, wenn das Kraftfahrzeug wegen Art oder Schwere der Behinderung notwendig ist, um beim Auftraggeber die Ware abzuholen oder die Arbeitsergebnisse abzuliefern.

(3) Ist der behinderte Mensch zur Berufsausübung im Rahmen eines Arbeitsverhältnisses nicht nur vorübergehend auf ein Kraftfahrzeug angewiesen, wird Kraftfahrzeughilfe geleistet, wenn infolge seiner Behinderung nur auf diese Weise die Teilhabe am Arbeitsleben dauerhaft gesichert werden kann und die Übernahme der Kosten durch den Arbeitgeber nicht üblich oder nicht zumutbar ist.

(4) Sofern nach den für den Träger geltenden besonderen Vorschriften Kraftfahrzeughilfe für behinderte Menschen, die nicht Arbeitnehmer sind, in Betracht kommt, sind die Absätze 1 und 3 entsprechend anzuwenden.

§ 4 Hilfe zur Beschaffung eines Kraftfahrzeugs

(1) Hilfe zur Beschaffung eines Kraftfahrzeugs setzt voraus, daß der behinderte Mensch nicht über ein Kraftfahrzeug verfügt, das die Voraussetzungen nach Absatz 2 erfüllt und dessen weitere Benutzung ihm zumutbar ist.

(2) Das Kraftfahrzeug muß nach Größe und Ausstattung den Anforderungen entsprechen, die sich im Einzelfall aus der Behinderung ergeben und, soweit erforderlich, eine behinderungsbedingte Zusatzausstattung ohne unverhältnismäßigen Mehraufwand ermöglichen.

(3) Die Beschaffung eines Gebrauchtwagens kann gefördert werden, wenn er die Voraussetzungen nach Absatz 2 erfüllt und sein Verkehrswert mindestens 50 vom Hundert des seinerzeitigen Neuwagenpreises beträgt.

§ 5 Bemessungsbetrag

(1) $_1$Die Beschaffung eines Kraftfahrzeugs wird bis zu einem Betrag in Höhe des Kaufpreises, höchstens jedoch bis zu einem Betrag von 22 000 Euro gefördert. $_2$Die Kosten einer behinderungsbedingten Zusatzausstattung bleiben bei der Ermittlung unberücksichtigt.

(2) Abweichend von Absatz 1 Satz 1 wird im Einzelfall ein höherer Betrag zugrundegelegt,

wenn Art oder Schwere der Behinderung ein Kraftfahrzeug mit höherem Kaufpreis zwingend erfordert.

(3) Zuschüsse öffentlich-rechtlicher Stellen zu dem Kraftfahrzeug, auf die ein vorrangiger Anspruch besteht oder die vorrangig nach pflichtgemäßem Ermessen zu leisten sind, und der Verkehrswert eines Altwagens sind von dem Betrag nach Absatz 1 oder 2 abzusetzen.

§ 6 Art und Höhe der Förderung

(1) [1]Hilfe zur Beschaffung eines Kraftfahrzeugs wird in der Regel als Zuschuß geleistet. [2]Der Zuschuß richtet sich nach dem Einkommen des behinderten Menschen nach Maßgabe der folgenden Tabelle:

Einkommen bis zu v. H. der monatlichen Bezugsgröße nach § 18 Abs. 1 des Vierten Buches Sozialgesetzbuch	Zuschuß in v. H. des Bemessungsbetrags nach § 5
40	100
45	88
50	76
55	64
60	52
65	40
70	28
75	16

[3]Die Beträge nach Satz 2 sind jeweils auf volle 5 Euro aufzurunden.

(2) Von dem Einkommen des behinderten Menschen ist für jeden von ihm unterhaltenen Familienangehörigen ein Betrag von 12 vom Hundert der monatlichen Bezugsgröße nach § 18 Abs. 1 des Vierten Buches Sozialgesetzbuch abzusetzen; Absatz 1 Satz 3 gilt entsprechend.

(3) [1]Einkommen im Sinne der Absätze 1 und 2 sind das monatliche Netto-Arbeitsentgelt, Netto-Arbeitseinkommen und vergleichbare Lohnersatzleistungen des behinderten Menschen. [2]Die Ermittlung des Einkommens richtet sich nach den für den zuständigen Träger maßgeblichen Regelungen.

(4) [1]Die Absätze 1 bis 3 gelten auch für die Hilfe zur erneuten Beschaffung eines Kraftfahrzeugs. [2]Die Hilfe soll nicht vor Ablauf von fünf Jahren seit der Beschaffung des zuletzt geförderten Fahrzeugs geleistet werden.

§ 7 Behinderungsbedingte Zusatzausstattung

[1]Für eine Zusatzausstattung, die wegen der Behinderung erforderlich ist, ihren Einbau, ihre technische Überprüfung und die Wiederherstellung ihrer technischen Funktionsfähigkeit werden die Kosten in vollem Umfang übernommen. [2]Dies gilt auch für eine Zusatzausstattung, die wegen der Behinderung eines Dritten erforderlich ist, der für den behinderten Menschen das Kraftfahrzeug führt (§ 3 Abs. 1 Nr. 2). [3]Zuschüsse öffentlich-rechtlicher Stellen, auf die ein vorrangiger Anspruch besteht oder die vorrangig nach pflichtgemäßem Ermessen zu leisten sind, sind anzurechnen.

§ 8 Fahrerlaubnis

(1) [1]Zu den Kosten, die für die Erlangung einer Fahrerlaubnis notwendig sind, wird ein Zuschuß geleistet. [2]Er beläuft sich bei behinderten Menschen mit einem Einkommen (§ 6 Abs. 3)

1. bis 40 vom Hundert der monatlichen Bezugsgröße nach § 18 Abs. 1 des Vierten Buches Sozialgesetzbuch (monatliche Bezugsgröße) auf die volle Höhe,
2. bis zu 55 vom Hundert der monatlichen Bezugsgröße auf zwei Drittel,
3. bis zu 75 vom Hundert der monatlichen Bezugsgröße auf ein Drittel

der entstehenden notwendigen Kosten; § 6 Abs. 1 Satz 3 und Abs. 2 gilt entsprechend. [3]Zuschüsse öffentlich-rechtlicher Stellen für den Erwerb der Fahrerlaubnis, auf die ein vorrangiger Anspruch besteht oder die vorrangig nach pflichtgemäßem Ermessen zu leisten sind, sind anzurechnen.

(2) Kosten für behinderungsbedingte Untersuchungen, Ergänzungsprüfungen und Ein-

tragungen in vorhandene Führerscheine werden in vollem Umfang übernommen.

§ 9 Leistungen in besonderen Härtefällen

(1) 1Zur Vermeidung besonderer Härten können Leistungen auch abweichend von § 2 Abs. 1, §§ 6 und 8 Abs. 1 erbracht werden, soweit dies

1. notwendig ist, um Leistungen der Kraftfahrzeughilfe von seiten eines anderen Leistungsträgers nicht erforderlich werden zu lassen, oder
2. unter den Voraussetzungen des § 3 zur Aufnahme oder Fortsetzung einer beruflichen Tätigkeit unumgänglich ist.

2Im Rahmen von Satz 1 Nr. 2 kann auch ein Zuschuß für die Beförderung des behinderten Menschen, insbesondere durch Beförderungsdienste, geleistet werden, wenn

1. der behinderte Mensch ein Kraftfahrzeug nicht selbst führen kann und auch nicht gewährleistet ist, daß ein Dritter das Kraftfahrzeug für ihn führt (§ 3 Abs. 1 Nr. 2), oder
2. die Übernahme der Beförderungskosten anstelle von Kraftfahrzeughilfen wirtschaftlicher und für den behinderten Menschen zumutbar ist;

dabei ist zu berücksichtigen, was der behinderte Mensch als Kraftfahrzeughalter bei Anwendung des § 6 für die Anschaffung und die berufliche Nutzung des Kraftfahrzeugs aus eigenen Mitteln aufzubringen hätte.

(2) 1Leistungen nach Absatz 1 Satz 1 können als Darlehen erbracht werden, wenn die dort genannten Ziele auch durch ein Darlehen erreicht werden können; das Darlehen darf zusammen mit einem Zuschuß nach § 6 den nach § 5 maßgebenden Bemessungsbetrag nicht übersteigen. 2Das Darlehen ist unverzinslich und spätestens innerhalb von fünf Jahren zu tilgen; es können bis zu zwei tilgungsfreie Jahre eingeräumt werden. 3Auf die Rückzahlung des Darlehens kann unter den in Absatz 1 Satz 1 genannten Voraussetzungen verzichtet werden.

§ 10 Antragstellung

1Leistungen sollen vor dem Abschluß eines Kaufvertrages über das Kraftfahrzeug und die behinderungsbedingte Zusatzausstattung sowie vor Beginn einer nach § 8 zu fördernden Leistung beantragt werden. 2Leistungen zur technischen Überprüfung und Wiederherstellung der technischen Funktionsfähigkeit einer behinderungsbedingten Zusatzausstattung sind spätestens innerhalb eines Monats nach Rechnungstellung zu beantragen.

§§ 11 und 12 (Änderungen anderer Vorschriften)

(hier nicht aufgenommen)

§ 13 Übergangsvorschriften

(1) Auf Beschädigte im Sinne des Bundesversorgungsgesetzes und der Gesetze, die das Bundesversorgungsgesetz für entsprechend anwendbar erklären, die vor Inkrafttreten dieser Verordnung Hilfe zur Beschaffung eines Kraftfahrzeugs im Rahmen der Teilhabe am Arbeitsleben erhalten haben, sind die bisher geltenden Bestimmungen weiterhin anzuwenden, wenn sie günstiger sind und der Beschädigte es beantragt.

(2) Über Leistungen, die bei Inkrafttreten dieser Verordnung bereits beantragt sind, ist nach den bisher geltenden Bestimmungen zu entscheiden, wenn sie für den behinderten Menschen günstiger sind.

§ 14 Inkrafttreten

Diese Verordnung tritt am 1. Oktober 1987 in Kraft.

II

Verordnung zur Früherkennung und Frühförderung behinderter und von Behinderung bedrohter Kinder (Frühförderungsverordnung – FrühV)

Vom 24. Juni 2003 (BGBl. I S. 998)

Zuletzt geändert durch
Bundesteilhabegesetz
vom 23. Dezember 2016 (BGBl. I S. 3234)

Inhaltsübersicht

Auf Grund des § 32 Nr. 1 des Neunten Buches Sozialgesetzbuch – Rehabilitation und Teilhabe behinderter Menschen – (Artikel 1 des Gesetzes vom 19. Juni 2001, BGBl. I S. 1046, 1047), der zuletzt durch Artikel 1 Nr. 3 des Gesetzes vom 3. April 2003 (BGBl. I S. 462) geändert worden ist, verordnet das Bundesministerium für Gesundheit und Soziale Sicherung:

§ 1 Anwendungsbereich

Die Abgrenzung der durch interdisziplinäre Frühförderstellen und sozialpädiatrische Zentren ausgeführten Leistungen nach § 46 Abs. 1 und 2 des Neunten Buches Sozialgesetzbuch zur Früherkennung und Frühförderung noch nicht eingeschulter behinderter und von Behinderung bedrohter Kinder, die Übernahme und die Teilung der Kosten zwischen den beteiligten Rehabilitationsträgern sowie die Vereinbarung der Entgelte richtet sich nach den folgenden Vorschriften.

§ 2 Früherkennung und Frühförderung

Leistungen nach § 1 umfassen

1. Leistungen zur medizinischen Rehabilitation (§ 5),
2. heilpädagogische Leistungen (§ 6) und
3. weitere Leistungen (§ 6a).

Die erforderlichen Leistungen werden unter Inanspruchnahme von fachlich geeigneten interdisziplinären Frühförderstellen, von nach Landesrecht zugelassenen Einrichtungen mit vergleichbarem interdisziplinärem Förder-, Behandlungs- und Beratungsspektrum und von sozialpädiatrischen Zentren unter Einbeziehung des sozialen Umfelds der Kinder ausgeführt.

§ 3 Interdisziplinäre Frühförderstellen

Interdisziplinäre Frühförderstellen oder nach Landesrecht zugelassene Einrichtungen mit vergleichbarem interdisziplinärem Förder-, Behandlungs- und Beratungsspektrum im Sinne dieser Verordnung sind familien- und wohnortnahe Dienste und Einrichtungen, die der Früherkennung, Behandlung und Förderung von Kindern dienen, um in interdisziplinärer Zusammenarbeit von qualifizierten medizinisch-therapeutischen und pädagogischen Fachkräften eine drohende oder bereits eingetretene Behinderung zum frühestmöglichen Zeitpunkt zu erkennen und die Behinderung durch gezielte Förder- und Behandlungsmaßnahmen auszugleichen oder zu mildern. Leistungen durch interdisziplinäre Frühförderstellen oder nach Landesrecht zugelassene Einrichtungen mit vergleichbarem interdisziplinärem Förder-, Behandlungs- und Beratungsspektrum werden in der Regel in ambulanter, einschließlich mobiler Form erbracht.

§ 4 Sozialpädiatrische Zentren

Sozialpädiatrische Zentren im Sinne dieser Verordnung sind die nach § 119 Abs. 1 des Fünften Buches Sozialgesetzbuch zur ambulanten sozialpädiatrischen Behandlung von Kindern ermächtigten Einrichtungen. Die frühzeitige Erkennung, Diagnostik und Behandlung durch sozialpädiatrische Zentren ist auf Kinder ausgerichtet, die wegen Art, Schwere oder Dauer ihrer Behinderung oder einer drohenden Behinderung nicht von geeigneten Ärzten oder geeigneten interdisziplinären Frühförderstellen oder nach Landesrecht zugelassenen Einrichtungen mit vergleichbarem interdisziplinärem Förder-, Behandlungs- und Beratungsspektrum (§ 3) behandelt werden können. Leistungen durch sozialpädiatrische Zentren werden in der Regel in ambulanter und in begründeten Einzelfällen in mobiler Form oder in Kooperation mit Frühförderstellen erbracht.

§ 5 Leistungen zur medizinischen Rehabilitation

(1) Die im Rahmen von Leistungen zur medizinischen Rehabilitation nach § 46 des Neunten Buches Sozialgesetzbuch zur Früherkennung und Frühförderung zu erbringenden medizinischen Leistungen umfassen insbesondere

1. ärztliche Behandlung einschließlich der zur Früherkennung und Diagnostik erforderlichen ärztlichen Tätigkeiten,
2. nichtärztliche sozialpädiatrische Leistungen, psychologische, heilpädagogische und psychosoziale Leistungen, soweit und solange sie unter ärztlicher Verantwortung erbracht werden und erforderlich sind, um eine drohende oder bereits eingetretene Behinderung zum frühestmöglichen Zeitpunkt zu erkennen und einen individuellen Förder- und Behandlungsplan aufzustellen,

3. medizinisch-therapeutische Leistungen, insbesondere physikalische Therapie, Physiotherapie, Stimm-, Sprech- und Sprachtherapie sowie Ergotherapie, soweit sie auf Grund des Förder- und Behandlungsplans nach § 7 erforderlich sind.

Die Erbringung von medizinisch-therapeutischen Leistungen im Rahmen der Komplexleistung Frühförderung richtet sich grundsätzlich nicht nach den Vorgaben der Heilmittelrichtlinien des Gemeinsamen Bundesausschusses. Medizinisch- therapeutische Leistungen werden im Rahmen der Komplexleistung Frühförderung nach Maßgabe und auf der Grundlage des Förder- und Behandlungsplans erbracht.

(2) Die Leistungen nach Absatz 1 umfassen auch die Beratung der Erziehungsberechtigten, insbesondere

1. das Erstgespräch,
2. anamnestische Gespräche mit Eltern und anderen Bezugspersonen,
3. die Vermittlung der Diagnose,
4. Erörterung und Beratung des Förder- und Behandlungsplans,
5. Austausch über den Entwicklungs- und Förderprozess des Kindes einschließlich Verhaltens- und Beziehungsfragen,
6. Anleitung und Hilfe bei der Gestaltung des Alltags,
7. Anleitung zur Einbeziehung in Förderung und Behandlung,
8. Hilfen zur Unterstützung der Bezugspersonen bei der Krankheits- und Behinderungsverarbeitung,
9. Vermittlung von weiteren Hilfs- und Beratungsangeboten.

(3) Weiter gehende Vereinbarungen auf Landesebene bleiben unberührt.

§ 6 Heilpädagogische Leistungen

Heilpädagogische Leistungen nach § 79 des Neunten Buches Sozialgesetzbuch umfassen alle Maßnahmen, die die Entwicklung des Kindes und die Entfaltung seiner Persönlichkeit mit pädagogischen Mitteln anregen, einschließlich der jeweils erforderlichen sozial- und sonderpädagogischen, psychologischen und psychosozialen Hilfen sowie die Beratung der Erziehungsberechtigten; § 5 Abs. 2 und 3 gilt entsprechend.

§ 6a Weitere Leistungen

Weitere Leistungen der Komplexleistung Frühförderung sind insbesondere

1. die Beratung, Unterstützung und Begleitung der Erziehungsberechtigten als medizinisch-therapeutische Leistung nach § 5 Absatz 2,
2. offene, niedrigschwellige Beratungsangebote für Eltern, die ein Entwicklungsrisiko bei ihrem Kind vermuten. Dieses Beratungsangebot soll vor der Einleitung der Eingangsdiagnostik in Anspruch genommen werden können,
3. Leistungen zur Sicherstellung der Interdisziplinarität; diese sind insbesondere:
   a) Durchführung regelmäßiger interdisziplinärer Team- und Fallbesprechungen, auch der im Wege der Kooperation eingebundenen Mitarbeiter,
   b) die Dokumentation von Daten und Befunden,
   c) die Abstimmung und der Austausch mit anderen, das Kind betreuenden Institutionen,
   d) Fortbildung und Supervision,
4. mobil aufsuchende Hilfen für die Erbringung heilpädagogischer und medizinisch-therapeutischer Leistungen außerhalb von interdisziplinären Frühförderstellen, nach Landesrecht zugelassenen Einrichtungen mit vergleichbarem interdisziplinärem Förder-, Behandlungs- und Beratungsspektrum und sozialpädiatrischen Zentren.

Für die mobile Form der Frühförderung kann es sowohl fachliche als auch organisatorische Gründe geben, etwa unzumutbare Anfahrtswege in ländlichen Gegenden. Eine medizinische Indikation ist somit nicht die notwendige Voraussetzung für die mobile Erbringung der Komplexleistung Frühförderung.

§ 7 Förder- und Behandlungsplan

(1) Die interdisziplinären Frühförderstellen, nach Landesrecht zugelassene Einrichtungen mit vergleichbarem interdisziplinärem För-

der-, Behandlungs- und Beratungsspektrum und die sozialpädiatrischen Zentren stellen die nach dem individuellen Bedarf zur Förderung und Behandlung voraussichtlich erforderlichen Leistungen nach §§ 5 und 6 in Zusammenarbeit mit den Erziehungsberechtigten in einem interdisziplinär entwickelten Förder- und Behandlungsplan schriftlich oder elektronisch zusammen und legen diesen den beteiligten Rehabilitationsträgern nach Maßgabe des § 14 des Neunten Buches Sozialgesetzbuch zur Entscheidung vor. Der Förder- und Behandlungsplan wird entsprechend dem Verlauf der Förderung und Behandlung angepasst, spätestens nach Ablauf von zwölf Monaten. Dabei sichern die Rehabilitationsträger durchgehend das Verfahren entsprechend dem jeweiligen Bedarf. Der Förder- und Behandlungsplan wird von dem für die Durchführung der diagnostischen Leistungen nach § 5 Abs. 1 Nr. 1 verantwortlichen Arzt und der verantwortlichen pädagogischen Fachkraft unterzeichnet. Die Erziehungsberechtigten erhalten eine Ausfertigung des Förder- und Behandlungsplans.

(2) Im Förder- und Behandlungsplan sind die benötigten Leistungskomponenten zu benennen, und es ist zu begründen, warum diese in der besonderen Form der Komplexleistung nur interdisziplinär erbracht werden können.

(3) Der Förder- und Behandlungsplan kann auch die Förderung und Behandlung in einer anderen Einrichtung, durch einen Kinderarzt oder die Erbringung von Heilmitteln empfehlen.

§ 8 Erbringung der Komplexleistung

(1) Die zur Förderung und Behandlung nach §§ 5 und 6 erforderlichen Leistungen werden von den beteiligten Rehabilitationsträgern auf der Grundlage des Förder- und Behandlungsplans zuständigkeitsübergreifend als ganzheitliche Komplexleistung erbracht. Ein Antrag auf die erforderlichen Leistungen kann bei allen beteiligten Rehabilitationsträgern gestellt werden. Der Rehabilitationsträger, bei dem der Antrag gestellt wird, unterrichtet unverzüglich die an der Komplexleistung beteiligten Rehabilitationsträger. Die beteiligten Rehabilitationsträger stimmen sich untereinander ab und entscheiden innerhalb von zwei Wochen nach Vorliegen des Förder- und Behandlungsplans über die Leistung.

(2) Sofern die beteiligten Rehabilitationsträger nichts anderes vereinbaren, entscheidet der für die Leistungen nach § 6 jeweils zuständige Rehabilitationsträger über Komplexleistungen interdisziplinärer Frühförderstellen sowie der nach Landesrecht zugelassenen Einrichtungen mit vergleichbarem interdisziplinärem Förder-, Behandlungs- und Beratungsspektrum und der für die Leistungen nach § 5 jeweils zuständige Rehabilitationsträger über Komplexleistungen sozialpädiatrischer Zentren.

(3) Erbringt ein Rehabilitationsträger im Rahmen der Komplexleistung Leistungen, für die ein anderer Rehabilitationsträger zuständig ist, ist der zuständige Rehabilitationsträger erstattungspflichtig. Vereinbarungen über pauschalierte Erstattungen sind zulässig.

(4) Interdisziplinäre Frühförderstellen, nach Landesrecht zugelassene Einrichtungen mit vergleichbarem interdisziplinärem Förder-, Behandlungs- und Beratungsspektrum und sozialpädiatrische Zentren arbeiten zusammen. Darüber hinaus arbeiten sie mit Ärzten, Leistungserbringern von Heilmitteln und anderen an der Früherkennung und Frühförderung beteiligten Stellen wie dem Öffentlichen Gesundheitsdienst zusammen. Soweit nach Landesrecht an der Komplexleistung weitere Stellen einzubeziehen sind, sollen diese an Arbeitsgemeinschaften der an der Früherkennung und Frühförderung beteiligten Stellen beteiligt werden.

§ 9 Teilung der Kosten der Komplexleistung

Die Übernahme oder Teilung der Kosten zwischen den beteiligten Rehabilitationsträgern für die nach den §§ 5, 6 und 6a zu erbringenden Leistungen werden nach § 46 Absatz 5 des Neunten Buches Sozialgesetzbuch geregelt.

§ 10 Inkrafttreten

Diese Verordnung tritt am ersten Tage des auf die Verkündung folgenden Kalendermonats in Kraft.

II

Schwerbehindertenausweisverordnung (SchwbAwV)

in der Fassung der Bekanntmachung vom 25. Juli 1991 (BGBl. I S. 1739)

Zuletzt geändert durch
Bundesteilhabegesetz
vom 23. Dezember 2016 (BGBl. I S. 3234)[1])

Inhaltsübersicht

1) Inkrafttreten: 1. Januar 2018

Erster Abschnitt
Ausweis für schwerbehinderte Menschen

§ 1 Gestaltung des Ausweises

(1) Der Ausweis im Sinne des § 152 Absatz 5 des Neunten Buches Sozialgesetzbuch über die Eigenschaft als schwerbehinderter Mensch, den Grad der Behinderung und weitere gesundheitliche Merkmale, die Voraussetzung für die Inanspruchnahme von Rechten und Nachteilsausgleichen nach dem Neunten Buch Sozialgesetzbuch oder nach anderen Vorschriften sind, wird nach dem in der Anlage zu dieser Verordnung abgedruckten Muster 1 ausgestellt. Der Ausweis ist mit einem fälschungssicheren Aufdruck in der Grundfarbe grün versehen.

(2) Der Ausweis für schwerbehinderte Menschen, die das Recht auf unentgeltliche Beförderung im öffentlichen Personenverkehr in Anspruch nehmen können, ist durch einen halbseitigen orangefarbenen Flächenaufdruck gekennzeichnet.

(3) Der Ausweis für schwerbehinderte Menschen, die zu einer der in § 234 Satz 1 Nummer 2 des Neunten Buches Sozialgesetzbuch genannten Gruppen gehören, ist nach § 2 zu kennzeichnen.

(4) Der Ausweis für schwerbehinderte Menschen mit weiteren gesundheitlichen Merkmalen im Sinne des Absatzes 1 ist durch Merkzeichen nach § 3 zu kennzeichnen.

(5) Der Ausweis ist als Identifikationskarte nach dem in der Anlage zu dieser Verordnung abgedruckten Muster 5 auszustellen.

§ 2 Zugehörigkeit zu Sondergruppen

(1) Im Ausweis ist auf der Vorderseite unter dem Wort „Schwerbehindertenausweis" die Bezeichnung „Kriegsbeschädigt" einzutragen, wenn der schwerbehinderte Mensch wegen eines Grades der Schädigungsfolgen von mindestens 50 Anspruch auf Versorgung nach dem Bundesversorgungsgesetz hat.

(2) Im Ausweis sind auf der Vorderseite folgende Merkzeichen einzutragen:

1. **VB** wenn der schwerbehinderte Mensch wegen eines Grades der Schädigungsfolgen von mindestens 50 Anspruch auf Versorgung nach anderen Bundesgesetzen in entsprechender Anwendung der Vorschriften des Bundesversorgungsgesetzes hat oder wenn der Grad der Schädigungsfolgen wegen des Zusammentreffens mehrerer Ansprüche auf Versorgung nach dem Bundesversorgungsgesetz, nach Bundesgesetzen in entsprechender Anwendung der Vorschriften des Bundesversorgungsgesetzes oder nach dem Bundesentschädigungsgesetz in seiner Gesamtheit mindestens 50 beträgt und nicht bereits die Bezeichnung nach Absatz 1 oder ein Merkzeichen nach Nummer 2 einzutragen ist,
2. **EB** wenn der schwerbehinderte Mensch wegen eines Grades der Schädigungsfolgen von mindestens 50 Entschädigung nach § 28 des Bundesentschädigungsgesetzes erhält.

Beim Zusammentreffen der Voraussetzungen für die Eintragung der Bezeichnung nach Absatz 1 und des Merkzeichens nach Satz 1 Nr. 2 ist die Bezeichnung „Kriegsbeschädigt" einzutragen, es sei denn, der schwerbehinderte Mensch beantragt die Eintragung des Merkzeichens „EB".

§ 3 Weitere Merkzeichen

(1) Im Ausweis sind auf der Rückseite folgende Merkzeichen einzutragen:

1. **aG** wenn der schwerbehinderte Mensch außergewöhnlich gehbehindert im Sinne des § 229 Absatz 3 des Neunten Buches Sozialgesetzbuch ist,
2. **H** wenn der schwerbehinderte Mensch hilflos im Sinne des § 33b des Einkommensteuergesetzes oder entsprechender Vorschriften ist,
3. **Bl** wenn der schwerbehinderte Mensch blind im Sinne des § 72 Abs. 5 des Zwölften Buches Sozialgesetzbuch oder entsprechender Vorschriften ist,

4. GI wenn der schwerbehinderte Mensch gehörlos im Sinne des § 228 des Neunten Buches Sozialgesetzbuch ist,
5. RF wenn der schwerbehinderte Mensch die landesrechtlich festgelegten gesundheitlichen Voraussetzungen für die Befreiung von der Rundfunkgebührenpflicht erfüllt,
6. 1.Kl. wenn der schwerbehinderte Mensch die im Verkehr mit Eisenbahnen tariflich festgelegten gesundheitlichen Voraussetzungen für die Benutzung der 1. Wagenklasse mit Fahrausweis der 2. Wagenklasse erfüllt,
7. G wenn der schwerbehinderte Mensch in seiner Bewegungsfähigkeit im Straßenverkehr erheblich beeinträchtigt im Sinne des § 229 Absatz 1 Satz 1 des Neunten Buches Sozialgesetzbuch oder entsprechender Vorschriften ist.
8. TBl wenn der schwerbehinderte Mensch wegen einer Störung der Hörfunktion mindestens einen Grad der Behinderung von 70 und wegen einer Störung des Sehvermögens einen Grad der Behinderung von 100 hat.

(2) Ist der schwerbehinderte Mensch zur Mitnahme einer Begleitperson im Sinne des § 229 Absatz 2 des Neunten Buches Sozialgesetzbuch berechtigt, sind auf der Vorderseite des Ausweises das Merkzeichen „B" und der Satz „Die Berechtigung zur Mitnahme einer Begleitperson ist nachgewiesen" einzutragen.

§ 3a Beiblatt

(1) Zum Ausweis für schwerbehinderte Menschen, die das Recht auf unentgeltliche Beförderung im öffentlichen Personenverkehr in Anspruch nehmen können, ist auf Antrag ein Beiblatt nach dem in der Anlage zu dieser Verordnung abgedruckten Muster 2 in der Grundfarbe weiß auszustellen. Das Beiblatt ist Bestandteil des Ausweises und nur zusammen mit dem Ausweis gültig.

(2) Schwerbehinderte Menschen, die das Recht auf unentgeltliche Beförderung in Anspruch nehmen wollen, erhalten auf Antrag ein Beiblatt, das mit einer Wertmarke nach dem in der Anlage zu dieser Verordnung abgedruckten Muster 3 versehen ist. Die Wertmarke enthält ein bundeseinheitliches Hologramm. Auf die Wertmarke werden eingetragen das Jahr und der Monat, von dem an die Wertmarke gültig ist, sowie das Jahr und der Monat, in dem ihre Gültigkeit abläuft. Sofern in Fällen des § 228 Absatz 2 Satz 1 des Neunten Buches Sozialgesetzbuch der Antragsteller zum Gültigkeitsbeginn keine Angaben macht, wird der auf den Eingang des Antrages und die Entrichtung der Eigenbeteiligung folgende Monat auf der Wertmarke eingetragen. Spätestens mit Ablauf der Gültigkeitsdauer der Wertmarke wird das Beiblatt ungültig.

(3) Schwerbehinderte Menschen, die an Stelle der unentgeltlichen Beförderung die Kraftfahrzeugsteuerermäßigung in Anspruch nehmen wollen, erhalten auf Antrag ein Beiblatt ohne Wertmarke. Die Gültigkeitsdauer des Beiblattes entspricht der des Ausweises.

(4) Schwerbehinderte Menschen, die zunächst die Kraftfahrzeugsteuerermäßigung in Anspruch genommen haben und statt dessen die unentgeltliche Beförderung in Anspruch nehmen wollen, haben das Beiblatt (Absatz 3) bei Stellung des Antrags auf ein Beiblatt mit Wertmarke (Absatz 2) zurückzugeben. Entsprechendes gilt, wenn schwerbehinderte Menschen vor Ablauf der Gültigkeitsdauer der Wertmarke an Stelle der unentgeltlichen Beförderung die Kraftfahrzeugsteuerermäßigung in Anspruch nehmen wollen. In diesem Fall ist das Datum der Rückgabe (Eingang beim Versorgungsamt) auf das Beiblatt nach Absatz 3 einzutragen.

§ 4 Sonstige Eintragungen

(1) Die Eintragung von Sondervermerken zum Nachweis von weiteren Voraussetzungen für die Inanspruchnahme von Rechten und Nachteilsausgleichen, die schwerbehinderten Menschen nach landesrechtlichen Vorschriften zustehen, ist zulässig.

(2) Die Eintragung von Merkzeichen oder sonstigen Vermerken, die in dieser Verordnung (§§ 2, 3, 4 Abs. 1 und § 5 Abs. 3) nicht vorgesehen sind, ist unzulässig.

§ 5 Lichtbild

(1) Der Ausweis ist mit einem Bild des schwerbehinderten Menschen zu versehen, wenn dieser das 10. Lebensjahr vollendet hat. Hierzu hat der schwerbehinderte Mensch ein Passbild beizubringen.

(2) Bei schwerbehinderten Menschen, die das Haus nicht oder nur mit Hilfe eines Krankenwagens verlassen können, ist der Ausweis auf Antrag ohne Lichtbild auszustellen.

(3) In Ausweisen ohne Lichtbild ist in dem für das Lichtbild vorgesehenen Raum der Vermerk „Ohne Lichtbild gültig" einzutragen.

§ 6 Gültigkeitsdauer

(1) Auf der Rückseite des Ausweises ist als Beginn der Gültigkeit des Ausweises einzutragen:

1. in den Fällen des § 152 Absatz 1 und 4 des Neunten Buches Sozialgesetzbuch der Tag des Eingangs des Antrags auf Feststellung nach diesen Vorschriften,
2. in den Fällen des § 152 Absatz 2 des Neunten Buches Sozialgesetzbuch der Tag des Eingangs des Antrags auf Ausstellung des Ausweises nach § 152 Absatz 5 des Neunten Buches Sozialgesetzbuch.

(2) Die Gültigkeit des Ausweises ist für die Dauer von längstens 5 Jahren vom Monat der Ausstellung an zu befristen. In den Fällen, in denen eine Neufeststellung wegen einer wesentlichen Änderung in den gesundheitlichen Verhältnissen, die für die Feststellung maßgebend gewesen sind, nicht zu erwarten ist, kann der Ausweis unbefristet ausgestellt werden.

(3) Für schwerbehinderte Menschen unter 10 Jahren ist die Gültigkeitsdauer des Ausweises bis längstens zum Ende des Kalendermonats zu befristen, in dem das 10. Lebensjahr vollendet wird.

(4) Für schwerbehinderte Menschen im Alter zwischen 10 und 15 Jahren ist die Gültigkeitsdauer des Ausweises bis längstens zum Ende des Kalendermonats zu befristen, in dem das 20. Lebensjahr vollendet wird.

(5) Bei nichtdeutschen schwerbehinderten Menschen, deren Aufenthaltstitel, Aufenthaltsgestattung oder Arbeitserlaubnis befristet ist, ist die Gültigkeitsdauer des Ausweises längstens bis zum Ablauf des Monats der Frist zu befristen.

(6) (weggefallen)

(7) Der Kalendermonat und das Kalenderjahr, bis zu deren Ende der Ausweis gültig sein soll, sind auf der Vorderseite des Ausweises einzutragen.

§ 7 Verwaltungsverfahren

Für die Ausstellung und Einziehung des Ausweises sind die für die Kriegsopferversorgung maßgebenden Verwaltungsverfahrensvorschriften entsprechend anzuwenden, soweit sich aus § 152 Absatz 5 des Neunten Buches Sozialgesetzbuch nichts Abweichendes ergibt.

Zweiter Abschnitt
Ausweis für sonstige Personen zur unentgeltlichen Beförderung im öffentlichen Personenverkehr

§ 8 Ausweis für sonstige freifahrtberechtigte Personen

(1) Der Ausweis für Personen im Sinne des Artikels 2 Abs. 1 des Gesetzes über die unentgeltliche Beförderung Schwerbehinderter im öffentlichen Personenverkehr vom 9. Juli 1979 (BGBl. I S. 989), soweit sie nicht schwerbehinderte Menschen im Sinne des § 2 Abs. 2 des Neunten Buches Sozialgesetzbuch sind, wird nach dem in der Anlage zu dieser Verordnung abgedruckten Muster 4 ausgestellt. Der Ausweis ist mit einem fälschungssicheren Aufdruck in der Grundfarbe grün versehen und durch einen halbseitigen orangefarbenen Flächenaufdruck gekennzeichnet. Zusammen mit dem Ausweis ist ein Beiblatt auszustellen, das mit einer Wertmarke nach dem in der Anlage zu dieser Verordnung abgedruckten Muster 3 versehen ist.

(2) Für die Ausstellung des Ausweises nach Absatz 1 gelten die Vorschriften des § 1 Absatz 3 und 5, § 2, § 3 Absatz 1 Nummer 6 und Absatz 2, § 4 Absatz 2, § 5 und § 6 Absatz 2, 3, 4 und 7 sowie des § 7 entsprechend, soweit sich aus Artikel 2 Abs. 2 und 3 des Gesetzes über die unentgeltliche Beförderung Schwerbehinderter im öffentlichen Personenverkehr nichts Besonderes ergibt.

Dritter Abschnitt
Übergangsregelung

§ 9 Übergangsregelung

Bis zum 31. Dezember 2014 ausgestellte Ausweise, die keine Identifikationskarten nach § 1 Absatz 5 sind, bleiben bis zum Ablauf ihrer Gültigkeitsdauer gültig, es sei denn, sie sind einzuziehen. Sie können gegen eine Identifikationskarte umgetauscht werden. Ausgestellte Beiblätter bleiben bis zum Ablauf ihrer Gültigkeit gültig.

Werkstättenverordnung (WVO)

Vom 13. August 1980 (BGBl. I S. 1365)

Zuletzt geändert durch
Teilhabestärkungsgesetz
vom 2. Juni 2021 (BGBl. I S. 1387)

Inhaltsübersicht

Auf Grund des § 55 Abs. 3 des Schwerbehindertengesetzes in der Fassung der Bekanntmachung vom 8. Oktober 1979 (BGBl. I S. 1649) verordnet die Bundesregierung mit Zustimmung des Bundesrates:

Erster Abschnitt Fachliche Anforderungen an die Werkstatt für behinderte Menschen

§ 1 Grundsatz der einheitlichen Werkstatt

(1) Die Werkstatt für behinderte Menschen (Werkstatt) hat zur Erfüllung ihrer gesetzlichen Aufgaben die Voraussetzungen dafür zu schaffen, daß sie die behinderten Menschen im Sinne des § 219 Absatz 2 des Neunten Buches Sozialgesetzbuch aus ihrem Einzugsgebiet aufnehmen kann.

(2) Der unterschiedlichen Art der Behinderung und ihren Auswirkungen soll innerhalb der Werkstatt durch geeignete Maßnahmen, insbesondere durch Bildung besonderer Gruppen im Berufsbildungs- und Arbeitsbereich, Rechnung getragen werden.

§ 2 Fachausschuß

(1) 1Bei jeder Werkstatt ist ein Fachausschuß zu bilden. 2Ihm gehören in gleicher Zahl an

1. Vertreter der Werkstatt,
2. Vertreter der Bundesagentur für Arbeit,
3. Vertreter des nach Landesrecht bestimmten Trägers der Eingliederungshilfe.

2Kommt die Zuständigkeit eines anderen Rehabilitationsträgers zur Erbringung von Leistungen zur Teilhabe am Arbeitsleben und ergänzende Leistungen in Betracht, soll der Fachausschuß zur Mitwirkung an der Stellungnahme auch Vertreter dieses Trägers hinzuziehen. 3Er kann auch andere Personen zur Beratung hinzuziehen und soll, soweit erforderlich, Sachverständige hören.

(1a) 1Ein Tätigwerden des Fachausschusses unterbleibt, soweit ein Teilhabeplanverfahren nach den §§ 19 bis 23 des Neunten Buches Sozialgesetzbuch durchgeführt wird. 2Dies gilt entsprechend, wenn ein Gesamtplanverfahren durchgeführt wird.

(2) Der Fachausschuss gibt vor der Aufnahme des behinderten Menschen in die Werkstatt gegenüber dem im Falle einer Aufnahme zuständigen Rehabilitationsträger eine Stellungnahme ab, ob der behinderte Mensch für seine Teilhabe am Arbeitsleben und zu seiner Eingliederung in das Arbeitsleben Leistungen einer Werkstatt für behinderte Menschen benötigt oder ob andere Leistungen zur Teilhabe am Arbeitsleben in Betracht kommen, insbesondere Leistungen der Unterstützten Beschäftigung nach § 55 des Neunten Buches Sozialgesetzbuch.

§ 3 Eingangsverfahren

(1) 1Die Werkstatt führt im Benehmen mit dem zuständigen Rehabilitationsträger Eingangsverfahren durch. 2Aufgabe des Eingangsverfahrens ist es festzustellen, ob die Werkstatt die geeignete Einrichtung zur Teilhabe behinderter Menschen am Arbeitsleben und zur Eingliederung in das Arbeitsleben im Sinne des § 219 des Neunten Buches Sozialgesetzbuch ist, sowie welche Bereiche der Werkstatt und welche Leistungen zur Teilhabe am Arbeitsleben und ergänzende Leistungen oder Leistungen zur Eingliederung in das Arbeitsleben in Betracht kommen und einen Eingliederungsplan zu erstellen.

(2) 1Das Eingangsverfahren dauert drei Monate. 2Es kann auf eine Dauer von bis zu vier Wochen verkürzt werden, wenn während des Eingangsverfahrens im Einzelfall festgestellt wird, dass eine kürzere Dauer ausreichend ist.

(3) Zum Abschluß des Eingangsverfahrens gibt der Fachausschuß auf Vorschlag des Trägers der Werkstatt und nach Anhörung des behinderten Menschen, gegebenenfalls auch seines gesetzlichen Vertreters, unter Würdigung aller Umstände des Einzelfalles, insbesondere der Persönlichkeit des behinderten Menschen und seines Verhaltens während des Eingangsverfahrens, eine Stellungnahme gemäß Absatz 1 gegenüber dem zuständigen Rehabilitationsträger ab.

(4) 1Kommt der Fachausschuß zu dem Ergebnis, daß die Werkstatt für behinderte Menschen nicht geeignet ist, soll er zugleich eine Empfehlung aussprechen, welche andere

Einrichtung oder sonstige Maßnahmen für den behinderten Menschen in Betracht kommen. $_{2}$Er soll sich auch dazu äußern, nach welcher Zeit eine Wiederholung des Eingangsverfahrens zweckmäßig ist und welche Maßnahmen und welche anderen Leistungen zur Teilhabe in der Zwischenzeit durchgeführt werden sollen.

§ 4 Berufsbildungsbereich

(1) $_{1}$Die Werkstatt führt im Benehmen mit dem im Berufsbildungsbereich und dem im Arbeitsbereich zuständigen Rehabilitationsträger Maßnahmen im Berufsbildungsbereich (Einzelmaßnahmen und Lehrgänge) zur Verbesserung der Teilhabe am Arbeitsleben unter Einschluss angemessener Maßnahmen zur Weiterentwicklung der Persönlichkeit des behinderten Menschen durch. $_{2}$Sie fördert die behinderten Menschen so, dass sie spätestens nach Teilnahme an Maßnahmen des Berufsbildungsbereichs in der Lage sind, wenigstens ein Mindestmaß wirtschaftlich verwertbarer Arbeitsleistung im Sinne des § 219 Absatz 2 des Neunten Buches Sozialgesetzbuch zu erbringen.

(2) Das Angebot an Leistungen zur Teilhabe am Arbeitsleben soll möglichst breit sein, um Art und Schwere der Behinderung, der unterschiedlichen Leistungsfähigkeit, Entwicklungsmöglichkeit sowie Eignung und Neigung der behinderten Menschen soweit wie möglich Rechnung zu tragen.

(3) Die Lehrgänge sind in einen Grund- und einen Aufbaukurs von in der Regel je zwölfmonatiger Dauer zu gliedern.

(4) $_{1}$Im Grundkurs sollen Fertigkeiten und Grundkenntnisse verschiedener Arbeitsabläufe vermittelt werden, darunter manuelle Fertigkeiten im Umgang mit verschiedenen Werkstoffen und Werkzeugen und Grundkenntnisse über Werkstoffe und Werkzeuge. $_{2}$Zugleich sollen das Selbstwertgefühl des behinderten Menschen und die Entwicklung des Sozial- und Arbeitsverhaltens gefördert sowie Schwerpunkte der Eignung und Neigung festgestellt werden.

(5) Im Aufbaukurs sollen Fertigkeiten mit höherem Schwierigkeitsgrad, insbesondere im Umgang mit Maschinen, und vertiefte Kenntnisse über Werkstoffe und Werkzeuge vermittelt sowie die Fähigkeit zu größerer Ausdauer und Belastung und zur Umstellung auf unterschiedliche Beschäftigungen im Arbeitsbereich geübt werden.

(6) $_{1}$Rechtzeitig vor Beendigung einer Maßnahme im Sinne des Absatzes 1 Satz 1 hat der Fachausschuss gegenüber dem zuständigen Rehabilitationsträger eine Stellungnahme dazu abzugeben, ob

1. die Teilnahme an einer anderen oder weiterführenden beruflichen Bildungsmaßnahme oder
2. eine Wiederholung der Maßnahme im Berufsbildungsbereich oder
3. eine Beschäftigung im Arbeitsbereich der Werkstatt oder auf dem allgemeinen Arbeitsmarkt einschließlich einem Inklusionsbetrieb (§ 215 des Neunten Buches Sozialgesetzbuch)

zweckmäßig erscheint. $_{2}$Das Gleiche gilt im Falle des vorzeitigen Abbruchs oder Wechsels der Maßnahme im Berufsbildungsbereich sowie des Ausscheidens aus der Werkstatt. $_{3}$Hat der zuständige Rehabilitationsträger die Leistungen für ein Jahr bewilligt (§ 57 Absatz 3 Satz 2 des Neunten Buches Sozialgesetzbuch), gibt der Fachausschuss ihm gegenüber rechtzeitig vor Ablauf dieses Jahres auch eine fachliche Stellungnahme dazu ab, ob die Leistungen für ein weiteres Jahr bewilligt werden sollen (§ 57 Absatz 3 Satz 3 des Neunten Buches Sozialgesetzbuch). $_{4}$Im übrigen gilt § 3 Abs. 3 entsprechend.

§ 5 Arbeitsbereich

(1) Die Werkstatt soll über ein möglichst breites Angebot an Arbeitsplätzen verfügen, um Art und Schwere der Behinderung, der unterschiedlichen Leistungsfähigkeit, Entwicklungsmöglichkeit sowie Eignung und Neigung der behinderten Menschen soweit wie möglich Rechnung zu tragen.

(2) $_{1}$Die Arbeitsplätze sollen in ihrer Ausstattung soweit wie möglich denjenigen auf dem allgemeinen Arbeitsmarkt entsprechen. $_{2}$Bei der Gestaltung der Plätze und der Arbeitsab-

läufe sind die besonderen Bedürfnisse der behinderten Menschen soweit wie möglich zu berücksichtigen, um sie in die Lage zu versetzen, wirtschaftlich verwertbare Arbeitsleistungen zu erbringen. 3Die Erfordernisse zur Vorbereitung für eine Vermittlung auf dem allgemeinen Arbeitsmarkt sind zu beachten.

(3) Zur Erhaltung und Erhöhung der im Berufsbildungsbereich erworbenen Leistungsfähigkeit und zur Weiterentwicklung der Persönlichkeit des behinderten Menschen sind arbeitsbegleitend geeignete Maßnahmen durchzuführen.

(4) 1Der Übergang von behinderten Menschen auf den allgemeinen Arbeitsmarkt ist durch geeignete Maßnahmen zu fördern, insbesondere auch durch die Einrichtung einer Übergangsgruppe mit besonderen Förderangeboten, Entwicklung individueller Förderpläne sowie Ermöglichung von Trainingsmaßnahmen, Betriebspraktika und durch eine zeitweise Beschäftigung auf ausgelagerten Arbeitsplätzen. 2Dabei hat die Werkstatt die notwendige arbeitsbegleitende Betreuung in der Übergangsphase sicherzustellen und darauf hinzuwirken, daß der zuständige Rehabilitationsträger seine Leistungen und nach dem Ausscheiden des behinderten Menschen aus der Werkstatt das Integrationsamt, gegebenenfalls unter Beteiligung eines Integrationsfachdienstes, die begleitende Hilfe im Arbeits- und Berufsleben erbringen. 3Die Werkstatt hat die Bundesagentur für Arbeit bei der Durchführung der vorbereitenden Maßnahmen in die Bemühungen zur Vermittlung auf den allgemeinen Arbeitsmarkt einzubeziehen.

(5) 1Der Fachausschuss wird bei der Planung und Durchführung von Maßnahmen nach den Absätzen 3 und 4 beteiligt. 2Er gibt auf Vorschlag des Trägers der Werkstatt oder des zuständigen Rehabilitationsträgers in regelmäßigen Abständen, wenigstens einmal jährlich, gegenüber dem zuständigen Rehabilitationsträger eine Stellungnahme dazu ab, welche behinderten Menschen für einen Übergang auf den allgemeinen Arbeitsmarkt in Betracht kommen und welche übergangsfördernden Maßnahmen dazu erforderlich sind. 3Im Übrigen gilt § 3 Abs. 3 entsprechend.

§ 6 Beschäftigungszeit

(1) 1Die Werkstatt hat sicherzustellen, daß die behinderten Menschen im Berufsbildungs- und Arbeitsbereich wenigstens 35 und höchstens 40 Stunden wöchentlich beschäftigt werden können. 2Die Stundenzahlen umfassen Erholungspausen und Zeiten der Teilnahme an Maßnahmen im Sinne des § 5 Abs. 3.

(2) Einzelnen behinderten Menschen ist eine kürzere Beschäftigungszeit zu ermöglichen, wenn es wegen Art oder Schwere der Behinderung oder zur Erfüllung des Erziehungsauftrages notwendig erscheint.

§ 7 Größe der Werkstatt

(1) Die Werkstatt soll in der Regel über mindestens 120 Plätze verfügen.

(2) Die Mindestzahl nach Absatz 1 gilt als erfüllt, wenn der Werkstattverbund im Sinne des § 15, dem die Werkstatt angehört, über diese Zahl von Plätzen verfügt.

§ 8 Bauliche Gestaltung, Ausstattung, Standort

(1) 1Die bauliche Gestaltung und die Ausstattung der Werkstatt müssen der Aufgabenstellung der Werkstatt als einer Einrichtung zur Teilhabe behinderter Menschen am Arbeitsleben und zur Eingliederung in das Arbeitsleben und den in § 219 des Neunten Buches Sozialgesetzbuch und im Ersten Abschnitt dieser Verordnung gestellten Anforderungen Rechnung tragen. 2Die Erfordernisse des Arbeitsschutzes und der Unfallverhütung sowie zur Vermeidung baulicher und technischer Hindernisse sind zu beachten.

(2) Bei der Wahl des Standorts ist auf die Einbindung in die regionale Wirtschafts- und Beschäftigungsstruktur Rücksicht zu nehmen.

(3) Das Einzugsgebiet muß so bemessen sein, daß die Werkstatt für die behinderten Menschen mit öffentlichen oder sonstigen Verkehrsmitteln in zumutbarer Zeit erreichbar ist.

(4) Die Werkstatt hat im Benehmen mit den zuständigen Rehabilitationsträgern, soweit erforderlich, einen Fahrdienst zu organisieren.

§ 9 Werkstattleiter, Fachpersonal zur Arbeits- und Berufsförderung

(1) Die Werkstatt muß über die Fachkräfte verfügen, die erforderlich sind, um ihre Aufgaben entsprechend den jeweiligen Bedürfnissen der behinderten Menschen, insbesondere unter Berücksichtigung der Notwendigkeit einer individuellen Förderung von behinderten Menschen, erfüllen zu können.

(2) $_{1}$Der Werkstattleiter soll in der Regel über einen Fachhochschulabschluß im kaufmännischen oder technischen Bereich oder einen gleichwertigen Bildungsstand, über ausreichende Berufserfahrung und eine sonderpädagogische Zusatzqualifikation verfügen. $_{2}$Entsprechende Berufsqualifikationen aus dem sozialen Bereich reichen aus, wenn die zur Leitung einer Werkstatt erforderlichen Kenntnisse und Fähigkeiten im kaufmännischen und technischen Bereich anderweitig erworben worden sind. $_{3}$Die sonderpädagogische Zusatzqualifikation kann in angemessener Zeit durch Teilnahme an geeigneten Fortbildungsmaßnahmen nachgeholt werden.

(3) $_{1}$Die Zahl der Fachkräfte zur Arbeits- und Berufsförderung im Berufsbildungs- und Arbeitsbereich richtet sich nach der Zahl und der Zusammensetzung der behinderten Menschen sowie der Art der Beschäftigung und der technischen Ausstattung des Arbeitsbereichs. $_{2}$Das Zahlenverhältnis von Fachkräften zu behinderten Menschen soll im Berufsbildungsbereich 1 : 6, im Arbeitsbereich 1 : 12 betragen. $_{3}$Die Fachkräfte sollen in der Regel Facharbeiter, Gesellen oder Meister mit einer mindestens zweijährigen Berufserfahrung in Industrie oder Handwerk sein; sie müssen pädagogisch geeignet sein und über eine sonderpädagogische Zusatzqualifikation verfügen. $_{4}$Entsprechende Berufsqualifikationen aus dem pädagogischen oder sozialen Bereich reichen aus, wenn die für eine Tätigkeit als Fachkraft erforderlichen sonstigen Kenntnisse und Fähigkeiten für den Berufsbildungs- und Berufsbildungsbereich anderweitig erworben worden sind. $_{5}$Absatz 2 Satz 3 gilt entsprechend.

(4) Zur Durchführung des Eingangsverfahrens sollen Fachkräfte des Berufsbildungsbereichs und der begleitenden Dienste eingesetzt werden, sofern der zuständige Rehabilitationsträger keine höheren Anforderungen stellt.

§ 10 Begleitende Dienste

(1) $_{1}$Die Werkstatt muß zur pädagogischen, sozialen und medizinischen Betreuung der behinderten Menschen über begleitende Dienste verfügen, die den Bedürfnissen der behinderten Menschen gerecht werden. $_{2}$Eine erforderliche psychologische Betreuung ist sicherzustellen. $_{3}$§ 9 Abs. 1 gilt entsprechend.

(2) Für je 120 behinderte Menschen sollen in der Regel ein Sozialpädagoge oder ein Sozialarbeiter zur Verfügung stehen, darüber hinaus im Einvernehmen mit den zuständigen Rehabilitationsträgern pflegerische, therapeutische und nach Art und Schwere der Behinderung sonst erforderliche Fachkräfte.

(3) Die besondere ärztliche Betreuung der behinderten Menschen in der Werkstatt und die medizinische Beratung des Fachpersonals der Werkstatt durch einen Arzt, der möglichst auch die an einen Betriebsarzt zu stellenden Anforderungen erfüllen soll, müssen vertraglich sichergestellt sein.

§ 11 Fortbildung

Die Werkstatt hat dem Fachpersonal nach den §§ 9 und 10 Gelegenheit zur Teilnahme an Fortbildungsmaßnahmen zu geben.

§ 12 Wirtschaftsführung

(1) $_{1}$Die Werkstatt muß nach betriebswirtschaftlichen Grundsätzen organisiert sein. $_{2}$Sie hat nach kaufmännischen Grundsätzen Bücher zu führen und eine Betriebsabrechnung in Form einer Kostenstellenrechnung zu erstellen. $_{3}$Sie soll einen Jahresabschluß erstellen. $_{4}$Zusätzlich sind das Arbeitsergebnis, seine Zusammensetzung im Einzelnen gemäß Absatz 4 und seine Verwendung auszuweisen. $_{5}$Die Buchführung, die Betriebsabrechnung und der Jahresabschluß sind in ange-

messenen Zeitabständen in der Regel von einer Person zu prüfen, die als Prüfer bei durch Bundesgesetz vorgeschriebenen Prüfungen des Jahresabschlusses einschließlich der Ermittlung des Arbeitsergebnisses, seine Zusammensetzung im Einzelnen gemäß Absatz 4 und seiner Verwendung (Abschlußprüfer) juristischer Personen zugelassen ist. 6Weitergehende handelsrechtliche und abweichende haushaltsrechtliche Vorschriften über Rechnungs-, Buchführungs- und Aufzeichnungspflichten sowie Prüfungspflichten bleiben unberührt. 7Über den zu verwendenden Kontenrahmen, die Gliederung des Jahresabschlusses, die Kostenstellenrechnung und die Zeitabstände zwischen den Prüfungen der Rechnungslegung ist mit den zuständigen Rehabilitationsträgern Einvernehmen herzustellen.

(2) Die Werkstatt muß über einen Organisations- und Stellenplan mit einer Funktionsbeschreibung des Personals verfügen.

(3) Die Werkstatt muß wirtschaftliche Arbeitsergebnisse anstreben, um an die im Arbeitsbereich beschäftigten behinderten Menschen ein ihrer Leistung angemessenes Arbeitsentgelt im Sinne des § 219 Absatz 1 Satz 2 und § 221 des Neunten Buches Sozialgesetzbuch zahlen zu können.

(4) 1Arbeitsergebnis im Sinne des § 221 des Neunten Buches und der Vorschriften dieser Verordnung ist die Differenz aus den Erträgen und den notwendigen Kosten des laufenden Betriebs im Arbeitsbereich der Werkstatt. 2Die Erträge setzen sich zusammen aus den Umsatzerlösen, Zins- und sonstigen Erträgen aus der wirtschaftlichen Tätigkeit und den von den Rehabilitationsträgern erbrachten Kostensätzen. 3Notwendige Kosten des laufenden Betriebs sind die Kosten nach § 58 Absatz 3 Satz 2 und 3 des Neunten Buches Sozialgesetzbuch im Rahmen der getroffenen Vereinbarungen sowie die mit der wirtschaftlichen Betätigung der Werkstatt in Zusammenhang stehenden notwendigen Kosten, die auch in einem Wirtschaftsunternehmen üblicherweise entstehen und infolgedessen nach § 58 Absatz 3 des Neunten Buches Sozialgesetzbuch von den Rehabilitationsträgern nicht übernommen werden, nicht hingegen die Kosten für die Arbeitsentgelte nach § 221 Absatz 2 des Neunten Buches Sozialgesetzbuch und das Arbeitsförderungsgeld nach § 59 des Neunten Buches Sozialgesetzbuch.

(5) 1Das Arbeitsergebnis darf nur für Zwecke der Werkstatt verwendet werden, und zwar für

1. die Zahlung der Arbeitsentgelte nach § 221 Absatz 2 des Neunten Buches Sozialgesetzbuch, in der Regel im Umfang von mindestens 70 vom Hundert des Arbeitsergebnisses,
2. die Bildung einer zum Ausgleich von Ertragsschwankungen notwendigen Rücklage, höchstens eines Betrages, der zur Zahlung der Arbeitsentgelte nach § 221 des Neunten Buches Sozialgesetzbuch für sechs Monate erforderlich ist,
3. Ersatz- und Modernisierungsinvestitionen in der Werkstatt, soweit diese Kosten nicht aus den Rücklagen auf Grund von Abschreibung des Anlagevermögens für solche Investitionen, aus Leistungen der Rehabilitationsträger oder aus sonstigen Einnahmen zu decken sind oder gedeckt werden. Kosten für die Schaffung und Ausstattung neuer Werk- und Wohnstättenplätze dürfen aus dem Arbeitsergebnis nicht bestritten werden.

Abweichende handelsrechtliche Vorschriften über die Bildung von Rücklagen bleiben unberührt.

(6) 1Die Werkstatt legt die Ermittlung des Arbeitsergebnisses nach Absatz 4 und dessen Verwendung nach Absatz 5 gegenüber den beiden Anerkennungsbehörden nach § 225 Satz 2 des Neunten Buches Sozialgesetzbuch auf deren Verlangen offen. 2Diese sind berechtigt, die Angaben durch Einsicht in die nach Absatz 1 zu führenden Unterlagen zu überprüfen.

§ 13 Abschluß von schriftlichen Verträgen

(1) 1Die Werkstätten haben mit den im Arbeitsbereich beschäftigten behinderten Men-

schen, soweit auf sie die für einen Arbeitsvertrag geltenden Rechtsvorschriften oder Rechtsgrundsätze nicht anwendbar sind, Werkstattverträge in schriftlicher Form abzuschließen, in denen das arbeitnehmerähnliche Rechtsverhältnis zwischen der Werkstatt und dem Behinderten näher geregelt wird. 2Über die Vereinbarungen sind die zuständigen Rehabilitationsträger zu unterrichten.

(2) In den Verträgen nach Absatz 1 ist auch die Zahlung des Arbeitsentgelts im Sinne des § 219 Absatz 1 Satz 2 und § 221 des Neunten Buches Sozialgesetzbuch an die im Arbeitsbereich beschäftigten behinderten Menschen aus dem Arbeitsergebnis näher zu regeln.

§ 14 Mitbestimmung, Mitwirkung, Frauenbeauftragte

Die Werkstatt hat den Menschen mit Behinderungen im Sinne des § 13 Absatz 1 Satz 1 eine angemessene Mitbestimmung und Mitwirkung durch Werkstatträte sowie den Frauenbeauftragten eine angemessene Interessenvertretung zu ermöglichen.

§ 15 Werkstattverbund

(1) Mehrere Werkstätten desselben Trägers oder verschiedener Träger innerhalb eines Einzugsgebietes im Sinne des § 8 Abs. 3 oder mit räumlich zusammenhängenden Einzugsgebieten können zur Erfüllung der Aufgaben einer Werkstatt und der an sie gestellten Anforderungen eine Zusammenarbeit vertraglich vereinbaren (Werkstattverbund).

(2) Ein Werkstattverbund ist anzustreben, wenn im Einzugsgebiet einer Werkstatt zusätzlich eine besondere Werkstatt im Sinne des § 220 Absatz 1 Satz 2 Nummer 2 des Neunten Buches Sozialgesetzbuch für behinderte Menschen mit einer bestimmten Art der Behinderung vorhanden ist.

§ 16 Formen der Werkstatt

Die Werkstatt kann eine teilstationäre Einrichtung oder ein organisatorisch selbständiger Teil einer stationären Einrichtung (Anstalt, Heim oder gleichartige Einrichtung) oder eines Unternehmens sein.

Zweiter Abschnitt
Verfahren zur Anerkennung als Werkstatt für behinderte Menschen

§ 17 Anerkennungsfähige Einrichtungen

(1) 1Als Werkstätten können nur solche Einrichtungen anerkannt werden, die die im § 219 des Neunten Buches Sozialgesetzbuch und im Ersten Abschnitt dieser Verordnung gestellten Anforderungen erfüllen. 2Von Anforderungen, die nicht zwingend vorgeschrieben sind, sind Ausnahmen zuzulassen, wenn ein besonderer sachlicher Grund im Einzelfall eine Abweichung rechtfertigt.

(2) Als Werkstätten können auch solche Einrichtungen anerkannt werden, die Teil eines Werkstattverbundes sind und die Anforderungen nach Absatz 1 nicht voll erfüllen, wenn der Werkstattverbund die Anforderungen erfüllt.

(3) 1Werkstätten im Aufbau, die die Anforderungen nach Absatz 1 noch nicht voll erfüllen, aber bereit und in der Lage sind, die Anforderungen in einer vertretbaren Anlaufzeit zu erfüllen, können unter Auflagen befristet anerkannt werden. 2Abweichend von § 7 genügt es, wenn im Zeitpunkt der Entscheidung über den Antrag auf Anerkennung wenigstens 60 Plätze vorhanden sind, sofern gewährleistet ist, daß die Werkstatt im Endausbau, spätestens nach 5 Jahren, die Voraussetzungen des § 7 erfüllt.

§ 18 Antrag

(1) 1Die Anerkennung ist vom Träger der Werkstatt schriftlich oder elektronisch zu beantragen. 2Der Antragsteller hat nachzuweisen, daß die Voraussetzungen für die Anerkennung vorliegen.

(2) 1Die Entscheidung über den Antrag ergeht schriftlich oder elektronisch. 2Eine Entscheidung soll innerhalb von 3 Monaten seit Antragstellung getroffen werden.

(3) Die Anerkennung erfolgt mit der Auflage, im Geschäftsverkehr auf die Anerkennung als Werkstatt für behinderte Menschen hinzuweisen.

Dritter Abschnitt
Schlußvorschriften

§ 19 Vorläufige Anerkennung

Vorläufige Anerkennungen, die vor Inkrafttreten dieser Verordnung von der Bundesanstalt für Arbeit ausgesprochen worden sind, behalten ihre Wirkung bis zur Unanfechtbarkeit der Entscheidung über den neuen Antrag auf Anerkennung, wenn dieser Antrag innerhalb von 3 Monaten nach Inkrafttreten dieser Verordnung gestellt wird.

§ 20 (weggefallen)

§ 21 Inkrafttreten

Diese Verordnung tritt am Tage nach der Verkündung in Kraft.

Werkstätten-Mitwirkungsverordnung (WMVO)

Vom 25. Juni 2001 (BGBl. I S. 1297)

Zuletzt geändert durch
Betriebsrätemodernisierungsgesetz
vom 14. Juni 2021 (BGBl. I S. 1762)

Inhaltsübersicht

Auf Grund des § 144 Abs. 2 des Neunten Buches Sozialgesetzbuch – Rehabilitation und Teilhabe behinderter Menschen – (Artikel 1 des Gesetzes vom 19. Juni 2001, BGBl. I S. 1046, 1047) verordnet das Bundesministerium für Arbeit und Sozialordnung:

Abschnitt 1 Anwendungsbereich, Errichtung, Zusammensetzung und Aufgaben des Werkstattrats

§ 1 Anwendungsbereich

(1) Diese Verordnung gilt für die Mitbestimmung und die Mitwirkung der in § 221 Absatz 1 des Neunten Buches Sozialgesetzbuch genannten Menschen mit Behinderungen (Werkstattbeschäftigte) in Werkstattangelegenheiten und die Interessenvertretung der in Werkstätten beschäftigten behinderten Frauen durch Frauenbeauftragte.

(2) Diese Verordnung findet keine Anwendung auf Religionsgemeinschaften und ihre Einrichtungen, soweit sie eigene gleichwertige Regelungen getroffen haben.

§ 2 Errichtung von Werkstatträten

(1) Ein Werkstattrat wird in Werkstätten gewählt.

(2) Rechte und Pflichten der Werkstatt sind solche des Trägers der Werkstatt.

§ 3 Zahl der Mitglieder des Werkstattrats

(1) Der Werkstattrat besteht in Werkstätten mit in der Regel

1. bis zu 200 Wahlberechtigten aus drei Mitgliedern,
2. 201 bis 400 Wahlberechtigten aus fünf Mitgliedern,
3. 401 bis 700 Wahlberechtigten aus sieben Mitgliedern,
4. 701 bis 1000 Wahlberechtigten aus neun Mitgliedern,
5. 1001 bis 1500 Wahlberechtigten aus elf Mitgliedern und
6. mehr als 1500 Wahlberechtigten aus 13 Mitgliedern.

(2) Die Geschlechter sollen entsprechend ihrem zahlenmäßigen Verhältnis vertreten sein.

§ 4 Allgemeine Aufgaben des Werkstattrats

(1) Der Werkstattrat hat folgende allgemeine Aufgaben:

1. darüber zu wachen, dass die zugunsten der Werkstattbeschäftigten geltenden Gesetze, Verordnungen, Unfallverhütungsvorschriften und mit der Werkstatt getroffenen Vereinbarungen durchgeführt werden, vor allem, dass
   a) die auf das besondere arbeitnehmerähnliche Rechtsverhältnis zwischen den Werkstattbeschäftigten und der Werkstatt anzuwendenden arbeitsrechtlichen Vorschriften und Grundsätze, insbesondere über Beschäftigungszeit einschließlich Teilzeitbeschäftigung sowie der Erholungspausen und Zeiten der Teilnahme an Maßnahmen zur Erhaltung und Erhöhung der Leistungsfähigkeit und zur Weiterentwicklung der Persönlichkeit des Werkstattbeschäftigten, Urlaub, Entgeltfortzahlung im Krankheitsfall, Entgeltzahlung an Feiertagen, Mutterschutz, Elternzeit, Persönlichkeitsschutz und Haftungsbeschränkung,
   b) die in dem besonderen arbeitnehmerähnlichen Rechtsverhältnis aufgrund der Fürsorgepflicht geltenden Mitwirkungs- und Beschwerderechte und
   c) die Werkstattverträge

   von der Werkstatt beachtet werden;
2. Maßnahmen, die dem Betrieb der Werkstatt und den Werkstattbeschäftigten dienen, bei der Werkstatt zu beantragen;
3. Anregungen und Beschwerden von Werkstattbeschäftigten entgegenzunehmen und, falls sie berechtigt erscheinen, durch Verhandlungen mit der Werkstatt auf eine Erledigung hinzuwirken; er hat die betreffenden Werkstattbeschäftigten über den Stand und das Ergebnis der Verhandlungen zu unterrichten.

Dabei hat er vor allem die Interessen besonders betreuungs- und förderungsbedürftiger

Werkstattbeschäftigter zu wahren und die Durchsetzung der tatsächlichen Gleichstellung von Frauen und Männern zu fördern.

(2) Werden in Absatz 1 Nr. 1 genannte Angelegenheiten zwischen der Werkstatt und einem oder einer Werkstattbeschäftigten erörtert, so nimmt auf dessen oder deren Wunsch ein Mitglied des Werkstattrats an der Erörterung teil. Es ist verpflichtet, über Inhalt und Gegenstand der Erörterung Stillschweigen zu bewahren, soweit es von dem oder der Werkstattbeschäftigten im Einzelfall von dieser Verpflichtung entbunden wird.

(3) Der Werkstattrat berücksichtigt die Interessen der im Eingangsverfahren und im Berufsbildungsbereich tätigen behinderten Menschen in angemessener und geeigneter Weise, solange für diese eine Vertretung nach § 52 des Neunten Buches Sozialgesetzbuch nicht besteht.

§5 Mitwirkung und Mitbestimmung

(1) Der Werkstattrat hat in folgenden Angelegenheiten ein Mitwirkungsrecht:

1. Darstellung und Verwendung des Arbeitsergebnisses, insbesondere Höhe der Grund- und Steigerungsbeträge, unter Darlegung der dafür maßgeblichen wirtschaftlichen und finanziellen Verhältnisse auch in leichter Sprache,
2. Regelungen über die Verhütung von Arbeitsunfällen und Berufskrankheiten sowie über den Gesundheitsschutz im Rahmen der gesetzlichen Vorschriften oder der Unfallverhütungsvorschriften,
3. Weiterentwicklung der Persönlichkeit und Förderung des Übergangs auf den allgemeinen Arbeitsmarkt,
4. Gestaltung von Arbeitsplätzen, Arbeitskleidung, Arbeitsablauf und Arbeitsumgebung, Einführung neuer Arbeitsverfahren,
5. dauerhafte Umsetzung Beschäftigter im Arbeitsbereich auf einen anderen Arbeitsplatz, wenn die Betroffenen eine Mitwirkung des Werkstattrates wünschen,
6. Planung von Neu-, Um- und Erweiterungsbauten sowie neuer technischer Anlagen, Einschränkung, Stilllegung oder Verlegung der Werkstatt oder wesentlicher Teile der Werkstatt, grundlegende Änderungen der Werkstattorganisation und des Werkstattzwecks.

(2) Der Werkstattrat hat in folgenden Angelegenheiten ein Mitbestimmungsrecht:

1. Ordnung und Verhalten der Werkstattbeschäftigten im Arbeitsbereich einschließlich Aufstellung und Änderung einer Werkstattordnung,
2. Beginn und Ende der täglichen Arbeitszeit, Pausen, Zeiten für die Erhaltung und Erhöhung der Leistungsfähigkeit und zur Weiterentwicklung der Persönlichkeit, Verteilung der Arbeitszeit auf die einzelnen Wochentage und die damit zusammenhängende Regelung des Fahrdienstes, vorübergehende Verkürzung oder Verlängerung der üblichen Arbeitszeit,
3. Arbeitsentgelte, insbesondere Aufstellung und Änderung von Entlohnungsgrundsätzen, Festsetzung der Steigerungsbeträge und vergleichbarer leistungsbezogener Entgelte, Zeit, Ort und Art der Auszahlung sowie Gestaltung der Arbeitsentgeltbescheinigungen,
4. Grundsätze für den Urlaubsplan,
5. Verpflegung,
6. Einführung und Anwendung technischer Einrichtungen, die dazu bestimmt sind, das Verhalten oder die Leistung der Werkstattbeschäftigten zu überwachen,
7. Grundsätze für die Fort- und Weiterbildung,
8. Gestaltung von Sanitär- und Aufenthaltsräumen und
9. soziale Aktivitäten der Werkstattbeschäftigten.

(3) Die Werkstatt hat den Werkstattrat in den Angelegenheiten, in denen er ein Mitwirkungsrecht oder ein Mitbestimmungsrecht hat, vor Durchführung der Maßnahme rechtzeitig, umfassend und in angemessener Weise zu unterrichten und anzuhören. Beide Seiten haben auf ein Einvernehmen hinzuwirken. Lässt sich Einvernehmen nicht herstellen, kann jede Seite die Vermittlungsstelle anrufen.

(4) In Angelegenheiten der Mitwirkung nach Absatz 1 entscheidet die Werkstatt unter Berücksichtigung des Einigungsvorschlages endgültig.

(5) Kommt in Angelegenheiten der Mitbestimmung nach Absatz 2 keine Einigung zustande und handelt es sich nicht um Angelegenheiten, die nur einheitlich für Arbeitnehmer und Werkstattbeschäftigte geregelt werden können und die Gegenstand einer Vereinbarung mit dem Betriebs- oder Personalrat oder einer sonstigen Mitarbeitervertretung sind oder sein sollen, entscheidet die Vermittlungsstelle endgültig.

(6) Soweit Angelegenheiten im Sinne von Absatz 1 oder 2 nur einheitlich für Arbeitnehmer und Werkstattbeschäftigte geregelt werden können und soweit sie Gegenstand einer Vereinbarung mit dem Betriebs- oder Personalrat oder einer sonstigen Mitarbeitervertretung sind oder sein sollen, haben die Beteiligten auf eine einvernehmliche Regelung hinzuwirken. Die ergänzende Vereinbarung besonderer behindertenspezifischer Regelungen zwischen Werkstattrat und Werkstatt bleiben unberührt. Unberührt bleiben auch weitergehende, einvernehmlich vereinbarte Formen der Beteiligung in den Angelegenheiten des Absatzes 1.

§ 6 Vermittlungsstelle

(1) Die Vermittlungsstelle besteht aus einem oder einer unparteiischen, in Werkstattangelegenheiten erfahrenen Vorsitzenden, auf den oder die sich Werkstatt und Werkstattrat einigen müssen, und aus je einem von der Werkstatt und vom Werkstattrat benannten Beisitzer oder einer Beisitzerin. Kommt eine Einigung nicht zustande, so schlagen die Werkstatt und der Werkstattrat je eine Person als Vorsitzenden oder Vorsitzende vor; durch Los wird entschieden, wer als Vorsitzender oder Vorsitzende tätig wird.

(2) Die Vermittlungsstelle hat unverzüglich tätig zu werden. Sie entscheidet nach mündlicher Beratung mit Stimmenmehrheit. Die Beschlüsse der Vermittlungsstelle sind schriftlich niederzulegen und von dem Vorsitzenden oder der Vorsitzenden zu unterschreiben oder in elektronischer Form niederzulegen und von dem Vorsitzenden oder der Vorsitzenden mit seiner oder ihrer qualifizierten elektronischen Signatur zu versehen. Werkstatt und Werkstattrat können weitere Einzelheiten des Verfahrens vor der Vermittlungsstelle vereinbaren.

(3) Der Einigungsvorschlag der Vermittlungsstelle ersetzt in den Angelegenheiten nach § 5 Absatz 1 sowie in den Angelegenheiten nach § 5 Absatz 2, die nur einheitlich für Arbeitnehmer und Werkstattbeschäftigte geregelt werden können, nicht die Entscheidung der Werkstatt. Bis dahin ist die Durchführung der Maßnahme auszusetzen. Das gilt auch in den Fällen des § 5 Absatz 5 und 6. Fasst die Vermittlungsstelle in den Angelegenheiten nach § 5 Absatz 1 innerhalb von zwölf Tagen keinen Beschluss für einen Einigungsvorschlag, gilt die Entscheidung der Werkstatt.

§ 7 Unterrichtungsrechte des Werkstattrats

(1) Der Werkstattrat ist in folgenden Angelegenheiten zu unterrichten:

1. Beendigung des arbeitnehmerähnlichen Rechtsverhältnisses zur Werkstatt, Versetzungen und Umsetzungen,
2. Verlauf und Ergebnis der Eltern- und Betreuerversammlung,
3. Einstellung, Versetzung und Umsetzung des Fachpersonals (Angehörige der begleitenden Dienste und die Fachkräfte zur Arbeits- und Berufsförderung) und des sonstigen Personals der Werkstatt.

(2) Die Werkstatt hat den Werkstattrat in den Angelegenheiten, in denen er ein Unterrichtungsrecht hat, rechtzeitig und umfassend unter Vorlage der erforderlichen Unterlagen zu unterrichten. Die in den Fällen des Absatzes 1 Nr. 1 einzuholende Stellungnahme des Fachausschusses und die in diesem Rahmen erfolgende Anhörung des oder der Werkstattbeschäftigten bleiben unberührt.

§ 8 Zusammenarbeit

(1) Die Werkstatt, ihr Betriebs- oder Personalrat oder ihre sonstige Mitarbeitervertretung, die Schwerbehindertenvertretung, die

Vertretung der Teilnehmer an Maßnahmen im Eingangsverfahren und im Berufsbildungsbereich nach § 52 des Neunten Buches Sozialgesetzbuch, ein nach § 222 Abs. 4 Satz 2 des Neunten Buches Sozialgesetzbuch errichteter Eltern- und Betreuerbeirat, die Frauenbeauftragte und der Werkstattrat arbeiten im Interesse der Werkstattbeschäftigten vertrauensvoll zusammen. Die Werkstatt, die Frauenbeauftragte und der Werkstattrat können hierbei die Unterstützung der in der Werkstatt vertretenen Behindertenverbände und Gewerkschaften sowie der Verbände, denen die Werkstatt angehört, in Anspruch nehmen.

(2) Werkstatt und Werkstattrat sollen in der Regel einmal im Monat zu einer Besprechung zusammentreten. Sie haben über strittige Fragen mit dem ernsten Willen zur Einigung zu verhandeln und Vorschläge für die Beilegung von Meinungsverschiedenheiten zu machen.

§ 9 Werkstattversammlung

Der Werkstattrat führt mindestens einmal im Kalenderjahr eine Versammlung der Werkstattbeschäftigten durch. Die in der Werkstatt für Versammlungen der Arbeitnehmer geltenden Vorschriften finden entsprechende Anwendung; Teil- sowie Abteilungsversammlungen sind zulässig. Der Werkstattrat kann im Einvernehmen mit der Werkstatt in Werkstattangelegenheiten erfahrene Personen sowie behinderte Menschen, die an Maßnahmen im Eingangsverfahren oder im Berufsbildungsbereich teilnehmen, einladen.

Abschnitt 2
Wahl des Werkstattrats

Unterabschnitt 1
Wahlberechtigung und Wählbarkeit; Zeitpunkt der Wahlen

§ 10 Wahlberechtigung

Wahlberechtigt sind alle Werkstattbeschäftigten, soweit sie keine Arbeitnehmer sind.

§ 11 Wählbarkeit

Wählbar sind alle Wahlberechtigten, die am Wahltag seit mindestens sechs Monaten in der Werkstatt beschäftigt sind. Zeiten des Eingangsverfahrens und der Teilnahme an Maßnahmen im Berufsbildungsbereich werden angerechnet.

§ 12 Zeitpunkt der Wahlen zum Werkstattrat

(1) Die regelmäßigen Wahlen zum Werkstattrat finden alle vier Jahre in der Zeit vom 1. Oktober bis 30. November statt, erstmals im Jahre 2001. Außerhalb dieser Zeit finden Wahlen statt, wenn

1. die Gesamtzahl der Mitglieder nach Eintreten sämtlicher Ersatzmitglieder unter die vorgeschriebene Zahl der Werkstattratmitglieder gesunken ist,
2. der Werkstattrat mit der Mehrheit seiner Mitglieder seinen Rücktritt beschlossen hat,
3. die Wahl des Werkstattrats mit Erfolg angefochten worden ist oder
4. ein Werkstattrat noch nicht gewählt ist.

(2) Hat außerhalb des für die regelmäßigen Wahlen festgelegten Zeitraumes eine Wahl zum Werkstattrat stattgefunden, so ist er in dem auf die Wahl folgenden nächsten Zeitraum der regelmäßigen Wahlen neu zu wählen. Hat die Amtszeit des Werkstattrats zu Beginn des für die nächsten regelmäßigen Wahlen festgelegten Zeitraumes noch nicht ein Jahr betragen, ist der Werkstattrat in dem übernächsten Zeitraum der regelmäßigen Wahlen neu zu wählen.

Unterabschnitt 2
Vorbereitung der Wahl

§ 13 Bestellung des Wahlvorstandes

(1) Spätestens zehn Wochen vor Ablauf seiner Amtszeit bestellt der Werkstattrat einen Wahlvorstand aus drei Wahlberechtigten oder sonstigen der Werkstatt angehörenden Personen und einen oder eine von ihnen als Vorsitzenden oder Vorsitzende. Dem Wahlvorstand muss mindestens eine wahlberechtigte Frau angehören.

(2) Ist in der Werkstatt ein Werkstattrat nicht vorhanden, werden der Wahlvorstand und dessen Vorsitzender oder Vorsitzende in einer

Versammlung der Wahlberechtigten gewählt. Die Werkstatt fördert die Wahl; sie hat zu dieser Versammlung einzuladen. Unabhängig davon können drei Wahlberechtigte einladen.

§ 14 Aufgaben des Wahlvorstandes

(1) Der Wahlvorstand bereitet die Wahl vor und führt sie durch. Die Werkstatt hat dem Wahlvorstand auf dessen Wunsch aus den Angehörigen des Fachpersonals eine Person seines Vertrauens zur Verfügung zu stellen, die ihn bei der Vorbereitung und Durchführung der Wahl unterstützt. Der Wahlvorstand kann in der Werkstatt Beschäftigte als Wahlhelfer oder Wahlhelferinnen zu seiner Unterstützung bei der Durchführung der Stimmabgabe und bei der Stimmenzählung bestellen. Die Mitglieder des Wahlvorstandes, die Vertrauensperson und die Wahlhelfer und Wahlhelferinnen haben die gleichen persönlichen Rechte und Pflichten wie die Mitglieder des Werkstattrats (§ 37). Die Vertrauensperson nimmt ihre Aufgabe unabhängig von Weisungen der Werkstatt wahr.

(2) Die Beschlüsse des Wahlvorstandes werden mit Stimmenmehrheit seiner Mitglieder gefasst. Über jede Sitzung des Wahlvorstandes ist eine Niederschrift aufzunehmen, die mindestens den Wortlaut der gefassten Beschlüsse enthält. Die Niederschrift ist von dem Vorsitzenden oder der Vorsitzenden und einem weiteren Mitglied des Wahlvorstandes oder der Vertrauensperson zu unterzeichnen.

(3) Der Wahlvorstand hat die Wahl unverzüglich einzuleiten; sie soll spätestens eine Woche vor dem Tag stattfinden, an dem die Amtszeit des Werkstattrats abläuft.

(4) Die Werkstatt unterstützt den Wahlvorstand bei der Erfüllung seiner Aufgaben. Sie gibt ihm insbesondere alle für die Anfertigung der Liste der Wahlberechtigten erforderlichen Auskünfte und stellt die notwendigen Unterlagen zur Verfügung.

§ 15 Erstellung der Liste der Wahlberechtigten

Der Wahlvorstand stellt eine Liste der Wahlberechtigten auf. Die Wahlberechtigten sollen mit dem Familiennamen und dem Vornamen, erforderlichenfalls dem Geburtsdatum, in alphabetischer Reihenfolge aufgeführt werden.

§ 16 Bekanntmachung der Liste der Wahlberechtigten

Die Liste der Wahlberechtigten oder eine Abschrift ist unverzüglich nach Einleitung der Wahl bis zum Abschluss der Stimmabgabe an geeigneter Stelle zur Einsicht auszulegen.

§ 17 Einspruch gegen die Liste der Wahlberechtigten

(1) Wahlberechtigte und sonstige Beschäftigte, die ein berechtigtes Interesse an einer ordnungsgemäßen Wahl glaubhaft machen, können innerhalb von zwei Wochen seit Erlass des Wahlausschreibens (§ 18) beim Wahlvorstand Einspruch gegen die Richtigkeit der Liste der Wahlberechtigten einlegen.

(2) Über Einsprüche nach Absatz 1 entscheidet der Wahlvorstand unverzüglich. Hält er den Einspruch für begründet, berichtigt er die Liste der Wahlberechtigten. Der Person, die den Einspruch eingelegt hat, wird die Entscheidung unverzüglich mitgeteilt; die Entscheidung muss ihr spätestens am Tag vor der Stimmabgabe zugehen.

(3) Nach Ablauf der Einspruchsfrist soll der Wahlvorstand die Liste der Wahlberechtigten nochmals auf ihre Vollständigkeit hin überprüfen. Im Übrigen kann nach Ablauf der Einspruchsfrist die Liste der Wahlberechtigten nur bei Schreibfehlern, offenbaren Unrichtigkeiten, in Erledigung rechtzeitig eingelegter Einsprüche oder bei Eintritt oder Ausscheiden eines Wahlberechtigten oder einer Wahlberechtigten bis zum Tage vor dem Beginn der Stimmabgabe berichtigt oder ergänzt werden.

§ 18 Wahlausschreiben

(1) Spätestens sechs Wochen vor dem Wahltag erlässt der Wahlvorstand ein Wahlausschreiben, das von dem oder der Vorsitzenden und mindestens einem weiteren Mitglied des Wahlvorstandes zu unterschreiben ist. Es muss enthalten:

1. das Datum seines Erlasses,
2. die Namen und Fotos der Mitglieder des Wahlvorstandes,

3. die Voraussetzungen der Wählbarkeit zum Werkstattrat,
4. den Hinweis, wo und wann die Liste der Wahlberechtigten und diese Verordnung zur Einsicht ausliegen,
5. den Hinweis, dass nur wählen kann, wer in die Liste der Wahlberechtigten eingetragen ist, und dass Einsprüche gegen die Liste der Wahlberechtigten nur vor Ablauf von zwei Wochen seit dem Erlass des Wahlausschreibens beim Wahlvorstand schriftlich oder zur Niederschrift eingelegt werden können; der letzte Tag der Frist ist anzugeben,
6. die Aufforderung, Wahlvorschläge innerhalb von zwei Wochen nach Erlass des Wahlausschreibens beim Wahlvorstand einzureichen; der letzte Tag der Frist ist anzugeben,
7. die Mindestzahl von Wahlberechtigten, von denen ein Wahlvorschlag unterstützt werden muss (§ 19 Satz 2),
8. den Hinweis, dass die Stimmabgabe an die Wahlvorschläge gebunden ist und dass nur solche Wahlvorschläge berücksichtigt werden dürfen, die fristgerecht (Nummer 6) eingereicht sind,
9. die Bestimmung des Ortes, an dem die Wahlvorschläge bis zum Abschluss der Stimmabgabe durch Aushang oder in sonst geeigneter Weise bekannt gegeben werden,
10. Ort, Tag und Zeit der Stimmabgabe,
11. den Ort und die Zeit der Stimmauszählung und der Sitzung des Wahlvorstandes, in der das Wahlergebnis abschließend festgestellt wird,
12. den Ort, an dem Einsprüche, Wahlvorschläge und sonstige Erklärungen gegenüber dem Wahlvorstand abzugeben sind.

(2) Eine Abschrift oder ein Abdruck des Wahlausschreibens ist vom Tag seines Erlasses bis zum Wahltag an einer oder mehreren geeigneten, den Wahlberechtigten zugänglichen Stellen vom Wahlvorstand auszuhängen.

§ 19 Wahlvorschläge

Die Wahlberechtigten können innerhalb von zwei Wochen seit Erlass des Wahlausschreibens Vorschläge beim Wahlvorstand einreichen. Jeder Wahlvorschlag muss von mindestens drei Wahlberechtigten unterstützt werden. Der Wahlvorschlag bedarf der Zustimmung des Vorgeschlagenen oder der Vorgeschlagenen. Der Wahlvorstand entscheidet über die Zulassung zur Wahl.

§ 20 Bekanntmachung der Bewerber und Bewerberinnen

Spätestens eine Woche vor Beginn der Stimmabgabe und bis zum Abschluss der Stimmabgabe macht der Wahlvorstand die Namen und Fotos oder anderes Bildmaterial der Bewerber und Bewerberinnen aus zugelassenen Wahlvorschlägen in alphabetischer Reihenfolge in gleicher Weise bekannt wie das Wahlausschreiben (§ 18 Abs. 2).

Unterabschnitt 3 Durchführung der Wahl

§ 21 Stimmabgabe

(1) Der Werkstattrat wird in geheimer und unmittelbarer Wahl nach den Grundsätzen der Mehrheitswahl gewählt.

(2) Wer wahlberechtigt ist, kann seine Stimme nur für rechtswirksam vorgeschlagene Bewerber oder Bewerberinnen abgeben. Jeder Wahlberechtigte und jede Wahlberechtigte hat so viele Stimmen, wie Mitglieder des Werkstattrats gewählt werden. Der Stimmzettel muss einen Hinweis darauf enthalten, wie viele Bewerber im Höchstfall gewählt werden dürfen. Für jeden Bewerber oder jede Bewerberin kann nur eine Stimme abgegeben werden.

(3) Das Wahlrecht wird durch Abgabe eines Stimmzettels in einem Wahlumschlag ausgeübt. Auf dem Stimmzettel sind die Bewerber in alphabetischer Reihenfolge unter Angabe von Familienname und Vorname, erforderlichenfalls des Geburtsdatums, sowie mit Foto oder anderem Bildmaterial aufzuführen. Die Stimmzettel müssen sämtlich die gleiche Größe, Farbe, Beschaffenheit und Beschrif-

tung haben. Das Gleiche gilt für die Wahlumschläge.

(4) Bei der Stimmabgabe wird durch Ankreuzen an der im Stimmzettel jeweils vorgesehenen Stelle die von dem Wählenden oder von der Wählenden gewählte Person gekennzeichnet. Stimmzettel, auf denen mehr als die zulässige Anzahl der Bewerber oder Bewerberinnen gekennzeichnet ist oder aus denen sich der Wille des Wählenden oder der Wählenden nicht zweifelsfrei ergibt, sind ungültig.

(5) Ist für mehr als die Hälfte der Wahlberechtigten infolge ihrer Behinderung eine Stimmabgabe durch Abgabe eines Stimmzettels nach den Absätzen 3 und 4 überwiegend nicht möglich, kann der Wahlvorstand eine andere Form der Ausübung des Wahlrechts beschließen.

§ 22 Wahlvorgang

(1) Der Wahlvorstand hat geeignete Vorkehrungen für die unbeobachtete Kennzeichnung der Stimmzettel im Wahlraum zu treffen und für die Bereitstellung einer Wahlurne zu sorgen. Die Wahlurne muss vom Wahlvorstand verschlossen und so eingerichtet sein, dass die eingeworfenen Stimmzettel nicht herausgenommen werden können, ohne dass die Urne geöffnet wird.

(2) Während der Wahl müssen immer mindestens zwei Mitglieder des Wahlvorstandes im Wahlraum anwesend sein. Sind Wahlhelfer oder Wahlhelferinnen bestellt (§ 14 Abs. 1 Satz 3), genügt die Anwesenheit eines Mitgliedes des Wahlvorstandes und eines Wahlhelfers oder einer Wahlhelferin.

(3) Der gekennzeichnete und in den Wahlumschlag gelegte Stimmzettel ist in die hierfür bereitgestellte Wahlurne einzuwerfen, nachdem die Stimmabgabe von einem Mitglied des Wahlvorstandes oder einem Wahlhelfer oder einer Wahlhelferin in der Liste der Wahlberechtigten vermerkt worden ist.

(4) Wer infolge seiner Behinderung bei der Stimmabgabe beeinträchtigt ist, bestimmt eine Person seines Vertrauens, die ihm bei der Stimmabgabe behilflich sein soll, und teilt dies dem Wahlvorstand mit. Personen, die sich bei der Wahl bewerben, Mitglieder des Wahlvorstandes, Vertrauenspersonen im Sinne des § 14 Abs. 1 Satz 2 sowie Wahlhelfer und Wahlhelferinnen dürfen nicht zur Hilfeleistung herangezogen werden. Die Hilfeleistung beschränkt sich auf die Erfüllung der Wünsche des Wählers oder der Wählerin zur Stimmabgabe; die Vertrauensperson darf gemeinsam mit dem Wähler oder der Wählerin die Wahlkabine aufsuchen. Die Vertrauensperson ist zur Geheimhaltung der Kenntnisse von der Wahl einer anderen Person verpflichtet, die sie bei der Hilfeleistung erlangt hat. Die Sätze 1 bis 4 gelten entsprechend für Wähler und Wählerinnen, die des Lesens unkundig sind.

(5) Nach Abschluss der Wahl ist die Wahlurne zu versiegeln, wenn die Stimmenauszählung nicht unmittelbar nach der Beendigung der Wahl durchgeführt wird.

§ 23 Feststellung des Wahlergebnisses

(1) Unverzüglich nach Abschluss der Wahl nimmt der Wahlvorstand öffentlich die Auszählung der Stimmen vor und stellt das Ergebnis fest.

(2) Gewählt sind die Bewerber und Bewerberinnen, die die meisten Stimmen erhalten haben. Bei Stimmengleichheit entscheidet das Los.

(3) Der Wahlvorstand fertigt über das Ergebnis eine Niederschrift, die von dem Vorsitzenden oder der Vorsitzenden und mindestens einem weiteren Mitglied des Wahlvorstandes unterschrieben wird. Die Niederschrift muss die Zahl der abgegebenen gültigen und ungültigen Stimmzettel, die auf jeden Bewerber oder jede Bewerberin entfallenen Stimmenzahlen sowie die Namen der gewählten Bewerber und Bewerberinnen enthalten.

§ 24 Benachrichtigung der Gewählten und Annahme der Wahl

(1) Der Wahlvorstand benachrichtigt die zum Werkstattrat Gewählten unverzüglich von ihrer Wahl. Erklärt eine gewählte Person nicht innerhalb von drei Arbeitstagen nach Zugang

der Benachrichtigung dem Wahlvorstand ihre Ablehnung der Wahl, ist sie angenommen.

(2) Lehnt eine gewählte Person die Wahl ab, tritt an ihre Stelle der Bewerber oder die Bewerberin mit der nächsthöchsten Stimmenzahl.

§ 25 Bekanntmachung der Gewählten

Sobald die Namen der Mitglieder des Werkstattrats endgültig feststehen, macht der Wahlvorstand sie durch zweiwöchigen Aushang in gleicher Weise wie das Wahlausschreiben bekannt (§ 18 Abs. 2) und teilt sie unverzüglich der Werkstatt mit.

§ 26 Aufbewahrung der Wahlunterlagen

Die Wahlunterlagen, insbesondere die Niederschriften, Bekanntmachungen und Stimmzettel, werden vom Werkstattrat mindestens bis zum Ende der Wahlperiode aufbewahrt.

§ 27 Wahlanfechtung

(1) Die Wahl kann beim Arbeitsgericht angefochten werden, wenn gegen wesentliche Vorschriften über das Wahlrecht, die Wählbarkeit oder das Wahlverfahren verstoßen worden ist und eine Berichtigung nicht erfolgt ist, es sei denn, dass durch den Verstoß das Wahlergebnis nicht geändert oder beeinflusst werden konnte.

(2) Zur Anfechtung berechtigt sind mindestens drei Wahlberechtigte oder die Werkstatt. Die Wahlanfechtung ist nur binnen einer Frist von zwei Wochen, vom Tag der Bekanntgabe des Wahlergebnisses an gerechnet, zulässig.

§ 28 Wahlschutz und Wahlkosten

(1) Niemand darf die Wahl des Werkstattrats behindern. Insbesondere dürfen Werkstattbeschäftigte in der Ausübung des aktiven und passiven Wahlrechts nicht beschränkt werden.

(2) Niemand darf die Wahl des Werkstattrats durch Zufügung oder Androhung von Nachteilen oder durch Gewährung oder Versprechen von Vorteilen beeinflussen.

(3) Die Kosten der Wahl trägt die Werkstatt. Versäumnis von Beschäftigungszeit, die zur Ausübung des Wahlrechts, zur Betätigung im Wahlvorstand oder zur Tätigkeit als Wahlhelfer oder Wahlhelferin erforderlich ist, berechtigt die Werkstatt nicht zur Minderung des Arbeitsentgelts. Die Ausübung der genannten Tätigkeiten steht der Beschäftigung als Werkstattbeschäftigter gleich.

Abschnitt 3
Amtszeit des Werkstattrats

§ 29 Amtszeit des Werkstattrats

Die regelmäßige Amtszeit des Werkstattrats beträgt vier Jahre. Die Amtszeit beginnt mit der Bekanntgabe des Wahlergebnisses oder, wenn die Amtszeit des bisherigen Werkstattrats noch nicht beendet ist, mit deren Ablauf. Die Amtszeit des außerhalb des regelmäßigen Wahlzeitraumes gewählten Werkstattrats endet mit der Bekanntgabe des Wahlergebnisses des nach § 12 Abs. 2 neu gewählten Werkstattrats, spätestens jedoch am 30. November des maßgebenden Wahljahres. Im Falle des § 12 Abs. 1 Satz 2 Nr. 1 und 2 endet die Amtszeit des bestehenden Werkstattrats mit der Bekanntgabe des Wahlergebnisses des neu gewählten Werkstattrats.

§ 30 Erlöschen der Mitgliedschaft im Werkstattrat; Ersatzmitglieder

(1) Die Mitgliedschaft im Werkstattrat erlischt durch

1. Ablauf der Amtszeit,
2. Niederlegung des Amtes,
3. Ausscheiden aus der Werkstatt,
4. Beendigung des arbeitnehmerähnlichen Rechtsverhältnisses.

(2) Scheidet ein Mitglied aus dem Werkstattrat aus, so rückt ein Ersatzmitglied nach. Dies gilt entsprechend für die Stellvertretung eines zeitweilig verhinderten Mitgliedes des Werkstattrats.

(3) Die Ersatzmitglieder werden der Reihe nach aus den nicht gewählten Bewerbern und Bewerberinnen der Vorschlagsliste entnommen. Die Reihenfolge bestimmt sich nach der Höhe der erreichten Stimmenzahlen. Bei Stimmengleichheit entscheidet das Los.

Abschnitt 4
Geschäftsführung des Werkstattrats

§ 31 Vorsitz des Werkstattrats

(1) Der Werkstattrat wählt aus seiner Mitte den Vorsitzenden oder die Vorsitzende und die ihn oder sie vertretende Person.

(2) Der Vorsitzende oder die Vorsitzende oder im Falle der Verhinderung die ihn oder sie vertretende Person vertritt den Werkstattrat im Rahmen der von diesem gefassten Beschlüsse. Zur Entgegennahme von Erklärungen, die dem Werkstattrat gegenüber abzugeben sind, ist der Vorsitzende oder die Vorsitzende oder im Falle der Verhinderung die ihn oder sie vertretende Person berechtigt.

§ 32 Einberufung der Sitzungen

(1) Innerhalb einer Woche nach dem Wahltag beruft der Vorsitzende oder die Vorsitzende des Wahlvorstandes den neu gewählten Werkstattrat zu der nach § 31 Abs. 1 vorgeschriebenen Wahl ein und leitet die Sitzung.

(2) Die weiteren Sitzungen beruft der Vorsitzende oder die Vorsitzende des Werkstattrats ein, setzt die Tagesordnung fest und leitet die Verhandlung. Der Vorsitzende oder die Vorsitzende hat die Mitglieder des Werkstattrats und die Frauenbeauftragte rechtzeitig unter Mitteilung der Tagesordnung zu laden.

(3) Der Vorsitzende oder die Vorsitzende hat eine Sitzung einzuberufen und den Gegenstand, dessen Beratung beantragt wird, auf die Tagesordnung zu setzen, wenn dies von der Werkstatt beantragt wird.

(4) Die Werkstatt nimmt an den Sitzungen, die auf ihr Verlangen anberaumt sind, und an den Sitzungen, zu denen sie ausdrücklich eingeladen worden ist, teil.

§ 33 Sitzungen des Werkstattrats

(1) Die Sitzungen des Werkstattrats finden in der Regel während der Beschäftigungszeit statt. Der Werkstattrat hat bei der Ansetzung der Sitzungen auf die Arbeitsabläufe in der Werkstatt Rücksicht zu nehmen. Die Werkstatt ist vom Zeitpunkt der Sitzung vorher zu verständigen. Die Sitzungen des Werkstattrats sind nicht öffentlich. Sie finden als Präsenzsitzung statt.

(1a) Abweichend von Absatz 1 Satz 5 kann die Teilnahme an einer Sitzung des Werkstattrats mittels Video- und Telefonkonferenz erfolgen, wenn

1. die Voraussetzungen für eine solche Teilnahme in der Geschäftsordnung unter Sicherung des Vorrangs der Präsenzsitzung festgelegt sind,
2. nicht mindestens ein Viertel der Mitglieder des Werkstattrats binnen einer von dem Vorsitzenden oder der Vorsitzenden zu bestimmenden Frist diesem oder dieser gegenüber widerspricht und
3. sichergestellt ist, dass Dritte vom Inhalt der Sitzung keine Kenntnis nehmen können.

Eine Aufzeichnung der Sitzung ist unzulässig.

(1b) Erfolgt die Sitzung des Werkstattrats mit der zusätzlichen Möglichkeit der Teilnahme mittels Video- und Telefonkonferenz, gilt auch eine Teilnahme vor Ort als erforderlich.

(2) Der Werkstattrat kann die Vertrauensperson (§ 39 Abs. 3) und, wenn und soweit er es für erforderlich hält, ein Mitglied des Betriebs- oder Personalrats oder einer sonstigen Mitarbeitervertretung, eine Schreibkraft oder, nach näherer Vereinbarung mit der Werkstatt, einen Beauftragten oder eine Beauftragte einer in der Werkstatt vertretenen Gewerkschaft auf Antrag eines Viertels der Mitglieder des Werkstattrats, einen Vertreter oder eine Vertreterin eines Verbandes im Sinne des § 8 Abs. 1 oder sonstige Dritte zu seinen Sitzungen hinzuziehen. Für sie gelten die Geheimhaltungspflicht sowie die Offenbarungs- und Verwertungsverbote gemäß § 37 Abs. 6 entsprechend.

§ 34 Beschlüsse des Werkstattrats

(1) Die Beschlüsse des Werkstattrats werden mit der Mehrheit der Stimmen der anwesenden Mitglieder gefasst. Mitglieder des Werkstattrats, die mittels Video- und Telefonkonferenz an der Beschlussfassung teilnehmen, gelten als anwesend. Bei Stimmengleichheit ist ein Antrag abgelehnt.

(2) Der Werkstattrat ist beschlussfähig, wenn mindestens die Hälfte seiner Mitglieder an der Beschlussfassung teilnimmt; Stellvertretung durch Ersatzmitglieder ist zulässig.

§ 35 Sitzungsniederschrift

Über die Sitzungen des Werkstattrats ist eine Sitzungsniederschrift aufzunehmen, die mindestens den Wortlaut der Beschlüsse und die Stimmenmehrheit, mit der sie gefasst wurden, enthält. Die Niederschrift ist von dem Vorsitzenden oder von der Vorsitzenden und einem weiteren Mitglied oder der Vertrauensperson (§ 39 Abs. 3) zu unterzeichnen. Ihr ist eine Anwesenheitsliste beizufügen. Nimmt ein Mitglied des Werkstattrats mittels Video- und Telefonkonferenz an der Sitzung teil, so hat es seine Teilnahme gegenüber dem Vorsitzenden oder der Vorsitzenden in Textform zu bestätigen. Die Bestätigung ist der Niederschrift beizufügen. Hat die Werkstatt an der Sitzung teilgenommen, so ist ihr der entsprechende Teil der Niederschrift abschriftlich auszuhändigen.

§ 36 Geschäftsordnung des Werkstattrats

Der Werkstattrat kann sich für seine Arbeit eine schriftliche Geschäftsordnung geben, in der weitere Bestimmungen über die Geschäftsführung getroffen werden.

§ 37 Persönliche Rechte und Pflichten der Mitglieder des Werkstattrats

(1) Die Mitglieder des Werkstattrats führen ihr Amt unentgeltlich als Ehrenamt.

(2) Sie dürfen in der Ausübung ihres Amtes nicht behindert oder wegen ihres Amtes nicht benachteiligt oder begünstigt werden; dies gilt auch für ihre berufliche Entwicklung.

(3) Sie sind von ihrer Tätigkeit ohne Minderung des Arbeitsentgelts zu befreien, wenn und soweit es zur Durchführung ihrer Aufgaben erforderlich ist. Die Werkstattratstätigkeit steht der Werkstattbeschäftigung gleich. In Werkstätten mit wenigstens 200 Wahlberechtigten ist der Vorsitzende oder die Vorsitzende des Werkstattrats auf Verlangen von der Tätigkeit freizustellen, in Werkstätten mit mehr als 700 Wahlberechtigten auch die Stellvertretung. Die Befreiung nach den Sätzen 1 und 3 erstreckt sich nicht auf Maßnahmen nach § 5 Abs. 3 der Werkstättenverordnung.

(4) Absatz 3 Satz 1 gilt entsprechend für die Teilnahme an Schulungs- und Bildungsveranstaltungen, soweit diese Kenntnisse vermitteln, die für die Arbeit des Werkstattrats erforderlich sind. Unbeschadet von Satz 1 hat jedes Mitglied des Werkstattrats während seiner regelmäßigen Amtszeit Anspruch auf Freistellung ohne Minderung des Arbeitsentgelts für insgesamt 15 Tage zur Teilnahme an solchen Schulungs- und Bildungsveranstaltungen; der Anspruch erhöht sich für Werkstattbeschäftigte, die erstmals das Amt eines Mitgliedes des Werkstattrats übernehmen, auf 20 Tage.

(5) Bei Streitigkeiten in Angelegenheiten der Absätze 3 und 4 kann die Vermittlungsstelle angerufen werden. § 6 Abs. 2 und 3 gilt entsprechend. Der Rechtsweg zu den Arbeitsgerichten bleibt unberührt.

(6) Die Mitglieder des Werkstattrats sind verpflichtet,

1. über ihnen wegen ihres Amtes bekannt gewordene persönliche Verhältnisse und Angelegenheiten von Werkstattbeschäftigten, die ihrer Bedeutung oder ihrem Inhalt nach einer vertraulichen Behandlung bedürfen, Stillschweigen zu bewahren und
2. ihnen wegen ihres Amtes bekannt gewordene und von der Werkstatt ausdrücklich als geheimhaltungsbedürftig bezeichnete Betriebs- und Geschäftsgeheimnisse nicht zu offenbaren und nicht zu verwerten.

Die Pflichten gelten auch nach dem Ausscheiden aus dem Amt. Sie gelten nicht gegenüber den Mitgliedern des Werkstattrats und der Vertrauensperson (§ 39 Abs. 3) sowie im Verfahren vor der Vermittlungsstelle.

§ 38 Sprechstunden

(1) Der Werkstattrat kann während der Beschäftigungszeit Sprechstunden einrichten. Zeit und Ort sind mit der Werkstatt zu vereinbaren.

(2) Versäumnis von Beschäftigungszeit, die zum Besuch der Sprechstunden oder durch sonstige Inanspruchnahme des Werkstattrats erforderlich ist, berechtigt die Werkstatt nicht zur Minderung des Arbeitsentgeltes der Werkstattbeschäftigten. Diese Zeit steht der Werkstattbeschäftigung gleich.

§ 39 Kosten und Sachaufwand des Werkstattrats

(1) Die durch die Tätigkeit des Werkstattrats entstehenden Kosten trägt die Werkstatt. Das Gleiche gilt für die Kosten, die durch die Teilnahme an Schulungs- und Bildungsveranstaltungen nach § 37 Absatz 4 oder durch die Interessenvertretung auf Landesebene entstehen.

(2) Für die Sitzungen, die Sprechstunden und die laufende Geschäftsführung hat die Werkstatt in erforderlichem Umfang Räume, sächliche Mittel und eine Bürokraft zur Verfügung zu stellen.

(3) Die Werkstatt hat dem Werkstattrat auf dessen Wunsch eine Person seines Vertrauens zur Verfügung zu stellen, die ihn bei seiner Tätigkeit unterstützt. Die Vertrauensperson nimmt ihre Aufgabe unabhängig von Weisungen der Werkstatt wahr. Die Werkstatt hat sie bei der Erfüllung ihrer Aufgabe zu fördern. Für die Vertrauensperson gilt § 37 entsprechend.

(4) Die Kosten, die durch die Interessenvertretung der Werkstatträte auf Bundesebene entstehen, trägt der nach § 63 Absatz 2 des Neunten Buches Sozialgesetzbuch zuständige Träger. Dieser überweist jeweils zum 1. Februar eines jeden Jahres 1,60 Euro für jeden Werkstattbeschäftigten, der sich am 1. Januar dieses Jahres in seiner Zuständigkeit befindet, an die Interessenvertretung der Werkstatträte auf Bundesebene. Gleichzeitig unterrichtet er die Interessenvertretung über die Berechnungsgrundlagen seiner Zahlung. Die Interessenvertretung der Werkstatträte auf Bundesebene leitet jährlich zum 30. Juni jedem zuständigen Träger einen Bericht über die Verwendung der im Vorjahr insgesamt erhaltenen Mittel zu. Sie erörtert diese Berichte auf Verlangen mit den zuständigen Trägern oder deren überregionaler Vertretung. Der Betrag nach Satz 2 erhöht sich in entsprechender Anwendung des § 160 Absatz 3 Satz 1 bis 3 des Neunten Buches Sozialgesetzbuch jeweils zu dem Zeitpunkt, zu dem die nächste Neubestimmung der Beträge der Ausgleichsabgabe erfolgt. Die sich ergebenden Beträge sind auf zwei Nachkommastellen kaufmännisch zu runden. Das Bundesministerium für Arbeit und Soziales gibt den Erhöhungsbetrag und die sich nach Satz 7 ergebenden Beträge im Bundesanzeiger bekannt.

Abschnitt 4a
Frauenbeauftragte und Stellvertreterinnen

§ 39a Aufgaben und Rechtsstellung

(1) Die Frauenbeauftragte vertritt die Interessen der in der Werkstatt beschäftigten behinderten Frauen gegenüber der Werkstattleitung, insbesondere in den Bereichen Gleichstellung von Frauen und Männern, Vereinbarkeit von Familie und Beschäftigung sowie Schutz vor körperlicher, sexueller und psychischer Belästigung oder Gewalt. Werkstattleitung und Frauenbeauftragte sollen in der Regel einmal im Monat zu einer Besprechung zusammentreten.

(2) Über Maßnahmen, die Auswirkungen in den in Absatz 1 genannten Bereichen haben können, unterrichtet die Werkstattleitung die Frauenbeauftragte rechtzeitig, umfassend und in angemessener Weise. Beide Seiten erörtern diese Maßnahmen mit dem Ziel des Einvernehmens. Lässt sich ein Einvernehmen nicht herstellen, kann jede Seite die Vermittlungsstelle anrufen. Die Werkstatt entscheidet unter Berücksichtigung des Einigungsvorschlages endgültig.

(3) Die Frauenbeauftragte hat das Recht, an den Sitzungen des Werkstattrates und an den Werkstattversammlungen (§ 9) teilzunehmen und dort zu sprechen.

(4) Die Stellvertreterinnen vertreten die Frauenbeauftragte im Verhinderungsfall. Darüber hinaus kann die Frauenbeauftragte ihre

Stellvertreterinnen zu bestimmten Aufgaben heranziehen.

(5) Die Frauenbeauftragte und ihre Stellvertreterinnen sind von ihrer Tätigkeit ohne Minderung des Arbeitsentgeltes zu befreien, wenn und soweit es zur Durchführung ihrer Aufgaben erforderlich ist. Die Tätigkeit steht der Werkstattbeschäftigung gleich. In Werkstätten mit mehr als 200 wahlberechtigten Frauen ist die Frauenbeauftragte auf Verlangen von der Tätigkeit freizustellen, in Werkstätten mit mehr als 700 wahlberechtigten Frauen auch die erste Stellvertreterin. Die Befreiung nach den Sätzen 1 und 3 erstreckt sich nicht auf Maßnahmen nach § 5 Absatz 3 der Werkstättenverordnung. Im Übrigen gelten § 37 Absatz 1 und 2, 4 bis 6 sowie die §§ 38 und 39 für die Frauenbeauftragte und die Stellvertreterinnen entsprechend.

§ 39b Wahlen und Amtszeit

(1) Die Wahlen der Frauenbeauftragten und der Stellvertreterinnen sollen zusammen mit den Wahlen zum Werkstattrat stattfinden. Wahlberechtigt sind alle Frauen, die auch zum Werkstattrat wählen dürfen (§ 10). Wählbar sind alle Frauen, die auch in den Werkstattrat gewählt werden können (§ 11).

(2) Wird zeitgleich der Werkstattrat gewählt, soll der Wahlvorstand für die Wahl des Werkstattrates auch die Wahl der Frauenbeauftragten und ihrer Stellvertreterinnen vorbereiten und durchführen. Anderenfalls beruft die Werkstatt eine Versammlung der wahlberechtigten Frauen ein, in der ein Wahlvorstand und dessen Vorsitzende gewählt werden. Auch drei wahlberechtigte Frauen können zu dieser Versammlung einladen. Für die Vorbereitung und Durchführung der Wahl gelten die §§ 14 bis 28 entsprechend.

(3) Für die Amtszeit der Frauenbeauftragten und ihrer Stellvertreterinnen gilt § 29 entsprechend. Das Amt der Frauenbeauftragten und ihrer Stellvertreterinnen erlischt mit Ablauf der Amtszeit, Niederlegung des Amtes, Ausscheiden aus der Werkstatt, Beendigung des arbeitnehmerähnlichen Rechtsverhältnisses oder erfolgreicher Wahlanfechtung.

§ 39c Vorzeitiges Ausscheiden

(1) Scheidet die Frauenbeauftragte vor dem Ablauf der Amtszeit aus dem Amt aus, wird die erste Stellvertreterin zur Frauenbeauftragten.

(2) Scheidet eine Stellvertreterin vorzeitig aus ihrem Amt aus, rückt die nächste Stellvertreterin beziehungsweise aus der Vorschlagsliste die Bewerberin mit der nächsthöheren Stimmenzahl nach. Bei Stimmengleichheit entscheidet das Los.

(3) Können die Ämter der Frauenbeauftragten und der Stellvertreterinnen aus der Vorschlagsliste nicht mehr besetzt werden, erfolgt eine außerplanmäßige Wahl der Frauenbeauftragten und der Stellvertreterinnen.

(4) Hat außerhalb des für die regelmäßigen Wahlen festgelegten Zeitraumes eine Wahl zu den Ämtern der Frauenbeauftragten und ihrer Stellvertreterinnen stattgefunden, so sind sie in dem auf die Wahl folgenden nächsten Zeitraum der regelmäßigen Wahlen neu zu wählen. Hat die Amtszeit zu Beginn des für die nächsten regelmäßigen Wahlen festgelegten Zeitraumes noch nicht ein Jahr betragen, sind die Frauenbeauftragte und ihre Stellvertreterinnen in dem übernächsten Zeitraum der regelmäßigen Wahlen neu zu wählen.

Abschnitt 5
Schlussvorschriften

§ 40 Amtszeit der bestehenden Werkstatträte

Die Amtszeit der zum Zeitpunkt des Inkrafttretens dieser Verordnung bereits bestehenden Werkstatträte endet am Tag der Bekanntgabe des Wahlergebnisses der erstmaligen regelmäßigen Wahl eines Werkstattrats nach den Bestimmungen dieser Verordnung, spätestens jedoch am 30. November 2001. § 13 gilt entsprechend.

§ 40a (weggefallen)

§ 40b Sonderregelung aus Anlass der COVID-19-Pandemie für das Wahlverfahren

Bis zur Aufhebung der Feststellung einer epidemischen Lage von nationaler Tragweite wegen der dynamischen Ausbreitung der Coronavirus-Krankheit-2019 (COVID-19) nach § 5 Absatz 1 Satz 2 des Infektionsschutzgesetzes durch den Deutschen Bundestag kann der Wahlvorstand beschließen, dass die Wahl auch als Briefwahl durchgeführt wird.

§ 41 Inkrafttreten

Diese Verordnung tritt am 1. Juli 2001 in Kraft.

Wahlordnung Schwerbehindertenvertretungen (SchwbVWO)

in der Fassung der Bekanntmachung vom 23. April 1990 (BGBl. I S. 811)

Zuletzt geändert durch
Teilhabestärkungsgesetz
vom 2. Juni 2021 (BGBl. I S. 1387)

Inhaltsübersicht

Erster Teil
Wahl der Schwerbehindertenvertretung in Betrieben und Dienststellen

Erster Abschnitt
Vorbereitung der Wahl

§ 1 Bestellung des Wahlvorstandes

(1) Spätestens acht Wochen vor Ablauf ihrer Amtszeit bestellt die Schwerbehindertenvertretung einen Wahlvorstand aus drei volljährigen in dem Betrieb oder der Dienststelle Beschäftigten und einen oder eine von ihnen als Vorsitzenden oder Vorsitzende.

(2) Ist in dem Betrieb oder der Dienststelle eine Schwerbehindertenvertretung nicht vorhanden, werden der Wahlvorstand und dessen Vorsitzender oder Vorsitzende in einer Versammlung der schwerbehinderten und diesen gleichgestellten behinderten Menschen (Wahlberechtigte) gewählt. Zu dieser Versammlung können drei Wahlberechtigte oder der Betriebs- oder Personalrat einladen. Das Recht des Integrationsamtes, zu einer solchen Versammlung einzuladen (§ 177 Absatz 6 Satz 4 des Neunten Buches Sozialgesetzbuch), bleibt unberührt.

§ 2 Aufgaben des Wahlvorstandes

(1) Der Wahlvorstand bereitet die Wahl vor und führt sie durch. Er kann volljährige in dem Betrieb oder der Dienststelle Beschäftigte als Wahlhelfer oder Wahlhelferin zu seiner Unterstützung bei der Durchführung der Stimmabgabe und bei der Stimmenzählung bestellen.

(2) Die Beschlüsse des Wahlvorstandes werden mit einfacher Stimmenmehrheit seiner Mitglieder gefaßt. Über jede Sitzung des Wahlvorstandes ist eine Niederschrift aufzunehmen, die mindestens den Wortlaut der gefaßten Beschlüsse enthält. Die Niederschrift ist von dem Vorsitzenden oder der Vorsitzenden und einem weiteren Mitglied des Wahlvorstandes zu unterzeichnen.

(3) Der Wahlvorstand hat die Wahl unverzüglich einzuleiten; sie soll innerhalb von sechs Wochen, spätestens jedoch eine Woche vor dem Tage stattfinden, an dem die Amtszeit der Schwerbehindertenvertretung abläuft.

(4) Der Wahlvorstand beschließt nach Erörterung mit der Schwerbehindertenvertretung, dem Betriebs- oder Personalrat und dem Arbeitgeber, wie viele stellvertretende Mitglieder der Schwerbehindertenvertretung in dem Betrieb oder der Dienststelle zu wählen sind.

(5) Der Wahlvorstand soll dafür sorgen, daß ausländische Wahlberechtigte rechtzeitig über das Wahlverfahren, die Aufstellung der Liste der Wahlberechtigten, die Wahlvorschläge, den Wahlvorgang und die Stimmabgabe in geeigneter Weise unterrichtet werden.

(6) Der Arbeitgeber unterstützt den Wahlvorstand bei der Erfüllung seiner Aufgaben. Er gibt ihm insbesondere alle für die Anfertigung der Liste der Wahlberechtigten erforderlichen Auskünfte und stellt die notwendigen Unterlagen zur Verfügung.

§ 3 Liste der Wahlberechtigten

(1) Der Wahlvorstand stellt eine Liste der Wahlberechtigten auf. Die Wahlberechtigten sollen mit Familienname, Vorname, erforderlichenfalls Geburtsdatum sowie Betrieb oder Dienststelle in alphabetischer Reihenfolge aufgeführt werden.

(2) Die Liste der Wahlberechtigten oder eine Abschrift ist unverzüglich nach Einleitung der Wahl bis zum Abschluß der Stimmabgabe an geeigneter Stelle zur Einsicht auszulegen.

§ 4 Einspruch gegen die Liste der Wahlberechtigten

(1) Wer wahlberechtigt oder in dem Betrieb oder der Dienststelle beschäftigt ist und ein berechtigtes Interesse an einer ordnungsgemäßen Wahl glaubhaft macht, kann innerhalb von zwei Wochen nach Erlass des Wahlausschreibens beim Wahlvorstand schriftlich Einspruch gegen die Richtigkeit der Liste der Wahlberechtigten einlegen.

(2) Über Einsprüche nach Absatz 1 entscheidet der Wahlvorstand unverzüglich. Hält er den Einspruch für begründet, berichtigt er die Liste der Wahlberechtigten. Der Person, die den Einspruch eingelegt hat, wird die Entscheidung des Wahlvorstandes unverzüglich mitgeteilt; die Entscheidung muss ihr spätes-

tens am Tag vor dem Beginn der Stimmabgabe zugehen.

(3) Nach Ablauf der Einspruchsfrist soll der Wahlvorstand die Liste der Wahlberechtigten nochmals auf ihre Vollständigkeit hin überprüfen. Im übrigen kann nach Ablauf der Einspruchsfrist die Liste der Wahlberechtigten nur bei Schreibfehlern, offenbaren Unrichtigkeiten, in Erledigung rechtzeitig eingelegter Einsprüche oder bei Eintritt oder Ausscheiden eines Wahlberechtigten bis zum Tage vor dem Beginn der Stimmabgabe berichtigt oder ergänzt werden.

§5 Wahlausschreiben

(1) Spätestens sechs Wochen vor dem Wahltage erläßt der Wahlvorstand ein Wahlausschreiben, das von dem oder der Vorsitzenden und mindestens einem weiteren Mitglied des Wahlvorstandes zu unterschreiben ist. Es muß enthalten:

1. das Datum seines Erlasses,
2. die Namen der Mitglieder des Wahlvorstandes,
3. die Voraussetzungen der Wählbarkeit zur Schwerbehindertenvertretung,
4. den Hinweis, wo und wann die Liste der Wahlberechtigten und diese Verordnung zur Einsicht ausliegen,
5. den Hinweis, dass nur wählen kann, wer in die Liste der Wahlberechtigten eingetragen ist und dass Einsprüche gegen die Richtigkeit der Liste der Wahlberechtigten nur vor Ablauf von zwei Wochen seit dem Erlaß des Wahlausschreibens beim Wahlvorstand schriftlich eingelegt werden können; der letzte Tag der Frist ist anzugeben,
6. die Zahl der zu wählenden stellvertretenden Mitglieder,
7. den Hinweis, daß Schwerbehindertenvertretung und stellvertretende Mitglieder in zwei getrennten Wahlgängen gewählt werden und daß sich aus den Wahlvorschlägen ergeben muß, wer als Schwerbehindertenvertretung und wer als stellvertretende Mitglieder vorgeschlagen wird,
8. den Hinweis, daß Wahlberechtigte sowohl einen Wahlvorschlag für die Wahl der Schwerbehindertenvertretung als auch für die Wahl des stellvertretenden Mitglieds unterzeichnen können und daß ein Bewerber oder eine Bewerberin sowohl als Schwerbehindertenvertretung als auch als stellvertretendes Mitglied vorgeschlagen werden kann,
9. die Aufforderung, Wahlvorschläge innerhalb von zwei Wochen nach Erlaß des Wahlausschreibens beim Wahlvorstand einzureichen; der letzte Tag der Frist ist anzugeben,
10. die Mindestzahl von Wahlberechtigten, von denen ein Wahlvorschlag unterzeichnet sein muß (§ 6 Abs. 2 Satz 1),
11. den Hinweis, daß die Stimmabgabe an die Wahlvorschläge gebunden ist und daß nur solche Wahlvorschläge berücksichtigt werden dürfen, die fristgerecht (Nummer 9) eingereicht sind,
12. die Bestimmung des Ortes, an dem die Wahlvorschläge bis zum Abschluß der Stimmabgabe durch Aushang oder in sonst geeigneter Weise bekanntgegeben werden,
13. Ort, Tag und Zeit der Stimmabgabe,
14. den Hinweis auf die Möglichkeit der schriftlichen Stimmabgabe (§ 11 Abs. 1), falls der Wahlvorstand nicht die schriftliche Stimmabgabe beschlossen hat (§ 11 Abs. 2),
15. den Ort und die Zeit der Stimmauszählung und der Sitzung des Wahlvorstandes, in der das Wahlergebnis abschließend festgestellt wird,
16. den Ort, an dem Einsprüche, Wahlvorschläge und sonstige Erklärungen gegenüber dem Wahlvorstand abzugeben sind (Anschrift des Wahlvorstandes).

(2) Eine Abschrift oder ein Abdruck des Wahlausschreibens ist vom Tage seines Erlasses bis zum Wahltag an einer oder mehreren geeigneten, den Wahlberechtigten zugänglichen Stellen vom Wahlvorstand auszuhängen und in gut lesbarem Zustand zu erhalten.

§ 6 Wahlvorschläge

(1) Die Wahlberechtigten können innerhalb von zwei Wochen seit Erlaß des Wahlausschreibens schriftliche Vorschläge beim Wahlvorstand einreichen. Es können ein Bewerber oder eine Bewerberin als Schwerbehindertenvertretung und ein Bewerber oder eine Bewerberin als stellvertretendes Mitglied vorgeschlagen werden. Hat der Wahlvorstand die Wahl mehrerer stellvertretender Mitglieder beschlossen, können entsprechend viele Bewerber oder Bewerberinnen dafür benannt werden. Ein Bewerber oder eine Bewerberin kann sowohl als Schwerbehindertenvertretung als auch als stellvertretendes Mitglied vorgeschlagen werden.

(2) Jeder Wahlvorschlag muß von einem Zwanzigstel der Wahlberechtigten, mindestens jedoch von drei Wahlberechtigten unterzeichnet sein. Familienname, Vorname, Geburtsdatum, Art der Beschäftigung sowie erforderlichenfalls Betrieb oder Dienststelle der Bewerber oder Bewerberinnen sind anzugeben. Dem Wahlvorschlag ist die schriftliche Zustimmung der Bewerber oder Bewerberinnen beizufügen.

(3) Eine Person, die sich bewirbt, kann nur auf einem Wahlvorschlag benannt werden, es sei denn, sie ist in einem Wahlvorschlag als Schwerbehindertenvertretung und in einem anderen Wahlvorschlag als stellvertretendes Mitglied benannt. Der Wahlvorstand fordert eine Person, die mit ihrer schriftlichen Zustimmung auf mehreren Wahlvorschlägen für dasselbe Amt benannt ist, auf, innerhalb von drei Arbeitstagen zu erklären, auf welchem der Wahlvorschläge sie benannt bleiben will. Wird diese Erklärung nicht fristgerecht abgegeben, wird der Bewerber oder die Bewerberin von sämtlichen Wahlvorschlägen gestrichen.

(4) Die Unterschrift eines Wahlberechtigten zählt nur auf einem Wahlvorschlag. Der Wahlvorstand hat einen Wahlberechtigten, der mehrere Wahlvorschläge unterzeichnet hat, schriftlich gegen Empfangsbestätigung aufzufordern, binnen drei Arbeitstagen seit dem Zugang der Aufforderung zu erklären, welche Unterschrift er aufrechterhält. Gibt der Wahlberechtigte diese Erklärung nicht fristgerecht ab, zählt seine Unterschrift auf keinem Wahlvorschlag.

§ 7 Nachfrist für Wahlvorschläge

(1) Ist nach Ablauf der in § 6 Abs. 1 genannten Frist kein gültiger Wahlvorschlag für die Wahl der Schwerbehindertenvertretung eingegangen, hat dies der Wahlvorstand sofort in der gleichen Weise bekanntzumachen wie das Wahlausschreiben und eine Nachfrist von einer Woche für die Einreichung von Wahlvorschlägen zu setzen. In der Bekanntmachung ist darauf hinzuweisen, daß die Wahl nur stattfinden kann, wenn innerhalb der Nachfrist mindestens ein gültiger Wahlvorschlag eingereicht wird.

(2) Gehen innerhalb der Nachfrist gültige Wahlvorschläge für die Wahl der Schwerbehindertenvertretung nicht ein, hat der Wahlvorstand sofort bekanntzumachen, daß die Wahl nicht stattfindet.

(3) Absatz 1 Satz 1 gilt entsprechend, wenn für die Wahl der stellvertretenden Mitglieder kein gültiger Wahlvorschlag eingeht oder wenn die Zahl der für dieses Amt gültig vorgeschlagenen Bewerber oder Bewerberinnen nicht der vom Wahlvorstand beschlossenen Zahl der stellvertretenden Mitglieder entspricht.

§ 8 Bekanntmachung der Bewerber und Bewerberinnen

Der Wahlvorstand macht spätestens eine Woche vor Beginn der Stimmabgabe die Namen der Bewerber und Bewerberinnen aus gültigen Wahlvorschlägen in alphabetischer Reihenfolge, getrennt nach Bewerbungen für die Schwerbehindertenvertretung und als stellvertretendes Mitglied, bis zum Abschluss der Stimmabgabe in gleicher Weise bekannt wie das Wahlausschreiben.

Zweiter Abschnitt
Durchführung der Wahl

§ 9 Stimmabgabe

(1) Wer wahlberechtigt ist, kann seine Stimme nur für eine Person abgeben, die rechts-

wirksam als Bewerber oder Bewerberin vorgeschlagen ist.

(2) Das Wahlrecht wird durch Abgabe eines Stimmzettels in einem Wahlumschlag ausgeübt. Auf dem Stimmzettel sind die Personen, die sich für das Amt der Schwerbehindertenvertretung und als stellvertretendes Mitglied bewerben, getrennt in alphabetischer Reihenfolge unter Angabe von Familienname, Vorname, Geburtsdatum und Art der Beschäftigung aufgeführt. Die Stimmzettel müssen sämtlich die gleiche Größe, Farbe, Beschaffenheit und Beschriftung haben. Das gleiche gilt für die Wahlumschläge.

(3) Werden mehrere stellvertretende Mitglieder gewählt, soll der Stimmzettel einen Hinweis darauf enthalten, wie viele Bewerber oder Bewerberinnen im Höchstfall angekreuzt werden dürfen.

(4) Bei der Stimmabgabe wird durch Ankreuzen an der im Stimmzettel jeweils vorgesehenen Stelle die von dem Wählenden gewählte Person für das Amt der Schwerbehindertenvertretung und der Stellvertretung gekennzeichnet. Werden mehrere stellvertretende Mitglieder gewählt, können Bewerber oder Bewerberinnen in entsprechender Anzahl angekreuzt werden.

(5) Stimmzettel, auf denen mehr als die zulässige Anzahl der Bewerber und Bewerberinnen angekreuzt oder die mit einem besonderen Merkmal versehen sind oder aus denen sich der Wille des Wählers oder der Wählerin nicht zweifelsfrei ergibt, sind ungültig.

§ 10 Wahlvorgang

(1) Der Wahlvorstand hat geeignete Vorkehrungen für die unbeobachtete Kennzeichnung der Stimmzettel im Wahlraum zu treffen und für die Bereitstellung einer Wahlurne oder mehrerer Wahlurnen zu sorgen. Die Wahlurne muß vom Wahlvorstand verschlossen und so eingerichtet sein, daß die eingeworfenen Wahlumschläge nicht herausgenommen werden können, ohne daß die Urne geöffnet wird.

(2) Während der Wahl müssen immer mindestens zwei Mitglieder des Wahlvorstandes im Wahlraum anwesend sein; sind Wahlhelfer oder Wahlhelferinnen bestellt (§ 2 Abs. 1 Satz 2), genügt die Anwesenheit eines Mitgliedes des Wahlvorstandes und eines Wahlhelfers oder einer Wahlhelferin.

(3) Der Wähler oder die Wählerin händigt den Wahlumschlag, in den der Stimmzettel eingelegt ist, dem mit der Entgegennahme der Wahlumschläge betrauten Mitglied des Wahlvorstandes aus, wobei der Name des Wählers oder der Wählerin angegeben wird. Der Wahlumschlag ist in Gegenwart des Wählers oder der Wählerin in die Wahlurne einzuwerfen, nachdem die Stimmabgabe in der Liste der Wahlberechtigten vermerkt worden ist.

(4) Wer infolge seiner Behinderung bei der Stimmabgabe beeinträchtigt ist, bestimmt eine Person, die ihm bei der Stimmabgabe behilflich sein soll, und teilt dies dem Wahlvorstand mit. Personen, die sich bei der Wahl bewerben, Mitglieder des Wahlvorstandes sowie Wahlhelfer und Wahlhelferinnen dürfen nicht als Person nach Satz 1 bestimmt werden. Die Hilfeleistung beschränkt sich auf die Erfüllung der Wünsche des Wählers oder der Wählerin zur Stimmabgabe; die nach Satz 1 bestimmte Person darf gemeinsam mit dem Wähler oder der Wählerin die Wahlzelle aufsuchen. Die nach Satz 1 bestimmte Person ist zur Geheimhaltung der Kenntnisse verpflichtet, die sie bei der Hilfeleistung von der Wahl einer anderen Person erlangt hat. Die Sätze 1 bis 4 gelten entsprechend für des Lesens unkundige Wähler und Wählerinnen.

(5) Nach Abschluß der Wahl ist die Wahlurne zu versiegeln, wenn die Stimmenzählung nicht unmittelbar nach Beendigung der Wahl durchgeführt wird.

§ 11 Schriftliche Stimmabgabe

(1) Der Wahlvorstand übergibt oder übersendet den Wahlberechtigten, die an der persönlichen Stimmabgabe verhindert sind, auf deren Verlangen

1. das Wahlausschreiben,
2. den Stimmzettel und den Wahlumschlag,
3. eine vorgedruckte Erklärung, die der Wähler oder die Wählerin abgibt,

4. einen größeren Freiumschlag, der die Anschrift des Wahlvorstandes und als Absender Namen und Anschrift der wahlberechtigten Person sowie den Vermerk „Schriftliche Stimmabgabe“ trägt.

In der Erklärung nach Nummer 3 versichert der Wähler oder die Wählerin gegenüber dem Wahlvorstand, dass er oder sie den Stimmzettel persönlich gekennzeichnet hat oder unter den Voraussetzungen des § 10 Abs. 4 durch eine andere Person hat kennzeichnen lassen. Der Wahlvorstand soll zusätzlich zu den Unterlagen nach den Nummern 1 bis 4 ein Merkblatt über die schriftliche Stimmabgabe übersenden oder übergeben. Er vermerkt die Übergabe oder Übersendung der Unterlagen in der Liste der Wahlberechtigten.

(2) Der Wahlvorstand kann die schriftliche Stimmabgabe beschließen. Für diesen Fall sind die in Absatz 1 bezeichneten Unterlagen den Wahlberechtigten unaufgefordert zu übersenden.

(3) Die Stimmabgabe erfolgt in der Weise, dass der Wähler oder die Wählerin

1. den Stimmzettel unbeobachtet persönlich kennzeichnet und in den Wahlumschlag einlegt,
2. die vorgedruckte Erklärung unter Angabe des Ortes und des Datums unterschreibt und
3. den Wahlumschlag und die unterschriebene, vorgedruckte Erklärung in dem Freiumschlag verschließt und diesen so rechtzeitig an den Wahlvorstand absendet oder übergibt, daß er vor Abschluß der Wahl vorliegt.

Der Wähler oder die Wählerin kann unter den Voraussetzungen des § 10 Abs. 4 die in den Nummern 1 bis 3 bezeichneten Tätigkeiten durch eine andere Person verrichten lassen.

§ 12 Behandlung der schriftlich abgegebenen Stimmen

(1) Unmittelbar vor Abschluß der Wahl öffnet der Wahlvorstand in öffentlicher Sitzung die bis zu diesem Zeitpunkt eingegangenen Freiumschläge und entnimmt ihnen die Wahlumschläge sowie die vorgedruckten Erklärungen. Ist die schriftliche Stimmabgabe ordnungsgemäß erfolgt (§ 11), legt der Wahlvorstand die Wahlumschläge nach Vermerk der Stimmabgabe in der Liste der Wahlberechtigten ungeöffnet in die Wahlurne.

(2) Verspätet eingehende Freiumschläge hat der Wahlvorstand mit einem Vermerk über den Zeitpunkt des Eingangs ungeöffnet zu den Wahlunterlagen zu nehmen. Sie sind einen Monat nach Bekanntgabe des Wahlergebnisses ungeöffnet zu vernichten, wenn die Wahl nicht angefochten ist.

§ 13 Feststellung des Wahlergebnisses

(1) Unverzüglich nach Abschluß der Wahl nimmt der Wahlvorstand öffentlich die Auszählung der Stimmen vor und stellt das Ergebnis fest.

(2) Gewählt für das Amt der Schwerbehindertenvertretung oder als stellvertretendes Mitglied ist der Bewerber oder die Bewerberin, der oder die jeweils die meisten Stimmen erhalten hat. Bei Stimmengleichheit entscheidet das Los.

(3) Werden mehrere stellvertretende Mitglieder gewählt, ist als zweites stellvertretendes Mitglied der Bewerber oder die Bewerberin mit der zweithöchsten Stimmenzahl gewählt. Entsprechendes gilt für die Wahl weiterer stellvertretender Mitglieder. Für die Wahl und die Reihenfolge stellvertretender Mitglieder gilt Absatz 2 Satz 2 entsprechend.

(4) Der Wahlvorstand fertigt eine Niederschrift des Wahlergebnisses, die von dem oder der Vorsitzenden sowie mindestens einem weiteren Mitglied des Wahlvorstandes unterschrieben wird. Die Niederschrift muß die Zahl der abgegebenen gültigen und ungültigen Stimmzettel, die auf jeden Bewerber und jede Bewerberin entfallenen Stimmenzahlen sowie die Namen der gewählten Bewerber und Bewerberinnen enthalten.

§ 14 Benachrichtigung der Gewählten und Annahme der Wahl

(1) Der Wahlvorstand benachrichtigt die für das Amt der Schwerbehindertenvertretung oder als stellvertretendes Mitglied Gewählten unverzüglich schriftlich gegen Empfangsbestätigung von ihrer Wahl. Erklärt eine ge-

wählte Person nicht innerhalb von drei Arbeitstagen nach Zugang der Benachrichtigung dem Wahlvorstand ihre Ablehnung der Wahl, ist diese angenommen.

(2) Wird eine Wahl abgelehnt, tritt an die Stelle der Person, die abgelehnt hat, der Bewerber oder die Bewerberin für das Amt der Schwerbehindertenvertretung oder als stellvertretendes Mitglied mit der nächsthöheren Stimmenzahl. Satz 1 gilt für die Wahl mehrerer stellvertretender Mitglieder mit der Maßgabe, dass jeweils der Bewerber oder die Bewerberin mit der nächsthöheren Stimmenzahl nachrückt.

§ 15 Bekanntmachung der Gewählten

Sobald die Namen der Personen, die das Amt der Schwerbehindertenvertretung oder des stellvertretenden Mitglieds innehaben, endgültig feststehen, hat der Wahlvorstand sie durch zweiwöchigen Aushang in gleicher Weise wie das Wahlausschreiben bekanntzumachen (§ 5 Abs. 2) sowie unverzüglich dem Arbeitgeber und dem Betriebs- oder Personalrat mitzuteilen.

§ 16 Aufbewahrung der Wahlunterlagen

Die Wahlunterlagen, insbesondere die Niederschriften, Bekanntmachungen und Stimmzettel, werden von der Schwerbehindertenvertretung mindestens bis zur Beendigung der Wahlperiode aufbewahrt.

§ 17 Nachwahl des stellvertretenden Mitglieds

Scheidet das einzige stellvertretende Mitglied aus oder ist ein stellvertretendes Mitglied noch nicht gewählt, bestellt die Schwerbehindertenvertretung unverzüglich einen Wahlvorstand. Der Wahlvorstand hat die Wahl eines oder mehrerer Stellvertreter für den Rest der Amtszeit der Schwerbehindertenvertretung unverzüglich einzuleiten. Im übrigen gelten die §§ 1 bis 16 entsprechend.

Dritter Abschnitt
Vereinfachtes Wahlverfahren

§ 18 Voraussetzungen

Besteht der Betrieb oder die Dienststelle nicht aus räumlich weiter auseinanderliegenden Teilen und sind dort weniger als fünfzig Wahlberechtigte beschäftigt, ist die Schwerbehindertenvertretung in einem vereinfachten Wahlverfahren nach Maßgabe der folgenden Vorschriften zu wählen.

§ 19 Vorbereitung der Wahl

(1) Spätestens drei Wochen vor Ablauf ihrer Amtszeit lädt die Schwerbehindertenvertretung die Wahlberechtigten durch Aushang oder sonst in geeigneter Weise zur Wahlversammlung ein.

(2) Ist in dem Betrieb oder der Dienststelle eine Schwerbehindertenvertretung nicht vorhanden, können drei Wahlberechtigte, der Betriebs- oder Personalrat oder das Integrationsamt zur Wahlversammlung einladen.

§ 20 Durchführung der Wahl

(1) Die Wahlversammlung wird von einer Person geleitet, die mit einfacher Stimmenmehrheit gewählt wird (Wahlleitung). Die Wahlversammlung kann zur Unterstützung der Wahlleitung Wahlhelfer oder Wahlhelferinnen bestimmen.

(2) Die Wahlversammlung beschließt mit einfacher Stimmenmehrheit, wie viele stellvertretende Mitglieder zu wählen sind. Die Schwerbehindertenvertretung und ein oder mehrere stellvertretende Mitglieder werden in getrennten Wahlgängen gewählt; mehrere stellvertretende Mitglieder werden in einem gemeinsamen Wahlgang gewählt. Jede Person, die wahlberechtigt ist, kann Personen zur Wahl der Schwerbehindertenvertretung und ihrer stellvertretenden Mitglieder vorschlagen.

(3) Das Wahlrecht wird durch Abgabe eines Stimmzettels in einem Wahlumschlag ausgeübt. Auf dem Stimmzettel sind von der Wahlleitung die vorgeschlagenen Personen in alphabetischer Reihenfolge unter Angabe von Familienname und Vorname aufzuführen; die Stimmzettel und Wahlumschläge müssen sämtlich die gleiche Größe, Farbe, Beschaffenheit und Beschriftung haben. Die Wahlleitung verteilt die Stimmzettel und trifft Vorkehrungen, daß die Wähler und Wählerinnen ihre Stimme unbeobachtet abgeben

können; § 9 Abs. 4 gilt entsprechend. Der Wähler oder die Wählerin übergibt den Wahlumschlag, in den der Stimmzettel eingelegt ist, der Wahlleitung. Diese legt den Wahlumschlag in Gegenwart des Wählers oder der Wählerin ungeöffnet in einen dafür bestimmten Behälter und hält den Namen des Wählers oder der Wählerin in einer Liste fest. Unverzüglich nach Beendigung der Wahlhandlung zählt sie öffentlich die Stimmen aus und stellt das Ergebnis fest.

(4) § 13 Abs. 2 und 3 sowie die §§ 14 bis 16 gelten entsprechend.

§ 21 Nachwahl des stellvertretenden Mitglieds

Scheidet das einzige stellvertretende Mitglied aus oder ist ein stellvertretendes Mitglied noch nicht gewählt, lädt die Schwerbehindertenvertretung die Wahlberechtigten unverzüglich zur Wahlversammlung zur Wahl eines oder mehrerer stellvertretender Mitglieder ein. Im übrigen gelten die §§ 18 bis 20 entsprechend.

Zweiter Teil Wahl der Konzern-, Gesamt-, Bezirks- und Hauptschwerbehindertenvertretung in Betrieben und Dienststellen

§ 22 Wahlverfahren

(1) Konzern-, Gesamt-, Bezirks- und Hauptschwerbehindertenvertretung werden durch schriftliche Stimmabgabe gewählt (§§ 11, 12). Im übrigen sind § 1 Abs. 1, §§ 2 bis 5, 7 bis 10 und 13 bis 17 sinngemäß anzuwenden. § 1 Abs. 2 findet sinngemäß mit der Maßgabe Anwendung, daß sich die Wahlberechtigten auch in sonst geeigneter Weise über die Bestellung eines Wahlvorstandes einigen können. § 6 findet sinngemäß mit der Maßgabe Anwendung, daß bei weniger als fünf Wahlberechtigten die Unterzeichnung eines Wahlvorschlags durch einen Wahlberechtigten ausreicht.

(2) Bei nur zwei Wahlberechtigten bestimmen diese im beiderseitigen Einvernehmen abweichend von Absatz 1 die Konzern-, Gesamt-, Bezirks- oder Hauptschwerbehindertenvertretung. Kommt eine Einigung nicht zustande, entscheidet das Los.

(3) Sofern rechtzeitig vor Ablauf der Amtszeit der Konzern-, Gesamt-, Bezirks- oder Hauptschwerbehindertenvertretung eine Versammlung nach § 180 Absatz 8 des Neunten Buches Sozialgesetzbuch stattfindet, kann die Wahl abweichend von Absatz 1 im Rahmen dieser Versammlung durchgeführt werden. § 20 findet entsprechende Anwendung.

Dritter Teil Wahl der Schwerbehindertenvertretung, Bezirks- und Hauptschwerbehindertenvertretung der schwerbehinderten Staatsanwälte und Staatsanwältinnen

§ 23 Wahlverfahren

Für die Wahl der Schwerbehindertenvertretung, der Bezirks- und Hauptschwerbehindertenvertretung der schwerbehinderten Staatsanwälte und Staatsanwältinnen in den Fällen des § 177 Absatz 1 Satz 3 des Neunten Buches Sozialgesetzbuch gelten die Vorschriften des Ersten und Zweiten Teils entsprechend.

Vierter Teil Wahl der Schwerbehindertenvertretung, Bezirks- und Hauptschwerbehindertenvertretung der schwerbehinderten Richter und Richterinnen

§ 24 Vorbereitung der Wahl der Schwerbehindertenvertretung der Richter und Richterinnen

(1) Spätestens acht Wochen vor Ablauf ihrer Amtszeit lädt die Schwerbehindertenvertretung der schwerbehinderten Richter und Richterinnen die Wahlberechtigten schriftlich oder durch Aushang zu einer Wahlversammlung ein. Die Einladung muß folgende Angaben enthalten:

1. die Voraussetzungen der Wählbarkeit zur Schwerbehindertenvertretung,
2. den Hinweis über eine für Zwecke der Wahl erfolgte Zusammenfassung von Gerichten,
3. den Hinweis, wo und wann die Liste der Wahlberechtigten und diese Verordnung zur Einsicht ausliegen,
4. Ort, Tag und Zeit der Wahlversammlung.

(2) Ist in dem Gericht eine Schwerbehindertenvertretung der schwerbehinderten Richter und Richterinnen nicht vorhanden, laden drei wahlberechtigte Richter und Richterinnen, der Richterrat oder der Präsidialrat zu der Wahlversammlung ein. Das Recht des Integrationsamtes, zu einer solchen Versammlung einzuladen (§ 177 Absatz 6 Satz 4 des Neunten Buches Sozialgesetzbuch), bleibt unberührt.

§ 25 Durchführung der Wahl

(1) Die Wahlversammlung beschließt unter dem Vorsitz des oder der lebensältesten Wahlberechtigten das Wahlverfahren und die Anzahl der stellvertretenden Mitglieder der Schwerbehindertenvertretung.

(2) Die Leitung der Wahlversammlung hat die Gewählten unverzüglich von ihrer Wahl zu benachrichtigen. § 14 Abs. 1 Satz 2 und Abs. 2 sowie die §§ 15 und 16 gelten entsprechend.

§ 26 Nachwahl des stellvertretenden Mitglieds

Scheidet das einzige stellvertretende Mitglied vorzeitig aus dem Amt aus oder ist ein stellvertretendes Mitglied noch nicht gewählt, lädt die Schwerbehindertenvertretung der schwerbehinderten Richter und Richterinnen unverzüglich zur Wahlversammlung zur Wahl eines oder mehrerer stellvertretender Mitglieder für den Rest ihrer Amtszeit ein. Im übrigen gelten die §§ 24 und 25 entsprechend.

§ 27 Wahl der Bezirks- und Hauptschwerbehindertenvertretung der schwerbehinderten Richter und Richterinnen

Für die Wahl der Bezirks- und Hauptschwerbehindertenvertretung der schwerbehinderten Richter und Richterinnen gelten die §§ 24 bis 26 entsprechend.

Fünfter Teil
Schlußvorschriften

§ 28 Sonderregelungen aus Anlass der COVID-19-Pandemie

(1) Bis zur Aufhebung der Feststellung einer epidemischen Lage von nationaler Tragweite wegen der dynamischen Ausbreitung der Coronavirus- Krankheit-2019 (COVID-19) nach § 5 Absatz 1 Satz 2 des Infektionsschutzgesetzes durch den Deutschen Bundestag kann die Wahlversammlung der Schwerbehindertenvertretung im vereinfachten Wahlverfahren mittels Video- und Telefonkonferenz erfolgen, wenn sichergestellt ist, dass Dritte vom Inhalt der Sitzung keine Kenntnis nehmen können. Eine Aufzeichnung ist unzulässig. Satz 1 gilt nicht für die Ausübung des Wahlrechts durch Stimmabgabe bei der Wahl der Schwerbehindertenvertretung und ihrer stellvertretenden Mitglieder.

(2) Bis zur Aufhebung der Feststellung einer epidemischen Lage von nationaler Tragweite wegen der dynamischen Ausbreitung der Coronavirus- Krankheit-2019 (COVID-19) nach § 5 Absatz 1 Satz 2 des Infektionsschutzgesetzes durch den Deutschen Bundestag gilt § 11 für die Stimmabgabe bei der Wahl der Schwerbehindertenvertretung und ihrer stellvertretenden Mitglieder im vereinfachten Wahlverfahren entsprechend.

§ 29 (Inkrafttreten)

Ermittlung des Grades der Behinderung

III

Verordnung zur Durchführung des § 1 Abs. 1 und 3, des § 30 Abs. 1 und des § 35 Abs. 1 des Bundesversorgungsgesetzes (Versorgungsmedizin-Verordnung – VersMedV)

Vom 10. Dezember 2008 (BGBl. I S. 2412)

Zuletzt geändert durch
Gesetz zur Regelung des Sozialen Entschädigungsrechts
vom 12. Dezember 2019 (BGBl. I S. 2652)

Auf Grund des § 30 Abs. 17 des Bundesversorgungsgesetzes, der durch Artikel 1 Nr. 32 Buchstabe i des Gesetzes vom 13. Dezember 2007 (BGBl. I S. 2904) eingefügt worden ist, verordnet das Bundesministerium für Arbeit und Soziales im Einvernehmen mit dem Bundesministerium der Verteidigung:

§ 1 Zweck der Verordnung

Diese Verordnung regelt die Grundsätze für die medizinische Bewertung von Schädigungsfolgen und die Feststellung des Grades der Schädigungsfolgen im Sinne des § 30 Abs. 1 des Bundesversorgungsgesetzes, für die Anerkennung einer Gesundheitsstörung nach § 1 Abs. 3 des Bundesversorgungsgesetzes, die Kriterien für die Bewertung der Hilflosigkeit und der Stufen der Pflegezulage nach § 35 Abs. 1 des Bundesversorgungsgesetzes und das Verfahren für deren Ermittlung und Fortentwicklung.

§ 2 Anlage „Versorgungsmedizinische Grundsätze"

Die in § 1 genannten Grundsätze und Kriterien sind in der Anlage zu dieser Verordnung als deren Bestandteil festgelegt. Die Anlage wird auf der Grundlage des aktuellen Stands der medizinischen Wissenschaft unter Anwendung der Grundsätze der evidenzbasierten Medizin erstellt und fortentwickelt.

§ 3 Beirat

(1) Beim Bundesministerium für Arbeit und Soziales wird ein unabhängiger „Ärztlicher Sachverständigenbeirat Versorgungsmedizin" (Beirat) gebildet, der das Bundesministerium für Arbeit und Soziales zu allen versorgungsärztlichen Angelegenheiten berät und die Fortentwicklung der Anlage entsprechend dem aktuellen Stand der medizinischen Wissenschaft und versorgungsmedizinischer Erfordernisse vorbereitet.

(2) Der Beirat hat 17 Mitglieder, und zwar

1. acht versorgungsmedizinisch besonders qualifizierte Ärztinnen oder Ärzte,
2. eine Ärztin oder einen Arzt aus dem versorgungsärztlich-gutachtlichen Bereich der Bundeswehr,
3. acht wissenschaftlich besonders qualifizierte Ärztinnen oder Ärzte versorgungsmedizinisch relevanter Fachgebiete.

(3) Zu den Beratungen des Beirats können externe ärztliche Sachverständige sowie sachkundige ärztliche Vertreter von Behindertenverbänden hinzugezogen werden. Es können Arbeitsgruppen gebildet werden.

(4) Die Mitglieder des Beirats werden vom Bundesministerium für Arbeit und Soziales für die Dauer von vier Jahren berufen. Wiederwahl ist möglich. Das Bundesministerium für Arbeit und Soziales ist berechtigt, Beiratsmitglieder jederzeit ohne Angabe von Gründen abzuberufen. Ein Beiratsmitglied kann jederzeit seine Abberufung beantragen. Dem Antrag ist stattzugeben. Nach Ausscheiden eines Mitglieds erfolgt eine Neuberufung für den restlichen Zeitraum der Berufungsperiode. Der Beirat gibt sich eine Geschäftsordnung und bestimmt durch Wahl aus seiner Mitte den Vorsitz und die Stellvertretung. Die Geschäftsführung des Beirats liegt beim Bundesministerium für Arbeit und Soziales, welches zu den Sitzungen einlädt und im Einvernehmen mit dem vorsitzenden Mitglied die Tagesordnung festlegt.

(5) Die Beratungen des Beirats sind nicht öffentlich. Die Mitgliedschaft im Beirat ist ein persönliches Ehrenamt, das keine Vertretung zulässt. Die Mitglieder des Beirats unterliegen keinerlei Weisungen, üben ihre Tätigkeit unabhängig und unparteilich aus und sind nur ihrem Gewissen verantwortlich. Sie sind zur Verschwiegenheit verpflichtet; dies gilt auch für die in Absatz 3 genannten Personen.

(6) Die Verbände von Menschen mit Behinderungen und Berechtigten nach dem sozialen Entschädigungsrecht auf Bundesebene erhalten ein Mitberatungsrecht im Beirat. Der Deutsche Behindertenrat benennt dem Bundesministerium für Arbeit und Soziales hierzu zwei sachverständige Personen für den Zeitraum der Berufungsperiode des Beirats. Er berücksichtigt dabei die Anliegen von Verbänden, die die Belange von Berechtigten nach dem sozialen Entschädigungsrecht vertreten, auch soweit sie nicht Mitglieder des Deutschen Behindertenrates sind. Das Mitberatungsrecht beinhaltet auch das Recht zur Anwesenheit bei der Beschlussfassung. Absatz 5 Satz 2 bis 4 gilt entsprechend. Die Geschäftsordnung des Beirats gilt auch für die vom Deutschen Behindertenrat benannten Personen.

§ 4 Beschlüsse

Die Beschlüsse des Beirats werden mit einfacher Mehrheit der nach § 3 Absatz 2 berufenen Mitglieder gefasst.

§ 5 Inkrafttreten

Diese Verordnung tritt am 1. Januar 2009 in Kraft.

Anlage

Versorgungsmedizinische Grundsätze

Teil A: Allgemeine Grundsätze

Vorbemerkung:

Wenn mit dem Grad der Behinderung und dem Grad der Schädigungsfolgen das Maß für die Beeinträchtigung der Teilhabe am Leben in der Gemeinschaft gemeint ist, wird einheitlich die Abkürzung GdS benutzt.

III

1. Schädigungsfolgen

a) Als Schädigungsfolge wird im sozialen Entschädigungsrecht jede Gesundheitsstörung bezeichnet, die in ursächlichem Zusammenhang mit einer Schädigung steht, die nach dem entsprechenden Gesetz zu berücksichtigen ist.

b) Die Auswirkungen der Schädigungsfolge werden mit dem Grad der Schädigungsfolgen (GdS) bemessen.

c) Zu den Schädigungsfolgen gehören auch Abweichungen vom Gesundheitszustand, die keinen GdS bedingen (z. B. funktionell bedeutungslose Narben, Verlust von Zähnen).

2. Grad der Schädigungsfolgen (GdS), Grad der Behinderung (GdB)

a) GdS und GdB werden nach gleichen Grundsätzen bemessen. Beide Begriffe unterscheiden sich lediglich dadurch, dass der GdS nur auf die Schädigungsfolgen (also kausal) und der GdB auf alle Gesundheitsstörungen unabhängig von ihrer Ursache (also final) bezogen ist. Beide Begriffe haben die Auswirkungen von Funktionsbeeinträchtigungen in allen Lebensbereichen und nicht nur die Einschränkungen im allgemeinen Erwerbsleben zum Inhalt. GdS und GdB sind ein Maß für die körperlichen, geistigen, seelischen und sozialen Auswirkungen einer Funktionsbeeinträchtigung aufgrund eines Gesundheitsschadens.

b) Aus dem GdB und aus dem GdS ist nicht auf das Ausmaß der Leistungsfähigkeit zu schließen. GdB und GdS sind grundsätzlich unabhängig vom ausgeübten oder angestrebten Beruf zu beurteilen, es sei denn, dass bei Begutachtungen im sozialen Entschädigungsrecht ein besonderes berufliches Betroffensein berücksichtigt werden muss.

c) GdB und GdS setzen stets eine Regelwidrigkeit gegenüber dem für das Lebensalter typischen Zustand voraus. Dies ist insbesondere bei Kindern und alten Menschen zu beachten. Physiologische Veränderungen im Alter sind bei der Beurteilung des GdB und GdS nicht zu berücksichtigen. Als solche Veränderungen sind die körperlichen und psychischen Leistungseinschränkungen anzusehen, die sich im Alter regelhaft entwickeln, d. h. für das Alter nach ihrer Art und ihrem Umfang typisch sind. Demgegenüber sind pathologische Veränderungen, d. h. Gesundheitsstörungen, die nicht regelmäßig und nicht nur im Alter beobachtet werden können, bei der Beurteilung des GdB und GdS zu berücksichtigen, auch dann, wenn sie erstmalig im höheren Alter auftreten oder als „Alterskrankheiten" (z. B. „Altersdiabetes", „Altersstar") bezeichnet werden.

d) Die in der GdS-Tabelle aufgeführten Werte sind aus langer Erfahrung gewonnen und stellen altersunabhängige (auch trainingsunabhängige) Mittelwerte dar. Je nach Einzelfall kann von den Tabellenwerten mit einer die besonderen Gegebenheiten darstellenden Begründung abgewichen werden

e) Da der GdS seiner Natur nach nur annähernd bestimmt werden kann, sind beim GdS nur Zehnerwerte anzugeben. Dabei sollen im Allgemeinen die folgenden Funktionssysteme zusammenfassend beurteilt werden: Gehirn einschließlich Psyche; Augen; Ohren; Atmung;

Herz- Kreislauf; Verdauung; Harnorgane; Geschlechtsapparat; Haut; Blut einschließlich blutbildendes Gewebe und Immunsystem; innere Sekretion und Stoffwechsel; Arme; Beine; Rumpf. Die sehr wenigen in der GdS-Tabelle noch enthaltenen Fünfergrade sind alle auf ganz eng umschriebene Gesundheitsstörungen bezogen, die selten allein und sehr selten genau in dieser Form und Ausprägung vorliegen.

f) Der GdS setzt eine nicht nur vorübergehende und damit eine über einen Zeitraum von mehr als sechs Monaten sich erstreckende Gesundheitsstörung voraus. Dementsprechend ist bei abklingenden Gesundheitsstörungen der Wert festzusetzen, der dem über sechs Monate hinaus verbliebenen – oder voraussichtlich verbleibenden – Schaden entspricht. Schwankungen im Gesundheitszustand bei längerem Leidensverlauf ist mit einem Durchschnittswert Rechnung zu tragen. Dies bedeutet: Wenn bei einem Leiden der Verlauf durch sich wiederholende Besserungen und Verschlechterungen des Gesundheitszustandes geprägt ist (Beispiele: chronische Bronchitis, Hautkrankheiten, Anfallsleiden), können die zeitweiligen Verschlechterungen – aufgrund der anhaltenden Auswirkungen auf die gesamte Lebensführung – nicht als vorübergehende Gesundheitsstörungen betrachtet werden. Dementsprechend muss in solchen Fällen bei der GdB- und GdS-Beurteilung von dem „durchschnittlichen" Ausmaß der Beeinträchtigung ausgegangen werden.

g) Stirbt ein Antragsteller oder eine Antragstellerin innerhalb von sechs Monaten nach Eintritt einer Gesundheitsstörung, so ist für diese Gesundheitsstörung der GdS anzusetzen, der nach ärztlicher Erfahrung nach Ablauf von sechs Monaten nach Eintritt der Gesundheitsstörung zu erwarten gewesen wäre. Fallen Eintritt der Gesundheitsstörung und Tod jedoch zusammen, kann ein GdS nicht angenommen werden. Eintritt der Gesundheitsstörung und Tod fallen nicht nur zusammen, wenn beide Ereignisse im selben Augenblick eintreten. Dies ist vielmehr auch dann der Fall, wenn die Gesundheitsstörung in so rascher Entwicklung zum Tode führt, dass der Eintritt der Gesundheitsstörung und des Todes einen untrennbaren Vorgang darstellen.

h) Gesundheitsstörungen, die erst in der Zukunft zu erwarten sind, sind beim GdS nicht zu berücksichtigen. Die Notwendigkeit des Abwartens einer Heilungsbewährung stellt eine andere Situation dar; während der Zeit dieser Heilungsbewährung ist ein höherer GdS gerechtfertigt, als er sich aus dem festgestellten Schaden ergibt.

i) Bei der Beurteilung des GdS sind auch seelische Begleiterscheinungen und Schmerzen zu beachten. Die in der GdS-Tabelle niedergelegten Sätze berücksichtigen bereits die üblichen seelischen Begleiterscheinungen (z. B. bei Entstellung des Gesichts, Verlust der weiblichen Brust). Sind die seelischen Begleiterscheinungen erheblich höher als aufgrund der organischen Veränderungen zu erwarten wäre, so ist ein höherer GdS gerechtfertigt. Vergleichsmaßstab ist nicht der behinderte Mensch, der überhaupt nicht oder kaum unter seinem Körperschaden leidet, sondern die allgemeine ärztliche Erfahrung hinsichtlich der regelhaften Auswirkungen. Außergewöhnliche seelische Begleiterscheinungen sind anzunehmen, wenn anhaltende psychoreaktive Störungen in einer solchen Ausprägung vorliegen, dass eine spezielle ärztliche Behandlung dieser Störungen – z. B. eine Psychotherapie – erforderlich ist.

j) Ähnliches gilt für die Berücksichtigung von Schmerzen. Die in der GdS-Tabelle angegebenen Werte schließen die üblicherweise vorhandenen Schmerzen mit ein und berücksichtigen auch erfahrungsgemäß besonders schmerzhafte Zustände. Ist nach Ort und Ausmaß der pathologischen Veränderungen eine über das übliche Maß hinausgehende Schmerzhaftigkeit nachgewiesen, die eine ärztliche Behandlung erfordert, können höhere Werte angesetzt werden. Das kommt zum Beispiel bei Kausalgien und bei stark ausgeprägten Stumpfbeschwerden nach Amputationen (Stumpfnervenschmerzen, Phantomschmerzen) in Betracht. Ein Phantomgefühl allein bedingt keinen GdS.

3. Gesamt-GdS

a) Liegen mehrere Funktionsbeeinträchtigungen vor, so sind zwar Einzel-GdS anzugeben; bei der Ermittlung des Gesamt-GdS durch alle Funktionsbeeinträchtigungen dürfen jedoch die einzelnen Werte nicht addiert werden. Auch andere Rechenmethoden sind für die Bildung eines Gesamt-GdS ungeeignet. Maßgebend sind die Auswirkungen der einzelnen Funktionsbeeinträchtigungen in ihrer Gesamtheit unter Berücksichtigung ihrer wechselseitigen Beziehungen zueinander.

b) Bei der Gesamtwürdigung der verschiedenen Funktionsbeeinträchtigungen sind unter Berücksichtigung aller sozialmedizinischen Erfahrungen Vergleiche mit Gesundheitsschäden anzustellen, zu denen in der Tabelle feste GdS-Werte angegeben sind.

c) Bei der Beurteilung des Gesamt-GdS ist in der Regel von der Funktionsbeeinträchtigung auszugehen, die den höchsten Einzel-GdS bedingt, und dann im Hinblick auf alle weiteren Funktionsbeeinträchtigungen zu prüfen, ob und inwieweit hierdurch das Ausmaß der Behinderung größer wird, ob also wegen der weiteren Funktionsbeeinträchtigungen dem ersten GdS 10 oder 20 oder mehr Punkte hinzuzufügen sind, um der Behinderung insgesamt gerecht zu werden.

d) Um die Auswirkungen der Funktionsbeeinträchtigungen in ihrer Gesamtheit unter Berücksichtigung ihrer wechselseitigen Beziehungen zueinander beurteilen zu können, muss aus der ärztlichen Gesamtschau heraus beachtet werden, dass die Beziehungen der Funktionsbeeinträchtigungen zueinander unterschiedlich sein können:

   aa) Die Auswirkungen der einzelnen Funktionsbeeinträchtigungen können voneinander unabhängig sein und damit ganz verschiedene Bereiche im Ablauf des täglichen Lebens betreffen.

   bb) Eine Funktionsbeeinträchtigung kann sich auf eine andere besonders nachteilig auswirken. Dies ist vor allem der Fall, wenn Funktionsbeeinträchtigungen an paarigen Gliedmaßen oder Organen – also z. B. an beiden Armen oder beiden Beinen oder beiden Nieren oder beiden Augen – vorliegen.

   cc) Die Auswirkungen von Funktionsbeeinträchtigungen können sich überschneiden.

   dd) Die Auswirkungen einer Funktionsbeeinträchtigung werden durch eine hinzutretende Gesundheitsstörung nicht verstärkt.

   ee) Von Ausnahmefällen (z. B. hochgradige Schwerhörigkeit eines Ohres bei schwerer beidseitiger Einschränkung der Sehfähigkeit) abgesehen, führen zusätzliche leichte Gesundheitsstörungen, die nur einen GdS von 10 bedingen, nicht zu einer Zunahme des Ausmaßes der Gesamtbeeinträchtigung, auch nicht, wenn mehrere derartige leichte Gesundheitsstörungen nebeneinander bestehen. Auch bei leichten Funktionsbeeinträchtigungen mit einem GdS von 20 ist es vielfach nicht gerechtfertigt, auf eine wesentliche Zunahme des Ausmaßes der Behinderung zu schließen.

4. Hilflosigkeit

a) Für die Gewährung einer Pflegezulage im sozialen Entschädigungsrecht ist Grundvoraussetzung, dass Beschädigte (infolge der Schädigung) „hilflos" sind.

b) Hilflos sind diejenigen, die infolge von Gesundheitsstörungen – nach dem Neunten Buch Sozialgesetzbuch (SGB IX) und dem Einkommensteuergesetz „nicht nur vorübergehend" – für eine Reihe von häufig und regelmäßig wiederkehrenden Verrichtungen zur Sicherung ihrer persönlichen Existenz im Ablauf eines jeden Tages fremder Hilfe dauernd bedürfen. Diese Voraussetzungen sind auch erfüllt, wenn die Hilfe in Form einer Überwachung oder einer Anleitung zu den genannten Verrichtungen erforderlich ist oder wenn die Hilfe zwar nicht dauernd geleistet werden muss, jedoch eine ständige Bereitschaft zur Hilfeleistung erforderlich ist.

c) Häufig und regelmäßig wiederkehrende Verrichtungen zur Sicherung der persönlichen Existenz im Ablauf eines jeden Tages sind insbesondere An- und Auskleiden, Nahrungsaufnahme, Körperpflege, Verrichten der Notdurft. Außerdem sind notwendige körperliche Bewegung, geistige Anregung und Möglichkeiten zur Kommunikation zu berücksichtigen. Hilflosigkeit liegt im oben genannten Sinne auch dann vor, wenn ein psychisch oder geistig behinderter Mensch zwar bei zahlreichen Verrichtungen des täglichen Lebens der Hilfe nicht unmittelbar bedarf, er diese Verrichtungen aber infolge einer Antriebsschwäche ohne ständige Überwachung nicht vornähme. Die ständige Bereitschaft ist z. B. anzunehmen, wenn Hilfe häufig und plötzlich wegen akuter Lebensgefahr notwendig ist.

d) Der Umfang der notwendigen Hilfe bei den häufig und regelmäßig wiederkehrenden Verrichtungen muss erheblich sein. Dies ist der Fall, wenn die Hilfe dauernd für zahlreiche Verrichtungen, die häufig und regelmäßig wiederkehren, benötigt wird. Einzelne Verrichtungen, selbst wenn sie lebensnotwendig sind und im täglichen Lebensablauf wiederholt vorgenommen werden, genügen nicht (z. B. Hilfe beim Anziehen einzelner Bekleidungsstücke, notwendige Begleitung bei Reisen und Spaziergängen, Hilfe im Straßenverkehr, einfache Wund- oder Heilbehandlung, Hilfe bei Heimdialyse ohne Notwendigkeit weiterer Hilfeleistung). Verrichtungen, die mit der Pflege der Person nicht unmittelbar zusammenhängen (z. B. im Bereich der hauswirtschaftlichen Versorgung) müssen außer Betracht bleiben.

e) Bei einer Reihe schwerer Behinderungen, die aufgrund ihrer Art und besonderen Auswirkungen regelhaft Hilfeleistungen in erheblichem Umfang erfordern, kann im Allgemeinen ohne nähere Prüfung angenommen werden, dass die Voraussetzungen für das Vorliegen von Hilflosigkeit erfüllt sind. Dies gilt stets
   aa) bei Blindheit und hochgradiger Sehbehinderung,
   bb) Querschnittslähmung und anderen Behinderungen, die auf Dauer und ständig – auch innerhalb des Wohnraums – die Benutzung eines Rollstuhls erfordern,

f) in der Regel auch
   aa) bei Hirnschäden, Anfallsleiden, geistiger Behinderung und Psychosen, wenn diese Behinderungen allein einen GdS von 100 bedingen,
   bb) Verlust von zwei oder mehr Gliedmaßen, ausgenommen Unterschenkel- oder Fußamputation beiderseits. (Als Verlust einer Gliedmaße gilt der Verlust mindestens der ganzen Hand oder des ganzen Fußes).

g) Führt eine Behinderung zu dauerndem Krankenlager, so sind stets auch die Voraussetzungen für die Annahme von Hilflosigkeit erfüllt. Dauerndes Krankenlager setzt nicht voraus, dass der behinderte Mensch das Bett überhaupt nicht verlassen kann.

h) Stirbt ein behinderter Mensch innerhalb von sechs Monaten nach Eintritt einer Gesundheitsstörung, so ist die Frage der Hilflosigkeit analog Nummer 2 Buchstabe g zu beurteilen.

5. Besonderheiten der Beurteilung der Hilflosigkeit bei Kindern und Jugendlichen

a) Bei der Beurteilung der Hilflosigkeit bei Kindern und Jugendlichen sind nicht nur die bei der Hilflosigkeit genannten „Verrichtungen" zu beachten. Auch die Anleitung zu diesen „Verrichtungen", die Förderung der körperlichen und geistigen Entwicklung (z. B. durch Anleitung im Gebrauch der Gliedmaßen oder durch Hilfen zum Erfassen der Umwelt und zum Erlernen der Sprache) sowie die notwendige Überwachung gehören zu den Hilfeleistungen, die für die Frage der Hilflosigkeit von Bedeutung sind.

b) Stets ist nur der Teil der Hilfsbedürftigkeit zu berücksichtigen, der wegen der Behinderung den Umfang der Hilfsbedürftigkeit eines gesunden gleichaltrigen Kindes überschreitet. Der Umfang der wegen der Behinderungen notwendigen zusätzlichen Hilfeleistungen muss erheblich sein. Bereits im ersten Lebensjahr können infolge der Behinderung Hilfeleistungen in solchem Umfang erforderlich sein, dass dadurch die Voraussetzungen für die Annahme von Hilflosigkeit erfüllt sind.

c) Die Besonderheiten des Kindesalters führen dazu, dass zwischen dem Ausmaß der Behinderung und dem Umfang der wegen der Behinderung erforderlichen Hilfeleistungen nicht immer eine Korrelation besteht, so dass – anders als bei Erwachsenen – auch schon bei niedrigerem GdS Hilflosigkeit vorliegen kann.

d) Bei angeborenen oder im Kindesalter aufgetretenen Behinderungen ist im Einzelnen folgendes zu beachten:

aa) Bei geistiger Behinderung kommt häufig auch bei einem GdS unter 100 – und dann in der Regel bis zur Vollendung des 18. Lebensjahres – Hilflosigkeit in Betracht, insbesondere wenn das Kind wegen gestörten Verhaltens ständiger Überwachung bedarf. Hilflosigkeit kann auch schon im Säuglingsalter angenommen werden, z. B. durch Nachweis eines schweren Hirnschadens.

bb) Bei tief greifenden Entwicklungsstörungen, die für sich allein einen GdS von mindestens 50 bedingen, und bei anderen gleich schweren, im Kindesalter beginnenden Verhaltens- und emotionalen Störungen mit lang andauernden erheblichen Einordnungsschwierigkeiten ist regelhaft Hilflosigkeit bis zum 18. Lebensjahr anzunehmen.

cc) Bei hirnorganischen Anfallsleiden ist häufiger als bei Erwachsenen auch bei einem GdS unter 100 unter Berücksichtigung der Anfallsart, Anfallsfrequenz und eventueller Verhaltensauffälligkeiten die Annahme von Hilflosigkeit gerechtfertigt.

dd) Bei sehbehinderten Kindern und Jugendlichen mit Einschränkungen des Sehvermögens, die für sich allein einen GdS von wenigstens 80 bedingen, ist bis zur Vollendung des 18. Lebensjahres Hilflosigkeit anzunehmen.

ee) Bei Taubheit und an Taubheit grenzender Schwerhörigkeit ist Hilflosigkeit ab Beginn der Frühförderung und dann – insbesondere wegen des in dieser Zeit erhöhten Kommunikationsbedarfs – in der Regel bis zur Beendigung der Ausbildung anzunehmen. Zur Ausbildung zählen in diesem Zusammenhang: der Schul-, Fachschul- und Hochschulbesuch, eine berufliche Erstausbildung und Weiterbildung sowie vergleichbare Maßnahmen der beruflichen Bildung.

ff) Bei Lippen-Kiefer-Gaumenspalte und kompletter Gaumensegelspalte ist bis zum Abschluss der Erstbehandlung (in der Regel ein Jahr nach der Operation) Hilflosigkeit anzunehmen. Die Kinder benötigen während dieser Zeit in hohem Maße Hilfeleistungen, die weit über diejenigen eines gesunden gleichaltrigen Kindes hinausgehen, vor allem bei der Nahrungsaufnahme (gestörte Atmung, Gefahr des Verschluckens), bei der Reinigung der Mundhöhle und des Nasen-Rachenraumes, beim Spracherwerb sowie bei der Überwachung beim Spielen.

gg) Beim Bronchialasthma schweren Grades ist Hilflosigkeit in der Regel bis zur Vollendung des 16. Lebensjahres anzunehmen.

hh) Bei angeborenen oder in der Kindheit erworbenen Herzschäden ist bei einer schweren Leistungsbeeinträchtigung entsprechend den in Teil B Nummer 9.1.1 angegebenen Gruppen 3 und 4 Hilflosigkeit anzunehmen, und zwar bis zu einer Besserung der Leistungsfähigkeit (z. B. durch Operation), längstens bis zur Vollendung des 16. Lebensjahres.

ii) Bei Behandlung mit künstlicher Niere ist Hilflosigkeit bis zur Vollendung des 16. Lebensjahres anzunehmen. Bei einer Niereninsuffizienz, die für sich allein einen GdS von 100 bedingt, sind Hilfeleistungen in ähnlichem Umfang erforderlich, sodass auch hier bis zur Vollendung des 16. Lebensjahres die Annahme von Hilflosigkeit begründet ist.

jj) Beim Diabetes mellitus ist Hilflosigkeit bis zur Vollendung des 16. Lebensjahres anzunehmen.

kk) Bei Phenylketonurie ist Hilflosigkeit ab Diagnosestellung – in der Regel bis zum 14. Lebensjahr – anzunehmen. Über das 14. Lebensjahr hinaus kommt Hilflosigkeit in der Regel nur noch dann in Betracht, wenn gleichzeitig eine relevante Beeinträchtigung der geistigen Entwicklung vorliegt.

ll) Bei der Mukoviszidose ist bei der Notwendigkeit umfangreicher Betreuungsmaßnahmen - im Allgemeinen bis zur Vollendung des 16. Lebensjahres – Hilflosigkeit anzunehmen. Das ist immer der Fall bei Mukoviszidose, die für sich allein einen GdS von wenigstens 50 bedingt (siehe Teil B Nummer 15.5). Nach Vollendung des 16. Lebensjahres kommt Hilflosigkeit bei schweren und schwersten Einschränkungen bis zur Vollendung des 18. Lebensjahres in Betracht.

mm) Bei malignen Erkrankungen (z. B. akute Leukämie) ist Hilflosigkeit für die Dauer der zytostatischen Intensiv-Therapie anzunehmen.

nn) Bei angeborenen, erworbenen oder therapieinduzierten schweren Immundefekten ist Hilflosigkeit für die Dauer des Immunmangels, der eine ständige Überwachung wegen der Infektionsgefahr erforderlich macht, anzunehmen.

oo) Bei der Hämophilie ist bei Notwendigkeit der Substitutionsbehandlung – und damit schon bei einer Restaktivität von antihämophilem Globulin von 5 % und darunter – stets bis zur Vollendung des 6. Lebensjahres, darüber hinaus häufig je nach Blutungsneigung (zwei oder mehr ausgeprägte Gelenkblutungen pro Jahr) und Reifegrad auch noch weitere Jahre, Hilflosigkeit anzunehmen.

pp) Bei der juvenilen chronischen Polyarthritis ist Hilflosigkeit anzunehmen, solange die Gelenksituation eine ständige Überwachung oder andauernd Hilfestellungen beim Gebrauch der betroffenen Gliedmaßen sowie Anleitungen zu Bewegungsübungen erfordert, in der Regel bis zur Vollendung des 16. Lebensjahres. Bei der systemischen Verlaufsform (Still-Syndrom) und anderen systemischen Bindegewebskrankheiten (z. B. Lupus erythematodes, Sharp-Syndrom, Dermatomyositis) ist für die Dauer des aktiven Stadiums Hilflosigkeit anzunehmen.

qq) Bei der Osteogenesis imperfecta ist die Hilflosigkeit nicht nur von den Funktionseinschränkungen der Gliedmaßen sondern auch von der Häufigkeit der Knochenbrüche abhängig. In der Regel bedingen zwei oder mehr Knochenbrüche pro Jahr Hilflosigkeit. Hilflosigkeit aufgrund einer solchen Bruchneigung ist solange anzunehmen, bis ein Zeitraum von zwei Jahren ohne Auftreten von Knochenbrüchen abgelaufen ist, längstens jedoch bis zur Vollendung des 16. Lebensjahres.

rr) Bei klinisch gesicherter Typ-I-Allergie gegen schwer vermeidbare Allergene (z. B. bestimmte Nahrungsmittel), bei der aus dem bisherigen Verlauf auf die Gefahr lebensbedrohlicher anaphylaktischer Schocks zu schließen ist, ist Hilflosigkeit – in der Regel bis zum Ende des 12. Lebensjahres – anzunehmen.

ss) Bei der Zöliakie kommt Hilflosigkeit nur ausnahmsweise in Betracht. Der Umfang der notwendigen Hilfeleistungen bei der Zöliakie ist regelmäßig wesentlich geringer als etwa bei Kindern mit Phenylketonurie oder mit Diabetes mellitus.

e) Wenn bei Kindern und Jugendlichen Hilflosigkeit festgestellt worden ist, muss bei der Beurteilung der Frage einer wesentlichen Änderung der Verhältnisse Folgendes beachtet werden: Die Voraussetzungen für die Annahme von Hilflosigkeit können nicht nur infolge einer Besserung der Gesundheitsstörungen entfallen, sondern auch dadurch, dass behinderte Jugendliche infolge des Reifungsprozesses – etwa nach Abschluss der Pubertät – ausreichend gelernt haben, die wegen der Behinderung erforderlichen Maßnahmen selbstständig und eigenverantwortlich durchzuführen, die vorher von Hilfspersonen geleistet oder überwacht werden mussten.

6. Blindheit und hochgradige Sehbehinderung

a) Blind ist ein behinderter Mensch, dem das Augenlicht vollständig fehlt. Als blind ist auch ein behinderter Mensch anzusehen, dessen Sehschärfe auf keinem Auge und auch nicht beidäugig mehr als 0,02 (1/50) beträgt oder wenn andere Störungen des Sehvermögens von einem solchen Schweregrad vorliegen, dass sie dieser Beeinträchtigung der Sehschärfe gleichzustellen sind.

b) Eine der Herabsetzung der Sehschärfe auf 0,02 (1/50) oder weniger gleich zusetzende Sehbehinderung liegt nach den Richtlinien der Deutschen Ophthalmologischen Gesellschaft bei folgenden Fallgruppen vor:

   aa) bei einer Einengung des Gesichtsfeldes, wenn bei einer Sehschärfe von 0,033 (1/30) oder weniger die Grenze des Restgesichtsfeldes in keiner Richtung mehr als 30° vom Zentrum entfernt ist, wobei Gesichtsfeldreste jenseits von 50° unberücksichtigt bleiben,

   bb) bei einer Einengung des Gesichtsfeldes, wenn bei einer Sehschärfe von 0,05 (1/20) oder weniger die Grenze des Restgesichtsfeldes in keiner Richtung mehr als 15° vom Zentrum entfernt ist, wobei Gesichtsfeldreste jenseits von 50° unberücksichtigt bleiben,

   cc) bei einer Einengung des Gesichtsfeldes, wenn bei einer Sehschärfe von 0,1 (1/10) oder weniger die Grenze des Restgesichtsfeldes in keiner Richtung mehr als 7,5° vom Zentrum entfernt ist, wobei Gesichtsfeldreste jenseits von 50° unberücksichtigt bleiben,

   dd) bei einer Einengung des Gesichtsfeldes, auch bei normaler Sehschärfe, wenn die Grenze der Gesichtsfeldinsel in keiner Richtung mehr als 5° vom Zentrum entfernt ist, wobei Gesichtsfeldreste jenseits von 50° unberücksichtigt bleiben,

   ee) bei großen Skotomen im zentralen Gesichtsfeldbereich, wenn die Sehschärfe nicht mehr als 0,1 (1/10) beträgt und im 50°-Gesichtsfeld unterhalb des horizontalen Meridians mehr als die Hälfte ausgefallen ist,

   ff) bei homonymen Hemianopsien, wenn die Sehschärfe nicht mehr als 0,1 (1/10) beträgt und das erhaltene Gesichtsfeld in der Horizontalen nicht mehr als 30° Durchmesser besitzt,

   gg) bei bitemporalen oder binasalen Hemianopsien, wenn die Sehschärfe nicht mehr als 0,1 (1/10) beträgt und kein Binokularsehen besteht.

c) Blind ist auch ein behinderter Mensch mit einem nachgewiesenen vollständigen Ausfall der Sehrinde (Rindenblindheit), nicht aber mit einer visuellen Agnosie oder anderen gnostischen Störungen.

d) Für die Feststellung von Hilflosigkeit ist im Übrigen zu prüfen, ob eine hochgradige Sehbehinderung vorliegt. Hochgradig in seiner Sehfähigkeit behindert ist ein Mensch, dessen Sehschärfe auf keinem Auge und auch nicht beidäugig mehr als 0,05 (1/20) beträgt oder wenn andere hinsichtlich des Schweregrades gleich zusetzende Störungen der Sehfunktion vorliegen. Dies ist der Fall, wenn die Einschränkung des Sehvermögens einen GdS von 100 bedingt und noch keine Blindheit vorliegt.

7. Wesentliche Änderung der Verhältnisse

a) Eine wesentliche Änderung im Ausmaß der Schädigungsfolgen oder der Behinderung liegt nur vor, wenn der veränderte Gesundheitszustand mehr als sechs Monate angehalten hat oder voraussichtlich anhalten wird und die Änderung des GdS wenigstens 10 beträgt. Eine wesentliche Änderung ist auch gegeben, wenn die entscheidenden Voraussetzungen für weitere Leistungen im sozialen Entschädigungsrecht (z. B. Pflegezulage) oder für Nachteilsausgleiche für behinderte Menschen erfüllt werden oder entfallen sind.

b) Nach Ablauf der Heilungsbewährung ist auch bei gleichbleibenden Symptomen eine Neubewertung des GdS zulässig, weil der Ablauf der Heilungsbewährung eine wesentliche Änderung der Verhältnisse darstellt.

c) Bei Beurteilungen im sozialen Entschädigungsrecht ist bei einer Zunahme des Leidensumfangs zusätzlich zu prüfen, ob die Weiterentwicklung noch Folge einer Schädigung ist. Auch bei gleichbleibendem Erscheinungsbild kann eine wesentliche Änderung der gesundheitlichen Verhältnisse vorliegen, wenn sich die schädigungsbedingte Störung, die dem Erscheinungsbild zunächst zugrunde lag, gebessert oder ganz zurückgebildet hat, das Leidensbild jedoch aufgrund neuer Ursachen bestehen geblieben ist („Verschiebung der Wesensgrundlage").

Teil B:
GdS-Tabelle

1. Allgemeine Hinweise zur GdS-Tabelle

a) Die nachstehend genannten GdS sind Anhaltswerte. Es ist unerlässlich, alle die Teilhabe beeinträchtigenden körperlichen, geistigen und seelischen Störungen im Einzelfall zu berücksichtigen. Die Beurteilungsspannen tragen den Besonderheiten des Einzelfalles Rechnung.

b) Bei Gesundheitsstörungen, die in der Tabelle nicht aufgeführt sind, ist der GdS in Analogie zu vergleichbaren Gesundheitsstörungen zu beurteilen.

c) Eine Heilungsbewährung ist abzuwarten nach Transplantationen innerer Organe und nach der Behandlung von Krankheiten, bei denen dies in der Tabelle vorgegeben ist. Dazu gehören vor allen bösartige Geschwulstkrankheiten. Für die häufigsten und wichtigsten solcher Krankheiten sind im Folgenden Anhaltswerte für den GdS angegeben. Sie sind auf den Zustand nach operativer oder anderweitiger Beseitigung der Geschwulst bezogen. Der Zeitraum des Abwartens einer Heilungsbewährung beträgt in der Regel fünf Jahre; kürzere Zeiträume werden in der Tabelle vermerkt. Maßgeblicher Bezugspunkt für den Beginn der Heilungsbewährung ist der Zeitpunkt, an dem die Geschwulst durch Operation oder andere Primärtherapie als beseitigt angesehen werden kann; eine zusätzliche adjuvante Therapie hat keinen Einfluss auf den Beginn der Heilungsbewährung. Der aufgeführte GdS bezieht den regelhaft verbleibenden Organ- oder Gliedmaßenschaden ein. Außergewöhnliche Folgen oder Begleiterscheinungen der Behandlung – z. B. lang dauernde schwere Auswirkungen einer wiederholten Chemotherapie – sind zu berücksichtigen. Bei den im Folgenden nicht genannten malignen Geschwulstkrankheiten ist von folgenden Grundsätzen auszugehen: Bis zum Ablauf der Heilungsbewährung – in der Regel bis zum Ablauf des fünften Jahres nach der Geschwulstbeseitigung ist in den Fällen, in denen der verbliebene Organ- oder Gliedmaßenschaden für sich allein keinen GdS von wenigstens 50 bedingt, im allgemeinen nach Geschwulstbeseitigung im Frühstadium ein GdS von 50 und nach Geschwulstbeseitigung in höheren Stadien ein GdS von 80 angemessen. Bedingen der verbliebene Körperschaden oder die Therapiefolgen einen GdS von 50 oder mehr, ist der bis zum Ablauf der Heilungsbewährung anzusetzende GdS entsprechend höher zu bewerten.

d) Ein Carcinoma in situ (Cis) rechtfertigt grundsätzlich kein Abwarten einer Heilungsbewährung. Ausgenommen hiervon sind das Carcinoma in situ der Harnblase und das Carcinoma in situ der Brustdrüse (intraduktales und lobuläres Carcinoma in situ), bei denen wegen klinischer Besonderheiten bei Vorliegen o. g. Voraussetzungen das Abwarten einer Heilungsbewährung begründet ist.

2. Kopf und Gesicht

2.1 Narben nach Warzenfortsatzaufmeißelung	0
Einfache Schädelbrüche ohne Komplikationen im Heilverlauf	0
Kleinere Knochenlücken, Substanzverluste (auch größere gedeckte) am knöchernen Schädel	0–10
Schädelnarben am Hirnschädel mit erheblichem Verlust von Knochenmasse ohne Funktionsstörung des Gehirns (einschließlich entstellender Wirkung)	30
Hierzu gehören insbesondere alle traumatisch entstandenen erheblichen (nicht gedeckten) Substanzverluste am Hirnschädel, die auch das innere Knochenblatt betreffen.	
Einfache Gesichtsentstellung	
nur wenig störend	10

sonst	20–30
Hochgradige Entstellung des Gesichts	50

2.2 Sensibilitätsstörungen im Gesichtsbereich

leicht	0–10
ausgeprägt, den oralen Bereich einschließend	20–30
Gesichtsneuralgien (z. B. Trigeminusneuralgie)	
leicht (seltene, leichte Schmerzen)	0–10
mittelgradig (häufigere, leichte bis mittelgradige Schmerzen, schon durch geringe Reize auslösbar)	20–40
schwer (häufige, mehrmals im Monat auftretende starke Schmerzen bzw. Schmerzattacken)	50–60
besonders schwer (starker Dauerschmerz oder Schmerzattacken mehrmals wöchentlich)	70–80

2.3 Echte Migräne

je nach Häufigkeit und Dauer der Anfälle und Ausprägung der Begleiterscheinungen.

leichte Verlaufsform (Anfälle durchschnittlich einmal monatlich)	0–10
mittelgradige Verlaufsform (häufigere Anfälle, jeweils einen oder mehrere Tage anhaltend)	20–40
schwere Verlaufsform (lang andauernde Anfälle mit stark ausgeprägten Begleiterscheinungen, Anfallspausen von nur wenigen Tagen)	50–60

2.4 Periphere Fazialisparese

einseitig	
kosmetisch nur wenig störende Restparese	0–10
ausgeprägtere Restparese oder Kontrakturen	20–30
komplette Lähmung oder ausgeprägte Kontraktur	40
beidseitig komplette Lähmung	50

3. Nervensystem und Psyche

3.1 Hirnschäden

a) Ein Hirnschaden ist nachgewiesen, wenn Symptome einer organischen Veränderung des Gehirns – nach Verletzung oder Krankheit nach dem Abklingen der akuten Phase – festgestellt worden sind. Wenn bei späteren Untersuchungen keine hirnorganischen Funktionsstörungen und Leistungsbeeinträchtigungen mehr zu erkennen sind beträgt der GdS dann – auch unter Einschluss geringer z. B. vegetativer Beschwerden – 20; nach offenen Hirnverletzungen nicht unter 30.

b) Bestimmend für die Beurteilung des GdS ist das Ausmaß der bleibenden Ausfallserscheinungen. Dabei sind der neurologische Befund, die Ausfallserscheinungen im psychischen Bereich unter Würdigung der prämorbiden Persönlichkeit und ggf. das Auftreten von zerebralen Anfällen zu beachten. Bei der Mannigfaltigkeit der Folgezustände von Hirnschädigungen kommt ein GdS zwischen 20 und 100 in Betracht.

c) Bei Kindern ist zu berücksichtigen, dass sich die Auswirkungen eines Hirnschadens abhängig vom Reifungsprozess sehr verschieden (Besserung oder Verschlechterung) entwickeln können, so dass in der Regel Nachprüfungen in Abständen von wenigen Jahren angezeigt sind.

d) Bei einem mit Ventil versorgten Hydrozephalus ist ein GdS von wenigstens 30 anzusetzen.

e) Nicht nur vorübergehende vegetative Störungen nach Gehirnerschütterung (reversible und morphologisch nicht nachweisbare Funktionsstörung des Gesamthirns) rechtfertigen im ersten Jahr nach dem Unfall einen GdS von 10 bis 20.

Bei der folgenden GdS-Tabelle der Hirnschäden soll die unter Nummer 3.1.1 genannte Gesamtbewertung im Vordergrund stehen. Die unter Nummer 3.1.2 angeführten isoliert vorkommenden bzw. führenden Syndrome stellen eine ergänzende Hilfe zur Beurteilung dar.

3.1.1 Grundsätze der Gesamtbewertung von Hirnschäden

Hirnschäden mit geringer Leistungsbeeinträchtigung	30–40
Hirnschäden mit mittelschwerer Leistungsbeeinträchtigung	50–60
Hirnschäden mit schwerer Leistungsbeeinträchtigung	70–100

3.1.2 Bewertung von Hirnschäden mit isoliert vorkommenden bzw. führenden Syndromen (bei Begutachtungen im sozialen Entschädigungsrecht auch zur Feststellung der Schwerstbeschädigtenzulage)

Hirnschäden mit psychischen Störungen	
leicht (im Alltag sich gering auswirkend)	30–40
mittelgradig (im Alltag sich deutlich auswirkend)	50–60
schwer	70–100
Zentrale vegetative Störungen als Ausdruck eines Hirndauerschadens (z. B. Störungen des Schlaf-Wach-Rhythmus, der Vasomotorenregulation oder der Schweißregulation)	
leicht	30
mittelgradig, auch mit vereinzelten synkopalen Anfällen	40
mit häufigeren Anfällen oder erheblichen Auswirkungen auf den Allgemeinzustand	50
Koordinations- und Gleichgewichtsstörungen (spino-) zerebellarer Ursache je nach dem Ausmaß der Störung der Ziel- und Feinmotorik einschließlich der Schwierigkeiten beim Gehen und Stehen (siehe hierzu auch bei Hör- und Gleichgewichtsorgan)	30–100
Hirnschäden mit kognitiven Leistungsstörungen (z. B. Aphasie, Apraxie, Agnosie)	
leicht (z. B. Restaphasie)	30–40
mittelgradig (z. B. Aphasie mit deutlicher bis sehr ausgeprägter Kommunikationsstörung)	50–80
schwer (z. B. globale Aphasie)	90–100
Zerebral bedingte Teillähmungen und Lähmungen	
leichte Restlähmungen und Tonusstörungen der Gliedmaßen	30
bei ausgeprägteren Teillähmungen und vollständigen Lähmungen ist der GdS aus Vergleichen mit dem GdS bei Gliedmaßenverlusten, peripheren Lähmungen und anderen Funktionseinbußen der Gliedmaßen abzuleiten.	
vollständige Lähmung von Arm und Bein (Hemiplegie)	100
Parkinson-Syndrom	
ein- oder beidseitig, geringe Störung der Bewegungsabläufe, keine Gleichgewichtsstörung, geringe Verlangsamung	30–40

deutliche Störung der Bewegungsabläufe, Gleichgewichtsstörungen, Unsicherheit beim Umdrehen, stärkere Verlangsamung	50–70
schwere Störung der Bewegungsabläufe bis zur Immobilität	80–100

Andere extrapyramidale Syndrome – auch mit Hyperkinesen – sind analog nach Art und Umfang der gestörten Bewegungsabläufe und der Möglichkeit ihrer Unterdrückung zu bewerten; bei lokalisierten Störungen (z. B. Torticollis spasmodicus) sind niedrigere GdS als bei generalisierten (z. B. choreatische Syndrome) in Betracht zu ziehen.

Epileptische Anfälle

je nach Art, Schwere, Häufigkeit und tageszeitlicher Verteilung

III

sehr selten (generalisierte [große] und komplex-fokale Anfälle mit Pausen von mehr als einem Jahr; kleine und einfach-fokale Anfälle mit Pausen von Monaten)	40
selten (generalisierte [große] und komplex-fokale Anfälle mit Pausen von Monaten; kleine und einfach-fokale Anfälle mit Pausen von Wochen)	50–60
mittlere Häufigkeit (generalisierte [große] und komplex-fokale Anfälle mit Pausen von Wochen; kleine und einfach-fokale Anfälle mit Pausen von Tagen)	60–80
häufig generalisierte [große] oder komplex-fokale Anfälle wöchentlich oder Serien von generalisierten Krampfanfällen, von fokal betonten oder von multifokalen Anfällen; kleine und einfach-fokale Anfälle täglich)	90–100
nach drei Jahren Anfallsfreiheit bei weiterer Notwendigkeit antikonvulsiver Behandlung	30

Ein Anfallsleiden gilt als abgeklungen, wenn ohne Medikation drei Jahre Anfallsfreiheit besteht. Ohne nachgewiesenen Hirnschaden ist dann kein GdS mehr anzunehmen.

3.2 Narkolepsie

Je nach Häufigkeit, Ausprägung und Kombination der Symptome (Tagesschläfrigkeit, Schlafattacken, Kataplexien, automatisches Verhalten im Rahmen von Ermüdungserscheinungen, Schlaflähmungen – häufig verbunden mit hypnagogen Halluzinationen) ist im Allgemeinen ein GdS von 50 bis 80 anzusetzen.

3.3 Hirntumoren

Der GdS von Hirntumoren ist vor allem von der Art und Dignität und von der Ausdehnung und Lokalisation mit ihren Auswirkungen abhängig.

Nach der Entfernung gutartiger Tumoren (z. B. Meningeom, Neurinom) richtet sich der GdS allein nach dem verbliebenen Schaden.

Bei Tumoren wie Oligodendrogliom, Ependymom, Astrozytom II, ist der GdS, wenn eine vollständige Tumorentfernung nicht gesichert ist, nicht niedriger als 50 anzusetzen.

Bei malignen Tumoren (z. B. Astrozytom III, Glioblastom, Medulloblastom) ist der GdS mit wenigstens 80 zu bewerten.

Das Abwarten einer Heilungsbewährung (von fünf Jahren) kommt in der Regel nur nach der Entfernung eines malignen Kleinhirntumors des Kindesalters (z. B. Medulloblastom) in Betracht. Der GdS beträgt während dieser Zeit (im Frühstadium) bei geringer Leistungsbeeinträchtigung 50.

3.4 Beeinträchtigungen der geistigen Leistungsfähigkeit im Kindes- und Jugendalter

Die GdS-Beurteilung der Beeinträchtigungen der geistigen Entwicklung darf nicht allein vom Ausmaß der Intelligenzminderung und von diesbezüglichen Testergebnissen ausgehen, die immer nur Teile der Behinderung zu einem bestimmten Zeitpunkt erfassen können. Daneben muss stets auch die Persönlichkeitsentwicklung auf affektivem und emotionalem Gebiet, wie auch im Bereich des Antriebs und der Prägung durch die Umwelt mit allen Auswirkungen auf die sozialen Einordnungsmöglichkeiten berücksichtigt werden.

3.4.1 Entwicklungsstörungen im Kleinkindesalter

Die Beurteilung setzt eine standardisierte Befunderhebung mit Durchführung geeigneter Testverfahren voraus (Nachuntersuchung mit Beginn der Schulpflicht).

Umschriebene Entwicklungsstörungen in den Bereichen Motorik, Sprache oder Wahrnehmung und Aufmerksamkeit

leicht, ohne wesentliche Beeinträchtigung der Gesamtentwicklung	0–10
sonst – bis zum Ausgleich –	
je nach Beeinträchtigung der Gesamtentwicklung	20–40
bei besonders schwerer Ausprägung	50

Globale Entwicklungsstörungen (Einschränkungen in den Bereichen Sprache und Kommunikation, Wahrnehmung und Spielverhalten, Motorik, Selbständigkeit, soziale Integration

je nach Ausmaß der sozialen Einordnungsstörung und der Verhaltensstörung (z. B. Hyperaktivität, Aggressivität

geringe Auswirkungen	30–40
starke Auswirkungen (z. B. Entwicklungsquotient [EQ] von 70 bis über 50	50–70
schwere Auswirkungen (z. B. EQ 50 und weniger)	80–100

3.4.2 Einschränkung der geistigen Leistungsfähigkeit im Schul- und Jugendalter

Kognitive Teilleistungsschwächen (z. B. Lese-Rechtschreib-Schwäche [Legasthenie], isolierte Rechenstörung

leicht, ohne wesentliche Beeinträchtigung der Schulleistungen	0–10
sonst – auch unter Berücksichtigung von Konzentrations- und Aufmerksamkeitsstörungen – bis zum Ausgleich	20–40
bei besonders schwerer Ausprägung (selten)	50

Einschränkung der geistigen Leistungsfähigkeit mit einem Intelligenzrückstand entsprechend einem Intelligenz-Alter (I. A.) von etwa 10 bis 12 Jahren bei Erwachsenen (Intelligenzquotient [IQ] von etwa 70 bis 60)

wenn während des Schulbesuchs nur geringe Störungen, insbesondere der Auffassung, der Merkfähigkeit, der psychischen Belastbarkeit, der sozialen Einordnung, des Sprechens, der Sprache, oder anderer kognitiver Teilleistungen vorliegen	30–40
wenn sich nach Abschluss der Schule noch eine weitere Bildungsfähigkeit gezeigt hat und keine wesentlichen, die soziale Einordnung erschwerenden Persönlichkeitsstörungen bestehen	30–40
wenn ein Ausbildungsberuf unter Nutzung der Sonderregelungen für behinderte Menschen erreicht werden kann	30–40
wenn während des Schulbesuchs die oben genannten Störungen stark ausgeprägt sind oder mit einem Schulversagen zu rechnen ist	50–70

wenn nach Abschluss der Schule auf eine Beeinträchtigung der Fähigkeit zu selbständiger Lebensführung oder sozialer Einordnung geschlossen werden kann	50–70
wenn der behinderte Mensch wegen seiner Behinderung trotz beruflicher Fördermöglichkeiten (z. B. in besonderen Rehabilitationseinrichtungen) nicht in der Lage ist, sich auch unter Nutzung der Sonderregelungen für behinderte Menschen beruflich zu qualifizieren	50–70
Intelligenzmangel mit stark eingeengter Bildungsfähigkeit, erheblichen Mängeln im Spracherwerb, Intelligenzrückstand entsprechend einem I. A. unter 10 Jahren bei Erwachsenen (IQ unter 60)	
bei relativ günstiger Persönlichkeitsentwicklung und sozialer Anpassungsmöglichkeit (Teilerfolg in einer Sonderschule, selbständige Lebensführung in einigen Teilbereichen und Einordnung im allgemeinen Erwerbsleben mit einfachen motorischen Fertigkeiten noch möglich)	80–90
bei stärkerer Einschränkung der Eingliederungsmöglichkeiten mit hochgradigem Mangel an Selbständigkeit und Bildungsfähigkeit, fehlender Sprachentwicklung, unabhängig von der Arbeitsmarktlage und auf Dauer Beschäftigungsmöglichkeit nur in einer Werkstatt für Behinderte	100

3.5 Verhaltens- und emotionale Störungen mit Beginn in der Kindheit und Jugend

Die Kriterien der Definitionen der ICD 10-GM Version 2011 müssen erfüllt sein. Komorbide psychische Störungen sind gesondert zu berücksichtigen. Eine Behinderung liegt erst ab Beginn der Teilhabebeeinträchtigung vor. Eine pauschale Festsetzung des GdS nach einem bestimmten Lebensalter ist nicht möglich.

3.5.1 Tief greifende Entwicklungsstörungen (insbesondere frühkindlicher Autismus, atypischer Autismus, Asperger-Syndrom)

Bei tief greifenden Entwicklungsstörungen

- ohne soziale Anpassungsschwierigkeiten beträgt der GdS 10–20,
- mit leichten sozialen Anpassungsschwierigkeiten beträgt der GdS 30–40,
- mit mittleren sozialen Anpassungsschwierigkeiten beträgt der GdS 50–70,
- mit schweren sozialen Anpassungsschwierigkeiten beträgt der GdS 80–100.

Soziale Anpassungsschwierigkeiten liegen insbesondere vor, wenn die Integrationsfähigkeit in Lebensbereiche (wie zum Beispiel Regel-Kindergarten, Regel-Schule, allgemeiner Arbeitsmarkt, öffentliches Leben, häusliches Leben) nicht ohne besondere Förderung oder Unterstützung (zum Beispiel durch Eingliederungshilfe) gegeben ist oder wenn die Betroffenen einer über das dem jeweiligen Alter entsprechende Maß hinausgehenden Beaufsichtigung bedürfen. Mittlere soziale Anpassungsschwierigkeiten liegen insbesondere vor, wenn die Integration in Lebensbereiche nicht ohne umfassende Unterstützung (zum Beispiel einen Integrationshelfer als Eingliederungshilfe) möglich ist. Schwere soziale Anpassungsschwierigkeiten liegen insbesondere vor, wenn die Integration in Lebensbereiche auch mit umfassender Unterstützung nicht möglich ist.

3.5.2 Hyperkinetische Störungen und Aufmerksamkeitsstörungen ohne Hyperaktivität

Ohne soziale Anpassungsschwierigkeiten liegt keine Teilhabebeeinträchtigung vor.

Bei sozialen Anpassungsschwierigkeiten

- ohne Auswirkung auf die Integrationsfähigkeit beträgt der GdS 10–20.
- mit Auswirkungen auf die Integrationsfähigkeit in mehreren Lebensbereichen (wie zum Beispiel Regel-Kindergarten, Regel-Schule, allgemeiner Arbeitsmarkt, öffentliches Leben, häusliches Leben) oder wenn die Betroffenen einer über das dem jeweiligen Alter entsprechende Maß hinausgehenden Beaufsichtigung bedürfen, beträgt der GdS 30–40.

- mit Auswirkungen, die die Integration in Lebensbereiche nicht ohne umfassende Unterstützung oder umfassende Beaufsichtigung ermöglichen, beträgt der GdS 50–70.
- mit Auswirkungen, die die Integration in Lebensbereiche auch mit umfassender Unterstützung nicht ermöglichen, beträgt der GdS 80–100.

Ab dem Alter von 25 Jahren beträgt der GdS regelhaft nicht mehr als 50.

3.5.3 Störungen des Sozialverhaltens und Störungen sozialer Funktionen mit Beginn in der Kindheit und Jugend sind je nach Ausmaß der Teilhabebeeinträchtigung, insbesondere der Einschränkung der sozialen Integrationsfähigkeit und dem Betreuungsaufwand, individuell zu bewerten.

3.6 Schizophrene und affektive Psychosen

Stadium je nach Einbuße beruflicher und sozialer Anpassungsmöglichkeiten	50–100
Schizophrener Residualzustand (z. B. Konzentrationsstörung, Kontaktschwäche, Vitalitätseinbuße, affektive Nivellierung)	
mit geringen und einzelnen Restsymptomen ohne soziale Anpassungsschwierigkeiten	10–20
mit leichten sozialen Anpassungsschwierigkeiten	30–40
mit mittelgradigen sozialen Anpassungsschwierigkeiten	50–70
mit schweren sozialen Anpassungsschwierigkeiten	80–100
Affektive Psychose mit relativ kurz andauernden, aber häufig wiederkehrenden Phasen	
bei 1 bis 2 Phasen im Jahr von mehrwöchiger Dauer je nach Art und Ausprägung	30–50
bei häufigeren Phasen von mehrwöchiger Dauer	60–100
Nach dem Abklingen lang dauernder psychotischer Episoden ist eine Heilungsbewährung von zwei Jahren abzuwarten.	
GdS während dieser Zeit, wenn bereits mehrere manische oder manische und depressive Phasen vorangegangen sind	50
sonst	30

Eine Heilungsbewährung braucht nicht abgewartet zu werden, wenn eine monopolar verlaufene depressive Phase vorgelegen hat, die als erste Krankheitsphase oder erst mehr als zehn Jahre nach einer früheren Krankheitsphase aufgetreten ist.

3.7 Neurosen, Persönlichkeitsstörungen, Folgen psychischer Traumen

Leichtere psychovegetative oder psychische Störungen	0–20
mit wesentlicher Einschränkung der Erlebnis- und Gestaltungsfähigkeit (z. B. ausgeprägtere depressive, hypochondrische, asthenische oder phobische Störungen, Entwicklungen mit Krankheitswert, somatoforme Störungen)	30–40
Schwere Störungen (z. B. schwere Zwangskrankheit)	
mit mittelgradigen sozialen Anpassungsschwierigkeiten	50–70
mit schweren sozialen Anpassungsschwierigkeiten	80–100

3.8 Psychische Störungen und Verhaltensstörungen durch psychotrope Substanzen

Der schädliche Gebrauch psychotroper Substanzen ohne körperliche oder psychische Schädigung bedingt keinen Grad der Schädigungsfolgen. Die Abhängigkeit von Koffein oder Tabak sowie von Koffein und Tabak bedingt für sich allein in der Regel keine Teilhabebeeinträchtigung.

Abhängigkeit von psychotropen Substanzen liegt vor, wenn als Folge des chronischen Substanzkonsums mindestens drei der folgenden Kriterien erfüllt sind:

- starker Wunsch (Drang), die Substanz zu konsumieren,
- verminderte Kontrollfähigkeit (Kontrollverlust) den Konsum betreffend,

- Vernachlässigung anderer sozialer Aktivitäten zugunsten des Substanzkonsums,
- fortgesetzter Substanzkonsum trotz des Nachweises schädlicher Folgen,
- Toleranzentwicklung,
- körperliche Entzugssymptome nach Beenden des Substanzkonsums.

Es gelten folgende GdS-Werte:

Bei schädlichem Gebrauch von psychotropen Substanzen mit leichteren psychischen Störungen beträgt der GdS 0–20.

Bei Abhängigkeit:
- mit leichten sozialen Anpassungsschwierigkeiten beträgt der GdS 30–40,
- mit mittleren sozialen Anpassungsschwierigkeiten beträgt der GdS 50–70,
- mit schweren sozialen Anpassungsschwierigkeiten beträgt der GdS 80–100.

Ist im Fall einer Abhängigkeit, die zuvor mit einem GdS von mindestens 50 zu bewerten war, Abstinenz erreicht, muss eine Heilungsbewährung von zwei Jahren ab dem Zeitpunkt des Beginns der Abstinenz abgewartet werden. Während dieser Zeit ist ein GdS von 30 anzunehmen, es sei denn, die bleibenden psychischen oder hirnorganischen Störungen rechtfertigen einen höheren GdS. Weitere Organschäden sind unter Beachtung von Teil A Nummer 2 Buchstabe e der Versorgungsmedizinischen Grundsätze zu bewerten.

Abnorme Gewohnheiten und Störungen der Impulskontrolle sind nach Teil B Nummer 3.7 zu bewerten.

3.9 Rückenmarkschäden

Unvollständige, leichte Halsmarkschädigung mit beidseits geringen motorischen und sensiblen Ausfällen, ohne Störungen der Blasen- und Mastdarmfunktion	30–60
Unvollständige Brustmark-, Lendenmark- oder Kaudaschädigung mit Teillähmung beider Beine, ohne Störungen der Blasen- und Mastdarmfunktion	30–60
Unvollständige Brustmark-, Lendenmark- oder Kaudaschädigung mit Teillähmung beider Beine und Störungen der Blasen- und/oder Mastdarmfunktion	60–80
Unvollständige Halsmarkschädigung mit gewichtigen Teillähmungen beider Arme und Beine und Störungen der Blasen- und/oder Mastdarmfunktion	100
Vollständige Halsmarkschädigung mit vollständiger Lähmung beider Arme und Beine und Störungen der Blasen- und/ oder Mastdarmfunktion	100
Vollständige Brustmark-, Lendenmark-, oder Kaudaschädigung mit vollständiger Lähmung der Beine und Störungen der Blasen und/oder Mastdarmfunktion	100

3.10 Multiple Sklerose

Der GdS richtet sich vor allem nach den zerebralen und spinalen Ausfallserscheinungen. Zusätzlich ist die aus dem klinischen Verlauf sich ergebende Krankheitsaktivität zu berücksichtigen.

3.11 Polyneuropathien

Bei den Polyneuropathien ergeben sich die Funktionsbeeinträchtigungen aufgrund motorischer Ausfälle (mit Muskelatrophien), sensibler Störungen oder Kombinationen von beiden. Der GdS motorischer Ausfälle ist in Analogie zu den peripheren Nervenschäden einzuschätzen. Bei den sensiblen Störungen und Schmerzen ist zu berücksichtigen, dass schon leichte Störungen zu Beeinträchtigungen – z. B. bei Feinbewegungen – führen können.

4. Sehorgan

Die Sehbehinderung umfasst alle Störungen des Sehvermögens. Für die Beurteilung ist in erster Linie die korrigierte Sehschärfe maßgebend; daneben sind u. a. Ausfälle des Gesichtsfeldes und des Blickfeldes zu berücksichtigen.

Die Sehschärfe ist grundsätzlich entsprechend den Empfehlungen der Deutschen Ophthalmologischen Gesellschaft (DOG) nach DIN 58220 zu bestimmen; Abweichungen hiervon sind nur in Ausnahmefällen zulässig (zum Beispiel bei Bettlägerigkeit oder Kleinkindern). Die übrigen Partialfunktionen des Sehvermögens sind nur mit Geräten oder Methoden zu prüfen, die den Empfehlungen der DOG entsprechend eine gutachtenrelevante einwandfreie Beurteilung erlauben.

Hinsichtlich der Gesichtsfeldbestimmung bedeutet dies, dass zur Feststellung von Gesichtsfeldausfällen nur Ergebnisse der manuellkinetischen Perimetrie entsprechend der Marke Goldmann III/4e verwertet werden dürfen.

Bei der Beurteilung von Störungen des Sehvermögens ist darauf zu achten, dass der morphologische Befund die Sehstörungen erklärt.

Die Grundlage für die GdS-Beurteilung bei Herabsetzung der Sehschärfe bildet die „MdE-Tabelle der DOG".

4.1 Verlust eines Auges mit dauernder, einer Behandlung nicht zugänglichen Eiterung der Augenhöhle	40

4.2 Linsenverlust

Linsenverlust korrigiert durch intraokulare Kunstlinse oder Kontaktlinse

– Linsenverlust eines Auges	
Sehschärfe 0,4 und mehr	10
Sehschärfe 0,1 bis weniger als 0,4	20
Sehschärfe weniger als 0,1	25–30

– Linsenverlust beider Augen

Beträgt der sich aus der Sehschärfe für beide Augen ergebende GdS nicht mehr als 60, ist dieser um 10 zu erhöhen.

Die GdS-Werte setzen die Verträglichkeit der Linsen voraus. Maßgebend ist der objektive Befund.

Bei Versorgung mit Starbrille ist der aus der Sehschärfe für beide Augen sich ergebende GdS um 10 zu erhöhen, bei Blindheit oder Verlust des anderen Auges um 20.

Bei Unkorrigierbarkeit richtet sich der GdS nach der Restsehschärfe.

4.3 Die augenärztliche Untersuchung umfasst die Prüfung der einäugigen und beidäugigen Sehschärfe. Sind die Ergebnisse beider Prüfungsarten unterschiedlich, so ist bei der Bewertung die beidäugige Sehschärfe als Sehschärfewert des besseren Auges anzusetzen.

	RA	1,0	0,8	0,63	0,5	0,4	0,32	0,25	0,2	0,16	0,1	0,08	0,05	0,02	0
Sehschärfe LA		5/5	5/6	5/8	5/10	5/12	5/15	5/20	5/25	5/30	5/50	1/12	1/20	1/50	0
1,0	**5/5**	0	0	0	5	5	10	10	10	15	20	20	25	25	25
0,8	**5/6**	0	0	5	5	10	10	10	15	20	20	25	30	30	30
0,63	**5/8**	0	5	10	10	10	10	15	20	20	25	30	30	30	40
0,5	**5/10**	5	5	10	10	10	15	20	20	25	30	30	35	40	40
0,4	**5/12**	5	10	10	10	20	20	25	25	30	30	35	40	50	50
0,32	**5/15**	10	10	10	15	20	30	30	30	40	40	40	50	50	50
0,25	**5/20**	10	10	15	20	25	30	40	40	40	50	50	50	60	60
0,2	**5/25**	10	15	20	20	25	30	40	50	50	50	60	60	70	70
0,16	**5/30**	15	20	20	25	30	40	40	50	60	60	60	70	80	80
0,1	**5/50**	20	20	25	30	30	40	50	50	60	70	70	80	90	90
0,08	**1/12**	20	25	30	30	35	40	50	60	60	70	80	90	90	90
0,05	**1/20**	25	30	30	35	40	50	50	60	70	80	90	100	100	100
0,02	**1/50**	25	30	30	40	50	50	60	70	80	90	90	100	100	100
0	**0**	25	30	40	40	50	50	60	70	80	90	90	100	100	100

4.4 Augenmuskellähmungen, Strabismus

wenn ein Auge wegen der Doppelbilder vom Sehen ausgeschlossen werden muss 30

bei Doppelbildern nur in einigen Blickfeldbereichen bei sonst normalem Binokularsehen ergibt sich der GdS aus dem nachstehenden Schema von Haase und Steinhorst:

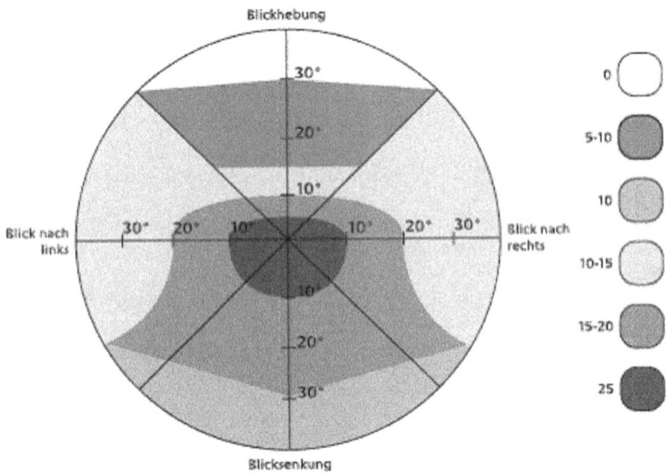

bei einseitiger Bildunterdrückung durch Gewöhnung (Exklusion) und entsprechendem Verschwinden der Doppelbilder 10

Einschränkungen der Sehschärfe (z. B. Amblyopie) oder eine erheblich entstellende Wirkung sind ggf. zusätzlich zu berücksichtigen.

Lähmung des Oberlides mit nicht korrigierbarem, vollständigem	
Verschluss des Auges	30
sonst	10–20
Fehlstellungen der Lider, Verlegung der Tränenwege mit Tränenträufeln	
einseitig	0–10
beidseitig	10–20

4.5 Gesichtsfeldausfälle

Vollständige Halbseiten- und Quadrantenausfälle	
Homonyme Hemianopsie	40
Bitemporale Hemianopsie	30
Binasale Hemianopsie	
bei beidäugigem Sehen	10
bei Verlust des beidäugigen Sehens	30
Homonymer Quadrant oben	20
Homonymer Quadrant unten	30
Vollständiger Ausfall beider unterer Gesichtsfeldhälften	60
Ausfall einer Gesichtsfeldhälfte bei Verlust oder Blindheit des anderen Auges	
nasal	60
temporal	70

Bei unvollständigen Halbseiten- und Quadrantenausfällen ist der GdS entsprechend niedriger anzusetzen.

Gesichtsfeldeinengungen

Allseitige Einengung bei normalem Gesichtsfeld des anderen Auges	
auf 10° Abstand vom Zentrum	10
auf 5° Abstand vom Zentrum	25
Allseitige Einengung binokular	
auf 50° Abstand vom Zentrum	10
auf 30° Abstand vom Zentrum	30
auf 10° Abstand vom Zentrum	70
auf 5° Abstand vom Zentrum	100
Allseitige Einengung bei Fehlen des anderen Auges	
auf 50° Abstand vom Zentrum	40
auf 30° Abstand vom Zentrum	60
auf 10° Abstand vom Zentrum	90
auf 5° Abstand vom Zentrum	100
Unregelmäßige Gesichtsfeldausfälle, Skotome im 50°-Gesichtsfeld unterhalb des horizontalen Meridians, binokular	
mindestens 1/3 ausgefallene Fläche	20
mindestens 2/3 ausgefallene Fläche	50

Bei Fehlen eines Auges sind die Skotome entsprechend höher zu bewerten.

4.6 Ausfall des Farbensinns	0
Einschränkung der Dunkeladaptation (Nachtblindheit) oder des Dämmerungssehens	0–10

4.7 Nach Hornhauttransplantationen richtet sich der GdS allein nach dem Sehvermögen.

4.8 Nach Entfernung eines malignen Augentumors ist in den ersten fünf Jahren eine Heilungsbewährung abzuwarten; GdS während dieser Zeit

bei Tumorbegrenzung auf den Augapfel (auch bei Augapfelentfernung)	50
sonst	wenigstens 80

5. Hör- und Gleichgewichtsorgan

Maßgebend für die Bewertung des GdS bei Hörstörungen ist die Herabsetzung des Sprachgehörs, deren Umfang durch Prüfung ohne Hörhilfen zu bestimmen ist. Der Beurteilung ist die von der Deutschen Gesellschaft für Hals-Nasen-Ohrenheilkunde, Kopf- und Hals-Chirurgie empfohlene Tabelle (siehe Nummer 5.2.4, Tabelle D) zugrunde zu legen. Nach Durchführung eines Ton- und Sprachaudiogramms ist der Prozentsatz des Hörverlustes aus entsprechenden Tabellen abzuleiten.

Die in der GdS-Tabelle enthaltenen Werte zur Schwerhörigkeit berücksichtigen die Möglichkeit eines Teilausgleichs durch Hörhilfen mit.

Sind mit der Hörstörung andere Erscheinungen verbunden, z. B. Ohrgeräusche, Gleichgewichtsstörungen, Artikulationsstörungen oder außergewöhnliche psychoreaktive Störungen, so kann der GdS entsprechend höher bewertet werden.

5.1 Angeborene oder in der Kindheit erworbene Taubheit oder an Taubheit grenzende Schwerhörigkeit mit Sprachstörungen

angeboren oder bis zum 7. Lebensjahr erworben (schwere Störung des Spracherwerbs, in der Regel lebenslang)	100
später erworben (im 8. bis 18. Lebensjahr) mit schweren Sprachstörungen (schwer verständliche Lautsprache, geringer Sprachschatz)	100
sonst je nach Sprachstörung	80–90

5.2 Hörverlust

5.2.1 Zur Ermittlung des prozentualen Hörverlustes aus den Werten der sprachaudiometrischen Untersuchung (nach Boenninghaus u. Röser 1973):

Tabelle A

Gesamtwortverstehen	Hörverlust für Zahlen in dB: < 20	ab 20	ab 25	ab 30	ab 35	ab 40	ab 45	ab 50	ab 55	ab 60	ab 65	ab 70
< 20	100	100	100	100	100	100	100	100	100	100	100	100
ab 20	95	95	95	95	95	95	95	95	95	95	95	100
ab 35	90	90	90	90	90	90	90	90	90	90	95	100
ab 50	80	80	80	80	80	80	80	80	80	90	95	100
ab 75	70	70	70	70	70	70	70	70	80	90	95	100
ab 100	60	60	60	60	60	60	60	70	80	90	95	
ab 125	50	50	50	50	50	50	60	70	80	90		
ab 150	40	40	40	40	40	50	60	70	80			
ab 175	30	30	30	30	40	50	60	70				
ab 200	20	20	20	30	40	50	60					
ab 225	10	10	20	30	40	50						
ab 250	0	10	20	30	40							

Das Gesamtwortverstehen wird aus der Wortverständniskurve errechnet. Es entsteht durch Addition der Verständnisquoten bei 60, 80 und 100 dB Lautstärke (einfaches Gesamtwortverstehen).

Bei der Ermittlung von Schwerhörigkeiten bis zu einem Hörverlust von 40 % ist das gewichtete Gesamtwortverstehen (Feldmann 1988) anzuwenden: 3 × Verständnisquote bei 60 dB + 2 × Verständnisquote bei 80 dB + 1 × Verständnisquote bei 100 dB, Summe dividiert durch 2.

5.2.2 Zur Ermittlung des prozentualen Hörverlustes aus dem Tonaudiogramm bei unregelmäßigem Verlauf der Tongehörskurve. Der prozentuale Hörverlust ergibt sich durch Addition der vier Teilkomponenten (4-Frequenztabelle nach Röser 1973):

Tabelle B

Tonhörverlust dB	500 Hz	1000 Hz	2000 Hz	4000 Hz
10	0	0	0	0
15	2	3	2	1
20	3	5	5	2
25	4	8	7	4
30	6	10	9	5
35	8	13	11	6
40	9	16	13	7
45	11	18	16	8
50	12	21	18	9
55	14	24	20	10
60	15	26	23	11
65	17	29	25	12
70	18	32	27	13
75	19	32	28	14
80	19	33	29	14
ab 85	20	35	30	15

5.2.3 3-Frequenztabelle nach Röser 1980
für die Beurteilung bei Hochtonverlusten vom Typ Lärmschwerhörigkeit:

Tabelle C

		Tonverlust bei 1 kHz										
	dB von bis	0 5	5 10	15 20	25 30	35 40	45 50	55 60	65 70	75 80	85 90	95 100
Summe bei 2 und 3 kHz	0 - 15	0	0	0	0	5	5	Hörverlust in %				
	20 - 35	0	0	0	5	10	20	30				
	40 - 55	0	0	0	10	20	25	35	45			
	60 - 75	0	0	10	15	25	35	40	50	60		
	80 - 95	0	5	15	25	30	40	50	60	70	80	
	100 - 115	5	15	20	30	40	45	55	70	80	90	100
	120 - 135	10	20	30	35	45	55	65	75	90	100	100
	140 - 155	20	25	35	45	50	60	75	85	95	100	100
	160 - 175	25	35	40	50	60	70	80	95	100	100	100
	80 - 195	30	40	50	55	70	80	90	100	100	100	100
	ab 200	40	45	55	65	75	90	100	100	100	100	100

5.2.4 Zur Ermittlung des GdS aus den Schwerhörigkeitsgraden für beide Ohren:

Tabelle D

Rechtes Ohr	Normalhörigkeit	0-20	0	0	10	10	15	20
				10				
	Geringgradige Schwerhörigkeit	20-40	0	15	20	20	30	30
					20			
	Mittelgradige Schwerhörigkeit	40-60	10	20	30	30	40	40
						40		
	Hochgradige Schwerhörigkeit	60-80	10	20	30	50	50	50
							60	
	An Taubheit grenzende Schwerhörigkeit	80-95	15	30	40	50	70	70
								80
	Taubheit	100	20	30	40	50	70	80
		Hörverlust in Prozent	0-20	20-40	40-60	60-80	80-95	100
			Normalhörigkeit	Geringgradige Schwerhörigkeit	Mittelgradige Schwerhörigkeit	Hochgradige Schwerhörigkeit	An Taubheit grenzende Schwerhörigkeit	Taubheit
	Linkes Ohr							

5.3 Gleichgewichtsstörungen
(Normabweichungen in den apparativ erhobenen neurootologischen Untersuchungsbefunden bedingen für sich allein noch keinen GdS)
ohne wesentliche Folgen

beschwerdefrei, allenfalls Gefühl der Unsicherheit bei alltäglichen Belastungen (z. B. Gehen, Bücken, Aufrichten, Kopfdrehungen, leichte Arbeiten in wechselnder Körperhaltung) leichte Unsicherheit, geringe Schwindelerscheinungen (Schwanken) bei höheren Belastungen (z. B. Heben von Lasten, Gehen im Dunkeln, abrupte Körperbewegungen) stärkere Unsicherheit mit Schwindelerscheinungen (Fallneigung, Ziehen nach einer Seite) erst bei außergewöhnlichen Belastungen (z. B. Stehen und Gehen auf Gerüsten, sportliche Übungen mit raschen Körperbewegungen) keine nennenswerten Abweichungen bei den Geh- und Stehversuchen 0–10

mit leichten Folgen	
leichte Unsicherheit, geringe Schwindelerscheinungen wie Schwanken, Stolpern, Ausfallsschritte bei alltäglichen Belastungen, stärkere Unsicherheit und Schwindelerscheinungen bei höheren Belastungen leichte Abweichungen bei den Geh- und Stehversuchen erst auf höherer Belastungsstufe	20
mit mittelgradigen Folgen	
stärkere Unsicherheit, Schwindelerscheinungen mit Fallneigung bereits bei alltäglichen Belastungen, heftiger Schwindel (mit vegetativen Erscheinungen, gelegentlich Übelkeit, Erbrechen) bei höheren und außergewöhnlichen Belastungen deutliche Abweichungen bei den Geh- und Stehversuchen bereits auf niedriger Belastungsstufe	30–40
mit schweren Folgen	
heftiger Schwindel, erhebliche Unsicherheit und Schwierigkeiten bereits beim Gehen und Stehen im Hellen und bei anderen alltäglichen Belastungen, teilweise Gehhilfe erforderlich	50–70
bei Unfähigkeit, ohne Unterstützung zu gehen oder zu stehen	80
Ohrengeräusche (Tinnitus)	
ohne nennenswerte psychische Begleiterscheinungen	0–10
mit erheblichen psychovegetativen Begleiterscheinungen	20
mit wesentlicher Einschränkung der Erlebnis- und Gestaltungsfähigkeit (z. B. ausgeprägte depressive Störungen)	30–40
mit schweren psychischen Störungen und sozialen Anpassungsschwierigkeiten	mindestens 50
Menière-Krankheit	
ein bis zwei Anfälle im Jahr	0–10
häufigere Anfälle, je nach Schweregrad	20–40
mehrmals monatliche schwere Anfälle	50
Bleibende Hörstörungen und Ohrgeräusche (Tinnitus) sind zusätzlich zu bewerten.	
5.4 Chronische Mittelohrentzündung	
ohne Sekretion oder einseitige zeitweise Sekretion	0
einseitige andauernde Sekretion oder zeitweise beidseitige Sekretion	10
andauernd beidseitige Sekretion	20
Radikaloperationshöhle	
reizlos	0
bei unvollständiger Überhäutung und ständiger Sekretion	
einseitig	10
beidseitig	20
5.5 Verlust einer Ohrmuschel	20

6. Nase

6.1 Völliger Verlust der Nase	50
Teilverlust der Nase, Sattelnase	
wenig störend	10
sonst	20
6.2 Stinknase (Ozaena),	
je nach Ausmaß der Borkenbildung und des Foetors	20–40
Verengung der Nasengänge	

einseitig je nach Atembehinderung	0–10
doppelseitig mit leichter bis mittelgradiger Atembehinderung	10
doppelseitig mit starker Atembehinderung	20
Chronische Nebenhöhlenentzündung	
leichteren Grades (ohne wesentliche Neben- und Folgeerscheinungen)	0–10
schweren Grades (ständige erhebliche Eiterabsonderung, Trigeminusreizerscheinungen, Polypenbildung)	20–40
6.3 Völliger Verlust des Riechvermögens mit der damit verbundenen Beeinträchtigung der Geschmackswahrnehmung	15
Völliger Verlust des Geschmackssinns	10

7. Mundhöhle, Rachenraum und obere Luftwege

Verletzungs- und Erkrankungsfolgen an den Kiefern, Kiefergelenken und Weichteilen der Mundhöhle, einschließlich der Zunge und der Speicheldrüsen, sind nach dem Grad ihrer Auswirkung auf Sprech-, Kau- und Schluckvermögen zu beurteilen. Eine Gesichtsentstellung ist gesondert zu berücksichtigen.

7.1 Lippendefekt mit ständigem Speichelfluss	20–30
Äußere Speichelfistel, Frey-Syndrom	
geringe Sekretion	10
sonst	20
Störung der Speichelsekretion (vermehrter Speichelfluss, Mundtrockenheit)	0–20
7.2	
Schwere Funktionsstörung der Zunge durch Gewebsverlust, narbige Fixierung oder Lähmung je nach Umfang und Artikulationsstörung	30–50
Behinderung der Mundöffnung (Schneidekantendistanz zwischen 5 und 25 mm) mit deutlicher Auswirkung auf die Nahrungsaufnahme	20–40
Kieferklemme mit Notwendigkeit der Aufnahme flüssiger oder passierter Nahrung und entsprechenden Sprechstörungen	50
7.3 Verlust eines Teiles des Unterkiefers mit schlaffer Pseudarthrose	
ohne wesentliche Beeinträchtigung der Kaufunktion und Artikulation	0–10
mit erheblicher Beeinträchtigung der Kaufunktion und Artikulation	20–50
Verlust eines Teiles des Oberkiefers	
ohne wesentliche kosmetische und funktionelle Beeinträchtigung	0–10
mit entstellender Wirkung, wesentlicher Beeinträchtigung der Nasen- und Nebenhöhlen (Borkenbildung, ständige Sekretion)	20–40
7.4 Umfassender Zahnverlust über 1/2 Jahr hinaus prothetisch nur unzureichend zu versorgen	10–20
Verlust erheblicher Teile des Alveolarfortsatzes mit wesentlicher, prothetisch nicht voll ausgleichbarer Funktionsbehindertung	20
7.5 Ausgedehnter Defekt des Gaumens mit gut sitzender Defektprothese	30

Verlust des Gaumens ohne Korrekturmöglichkeit durch geeignete Prothese (Störung der Nahrungsaufnahme) 50

7.6 Lippen-, Kiefer-, Gaumen- und Segelspalten bei Kindern, bis zum Abschluss der Behandlung

Isolierte voll ausgebildete Lippenspalte (ein- oder beidseitig)

bis zum Abschluss der Behandlung (in der Regel ein Jahr nach der Operation) je nach Trinkstörung, Beeinträchtigung der mimischen Muskulatur und Störung der Lautbildung 30–50

Lippen-Kieferspalte

bis zum Abschluss der Erstbehandlung (in der Regel ein Jahr nach der Operation) 60–70

bis zum Verschluss der Kieferspalte 50

Lippen-Kiefer-Gaumenspalte

bis zum Abschluss der Erstbehandlung (in der Regel ein Jahr nach der Operation) unter Mitberücksichtigung der regelhaft damit verbundenen Hörstörung (Tubenfehlbelüftung) und der Störung der Nasenatmung 100

bis zum Verschluss der Kieferspalte 50

Komplette Gaumen- und Segelspalte ohne Kieferspalte

wegen der bis zum Abschluss der Erstbehandlung (in der Regel ein Jahr nach der Operation) bestehenden mit der Lippen-Kiefer-Gaumenspalte vergleichbaren Auswirkungen 100

Isolierte Segelspalte, submuköse Gaumenspalte bis zum Abschluss der Behandlung je nach Ausmaß der Artikulationsstörung 0–30

Ausgeprägte Hörstörungen sind ggf. zusätzlich zu berücksichtigen. Nach Abschluss der Behandlung richtet sich der GdS immer nach der verbliebenen Gesundheitsstörung.

7.7 Schluckstörungen

ohne wesentliche Behinderung der Nahrungsaufnahme je nach Beschwerden 0–10

mit erheblicher Behinderung der Nahrungsaufnahme je nach Auswirkung (Einschränkung der Kostform, verlängerte Essdauer 20–40

mit häufiger Aspiration und erheblicher Beeinträchtigung des Kräfte- und Ernährungszustandes 50–70

7.8 Verlust des Kehlkopfes

bei guter Ersatzstimme und ohne Begleiterscheinungen, unter Mitberücksichtigung der Beeinträchtigung der körperlichen Leistungsfähigkeit (fehlende Bauchpresse) 70

in allen anderen Fällen 80

Anhaltende schwere Bronchitiden und Beeinträchtigungen durch Nervenlähmungen im Hals- und Schulterbereich sind zusätzlich zu berücksichtigen.

Bei Verlust des Kehlkopfes wegen eines malignen Tumors ist in den ersten fünf Jahren eine Heilungsbewährung abzuwarten; GdB bzw. GdS während dieser Zeit 100

Teilverlust des Kehlkopfes

je nach Sprechfähigkeit und Beeinträchtigung der körperlichen Leistungsfähigkeit 20–50

Bei Teilverlust des Kehlkopfes wegen eines malignen Tumors ist in den ersten fünf Jahren eine Heilungsbewährung abzuwarten; GdS während dieser Zeit

bei Geschwulstentfernung im Frühstadtium (T1 N0 M0) 50–60

sonst 80

7.9 Tracheostoma

reizlos oder mit geringen Reizerscheinungen (Tracheitis, Bronchitis), gute Sprechstimme	40
mit erheblichen Reizerscheinungen und/oder erheblicher Beeinträchtigung der Sprechstimme bis zum Verlust der Sprechfähigkeit (z. B. bei schweren Kehlkopfveränderungen)	50–80

Einschränkungen der Atemfunktion sind ggf. zusätzlich zu berücksichtigen.

Trachealstenose ohne Tracheostoma

Der GdS ist je nach Atembehinderung analog der dauernden Einschränkung der Lungenfunktion zu beurteilen.

7.10 Funktionelle und organische Stimmstörungen (z. B.) Stimmbandlähmung

mit geringer belastungsabhängiger Heiserkeit	0–10
mit dauernder Heiserkeit	20–30
nur Flüsterstimme	40
mit völliger Stimmlosigkeit	50

Atembehinderungen sind ggf. zusätzlich zu bewerten analog der dauernden Einschränkung der Lungenfunktion.

7.11 Artikulationsstörungen

durch Lähmungen oder Veränderungen in Mundhöhle oder Rachen

mit verständlicher Sprache	10
mit schwer verständlicher Sprache	20–40
mit unverständlicher Sprache	50

Stottern

leicht	0–10
mittelgradig, situationsabhängig	20
schwer, auffällige Mitbewegungen	30–40
mit unverständlicher Sprache	50

Außergewöhnliche psychoreaktive Störungen einschließlich somatoformer Störungen sind ggf. zusätzlich zu berücksichtigen.

8. Brustkorb, tiefere Atemwege und Lunge

Bei chronischen Krankheiten der Bronchien und des Lungenparenchyms sowie bei Brustfellschwarten richtet sich der GdS vor allem nach der klinischen Symptomatik mit ihren Auswirkungen auf den Allgemeinzustand. Außerdem sind die Einschränkung der Lungenfunktion, die Folgeerscheinungen an anderen Organsystemen (z. B. Cor pulmonale) und bei allergisch bedingten Krankheiten auch die Vermeidbarkeit der Allergene zu berücksichtigen.

8.1 Brüche und Defekte der Knochen des Brustkorbs (Rippen, Brustbein, Schlüsselbein)

ohne Funktionsstörungen verheilt, je nach Ausdehnung des Defektes	0–10

Rippendefekte mit Brustfellschwarten

ohne wesentliche Funktionsstörung	0–10
bei sehr ausgedehnten Defekten einschließlich entstellender Wirkung	20

Brustfellverwachsungen und -schwarten

ohne wesentliche Funktionsstörung	0–10

Fremdkörper im Lungengewebe oder in der Brustkorbwand

reaktionslos eingeheilt	0

8.2 Chronische Bronchitis, Bronchiektasen

als eigenständige Krankheiten – ohne dauernde Einschränkung der Lungenfunktion, leichte Form	
(symptomfreie Intervalle über mehrere Monate, wenig Husten, geringer Auswurf)	0–10
schwere Form	
(fast kontinuierlich ausgiebiger Husten und Auswurf, häufige akute Schübe)	20–30
Pneumokoniosen (z. B. Silikose, Asbestose)	
ohne wesentliche Einschränkung der Lungenfunktion	0–10

8.3 Krankheiten der Atmungsorgane mit dauernder Einschränkung der Lungenfunktion

geringen Grades	
das gewöhnliche Maß übersteigende Atemnot bei mittelschwerer Belastung (z. B. forsches Gehen [5–6 km/h], mittelschwere körperliche Arbeit); statische und dynamische Messwerte der Lungenfunktionsprüfung bis zu 1/3 niedriger als die Sollwerte, Blutgaswerte im Normbereich	20–40
mittleren Grades	
das gewöhnliche Maß übersteigende Atemnot bereits bei alltäglicher leichter Belastung (z. B. Spazierengehen [3–4 km/h], Treppensteigen bis zu einem Stockwerk, leichte körperliche Arbeit); statische und dynamische Messwerte der Lungenfunktionsprüfung bis zu 2/3 niedriger als die Sollwerte, respiratorische Partialinsuffizienz	50–70
schweren Grades	
Atemnot bereits bei leichtester Belastung oder in Ruhe; statische und dynamische Messwerte der Lungenfunktionsprüfung um mehr als 2/3 niedriger als die Sollwerte, respiratorische Globalinsuffizienz	80–100

8.4 Nach einer Lungentransplantation ist eine Heilungsbewährung abzuwarten (im Allgemeinen zwei Jahre); während dieser Zeit ist ein GdS von 100 anzusetzen. Danach ist der GdS selbst bei günstigem Heilungsverlauf unter Mitberücksichtigung der erforderlichen Immunsuppression nicht niedriger als 70 zu bewerten.

Nach Entfernung eines malignen Lungentumors oder eines Bronchialtumors ist in den ersten fünf Jahren eine Heilungsbewährung abzuwarten.

GdS während dieser Zeit	wenigstens 80
bei Einschränkung der Lungenfunktion mittleren bis schweren Grades	90–100

8.5 Bronchialasthma ohne dauernde Einschränkung der Lungenfunktion,

Hyperreagibilität mit seltenen (saisonalen) und/oder leichten Anfällen	0–20
Hyperreagibilität mit häufigen (mehrmals pro Monat) und/oder schweren Anfällen	30–40
Hyperreagibilität mit Serien schwerer Anfälle	50

Eine dauernde Einschränkung der Lungenfunktion ist zusätzlich zu berücksichtigen.

8.6 Bronchialasthma bei Kindern

geringen Grades	
(Hyperreagibilität mit seltenen (saisonalen) und/oder leichten Anfällen, keine dauernde Einschränkung der Atemfunktion, nicht mehr als sechs Wochen Bronchitis im Jahr)	20–40
mittleren Grades	
(Hyperreagibilität mit häufigeren und/oder schweren Anfällen, leichte bis mittelgradige ständige Einschränkung der Atemfunktion, etwa 2 bis 3 Monate kontinuierliche Bronchitis im Jahr)	50–70

schweren Grades (Hyperreagibilität mit Serien schwerer Anfälle, schwere Beeinträchtigung der Atemfunktion, mehr als 3 Monate kontinuierliche Bronchitis im Jahr)	80–100

8.7 Schlaf-Apnoe-Syndrom (Nachweis durch Untersuchung im Schlaflabor)

ohne Notwendigkeit einer kontinuierlichen nasalen Überdruckbeatmung	0–10
mit Notwendigkeit einer kontinuierlichen nasalen Überdruckbeatmung	20
bei nicht durchführbarer nasaler Überdruckbeatmung	50

Folgeerscheinungen oder Komplikationen (z. B. Herzrhythmusstörungen, Hypertonie, Cor pulmonale) sind zusätzlich zu berücksichtigen.

III

8.8 Tuberkulose

Tuberkulöse Pleuritis

Der GdS richtet sich nach den Folgeerscheinungen.

Lungentuberkulose

ansteckungsfähig (mehr als 6 Monate andauernd)	100
nicht ansteckungsfähig	
ohne Einschränkung der Lungenfunktion	0
sonst je nach Einschränkung der Lungenfunktion.	

8.9 Sarkoidose

Der GdS richtet sich nach der Aktivität mit ihren Auswirkungen auf den Allgemeinzustand und nach den Auswirkungen an den verschiedenen Organen.

Bei chronischem Verlauf mit klinischen Aktivitätszeichen und Auswirkungen auf den Allgemeinzustand ist ohne Funktionseinschränkung von betroffenen Organen ein GdS von 30 anzunehmen.

9. Herz und Kreislauf

Für die Bemessung des GdS ist weniger die Art einer Herz- oder Kreislaufkrankheit maßgeblich als die Leistungseinbuße. Bei der Beurteilung des GdS ist zunächst von dem klinischen Bild und von den Funktionseinschränkungen im Alltag auszugehen. Ergometerdaten und andere Parameter stellen Richtwerte dar, die das klinische Bild ergänzen. Elektrokardiographische Abweichungen allein gestatten keinen Rückschluss auf die Leistungseinbuße.

9.1 Krankheiten des Herzens

9.1.1 Einschränkung der Herzleistung

1. keine wesentliche Leistungsbeeinträchtigung (keine Insuffizienzerscheinungen wie Atemnot, anginöse Schmerzen) selbst bei gewohnter stärkerer Belastung (z. B. sehr schnelles Gehen [7–8 km/h], schwere körperliche Arbeit), keine Einschränkung der Solleistung bei Ergometerbelastung; bei Kindern und Säuglingen (je nach Alter) beim Strampeln, Krabbeln, Laufen, Treppensteigen keine wesentliche Leistungsbeeinträchtigung, keine Tachypnoe, kein Schwitzen	0–10
2. Leistungsbeeinträchtigung bei mittelschwerer Belastung (z. B. forsches Gehen [5–6 km/h], mittelschwere körperliche Arbeit), Beschwerden und Auftreten pathologischer Messdaten bei Ergometerbelastung mit 75 Watt (wenigstens 2 Minuten); bei Kindern und Säuglingen Trinkschwierigkeiten, leichtes Schwitzen, leichte Tachy- und Dyspnoe, leichte Zyanose, keine Stauungsorgane, Beschwerden und Auftreten pathologischer Messdaten bei Ergometerbelastung mit 1 Watt/kg Körpergewicht	20–40

3. Leistungsbeeinträchtigung bereits bei alltäglicher leichter Belastung (z. B. Spazierengehen [3–4 km/h], Treppensteigen bis zu einem Stockwerk, leichte körperliche Arbeit), Beschwerden und Auftreten pathologischer Messdaten bei Ergometerbelastung mit 50 Watt (wenigstens 2 Minuten); bei Kindern und Säuglingen deutliche Trinkschwierigkeiten, deutliches Schwitzen, deutliche Tachy- und Dyspnoe, deutliche Zyanose, rezidivierende pulmonale Infekte, kardial bedingte Gedeihstörungen, Beschwerden und Auftreten pathologischer Messdaten bei Ergometerbelastung mit 0,75 Watt/kg Körpergewicht	50–70
mit gelegentlich auftretenden, vorübergehend schweren Dekompensationserscheinungen	80
4. Leistungsbeeinträchtigung bereits in Ruhe (Ruheinsuffizienz, z. B. auch bei fixierter pulmonaler Hypertonie); bei Kindern und Säuglingen auch hypoxämische Anfälle, deutliche Stauungsorgane, kardiale Dystrophie	90–100

(Die für Erwachsene angegebenen Wattzahlen sind auf mittleres Lebensalter und Belastung im Sitzen bezogen.)

Liegen weitere objektive Parameter zur Leistungsbeurteilung vor, sind diese entsprechend zu berücksichtigen. Notwendige körperliche Leistungsbeschränkungen (z. B. bei höhergradiger Aortenklappenstenose, hypertrophischer obstruktiver Kardiomyopathie) sind wie Leistungsbeeinträchtigungen zu bewerten.

9.1.2 Nach operativen und anderen therapeutischen Eingriffen am Herzen ist der GdS von der bleibenden Leistungsbeeinträchtigung abhängig. Bei Herzklappenprothesen ist der GdS nicht niedriger als 30 zu bewerten; dieser Wert schließt eine Dauerbehandlung mit Antikoagulantien ein.

9.1.3 Nach einem Herzinfarkt ist der GdS von der bleibenden Leistungsbeeinträchtigung abhängig.

9.1.4 Nach Herztransplantation ist eine Heilungsbewährung abzuwarten (im Allgemeinen zwei Jahre); während dieser Zeit ist ein GdS von 100 anzusetzen. Danach ist der GdS selbst bei günstigem Heilungsverlauf unter Berücksichtigung der erforderlichen Immunsuppression nicht niedriger als 70 zu bewerten.

9.1.5 Fremdkörper im Herzmuskel oder Herzbeutel

reaktionslos eingeheilt	0
mit Beeinträchtigung der Herzleistung	siehe oben

9.1.6 Rhythmusstörungen

Die Beurteilung des GdS richtet sich vor allem nach der Leistungsbeeinträchtigung des Herzens.

Anfallsweise auftretende hämodynamisch relevante Rhythmusstörungen (z. B. paroxysmale Tachykardien) je nach Häufigkeit, Dauer und subjektiver Beeinträchtigung

bei fehlender andauernder Leistungsbeeinträchtigung des Herzens	10–30
bei bestehender andauernder Leistungsbeeinträchtigung des Herzens sind sie entsprechend zusätzlich zu bewerten.	
nach Implantation eines Herzschrittmachers	10
nach Implantation eines Kardioverter-Defibrillators	wenigstens 80
bei ventrikulären tachykarden Rhythmusstörungen im Kindesalter ohne Implantation eines Kardioverter-Defibrillators	wenigstens 60

III

9.2 Gefäßkrankheiten

9.2.1 Arterielle Verschlusskrankheiten, Arterienverschlüsse an den Beinen (auch nach rekanalisierenden Maßnahmen)

mit ausreichender Restdurchblutung, Pulsausfall ohne Beschwerden oder mit geringen Beschwerden (Missempfindungen in Wade und Fuß bei raschem Gehen) ein- oder beidseitig	0–10
mit eingeschränkter Restdurchblutung (Claudication intermittens) Stadium II	
Schmerzen ein- oder beidseitig nach Gehen einer Wegstrecke in der Ebene von mehr als 500 m	20
Schmerzen ein- oder beidseitig nach Gehen einer Wegstrecke in der Ebene von 100 bis 500 m	30–40
Schmerzen ein- oder beidseitig nach Gehen einer Wegstrecke in der Ebene von 50 bis 100 m	50–60
Schmerzen ein- oder beidseitig nach Gehen einer Wegstrecke in der Ebene von weniger als 50 m ohne Ruheschmerz	70–80
Schmerzen nach Gehen einer Wegstrecke unter 50 m mit Ruheschmerz (Stadium III) einschließlich trophischer Störungen (Stadium IV)	
einseitig	80
beidseitig	90–100

Apparative Messmethoden (z. B. Dopplerdruck) können nur eine allgemeine Orientierung über den Schweregrad abgeben.

Bei Arterienverschlüssen an den Armen wird der GdS ebenfalls durch das Ausmaß der Beschwerden und Funktionseinschränkungen – im Vergleich mit anderen Schäden an den Armen – bestimmt.

9.2.2 Nach größeren gefäßchirurgischen Eingriffen (z. B. Prothesenimplantation) mit vollständiger Kompensation einschließlich Dauerbehandlung mit Antikoagulantien 20

Arteriovenöse Fisteln

Der GdS richtet sich nach den hämodynamischen Auswirkungen am Herzen und/oder in der Peripherie.

Aneurysmen (je nach Sitz und Größe)

ohne lokale Funktionsstörung und ohne Einschränkung der Belastbarkeit	0–10
ohne oder mit nur geringer lokaler Funktionsstörung mit Einschränkung der Belastbarkeit	20–40
große Aneurysmen	wenigstens 50

Hierzu gehören immer die dissezierenden Aneurysmen der Aorta und die großen Aneurysmen der Aorta abdominalis und der großen Beckenarterien.

9.2.3 Unkomplizierte Krampfadern 0

Chronisch-venöse Insuffizienz (z. B. bei Krampfadern), postthrombotisches Syndrom ein- oder beidseitig

mit geringem belastungsabhängigem Ödem, nicht ulzerösen Hautveränderungen, ohne wesentliche Stauungsbeschwerden	0–10
mit erheblicher Ödembildung, häufig (mehrmals im Jahr) rezidivierenden Entzündungen	20–30

mit chronischen rezidivierenden Geschwüren, je nach Ausdehnung und Häufigkeit (einschließlich arthrogenes Stauungssyndrom)	30–50
Lymphödem	
an einer Gliedmaße ohne wesentliche Funktionsbehinderung, Erfordernis einer Kompressionsbandage	0–10
mit stärkerer Umfangsvermehrung (mehr als 3 cm) je nach Funktionseinschränkung	20–40
mit erheblicher Beeinträchtigung der Gebrauchsfähigkeit der betroffenen Gliedmaße, je nach Ausmaß	50–70
bei Gebrauchsfähigkeit der ganzen Gliedmaßen	80

Entstellungen bei sehr ausgeprägten Formen sind ggf. zusätzlich zu berücksichtigen.

III

9.3 Hypertonie (Bluthochdruck)

leichte Form	
keine oder geringe Leistungsbeeinträchtigung (höchstens leichte Augenhintergrundveränderungen)	0–10
mittelschwere Form	
mit Organbeteiligung leichten bis mittleren Grades (Augenhintergrundveränderungen – Fundus hypertonicus I–II – und/oder Linkshypertrophie des Herzens und/oder Proteinurie), diastolischer Blutdruck mehrfach über 100 mm Hg trotz Behandlung, je nach Leistungsbeeinträchtigung	20–40
schwere Form	
mit Beteiligung mehrerer Organe (schwere Augenhintergrundveränderungen und Beeinträchtigung der Herzfunktion, der Nierenfunktion und/oder der Hirndurchblutung) je nach Art und Ausmaß der Leistungsbeeinträchtigung	50–100
maligne Form	
diastolischer Blutdruck konstant über 130 mm Hg; Fundus hypertonicus III–IV (Papillenödem, Venenstauung, Exsudate, Blutungen, schwerste arterielle Gefäßveränderungen); unter Einschluss der Organbeteiligung (Herz, Nieren, Gehirn)	100
Funktionelle kardiovaskuläre Syndrome, (z. B. orthostatische Fehlregulation)	
mit leichten Beschwerden	0
mit stärkeren Beschwerden und Kollapsneigung	10–20

10. Verdauungsorgane

10.1 Speiseröhrenkrankheiten

Traktionsdivertikel je nach Größe und Beschwerden	0–10
Pulsionsdivertikel	
ohne wesentliche Behinderung der Nahrungsaufnahme je nach Größe und Beschwerden	0–10
mit erheblicher Behinderung der Nahrungsaufnahme je nach Auswirkung auf den Allgemeinzustand	20–40
Funktionelle Stenosen der Speiseröhre (Ösophagospasmus, Achalasie)	
ohne wesentliche Behinderung der Nahrungsaufnahme	0–10
mit deutlicher Behinderung der Nahrungsaufnahme	20–40
mit erheblicher Beeinträchtigung des Kräfte- und Ernährungszustandes, häufige Aspiration	50–70

Auswirkungen auf Nachbarorgane (z. B. durch Aspiration) sind zusätzlich zu bewerten.

Organische Stenose der Speiseröhre (z. B. angeboren, nach Laugenverätzung, Narbenstenose, peptische Striktur)	
ohne wesentliche Behinderung der Nahrungsaufnahme je nach Größe und Beschwerden	0–10
mit deutlicher Behinderung der Nahrungsaufnahme je nach Auswirkung (Einschränkung der Kostform, verlängerte Essdauer)	20–40
mit erheblicher Beeinträchtigung des Kräfte- und Ernährungszustandes	50–70
Refluxkrankheit der Speiseröhre	
mit anhaltenden Refluxbeschwerden je nach Ausmaß	10–30
Auswirkungen auf Nachbarorgane sind zusätzlich zu bewerten.	
Nach Entfernung eines malignen Speiseröhrentumors ist in den ersten fünf Jahren eine Heilungsbewährung abzuwarten. GdS während dieser Zeit	
je nach Beeinträchtigung des Kräfte- und Ernährungszustandes	80–100
Speiseröhrenersatz	
Der GdS ist nach den Auswirkungen (z. B. Schluckstörungen, Reflux, Narben) jedoch nicht unter 20 zu bewerten.	

10.2 Magen- und Darmkrankheiten

Bei organischen und funktionellen Krankheiten des Magen-Darmkanals ist der GdS nach dem Grad der Beeinträchtigung des Allgemeinzustandes, der Schwere der Organstörung und nach der Notwendigkeit besonderer Diätkost zu beurteilen. Bei allergisch bedingten Krankheiten ist auch die Vermeidbarkeit der Allergene von Bedeutung.

10.2.1 Magen- oder Zwölffingerdarmgeschwürsleiden (chronisch rezidivierende Geschwüre, Intervallbeschwerden)	
mit Rezidiven in Abständen von zwei bis drei Jahren	0–10
mit häufigeren Rezidiven und Beeinträchtigung des Ernährungs- und Kräftezustandes	20–30
mit erheblichen Komplikationen (z. B. Magenausgangsstenose) und andauernder erheblicher Minderung des Ernährungs- und Kräftezustandes	40–50
Nach einer selektiven proximalen Vagotomie kommt ein GdS nur in Betracht, wenn postoperative Darmstörungen oder noch Auswirkungen des Grundleidens vorliegen.	
Chronische Gastritis (histologisch gesicherte Veränderung der Magenschleimhaut)	0–10
Reizmagen (funktionelle Dyspepsie)	0–10
Teilentfernung des Magens, Gastroenterostomie	
mit guter Funktion, je nach Beschwerden	0–10
mit anhaltenden Beschwerden (z. B. Dumping-Syndrom, rezidivierendes Ulcus jejuni pepticum)	20–40
Totalentfernung des Magens	
ohne Beeinträchtigung des Kräfte- und Ernährungszustandes je nach Beschwerden	20–30
bei Beeinträchtigung des Kräfte- und Ernährungszustandes und/oder Komplikationen (z. B. Dumping-Syndrom)	40–50
Nach Entfernung eines malignen Magentumors ist eine Heilungsbewährung abzuwarten.	
GdS während einer Heilungsbewährung von zwei Jahren nach Entfernung eines Magenfrühkarzinoms	50
GdS während einer Heilungsbewährung von fünf Jahren nach Entfernung aller anderen malignen Magentumoren je nach Stadium und Auswirkung auf den Allgemeinzustand	80–100

10.2.2 Chronische Darmstörungen (irritabler Darm, Divertikulose, Divertikulitis, Darmteilresektion)	
ohne wesentliche Beschwerden und Auswirkungen	0–10
mit stärkeren und häufig rezidivierenden oder anhaltenden Symptomen (z. B. Durchfälle, Spasmen)	20–30
mit erheblicher Minderung des Kräfte- und Ernährungszustandes	40–50
Angeborene Motilitätsstörungen des Darmes (z. B. Hirschsprung-Krankheit, neuronale Dysplasie)	
ohne wesentliche Gedeih- und Entwicklungsstörung	10–20
mit geringer Gedeih- und Entwicklungsstörung	30–40
mit mittelgradiger Gedeih- und Entwicklungsstörung	50
mit schwerer Gedeih- und Entwicklungsstörung	60–70
Kurzdarmsyndrom im Kindesalter	
mit mittelschwerer Gedeih- und Entwicklungsstörung	50–60
mit schwerer Gedeih- und Entwicklungsstörung (z. B. Notwendigkeit künstlicher Ernährung)	70–100
Colitis ulcerosa, Crohn-Krankheit (Enteritis regionalis)	
mit geringer Auswirkung (geringe Beschwerden, keine oder geringe Beeinträchtigung des Kräfte- und Ernährungszustandes, selten Durchfälle)	10–20
mit mittelschwerer Auswirkung (häufig rezidivierende oder länger anhaltende Beschwerden, geringe bis mittelschwere Beeinträchtigung des Kräfte- und Ernährungszustandes, häufiger Durchfälle)	30–40
mit schwerer Auswirkung (anhaltende oder häufig rezidivierende erhebliche Beschwerden, erhebliche Beeinträchtigung des Kräfte- und Ernährungszustandes, häufige, tägliche, auch nächtliche Durchfälle)	50–60
mit schwerster Auswirkung (häufig rezidivierende oder anhaltende schwere Beschwerden, schwere Beeinträchtigung des Kräfte- und Ernährungszustandes, ausgeprägte Anämie)	70–80
Fisteln, Stenosen, postoperative Folgezustände (z. B. Kurzdarmsyndrom, Stomakomplikationen), extraintestinale Manifestationen (z. B. Arthritiden), bei Kindern auch Wachstums- und Entwicklungsstörungen, sind zusätzlich zu bewerten.	
Zöliakie, Sprue	
ohne wesentliche Folgeerscheinungen unter diätetischer Therapie	20
bei andauerndem, ungenügendem Ansprechen auf glutenfreie Kost (selten) sind – je nach Beeinträchtigung des Kräfte- und Ernährungszustands – höhere Werte angemessen.	
Nach Entfernung maligner Darmtumoren ist eine Heilungsbewährung abzuwarten.	
GdS während einer Heilungsbewährung von zwei Jahren	
nach Entfernung eines malignen Darmtumors im Stadtium (T1 bis T2) N0 M0 oder von lokalisierten Darmkarzinoiden	50
mit künstlichem After (nicht nur vorübergehend angelegt)	70–80
GdS während einer Heilungsbewährung von fünf Jahren	
nach Entfernung anderer maligner Darmtumoren	wenigstens 80
mit künstlichem After (nicht nur vorübergehend angelegt)	100

10.2.3 Bauchfellverwachsungen	
ohne wesentliche Auswirkungen	0–10
mit erheblichen Passagestörungen	20–30
mit häufiger rezidivierenden Ileuserscheinungen	40–50
10.2.4 Hämorrhoiden	
ohne erhebliche Beschwerden, geringe Blutungsneigung	0–10
mit häufigen rezidivierenden Entzündungen, Thrombosierungen oder stärkeren Blutungen	20
Mastdarmvorfall	
klein, reponierbar	0–10
sonst	20–40
Afterschließmuskelschwäche	
mit seltenem, nur unter besonderen Belastungen auftretendem, unwillkürlichem Stuhlabgang	10
sonst	20–40
Funktionsverlust des Afterschließmuskels	wenigstens 50
Fistel in der Umgebung des Afters	
geringe, nicht ständige Sekretion	10
sonst	20–30
Künstlicher After	
mit guter Versorgungsmöglichkeit	50
sonst (z. B. bei Bauchwandhernie, Stenose, Retraktion, Prolaps, Narben, ungünstige Position)	60–80

Bei ausgedehntem Mastdarmvorfall, künstlichem After oder stark sezernierenden Kotfisteln, die zu starker Verschmutzung führen, sind ggf. außergewöhnliche seelische Begleiterscheinungen zusätzlich zu berücksichtigen.

10.3 Krankheiten der Leber, Gallenwege und Bauchspeicheldrüse

Der GdS für Krankheiten der Leber, der Gallenwege und der Bauchspeicheldrüse wird bestimmt durch die Art und Schwere der Organveränderungen sowie der Funktionseinbußen, durch das Ausmaß der Beschwerden, die Beeinträchtigung des Allgemeinzustandes und die Notwendigkeit einer besonderen Kostform. Der serologische Nachweis von Antikörpern als Nachweis einer durchgemachten Infektion (Seronarbe) rechtfertigt allein noch keinen GdS.

10.3.1 Chronische Hepatitis

Unter dem Begriff „chronische Hepatitis" werden alle chronischen Verlaufsformen von Hepatitiden zusammengefasst (früher: „chronische Hepatitis ohne Progression" <chronisch-persistierende Hepatitis> und „chronische Hepatitis mit Progression) <chronisch aktive Hepatitis>). Dazu gehören insbesondere die Virus-, die Autoimmun-, die Arzneimittel- und die kryptogene Hepatitis.

Die gutachtliche Beurteilung einer chronischen Hepatitis beruht auf dem klinischen Befund einschließlich funktionsrelevanter Laborparameter, auf der Ätiologie sowie auf dem histopathologischen Nachweis des Grades der nekro-inflammatorischen Aktivität (Grading) und des Stadiums der Fibrose (Staging). Zusätzlich sind engmaschige Verlaufskontrollen und die Beachtung der Differentialdiagnose erforderlich. Dies gilt auch für geltend gemachte Verschlimmerungen im Leidensverlauf. Der GdS und die Leidensbezeichnung ergeben sich aus der nachfolgenden Tabelle, wobei bereits übliche Befindlichkeitsstörungen – nicht aber extrahepatische Manifestationen – berücksichtigt sind.

Chronische Hepatitis

ohne (klinisch-) entzündliche Aktivität	20
ehemals: chronische Hepatitis ohne Progression	
mit geringer (klinisch-) entzündlicher Aktivität	30
ehemals: chronische Hepatitis mit Progression, gering entzündliche Aktivität	
mit mäßiger (klinisch-) entzündlicher Aktivität	40
ehemals: chronische Hepatitis mit Progression, mäßig entzündliche Aktivität	
mit starker (klinisch-) entzündlicher Aktivität	
ehemals: chronische Hepatitis mit Progression, stark entzündliche Aktivität	
je nach Funktionsstörung	50–70
Alleinige Virus-Replikation („gesunder Virusträger")	10
bei Hepatitis-C-Virus nur nach histologischem Ausschluss einer Hepatitis.	

Bei Vorliegen eines histologischen Befundes gelten für die Virus-Hepatitiden folgende Besonderheiten:

Die histopathologische Bewertung der chronischen Virushepatitis umfasst die nekroinflammatorische Aktivität (Grading) und den Grad der Fibrose (Staging). Der GdS ergibt sich aus folgender Tabelle, wobei die genannten GdS-Werte die üblichen klinischen Auswirkungen mit umfassen.

nekroinflammatorische Aktivität	Fibrose		
	null – gering	mäßig	stark
gering	20	20	30
mäßig	30	40	40
stark	50	60	70

Anmerkung:

Die Auswertung des histologischen Befundes soll sich an dem modifizierten histologischen Aktivitätsindex (HAI) ausrichten. Eine geringe nekro-inflammatorische Aktivität entspricht einer Punktzahl von 1 bis 5, eine mäßige nekro-inflammatorische Aktivität einer Punktzahl von 6 bis 10 und eine starke nekro-inflammatorische Aktivität einer Punktzahl von 11 bis 18. Eine fehlende bzw. geringe Fibrose entspricht einer Punktzahl 0 bis 2, eine mäßige Fibrose der Punktzahl 3 und eine starke Fibrose einer Punktzahl von 4 bis 5.

Für die Virushepatitis C gelten bei fehlender Histologie im Hinblick auf die chemischen Laborparameter folgende Besonderheiten:

ALAT-/GPT-Werte im Referenzbereich entsprechen bei nachgewiesener Hepatitis-C-Virus-Replikation einer chronischen Hepatitis ohne (klinisch-) entzündliche Aktivität.

ALAT-/GPT-Werte bis zum 3-fachen der oberen Grenze des Referenzbereichs entsprechen einer geringen (klinisch-) entzündlichen Aktivität

ALAT-/GPT-Werte vom 3-fachen bis zum 6-fachen der oberen Grenze des Referenzbereichs entsprechen einer mäßigen (klinisch-) entzündlichen Aktivität

ALAT-/GPT-Werte von mehr als dem 6-fachen der oberen Grenze des Referenzbereichs entsprechen einer starken (klinisch-) entzündlichen Aktivität

Diese Bewertungen sind nur zulässig, wenn sie sich in das klinische Gesamtbild des bisherigen Verlaufs einfügen.

10.3.2 Fibrose der Leber ohne Komplikationen	0–10
kompensiert	
inaktiv	30
gering aktiv	40
stärker aktiv	50
dekompensiert (Aszites, portale Stauung, hepatische Enzephalopathie)	60–100
10.3.3 Fettleber (auch nutritiv-toxisch) ohne Mesenchymreaktion	0–10

Toxischer Leberschaden

Der GdS ist je nach Aktivität und Verlauf analog zur chronischen Hepatitis oder Leberzirrhose zu beurteilen.

III

Zirkulatorische Störungen der Leber (z. B. Pfortaderthrombose)

Der GdS ist analog zur dekompensierten Leberzirrhose zu beurteilen.

Nach Leberteilresektion ist der GdS allein davon abhängig, ob und wieweit Funktionsbeeinträchtigungen verblieben sind.

10.3.4 Nach Entfernung eines malignen primären Lebertumors ist in den ersten fünf Jahren eine Heilungsbewährung abzuwarten; GdS während dieser Zeit 100

Nach Lebertransplantation ist eine Heilungsbewährung abzuwarten (im Allgemeinen zwei Jahre); GdS während dieser Zeit 100. Danach selbst bei günstigem Heilungsverlauf unter Berücksichtigung der erforderlichen Immunsuppression wenigstens 60

10.3.5 Primäre biliäre Zirrhose, primäre sklerosierende Cholangitis GdS ist je nach Aktivität und Verlauf analog zur chronischen Hepatitis oder Leberzirrhose zu beurteilen.

Gallenblasen- und Gallenwegskrankheiten (Steinleiden, chronisch rezidivierende Entzündungen)

mit Koliken in Abständen von mehreren Monaten, Entzündungen in Abständen von Jahren	0–10
mit häufigeren Koliken und Entzündungen sowie mit Intervallbeschwerden	20–30
mit langanhaltenden Entzündungen oder mit Komplikationen	40–50

Angeborene intra- und extrahepatische Transportstörungen der Galle (z. B. intra-, extrahepatische Gallengangsatresie), metabolische Defekte (z. B. Meulengracht-Krankheit)

ohne Funktionsstörungen, ohne Beschwerden	0–10
mit Beschwerden (Koliken, Fettunverträglichkeit, Juckreiz),	
ohne Leberzirrhose	20–40
mit Leberzirrhose	50
mit dekompensierter Leberzirrhose	60–100
Folgezustände sind zusätzlich zu bewerten.	
Verlust der Gallenblase ohne wesentliche Störungen	0
bei fortbestehenden Beschwerden wie bei Gallenwegskrankheiten	
Nach Entfernung eines malignen Gallenblasen-, Gallenwegs- oder Papillentumors ist in den ersten fünf Jahren eine Heilungsbewährung abzuwarten; GdS während dieser Zeit	
bei Gallenblasen- und Gallenwegstumor	100
bei Papillentumor	80

10.3.6 Chronische Krankheit der Bauchspeicheldrüse (exkretorische Funktion) je nach Auswirkung auf den Allgemeinzustand, Häufigkeit und Ausmaß der Schmerzen

ohne wesentlichen Beschwerden, keine Beeinträchtigung des Kräfte- und Ernährungszustandes	0–10

geringe bis erhebliche Beschwerden, geringe bis mäßige Beeinträchtigung des Kräfte- und Ernährungszustandes 20–40

starke Beschwerden, Fettstühle, deutliche bis ausgeprägte Herabsetzung des Kräfte- und Ernährungszustandes 50–80

Nach teilweiser oder vollständiger Entfernung der Bauchspeicheldrüse sind ggf. weitere Funktionsbeeinträchtigungen (z. B. bei Diabetes mellitus, Osteopathie, oder infolge chronischer Entzündungen der Gallenwege, Magenteilentfernung und Milzverlust) zusätzlich zu berücksichtigen.

Nach Entfernung eines malignen Bauchspeicheldrüsentumors ist in den ersten fünf Jahren eine Heilungsbewährung abzuwarten; GdS während dieser Zeit 100.

11. Brüche (Hernien)

11.1 Leisten- oder Schenkelbruch je nach Größe und Reponierbarkeit

ein- oder beidseitig 0–10

bei erheblicher Einschränkung der Belastungsfähigkeit 20

11.2 Nabelbruch oder Bruch in der weißen Linie 0–10

Bauchnarbenbruch, angeborene Bauchwandbrüche und -defekte

ohne wesentliche Beeinträchtigung, je nach Größe 0–10

mit ausgedehnter Bauchwandschwäche und fehlender oder stark eingeschränkter Bauchpresse 20

mit Beeinträchtigung der Bauchorgane bei Passagestörungen ohne erhebliche Komplikationen 20–30

bei häufigen rezidivierenden Ileuserscheinungen 40–50

Bei schweren angeborenen Bauchwanddefekten mit entspechender Beeinträchtigung der Bauch- und Brustorgane kommt auch ein höherer GdS in Betracht.

11.3 Zwerchfellbrüche (einschl. Zwerchfellrelaxation)

Speiseröhrengleithernie 0–10

andere kleine Zwerchfellbrüche ohne wesentliche Funktionsstörung 0–10

größere Zwerchfellbrüche je nach Funktionsstörung 20–30

Komplikationen sind zusätzlich zu bewerten.

Angeborene Zwerchfelldefekte mit Verlagerung von inneren Organen in den Brustkorb und Minderentwicklung von Lungengewebe

mit geringer Einschränkung der Lungenfunktion 40

sonst je nach Funktionsbeeinträchtigung der betroffenen Organe 50–100

12. Harnorgane

Die Beurteilung des GdS bei Schäden der Harnorgane richtet sich nach dem Ausmaß der Störungen der inkretorischen und exkretorischen Nierenfunktion und/oder des Harntransportes, das durch spezielle Untersuchungen zu erfassen ist.

Daneben sind die Beteiligung anderer Organe (z. B. Herz/Kreislauf, Zentralnervensystem, Skelettsystem), die Aktivität eines Entzündungsprozesses, die Auswirkungen auf den Allgemeinzustand und die notwendige Beschränkung in der Lebensführung zu berücksichtigen.

Unter dem im Folgenden verwendeten Begriff „Funktionseinschränkung der Nieren" ist die Retention harnpflichtiger Substanzen zu verstehen.

12.1 Nierenschäden

12.1.1 Verlust, Ausfall oder Fehlen einer Niere bei Gesundheit der anderen Niere 25

III

Verlust, Ausfall oder Fehlen einer Niere bei Schaden der anderen Niere, ohne Einschränkung der Nierenfunktion, mit krankhaftem Harnbefund	30
Nierenfehlbildung (z. B. Erweiterung des Nierenhohlsystems bei Ureterabgangsstenose, Nierenhypoplasie, Zystennieren, Nierenzysten, Beckenniere), Nephroptose	
ohne wesentliche Beschwerden und ohne Funktionseinschränkung	0–10
mit wesentlichen Beschwerden und ohne Funktionseinschränkung	20–30
Nierensteinleiden ohne Funktionseinschränkung der Niere	
mit Koliken in Abständen von mehreren Monaten	0–10
mit häufigeren Koliken, Intervallbeschwerden und wiederholten Harnwegsinfekten	20–30
Nierenschäden ohne Einschränkung der Nierenfunktion (z. B. Glomerulopathien, tubulointerstitielle Nephropathien, vaskuläre Nephropathien), ohne Beschwerden, mit krankhaftem Harnbefund (Eiweiß und/oder Erythrozyten- bzw. Leukozytenausscheidung)	0–10

12.1.2 Nierenschäden ohne Einschränkung der Nierenfunktion, mit Beschwerden

rezidivierende Makrohämaturie, je nach Häufigkeit	10–30
Nephrotisches Syndrom	
kompensiert (keine Ödeme)	20–30
dekompensiert (mit Ödemen)	40–50
bei Systemerkrankungen mit Notwendigkeit einer immunsuppressiven Behandlung	50

12.1.3 Nierenschäden mit Einschränkung der Nierenfunktion

Eine geringfügige Einschränkung der Kreatininclearance auf 50–80 ml/min bei im Normbereich liegenden Serumkreatininwerten bedingt keinen messbaren GdS.

Nierenfunktionseinschränkung	
leichten Grades	
(Serumkreatininwerte unter 2 mg/dl [Kreatininclearance ca. 35–50 ml/min], Allgemeinbefinden nicht oder nicht wesentlich reduziert, keine Einschränkung der Leistungsfähigkeit).	20–30
(Serumkreatininwerte andauernd zwischen 2 und 4 mg/dl erhöht, Allgemeinbefinden wenig reduziert, leichte Einschränkung der Leistungsfähigkeit)	40
mittleren Grades	
(Serumkreatininwerte andauernd zwischen 4 und 8 mg/dl erhöht, Allgemeinbefinden stärker beeinträchtigt, mäßige Einschränkung der Leistungsfähigkeit)	50–70
schweren Grades	
(Serumkreatininwerte dauernd über 8 mg/dl, Allgemeinbefinden stark gestört, starke Einschränkung der Leistungsfähigkeit, bei Kindern keine normalen Schulleistungen mehr)	80–100
Verlust, Ausfall oder Fehlen einer Niere mit Funktionseinschränkung der anderen Niere	
leichten Grades	40–50
mittleren Grades	60–80
schweren Grades	90–100
Notwendigkeit der Dauerbehandlung mit Blutreinigungsverfahren (z. B. Hämodialyse, Peritonealdialyse)	100

Bei allen Nierenschäden mit Funktionseinschränkungen sind Sekundärleiden (z. B. Hypertonie, ausgeprägte Anämie [Hb-Wert unter 8 g/dl], Polyneuropathie, Osteopathie) zusätzlich zu bewerten.

12.1.4 Nach Nierentransplantation ist eine Heilungsbewährung abzuwarten (im Allgemeinen zwei Jahre); während dieser Zeit ist ein GdS von 100 anzusetzen. Danach ist der GdS entscheidend abhängig von der verbliebenen Funktionsstörung; unter Mitberücksichtigung der erforderlichen Immunsuppression ist jedoch der GdS nicht niedriger als 50 zu bewerten.
Nach Entfernung eines malignen Nierentumors oder Nierenbeckentumors ist eine Heilungsbewährung abzuwarten.

GdS während einer Heilungsbewährung von zwei Jahren	
nach Entfernung eines Nierenzellkarzinoms (Hypernephrom) im Stadium T1 N0 M0 (Grading G1)	50
nach Entfernung eines Nierenbeckentumors im Stadium Ta N0 M0 (Grading G1)	50
GdS während einer Heilungsbewährung von fünf Jahren nach Entfernung eines Nierenzellkarzinoms (Hypernephrom)	
im Stadium (T1 [Grading ab G2], T2) N0 M0	60
in höheren Stadien	wenigstens 80
nach Entfernung eines Nierenbeckentumors	
im Stadium (T1 bis T2) N0 M0	60
in höheren Stadien	wenigstens 80
nach Entfernung eines Nephroblastoms	
im Stadium I und II	60
in höheren Stadien	wenigstens 80

12.2 Schäden der Harnwege

12.2.1 Chronische Harnwegsentzündungen (insbesondere chronische Harnblasenentzündung)

leichten Grades (ohne wesentliche Miktionsstörungen)	0–10
stärkeren Grades (mit erheblichen und häufigen Miktionsstörungen)	20–40
chronische Harnblasenentzündung mit Schrumpfblase (Fassungsvermögen unter 100 ml, Blasentenesmen)	50–70

12.2.2 Bei Entleerungsstörungen der Blase (auch durch Harnröhrenverengung) sind Begleiterscheinungen (z. B. Hautschäden, Harnwegsentzündungen) ggf. zusätzlich zu bewerten.

Entleerungsstörungen der Blase	
leichten Grades (z. B. geringe Restharnbildung, längeres Nachträufeln)	10
stärkeren Grades (z. B. Notwendigkeit manueller Entleerung, Anwendung eines Blasenschrittmachers, erhebliche Restharnbildung, schmerzhaftes Harnlassen)	20–40
mit Notwendigkeit regelmäßigen Katheterisierens, eines Dauerkatheters, eines suprapubischen Blasenfistelkatheters oder Notwendigkeit eines Urinals, ohne wesentliche Begleiterscheinungen	50

12.2.3 Nach Entfernung eines malignen Blasentumors ist eine Heilungsbewährung abzuwarten.
GdS während einer Heilungsbewährung von zwei Jahren

nach Entfernung des Tumors im Frühstadium unter Belassung der Harnblase (Ta bis T1) N0 M0, Grading G1	50
GdS während einer Heilungsbewährung von fünf Jahren	
nach Entfernung im Stadium Tis oder T1 (Grading ab G2)	50
nach Entfernung in den Stadien (T2 bis T3a) N0 M0	60
mit Blasenentfernung einschließlich künstlicher Harnableitung	80
nach Entfernung in höheren Stadien	100
12.2.4 Harninkontinenz	
relative	
leichter Harnabgang bei Belastung (z. B. Stressinkontinenz Grad I)	0–10
Harnabgang tags und nachts (z. B. Stressinkontinenz Grad II–III)	20–40
völlige Harninkontinenz	50
bei ungünstiger Versorgungsmöglichkeit	60–70
nach Implantation einer Sphinkterprothese mit guter Funktion	20
Harnröhren-Hautfistel der vorderen Harnröhre bei Harnkontinenz	10
Harnweg-Darmfistel bei Analkontinenz, je nach Luft- und Stuhlentleerung über die Harnröhre	30–50
Künstliche Harnableitung (ohne Nierenfunktionsstörung)	
in den Darm	30
nach außen	
mit guter Versorgungsmöglichkeit	50
sonst (z. B. bei Stenose, Retraktion, Abdichtungsproblemen)	60–80
Darmneoblase mit ausreichendem Fassungsvermögen, ohne Harnstau, ohne wesentliche Entleerungsstörungen	30

13. Männliche Geschlechtsorgane

13.1 Verlust des Penis	50
Teilverlust des Penis	
Teilverlust der Eichel	10
Verlust der Eichel	20
Sonst	30–40
Nach Entfernung eines malignen Penistumors ist in den ersten fünf Jahren eine Heilungsbewährung abzuwarten; GdS während dieser Zeit nach Entfernung im Frühstadium (T1 bis T2) N0 M0	
bei Teilverlust des Penis	50
bei Verlust des Penis	60
mit vollständiger Entfernung der Corpora cavernosa	80
nach Entfernung in höheren Stadien	90–100
13.2 Unterentwicklung, Verlust oder Schwund eines Hodens bei intaktem anderen Hoden	0
Unterentwicklung, Verlust oder vollständiger Schwund beider Hoden	
in höherem Lebensalter (etwa ab 8. Lebensjahrzehnt)	10
sonst je nach Ausgleichbarkeit des Hormonhaushalts durch Substitution	20–30
vor Abschluss der körperlichen Entwicklung	20–40
Verlust oder Schwund eines Nebenhodens	0
Verlust oder vollständiger Schwund beider Nebenhoden und/oder Zeugungsunfähigkeit (Impotentia generandi)	0

in jüngerem Lebensalter bei noch bestehendem Kinderwunsch	20
Impotentia coeundi bei nachgewiesener erfolgloser Behandlung	20

13.3 Hydrozele (sog. Wasserbruch)	0–10
Varikozele (sog. Krampfaderbruch)	0–10

13.4 Nach Entfernung eines malignen Hodentumors ist eine Heilungsbewährung abzuwarten.

GdS während einer Heilungsbewährung von zwei Jahren	
nach Entfernung eines Seminoms oder nichtseminomatösen Tumors im Stadium (T1 bis T2) N0 M0	50
GdS während einer Heilungsbewährung von fünf Jahren	
nach Entfernung eines Seminoms im Stadium (T1 bis T2) N1 M0 bzw. T3 N0 M0	50
nach Entfernung eines nichtseminomatösen Tumors im Stadium (T1 bis T2) N1 M0 bzw. T3 N0 M0	60
in höheren Stadien	80

13.5 Chronische bakterielle Entzündung der Vorsteherdrüse oder abakterielle Prostatopathie	
ohne wesentliche Miktionsstörung	0–10
mit andauernden Miktionsstörungen und Schmerzen	20

Prostataadenom

Der GdS richtet sich nach den Harnentleerungsstörungen und der Rückwirkung auf die Nierenfunktion.

13.6 Nach Entfernung eines malignen Prostatatumors ist eine Heilungsbewährung abzuwarten.

GdS während einer Heilungsbewährung von zwei Jahren	
nach Entfernung im Stadium T1a N0 M0 (Grading G1)	50
GdS während einer Heilungsbewährung von fünf Jahren	
nach Entfernung in den Stadien T1a N0 M0 (Grading ab G2) und (T1b bis T2) N0 M0	50
nach Entfernung in höheren Stadien	wenigstens 80
Maligner Prostatatumor	
ohne Notwendigkeit einer Behandlung	50
auf Dauer hormonbehandelt	wenigstens 60

14. Weibliche Geschlechtsorgane

14.1 Verlust der Brust (Mastektomie)	
einseitig	30
beidseitig	40
Segment- oder Quadrantenresektion der Brust	0–20

Funktionseinschränkungen im Schultergürtel, des Armes oder der Wirbelsäule als Operations- oder Bestrahlungsfolgen (z. B. Lymphödem, Muskeldefekte, Nervenläsionen, Fehlhaltung) sind ggf. zusätzlich zu berücksichtigen.

Aufbauplastik zur Wiederherstellung der Brust mit Prothese je nach Ergebnis (z. B. Kapselfibrose, Dislokation der Prothese, Symmetrie)

nach Mastektomie	
einseitig	10–30
beidseitig	20–40
nach subkutaner Mastektomie	
einseitig	10–20
beidseitig	20–30

Nach Aufbauplastik zur Wiederherstellung der Brust mit Eigengewebe kommt ein geringerer GdS in Betracht.
Nach Entfernung eines malignen Brustdrüsentumors ist in den ersten fünf Jahren eine Heilungsbewährung abzuwarten.
GdS während dieser Zeit

bei Entfernung im Stadium (T1 bis T2) pN0 M0	50
bei Entfernung im Stadium (T1 bis T2) pN1 M0	60
in höheren Stadien	wenigstens 80

Bedingen die Folgen der Operation und gegebenenfalls anderer Behandlungsmaßnahmen einen GdS von 50 oder mehr, ist der während der Heilungsbewährung anzusetzende GdS entsprechend höher zu bewerten.
Nach Entfernung eines Carcinoma in situ der Brustdrüse ist in den ersten zwei Jahren eine Heilungsbewährung abzuwarten. Der GdS beträgt während dieser Zeit 50.

14.2 Verlust der Gebärmutter und/oder Sterilität	0
in jüngerem Lebensalter bei noch bestehendem Kinderwunsch	20

Nach Entfernung eines malignen Gebärmuttertumors ist eine Heilungsbewährung abzuwarten.
GdS während einer Heilungsbewährung von zwei Jahren

nach Entfernung eines Zervixtumors (Mikrokarzinom) im Stadium T1a N0 M0	50
nach Entfernung eines Korpustumors im Frühstadium (Grading G1, Infiltration höchstens des inneren Drittels des Myometrium)	50

GdS während einer Heilungsbewährung von fünf Jahren
nach Entfernung eines Zervixtumors

im Stadium (T1b bis T2a) N0 M0	50
im Stadium T2b N0 M0	60
in höheren Stadien	80

nach Entfernung eines Korpustumors

im Stadium T1 N0 M0 (Grading ab G2, Infiltration über das innere Drittel des Myometrium hinaus)	50
im Stadium T2 N0 M0	60
in höheren Stadien	80

14.3 Verlust eines Eierstockes	0

Unterentwicklung, Verlust oder Ausfall beider Eierstöcke, ohne Kinderwunsch und ohne wesentliche Auswirkung auf

den Hormonhaushalt – immer in der Postmenopause	10
im jüngeren Lebensalter bei noch bestehendem Kinderwunsch oder bei unzureichender Ausgleichbarkeit des Hormonausfalls durch Substitution	20–30
vor Abschluss der körperlichen Entwicklung je nach Ausgleichbarkeit des Hormonausfalls	20–40

Endokrin bedingte Funktionsstörungen der Eierstöcke sind gut behandelbar, so dass im Allgemeinen anhaltende Beeinträchtigungen nicht zu erwarten sind. Selten auftretende Komplikationen (z. B. Sterilität, abnormer Haarwuchs) sind gesondert zu beurteilen.
Nach Entfernung eines malignen Eierstocktumors ist in den ersten fünf Jahren eine Heilungsbewährung abzuwarten; GdS während dieser Zeit

nach Entfernung im Stadium T1 N0 M0	50
in anderen Stadien	80

14.4 Chronischer oder chronisch-rezidivierender entzündlicher Prozess der Adnexe und/oder der Parametrien je nach Art, Umfang und Kombination der Auswirkungen (z. B. Adhäsionsbeschwerden, chronische Schmerzen, Kohabitationsbeschwerden) 10–40

14.5 Endometriose
leichten Grades
(geringe Ausdehnung, keine oder nur geringe Beschwerden) 0–10
mittleren Grades 20–40
schweren Grades
(z. B. Übergreifen auf die Nachbarorgane, starke Beschwerden, erhebliche Beeinträchtigung des Allgemeinzustandes, Sterilität) 50–60

14.6 Scheidenfisteln
Harnweg-Scheidenfistel 50–60
Mastdarm-Scheidenfistel 60–70
Harnweg-Mastdarm-Scheidenfistel (Kloakenbildung) 100
Fisteln mit geringer funktioneller Beeinträchtigung sind entsprechend niedriger zu bewerten.

Senkung der Scheidenwand, Vorfall der Scheide und/oder der Gebärmutter
ohne Harninkontinenz oder mit geringer Stressinkontinenz (Grad I) 0–10
mit stärkerer Harninkontinenz und/oder stärkeren Senkungsbeschwerden. 20–40
mit völliger Harninkontinenz 50–60
bei ungünstiger Versorgungsmöglichkeit 70
Ulzerationen sind ggf. zusätzlich zu bewerten.
Isolierte Senkung der Scheidenhinterwand mit leichten Defäkationsstörungen 0–10
Scheiden-Gebärmutteraplasie, ohne Plastik, nach Vollendung des 14. Lebensjahres (einschließlich Sterilität) 40
Kraurosis vulvae
geringen Grades (keine oder nur geringe Beschwerden) 0–10
mäßigen Grades (erhebliche Beschwerden, keine Sekundärveränderungen) 20–30
stärkeren Grades (starke Beschwerden, therapeutisch schwer beeinflussbare Sekundärveränderungen) 40
Vollständige Entfernung der Vulva 40
Nach Beseitigung eines malignen Scheidentumors ist in den ersten fünf Jahren eine Heilungsbewährung abzuwarten; GdS während dieser Zeit
nach Beseitigung im Stadium T1 N0 M0 60
in höheren Stadien 80
Nach Entfernung eines malignen Tumors der äußeren Geschlechtsteile ist in den ersten fünf Jahren eine Heilungsbewährung abzuwarten; GdS während dieser Zeit
nach Entfernung im Stadium (T1 bis T2) N0 M0 50
sonst 80

15. Stoffwechsel, innere Sekretion

In diesem Abschnitt nicht erwähnte angeborene Stoffwechselstörungen sind analog und unter Berücksichtigung ihrer vielfältigen Auswirkungen zu beurteilen. Normabweichungen der Laborwerte bedingen für sich allein noch keinen GdS.

15.1 Zuckerkrankheit (Diabetes mellitus)

Die an Diabetes erkrankten Menschen, deren Therapie regelhaft keine Hypoglykämie auslösen kann und die somit in der Lebensführung kaum beeinträchtigt sind, erleiden auch durch den

Therapieaufwand keine Teilhabebeeinträchtigung, die die Feststellung eines GdS rechtfertigt. Der GdS beträgt 0.

Die an Diabetes erkrankten Menschen, deren Therapie eine Hypoglykämie auslösen kann und die durch Einschnitte in der Lebensführung beeinträchtigt sind, erleiden durch den Therapieaufwand eine signifikante Teilhabebeeinträchtigung. Der GdS beträgt 20.

Die an Diabetes erkrankten Menschen, deren Therapie eine Hypoglykämie auslösen kann, die mindestens einmal täglich eine dokumentierte Überprüfung des Blutzuckers selbst durchführen müssen und durch weitere Einschnitte in der Lebensführung beeinträchtigt sind, erleiden je nach Ausmaß des Therapieaufwands und der Güte der Stoffwechseleinstellung eine stärkere Teilhabebeeinträchtigung. Der GdS beträgt 30 bis 40.

Die an Diabetes erkrankten Menschen, die eine Insulintherapie mit täglich mindestens vier Insulininjektionen durchführen, wobei die Insulindosis in Abhängigkeit vom aktuellen Blutzucker, der folgenden Mahlzeit und der körperlichen Belastung selbständig variiert werden muss, und durch erhebliche Einschnitte gravierend in der Lebensführung beeinträchtigt sind, erleiden auf Grund dieses Therapieaufwands eine ausgeprägte Teilhabebeeinträchtigung. Die Blutzuckerselbstmessungen und Insulindosen (beziehungsweise Insulingaben über die Insulinpumpe) müssen dokumentiert sein. Der GdS beträgt 50.

Außergewöhnlich schwer regulierbare Stoffwechsellagen können jeweils höhere GdS-Werte bedingen.

15.2 Gicht

Bei der Beurteilung des GdS sind die Funktionseinschränkungen der betroffenen Gelenke, Schmerzen, Häufigkeit und Schwere der entzündlichen Schübe und eine Beteiligung der inneren Organe zu berücksichtigen.

15.3 Fettstoffwechselkrankheit

Der GdS ist grundsätzlich abhängig von dem Ausmaß der Folgekrankheiten.	
Bei Notwendigkeit einer LDL-Apherese	30

Alimentäre Fettsucht, Adipositas

Die Adipositas allein bedingt keinen GdS. Nur Folge- und Begleitschäden (insbesondere am kardiopulmonalen System oder am Stütz- und Bewegungsapparat) können die Annahme eines GdS begründen. Gleiches gilt für die besonderen funktionellen Auswirkungen einer Adipositas permagna.

15.4 Phenylketonurie

ohne fassbare Folgeerscheinungen	
im Kindesalter bis zur Vollendung des 16. Lebensjahres	30
danach bei Notwendigkeit weiterer Diäteinnahme	10

Beim Vorliegen eines Hirnschadens ist der GdS vor allem vom Ausmaß der geistigen Behinderung und weiterer Folgen (z. B. hirnorganische Anfälle) abhängig.

15.5 Mukoviszidose (zystische Fibrose)

unter Therapie Aktivitäten, Gedeihen und Ernährung altersgemäß	20
unter Therapie Aktivitäten und Lungenfunktion leicht eingeschränkt, Gedeihen und Ernährung noch altersgemäß	30–40
Aktivitäten und Lungenfunktion deutlich eingeschränkt, häufig Gedeih- und Entwicklungsstörungen, Schulbesuch und Erwerbstätigkeit in der Regel noch möglich	50–70

schwere bis schwerste Einschränkung der Aktivitäten, der Lungenfunktion und des Ernährungszustandes	80–100

Folgekrankheiten (z. B. Diabetes mellitus, Impotenz, Leberzirrhose) sind ggf. zusätzlich zu berücksichtigen.

15.6 Schilddrüsenkrankheiten

Schilddrüsenfunktionsstörungen sind gut behandelbar, so dass in der Regel anhaltende Beeinträchtigungen nicht zu erwarten sind. Selten auftretende Organkomplikationen (z. B. Exophthalmus, Trachealstenose) sind gesondert zu beurteilen. Bei der nicht operativ behandelten Struma richtet sich der GdS nach den funktionellen Auswirkungen.

III

Nach Entfernung eines malignen Schilddrüsentumors ist in den ersten fünf Jahren eine Heilungsbewährung abzuwarten; GdS während dieser Zeit

nach Entfernung eines papillären oder follikulären Tumors, ohne Lymphknotenbefall	50
sonst	80

Bedingt der nach der Entfernung verbliebene Organschaden einen GdS von 50 oder mehr, ist der während der Heilungsbewährung anzusetzende GdS entsprechend höher zu bewerten.

Tetanie

Sie ist gut behandelbar, so dass in der Regel dauernde Beeinträchtigungen nicht zu erwarten sind.

15.7 Chronische Nebennierenrindeninsuffizienz (Addison-Syndrom)

Sie ist gut behandelbar, so dass in der Regel dauernde Beeinträchtigungen nicht zu erwarten sind. Selten auftretende Funktionsstörungen sind analogen funktionellen Beeinträchtigungen (z. B. orthostatische Fehlregulation) entsprechend zu beurteilen.

Cushing-Syndrom

Der GdS wird bestimmt von der Muskelschwäche und den Auswirkungen an den verschiedenen Organsystemen (Hypertonie, Herzinsuffizienz, Diabetes mellitus, Osteoporose, psychische Veränderungen).

15.8 Porphyrien

Erythropoetische Porphyrie (Günther-Krankheit)	100
Hepatische Porphyrien	
akut-intermittierende Porphyrie	30
Porphyria cutanea tarda ohne wesentliche Beschwerden	10

Organkomplikationen sind jeweils zusätzlich zu berücksichtigen.

16. Blut, blutbildende Organe, Immunsysteme

Die Höhe des GdS bei Krankheiten des Blutes, der blutbildenden Organe und des Immunsystems richtet sich nach der Schwere der hämatologischen Veränderungen, nach den Organfunktionsstörungen, nach den Rückwirkungen auf andere Organe, nach der Auswirkung auf den Allgemeinzustand und der Häufigkeit von Infektionen.

16.1 Verlust der Milz

bei Verlust im frühen Kindesalter, dann bis zur Vollendung des 8. Lebensjahres	20
danach oder bei späterem Verlust	10

16.2 Hodgkin-Krankheit	
im Stadium I bis IIIA	
bei mehr als sechs Monate andauernder Therapie, bis zum Ende der Intensiv-Therapie je nach Auswirkung auf den Allgemeinzustand	60–100
nach Vollremission GdS für die Dauer von drei Jahren (Heilungsbewährung)	50
im Stadium IIIB und IV	
bis zum Ende der Intensiv-Therapie	100
nach Vollremission GdS für die Dauer von drei Jahren (Heilungsbewährung)	60

16.3 Non-Hodgkin-Lymphome

16.3.1 Chronische lymphatische Leukämie und andere generalisierte niedrigmaligne Non-Hodgkin-Lymphome	
mit geringen Auswirkungen (keine wesentlichen Beschwerden, keine Allgemeinsymptome, keine Behandlungsbedürftigkeit, keine wesentliche Progredienz)	30–40
mit mäßigen Auswirkungen (Behandlungsbedürftigkeit)	50–70
mit starken Auswirkungen, starke Progredienz (z. B. schwere Anämie, ausgeprägte Thrombozytopenie, rezidivierende Infektionen, starke Milzvergrößerung)	80–100
Lokalisierte niedrigmaligne Non-Hodgkin-Lymphome	
nach Vollremission (Beseitigung des Tumors) für die Dauer von drei Jahren (Heilungsbewährung)	50
16.3.2 Hochmaligne Non-Hodgkin-Lymphome	
bis zum Ende der Intensiv-Therapie	100
nach Vollremission GdS für die Dauer von drei Jahren (Heilungsbewährung)	80
16.4 Plasmozytom (Myelom)	
mit geringen Auswirkungen (keine wesentliche Auswirkung auf den Allgemeinzustand, keine Behandlungsbedürftigkeit, ohne Beschwerden, keine wesentliche Progredienz)	30–40
mit mäßigen Auswirkungen (Behandlungsbedürftigkeit)	50–70
mit starken Auswirkungen (z. B. schwere Anämie, starke Schmerzen, Nierenfunktionseinschränkung)	80–100

16.5 Myeloproliferative und myelodysplastische/myeloproliferative Neoplasien

Auswirkungen auf andere Organsysteme sind zusätzlich zu bewerten.

16.5.1 Chronische myeloische Leukämie, BCR/ABL-positiv

Im Stadium der kompletten hämatologischen, kompletten zytogenetischen und molekularen Remission beträgt der GdS 10–20.

Im Stadium der kompletten hämatologischen Remission je nach Ausmaß der zytogenetischen Remission beträgt der GdS 30–40.

Im chronischen Stadium, auch bei Krankheitsbeginn (im ersten Jahr der Therapie), bei fehlender Remission oder bei Rezidiv je nach Organvergrößerung, Anämie, Thrombozytenzahl und in Abhängigkeit von der Intensität der Therapie beträgt der GdS 50–80.

In der akzelerierten Phase oder in der Blastenkrise beträgt der GdS 100.

16.5.2 Atypische chronische myeloische Leukämie, BCR/ABL-negativ; chronische Neutrophilen-Leukämie; chronische myelomonozytäre Leukämie

Im Stadium der kompletten hämatologischen Remission beträgt der GdS 40.

Im chronischen Stadium, auch bei Krankheitsbeginn (im ersten Jahr der Therapie), ist die Teilhabebeeinträchtigung insbesondere abhängig vom Ausmaß der Organvergrößerung und Anämie, der Thrombozytenzahl und der Intensität der Therapie. Der GdS beträgt 50–80.

In der akzelerierten Phase oder in der Blastenkrise beträgt der GdS 100.

16.5.3 Primäre Myelofibrose (Chronische idiopathische Myelofibrose)

Bei geringen Auswirkungen (keine Behandlungsbedürftigkeit) beträgt der GdS 10–20.

Bei mäßigen Auswirkungen (Behandlungsbedürftigkeit) beträgt der GdS 30–40.

Bei stärkeren Auswirkungen (insbesondere mäßige Anämie, geringe Thrombozytopenie, ausgeprägte Organomegalie) beträgt der GdS 50–70.

Bei starken Auswirkungen (insbesondere schwere Anämie, ausgeprägte Thrombozytopenie, exzessive Organomegalie) beträgt der GdS 80–100.

16.5.4 Chronische Eosinophilen-Leukämie/Hypereosinophilie-Syndrom

Die Teilhabebeeinträchtigung ist insbesondere abhängig vom Ausmaß der Organomegalie, Hautbeteiligung, Blutbildveränderungen und Nebenwirkungen der Therapie. Der GdS beträgt mindestens 50.

16.5.5 Polycythaemia vera

Bei Behandlungsbedürftigkeit

- mit regelmäßigen Aderlässen. Der GdS beträgt 10.
- mit zytoreduktiver Therapie ist die Teilhabebeeinträchtigung insbesondere abhängig vom Ausmaß der Nebenwirkungen der Therapie. Der GdS beträgt 30–40.

Übergänge zu anderen myeloproliferativen Erkrankungen sind analog zu diesen zu bewerten.

16.5.6 Essentielle Thrombozythämie

Bei Behandlungsbedürftigkeit

- mit Thrombozytenaggregationshemmern. Der GdS beträgt 10.
- mit zytoreduktiver Therapie ist die Teilhabebeeinträchtigung insbesondere abhängig vom Ausmaß der Nebenwirkungen der Therapie. Der GdS beträgt 30–40.

Übergänge zu anderen myeloproliferativen Erkrankungen sind analog zu diesen zu bewerten.

16.5.7 Die juvenile myelomonozytäre Leukämie ist analog zur akuten myeloischen Leukämie zu bewerten.

16.6 Akute Leukämien

Im ersten Jahr nach Diagnosestellung (Erstdiagnose oder Rezidiv; insbesondere während der Induktionstherapie, Konsolidierungstherapie, Erhaltungstherapie) beträgt der GdS 100.

Nach dem ersten Jahr

- bei unvollständiger klinischer Remission: Der GdS beträgt weiterhin 100,
- bei kompletter klinischer Remission unabhängig von der durchgeführten Therapie: Der GdS beträgt 80 für die Dauer von drei Jahren (Heilungsbewährung).

Danach ist der GdS nach den verbliebenen Auswirkungen (insbesondere chronische Müdigkeit, Sterilität, Neuropathien, Beeinträchtigung der Entwicklung und kognitiver Funktionen) zu bewerten.

16.7 Myelodysplastische Syndrome

mit geringen Auswirkungen (ausgeglichen und ohne wesentliche Allgemeinstörungen)	10–20
mit mäßigen Auswirkungen (z. B. gelegentliche Transfusionen)	30–40

mit stärkeren Auswirkungen (z. B. andauernde Transfusionsbedürftigkeit, rezidivierende Infektionen)	50–80
mit starken Auswirkungen (z. B. andauernde Transfusionsbedürftigkeit, häufige Infektionen, Blutungsneigung, leukämische Transformation)	100

Aplastische Anämie (auch Panmyelopathie), Agranulozytose

Der GdS bei aplastischer Anämie oder Agranulozytose ist auch nach Therapie analog zu den myelodysplastischen Syndromen zu bewerten.

16.8 Knochenmark- und Stammzelltransplantation

Nach autologer Knochenmark- oder Blutstammzelltransplantation ist der GdS entsprechend der Grundkrankheit zu beurteilen.

Nach allogener Knochenmarktransplantation für die Dauer von drei Jahren (Heilungsbewährung)	100

Danach ist der GdS nach den verbliebenen Auswirkungen und dem eventuellen Organschaden, jedoch nicht niedriger als 30, zu bewerten.

16.9 Anämien

Symptomatische Anämien (z. B. Eisenmangelanämie, vitaminabhängige Anämien) sind in der Regel gut behandelbar und nur vorübergehender Natur.

Therapierefraktäre Anämien (z. B. bestimmte hämolytische Anämien, Thalassämie, Erythrozytenenzymdefekte)

mit geringen Auswirkungen (ausgeglichen und ohne wesentliche Allgemeinstörungen)	0–10
mit mäßigen Auswirkungen (z. B. gelegentliche Transfusionen)	20–40
mit starken Auswirkungen (z. B. andauernde Transfusionsbedürftigkeit)	50–70

16.10 Hämophilie und entsprechende plasmatische Blutungskrankheiten (je nach Blutungsneigung)

leichte Form	
mit Restaktivität von antihämophilem Globulin (AHG) über 5 %	20
mittelschwere Form – mit 1–5 % AHG mit seltenen Blutungen	30–40
mit häufigen (mehrfach jährlich) ausgeprägten Blutungen	50–80
schwere Form – mit weniger als 1 % AHG	80–100

Sonstige Blutungsleiden

ohne wesentliche Auswirkungen	10
mit mäßigen Auswirkungen	20–40
mit starken Auswirkungen (starke Blutungen bereits bei leichten Traumen)	50–70
mit ständiger klinisch manifester Blutungsneigung (Spontanblutungen, Gefahr lebensbedrohlicher Blutungen)	80–100

Eine Behandlung mit Antikoagulantien ist bei der Grundkrankheit (z. B. bei Herzklappen- und Gefäßprothesen, Thrombophilie) berücksichtigt. Wenn die Grundkrankheit nicht mehr besteht bzw. keinen GdS mehr bedingt, aber eine Weiterbehandlung mit Antikoagulantien erforderlich ist, kann – analog den sonstigen Blutungsleiden – in der Regel ein GdS von 10 angenommen werden.

16.11 Immundefekte

Angeborene Defekte der humoralen und zellulären Abwehr (z. B. Adenosindesaminase-Defekt, DiGeorge-Syndrom, permanente B-Zell-Defekte, septische Granulomatose)

ohne klinische Symptomatik	0

trotz Therapie erhöhte Infektanfälligkeit, aber keine außergewöhnlichen Infektionen 20–40
trotz Therapie neben erhöhter Infektanfälligkeit auch außergewöhnliche Infektionen (ein bis zwei pro Jahr) 50
Bei schwereren Verlaufsformen kommt ein höherer GdS in Betracht.

Erworbenes Immunmangelsyndrom (HIV-Infektion)
HIV-Infektion ohne klinische Symptomatik 10

HIV-Infektion mit klinischer Symptomatik
geringe Leistungsbeeinträchtigung (z. B. bei Lymphadenopathie syndrom [LAS]) 30–40
stärkere Leistungsbeeinträchtigung (z. B. bei AIDS-related complex [ARC]) 50–80
schwere Leistungsbeeinträchtigung (AIDS-Vollbild) 100

III

17. Haut

Bei der Beurteilung des GdS von Hautkrankheiten sind Art, Ausdehnung, Sitz, Auswirkungen auf den Allgemeinzustand, Begleiterscheinungen (wie Jucken, Nässen, Brennen, unangenehme und abstoßende Gerüche) und die Rezidivbereitschaft bzw. die Chronizität sowie die Notwendigkeit wiederholter stationärer Behandlung zu berücksichtigen. Bei Hautkrankheiten mit stark schwankendem Leidensverlauf kommt ein Durchschnitts-GdS in Betracht. Bei Kindern können sich Hautkrankheiten schwerer auswirken als bei Erwachsenen.

Narben können durch Ausdehnung, Beschaffenheit (z. B. Verhärtung, Verdünnung, Narbenzüge), Sitz oder Einwirkung auf ihre Umgebung zu Störungen führen. Bei flächenhaften Narben nach Verbrennungen, Verätzungen und ähnlichem muss außerdem die Beeinträchtigung der Haut als Schutz-, Ausscheidungs- und Sinnesorgan berücksichtigt werden. Diese Störungen bestimmen die Höhe des GdS.

Bei Entstellungen ist zu berücksichtigen, dass sich Schwierigkeiten im Erwerbsleben, Unannehmlichkeiten im Verkehr mit fremden Menschen sowie seelische Konflikte ergeben können.

17.1 Ekzeme

Kontaktekzeme (z. B. irritatives und allergisches Kontaktekzem)
geringe Ausdehnung und bis zu zweimal im Jahr für wenige Wochen auftretend 0–10
Sonst 20–30

Atopisches Ekzem („Neurodermitis constitutionalis", „endogenes Ekzem")
geringe, auf die Prädilektionsstellen begrenzte Ausdehnung bis zu zweimal im Jahr für wenige Wochen auftretend 0–15
bei länger dauerndem Bestehen 20–30
mit generalisierten Hauterscheinungen, insbesondere Gesichtsbefall 40
mit klinischer oder vergleichbar intensiver ambulanter Behandlungsnotwendigkeit mehrmals im Jahr 50

Seborrhoisches Ekzem
geringe Ausdehnung und Beschränkung auf die Prädilektionsstellen 0–10
sonst, je nach Ausdehnung 20–30

17.2 Chronisch rezidivierende Urtikaria/Quincke-Ödem
selten, bis zu zweimal im Jahr auftretend, leicht vermeidbare Noxen oder Allergene 0–10
häufiger auftretende Schübe, schwer vermeidbare Noxen oder Allergene 20–30
schwerer chronischer, über Jahre sich hinziehender Verlauf 40–50
Eine systemische Beteiligung z. B. des Gastrointestinaltraktes oder des Kreislaufs ist ggf. zusätzlich zu berücksichtigen.

17.3 Akne

Acne vulgaris

leichteren bis mittleren Grades	0–10
schweren Grades mit vereinzelter Abszess- und Knotenbildung und entsprechender erheblicher kosmetischer Beeinträchtigung	20–30

Acne conglobata

auf die Prädilektionsstellen begrenzte häufige Abszess- und Fistelbildungen und lokalisationsbedingte Beeinträchtigungen	30–40
schwerste Formen mit rezidivierenden eitrigen, vernarbenden axilläringuinalen und nuchalen Abszessen (Acne triade) und ggf. zusätzlicher Beteiligung des Pilonidalsinus (Acne tetrade)	wenigstens 50

17.4 Rosazea, Rhinophym

geringe Ausdehnung, kosmetisch nur wenig störend	0–10
stärkere Ausdehnung, entstellende Wirkung	20–30

17.5 Hautveränderungen bei Autoimmunkrankheiten des Bindegewebes (z. B. Lupus erythematodes, Dermatomyositis, progressive systemische Sklerodermie)

auf die Prädilektionsstellen begrenzt bei geringer Ausdehnung	0–10
auf die Prädilektionsstellen begrenzt bei stärkerer Ausdehnung, je nach kosmetischer und funktioneller Auswirkung	20–40
über die Prädilektionsstellen hinausgehend, ggf. Ulzerationen	50–70

17.6 Blasenbildende Hautkrankheiten (z. B. Pemphigus, Pemphigoide)

bei begrenztem Haut- und Schleimhautbefall mit geringer Ausdehnung	10
sonst	20–40
bei generalisiertem Haut- und Schleimhautbefall	50–80
in fortgeschrittenen Stadien bei schwerer Beeinträchtigung des Allgemeinzustandes auch höher.	

17.7 Psoriasis vulgaris

auf die Prädilektionsstellen beschränkt	0–10
ausgedehnter, aber erscheinungsfreie Intervalle von Monaten	20
bei andauerndem ausgedehnten Befall oder stark beeinträchtigendem lokalen Befall (z. B. an den Händen)	30–50

Eine außergewöhnliche Nagelbeteiligung (mit Zerstörung der Nagelplatten) sowie eine Gelenk- und Wirbelsäulenbeteiligung sind zusätzlich zu bewerten.

17.8 Erythrodermien

bei leichter Intensität des Krankheitsprozesses	40
bei mittlerer Intensität des Krankheitsprozesses ohne wesentliche Auswirkung auf den Allgemeinzustand	50–60
mit stärkerer Auswirkung auf den Allgemeinzustand	70–80

17.9 Ichthyosis

leichte Form, auf Stamm und Extremitäten weitgehend begrenzt, mit trockener Haut, mäßiger Schuppung, ohne wesentliche Verfärbung	0–10
mittlere Form auf Stamm und Extremitäten weitgehend begrenzt, mit stärkerer Schuppung und Verfärbung	20–40

schwere Form mit ausgeprägter Schuppung und Verfärbung der gesamten Haut, insbesondere der Gelenkbeugen und des Gesichts	50–80
17.10 Mykosen	
bei begrenztem Hautbefall	0–10
bei Befall aller Finger- und Fußnägel, ggf. mit Zerstörung von Nagelplatten	20
Chronisch rezidivierendes Erysipel	
ohne bleibendes Lymphödem	10
sonst, je nach Ausprägung des Lymphödems	20–40
Chronisch rezidivierender Herpes simplex	
geringe Ausdehnung, bis zu dreimal im Jahr rezidivierend	0–10
größere Ausdehnung, häufiger rezidivierend	20
17.11 Totaler Haarausfall (mit Fehlen von Augenbrauen und Wimpern)	30
17.12 Naevus	
Der GdS richtet sich allein nach dem Ausmaß einer eventuellen Entstellung.	
Pigmentstörungen (z. B. Vitiligo)	
an Händen und/oder Gesicht	
gering	10
ausgedehnter	20
sonst	0

17.13 Nach Entfernung eines malignen Tumors der Haut ist in den ersten fünf Jahren eine Heilungsbewährung abzuwarten (Ausnahmen: z. B. Basalzellkarzinome, Bowen-Krankheit, Melanoma in situ); GdS während dieser Zeit

nach Entfernung eines Melanoms im Stadium I ([pT1 bis T2] pN0 M0) oder eines anderen Hauttumors in den Stadien (pT1 bis T2) pN0 bis N2 M0	50
in anderen Stadien	80

18. Haltungs- und Bewegungsorgane, rheumatische Krankheiten

18.1 Allgemeines

Dieser Abschnitt umfasst Haltungsschäden, degenerative Veränderungen, osteopenische Krankheiten, posttraumatische Zustände, chronische Osteomyelitis, entzündlich-rheumatische Krankheiten, Kollagenosen und Vaskulitiden sowie nichtentzündliche Krankheiten der Weichteile.

Der GdS für angeborene und erworbene Schäden an den Haltungs- und Bewegungsorganen wird entscheidend bestimmt durch die Auswirkungen der Funktionsbeeinträchtigungen (Bewegungsbehinderung, Minderbelastbarkeit) und die Mitbeteiligung anderer Organsysteme. Die üblicher Weise auftretenden Beschwerden sind dabei mitberücksichtigt.

Außergewöhnliche Schmerzen sind ggf. zusätzlich zu berücksichtigen. Schmerzhafte Bewegungseinschränkungen der Gelenke können schwerwiegender als eine Versteifung sein.

Bei Haltungsschäden und/oder degenerativen Veränderungen an Gliedmaßengelenken und an der Wirbelsäule (z. B. Arthrose, Osteochondrose) sind auch Gelenkschwellungen, muskuläre Verspannungen, Kontrakturen oder Atrophien zu berücksichtigen.

Mit Bild gebenden Verfahren festgestellte Veränderungen (z. B. degenerativer Art) allein rechtfertigen noch nicht die Annahme eines GdS. Ebenso kann die Tatsache, dass eine Operation an einer Gliedmaße oder an der Wirbelsäule (z. B. Meniskusoperation, Bandscheibenoperation, Synovialektomie) durchgeführt wurde, für sich allein nicht die Annahme eines GdS begründen.

Das Funktionsausmaß der Gelenke wird im Folgenden nach der Neutral-Null-Methode angegeben.

Fremdkörper beeinträchtigen die Funktion nicht, wenn sie in Muskel oder Knochen reaktionslos eingeheilt sind und durch ihre Lage keinen ungünstigen Einfluss auf Gelenke, Nerven oder Gefäße ausüben.

Der GdS bei Weichteilverletzungen richtet sich nach der Funktionseinbuße und der Beeinträchtigung des Blut- und Lymphgefäßsystems. Bei Faszienverletzungen können Muskelbrüche auftreten, die nur in seltenen Fällen einen GdS bedingen.

Bei den entzündlich-rheumatischen Krankheiten sind unter Beachtung der Krankheitsentwicklung neben der strukturellen und funktionellen Einbuße die Aktivität mit ihren Auswirkungen auf den Allgemeinzustand und die Beteiligung weiterer Organe zu berücksichtigen. Entsprechendes gilt für Kollagenosen und Vaskulitiden.

Bei ausgeprägten osteopenischen Krankheiten (z. B. Osteoporose, Osteopenie bei hormonellen Störungen, gastrointestinalen Resorptionsstörungen, Nierenschäden) ist der GdS vor allem von der Funktionsbeeinträchtigung und den Schmerzen abhängig. Eine ausschließlich messtechnisch nachgewiesene Minderung des Knochenmineralgehalts rechtfertigt noch nicht die Annahme eines GdS.

18.2.1 Entzündliche-rheumatische Krankheiten
(z. B.) Bechterew-Krankheit

ohne wesentliche Funktionseinschränkung mit leichten Beschwerden	10
mit geringen Auswirkungen (leichtgradige Funktionseinbußen und Beschwerden, je nach Art und Umfang des Gelenkbefalls, geringe Krankheitsaktivität)	20–40
mit mittelgradigen Auswirkungen (dauernde erhebliche Funktionseinbußen und Beschwerden, therapeutisch schwer beeinflussbare Krankheitsaktivität)	50–70
mit schweren Auswirkungen (irreversible Funktionseinbußen, hochgradige Progredienz)	80–100

Auswirkungen über sechs Monate anhaltender aggressiver Therapien sind gegebenenfalls zusätzlich zu berücksichtigen.

18.2.2 Kollagenosen (z. B. systemischer Lupus erythematodes, progressiv-systemische Sklerose, Polymyositis/Dermatomyositis),

18.2.3 Vaskulitiden (z. B. Panarteriitis nodosa, Polymyalgia rheumatica)
Die Beurteilung des GdS bei Kollagenosen und Vaskulitiden richtet sich nach Art und Ausmaß der jeweiligen Organbeteiligung sowie den Auswirkungen auf den Allgemeinzustand, wobei auch eine Analogie zu den Muskelkrankheiten in Betracht kommen kann. Für die Dauer einer über sechs Monate anhaltenden aggressiven Therapie soll ein GdS von 50 nicht unterschritten werden.

18.3 Bei der Beurteilung nicht-entzündlicher Krankheiten der Weichteile kommt es auf Art und Ausmaß der jeweiligen Organbeteiligung sowie auf die Auswirkungen auf den Allgemeinzustand an.

18.4 Fibromyalgie

Die Fibromyalgie, das Chronische Fatigue Syndrom (CFS), die Multiple Chemical Sensitivity (MCS) und ähnliche Syndrome sind jeweils im Einzelfall entsprechend der funktionellen Auswirkungen analog zu beurteilen.

18.5 Chronische Osteomyelitis

Bei der Beurteilung des GdS sind die aus der Lokalisation und Ausdehnung des Prozesses sich ergebende Funktionsstörung, die dem Prozess innewohnende Aktivität und ihre Auswirkungen auf den Allgemeinzustand und außerdem etwaige Folgekrankheiten (z. B. Anämie, Amyloidose) zu berücksichtigen. Bei ausgeprägt schubförmigem Verlauf ist ein Durchschnitts-GdS zu bilden.

Ruhende Osteomyelitis (Inaktivität wenigstens 5 Jahre)	0–10
Chronische Osteomyelitis	
geringen Grades (eng begrenzt, mit geringer Aktivität, geringe Fisteleiterung)	mindestens 20
mittleren Grades (ausgedehnterer Prozess, häufige oder ständige Fisteleiterung, Aktivitätszeichen auch in Laborbefunden)	mindestens 50
schweren Grades (häufige schwere Schübe mit Fieber, ausgeprägter Infiltration der Weichteile, Eiterung und Sequesterabstoßung, erhebliche Aktivitätszeichen in den Laborbefunden)	mindestens 70

Eine wesentliche Besserung wegen Beruhigung des Prozesses kann erst angenommen werden, wenn nach einem Leidensverlauf von mehreren Jahren seit wenigstens zwei Jahren – nach jahrzehntelangem Verlauf seit fünf Jahren – keine Fistel mehr bestanden hat und auch aus den weiteren Befunden (einschließlich Röntgenbildern und Laborbefunden) keine Aktivitätszeichen mehr erkennbar gewesen sind. Dabei ist in der Regel der GdS nur um 20 bis 30 Punkte niedriger einzuschätzen und zwei bis vier Jahre lang noch eine weitere Heilungsbewährung abzuwarten, bis der GdS nur noch von dem verbliebenen Schaden bestimmt wird.

18.6 Muskelkrankheiten

Bei der Beurteilung des GdS ist von folgenden Funktionsbeeinträchtigungen auszugehen:

Muskelschwäche	
mit geringen Auswirkungen (vorzeitige Ermüdung, gebrauchsabhängige Unsicherheiten)	20–40
mit mittelgradigen Auswirkungen (zunehmende Gelenkkontrakturen und Deformitäten, Aufrichten aus dem Liegen nicht mehr möglich, Unmöglichkeit des Treppensteigens)	50–80
mit schweren Auswirkungen (bis zur Geh- und Stehunfähigkeit und Gebrauchsunfähigkeit der Arme)	90–100

Zusätzlich sind bei einzelnen Muskelkrankheiten Auswirkungen auf innere Organe (z. B. Einschränkung der Lungenfunktion und/oder der Herzleistung durch Brustkorbdeformierung) oder Augenmuskel-, Schluck- oder Sprechstörungen (z. B. bei der Myasthenie) zu berücksichtigen.

18.7 Kleinwuchs

Körpergröße nach Abschluss des Wachstums	
über 130 bis 140 cm	30–40

über 120 bis 130 cm 50
Bei 120 cm und darunter kommen entsprechend höhere Werte in Betracht. Dieser GdS ist auf harmonischen Körperbau bezogen.
Zusätzlich zu berücksichtigen sind (z. B. bei Achondroplasie, bei Osteogenesis imperfecta) mit dem Kleinwuchs verbundene Störungen wie
mangelhafte Körperproportionen,
Verbildungen der Gliedmaßen,
Störungen der Gelenkfunktion, Muskelfunktion und Statik,
neurologische Störungen,
Einschränkungen der Sinnesorgane,
endokrine Ausfälle und
außergewöhnliche psychoreaktive Störungen.

18.8 Großwuchs

Großwuchs allein rechtfertigt noch nicht die Annahme eines GdS. Auf psychoreaktive Störungen ist besonders zu achten.

18.9 Wirbelsäulenschäden

Der GdS bei angeborenen und erworbenen Wirbelsäulenschäden (einschließlich Bandscheibenschäden, Scheuermann-Krankheit, Spondylolisthesis, Spinalkanalstenose und dem sogenannten Postdiskotomiesyndrom) ergibt sich primär aus dem Ausmaß der Bewegungseinschränkung, der Wirbelsäulenverformung und -instabilität sowie aus der Anzahl der betroffenen Wirbelsäulenabschnitte.

Der Begriff Instabilität beinhaltet die abnorme Beweglichkeit zweier Wirbel gegeneinander unter physiologischer Belastung und die daraus resultierenden Weichteilveränderungen und Schmerzen. Sogenannte Wirbelsäulensyndrome (wie Schulter-Arm-Syndrom, Lumbalsyndrom, Ischialgie, sowie andere Nerven- und Muskelreizerscheinungen) können bei Instabilität und bei Einengungen des Spinalkanals oder der Zwischenwirbellöcher auftreten.

Für die Bewertung von chronisch-rezidivierenden Bandscheibensyndromen sind aussagekräftige anamnestische Daten und klinische Untersuchungsbefunde über einen ausreichend langen Zeitraum von besonderer Bedeutung. Im beschwerdefreien Intervall können die objektiven Untersuchungsbefunde nur gering ausgeprägt sein.

Wirbelsäulenschäden

ohne Bewegungseinschränkung oder Instabilität 0

mit geringen funktionellen Auswirkungen (Verformung, rezidivierende oder anhaltende Bewegungseinschränkung oder Instabilität geringen Grades, seltene und kurz dauernd auftretende leichte Wirbelsäulensyndrome) 10

mit mittelgradigen funktionellen Auswirkungen in einem Wirbelsäulenabschnitt (Verformung, häufig rezidivierende oder anhaltende Bewegungseinschränkung oder Instabilität mittleren Grades, häufig rezidivierende und über Tage andauernde Wirbelsäulensyndrome) 20

mit schweren funktionellen Auswirkungen in einem Wirbelsäulenabschnitt (Verformung, häufig rezidivierende oder anhaltende Bewegungseinschränkung oder Instabilität schweren Grades, häufig rezidivierende und Wochen andauernde ausgeprägte Wirbelsäulensyndrome) 30

mit mittelgradigen bis schweren funktionellen Auswirkungen in zwei Wirbelsäulenabschnitten 30–40

mit besonders schweren Auswirkungen (z. B. Versteifung großer Teile der Wirbelsäule; anhaltende Ruhigstellung durch Rumpforthese, die drei Wirbelsäulenabschnitte umfasst [z. B. Milwaukee-Korsett]; schwere Skoliose [ab ca. 70° nach Cobb])	50–70
bei schwerster Belastungsinsuffizienz bis zur Geh- und Stehunfähigkeit	80–100

Anhaltende Funktionsstörungen infolge Wurzelkompression mit motorischen Ausfallerscheinungen – oder auch die intermittierenden Störungen bei der Spinalkanalstenose – sowie Auswirkungen auf die inneren Organe (z. B. Atemfunktionsstörungen) sind zusätzlich zu berücksichtigen.

Bei außergewöhnlichen Schmerzsyndromen kann auch ohne nachweisbare neurologische Ausfallerscheinungen (z. B. Postdiskotomiesyndrom) ein GdS über 30 in Betracht kommen.

Das neurogene Hinken ist etwas günstiger als vergleichbare Einschränkungen des Gehvermögens bei arteriellen Verschlusskrankheiten zu bewerten.

18.10 Beckenschäden

ohne funktionelle Auswirkungen	0
mit geringen funktionellen Auswirkungen (z. B. stabiler Beckenring, degenerative Veränderungen der Kreuz-Darmbeingelenke)	10
mit mittelgradigen funktionellen Auswirkungen (z. B. instabiler Beckenring einschließlich Sekundärarthrose)	20
mit schweren funktionellen Auswirkungen und Deformierung	30–40

18.11 Gliedmaßenschäden, Allgemeines

Der GdS bei Gliedmaßenschäden ergibt sich aus dem Vergleich mit dem GdS für entsprechende Gliedverluste. Trotz erhaltener Extremität kann der Zustand gelegentlich ungünstiger sein als der Verlust.

Die aufgeführten GdS für Gliedmaßenverluste gehen – soweit nichts anderes erwähnt ist – von günstigen Verhältnissen des Stumpfes und der benachbarten Gelenke aus. Bei ausgesprochen ungünstigen Stumpfverhältnissen, bei nicht nur vorübergehenden Stumpfkrankheiten sowie bei nicht unwesentlicher Funktionsbeeinträchtigung des benachbarten Gelenkes sind diese Sätze im allgemeinen um 10 zu erhöhen, unabhängig davon, ob Körperersatzstücke getragen werden oder nicht.

Körperersatzstücke, orthopädische und andere Hilfsmittel mindern bei Verlust und Funktionsstörungen der Gliedmaßen sowie bei Funktionseinschränkungen des Rumpfes die Auswirkungen der Behinderung, ohne dass dadurch der durch den Schaden allein bedingte GdS eine Änderung erfährt.

Bei der Bewertung des GdS von Pseudarthrosen ist zu berücksichtigen, dass straffe Pseudarthrosen günstiger sind als schlaffe.

Bei habituellen Luxationen richtet sich die Höhe des GdS außer nach der Funktionsbeeinträchtigung der Gliedmaße auch nach der Häufigkeit der Ausrenkungen.

18.12 Endoprothesen

Es werden Mindest-GdS angegeben, die für Endoprothesen bei bestmöglichem Behandlungsergebnis gelten. Bei eingeschränkter Versorgungsqualität sind höhere Werte angemessen.

Die Versorgungsqualität kann insbesondere beeinträchtigt sein durch

– Beweglichkeits- und Belastungseinschränkung,

– Nervenschädigung,

– deutliche Muskelminderung,
– ausgeprägte Narbenbildung.

Die in der GdS-Tabelle angegebenen Werte schließen die bei der jeweiligen Versorgungsart üblicherweise gebotenen Beschränkungen ein.

Hüftgelenk	
bei einseitiger Endoprothese beträgt der GdS mindestens	10
bei beidseitiger Endoprothese beträgt der GdS mindestens	20
Kniegelenk	
bei einseitiger Totalendoprothese beträgt der GdS mindestens	20
bei beidseitiger Totalendoprothese beträgt der GdS mindestens	30
bei einseitiger Teilendoprothese beträgt der GdS mindestens	10
bei beidseitiger Teilendoprothese beträgt der GdS mindestens	20
Oberes Sprunggelenk	
bei einseitiger Endoprothese beträgt der GdS mindestens	10
bei beidseitiger Endoprothese beträgt der GdS mindestens	20
Schultergelenk	
bei einseitiger Endoprothese beträgt der GdS mindestens	20
bei beidseitiger Endoprothese beträgt der GdS mindestens	40
Ellenbogengelenk	
bei einseitiger Totalendoprothese beträgt der GdS mindestens	30
bei beidseitiger Totalendoprothese beträgt der GdS mindestens	50
Kleine Gelenke	
Endoprothesen bedingen keine wesentliche Teilhabebeeinträchtigung.	
Aseptische Nekrosen	
Hüftkopfnekrosen (z. B. Perthes-Krankheit) während der notwendigen Entlastung	70
Lunatum-Malazie während der notwendigen Immobilisierung	30

18.13 Schäden der oberen Gliedmaßen

Extremitätenverlust	
Verlust eines Armes und Beines	100
Verlust eines Armes im Schultergelenk oder mit sehr kurzem Oberarmstumpf	80
Unter einem sehr kurzen Oberarmstumpf ist ein Stumpf zu verstehen, der eine gleiche Funktionseinbuße wie der Verlust des Armes im Schultergelenk zur Folge hat. Das ist immer dann der Fall, wenn die Absetzungsebene in Höhe des Collum chirurgicum liegt.	
Verlust eines Armes im Oberarm oder im Ellenbogengelenk	70
Verlust eines Armes im Unterarm	50
Verlust eines Armes im Unterarm mit einer Stumpflänge bis 7 cm	60
Verlust einer ganzen Hand	50
Versteifung des Schultergelenks in günstiger Stellung bei gut beweglichem Schultergürtel	30
Eine Versteifung im Schultergelenk in einem Abspreizwinkel um ca. 45° und leichter Vorhalte gilt als funktionell günstig.	
Versteifung des Schultergelenks in ungünstiger Stellung oder bei gestörter Beweglichkeit des Schultergürtels	40–50
Bewegungseinschränkung des Schultergelenks (einschließlich Schultergürtel)	
Armhebung nur bis zu 120° mit entsprechender Einschränkung der Dreh- und Spreizfähigkeit	10

Armhebung nur bis zu 90° mit entsprechender Einschränkung der Dreh- und Spreizfähigkeit	20
Instabilität des Schultergelenks	
geringen Grades, auch seltene Ausrenkung (in Abständen von 1 Jahr und mehr)	10
mittleren Grades, auch häufigere Ausrenkung	20–30
schweren Grades (auch Schlottergelenk), auch ständige Ausrenkung	40
Schlüsselbeinpseudarthrose	
straff	0–10
schlaff	20
Verkürzung des Armes bis zu 4 cm bei freier Beweglichkeit der großen Armgelenke	0
Oberarmpseudarthrose	
straff	20
schlaff	40
Riss der langen Bizepssehne	0–10
Versteifung des Ellenbogengelenks einschließlich Aufhebung der Unterarmdrehbewegung	
in günstiger Stellung	30
in ungünstiger Stellung	40–50
Die Versteifung in einem Winkel zwischen 80° und 100° bei mittlerer Pronationsstellung des Unterarms ist als günstige Gebrauchsstellung aufzufassen.	
Bewegungseinschränkung im Ellenbogengelenk	
geringen Grades (Streckung/Beugung bis 0-30-120 bei freier Unterarmdrehbeweglichkeit)	0–10
stärkeren Grades (insbesondere der Beugung einschließlich Einschränkung der Unterarmdrehbeweglichkeit)	20–30
Isolierte Aufhebung der Unterarmdrehbeweglichkeit	
in günstiger Stellung (mittlere Pronationsstellung)	10
in ungünstiger Stellung	20
in extremer Supinationsstellung	30
Ellenbogen-Schlottergelenk	40
Unterarmpseudarthrose	
straff	20
schlaff	40
Pseudarthrose der Elle oder Speiche	10–20
Versteifung des Handgelenks	
in günstiger Stellung (leichte Dorsalextension)	20
in ungünstiger Stellung	30
Bewegungseinschränkung des Handgelenks	
geringen Grades (z. B. Streckung/Beugung bis 30-0-40)	0–10
stärkeren Grades	20–30
Nicht oder mit Deformierung verheilte Brüche oder Luxationen der Handwurzelknochen oder eines oder mehrerer Mittelhandknochen mit sekundärer Funktionsbeeinträchtigung	10–30
Versteifung eines Daumengelenks in günstiger Stellung	0–10
Versteifung beider Daumengelenke und des Mittelhand- Handwurzelgelenks in günstiger Stellung	20
Versteifung eines Fingers in günstiger Stellung (mittlere Gebrauchsstellung)	0–10
Versteifungen der Finger in Streck- oder starker Beugestellung sind oft störender als ein glatter Verlust.	
Verlust des Daumenendgliedes	0

Verlust des Daumenendgliedes und des halben Grundgliedes	10
Verlust eines Daumens	25
Verlust beider Daumen	40
Verlust eines Daumens mit Mittelhandknochen	30
Verlust des Zeigefingers, Mittelfingers, Ringfingers oder Kleinfingers, auch mit Teilen des dazugehörigen Mittelhandknochens	10
Verlust von zwei Fingern	
mit Einschluss des Daumens	30
II+III, II+IV	30
sonst	25
Verlust von drei Fingern	
mit Einschluss des Daumens	40
II+III+IV	40
sonst	30
Verlust von vier Fingern	
mit Einschluss des Daumens	50
sonst	40
Verlust der Finger II bis V an beiden Händen	80
Verlust aller fünf Finger einer Hand	50
Verlust aller zehn Finger	100

Obige Sätze gelten für den Gesamtverlust der Finger bei reizlosen Stumpfverhältnissen. Bei Verlust einzelner Fingerglieder sind sie herabzusetzen, bei schlechten Stumpfverhältnissen zu erhöhen.

Fingerstümpfe im Mittel- und Endgelenk können schmerzhafte Narbenbildung und ungünstige Weichteildeckung zeigen. Empfindungsstörungen an den Fingern, besonders an Daumen und Zeigefinger, können die Gebrauchsfähigkeit der Hand wesentlich beeinträchtigen.

Nervenausfälle (vollständig)	
Armplexus	80
oberer Armplexus	50
unterer Armplexus	60
N. axillaris	30
N. thoracicus longus	20
N. musculocutaneus	20
N. radialis	
ganzer Nerv	30
mittlerer Bereich oder distal	20
N. ulnaris	
proximal oder distal	30
N. medianus	
proximal	40
distal	30
Nn. radialis und axillaris	50
Nn. radialis und ulnaris	50
Nn. radialis und medianus	50
Nn. ulnaris und medianus	50
Nn. radialis, ulnaris und medianus im Vorderarmbereich	60

Trophische Störungen sind zusätzlich zu berücksichtigen; Teilausfälle der genannten Nerven sind entsprechend geringer zu bewerten.

18.14 Schäden der unteren Gliedmaßen

Verlust beider Beine im Oberschenkel	100
Verlust eines Beines im Oberschenkel und eines Beines im Unterschenkel	100
Verlust eines Beines und Armes	100
Verlust eines Beines im Hüftgelenk oder mit sehr kurzem Oberschenkelstumpf	80
Unter einem sehr kurzen Oberschenkelstumpf ist ein Stumpf zu verstehen, der eine gleiche Funktionseinbuße wie der Verlust des Beines im Hüftgelenk bedingt. Das ist immer dann der Fall, wenn die Absetzungsebene in Höhe des Trochanter minor liegt.	
Verlust eines Beines im Oberschenkel (einschließlich Absetzung nach Gritti)	70
Notwendigkeit der Entlastung des ganzen Beines (z. B. Sitzbeinabstützung)	70
Verlust eines Beines im Unterschenkel bei genügender Funktionstüchtigkeit des Stumpfes und der Gelenke	50
Notwendigkeit der Entlastung eines Unterschenkels (z. B. Schienbeinkopfabstützung)	50
Verlust eines Beines im Unterschenkel bei ungenügender Funktionstüchtigkeit des Stumpfes und der Gelenke	60
Verlust beider Beine im Unterschenkel	80
bei einseitig ungünstigen Stumpfverhältnissen	90
bei beidseitig ungünstigen Stumpfverhältnissen	100
Teilverlust eines Fußes, Absetzung	
nach Pirogow	
einseitig, guter Stumpf	40
beidseitig	70
nach Chopart	
einseitig, guter Stumpf	30
einseitig, mit Fußfehlstellung	30–50
beidseitig	60
nach Lisfranc oder im Bereich der Mittelfußknochen nach Sharp	
einseitig, guter Stumpf	30
einseitig, mit Fußfehlstellung	30–40
beidseitig	50
Verlust einer Zehe	0
Verlust einer Großzehe	10
Verlust einer Großzehe mit Verlust des Köpfchens des I. Mittelfußknochens	20
Verlust der Zehen II bis V oder I bis III	10
Verlust aller Zehen an einem Fuß	20
Verlust aller Zehen an beiden Füßen	30
Versteifung beider Hüftgelenke je nach Stellung	80–100
Versteifung eines Hüftgelenks	
in günstiger Stellung	40
Die Versteifung eines Hüftgelenks in leichter Abspreizstellung von ca. 10°, mittlerer Drehstellung und leichter Beugestellung gilt als günstig.	
in ungünstiger Stellung	50–60
Ungünstig sind Hüftgelenkversteifungen in stärkerer Adduktions-, Abduktions- oder Beugestellung.	
Bewegungseinschränkung der Hüftgelenke	

III

geringen Grades (z. B. Streckung/Beugung bis zu 0-10-90 mit entsprechender Einschränkung der Dreh- und Spreizfähigkeit)	
einseitig	10–20
beidseitig	20–30
mittleren Grades (z. B. Streckung/Beugung bis zu 0-30-90 mit entsprechender Einschränkung der Dreh- und Spreizfähigkeit)	
einseitig	30
beidseitig	50
stärkeren Grades	
einseitig	40
beidseitig	60–100
Hüftdysplasie (einschließlich sogenannte angeborene Hüftluxation)	
für die Dauer der vollständigen Immobilisierung	100
danach bis zum Abschluss der Spreizbehandlung	50
Anschließend und bei unbehandelten Fällen richtet sich der GdS nach der Instabilität und der Funktionsbeeinträchtigung.	
Hüftgelenksresektion je nach Funktionsstörung	50–80
Schnappende Hüfte	0–10
Beinverkürzung	
bis 2,5 cm	0
über 2,5 cm bis 4 cm	10
über 4 cm bis 6 cm	20
über 6 cm	wenigstens 30
Oberschenkelpseudarthrose	
straff	50
schlaff	70
Faszienlücke (Muskelhernie) am Oberschenkel	0–10
Versteifung beider Kniegelenke	80
Versteifung eines Kniegelenks	
in günstiger Stellung (Beugestellung von 10–15°)	30
in ungünstiger Stellung	40–60
Lockerung des Kniebandapparates	
muskulär kompensierbar	10
unvollständig kompensierbar, Gangunsicherheit	20
Versorgung mit einem Stützapparat, je nach Achsenfehlstellung	30–50
Kniescheibenbruch	
nicht knöchern verheilt ohne Funktionseinschränkung des Streckapparates	10
nicht knöchern verheilt mit Funktionseinschränkung des Streckapparates	20–40
Habituelle Kniescheibenverrenkung	
seltene Ausrenkung (in Abständen von 1 Jahr und mehr)	0–10
häufiger	20
Bewegungseinschränkung im Kniegelenk	
geringen Grades (z. B. Streckung/Beugung bis 0-0-90)	
einseitig	0–10
beidseitig	10–20

mittleren Grades (z. B. Streckung/Beugung 0-10-90)	
einseitig	20
beidseitig	40
stärkeren Grades (z. B. Streckung/Beugung 0-30-90)	
einseitig	30
beidseitig	50
Ausgeprägte Knorpelschäden der Kniegelenke (z. B. Chondromalacia patellae Stadium II–IV) mit anhaltenden Reizerscheinungen, einseitig	
ohne Bewegungseinschränkung	10–30
mit Bewegungseinschränkung	20–40
Schienbeinpseudarthrose	
straff	20–30
schlaff	40–50
Teilverlust oder Pseudarthrose des Wadenbeins	0–10
Versteifung des oberen Sprunggelenks in günstiger Stellung (Plantarflexion um 5° bis 15°)	20
Versteifung des unteren Sprunggelenks in günstiger Stellung (Mittelstellung)	10
Versteifung des oberen und unteren Sprunggelenks	
in günstiger Stellung	30
in ungünstiger Stellung	40
Bewegungseinschränkung im oberen Sprunggelenk	
geringen Grades	0
mittleren Grades (Heben/Senken 0-0-30)	10
stärkeren Grades	20
Bewegungseinschränkung im unteren Sprunggelenk	0–10
Klumpfuß je nach Funktionsstörung	
einseitig	20–40
beidseitig	30–60
Andere Fußdeformitäten	
ohne wesentliche statische Auswirkungen (z. B. Senk-Spreizfuß, Hohlfuß, Knickfuß, auch posttraumatisch)	0
mit statischer Auswirkung je nach Funktionsstörung	
geringen Grades	10
stärkeren Grades	20
Versteifung aller Zehen eines Fußes	
in günstiger Stellung	10
in ungünstiger Stellung	20
Versteifungen oder Verkrümmungen von Zehen außer der Großzehe	0
Versteifung der Großzehengelenke	
in günstiger Stellung	0–10
in ungünstiger Stellung (z. B. Plantarflexion im Grundgelenk über 10°)	20
Narben nach größeren Substanzverlusten an Ferse und Fußsohle	
mit geringer Funktionsbehinderung	10
mit starker Funktionsbehinderung	20–30
Nervenausfälle (vollständig)	
Plexus lumbosacralis	80
N. glutaeus superior	20
glutaeus inferior	20
N. cutaneus femoralis lat	10

III

N. femoralis	40
N. ischiadicus	
proximal	60
distal (Ausfall der Nn. peronaeus communis und tibialis)	50
N. peronaeus communis oder profundus	30
N. peronaeus superficialis	20
N. tibialis	30

Trophische Störungen sind zusätzlich zu berücksichtigen. Teilausfälle der genannten Nerven sind entsprechend geringer zu bewerten.

Völlige Gebrauchsunfähigkeit eines Beines	80

Teil C:
Begutachtung im Sozialen Entschädigungsrecht

1. Grundsätze zur Begutachtung im Sozialen Entschädigungsrecht

Die Grundsätze, die im Sozialen Entschädigungsrecht zur Anerkennung einer Gesundheitsstörung als Folge einer Schädigung maßgebend sind, werden in diesem Teil der Versorgungsmedizinischen Grundsätze aufgestellt. Die Auswirkungen der als Schädigungsfolgen anerkannten Gesundheitsstörungen werden mit einem Grad der Schädigungsfolgen bewertet. Die ärztliche Bewertung der Auswirkungen der Schädigungsfolgen erfolgt nach Teil A und Teil B.

Als Voraussetzung für die ärztliche Begutachtung des ursächlichen Zusammenhangs müssen alle Tatsachen festgestellt sein. Die Feststellung der Tatsachen erfolgt unabhängig von kausalen Erwägungen. Es muss unterschieden werden zwischen ärztlicher Begutachtung im Rahmen der Tatsachenermittlung und der ärztlichen Begutachtung des ursächlichen Zusammenhangs.

2. Tatsachen für die Begutachtung des ursächlichen Zusammenhangs

2.1 Tatsachen

Vor der ärztlichen Begutachtung des ursächlichen Zusammenhangs müssen folgende Tatsachen festgestellt und voll bewiesen sein:

a) das Ereignis, das bei nachgewiesenem ursächlichem Zusammenhang das schädigende Ereignis ist,

b) die Gesundheitsstörung, die bei nachgewiesenem ursächlichem Zusammenhang die gesundheitliche Schädigung ist (primäre Gesundheitsstörung), und

c) die Gesundheitsstörung, die bei nachgewiesenem ursächlichem Zusammenhang die Schädigungsfolge ist (sekundäre Gesundheitsstörung).

2.2 Ereignis

Die in Betracht kommenden schädigenden Ereignisse unterscheiden sich je nach den Voraussetzungen der verschiedenen Gesetze des Sozialen Entschädigungsrechts. Ereignis in diesem Sinne kann sein:

a) ein zeitlich begrenztes Ereignis,

b) ein über einen längeren Zeitraum einwirkendes Ereignis (andauerndes Ereignis) oder

c) wiederkehrende Ereignisse, die sich in ihrer Gesamtheit auswirken.

Es gibt aktiv einwirkende Ereignisse und passive Ereignisse durch Unterlassen.

2.3 Primäre Gesundheitsstörung

Primäre Gesundheitsstörungen sind solche, die nach dem aktuellen Stand der medizinischen Wissenschaft durch ein unter Nummer 2.2 beschriebenes Ereignis hervorgerufen werden können und zeitlich als erste auftreten.

2.4 Sekundäre Gesundheitsstörung

Sekundäre Gesundheitsstörungen sind solche, die nach dem aktuellen Stand der medizinischen Wissenschaft aus der primären Gesundheitsstörung entstehen können.

3. Ursächlicher Zusammenhang

3.1 Allgemeines

Nur wenn die unter Nummer 2.1 genannten Tatsachen ermittelt und im Sinne von Nummer 2.1 bewiesen sind, kann die ärztliche Begutachtung des ursächlichen Zusammenhangs erfolgen. Die Gesundheitsstörungen, die vor Eintritt des schädigenden Vorgangs bestanden haben oder bei Eintritt bestehen, sind von der primären und sekundären Gesundheitsstörung abzugrenzen.

3.2 Kausalkette

Zwischen dem Ereignis, der primären und der sekundären Gesundheitsstörung muss ein nach dem aktuellen Stand der medizinischen Wissenschaft nicht unterbrochener ursächlicher Zusammenhang bestehen. Die primäre Gesundheitsstörung muss durch das Ereignis verursacht sein und die sekundäre Gesundheitsstörung muss durch die primäre Gesundheitsstörung verursacht sein. Erst in diesem Fall ist der ursächliche Zusammenhang gegeben.

3.3 Schädigendes Ereignis, gesundheitliche Schädigung, Schädigungsfolge

Ist der ursächliche Zusammenhang im Sinne von Nummer 3.2 zu bejahen, ist

a) das Ereignis das schädigende Ereignis,

b) die primäre Gesundheitsstörung die gesundheitliche Schädigung und

c) die sekundäre Gesundheitsstörung die Gesundheitsstörung als Folge der Schädigung (Schädigungsfolge).

3.4 Wahrscheinlichkeit des ursächlichen Zusammenhangs

3.4.1 Für die Annahme des ursächlichen Zusammenhangs genügt entschädigungsrechtlich die Wahrscheinlichkeit. Sie ist gegeben, wenn nach dem aktuellen Stand der medizinischen Wissenschaft mehr für als gegen einen ursächlichen Zusammenhang spricht. Es reicht für die Annahme des ursächlichen Zusammenhangs nicht aus, dass dieser nur möglich ist.

3.4.2 Haben konkurrierende Ursachen zur primären Gesundheitsstörung beigetragen und kommt einem Ereignis gegenüber der Gesamtheit der anderen Ursachen eine mindestens gleichwertige Bedeutung zu, ist alleine jenes Ereignis schädigendes Ereignis und wesentliche Ursache im entschädigungsrechtlichen Sinn.

3.4.3 Nummer 3.4.2 gilt entsprechend, wenn die sekundäre Gesundheitsstörung auf konkurrierenden Ursachen beruht.

4. Kann-Versorgung

4.1 Im Sozialen Entschädigungsrecht muss anhand des Sachverhaltes in jedem Einzelfall stets zuerst geprüft werden, ob nach Nummer 3.4 der ursächliche Zusammenhang mit Wahrscheinlichkeit beurteilt werden kann. Lässt sich dabei die Frage des ursächlichen Zusammenhangs bereits in ihrer Gesamtheit bejahen oder verneinen, ist die entsprechende Prüfung abgeschlossen und eine Kann-Versorgung kommt nicht in Betracht.

4.2 Lässt sich die Frage des ursächlichen Zusammenhangs im Sinne von Nummer 3.4 nicht bejahen oder verneinen, kann in Ausnahmefällen eine Gesundheitsstörung im Sinne der Kann-Versorgung als Schädigungsfolge anerkannt werden. Voraussetzung dafür ist, dass die zur Anerkennung einer Gesundheitsstörung als Folge einer Schädigung erforderliche Wahrscheinlichkeit nur deshalb nicht gegeben ist, weil über die Ursache der festgestellten Gesundheitsstörung in der medizinischen Wissenschaft Ungewissheit besteht.

4.3 Eine Kann-Versorgung kommt nur dann in Betracht, wenn die einer Gesundheitsstörung zugrundeliegende Ursache (Ätiologie) nicht durch den aktuellen Stand der medizinischen Wissenschaft gesichert ist und wenn fundierte wissenschaftliche Arbeitshypothesen einen ursächlichen Zusammenhang begründen. Eine von dem aktuellen Stand der medizinischen Wissenschaft abweichende subjektive Auffassung eines einzelnen Wissenschaftlers oder einer einzelnen Wissenschaftlerin ist nicht mit Ungewissheit in der medizinischen Wissenschaft gleichzusetzen.

4.4 Eine Kann-Versorgung rechtfertigen nicht:

a) Zweifel über den Zeitpunkt der Entstehung der Gesundheitsstörung,

b) mangelnde diagnostische Klärung,

c) unzureichende Sachverhaltsaufklärung oder

d) sonstige Ungewissheiten im Sachverhalt.

4.5 Ist die Wahrscheinlichkeit des ursächlichen Zusammenhangs nur für einen Teil einer Gesundheitsstörung gegeben, so ist zu prüfen, ob für den verbleibenden Teil der Gesundheitsstörung die Voraussetzungen für eine Kann-Versorgung vorliegen.

5. Anerkennung der Schädigungsfolge im Sinne der Entstehung und Anerkennung der Schädigungsfolge im Sinne der Verschlimmerung

5.1 Allgemeines

Bei Vorliegen des ursächlichen Zusammenhangs ist auf der Grundlage des aktuellen Stands der medizinischen Wissenschaft zu beurteilen, ob das schädigende Ereignis zur Entstehung oder zur Verschlimmerung der Gesundheitsstörung geführt hat.

5.2 Anerkennung im Sinne der Entstehung

Die Anerkennung einer Gesundheitsstörung als Schädigungsfolge im Sinne der Entstehung setzt voraus, dass keine medizinischen Tatsachen festzustellen sind, die rückblickend nach dem aktuellen Stand der medizinischen Wissenschaft belegen, dass die Gesundheitsstörung zur Zeit der Einwirkung des schädigenden Ereignisses bereits bestand.

5.3 Anerkennung im Sinne der Verschlimmerung

Wenn medizinische Tatsachen festzustellen sind, die rückblickend nach dem aktuellen Stand der medizinischen Wissenschaft belegen, dass die Gesundheitsstörung zur Zeit der Einwirkung des schädigenden Ereignisses bereits – auch unbemerkt – bestand, kommt nur eine Anerkennung der Gesundheitsstörung als Schädigungsfolge im Sinne der Verschlimmerung in Betracht. Eine solche Anerkennung setzt voraus, dass das schädigende Ereignis dazu führt,

a) dass der Zeitpunkt vorverlegt wird, an dem die Gesundheitsstörung sonst in Erscheinung getreten wäre, oder

b) dass die Gesundheitsstörung in stärkerer Ausprägung auftritt, als es sonst zu erwarten wäre.

5.4 Zunahme der Ausprägung der Gesundheitsstörung

Bei jeder weiteren Zunahme der Ausprägung der als Schädigungsfolge anerkannten Gesundheitsstörung ist zu prüfen, ob auch diese Zunahme noch ursächlich auf das schädigende Ereignis zurückzuführen ist. Bei jeder weiteren Zunahme der Ausprägung der Gesundheitsstörung muss der ursächliche Zusammenhang dieser Weiterentwicklung beurteilt werden.

6. Bestimmung des Grades der Schädigungsfolgen

6.1 Vorübergehende Gesundheitsstörungen

Vorübergehende Gesundheitsstörungen sind bei der Feststellung des Grades der Schädigungsfolgen nicht zu berücksichtigen. Als vorübergehend gilt ein Zeitraum von bis zu sechs Monaten.

6.2 Bereits bestehende Gesundheitsstörungen

III

6.2.1 Vor der Feststellung des Grades der Schädigungsfolgen ist zu prüfen, ob vor dem schädigenden Ereignis bereits eine Teilhabebeeinträchtigung durch eine nicht schädigungsbedingte Gesundheitsstörung (bereits bestehende Gesundheitsstörung) vorlag. Diese Teilhabebeeinträchtigung muss festgestellt werden. Auch für die Gesamtauswirkung der vorhandenen Gesundheitsstörungen ist ein Grad der Behinderung anzugeben. Der Grad der Schädigungsfolgen gibt allein das Ausmaß der Auswirkungen der Schädigungsfolgen wieder.

6.2.2 Befinden sich die bereits bestehende Gesundheitsstörung und die Schädigungsfolge an verschiedenen Körperteilen und beeinflussen sich nicht gegenseitig, hat die bereits bestehende Gesundheitsstörung keine Auswirkung auf den Grad der Schädigungsfolgen.

6.2.3 Hat die Schädigung eine Gliedmaße oder ein Organ mit bereits bestehender Gesundheitsstörung betroffen, muss der Grad der Schädigungsfolgen niedriger sein als der Grad der Behinderung, der sich aus der nun bestehenden gesamten Gesundheitsstörung ergeben würde. Der Grad der Schädigungsfolgen lässt sich dabei nicht einfach dadurch ermitteln, dass die Teilhabebeeinträchtigung der bereits bestehenden Gesundheitsstörung vom Grad der Behinderung der gesamten Gesundheitsstörung abgezogen wird. Maßgeblich ist vielmehr, zu welchen zusätzlichen Auswirkungen die Schädigung geführt hat. Wenn jedoch die bereits bestehende Gesundheitsstörung nach ihrem Umfang oder nach ihrer Art keine wesentliche Bedeutung für die gesamte Gesundheitsstörung hat, ist der Grad der Schädigungsfolgen genauso hoch wie der Grad der Behinderung, der sich aus der nun bestehenden gesamten Gesundheitsstörung ergibt.

6.2.4 Sind durch die bereits bestehende schädigungsunabhängige Gesundheitsstörung und durch die Schädigungsfolge verschiedene Organe, Gliedmaßen oder paarige Organe betroffen und verstärkt die bereits bestehende schädigungsunabhängige Gesundheitsstörung die Auswirkungen der schädigungsbedingten Funktionsstörung, ist der Grad der Schädigungsfolgen höher zu bewerten als bei isolierter Betrachtung der Schädigungsfolge.

6.3 Veränderung des Grades der Schädigungsfolgen

6.3.1 Ein schädigendes Ereignis kann zu einer zeitlich begrenzten Zunahme der Ausprägung einer Gesundheitsstörung führen und damit zu keinem oder nur zeitlich begrenzt zu einem Grad der Schädigungsfolgen.

6.3.2 Ein schädigendes Ereignis kann anhaltend, aber abgrenzbar den weiteren Verlauf der Gesundheitsstörung beeinflussen und damit zu einem gleichbleibenden Grad der Schädigungsfolgen führen.

6.3.3 Ein schädigendes Ereignis kann aber auch den weiteren Verlauf der Gesundheitsstörung richtunggebend bestimmen und damit Anlass für einen ansteigenden Grad der Schädigungsfolgen sein.

6.4 Nachfolgende Gesundheitsstörung

Eine Gesundheitsstörung, die zeitlich nach der Schädigungsfolge eingetreten ist und nicht in ursächlichem Zusammenhang mit der Schädigung steht, wird bei der Bewertung des Grades der Schädigungsfolgen nicht berücksichtigt.

7. Folgeschaden

Tritt nach einer Schädigung eine weitere Gesundheitsstörung ein und kommt der Schädigung oder deren Folgen für die Entstehung dieser Gesundheitsstörung eine mindestens gleichwertige Bedeutung gegenüber der Gesamtheit der anderen Ursachen zu, handelt es sich um einen Folgeschaden. Dieser ist bei der Feststellung des Grades der Schädigungsfolgen zu berücksichtigen. In diesem Falle ist stets zu prüfen, ob die anerkannte Schädigungsfolge auch gemäß dem gegenwärtig aktuellen Stand der medizinischen Wissenschaft anerkannt würde.

8. Folgen von medizinischen Maßnahmen

Haben diagnostische oder therapeutische Maßnahmen, die wegen Schädigungsfolgen durchgeführt werden, nachteilige gesundheitliche Folgen, so sind auch diese gesundheitlichen Folgen Schädigungsfolgen. Auch das Unterlassen einer medizinisch gebotenen Maßnahme kann zu einer gesundheitlichen Schädigung und damit zu einer Schädigungsfolge führen.

9. Absichtlich herbeigeführte Gesundheitsstörungen

Eine von der antragstellenden Person absichtlich herbeigeführte Schädigung führt entschädigungsrechtlich nicht zu einer Schädigungsfolge. Eine Selbsttötung, die Folgen eines Selbsttötungsversuchs oder eine absichtlich herbeigeführte Gesundheitsstörung können nur dann Schädigungsfolge sein, wenn eine Beeinträchtigung der freien Willensbestimmung durch entschädigungsrechtlich geschützte Tatbestände wahrscheinlich ist.

10. Ursächlicher Zusammenhang zwischen Schädigung und Tod

10.1 Hat eine als Schädigungsfolge anerkannte Gesundheitsstörung den Tod verursacht und liegt zum Zeitpunkt des Todes eine Anerkennung der Gesundheitsstörung vor, gilt der Tod als Schädigungsfolge. Eine erneute Begutachtung der Wahrscheinlichkeit des ursächlichen Zusammenhanges ist nicht erforderlich, es sei denn, die bisherige Anerkennung ist aus heutiger Sicht zweifelsfrei unrichtig.

10.2 Stirbt eine geschädigte Person an einer im Sinne der Verschlimmerung anerkannten Gesundheitsstörung, so gilt der Tod als Schädigungsfolge, wenn die schädigungsbedingte Verschlimmerung für den Tod ursächlich gewesen ist.

10.3 Haben mehrere Gesundheitsstörungen zum Tod beigetragen und sind nicht alle diese Gesundheitsstörungen auch Schädigungsfolgen, ist zu prüfen, ob die Schädigungsfolgen eine mindestens gleichwertige Bedeutung für den Eintritt des Todes hatten. In diesem Fall gilt der Tod als Schädigungsfolge.

10.4 In Ausnahmefällen kann bei der Prüfung nach Nummer 10.2 auch der Zeitpunkt des Todes eine wichtige Rolle spielen, wenn neben den Schädigungsfolgen eine schwere, schädigungsunabhängige Gesundheitsstörung vorgelegen hat, die nach dem aktuellen Stand der medizinischen Wissenschaft ohne die Schädigungsfolgen noch nicht zu diesem Zeitpunkt, jedoch in absehbarer Zeit für sich allein zum Tode geführt hätte. In diesem Fall gilt der Tod als Schädigungsfolge, wenn die geschädigte Person ohne die Schädigungsfolgen wahrscheinlich mindestens ein Jahr länger gelebt hätte als mit den Schädigungsfolgen.

11. (weggefallen)

12. (weggefallen)

13. Voraussetzungen für die Pflegezulage, Pflegezulagestufen

a) Pflegezulage wird bewilligt, solange Beschädigte infolge der Schädigung so hilflos sind, dass sie für eine Reihe von häufig und regelmäßig wiederkehrenden Verrichtungen zur Sicherung ihrer persönlichen Existenz im Ablauf eines jeden Tages fremder Hilfe dauernd bedürfen. Diese Voraussetzungen sind auch erfüllt, wenn die Hilfe in Form einer Überwachung oder Anleitung zu den genannten Verrichtungen erforderlich ist oder wenn die Hilfe zwar nicht dauernd geleistet werden muss, jedoch eine ständige Bereitschaft zur Hilfeleistung erforderlich ist.

b) Die Hilflosigkeit muss durch die Folgen der Schädigung verursacht sein. Dabei ist es nicht erforderlich, dass sie ausschließlich oder überwiegend auf eine Schädigungsfolge zurückzuführen ist. Es genügt, dass für den Eintritt der Hilflosigkeit – oder auch für eine Erhöhung des Pflegebedürfnisses – die Schädigungsfolge eine annähernd gleichwertige Bedeutung gegenüber anderen Gesundheitsstörungen hat.

c) Die Pflegezulage wird in sechs Stufen bewilligt. Für dauerndes Krankenlager oder dauernd außergewöhnliche Pflege sind die Stufen II bis VI vorgesehen.

d) Ein dauerndes außergewöhnliches Pflegebedürfnis liegt vor, wenn der Aufwand an Pflege etwa in gleichem Umfang wie bei dauerndem Krankenlager einer beschädigten Person notwendig ist. Dauerndes Krankenlager setzt nicht voraus, dass man das Bett überhaupt nicht verlassen kann.

e) Bei Doppelamputierten ohne weitere Gesundheitsstörungen – ausgenommen Doppel-Unterschenkelamputierten – ist im allgemeinen eine Pflegezulage nach Stufe I angemessen, ohne Rücksicht darauf, ob es sich um paarige oder nichtpaarige Gliedverluste (Oberarm, Unterarm, ganze Hand, Oberschenkel, Unterschenkel, ganzer Fuß) handelt. Sofern nicht besondere Umstände eine höhere Einstufung rechtfertigen sind folgende Stufen der Pflegezulage angemessen:

1.	Bei Verlust beider Beine im Oberschenkel:	Stufe II
2.	Bei Verlust beider Hände oder Unterarme:	Stufe III
3.	Bei Verlust beider Arme im Oberarm oder dreier Gliedmaßen:	Stufe IV.

f) Die Pflegezulage nach Stufe V kommt in Betracht, wenn ein außergewöhnlicher Leidenszustand vorliegt und die Pflege besonders hohe Aufwendungen erfordert. Dies trifft immer zu bei

1. Querschnittgelähmten mit Blasen- und Mastdarmlähmung,
2. Hirnbeschädigten mit schweren psychischen und physischen Störungen,
3. Ohnhändern mit Verlust beider Beine im Oberschenkel,
4. blinden Doppel-Oberschenkelamputierten,
5. Blinden mit völligem Verlust einer oberen und einer unteren Gliedmaße.

g) Besonders schwer betroffene Beschädigte erhalten eine Pflegezulage nach Stufe VI. Es handelt sich dabei um

1. Blinde mit völligem Gehörverlust,
2. blinde Ohnhänder,
3. Beschädigte mit Verlust beider Arme im Oberarm und beider Beine im Oberschenkel,

4. Beschädigte, bei denen neben einem Leidenszustand, der bereits die Gewährung einer Pflegezulage nach Stufe V rechtfertigt, noch eine weitere Gesundheitsstörung vorliegt, die das Pflegebedürfnis wesentlich erhöht (z. B. erhebliche Gebrauchsbehinderung beider Arme bei vollständiger Lähmung beider Beine mit Blasen- und Mastdarmlähmung), sowie
5. andere Beschädigte, deren außergewöhnlicher Leidenszustand und deren Pflegebedürfnis denen der vorgenannten Beschädigten vergleichbar sind.

h) Bei Säuglingen und Kleinkindern ist – auch hinsichtlich der Pflegezulagestufe – nur der Teil der Hilflosigkeit zu berücksichtigen, der den Umfang des Hilfsbedürfnisses eines gesunden gleichaltrigen Kindes überschreitet.

i) Erwerbsunfähige Hirnbeschädigte erhalten eine Pflegezulage mindestens nach Stufe I, wenn die Hirnbeschädigung allein die Erwerbsunfähigkeit bedingt. Ob bei erwerbsunfähigen Hirnbeschädigten eine höhere Pflegezulage als Stufe I in Betracht kommt, ist im Einzelfall nach den Auswirkungen der Krankheitserscheinungen zu entscheiden. Der Grad der psychischen Störungen und die Art und Häufigkeit von Anfällen sind dabei besonders zu berücksichtigen.

j) Bei Beschädigten mit schweren geistigen oder seelischen Störungen, die wegen dauernder und außergewöhnlicher motorischer Unruhe ständiger Aufsicht bedürfen (z. B. erethische Kinder), sind die Voraussetzungen für eine Pflegezulage mindestens nach Stufe III gegeben.

k) Blinde erhalten mindestens die Pflegezulage nach Stufe III. Treten bei Blinden weitere Gesundheitsstörungen, vor allem Störungen der Ausgleichsfunktion hinzu, die unter Beachtung von Buchstabe b bei der gebotenen Gesamtbetrachtung das Pflegebedürfnis über den tatsächlichen Bedarf der Stufe III hinaus erhöhen, so ist die Pflegezulage nach Stufe IV zu bewilligen, wenn nicht nach Buchstabe f oder g die Pflegezulage nach Stufe V oder VI zusteht. Hochgradig Sehbehinderte erfüllen grundsätzlich die Voraussetzungen für die Gewährung einer Pflegezulage nach Stufe I.

Teil D: Merkzeichen

1. Erhebliche Beeinträchtigung der Bewegungsfähigkeit im Straßenverkehr (Merkzeichen G)

a) Nach dem Neunten Buch Sozialgesetzbuch (SGB IX) ist zu beurteilen, ob ein behinderter Mensch infolge seiner Behinderung in seiner Bewegungsfähigkeit im Straßenverkehr erheblich beeinträchtigt ist. Hilflose und Gehörlose haben stets einen Anspruch auf unentgeltliche Beförderung im öffentlichen Personenverkehr.

b) In seiner Bewegungsfähigkeit im Straßenverkehr erheblich beeinträchtigt ist, wer infolge einer Einschränkung des Gehvermögens, auch durch innere Leiden, oder infolge von Anfällen oder von Störungen der Orientierungsfähigkeit nicht ohne erhebliche Schwierigkeiten oder nicht ohne Gefahren für sich oder andere Wegstrecken im Ortsverkehr zurückzulegen vermag, die üblicherweise noch zu Fuß zurückgelegt werden. Bei der Prüfung der Frage, ob diese Voraussetzungen vorliegen, kommt es nicht auf die konkreten örtlichen Verhältnisse des Einzelfalles an, sondern darauf, welche Wegstrecken allgemein – d. h. altersunabhängig von nicht behinderten Menschen – noch zu Fuß zurückgelegt werden. Als ortsübliche Wegstrecke in diesem Sinne gilt eine Strecke von etwa zwei Kilometern, die in etwa einer halben Stunde zurückgelegt wird.

c) Auch bei Säuglingen und Kleinkindern ist die gutachtliche Beurteilung einer erheblichen Beeinträchtigung der Bewegungsfähigkeit im Straßenverkehr erforderlich. Für die Beurteilung sind dieselben Kriterien wie bei Erwachsenen mit gleichen Gesundheitsstörungen maßgebend. Es ist nicht zu prüfen, ob tatsächlich diesbezügliche behinderungsbedingte Nachteile vorliegen oder behinderungsbedingte Mehraufwendungen entstehen.

d) Die Voraussetzungen für die Annahme einer erheblichen Beeinträchtigung der Bewegungsfähigkeit im Straßenverkehr infolge einer behinderungsbedingten Einschränkung des Gehvermögens sind als erfüllt anzusehen, wenn auf die Gehfähigkeit sich auswirkende Funktionsstörungen der unteren Gliedmaßen und/oder der Lendenwirbelsäule bestehen, die für sich einen GdB von wenigstens 50 bedingen. Darüber hinaus können die Voraussetzungen bei Behinderungen an den unteren Gliedmaßen mit einem GdB unter 50 gegeben sein, wenn diese Behinderungen sich auf die Gehfähigkeit besonders auswirken, z. B. bei Versteifung des Hüftgelenks, Versteifung des Knie- oder Fußgelenks in ungünstiger Stellung, arteriellen Verschlusskrankheiten mit einem GdB von 40. Auch bei inneren Leiden kommt es bei der Beurteilung entscheidend auf die Einschränkung des Gehvermögens an. Dementsprechend ist eine erhebliche Beeinträchtigung der Bewegungsfähigkeit vor allem bei Herzschäden mit Beeinträchtigung der Herzleistung wenigstens nach Gruppe 3 und bei Atembehinderungen mit dauernder Einschränkung der Lungenfunktion wenigstens mittleren Grades anzunehmen. Auch bei anderen inneren Leiden mit einer schweren Beeinträchtigung der körperlichen Leistungsfähigkeit, z. B. chronische Niereninsuffizienz mit ausgeprägter Anämie, sind die Voraussetzungen als erfüllt anzusehen.

e) Bei hirnorganischen Anfällen ist die Beurteilung von der Art und Häufigkeit der Anfälle sowie von der Tageszeit des Auftretens abhängig. Im Allgemeinen ist auf eine erhebliche Beeinträchtigung der Bewegungsfähigkeit erst ab einer mittleren Anfallshäufigkeit mit einem GdS von wenigstens 70 zu schließen, wenn die Anfälle überwiegend am Tage auftreten. Analoges gilt beim Diabetes mellitus mit häufigen hypoglykämischen Schocks.

f) Störungen der Orientierungsfähigkeit, die zu einer erheblichen Beeinträchtigung der Bewegungsfähigkeit führen, sind bei allen Sehbehinderungen mit einem GdB von wenigstens 70 und bei Sehbehinderungen, die einen GdB von 50 oder 60 bedingen, nur in

Kombination mit erheblichen Störungen der Ausgleichsfunktion (z. B. hochgradige Schwerhörigkeit beiderseits, geistige Behinderung) anzunehmen. Bei Hörbehinderungen ist die Annahme solcher Störungen nur bei Taubheit oder an Taubheit grenzender Schwerhörigkeit im Kindesalter (in der Regel bis zum 16. Lebensjahr) oder im Erwachsenenalter bei diesen Hörstörungen in Kombination mit erheblichen Störungen der Ausgleichsfunktion (z. B. Sehbehinderung, geistige Behinderung) gerechtfertigt. Bei geistig behinderten Menschen sind entsprechende Störungen der Orientierungsfähigkeit vorauszusetzen, wenn die behinderten Menschen sich im Straßenverkehr auf Wegen, die sie nicht täglich benutzen, nur schwer zurechtfinden können. Unter diesen Umständen ist eine erhebliche Beeinträchtigung der Bewegungsfähigkeit bei geistigen Behinderungen mit einem GdB von 100 immer und mit einem GdB von 80 oder 90 in den meisten Fällen zu bejahen. Bei einem GdB unter 80 kommt eine solche Beeinträchtigung der Bewegungsfähigkeit nur in besonders gelagerten Einzelfällen in Betracht.

2. Berechtigung für eine ständige Begleitung (Merkzeichen B)

a) Für die unentgeltliche Beförderung einer Begleitperson ist nach dem SGB IX die Berechtigung für eine ständige Begleitung zu beurteilen. Auch bei Säuglingen und Kleinkindern ist die gutachtliche Beurteilung der Berechtigung für eine ständige Begleitung erforderlich. Für die Beurteilung sind dieselben Kriterien wie bei Erwachsenen mit gleichen Gesundheitsstörungen maßgebend. Es ist nicht zu prüfen, ob tatsächlich diesbezügliche behinderungsbedingte Nachteile vorliegen oder behinderungsbedingte Mehraufwendungen entstehen.

b) Eine Berechtigung für eine ständige Begleitung ist bei schwerbehinderten Menschen (bei denen die Voraussetzungen für die Merkzeichen „G", „Gl" oder „H" vorliegen) gegeben, die bei der Benutzung von öffentlichen Verkehrsmitteln infolge ihrer Behinderung regelmäßig auf fremde Hilfe angewiesen sind. Dementsprechend ist zu beachten, ob sie bei der Benutzung öffentlicher Verkehrsmittel regelmäßig auf fremde Hilfe beim Ein- und Aussteigen oder während der Fahrt des Verkehrsmittels angewiesen sind oder ob Hilfen zum Ausgleich von Orientierungsstörungen (z. B. bei Sehbehinderung, geistiger Behinderung) erforderlich sind.

c) Die Berechtigung für eine ständige Begleitung ist anzunehmen bei

Querschnittgelähmten,

Ohnhändern,

Blinden und

Sehbehinderten, Hörbehinderten, geistig behinderten Menschen und Anfallskranken, bei denen die Annahme einer erheblichen Beeinträchtigung der Bewegungsfähigkeit im Straßenverkehr gerechtfertigt ist.

3. (weggefallen)

4. Gehörlosigkeit (Merkzeichen Gl)

Gehörlos sind nicht nur Hörbehinderte, bei denen Taubheit beiderseits vorliegt, sondern auch Hörbehinderte mit einer an Taubheit grenzenden Schwerhörigkeit beiderseits, wenn daneben schwere Sprachstörungen (schwer verständliche Lautsprache, geringer Sprachschatz) vorliegen. Das sind in der Regel Hörbehinderte, bei denen die an Taubheit grenzende Schwerhörigkeit angeboren oder in der Kindheit erworben worden ist.

Fachleistungen der Sozialversicherungsträger

Sozialgesetzbuch (SGB) Drittes Buch (III) – Arbeitsförderung – (SGB III)

Vom 24. März 1997 (BGBl. I S. 594)

Zuletzt geändert durch
Gesetz zur Novellierung des
Bundespersonalvertretungsgesetzes
vom 9. Juni 2021 (BGBl. I S. 1614)[1])

– Auszug –

Inhaltsübersicht

---

[1]) Die zum 1. Juli 2021 bzw. 1. Januar 2022 geltenden Änderungen durch das Teilhabestärkungsgesetz vom 2. Juli 2021 (BGBl. I S. 1387) sind bereits berücksichtigt.

Erstes Kapitel
Allgemeine Vorschriften

Zweiter Abschnitt
Berechtigte

§ 19 Menschen mit Behinderungen

(1) Menschen mit Behinderungen im Sinne dieses Buches sind Menschen, deren Aussichten, am Arbeitsleben teilzuhaben oder weiter teilzuhaben, wegen Art oder Schwere ihrer Behinderung im Sinne von § 2 Abs. 1 des Neunten Buches nicht nur vorübergehend wesentlich gemindert sind und die deshalb Hilfen zur Teilhabe am Arbeitsleben benötigen, einschließlich Menschen mit Lernbehinderungen.

(2) Menschen mit Behinderungen stehen Menschen gleich, denen eine Behinderung mit den in Absatz 1 genannten Folgen droht.

Dritter Abschnitt
Verhältnis der Leistungen aktiver Arbeitsförderung zu anderen Leistungen

§ 22 Verhältnis zu anderen Leistungen

(1) Leistungen der aktiven Arbeitsförderung dürfen nur erbracht werden, wenn nicht andere Leistungsträger oder andere öffentlich-rechtliche Stellen zur Erbringung gleichartiger Leistungen gesetzlich verpflichtet sind.

(1a) Leistungen nach § 82 dürfen nur erbracht werden, wenn die berufliche Weiterbildung nicht auf ein nach § 2 Absatz 1 des Aufstiegsfortbildungsförderungsgesetzes förderfähiges Fortbildungsziel vorbereitet.

(2) 1Allgemeine und besondere Leistungen zur Teilhabe am Arbeitsleben dürfen nur erbracht werden, sofern nicht ein anderer Rehabilitationsträger im Sinne des Neunten Buches zuständig ist. 2Dies gilt nicht für Leistungen nach den §§ 44 und 45, sofern nicht bereits der nach Satz 1 zuständige Rehabilitationsträger nach dem jeweiligen für ihn geltenden Leistungsgesetz gleichartige Leistungen erbringt. 3Der Eingliederungszuschuss für besonders betroffene schwerbehinderte Menschen nach § 90 Absatz 2 bis 4 und Zuschüsse zur Ausbildungsvergütung für schwerbehinderte Menschen nach § 73 dürfen auch dann erbracht werden, wenn ein anderer Leistungsträger zur Erbringung gleichartiger Leistungen gesetzlich verpflichtet ist oder, ohne gesetzlich verpflichtet zu sein, Leistungen erbringt. 4In diesem Fall werden die Leistungen des anderen Leistungsträgers angerechnet.

(3) 1Soweit Leistungen zur Förderung der Berufsausbildung und zur Förderung der beruflichen Weiterbildung der Sicherung des Lebensunterhaltes dienen, gehen sie der Ausbildungsbeihilfe nach § 44 des Strafvollzugsgesetzes vor. 2Die Leistungen für Gefangene dürfen die Höhe der Ausbildungsbeihilfe nach § 44 des Strafvollzugsgesetzes nicht übersteigen. 3Sie werden den Gefangenen nach einer Förderzusage der Agentur für Arbeit in Vorleistung von den Ländern erbracht und von der Bundesagentur erstattet.

(4) 1Folgende Leistungen des Dritten Kapitels werden nicht an oder für erwerbsfähige Leistungsberechtigte im Sinne des Zweiten Buches erbracht:

1. Leistungen nach § 35,
2. Leistungen zur Aktivierung und beruflichen Eingliederung nach dem Zweiten Abschnitt,
3. Leistungen zur Berufsausbildung nach dem Vierten Unterabschnitt des Dritten Abschnitts und Leistungen nach § 54a,
4. Leistungen zur beruflichen Weiterbildung nach dem Vierten Abschnitt, mit Ausnahme von Leistungen nach § 82 Absatz 6, und Leistungen nach den §§ 131a und 131b,
5. Leistungen zur Aufnahme einer sozialversicherungspflichtigen Beschäftigung nach dem Ersten Unterabschnitt des Fünften Abschnitts,
6. Leistungen zur Teilhabe von Menschen mit Behinderungen am Arbeitsleben nach
   a) den §§ 112 bis 114, 115 Nummer 1 bis 3 mit Ausnahme berufsvorbereitender Bildungsmaßnahmen und der Berufsausbildungsbeihilfe sowie § 116 Absatz 1, 2 und 6,

b) § 117 Absatz 1 und § 118 Nummer 1 und 3 für die besonderen Leistungen zur Förderung der beruflichen Weiterbildung,
c) den §§ 119 bis 121,
d) den §§ 127 und 128 für die besonderen Leistungen zur Förderung der beruflichen Weiterbildung.

2Sofern die Bundesagentur für die Erbringung von Leistungen nach § 35 besondere Dienststellen nach § 367 Abs. 2 Satz 2 eingerichtet oder zusätzliche Vermittlungsdienstleistungen agenturübergreifend organisiert hat, erbringt sie die dort angebotenen Vermittlungsleistungen abweichend von Satz 1 auch an oder für erwerbsfähige Leistungsberechtigte im Sinne des Zweiten Buches. 3Eine Leistungserbringung an oder für erwerbsfähige Leistungsberechtigte im Sinne des Zweiten Buches nach den Grundsätzen der §§ 88 bis 92 des Zehnten Buches bleibt ebenfalls unberührt. 4Die Agenturen für Arbeit dürfen Aufträge nach Satz 3 zur Ausbildungsvermittlung nur aus wichtigem Grund ablehnen. 5Satz 1 gilt nicht für erwerbsfähige Leistungsberechtigte im Sinne des Zweiten Buches, die einen Anspruch auf Arbeitslosengeld oder Teilarbeitslosengeld haben; die Sätze 2 bis 4 finden insoweit keine Anwendung.

§ 23 Vorleistungspflicht der Arbeitsförderung

(1) Solange und soweit eine vorrangige Stelle Leistungen nicht gewährt, sind Leistungen der aktiven Arbeitsförderung so zu erbringen, als wenn die Verpflichtung dieser Stelle nicht bestünde.

(2) 1Hat die Agentur für Arbeit für eine andere öffentlich-rechtliche Stelle vorgeleistet, ist die zur Leistung verpflichtete öffentlich-rechtliche Stelle der Bundesagentur erstattungspflichtig. 2Für diese Erstattungsansprüche gelten die Vorschriften des Zehnten Buches über die Erstattungsansprüche der Sozialleistungsträger untereinander entsprechend.

Drittes Kapitel
Aktive Arbeitsförderung

Erster Abschnitt
Beratung und Vermittlung

Zweiter Unterabschnitt
Vermittlung

§ 35 Vermittlungsangebot

(1) 1Die Agentur für Arbeit hat Ausbildungsuchenden, Arbeitsuchenden und Arbeitgebern Ausbildungsvermittlung und Arbeitsvermittlung (Vermittlung) anzubieten. 2Die Vermittlung umfasst alle Tätigkeiten, die darauf gerichtet sind, Ausbildungsuchende mit Arbeitgebern zur Begründung eines Ausbildungsverhältnisses und Arbeitsuchende mit Arbeitgebern zur Begründung eines Beschäftigungsverhältnisses zusammenzuführen. 3Die Agentur für Arbeit stellt sicher, dass Ausbildungsuchende und Arbeitslose, deren berufliche Eingliederung voraussichtlich erschwert sein wird, eine verstärkte vermittlerische Unterstützung erhalten.

(2) 1Die Agentur für Arbeit hat durch Vermittlung darauf hinzuwirken, dass Ausbildungsuchende eine Ausbildungsstelle, Arbeitsuchende eine Arbeitsstelle und Arbeitgeber geeignete Auszubildende sowie geeignete Arbeitnehmerinnen und Arbeitnehmer erhalten. 2Sie hat dabei die Neigung, Eignung und Leistungsfähigkeit der Ausbildungsuchenden und Arbeitsuchenden sowie die Anforderungen der angebotenen Stellen zu berücksichtigen.

(3) 1Die Agentur für Arbeit hat Vermittlung auch über die Selbstinformationseinrichtungen nach § 40 Absatz 2 im Internet durchzuführen. 2Soweit es für diesen Zweck erforderlich ist, darf sie die Daten aus den Selbstinformationseinrichtungen nutzen und übermitteln.

Zweiter Abschnitt
Aktivierung und berufliche Eingliederung

§ 44 Förderung aus dem Vermittlungsbudget

(1) 1Ausbildungsuchende, von Arbeitslosigkeit bedrohte Arbeitsuchende und Arbeitslose können aus dem Vermittlungsbudget der

Agentur für Arbeit bei der Anbahnung oder Aufnahme einer versicherungspflichtigen Beschäftigung gefördert werden, wenn dies für die berufliche Eingliederung notwendig ist. 2Sie sollen insbesondere bei der Erreichung der in der Eingliederungsvereinbarung festgelegten Eingliederungsziele unterstützt werden. 3Die Förderung umfasst die Übernahme der angemessenen Kosten, soweit der Arbeitgeber gleichartige Leistungen nicht oder voraussichtlich nicht erbringen wird.

(2) Nach Absatz 1 kann auch die Anbahnung oder die Aufnahme einer versicherungspflichtigen Beschäftigung mit einer Arbeitszeit von mindestens 15 Stunden wöchentlich in einem anderen Mitgliedstaat der Europäischen Union, einem anderen Vertragsstaat des Abkommens über den Europäischen Wirtschaftsraum oder in der Schweiz gefördert werden.

(3) 1Die Agentur für Arbeit entscheidet über den Umfang der zu erbringenden Leistungen; sie kann Pauschalen festlegen. 2Leistungen zur Sicherung des Lebensunterhalts sind ausgeschlossen. 3Die Förderung aus dem Vermittlungsbudget darf die anderen Leistungen nach diesem Buch nicht aufstocken, ersetzen oder umgehen.

(4) Die Absätze 1 bis 3 gelten entsprechend für die in § 39a genannten Personen.

§ 45 Maßnahmen zur Aktivierung und beruflichen Eingliederung

(1) 1Ausbildungsuchende, von Arbeitslosigkeit bedrohte Arbeitsuchende und Arbeitslose können bei Teilnahme an Maßnahmen gefördert werden, die ihre berufliche Eingliederung durch

1. Heranführung an den Ausbildungs- und Arbeitsmarkt sowie Feststellung, Verringerung oder Beseitigung von Vermittlungshemmnissen,
2. (weggefallen)
3. Vermittlung in eine versicherungspflichtige Beschäftigung,
4. Heranführung an eine selbständige Tätigkeit oder
5. Stabilisierung einer Beschäftigungsaufnahme

unterstützen (Maßnahmen zur Aktivierung und beruflichen Eingliederung). 2Für die Aktivierung von Arbeitslosen, deren berufliche Eingliederung auf Grund von schwerwiegenden Vermittlungshemmnissen, insbesondere auf Grund der Dauer ihrer Arbeitslosigkeit, besonders erschwert ist, sollen Maßnahmen gefördert werden, die nach inhaltlicher Ausgestaltung und Dauer den erhöhten Stabilisierungs- und Unterstützungsbedarf der Arbeitslosen berücksichtigen. 3Versicherungspflichtige Beschäftigungen mit einer Arbeitszeit von mindestens 15 Stunden wöchentlich in einem anderen Mitgliedstaat der Europäischen Union oder einem anderen Vertragsstaat des Abkommens über den Europäischen Wirtschaftsraum sind den versicherungspflichtigen Beschäftigungen nach Satz 1 Nummer 3 gleichgestellt. 4Die Förderung umfasst die Übernahme der angemessenen Kosten für die Teilnahme, soweit dies für die berufliche Eingliederung notwendig ist. 5Die Förderung kann auf die Weiterleistung von Arbeitslosengeld beschränkt werden.

(2) 1Die Dauer der Einzel- oder Gruppenmaßnahmen muss deren Zweck und Inhalt entsprechen. 2Soweit Maßnahmen oder Teile von Maßnahmen nach Absatz 1 bei oder von einem Arbeitgeber durchgeführt werden, dürfen diese jeweils die Dauer von sechs Wochen nicht überschreiten. 3Die Vermittlung von beruflichen Kenntnissen in Maßnahmen zur Aktivierung und beruflichen Eingliederung darf die Dauer von acht Wochen nicht überschreiten. 4Maßnahmen des Dritten Abschnitts sind ausgeschlossen.

(3) Die Agentur für Arbeit kann unter Anwendung des Vergaberechts Träger mit der Durchführung von Maßnahmen nach Absatz 1 beauftragen.

(4) 1Die Agentur für Arbeit kann der oder dem Berechtigten das Vorliegen der Voraussetzungen für eine Förderung nach Absatz 1 bescheinigen und Maßnahmeziel und -inhalt festlegen (Aktivierungs- und Vermittlungsgutschein). 2Der Aktivierungs- und Vermittlungsgutschein kann zeitlich befristet sowie

regional beschränkt werden. [3]Der Aktivierungs- und Vermittlungsgutschein berechtigt zur Auswahl

1. eines Trägers, der eine dem Maßnahmeziel und -inhalt entsprechende und nach § 179 zugelassene Maßnahme anbietet,
2. eines Trägers, der eine ausschließlich erfolgsbezogen vergütete Arbeitsvermittlung in versicherungspflichtige Beschäftigung anbietet, oder
3. eines Arbeitgebers, der eine dem Maßnahmeziel und -inhalt entsprechende betriebliche Maßnahme von einer Dauer bis zu sechs Wochen anbietet.

[4]Der ausgewählte Träger nach Satz 3 Nummer 1 und der ausgewählte Arbeitgeber nach Satz 3 Nummer 3 haben der Agentur für Arbeit den Aktivierungs- und Vermittlungsgutschein vor Beginn der Maßnahme vorzulegen. [5]Der ausgewählte Träger nach Satz 3 Nummer 2 hat der Agentur für Arbeit den Aktivierungs- und Vermittlungsgutschein nach erstmaligem Vorliegen der Auszahlungsvoraussetzungen vorzulegen.

(5) Die Agentur für Arbeit soll die Entscheidung über die Ausgabe eines Aktivierungs- und Vermittlungsgutscheins nach Absatz 4 von der Eignung und den persönlichen Verhältnissen der Förderberechtigten oder der örtlichen Verfügbarkeit von Arbeitsmarktdienstleistungen abhängig machen.

(6) [1]Die Vergütung richtet sich nach Art und Umfang der Maßnahme und kann aufwands- oder erfolgsbezogen gestaltet sein; eine Pauschalierung ist zulässig. [2]§ 83 Absatz 2 gilt entsprechend. [3]Bei einer erfolgreichen Arbeitsvermittlung in versicherungspflichtige Beschäftigung durch einen Träger nach Absatz 4 Satz 3 Nummer 2 beträgt die Vergütung 2000 Euro. [4]Bei Langzeitarbeitslosen und Menschen mit Behinderungen nach § 2 Absatz 1 des Neunten Buches kann die Vergütung auf eine Höhe von bis zu 2500 Euro festgelegt werden. [5]Die Vergütung nach den Sätzen 3 und 4 wird in Höhe von 1000 Euro nach einer sechswöchigen und der Restbetrag nach einer sechsmonatigen Dauer des Beschäftigungsverhältnisses gezahlt. [6]Eine erfolgsbezogene Vergütung für die Arbeitsvermittlung in versicherungspflichtige Beschäftigung ist ausgeschlossen, wenn das Beschäftigungsverhältnis

1. von vornherein auf eine Dauer von weniger als drei Monaten begrenzt ist oder
2. bei einem früheren Arbeitgeber begründet wird, bei dem die Arbeitnehmerin oder der Arbeitnehmer während der letzten vier Jahre vor Aufnahme der Beschäftigung mehr als drei Monate lang versicherungspflichtig beschäftigt war; dies gilt nicht, wenn es sich um die befristete Beschäftigung besonders betroffener schwerbehinderter Menschen handelt.

(7) [1]Arbeitslose, die Anspruch auf Arbeitslosengeld haben, dessen Dauer nicht allein auf § 147 Absatz 3 beruht, und nach einer Arbeitslosigkeit von sechs Wochen innerhalb einer Frist von drei Monaten noch nicht vermittelt sind, haben Anspruch auf einen Aktivierungs- und Vermittlungsgutschein nach Absatz 4 Satz 3 Nummer 2. [2]In die Frist werden Zeiten nicht eingerechnet, in denen die oder der Arbeitslose an Maßnahmen zur Aktivierung und beruflichen Eingliederung sowie an Maßnahmen der beruflichen Weiterbildung teilgenommen hat.

(8) Abweichend von Absatz 2 Satz 2 und Absatz 4 Satz 3 Nummer 3 darf bei Langzeitarbeitslosen oder Arbeitslosen, deren berufliche Eingliederung auf Grund von schwerwiegenden Vermittlungshemmnissen besonders erschwert ist, die Teilnahme an Maßnahmen oder Teilen von Maßnahmen, die bei oder von einem Arbeitgeber durchgeführt werden, jeweils die Dauer von zwölf Wochen nicht überschreiten.

(9) Die Absätze 1 bis 8 gelten entsprechend für die in § 39a genannten Personen.

§ 46 Probebeschäftigung und Arbeitshilfe für Menschen mit Behinderungen

(1) Arbeitgebern können die Kosten für eine befristete Probebeschäftigung von Menschen mit Behinderungen sowie schwerbehinderter und ihnen gleichgestellter Menschen im Sinne des § 2 des Neunten Buches bis zu einer Dauer von drei Monaten erstattet werden, wenn dadurch die Möglichkeit einer Teilhabe

am Arbeitsleben verbessert wird oder eine vollständige und dauerhafte Teilhabe am Arbeitsleben zu erreichen ist.

(2) Arbeitgeber können Zuschüsse für eine behinderungsgerechte Ausgestaltung von Ausbildungs- oder Arbeitsplätzen erhalten, soweit dies erforderlich ist, um die dauerhafte Teilhabe am Arbeitsleben zu erreichen oder zu sichern und eine entsprechende Verpflichtung des Arbeitgebers nach dem Teil 3 des Neunten Buches nicht besteht.

Dritter Abschnitt
Berufswahl und Berufsausbildung

Vierter Unterabschnitt
Berufsausbildung

§ 73 Zuschüsse zur Ausbildungsvergütung für Menschen mit Behinderungen und schwerbehinderte Menschen

(1) Arbeitgeber können für die betriebliche Aus- oder Weiterbildung von Menschen mit Behinderungen und schwerbehinderten Menschen im Sinne des § 187 Absatz 1 Nummer 3 Buchstabe e des Neunten Buches durch Zuschüsse zur Ausbildungsvergütung oder zu einer vergleichbaren Vergütung gefördert werden, wenn die Aus- oder Weiterbildung sonst nicht zu erreichen ist.

(2) 1Die monatlichen Zuschüsse sollen regelmäßig 60 Prozent, bei schwerbehinderten Menschen 80 Prozent der monatlichen Ausbildungsvergütung für das letzte Ausbildungsjahr oder der vergleichbaren Vergütung einschließlich des darauf entfallenden pauschalierten Arbeitgeberanteils am Gesamtsozialversicherungsbeitrag nicht übersteigen. 2In begründeten Ausnahmefällen können Zuschüsse jeweils bis zur Höhe der Ausbildungsvergütung für das letzte Ausbildungsjahr erbracht werden.

(3) Bei Übernahme schwerbehinderter Menschen in ein Arbeitsverhältnis durch den ausbildenden oder einen anderen Arbeitgeber im Anschluss an eine abgeschlossene Aus- oder Weiterbildung kann ein Eingliederungszuschuss in Höhe von bis zu 70 Prozent des zu berücksichtigenden Arbeitsentgelts (§ 91) für die Dauer von einem Jahr erbracht werden, sofern während der Aus- oder Weiterbildung Zuschüsse erbracht wurden.

Siebter Abschnitt
Teilhabe von Menschen mit Behinderungen am Arbeitsleben

Erster Unterabschnitt
Grundsätze

§ 112 Teilhabe am Arbeitsleben

(1) Für Menschen mit Behinderungen können Leistungen zur Förderung der Teilhabe am Arbeitsleben erbracht werden, um ihre Erwerbsfähigkeit zu erhalten, zu verbessern, herzustellen oder wiederherzustellen und ihre Teilhabe am Arbeitsleben zu sichern, soweit Art oder Schwere der Behinderung dies erfordern.

(2) 1Bei der Auswahl der Leistungen sind Eignung, Neigung, bisherige Tätigkeit sowie Lage und Entwicklung des Arbeitsmarktes angemessen zu berücksichtigen. 2Soweit erforderlich, ist auch die berufliche Eignung abzuklären oder eine Arbeitserprobung durchzuführen.

§ 113 Leistungen zur Teilhabe

(1) Für Menschen mit Behinderungen können erbracht werden

1. allgemeine Leistungen sowie
2. besondere Leistungen zur Teilhabe am Arbeitsleben und diese ergänzende Leistungen.

(2) Besondere Leistungen zur Teilhabe am Arbeitsleben werden nur erbracht, soweit nicht bereits durch die allgemeinen Leistungen eine Teilhabe am Arbeitsleben erreicht werden kann.

§ 114 Leistungsrahmen

(1) Die allgemeinen und besonderen Leistungen richten sich nach den Vorschriften des Zweiten bis Fünften Abschnitts, soweit nachfolgend nichts Abweichendes bestimmt ist.

(2) Die allgemeinen und besonderen Leistungen zur Teilhabe am Arbeitsleben werden auf Antrag durch ein Persönliches Budget erbracht; § 29 des Neunten Buches gilt entsprechend.

Zweiter Unterabschnitt
Allgemeine Leistungen

§ 115 Leistungen

Die allgemeinen Leistungen umfassen

1. Leistungen zur Aktivierung und beruflichen Eingliederung,
2. Leistungen zur Förderung der Berufsvorbereitung und Berufsausbildung einschließlich der Berufsausbildungsbeihilfe und der Assistierten Ausbildung,
3. Leistungen zur Förderung der beruflichen Weiterbildung,
4. Leistungen zur Förderung der Aufnahme einer selbständigen Tätigkeit.

§ 116 Besonderheiten

(1) Leistungen zur Aktivierung und beruflichen Eingliederung können auch erbracht werden, wenn Menschen mit Behinderungen nicht arbeitslos sind und durch diese Leistungen eine dauerhafte Teilhabe am Arbeitsleben erreicht werden kann.

(2) Förderungsfähig sind auch berufliche Aus- und Weiterbildungen, die im Rahmen des Berufsbildungsgesetzes oder der Handwerksordnung abweichend von den Ausbildungsordnungen für staatlich anerkannte Ausbildungsberufe oder in Sonderformen für Menschen mit Behinderungen durchgeführt werden.

(3) $_1$Ein Anspruch auf Berufsausbildungsbeihilfe besteht auch, wenn der Mensch mit Behinderungen während der Berufsausbildung im Haushalt der Eltern oder eines Elternteils wohnt. $_2$In diesem Fall wird der jeweils geltende Bedarf nach § 13 Absatz 1 Nummer 1 des Bundesausbildungsförderungsgesetzes zugrunde gelegt. $_3$Für die Unterkunft wird der jeweils geltende Bedarf nach § 13 Absatz 2 Nummer 1 des Bundesausbildungsförderungsgesetzes zugrunde gelegt.

(4) $_1$Ein Anspruch auf Berufsausbildungsbeihilfe besteht auch, wenn der Mensch mit Behinderungen, der das 18. Lebensjahr noch nicht vollendet hat, außerhalb des Haushalts der Eltern oder eines Elternteils wohnt, auch wenn die Ausbildungsstätte von der Wohnung der Eltern oder eines Elternteils aus in angemessener Zeit zu erreichen ist. $_2$In diesem Fall wird der Bedarf nach Absatz 3 Satz 2 und 3 zugrunde gelegt.

(5) Eine Verlängerung der Ausbildung über das vorgesehene Ausbildungsende hinaus, eine Wiederholung der Ausbildung ganz oder in Teilen oder eine erneute Berufsausbildung wird gefördert, wenn Art oder Schwere der Behinderung es erfordern und ohne die Förderung eine dauerhafte Teilhabe am Arbeitsleben nicht erreicht werden kann.

(6) $_1$Berufliche Weiterbildung kann auch gefördert werden, wenn Menschen mit Behinderungen

1. nicht arbeitslos sind,
2. als Arbeitnehmerinnen oder Arbeitnehmer ohne Berufsabschluss noch nicht drei Jahre beruflich tätig gewesen sind oder
3. einer längeren Förderung als Menschen ohne Behinderungen oder einer erneuten Förderung bedürfen, um am Arbeitsleben teilzuhaben oder weiter teilzuhaben.

$_2$Förderungsfähig sind auch schulische Ausbildungen, deren Abschluss für die Weiterbildung erforderlich ist.

(7) Ein Gründungszuschuss kann auch geleistet werden, wenn der Mensch mit Behinderungen einen Anspruch von weniger als 150 Tagen oder keinen Anspruch auf Arbeitslosengeld hat.

Dritter Unterabschnitt
Besondere Leistungen

Erster Titel
Allgemeines

§ 117 Grundsatz

(1) $_1$Die besonderen Leistungen sind anstelle der allgemeinen Leistungen insbesondere zur Förderung der beruflichen Aus- und Weiterbildung, einschließlich Berufsvorbereitung, sowie der wegen der Behinderung erforderlichen Grundausbildung zu erbringen, wenn

1. Art oder Schwere der Behinderung oder die Sicherung der Teilhabe am Arbeitsleben die Teilnahme an

IV

a) einer Maßnahme in einer besonderen Einrichtung für Menschen mit Behinderungen oder
b) einer sonstigen, auf die besonderen Bedürfnisse von Menschen mit Behinderungen ausgerichteten Maßnahme

unerlässlich machen oder

2. die allgemeinen Leistungen die wegen Art oder Schwere der Behinderung erforderlichen Leistungen nicht oder nicht im erforderlichen Umfang vorsehen.

2In besonderen Einrichtungen für Menschen mit Behinderungen können auch Aus- und Weiterbildungen außerhalb des Berufsbildungsgesetzes und der Handwerksordnung gefördert werden.

(2) Leistungen im Eingangsverfahren und Berufsbildungsbereich werden von anerkannten Werkstätten für behinderte Menschen oder anderen Leistungsanbietern nach den §§ 57, 60, 61a und 62 des Neunten Buches erbracht.

§ 118 Leistungen

Die besonderen Leistungen umfassen

1. das Übergangsgeld,
2. das Ausbildungsgeld, wenn ein Übergangsgeld nicht gezahlt werden kann,
3. die Übernahme der Teilnahmekosten für eine Maßnahme.

Zweiter Titel
Übergangsgeld und Ausbildungsgeld

§ 119 Übergangsgeld

1Menschen mit Behinderungen haben Anspruch auf Übergangsgeld, wenn

1. die Voraussetzung der Vorbeschäftigungszeit für das Übergangsgeld erfüllt ist und
2. sie an einer Maßnahme der Berufsausbildung, der Berufsvorbereitung einschließlich einer wegen der Behinderung erforderlichen Grundausbildung, der individuellen betrieblichen Qualifizierung im Rahmen der Unterstützten Beschäftigung nach § 55 des Neunten Buches, einer Maßnahme im Eingangsverfahren oder Berufsbildungsbereich einer Werkstatt für behinderte Menschen oder bei einem anderen Leistungsanbieter nach § 60 des Neunten Buches oder an einer Maßnahme der beruflichen Weiterbildung teilnehmen, für die die besonderen Leistungen erbracht werden.

2Im Übrigen gelten die Vorschriften des Kapitels 11 des Teils 1 des Neunten Buches, soweit in diesem Buch nichts Abweichendes bestimmt ist. 3Besteht bei Teilnahme an einer Maßnahme, für die die allgemeinen Leistungen erbracht werden, kein Anspruch auf Arbeitslosengeld bei beruflicher Weiterbildung, erhalten die Menschen mit Behinderungen Übergangsgeld in Höhe des Arbeitslosengeldes, wenn sie bei Teilnahme an einer Maßnahme, für die die besonderen Leistungen erbracht werden, Übergangsgeld erhalten würden.

§ 120 Vorbeschäftigungszeit für das Übergangsgeld

(1) Die Voraussetzung der Vorbeschäftigungszeit für das Übergangsgeld ist erfüllt, wenn der Mensch mit Behinderungen innerhalb der letzten drei Jahre vor Beginn der Teilnahme

1. mindestens zwölf Monate in einem Versicherungspflichtverhältnis gestanden hat oder
2. die Voraussetzungen für einen Anspruch auf Arbeitslosengeld erfüllt und Leistungen beantragt hat.

(2) 1Der Zeitraum von drei Jahren gilt nicht für Berufsrückkehrende mit Behinderungen. 2Er verlängert sich um die Dauer einer Beschäftigung als Arbeitnehmerin oder Arbeitnehmer im Ausland, die für die weitere Ausübung des Berufes oder für den beruflichen Aufstieg nützlich und üblich ist, längstens jedoch um zwei Jahre.

§ 121 Übergangsgeld ohne Vorbeschäftigungszeit

1Ein Mensch mit Behinderungen kann auch dann Übergangsgeld erhalten, wenn die Voraussetzung der Vorbeschäftigungszeit nicht erfüllt ist, jedoch innerhalb des letzten Jahres vor Beginn der Teilnahme

1. durch den Menschen mit Behinderungen ein Berufsausbildungsabschluss auf Grund einer Zulassung zur Prüfung nach § 43

Absatz 2 des Berufsbildungsgesetzes oder § 36 Absatz 2 der Handwerksordnung erworben worden ist oder

2. sein Prüfungszeugnis auf Grund einer Rechtsverordnung nach § 50 Absatz 1 des Berufsbildungsgesetzes oder § 40 Absatz 1 der Handwerksordnung dem Zeugnis über das Bestehen der Abschlussprüfung in einem nach dem Berufsbildungsgesetz oder der Handwerksordnung anerkannten Ausbildungsberuf gleichgestellt worden ist.

2Der Zeitraum von einem Jahr verlängert sich um Zeiten, in denen der Mensch mit Behinderungen nach dem Erwerb des Prüfungszeugnisses bei der Agentur für Arbeit arbeitslos gemeldet war.

§ 122 Ausbildungsgeld

(1) Menschen mit Behinderungen haben Anspruch auf Ausbildungsgeld während

1. einer Berufsausbildung oder berufsvorbereitenden Bildungsmaßnahme einschließlich einer Grundausbildung,
2. einer individuellen betrieblichen Qualifizierung im Rahmen der Unterstützten Beschäftigung nach § 55 des Neunten Buches und
3. einer Maßnahme im Eingangsverfahren oder Berufsbildungsbereich einer Werkstatt für behinderte Menschen oder bei einem anderen Leistungsanbieter nach § 60 des Neunten Buches,

wenn Übergangsgeld nicht gezahlt werden kann.

(2) Für das Ausbildungsgeld gelten die Vorschriften über die Berufsausbildungsbeihilfe entsprechend, soweit nachfolgend nichts Abweichendes bestimmt ist.

§ 123 Ausbildungsgeld bei Berufsausbildung und Unterstützter Beschäftigung

1Bei einer Berufsausbildung und bei einer individuellen betrieblichen Qualifizierung im Rahmen der Unterstützten Beschäftigung wird folgender Bedarf zugrunde gelegt:

1. bei Unterbringung im Haushalt der Eltern oder eines Elternteils der jeweils geltende Bedarf nach § 13 Absatz 1 Nummer 1 des Bundesausbildungsförderungsgesetzeszuzüglich des jeweils geltenden Bedarfs für die Unterkunft nach § 13 Absatz 2 Nummer 1 des Bundesausbildungsförderungsgesetzes,
2. bei Unterbringung in einem Wohnheim, einem Internat oder einer besonderen Einrichtung für Menschen mit Behinderungen 119 Euro monatlich, wenn die Kosten für Unterbringung und Verpflegung von der Agentur für Arbeit oder einem anderen Leistungsträger übernommen werden,
3. bei anderweitiger Unterbringung der jeweils geltende Bedarf nach § 13 Absatz 1 Nummer 1 des Bundesausbildungsförderungsgesetzes zuzüglich des jeweils geltenden Bedarfs für die Unterkunft nach § 13 Absatz 2 Nummer 2 des Bundesausbildungsförderungsgesetzes; § 128 ist mit Ausnahme der Erstattung behinderungsbedingter Mehraufwendungen nicht anzuwenden.

2Bei einer Berufsausbildung ist in den Fällen der Nummern 1 und 3 mindestens ein Betrag zugrunde zu legen, der der Ausbildungsvergütung nach § 17 Absatz 2 des Berufsbildungsgesetzes nach Abzug der Steuern und einer Sozialversicherungspauschale nach § 153 Absatz 1 entspricht. 3Übersteigt in den Fällen der Nummer 2 die Ausbildungsvergütung nach § 17 Absatz 2 des Berufsbildungsgesetzes nach Abzug der Steuern und einer Sozialversicherungspauschale nach § 153 Absatz 1 den Bedarf zuzüglich der Beträge nach § 2 Absatz 1 und 3 Nummer 2 der Sozialversicherungsentgeltverordnung, so wird die Differenz als Ausgleichsbetrag gezahlt.

§ 124 Ausbildungsgeld bei berufsvorbereitenden Bildungsmaßnahmen und bei Grundausbildung

Bei berufsvorbereitenden Bildungsmaßnahmen und bei Grundausbildung wird folgender Bedarf zugrunde gelegt:

1. bei Unterbringung im Haushalt der Eltern oder eines Elternteils der jeweils geltende

IV

Bedarf nach § 12 Absatz 1 Nummer 1 des Bundesausbildungsförderungsgesetzes,
2. bei Unterbringung in einem Wohnheim, einem Internat oder einer besonderen Einrichtung für Menschen mit Behinderungen 119 Euro monatlich, wenn die Kosten für Unterbringung und Verpflegung von der Agentur für Arbeit oder einem anderen Leistungsträger übernommen werden,
3. bei anderweitiger Unterbringung der jeweils geltende Bedarf nach § 12 Absatz 2 Nummer 1 des Bundesausbildungsförderungsgesetzes; § 128 ist mit Ausnahme der Erstattung behinderungsbedingter Mehraufwendungen nicht anzuwenden.

§ 125 Ausbildungsgeld bei Maßnahmen in anerkannten Werkstätten für behinderte Menschen und bei Maßnahmen anderer Leistungsanbieter nach § 60 des Neunten Buches

Bei Maßnahmen im Eingangsverfahren und Berufsbildungsbereich anerkannter Werkstätten für behinderte Menschen und bei vergleichbaren Maßnahmen anderer Leistungsanbieter nach § 60 des Neunten Buches wird ein Ausbildungsgeld in Höhe von 119 Euro monatlich gezahlt.

§ 126 Einkommensanrechnung

(1) Das Einkommen, das ein Mensch mit Behinderungen während einer Maßnahme in einer anerkannten Werkstatt für Mensch mit Behinderungen oder bei einem anderen Leistungsanbieter nach § 60 des Neunten Buches erzielt, wird nicht auf den Bedarf angerechnet.

(2) Anrechnungsfrei bei der Einkommensanrechnung bleibt im Übrigen das Einkommen

1. des Menschen mit Behinderungen aus Waisenrenten, Waisengeld oder aus Unterhaltsleistungen bis zu 277 Euro monatlich,
2. der Eltern bis zu 3637 Euro monatlich, des verwitweten Elternteils oder, bei getrennt lebenden Eltern, das Einkommen des Elternteils, bei dem der Mensch mit Behinderungen lebt, ohne Anrechnung des Einkommens des anderen Elternteils, bis zu 2266 Euro monatlich und
3. der Ehegattin oder des Ehegatten oder der Lebenspartnerin oder des Lebenspartners bis zu 2266 Euro monatlich.

Dritter Titel
Teilnahmekosten für Maßnahmen

§ 127 Teilnahmekosten für Maßnahmen

(1) [1]Teilnahmekosten bestimmen sich nach den §§ 49, 64, 73 und 74 des Neunten Buches. [2]Sie beinhalten auch weitere Aufwendungen, die wegen Art und Schwere der Behinderung unvermeidbar entstehen, sowie Kosten für Unterkunft und Verpflegung bei anderweitiger auswärtiger Unterbringung.

(2) Die Teilnahmekosten nach Absatz 1 können Aufwendungen für erforderliche eingliederungsbegleitende Dienste während der und im Anschluss an die Maßnahme einschließen.

§ 128 Kosten für Unterkunft und Verpflegung bei anderweitiger auswärtiger Unterbringung

Sind Menschen mit Behinderungen auswärtig untergebracht, aber nicht in einem Wohnheim, einem Internat oder einer besonderen Einrichtung für Menschen mit Behinderungen mit voller Verpflegung, so wird ein Betrag nach § 86 zuzüglich der behinderungsbedingten Mehraufwendungen erbracht.

Vierter Titel
Anordnungsermächtigung

§ 129 Anordnungsermächtigung

Die Bundesagentur wird ermächtigt, durch Anordnung das Nähere über Voraussetzungen, Art, Umfang und Ausführung der Leistungen in Übereinstimmung mit den für die anderen Träger der Leistungen zur Teilhabe am Arbeitsleben geltenden Regelungen zu bestimmen.

Zehntes Kapitel
Finanzierung

Zweiter Abschnitt
Beiträge und Verfahren

Zweiter Unterabschnitt
Verfahren

§ 346 Beitragstragung bei Beschäftigten

(1) 1Die Beiträge werden von den versicherungspflichtig Beschäftigten und den Arbeitgebern je zur Hälfte getragen. 2Arbeitgeber im Sinne der Vorschriften dieses Titels sind auch die Auftraggeber von Heimarbeiterinnen und Heimarbeitern sowie Träger außerbetrieblicher Ausbildung.

(1a) Bei versicherungspflichtig Beschäftigten, deren beitragspflichtige Einnahme sich nach § 344 Abs. 4 bestimmt, werden die Beiträge abweichend von Absatz 1 Satz 1 getragen

1. von den Arbeitgebern in Höhe der Hälfte des Betrages, der sich ergibt, wenn der Beitragssatz auf das der Beschäftigung zugrunde liegende Arbeitsentgelt angewendet wird,
2. im Übrigen von den versicherungspflichtig Beschäftigten.

(2) Der Arbeitgeber trägt die Beiträge allein für Menschen mit Behinderungen, die in einer anerkannten Werkstatt für behinderte Menschen, bei einem anderen Leistungsanbieter nach § 60 des Neunten Buches oder in einer Blindenwerkstätte im Sinne des § 226 des Neunten Buches beschäftigt sind und deren monatliches Bruttoarbeitsentgelt ein Fünftel der monatlichen Bezugsgröße nicht übersteigt.

(3) 1Für Beschäftigte, die wegen Vollendung des für die Regelaltersrente im Sinne des Sechsten Buches erforderlichen Lebensjahres versicherungsfrei sind, tragen die Arbeitgeber die Hälfte des Beitrages, der zu zahlen wäre, wenn die Beschäftigten versicherungspflichtig wären. 2Für den Beitragsanteil gelten die Vorschriften des Dritten Abschnitts des Vierten Buches und die Bußgeldvorschriften des § 111 Abs. 1 Nr. 2 bis 4, 8 und Abs. 4 des Vierten Buches entsprechend. 3Die Sätze 1 und 2 sind bis zum 31. Dezember 2021 nicht anzuwenden.

Sozialgesetzbuch (SGB) Fünftes Buch (V) – Gesetzliche Krankenversicherung – (SGB V)

Vom 20. Dezember 1988 (BGBl. I S. 2477)

Zuletzt geändert durch
Gesundheitsversorgungsweiterentwicklungsgesetz
vom 11. Juli 2021 (BGBl. I S. 2754)

– Auszug –

Inhaltsübersicht

Erstes Kapitel
Allgemeine Vorschriften

§ 2 Leistungen

(1) 1Die Krankenkassen stellen den Versicherten die im Dritten Kapitel genannten Leistungen unter Beachtung des Wirtschaftlichkeitsgebots (§ 12) zur Verfügung, soweit diese Leistungen nicht der Eigenverantwortung der Versicherten zugerechnet werden. 2Behandlungsmethoden, Arznei- und Heilmittel der besonderen Therapierichtungen sind nicht ausgeschlossen. 3Qualität und Wirksamkeit der Leistungen haben dem allgemein anerkannten Stand der medizinischen Erkenntnisse zu entsprechen und den medizinischen Fortschritt zu berücksichtigen.

(1a) 1Versicherte mit einer lebensbedrohlichen oder regelmäßig tödlichen Erkrankung oder mit einer zumindest wertungsmäßig vergleichbaren Erkrankung, für die eine allgemein anerkannte, dem medizinischen Standard entsprechende Leistung nicht zur Verfügung steht, können auch eine von Absatz 1 Satz 3 abweichende Leistung beanspruchen, wenn eine nicht ganz entfernt liegende Aussicht auf Heilung oder auf eine spürbare positive Einwirkung auf den Krankheitsverlauf besteht. 2Die Krankenkasse erteilt für Leistungen nach Satz 1 vor Beginn der Behandlung eine Kostenübernahmeerklärung, wenn Versicherte oder behandelnde Leistungserbringer dies beantragen. 3Mit der Kostenübernahmeerklärung wird die Abrechnungsmöglichkeit der Leistung nach Satz 1 festgestellt.

(2) 1Die Versicherten erhalten die Leistungen als Sach- und Dienstleistungen, soweit dieses oder das Neunte Buch nichts Abweichendes vorsehen. 2Die Leistungen werden auf Antrag durch ein Persönliches Budget erbracht; § 29 des Neunten Buches gilt entsprechend. 3Über die Erbringung der Sach- und Dienstleistungen schließen die Krankenkassen nach den Vorschriften des Vierten Kapitels Verträge mit den Leistungserbringern.

(3) 1Bei der Auswahl der Leistungserbringer ist ihre Vielfalt zu beachten. 2Den religiösen Bedürfnissen der Versicherten ist Rechnung zu tragen.

(4) Krankenkassen, Leistungserbringer und Versicherte haben darauf zu achten, daß die Leistungen wirksam und wirtschaftlich erbracht und nur im notwendigen Umfang in Anspruch genommen werden.

Drittes Kapitel
Leistungen der Krankenversicherung

Erster Abschnitt
Übersicht über die Leistungen

IV

§ 11 Leistungsarten

(1) Versicherte haben nach den folgenden Vorschriften Anspruch auf Leistungen

1. bei Schwangerschaft und Mutterschaft (§§ 24c bis 24i),
2. zur Verhütung von Krankheiten und von deren Verschlimmerung sowie zur Empfängnisverhütung, bei Sterilisation und bei Schwangerschaftsabbruch (§§ 20 bis 24b),
3. zur Erfassung von gesundheitlichen Risiken und Früherkennung von Krankheiten (§§ 25 und 26),
4. zur Behandlung einer Krankheit (§§ 27 bis 52),
5. des Persönlichen Budgets nach § 29 des Neunten Buches.

(2) 1Versicherte haben auch Anspruch auf Leistungen zur medizinischen Rehabilitation sowie auf unterhaltssichernde und andere ergänzende Leistungen, die notwendig sind, um eine Behinderung oder Pflegebedürftigkeit abzuwenden, zu beseitigen, zu mindern, auszugleichen, ihre Verschlimmerung zu verhüten oder ihre Folgen zu mildern. 2Leistungen der aktivierenden Pflege nach Eintritt von Pflegebedürftigkeit werden von den Pflegekassen erbracht. 3Die Leistungen nach Satz 1 werden unter Beachtung des Neunten Buches erbracht, soweit in diesem Buch nichts anderes bestimmt ist.

(3) 1Bei stationärer Behandlung umfassen die Leistungen auch die aus medizinischen Grün-

den notwendige Mitaufnahme einer Begleitperson des Versicherten oder bei stationärer Behandlung in einem Krankenhaus nach § 108 oder einer Vorsorge- oder Rehabilitationseinrichtung nach § 107 Absatz 2 die Mitaufnahme einer Pflegekraft, soweit Versicherte ihre Pflege nach § 63b Absatz 6 Satz 1 des Zwölften Buches durch von ihnen beschäftigte besondere Pflegekräfte sicherstellen. $_{2}$Ist bei stationärer Behandlung die Anwesenheit einer Begleitperson aus medizinischen Gründen notwendig, eine Mitaufnahme in die stationäre Einrichtung jedoch nicht möglich, kann die Unterbringung der Begleitperson auch außerhalb des Krankenhauses oder der Vorsorge- oder Rehabilitationseinrichtung erfolgen. $_{3}$Die Krankenkasse bestimmt nach den medizinischen Erfordernissen des Einzelfalls Art und Dauer der Leistungen für eine Unterbringung nach Satz 2 nach pflichtgemäßem Ermessen; die Kosten dieser Leistungen dürfen nicht höher sein als die für eine Mitaufnahme der Begleitperson in die stationäre Einrichtung nach Satz 1 anfallenden Kosten.

(4) $_{1}$Versicherte haben Anspruch auf ein Versorgungsmanagement insbesondere zur Lösung von Problemen beim Übergang in die verschiedenen Versorgungsbereiche; dies umfasst auch die fachärztliche Anschlussversorgung. $_{2}$Die betroffenen Leistungserbringer sorgen für eine sachgerechte Anschlussversorgung des Versicherten und übermitteln sich gegenseitig die erforderlichen Informationen. $_{3}$Sie sind zur Erfüllung dieser Aufgabe von den Krankenkassen zu unterstützen. $_{4}$In das Versorgungsmanagement sind die Pflegeeinrichtungen einzubeziehen; dabei ist eine enge Zusammenarbeit mit Pflegeberatern und Pflegeberaterinnen nach § 7a des Elften Buches zu gewährleisten. $_{5}$Das Versorgungsmanagement und eine dazu erforderliche Übermittlung von Daten darf nur mit Einwilligung und nach vorheriger Information des Versicherten erfolgen. $_{6}$Soweit in Verträgen nach § 140a nicht bereits entsprechende Regelungen vereinbart sind, ist das Nähere im Rahmen von Verträgen mit sonstigen Leistungserbringern der gesetzlichen Krankenversicherung und mit Leistungserbringern nach dem Elften Buch sowie mit den Pflegekassen zu regeln.

(5) $_{1}$Auf Leistungen besteht kein Anspruch, wenn sie als Folge eines Arbeitsunfalls oder einer Berufskrankheit im Sinne der gesetzlichen Unfallversicherung zu erbringen sind. $_{2}$Dies gilt auch in Fällen des § 12a des Siebten Buches.

(6) $_{1}$Die Krankenkasse kann in ihrer Satzung zusätzliche vom Gemeinsamen Bundesausschuss nicht ausgeschlossene Leistungen in der fachlich gebotenen Qualität im Bereich der medizinischen Vorsorge und Rehabilitation (§§ 23, 40), der Leistungen von Hebammen bei Schwangerschaft und Mutterschaft (§ 24d), der künstlichen Befruchtung (§ 27a), der zahnärztlichen Behandlung ohne die Versorgung mit Zahnersatz (§ 28 Absatz 2), bei der Versorgung mit nicht verschreibungspflichtigen apothekenpflichtigen Arzneimitteln (§ 34 Absatz 1 Satz 1), mit Heilmitteln (§ 32), mit Hilfsmitteln (§ 33) und mit digitalen Gesundheitsanwendungen (§ 33a), im Bereich der häuslichen Krankenpflege (§ 37) und der Haushaltshilfe (§ 38) sowie Leistungen von nicht zugelassenen Leistungserbringern vorsehen. $_{2}$Die Satzung muss insbesondere die Art, die Dauer und den Umfang der Leistung bestimmen; sie hat hinreichende Anforderungen an die Qualität der Leistungserbringung zu regeln. $_{3}$Die zusätzlichen Leistungen sind von den Krankenkassen in ihrer Rechnungslegung gesondert auszuweisen.

Zweiter Abschnitt
Gemeinsame Vorschriften

§ 13 Kostenerstattung

(1) Die Krankenkasse darf anstelle der Sach- oder Dienstleistung (§ 2 Abs. 2) Kosten nur erstatten, soweit es dieses oder das Neunte Buch vorsieht.

(2) $_{1}$Versicherte können anstelle der Sach- oder Dienstleistungen Kostenerstattung wählen. $_{2}$Hierüber haben sie ihre Krankenkasse vor Inanspruchnahme der Leistung in Kenntnis zu setzen. $_{3}$Der Leistungserbringer hat die

Versicherten vor Inanspruchnahme der Leistung darüber zu informieren, dass Kosten, die nicht von der Krankenkasse übernommen werden, von dem Versicherten zu tragen sind. $_{4}$Eine Einschränkung der Wahl auf den Bereich der ärztlichen Versorgung, der zahnärztlichen Versorgung, den stationären Bereich oder auf veranlasste Leistungen ist möglich. $_{5}$Nicht im Vierten Kapitel genannte Leistungserbringer dürfen nur nach vorheriger Zustimmung der Krankenkasse in Anspruch genommen werden. $_{6}$Eine Zustimmung kann erteilt werden, wenn medizinische oder soziale Gründe eine Inanspruchnahme dieser Leistungserbringer rechtfertigen und eine zumindest gleichwertige Versorgung gewährleistet ist. $_{7}$Die Inanspruchnahme von Leistungserbringern nach § 95b Absatz 3 Satz 1 im Wege der Kostenerstattung ist ausgeschlossen. $_{8}$Anspruch auf Erstattung besteht höchstens in Höhe der Vergütung, die die Krankenkasse bei Erbringung als Sachleistung zu tragen hätte. $_{9}$Die Satzung hat das Verfahren der Kostenerstattung zu regeln. $_{10}$Sie kann dabei Abschläge vom Erstattungsbetrag für Verwaltungskosten in Höhe von höchstens 5 Prozent in Abzug bringen. $_{11}$Im Falle der Kostenerstattung nach § 129 Absatz 1 Satz 6 sind die der Krankenkasse entgangenen Rabatte nach § 130a Absatz 8 sowie die Mehrkosten im Vergleich zur Abgabe eines Arzneimittels nach § 129 Absatz 1 Satz 3 und 5 zu berücksichtigen; die Abschläge sollen pauschaliert werden. $_{12}$Die Versicherten sind an ihre Wahl der Kostenerstattung mindestens ein Kalendervierteljahr gebunden.

(3) $_{1}$Konnte die Krankenkasse eine unaufschiebbare Leistung nicht rechtzeitig erbringen oder hat sie eine Leistung zu Unrecht abgelehnt und sind dadurch Versicherten für die selbstbeschaffte Leistung Kosten entstanden, sind diese von der Krankenkasse in der entstandenen Höhe zu erstatten, soweit die Leistung notwendig war. $_{2}$Die Kosten für selbstbeschaffte Leistungen zur medizinischen Rehabilitation nach dem Neunten Buch werden nach § 18 des Neunten Buches erstattet. $_{3}$Die Kosten für selbstbeschaffte Leistungen, die durch einen Psychotherapeuten erbracht werden, sind erstattungsfähig, sofern dieser die Voraussetzungen des § 95c erfüllt.

(3a) $_{1}$Die Krankenkasse hat über einen Antrag auf Leistungen zügig, spätestens bis zum Ablauf von drei Wochen nach Antragseingang oder in Fällen, in denen eine gutachtliche Stellungnahme, insbesondere des Medizinischen Dienstes, eingeholt wird, innerhalb von fünf Wochen nach Antragseingang zu entscheiden. $_{2}$Wenn die Krankenkasse eine gutachtliche Stellungnahme für erforderlich hält, hat sie diese unverzüglich einzuholen und die Leistungsberechtigten hierüber zu unterrichten. $_{3}$Der Medizinische Dienst nimmt innerhalb von drei Wochen gutachtlich Stellung. $_{4}$Wird ein im Bundesmantelvertrag für Zahnärzte vorgesehenes Gutachterverfahren gemäß § 87 Absatz 1c durchgeführt, hat die Krankenkasse ab Antragseingang innerhalb von sechs Wochen zu entscheiden; der Gutachter nimmt innerhalb von vier Wochen Stellung. $_{5}$Kann die Krankenkasse Fristen nach Satz 1 oder Satz 4 nicht einhalten, teilt sie dies den Leistungsberechtigten unter Darlegung der Gründe rechtzeitig schriftlich oder elektronisch mit; für die elektronische Mitteilung gilt § 37 Absatz 2b des Zehnten Buches entsprechend. $_{6}$Erfolgt keine Mitteilung eines hinreichenden Grundes, gilt die Leistung nach Ablauf der Frist als genehmigt. $_{7}$Beschaffen sich Leistungsberechtigte nach Ablauf der Frist eine erforderliche Leistung selbst, ist die Krankenkasse zur Erstattung der hierdurch entstandenen Kosten verpflichtet. $_{8}$Die Krankenkasse berichtet dem Spitzenverband Bund der Krankenkassen jährlich über die Anzahl der Fälle, in denen Fristen nicht eingehalten oder Kostenerstattungen vorgenommen wurden. $_{9}$Für Leistungen zur medizinischen Rehabilitation gelten die §§ 14 bis 24 des Neunten Buches zur Koordinierung der Leistungen und zur Erstattung selbst beschaffter Leistungen.

(4) $_{1}$Versicherte sind berechtigt, auch Leistungserbringer in einem anderen Mitgliedstaat der Europäischen Union, einem anderen Vertragsstaat des Abkommens über den Europäischen Wirtschaftsraum oder der

Schweiz anstelle der Sach- oder Dienstleistung im Wege der Kostenerstattung in Anspruch zu nehmen, es sei denn, Behandlungen für diesen Personenkreis im anderen Staat sind auf der Grundlage eines Pauschbetrages zu erstatten oder unterliegen auf Grund eines vereinbarten Erstattungsverzichts nicht der Erstattung. ₂Es dürfen nur solche Leistungserbringer in Anspruch genommen werden, bei denen die Bedingungen des Zugangs und der Ausübung des Berufes Gegenstand einer Richtlinie der Europäischen Gemeinschaft sind oder die im jeweiligen nationalen System der Krankenversicherung des Aufenthaltsstaates zur Versorgung der Versicherten berechtigt sind. ₃Der Anspruch auf Erstattung besteht höchstens in Höhe der Vergütung, die die Krankenkasse bei Erbringung als Sachleistung im Inland zu tragen hätte. ₄Die Satzung hat das Verfahren der Kostenerstattung zu regeln. ₅Sie hat dabei ausreichende Abschläge vom Erstattungsbetrag für Verwaltungskosten in Höhe von höchstens 5 Prozent vorzusehen sowie vorgesehene Zuzahlungen in Abzug zu bringen. ₆Ist eine dem allgemein anerkannten Stand der medizinischen Erkenntnisse entsprechende Behandlung einer Krankheit nur in einem anderen Mitgliedstaat der Europäischen Union oder einem anderen Vertragsstaat des Abkommens über den Europäischen Wirtschaftsraum möglich, kann die Krankenkasse die Kosten der erforderlichen Behandlung auch ganz übernehmen.

IV

(5) ₁Abweichend von Absatz 4 können in einem anderen Mitgliedstaat der Europäischen Union, einem anderen Vertragsstaat des Abkommens über den Europäischen Wirtschaftsraum oder der Schweiz Krankenhausleistungen nach § 39 nur nach vorheriger Zustimmung durch die Krankenkassen in Anspruch genommen werden. ₂Die Zustimmung darf nur versagt werden, wenn die gleiche oder eine für den Versicherten ebenso wirksame, dem allgemein anerkannten Stand der medizinischen Erkenntnisse entsprechende Behandlung einer Krankheit rechtzeitig bei einem Vertragspartner der Krankenkasse im Inland erlangt werden kann.

(6) § 18 Abs. 1 Satz 2 und Abs. 2 gilt in den Fällen der Absätze 4 und 5 entsprechend.

Dritter Abschnitt Leistungen zur Verhütung von Krankheiten, betriebliche Gesundheitsförderung und Prävention arbeitsbedingter Gesundheitsgefahren, Förderung der Selbsthilfe sowie Leistungen bei Schwangerschaft und Mutterschaft

§ 23 Medizinische Vorsorgeleistungen

(1) Versicherte haben Anspruch auf ärztliche Behandlung und Versorgung mit Arznei-, Verband-, Heil- und Hilfsmitteln, wenn diese notwendig sind,

1. eine Schwächung der Gesundheit, die in absehbarer Zeit voraussichtlich zu einer Krankheit führen würde, zu beseitigen,
2. einer Gefährdung der gesundheitlichen Entwicklung eines Kindes entgegenzuwirken,
3. Krankheiten zu verhüten oder deren Verschlimmerung zu vermeiden oder
4. Pflegebedürftigkeit zu vermeiden.

(2) ₁Reichen bei Versicherten die Leistungen nach Absatz 1 nicht aus oder können sie wegen besonderer beruflicher oder familiärer Umstände nicht durchgeführt werden, erbringt die Krankenkasse aus medizinischen Gründen erforderliche ambulante Vorsorgeleistungen in anerkannten Kurorten. ₂Die Satzung der Krankenkasse kann zu den übrigen Kosten, die Versicherten im Zusammenhang mit dieser Leistung entstehen, einen Zuschuß von bis zu 16 Euro täglich vorsehen. ₃Bei ambulanten Vorsorgeleistungen für versicherte chronisch kranke Kleinkinder kann der Zuschuss nach Satz 2 auf bis zu 25 Euro erhöht werden.

(3) In den Fällen der Absätze 1 und 2 sind die §§ 31 bis 34 anzuwenden.

(4) ₁Reichen bei Versicherten die Leistungen nach Absatz 1 und 2 nicht aus, erbringt die Krankenkasse Behandlung mit Unterkunft und Verpflegung in einer Vorsorgeeinrichtung, mit der ein Vertrag nach § 111 besteht;

für pflegende Angehörige kann die Krankenkasse unter denselben Voraussetzungen Behandlung mit Unterkunft und Verpflegung auch in einer Vorsorgeeinrichtung erbringen, mit der ein Vertrag nach § 111a besteht. ₂Die Krankenkasse führt statistische Erhebungen über Anträge auf Leistungen nach Satz 1 und Absatz 2 sowie deren Erledigung durch.

(5) ₁Die Krankenkasse bestimmt nach den medizinischen Erfordernissen des Einzelfalls unter entsprechender Anwendung des Wunsch- und Wahlrechts der Leistungsberechtigten nach § 8 des Neunten Buches Art, Dauer, Umfang, Beginn und Durchführung der Leistungen nach Absatz 4 sowie die Vorsorgeeinrichtung nach pflichtgemäßem Ermessen; die Krankenkasse berücksichtigt bei ihrer Entscheidung die besonderen Belange pflegender Angehöriger. ₂Leistungen nach Absatz 4 sollen für längstens drei Wochen erbracht werden, es sei denn, eine Verlängerung der Leistung ist aus medizinischen Gründen dringend erforderlich. ₃Satz 2 gilt nicht, soweit der Spitzenverband Bund der Krankenkassen nach Anhörung der für die Wahrnehmung der Interessen der ambulanten und stationären Vorsorgeeinrichtungen auf Bundesebene maßgeblichen Spitzenorganisationen in Leitlinien Indikationen festgelegt und diesen jeweils eine Regeldauer zugeordnet hat; von dieser Regeldauer kann nur abgewichen werden, wenn dies aus dringenden medizinischen Gründen im Einzelfall erforderlich ist. ₄Leistungen nach Absatz 2 können nicht vor Ablauf von drei, Leistungen nach Absatz 4 können nicht vor Ablauf von vier Jahren nach Durchführung solcher oder ähnlicher Leistungen erbracht werden, deren Kosten auf Grund öffentlich-rechtlicher Vorschriften getragen oder bezuschusst worden sind, es sei denn, eine vorzeitige Leistung ist aus medizinischen Gründen dringend erforderlich.

(6) ₁Versicherte, die eine Leistung nach Absatz 4 in Anspruch nehmen und das achtzehnte Lebensjahr vollendet haben, zahlen je Kalendertag den sich nach § 61 Satz 2 ergebenden Betrag an die Einrichtung. ₂Die Zahlung ist an die Krankenkasse weiterzuleiten.

(7) Medizinisch notwendige stationäre Vorsorgemaßnahmen für versicherte Kinder, die das 14. Lebensjahr noch nicht vollendet haben, sollen in der Regel für vier bis sechs Wochen erbracht werden.

Fünfter Abschnitt
Leistungen bei Krankheit

Erster Titel
Krankenbehandlung

§ 38 Haushaltshilfe

(1) ₁Versicherte erhalten Haushaltshilfe, wenn ihnen wegen Krankenhausbehandlung oder wegen einer Leistung nach § 23 Abs. 2 oder 4, §§ 24, 37, 40 oder § 41 die Weiterführung des Haushalts nicht möglich ist. ₂Voraussetzung ist ferner, daß im Haushalt ein Kind lebt, das bei Beginn der Haushaltshilfe das zwölfte Lebensjahr noch nicht vollendet hat oder das behindert und auf Hilfe angewiesen ist. ₃Darüber hinaus erhalten Versicherte, soweit keine Pflegebedürftigkeit mit Pflegegrad 2, 3, 4 oder 5 im Sinne des Elften Buches vorliegt, auch dann Haushaltshilfe, wenn ihnen die Weiterführung des Haushalts wegen schwerer Krankheit oder wegen akuter Verschlimmerung einer Krankheit, insbesondere nach einem Krankenhausaufenthalt, nach einer ambulanten Operation oder nach einer ambulanten Krankenhausbehandlung, nicht möglich ist, längstens jedoch für die Dauer von vier Wochen. ₄Wenn im Haushalt ein Kind lebt, das bei Beginn der Haushaltshilfe das zwölfte Lebensjahr noch nicht vollendet hat oder das behindert und auf Hilfe angewiesen ist, verlängert sich der Anspruch nach Satz 3 auf längstens 26 Wochen. ₅Die Pflegebedürftigkeit von Versicherten schließt Haushaltshilfe nach den Sätzen 3 und 4 zur Versorgung des Kindes nicht aus.

(2) ₁Die Satzung kann bestimmen, daß die Krankenkasse in anderen als den in Absatz 1 genannten Fällen Haushaltshilfe erbringt, wenn Versicherten wegen Krankheit die Weiterführung des Haushalts nicht möglich ist. ₂Sie kann dabei von Absatz 1 Satz 2 bis 4

IV

abweichen sowie Umfang und Dauer der Leistung bestimmen.

(3) Der Anspruch auf Haushaltshilfe besteht nur, soweit eine im Haushalt lebende Person den Haushalt nicht weiterführen kann.

(4) $_1$Kann die Krankenkasse keine Haushaltshilfe stellen oder besteht Grund, davon abzusehen, sind den Versicherten die Kosten für eine selbstbeschaffte Haushaltshilfe in angemessener Höhe zu erstatten. $_2$Für Verwandte und Verschwägerte bis zum zweiten Grad werden keine Kosten erstattet; die Krankenkasse kann jedoch die erforderlichen Fahrkosten und den Verdienstausfall erstatten, wenn die Erstattung in einem angemessenen Verhältnis zu den sonst für eine Ersatzkraft entstehenden Kosten steht.

(5) Versicherte, die das 18. Lebensjahr vollendet haben, leisten als Zuzahlung je Kalendertag der Leistungsinanspruchnahme den sich nach § 61 Satz 1 ergebenden Betrag an die Krankenkasse.

§ 40 Leistungen zur medizinischen Rehabilitation

(1) $_1$Reicht bei Versicherten eine ambulante Krankenbehandlung nicht aus, um die in § 11 Abs. 2 beschriebenen Ziele zu erreichen, erbringt die Krankenkasse aus medizinischen Gründen erforderliche ambulante Rehabilitationsleistungen in Rehabilitationseinrichtungen, für die ein Versorgungsvertrag nach § 111c besteht; dies schließt mobile Rehabilitationsleistungen durch wohnortnahe Einrichtungen ein. $_2$Leistungen nach Satz 1 sind auch in stationären Pflegeeinrichtungen nach § 72 Abs. 1 des Elften Buches zu erbringen.

(2) $_1$Reicht die Leistung nach Absatz 1 nicht aus, so erbringt die Krankenkasse erforderliche stationäre Rehabilitation mit Unterkunft und Verpflegung in einer nach § 37 Absatz 3 des Neunten Buches zertifizierten Rehabilitationseinrichtung, mit der ein Vertrag nach § 111 besteht. $_2$Für pflegende Angehörige erbringt die Krankenkasse stationäre Rehabilitation unabhängig davon, ob die Leistung nach Absatz 1 ausreicht. $_3$Die Krankenkasse kann für pflegende Angehörige diese stationäre Rehabilitation mit Unterkunft und Verpflegung auch in einer nach § 37 Absatz 3 des Neunten Buches zertifizierten Rehabilitationseinrichtung erbringen, mit der ein Vertrag nach § 111a besteht. $_4$Wählt der Versicherte eine andere zertifizierte Einrichtung, so hat er die dadurch entstehenden Mehrkosten zur Hälfte zu tragen; dies gilt nicht für solche Mehrkosten, die im Hinblick auf die Beachtung des Wunsch- und Wahlrechts nach § 8 des Neunten Buches von der Krankenkasse zu übernehmen sind. $_5$Die Krankenkasse führt nach Geschlecht differenzierte statistische Erhebungen über Anträge auf Leistungen nach Satz 1 und Absatz 1 sowie deren Erledigung durch. $_6$§ 39 Absatz 1a gilt entsprechend mit der Maßgabe, dass bei dem Rahmenvertrag entsprechend § 39 Absatz 1a die für die Erbringung von Leistungen zur medizinischen Rehabilitation maßgeblichen Verbände auf Bundesebene zu beteiligen sind. $_7$Kommt der Rahmenvertrag ganz oder teilweise nicht zustande oder wird der Rahmenvertrag ganz oder teilweise beendet und kommt bis zum Ablauf des Vertrages kein neuer Rahmenvertrag zustande, entscheidet das sektorenübergreifende Schiedsgremium auf Bundesebene gemäß § 89a auf Antrag einer Vertragspartei. $_8$Abweichend von § 89a Absatz 5 Satz 1 und 4 besteht das sektorenübergreifende Schiedsgremium auf Bundesebene in diesem Fall aus je zwei Vertretern der Ärzte, der Krankenkassen und der zertifizierten Rehabilitationseinrichtungen sowie einem unparteiischen Vorsitzenden und einem weiteren unparteiischen Mitglied. $_9$Die Vertreter und Stellvertreter der zertifizierten Rehabilitationseinrichtungen werden durch die für die Erbringer von Leistungen zur medizinischen Rehabilitation maßgeblichen Verbände auf Bundesebene bestellt.

(3) $_1$Die Krankenkasse bestimmt nach den medizinischen Erfordernissen des Einzelfalls unter Beachtung des Wunsch- und Wahlrechts der Leistungsberechtigten nach § 8 des Neunten Buches Art, Dauer, Umfang, Beginn und Durchführung der Leistungen nach den Absätzen 1 und 2 sowie die Rehabilitationseinrichtung nach pflichtgemäßem Ermessen; die Krankenkasse berücksichtigt bei ihrer

Entscheidung die besonderen Belange pflegender Angehöriger. 2Von der Krankenkasse wird bei einer vertragsärztlich verordneten geriatrischen Rehabilitation nicht überprüft, ob diese medizinisch erforderlich ist, sofern die geriatrische Indikation durch dafür geeignete Abschätzungsinstrumente vertragsärztlich überprüft wurde. 3Bei der Übermittlung der Verordnung an die Krankenkasse ist die Anwendung der geeigneten Abschätzungsinstrumente nachzuweisen und das Ergebnis der Abschätzung beizufügen. 4Von der vertragsärztlichen Verordnung anderer Leistungen nach den Absätzen 1 und 2 darf die Krankenkasse hinsichtlich der medizinischen Erforderlichkeit nur dann abweichen, wenn eine von der Verordnung abweichende gutachterliche Stellungnahme des Medizinischen Dienstes vorliegt. 5Die gutachterliche Stellungnahme des Medizinischen Dienstes ist den Versicherten und mit deren Einwilligung in Textform auch den verordnenden Ärztinnen und Ärzten zur Verfügung zu stellen. 6Die Krankenkasse teilt den Versicherten und den verordnenden Ärztinnen und Ärzten das Ergebnis ihrer Entscheidung in schriftlicher oder elektronischer Form mit und begründet die Abweichungen von der Verordnung. 7Mit Einwilligung der Versicherten in Textform übermittelt die Krankenkasse ihre Entscheidung schriftlich oder elektronisch den Angehörigen und Vertrauenspersonen der Versicherten sowie Pflege- und Betreuungseinrichtungen, die die Versicherten versorgen. 8Vor der Verordnung informieren die Ärztinnen und Ärzte die Versicherten über die Möglichkeit, eine Einwilligung nach Satz 5 zu erteilen, fragen die Versicherten, ob sie in eine Übermittlung der Krankenkassenentscheidung durch die Krankenkasse an die in Satz 7 genannten Personen oder Einrichtungen einwilligen und teilen der Krankenkasse anschließend den Inhalt einer abgegebenen Einwilligung mit. 9Die Aufgaben der Krankenkasse als Rehabilitationsträger nach dem Neunten Buch bleiben von den Sätzen 1 bis 4 unberührt. 10Der Gemeinsame Bundesausschuss regelt in Richtlinien nach § 92 bis zum 31. Dezember 2021 das Nähere zu Auswahl und Einsatz geeigneter Abschätzungsinstrumente im Sinne des Satzes 2 und zum erforderlichen Nachweis von deren Anwendung nach Satz 3 und legt fest, in welchen Fällen Anschlussrehabilitationen nach Absatz 6 Satz 1 ohne vorherige Überprüfung der Krankenkasse erbracht werden können. 11Bei einer stationären Rehabilitation haben pflegende Angehörige auch Anspruch auf die Versorgung der Pflegebedürftigen, wenn diese in derselben Einrichtung aufgenommen werden. 12Sollen die Pflegebedürftigen in einer anderen als in der Einrichtung der pflegenden Angehörigen aufgenommen werden, koordiniert die Krankenkasse mit der Pflegekasse der Pflegebedürftigen deren Versorgung auf Wunsch der pflegenden Angehörigen und mit Einwilligung der Pflegebedürftigen. 13Leistungen nach Absatz 1 sollen für längstens 20 Behandlungstage, Leistungen nach Absatz 2 für längstens drei Wochen erbracht werden, mit Ausnahme von Leistungen der geriatrischen Rehabilitation, die als ambulante Leistungen nach Absatz 1 in der Regel für 20 Behandlungstage oder als stationäre Leistungen nach Absatz 2 in der Regel für drei Wochen erbracht werden sollen. 14Eine Verlängerung der Leistungen nach Satz 13 ist möglich, wenn dies aus medizinischen Gründen dringend erforderlich ist. 15Satz 13 gilt nicht, soweit der Spitzenverband Bund der Krankenkassen nach Anhörung der für die Wahrnehmung der Interessen der ambulanten und stationären Rehabilitationseinrichtungen auf Bundesebene maßgeblichen Spitzenorganisationen in Leitlinien Indikationen festgelegt und diesen jeweils eine Regeldauer zugeordnet hat; von dieser Regeldauer kann nur abgewichen werden, wenn dies aus dringenden medizinischen Gründen im Einzelfall erforderlich ist. 16Leistungen nach den Absätzen 1 und 2 können für Versicherte, die das 18. Lebensjahr vollendet haben, nicht vor Ablauf von vier Jahren nach Durchführung solcher oder ähnlicher Leistungen erbracht werden, deren Kosten auf Grund öffentlich-rechtlicher Vorschriften getragen oder bezuschusst worden sind, es sei denn, eine vorzeitige Leistung ist aus medizinischen Gründen dringend erforderlich. 17§ 23 Abs. 7 gilt entsprechend. 18Die Krankenkasse zahlt der Pflegekasse einen Betrag in Höhe von 3072 Euro für pflegebedürftige Versicherte, für die innerhalb von sechs Monaten nach Antragstellung keine notwendigen Leistungen zur medizinischen Rehabilitation erbracht worden sind. $_{19}$Satz 18 gilt nicht, wenn die Krankenkasse die fehlende Leistungserbringung nicht zu vertreten hat. $_{20}$Der Spitzenverband Bund der Krankenkassen legt über das Bundesministerium für Gesundheit dem Deutschen Bundestag erstmalig für das Jahr 2021 bis zum 30. Juni 2022 und danach jährlich bis zum 30. Juni 2024 einen Bericht vor, in dem die Erfahrungen mit der vertragsärztlichen Verordnung von geriatrischen Rehabilitationen wiedergegeben werden.

(4) Leistungen nach den Absätzen 1 und 2 werden nur erbracht, wenn nach den für andere Träger der Sozialversicherung geltenden Vorschriften mit Ausnahme der §§ 14, 15a, 17 und 31 des Sechsten Buches solche Leistungen nicht erbracht werden können.

(5) $_{1}$Versicherte, die eine Leistung nach Absatz 1 oder 2 in Anspruch nehmen und das achtzehnte Lebensjahr vollendet haben, zahlen je Kalendertag den sich nach § 61 Satz 2 ergebenden Betrag an die Einrichtung. $_{2}$Die Zahlungen sind an die Krankenkasse weiterzuleiten.

(6) $_{1}$Versicherte, die das achtzehnte Lebensjahr vollendet haben und eine Leistung nach Absatz 1 oder 2 in Anspruch nehmen, deren unmittelbarer Anschluß an eine Krankenhausbehandlung medizinisch notwendig ist (Anschlußrehabilitation), zahlen den sich nach § 61 Satz 2 ergebenden Betrag für längstens 28 Tage je Kalenderjahr an die Einrichtung; als unmittelbar gilt der Anschluß auch, wenn die Maßnahme innerhalb von 14 Tagen beginnt, es sei denn, die Einhaltung dieser Frist ist aus zwingenden tatsächlichen oder medizinischen Gründen nicht möglich. $_{2}$Die innerhalb des Kalenderjahres bereits an einen Träger der gesetzlichen Rentenversicherung geleistete kalendertägliche Zahlung nach § 32 Abs. 1 Satz 2 des Sechsten Buches sowie die nach § 39 Abs. 4 geleistete Zahlung sind auf die Zahlung nach Satz 1 anzurechnen. $_{3}$Die Zahlungen sind an die Krankenkasse weiterzuleiten.

(7) $_{1}$Der Spitzenverband Bund der Krankenkassen legt unter Beteiligung der Arbeitsgemeinschaft nach § 282 (Medizinischer Dienst der Spitzenverbände der Krankenkassen) Indikationen fest, bei denen für eine medizinisch notwendige Leistung nach Absatz 2 die Zuzahlung nach Absatz 6 Satz 1 Anwendung findet, ohne daß es sich um Anschlußrehabilitation handelt. $_{2}$Vor der Festlegung der Indikationen ist den für die Wahrnehmung der Interessen der stationären Rehabilitation auf Bundesebene maßgebenden Organisationen Gelegenheit zur Stellungnahme zu geben; die Stellungnahmen sind in die Entscheidung einzubeziehen.

§ 41 Medizinische Rehabilitation für Mütter und Väter

(1) $_{1}$Versicherte haben unter den in § 27 Abs. 1 genannten Voraussetzungen Anspruch auf aus medizinischen Gründen erforderliche Rehabilitationsleistungen in einer Einrichtung des Müttergenesungswerks oder einer gleichartigen Einrichtung; die Leistung kann in Form einer Mutter-Kind-Maßnahme erbracht werden. $_{2}$Satz 1 gilt auch für Vater-Kind-Maßnahmen in dafür geeigneten Einrichtungen. $_{3}$Rehabilitationsleistungen nach den Sätzen 1 und 2 werden in Einrichtungen erbracht, mit denen ein Versorgungsvertrag nach § 111a besteht. $_{4}$§ 40 Absatz 2 Satz 1 und 4 gilt nicht; § 40 Absatz 2 Satz 5 und 6 gilt entsprechend.

(2) § 40 Abs. 3 und 4 gilt entsprechend.

(3) $_{1}$Versicherte, die das achtzehnte Lebensjahr vollendet haben und eine Leistung nach Absatz 1 in Anspruch nehmen, zahlen je Kalendertag den sich nach § 61 Satz 2 ergebenden Betrag an die Einrichtung. $_{2}$Die Zahlungen sind an die Krankenkasse weiterzuleiten.

§ 42 Belastungserprobung und Arbeitstherapie

Versicherte haben Anspruch auf Belastungserprobung und Arbeitstherapie, wenn nach den für andere Träger der Sozialversicherung geltenden Vorschriften solche Leistungen nicht erbracht werden können.

§ 43 Ergänzende Leistungen zur Rehabilitation

(1) Die Krankenkasse kann neben den Leistungen, die nach § 64 Abs. 1 Nr. 2 bis 6 sowie nach §§ 73 und 74 des Neunten Buches als ergänzende Leistungen zu erbringen sind,

1. solche Leistungen zur Rehabilitation ganz oder teilweise erbringen oder fördern, die unter Berücksichtigung von Art oder Schwere der Behinderung erforderlich sind, um das Ziel der Rehabilitation zu erreichen oder zu sichern, aber nicht zu den Leistungen zur Teilhabe am Arbeitsleben oder den Leistungen zur allgemeinen sozialen Eingliederung gehören,
2. wirksame und effiziente Patientenschulungsmaßnahmen für chronisch Kranke erbringen; Angehörige und ständige Betreuungspersonen sind einzubeziehen, wenn dies aus medizinischen Gründen erforderlich ist,

wenn zuletzt die Krankenkasse Krankenbehandlung geleistet hat oder leistet.

(2) 1Die Krankenkasse erbringt aus medizinischen Gründen in unmittelbarem Anschluss an eine Krankenhausbehandlung nach § 39 Abs. 1 oder stationäre Rehabilitation erforderliche sozialmedizinische Nachsorgemaßnahmen für chronisch kranke oder schwerstkranke Kinder und Jugendliche, die das 14. Lebensjahr, in besonders schwerwiegenden Fällen das 18. Lebensjahr, noch nicht vollendet haben, wenn die Nachsorge wegen der Art, Schwere und Dauer der Erkrankung notwendig ist, um den stationären Aufenthalt zu verkürzen oder die anschließende ambulante ärztliche Behandlung zu sichern. 2Die Nachsorgemaßnahmen umfassen die im Einzelfall erforderliche Koordinierung der verordneten Leistungen sowie Anleitung und Motivation zu deren Inanspruchnahme. 3Angehörige und ständige Betreuungspersonen sind einzubeziehen, wenn dies aus medizinischen Gründen erforderlich ist. 4Der Spitzenverband Bund der Krankenkassen bestimmt das Nähere zu den Voraussetzungen sowie zu Inhalt und Qualität der Nachsorgemaßnahmen.

§ 43a Nichtärztliche sozialpädiatrische Leistungen

(1) Versicherte Kinder haben Anspruch auf nichtärztliche sozialpädiatrische Leistungen, insbesondere auf psychologische, heilpädagogische und psychosoziale Leistungen, wenn sie unter ärztlicher Verantwortung erbracht werden und erforderlich sind, um eine Krankheit zum frühestmöglichen Zeitpunkt zu erkennen und einen Behandlungsplan aufzustellen; § 46 des Neunten Buches bleibt unberührt.

(2) Versicherte Kinder haben Anspruch auf nichtärztliche sozialpädiatrische Leistungen, die unter ärztlicher Verantwortung in der ambulanten psychiatrischen Behandlung erbracht werden.

§ 43b Nichtärztliche Leistungen für Erwachsene mit geistiger Behinderung oder schweren Mehrfachbehinderungen

1Versicherte Erwachsene mit geistiger Behinderung oder schweren Mehrfachbehinderungen haben Anspruch auf nichtärztliche Leistungen, insbesondere auf psychologische, therapeutische und psychosoziale Leistungen, wenn sie unter ärztlicher Verantwortung durch ein medizinisches Behandlungszentrum nach § 119c erbracht werden und erforderlich sind, um eine Krankheit zum frühestmöglichen Zeitpunkt zu erkennen und einen Behandlungsplan aufzustellen. 2Dies umfasst auch die im Einzelfall erforderliche Koordinierung von Leistungen.

Zweiter Titel Krankengeld

§ 44 Krankengeld

(1) Versicherte haben Anspruch auf Krankengeld, wenn die Krankheit sie arbeitsunfähig macht oder sie auf Kosten der Krankenkasse stationär in einem Krankenhaus, einer Vorsorge- oder Rehabilitationseinrichtung (§ 23

IV

Abs. 4, §§ 24, 40 Abs. 2 und § 41) behandelt werden.

(2) $_1$Keinen Anspruch auf Krankengeld haben

1. die nach § 5 Abs. 1 Nr. 2a, 5, 6, 9, 10 oder 13 sowie die nach § 10 Versicherten; dies gilt nicht für die nach § 5 Abs. 1 Nr. 6 Versicherten, wenn sie Anspruch auf Übergangsgeld haben, und für Versicherte nach § 5 Abs. 1 Nr. 13, sofern sie abhängig beschäftigt und nicht nach den §§ 8 und 8a des Vierten Buches geringfügig beschäftigt sind oder sofern sie hauptberuflich selbständig erwerbstätig sind und eine Wahlerklärung nach Nummer 2 abgegeben haben,
2. hauptberuflich selbständig Erwerbstätige, es sei denn, das Mitglied erklärt gegenüber der Krankenkasse, dass die Mitgliedschaft den Anspruch auf Krankengeld umfassen soll (Wahlerklärung),
3. Versicherte nach § 5 Absatz 1 Nummer 1, die bei Arbeitsunfähigkeit nicht mindestens sechs Wochen Anspruch auf Fortzahlung des Arbeitsentgelts auf Grund des Entgeltfortzahlungsgesetzes, eines Tarifvertrags, einer Betriebsvereinbarung oder anderer vertraglicher Zusagen oder auf Zahlung einer die Versicherungspflicht begründenden Sozialleistung haben, es sei denn, das Mitglied gibt eine Wahlerklärung ab, dass die Mitgliedschaft den Anspruch auf Krankengeld umfassen soll. Dies gilt nicht für Versicherte, die nach § 10 des Entgeltfortzahlungsgesetzes Anspruch auf Zahlung eines Zuschlages zum Arbeitsentgelt haben,
4. Versicherte, die eine Rente aus einer öffentlich-rechtlichen Versicherungseinrichtung oder Versorgungseinrichtung ihrer Berufsgruppe oder von anderen vergleichbaren Stellen beziehen, die ihrer Art nach den in § 50 Abs. 1 genannten Leistungen entspricht. Für Versicherte nach Satz 1 Nr. 4 gilt § 50 Abs. 2 entsprechend, soweit sie eine Leistung beziehen, die ihrer Art nach den in dieser Vorschrift aufgeführten Leistungen entspricht.

$_2$Für die Wahlerklärung nach Satz 1 Nummer 2 und 3 gilt § 53 Absatz 8 Satz 1 entsprechend. $_3$Für die nach Nummer 2 und 3 aufgeführten Versicherten bleibt § 53 Abs. 6 unberührt. $_4$Geht der Krankenkasse die Wahlerklärung nach Satz 1 Nummer 2 und 3 zum Zeitpunkt einer bestehenden Arbeitsunfähigkeit zu, wirkt die Wahlerklärung erst zu dem Tag, der auf das Ende dieser Arbeitsunfähigkeit folgt.

(3) Der Anspruch auf Fortzahlung des Arbeitsentgelts bei Arbeitsunfähigkeit richtet sich nach arbeitsrechtlichen Vorschriften.

(4) $_1$Versicherte haben Anspruch auf individuelle Beratung und Hilfestellung durch die Krankenkasse, welche Leistungen und unterstützende Angebote zur Wiederherstellung der Arbeitsfähigkeit erforderlich sind. $_2$Maßnahmen nach Satz 1 und die dazu erforderliche Verarbeitung personenbezogener Daten dürfen nur mit schriftlicher oder elektronischer Einwilligung und nach vorheriger schriftlicher oder elektronischer Information des Versicherten erfolgen. $_3$Die Einwilligung kann jederzeit schriftlich oder elektronisch widerrufen werden. $_4$Die Krankenkassen dürfen ihre Aufgaben nach Satz 1 an die in § 35 des Ersten Buches genannten Stellen übertragen.

§ 46 Entstehen des Anspruchs auf Krankengeld

$_1$Der Anspruch auf Krankengeld entsteht

1. bei Krankenhausbehandlung oder Behandlung in einer Vorsorge- oder Rehabilitationseinrichtung (§ 23 Abs. 4, §§ 24, 40 Abs. 2 und § 41) von ihrem Beginn an,
2. im Übrigen von dem Tag der ärztlichen Feststellung der Arbeitsunfähigkeit an.

$_2$Der Anspruch auf Krankengeld bleibt jeweils bis zu dem Tag bestehen, an dem die weitere Arbeitsunfähigkeit wegen derselben Krankheit ärztlich festgestellt wird, wenn diese ärztliche Feststellung spätestens am nächsten Werktag nach dem zuletzt bescheinigten Ende der Arbeitsunfähigkeit erfolgt; Samstage gelten insoweit nicht als Werktage. $_3$Für Versicherte, deren Mitgliedschaft nach § 192 Absatz 1 Nummer 2 vom Bestand des Anspruchs auf Krankengeld abhängig ist, bleibt der Anspruch auf Krankengeld auch dann bestehen, wenn die weitere Arbeitsunfähigkeit wegen derselben Krankheit nicht am nächsten Werktag im Sinne von Satz 2, aber spätestens innerhalb eines Monats nach dem zuletzt bescheinigten Ende der Arbeitsunfähigkeit ärztlich festgestellt wird. $_{4}$Für die nach dem Künstlersozialversicherungsgesetz Versicherten sowie für Versicherte, die eine Wahlerklärung nach § 44 Absatz 2 Satz 1 Nummer 2 abgegeben haben, entsteht der Anspruch von der siebten Woche der Arbeitsunfähigkeit an. $_{5}$Der Anspruch auf Krankengeld für die in Satz 3 genannten Versicherten nach dem Künstlersozialversicherungsgesetz entsteht bereits vor der siebten Woche der Arbeitsunfähigkeit zu dem von der Satzung bestimmten Zeitpunkt, spätestens jedoch mit Beginn der dritten Woche der Arbeitsunfähigkeit, wenn der Versicherte bei seiner Krankenkasse einen Tarif nach § 53 Abs. 6 gewählt hat.

§ 47 Höhe und Berechnung des Krankengeldes

(1) $_{1}$Das Krankengeld beträgt 70 vom Hundert des erzielten regelmäßigen Arbeitsentgelts und Arbeitseinkommens, soweit es der Beitragsberechnung unterliegt (Regelentgelt). $_{2}$Das aus dem Arbeitsentgelt berechnete Krankengeld darf 90 vom Hundert des bei entsprechender Anwendung des Absatzes 2 berechneten Nettoarbeitsentgelts nicht übersteigen. $_{3}$Für die Berechnung des Nettoarbeitsentgelts nach Satz 2 ist der sich aus dem kalendertäglichen Hinzurechnungsbetrag nach Absatz 2 Satz 6 ergebende Anteil am Nettoarbeitsentgelt mit dem Vomhundertsatz anzusetzen, der sich aus dem Verhältnis des kalendertäglichen Regelentgeltbetrages nach Absatz 2 Satz 1 bis 5 zu dem sich aus diesem Regelentgeltbetrag ergebenden Nettoarbeitsentgelt ergibt. $_{4}$Das nach Satz 1 bis 3 berechnete kalendertägliche Krankengeld darf das sich aus dem Arbeitsentgelt nach Absatz 2 Satz 1 bis 5 ergebende kalendertägliche Nettoarbeitsentgelt nicht übersteigen. $_{5}$Das Regelentgelt wird nach den Absätzen 2, 4 und 6 berechnet. $_{6}$Das Krankengeld wird für Kalendertage gezahlt. $_{7}$Ist es für einen ganzen Kalendermonat zu zahlen, ist dieser mit dreißig Tagen anzusetzen. $_{8}$Bei der Berechnung des Regelentgelts nach Satz 1 und des Nettoarbeitsentgelts nach den Sätzen 2 und 4 sind die für die jeweilige Beitragsbemessung und Beitragstragung geltenden Besonderheiten des Übergangsbereichs nach § 20 Abs. 2 des Vierten Buches nicht zu berücksichtigen.

(2) $_{1}$Für die Berechnung des Regelentgelts ist das von dem Versicherten im letzten vor Beginn der Arbeitsunfähigkeit abgerechneten Entgeltabrechnungszeitraum, mindestens das während der letzten abgerechneten vier Wochen (Bemessungszeitraum) erzielte und um einmalig gezahltes Arbeitsentgelt verminderte Arbeitsentgelt durch die Zahl der Stunden zu teilen, für die es gezahlt wurde. $_{2}$Das Ergebnis ist mit der Zahl der sich aus dem Inhalt des Arbeitsverhältnisses ergebenden regelmäßigen wöchentlichen Arbeitsstunden zu vervielfachen und durch sieben zu teilen. $_{3}$Ist das Arbeitsentgelt nach Monaten bemessen oder ist eine Berechnung des Regelentgelts nach den Sätzen 1 und 2 nicht möglich, gilt der dreißigste Teil des im letzten vor Beginn der Arbeitsunfähigkeit abgerechneten Kalendermonat erzielten und um einmalig gezahltes Arbeitsentgelt verminderten Arbeitsentgelts als Regelentgelt. $_{4}$Wenn mit einer Arbeitsleistung Arbeitsentgelt erzielt wird, das für Zeiten einer Freistellung vor oder nach dieser Arbeitsleistung fällig wird (Wertguthaben nach § 7b des Vierten Buches), ist für die Berechnung des Regelentgelts das im Bemessungszeitraum der Beitragsberechnung zugrundeliegende und um einmalig gezahltes Arbeitsentgelt verminderte Arbeitsentgelt maßgebend; Wertguthaben, die nicht gemäß einer Vereinbarung über flexible Arbeitszeitregelungen verwendet werden (§ 23b Abs. 2 des Vierten Buches), bleiben außer Betracht. $_{5}$Bei der Anwendung des Satzes 1 gilt als regelmäßige wöchentliche Arbeitszeit die Arbeitszeit, die dem gezahlten Arbeitsentgelt entspricht. $_{6}$Für die Berechnung des Regelentgelts ist der dreihundertsechzigste Teil des einmalig gezahlten Ar-

beitsentgelts, das in den letzten zwölf Kalendermonaten vor Beginn der Arbeitsunfähigkeit nach § 23a des Vierten Buches der Beitragsberechnung zugrunde gelegen hat, dem nach Satz 1 bis 5 berechneten Arbeitsentgelt hinzuzurechnen.

(3) Die Satzung kann bei nicht kontinuierlicher Arbeitsverrichtung und -vergütung abweichende Bestimmungen zur Zahlung und Berechnung des Krankengeldes vorsehen, die sicherstellen, daß das Krankengeld seine Entgeltersatzfunktion erfüllt.

(4) $_{1}$Für Seeleute gelten als Regelentgelt die beitragspflichtigen Einnahmen nach § 233 Abs. 1. $_{2}$Für Versicherte, die nicht Arbeitnehmer sind, gilt als Regelentgelt der kalendertägliche Betrag, der zuletzt vor Beginn der Arbeitsunfähigkeit für die Beitragsbemessung aus Arbeitseinkommen maßgebend war. $_{3}$Für nach dem Künstlersozialversicherungsgesetz Versicherte ist das Regelentgelt aus dem Arbeitseinkommen zu berechnen, das der Beitragsbemessung für die letzten zwölf Kalendermonate vor Beginn der Arbeitsunfähigkeit zugrunde gelegen hat; dabei ist für den Kalendertag der dreihundertsechzigste Teil dieses Betrages anzusetzen. $_{4}$Die Zahl dreihundertsechzig ist um die Zahl der Kalendertage zu vermindern, in denen eine Versicherungspflicht nach dem Künstlersozialversicherungsgesetz nicht bestand oder für die nach § 234 Abs. 1 Satz 3 Arbeitseinkommen nicht zugrunde zu legen ist. $_{5}$Die Beträge nach § 226 Abs. 1 Satz 1 Nr. 2 und 3 bleiben außer Betracht.

(5) (weggefallen)

(6) Das Regelentgelt wird bis zur Höhe des Betrages der kalendertäglichen Beitragsbemessungsgrenze berücksichtigt.

§ 48 Dauer des Krankengeldes

(1) $_{1}$Versicherte erhalten Krankengeld ohne zeitliche Begrenzung, für den Fall der Arbeitsunfähigkeit wegen derselben Krankheit jedoch für längstens achtundsiebzig Wochen innerhalb von je drei Jahren, gerechnet vom Tage des Beginns der Arbeitsunfähigkeit an. $_{2}$Tritt während der Arbeitsunfähigkeit eine weitere Krankheit hinzu, wird die Leistungsdauer nicht verlängert.

(2) Für Versicherte, die im letzten Dreijahreszeitraum wegen derselben Krankheit für achtundsiebzig Wochen Krankengeld bezogen haben, besteht nach Beginn eines neuen Dreijahreszeitraums ein neuer Anspruch auf Krankengeld wegen derselben Krankheit, wenn sie bei Eintritt der erneuten Arbeitsunfähigkeit mit Anspruch auf Krankengeld versichert sind und in der Zwischenzeit mindestens sechs Monate

1. nicht wegen dieser Krankheit arbeitsunfähig waren und
2. erwerbstätig waren oder der Arbeitsvermittlung zur Verfügung standen.

(3) $_{1}$Bei der Feststellung der Leistungsdauer des Krankengeldes werden Zeiten, in denen der Anspruch auf Krankengeld ruht oder für die das Krankengeld versagt wird, wie Zeiten des Bezugs von Krankengeld berücksichtigt. $_{2}$Zeiten, für die kein Anspruch auf Krankengeld besteht, bleiben unberücksichtigt. $_{3}$Satz 2 gilt nicht für Zeiten des Bezuges von Verletztengeld nach dem Siebten Buch.

§ 49 Ruhen des Krankengeldes

(1) Der Anspruch auf Krankengeld ruht,

1. soweit und solange Versicherte beitragspflichtiges Arbeitsentgelt oder Arbeitseinkommen erhalten; dies gilt nicht für einmalig gezahltes Arbeitsentgelt,
2. solange Versicherte Elternzeit nach dem Bundeselterngeld- und Elternzeitgesetz in Anspruch nehmen; dies gilt nicht, wenn die Arbeitsunfähigkeit vor Beginn der Elternzeit eingetreten ist oder das Krankengeld aus dem Arbeitsentgelt zu berechnen ist, das aus einer versicherungspflichtigen Beschäftigung während der Elternzeit erzielt worden ist,
3. soweit und solange Versicherte Versorgungskrankengeld, Übergangsgeld, Unterhaltsgeld oder Kurzarbeitergeld beziehen,

3a. solange Versicherte Mutterschaftsgeld oder Arbeitslosengeld beziehen oder der

Anspruch wegen einer Sperrzeit nach dem Dritten Buch ruht,

4. soweit und solange Versicherte Entgeltersatzleistungen, die ihrer Art nach den in Nummer 3 genannten Leistungen vergleichbar sind, von einem Träger der Sozialversicherung oder einer staatlichen Stelle im Ausland erhalten,
5. solange die Arbeitsunfähigkeit der Krankenkasse nicht gemeldet wird; dies gilt nicht, wenn die Meldung innerhalb einer Woche nach Beginn der Arbeitsunfähigkeit oder die Übermittlung der Arbeitsunfähigkeitsdaten im elektronischen Verfahren nach § 295 Absatz 1 Satz 10 erfolgt,
6. soweit und solange für Zeiten einer Freistellung von der Arbeitsleistung (§ 7 Abs. 1a des Vierten Buches) eine Arbeitsleistung nicht geschuldet wird,
7. während der ersten sechs Wochen der Arbeitsunfähigkeit für Versicherte, die eine Wahlerklärung nach § 44 Absatz 2 Satz 1 Nummer 3 abgegeben haben,
8. solange bis die weitere Arbeitsunfähigkeit wegen derselben Krankheit nach § 46 Satz 3 ärztlich festgestellt wurde.

(2) (weggefallen)

(3) Auf Grund gesetzlicher Bestimmungen gesenkte Entgelt- oder Entgeltersatzleistungen dürfen bei der Anwendung des Absatzes 1 nicht aufgestockt werden.

§ 50 Ausschluß und Kürzung des Krankengeldes

(1) 1Für Versicherte, die

1. Rente wegen voller Erwerbsminderung oder Vollrente wegen Alters aus der gesetzlichen Rentenversicherung,
2. Ruhegehalt, das nach beamtenrechtlichen Vorschriften oder Grundsätzen gezahlt wird,
3. Vorruhestandsgeld nach § 5 Abs. 3,
4. Leistungen, die ihrer Art nach den in den Nummern 1 und 2 genannten Leistungen vergleichbar sind, wenn sie von einem Träger der gesetzlichen Rentenversicherung oder einer staatlichen Stelle im Ausland gezahlt werden,
5. Leistungen, die ihrer Art nach den in den Nummern 1 und 2 genannten Leistungen vergleichbar sind, wenn sie nach den ausschließlich für das in Artikel 3 des Einigungsvertrages genannte Gebiet geltenden Bestimmungen gezahlt werden,

beziehen, endet ein Anspruch auf Krankengeld vom Beginn dieser Leistungen an; nach Beginn dieser Leistungen entsteht ein neuer Krankengeldanspruch nicht. 2Ist über den Beginn der in Satz 1 genannten Leistungen hinaus Krankengeld gezahlt worden und übersteigt dieses den Betrag der Leistungen, kann die Krankenkasse den überschießenden Betrag vom Versicherten nicht zurückfordern. 3In den Fällen der Nummer 4 gilt das überzahlte Krankengeld bis zur Höhe der dort genannten Leistungen als Vorschuß des Trägers oder der Stelle; es ist zurückzuzahlen. 4Wird eine der in Satz 1 genannten Leistungen nicht mehr gezahlt, entsteht ein Anspruch auf Krankengeld, wenn das Mitglied bei Eintritt einer erneuten Arbeitsunfähigkeit mit Anspruch auf Krankengeld versichert ist.

(2) Das Krankengeld wird um den Zahlbetrag

1. der Altersrente, der Rente wegen Erwerbsminderung oder der Landabgaberente aus der Alterssicherung der Landwirte,
2. der Rente wegen teilweiser Erwerbsminderung oder der Teilrente wegen Alters aus der gesetzlichen Rentenversicherung,
3. der Knappschaftsausgleichsleistung oder der Rente für Bergleute oder
4. einer vergleichbaren Leistung, die von einem Träger oder einer staatlichen Stelle im Ausland gezahlt wird,
5. von Leistungen, die ihrer Art nach den in den Nummern 1 bis 3 genannten Leistungen vergleichbar sind, wenn sie nach den ausschließlich für das in dem in Artikel 3 des Einigungsvertrages genannten Gebiets geltenden Bestimmungen gezahlt werden,

gekürzt, wenn die Leistung von einem Zeitpunkt nach dem Beginn der Arbeitsunfähig-

IV

keit oder der stationären Behandlung an zuerkannt wird.

§ 51 Wegfall des Krankengeldes, Antrag auf Leistungen zur Teilhabe

(1) $_1$Versicherten, deren Erwerbsfähigkeit nach ärztlichem Gutachten erheblich gefährdet oder gemindert ist, kann die Krankenkasse eine Frist von zehn Wochen setzen, innerhalb der sie einen Antrag auf Leistungen zur medizinischen Rehabilitation und zur Teilhabe am Arbeitsleben zu stellen haben. $_2$Haben diese Versicherten ihren Wohnsitz oder gewöhnlichen Aufenthalt im Ausland, kann ihnen die Krankenkasse eine Frist von zehn Wochen setzen, innerhalb der sie entweder einen Antrag auf Leistungen zur medizinischen Rehabilitation und zur Teilhabe am Arbeitsleben bei einem Leistungsträger mit Sitz im Inland oder einen Antrag auf Rente wegen voller Erwerbsminderung bei einem Träger der gesetzlichen Rentenversicherung mit Sitz im Inland zu stellen haben.

(1a) Beziehen Versicherte eine Teilrente wegen Alters aus der gesetzlichen Rentenversicherung und ist absehbar, dass die Hinzuverdienstgrenze nach § 34 Absatz 2 des Sechsten Buches nicht überschritten wird, so kann die Krankenkasse eine Frist von vier Wochen setzen, innerhalb derer die Versicherten einen Antrag nach § 34 Absatz 3e des Sechsten Buches zu stellen haben.

(2) Erfüllen Versicherte die Voraussetzungen für den Bezug der Regelaltersrente der gesetzlichen Rentenversicherung oder der Alterssicherung der Landwirte mit Erreichen der Regelaltersgrenze, kann ihnen die Krankenkasse eine Frist von zehn Wochen setzen, innerhalb der sie den Antrag auf diese Leistung zu stellen haben.

(3) $_1$Stellen Versicherte innerhalb der Frist den Antrag nicht, entfällt der Anspruch auf Krankengeld mit Ablauf der Frist. $_2$Wird der Antrag später gestellt, lebt der Anspruch auf Krankengeld mit dem Tag der Antragstellung wieder auf. $_3$Ergibt sich im Falle des Absatzes 1a, dass die Hinzuverdienstgrenze nach Feststellung des Rentenversicherungsträgers überschritten wird, besteht abweichend von Satz 1 rückwirkend ein Anspruch auf Krankengeld ab Ablauf der Frist.

Achter Abschnitt
Fahrkosten

§ 60 Fahrkosten

(1) $_1$Die Krankenkasse übernimmt nach den Absätzen 2 und 3 die Kosten für Fahrten einschließlich der Transporte nach § 133 (Fahrkosten), wenn sie im Zusammenhang mit einer Leistung der Krankenkasse aus zwingenden medizinischen Gründen notwendig sind. $_2$Welches Fahrzeug benutzt werden kann, richtet sich nach der medizinischen Notwendigkeit im Einzelfall. $_3$Die Krankenkasse übernimmt Fahrkosten zu einer ambulanten Behandlung unter Abzug des sich nach § 61 Satz 1 ergebenden Betrages in besonderen Ausnahmefällen, die der Gemeinsame Bundesausschuss in den Richtlinien nach § 92 Abs. 1 Satz 2 Nr. 12 festgelegt hat. $_4$Die Übernahme von Fahrkosten nach Satz 3 und nach Absatz 2 Satz 1 Nummer 3 für Fahrten zur ambulanten Behandlung erfolgt nur nach vorheriger Genehmigung durch die Krankenkasse. $_5$Für Krankenfahrten zur ambulanten Behandlung gilt die Genehmigung nach Satz 4 als erteilt, wenn eine der folgenden Voraussetzungen vorliegt:

1. ein Schwerbehindertenausweis mit dem Merkzeichen „aG", „Bl" oder „H",
2. eine Einstufung gemäß § 15 des Elften Buches in den Pflegegrad 3, 4 oder 5, bei Einstufung in den Pflegegrad 3 zusätzlich eine dauerhafte Beeinträchtigung der Mobilität, oder
3. bis zum 31. Dezember 2016 eine Einstufung in die Pflegestufe 2 gemäß § 15 des Elften Buches in der am 31. Dezember 2016 geltenden Fassung und seit dem 1. Januar 2017 mindestens eine Einstufung in den Pflegegrad 3.

(2) $_1$Die Krankenkasse übernimmt die Fahrkosten in Höhe des sich nach § 61 Satz 1 ergebenden Betrages je Fahrt übersteigenden Betrages

1. bei Leistungen, die stationär erbracht werden; dies gilt bei einer Verlegung in ein anderes Krankenhaus nur, wenn die Verlegung aus zwingenden medizinischen Gründen erforderlich ist, oder bei einer mit Einwilligung der Krankenkasse erfolgten Verlegung in ein wohnortnahes Krankenhaus,
2. bei Rettungsfahrten zum Krankenhaus auch dann, wenn eine stationäre Behandlung nicht erforderlich ist,
3. bei anderen Fahrten von Versicherten, die während der Fahrt einer fachlichen Betreuung oder der besonderen Einrichtungen eines Krankenkraftwagens bedürfen oder bei denen dies auf Grund ihres Zustandes zu erwarten ist (Krankentransport),
4. bei Fahrten von Versicherten zu einer ambulanten Krankenbehandlung sowie zu einer Behandlung nach § 115a oder § 115b, wenn dadurch eine an sich gebotene vollstationäre oder teilstationäre Krankenhausbehandlung (§ 39) vermieden oder verkürzt wird oder diese nicht ausführbar ist, wie bei einer stationären Krankenhausbehandlung.

$_2$Soweit Fahrten nach Satz 1 von Rettungsdiensten durchgeführt werden, zieht die Krankenkasse die Zuzahlung in Höhe des sich nach § 61 Satz 1 ergebenden Betrages je Fahrt von dem Versicherten ein.

(3) Als Fahrkosten werden anerkannt

1. bei Benutzung eines öffentlichen Verkehrsmittels der Fahrpreis unter Ausschöpfen von Fahrpreisermäßigungen,
2. bei Benutzung eines Taxis oder Mietwagens, wenn ein öffentliches Verkehrsmittel nicht benutzt werden kann, der nach § 133 berechnungsfähige Betrag,
3. bei Benutzung eines Krankenkraftwagens oder Rettungsfahrzeugs, wenn ein öffentliches Verkehrsmittel, ein Taxi oder ein Mietwagen nicht benutzt werden kann, der nach § 133 berechnungsfähige Betrag,
4. bei Benutzung eines privaten Kraftfahrzeugs für jeden gefahrenen Kilometer den jeweils auf Grund des Bundesreisekostengesetzes festgesetzten Höchstbetrag für Wegstreckenentschädigung, höchstens jedoch die Kosten, die bei Inanspruchnahme des nach Nummer 1 bis 3 erforderlichen Transportmittels entstanden wären.

(4) $_1$Die Kosten des Rücktransports in das Inland werden nicht übernommen. $_2$§ 18 bleibt unberührt.

(5) $_1$Im Zusammenhang mit Leistungen zur medizinischen Rehabilitation werden Reisekosten nach § 73 Absatz 1 und 3 des Neunten Buches übernommen. $_2$Zu den Reisekosten nach Satz 1 gehören bei pflegenden Angehörigen auch die Reisekosten, die im Zusammenhang mit der Versorgung Pflegebedürftiger nach § 40 Absatz 3 Satz 2 und 3 entstehen. $_3$Die Reisekosten von Pflegebedürftigen, die gemäß § 40 Absatz 3 Satz 3 während einer stationären Rehabilitation ihres pflegenden Angehörigen eine Kurzzeitpflege nach § 42 des Elften Buches erhalten, hat die Pflegekasse des Pflegebedürftigen der Krankenkasse des pflegenden Angehörigen zu erstatten.

Achtes Kapitel
Finanzierung

Erster Abschnitt
Beiträge

Vierter Titel
Tragung der Beiträge

§ 251 Tragung der Beiträge durch Dritte

(1) Der zuständige Rehabilitationsträger trägt die auf Grund der Teilnahme an Leistungen zur Teilhabe am Arbeitsleben sowie an Berufsfindung oder Arbeitserprobung (§ 5 Abs. 1 Nr. 6) oder des Bezugs von Übergangsgeld, Verletztengeld oder Versorgungskrankengeld (§ 192 Abs. 1 Nr. 3) zu zahlenden Beiträge.

(2) $_1$Der Träger der Einrichtung trägt den Beitrag allein

1. für die nach § 5 Abs. 1 Nr. 5 versicherungspflichtigen Jugendlichen,

2. für die nach § 5 Abs. 1 Nr. 7 oder 8 versicherungspflichtigen behinderten Menschen, wenn das tatsächliche Arbeitsentgelt den nach § 235 Abs. 3 maßgeblichen Mindestbetrag nicht übersteigt, im übrigen gilt § 249 Abs. 1 entsprechend.

$_{2}$Für die nach § 5 Abs. 1 Nr. 7 versicherungspflichtigen behinderten Menschen sind die Beiträge, die der Träger der Einrichtung zu tragen hat, von den für die behinderten Menschen zuständigen Leistungsträgern zu erstatten. $_{3}$Satz 1 Nummer 2 und Satz 2 gelten für einen anderen Leistungsanbieter nach § 60 des Neunten Buches entsprechend.

(3) $_{1}$Die Künstlersozialkasse trägt die Beiträge für die nach dem Künstlersozialversicherungsgesetz versicherungspflichtigen Mitglieder. $_{2}$Hat die Künstlersozialkasse nach § 16 Abs. 2 Satz 2 des Künstlersozialversicherungsgesetzes das Ruhen der Leistungen festgestellt, entfällt für die Zeit des Ruhens die Pflicht zur Entrichtung des Beitrages, es sei denn, das Ruhen endet nach § 16 Abs. 2 Satz 5 des Künstlersozialversicherungsgesetzes. $_{3}$Bei einer Vereinbarung nach § 16 Abs. 2 Satz 6 des Künstlersozialversicherungsgesetzes ist die Künstlersozialkasse zur Entrichtung der Beiträge für die Zeit des Ruhens insoweit verpflichtet, als der Versicherte seine Beitragsanteile zahlt.

(4) $_{1}$Der Bund trägt die Beiträge für Wehrdienst- und Zivildienstleistende im Falle des § 193 Abs. 2 und 3 sowie für die nach § 5 Abs. 1 Nr. 2a versicherungspflichtigen Bezieher von Arbeitslosengeld II. $_{2}$Die Höhe der vom Bund zu tragenden Zusatzbeiträge für die nach § 5 Absatz 1 Nummer 2a versicherungspflichtigen Bezieher von Arbeitslosengeld II wird für ein Kalenderjahr jeweils im Folgejahr abschließend festgestellt. $_{3}$Hierzu ermittelt das Bundesministerium für Gesundheit den rechnerischen Zusatzbeitragssatz, der sich als Durchschnitt der im Kalenderjahr geltenden Zusatzbeitragssätze der Krankenkassen nach § 242 Absatz 1 unter Berücksichtigung der Zahl ihrer Mitglieder ergibt. $_{4}$Weicht der durchschnittliche Zusatzbeitragssatz nach § 242a von dem für das Kalenderjahr nach Satz 2 ermittelten rechnerischen Zusatzbeitragssatz ab, so erfolgt zwischen dem Gesundheitsfonds und dem Bundeshaushalt ein finanzieller Ausgleich des sich aus der Abweichung ergebenden Differenzbetrags. $_{5}$Den Ausgleich führt das Bundesamt für Soziale Sicherung für den Gesundheitsfonds nach § 271 und das Bundesministerium für Arbeit und Soziales im Einvernehmen mit dem Bundesministerium der Finanzen für den Bund durch. $_{6}$Ein Ausgleich findet nicht statt, wenn sich ein Betrag von weniger als einer Million Euro ergibt.

(4a) Die Bundesagentur für Arbeit trägt die Beiträge für die Bezieher von Arbeitslosengeld und Unterhaltsgeld nach dem Dritten Buch.

(4b) Für Personen, die als nicht satzungsmäßige Mitglieder geistlicher Genossenschaften oder ähnlicher religiöser Gemeinschaften für den Dienst in einer solchen Genossenschaft oder ähnlichen religiösen Gemeinschaft außerschulisch ausgebildet werden, trägt die geistliche Genossenschaft oder ähnliche religiöse Gemeinschaft die Beiträge.

(5) $_{1}$Die Krankenkassen sind zur Prüfung der Beitragszahlung berechtigt. $_{2}$In den Fällen der Absätze 3, 4 und 4a ist das Bundesamt für Soziale Sicherung zur Prüfung der Beitragszahlung berechtigt. $_{3}$Ihm sind die für die Durchführung der Prüfung erforderlichen Unterlagen vorzulegen und die erforderlichen Auskünfte zu erteilen. $_{4}$Das Bundesamt für Soziale Sicherung kann die Prüfung durch eine Krankenkasse oder einen Landesverband wahrnehmen lassen; der Beauftragte muss zustimmen. $_{5}$Dem Beauftragten sind die erforderlichen Unterlagen vorzulegen und die erforderlichen Auskünfte zu erteilen. $_{6}$Der Beauftragte darf die erhobenen Daten nur zum Zweck der Durchführung der Prüfung verarbeiten. $_{7}$Im Übrigen gelten für die Verarbeitung die Vorschriften des Ersten und Zehnten Buches.

Neuntes Kapitel
Medizinischer Dienst

Erster Abschnitt
Aufgaben

§ 275 Begutachtung und Beratung

(1) 1Die Krankenkassen sind in den gesetzlich bestimmten Fällen oder wenn es nach Art, Schwere, Dauer oder Häufigkeit der Erkrankung oder nach dem Krankheitsverlauf erforderlich ist, verpflichtet,

1. bei Erbringung von Leistungen, insbesondere zur Prüfung von Voraussetzungen, Art und Umfang der Leistung, sowie bei Auffälligkeiten zur Prüfung der ordnungsgemäßen Abrechnung,
2. zur Einleitung von Leistungen zur Teilhabe, insbesondere zur Koordinierung der Leistungen nach den §§ 14 bis 24 des Neunten Buches, im Benehmen mit dem behandelnden Arzt,
3. bei Arbeitsunfähigkeit
   a) zur Sicherung des Behandlungserfolgs, insbesondere zur Einleitung von Maßnahmen der Leistungsträger für die Wiederherstellung der Arbeitsfähigkeit, oder
   b) zur Beseitigung von Zweifeln an der Arbeitsunfähigkeit,

eine gutachtliche Stellungnahme des Medizinischen Dienstes einzuholen. 2Die Regelungen des § 87 Absatz 1c zu dem im Bundesmantelvertrag für Zahnärzte vorgesehenen Gutachterverfahren bleiben unberührt.

(1a) 1Zweifel an der Arbeitsunfähigkeit nach Absatz 1 Nr. 3 Buchstabe b sind insbesondere in Fällen anzunehmen, in denen

a) Versicherte auffällig häufig oder auffällig häufig nur für kurze Dauer arbeitsunfähig sind oder der Beginn der Arbeitsunfähigkeit häufig auf einen Arbeitstag am Beginn oder am Ende einer Woche fällt oder
b) die Arbeitsunfähigkeit von einem Arzt festgestellt worden ist, der durch die Häufigkeit der von ihm ausgestellten Bescheinigungen über Arbeitsunfähigkeit auffällig geworden ist.

2Die Prüfung hat unverzüglich nach Vorlage der ärztlichen Feststellung über die Arbeitsunfähigkeit zu erfolgen. 3Der Arbeitgeber kann verlangen, daß die Krankenkasse eine gutachtliche Stellungnahme des Medizinischen Dienstes zur Überprüfung der Arbeitsunfähigkeit einholt. 4Die Krankenkasse kann von einer Beauftragung des Medizinischen Dienstes absehen, wenn sich die medizinischen Voraussetzungen der Arbeitsunfähigkeit eindeutig aus den der Krankenkasse vorliegenden ärztlichen Unterlagen ergeben.

(1b) 1Die Krankenkassen dürfen für den Zweck der Feststellung, ob bei Arbeitsunfähigkeit nach Absatz 1 Satz 1 Nummer 3 eine gutachtliche Stellungnahme des Medizinischen Dienstes einzuholen ist, im jeweils erforderlichen Umfang grundsätzlich nur die bereits nach § 284 Absatz 1 rechtmäßig erhobenen und gespeicherten versichertenbezogenen Daten verarbeiten. 2Sollte die Verarbeitung bereits bei den Krankenkassen vorhandener Daten für den Zweck nach Satz 1 nicht ausreichen, dürfen die Krankenkassen abweichend von Satz 1 zu dem dort bezeichneten Zweck bei den Versicherten nur folgende versichertenbezogene Angaben im jeweils erforderlichen Umfang erheben und verarbeiten:

1. Angaben dazu, ob eine Wiederaufnahme der Arbeit absehbar ist und gegebenenfalls zu welchem Zeitpunkt eine Wiederaufnahme der Arbeit voraussichtlich erfolgt, und
2. Angaben zu konkret bevorstehenden diagnostischen und therapeutischen Maßnahmen, die einer Wiederaufnahme der Arbeit entgegenstehen.

3Die Krankenkassen dürfen die Angaben nach Satz 2 bei den Versicherten grundsätzlich nur schriftlich oder elektronisch erheben. 4Abweichend von Satz 3 ist eine telefonische Erhebung zulässig, wenn die Versicherten in die telefonische Erhebung zuvor schriftlich oder elektronisch eingewilligt haben. 5Die Krankenkassen haben jede telefonische Erhebung beim Versicherten zu protokollieren; die Versicherten sind hierauf sowie insbesondere auf das Auskunftsrecht nach Artikel 15 der Verordnung (EU) 2016/679 hinzuweisen. ₆Versichertenanfragen der Krankenkassen im Rahmen der Durchführung der individuellen Beratung und Hilfestellung nach § 44 Absatz 4 bleiben unberührt. ₇Abweichend von Satz 1 dürfen die Krankenkassen zu dem in Satz 1 bezeichneten Zweck im Rahmen einer Anfrage bei dem die Arbeitsunfähigkeitsbescheinigung ausstellenden Leistungserbringer weitere Angaben erheben und verarbeiten. ₈Den Umfang der Datenerhebung nach Satz 7 regelt der Gemeinsame Bundesausschuss in seiner Richtlinie nach § 92 Absatz 1 Satz 2 Nummer 7 unter der Voraussetzung, dass diese Angaben erforderlich sind

IV

1. zur Konkretisierung der auf der Arbeitsunfähigkeitsbescheinigung aufgeführten Diagnosen,
2. zur Kenntnis von weiteren diagnostischen und therapeutischen Maßnahmen, die in Bezug auf die die Arbeitsunfähigkeit auslösenden Diagnosen vorgesehenen sind,
3. zur Ermittlung von Art und Umfang der zuletzt vor der Arbeitsunfähigkeit ausgeübten Beschäftigung oder
4. bei Leistungsempfängern nach dem Dritten Buch zur Feststellung des zeitlichen Umfangs, für den diese Versicherten zur Arbeitsvermittlung zur Verfügung stehen.

₉Die nach diesem Absatz erhobenen und verarbeiteten versichertenbezogenen Daten dürfen von den Krankenkassen nicht mit anderen Daten zu einem anderen Zweck zusammengeführt werden und sind zu löschen, sobald sie nicht mehr für die Entscheidung, ob bei Arbeitsunfähigkeit nach Absatz 1 Satz 1 Nummer 3 eine gutachtliche Stellungnahme des Medizinischen Dienstes einzuholen ist, benötigt werden.

(2) Die Krankenkassen haben durch den Medizinischen Dienst prüfen zu lassen

1. die Notwendigkeit der Leistungen nach den §§ 23, 24, 40 und 41, mit Ausnahme von Verordnungen nach § 40 Absatz 3 Satz 2, unter Zugrundelegung eines ärztlichen Behandlungsplans in Stichproben vor Bewilligung und regelmäßig bei beantragter Verlängerung; der Spitzenverband Bund der Krankenkassen regelt in Richtlinien den Umfang und die Auswahl der Stichprobe und kann Ausnahmen zulassen, wenn Prüfungen nach Indikation und Personenkreis nicht notwendig erscheinen; dies gilt insbesondere für Leistungen zur medizinischen Rehabilitation im Anschluß an eine Krankenhausbehandlung (Anschlußheilbehandlung),
2. bei Kostenübernahme einer Behandlung im Ausland, ob die Behandlung einer Krankheit nur im Ausland möglich ist (§ 18),
3. ob und für welchen Zeitraum häusliche Krankenpflege länger als vier Wochen erforderlich ist (§ 37 Abs. 1),
4. ob Versorgung mit Zahnersatz aus medizinischen Gründen ausnahmsweise unaufschiebbar ist (§ 27 Abs. 2),
5. den Anspruch auf Leistungen der außerklinischen Intensivpflege nach § 37c Absatz 2 Satz 1.

(3) ₁Die Krankenkassen können in geeigneten Fällen durch den Medizinischen Dienst prüfen lassen

1. vor Bewilligung eines Hilfsmittels, ob das Hilfsmittel erforderlich ist (§ 33); der Medizinische Dienst hat hierbei den Versicherten zu beraten; er hat mit den Orthopädischen Versorgungsstellen zusammenzuarbeiten,
2. bei Dialysebehandlung, welche Form der ambulanten Dialysebehandlung unter Berücksichtigung des Einzelfalls notwendig und wirtschaftlich ist,
3. die Evaluation durchgeführter Hilfsmittelversorgungen,
4. ob Versicherten bei der Inanspruchnahme von Versicherungsleistungen aus Behandlungsfehlern ein Schaden entstanden ist (§ 66).

₂Der Medizinische Dienst hat den Krankenkassen das Ergebnis seiner Prüfung nach Satz 1 Nummer 4 durch eine gutachterliche Stellungnahme mitzuteilen, die auch in den Fällen nachvollziehbar zu begründen ist, in denen gutachterlich kein Behandlungsfehler festgestellt wird, wenn dies zur angemessenen Unterrichtung des Versicherten im Einzelfall erforderlich ist.

(3a) Ergeben sich bei der Auswertung der Unterlagen über die Zuordnung von Patienten zu den Behandlungsbereichen nach § 4 der Psychiatrie-Personalverordnung in vergleichbaren Gruppen Abweichungen, so können die Landesverbände der Krankenkassen und die Verbände der Ersatzkassen die Zuordnungen durch den Medizinischen Dienst überprüfen lassen; das zu übermittelnde Ergebnis der Überprüfung darf keine Sozialdaten enthalten.

(3b) Hat in den Fällen des Absatzes 3 die Krankenkasse den Leistungsantrag des Versicherten ohne vorherige Prüfung durch den Medizinischen Dienst wegen fehlender medizinischer Erforderlichkeit abgelehnt, hat sie vor dem Erlass eines Widerspruchsbescheids eine gutachterliche Stellungnahme des Medizinischen Dienstes einzuholen.

(3c) Lehnt die Krankenkasse einen Leistungsantrag einer oder eines Versicherten ab und liegt dieser Ablehnung eine gutachtliche Stellungnahme des Medizinischen Dienstes nach den Absätzen 1 bis 3 zugrunde, ist die Krankenkasse verpflichtet, in ihrem Bescheid der oder dem Versicherten das Ergebnis der gutachtlichen Stellungnahme des Medizinischen Dienstes und die wesentlichen Gründe für dieses Ergebnis in einer verständlichen und nachvollziehbaren Form mitzuteilen sowie auf die Möglichkeit hinzuweisen, sich bei Beschwerden vertraulich an die Ombudsperson nach § 278 Absatz 3 zu wenden.

(4) $_1$Die Krankenkassen und ihre Verbände sollen bei der Erfüllung anderer als der in Absatz 1 bis 3 genannten Aufgaben im notwendigen Umfang den Medizinischen Dienst oder andere Gutachterdienste zu Rate ziehen, insbesondere für allgemeine medizinische Fragen der gesundheitlichen Versorgung und Beratung der Versicherten, für Fragen der Qualitätssicherung, für Vertragsverhandlungen mit den Leistungserbringern und für Beratungen der gemeinsamen Ausschüsse von Ärzten und Krankenkassen, insbesondere der Prüfungsausschüsse. $_2$Der Medizinische Dienst führt die Aufgaben nach § 116b Absatz 2 durch, wenn der erweiterte Landesausschuss ihn hiermit nach § 116b Absatz 3 Satz 8 ganz oder teilweise beauftragt.

(4a) $_1$Soweit die Erfüllung der sonstigen dem Medizinischen Dienst obliegenden Aufgaben nicht beeinträchtigt wird, kann er Beamte nach den §§ 44 bis 49 des Bundesbeamtengesetzes ärztlich untersuchen und ärztliche Gutachten fertigen. $_2$Die hierdurch entstehenden Kosten sind von der Behörde, die den Auftrag erteilt hat, zu erstatten. $_3$§ 280 Absatz 2 Satz 2 gilt entsprechend. $_4$Der Medizinische Dienst Bund und das Bundesministerium des Innern, für Bau und Heimat vereinbaren unter Beteiligung der Medizinischen Dienste, die ihre grundsätzliche Bereitschaft zur Durchführung von Untersuchungen und zur Fertigung von Gutachten nach Satz 1 erklärt haben, das Nähere über das Verfahren und die Höhe der Kostenerstattung. $_5$Die Medizinischen Dienste legen die Vereinbarung ihrer Aufsichtsbehörde vor, die der Vereinbarung innerhalb von drei Monaten nach Vorlage widersprechen kann, wenn die Erfüllung der sonstigen Aufgaben des Medizinischen Dienstes gefährdet wäre.

(4b) $_1$Soweit die Erfüllung der dem Medizinischen Dienst gesetzlich obliegenden Aufgaben nicht beeinträchtigt wird, kann der Medizinische Dienst, sofern der Deutsche Bundestag nach § 5 Absatz 1 Satz 1 des Infektionsschutzgesetzes eine epidemische Lage von nationaler Tragweite festgestellt hat, Mitarbeiterinnen und Mitarbeitern auf Ersuchen insbesondere einer für die Bekämpfung übertragbarer Krankheiten zuständigen Einrichtung des öffentlichen Gesundheitsdienstes, eines zugelassenen Krankenhauses im Sinne des § 108, eines nach § 95 Absatz 1 Satz 1 an der vertragsärztlichen Versorgung teilnehmenden Leistungserbringers sowie eines Trägers einer zugelassenen Pflegeeinrichtung im Sinne des § 72 des Elften Buches befristet, höchstens für die Zeit der Feststellung nach § 5 Absatz 1 des Infektionsschutzgesetzes, eine unterstützende Tätigkeit bei diesen Behörden, Einrichtungen oder Leistungserbringern zuweisen. $_2$Die hierdurch dem Medizinischen Dienst entstehenden Per-

IV

sonal- und Sachkosten sind von der Behörde, der Einrichtung, dem Einrichtungsträger oder dem Leistungserbringer, die oder der die Unterstützung erbeten hat, zu erstatten. 3Das Nähere über den Umfang der Unterstützungsleistung sowie zu Verfahren und Höhe der Kostenerstattung vereinbaren der Medizinische Dienst und die um Unterstützung bittende Behörde oder Einrichtung oder der um Unterstützung bittende Einrichtungsträger oder Leistungserbringer. 4Eine Verwendung von Umlagemitteln nach § 280 Absatz 1 Satz 1 zur Finanzierung der Unterstützung nach Satz 1 ist auszuschließen. 5Der Medizinische Dienst legt die Zuweisungsverfügung seiner Aufsichtsbehörde vor, die dieser innerhalb einer Woche nach Vorlage widersprechen kann, wenn die Erfüllung der dem Medizinischen Dienst gesetzlich obliegenden Aufgaben beeinträchtigt wäre.

(5) 1Die Gutachterinnen und Gutachter des Medizinischen Dienstes sind bei der Wahrnehmung ihrer fachlichen Aufgaben nur ihrem Gewissen unterworfen. 2Sie sind nicht berechtigt, in die Behandlung und pflegerische Versorgung der Versicherten einzugreifen.

(6) Jede fallabschließende gutachtliche Stellungnahme des Medizinischen Dienstes ist in schriftlicher oder elektronischer Form zu verfassen und muss zumindest eine kurze Darlegung der Fragestellung und des Sachverhalts, das Ergebnis der Begutachtung und die wesentlichen Gründe für dieses Ergebnis umfassen.

IV

Richtlinie des Gemeinsamen Bundesausschusses über die Beurteilung der Arbeitsunfähigkeit und die Maßnahmen zur stufenweisen Wiedereingliederung nach § 92 Abs. 1 Satz 2 Nr. 7 SGB V (Arbeitsunfähigkeits-Richtlinie)

Vom 14. November 2013 (BAnz. AT 27.01.2014 Nr. B4)

Zuletzt geändert durch
Bekanntmachung eines Beschlusses des Gemeinsamen Bundesausschusses über eine Änderung der Häusliche Krankenpflege-Richtlinie, der Spezialisierte Ambulante Palliativversorgungs-Richtlinie, der Soziotherapie-Richtlinie, der Hilfsmittel-Richtlinie, der Heilmittel-Richtlinie, der Krankentransport-Richtlinie und der Arbeitsunfähigkeits-Richtlinie: COVID-19-Epidemie – Verlängerung befristeter bundeseinheitlicher Sonderregelungen zum Entlassmanagement sowie zum Genehmigungsverzicht für Krankentransporte vom 18. März 2021 (BAnz. AT 15.04.2021 Nr. B3)

§ 1 Präambel

(1) Die Feststellung der Arbeitsunfähigkeit und die Bescheinigung über ihre voraussichtliche Dauer erfordern – ebenso wie die ärztliche Beurteilung zur stufenweisen Wiedereingliederung – wegen ihrer Tragweite für Versicherte und ihrer arbeits- und sozialversicherungsrechtlichen sowie wirtschaftlichen Bedeutung besondere Sorgfalt.

(2) Diese Richtlinie hat zum Ziel, ein qualitativ hochwertiges, bundesweit standardisiertes Verfahren für die Praxis zu etablieren, das den Informationsaustausch und die Zusammenarbeit zwischen Vertragsärztin oder Vertragsarzt, Krankenkasse und Medizinischem Dienst verbessert.

§ 2 Definition und Bewertungsmaßstäbe

(1) $_1$Arbeitsunfähigkeit liegt vor, wenn Versicherte auf Grund von Krankheit ihre zuletzt vor der Arbeitsunfähigkeit ausgeübte Tätigkeit nicht mehr oder nur unter der Gefahr der Verschlimmerung der Erkrankung ausführen können. $_2$Bei der Beurteilung ist darauf abzustellen, welche Bedingungen die bisherige Tätigkeit konkret geprägt haben. $_3$Arbeitsunfähigkeit liegt auch vor, wenn auf Grund eines bestimmten Krankheitszustandes, der für sich allein noch keine Arbeitsunfähigkeit bedingt, absehbar ist, dass aus der Ausübung der Tätigkeit für die Gesundheit oder die Gesundung abträgliche Folgen erwachsen, die Arbeitsunfähigkeit unmittelbar hervorrufen.

(2) $_1$Arbeitsunfähigkeit besteht auch während einer stufenweisen Wiederaufnahme der Arbeit fort, durch die Versicherten die dauerhafte Wiedereingliederung in das Erwerbsleben durch eine schrittweise Heranführung an die volle Arbeitsbelastung ermöglicht werden soll. $_2$Ebenso gilt die befristete Eingliederung arbeitsunfähiger Versicherter in eine Werkstatt für behinderte Menschen nicht als Wiederaufnahme der beruflichen Tätigkeit. $_3$Arbeitsunfähigkeit kann auch während einer Belastungserprobung und einer Arbeitstherapie bestehen.

(3) $_1$Versicherte, die arbeitslos sind, ausgenommen Arbeitslose bzw. erwerbsfähige Leistungsberechtigte nach Absatz 3a, sind arbeitsunfähig, wenn sie krankheitsbedingt nicht mehr in der Lage sind, leichte Arbeiten in einem zeitlichen Umfang zu verrichten, für den sie sich bei der Agentur für Arbeit zur Verfügung gestellt haben. $_2$Dabei ist es unerheblich, welcher Tätigkeit die oder der Versicherte vor der Arbeitslosigkeit nachging. $_3$Arbeitsunfähigkeit liegt bei Schwangeren nach Satz 1 vor, wenn sie ohne Gefährdung für sich oder das ungeborene Kind nicht in der Lage

sind, leichte Arbeiten in einem zeitlichen Umfang von mindestens 15 Stunden wöchentlich auszuüben.

(3a) Erwerbsfähige Leistungsberechtigte, die Leistungen zur Sicherung des Lebensunterhalts nach dem SGB II (Grundsicherung für Arbeitsuchende – „Hartz IV") beantragt haben oder beziehen, sind arbeitsunfähig, wenn sie krankheitsbedingt nicht in der Lage sind, mindestens drei Stunden täglich zu arbeiten oder an einer Eingliederungsmaßnahme teilzunehmen.

(4) $_{1}$Versicherte, bei denen nach Eintritt der Arbeitsunfähigkeit das Beschäftigungsverhältnis endet und die aktuell keinen anerkannten Ausbildungsberuf ausgeübt haben (An- oder Ungelernte), sind nur dann arbeitsunfähig, wenn sie die letzte oder eine ähnliche Tätigkeit nicht mehr oder nur unter der Gefahr der Verschlimmerung der Erkrankung ausüben können. $_{2}$Die Krankenkasse informiert die Vertragsärztin oder den Vertragsarzt über das Ende der Beschäftigung und darüber, dass die Arbeitnehmerin oder der Arbeitnehmer an- oder ungelernt ist, und nennt ähnlich geartete Tätigkeiten. $_{3}$Beginnt während der Arbeitsunfähigkeit ein neues Beschäftigungsverhältnis, so beurteilt sich die Arbeitsunfähigkeit ab diesem Zeitpunkt nach dem Anforderungsprofil des neuen Arbeitsplatzes.

(5) $_{1}$Die Beurteilung der Arbeitsunfähigkeit setzt die Befragung der oder des Versicherten durch die Vertragsärztin oder den Vertragsarzt zur aktuell ausgeübten Tätigkeit und den damit verbundenen Anforderungen und Belastungen voraus. $_{2}$Das Ergebnis der Befragung ist bei der Beurteilung von Grund und Dauer der Arbeitsunfähigkeit zu berücksichtigen. $_{3}$Zwischen der Krankheit und der dadurch bedingten Unfähigkeit zur Fortsetzung der ausgeübten Tätigkeit muss ein kausaler Zusammenhang erkennbar sein. $_{4}$Bei Arbeitslosen bezieht sich die Befragung auch auf den zeitlichen Umfang, für den die oder der Versicherte sich der Agentur für Arbeit zur Vermittlung zur Verfügung gestellt hat.

(6) Rentnerinnen und Rentner können, wenn sie eine Erwerbstätigkeit ausüben, arbeitsunfähig nach Maßgabe dieser Richtlinien sein.

(7) Für körperlich, geistig oder seelisch behinderte Menschen, die in Werkstätten für behinderte Menschen oder in Blindenwerkstätten beschäftigt werden, gelten diese Richtlinien entsprechend.

(8) Diese Richtlinie gilt entsprechend für die Feststellung der Arbeitsunfähigkeit versicherter sowie nicht gesetzlich krankenversicherter Personen aufgrund einer im Rahmen des Transplantationsgesetzes erfolgenden Spende von Organen und Gewerben oder einer im Rahmen des Transfusionsgesetzes erfolgenden Spende von Blutstammzellen.

(9) $_{1}$Für die Feststellung der Arbeitsunfähigkeit bei Durchführung medizinischer Maßnahmen zur Herbeiführung einer Schwangerschaft gilt diese Richtlinie entsprechend. $_{2}$Sie gilt auch bei einer durch Krankheit erforderlichen Sterilisation oder einem unter den Voraussetzungen des § 218a Absatz 1 StGB vorgenommenem Abbruch der Schwangerschaft (Beratungsregelung).

(10) $_{1}$Ist eine Dialysebehandlung lediglich während der vereinbarten Arbeitszeit möglich, besteht für deren Dauer, die Zeit der Anfahrt zur Dialyseeinrichtung und für die nach der Dialyse erforderliche Ruhezeit Arbeitsunfähigkeit. $_{2}$Dasselbe gilt für andere extrakorporale Apheresеverfahren. $_{3}$Die Bescheinigung für im Voraus feststehende Termine soll in Absprache mit der oder dem Versicherten in einer für deren oder dessen Belange zweckmäßigen Form erfolgen.

(11) Ist ein für die Ausübung der Tätigkeit oder das Erreichen des Arbeitsplatzes erforderliches Hilfsmittel (z. B. Körperersatzstück) defekt, besteht Arbeitsunfähigkeit so lange, bis die Reparatur des Hilfsmittels beendet oder ein Ersatz des defekten Hilfsmittels erfolgt ist.

§ 3 Ausnahmetatbestände

(1) Arbeitsunfähigkeit besteht nicht, wenn andere Gründe als die in § 2 genannten Gründe Ursache für die Arbeitsverhinderung der oder des Versicherten sind.

(2) Arbeitsunfähigkeit liegt insbesondere nicht vor

- bei Beaufsichtigung, Betreuung oder Pflege eines erkrankten Kindes. Die Bescheinigung hierfür hat auf dem vereinbarten Vordruck (Muster Nummer 21) zu erfolgen, der der Arbeitgeberin oder dem Arbeitgeber vorzulegen ist und zur Vorlage bei der Krankenkasse zum Bezug von Krankengeld ohne bestehende Arbeitsunfähigkeit der oder des Versicherten berechtigt,
- für Zeiten, in denen ärztliche Behandlungen zu diagnostischen oder therapeutischen Zwecken (z. B. im Rahmen von Früherkennungsuntersuchungen) stattfinden; dies gilt nicht, wenn die ärztliche Behandlung selbst zu einer Arbeitsunfähigkeit führt,
- bei Inanspruchnahme von Heilmitteln (z. B. physikalisch-medizinische Therapie),
- bei Teilnahme an ergänzenden Leistungen zur Rehabilitation oder rehabilitativen Leistungen anderer Art (Koronarsportgruppen u. a.),
- bei Durchführung von ambulanten und stationären Vorsorge- und Rehabilitationsleistungen, es sei denn, vor Beginn der Leistung bestand bereits Arbeitsunfähigkeit und diese besteht fort oder die Arbeitsunfähigkeit wird durch eine interkurrente Erkrankung ausgelöst,
- wenn Beschäftigungsverbote nach dem Infektionsschutzgesetz oder dem Mutterschutzgesetz (Zeugnis nach § 16 Absatz 1 MuSchG) ausgesprochen wurden; dies gilt nicht bei Vorliegen der Voraussetzungen nach § 2 Absatz 3 Satz 3 der Richtlinie,
- bei kosmetischen und anderen Operationen ohne krankheitsbedingten Hintergrund und ohne Komplikationen,
- bei einer nicht durch Krankheit bedingten Sterilisation (Verweis auf § 5 Absatz 6 der Richtlinie) oder
- wenn Beschäftigte kurzzeitig der Arbeit fernbleiben, weil dies erforderlich ist, um für einen pflegebedürftigen nahen Angehörigen in einer akut aufgetretenen Pflegesituation eine bedarfsgerechte Pflege zu organisieren oder eine pflegerische Versorgung in dieser Zeit sicherzustellen (kurzzeitige Arbeitsverhinderung gemäß § 2 PflegeZG).

§ 4 Verfahren zur Feststellung der Arbeitsunfähigkeit

(1) $_1$Bei der Feststellung der Arbeitsunfähigkeit sind körperlicher, geistiger und seelischer Gesundheitszustand der oder des Versicherten gleichermaßen zu berücksichtigen. $_2$Deshalb darf die Feststellung von Arbeitsunfähigkeit nur auf Grund einer unmittelbar persönlichen ärztlicher Untersuchung erfolgen.

(2) Die ärztlich festgestellte Arbeitsunfähigkeit ist Voraussetzung für den Anspruch auf Entgeltfortzahlung und für den Anspruch auf Krankengeld.

(3) $_1$Die Vertragsärztin oder der Vertragsarzt teilt der Krankenkasse auf Anforderung in der Regel innerhalb von drei Werktagen weitere Informationen auf den vereinbarten Vordrucken mit. $_2$Derartige Anfragen seitens der Krankenkasse sind in der Regel frühestens nach einer kumulativen Zeitdauer der Arbeitsunfähigkeit von 21 Tagen zulässig. $_3$In begründeten Fällen sind auch weitergehende Anfragen der Krankenkasse möglich.

(4) Sofern – abweichend von der Feststellung im Entlassungsbericht der Rehabilitationseinrichtung – weiterhin Arbeitsunfähigkeit attestiert wird, ist dies zu begründen.

(5) $_1$Abweichend von Absatz 1 kann Arbeitsunfähigkeit auch mittelbar persönlich im Rahmen von Videosprechstunden festgestellt werden. $_2$Dies ist jedoch nur zulässig, wenn die oder der Versicherte der Vertragsärztin oder dem Vertragsarzt oder einer anderen Vertragsärztin oder einem anderen Vertragsarzt derselben Berufsausübungsgemeinschaft aufgrund früherer Behandlung unmittelbar persönlich bekannt ist und die Erkrankung dies nicht ausschließt. $_3$Eine erstmalige Feststellung der Arbeitsunfähigkeit ist nur für einen Zeitraum von bis zu sieben Kalendertagen möglich. $_4$Die Feststellung des Fortbestehens der Arbeitsunfähigkeit ist nur zulässig, wenn bei der oder dem Versicherten bereits zuvor aufgrund unmittelbar persönlicher Untersuchung durch die Vertragsärztin oder den Vertragsarzt Arbeitsunfähigkeit wegen derselben

Krankheit festgestellt worden ist. $_{5}$Sofern der Vertragsärztin oder dem Vertragsarzt eine hinreichend sichere Beurteilung der Arbeitsunfähigkeit im Rahmen der Videosprechstunde nicht möglich ist, ist von einer Feststellung der Arbeitsunfähigkeit im Rahmen der Videosprechstunde abzusehen und auf die Erforderlichkeit einer unmittelbar persönlichen Untersuchung durch eine Vertragsärztin oder einen Vertragsarzt zu verweisen. $_{6}$Die oder der Versicherte ist im Vorfeld der Videosprechstunde über die eingeschränkten Möglichkeiten der Befunderhebung zum Zweck der Feststellung der Arbeitsunfähigkeit im Rahmen der Videosprechstunde aufzuklären. $_{7}$Ein Anspruch auf die Feststellung der Arbeitsunfähigkeit im Rahmen der Videosprechstunde besteht nicht.

§ 4a Feststellung der Arbeitsunfähigkeit im Rahmen des Entlassmanagements

$_{1}$Soweit es für die Versorgung der oder des Versicherten unmittelbar nach der Entlassung aus dem Krankenhaus erforderlich ist, kann das Krankenhaus (die Krankenhausärztin oder der Krankenhausarzt) im Rahmen des Entlassmanagements wie eine Vertragsärztin oder ein Vertragsarzt Arbeitsunfähigkeit für einen Zeitraum von bis zu sieben Kalendertagen nach der Entlassung entsprechend dieser Richtlinie feststellen. $_{2}$Die Krankenhausärztin oder der Krankenhausarzt hat in geeigneter Weise im Rahmen des Entlassmanagements rechtzeitig die weiterbehandelnde Vertragsärztin oder den weiterbehandelnden Vertragsarzt über die Feststellung der Arbeitsunfähigkeit zu informieren. $_{3}$§ 11 Absatz 4 SGB V bleibt unberührt. $_{4}$Die Regelungen der Sätze 1 bis 3 gelten entsprechend für die stationsäquivalente psychiatrische Behandlung sowie für Ärztinnen und Ärzte in Einrichtungen der medizinischen Rehabilitation bei Leistungen nach den §§ 40 Absatz 2 und 41 SGB V.

§ 5 Bescheinigung der Arbeitsunfähigkeit

(1) $_{1}$Die Attestierung der Arbeitsunfähigkeit erfolgt auf dem dafür vorgesehenen Vordruck (Arbeitsunfähigkeitsbescheinigung). $_{2}$Die Übermittlung der Ausfertigung für die Krankenkassen erfolgt ab dem 1. Januar 2021 durch ein elektronisches Verfahren. $_{3}$Die Attestierung einer Arbeitsunfähigkeit (Erst- und Folgebescheinigung) darf nur von Vertragsärztinnen und Vertragsärzten oder deren persönlicher Vertretung vorgenommen werden sowie in den Fällen des § 4a auch von Krankenhausärztinnen und Krankenhausärzten oder Ärztinnen und Ärzten in Einrichtungen der medizinischen Rehabilitation. $_{4}$Auf der Arbeitsunfähigkeitsbescheinigung sind alle die Diagnosen anzugeben, die aktuell vorliegen und die attestierte Dauer der Arbeitsunfähigkeit begründen (§ 295 SGB V). $_{5}$Symptome (z. B. Fieber, Übelkeit) sind nach spätestens sieben Tagen durch eine Diagnose oder Verdachtsdiagnose auszutauschen. $_{6}$Die Arbeitsunfähigkeitsbescheinigung muss erkennen lassen, ob es sich um eine Erst- oder Folgebescheinigung handelt. $_{7}$Eine Erstbescheinigung ist auszustellen, wenn die Arbeitsunfähigkeit erstmalig festgestellt wird.

(2) $_{1}$Dauert die Arbeitsunfähigkeit länger als in der Erstbescheinigung angegeben, ist nach Prüfung der aktuellen Verhältnisse eine Folgebescheinigung auszustellen. $_{2}$Folgen zwei getrennte Arbeitsunfähigkeitszeiten mit unterschiedlichen Diagnosen unmittelbar aufeinander, dann ist für die zweite Arbeitsunfähigkeit eine Erstbescheinigung auszustellen. $_{3}$Hat nach dem Ende einer Arbeitsunfähigkeit Arbeitsfähigkeit bestanden, wenn auch nur kurzfristig, ist eine Erstbescheinigung auszustellen. $_{4}$Dies gilt auch dann, wenn eine neue Arbeitsunfähigkeit am Tag nach dem Ende der vorherigen Arbeitsunfähigkeit beginnt.

(3) $_{1}$Die Arbeitsunfähigkeit soll für eine vor der ersten ärztlichen Inanspruchnahme liegende Zeit grundsätzlich nicht bescheinigt werden. $_{2}$Eine Rückdatierung des Beginns der Arbeitsunfähigkeit auf einen vor dem Behandlungsbeginn liegenden Tag ist ebenso wie eine rückwirkende Bescheinigung über das Fortbestehen der Arbeitsunfähigkeit nur ausnahmsweise und nur nach gewissenhafter Prüfung und in der Regel nur bis zu drei Tagen zulässig. $_{3}$Erscheinen Versicherte entgegen ärztlicher Aufforderung ohne triftigen Grund nicht zum vereinbarten Folgetermin

oder nehmen einen Termin für eine erneute Videosprechstunde nicht wie vereinbart wahr, kann eine rückwirkende Bescheinigung der Arbeitsunfähigkeit versagt werden. 4In diesem Fall ist von einer erneuten Arbeitsunfähigkeit auszugehen, die durch eine Erstbescheinigung zu attestieren ist. 5Die Voraussetzung für das Fortbestehen einer lückenlosen Arbeitsunfähigkeit für die Beurteilung eines Anspruchs auf Krankengeld ist, dass die ärztliche Feststellung der weiteren Arbeitsunfähigkeit wegen derselben Krankheit spätestens am nächsten Werktag nach dem zuletzt bescheinigten Ende der Arbeitsunfähigkeit erfolgt; Samstage gelten insoweit nicht als Werktage.

(4) 1Die voraussichtliche Dauer der Arbeitsunfähigkeit soll nicht für einen mehr als zwei Wochen im Voraus liegenden Zeitraum bescheinigt werden. 2Ist es auf Grund der Erkrankung oder eines besonderen Krankheitsverlaufs sachgerecht, kann die Arbeitsunfähigkeit bis zur voraussichtlichen Dauer von einem Monat bescheinigt werden. 3Kann zum Zeitpunkt der Bescheinigung der Arbeitsunfähigkeit bereits eingeschätzt werden, dass die Arbeitsunfähigkeit mit Ablauf des bescheinigten Zeitraums enden wird oder tatsächlich geendet hat, ist die Arbeitsunfähigkeitsbescheinigung als Endbescheinigung zu kennzeichnen.

(5) Besteht an arbeitsfreien Tagen Arbeitsunfähigkeit, z. B. an Samstagen, Sonntagen, Feiertagen, Urlaubstagen oder an arbeitsfreien Tagen auf Grund einer flexiblen Arbeitszeitregelung (sogenannte „Brückentage"), ist sie auch für diese Tage zu bescheinigen.

(6) Bei einer nicht durch Krankheit erforderlichen Sterilisation ist eine Arbeitsunfähigkeitsbescheinigung ausschließlich für Zwecke der Entgeltfortzahlung erforderlich.

(7) 1Liegen ärztlicherseits Hinweise auf (z. B. arbeitsplatzbezogene) Schwierigkeiten für die weitere Beschäftigung der oder des Versicherten vor, sind diese der Krankenkasse in der Arbeitsunfähigkeitsbescheinigung mitzuteilen (Verweis auf § 6 Absatz 4 der Richtlinie). 2Bei Feststellung oder Verdacht des Vorliegens eines Versicherungsfalles nach § 7 SGB VII (Arbeitsunfall, Berufskrankheit oder Gesundheitsschaden z. B. im Zusammenhang mit der Spende von Organen oder Geweben im Sinne von § 12a SGB VII), eines Versorgungsleidens, eines sonstigen Unfalls oder bei Vorliegen von Hinweisen auf Gewaltanwendung oder dritt verursachte Gesundheitsschäden ist gemäß § 294a SGB V auf der Arbeitsunfähigkeitsbescheinigung ein entsprechender Vermerk anzubringen.

§ 6 Zusammenwirken mit anderen Einrichtungen

(1) 1Die Vertragsärztin oder der Vertragsarzt übermittelt dem Medizinischen Dienst auf Anfrage in der Regel innerhalb von drei Werktagen die Auskünfte und krankheitsspezifischen Unterlagen, die dieser im Zusammenhang mit der Arbeitsunfähigkeit zur Durchführung seiner gesetzlichen Aufgaben benötigt. 2Sofern vertraglich für diese Auskunftserteilung Vordrucke vereinbart worden sind, sind diese zu verwenden.

(2) 1Das Gutachten des Medizinischen Dienstes ist grundsätzlich verbindlich. 2Bestehen zwischen der Vertragsärztin oder dem Vertragsarzt und dem Medizinischen Dienst Meinungsverschiedenheiten, kann die Vertragsärztin oder der Vertragsarzt unter schriftlicher Darlegung von Gründen bei der Krankenkasse eine erneute Entscheidung auf der Basis eines Zweitgutachtens beantragen. 3Sofern von dieser Möglichkeit Gebrauch gemacht wird, ist dieser Antrag unverzüglich nach Kenntnisnahme der abweichenden Beurteilung des Medizinischen Dienstes zu stellen.

(3) Bei Feststellung oder Verdacht des Vorliegens eines Arbeitsunfalls ist der Versicherte unverzüglich einer Ärztin oder einem Arzt mit Zulassung zur berufsgenossenschaftlichen Heilbehandlung vorzustellen.

(4) Können Versicherte nach ärztlicher Beurteilung die ausgeübte Tätigkeit nicht mehr ohne nachteilige Folgen für ihre Gesundheit oder den Gesundungsprozess verrichten, kann die Krankenkasse mit Zustimmung der oder des Versicherten beim Arbeitgeber die Prüfung anregen, ob eine für den Gesund-

heitszustand der oder des Versicherten unbedenkliche Tätigkeit bei demselben Arbeitgeber möglich ist.

§ 7 Stufenweise Wiedereingliederung

(1) Bei der Feststellung, ob eine stufenweise Wiedereingliederung gemäß § 74 SGB V und § 44 SGB IX empfohlen werden kann, sind körperlicher, geistiger und seelischer Gesundheitszustand der oder des Versicherten gleichermaßen zu berücksichtigen. Deshalb darf diese Feststellung nur aufgrund ärztlicher Untersuchung erfolgen. Die Empfehlungen zur Umsetzung der stufenweisen Wiedereingliederung in der Anlage dieser Richtlinie sind zu beachten.

(2) Die Feststellung nach Absatz 1 hat spätestens ab einer Dauer der Arbeitsunfähigkeit von sechs Wochen im Zusammenhang mit jeder Bescheinigung der Arbeitsunfähigkeit gemäß § 5 zu erfolgen.

(3) Von einer Feststellung nach Absatz 1 ist abzusehen, sofern durch die Teilnahme an einer Maßnahme der stufenweisen Wiedereingliederung für den Genesungsprozess der oder des Versicherten nachteilige gesundheitliche Folgen erwachsen können. Gleiches gilt, sofern Versicherte eine stufenweise Wiederaufnahme ihrer Tätigkeit ablehnen.

(4) Eine Feststellung nach Absatz 1 erfolgt nicht im Rahmen des Entlassmanagements nach § 4a.

§ 8 Sonderregelung im Zusammenhang mit der COVID-19-Epidemie

(1) $_1$Vor dem Hintergrund der Herausforderungen zur Bewältigung des epidemischen Ausbruchgeschehens aufgrund des SARS-CoV-2-Virus kann der Gemeinsame Bundesausschuss durch gesonderten Beschluss auf Grundlage von § 9 Absatz 2a seiner Geschäftsordnung (GO) folgende räumlich begrenzte und zeitlich befristete Ausnahme von den Regelungen dieser Richtlinie zulassen, wenn sie in Abhängigkeit von der Art des Ausbruchgeschehens zur Eindämmung und Bewältigung der Infektionen oder zum Schutz der Einrichtungen der Krankenversorgung vor Überlastung notwendig und erforderlich ist: Die Feststellung der Arbeitsunfähigkeit bei Versicherten mit Erkrankungen der oberen Atemwege, die keine schwere Symptomatik vorweisen, darf für einen Zeitraum von bis zu 7 Kalendertagen auch nach telefonischer Anamnese und zwar im Wege der persönlichen ärztlichen Überzeugung vom Zustand der oder des Versicherten durch eingehende telefonische Befragung erfolgen; das Fortdauern der Arbeitsunfähigkeit kann im Wege der telefonischen Anamnese einmalig für einen weiteren Zeitraum von bis zu 7 Kalendertagen festgestellt werden. $_2$Diese Ausnahmeregelung gilt, sofern die Verordnung von einer Vertragsärztin oder einem Vertragsarzt mit Sitz in einem der jeweils durch gesonderten Ausnahmebeschluss auf Grundlage von § 9 Absatz 2a GO festgelegten Gebiete ausgestellt wurde oder sich der Wohnort der oder des Versicherten innerhalb eines dieser Gebiete befindet.

(1a) Abweichend von Absatz 1 gilt die dort geregelte Ausnahme bis zum 30. Juni 2021 bundesweit.

(2) Auf Grundlage von § 1 Absatz 2 Satz 2 SARS-CoV-2-Arzneimittelversorgungsverordnung gilt § 4a mit der Maßgabe, dass der Zeitraum von sieben Kalendertagen auf einen Zeitraum von bis zu 14 Kalendertagen erweitert wird und dass sich die unmittelbare Erforderlichkeit auch aus dem Umstand einer Vermeidung des zusätzlichen Aufsuchens einer Arztpraxis ergeben kann. Diese Regelung tritt an dem Tag außer Kraft, an dem § 1 Absatz 2 Satz 2 SARS-CoV-2-Arzneimittelversorgungsverordnung außer Kraft tritt.

Anlage

Empfehlungen zur Umsetzung der stufenweisen Wiedereingliederung

1. Bei Arbeitsunfähigkeit kann eine Rückkehr an den Arbeitsplatz auch bei weiterhin notwendiger Behandlung sowohl betrieblich möglich als auch aus therapeutischen Gründen angezeigt sein. Über den Weg der stufenweisen Wiedereingliederung werden Arbeitnehmerinnen und Arbeitnehmer individuell, d. h. je nach Krankheit und bisheriger Arbeitsunfähigkeitsdauer schonend, aber kontinuierlich bei fortbestehender Arbeitsunfähigkeit an die Belastungen ihres Arbeitsplatzes herangeführt. Die Arbeitnehmerinnen und Arbeitnehmer erhalten damit die Möglichkeit, ihre Belastbarkeit entsprechend dem Stand der wiedererreichten körperlichen, geistigen und seelischen Leistungsfähigkeit zu steigern. Dabei sollte die Wiedereingliederungsphase in der Regel einen Zeitraum von sechs Monaten nicht überschreiten.

2. Die stufenweise Wiedereingliederung erfordert eine vertrauensvolle Zusammenarbeit zwischen der oder dem Versicherten, der behandelnden Vertragsärztin oder dem behandelnden Vertragsarzt, der Arbeitgeberin oder dem Arbeitgeber, der Arbeitnehmervertretung, der Betriebsärztin oder dem Betriebsarzt, der Krankenkasse sowie ggf. dem Medizinischen Dienst und dem Rehabilitationsträger auf der Basis der von der behandelnden Vertragsärztin oder vom behandelnden Vertragsarzt unter Beachtung der Schweigepflicht gegebenen Empfehlungen zur vorübergehenden Einschränkung der quantitativen oder qualitativen Belastung der oder des Versicherten durch die in der Wiedereingliederungsphase ausgeübte berufliche Tätigkeit. Eine standardisierte Betrachtungsweise ist nicht möglich, sodass der zwischen allen Beteiligten einvernehmlich zu findenden Lösung unter angemessener Berücksichtigung der Umstände im Einzelfall maßgebliche Bedeutung zukommt. Die Vertragsärztin oder der Vertragsarzt kann – mit Zustimmung der oder des Versicherten – von der Betriebsärztin oder vom Betriebsarzt, vom Betrieb oder über die Krankenkasse eine Beschreibung über die Anforderungen der Tätigkeit der oder des Versicherten anfordern.

3. Die infolge der krankheitsbedingten Einschränkung der Leistungsfähigkeit zu vermeidenden arbeitsbedingten Belastungen sind von der behandelnden Vertragsärztin oder vom behandelnden Vertragsarzt zu definieren. Die Vertragsärztin oder der Vertragsarzt kann der Krankenkasse einen Vorschlag unterbreiten, der die quantitativen und qualitativen Anforderungen einer Tätigkeit beschreibt, die aufgrund der krankheitsbedingten Leistungseinschränkung noch möglich sind. Ist die Begrenzung der Belastung der oder des Versicherten durch vorübergehende Verkürzung der täglichen Arbeitszeit medizinisch angezeigt, kann auch dies eine geeignete Maßnahme zur stufenweisen Wiedereingliederung sein.

4. Eine stufenweise Wiedereingliederung an Arbeitsplätzen, für welche die Verordnung zur arbeitsmedizinischen Vorsorge (ArbMedVV) in der Fassung vom 23. Oktober 2013 Anwendung findet, kann grundsätzlich nur mit Zustimmung der Betriebsärztin oder des Betriebsarztes erfolgen. Ausgenommen davon bleiben die Fälle, bei denen feststeht, dass die am Arbeitsplatz vorliegende spezifische Belastung keine nachteiligen Auswirkungen auf den Gesundungsprozess des Betroffenen selbst oder Unfall- oder Gesundheitsgefahren für ihn selbst oder Dritte mit sich bringen kann.

5. Während der Phase der stufenweisen Wiedereingliederung sind Versicherte in regelmäßigen Abständen von der behandelnden Vertragsärztin oder vom behandelnden Vertragsarzt auf die gesundheitlichen Auswirkungen zu untersuchen. Ergeben die regelmäßigen Untersuchungen eine Steigerung der Belastbarkeit, ist eine Anpassung der stufenweisen Wiederein-

gliederung vorzunehmen. Stellt sich während der Phase der Wiedereingliederung heraus, dass für die Versicherten nachteilige gesundheitliche Folgen erwachsen können, ist eine Anpassung an die Belastungseinschränkungen vorzunehmen oder die Wiedereingliederung abzubrechen. Ergibt sich während der stufenweisen Wiedereingliederung, dass die bisherige Tätigkeit auf Dauer krankheitsbedingt nicht mehr in dem Umfang wie vor der Arbeitsunfähigkeit aufgenommen werden kann, so ist hierüber die Krankenkasse unverzüglich schriftlich zu informieren.

6. Erklärt die Arbeitgeberin oder der Arbeitgeber, dass es nicht möglich ist, die Versicherte oder den Versicherten zu beschäftigen, ist die stufenweise Wiedereingliederung nicht durchführbar.
7. Alle Änderungen des vereinbarten Ablaufs der Wiedereingliederung sind den Beteiligten unverzüglich mitzuteilen.
8. Voraussetzung für die stufenweise Wiedereingliederung ist die Einverständniserklärung der oder des Versicherten auf dem vereinbarten Vordruck. Auf diesem hat die Vertragsärztin oder der Vertragsarzt die tägliche Arbeitszeit und diejenigen Tätigkeiten anzugeben, die die oder der Versicherte während der Phase der Wiedereingliederung ausüben kann bzw. denen sie oder er nicht ausgesetzt werden darf. Die Arbeitgeberin oder der Arbeitgeber soll eine ablehnende Stellungnahme nach Nummer 6 der Anlage dieser Richtlinie ebenfalls auf dem Vordruck bescheinigen.

Richtlinie des Gemeinsamen Bundesausschusses über Leistungen zur medizinischen Rehabilitation (Rehabilitations-Richtlinie)

in der Fassung der Bekanntmachung vom 16. März 2004 (BAnz. 31.03.2004 Nr. 63)

Zuletzt geändert durch
Bekanntmachung eines Beschlusses des Gemeinsamen Bundesausschusses über eine Änderung der Rehabilitations-Richtlinie: Anpassung an das Pflegepersonal-Stärkungsgesetz vom 16. Dezember 2019 (BAnz AT 17.03.2020 B3)

§ 1 Ziel und Zweck

(1) ₁Die Richtlinie soll eine notwendige, ausreichende, zweckmäßige und wirtschaftliche Versorgung der Versicherten mit im Einzelfall gebotenen Leistungen zur medizinischen Rehabilitation gewährleisten; sie regelt außerdem die Beratung über Leistungen zur medizinischen Rehabilitation, Leistungen zur Teilhabe am Arbeitsleben und ergänzende Leistungen zur Rehabilitation (§ 92 Abs. 1 Satz 2 Nr. 8 SGB V), um die Selbstbestimmung und ihre volle, wirksame und gleichberechtigte Teilhabe am Leben in der Gesellschaft zu fördern, Benachteiligungen zu vermeiden oder ihnen entgegenzuwirken. ₂Die Leistungen zur medizinischen Rehabilitation haben zum Ziel, eine Behinderung im Sinne des § 2 Abs. 1 des Neunten Buches Sozialgesetzbuch (SGB IX) einschließlich Pflegebedürftigkeit gemäß des Elften Buches Sozialgesetzbuch (SGB XI) abzuwenden, zu beseitigen, zu mindern, auszugleichen, ihre Verschlimmerung zu verhüten oder ihre Folgen zu mildern (§ 11 Abs. 2 SGB V).

(2) ₁Die Richtlinie soll insbesondere das frühzeitige Erkennen der Notwendigkeit von Leistungen zur medizinischen Rehabilitation fördern und dazu führen, dass diese unter aktiver Einbeziehung der oder des Versicherten rechtzeitig eingeleitet werden. ₂Sie regelt die Verordnung durch

- Vertragsärztinnen und Vertragsärzte sowie
- die an der vertragsärztlichen Versorgung teilnehmenden Psychologischen Psychotherapeutinnen und Psychologischen Psychotherapeuten sowie Kinder- und Jugendlichenpsychotherapeutinnen und Kinder- und Jugendlichenpsychotherapeuten (im Folgenden bezeichnet als Vertragspsychotherapeutinnen und Vertragspsychotherapeuten)

als Grundlage für die Leistungsentscheidung der Krankenkasse. ₃Sie beschreibt die Umsetzung von Nachsorgeempfehlungen zur Sicherung des Rehabilitationserfolges und verbessert die Zusammenarbeit zwischen Vertragsärztinnen, Vertragsärzten, Vertragspsychotherapeutinnen, Vertragspsychotherapeuten, Krankenkassen und Erbringern von Leistungen zur medizinischen Rehabilitation. ₄Die Richtlinie soll dazu beitragen, dass möglicherweise bestehende weitere Teilhabebedarfe frühzeitig erkannt werden.

(3) ₁Die Leistungen müssen ausreichend, zweckmäßig und wirtschaftlich sein; sie dürfen das Maß des Notwendigen nicht überschreiten. ₂Leistungen, die nicht notwendig oder unwirtschaftlich sind, können Versicherte nicht beanspruchen, dürfen die Leistungserbringer nicht bewirken und die Krankenkassen nicht bewilligen (§ 12 Abs. 1 SGB V).

§ 2 Rechtliche Grundlagen

(1) Die Grundlagen für die Leistungen zur medizinischen Rehabilitation sind die gesetzlichen Regelungen des SGB V und SGB IX. Den Grundsätzen „Rehabilitation vor Rente", „Rehabilitation vor Pflege" und „ambulant vor stationär" ist Rechnung zu tragen.

(2) Die Krankenkasse erbringt nach § 11 Abs. 2 SGB V in Verbindung mit §§ 40 und 41 SGB V Leistungen zur medizinischen Rehabilitation, wenn die kurativen Maßnahmen der ambulanten Krankenbehandlung – auch un-

ter rehabilitativer Zielsetzung – nicht ausreichen, eine Leistung zur medizinischen Rehabilitation medizinisch indiziert und kein anderer Rehabilitationsträger vorrangig zuständig ist.

(3) $_{1}$Die Krankenkasse erbringt Leistungen zur medizinischen Rehabilitation in ambulanter einschließlich mobiler (§ 40 Abs. 1 SGB V) und stationärer (§ 40 Abs. 2 SGB V) Form in oder durch Einrichtungen, mit denen ein Vertrag unter Berücksichtigung des § 38 SGB IX besteht. $_{2}$Die Krankenkasse erbringt für pflegende Angehörige Leistungen zur medizinischen Rehabilitation in stationärer Form auch dann, wenn Leistungen zur ambulanten medizinischen Rehabilitation ausreichend sind (§ 40 Absatz 2 Satz 2 SGB V). $_{3}$Soweit pflegende Angehörige einen Anspruch auf stationäre Rehabilitation haben, haben sie auch Anspruch auf die Versorgung der Pflegebedürftigen, wenn diese in derselben Einrichtung aufgenommen werden. $_{4}$Sollen die Pflegebedürftigen in einer anderen als in der Einrichtung der pflegenden Angehörigen aufgenommen werden, koordiniert die Krankenkasse mit der Pflegekasse der Pflegebedürftigen deren Versorgung auf Wunsch der pflegenden Angehörigen und mit Einwilligung der Pflegebedürftigen.

Die Krankenkasse erbringt auch Leistungen zur medizinischen Rehabilitation in der besonderen Form für Mütter oder Väter oder Mutter-Kind bzw. Vater-Kind (§ 41 SGB V).

(5) $_{1}$Die Leistungen zur medizinischen Rehabilitation werden auf Antrag der Versicherten erbracht (§ 19 Satz 1 des Vierten Buches Sozialgesetzbuch (SGB IV)). $_{2}$Für das Antragsverfahren bei der Krankenkasse gelten die Regelungen der §§ 14 ff. SGB IX.

(6) $_{1}$Die Leistungen zur medizinischen Rehabilitation werden im Rahmen der vertragsärztlichen Versorgung zu Lasten der Krankenkasse verordnet (§ 73 Abs. 2 Satz 1 Nr. 5 und 7 SGB V). $_{2}$Unter Bezug auf die Entscheidungsbefugnis der Krankenkasse nach § 40 SGB V handelt es sich rechtlich um die Verordnung einer durch die Krankenkasse genehmigungspflichtigen Leistung. $_{3}$Die Verordnung durch eine Vertragspsychotherapeutin oder einen Vertragspsychotherapeuten ist nur zulässig, wenn eine Diagnose aus dem Indikationsspektrum zur Anwendung von Psychotherapie:

- gemäß der jeweils aktuell geltenden Psychotherapie-Richtlinie vorliegt oder
- gemäß Anlage I Nummer 19 (Neuropsychologische Therapie) § 4 der Richtlinie des G-BA zu Untersuchungs- und Behandlungsmethoden der vertragsärztlichen Versorgung vorliegt.

$_{4}$Über die oben definierten Indikationsbereiche hinaus ist eine Verordnung auch dann zulässig, wenn eine Diagnose aus dem Indikationsspektrum des Kapitels V „Psychische und Verhaltensstörungen" der ICD-10-GM Version 2017[1]) vorliegt und eine Abstimmung mit der behandelnden Ärztin oder dem behandelnden Arzt erfolgt.

(7) Die Krankenkasse bestimmt nach den medizinischen Erfordernissen des Einzelfalls Art, Dauer, Umfang, Beginn und Durchführung der Leistungen zur medizinischen Rehabilitation sowie die Rehabilitationseinrichtung nach pflichtgemäßem Ermessen (§ 40 Abs. 3 Satz 1 SGB V).

(8) Die Krankenkasse ist verpflichtet, die Notwendigkeit von Leistungen zur medizinischen Rehabilitation nach Maßgabe des § 275 SGB V durch den Medizinischen Dienst der Krankenversicherung (MDK) auf der Grundlage der Begutachtungs-Richtlinie „Vorsorge und Rehabilitation" des Medizinischen Dienstes des Spitzenverbandes Bund der Krankenkassen (MDS) prüfen zu lassen.

(9) $_{1}$Bei der Entscheidung über Leistungen zur medizinischen Rehabilitation und deren Ausführung wird den berechtigten Wünschen der Versicherten entsprochen (§ 8 Abs. 1 SGB IX). $_{2}$Die besonderen Belange pflegender Ange-

---

[1]) Internationale statistische Klassifikation der Krankheiten und verwandter Gesundheitsprobleme, 10. Revision, German Modification, Version 2017

hӧriger sind bei der Entscheidung über Leistungen zur medizinischen Rehabilitation zu berücksichtigen.

§ 3 Einschränkungen des Geltungsbereiches

(1) Die Verordnung von Leistungen zur medizinischen Vorsorge nach §§ 23 und 24 SGB V und zur Frühförderung behinderter und von Behinderung bedrohter Kinder nach § 43a SGB V in Verbindung mit § 46 SGB IX sind nicht Gegenstand dieser Richtlinie und werden gesondert geregelt.

(2) Für die Verordnung von stufenweiser Wiedereingliederung nach § 74 SGB V in Verbindung mit § 44 SGB IX gilt die Arbeitsunfähigkeits-Richtlinie des Gemeinsamen Bundesausschusses in der jeweils gültigen Fassung.

(3) Diese Richtlinie gilt auch nicht

- für Rehabilitationsleistungen, die in den Zuständigkeitsbereich anderer Rehabilitationsträger fallen (z. B. gesetzliche Renten- oder Unfallversicherung),
- für Anschlussrehabilitation im Anschluss an eine Krankenhausbehandlung,
- für Leistungen zur Frührehabilitation, da sie gemäß § 39 Absatz 1 Satz 3 SGB V Bestandteil der Krankenhausbehandlung sind,
- wenn sich aus einem sozialmedizinischen Gutachten des MDK die Notwendigkeit einer Leistung zur medizinischen Rehabilitation ergibt, die Vertragsärztin, der Vertragsarzt, die Vertragspsychotherapeutin oder der Vertragspsychotherapeut jedoch nicht an der Antragstellung beteiligt ist,
- wenn die Notwendigkeit für eine Leistung zur medizinischen Rehabilitation von einem anderen Rehabilitationsträger festgestellt worden und danach die Krankenkasse zuständig ist.

§ 4 Inhaltliche Grundlagen

(1) 1Medizinische Rehabilitation umfasst einen ganzheitlichen Ansatz im Sinne des bio-psycho-sozialen Modells der Weltgesundheitsorganisation (WHO), um den im Einzelfall bestmöglichen Rehabilitationserfolg im Sinne der Teilhabe am Leben in der Gesellschaft, insbesondere in Familie, Arbeit und Beruf zu erreichen. 2Dieser Ansatz berücksichtigt neben dem Erkennen, Behandeln und Heilen einer Krankheit bei einem Menschen mit einem Gesundheitsproblem nicht nur die Auswirkungen dieses Gesundheitsproblems, sondern auch die möglichen Wechselwirkungen zwischen der Krankheit, Körperstrukturen und -funktionen, Aktivitäten und Teilhabe und den dabei individuell relevanten Kontextfaktoren (umwelt- und personbezogene Faktoren als Förderfaktoren und Barrieren). 3Die Auswirkungen und Wechselwirkungen können unter Nutzung der von der WHO verabschiedeten Internationalen Klassifikation der Funktionsfähigkeit, Behinderung und Gesundheit (ICF) (www.dimdi.de) beschrieben werden.

(2) 1Die Leistungen zur medizinischen Rehabilitation stützen sich inhaltlich auf die rehabilitationswissenschaftlichen Erkenntnisse und Definitionen von Zielen, Inhalten, Methoden und Verfahren der ambulanten und stationären Leistungen zur medizinischen Rehabilitation nach den Prinzipien Finalität, Komplexität, Interdisziplinarität und Individualität. 2Konzeptionelle und begriffliche Grundlage sind

- die von der WHO verabschiedete ICF (siehe auch Anlage 1),
- die Rahmenempfehlungen zur ambulanten medizinischen Rehabilitation der Bundesarbeitsgemeinschaft für Rehabilitation (BAR) sowie
- trägerspezifische Empfehlungen (z. B. Rahmenempfehlungen der Spitzenverbände der Krankenkassen zur ambulanten geriatrischen Rehabilitation).

(3) Einzelne Leistungen der kurativen Versorgung (z. B. Heil- oder Hilfsmittel) oder deren Kombination stellen für sich allein noch keine Leistung zur medizinischen Rehabilitation im Sinne dieser Richtlinie dar.

§ 5 Rehabilitationsberatung

(1) 1Der Verordnung von Leistungen zur medizinischen Rehabilitation geht eine Beratung der Versicherten über die Leistungen zur me-

IV

dizinischen Rehabilitation, der Teilhabe am Arbeitsleben und ergänzende Leistungen zur Rehabilitation voraus, die es den Versicherten ermöglichen soll, selbstbestimmt und eigenständig zu entscheiden, welche in Betracht kommenden Leistungen sie beantragen. $_{2}$Dabei wirken Vertragsärztin, Vertragsarzt, Vertragspsychotherapeutin oder Vertragspsychotherapeut Krankenkasse und Versicherte zusammen.

$_{3}$Bei der Beratung wird

- auf ergänzende unabhängige Angebote zur Teilhabeberatung nach §32 SGB IX,
- auf die Möglichkeit der Beratung durch die Beratungsstellen der Rehabilitationsträger sowie
- gesondert auf das Wunsch- und Wahlrecht der Versicherten nach §8 SGB IX hingewiesen.

$_{4}$Die besonderen Erfordernisse der Versorgung von Menschen mit Behinderungen sind im Rahmen der Beratung zu beachten. $_{5}$Verfügbare Informationen und Entscheidungshilfen im Hinblick auf barrierefreie Leistungsangebote werden einbezogen.

(2) $_{1}$Die Vertragsärztin, der Vertragsarzt, die Vertragspsychotherapeutin oder der Vertragspsychotherapeut berät insbesondere,

- warum ihrer oder seiner Einschätzung nach die Maßnahmen der kurativen Versorgung nicht ausreichen, und
- über die Ziele, Inhalte, Abläufe und Dauer der Leistung zur medizinischen Rehabilitation.

$_{2}$Die Beratung richtet sich auch an die Personensorgeberechtigten.

(3) Die Krankenkasse berät insbesondere über

- Leistungen der Vorsorge und Rehabilitation sowie über alternative Leistungsangebote und die Leistungsausführung als Persönliches Budget sowie Unterstützungsangebote der Krankenkasse für pflegenden Angehörige,
- den voraussichtlich zuständigen Rehabilitationsträger,
- die Notwendigkeit der Antragstellung, auch für mögliche weitere Teilhabeleistungen und
- den Ablauf des Antragsverfahrens nach den §§14 ff. SGB IX.

§6 Verfahren

(1) $_{1}$Ergibt sich aus dem Beratungsgespräch einer Vertragsärztin oder eines Vertragsarztes, dass Leistungen zur medizinischen Rehabilitation zu Lasten der gesetzlichen Krankenversicherung notwendig sind und die Versicherte oder der Versicherte diese in Anspruch nehmen will, verordnet diese oder dieser mit Zustimmung der oder des Versicherten die Leistungen zur medizinischen Rehabilitation auf dem Verordnungsformular Muster 61 Teile B bis D. $_{2}$Dabei ist die medizinische Indikation anhand der in den §§ 8 bis 10 genannten Indikationskriterien transparent und nachvollziehbar darzulegen. $_{3}$Sofern die oder der Versicherte die Mitaufnahme des zu pflegenden Angehörigen in derselben Einrichtung oder die Koordination der Versorgung in einer anderen Einrichtung wünscht, gibt die Vertragsärztin oder der Vertragsarzt dies auf der Verordnung an. $_{4}$Liegen Anhaltspunkte vor, wonach die Mitaufnahme dem Rehabilitationserfolg der oder des Versicherten entgegenstehen könnte, ist dies auf der Verordnung anzugeben.

(1a) $_{1}$Ergibt sich aus dem Beratungsgespräch einer Vertragspsychotherapeutin oder eines Vertragspsychotherapeuten, dass Leistungen zur medizinischen Rehabilitation zu Lasten der gesetzlichen Krankenversicherung notwendig sind und die Versicherte oder der Versicherte diese in Anspruch nehmen will, verordnet diese oder dieser mit Zustimmung der oder des Versicherten die entsprechenden Leistungen auf dem Verordnungsformular Muster 61 Teile B bis D unter Berücksichtigung des § 2 Absatz 5 Satz 3. $_{2}$Die Indikation ist anhand der in den §§ 8 bis 10 genannten Indikationskriterien transparent und nachvollziehbar darzulegen. $_{3}$Dabei sind vertragsärztliche Angaben insbesondere zur Feststellung, dass Leistungen der kurativen Versorgung nicht allein ausreichend sind, zu weiteren rehabilitationsrelevanten Diagnosen, gegebenenfalls Risikofaktoren, den bisherigen ärztlichen Interventionen und anderen ärztlich veranlassten Leistungen einschließlich Arzneimitteltherapie heranzuziehen. 4Auf Fremdbefunden beruhende Angaben sind im Verordnungsformular Muster 61 transparent zu machen. 5Sofern die oder der Versicherte die Mitaufnahme des zu pflegenden Angehörigen in derselben Einrichtung oder die Koordination der Versorgung in einer anderen Einrichtung wünscht, gibt die Vertragspsychotherapeutin oder der Vertragspsychotherapeut dies auf der Verordnung an. 6Liegen Anhaltspunkte vor, wonach die Mitaufnahme dem Rehabilitationserfolg der oder des Versicherten entgegenstehen könnte, ist dies auf der Verordnung anzugeben.

(2) 1Sofern die Zuständigkeit des Rehabilitationsträgers durch die Vertragspsychotherapeutin oder den Vertragspsychotherapeuten nicht abschließend beurteilt werden kann oder eine ergänzende Beratung durch die Krankenkasse gewünscht wird, ist dies mit dem Verordnungsformular Muster 61 Teil A mitzuteilen. 2Die Krankenkasse informiert die Vertragsärztin, den Vertragsarzt, die Vertragspsychotherapeutin oder den Vertragspsychotherapeuten durch Rücksendung des mit einem entsprechenden Vermerk versehenen Verordnungsformulars Muster 61 Teil A.

(3) Die Krankenkasse prüft nach Eingang des Verordnungsformulars Muster 61 (Teile A bis D oder Teile B bis D) abschließend ihre Zuständigkeit und ob Gründe einer Leistung zur medizinischen Rehabilitation entgegenstehen.

§ 7 Voraussetzungen der Verordnung

(1) Voraussetzung für die Verordnung von Leistungen zur medizinischen Rehabilitation ist das Vorliegen der medizinischen Indikation. Hierzu sind im Sinne eines vorläufigen rehabilitationsmedizinischen Assessments abzuklären:

- die Rehabilitationsbedürftigkeit,
- die Rehabilitationsfähigkeit und
- eine positive Rehabilitationsprognose auf der Grundlage realistischer, für die Versicherten alltagsrelevanter Rehabilitationsziele.

(2) Leistungen zur medizinischen Rehabilitation können nur verordnet werden, wenn das innerhalb der Krankenbehandlung angestrebte Rehabilitationsziel voraussichtlich nicht durch

- Leistungen der kurativen Versorgung oder deren Kombination,
- die Leistungen der medizinischen Vorsorge nach §§ 23 und 24 SGB V

erreicht werden kann, die Leistung zur medizinischen Rehabilitation dafür jedoch eine hinreichende Aussicht auf Erfolg bietet.

§ 8 Rehabilitationsbedürftigkeit

1Rehabilitationsbedürftigkeit besteht, wenn aufgrund einer körperlichen, geistigen oder seelischen Schädigung

- voraussichtlich nicht nur vorübergehende alltagsrelevante Beeinträchtigungen der Aktivität vorliegen, durch die in absehbarer Zeit eine Beeinträchtigung der Teilhabe droht oder
- Beeinträchtigungen der Teilhabe bereits bestehen und
- über die kurative Versorgung hinaus der mehrdimensionale und interdisziplinäre Ansatz der medizinischen Rehabilitation erforderlich ist.

2Zu den Beeinträchtigungen der Teilhabe gehört auch der Zustand der Pflegebedürftigkeit. 3Inhaltlich sind im Verordnungsformular Muster 61 zur Rehabilitationsbedürftigkeit insbesondere auszuführen:

- welche Befunde zu den rehabilitationsbegründenden Schädigungen erhoben wurden,
- welche Maßnahmen der Krankenbehandlung (ärztliche Intervention, Arzneimitteltherapie, Heilmittel, Psychotherapie) oder sonstigen Leistungen in Anspruch genommen wurden,
- in welchem Umfang Aktivitäts- und Teilhabebeeinträchtigungen vorliegen oder Teilhabebeeinträchtigungen drohen,
- welche umwelt- und personbezogenen Faktoren (einschließlich mütter- und väterspezifischer Kontextfaktoren bei Leistun-

gen nach § 41 SGB V) einen Einfluss auf die Funktionsfähigkeit zum Zeitpunkt der Verordnung haben,
- welche medizinischen Risikofaktoren bestehen.

§ 9 Rehabilitationsfähigkeit

Rehabilitationsfähig sind Versicherte, wenn sie aufgrund ihrer somatischen und psychischen Verfassung die für die Durchführung und Mitwirkung bei der Leistung zur medizinischen Rehabilitation notwendige Belastbarkeit besitzen.

§ 10 Rehabilitationsprognose und Rehabilitationsziele

$_1$Die Rehabilitationsprognose ist eine medizinisch begründete Wahrscheinlichkeitsaussage für den Erfolg der Leistung zur medizinischen Rehabilitation
- auf der Basis der Erkrankung oder Behinderung, des bisherigen Verlaufs, des Kompensationspotentials oder der Rückbildungsfähigkeit unter Beachtung und Förderung individueller positiver Kontextfaktoren, insbesondere der Motivation der oder des Versicherten zur Rehabilitation, oder der Möglichkeit der Verminderung negativ wirkender Kontextfaktoren
- über die Erreichbarkeit eines festgelegten Rehabilitationsziels oder festgelegter Rehabilitationsziele durch eine geeignete Leistung zur medizinischen Rehabilitation
- in einem notwendigen Zeitraum.

$_2$Im Verordnungsformular Muster 61 sind insbesondere die alltagsrelevanten Rehabilitationsziele in Bezug auf die Beeinträchtigungen der Aktivitäten und der Teilhabe zu benennen. $_3$Weichen die Ziele Versicherter oder Angehöriger von denen der Verordnerin oder des Verordners ab, sind diese getrennt darzustellen.

§ 11 Qualifikation der Vertragsärztin, des Vertragsarztes, der Vertragspsychotherapeutin oder des Vertragspsychotherapeuten

$_1$Die Beratung über und die Verordnung von Leistungen zur medizinischen Rehabilitation erfordern unter anderem spezielle Kenntnisse in der Anwendung der ICF, die nach den Weiterbildungsordnungen weitestgehend Gegenstand der ärztlichen Weiterbildung und nach den Ausbildungs- und Prüfungsverordnungen weitestgehend Gegenstand der Ausbildung zur Psychologischen Psychotherapeutin, zum Psychologischen Psychotherapeuten, zur Kinder- und Jugendlichenpsychotherapeutin oder zum Kinder- und Jugendlichenpsychotherapeuten sind. $_2$Diese Kenntnisse sollten in mindestens einmal jährlich anzubietenden Fortbildungsveranstaltungen der Kassenärztlichen Vereinigungen erweitert und vertieft oder erlangt werden. $_3$Die Fortbildungsveranstaltungen umfassen die Themen der Rehabilitations-Richtlinie, insbesondere folgende Inhalte:
- Leistungen zur Rehabilitation und Teilhabe,
- Zugangsvoraussetzungen zur medizinischen Rehabilitation,
- Nutzung der ICF als konzeptionelles Bezugssystem für die Verordnung von Leistungen zur medizinischen Rehabilitation, einschließlich Erläuterung des Behinderungsbegriffs und der Leitidee von Inklusion.

§ 12 Leistungsentscheidung der Krankenkasse

(1) $_1$Die Krankenkasse entscheidet unter Berücksichtigung des Wunsch- und Wahlrechts der Versicherten gemäß § 8 SGB IX auf der Grundlage
- des Antrages der oder des Versicherten unter Beachtung bestehender individueller Anforderungen an die Barrierefreiheit der Rehabilitationseinrichtung angefügt,
- des vollständig ausgefüllten Verordnungsformulars Muster 61,
- gegebenenfalls der Beurteilung durch den Medizinischen Dienst der Krankenversicherung,
- gegebenenfalls weiterer Unterlagen (zum Beispiel eines im Einzelfall vorliegenden Teilhabeplans).

über Art, Dauer, Umfang, Beginn und Durchführung der individuell notwendigen Leistung zur medizinischen Rehabilitation. 2Dabei sind die Fristen der §§ 14 ff. SGB IX zu beachten.

(2) 1Die Krankenkasse teilt der oder dem Versicherten und der Verordnerin oder dem Verordner ihre Entscheidung in geeigneter Form mit und begründet gegebenenfalls Abweichungen von der Verordnung. 2Die Mitteilung an die Versicherten erfolgt schriftlich.

§ 13 Zusammenarbeit zwischen Rehabilitationseinrichtung, Vertragsärztin, Vertragsarzt, Vertragspsychotherapeutin oder Vertragspsychotherapeut und Krankenkassen

(1) 1Ambulante und stationäre Rehabilitationseinrichtungen stellen zu Beginn der Leistung zur medizinischen Rehabilitation gemeinsam mit den Versicherten einen Rehabilitationsplan auf. 2Bei ambulanter Rehabilitation übersendet die Einrichtung auf Anfrage der Vertragsärztin, des Vertragsarztes, der Vertragspsychotherapeutin oder des Vertragspsychotherapeuten dieser oder diesem den aktuellen Rehabilitationsplan.

(2) 1Bei ambulanten Leistungen zur medizinischen Rehabilitation stellt die Rehabilitationseinrichtung die medizinische Versorgung der rehabilitationsbegründenden Erkrankung und ihrer Folgen sicher. 2Die Mitteilung an die Versicherten erfolgt schriftlich. 3Im Übrigen verbleibt die Versicherte oder der Versicherte in der vertragsärztlichen Versorgung.

(3) Bei stationären Leistungen zur medizinischen Rehabilitation leistet die Rehabilitationseinrichtung die gesamte medizinische Betreuung der Versicherten, soweit dies mit den Mitteln der Einrichtung möglich ist.

(4) 1Nach Beendigung der Leistung zur medizinischen Rehabilitation erhält die Vertragsärztin, der Vertragsarzt, die Vertragspsychotherapeutin oder der Vertragspsychotherapeut einen Entlassungsbericht mit folgenden Angaben:

a) rehabilitationsrelevante Funktionsdiagnosen in der Reihenfolge ihrer sozialmedizinischen Bedeutung,
b) die individuellen, mit der oder dem Versicherten vereinbarten Rehabilitationsziele,
c) Rehabilitationsverlauf unter Angabe der durchgeführten Rehabilitationsmaßnahmen

und

d) abschließend erreichter Rehabilitationserfolg bezogen auf die individuellen Rehabilitationsziele; dazu gehört die sozialmedizinische Beurteilung:
   - zum Grad der Selbständigkeit bei den Verrichtungen des täglichen Lebens und zum diesbezüglichen Hilfebedarf,
   - zur Frage der Vermeidung oder Minderung von Pflegebedürftigkeit, zur Verhütung ihrer Verschlimmerung oder zur Milderung ihrer Folgen,
   - zur Krankheitsbewältigung, zum Einfluss positiv wie negativ wirkender Kontextfaktoren und deren Modifizierbarkeit sowie zur Einleitung von Verhaltensmaßnahmen im Hinblick auf eine Lebensstiländerung,
   - zur Leistungsfähigkeit im Erwerbsleben unter Bezugnahme auf die individuellen beruflichen Rahmenbedingungen sowie
e) Empfehlungen für weiterführende und Informationen über bereits eingeleitete Leistungen zur Sicherung des Rehabilitationserfolges (z. B. Leistungen zur Teilhabe am Arbeitsleben, stufenweise Wiedereingliederung, Rehabilitationssport und Funktionstraining, Heil- und Hilfsmittelversorgung, Arzneimittelversorgung, psychotherapeutische Leistungen) und zur Wiedereingliederung in das soziale Umfeld bzw. zur psychosozialen Betreuung.

2Die Rehabilitationseinrichtung übermittelt der oder dem Versicherten auf Wunsch den Entlassungsbericht, soweit dem nicht erhebliche therapeutische Gründe entgegenstehen.

(5) Wird während einer ambulanten oder stationären Leistung zur medizinischen Rehabilitation erkennbar, dass der bisherige Arbeitsplatz der Versicherten gefährdet ist oder andere Leistungen zur Teilhabe notwendig sind, unterrichtet die Rehabilitationseinrichtung die Krankenkasse.

§14 Sicherung des Rehabilitationserfolges

(1) Vertragsärztin, Vertragsarzt, Vertragspsychotherapeutin oder Vertragspsychotherapeut und Krankenkasse wirken gemeinsam mit der oder dem Versicherten darauf hin, dass die Empfehlungen für weiterführende Maßnahmen zur Sicherung des Rehabilitationserfolges (z. B. Nachsorge, stufenweise Wiedereingliederung, Leistungen zur Teilhabe am Arbeitsleben) umgesetzt werden.

(2) Ergibt sich während der Rehabilitationsmaßnahme oder aus dem Entlassungsbericht, dass weitere Leistungen zur Teilhabe angezeigt sind, für welche die Krankenkasse als Rehabilitationsträger nicht zuständig ist (zum Beispiel Leistungen zur Teilhabe am Arbeitsleben, zur sozialen Teilhabe, zur Teilhabe an Bildung), leitet sie das weitere Verfahren unter Einbeziehung der oder des Versicherten ein.

Anlage 1

Internationale Klassifikation der Funktionsfähigkeit, Behinderung und Gesundheit (ICF)

– Erläuterungen und Begriffsbestimmungen –

Für die Frage, ob eine Rehabilitation indiziert ist, sind die individuellen Auswirkungen einer Krankheit im Alltag maßgeblich sowie die Faktoren, die darauf Einfluss nehmen. Die WHO stellt für die Beschreibung dieses Bedingungsgefüges mit der ICF ein Klassifikationssystem zur Verfügung. Wegen seiner Bedeutung für die Rehabilitation wird es im Folgenden erläutert.

1 Ziel und Zweck der ICF

Die ICF gehört zu der von der WHO entwickelten „Familie" von Klassifikationen für die Anwendung auf verschiedene Aspekte der Gesundheit. Sie wurde von der 54. Vollversammlung der WHO am 22. Mai 2001 in einer englischsprachigen Version für den internationalen Gebrauch beschlossen.

Die ICF erlaubt eine Differenzierung der Schädigungen, eine Zusammenfassung oder Trennung von Aktivitäten und Teilhabe und berücksichtigt dabei äußere und innere Einflüsse auf Funktionsfähigkeit und Behinderung. Die ICF stellt einen Rahmen zur Beschreibung von Gesundheit und mit Gesundheit zusammenhängenden Zuständen in einheitlicher und standardisierter Sprache zur Verfügung.

Die ICF hat folgende Funktionen:

1. Sie ist eine Konzeption zum besseren Verständnis der Komponenten der Gesundheit (siehe Abschnitt 2 „Begrifflichkeiten und Struktur der ICF") und ein theoretischer Rahmen zum Verständnis des Zusammenhangs zwischen diesen Komponenten.
2. Sie ist ein Schema zur Klassifikation und Kodierung der Komponenten der Gesundheit.

Die ICF ergänzt die ICD. Die deutschsprachige Fassung der ICF wird vom Deutschen Institut für Medizinische Dokumentation und Information, DIMDI (www.dimdi.de) herausgegeben.

2 Begrifflichkeiten und Struktur der ICF

2.1 Funktionsfähigkeit, Behinderung und Kontextfaktoren als Teile der ICF

Die ICF hat eine duale Struktur. Sie besteht aus den Teilen „Funktionsfähigkeit und Behinderung" (Teil 1) sowie „Kontextfaktoren" (Teil 2).

- Funktionsfähigkeit ist ein Oberbegriff für Körperfunktionen und -strukturen, Aktivitäten und Teilhabe. Er bezeichnet die positiven Aspekte der Interaktion zwischen einer Person (mit einem bestimmten Gesundheitszustand) und deren individuellen Kontextfaktoren (umweltbezogene und personbezogene Faktoren).
- Behinderung ist ein Oberbegriff für Schädigungen sowie Beeinträchtigungen der Aktivität und Teilhabe. Er bezeichnet die negativen Aspekte der Interaktion zwischen einer Person (mit einem bestimmten Gesundheitszustand) und deren individuellen Kontextfaktoren.
- Kontextfaktoren stellen den gesamten Lebenshintergrund einer Person dar. Sie umfassen zwei Komponenten: Umweltfaktoren und personbezogene Faktoren. Diese können einen positiven oder negativen Einfluss auf die Funktionsfähigkeit einer Person haben.

2.2 Komponenten der ICF

Die Komponenten des Teiles 1 der ICF sind zum einen Körperfunktionen und -strukturen, zum anderen Aktivitäten und Teilhabe. Die Komponenten des Teiles 2 sind Umweltfaktoren und personbezogene Faktoren.

- Umweltfaktoren bilden die materielle, soziale und einstellungsbezogene Umwelt, in der Menschen leben und ihr Leben gestalten.
- Personbezogene Faktoren sind der spezielle Hintergrund des Lebens und der Lebensführung einer Person und umfassen Gegebenheiten der Person, die nicht Teil ihres Gesundheitsproblems oder Gesundheitszustandes sind. Personbezogene Faktoren sind bislang von der WHO noch nicht klassifiziert worden.

Begriffe der ICF:

- Körperfunktionen sind die physiologischen Funktionen von Körpersystemen (einschließlich psychologischer Funktionen).
- Körperstrukturen sind anatomische Teile des Körpers wie Organe, Gliedmaßen und ihre Bestandteile.
- Beeinträchtigungen dieser Komponente (Körperfunktionen und/oder Körperstrukturen) werden als Schädigungen bezeichnet.
- Eine Aktivität ist die Durchführung einer Aufgabe oder einer Handlung (Aktion) durch eine Person.
- Teilhabe ist das Einbezogensein in eine Lebenssituation.
- Beeinträchtigungen dieser Komponente (Aktivität und/oder Teilhabe) werden als Beeinträchtigungen der Aktivität bzw. Teilhabe bezeichnet.

3 Wechselwirkungen zwischen den Komponenten der ICF

Die Funktionsfähigkeit eines Menschen bezüglich bestimmter Komponenten der Gesundheit ist als eine Wechselwirkung oder komplexe Beziehung zwischen Gesundheitsproblemen und Kontextfaktoren zu verstehen. Es besteht eine dynamische Wechselwirkung zwischen diesen Größen: Interventionen bezüglich einer Größe können eine oder mehrere der anderen Größen verändern (siehe auch Abbildung 1).

Abbildung 1: Wechselwirkungen zwischen den Komponenten der ICF

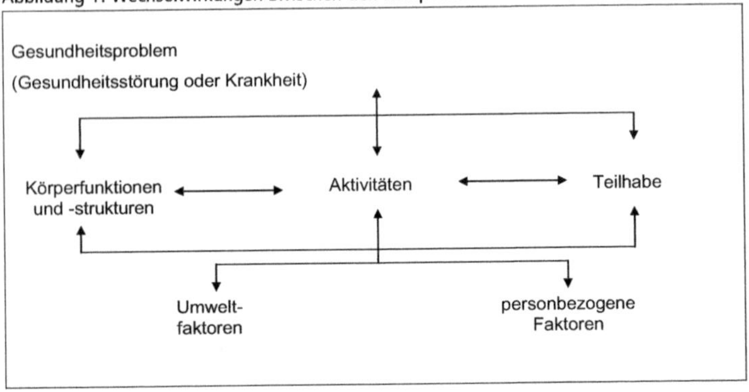

Sozialgesetzbuch (SGB) Sechstes Buch (VI) – Gesetzliche Rentenversicherung – (SGB VI)

in der Fassung der Bekanntmachung vom 19. Februar 2002 (BGBl. I S. 754, S. 1404, S. 3384)

Zuletzt geändert durch
Gesetz zur Novellierung des
Bundespersonalvertretungsgesetzes
vom 9. Juni 2021 (BGBl. I S. 1614)

– Auszug –

Inhaltsübersicht

Zweites Kapitel
Leistungen

Erster Abschnitt
Leistungen zur Teilhabe

Erster Unterabschnitt
Voraussetzungen für die Leistungen

§ 9 Aufgabe der Leistungen zur Teilhabe

(1) 1Die Träger der Rentenversicherung erbringen Leistungen zur Prävention, Leistungen zur medizinischen Rehabilitation, Leistungen zur Teilhabe am Arbeitsleben, Leistungen zur Nachsorge sowie ergänzende Leistungen, um

1. den Auswirkungen einer Krankheit oder einer körperlichen, geistigen oder seelischen Behinderung auf die Erwerbsfähigkeit der Versicherten vorzubeugen, entgegenzuwirken oder sie zu überwinden und
2. dadurch Beeinträchtigungen der Erwerbsfähigkeit der Versicherten oder ihr vorzeitiges Ausscheiden aus dem Erwerbsleben zu verhindern oder sie möglichst dauerhaft in das Erwerbsleben wiedereinzugliedern.

2Die Leistungen zur Prävention haben Vorrang vor den Leistungen zur Teilhabe. 3Die Leistungen zur Teilhabe haben Vorrang vor Rentenleistungen, die bei erfolgreichen Leistungen zur Teilhabe nicht oder voraussichtlich erst zu einem späteren Zeitpunkt zu erbringen sind.

(2) Die Leistungen nach Absatz 1 sind zu erbringen, wenn die persönlichen und versicherungsrechtlichen Voraussetzungen dafür erfüllt sind.

§ 10 Persönliche Voraussetzungen

(1) Für Leistungen zur Teilhabe haben Versicherte die persönlichen Voraussetzungen erfüllt,

1. deren Erwerbsfähigkeit wegen Krankheit oder körperlicher, geistiger oder seelischer Behinderung erheblich gefährdet oder gemindert ist und
2. bei denen voraussichtlich
   a) bei erheblicher Gefährdung der Erwerbsfähigkeit eine Minderung der Erwerbsfähigkeit durch Leistungen zur medizinischen Rehabilitation oder zur Teilhabe am Arbeitsleben abgewendet werden kann,
   b) bei geminderter Erwerbsfähigkeit diese durch Leistungen zur medizinischen Rehabilitation oder zur Teilhabe am Arbeitsleben wesentlich gebessert oder wiederhergestellt oder hierdurch deren wesentliche Verschlechterung abgewendet werden kann,
   c) bei teilweiser Erwerbsminderung ohne Aussicht auf eine wesentliche Besserung der Erwerbsfähigkeit durch Leistungen zur Teilhabe am Arbeitsleben
      aa) der bisherige Arbeitsplatz erhalten werden kann oder
      bb) ein anderer in Aussicht stehender Arbeitsplatz erlangt werden kann, wenn die Erhaltung des bisherigen Arbeitsplatzes nach Feststellung des Trägers der Rentenversicherung nicht möglich ist.

(2) Für Leistungen zur Teilhabe haben auch Versicherte die persönlichen Voraussetzungen erfüllt,

1. die im Bergbau vermindert berufsfähig sind und bei denen voraussichtlich durch die Leistungen die Erwerbsfähigkeit wesentlich gebessert oder wiederhergestellt werden kann oder
2. bei denen der Eintritt von im Bergbau verminderter Berufsfähigkeit droht und bei denen voraussichtlich durch die Leistungen der Eintritt der im Bergbau verminderten Berufsfähigkeit abgewendet werden kann.

(3) Für die Leistungen nach den §§ 14, 15a und 17 haben die Versicherten oder die Kinder die persönlichen Voraussetzungen bei Vorliegen der dortigen Anspruchsvoraussetzungen erfüllt.

§ 11 Versicherungsrechtliche Voraussetzungen

(1) Für Leistungen zur Teilhabe haben Versicherte die versicherungsrechtlichen Voraussetzungen erfüllt, die bei Antragstellung

IV

1. die Wartezeit von 15 Jahren erfüllt haben oder
2. eine Rente wegen verminderter Erwerbsfähigkeit beziehen.

(2) ₁Für die Leistungen zur Prävention und zur medizinischen Rehabilitation haben Versicherte die versicherungsrechtlichen Voraussetzungen auch erfüllt, die

1. in den letzten zwei Jahren vor der Antragstellung sechs Kalendermonate mit Pflichtbeiträgen für eine versicherte Beschäftigung oder Tätigkeit haben,
2. innerhalb von zwei Jahren nach Beendigung einer Ausbildung eine versicherte Beschäftigung oder selbständige Tätigkeit aufgenommen und bis zum Antrag ausgeübt haben oder nach einer solchen Beschäftigung oder Tätigkeit bis zum Antrag arbeitsunfähig oder arbeitslos gewesen sind oder
3. vermindert erwerbsfähig sind oder bei denen dies in absehbarer Zeit zu erwarten ist, wenn sie die allgemeine Wartezeit erfüllt haben.

₂§ 55 Abs. 2 ist entsprechend anzuwenden. ₃Der Zeitraum von zwei Jahren nach Nummer 1 verlängert sich um Anrechnungszeiten wegen des Bezugs von Arbeitslosengeld II. ₄Für die Leistungen nach § 15a an Kinder von Versicherten sind die versicherungsrechtlichen Voraussetzungen erfüllt, wenn der Versicherte die allgemeine Wartezeit oder die in Satz 1 oder in Absatz 1 genannten versicherungsrechtlichen Voraussetzungen erfüllt hat.

(2a) Leistungen zur Teilhabe am Arbeitsleben werden an Versicherte auch erbracht,

1. wenn ohne diese Leistungen Rente wegen verminderter Erwerbsfähigkeit zu leisten wäre oder
2. wenn sie für eine voraussichtlich erfolgreiche Rehabilitation unmittelbar im Anschluss an Leistungen zur medizinischen Rehabilitation der Träger der Rentenversicherung erforderlich sind.

(3) ₁Die versicherungsrechtlichen Voraussetzungen haben auch überlebende Ehegatten erfüllt, die Anspruch auf große Witwenrente oder große Witwerrente wegen verminderter Erwerbsfähigkeit haben. ₂Sie gelten für die Vorschriften dieses Abschnitts als Versicherte.

§ 12 Ausschluss von Leistungen

(1) Leistungen zur Teilhabe werden nicht für Versicherte erbracht, die

1. wegen eines Arbeitsunfalls, einer Berufskrankheit, einer Schädigung im Sinne des sozialen Entschädigungsrechts oder wegen eines Einsatzunfalls, der Ansprüche nach dem Einsatz-Weiterverwendungsgesetz begründet, gleichartige Leistungen eines anderen Rehabilitationsträgers oder Leistungen zur Eingliederung nach dem Einsatz-Weiterverwendungsgesetz erhalten können,
2. eine Rente wegen Alters von wenigstens zwei Dritteln der Vollrente beziehen oder beantragt haben,
3. eine Beschäftigung ausüben, aus der ihnen nach beamtenrechtlichen oder entsprechenden Vorschriften Anwartschaft auf Versorgung gewährleistet ist,
4. als Bezieher einer Versorgung wegen Erreichens einer Altersgrenze versicherungsfrei sind,

4a. eine Leistung beziehen, die regelmäßig bis zum Beginn einer Rente wegen Alters gezahlt wird, oder

5. sich in Untersuchungshaft oder im Vollzug einer Freiheitsstrafe oder freiheitsentziehenden Maßregel der Besserung und Sicherung befinden oder einstweilig nach § 126a Abs. 1 der Strafprozessordnung untergebracht sind. Dies gilt nicht für Versicherte im erleichterten Strafvollzug bei Leistungen zur Teilhabe am Arbeitsleben.

(2) ₁Leistungen zur medizinischen Rehabilitation werden nicht vor Ablauf von vier Jahren nach Durchführung solcher oder ähnlicher Leistungen zur Rehabilitation erbracht, deren Kosten aufgrund öffentlich-rechtlicher Vorschriften getragen oder bezuschusst worden sind. ₂Dies gilt nicht, wenn vorzeitige Leistungen aus gesundheitlichen Gründen dringend erforderlich sind.

Zweiter Unterabschnitt
Umfang der Leistungen

Erster Titel
Allgemeines

§ 13 Leistungsumfang

(1) 1Der Träger der Rentenversicherung bestimmt im Einzelfall unter Beachtung des Wunsch- und Wahlrechts des Versicherten im Sinne des § 8 des Neunten Buches und der Grundsätze der Wirtschaftlichkeit und Sparsamkeit Art, Dauer, Umfang, Beginn und Durchführung dieser Leistungen sowie die Rehabilitationseinrichtung nach pflichtgemäßem Ermessen. 2Die Leistungen werden auf Antrag durch ein Persönliches Budget erbracht; § 29 des Neunten Buches gilt entsprechend.

(2) Der Träger der Rentenversicherung erbringt nicht

1. Leistungen zur medizinischen Rehabilitation in der Phase akuter Behandlungsbedürftigkeit einer Krankheit, es sei denn, die Behandlungsbedürftigkeit tritt während der Ausführung von Leistungen zur medizinischen Rehabilitation ein,
2. Leistungen zur medizinischen Rehabilitation anstelle einer sonst erforderlichen Krankenhausbehandlung,
3. Leistungen zur medizinischen Rehabilitation, die dem allgemein anerkannten Stand medizinischer Erkenntnisse nicht entsprechen.

(3) 1Der Träger der Rentenversicherung erbringt nach Absatz 2 Nr. 1 im Benehmen mit dem Träger der Krankenversicherung für diesen Krankenbehandlung und Leistungen bei Schwangerschaft und Mutterschaft. 2Der Träger der Rentenversicherung kann von dem Träger der Krankenversicherung Erstattung der hierauf entfallenden Aufwendungen verlangen.

(4) Die Träger der Rentenversicherung vereinbaren mit den Spitzenverbänden der Krankenkassen gemeinsam und einheitlich im Benehmen mit dem Bundesministerium für Arbeit und Soziales Näheres zur Durchführung von Absatz 2 Nr. 1 und 2.

Zweiter Titel
Leistungen zur Prävention, zur medizinischen Rehabilitation, zur Teilhabe am Arbeitsleben und zur Nachsorge

§ 14 Leistungen zur Prävention

(1) 1Die Träger der Rentenversicherung erbringen medizinische Leistungen zur Sicherung der Erwerbsfähigkeit an Versicherte, die erste gesundheitliche Beeinträchtigungen aufweisen, die die ausgeübte Beschäftigung gefährden. 2Wird ein Anspruch auf Leistungen zur medizinischen Rehabilitation nach § 15 Absatz 1 in Verbindung mit § 10 Absatz 1 abgelehnt, hat der Träger der Rentenversicherung über die Leistungen zur Prävention zu beraten. 3Die Leistungen können zeitlich begrenzt werden.

(2) 1Um eine einheitliche Rechtsanwendung durch alle Träger der Rentenversicherung sicherzustellen, erlässt die Deutsche Rentenversicherung Bund bis zum 1. Juli 2018 im Benehmen mit dem Bundesministerium für Arbeit und Soziales eine gemeinsame Richtlinie der Träger der Rentenversicherung, die insbesondere die Ziele, die persönlichen Voraussetzungen sowie Art und Umfang der medizinischen Leistungen näher ausführt. 2Die Deutsche Rentenversicherung Bund hat die Richtlinie im Bundesanzeiger zu veröffentlichen. 3Die Richtlinie ist regelmäßig an den medizinischen Fortschritt und die gewonnenen Erfahrungen im Benehmen mit dem Bundesministerium für Arbeit und Soziales anzupassen.

(3) 1Die Träger der Rentenversicherung beteiligen sich mit den Leistungen nach Absatz 1 an der nationalen Präventionsstrategie nach den §§ 20d bis 20g des Fünften Buches. 2Sie wirken darauf hin, dass die Einführung einer freiwilligen, individuellen, berufsbezogenen Gesundheitsvorsorge für Versicherte ab Vollendung des 45. Lebensjahres trägerübergreifend in Modellprojekten erprobt wird.

§ 15 Leistungen zur medizinischen Rehabilitation

(1) 1Die Träger der Rentenversicherung erbringen im Rahmen von Leistungen zur medizinischen Rehabilitation Leistungen nach

den §§ 42 bis 47a des Neunten Buches, ausgenommen Leistungen nach § 42 Abs. 2 Nr. 2 und § 46 des Neunten Buches. 2Zahnärztliche Behandlung einschließlich der Versorgung mit Zahnersatz wird nur erbracht, wenn sie unmittelbar und gezielt zur wesentlichen Besserung oder Wiederherstellung der Erwerbsfähigkeit, insbesondere zur Ausübung des bisherigen Berufs, erforderlich und soweit sie nicht als Leistung der Krankenversicherung oder als Hilfe nach dem Fünften Kapitel des Zwölften Buches zu erbringen ist.

(2) 1Leistungen zur medizinischen Rehabilitation nach den §§ 15, 15a und 31 Absatz 1 Nummer 2, die nach Art und Schwere der Erkrankung erforderlich sind, werden durch Rehabilitationseinrichtungen erbracht, die unter ständiger ärztlicher Verantwortung und Mitwirkung von besonders geschultem Personal entweder vom Träger der Rentenversicherung selbst oder von anderen betrieben werden und nach Absatz 4 zugelassen sind oder als zugelassen gelten (zugelassene Rehabilitationseinrichtungen). 2Die Rehabilitationseinrichtung braucht nicht unter ständiger ärztlicher Verantwortung zu stehen, wenn die Art der Behandlung dies nicht erfordert. 3Leistungen einschließlich der erforderlichen Unterkunft und Verpflegung sollen für längstens drei Wochen erbracht werden. 4Sie können für einen längeren Zeitraum erbracht werden, wenn dies erforderlich ist, um das Rehabilitationsziel zu erreichen.

(3) 1Rehabilitationseinrichtungen haben einen Anspruch auf Zulassung, wenn sie

1. fachlich geeignet sind,
2. sich verpflichten, an den externen Qualitätssicherungsverfahren der Deutschen Rentenversicherung Bund oder einem anderen von der Deutschen Rentenversicherung Bund anerkannten Verfahren teilzunehmen,
3. sich verpflichten, das Vergütungssystem der Deutschen Rentenversicherung Bund anzuerkennen,
4. den elektronischen Datenaustausch mit den Trägern der Rentenversicherung sicherstellen und
5. die datenschutzrechtlichen Regelungen beachten und umsetzen, insbesondere den besonderen Anforderungen an den Sozialdatenschutz Rechnung tragen.

2Fachlich geeignet sind Rehabilitationseinrichtungen, die zur Durchführung der Leistungen zur medizinischen Rehabilitation die personellen, strukturellen und qualitativen Anforderungen erfüllen. 3Dabei sollen die Empfehlungen nach § 37 Absatz 1 des Neunten Buches beachtet werden. 4Zur Ermittlung und Bemessung einer leistungsgerechten Vergütung der Leistungen hat die Deutsche Rentenversicherung Bund ein transparentes, nachvollziehbares und diskriminierungsfreies Vergütungssystem bis zum 31. Dezember 2025 zu entwickeln, wissenschaftlich zu begleiten und zu evaluieren. 5Dabei hat sie tariflich vereinbarte Vergütungen sowie entsprechende Vergütungen nach kirchlichen Arbeitsrechtsregelungen zu beachten.

(4) 1Mit der Zulassungsentscheidung wird die Rehabilitationseinrichtung für die Dauer der Zulassung zur Erbringung von Leistungen zur medizinischen Rehabilitation zugelassen. 2Für Rehabilitationseinrichtungen, die vom Träger der Rentenversicherung selbst betrieben werden oder zukünftig vom Träger der Rentenversicherung selbst betrieben werden, gilt die Zulassung als erteilt.

(5) 1Der federführende Träger der Rentenversicherung entscheidet über die Zulassung von Rehabilitationseinrichtungen auf deren Antrag. 2Federführend ist der Träger der Rentenversicherung, der durch die beteiligten Träger der Rentenversicherung vereinbart wird. 3Er steuert den Prozess der Zulassung in allen Verfahrensschritten und trifft mit Wirkung für alle Träger der Rentenversicherung Entscheidungen. 4Die Entscheidung zur Zulassung ist im Amtsblatt der Europäischen Union zu veröffentlichen. 5Die Zulassungsentscheidung bleibt wirksam, bis sie durch eine neue Zulassungsentscheidung abgelöst oder widerrufen wird. 6Die Zulassungsentscheidung nach Absatz 4 Satz 1 oder die fiktive Zulassung nach Absatz 4 Satz 2 kann jeweils widerrufen werden, wenn die Rehabilitationseinrichtung die Anforderungen

nach Absatz 3 Satz 1 nicht mehr erfüllt. 7Widerspruch und Klage gegen den Widerruf der Zulassungsentscheidung haben keine aufschiebende Wirkung.

(6) 1Die Inanspruchnahme einer zugelassenen Rehabilitationseinrichtung, in der die Leistungen zur medizinischen Rehabilitation entsprechend ihrer Form auch einschließlich der erforderlichen Unterkunft und Verpflegung erbracht werden, erfolgt durch einen Vertrag. 2Der federführende Träger der Rentenversicherung schließt mit Wirkung für alle Träger der Rentenversicherung den Vertrag mit der zugelassenen Rehabilitationseinrichtung ab. 3Der Vertrag begründet keinen Anspruch auf Inanspruchnahme durch den Träger der Rentenversicherung.

(6a) 1Der Versicherte kann dem zuständigen Träger der Rentenversicherung Rehabilitationseinrichtungen vorschlagen. 2Der zuständige Träger der Rentenversicherung prüft, ob die von dem Versicherten vorgeschlagenen Rehabilitationseinrichtungen die Leistung in der nachweislich besten Qualität erbringen. 3Erfüllen die vom Versicherten vorgeschlagenen Rehabilitationseinrichtungen die objektiven sozialmedizinischen Kriterien für die Bestimmung einer Rehabilitationseinrichtung, weist der zuständige Träger der Rentenversicherung dem Versicherten eine Rehabilitationseinrichtung zu. 4Liegt ein Vorschlag des Versicherten nach Satz 1 nicht vor oder erfüllen die vom Versicherten vorgeschlagenen Rehabilitationseinrichtungen die objektiven sozialmedizinischen Kriterien für die Bestimmung einer Rehabilitationseinrichtung nicht, hat der zuständige Träger der Rentenversicherung dem Versicherten unter Darlegung der ergebnisrelevanten objektiven Kriterien Rehabilitationseinrichtungen vorzuschlagen. 5Der Versicherte ist berechtigt, unter den von dem zuständigen Träger der Rentenversicherung vorgeschlagenen Rehabilitationseinrichtungen innerhalb von 14 Tagen auszuwählen.

(7) Die Deutsche Rentenversicherung Bund ist verpflichtet, die Daten der externen Qualitätssicherung zu veröffentlichen und den Trägern der Rentenversicherung als Grundlage für die Inanspruchnahme einer Rehabilitationseinrichtung sowie den Versicherten in einer wahrnehmbaren Form zugänglich zu machen.

(8) 1Die Rehabilitationseinrichtung hat gegen den jeweiligen Träger der Rentenversicherung einen Anspruch auf Vergütung nach Absatz 9 Satz 1 Nummer 2 der gegenüber dem Versicherten erbrachten Leistungen. 2Der federführende Träger der Rentenversicherung vereinbart mit der Rehabilitationseinrichtung den Vergütungssatz; dabei sind insbesondere zu beachten:

1. leistungsspezifische Besonderheiten, Innovationen, neue Konzepte, Methoden,
2. der regionale Faktor und
3. tariflich vereinbarte Vergütungen sowie entsprechende Vergütungen nach kirchlichen Arbeitsrechtsregelungen.

(9) 1Die Deutsche Rentenversicherung Bund hat in Wahrnehmung der ihr nach § 138 Absatz 1 Satz 2 Nummer 4a zugewiesenen Aufgaben für alle Rehabilitationseinrichtungen, die entweder vom Träger der Rentenversicherung selbst oder von anderen betrieben werden, folgende verbindliche Entscheidungen herbeizuführen:

1. zur näheren inhaltlichen Ausgestaltung der Anforderungen nach Absatz 3 für die Zulassung einer Rehabilitationseinrichtung für die Erbringung von Leistungen zur medizinischen Rehabilitation,
2. zu einem verbindlichen, transparenten, nachvollziehbaren und diskriminierungsfreien Vergütungssystem für alle zugelassenen Rehabilitationseinrichtungen nach Absatz 3; dabei sind insbesondere zu berücksichtigen:
   a) die Indikation,
   b) die Form der Leistungserbringung,
   c) spezifische konzeptuelle Aspekte und besondere medizinische Bedarfe,
   d) ein geeignetes Konzept der Bewertungsrelationen zur Gewichtung der Rehabilitationsleistungen und
   e) eine geeignete Datengrundlage für die Kalkulation der Bewertungsrelationen,
3. zu den objektiven sozialmedizinischen Kriterien, die für die Bestimmung einer

IV

Rehabilitationseinrichtung im Rahmen einer Inanspruchnahme nach Absatz 6 maßgebend sind, um die Leistung für den Versicherten in der nachweislich besten Qualität zu erbringen; dabei sind insbesondere zu berücksichtigen:

a) die Indikation,
b) die Nebenindikation,
c) die unabdingbaren Sonderanforderungen,
d) die Qualität der Rehabilitationseinrichtung,
e) die Entfernung zum Wohnort und
f) die Wartezeit bis zur Aufnahme;

das Wunsch- und Wahlrecht der Versicherten nach § 8 des Neunten Buches sowie der Grundsatz der Wirtschaftlichkeit und Sparsamkeit sind zu berücksichtigen,

4. zum näheren Inhalt und Umfang der Daten der externen Qualitätssicherung bei den zugelassenen Rehabilitationseinrichtungen nach Absatz 7 und deren Form der Veröffentlichung; dabei sollen die Empfehlungen nach § 37 Absatz 1 des Neunten Buches beachtet werden.

2Die verbindlichen Entscheidungen zu Satz 1 Nummer 1 bis 4 erfolgen bis zum 30. Juni 2023. 3Die für die Wahrnehmung der Interessen der Rehabilitationseinrichtungen maßgeblichen Vereinigungen der Rehabilitationseinrichtungen und die für die Wahrnehmung der Interessen der Rehabilitandinnen und Rehabilitanden maßgeblichen Verbände erhalten die Gelegenheit zur Stellungnahme. 4Die Stellungnahmen sind bei der Beschlussfassung durch eine geeignete Organisationsform mit dem Ziel einzubeziehen, eine konsensuale Regelung zu erreichen.

(10) Das Bundesministerium für Arbeit und Soziales untersucht die Wirksamkeit der Regelungen nach den Absätzen 3 bis 9 ab dem 1. Januar 2026.

§ 15a Leistungen zur Kinderrehabilitation

(1) 1Die Träger der Rentenversicherung erbringen Leistungen zur medizinischen Rehabilitation für

1. Kinder von Versicherten,
2. Kinder von Beziehern einer Rente wegen Alters oder verminderter Erwerbsfähigkeit und
3. Kinder, die eine Waisenrente beziehen.

2Voraussetzung ist, dass hierdurch voraussichtlich eine erhebliche Gefährdung der Gesundheit beseitigt oder die insbesondere durch chronische Erkrankungen beeinträchtigte Gesundheit wesentlich gebessert oder wiederhergestellt werden kann und dies Einfluss auf die spätere Erwerbsfähigkeit haben kann.

(2) 1Kinder haben Anspruch auf Mitaufnahme

1. einer Begleitperson, wenn diese für die Durchführung oder den Erfolg der Leistung zur Kinderrehabilitation notwendig ist und
2. der Familienangehörigen, wenn die Einbeziehung der Familie in den Rehabilitationsprozess notwendig ist.

2Leistungen zur Nachsorge nach § 17 sind zu erbringen, wenn sie zur Sicherung des Rehabilitationserfolges erforderlich sind.

(3) 1Als Kinder werden auch Kinder im Sinne des § 48 Absatz 3 berücksichtigt. 2Für die Dauer des Anspruchs gilt § 48 Absatz 4 und 5 entsprechend.

(4) 1Die Leistungen einschließlich der erforderlichen Unterkunft und Verpflegung werden in der Regel für mindestens vier Wochen erbracht. 2§ 12 Absatz 2 Satz 1 findet keine Anwendung.

(5) 1Um eine einheitliche Rechtsanwendung durch alle Träger der Rentenversicherung sicherzustellen, erlässt die Deutsche Rentenversicherung Bund bis zum 1. Juli 2018 im Benehmen mit dem Bundesministerium für Arbeit und Soziales eine gemeinsame Richtlinie der Träger der Rentenversicherung, die insbesondere die Ziele, die persönlichen Voraussetzungen sowie Art und Umfang der Leistungen näher ausführt. 2Die Deutsche Rentenversicherung Bund hat die Richtlinie im Bundesanzeiger zu veröffentlichen. 3Die Richtlinie ist regelmäßig an den medizinischen Fortschritt und die gewonnenen Erfahrungen der Träger der Rentenversicherung im

Benehmen mit dem Bundesministerium für Arbeit und Soziales anzupassen.

§ 16 Leistungen zur Teilhabe am Arbeitsleben

Die Träger der gesetzlichen Rentenversicherung erbringen die Leistungen zur Teilhabe am Arbeitsleben nach den §§ 49 bis 54 des Neunten Buches, im Eingangsverfahren und im Berufsbildungsbereich der Werkstätten für behinderte Menschen nach § 57 des Neunten Buches, entsprechende Leistungen bei anderen Leistungsanbietern nach § 60 des Neunten Buches sowie das Budget für Ausbildung nach § 61a des Neunten Buches. Das Budget für Ausbildung wird nur für die Erstausbildung erbracht; ein Anspruch auf Übergangsgeld nach § 20 besteht während der Erbringung des Budgets für Ausbildung nicht. § 61a Absatz 5 des Neunten Buches findet keine Anwendung.

§ 17 Leistungen zur Nachsorge

(1) 1Die Träger der Rentenversicherung erbringen im Anschluss an eine von ihnen erbrachte Leistung zur Teilhabe nachgehende Leistungen, wenn diese erforderlich sind, um den Erfolg der vorangegangenen Leistung zur Teilhabe zu sichern (Leistungen zur Nachsorge). 2Die Leistungen zur Nachsorge können zeitlich begrenzt werden.

(2) 1Um eine einheitliche Rechtsanwendung durch alle Träger der Rentenversicherung sicherzustellen, erlässt die Deutsche Rentenversicherung Bund bis zum 1. Juli 2018 im Benehmen mit dem Bundesministerium für Arbeit und Soziales eine gemeinsame Richtlinie der Träger der Rentenversicherung, die insbesondere die Ziele, die persönlichen Voraussetzungen sowie Art und Umfang der Leistungen näher ausführt. 2Die Deutsche Rentenversicherung Bund hat die Richtlinie im Bundesanzeiger zu veröffentlichen. 3Die Richtlinie ist regelmäßig an den medizinischen Fortschritt und die gewonnenen Erfahrungen im Benehmen mit dem Bundesministerium für Arbeit und Soziales anzupassen.

§§ 18 und 19 (weggefallen)

Dritter Titel Übergangsgeld

§ 20 Anspruch

(1) Anspruch auf Übergangsgeld haben Versicherte, die

1. von einem Träger der Rentenversicherung Leistungen zur Prävention, Leistungen zur medizinischen Rehabilitation, Leistungen zur Teilhabe am Arbeitsleben, Leistungen zur Nachsorge oder sonstige Leistungen zur Teilhabe erhalten, sofern die Leistungen nicht dazu geeignet sind, neben einer Beschäftigung oder selbständigen Tätigkeit erbracht zu werden,
2. (weggefallen)
3. bei Leistungen zur Prävention, Leistungen zur medizinischen Rehabilitation, Leistungen zur Nachsorge oder sonstigen Leistungen zur Teilhabe unmittelbar vor Beginn der Arbeitsunfähigkeit oder, wenn sie nicht arbeitsunfähig sind, unmittelbar vor Beginn der Leistungen
   a) Arbeitsentgelt oder Arbeitseinkommen erzielt und im Bemessungszeitraum Beiträge zur Rentenversicherung gezahlt haben oder
   b) Krankengeld, Verletztengeld, Versorgungskrankengeld, Übergangsgeld, Kurzarbeitergeld, Arbeitslosengeld, Arbeitslosengeld II oder Mutterschaftsgeld bezogen haben und für die von dem der Sozialleistung zugrundeliegenden Arbeitsentgelt oder Arbeitseinkommen oder im Falle des Bezugs von Arbeitslosengeld II zuvor aus Arbeitsentgelt oder Arbeitseinkommen Beiträge zur Rentenversicherung gezahlt worden sind.

(2) Versicherte, die Anspruch auf Arbeitslosengeld nach dem Dritten Buch oder Anspruch auf Arbeitslosengeld II nach dem Zweiten Buch haben, haben abweichend von Absatz 1 Nummer 1 Anspruch auf Übergangsgeld, wenn sie wegen der Inanspruchnahme der Leistungen zur Teilhabe keine ganztägige Erwerbstätigkeit ausüben können.

(3) Versicherte, die Anspruch auf Krankengeld nach § 44 des Fünften Buches haben und ambulante Leistungen zur Prävention und Nachsorge in einem zeitlich geringen Umfang erhalten, haben abweichend von Absatz 1 Nummer 1 ab Inkrafttreten der Vereinbarung nach Absatz 4 nur Anspruch auf Übergangsgeld, sofern die Vereinbarung dies vorsieht.

(4) 1Die Deutsche Rentenversicherung Bund und der Spitzenverband Bund der Krankenkassen vereinbaren im Benehmen mit dem Bundesministerium für Arbeit und Soziales und dem Bundesministerium für Gesundheit bis zum 31. Dezember 2017, unter welchen Voraussetzungen Versicherte nach Absatz 3 einen Anspruch auf Übergangsgeld haben. 2Unzuständig geleistete Zahlungen von Entgeltersatzleistungen sind vom zuständigen Träger der Leistung zu erstatten.

IV

§ 21 Höhe und Berechnung

(1) Höhe und Berechnung des Übergangsgeldes bestimmen sich nach Teil 1 Kapitel 11 des Neunten Buches, soweit die Absätze 2 bis 4 nichts Abweichendes bestimmen.

(2) Die Berechnungsgrundlage für das Übergangsgeld wird für Versicherte, die Arbeitseinkommen erzielt haben, und für freiwillig Versicherte, die Arbeitsentgelt erzielt haben, aus 80 vom Hundert des Einkommens ermittelt, das den vor Beginn der Leistungen für das letzte Kalenderjahr (Bemessungszeitraum) gezahlten Beiträgen zugrunde liegt.

(3) § 69 des Neunten Buches wird mit der Maßgabe angewendet, dass Versicherte unmittelbar vor dem Bezug der dort genannten Leistungen Pflichtbeiträge geleistet haben.

(4) 1Versicherte, die unmittelbar vor Beginn der Arbeitsunfähigkeit oder, wenn sie nicht arbeitsunfähig sind, unmittelbar vor Beginn der medizinischen Leistungen Arbeitslosengeld bezogen und die zuvor Pflichtbeiträge gezahlt haben, erhalten Übergangsgeld bei medizinischen Leistungen in Höhe des bei Krankheit zu erbringenden Krankengeldes (§ 47b des Fünften Buches); Versicherte, die unmittelbar vor Beginn der Arbeitsunfähigkeit oder, wenn sie nicht arbeitsunfähig sind, unmittelbar vor Beginn der medizinischen Leistungen Arbeitslosengeld II bezogen und die zuvor Pflichtbeiträge gezahlt haben, erhalten Übergangsgeld bei medizinischen Leistungen in Höhe des Betrages des Arbeitslosengeldes II. 2Dies gilt nicht für Empfänger der Leistung,

a) die Arbeitslosengeld II nur darlehensweise oder
b) die nur Leistungen nach § 24 Absatz 3 Satz 1 des Zweiten Buches beziehen, oder
c) die auf Grund von § 2 Abs. 1a des Bundesausbildungsförderungsgesetzes keinen Anspruch auf Ausbildungsförderung haben oder
d) deren Bedarf sich nach § 12 Absatz 1 Nummer 1 des Bundesausbildungsförderungsgesetzes, nach § 62 Absatz 1 oder § 124 Absatz 1 Nummer 1 des Dritten Buches bemisst oder
e) die Arbeitslosengeld II als ergänzende Leistungen zum Einkommen erhalten.

(5) Für Versicherte, die im Bemessungszeitraum eine Bergmannsprämie bezogen haben, wird die Berechnungsgrundlage um einen Betrag in Höhe der gezahlten Bergmannsprämie erhöht.

§§ 22 bis 27 (weggefallen)

Vierter Titel
Ergänzende Leistungen

§ 28 Ergänzende Leistungen

(1) Die Leistungen zur Teilhabe werden außer durch das Übergangsgeld ergänzt durch die Leistungen nach § 64 Absatz 1 Nummer 2 bis 6 und Absatz 2 sowie nach den §§ 73 und 74 des Neunten Buches.

(2) 1Für ambulante Leistungen zur Prävention und Nachsorge gilt Absatz 1 mit der Maßgabe, dass die Leistungen nach den §§ 73 und 74 des Neunten Buches im Einzelfall bewilligt werden können, wenn sie zur Durchführung der Leistungen notwendig sind. 2Fahrkosten nach § 73 Absatz 4 des Neunten Buches können pauschaliert bewilligt werden.

§§ 29 und 30 (weggefallen)

Fünfter Titel
Sonstige Leistungen

§ 31 Sonstige Leistungen

(1) Als sonstige Leistungen zur Teilhabe können erbracht werden:

1. Leistungen zur Eingliederung von Versicherten in das Erwerbsleben, die von den Leistungen nach den §§ 14, 15, 15a, 16 und 17 sowie den ergänzenden Leistungen nach § 64 des Neunten Buches nicht umfasst sind,
2. Leistungen zur onkologischen Nachsorge für Versicherte, Bezieher einer Rente und ihre jeweiligen Angehörigen sowie
3. Zuwendungen für Einrichtungen, die auf dem Gebiet der Rehabilitation forschen oder die Rehabilitation fördern.

(2) 1Die Leistungen nach Absatz 1 Nummer 1 setzen voraus, dass die persönlichen und versicherungsrechtlichen Voraussetzungen erfüllt sind. 2Die Leistungen für Versicherte nach Absatz 1 Nummer 2 setzen voraus, dass die versicherungsrechtlichen Voraussetzungen erfüllt sind. 3Die Deutsche Rentenversicherung Bund kann im Benehmen mit dem Bundesministerium für Arbeit und Soziales Richtlinien erlassen, die insbesondere die Ziele sowie Art und Umfang der Leistungen näher ausführen.

Sechster Titel
Zuzahlung bei Leistungen zur medizinischen Rehabilitation und bei sonstigen Leistungen

§ 32 Zuzahlung bei Leistungen zur medizinischen Rehabilitation und bei sonstigen Leistungen

(1) 1Versicherte, die das 18. Lebensjahr vollendet haben und Leistungen zur medizinischen Rehabilitation nach § 15 einschließlich der erforderlichen Unterkunft und Verpflegung in Anspruch nehmen, zahlen für jeden Kalendertag dieser Leistungen den sich nach § 40 Abs. 5 des Fünften Buches ergebenden Betrag. 2Die Zuzahlung ist für längstens 14 Tage und in Höhe des sich nach § 40 Abs. 6 des Fünften Buches ergebenden Betrags zu leisten, wenn der unmittelbare Anschluss der stationären Heilbehandlung an eine Krankenhausbehandlung medizinisch notwendig ist (Anschlussrehabilitation); als unmittelbar gilt auch, wenn die Maßnahme innerhalb von 14 Tagen beginnt, es sei denn, die Einhaltung dieser Frist ist aus zwingenden tatsächlichen oder medizinischen Gründen nicht möglich. 3Hierbei ist eine innerhalb eines Kalenderjahres an einen Träger der gesetzlichen Krankenversicherung geleistete Zuzahlung anzurechnen.

(2) Absatz 1 gilt auch für Versicherte oder Bezieher einer Rente, die das 18. Lebensjahr vollendet haben und für sich, ihre Ehegatten oder Lebenspartner sonstige Leistungen einschließlich der erforderlichen Unterkunft und Verpflegung in Anspruch nehmen.

(3) Bezieht ein Versicherter Übergangsgeld, das nach § 66 Absatz 1 des Neunten Buches begrenzt ist, hat er für die Zeit des Bezugs von Übergangsgeld eine Zuzahlung nicht zu leisten.

(4) Der Träger der Rentenversicherung bestimmt, unter welchen Voraussetzungen von der Zuzahlung nach Absatz 1 oder 2 abgesehen werden kann, wenn sie den Versicherten oder den Rentner unzumutbar belasten würde.

(5) Die Zuzahlung steht der Annahme einer vollen Übernahme der Aufwendungen für die Leistungen zur Teilhabe im Sinne arbeitsrechtlicher Vorschriften nicht entgegen.

Zweiter Abschnitt
Renten

Zweiter Unterabschnitt
Anspruchsvoraussetzungen für einzelne Renten

Erster Titel
Renten wegen Alters

§ 37 Altersrente für schwerbehinderte Menschen

1Versicherte haben Anspruch auf Altersrente für schwerbehinderte Menschen, wenn sie

1. das 65. Lebensjahr vollendet haben,
2. bei Beginn der Altersrente als schwerbehinderte Menschen (§ 2 Abs. 2 Neuntes Buch) anerkannt sind und
3. die Wartezeit von 35 Jahren erfüllt haben.

2Die vorzeitige Inanspruchnahme dieser Altersrente ist nach Vollendung des 62. Lebensjahres möglich.

Zweiter Titel
Renten wegen verminderter Erwerbsfähigkeit

IV

§ 43 Rente wegen Erwerbsminderung

(1) 1Versicherte haben bis zum Erreichen der Regelaltersgrenze Anspruch auf Rente wegen teilweiser Erwerbsminderung, wenn sie
1. teilweise erwerbsgemindert sind,
2. in den letzten fünf Jahren vor Eintritt der Erwerbsminderung drei Jahre Pflichtbeiträge für eine versicherte Beschäftigung oder Tätigkeit haben und
3. vor Eintritt der Erwerbsminderung die allgemeine Wartezeit erfüllt haben.

2Teilweise erwerbsgemindert sind Versicherte, die wegen Krankheit oder Behinderung auf nicht absehbare Zeit außerstande sind, unter den üblichen Bedingungen des allgemeinen Arbeitsmarktes mindestens sechs Stunden täglich erwerbstätig zu sein.

(2) 1Versicherte haben bis zum Erreichen der Regelaltersgrenze Anspruch auf Rente wegen voller Erwerbsminderung, wenn sie
1. voll erwerbsgemindert sind,
2. in den letzten fünf Jahren vor Eintritt der Erwerbsminderung drei Jahre Pflichtbeiträge für eine versicherte Beschäftigung oder Tätigkeit haben und
3. vor Eintritt der Erwerbsminderung die allgemeine Wartezeit erfüllt haben.

2Voll erwerbsgemindert sind Versicherte, die wegen Krankheit oder Behinderung auf nicht absehbare Zeit außerstande sind, unter den üblichen Bedingungen des allgemeinen Arbeitsmarktes mindestens drei Stunden täglich erwerbstätig zu sein. 3Voll erwerbsgemindert sind auch
1. Versicherte nach § 1 Satz 1 Nr. 2, die wegen Art oder Schwere der Behinderung nicht auf dem allgemeinen Arbeitsmarkt tätig sein können und
2. Versicherte, die bereits vor Erfüllung der allgemeinen Wartezeit voll erwerbsgemindert waren, in der Zeit einer nicht erfolgreichen Eingliederung in den allgemeinen Arbeitsmarkt.

(3) Erwerbsgemindert ist nicht, wer unter den üblichen Bedingungen des allgemeinen Arbeitsmarktes mindestens sechs Stunden täglich erwerbstätig sein kann; dabei ist die jeweilige Arbeitsmarktlage nicht zu berücksichtigen.

(4) Der Zeitraum von fünf Jahren vor Eintritt der Erwerbsminderung verlängert sich um folgende Zeiten, die nicht mit Pflichtbeiträgen für eine versicherte Beschäftigung oder Tätigkeit belegt sind:
1. Anrechnungszeiten und Zeiten des Bezugs einer Rente wegen verminderter Erwerbsfähigkeit,
2. Berücksichtigungszeiten,
3. Zeiten, die nur deshalb keine Anrechnungszeiten sind, weil durch sie eine versicherte Beschäftigung oder selbständige Tätigkeit nicht unterbrochen ist, wenn in den letzten sechs Kalendermonaten vor Beginn dieser Zeiten wenigstens ein Pflichtbeitrag für eine versicherte Beschäftigung oder Tätigkeit oder eine Zeit nach Nummer 1 oder 2 liegt,
4. Zeiten einer schulischen Ausbildung nach Vollendung des 17. Lebensjahres bis zu sieben Jahren, gemindert um Anrechnungszeiten wegen schulischer Ausbildung.

(5) Eine Pflichtbeitragszeit von drei Jahren für eine versicherte Beschäftigung oder Tätigkeit ist nicht erforderlich, wenn die Erwerbsminderung aufgrund eines Tatbestandes eingetreten ist, durch den die allgemeine Wartezeit vorzeitig erfüllt ist.

(6) Versicherte, die bereits vor Erfüllung der allgemeinen Wartezeit voll erwerbsgemindert waren und seitdem ununterbrochen voll erwerbsgemindert sind, haben Anspruch auf Rente wegen voller Erwerbsminderung, wenn sie die Wartezeit von 20 Jahren erfüllt haben.

Viertes Kapitel
Finanzierung

Zweiter Abschnitt
Beiträge und Verfahren

Erster Unterabschnitt
Beiträge

Zweiter Titel
Beitragsbemessungsgrundlagen

§ 162 Beitragspflichtige Einnahmen Beschäftigter

[1]Beitragspflichtige Einnahmen sind

1. bei Personen, die gegen Arbeitsentgelt beschäftigt werden, das Arbeitsentgelt aus der versicherungspflichtigen Beschäftigung, jedoch bei Personen, die zu ihrer Berufsausbildung beschäftigt werden, mindestens 1 vom Hundert der Bezugsgröße,
2. bei behinderten Menschen das Arbeitsentgelt, mindestens 80 vom Hundert der Bezugsgröße,

2a. bei behinderten Menschen, die im Anschluss an eine Beschäftigung in einer nach dem Neunten Buch anerkannten Werkstatt für behinderte Menschen oder nach einer Beschäftigung bei einem anderen Leistungsanbieter nach § 60 des Neunten Buches in einem Inklusionsbetrieb (§ 215 des Neunten Buches) beschäftigt sind, das Arbeitsentgelt, mindestens 80 vom Hundert der Bezugsgröße,

3. bei Personen, die für eine Erwerbstätigkeit befähigt werden sollen oder im Rahmen einer Unterstützten Beschäftigung nach § 55 des Neunten Buches individuell betrieblich qualifiziert werden, ein Arbeitsentgelt in Höhe von 20 vom Hundert der monatlichen Bezugsgröße,
4. bei Mitgliedern geistlicher Genossenschaften, Diakonissen und Angehörigen ähnlicher Gemeinschaften die Geld- und Sachbezüge, die sie persönlich erhalten, jedoch bei Mitgliedern, denen nach Beendigung ihrer Ausbildung eine Anwartschaft auf die in der Gemeinschaft übliche Versorgung nicht gewährleistet oder für die die Gewährleistung nicht gesichert ist (§ 5 Abs. 1 Satz 1 Nr. 3), mindestens 40 vom Hundert der Bezugsgröße,
5. bei Personen, deren Beschäftigung nach dem Einkommensteuerrecht als selbständige Tätigkeit bewertet wird, ein Einkommen in Höhe der Bezugsgröße, bei Nachweis eines niedrigeren oder höheren Einkommens jedoch dieses Einkommen, mindestens jedoch monatlich 450 Euro. [2]§ 165 Abs. 1 Satz 2 bis 10 gilt entsprechend.

Dritter Titel
Verteilung der Beitragslast

§ 168 Beitragstragung bei Beschäftigten

(1) Die Beiträge werden getragen

1. bei Personen, die gegen Arbeitsentgelt beschäftigt werden, von den Versicherten und von den Arbeitgebern je zur Hälfte,

1a. bei Arbeitnehmern, die Kurzarbeitergeld beziehen, vom Arbeitgeber,

1b. bei Personen, die gegen Arbeitsentgelt geringfügig versicherungspflichtig beschäftigt werden, von den Arbeitgebern in Höhe des Betrages, der 15 vom Hundert des der Beschäftigung zugrunde liegenden Arbeitsentgelts entspricht, im Übrigen vom Versicherten,

1c. bei Personen, die gegen Arbeitsentgelt in Privathaushalten geringfügig versicherungspflichtig beschäftigt werden, von den Arbeitgebern in Höhe des Betrages, der 5 vom Hundert des der Beschäftigung zugrunde liegenden Arbeitsentgelts entspricht, im Übrigen vom Versicherten,

1d. bei Arbeitnehmern, deren beitragspflichtige Einnahme sich nach § 163 Abs. 10 Satz 1 bestimmt, von den Arbeitgebern in Höhe der Hälfte des Betrages, der sich ergibt, wenn der Beitragssatz auf das der Beschäftigung zugrunde liegende Arbeitsentgelt angewendet wird, im Übrigen vom Versicherten,

2. bei behinderten Menschen von den Trägern der Einrichtung oder dem anderen Leistungsanbieter nach § 60 des Neunten Buches, wenn ein Arbeitsentgelt nicht bezogen wird oder das monatliche Arbeits-

entgelt 20 vom Hundert der monatlichen Bezugsgröße nicht übersteigt, sowie für den Betrag zwischen dem monatlichen Arbeitsentgelt und 80 vom Hundert der monatlichen Bezugsgröße, wenn das monatliche Arbeitsentgelt 80 vom Hundert der monatlichen Bezugsgröße nicht übersteigt, im Übrigen von den Versicherten und den Trägern der Einrichtung je zur Hälfte,

2a. bei behinderten Menschen, die im Anschluss an eine Beschäftigung in einer nach dem Neunten Buch anerkannten Werkstatt für behinderte Menschen oder nach einer Beschäftigung bei einem anderen Leistungsanbieter nach § 60 des Neunten Buches in einem Inklusionsbetrieb (§ 215 Neuntes Buch) beschäftigt sind, von den Trägern der Inklusionsbetriebe für den Betrag zwischen dem monatlichen Arbeitsentgelt und 80 vom Hundert der monatlichen Bezugsgröße, wenn das monatliche Arbeitsentgelt 80 vom Hundert der monatlichen Bezugsgröße nicht übersteigt, im Übrigen von den Versicherten und den Trägern der Inklusionsbetriebe je zur Hälfte,

3. bei Personen, die für eine Erwerbstätigkeit befähigt werden sollen, von den Trägern der Einrichtung,

3a. bei behinderten Menschen während der individuellen betrieblichen Qualifizierung im Rahmen der Unterstützten Beschäftigung nach § 55 des Neunten Buches von dem zuständigen Rehabilitationsträger,

4. bei Mitgliedern geistlicher Genossenschaften, Diakonissen und Angehörigen ähnlicher Gemeinschaften von den Genossenschaften oder Gemeinschaften, wenn das monatliche Arbeitsentgelt 40 vom Hundert der monatlichen Bezugsgröße nicht übersteigt, im Übrigen von den Mitgliedern und den Genossenschaften oder Gemeinschaften je zur Hälfte,

5. bei Arbeitnehmern, die ehrenamtlich tätig sind, für den Unterschiedsbetrag von ihnen selbst,

6. bei Arbeitnehmern, die nach dem Altersteilzeitgesetz Aufstockungsbeträge zum Arbeitsentgelt erhalten, für die sich nach § 163 Abs. 5 Satz 1 ergebende beitragspflichtige Einnahme von den Arbeitgebern,

7. bei Arbeitnehmern, die nach dem Altersteilzeitgesetz Aufstockungsbeträge zum Krankengeld, Versorgungskrankengeld, Verletztengeld, Übergangsgeld oder Krankentagegeld erhalten, für die sich nach § 163 Abs. 5 Satz 2 ergebende beitragspflichtige Einnahme
   a) von der Bundesagentur oder, im Fall der Leistungserbringung nach § 10 Abs. 2 Satz 2 des Altersteilzeitgesetzes, von den Arbeitgebern, wenn die Voraussetzungen des § 4 des Altersteilzeitgesetzes vorliegen,
   b) von den Arbeitgebern, wenn die Voraussetzungen des § 4 des Altersteilzeitgesetzes nicht vorliegen.

(2) Wird infolge einmalig gezahlten Arbeitsentgelts die in Absatz 1 Nr. 2 genannte Grenze von 20 vom Hundert der monatlichen Bezugsgröße überschritten, tragen die Versicherten und die Arbeitgeber die Beiträge von dem diese Grenze übersteigenden Teil des Arbeitsentgelts jeweils zur Hälfte; im Übrigen tragen die Arbeitgeber den Beitrag allein.

(3) Personen, die in der knappschaftlichen Rentenversicherung versichert sind, tragen die Beiträge in Höhe des Vomhundertsatzes, den sie zu tragen hätten, wenn sie in der allgemeinen Rentenversicherung versichert wären; im Übrigen tragen die Arbeitgeber die Beiträge.

Vierter Titel
Zahlung der Beiträge

§ 176 Beitragszahlung und Abrechnung bei Bezug von Sozialleistungen, bei Leistungen im Eingangsverfahren und im Berufsbildungsbereich anerkannter Werkstätten für behinderte Menschen

(1) 1Soweit Personen, die Krankengeld, Pflegeunterstützungsgeld oder Verletztengeld beziehen, an den Beiträgen zur Rentenversicherung beteiligt sind, zahlen die Leistungs-

träger die Beiträge an die Träger der Rentenversicherung. 2Als Leistungsträger gelten bei Bezug von Pflegeunterstützungsgeld auch private Versicherungsunternehmen, Festsetzungsstellen für die Beihilfe und Dienstherren. 3Für den Beitragsabzug gilt § 28g Satz 1 des Vierten Buches entsprechend.

(2) 1Das Nähere über Zahlung und Abrechnung der Beiträge für Bezieher von Sozialleistungen können die Leistungsträger und die Deutsche Rentenversicherung Bund durch Vereinbarung regeln. 2Bei Bezug von Pflegeunterstützungsgeld gilt § 176a entsprechend.

(3) 1Ist ein Träger der Rentenversicherung Träger der Rehabilitation, gelten die Beiträge als gezahlt. 2Satz 1 gilt entsprechend bei Leistungen im Eingangsverfahren und im Berufsbildungsbereich anerkannter Werkstätten für behinderte Menschen oder entsprechenden Leistungen bei einem anderen Leistungsanbieter nach § 60 des Neunten Buches.

Fünfter Titel
Erstattungen

§ 179 Erstattung von Aufwendungen

(1) 1Für behinderte Menschen nach § 1 Satz 1 Nummer 2 Buchstabe a, die im Arbeitsbereich einer anerkannten Werkstatt für behinderte Menschen oder bei einem anderen Leistungsanbieter nach § 60 des Neunten Buches tätig sind, erstattet der Bund den Trägern der Einrichtung oder dem anderen Anbieter nach § 60 des Neunten Buches die Beiträge, die auf den Betrag zwischen dem tatsächlich erzielten monatlichen Arbeitsentgelt und 80 Prozent der monatlichen Bezugsgröße entfallen, wenn das tatsächlich erzielte monatliche Arbeitsentgelt 80 Prozent der monatlichen Bezugsgröße nicht übersteigt; der Bund erstattet den Trägern der Einrichtung oder dem anderen Leistungsanbieter nach § 60 des Neunten Buches ferner die Beiträge für behinderte Menschen im Eingangsverfahren und im Berufsbildungsbereich einer anerkannten Werkstatt für behinderte Menschen oder in einer entsprechenden Bildungsmaßnahme bei einem anderen Leistungsanbieter nach § 60 des Neunten Buches, soweit Satz 2 nichts anderes bestimmt. 2Im Übrigen erstatten die Kostenträger den Trägern der Einrichtung oder dem anderen Leistungsanbieter nach § 60 des Neunten Buches die von diesen getragenen Beiträge für behinderte Menschen; das gilt auch, wenn sie im Eingangsverfahren oder im Berufsbildungsbereich anerkannter Werkstätten für behinderte Menschen oder in einer entsprechenden Bildungsmaßnahme bei einem anderen Leistungsanbieter nach § 60 des Neunten Buches tätig sind, soweit die Bundesagentur für Arbeit, die Träger der Unfallversicherung oder die Träger der Rentenversicherung zuständige Kostenträger sind. 3Für behinderte Menschen, die im Anschluss an eine Beschäftigung in einer nach dem Neunten Buch anerkannten Werkstatt für behinderte Menschen oder im Anschluss an eine Beschäftigung bei einem anderen Leistungsanbieter nach § 60 des Neunten Buches in einem Inklusionsbetrieb (§ 215 des Neunten Buches) beschäftigt sind, gilt Satz 1 entsprechend. 4Die zuständigen Stellen, die Erstattungen des Bundes nach Satz 1 oder 3 durchführen, können auch nach erfolgter Erstattung bei den davon umfassten Einrichtungen, anderen Leistungsanbietern nach § 60 des Neunten Buches, Inklusionsbetrieben oder bei deren Trägern die Voraussetzungen der Erstattung prüfen. 5Soweit es im Einzelfall erforderlich ist, haben die von der Erstattung umfassten Einrichtungen, anderen Leistungsanbietern nach § 60 des Neunten Buches, Inklusionsbetriebe oder deren Träger den zuständigen Stellen auf Verlangen über alle Tatsachen Auskunft zu erteilen, die für die Prüfung der Voraussetzungen der Erstattung erforderlich sind. 6Sie haben auf Verlangen die Geschäftsbücher, Listen oder andere Unterlagen, aus denen die Angaben über die der Erstattung zu Grunde liegende Beschäftigung hervorgehen, während der Betriebszeit nach ihrer Wahl entweder in ihren eigenen Geschäftsräumen oder denen der zuständigen Stelle zur Einsicht vorzulegen. 7Das Wahlrecht nach Satz 6 entfällt, wenn besondere Gründe eine Prüfung in den Geschäftsräumen der Einrichtungen, anderen Leis-

IV

tungsanbietern nach § 60 des Neunten Buches, Inklusionsbetriebe oder deren Trägern gerechtfertigt erscheinen lassen.

(1a) 1Ein auf anderen gesetzlichen Vorschriften beruhender Anspruch auf Ersatz eines Schadens geht auf den Bund über, soweit dieser auf Grund des Schadensereignisses Erstattungsleistungen nach Absatz 1 Satz 1 und 3 erbracht hat. 2Die nach Landesrecht für die Erstattung von Aufwendungen für die gesetzliche Rentenversicherung der in Werkstätten oder bei einem anderen Leistungsanbieter nach § 60 des Neunten Buches beschäftigten behinderten Menschen zuständige Stelle macht den nach Satz 1 übergegangenen Anspruch geltend. 3§ 116 Abs. 2 bis 7, 9 und die §§ 117 und 118 des Zehnten Buches gelten entsprechend. 4Werden Beiträge nach Absatz 1 Satz 2 erstattet, gelten die Sätze 1 und 3 entsprechend mit der Maßgabe, dass der Anspruch auf den Kostenträger übergeht. 5Der Kostenträger erfragt, ob ein Schadensereignis vorliegt und übermittelt diese Antwort an die Stelle, die den Anspruch auf Ersatz von Beiträgen zur Rentenversicherung geltend macht.

(2) 1Bei den nach § 4 Absatz 1 versicherten Personen sind unbeschadet der Regelung über die Beitragstragung Vereinbarungen zulässig, wonach Versicherte den antragstellenden Stellen die Beiträge ganz oder teilweise zu erstatten haben. 2Besteht eine Pflicht zur Antragstellung nach § 11 des Entwicklungshelfer-Gesetzes, so ist eine Vereinbarung zulässig, soweit die Entwicklungshelfer von einer Stelle im Sinne des § 5 Abs. 2 des Entwicklungshelfer-Gesetzes Zuwendungen erhalten, die zur Abdeckung von Risiken bestimmt sind, die von der Rentenversicherung abgesichert werden.

§ 180 Verordnungsermächtigung

Das Bundesministerium für Arbeit und Soziales wird ermächtigt, im Einvernehmen mit dem Bundesministerium der Finanzen durch Rechtsverordnung mit Zustimmung des Bundesrates das Nähere über die Erstattung von Beiträgen für behinderte Menschen, die Zahlung von Vorschüssen sowie die Prüfung der Voraussetzungen der Erstattungen bei den Einrichtungen, bei anderen Leistungsanbietern nach § 60 des Neunten Buches, Inklusionsbetrieben und bei deren Trägern einschließlich deren Mitwirkung gemäß § 179 Abs. 1 zu regeln.

Sozialgesetzbuch (SGB) Siebtes Buch (VII) – Gesetzliche Unfallversicherung – (SGB VII)

Vom 7. August 1996 (BGBl. I S. 1254)

Zuletzt geändert durch
Betriebsrätemodernisierungsgesetz
vom 14. Juni 2021 (BGBl. I S. 1762)

– Auszug –

Inhaltsübersicht

IV

Drittes Kapitel
Leistungen nach Eintritt eines Versicherungsfalls

Erster Abschnitt
Heilbehandlung, Leistungen zur Teilhabe am Arbeitsleben, Leistungen zur Sozialen Teilhabe und ergänzende Leistungen, Pflege, Geldleistungen

Erster Unterabschnitt
Anspruch und Leistungsarten

§ 26 Grundsatz

(1) 1Versicherte haben nach Maßgabe der folgenden Vorschriften und unter Beachtung des Neunten Buches Anspruch auf Heilbehandlung einschließlich Leistungen zur medizinischen Rehabilitation, auf Leistungen zur Teilhabe am Arbeitsleben und zur Sozialen Teilhabe, auf ergänzende Leistungen, auf Leistungen bei Pflegebedürftigkeit sowie auf Geldleistungen. 2Die Leistungen werden auf Antrag durch ein Persönliches Budget nach § 29 des Neunten Buches erbracht; dies gilt im Rahmen des Anspruchs auf Heilbehandlung nur für die Leistungen zur medizinischen Rehabilitation.

(2) Der Unfallversicherungsträger hat mit allen geeigneten Mitteln möglichst frühzeitig

1. den durch den Versicherungsfall verursachten Gesundheitsschaden zu beseitigen oder zu bessern, seine Verschlimmerung zu verhüten und seine Folgen zu mildern,
2. den Versicherten einen ihren Neigungen und Fähigkeiten entsprechenden Platz im Arbeitsleben zu sichern,
3. Hilfen zur Bewältigung der Anforderungen des täglichen Lebens und zur Teilhabe am Leben in der Gemeinschaft sowie zur Führung eines möglichst selbständigen Lebens unter Berücksichtigung von Art und Schwere des Gesundheitsschadens bereitzustellen,
4. ergänzende Leistungen zur Heilbehandlung und zu Leistungen zur Teilhabe am Arbeitsleben und zur Sozialen Teilhabe zu erbringen,
5. Leistungen bei Pflegebedürftigkeit zu erbringen.

(3) Die Leistungen zur Heilbehandlung und zur Rehabilitation haben Vorrang vor Rentenleistungen.

(4) 1Qualität und Wirksamkeit der Leistungen zur Heilbehandlung und Teilhabe haben dem allgemein anerkannten Stand der medizinischen Erkenntnisse zu entsprechen und den medizinischen Fortschritt zu berücksichtigen. 2Sie werden als Dienst- und Sachleistungen zur Verfügung gestellt, soweit dieses oder das Neunte Buch keine Abweichungen vorsehen.

(5) 1Die Unfallversicherungsträger bestimmen im Einzelfall Art, Umfang und Durchführung der Heilbehandlung und der Leistungen zur Teilhabe sowie die Einrichtungen, die diese Leistungen erbringen, nach pflichtgemäßem Ermessen. 2Dabei prüfen sie auch, welche Leistungen geeignet und zumutbar sind, Pflegebedürftigkeit zu vermeiden, zu überwinden, zu mindern oder ihre Verschlimmerung zu verhüten.

Zweiter Unterabschnitt
Heilbehandlung

§ 27 Umfang der Heilbehandlung

(1) Die Heilbehandlung umfaßt insbesondere

1. Erstversorgung,
2. ärztliche Behandlung,
3. zahnärztliche Behandlung einschließlich der Versorgung mit Zahnersatz,
4. Versorgung mit Arznei-, Verband-, Heil- und Hilfsmitteln,
5. häusliche Krankenpflege,
6. Behandlung in Krankenhäusern und Rehabilitationseinrichtungen,
7. Leistungen zur medizinischen Rehabilitation nach § 42 Abs. 2 Nr. 1 und 3 bis 7 und Abs. 3 des Neunten Buches.

(2) In den Fällen des § 8 Abs. 3 wird ein beschädigtes oder verlorengegangenes Hilfsmittel wiederhergestellt oder erneuert.

(3) Während einer aufgrund eines Gesetzes angeordneten Freiheitsentziehung wird Heilbehandlung erbracht, soweit Belange des Vollzugs nicht entgegenstehen.

§ 31 Hilfsmittel

(1) 1Hilfsmittel sind alle ärztlich verordneten Sachen, die den Erfolg der Heilbehandlung sichern oder die Folgen von Gesundheitsschäden mildern oder ausgleichen. 2Dazu gehören insbesondere Körperersatzstücke, orthopädische und andere Hilfsmittel einschließlich der notwendigen Änderung, Instandsetzung und Ersatzbeschaffung sowie der Ausbildung im Gebrauch der Hilfsmittel. 3Soweit für Hilfsmittel Festbeträge im Sinne des § 36 des Fünften Buches festgesetzt sind, gilt § 29 Abs. 1 Satz 2 und 3 entsprechend.

(2) 1Die Bundesregierung wird ermächtigt, durch Rechtsverordnung mit Zustimmung des Bundesrates die Ausstattung mit Körperersatzstücken, orthopädischen und anderen Hilfsmitteln zu regeln sowie bei bestimmten Gesundheitsschäden eine Entschädigung für Kleider- und Wäscheverschleiß vorzuschreiben. 2Das Nähere regeln die Verbände der Unfallversicherungsträger durch gemeinsame Richtlinien.

§ 34 Durchführung der Heilbehandlung

(1) 1Die Unfallversicherungsträger haben alle Maßnahmen zu treffen, durch die eine möglichst frühzeitig nach dem Versicherungsfall einsetzende und sachgemäße Heilbehandlung und, soweit erforderlich, besondere unfallmedizinische oder Berufskrankheiten-Behandlung gewährleistet wird. 2Sie können zu diesem Zweck die von den Ärzten und Krankenhäusern zu erfüllenden Voraussetzungen im Hinblick auf die fachliche Befähigung, die sachliche und personelle Ausstattung sowie die zu übernehmenden Pflichten festlegen. 3Sie können daneben nach Art und Schwere des Gesundheitsschadens besondere Verfahren für die Heilbehandlung vorsehen.

(2) Die Unfallversicherungsträger haben an der Durchführung der besonderen unfallmedizinischen Behandlung die Ärzte und Krankenhäuser zu beteiligen, die den nach Absatz 1 Satz 2 festgelegten Anforderungen entsprechen.

(3) 1Die Verbände der Unfallversicherungsträger sowie die Kassenärztliche Bundesvereinigung und die Kassenzahnärztliche Bundesvereinigung (Kassenärztliche Bundesvereinigungen) schließen unter Berücksichtigung der von den Unfallversicherungsträgern gemäß Absatz 1 Satz 2 und 3 getroffenen Festlegungen mit Wirkung für ihre Mitglieder Verträge über die Durchführung der Heilbehandlung, die Vergütung der Ärzte und Zahnärzte sowie die Art und Weise der Abrechnung. 2Dem oder der Bundesbeauftragten für den Datenschutz und die Informationsfreiheit ist rechtzeitig vor Abschluß Gelegenheit zur Stellungnahme zu geben, sofern in den Verträgen die Verarbeitung von personenbezogenen Daten geregelt werden soll.

(4) Die Kassenärztlichen Bundesvereinigungen haben gegenüber den Unfallversicherungsträgern und deren Verbänden die Gewähr dafür zu übernehmen, daß die Durchführung der Heilbehandlung den gesetzlichen und vertraglichen Erfordernissen entspricht.

(5) 1Kommt ein Vertrag nach Absatz 3 ganz oder teilweise nicht zustande, setzt ein Schiedsamt mit der Mehrheit seiner Mitglieder innerhalb von drei Monaten den Vertragsinhalt fest. 2Wird ein Vertrag gekündigt, ist dies dem zuständigen Schiedsamt mitzuteilen. 3Kommt bis zum Ablauf eines Vertrags ein neuer Vertrag nicht zustande, setzt ein Schiedsamt mit der Mehrheit seiner Mitglieder innerhalb von drei Monaten nach Vertragsablauf den neuen Inhalt fest. 4In diesem Fall gelten die Bestimmungen des bisherigen Vertrags bis zur Entscheidung des Schiedsamts vorläufig weiter.

(6) 1Die Verbände der Unfallversicherungsträger und die Kassenärztlichen Bundesvereinigungen bilden je ein Schiedsamt für die medizinische und zahnmedizinische Versorgung. 2Das Schiedsamt besteht aus drei Vertretern der Kassenärztlichen Bundesvereinigungen und drei Vertretern der Verbände der Unfallversicherungsträger sowie einem unparteiischen Vorsitzenden und zwei weiteren unparteiischen Mitgliedern. 3§ 89 Absatz 6 des Fünften Buches sowie die aufgrund des § 89 Absatz 11 des Fünften Buches erlassenen Rechtsverordnungen gelten entsprechend.

(7) Die Aufsicht über die Geschäftsführung der Schiedsämter nach Absatz 6 führt das Bundesministerium für Arbeit und Soziales.

IV

(8) $_1$Die Beziehungen zwischen den Unfallversicherungsträgern und anderen als den in Absatz 3 genannten Stellen, die Heilbehandlung durchführen oder an ihrer Durchführung beteiligt sind, werden durch Verträge geregelt. $_2$Soweit die Stellen Leistungen zur medizinischen Rehabilitation ausführen oder an ihrer Ausführung beteiligt sind, werden die Beziehungen durch Verträge nach § 38 des Neunten Buches geregelt.

Dritter Unterabschnitt Leistungen zur Teilhabe am Arbeitsleben

§ 35 Leistungen zur Teilhabe am Arbeitsleben

(1) $_1$Die Unfallversicherungsträger erbringen die Leistungen zur Teilhabe am Arbeitsleben nach den §§ 49 bis 55 des Neunten Buches, in Werkstätten für behinderte Menschen nach den §§ 57 und 58 des Neunten Buches, bei anderen Leistungsanbietern nach § 60 des Neunten Buches, als Budget für Arbeit nach § 61 des Neunten Buches sowie als Budget für Ausbildung nach § 61a des Neunten Buches. $_2$Das Budget für Ausbildung wird nur für die Erstausbildung erbracht. $_3$Ein Anspruch auf Übergangsgeld nach § 49 besteht während der Erbringung des Budgets für Ausbildung nicht.

(2) Die Leistungen zur Teilhabe am Arbeitsleben umfassen auch Hilfen zu einer angemessenen Schulbildung einschließlich der Vorbereitung hierzu oder zur Entwicklung der geistigen und körperlichen Fähigkeiten vor Beginn der Schulpflicht.

(3) Ist eine von Versicherten angestrebte höherwertige Tätigkeit nach ihrer Leistungsfähigkeit und unter Berücksichtigung ihrer Eignung, Neigung und bisherigen Tätigkeit nicht angemessen, kann eine Maßnahme zur Teilhabe am Arbeitsleben bis zur Höhe des Aufwandes gefördert werden, der bei einer angemessenen Maßnahme entstehen würde.

(4) Während einer auf Grund eines Gesetzes angeordneten Freiheitsentziehung werden Leistungen zur Teilhabe am Arbeitsleben erbracht, soweit Belange des Vollzugs nicht entgegenstehen.

Vierter Unterabschnitt Leistungen zur Sozialen Teilhabe und ergänzende Leistungen

§ 39 Leistungen zur Sozialen Teilhabe und ergänzende Leistungen

(1) Neben den in den § 64 Abs. 1 Nr. 2 bis 6 und Abs. 2 sowie in den §§ 73 und 74 des Neunten Buches genannten Leistungen umfassen die Leistungen zur Sozialen Teilhabe und die ergänzenden Leistungen

1. Kraftfahrzeughilfe,
2. sonstige Leistungen zur Erreichung und zur Sicherstellung des Erfolges der Leistungen zur medizinischen Rehabilitation und zur Teilhabe.

(2) Zum Ausgleich besonderer Härten kann den Versicherten oder deren Angehörigen eine besondere Unterstützung gewährt werden.

§ 42 Haushaltshilfe und Kinderbetreuungskosten

Haushaltshilfe und Leistungen zur Kinderbetreuung nach § 74 Abs. 1 bis 3 des Neunten Buches werden auch bei Leistungen zur Sozialen Teilhabe erbracht.

§ 43 Reisekosten

(1) $_1$Die im Zusammenhang mit der Ausführung von Leistungen zur medizinischen Rehabilitation oder zur Teilhabe am Arbeitsleben erforderlichen Reisekosten werden nach § 73 des Neunten Buches übernommen. $_2$Im Übrigen werden Reisekosten zur Ausführung der Heilbehandlung nach den Absätzen 2 bis 5 übernommen.

(2) Zu den Reisekosten gehören

1. Fahr- und Transportkosten,
2. Verpflegungs- und Übernachtungskosten,
3. Kosten des Gepäcktransports,
4. Wegstreckenentschädigung

für die Versicherten und für eine wegen des Gesundheitsschadens erforderliche Begleitperson.

(3) Reisekosten werden im Regelfall für zwei Familienheimfahrten im Monat oder anstelle von Familienheimfahrten für zwei Fahrten eines Angehörigen zum Aufenthaltsort des Versicherten übernommen.

(4) Entgangener Arbeitsverdienst einer Begleitperson wird ersetzt, wenn der Ersatz in einem angemessenen Verhältnis zu den sonst für eine Pflegekraft entstehenden Kosten steht.

(5) Das Nähere regeln die Verbände der Unfallversicherungsträger durch gemeinsame Richtlinien.

Fünfter Unterabschnitt Leistungen bei Pflegebedürftigkeit

§ 44 Pflege

(1) Solange Versicherte infolge des Versicherungsfalls so hilflos sind, daß sie für die gewöhnlichen und regelmäßig wiederkehrenden Verrichtungen im Ablauf des täglichen Lebens in erheblichem Umfang der Hilfe bedürfen, wird Pflegegeld gezahlt, eine Pflegekraft gestellt oder Heimpflege gewährt.

(2) $_1$Das Pflegegeld ist unter Berücksichtigung der Art oder Schwere des Gesundheitsschadens sowie des Umfangs der erforderlichen Hilfe auf einen Monatsbetrag zwischen 300 Euro und 1199 Euro (Beträge am 1. Juli 2008) festzusetzen. $_2$Diese Beträge werden jeweils zum gleichen Zeitpunkt, zu dem die Renten der gesetzlichen Rentenversicherung angepasst werden, entsprechend dem Faktor angepasst, der für die Anpassung der vom Jahresarbeitsverdienst abhängigen Geldleistungen maßgebend ist. $_3$Übersteigen die Aufwendungen für eine Pflegekraft das Pflegegeld, kann es angemessen erhöht werden.

(3) $_1$Während einer stationären Behandlung oder der Unterbringung der Versicherten in einer Einrichtung der Teilhabe am Arbeitsleben oder einer Werkstatt für behinderte Menschen wird das Pflegegeld bis zum Ende des ersten auf die Aufnahme folgenden Kalendermonats weitergezahlt und mit dem ersten Tag des Entlassungsmonats wieder aufgenommen. $_2$Das Pflegegeld kann in den Fällen des Satzes 1 ganz oder teilweise weitergezahlt werden, wenn das Ruhen eine weitere Versorgung der Versicherten gefährden würde.

(4) Mit der Anpassung der Renten wird das Pflegegeld entsprechend dem Faktor angepaßt, der für die Anpassung der vom Jahresarbeitsverdienst abhängigen Geldleistungen maßgeblich ist.

(5) $_1$Auf Antrag der Versicherten kann statt des Pflegegeldes eine Pflegekraft gestellt (Hauspflege) oder die erforderliche Hilfe mit Unterkunft und Verpflegung in einer geeigneten Einrichtung (Heimpflege) erbracht werden. $_2$Absatz 3 Satz 2 gilt entsprechend.

(6) Die Bundesregierung setzt mit Zustimmung des Bundesrates die neuen Mindest- und Höchstbeträge nach Absatz 2 und den Anpassungsfaktor nach Absatz 4 in der Rechtsverordnung über die Bestimmung des für die Rentenanpassung in der gesetzlichen Rentenversicherung maßgebenden aktuellen Rentenwertes fest.

Sechster Unterabschnitt Geldleistungen während der Heilbehandlung und der Leistungen zur Teilhabe am Arbeitsleben

§ 45 Voraussetzungen für das Verletztengeld

(1) Verletztengeld wird erbracht, wenn Versicherte

1. infolge des Versicherungsfalls arbeitsunfähig sind oder wegen einer Maßnahme der Heilbehandlung eine ganztägige Erwerbstätigkeit nicht ausüben können und
2. unmittelbar vor Beginn der Arbeitsunfähigkeit oder der Heilbehandlung Anspruch auf Arbeitsentgelt, Arbeitseinkommen, Krankengeld, Pflegeunterstützungsgeld, Verletztengeld, Versorgungskrankengeld, Übergangsgeld, Unterhaltsgeld, Kurzarbeitergeld, Arbeitslosengeld, nicht nur darlehensweise gewährtes Arbeitslosengeld II oder nicht nur Leistungen für Erstausstattungen für Bekleidung bei Schwangerschaft und Geburt nach dem Zweiten Buch oder Mutterschaftsgeld hatten.

(2) $_1$Verletztengeld wird auch erbracht, wenn

1. Leistungen zur Teilhabe am Arbeitsleben erforderlich sind,

IV

2. diese Maßnahmen sich aus Gründen, die die Versicherten nicht zu vertreten haben, nicht unmittelbar an die Heilbehandlung anschließen,
3. die Versicherten ihre bisherige berufliche Tätigkeit nicht wieder aufnehmen können oder ihnen eine andere zumutbare Tätigkeit nicht vermittelt werden kann oder sie diese aus wichtigem Grund nicht ausüben können und
4. die Voraussetzungen des Absatzes 1 Nr. 2 erfüllt sind.

$_{2}$Das Verletztengeld wird bis zum Beginn der Leistungen zur Teilhabe am Arbeitsleben erbracht. $_{3}$Die Sätze 1 und 2 gelten entsprechend für die Zeit bis zum Beginn und während der Durchführung einer Maßnahme der Berufsfindung und Arbeitserprobung.

(3) Werden in einer Einrichtung Maßnahmen der Heilbehandlung und gleichzeitig Leistungen zur Teilhabe am Arbeitsleben für Versicherte erbracht, erhalten Versicherte Verletztengeld, wenn sie arbeitsunfähig sind oder wegen der Maßnahmen eine ganztägige Erwerbstätigkeit nicht ausüben können und die Voraussetzungen des Absatzes 1 Nr. 2 erfüllt sind.

(4) $_{1}$Im Fall der Beaufsichtigung, Betreuung oder Pflege eines durch einen Versicherungsfall verletzten Kindes gilt § 45 des Fünften Buches entsprechend mit der Maßgabe, dass

1. das Verletztengeld 100 Prozent des ausgefallenen Nettoarbeitsentgelts beträgt und
2. das Arbeitsentgelt bis zu einem Betrag in Höhe des 450. Teils des Höchstjahresarbeitsverdienstes zu berücksichtigen ist.

$_{2}$Erfolgt die Berechnung des Verletztengeldes aus Arbeitseinkommen, beträgt dies 80 Prozent des erzielten regelmäßigen Arbeitseinkommens bis zu einem Betrag in Höhe des 450. Teils des Höchstjahresarbeitsverdienstes.

§ 46 Beginn und Ende des Verletztengeldes

(1) Verletztengeld wird von dem Tag an gezahlt, ab dem die Arbeitsunfähigkeit ärztlich festgestellt wird, oder mit dem Tag des Beginns einer Heilbehandlungsmaßnahme, die den Versicherten an der Ausübung einer ganztägigen Erwerbstätigkeit hindert.

(2) $_{1}$Die Satzung kann bestimmen, daß für Unternehmer, ihre Ehegatten oder ihre Lebenspartner und für den Unternehmern nach § 6 Abs. 1 Nr. 2 Gleichgestellte Verletztengeld längstens für die Dauer der ersten 13 Wochen nach dem sich aus Absatz 1 ergebenden Zeitpunkt ganz oder teilweise nicht gezahlt wird. $_{2}$Satz 1 gilt nicht für Versicherte, die bei einer Krankenkasse mit Anspruch auf Krankengeld versichert sind.

(3) $_{1}$Das Verletztengeld endet

1. mit dem letzten Tag der Arbeitsunfähigkeit oder der Hinderung an einer ganztägigen Erwerbstätigkeit durch eine Heilbehandlungsmaßnahme,
2. mit dem Tag, der dem Tag vorausgeht, an dem ein Anspruch auf Übergangsgeld entsteht.

$_{2}$Wenn mit dem Wiedereintritt der Arbeitsfähigkeit nicht zu rechnen ist und Leistungen zur Teilhabe am Arbeitsleben nicht zu erbringen sind, endet das Verletztengeld

1. mit dem Tag, an dem die Heilbehandlung so weit abgeschlossen ist, daß die Versicherten eine zumutbare, zur Verfügung stehende Berufs- oder Erwerbstätigkeit aufnehmen können,
2. mit Beginn der in § 50 Abs. 1 Satz 1 des Fünften Buches genannten Leistungen, es sei denn, daß diese Leistungen mit dem Versicherungsfall im Zusammenhang stehen,
3. im übrigen mit Ablauf der 78. Woche, gerechnet vom Tag des Beginns der Arbeitsunfähigkeit an, jedoch nicht vor dem Ende der stationären Behandlung.

§ 47 Höhe des Verletztengeldes

(1) $_{1}$Versicherte, die Arbeitsentgelt oder Arbeitseinkommen erzielt haben, erhalten Verletztengeld entsprechend § 47 Abs. 1 und 2 des Fünften Buches mit der Maßgabe, daß

1. das Regelentgelt aus dem Gesamtbetrag des regelmäßigen Arbeitsentgelts und des

Arbeitseinkommens zu berechnen und bis zu einem Betrag in Höhe des 360. Teils des Höchstjahresarbeitsverdienstes zu berücksichtigen ist,

2. das Verletztengeld 80 vom Hundert des Regelentgelts beträgt und das bei Anwendung des § 47 Abs. 1 und 2 des Fünften Buches berechnete Nettoarbeitsentgelt nicht übersteigt.

2Arbeitseinkommen ist bei der Ermittlung des Regelentgelts mit dem 360. Teil des im Kalenderjahr vor Beginn der Arbeitsunfähigkeit oder der Maßnahmen der Heilbehandlung erzielten Arbeitseinkommens zugrunde zu legen. 3Die Satzung hat bei nicht kontinuierlicher Arbeitsverrichtung und -vergütung abweichende Bestimmungen zur Zahlung und Berechnung des Verletztengeldes vorzusehen, die sicherstellen, daß das Verletztengeld seine Entgeltersatzfunktion erfüllt.

(1a) 1Für Ansprüche auf Verletztengeld, die vor dem 1. Januar 2001 entstanden sind, ist § 47 Abs. 1 und 2 des Fünften Buches in der vor dem 22. Juni 2000 jeweils geltenden Fassung für Zeiten nach dem 31. Dezember 1996 mit der Maßgabe entsprechend anzuwenden, dass sich das Regelentgelt um 10 vom Hundert, höchstens aber bis zu einem Betrag in Höhe des dreihundertsechzigsten Teils des Höchstjahresarbeitsverdienstes erhöht. 2Das regelmäßige Nettoarbeitsentgelt ist um denselben Vomhundertsatz zu erhöhen. 3Satz 1 und 2 gilt für Ansprüche, über die vor dem 22. Juni 2000 bereits unanfechtbar entschieden war, nur für Zeiten vom 22. Juni 2000 an bis zum Ende der Leistungsdauer. 4Entscheidungen über die Ansprüche, die vor dem 22. Juni 2000 unanfechtbar geworden sind, sind nicht nach § 44 Abs. 1 des Zehnten Buches zurückzunehmen.

(2) 1Versicherte, die Arbeitslosengeld, Unterhaltsgeld oder Kurzarbeitergeld bezogen haben, erhalten Verletztengeld in Höhe des Krankengeldes nach § 47b des Fünften Buches. 2Versicherte, die nicht nur darlehensweise gewährtes Arbeitslosengeld II oder nicht nur Leistungen für Erstausstattungen für Bekleidung bei Schwangerschaft und Geburt nach dem Zweiten Buch bezogen haben, erhalten Verletztengeld in Höhe des Betrages des Arbeitslosengeldes II.

(3) Versicherte, die als Entwicklungshelfer Unterhaltsleistungen nach § 4 Abs. 1 Nr. 1 des Entwicklungshelfer-Gesetzes bezogen haben, erhalten Verletztengeld in Höhe dieses Betrages.

(4) Bei Versicherten, die unmittelbar vor dem Versicherungsfall Krankengeld, Pflegeunterstützungsgeld, Verletztengeld, Versorgungskrankengeld oder Übergangsgeld bezogen haben, wird bei der Berechnung des Verletztengeldes von dem bisher zugrunde gelegten Regelentgelt ausgegangen.

(5) 1Abweichend von Absatz 1 erhalten Versicherte, die den Versicherungsfall infolge einer Tätigkeit als Unternehmer, mitarbeitende Ehegatten oder Lebenspartner oder den Unternehmern nach § 6 Abs. 1 Nr. 2 Gleichgestellte erlitten haben, Verletztengeld je Kalendertag in Höhe des 450. Teils des Jahresarbeitsverdienstes. 2Ist das Verletztengeld für einen ganzen Kalendermonat zu zahlen, ist dieser mit 30 Tagen anzusetzen.

(6) Hat sich der Versicherungsfall während einer aufgrund eines Gesetzes angeordneten Freiheitsentziehung ereignet, gilt für die Berechnung des Verletztengeldes Absatz 1 entsprechend; nach der Entlassung erhalten die Versicherten Verletztengeld je Kalendertag in Höhe des 450. Teils des Jahresarbeitsverdienstes, wenn dies für die Versicherten günstiger ist.

(7) (weggefallen)

(8) Die Regelungen der §§ 90 und 91 über die Neufestsetzung des Jahresarbeitsverdienstes nach Altersstufen oder nach der Schul- oder Berufsausbildung gelten für das Verletztengeld entsprechend.

§ 47a Beitragszahlung der Unfallversicherungsträger an berufsständische Versorgungseinrichtungen und private Krankenversicherungen

(1) Für Bezieher von Verletztengeld, die wegen einer Pflichtmitgliedschaft in einer berufsständischen Versorgungseinrichtung von der Versicherungspflicht in der gesetzlichen

Rentenversicherung befreit sind, gilt § 47a Absatz 1 des Fünftes Buches entsprechend.

(2) Die Unfallversicherungsträger haben der zuständigen berufsständischen Versorgungseinrichtung den Beginn und das Ende der Beitragszahlung sowie die Höhe der der Beitragsberechnung zugrunde liegenden beitragspflichtigen Einnahmen und den zu zahlenden Beitrag für den Versicherten zu übermitteln. Das Nähere zum Verfahren regeln die Deutsche Gesetzliche Unfallversicherung e. V., die Sozialversicherung für Landwirtschaft, Forsten und Gartenbau und die Arbeitsgemeinschaft berufsständischer Versorgungseinrichtungen bis zum 31. Dezember 2017 in gemeinsamen Grundsätzen.

(3) Bezieher von Verletztengeld, die nach § 257 Absatz 2 des Fünften Buches und § 61 Absatz 2 des Elften Buches als Beschäftigte Anspruch auf einen Zuschuss zu dem Krankenversicherungsbeitrag und Pflegeversicherungsbeitrag hatten, die an ein privates Krankenversicherungsunternehmen zu zahlen sind, erhalten einen Zuschuss zu ihrem Krankenversicherungsbeitrag und Pflegeversicherungsbeitrag. Als Zuschuss ist der Betrag zu zahlen, der als Beitrag bei Krankenversicherungspflicht oder Pflegeversicherungspflicht zu zahlen wäre, höchstens jedoch der Betrag, der an das private Versicherungsunternehmen zu zahlen ist.

IV

§ 48 Verletztengeld bei Wiedererkrankung

Im Fall der Wiedererkrankung an den Folgen des Versicherungsfalls gelten die §§ 45 bis 47 mit der Maßgabe entsprechend, daß anstelle des Zeitpunkts der ersten Arbeitsunfähigkeit auf den der Wiedererkrankung abgestellt wird.

§ 49 Übergangsgeld

Übergangsgeld wird erbracht, wenn Versicherte infolge des Versicherungsfalls Leistungen zur Teilhabe am Arbeitsleben erhalten.

§ 50 Höhe und Berechnung des Übergangsgeldes

Höhe und Berechnung des Übergangsgeldes bestimmen sich nach den §§ 66 bis 71 des Neunten Buches, soweit dieses Buch nichts Abweichendes bestimmt; im Übrigen gelten die Vorschriften für das Verletztengeld entsprechend.

§ 51 (weggefallen)

§ 52 Anrechnung von Einkommen auf Verletzten- und Übergangsgeld

Auf das Verletzten- und Übergangsgeld werden von dem gleichzeitig erzielten Einkommen angerechnet

1. beitragspflichtiges Arbeitsentgelt oder Arbeitseinkommen, das bei Arbeitnehmern um die gesetzlichen Abzüge und bei sonstigen Versicherten um 20 vom Hundert vermindert ist; dies gilt nicht für einmalig gezahltes Arbeitsentgelt,
2. Mutterschaftsgeld, Versorgungskrankengeld, Unterhaltsgeld, Kurzarbeitergeld, Arbeitslosengeld, nicht nur darlehensweise gewährtes Arbeitslosengeld II; dies gilt auch, wenn Ansprüche auf Leistungen nach dem Dritten Buch wegen einer Sperrzeit ruhen oder der Auszahlungsanspruch auf Arbeitslosengeld II gemindert ist.

Achter Unterabschnitt Besondere Vorschriften für die Versicherten der landwirtschaftlichen Unfallversicherung

§ 55 Art und Form der Betriebs- und Haushaltshilfe

(1) [1]Bei Vorliegen der Voraussetzungen des § 54 wird Betriebs- und Haushaltshilfe in Form der Gestellung einer Ersatzkraft oder durch Erstattung der Kosten für eine selbst beschaffte betriebsfremde Ersatzkraft in angemessener Höhe gewährt. [2]Die Satzung kann die Erstattungsfähigkeit der Kosten für selbst beschaffte Ersatzkräfte begrenzen. [3]Für Verwandte und Verschwägerte bis zum zweiten Grad werden Kosten nicht erstattet; die Berufsgenossenschaft kann jedoch die erforderlichen Fahrkosten und den Verdienstausfall erstatten, wenn die Erstattung in einem angemessenen Verhältnis zu den sonst für eine Ersatzkraft entstehenden Kosten steht.

(2) 1Die Versicherten haben sich angemessen an den entstehenden Aufwendungen für die Betriebs- und Haushaltshilfe zu beteiligen (Selbstbeteiligung); die Selbstbeteiligung beträgt für jeden Tag der Leistungsgewährung mindestens 10 Euro. 2Das Nähere zur Selbstbeteiligung bestimmt die Satzung.

Zweiter Abschnitt
Renten, Beihilfen, Abfindungen

Erster Unterabschnitt
Renten an Versicherte

§ 58 Erhöhung der Rente bei Arbeitslosigkeit

1Solange Versicherte infolge des Versicherungsfalls ohne Anspruch auf Arbeitsentgelt oder Arbeitseinkommen sind und die Rente zusammen mit dem Arbeitslosengeld oder dem Arbeitslosengeld II nicht den sich aus § 66 Abs. 1 des Neunten Buches ergebenden Betrag des Übergangsgeldes erreicht, wird die Rente längstens für zwei Jahre nach ihrem Beginn um den Unterschiedsbetrag erhöht. 2Der Unterschiedsbetrag wird bei dem Arbeitslosengeld II nicht als Einkommen berücksichtigt. 3Satz 1 gilt nicht, solange Versicherte Anspruch auf weiteres Erwerbsersatzeinkommen (§ 18a Abs. 3 des Vierten Buches) haben, das zusammen mit der Rente das Übergangsgeld erreicht. 4Wird Arbeitslosengeld II nur darlehensweise gewährt oder erhält der Versicherte nur Leistungen nach § 24 Absatz 3 Satz 1 des Zweiten Buches, finden die Sätze 1 und 2 keine Anwendung.

Sozialgesetzbuch (SGB) Elftes Buch (XI) – Soziale Pflegeversicherung – (SGB XI)

Vom 26. Mai 1994 (BGBl. I S. 1014)

Zuletzt geändert durch
Gesundheitsversorgungsweiterentwicklungsgesetz
vom 11. Juli 2021 (BGBl. I S. 2754)

– Auszug –

Inhaltsübersicht

IV

Erstes Kapitel
Allgemeine Vorschriften

§ 7a Pflegeberatung

(1) $_{1}$Personen, die Leistungen nach diesem Buch erhalten, haben Anspruch auf individuelle Beratung und Hilfestellung durch einen Pflegeberater oder eine Pflegeberaterin bei der Auswahl und Inanspruchnahme von bundes- oder landesrechtlich vorgesehenen Sozialleistungen sowie sonstigen Hilfsangeboten, die auf die Unterstützung von Menschen mit Pflege-, Versorgungs- oder Betreuungsbedarf ausgerichtet sind (Pflegeberatung); Anspruchsberechtigten soll durch die Pflegekassen vor der erstmaligen Beratung unverzüglich ein zuständiger Pflegeberater, eine zuständige Pflegeberaterin oder eine sonstige Beratungsstelle benannt werden. $_{2}$Für das Verfahren, die Durchführung und die Inhalte der Pflegeberatung sind die Richtlinien nach § 17 Absatz 1a maßgeblich. $_{3}$Aufgabe der Pflegeberatung ist es insbesondere,

1. den Hilfebedarf unter Berücksichtigung der Ergebnisse der Begutachtung durch den Medizinischen Dienst sowie, wenn die nach Satz 1 anspruchsberechtigte Person zustimmt, die Ergebnisse der Beratung in der eigenen Häuslichkeit nach § 37 Absatz 3 systematisch zu erfassen und zu analysieren,
2. einen individuellen Versorgungsplan mit den im Einzelfall erforderlichen Sozialleistungen und gesundheitsfördernden, präventiven, kurativen, rehabilitativen oder sonstigen medizinischen sowie pflegerischen und sozialen Hilfen zu erstellen,
3. auf die für die Durchführung des Versorgungsplans erforderlichen Maßnahmen einschließlich deren Genehmigung durch den jeweiligen Leistungsträger hinzuwirken, insbesondere hinsichtlich einer Empfehlung zur medizinischen Rehabilitation gemäß § 18 Absatz 1 Satz 3,
4. die Durchführung des Versorgungsplans zu überwachen und erforderlichenfalls einer veränderten Bedarfslage anzupassen,
5. bei besonders komplexen Fallgestaltungen den Hilfeprozess auszuwerten und zu dokumentieren sowie
6. über Leistungen zur Entlastung der Pflegepersonen zu informieren.

$_{4}$Der Versorgungsplan wird nach Maßgabe der Richtlinien nach § 17 Absatz 1a erstellt und umgesetzt; er beinhaltet insbesondere Empfehlungen zu den im Einzelfall erforderlichen Maßnahmen nach Satz 3 Nummer 3, Hinweise zu dem dazu vorhandenen örtlichen Leistungsangebot sowie zur Überprüfung und Anpassung der empfohlenen Maßnahmen. $_{5}$Bei Erstellung und Umsetzung des Versorgungsplans ist Einvernehmen mit dem Hilfesuchenden und allen an der Pflege, Versorgung und Betreuung Beteiligten anzustreben. $_{6}$Soweit Leistungen nach sonstigen bundes- oder landesrechtlichen Vorschriften erforderlich sind, sind die zuständigen Leistungsträger frühzeitig mit dem Ziel der Abstimmung einzubeziehen. $_{7}$Eine enge Zusammenarbeit mit anderen Koordinierungsstellen, insbesondere den Ansprechstellen der Rehabilitationsträger nach § 12 Absatz 1 Satz 3 des Neunten Buches, ist sicherzustellen. $_{8}$Ihnen obliegende Aufgaben der Pflegeberatung können die Pflegekassen ganz oder teilweise auf Dritte übertragen; § 80 des Zehnten Buches bleibt unberührt. $_{9}$Ein Anspruch auf Pflegeberatung besteht auch dann, wenn ein Antrag auf Leistungen nach diesem Buch gestellt wurde und erkennbar ein Hilfe- und Beratungsbedarf besteht. $_{10}$Es ist sicherzustellen, dass im jeweiligen Pflegestützpunkt nach § 7c Pflegeberatung im Sinne dieser Vorschrift in Anspruch genommen werden kann und die Unabhängigkeit der Beratung gewährleistet ist.

(2) $_{1}$Auf Wunsch einer anspruchsberechtigten Person nach Absatz 1 Satz 1 erfolgt die Pflegeberatung auch gegenüber ihren Angehörigen oder weiteren Personen oder unter deren Einbeziehung. $_{2}$Sie erfolgt auf Wunsch einer anspruchsberechtigten Person nach Absatz 1 Satz 1 in der häuslichen Umgebung oder in der Einrichtung, in der diese Person lebt. $_{3}$Die Pflegeberatung kann auf Wunsch einer anspruchsberechtigten Person nach Absatz 1 Satz 1 durch barrierefreie digitale Angebote der Pflegekassen ergänzt werden und in diesem Rahmen mittels barrierefreier digitaler Anwendungen

erfolgen, bei denen im Fall der Verarbeitung personenbezogener Daten die dafür geltenden Vorschriften zum Datenschutz eingehalten und die Anforderungen an die Datensicherheit nach dem Stand der Technik gewährleistet werden. $_{4}$Die Anforderungen an den Datenschutz und die Datensicherheit der eingesetzten digitalen Anwendungen gelten als erfüllt, wenn die Anwendungen die nach § 365 Absatz 1 Satz 1 des Fünften Buches vereinbarten Anforderungen erfüllen. $_{5}$Die Anforderungen an den Datenschutz und die Datensicherheit nach Satz 3 gelten auch bei den digitalen Anwendungen als erfüllt, die der Spitzenverband Bund der Pflegekassen in seiner Richtlinie nach § 17 Absatz 1a zur Durchführung von Beratungen bestimmt hat. $_{6}$Ein Versicherter kann einen Leistungsantrag nach diesem oder dem Fünften Buch auch gegenüber dem Pflegeberater oder der Pflegeberaterin stellen. $_{7}$Der Antrag ist unverzüglich der zuständigen Pflege- oder Krankenkasse zu übermitteln, die den Leistungsbescheid unverzüglich dem Antragsteller und zeitgleich dem Pflegeberater oder der Pflegeberaterin zuleitet. $_{8}$Erfolgt die individuelle Beratung nach Absatz 1 Satz 1 mittels barrierefreier digitaler Anwendungen, bleibt der Anspruch der Versicherten auf eine Beratung nach Satz 2 unberührt.

(3) $_{1}$Die Anzahl von Pflegeberatern und Pflegeberaterinnen ist so zu bemessen, dass die Aufgaben nach Absatz 1 im Interesse der Hilfesuchenden zeitnah und umfassend wahrgenommen werden können. $_{2}$Die Pflegekassen setzen für die persönliche Beratung und Betreuung durch Pflegeberater und Pflegeberaterinnen entsprechend qualifiziertes Personal ein, insbesondere Pflegefachkräfte, Sozialversicherungsfachangestellte oder Sozialarbeiter mit der jeweils erforderlichen Zusatzqualifikation. $_{3}$Der Spitzenverband Bund der Pflegekassen gibt unter Beteiligung der in § 17 Absatz 1a Satz 2 genannten Parteien bis zum 31. Juli 2018 Empfehlungen zur erforderlichen Anzahl, Qualifikation und Fortbildung von Pflegeberaterinnen und Pflegeberatern ab.

(4) $_{1}$Die Pflegekassen im Land haben Pflegeberater und Pflegeberaterinnen zur Sicherstellung einer wirtschaftlichen Aufgabenwahrnehmung in den Pflegestützpunkten nach Anzahl und örtlicher Zuständigkeit aufeinander abgestimmt bereitzustellen und hierüber einheitlich und gemeinsam Vereinbarungen zu treffen. $_{2}$Die Pflegekassen können diese Aufgabe auf die Landesverbände der Pflegekassen übertragen. $_{3}$Kommt eine Einigung bis zu dem in Satz 1 genannten Zeitpunkt ganz oder teilweise nicht zustande, haben die Landesverbände der Pflegekassen innerhalb eines Monats zu entscheiden; § 81 Abs. 1 Satz 2 gilt entsprechend. $_{4}$Die Pflegekassen und die gesetzlichen Krankenkassen können zur Aufgabenwahrnehmung durch Pflegeberater und Pflegeberaterinnen von der Möglichkeit der Beauftragung nach Maßgabe der §§ 88 bis 92 des Zehnten Buches Gebrauch machen; § 94 Absatz 1 Nummer 8 gilt entsprechend. $_{5}$Die durch die Tätigkeit von Pflegeberatern und Pflegeberaterinnen entstehenden Aufwendungen werden von den Pflegekassen getragen und zur Hälfte auf die Verwaltungskostenpauschale nach § 46 Abs. 3 Satz 1 angerechnet.

(5) $_{1}$Zur Durchführung der Pflegeberatung können die privaten Versicherungsunternehmen, die die private Pflege-Pflichtversicherung durchführen, Pflegeberater und Pflegeberaterinnen der Pflegekassen für die bei ihnen versicherten Personen nutzen. $_{2}$Dies setzt eine vertragliche Vereinbarung mit den Pflegekassen über Art, Inhalt und Umfang der Inanspruchnahme sowie über die Vergütung der hierfür je Fall entstehenden Aufwendungen voraus. $_{3}$Soweit Vereinbarungen mit den Pflegekassen nicht zustande kommen, können die privaten Versicherungsunternehmen, die die private Pflege-Pflichtversicherung durchführen, untereinander Vereinbarungen über eine abgestimmte Bereitstellung von Pflegeberatern und Pflegeberaterinnen treffen.

(6) Pflegeberater und Pflegeberaterinnen sowie sonstige mit der Wahrnehmung von Aufgaben nach Absatz 1 befasste Stellen, insbesondere

1. nach Landesrecht für die wohnortnahe Betreuung im Rahmen der örtlichen Altenhilfe und für die Gewährung der Hilfe zur Pflege nach dem Zwölften Buch zu bestimmende Stellen,

2. Unternehmen der privaten Kranken- und Pflegeversicherung,
3. Pflegeeinrichtungen und Einzelpersonen nach § 77,
4. Mitglieder von Selbsthilfegruppen, ehrenamtliche und sonstige zum bürgerschaftlichen Engagement bereite Personen und Organisationen sowie
5. Agenturen für Arbeit und Träger der Grundsicherung für Arbeitsuchende,

dürfen Sozialdaten für Zwecke der Pflegeberatung nur verarbeiten, soweit dies zur Erfüllung der Aufgaben nach diesem Buch erforderlich oder durch Rechtsvorschriften des Sozialgesetzbuches oder Regelungen des Versicherungsvertrags- oder des Versicherungsaufsichtsgesetzes angeordnet oder erlaubt ist.

(7) $_1$Die Landesverbände der Pflegekassen vereinbaren gemeinsam und einheitlich mit dem Verband der privaten Krankenversicherung e. V., den nach Landesrecht bestimmten Stellen für die wohnortnahe Betreuung im Rahmen der Altenhilfe und den zuständigen Trägern der Sozialhilfe sowie mit den kommunalen Spitzenverbänden auf Landesebene Rahmenverträge über die Zusammenarbeit in der Beratung. $_2$Zu den Verträgen nach Satz 1 sind die Verbände der Träger weiterer nicht gewerblicher Beratungsstellen auf Landesebene anzuhören, die für die Beratung Pflegebedürftiger und ihrer Angehörigen von Bedeutung sind. $_3$Die Landesverbände der Pflegekassen vereinbaren gemeinsam und einheitlich mit dem Verband der privaten Krankenversicherung e. V. und dem zuständigen Träger der Sozialhilfe auf dessen Verlangen eine ergänzende Vereinbarung zu den Verträgen nach Satz 1 über die Zusammenarbeit in der örtlichen Beratung im Gebiet des Kreises oder der kreisfreien Stadt für den Bereich der örtlichen Zuständigkeit des Trägers der Sozialhilfe. Für Modellvorhaben nach § 123 kann der Antragsteller nach § 123 Absatz 1 die ergänzende Vereinbarung für den Geltungsbereich des Modellvorhabens verlangen.

(8) Die Pflegekassen können sich zur Wahrnehmung ihrer Beratungsaufgaben nach diesem Buch aus ihren Verwaltungsmitteln an der Finanzierung und arbeitsteiligen Organisation von Beratungsaufgaben anderer Träger beteiligen; die Neutralität und Unabhängigkeit der Beratung sind zu gewährleisten.

(9) $_1$Der Spitzenverband Bund der Pflegekassen legt dem Bundesministerium für Gesundheit alle drei Jahre, erstmals zum 30. Juni 2020, einen unter wissenschaftlicher Begleitung zu erstellenden Bericht vor über

1. die Erfahrungen und Weiterentwicklung der Pflegeberatung und Pflegeberatungsstrukturen nach den Absätzen 1 bis 4, 7 und 8, § 7b Absatz 1 und 2 und § 7c und
2. die Durchführung, Ergebnisse und Wirkungen der Beratung in der eigenen Häuslichkeit sowie die Fortentwicklung der Beratungsstrukturen nach § 37 Absatz 3 bis 8.

$_2$Er kann hierfür Mittel nach § 8 Absatz 3 einsetzen.

IV

§ 13 Verhältnis der Leistungen der Pflegeversicherung zu anderen Sozialleistungen

(1) Den Leistungen der Pflegeversicherung gehen die Entschädigungsleistungen wegen Pflegebedürftigkeit

1. nach dem Bundesversorgungsgesetz und nach den Gesetzen, die eine entsprechende Anwendung des Bundesversorgungsgesetzes vorsehen,
2. aus der gesetzlichen Unfallversicherung und
3. aus öffentlichen Kassen auf Grund gesetzlich geregelter Unfallversorgung oder Unfallfürsorge

vor.

(2) $_1$Die Leistungen nach dem Fünften Buch einschließlich der Leistungen der häuslichen Krankenpflege nach § 37 des Fünften Buches bleiben unberührt. $_2$Dies gilt auch für krankheitsspezifische Pflegemaßnahmen, soweit diese im Rahmen der häuslichen Krankenpflege nach § 37 des Fünften Buches zu leisten sind.

(3) $_1$Die Leistungen der Pflegeversicherung gehen den Fürsorgeleistungen zur Pflege

1. nach dem Zwölften Buch,

2. nach dem Lastenausgleichsgesetz, dem Reparationsschädengesetz und dem Flüchtlingshilfegesetz,
3. nach dem Bundesversorgungsgesetz (Kriegsopferfürsorge) und nach den Gesetzen, die eine entsprechende Anwendung des Bundesversorgungsgesetzes vorsehen,

vor, soweit dieses Buch nichts anderes bestimmt. 2Leistungen zur Pflege nach diesen Gesetzen sind zu gewähren, wenn und soweit Leistungen der Pflegeversicherung nicht erbracht werden oder diese Gesetze dem Grunde oder der Höhe nach weitergehende Leistungen als die Pflegeversicherung vorsehen. 3Die Leistungen der Eingliederungshilfe für Menschen mit Behinderungen nach dem Neunten Buch, dem Bundesversorgungsgesetz und dem Achten Buch bleiben unberührt, sie sind im Verhältnis zur Pflegeversicherung nicht nachrangig; die notwendige Hilfe in den Einrichtungen und Räumlichkeiten nach § 71 Abs. 4 ist einschließlich der Pflegeleistungen zu gewähren.

IV

(4) 1Treffen Leistungen der Pflegeversicherung und Leistungen der Eingliederungshilfe zusammen, vereinbaren mit Zustimmung des Leistungsberechtigten die zuständige Pflegekasse und der für die Eingliederungshilfe zuständige Träger,

1. dass im Verhältnis zum Pflegebedürftigen der für die Eingliederungshilfe zuständige Träger die Leistungen der Pflegeversicherung auf der Grundlage des von der Pflegekasse erlassenen Leistungsbescheids zu übernehmen hat,
2. dass die zuständige Pflegekasse dem für die Eingliederungshilfe zuständigen Träger die Kosten der von ihr zu tragenden Leistungen zu erstatten hat sowie
3. die Modalitäten der Übernahme und der Durchführung der Leistungen sowie der Erstattung.

2Die bestehenden Wunsch- und Wahlrechte der Leistungsberechtigten bleiben unberührt und sind zu beachten. 3Die Ausführung der Leistungen erfolgt nach den für den zuständigen Leistungsträger geltenden Rechtsvorschriften. 4Soweit auch Leistungen der Hilfe zur Pflege nach dem Zwölften Buch zu erbringen sind, ist der für die Hilfe zur Pflege zuständige Träger zu beteiligen. 5Der Spitzenverband Bund der Pflegekassen beschließt gemeinsam mit der Bundesarbeitsgemeinschaft der überörtlichen Träger der Sozialhilfe bis zum 1. Januar 2018 in einer Empfehlung Näheres zu den Modalitäten der Übernahme und der Durchführung der Leistungen sowie der Erstattung und zu der Beteiligung des für die Hilfe zur Pflege zuständigen Trägers. 6Die Länder, die kommunalen Spitzenverbände auf Bundesebene, die Bundesarbeitsgemeinschaft der Freien Wohlfahrtspflege, die Vereinigungen der Träger der Pflegeeinrichtungen auf Bundesebene, die Vereinigungen der Leistungserbringer der Eingliederungshilfe auf Bundesebene sowie die auf Bundesebene maßgeblichen Organisationen für die Wahrnehmung der Interessen und der Selbsthilfe pflegebedürftiger und behinderter Menschen sind vor dem Beschluss anzuhören. 7Die Empfehlung bedarf der Zustimmung des Bundesministeriums für Gesundheit und des Bundesministeriums für Arbeit und Soziales.

(4a) Bestehen im Einzelfall Anhaltspunkte für ein Zusammentreffen von Leistungen der Pflegeversicherung und Leistungen der Eingliederungshilfe, bezieht der für die Durchführung eines Teilhabeplanverfahrens oder Gesamtplanverfahrens verantwortliche Träger mit Zustimmung des Leistungsberechtigten die zuständige Pflegekasse in das Verfahren beratend mit ein, um die Vereinbarung nach Absatz 4 gemeinsam vorzubereiten.

(4b) Die Regelungen nach Absatz 3 Satz 3, Absatz 4 und 4a werden bis zum 1. Juli 2019 evaluiert.

(5) 1Die Leistungen der Pflegeversicherung bleiben als Einkommen bei Sozialleistungen und bei Leistungen nach dem Asylbewerberleistungsgesetz, deren Gewährung von anderen Einkommen abhängig ist, unberücksichtigt; dies gilt nicht für das Pflegeunterstützungsgeld gemäß § 44a Absatz 3. 2Satz 1 gilt entsprechend bei Vertragsleistungen aus privaten Pflegeversicherungen, die der Art und dem Umfang nach den Leistungen der sozialen Pflegeversicherung gleichwertig sind. 3Rechtsvorschriften, die weitergehende

oder ergänzende Leistungen aus einer privaten Pflegeversicherung von der Einkommensermittlung ausschließen, bleiben unberührt.

(6) $_1$Wird Pflegegeld nach § 37 oder eine vergleichbare Geldleistung an eine Pflegeperson (§ 19) weitergeleitet, bleibt dies bei der Ermittlung von Unterhaltsansprüchen und Unterhaltsverpflichtungen der Pflegeperson unberücksichtigt. $_2$Dies gilt nicht

1. in den Fällen des § 1361 Abs. 3, der §§ 1579, 1603 Abs. 2 und des § 1611 Abs. 1 des Bürgerlichen Gesetzbuchs,
2. für Unterhaltsansprüche der Pflegeperson, wenn von dieser erwartet werden kann, ihren Unterhaltsbedarf ganz oder teilweise durch eigene Einkünfte zu decken und der Pflegebedürftige mit dem Unterhaltspflichtigen nicht in gerader Linie verwandt ist.

Zweites Kapitel Leistungsberechtigter Personenkreis

§ 14 Begriff der Pflegebedürftigkeit

(1) $_1$Pflegebedürftig im Sinne dieses Buches sind Personen, die gesundheitlich bedingte Beeinträchtigungen der Selbständigkeit oder der Fähigkeiten aufweisen und deshalb der Hilfe durch andere bedürfen. $_2$Es muss sich um Personen handeln, die körperliche, kognitive oder psychische Beeinträchtigungen oder gesundheitlich bedingte Belastungen oder Anforderungen nicht selbständig kompensieren oder bewältigen können. $_3$Die Pflegebedürftigkeit muss auf Dauer, voraussichtlich für mindestens sechs Monate, und mit mindestens der in § 15 festgelegten Schwere bestehen.

(2) Maßgeblich für das Vorliegen von gesundheitlich bedingten Beeinträchtigungen der Selbständigkeit oder der Fähigkeiten sind die in den folgenden sechs Bereichen genannten pflegefachlich begründeten Kriterien:

1. Mobilität: Positionswechsel im Bett, Halten einer stabilen Sitzposition, Umsetzen, Fortbewegen innerhalb des Wohnbereichs, Treppensteigen;
2. kognitive und kommunikative Fähigkeiten: Erkennen von Personen aus dem näheren Umfeld, örtliche Orientierung, zeitliche Orientierung, Erinnern an wesentliche Ereignisse oder Beobachtungen, Steuern von mehrschrittigen Alltagshandlungen, Treffen von Entscheidungen im Alltagsleben, Verstehen von Sachverhalten und Informationen, Erkennen von Risiken und Gefahren, Mitteilen von elementaren Bedürfnissen, Verstehen von Aufforderungen, Beteiligen an einem Gespräch;
3. Verhaltensweisen und psychische Problemlagen: motorisch geprägte Verhaltensauffälligkeiten, nächtliche Unruhe, selbstschädigendes und autoaggressives Verhalten, Beschädigen von Gegenständen, physisch aggressives Verhalten gegenüber anderen Personen, verbale Aggression, andere pflegerelevante vokale Auffälligkeiten, Abwehr pflegerischer und anderer unterstützender Maßnahmen, Wahnvorstellungen, Ängste, Antriebslosigkeit bei depressiver Stimmungslage, sozial inadäquate Verhaltensweisen, sonstige pflegerelevante inadäquate Handlungen;
4. Selbstversorgung: Waschen des vorderen Oberkörpers, Körperpflege im Bereich des Kopfes, Waschen des Intimbereichs, Duschen und Baden einschließlich Waschen der Haare, An- und Auskleiden des Oberkörpers, An- und Auskleiden des Unterkörpers, mundgerechtes Zubereiten der Nahrung und Eingießen von Getränken, Essen, Trinken, Benutzen einer Toilette oder eines Toilettenstuhls, Bewältigen der Folgen einer Harninkontinenz und Umgang mit Dauerkatheter und Urostoma, Bewältigen der Folgen einer Stuhlinkontinenz und Umgang mit Stoma, Ernährung parenteral oder über Sonde, Bestehen gravierender Probleme bei der Nahrungsaufnahme bei Kindern bis zu 18 Monaten, die einen außergewöhnlich pflegeintensiven Hilfebedarf auslösen;
5. Bewältigung von und selbständiger Umgang mit krankheits- oder therapiebedingten Anforderungen und Belastungen:
   a) in Bezug auf Medikation, Injektionen, Versorgung intravenöser Zugänge, Absaugen und Sauerstoffgabe, Einreibun-

gen sowie Kälte- und Wärmeanwendungen, Messung und Deutung von Körperzuständen, körpernahe Hilfsmittel,
   b) in Bezug auf Verbandswechsel und Wundversorgung, Versorgung mit Stoma, regelmäßige Einmalkatheterisierung und Nutzung von Abführmethoden, Therapiemaßnahmen in häuslicher Umgebung,
   c) in Bezug auf zeit- und technikintensive Maßnahmen in häuslicher Umgebung, Arztbesuche, Besuche anderer medizinischer oder therapeutischer Einrichtungen, zeitlich ausgedehnte Besuche medizinischer oder therapeutischer Einrichtungen, Besuch von Einrichtungen zur Frühförderung bei Kindern sowie
   d) in Bezug auf das Einhalten einer Diät oder anderer krankheits- oder therapiebedingter Verhaltensvorschriften;
6. Gestaltung des Alltagslebens und sozialer Kontakte: Gestaltung des Tagesablaufs und Anpassung an Veränderungen, Ruhen und Schlafen, Sichbeschäftigen, Vornehmen von in die Zukunft gerichteten Planungen, Interaktion mit Personen im direkten Kontakt, Kontaktpflege zu Personen außerhalb des direkten Umfelds.

(3) Beeinträchtigungen der Selbständigkeit oder der Fähigkeiten, die dazu führen, dass die Haushaltsführung nicht mehr ohne Hilfe bewältigt werden kann, werden bei den Kriterien der in Absatz 2 genannten Bereiche berücksichtigt.

§ 15 Ermittlung des Grades der Pflegebedürftigkeit, Begutachtungsinstrument

(1) 1Pflegebedürftige erhalten nach der Schwere der Beeinträchtigungen der Selbständigkeit oder der Fähigkeiten einen Grad der Pflegebedürftigkeit (Pflegegrad). 2Der Pflegegrad wird mit Hilfe eines pflegefachlich begründeten Begutachtungsinstruments ermittelt.

(2) 1Das Begutachtungsinstrument ist in sechs Module gegliedert, die den sechs Bereichen in § 14 Absatz 2 entsprechen. 2In jedem Modul sind für die in den Bereichen genannten Kriterien die in Anlage 1 dargestellten Kategorien vorgesehen. 3Die Kategorien stellen die in ihnen zum Ausdruck kommenden verschiedenen Schweregrade der Beeinträchtigungen der Selbständigkeit oder der Fähigkeiten dar. 4Den Kategorien werden in Bezug auf die einzelnen Kriterien pflegefachlich fundierte Einzelpunkte zugeordnet, die aus Anlage 1 ersichtlich sind. 5In jedem Modul werden die jeweils erreichbaren Summen aus Einzelpunkten nach den in Anlage 2 festgelegten Punktbereichen gegliedert. 6Die Summen der Punkte werden nach den in ihnen zum Ausdruck kommenden Schweregraden der Beeinträchtigungen der Selbständigkeit oder der Fähigkeiten wie folgt bezeichnet:

1. Punktbereich 0: keine Beeinträchtigungen der Selbständigkeit oder der Fähigkeiten,
2. Punktbereich 1: geringe Beeinträchtigungen der Selbständigkeit oder der Fähigkeiten,
3. Punktbereich 2: erhebliche Beeinträchtigungen der Selbständigkeit oder der Fähigkeiten,
4. Punktbereich 3: schwere Beeinträchtigungen der Selbständigkeit oder der Fähigkeiten und
5. Punktbereich 4: schwerste Beeinträchtigungen der Selbständigkeit oder der Fähigkeiten.

7Jedem Punktbereich in einem Modul werden unter Berücksichtigung der in ihm zum Ausdruck kommenden Schwere der Beeinträchtigungen der Selbständigkeit oder der Fähigkeiten sowie der folgenden Gewichtung der Module die in Anlage 2 festgelegten, gewichteten Punkte zugeordnet. 8Die Module des Begutachtungsinstruments werden wie folgt gewichtet:

1. Mobilität mit 10 Prozent,
2. kognitive und kommunikative Fähigkeiten sowie Verhaltensweisen und psychische Problemlagen zusammen mit 15 Prozent,
3. Selbstversorgung mit 40 Prozent,
4. Bewältigung von und selbständiger Umgang mit krankheits- oder therapiebedingten Anforderungen und Belastungen mit 20 Prozent,
5. Gestaltung des Alltagslebens und sozialer Kontakte mit 15 Prozent.

(3) 1Zur Ermittlung des Pflegegrades sind die bei der Begutachtung festgestellten Einzelpunkte in jedem Modul zu addieren und dem in Anlage 2 festgelegten Punktbereich sowie den sich daraus ergebenden gewichteten Punkten zuzuordnen. 2Den Modulen 2 und 3 ist ein gemeinsamer gewichteter Punkt zuzuordnen, der aus den höchsten gewichteten Punkten entweder des Moduls 2 oder des Moduls 3 besteht. 3Aus den gewichteten Punkten aller Module sind durch Addition die Gesamtpunkte zu bilden. 4Auf der Basis der erreichten Gesamtpunkte sind pflegebedürftige Personen in einen der nachfolgenden Pflegegrade einzuordnen:

1. ab 12,5 bis unter 27 Gesamtpunkten in den Pflegegrad 1: geringe Beeinträchtigungen der Selbständigkeit oder der Fähigkeiten,
2. ab 27 bis unter 47,5 Gesamtpunkten in den Pflegegrad 2: erhebliche Beeinträchtigungen der Selbständigkeit oder der Fähigkeiten,
3. ab 47,5 bis unter 70 Gesamtpunkten in den Pflegegrad 3: schwere Beeinträchtigungen der Selbständigkeit oder der Fähigkeiten,
4. ab 70 bis unter 90 Gesamtpunkten in den Pflegegrad 4: schwerste Beeinträchtigungen der Selbständigkeit oder der Fähigkeiten,
5. ab 90 bis 100 Gesamtpunkten in den Pflegegrad 5: schwerste Beeinträchtigungen der Selbständigkeit oder der Fähigkeiten mit besonderen Anforderungen an die pflegerische Versorgung.

(4) 1Pflegebedürftige mit besonderen Bedarfskonstellationen, die einen spezifischen, außergewöhnlich hohen Hilfebedarf mit besonderen Anforderungen an die pflegerische Versorgung aufweisen, können aus pflegefachlichen Gründen dem Pflegegrad 5 zugeordnet werden, auch wenn ihre Gesamtpunkte unter 90 liegen. 2Der Medizinische Dienst Bund konkretisiert in den Richtlinien nach § 17 Absatz 1 die pflegefachlich begründeten Voraussetzungen für solche besonderen Bedarfskonstellationen.

(5) 1Bei der Begutachtung sind auch solche Kriterien zu berücksichtigen, die zu einem Hilfebedarf führen, für den Leistungen des Fünften Buches vorgesehen sind. 2Dies gilt auch für krankheitsspezifische Pflegemaßnahmen. 3Krankheitsspezifische Pflegemaßnahmen sind Maßnahmen der Behandlungspflege, bei denen der behandlungspflegerische Hilfebedarf aus medizinisch-pflegerischen Gründen regelmäßig und auf Dauer untrennbarer Bestandteil einer pflegerischen Maßnahme in den in § 14 Absatz 2 genannten sechs Bereichen ist oder mit einer solchen notwendig in einem unmittelbaren zeitlichen und sachlichen Zusammenhang steht.

(6) 1Bei pflegebedürftigen Kindern wird der Pflegegrad durch einen Vergleich der Beeinträchtigungen ihrer Selbständigkeit und ihrer Fähigkeiten mit altersentsprechend entwickelten Kindern ermittelt. 2Im Übrigen gelten die Absätze 1 bis 5 entsprechend.

(7) Pflegebedürftige Kinder im Alter bis zu 18 Monaten werden abweichend von den Absätzen 3, 4 und 6 Satz 2 wie folgt eingestuft:

1. ab 12,5 bis unter 27 Gesamtpunkten in den Pflegegrad 2,
2. ab 27 bis unter 47,5 Gesamtpunkten in den Pflegegrad 3,
3. ab 47,5 bis unter 70 Gesamtpunkten in den Pflegegrad 4,
4. ab 70 bis 100 Gesamtpunkten in den Pflegegrad 5.

§ 18 Verfahren zur Feststellung der Pflegebedürftigkeit

(1) 1Die Pflegekassen beauftragen den Medizinischen Dienst oder andere unabhängige Gutachter mit der Prüfung, ob die Voraussetzungen der Pflegebedürftigkeit erfüllt sind und welcher Pflegegrad vorliegt. 2Im Rahmen dieser Prüfungen haben der Medizinische Dienst oder die von der Pflegekasse beauftragten Gutachter durch eine Untersuchung des Antragstellers die Beeinträchtigungen der Selbständigkeit oder der Fähigkeiten bei den in § 14 Absatz 2 genannten Kriterien nach Maßgabe des § 15 sowie die voraussichtliche Dauer der Pflegebedürftigkeit zu ermitteln. 3Darüber hinaus sind auch Feststellungen darüber zu treffen, ob und in welchem Umfang Maßnahmen zur Beseitigung,

IV

IV

Minderung oder Verhütung einer Verschlimmerung der Pflegebedürftigkeit einschließlich der Leistungen zur medizinischen Rehabilitation geeignet, notwendig und zumutbar sind; insoweit haben Versicherte einen Anspruch gegen den zuständigen Träger auf Leistungen zur medizinischen Rehabilitation. 4Jede Feststellung hat zudem eine Aussage darüber zu treffen, ob Beratungsbedarf insbesondere in der häuslichen Umgebung oder in der Einrichtung, in der der Anspruchsberechtigte lebt, hinsichtlich Leistungen zur verhaltensbezogenen Prävention nach § 20 Absatz 5 des Fünften Buches besteht.

(1a) 1Die Pflegekassen können den Medizinischen Dienst oder andere unabhängige Gutachter mit der Prüfung beauftragen, für welchen Zeitanteil die Pflegeversicherung bei ambulant versorgten Pflegebedürftigen, die einen besonders hohen Bedarf an behandlungspflegerischen Leistungen haben und die Leistungen der häuslichen Pflegehilfe nach § 36 und der häuslichen Krankenpflege nach § 37 Absatz 2 des Fünften Buches beziehen, die hälftigen Kosten zu tragen hat. 2Von den Leistungen der häuslichen Pflegehilfe nach § 36 sind nur Maßnahmen der körperbezogenen Pflege zu berücksichtigen. 3Bei der Prüfung des Zeitanteils sind die Richtlinien nach § 17 Absatz 1b zu beachten.

(2) 1Der Medizinische Dienst oder die von der Pflegekasse beauftragten Gutachter haben den Versicherten in seinem Wohnbereich zu untersuchen. 2Erteilt der Versicherte dazu nicht sein Einverständnis, kann die Pflegekasse die beantragten Leistungen verweigern. 3Die §§ 65, 66 des Ersten Buches bleiben unberührt. 4Die Untersuchung im Wohnbereich des Pflegebedürftigen kann ausnahmsweise unterbleiben, wenn auf Grund einer eindeutigen Aktenlage das Ergebnis der medizinischen Untersuchung bereits feststeht. 5Die Untersuchung ist in angemessenen Zeitabständen zu wiederholen.

(2a) 1Bei pflegebedürftigen Versicherten werden vom 1. Juli 2016 bis zum 31. Dezember 2016 keine Wiederholungsbegutachtungen nach Absatz 2 Satz 5 durchgeführt, auch dann nicht, wenn die Wiederholungsbegutachtung vor diesem Zeitpunkt vom Medizinischen Dienst oder anderen unabhängigen Gutachtern empfohlen wurde. 2Abweichend von Satz 1 können Wiederholungsbegutachtungen durchgeführt werden, wenn eine Verringerung des Hilfebedarfs, insbesondere aufgrund von durchgeführten Operationen oder Rehabilitationsmaßnahmen, zu erwarten ist.

(2b) Abweichend von Absatz 3a Satz 1 Nummer 2 ist die Pflegekasse vom 1. November 2016 bis zum 31. Dezember 2016 nur bei Vorliegen eines besonders dringlichen Entscheidungsbedarfs gemäß Absatz 2b dazu verpflichtet, dem Antragsteller mindestens drei unabhängige Gutachter zur Auswahl zu benennen, wenn innerhalb von 20 Arbeitstagen nach Antragstellung keine Begutachtung erfolgt ist.

(3) 1Die Pflegekasse leitet die Anträge zur Feststellung von Pflegebedürftigkeit unverzüglich an den Medizinischen Dienst oder die von der Pflegekasse beauftragten Gutachter weiter. 2Dem Antragsteller ist spätestens 25 Arbeitstage nach Eingang des Antrags bei der zuständigen Pflegekasse die Entscheidung der Pflegekasse schriftlich mitzuteilen. 3Befindet sich der Antragsteller im Krankenhaus oder in einer stationären Rehabilitationseinrichtung und

1. liegen Hinweise vor, dass zur Sicherstellung der ambulanten oder stationären Weiterversorgung und Betreuung eine Begutachtung in der Einrichtung erforderlich ist, oder
2. wurde die Inanspruchnahme von Pflegezeit nach dem Pflegezeitgesetz gegenüber dem Arbeitgeber der pflegenden Person angekündigt oder
3. wurde mit dem Arbeitgeber der pflegenden Person eine Familienpflegezeit nach § 2 Absatz 1 des Familienpflegezeitgesetzes vereinbart,

ist die Begutachtung dort unverzüglich, spätestens innerhalb einer Woche nach Eingang des Antrags bei der zuständigen Pflegekasse durchzuführen; die Frist kann durch regionale Vereinbarungen verkürzt werden. 4Die verkürzte Begutachtungsfrist gilt auch dann, wenn der Antragsteller sich in einem Hospiz befindet oder ambulant palliativ versorgt wird. $_{5}$Befindet sich der Antragsteller in häuslicher Umgebung, ohne palliativ versorgt zu werden, und wurde die Inanspruchnahme von Pflegezeit nach dem Pflegezeitgesetz gegenüber dem Arbeitgeber der pflegenden Person angekündigt oder mit dem Arbeitgeber der pflegenden Person eine Familienpflegezeit nach § 2 Absatz 1 des Familienpflegezeitgesetzes vereinbart, ist eine Begutachtung durch den Medizinischen Dienst oder die von der Pflegekasse beauftragten Gutachter spätestens innerhalb von zwei Wochen nach Eingang des Antrags bei der zuständigen Pflegekasse durchzuführen und der Antragsteller seitens des Medizinischen Dienstes oder der von der Pflegekasse beauftragten Gutachter unverzüglich schriftlich darüber zu informieren, welche Empfehlung der Medizinische Dienst oder die von der Pflegekasse beauftragten Gutachter an die Pflegekasse weiterleiten. $_{6}$In den Fällen der Sätze 3 bis 5 muss die Empfehlung nur die Feststellung beinhalten, ob Pflegebedürftigkeit im Sinne der §§ 14 und 15 vorliegt. $_{7}$Die Entscheidung der Pflegekasse ist dem Antragsteller unverzüglich nach Eingang der Empfehlung des Medizinischen Dienstes oder der beauftragten Gutachter bei der Pflegekasse schriftlich mitzuteilen. $_{8}$Der Antragsteller ist bei der Begutachtung auf die maßgebliche Bedeutung des Gutachtens insbesondere für eine umfassende Beratung, das Erstellen eines individuellen Versorgungsplans nach § 7a, das Versorgungsmanagement nach § 11 Absatz 4 des Fünften Buches und für die Pflegeplanung hinzuweisen. $_{9}$Das Gutachten wird dem Antragsteller durch die Pflegekasse übersandt, sofern er der Übersendung nicht widerspricht. $_{10}$Das Ergebnis des Gutachtens ist transparent darzustellen und dem Antragsteller verständlich zu erläutern. $_{11}$Der Medizinische Dienst Bund konkretisiert im Benehmen mit dem Spitzenverband Bund der Pflegekassen in den Richtlinien nach § 17 Absatz 1 die Anforderungen an eine transparente Darstellungsweise und verständliche Erläuterung des Gutachtens. $_{12}$Der Antragsteller kann die Übermittlung des Gutachtens auch zu einem späteren Zeitpunkt verlangen. $_{13}$Die Pflegekasse hat den Antragsteller auf die Möglichkeit hinzuweisen, sich bei Beschwerden über die Tätigkeit des Medizinischen Dienstes vertraulich an die Ombudsperson nach § 278 Absatz 3 des Fünften Buches zu wenden.

(3a) $_{1}$Die Pflegekasse ist verpflichtet, dem Antragsteller mindestens drei unabhängige Gutachter zur Auswahl zu benennen,

1. soweit nach Absatz 1 unabhängige Gutachter mit der Prüfung beauftragt werden sollen oder
2. wenn innerhalb von 20 Arbeitstagen ab Antragstellung keine Begutachtung erfolgt ist.

$_{2}$Auf die Qualifikation und Unabhängigkeit des Gutachters ist der Versicherte hinzuweisen. $_{3}$Hat sich der Antragsteller für einen benannten Gutachter entschieden, wird dem Wunsch Rechnung getragen. $_{4}$Der Antragsteller hat der Pflegekasse seine Entscheidung innerhalb einer Woche ab Kenntnis der Namen der Gutachter mitzuteilen, ansonsten kann die Pflegekasse einen Gutachter aus der übersandten Liste beauftragen. $_{5}$Die Gutachter sind bei der Wahrnehmung ihrer Aufgaben nur ihrem Gewissen unterworfen. $_{6}$Satz 1 Nummer 2 gilt nicht, wenn die Pflegekasse die Verzögerung nicht zu vertreten hat.

(3b) $_{1}$Erteilt die Pflegekasse den schriftlichen Bescheid über den Antrag nicht innerhalb von 25 Arbeitstagen nach Eingang des Antrags oder wird eine der in Absatz 3 genannten verkürzten Begutachtungsfristen nicht eingehalten, hat die Pflegekasse nach Fristablauf für jede begonnene Woche der Fristüberschreitung unverzüglich 70 Euro an den Antragsteller zu zahlen. $_{2}$Dies gilt nicht, wenn die Pflegekasse die Verzögerung nicht zu vertreten hat oder wenn sich der Antragsteller in vollstationärer Pflege befindet und bereits bei ihm mindestens erhebliche Beeinträchtigungen der Selbständigkeit oder der Fähigkeiten (mindestens Pflegegrad 2) festgestellt ist. $_{3}$Entsprechendes gilt für die privaten Versicherungsunternehmen, die die private Pflege-Pflichtversicherung durchführen. $_{4}$Die Träger der Pflegeversicherung und die privaten Versicherungsunternehmen veröffentlichen jährlich jeweils bis zum 31. März des dem Berichtsjahr folgenden Jahres eine Statistik über die Einhaltung der Fristen nach Absatz 3.

(4) $_{1}$Der Medizinische Dienst oder die von der Pflegekasse beauftragten Gutachter sollen, soweit der Versicherte einwilligt, die behandelnden Ärzte des Versicherten, insbesondere die Hausärzte, in die Begutachtung einbeziehen und ärztliche Auskünfte und Unterlagen über die für die Begutachtung der Pflegebedürftigkeit wichtigen Vorerkrankungen sowie Art, Umfang und Dauer der Hilfebedürftigkeit einholen. $_{2}$Mit Einverständnis des Versicherten sollen auch pflegende Angehörige oder sonstige Personen oder Dienste, die an der Pflege des Versicherten beteiligt sind, befragt werden.

(5) $_{1}$Die Pflege- und Krankenkassen sowie die Leistungserbringer sind verpflichtet, dem Medizinischen Dienst oder den von der Pflegekasse beauftragten Gutachtern die für die Begutachtung erforderlichen Unterlagen vorzulegen und Auskünfte zu erteilen. $_{2}$§ 276 Abs. 1 Satz 2 und 3 des Fünften Buches gilt entsprechend.

(5a) $_{1}$Bei der Begutachtung sind darüber hinaus die Beeinträchtigungen der Selbständigkeit oder der Fähigkeiten in den Bereichen außerhäusliche Aktivitäten und Haushaltsführung festzustellen. $_{2}$Mit diesen Informationen sollen eine umfassende Beratung und das Erstellen eines individuellen Versorgungsplans nach § 7a, das Versorgungsmanagement nach § 11 Absatz 4 des Fünften Buches und eine individuelle Pflegeplanung sowie eine sachgerechte Erbringung von Hilfen bei der Haushaltsführung ermöglicht werden. $_{3}$Hierbei ist im Einzelnen auf die nachfolgenden Kriterien abzustellen:

1. außerhäusliche Aktivitäten: Verlassen des Bereichs der Wohnung oder der Einrichtung, Fortbewegen außerhalb der Wohnung oder der Einrichtung, Nutzung öffentlicher Verkehrsmittel im Nahverkehr, Mitfahren in einem Kraftfahrzeug, Teilnahme an kulturellen, religiösen oder sportlichen Veranstaltungen, Besuch von Schule, Kindergarten, Arbeitsplatz, einer Werkstatt für behinderte Menschen oder Besuch einer Einrichtung der Tages- oder Nachtpflege oder eines Tagesbetreuungsangebotes, Teilnahme an sonstigen Aktivitäten mit anderen Menschen;
2. Haushaltsführung: Einkaufen für den täglichen Bedarf, Zubereitung einfacher Mahlzeiten, einfache Aufräum- und Reinigungsarbeiten, aufwändige Aufräum- und Reinigungsarbeiten einschließlich Wäschepflege, Nutzung von Dienstleistungen, Umgang mit finanziellen Angelegenheiten, Umgang mit Behördenangelegenheiten.

$_{4}$Der Medizinische Dienst Bund wird ermächtigt, in den Richtlinien nach § 17 Absatz 1 die in Satz 3 genannten Kriterien im Benehmen mit dem Spitzenverband Bund der Pflegekassen pflegefachlich unter Berücksichtigung der Ziele nach Satz 2 zu konkretisieren.

(6) $_{1}$Der Medizinische Dienst oder ein von der Pflegekasse beauftragter Gutachter hat der Pflegekasse das Ergebnis seiner Prüfung zur Feststellung der Pflegebedürftigkeit durch Übersendung des vollständigen Gutachtens unverzüglich mitzuteilen. $_{2}$In seiner oder ihrer Stellungnahme haben der Medizinische Dienst oder die von der Pflegekasse beauftragten Gutachter auch das Ergebnis der Prüfung, ob und gegebenenfalls welche Maßnahmen der Prävention und der medizinischen Rehabilitation geeignet, notwendig und zumutbar sind, mitzuteilen und Art und Umfang von Pflegeleistungen sowie einen individuellen Pflegeplan zu empfehlen. $_{3}$Die Feststellungen zur Prävention und zur medizinischen Rehabilitation sind durch den Medizinischen Dienst oder die von der Pflegekasse beauftragten Gutachter auf der Grundlage eines bundeseinheitlichen, strukturierten Verfahrens zu treffen und in einer gesonderten Präventions- und Rehabilitationsempfehlung zu dokumentieren. $_{4}$Beantragt der Pflegebedürftige Pflegegeld, hat sich die Stellungnahme auch darauf zu erstrecken, ob die häusliche Pflege in geeigneter Weise sichergestellt ist.

(6a) $_{1}$Der Medizinische Dienst oder die von der Pflegekasse beauftragten Gutachter haben gegenüber der Pflegekasse in ihrem Gutachten zur Feststellung der Pflegebedürftigkeit konkrete Empfehlungen zur Hilfsmittel- und Pflegehilfsmittelversorgung abzugeben. $_{2}$Die

Empfehlungen gelten hinsichtlich Hilfsmitteln und Pflegehilfsmitteln, die den Zielen von § 40 dienen, jeweils als Antrag auf Leistungsgewährung, sofern der Versicherte zustimmt. $_{3}$Die Zustimmung erfolgt gegenüber dem Gutachter im Rahmen der Begutachtung und wird im Begutachtungsformular schriftlich oder elektronisch dokumentiert. $_{4}$Bezüglich der empfohlenen Pflegehilfsmittel wird die Notwendigkeit der Versorgung nach § 40 Absatz 1 Satz 2 vermutet. $_{5}$Bezüglich der empfohlenen Hilfsmittel, die den Zielen nach § 40 dienen, wird die Erforderlichkeit nach § 33 Absatz 1 des Fünften Buches vermutet; insofern bedarf es keiner ärztlichen Verordnung gemäß § 33 Absatz 5a des Fünften Buches. $_{6}$Welche Hilfsmittel und Pflegehilfsmittel im Sinne von Satz 2 den Zielen von § 40 dienen, wird in den Begutachtungs-Richtlinien nach § 17 konkretisiert. $_{7}$Dabei ist auch die Richtlinie des Gemeinsamen Bundesausschusses nach § 92 Absatz 1 des Fünften Buches über die Verordnung von Hilfsmitteln zu berücksichtigen. $_{8}$Die Pflegekasse übermittelt dem Antragsteller unverzüglich die Entscheidung über die empfohlenen Hilfsmittel und Pflegehilfsmittel.

(7) $_{1}$Die Aufgaben des Medizinischen Dienstes werden durch Pflegefachkräfte oder Ärztinnen und Ärzte in enger Zusammenarbeit mit anderen geeigneten Fachkräften wahrgenommen. $_{2}$Die Prüfung der Pflegebedürftigkeit von Kindern ist in der Regel durch besonders geschulte Gutachter mit einer Qualifikation als Gesundheits- und Kinderkrankenpflegerin oder Gesundheits- und Kinderkrankenpfleger oder als Kinderärztin oder Kinderarzt vorzunehmen. $_{3}$Der Medizinische Dienst ist befugt, den Pflegefachkräften oder sonstigen geeigneten Fachkräften, die nicht dem Medizinischen Dienst angehören, die für deren jeweilige Beteiligung erforderlichen personenbezogenen Daten zu übermitteln. $_{4}$Für andere unabhängige Gutachter gelten die Sätze 1 bis 3 entsprechend.

§ 18a Weiterleitung der Rehabilitationsempfehlung, Berichtspflichten

(1) $_{1}$Spätestens mit der Mitteilung der Entscheidung über die Pflegebedürftigkeit leitet die Pflegekasse dem Antragsteller die gesonderte Präventions- und Rehabilitationsempfehlung des Medizinischen Dienstes oder der von der Pflegekasse beauftragten Gutachter zu und nimmt umfassend und begründet dazu Stellung, inwieweit auf der Grundlage der Empfehlung die Durchführung einer Maßnahme zur Prävention oder zur medizinischen Rehabilitation angezeigt ist. $_{2}$Die Pflegekasse hat den Antragsteller zusätzlich darüber zu informieren, dass mit der Zuleitung einer Mitteilung über den Rehabilitationsbedarf an den zuständigen Rehabilitationsträger ein Antragsverfahren auf Leistungen zur medizinischen Rehabilitation entsprechend den Vorschriften des Neunten Buches ausgelöst wird, sofern der Antragsteller in dieses Verfahren einwilligt. $_{3}$Mit Einwilligung des Antragstellers leitet die Pflegekasse die Präventions- und Rehabilitationsempfehlung und die Informationen nach Satz 2 auch seinen Angehörigen, Personen seines Vertrauens, Pflege- und Betreuungseinrichtungen, die den Antragsteller versorgen, oder der behandelnden Ärztin oder dem behandelnden Arzt schriftlich oder elektronisch zu. $_{4}$Sobald der Pflegekasse die Information über die Leistungsentscheidung des zuständigen Rehabilitationsträgers nach § 31 Absatz 3 Satz 4 vorliegt, leitet sie diese Information unverzüglich dem Medizinischen Dienst sowie mit Einwilligung des Antragstellers auch an die behandelnde Ärztin oder den behandelnden Arzt sowie an Angehörige des Antragstellers, Personen seines Vertrauens oder an Pflege- und Betreuungseinrichtungen, die den Antragsteller versorgen, schriftlich oder elektronisch weiter. $_{5}$Über die Möglichkeiten nach den Sätzen 3 und 4 und das Erfordernis der Einwilligung ist der Antragsteller durch den Medizinischen Dienst oder die von der Pflegekasse beauftragten Gutachterinnen und Gutachter im Rahmen der Begutachtung zu informieren. $_{6}$Die Einwilligung ist schriftlich oder elektronisch zu dokumentieren.

(2) $_{1}$Die Pflegekassen berichten für die Geschäftsjahre ab 2013 jährlich über die Anwendung eines bundeseinheitlichen, strukturierten Verfahrens zur Erkennung rehabilitativer Bedarfe in der Pflegebegutachtung und die Erfahrungen mit der Umsetzung der

Empfehlungen der Medizinischen Dienste oder der beauftragten Gutachter zur medizinischen Rehabilitation. ₂Hierzu wird insbesondere Folgendes gemeldet:

1. die Anzahl der Empfehlungen der Medizinischen Dienste und der beauftragten Gutachter für Leistungen der medizinischen Rehabilitation im Rahmen der Begutachtung zur Feststellung der Pflegebedürftigkeit,
2. die Anzahl der Anträge an den zuständigen Rehabilitationsträger gemäß § 31 Absatz 3 in Verbindung mit § 14 des Neunten Buches,
3. die Anzahl der genehmigten und die Anzahl der abgelehnten Leistungsentscheidungen der zuständigen Rehabilitationsträger einschließlich der Gründe für Ablehnungen sowie die Anzahl der Widersprüche,
4. die Anzahl der durchgeführten medizinischen Rehabilitationsmaßnahmen,
5. die Gründe, warum Versicherte nicht in die Weiterleitung einer Mitteilung über den Rehabilitationsbedarf an den Rehabilitationsträger nach § 31 Absatz 3 Satz 1 einwilligen, soweit diese der Pflegekasse bekannt sind, und inwiefern die zuständige Pflegekasse hier tätig geworden ist und
6. die Maßnahmen, die die Pflegekassen im jeweiligen Einzelfall regelmäßig durchführen, um ihren Aufgaben nach Absatz 1 und § 31 Absatz 3 nachzukommen.

₃Die Meldung durch die Pflegekassen erfolgt bis zum 31. März des dem Berichtsjahr folgenden Jahres an den Spitzenverband Bund der Pflegekassen. ₄Näheres über das Meldeverfahren und die Inhalte entwickelt der Spitzenverband Bund der Pflegekassen im Einvernehmen mit dem Bundesministerium für Gesundheit. ₅Die für die Aufsicht über die Pflegekasse zuständige Stelle erhält von der jeweiligen Pflegekasse ebenfalls den Bericht.

(3) ₁Der Spitzenverband Bund der Pflegekassen bereitet die Daten auf und leitet die aufbereiteten und auf Plausibilität geprüften Daten bis zum 30. Juni des dem Berichtsjahr folgenden Jahres dem Bundesministerium für Gesundheit zu. ₂Der Verband hat die aufbereiteten Daten der landesunmittelbaren Versicherungsträger auch den für die Sozialversicherung zuständigen obersten Verwaltungsbehörden der Länder oder den von diesen bestimmten Stellen auf Verlangen zuzuleiten. ₃Der Spitzenverband Bund der Pflegekassen veröffentlicht auf Basis der gemeldeten Daten sowie sonstiger Erkenntnisse jährlich einen Bericht bis zum 1. September des dem Berichtsjahr folgenden Jahres.

Viertes Kapitel Leistungen der Pflegeversicherung

Erster Abschnitt Übersicht über die Leistungen

§ 28 Leistungsarten, Grundsätze

(1) Die Pflegeversicherung gewährt folgende Leistungen:

1. Pflegesachleistung (§ 36),
2. Pflegegeld für selbst beschaffte Pflegehilfen (§ 37),
3. Kombination von Geldleistung und Sachleistung (§ 38),
4. häusliche Pflege bei Verhinderung der Pflegeperson (§ 39),
5. Pflegehilfsmittel und wohnumfeldverbessernde Maßnahmen (§ 40),
6. Tagespflege und Nachtpflege (§ 41),
7. Kurzzeitpflege (§ 42),
8. vollstationäre Pflege (§ 43),
9. Pauschalleistung für die Pflege von Menschen mit Behinderungen (§ 43a),

9a. Zusätzliche Betreuung und Aktivierung in stationären Pflegeeinrichtungen (§ 43b),

10. Leistungen zur sozialen Sicherung der Pflegepersonen (§ 44),
11. zusätzliche Leistungen bei Pflegezeit und kurzzeitiger Arbeitsverhinderung (§ 44a),
12. Pflegekurse für Angehörige und ehrenamtliche Pflegepersonen (§ 45),

12a. Umwandlung des ambulanten Sachleistungsbetrags (§ 45a),

13. Entlastungsbetrag (§ 45b),

14. Leistungen des Persönlichen Budgets nach § 29 des Neunten Buches,
15. zusätzliche Leistungen für Pflegebedürftige in ambulant betreuten Wohngruppen (§ 38a),
16. Ergänzende Unterstützung bei Nutzung von digitalen Pflegeanwendungen (§ 39a) und digitale Pflegeanwendungen (§ 40a),
17. Leistungsanspruch beim Einsatz digitaler Pflegeanwendungen (§ 40b).

(1a) Versicherte haben gegenüber ihrer Pflegekasse oder ihrem Versicherungsunternehmen Anspruch auf Pflegeberatung (§ 7a).

(1b) Bis zum Erreichen des in § 45e Absatz 2 Satz 2 genannten Zeitpunkts haben Pflegebedürftige unter den Voraussetzungen des § 45e Absatz 1 Anspruch auf Anschubfinanzierung bei Gründung von ambulant betreuten Wohngruppen.

(2) Personen, die nach beamtenrechtlichen Vorschriften oder Grundsätzen bei Krankheit und Pflege Anspruch auf Beihilfe oder Heilfürsorge haben, erhalten die jeweils zustehenden Leistungen zur Hälfte; dies gilt auch für den Wert von Sachleistungen.

(3) Die Pflegekassen und die Leistungserbringer haben sicherzustellen, daß die Leistungen nach Absatz 1 nach allgemein anerkanntem Stand medizinisch-pflegerischer Erkenntnisse erbracht werden.

(4) Pflege schließt Sterbebegleitung mit ein; Leistungen anderer Sozialleistungsträger bleiben unberührt.

§ 28a Leistungen bei Pflegegrad 1

(1) Abweichend von § 28 Absatz 1 und 1a gewährt die Pflegeversicherung bei Pflegegrad 1 folgende Leistungen:

1. Pflegeberatung gemäß den §§ 7a und 7b,
2. Beratung in der eigenen Häuslichkeit gemäß § 37 Absatz 3,
3. zusätzliche Leistungen für Pflegebedürftige in ambulant betreuten Wohngruppen gemäß § 38a, ohne dass § 38a Absatz 1 Satz 1 Nummer 2 erfüllt sein muss,
4. Versorgung mit Pflegehilfsmitteln gemäß § 40 Absatz 1 bis 3 und 5,
5. finanzielle Zuschüsse für Maßnahmen zur Verbesserung des individuellen oder gemeinsamen Wohnumfelds gemäß § 40 Absatz 4,
6. zusätzliche Betreuung und Aktivierung in stationären Pflegeeinrichtungen gemäß § 43b,
7. zusätzliche Leistungen bei Pflegezeit und kurzzeitiger Arbeitsverhinderung gemäß § 44a,
8. Pflegekurse für Angehörige und ehrenamtliche Pflegepersonen gemäß § 45.
9. ergänzende Unterstützung bei Nutzung von digitalen Pflegeanwendungen gemäß § 39a und digitale Pflegeanwendungen gemäß § 40a,
10. Leistungsanspruch beim Einsatz digitaler Pflegeanwendungen gemäß § 40b.

(2) 1Zudem gewährt die Pflegeversicherung den Entlastungsbetrag gemäß § 45b Absatz 1 Satz 1 in Höhe von 125 Euro monatlich. 2Dieser kann gemäß § 45b im Wege der Erstattung von Kosten eingesetzt werden, die dem Versicherten im Zusammenhang mit der Inanspruchnahme von Leistungen der Tages- und Nachtpflege sowie der Kurzzeitpflege, von Leistungen der ambulanten Pflegedienste im Sinne des § 36 sowie von Leistungen der nach Landesrecht anerkannten Angebote zur Unterstützung im Alltag im Sinne des § 45a Absatz 1 und 2 entstehen.

(3) Wählen Pflegebedürftige des Pflegegrades 1 vollstationäre Pflege, gewährt die Pflegeversicherung gemäß § 43 Absatz 3 einen Zuschuss in Höhe von 125 Euro monatlich.

Zweiter Abschnitt
Gemeinsame Vorschriften

§ 31 Vorrang der Rehabilitation vor Pflege

(1) 1Die Pflegekassen prüfen im Einzelfall, welche Leistungen zur medizinischen Rehabilitation und ergänzenden Leistungen geeignet und zumutbar sind, Pflegebedürftigkeit zu überwinden, zu mindern oder ihre Verschlimmerung zu verhüten. 2Werden Leistungen nach diesem Buch gewährt, ist bei Nachuntersuchungen die Frage geeigneter

und zumutbarer Leistungen zur medizinischen Rehabilitation mit zu prüfen.

(2) Die Pflegekassen haben bei der Einleitung und Ausführung der Leistungen zur Pflege sowie bei Beratung, Auskunft und Aufklärung mit den Trägern der Rehabilitation eng zusammenzuarbeiten, um Pflegebedürftigkeit zu vermeiden, zu überwinden, zu mindern oder ihre Verschlimmerung zu verhüten.

(3) 1Wenn eine Pflegekasse durch die gutachterlichen Feststellungen des Medizinischen Dienstes (§ 18 Abs. 6) oder auf sonstige Weise feststellt, dass im Einzelfall Leistungen zur medizinischen Rehabilitation angezeigt sind, informiert sie schriftlich oder elektronisch unverzüglich den Versicherten sowie mit dessen Einwilligung schriftlich oder elektronisch die behandelnde Ärztin oder den behandelnden Arzt sowie Angehörige, Personen des Vertrauens der Versicherten oder Pflege- und Betreuungseinrichtungen, die den Versicherten versorgen, und leitet mit Einwilligung des Versicherten eine entsprechende Mitteilung dem zuständigen Rehabilitationsträger zu. 2Die Pflegekasse weist den Versicherten gleichzeitig auf seine Eigenverantwortung und Mitwirkungspflicht hin. 3Soweit der Versicherte eingewilligt hat, gilt die Mitteilung an den Rehabilitationsträger als Antragstellung für das Verfahren nach § 14 des Neunten Buches. 4Die Pflegekasse ist über die Leistungsentscheidung des zuständigen Rehabilitationsträgers unverzüglich zu informieren. 5Sie prüft in einem angemessenen zeitlichen Abstand, ob entsprechende Maßnahmen durchgeführt worden sind; soweit erforderlich, hat sie vorläufige Leistungen zur medizinischen Rehabilitation nach § 32 Abs. 1 zu erbringen.

§ 32 Vorläufige Leistungen zur medizinischen Rehabilitation

(1) Die Pflegekasse erbringt vorläufige Leistungen zur medizinischen Rehabilitation, wenn eine sofortige Leistungserbringung erforderlich ist, um eine unmittelbar drohende Pflegebedürftigkeit zu vermeiden, eine bestehende Pflegebedürftigkeit zu überwinden, zu mindern oder eine Verschlimmerung der Pflegebedürftigkeit zu verhüten, und sonst die sofortige Einleitung der Leistungen gefährdet wäre.

(2) Die Pflegekasse hat zuvor den zuständigen Träger zu unterrichten und auf die Eilbedürftigkeit der Leistungsgewährung hinzuweisen; wird dieser nicht rechtzeitig, spätestens jedoch vier Wochen nach Antragstellung, tätig, erbringt die Pflegekasse die Leistungen vorläufig.

§ 35a Teilnahme an einem Persönlichen Budget nach § 29 des Neunten Buches

1Pflegebedürftigen werden auf Antrag die Leistungen nach den §§ 36, 37 Abs. 1, §§ 38, 40 Abs. 2 und § 41 durch ein Persönliches Budget nach § 29 des Neunten Buches erbracht; bei der Kombinationsleistung nach § 38 ist nur das anteilige und im Voraus bestimmte Pflegegeld als Geldleistung budgetfähig, die Sachleistungen nach den §§ 36, 38 und 41 dürfen nur in Form von Gutscheinen zur Verfügung gestellt werden, die zur Inanspruchnahme von zugelassenen Pflegeeinrichtungen nach diesem Buch berechtigen. 2Der Leistungsträger, der das Persönliche Budget nach § 29 Absatz 3 des Neunten Buches durchführt, hat sicherzustellen, dass eine den Vorschriften dieses Buches entsprechende Leistungsbewilligung und Verwendung der Leistungen durch den Pflegebedürftigen gewährleistet ist. 3Andere als die in Satz 1 genannten Leistungsansprüche bleiben ebenso wie die sonstigen Vorschriften dieses Buches unberührt.

Dritter Abschnitt
Leistungen

Erster Titel
Leistungen bei häuslicher Pflege

§ 36 Pflegesachleistung

(1) 1Pflegebedürftige der Pflegegrade 2 bis 5 haben bei häuslicher Pflege Anspruch auf körperbezogene Pflegemaßnahmen und pflegerische Betreuungsmaßnahmen sowie auf Hilfen bei der Haushaltsführung als Sachleistung (häusliche Pflegehilfe). 2Der Anspruch umfasst pflegerische Maßnahmen in den in § 14 Absatz 2 genannten Bereichen Mobili-

tät, kognitive und kommunikative Fähigkeiten, Verhaltensweisen und psychische Problemlagen, Selbstversorgung, Bewältigung von und selbständiger Umgang mit krankheits- oder therapiebedingten Anforderungen und Belastungen sowie Gestaltung des Alltagslebens und sozialer Kontakte.

(2) 1Häusliche Pflegehilfe wird erbracht, um Beeinträchtigungen der Selbständigkeit oder der Fähigkeiten des Pflegebedürftigen so weit wie möglich durch pflegerische Maßnahmen zu beseitigen oder zu mindern und eine Verschlimmerung der Pflegebedürftigkeit zu verhindern. 2Bestandteil der häuslichen Pflegehilfe ist auch die pflegefachliche Anleitung von Pflegebedürftigen und Pflegepersonen. 3Pflegerische Betreuungsmaßnahmen umfassen Unterstützungsleistungen zur Bewältigung und Gestaltung des alltäglichen Lebens im häuslichen Umfeld, insbesondere

1. bei der Bewältigung psychosozialer Problemlagen oder von Gefährdungen,
2. bei der Orientierung, bei der Tagesstrukturierung, bei der Kommunikation, bei der Aufrechterhaltung sozialer Kontakte und bei bedürfnisgerechten Beschäftigungen im Alltag sowie
3. durch Maßnahmen zur kognitiven Aktivierung.

(3) Der Anspruch auf häusliche Pflegehilfe umfasst je Kalendermonat

1. für Pflegebedürftige des Pflegegrades 2 Leistungen bis zu einem Gesamtwert von 689 Euro [ab 1.1.2022: 724 Euro],
2. für Pflegebedürftige des Pflegegrades 3 Leistungen bis zu einem Gesamtwert von 1298 Euro [ab 1.1.2022: 1363 Euro],
3. für Pflegebedürftige des Pflegegrades 4 Leistungen bis zu einem Gesamtwert von 1612 Euro [ab 1.1.2022: 1693 Euro],
4. für Pflegebedürftige des Pflegegrades 5 Leistungen bis zu einem Gesamtwert von 1995 Euro [ab 1.1.2022: 2095 Euro].

(4) 1Häusliche Pflegehilfe ist auch zulässig, wenn Pflegebedürftige nicht in ihrem eigenen Haushalt gepflegt werden; sie ist nicht zulässig, wenn Pflegebedürftige in einer stationären Pflegeeinrichtung oder in einer Einrichtung oder in Räumlichkeiten im Sinne des § 71 Absatz 4 gepflegt werden. 2Häusliche Pflegehilfe wird durch geeignete Pflegekräfte erbracht, die entweder von der Pflegekasse oder bei ambulanten Pflegeeinrichtungen, mit denen die Pflegekasse einen Versorgungsvertrag abgeschlossen hat, angestellt sind. 3Auch durch Einzelpersonen, mit denen die Pflegekasse einen Vertrag nach § 77 Absatz 1 abgeschlossen hat, kann häusliche Pflegehilfe als Sachleistung erbracht werden. 4Mehrere Pflegebedürftige können häusliche Pflegehilfe gemeinsam in Anspruch nehmen.

§ 37 Pflegegeld für selbst beschaffte Pflegehilfen

(1) 1Pflegebedürftige der Pflegegrade 2 bis 5 können anstelle der häuslichen Pflegehilfe ein Pflegegeld beantragen. 2Der Anspruch setzt voraus, dass der Pflegebedürftige mit dem Pflegegeld dessen Umfang entsprechend die erforderlichen körperbezogenen Pflegemaßnahmen und pflegerischen Betreuungsmaßnahmen sowie Hilfen bei der Haushaltsführung in geeigneter Weise selbst sicherstellt. 3Das Pflegegeld beträgt je Kalendermonat

1. 316 Euro für Pflegebedürftige des Pflegegrades 2,
2. 545 Euro für Pflegebedürftige des Pflegegrades 3,
3. 728 Euro für Pflegebedürftige des Pflegegrades 4,
4. 901 Euro für Pflegebedürftige des Pflegegrades 5.

(2) 1Besteht der Anspruch nach Absatz 1 nicht für den vollen Kalendermonat, ist der Geldbetrag entsprechend zu kürzen; dabei ist der Kalendermonat mit 30 Tagen anzusetzen. 2Die Hälfte des bisher bezogenen Pflegegeldes wird während einer Kurzzeitpflege nach § 42 für bis zu acht Wochen und während einer Verhinderungspflege nach § 39 für bis zu sechs Wochen je Kalenderjahr fortgewährt. 3Das Pflegegeld wird bis zum Ende des Kalendermonats geleistet, in dem der Pflegebedürftige gestorben ist. 4§ 118 Abs. 3 und 4 des Sechsten Buches gilt entsprechend, wenn für die Zeit nach dem Monat, in dem der

Pflegebedürftige verstorben ist, Pflegegeld überwiesen wurde.

(3) $_{1}$Pflegebedürftige, die Pflegegeld nach Absatz 1 beziehen, haben

1. bei Pflegegrad 2 und 3 halbjährlich einmal,
2. bei Pflegegrad 4 und 5 vierteljährlich einmal

eine Beratung in der eigenen Häuslichkeit durch einen zugelassenen Pflegedienst, durch eine von den Landesverbänden der Pflegekassen nach Absatz 7 anerkannte Beratungsstelle mit nachgewiesener pflegefachlicher Kompetenz oder, sofern dies durch einen zugelassenen Pflegedienst vor Ort oder eine von den Landesverbänden der Pflegekassen anerkannte Beratungsstelle mit nachgewiesener pflegefachlicher Kompetenz nicht gewährleistet werden kann, durch eine von der Pflegekasse beauftragte, jedoch von ihr nicht beschäftigte Pflegefachkraft abzurufen. $_{2}$Die Beratung dient der Sicherung der Qualität der häuslichen Pflege und der regelmäßigen Hilfestellung und praktischen pflegefachlichen Unterstützung der häuslich Pflegenden. $_{3}$Die Pflegebedürftigen und die häuslich Pflegenden sind bei der Beratung auch auf die Auskunfts-, Beratungs- und Unterstützungsangebote des für sie zuständigen Pflegestützpunktes sowie auf die Pflegeberatung nach § 7a hinzuweisen. $_{4}$Die Vergütung für die Beratung ist von der zuständigen Pflegekasse, bei privat Pflegeversicherten von dem zuständigen privaten Versicherungsunternehmen zu tragen, im Fall der Beihilfeberechtigung anteilig von den Beihilfefestsetzungsstellen. $_{5}$Die Höhe der Vergütung für die Beratung durch einen zugelassenen Pflegedienst oder durch eine von der Pflegekasse beauftragte Pflegefachkraft vereinbaren die Pflegekassen oder deren Arbeitsgemeinschaften in entsprechender Anwendung des § 89 Absatz 1 und 3 mit dem Träger des zugelassenen Pflegedienstes oder mit der von der Pflegekasse beauftragten Pflegefachkraft unter Berücksichtigung der Empfehlungen nach Absatz 5. $_{6}$Die Vergütung kann nach Pflegegraden gestaffelt werden. $_{7}$Über die Höhe der Vergütung anerkannter Beratungsstellen und von Beratungspersonen der kommunalen Gebietskörperschaften entscheiden ab dem Jahr 2020 die Landesverbände der Pflegekassen unter Zugrundelegung der im jeweiligen Land nach Satz 5 und 6 vereinbarten Vergütungssätze jeweils für die Dauer eines Jahres. $_{8}$Die Landesverbände haben die jeweilige Festlegung der Vergütungshöhe in geeigneter Weise zu veröffentlichen. $_{9}$Pflegebedürftige des Pflegegrades 1 haben Anspruch, halbjährlich einmal einen Beratungsbesuch abzurufen. $_{10}$Beziehen Pflegebedürftige von einem ambulanten Pflegedienst Pflegesachleistungen, können sie ebenfalls halbjährlich einmal einen Beratungsbesuch in Anspruch nehmen; für die Vergütung der Beratung gelten die Sätze 4 bis 9.

(4) $_{1}$Die Pflegedienste und die anerkannten Beratungsstellen sowie die beauftragten Pflegefachkräfte haben die Durchführung der Beratungseinsätze gegenüber der Pflegekasse oder dem privaten Versicherungsunternehmen zu bestätigen sowie die bei dem Beratungsbesuch gewonnenen Erkenntnisse über die Möglichkeiten der Verbesserung der häuslichen Pflegesituation dem Pflegebedürftigen und mit dessen Einwilligung der Pflegekasse oder dem privaten Versicherungsunternehmen mitzuteilen, im Fall der Beihilfeberechtigung auch der zuständigen Beihilfefestsetzungsstelle. $_{2}$Der Spitzenverband Bund der Pflegekassen und die privaten Versicherungsunternehmen stellen ihnen für diese Mitteilung ein einheitliches Formular zur Verfügung. $_{3}$Erteilt die pflegebedürftige Person die Einwilligung nicht, ist jedoch nach Überzeugung der Beratungsperson eine weitergehende Beratung angezeigt, übermittelt die jeweilige Beratungsstelle diese Einschätzung über die Erforderlichkeit einer weitergehenden Beratung der zuständigen Pflegekasse oder dem zuständigen privaten Versicherungsunternehmen. $_{4}$Diese haben eine weitergehende Beratung nach § 7a anzubieten. $_{5}$Der beauftragte Pflegedienst und die anerkannte Beratungsstelle haben dafür Sorge zu tragen, dass für einen Beratungsbesuch im häuslichen Bereich Pflegekräfte eingesetzt werden, die spezifisches Wissen zu dem Krankheits- und Behinderungsbild sowie des

sich daraus ergebenden Hilfebedarfs des Pflegebedürftigen mitbringen und über besondere Beratungskompetenz verfügen. 6Zudem soll bei der Planung für die Beratungsbesuche weitestgehend sichergestellt werden, dass der Beratungsbesuch bei einem Pflegebedürftigen möglichst auf Dauer von derselben Pflegekraft durchgeführt wird.

(5) 1Die Vertragsparteien nach § 113 beschließen gemäß § 113b bis zum 1. Januar 2018 unter Beachtung der in Absatz 4 festgelegten Anforderungen Empfehlungen zur Qualitätssicherung der Beratungsbesuche nach Absatz 3. 2Die Empfehlungen enthalten Ausführungen wenigstens

1. zu Beratungsstandards,
2. zur erforderlichen Qualifikation der Beratungspersonen sowie
3. zu erforderlichenfalls einzuleitenden Maßnahmen im Einzelfall.

3Fordert das Bundesministerium für Gesundheit oder eine Vertragspartei nach § 113 im Einvernehmen mit dem Bundesministerium für Gesundheit die Vertragsparteien schriftlich zum Beschluss neuer Empfehlungen nach Satz 1 auf, sind diese innerhalb von sechs Monaten nach Eingang der Aufforderung neu zu beschließen. 4Die Empfehlungen gelten für die anerkannten Beratungsstellen entsprechend.

(5a) 1Der Spitzenverband Bund der Pflegekassen beschließt mit dem Verband der privaten Krankenversicherung e. V. bis zum 1. Januar 2020 Richtlinien zur Aufbereitung, Bewertung und standardisierten Dokumentation der Erkenntnisse aus dem jeweiligen Beratungsbesuch durch die Pflegekasse oder das private Versicherungsunternehmen. 2Die Richtlinien werden erst wirksam, wenn das Bundesministerium für Gesundheit sie genehmigt. 3Die Genehmigung gilt als erteilt, wenn die Richtlinien nicht innerhalb von zwei Monaten, nachdem sie dem Bundesministerium für Gesundheit vorgelegt worden sind, beanstandet werden. 4Beanstandungen des Bundesministeriums für Gesundheit sind innerhalb der von ihm gesetzten Frist zu beheben.

(6) Rufen Pflegebedürftige die Beratung nach Absatz 3 Satz 1 nicht ab, hat die Pflegekasse oder das private Versicherungsunternehmen das Pflegegeld angemessen zu kürzen und im Wiederholungsfall zu entziehen.

(7) 1Die Landesverbände der Pflegekassen haben neutrale und unabhängige Beratungsstellen zur Durchführung der Beratung nach den Absätzen 3 und 4 anzuerkennen. 2Dem Antrag auf Anerkennung ist ein Nachweis über die erforderliche pflegefachliche Kompetenz der Beratungsstelle und ein Konzept zur Qualitätssicherung des Beratungsangebotes beizufügen. 3Die Landesverbände der Pflegekassen regeln das Nähere zur Anerkennung der Beratungsstellen.

(8) 1Die Beratungsbesuche nach Absatz 3 können auch von Pflegeberaterinnen und Pflegeberatern im Sinne des § 7a oder von Beratungspersonen der kommunalen Gebietskörperschaften, die die erforderliche pflegefachliche Kompetenz aufweisen, durchgeführt werden. 2Absatz 4 findet entsprechende Anwendung. 3Die Inhalte der Empfehlungen zur Qualitätssicherung der Beratungsbesuche nach Absatz 5 sind zu beachten.

(9) Beratungsbesuche nach Absatz 3 dürfen von Betreuungsdiensten im Sinne des § 71 Absatz 1a nicht durchgeführt werden.

§ 38 Kombination von Geldleistung und Sachleistung (Kombinationsleistung)

1Nimmt der Pflegebedürftige die ihm nach § 36 Absatz 3 zustehende Sachleistung nur teilweise in Anspruch, erhält er daneben ein anteiliges Pflegegeld im Sinne des § 37. 2Das Pflegegeld wird um den Vomhundertsatz vermindert, in dem der Pflegebedürftige Sachleistungen in Anspruch genommen hat. 3An die Entscheidung, in welchem Verhältnis er Geld- und Sachleistung in Anspruch nehmen will, ist der Pflegebedürftige für die Dauer von sechs Monaten gebunden. 4Anteiliges Pflegegeld wird während einer Kurzzeitpflege nach § 42 für bis zu acht Wochen und während einer Verhinderungspflege nach § 39 für bis zu sechs Wochen je Kalenderjahr in Höhe der Hälfte der vor Beginn der Kurzzeit- oder Verhinderungspflege geleisteten Höhe fortgewährt. 5Pflegebedürftige in

IV

vollstationären Einrichtungen der Hilfe für behinderte Menschen (§ 43a) haben Anspruch auf ungekürztes Pflegegeld anteilig für die Tage, an denen sie sich in häuslicher Pflege befinden.

§ 38a Zusätzliche Leistungen für Pflegebedürftige in ambulant betreuten Wohngruppen

(1) 1Pflegebedürftige haben Anspruch auf einen pauschalen Zuschlag in Höhe von 214 Euro monatlich, wenn

1. sie mit mindestens zwei und höchstens elf weiteren Personen in einer ambulant betreuten Wohngruppe in einer gemeinsamen Wohnung zum Zweck der gemeinschaftlich organisierten pflegerischen Versorgung leben und davon mindestens zwei weitere Personen pflegebedürftig im Sinne der §§ 14, 15 sind,
2. sie Leistungen nach den §§ 36, 37, 38, 45a oder § 45b beziehen,
3. eine Person durch die Mitglieder der Wohngruppe gemeinschaftlich beauftragt ist, unabhängig von der individuellen pflegerischen Versorgung allgemeine organisatorische, verwaltende, betreuende oder das Gemeinschaftsleben fördernde Tätigkeiten zu verrichten oder die Wohngruppenmitglieder bei der Haushaltsführung zu unterstützen, und
4. keine Versorgungsform einschließlich teilstationärer Pflege vorliegt, in der ein Anbieter der Wohngruppe oder ein Dritter den Pflegebedürftigen Leistungen anbietet oder gewährleistet, die dem im jeweiligen Rahmenvertrag nach § 75 Absatz 1 für vollstationäre Pflege vereinbarten Leistungsumfang weitgehend entsprechen; der Anbieter einer ambulant betreuten Wohngruppe hat die Pflegebedürftigen vor deren Einzug in die Wohngruppe in geeigneter Weise darauf hinzuweisen, dass dieser Leistungsumfang von ihm oder einem Dritten nicht erbracht wird, sondern die Versorgung in der Wohngruppe auch durch die aktive Einbindung ihrer eigenen Ressourcen und ihres sozialen Umfelds sichergestellt werden kann.

2Leistungen der Tages- und Nachtpflege gemäß § 41 können neben den Leistungen nach dieser Vorschrift nur in Anspruch genommen werden, wenn gegenüber der zuständigen Pflegekasse durch eine Prüfung des Medizinischen Dienstes nachgewiesen ist, dass die Pflege in der ambulant betreuten Wohngruppe ohne teilstationäre Pflege nicht in ausreichendem Umfang sichergestellt ist; dies gilt entsprechend für die Versicherten der privaten Pflege-Pflichtversicherung.

(2) Die Pflegekassen sind berechtigt, zur Feststellung der Anspruchsvoraussetzungen bei dem Antragsteller folgende Daten zu verarbeiten und folgende Unterlagen anzufordern:

1. eine formlose Bestätigung des Antragstellers, dass die Voraussetzungen nach Absatz 1 Nummer 1 erfüllt sind,
2. die Adresse und das Gründungsdatum der Wohngruppe,
3. den Mietvertrag einschließlich eines Grundrisses der Wohnung und den Pflegevertrag nach § 120,
4. Vorname, Name, Anschrift und Telefonnummer sowie Unterschrift der Person nach Absatz 1 Nummer 3 und
5. die vereinbarten Aufgaben der Person nach Absatz 1 Nummer 3.

§ 39 Häusliche Pflege bei Verhinderung der Pflegeperson

(1) 1Ist eine Pflegeperson wegen Erholungsurlaubs, Krankheit oder aus anderen Gründen an der Pflege gehindert, übernimmt die Pflegekasse die nachgewiesenen Kosten einer notwendigen Ersatzpflege für längstens sechs Wochen je Kalenderjahr; § 34 Absatz 2 Satz 1 gilt nicht. 2Voraussetzung ist, dass die Pflegeperson den Pflegebedürftigen vor der erstmaligen Verhinderung mindestens sechs Monate in seiner häuslichen Umgebung gepflegt hat und der Pflegebedürftige zum Zeitpunkt der Verhinderung mindestens in Pflegegrad 2 eingestuft ist. 3Die Aufwendungen der Pflegekasse können sich im Kalenderjahr auf bis zu 1612 Euro belaufen, wenn die Ersatzpflege durch andere Pflegepersonen sichergestellt wird als solche, die mit dem Pflegebedürftigen bis zum zweiten Grade

verwandt oder verschwägert sind oder die mit ihm in häuslicher Gemeinschaft leben.

(2) $_{1}$Der Leistungsbetrag nach Absatz 1 Satz 3 kann um bis zu 806 Euro aus noch nicht in Anspruch genommenen Mitteln der Kurzzeitpflege nach § 42 Absatz 2 Satz 2 auf insgesamt bis zu 2418 Euro im Kalenderjahr erhöht werden. $_{2}$Der für die Verhinderungspflege in Anspruch genommene Erhöhungsbetrag wird auf den Leistungsbetrag für eine Kurzzeitpflege nach § 42 Absatz 2 Satz 2 angerechnet.

(3) $_{1}$Bei einer Ersatzpflege durch Pflegepersonen, die mit dem Pflegebedürftigen bis zum zweiten Grade verwandt oder verschwägert sind oder mit ihm in häuslicher Gemeinschaft leben, dürfen die Aufwendungen der Pflegekasse regelmäßig den Betrag des Pflegegeldes nach § 37 Absatz 1 Satz 3 für bis zu sechs Wochen nicht überschreiten. $_{2}$Wird die Ersatzpflege von den in Satz 1 genannten Personen erwerbsmäßig ausgeübt, können sich die Aufwendungen der Pflegekasse abweichend von Satz 1 auf den Leistungsbetrag nach Absatz 1 Satz 3 belaufen; Absatz 2 findet Anwendung. $_{3}$Bei Bezug der Leistung in Höhe des Pflegegeldes für eine Ersatzpflege durch Pflegepersonen, die mit dem Pflegebedürftigen bis zum zweiten Grade verwandt oder verschwägert sind oder mit ihm in häuslicher Gemeinschaft leben, können von der Pflegekasse auf Nachweis notwendige Aufwendungen, die der Pflegeperson im Zusammenhang mit der Ersatzpflege entstanden sind, übernommen werden. $_{4}$Die Aufwendungen der Pflegekasse nach den Sätzen 1 und 3 dürfen zusammen den Leistungsbetrag nach Absatz 1 Satz 3 nicht übersteigen; Absatz 2 findet Anwendung.

§ 39a Ergänzende Unterstützung bei Nutzung von digitalen Pflegeanwendungen

$_{1}$Pflegebedürftige haben bei der Nutzung digitaler Pflegeanwendungen im Sinne des § 40a Anspruch auf ergänzende Unterstützungsleistungen, deren Erforderlichkeit das Bundesinstitut für Arzneimittel und Medizinprodukte nach § 78a Absatz 5 Satz 6 festgestellt hat, durch nach diesem Buch zugelassene ambulante Pflegeeinrichtungen. $_{2}$Der Anspruch setzt voraus, dass die ergänzende Unterstützungsleistung für die Nutzung der digitalen Pflegeanwendung im Einzelfall erforderlich ist.

§ 40 Pflegehilfsmittel und wohnumfeldverbessernde Maßnahmen

(1) $_{1}$Pflegebedürftige haben Anspruch auf Versorgung mit Pflegehilfsmitteln, die zur Erleichterung der Pflege oder zur Linderung der Beschwerden des Pflegebedürftigen beitragen oder ihm eine selbständigere Lebensführung ermöglichen, soweit die Hilfsmittel nicht wegen Krankheit oder Behinderung von der Krankenversicherung oder anderen zuständigen Leistungsträgern zu leisten sind. $_{2}$Die Pflegekasse kann in geeigneten Fällen die Notwendigkeit der Versorgung mit den beantragten Pflegehilfsmitteln unter Beteiligung einer Pflegekraft oder des Medizinischen Dienstes überprüfen lassen. $_{3}$Entscheiden sich Versicherte für eine Ausstattung des Pflegehilfsmittels, die über das Maß des Notwendigen hinausgeht, haben sie die Mehrkosten und die dadurch bedingten Folgekosten selbst zu tragen. $_{4}$§ 33 Abs. 6 und 7 des Fünften Buches gilt entsprechend.

(2) $_{1}$Die Aufwendungen der Pflegekassen für zum Verbrauch bestimmte Pflegehilfsmittel dürfen monatlich den Betrag von 40 Euro nicht übersteigen; bis zum 31. Dezember 2021 gilt ein monatlicher Betrag in Höhe von 60 Euro. $_{2}$Die Leistung kann auch in Form einer Kostenerstattung erbracht werden.

(3) $_{1}$Die Pflegekassen sollen technische Pflegehilfsmittel in allen geeigneten Fällen vorrangig leihweise überlassen. $_{2}$Sie können die Bewilligung davon abhängig machen, daß die Pflegebedürftigen sich das Pflegehilfsmittel anpassen oder sich selbst oder die Pflegeperson in seinem Gebrauch ausbilden lassen. $_{3}$Der Anspruch umfaßt auch die notwendige Änderung, Instandsetzung und Ersatzbeschaffung von Pflegehilfsmitteln sowie die Ausbildung in ihrem Gebrauch. $_{4}$Versicherte, die das 18. Lebensjahr vollendet haben, haben zu den Kosten der Pflegehilfsmittel mit Ausnahme der Pflegehilfsmittel nach Ab-

satz 2 eine Zuzahlung von zehn vom Hundert, höchstens jedoch 25 Euro je Pflegehilfsmittel an die abgebende Stelle zu leisten. [5]Zur Vermeidung von Härten kann die Pflegekasse den Versicherten in entsprechender Anwendung des § 62 Abs. 1 Satz 1, 2 und 6 sowie Abs. 2 und 3 des Fünften Buches ganz oder teilweise von der Zuzahlung befreien. [6]Versicherte, die die für sie geltende Belastungsgrenze nach § 62 des Fünften Buches erreicht haben oder unter Berücksichtigung der Zuzahlung nach Satz 4 erreichen, sind hinsichtlich des die Belastungsgrenze überschreitenden Betrags von der Zuzahlung nach diesem Buch befreit. [7]Lehnen Versicherte die teilweise Überlassung eines Pflegehilfsmittels ohne zwingenden Grund ab, haben sie die Kosten des Pflegehilfsmittels in vollem Umfang selbst zu tragen.

(4) [1]Die Pflegekassen können subsidiär finanzielle Zuschüsse für Maßnahmen zur Verbesserung des individuellen Wohnumfeldes des Pflegebedürftigen gewähren, beispielsweise für technische Hilfen im Haushalt, wenn dadurch im Einzelfall die häusliche Pflege ermöglicht oder erheblich erleichtert oder eine möglichst selbständige Lebensführung des Pflegebedürftigen wiederhergestellt wird. [2]Die Zuschüsse dürfen einen Betrag in Höhe von 4000 Euro je Maßnahme nicht übersteigen. [3]Leben mehrere Pflegebedürftige in einer gemeinsamen Wohnung, dürfen die Zuschüsse für Maßnahmen zur Verbesserung des gemeinsamen Wohnumfeldes einen Betrag in Höhe von 4000 Euro je Pflegebedürftigem nicht übersteigen. [4]Der Gesamtbetrag je Maßnahme nach Satz 3 ist auf 16 000 Euro begrenzt und wird bei mehr als vier Anspruchsberechtigten anteilig auf die Versicherungsträger der Anspruchsberechtigten aufgeteilt. [5]§ 40 Absatz 1 Satz 2 gilt entsprechend.

(5) [1]Für Hilfsmittel und Pflegehilfsmittel, die sowohl den in § 23 und § 33 des Fünften Buches als auch den in Absatz 1 genannten Zwecken dienen können, prüft der Leistungsträger, bei dem die Leistung beantragt wird, ob ein Anspruch gegenüber der Krankenkasse oder der Pflegekasse besteht und entscheidet über die Bewilligung der Hilfsmittel und Pflegehilfsmittel. [2]Zur Gewährleistung einer Absatz 1 Satz 1 entsprechenden Abgrenzung der Leistungsverpflichtungen der gesetzlichen Krankenversicherung und der sozialen Pflegeversicherung werden die Ausgaben für Hilfsmittel und Pflegehilfsmittel zwischen der jeweiligen Krankenkasse und der bei ihr errichteten Pflegekasse in einem bestimmten Verhältnis pauschal aufgeteilt. [3]Der Spitzenverband Bund der Krankenkassen bestimmt in Richtlinien, die erstmals bis zum 30. April 2012 zu beschließen sind, die Hilfsmittel und Pflegehilfsmittel nach Satz 1, das Verhältnis, in dem die Ausgaben aufzuteilen sind, sowie die Einzelheiten zur Umsetzung der Pauschalierung. [4]Er berücksichtigt dabei die bisherigen Ausgaben der Kranken- und Pflegekassen und stellt sicher, dass bei der Aufteilung die Zielsetzung der Vorschriften des Fünften Buches und dieses Buches zur Hilfsmittelversorgung sowie die Belange der Versicherten gewahrt bleiben. [5]Die Richtlinien bedürfen der Genehmigung des Bundesministeriums für Gesundheit und treten am ersten Tag des auf die Genehmigung folgenden Monats in Kraft; die Genehmigung kann mit Auflagen verbunden werden. [6]Die Richtlinien sind für die Kranken- und Pflegekassen verbindlich. [7]Für die nach Satz 3 bestimmten Hilfsmittel und Pflegehilfsmittel richtet sich die Zuzahlung nach den §§ 33, 61 und 62 des Fünften Buches; für die Prüfung des Leistungsanspruchs gilt § 275 Absatz 3 des Fünften Buches. [8]Die Regelungen dieses Absatzes gelten nicht für Ansprüche auf Hilfsmittel oder Pflegehilfsmittel von Pflegebedürftigen, die sich in vollstationärer Pflege befinden, sowie von Pflegebedürftigen nach § 28 Absatz 2.

(6) [1]Pflegefachkräfte können im Rahmen ihrer Leistungserbringung nach § 36, nach den §§ 37 und 37c des Fünften Buches sowie der Beratungseinsätze nach § 37 Absatz 3 konkrete Empfehlungen zur Hilfsmittel- und Pflegehilfsmittelversorgung abgeben. [2]Wird ein Pflegehilfsmittel nach Absatz 1 Satz 1 oder Absatz 5 oder ein Hilfsmittel nach Absatz 5, das den Zielen von Absatz 1 Satz 1 dient, von einer Pflegefachkraft bei der Antragstellung empfohlen, werden unter den in den Richtlinien nach Satz 6 festgelegten Voraussetzungen die

Notwendigkeit der Versorgung nach Absatz 1 Satz 2 und die Erforderlichkeit der Versorgung nach § 33 Absatz 1 des Fünften Buches vermutet. 3Die Empfehlung der Pflegefachkraft darf bei der Antragstellung nicht älter als zwei Wochen sein. 4Einer ärztlichen Verordnung gemäß § 33 Absatz 5a des Fünften Buches bedarf es bei Vorliegen einer Empfehlung nach Satz 1 nicht. 5Die Empfehlung der Pflegefachkraft für ein Pflegehilfsmittel oder ein Hilfsmittel, das den Zielen des Absatzes 1 Satz 1 dient, ist der Kranken- oder Pflegekasse zusammen mit dem Antrag des Versicherten in Textform zu übermitteln. 6Der Spitzenverband Bund der Krankenkassen, zugleich nach § 53 Satz 1 die Aufgaben des Spitzenverbandes Bund der Pflegekassen wahrnehmend, legt bis zum 31. Dezember 2021 in Richtlinien fest, in welchen Fällen und für welche Hilfsmittel und Pflegehilfsmittel nach Satz 2 die Erforderlichkeit oder Notwendigkeit der Versorgung vermutet wird; dabei ist auch festzulegen, über welche Eignung die empfehlende Pflegefachkraft verfügen soll. 7In den Richtlinien wird auch das Nähere zum Verfahren der Empfehlung durch die versorgende Pflegefachkraft bei Antragstellung festgelegt. 8Die Bundespflegekammer und die Verbände der Pflegeberufe auf Bundesebene sind an den Richtlinien zu beteiligen. 9Der Spitzenverband Bund der Krankenkassen, zugleich nach § 53 Satz 1 die Aufgaben des Spitzenverbandes Bund der Pflegekassen wahrnehmend, wird beauftragt, die in den Richtlinien festgelegten Verfahren in fachlicher und wirtschaftlicher Hinsicht unter Beteiligung des Medizinischen Dienstes Bund, der Bundespflegekammer und der Verbände der Pflegeberufe auf Bundesebene zu evaluieren. 10Ein Bericht über die Ergebnisse der Evaluation ist dem Bundesministerium für Gesundheit bis zum 1. Januar 2025 vorzulegen.

(7) 1Die Pflegekasse hat über einen Antrag auf Pflegehilfsmittel oder Zuschüsse zu wohnumfeldverbessernden Maßnahmen zügig, spätestens bis zum Ablauf von drei Wochen nach Antragseingang oder in Fällen, in denen eine Pflegefachkraft oder der Medizinische Dienst nach Absatz 1 Satz 2 beteiligt wird, innerhalb von fünf Wochen nach Antragseingang zu entscheiden. 2Über einen Antrag auf ein Pflegehilfsmittel, das von einer Pflegefachkraft bei der Antragstellung nach Absatz 6 Satz 2 empfohlen wurde, hat die Pflegekasse zügig, spätestens bis zum Ablauf von drei Wochen nach Antragseingang, zu entscheiden. 3Kann die Pflegekasse die Fristen nach Satz 1 oder Satz 2 nicht einhalten, teilt sie dies den Antragstellern unter Darlegung der Gründe rechtzeitig schriftlich mit. 3Erfolgt keine Mitteilung eines hinreichenden Grundes, gilt die Leistung nach Ablauf der Frist als genehmigt.

Aufwendungen für zum Verbrauch bestimmte Pflegehilfsmittel dürfen ab dem 1. April 2020 abweichend von § 40 Absatz 2 Satz 1 des Elften Buches Sozialgesetzbuch monatlich den Betrag von 60 Euro nicht übersteigen (COVID-19-Versorgungsstrukturen-Schutzverordnung – COVID-19-VSt-SchutzV – vom 30. April 2020, BAnz AT 04.05.2020 V1). Dies ist vorbehaltlich des Fortbestehens der Feststellung einer epidemischen Lage von nationaler Tragweite nur solange anzuwenden, wie § 150 des Elften Buches Sozialgesetzbuch auch in Verbindung mit einer Rechtsverordnung nach § 152 des Elften Buches Sozialgesetzbuch gilt.

IV

§ 40a Digitale Pflegeanwendungen

(1) Pflegebedürftige haben Anspruch auf Versorgung mit Anwendungen, die wesentlich auf digitalen Technologien beruhen und von den Pflegebedürftigen oder in der Interaktion von Pflegebedürftigen, Angehörigen und zugelassenen ambulanten Pflegeeinrichtungen genutzt werden, um Beeinträchtigungen der Selbständigkeit oder der Fähigkeiten des Pflegebedürftigen zu mindern und einer Verschlimmerung der Pflegebedürftigkeit entgegenzuwirken, soweit die Anwendung nicht wegen Krankheit oder Behinderung von der Krankenversicherung oder anderen zuständigen Leistungsträgern zu leisten ist (digitale Pflegeanwendungen).

(2) 1Der Anspruch umfasst nur solche digitale Pflegeanwendungen, die vom Bundesinstitut für Arzneimittel und Medizinprodukte in das Verzeichnis für digitale Pflegeanwendungen nach § 78a Absatz 3 aufgenommen sind. 2Die Pflegekasse entscheidet auf Antrag des Pflegebedürftigen über die Notwendigkeit der

Versorgung des Pflegebedürftigen mit einer digitalen Pflegeanwendung. 3Entscheiden sich Pflegebedürftige für eine digitale Pflegeanwendung, deren Funktionen oder Anwendungsbereiche über die in das Verzeichnis für digitale Pflegeanwendungen nach § 78a Absatz 3 aufgenommenen digitalen Pflegeanwendungen hinausgehen oder deren Kosten die Vergütungsbeträge nach § 78a Absatz 1 Satz 1 übersteigen, haben sie die Mehrkosten selbst zu tragen. 4Über die von ihnen zu tragenden Mehrkosten sind die Pflegebedürftigen von den Pflegekassen vorab in schriftlicher Form oder elektronisch zu informieren.

(3) 1Für digitale Pflegeanwendungen, die sowohl den in § 33a Absatz 1 Satz 1 des Fünften Buches als auch den in Absatz 1 genannten Zwecken dienen können, prüft der Leistungsträger, bei dem die Leistung beantragt wird, ob ein Anspruch gegenüber der Krankenkasse oder der Pflegekasse besteht und entscheidet über die Bewilligung der digitalen Gesundheitsanwendung oder der digitalen Pflegeanwendung. 2Ansprüche nach anderen Vorschriften dieses Buches bleiben unberührt. 3§ 40 Absatz 5 Satz 2 bis 6 gilt entsprechend mit der Maßgabe, dass der Spitzenverband Bund der Krankenkassen Richtlinien über das Verhältnis zur Aufteilung der Ausgaben erstmals bis zum 31. Dezember 2021 zu beschließen hat.

(4) Die Hersteller stellen den Anspruchsberechtigten digitale Pflegeanwendungen barrierefrei im Wege elektronischer Übertragung über öffentlich zugängliche Netze, auf maschinell lesbaren Datenträgern oder über digitale Vertriebsplattformen zur Verfügung.

§ 40b Leistungsanspruch beim Einsatz digitaler Pflegeanwendungen

1Pflegebedürftige haben Anspruch auf die Leistungen nach den §§ 39a und 40a bis zur Höhe von insgesamt 50 Euro im Monat. 2Die Aufteilung des Leistungsanspruchs nach Satz 1 auf die ergänzende Unterstützungsleistung nach § 39a und die digitale Pflegeanwendung nach § 40a beim Einsatz digitaler Pflegeanwendungen richtet sich nach § 78a Absatz 1 Satz 5.

Zweiter Titel
Teilstationäre Pflege und Kurzzeitpflege

§ 41 Tagespflege und Nachtpflege

(1) 1Pflegebedürftige der Pflegegrade 2 bis 5 haben Anspruch auf teilstationäre Pflege in Einrichtungen der Tages- oder Nachtpflege, wenn häusliche Pflege nicht in ausreichendem Umfang sichergestellt werden kann oder wenn dies zur Ergänzung oder Stärkung der häuslichen Pflege erforderlich ist. 2Die teilstationäre Pflege umfaßt auch die notwendige Beförderung des Pflegebedürftigen von der Wohnung zur Einrichtung der Tagespflege oder der Nachtpflege und zurück.

(2) 1Die Pflegekasse übernimmt im Rahmen der Leistungsbeträge nach Satz 2 die pflegebedingten Aufwendungen der teilstationären Pflege einschließlich der Aufwendungen für Betreuung und die Aufwendungen für die in der Einrichtung notwendigen Leistungen der medizinischen Behandlungspflege. 2Der Anspruch auf teilstationäre Pflege umfasst je Kalendermonat

1. für Pflegebedürftige des Pflegegrades 2 einen Gesamtwert bis zu 689 Euro,
2. für Pflegebedürftige des Pflegegrades 3 einen Gesamtwert bis zu 1298 Euro,
3. für Pflegebedürftige des Pflegegrades 4 einen Gesamtwert bis zu 1612 Euro,
4. für Pflegebedürftige des Pflegegrades 5 einen Gesamtwert bis zu 1995 Euro.

(3) Pflegebedürftige der Pflegegrade 2 bis 5 können teilstationäre Tages- und Nachtpflege zusätzlich zu ambulanten Pflegesachleistungen, Pflegegeld oder der Kombinationsleistung nach § 38 in Anspruch nehmen, ohne dass eine Anrechnung auf diese Ansprüche erfolgt.

§ 42 Kurzzeitpflege

(1) 1Kann die häusliche Pflege zeitweise nicht, noch nicht oder nicht im erforderlichen Umfang erbracht werden und reicht auch teilstationäre Pflege nicht aus, besteht für Pflegebedürftige der Pflegegrade 2 bis 5 Anspruch auf Pflege in einer vollstationären Einrichtung. 2Dies gilt:

1. für eine Übergangszeit im Anschluß an eine stationäre Behandlung des Pflegebedürftigen oder
2. in sonstigen Krisensituationen, in denen vorübergehend häusliche oder teilstationäre Pflege nicht möglich oder nicht ausreichend ist.

(2) 1Der Anspruch auf Kurzzeitpflege ist auf acht Wochen pro Kalenderjahr beschränkt. 2Die Pflegekasse übernimmt die pflegebedingten Aufwendungen einschließlich der Aufwendungen für Betreuung sowie die Aufwendungen für Leistungen der medizinischen Behandlungspflege bis zu dem Gesamtbetrag von 1612 Euro im Kalenderjahr [ab 1.1.2022: 1774 Euro]. 3Der Leistungsbetrag nach Satz 2 kann um bis zu 1612 Euro aus noch nicht in Anspruch genommenen Mitteln der Verhinderungspflege nach § 39 Absatz 1 Satz 3 auf insgesamt bis zu 3224 Euro im Kalenderjahr [ab 1.1.2022: 3386 Euro] erhöht werden. 4Der für die Kurzzeitpflege in Anspruch genommene Erhöhungsbetrag wird auf den Leistungsbetrag für eine Verhinderungspflege nach § 39 Absatz 1 Satz 3 angerechnet.

(3) 1Abweichend von den Absätzen 1 und 2 besteht der Anspruch auf Kurzzeitpflege in begründeten Einzelfällen bei zu Hause gepflegten Pflegebedürftigen auch in geeigneten Einrichtungen der Hilfe für behinderte Menschen und anderen geeigneten Einrichtungen, wenn die Pflege in einer von den Pflegekassen zur Kurzzeitpflege zugelassenen Pflegeeinrichtung nicht möglich ist oder nicht zumutbar erscheint. 2§ 34 Abs. 2 Satz 1 findet keine Anwendung. 3Sind in dem Entgelt für die Einrichtung Kosten für Unterkunft und Verpflegung sowie Aufwendungen für Investitionen enthalten, ohne gesondert ausgewiesen zu sein, so sind 60 vom Hundert des Entgelts zuschussfähig. 4In begründeten Einzelfällen kann die Pflegekasse in Ansehung der Kosten für Unterkunft und Verpflegung sowie der Aufwendungen für Investitionen davon abweichende pauschale Abschläge vornehmen.

(4) Abweichend von den Absätzen 1 und 2 besteht der Anspruch auf Kurzzeitpflege auch in Einrichtungen, die stationäre Leistungen zur medizinischen Vorsorge oder Rehabilitation erbringen, wenn während einer Maßnahme der medizinischen Vorsorge oder Rehabilitation für eine Pflegeperson eine gleichzeitige Unterbringung und Pflege des Pflegebedürftigen erforderlich ist.

Dritter Titel
Vollstationäre Pflege

§ 43 Inhalt der Leistung

(1) Pflegebedürftige der Pflegegrade 2 bis 5 haben Anspruch auf Pflege in vollstationären Einrichtungen.

(2) 1Für Pflegebedürftige in vollstationären Einrichtungen übernimmt die Pflegekasse im Rahmen der pauschalen Leistungsbeträge nach Satz 2 die pflegebedingten Aufwendungen einschließlich der Aufwendungen für Betreuung und die Aufwendungen für Leistungen der medizinischen Behandlungspflege. 2Der Anspruch beträgt je Kalendermonat

1. 770 Euro für Pflegebedürftige des Pflegegrades 2,
2. 1262 Euro für Pflegebedürftige des Pflegegrades 3,
3. 1775 Euro für Pflegebedürftige des Pflegegrades 4,
4. 2005 Euro für Pflegebedürftige des Pflegegrades 5.

3Abweichend von Satz 1 übernimmt die Pflegekasse auch Aufwendungen für Unterkunft und Verpflegung, soweit der nach Satz 2 gewährte Leistungsbetrag die in Satz 1 genannten Aufwendungen übersteigt.

(3) Wählen Pflegebedürftige des Pflegegrades 1 vollstationäre Pflege, erhalten sie für die in Absatz 2 Satz 1 genannten Aufwendungen einen Zuschuss in Höhe von 125 Euro monatlich.

(4) Bei vorübergehender Abwesenheit von Pflegebedürftigen aus dem Pflegeheim werden die Leistungen für vollstationäre Pflege erbracht, solange die Voraussetzungen des § 87a Abs. 1 Satz 5 und 6 vorliegen.

IV

Vierter Titel
Pauschalleistung für die Pflege von Menschen mit Behinderungen

§ 43a Inhalt der Leistung

$_{1}$Für Pflegebedürftige der Pflegegrade 2 bis 5 in einer vollstationären Einrichtung im Sinne des § 71 Absatz 4 Nummer 1, in der die Teilhabe am Arbeitsleben, an Bildung oder die soziale Teilhabe, die schulische Ausbildung oder die Erziehung von Menschen mit Behinderungen im Vordergrund des Einrichtungszwecks stehen, übernimmt die Pflegekasse zur Abgeltung der in § 43 Absatz 2 genannten Aufwendungen 15 Prozent der nach Teil 2 Kapitel 8 des Neunten Buches vereinbarten Vergütung. $_{2}$Die Aufwendungen der Pflegekasse dürfen im Einzelfall je Kalendermonat 266 Euro nicht überschreiten. $_{3}$Die Sätze 1 und 2 gelten auch für Pflegebedürftige der Pflegegrade 2 bis 5 in Räumlichkeiten im Sinne des § 71 Absatz 4 Nummer 3, die Leistungen der Eingliederungshilfe für Menschen mit Behinderungen nach Teil 2 des Neunten Buches erhalten. $_{4}$Wird für die Tage, an denen die Pflegebedürftigen im Sinne der Sätze 1 und 3 zu Hause gepflegt und betreut werden, anteiliges Pflegegeld beansprucht, gelten die Tage der An- und Abreise als volle Tage der häuslichen Pflege.

Fünfter Titel
Zusätzliche Betreuung und Aktivierung in stationären Pflegeeinrichtungen

§ 43b Inhalt der Leistung

Pflegebedürftige in stationären Pflegeeinrichtungen haben nach Maßgabe von § 84 Absatz 8 und § 85 Absatz 8 Anspruch auf zusätzliche Betreuung und Aktivierung, die über die nach Art und Schwere der Pflegebedürftigkeit notwendige Versorgung hinausgeht.

Sechster Titel
Pflegebedingter Eigenanteil bei vollstationärer Pflege [ab 1.1.2022]

§ 43c Begrenzung des Eigenanteils an den pflegebedingten Aufwendungen

$_{1}$Pflegebedürftige der Pflegegrade 2 bis 5, die bis einschließlich 12 Monate Leistungen nach § 43 beziehen, erhalten einen Leistungszuschlag in Höhe von 5 Prozent ihres zu zahlenden Eigenanteils an den pflegebedingten Aufwendungen. $_{2}$Pflegebedürftige der Pflegegrade 2 bis 5, die seit mehr als 12 Monaten Leistungen nach § 43 beziehen, erhalten einen Leistungszuschlag in Höhe von 25 Prozent ihres zu zahlenden Eigenanteils an den pflegebedingten Aufwendungen. $_{3}$Pflegebedürftige der Pflegegrade 2 bis 5, die seit mehr als 24 Monaten Leistungen nach § 43 beziehen, erhalten einen Leistungszuschlag in Höhe von 45 Prozent ihres zu zahlenden Eigenanteils an den pflegebedingten Aufwendungen. $_{4}$Pflegebedürftige der Pflegegrade2 bis 5, die seit mehr als 36 Monaten Leistungen nach § 43 beziehen, erhalten einen Leistungszuschlag in Höhe von 70 Prozent ihres zu zahlenden Eigenanteils an den pflegebedingten Aufwendungen. $_{5}$Bei der Bemessung der Monate, in denen Pflegebedürftige Leistungen nach § 43 beziehen, werden Monate, in denen nur für einen Teilzeitraum Leistungen nach § 43 bezogen worden sind, berücksichtigt. $_{6}$Die Pflegeeinrichtung, die den Pflegebedürftigen versorgt, stellt der Pflegekasse des Pflegebedürftigen neben dem Leistungsbetrag den Leistungszuschlag in Rechnung und dem Pflegebedürftigen den verbleibenden Eigenanteil. $_{7}$Die Pflegekasse übermittelt für jeden Pflegebedürftigen beim Einzug in die Pflegeeinrichtung sowie zum 1. Januar 2022 für alle vollstationär versorgten Pflegebedürftigen die bisherige Dauer des Bezugs von Leistungen nach § 43.

Fünfter Abschnitt
Angebote zur Unterstützung im Alltag, Entlastungsbetrag, Förderung der Weiterentwicklung der Versorgungsstrukturen und des Ehrenamts sowie der Selbsthilfe

§ 45a Angebote zur Unterstützung im Alltag, Umwandlung des ambulanten Sachleistungsbetrags (Umwandlungsanspruch), Verordnungsermächtigung

(1) $_{1}$Angebote zur Unterstützung im Alltag tragen dazu bei, Pflegepersonen zu entlasten,

und helfen Pflegebedürftigen, möglichst lange in ihrer häuslichen Umgebung zu bleiben, soziale Kontakte aufrechtzuerhalten und ihren Alltag weiterhin möglichst selbständig bewältigen zu können. 2Angebote zur Unterstützung im Alltag sind

1. Angebote, in denen insbesondere ehrenamtliche Helferinnen und Helfer unter pflegefachlicher Anleitung die Betreuung von Pflegebedürftigen mit allgemeinem oder mit besonderem Betreuungsbedarf in Gruppen oder im häuslichen Bereich übernehmen (Betreuungsangebote),
2. Angebote, die der gezielten Entlastung und beratenden Unterstützung von pflegenden Angehörigen und vergleichbar nahestehenden Pflegepersonen in ihrer Eigenschaft als Pflegende dienen (Angebote zur Entlastung von Pflegenden),
3. Angebote, die dazu dienen, die Pflegebedürftigen bei der Bewältigung von allgemeinen oder pflegebedingten Anforderungen des Alltags oder im Haushalt, insbesondere bei der Haushaltsführung, oder bei der eigenverantwortlichen Organisation individuell benötigter Hilfeleistungen zu unterstützen (Angebote zur Entlastung im Alltag).

3Die Angebote benötigen eine Anerkennung durch die zuständige Behörde nach Maßgabe des gemäß Absatz 3 erlassenen Landesrechts. 4Durch ein Angebot zur Unterstützung im Alltag können auch mehrere der in Satz 2 Nummer 1 bis 3 genannten Bereiche abgedeckt werden. 5In Betracht kommen als Angebote zur Unterstützung im Alltag insbesondere Betreuungsgruppen für an Demenz erkrankte Menschen, Helferinnen- und Helferkreise zur stundenweisen Entlastung pflegender Angehöriger oder vergleichbar nahestehender Pflegepersonen im häuslichen Bereich, die Tagesbetreuung in Kleingruppen oder Einzelbetreuung durch anerkannte Helferinnen oder Helfer, Agenturen zur Vermittlung von Betreuungs- und Entlastungsleistungen für Pflegebedürftige und pflegende Angehörige sowie vergleichbar nahestehende Pflegepersonen, Familienentlastende Dienste, Alltagsbegleiter, Pflegebegleiter und Serviceangebote für haushaltsnahe Dienstleistungen.

(2) 1Angebote zur Unterstützung im Alltag beinhalten die Übernahme von Betreuung und allgemeiner Beaufsichtigung, eine die vorhandenen Ressourcen und Fähigkeiten stärkende oder stabilisierende Alltagsbegleitung, Unterstützungsleistungen für Angehörige und vergleichbar Nahestehende in ihrer Eigenschaft als Pflegende zur besseren Bewältigung des Pflegealltags, die Erbringung von Dienstleistungen, organisatorische Hilfestellungen oder andere geeignete Maßnahmen. 2Die Angebote verfügen über ein Konzept, das Angaben zur Qualitätssicherung des Angebots sowie eine Übersicht über die Leistungen, die angeboten werden sollen, und die Höhe der den Pflegebedürftigen hierfür in Rechnung gestellten Kosten enthält. 3Das Konzept umfasst ferner Angaben zur zielgruppen- und tätigkeitsgerechten Qualifikation der Helfenden und zu dem Vorhandensein von Grund- und Notfallwissen im Umgang mit Pflegebedürftigen sowie dazu, wie eine angemessene Schulung und Fortbildung der Helfenden sowie eine kontinuierliche fachliche Begleitung und Unterstützung insbesondere von ehrenamtlich Helfenden in ihrer Arbeit gesichert werden. 4Bei wesentlichen Änderungen hinsichtlich der angebotenen Leistungen ist das Konzept entsprechend fortzuschreiben; bei Änderung der hierfür in Rechnung gestellten Kosten sind die entsprechenden Angaben zu aktualisieren.

(3) 1Die Landesregierungen werden ermächtigt, durch Rechtsverordnung das Nähere über die Anerkennung der Angebote zur Unterstützung im Alltag im Sinne der Absätze 1 und 2 einschließlich der Vorgaben zur regelmäßigen Qualitätssicherung der Angebote und zur regelmäßigen Übermittlung einer Übersicht über die aktuell angebotenen Leistungen und die Höhe der hierfür erhobenen Kosten zu bestimmen. 2Beim Erlass der Rechtsverordnung sollen sie die gemäß § 45c Absatz 7 beschlossenen Empfehlungen berücksichtigen.

(4) 1Pflegebedürftige in häuslicher Pflege mit mindestens Pflegegrad 2 können eine Kos-

tenerstattung zum Ersatz von Aufwendungen für Leistungen der nach Landesrecht anerkannten Angebote zur Unterstützung im Alltag unter Anrechnung auf ihren Anspruch auf ambulante Pflegesachleistungen nach § 36 erhalten, soweit für den entsprechenden Leistungsbetrag nach § 36 in dem jeweiligen Kalendermonat keine ambulanten Pflegesachleistungen bezogen wurden. $_{2}$Der hierfür verwendete Betrag darf je Kalendermonat 40 Prozent des nach § 36 für den jeweiligen Pflegegrad vorgesehenen Höchstleistungsbetrags nicht überschreiten. $_{3}$Zur Inanspruchnahme der Umwandlung des ambulanten Sachleistungsbetrags nach Satz 1 bedarf es keiner vorherigen Antragstellung. $_{4}$Die Anspruchsberechtigten erhalten die Kostenerstattung nach Satz 1 bei Beantragung der dafür erforderlichen finanziellen Mittel von der zuständigen Pflegekasse oder dem zuständigen privaten Versicherungsunternehmen sowie im Fall der Beihilfeberechtigung anteilig von der Beihilfefestsetzungsstelle gegen Vorlage entsprechender Belege über Eigenbelastungen, die ihnen im Zusammenhang mit der Inanspruchnahme der Leistungen der Angebote zur Unterstützung im Alltag entstanden sind. $_{5}$Die Vergütungen für ambulante Pflegesachleistungen nach § 36 sind vorrangig abzurechnen. $_{6}$Im Rahmen der Kombinationsleistung nach § 38 gilt die Erstattung der Aufwendungen nach Satz 1 als Inanspruchnahme der dem Anspruchsberechtigten nach § 36 Absatz 3 zustehenden Sachleistung. $_{7}$Ist vor der Auszahlung der Kostenerstattung nach Satz 1 für den jeweiligen Kalendermonat bereits mehr Pflegegeld oder anteiliges Pflegegeld an den Pflegebedürftigen ausgezahlt worden, als er nach Berücksichtigung des Betrages der zu erstattenden Aufwendungen beanspruchen kann, wird der Kostenerstattungsbetrag insoweit mit dem bereits ausgezahlten Pflegegeldbetrag verrechnet. $_{8}$Beziehen Anspruchsberechtigte die Leistung nach Satz 1, findet § 37 Absatz 3 bis 5 und 7 bis 9 Anwendung; § 37 Absatz 6 findet mit der Maßgabe entsprechende Anwendung, dass eine Kürzung oder Entziehung in Bezug auf die Kostenerstattung nach Satz 1 erfolgt. $_{9}$Die Inanspruchnahme der Umwandlung des ambulanten Sachleistungsbetrags nach Satz 1 und die Inanspruchnahme des Entlastungsbetrags nach § 45b erfolgen unabhängig voneinander.

§ 45b Entlastungsbetrag

(1) $_{1}$Pflegebedürftige in häuslicher Pflege haben Anspruch auf einen Entlastungsbetrag in Höhe von bis zu 125 Euro monatlich. $_{2}$Der Betrag ist zweckgebunden einzusetzen für qualitätsgesicherte Leistungen zur Entlastung pflegender Angehöriger und vergleichbar Nahestehender in ihrer Eigenschaft als Pflegende sowie zur Förderung der Selbständigkeit und Selbstbestimmtheit der Pflegebedürftigen bei der Gestaltung ihres Alltags. $_{3}$Er dient der Erstattung von Aufwendungen, die den Versicherten entstehen im Zusammenhang mit der Inanspruchnahme von

1. Leistungen der Tages- oder Nachtpflege,
2. Leistungen der Kurzzeitpflege,
3. Leistungen der ambulanten Pflegedienste im Sinne des § 36, in den Pflegegraden 2 bis 5 jedoch nicht von Leistungen im Bereich der Selbstversorgung,
4. Leistungen der nach Landesrecht anerkannten Angebote zur Unterstützung im Alltag im Sinne des § 45a.

$_{4}$Die Erstattung der Aufwendungen erfolgt auch, wenn für die Finanzierung der in Satz 3 genannten Leistungen Mittel der Verhinderungspflege gemäß § 39 eingesetzt werden. $_{5}$Die Leistung nach Satz 1 kann innerhalb des jeweiligen Kalenderjahres in Anspruch genommen werden; wird die Leistung in einem Kalenderjahr nicht ausgeschöpft, kann der nicht verbrauchte Betrag in das folgende Kalenderhalbjahr übertragen werden.

(2) $_{1}$Der Anspruch auf den Entlastungsbetrag entsteht, sobald die in Absatz 1 Satz 1 genannten Anspruchsvoraussetzungen vorliegen, ohne dass es einer vorherigen Antragstellung bedarf. $_{2}$Die Kostenerstattung in Höhe des Entlastungsbetrags nach Absatz 1 erhalten die Pflegebedürftigen von der zuständigen Pflegekasse oder dem zuständigen privaten Versicherungsunternehmen sowie im Fall der Beihilfeberechtigung anteilig von

der Beihilfefestsetzungsstelle bei Beantragung der dafür erforderlichen finanziellen Mittel gegen Vorlage entsprechender Belege über entstandene Eigenbelastungen im Zusammenhang mit der Inanspruchnahme der in Absatz 1 Satz 3 genannten Leistungen. 3Für Zwecke der statistischen Erfassung bei den Pflegekassen und den privaten Versicherungsunternehmen muss auf den Belegen eindeutig und deutlich erkennbar angegeben sein, im Zusammenhang mit welcher der in Absatz 1 Satz 3 Nummer 1 bis 4 genannten Leistungen die Aufwendungen jeweils entstanden sind.

(3) 1Der Entlastungsbetrag nach Absatz 1 Satz 1 findet bei den Fürsorgeleistungen zur Pflege nach § 13 Absatz 3 Satz 1 keine Berücksichtigung. 2§ 63b Absatz 1 des Zwölften Buches findet auf den Entlastungsbetrag keine Anwendung. 3Abweichend von den Sätzen 1 und 2 darf der Entlastungsbetrag hinsichtlich der Leistungen nach § 64i oder § 66 des Zwölften Buches bei der Hilfe zur Pflege Berücksichtigung finden, soweit nach diesen Vorschriften Leistungen zu gewähren sind, deren Inhalte den Leistungen nach Absatz 1 Satz 3 entsprechen.

(4) 1Die für die Erbringung von Leistungen nach Absatz 1 Satz 3 Nummer 1 bis 4 verlangte Vergütung darf die Preise für vergleichbare Sachleistungen von zugelassenen Pflegeeinrichtungen nicht übersteigen. 2Näheres zur Ausgestaltung einer entsprechenden Begrenzung der Vergütung, die für die Erbringung von Leistungen nach Absatz 1 Satz 3 Nummer 4 durch nach Landesrecht anerkannte Angebote zur Unterstützung im Alltag verlangt werden darf, können die Landesregierungen in der Rechtsverordnung nach § 45a Absatz 3 bestimmen.

§ 45c Förderung der Weiterentwicklung der Versorgungsstrukturen und des Ehrenamts, Verordnungsermächtigung

(1) 1Zur Weiterentwicklung der Versorgungsstrukturen und Versorgungskonzepte und zur Förderung ehrenamtlicher Strukturen fördert der Spitzenverband Bund der Pflegekassen im Wege der Anteilsfinanzierung aus Mitteln des Ausgleichsfonds mit 25 Millionen Euro je Kalenderjahr

1. den Auf- und Ausbau von Angeboten zur Unterstützung im Alltag im Sinne des § 45a,
2. den Auf- und Ausbau und die Unterstützung von Gruppen ehrenamtlich tätiger sowie sonstiger zum bürgerschaftlichen Engagement bereiter Personen und entsprechender ehrenamtlicher Strukturen sowie
3. Modellvorhaben zur Erprobung neuer Versorgungskonzepte und Versorgungsstrukturen insbesondere für an Demenz erkrankte Pflegebedürftige sowie andere Gruppen von Pflegebedürftigen, deren Versorgung in besonderem Maße der strukturellen Weiterentwicklung bedarf.

2Die privaten Versicherungsunternehmen, die die private Pflege-Pflichtversicherung durchführen, beteiligen sich an dieser Förderung mit insgesamt 10 Prozent des in Satz 1 genannten Fördervolumens. 3Darüber hinaus fördert der Spitzenverband Bund der Pflegekassen aus Mitteln des Ausgleichsfonds mit 10 Millionen Euro je Kalenderjahr [ab 1.1.2022: 20 Millionen] die strukturierte Zusammenarbeit in regionalen Netzwerken nach Absatz 9; Satz 2 gilt entsprechend. 4Fördermittel nach Satz 3, die in dem jeweiligen Kalenderjahr nicht in Anspruch genommen worden sind, erhöhen im Folgejahr das Fördervolumen nach Satz 1; dadurch erhöht sich auch das in Absatz 2 Satz 2 genannte Gesamtfördervolumen entsprechend. 5Im Rahmen der Förderung nach Satz 1 können jeweils auch digitale Anwendungen berücksichtigt werden, sofern diese den geltenden Anforderungen an den Datenschutz entsprechen und die Datensicherheit nach dem Stand der Technik gewährleisten.

(2) 1Der Zuschuss aus Mitteln der sozialen und privaten Pflegeversicherung ergänzt eine Förderung der in Absatz 1 Satz 1 genannten Zwecke durch das jeweilige Land oder die jeweilige kommunale Gebietskörperschaft. 2Der Zuschuss wird jeweils in gleicher Höhe gewährt wie der Zuschuss, der vom Land oder von der kommunalen Gebietskörperschaft für

die einzelne Fördermaßnahme geleistet wird, sodass insgesamt ein Fördervolumen von 50 Millionen Euro im Kalenderjahr erreicht wird. ₃Im Einvernehmen mit allen Fördergebern können Zuschüsse der kommunalen Gebietskörperschaften auch als Personal- oder Sachmittel eingebracht werden, sofern diese Mittel nachweislich ausschließlich und unmittelbar dazu dienen, den jeweiligen Förderzweck zu erreichen. ₄Soweit Mittel der Arbeitsförderung bei einem Projekt eingesetzt werden, sind diese einem vom Land oder von der Kommune geleisteten Zuschuss gleichgestellt.

(3) ₁Die Förderung des Auf- und Ausbaus von Angeboten zur Unterstützung im Alltag im Sinne des § 45a nach Absatz 1 Satz 1 Nummer 1 erfolgt als Projektförderung und dient insbesondere dazu, Aufwandsentschädigungen für die ehrenamtlich tätigen Helfenden zu finanzieren sowie notwendige Personal- und Sachkosten, die mit der Koordination und Organisation der Hilfen und der fachlichen Anleitung und Schulung der Helfenden durch Fachkräfte verbunden sind. ₂Dem Antrag auf Förderung ist ein Konzept zur Qualitätssicherung des Angebots beizufügen. ₃Aus dem Konzept muss sich ergeben, dass eine angemessene Schulung und Fortbildung der Helfenden sowie eine kontinuierliche fachliche Begleitung und Unterstützung der ehrenamtlich Helfenden in ihrer Arbeit gesichert sind.

(4) Die Förderung des Auf- und Ausbaus und der Unterstützung von Gruppen ehrenamtlich tätiger sowie sonstiger zum bürgerschaftlichen Engagement bereiter Personen und entsprechender ehrenamtlicher Strukturen nach Absatz 1 Satz 1 Nummer 2 erfolgt zur Förderung von Initiativen, die sich die Unterstützung, allgemeine Betreuung und Entlastung von Pflegebedürftigen und deren Angehörigen sowie vergleichbar nahestehenden Pflegepersonen zum Ziel gesetzt haben.

(5) ₁Im Rahmen der Modellförderung nach Absatz 1 Satz 1 Nummer 3 sollen insbesondere modellhaft Möglichkeiten einer wirksamen Vernetzung der erforderlichen Hilfen für an Demenz erkrankte Pflegebedürftige und andere Gruppen von Pflegebedürftigen, deren Versorgung in besonderem Maße der strukturellen Weiterentwicklung bedarf, in einzelnen Regionen erprobt werden. ₂Dabei können auch stationäre Versorgungsangebote berücksichtigt werden. ₃Die Modellvorhaben sind auf längstens fünf Jahre zu befristen. ₄Bei der Vereinbarung und Durchführung von Modellvorhaben kann im Einzelfall von den Regelungen des Siebten Kapitels abgewichen werden. ₅Für die Modellvorhaben sind eine wissenschaftliche Begleitung und Auswertung vorzusehen. ₆Soweit im Rahmen der Modellvorhaben personenbezogene Daten benötigt werden, können diese nur mit Einwilligung des Pflegebedürftigen erhoben, verarbeitet und genutzt werden.

(6) ₁Um eine gerechte Verteilung der Fördermittel der Pflegeversicherung auf die Länder zu gewährleisten, werden die nach Absatz 1 Satz 1 und 2 zur Verfügung stehenden Fördermittel der sozialen und privaten Pflegeversicherung nach dem Königsteiner Schlüssel aufgeteilt. ₂Mittel, die in einem Land im jeweiligen Haushaltsjahr nicht in Anspruch genommen werden, können in das Folgejahr übertragen werden. ₃Nach Satz 2 übertragene Mittel, die am Ende des Folgejahres nicht in Anspruch genommen worden sind, können für Projekte, für die bis zum Stichtag nach Satz 5 mindestens Art, Region und geplante Förderhöhe konkret benannt werden, im darauf folgenden Jahr von Ländern beantragt werden, die im Jahr vor der Übertragung der Mittel nach Satz 2 mindestens 80 Prozent der auf sie nach dem Königsteiner Schlüssel entfallenden Mittel ausgeschöpft haben. ₄Die Verausgabung der nach Satz 3 beantragten Fördermittel durch die Länder oder kommunalen Gebietskörperschaften darf sich für die entsprechend benannten Projekte über einen Zeitraum von maximal drei Jahren erstrecken. ₅Der Ausgleichsfonds sammelt die nach Satz 3 eingereichten Anträge bis zum 30. April des auf das Folgejahr folgenden Jahres und stellt anschließend fest, in welchem Umfang die Mittel jeweils auf die beantragenden Länder entfallen. ₆Die Auszahlung der Mittel für ein Projekt erfolgt, sobald für das Projekt eine konkrete Förderzusage durch das Land oder

die kommunale Gebietskörperschaft vorliegt. $_{7}$Ist die Summe der bis zum 30. April beantragten Mittel insgesamt größer als der dafür vorhandene Mittelbestand, so werden die vorhandenen Mittel nach dem Königsteiner Schlüssel auf die beantragenden Länder verteilt. $_{8}$Nach dem 30. April eingehende Anträge werden in der Reihenfolge des Antragseingangs bearbeitet, bis die Fördermittel verbraucht sind. $_{9}$Fördermittel, die bis zum Ende des auf das Folgejahr folgenden Jahres nicht beantragt sind, verfallen.

(7) $_{1}$Der Spitzenverband Bund der Pflegekassen beschließt mit dem Verband der privaten Krankenversicherung e. V. nach Anhörung der Verbände der Behinderten und Pflegebedürftigen auf Bundesebene Empfehlungen über die Voraussetzungen, Ziele, Dauer, Inhalte und Durchführung der Förderung sowie zu dem Verfahren zur Vergabe der Fördermittel für die in Absatz 1 Satz 1 genannten Zwecke. $_{2}$In den Empfehlungen ist unter anderem auch festzulegen, welchen Anforderungen die Einbringung von Zuschüssen der kommunalen Gebietskörperschaften als Personal- oder Sachmittel genügen muss und dass jeweils im Einzelfall zu prüfen ist, ob im Rahmen der in Absatz 1 Satz 1 genannten Zwecke Mittel und Möglichkeiten der Arbeitsförderung genutzt werden können. $_{3}$Die Empfehlungen bedürfen der Zustimmung des Bundesministeriums für Gesundheit und der Länder. $_{4}$Soweit Belange des Ehrenamts betroffen sind, erteilt das Bundesministerium für Gesundheit seine Zustimmung im Benehmen mit dem Bundesministerium für Familie, Senioren, Frauen und Jugend. $_{5}$Die Landesregierungen werden ermächtigt, durch Rechtsverordnung das Nähere über die Umsetzung der Empfehlungen zu bestimmen.

(8) $_{1}$Der Finanzierungsanteil, der auf die privaten Versicherungsunternehmen entfällt, kann von dem Verband der privaten Krankenversicherung e. V. unmittelbar an das Bundesamt für Soziale Sicherung zugunsten des Ausgleichsfonds der Pflegeversicherung (§ 65) überwiesen werden. $_{2}$Näheres über das Verfahren der Auszahlung der Fördermittel, die aus dem Ausgleichsfonds zu finanzieren sind, sowie über die Zahlung und Abrechnung des Finanzierungsanteils der privaten Versicherungsunternehmen regeln das Bundesamt für Soziale Sicherung, der Spitzenverband Bund der Pflegekassen und der Verband der privaten Krankenversicherung e. V. durch Vereinbarung.

(9) $_{1}$Zur Verbesserung der Versorgung und Unterstützung von Pflegebedürftigen und deren Angehörigen sowie vergleichbar nahestehenden Pflegepersonen können die in Absatz 1 Satz 3 genannten Mittel für die Beteiligung von Pflegekassen an regionalen Netzwerken verwendet werden, die der strukturierten Zusammenarbeit von Akteuren dienen, die an der Versorgung Pflegebedürftiger beteiligt sind und die sich im Rahmen einer freiwilligen Vereinbarung vernetzen. $_{2}$Die Förderung der strukturierten regionalen Zusammenarbeit erfolgt, indem sich die Pflegekassen einzeln oder gemeinsam im Wege einer Anteilsfinanzierung an den netzwerkbedingten Kosten beteiligen. $_{3}$Je Kreis oder kreisfreier Stadt darf der Förderbetrag dabei 20 000 Euro je Kalenderjahr nicht überschreiten. $_{4}$Den Kreisen und kreisfreien Städten, Selbsthilfegruppen, -organisationen und -kontaktstellen im Sinne des § 45d sowie organisierten Gruppen ehrenamtlich tätiger sowie sonstiger zum bürgerschaftlichen Engagement bereiter Personen im Sinne des Absatzes 4 ist in ihrem jeweiligen Einzugsgebiet die Teilnahme an der geförderten strukturierten regionalen Zusammenarbeit zu ermöglichen. $_{5}$Für private Versicherungsunternehmen, die die private Pflege-Pflichtversicherung durchführen, gelten die Sätze 1 bis 4 entsprechend. $_{6}$Absatz 7 Satz 1 bis 4 und Absatz 8 finden entsprechende Anwendung. $_{7}$Die Absätze 2 und 6 finden keine Anwendung.

[ab 1.1.2022]:

(9) $_{1}$Zur Verbesserung der Versorgung und Unterstützung von Pflegebedürftigen und deren Angehörigen sowie vergleichbar nahestehenden Pflegepersonen können die in Absatz 1 Satz 3 genannten Mittel für die Beteiligung von Pflegekassen an regionalen Netzwerken verwendet werden, die der strukturierten Zusammenarbeit von Akteuren die-

nen, die an der Versorgung Pflegebedürftiger beteiligt sind und die sich im Rahmen einer freiwilligen Vereinbarung vernetzen. $_{2}$Die Förderung der strukturierten regionalen Zusammenarbeit erfolgt, indem sich die Pflegekassen einzeln oder gemeinsam im Wege einer Anteilsfinanzierung an den netzwerkbedingten Kosten beteiligen. $_{3}$Je Kreis oder kreisfreier Stadt können zwei regionale Netzwerke, je Kreis oder kreisfreier Stadt ab 500 000 Einwohnern bis zu vier regionale Netzwerke gefördert werden. $_{4}$Abweichend von Satz 1 können pro Bezirk in den Stadtstaaten, die nur aus einer kreisfreien Stadt bestehen, zwei regionale Netzwerke gefördert werden. $_{5}$Der Förderbetrag pro Netzwerk darf dabei 25 000 Euro je Kalenderjahr nicht überschreiten. $_{6}$Die Landesverbände der Pflegekassen erstellen eine Übersicht über die in ihrem Zuständigkeitsbereich geförderten regionalen Netzwerke, aktualisieren diese mindestens einmal jährlich und veröffentlichen sie auf einer eigenen Internetseite. $_{7}$Den Kreisen und kreisfreien Städten, Selbsthilfegruppen, -organisationen und -kontaktstellen im Sinne des § 45d sowie organisierten Gruppen ehrenamtlich tätiger sowie sonstiger zum bürgerschaftlichen Engagement bereiter Personen im Sinne des Absatzes 4 ist in ihrem jeweiligen Einzugsgebiet die Teilnahme an der geförderten strukturierten regionalen Zusammenarbeit zu ermöglichen. $_{8}$Für private Versicherungsunternehmen, die die private Pflege-Pflichtversicherung durchführen, gelten die Sätze 1 bis 5 entsprechend. $_{9}$Absatz 7 Satz 1 bis 4 und Absatz 8 finden entsprechende Anwendung. $_{10}$Die Absätze 2 und 6 finden keine Anwendung. $_{11}$Die Empfehlungen nach Absatz 7, soweit sie die Förderung der regionalen Netzwerke betreffen, sind bis zum 31. Dezember 2021 zu aktualisieren.

§ 45d Förderung der Selbsthilfe, Verordnungsermächtigung

$_{1}$Je Kalenderjahr werden 0,15 Euro je Versicherten verwendet zur Förderung und zum Auf- und Ausbau von Selbsthilfegruppen, -organisationen und -kontaktstellen, die sich die Unterstützung von Pflegebedürftigen sowie von deren Angehörigen und vergleichbar Nahestehenden zum Ziel gesetzt haben; um eine gerechte Verteilung dieser Fördermittel auf die Länder zu gewährleisten, werden die Fördermittel der Pflegeversicherung nach dem Königsteiner Schlüssel aufgeteilt. $_{2}$Der Zuschuss aus den Mitteln der sozialen und privaten Pflegeversicherung nach Satz 1 ergänzt eine Förderung durch das jeweilige Land oder die jeweilige kommunale Gebietskörperschaft und wird jeweils in Höhe von 75 Prozent des Zuschusses gewährt, der für die einzelne Fördermaßnahme insgesamt geleistet wird. $_{3}$Davon abweichend können von den nach Satz 1 auf die Länder aufgeteilten Mitteln Fördermittel in Höhe von insgesamt je Kalenderjahr bis zu 0,01 Euro je Versicherten als Gründungszuschüsse für neue Selbsthilfegruppen, -organisationen und -kontaktstellen verwendet werden, ohne dass es für die Förderung einer Mitfinanzierung durch das Land oder durch eine kommunale Gebietskörperschaft bedarf. $_{4}$Die Gründungszuschüsse sind von den Selbsthilfegruppen, -organisationen und -kontaktstellen unmittelbar beim Spitzenverband Bund der Pflegekassen zu beantragen; das Nähere zur Durchführung der Förderung und zum Verfahren wird in den Empfehlungen nach § 45c Absatz 7 festgelegt. $_{5}$Im Übrigen werden für die Förderung der Selbsthilfe die Vorgaben des § 45c und das dortige Verfahren, einschließlich § 45c Absatz 2 Satz 3 und 4 und Absatz 6 Satz 2, entsprechend angewendet. $_{6}$§ 45c Absatz 6 Satz 3 bis 9 findet mit der Maßgabe entsprechende Anwendung, dass von den in das Folgejahr übertragenen Mitteln nach Satz 1, die am Ende des Folgejahres nicht in Anspruch genommen worden sind, Fördermittel in Höhe von 0,01 Euro je Versicherten in dem auf das Folgejahr folgenden Jahr von einer Übertragung auf die Länder ausgenommen sind. $_{7}$Die nach Satz 6 von der Übertragung ausgenommenen Mittel werden zur Förderung von bundesweiten Tätigkeiten von Selbsthilfegruppen, -organisationen und -kontaktstellen verwendet. $_{8}$Die Förderung der bundesweiten Selbsthilfetätigkeiten erfolgt durch den Spitzenverband Bund der Pflegekassen, ohne dass es einer Mitfinanzierung durch das Land oder durch eine kommunale Gebietskörperschaft bedarf. $_{9}$Die Förderung der bundesweiten Selbsthilfetätigkeiten ist von den Selbsthilfegruppen, -organisationen und -kontaktstellen unmittelbar beim Spitzenverband Bund der Pflegekassen zu beantragen. $_{10}$Die Bewilligung der Fördermittel aus den gemäß den Sätzen 6 und 7 zur Verfügung stehenden Mitteln durch den Spitzenverband Bund der Pflegekassen darf jeweils für einen Zeitraum von maximal fünf Jahren erfolgen. $_{11}$Nach erneuter Antragstellung kann eine Förderung erneut bewilligt werden. $_{12}$Die Einzelheiten zu den Voraussetzungen, Zielen, Inhalten und der Durchführung der Förderung sowie zu dem Verfahren zur Vergabe der Fördermittel nach Satz 7 werden in den Empfehlungen nach § 45c Absatz 7 festgelegt. $_{13}$Selbsthilfegruppen im Sinne dieser Vorschrift sind freiwillige, neutrale, unabhängige und nicht gewinnorientierte Zusammenschlüsse von Personen, die entweder aufgrund eigener Betroffenheit oder als Angehörige oder vergleichbar Nahestehende das Ziel verfolgen, durch persönliche, wechselseitige Unterstützung, auch unter Zuhilfenahme von Angeboten ehrenamtlicher und sonstiger zum bürgerschaftlichen Engagement bereiter Personen, die Lebenssituation von Pflegebedürftigen sowie von deren Angehörigen und vergleichbar Nahestehenden zu verbessern. $_{14}$Selbsthilfeorganisationen sind die Zusammenschlüsse von Selbsthilfegruppen in Verbänden. $_{15}$Selbsthilfekontaktstellen sind örtlich oder regional arbeitende professionelle Beratungseinrichtungen mit hauptamtlichem Personal, die das Ziel verfolgen, die Lebenssituation von Pflegebedürftigen sowie von deren Angehörigen und vergleichbar Nahestehenden zu verbessern. $_{16}$Eine Förderung der Selbsthilfe nach dieser Vorschrift ist ausgeschlossen, soweit für dieselbe Zweckbestimmung eine Förderung nach § 20h des Fünften Buches erfolgt. $_{17}$§ 45c Absatz 7 Satz 5 gilt entsprechend. $_{18}$Im Rahmen der Förderung der Selbsthilfe können auch digitale Anwendungen berücksichtigt werden, sofern diese den geltenden Anforderungen an den Datenschutz entsprechen und die Datensicherheit nach dem Stand der Technik gewährleisten.

Sechster Abschnitt
Initiativprogramm zur Förderung neuer Wohnformen

§ 45e Anschubfinanzierung zur Gründung von ambulant betreuten Wohngruppen

(1) $_{1}$Zur Förderung der Gründung von ambulant betreuten Wohngruppen wird Pflegebedürftigen, die Anspruch auf Leistungen nach § 38a haben und die an der gemeinsamen Gründung beteiligt sind, für die altersgerechte oder barrierearme Umgestaltung der gemeinsamen Wohnung zusätzlich zu dem Betrag nach § 40 Absatz 4 einmalig ein Betrag von bis zu 2500 Euro gewährt. $_{2}$Der Gesamtbetrag ist je Wohngruppe auf 10 000 Euro begrenzt und wird bei mehr als vier Anspruchsberechtigten anteilig auf die Versicherungsträger der Anspruchsberechtigten aufgeteilt. $_{3}$Der Antrag ist innerhalb eines Jahres nach Vorliegen der Anspruchsvoraussetzungen zu stellen. $_{4}$Dabei kann die Umgestaltungsmaßnahme auch vor der Gründung und dem Einzug erfolgen. $_{5}$Die Sätze 1 bis 4 gelten für die Versicherten der privaten Pflege-Pflichtversicherung entsprechend.

(2) $_{1}$Die Pflegekassen zahlen den Förderbetrag aus, wenn die Gründung einer ambulant betreuten Wohngruppe nachgewiesen wird. $_{2}$Der Anspruch endet mit Ablauf des Monats, in dem das Bundesamt für Soziale Sicherung den Pflegekassen und dem Verband der privaten Krankenversicherung e. V. mitteilt, dass mit der Förderung eine Gesamthöhe von 30 Millionen Euro erreicht worden ist. $_{3}$Einzelheiten zu den Voraussetzungen und dem Verfahren der Förderung regelt der Spitzenverband Bund der Pflegekassen im Einvernehmen mit dem Verband der privaten Krankenversicherung e. V.

§ 45f Weiterentwicklung neuer Wohnformen

(1) $_{1}$Zur wissenschaftlich gestützten Weiterentwicklung und Förderung neuer Wohnformen werden zusätzlich 10 Millionen Euro zur Verfügung gestellt. $_{2}$Dabei sind insbesondere solche Konzepte einzubeziehen, die es alternativ zu stationären Einrichtungen ermögli-

chen, außerhalb der vollstationären Betreuung bewohnerorientiert individuelle Versorgung anzubieten.

(2) $_1$Einrichtungen, die aus diesem Grund bereits eine Modellförderung, insbesondere nach § 8 Absatz 3, erfahren haben, sind von der Förderung nach Absatz 1 Satz 1 ausgenommen. $_2$Für die Förderung gilt § 8 Absatz 3 entsprechend.

IV

Siebtes Kapitel
Beziehungen der Pflegekassen zu den Leistungserbringern

Zweiter Abschnitt
Beziehungen zu den Pflegeeinrichtungen

§ 71 Pflegeeinrichtungen

(1) Ambulante Pflegeeinrichtungen (Pflegedienste) im Sinne dieses Buches sind selbständig wirtschaftende Einrichtungen, die unter ständiger Verantwortung einer ausgebildeten Pflegefachkraft Pflegebedürftige in ihrer Wohnung mit Leistungen der häuslichen Pflegehilfe im Sinne des § 36 versorgen.

(1a) Auf ambulante Betreuungseinrichtungen, die für Pflegebedürftige dauerhaft pflegerische Betreuungsmaßnahmen und Hilfen bei der Haushaltsführung erbringen (Betreuungsdienste), sind die Vorschriften dieses Buches, die für Pflegedienste gelten, entsprechend anzuwenden, soweit keine davon abweichende Regelung bestimmt ist.

(2) Stationäre Pflegeeinrichtungen (Pflegeheime) im Sinne dieses Buches sind selbständig wirtschaftende Einrichtungen, in denen Pflegebedürftige:

1. unter ständiger Verantwortung einer ausgebildeten Pflegefachkraft gepflegt werden,
2. ganztägig (vollstationär) oder tagsüber oder nachts (teilstationär) untergebracht und verpflegt werden können.

(3) $_1$Für die Anerkennung als verantwortliche Pflegefachkraft im Sinne der Absätze 1 und 2 ist neben dem Abschluss einer Ausbildung als

1. Pflegefachfrau oder Pflegefachmann,
2. Gesundheits- und Krankenpflegerin oder Gesundheits- und Krankenpfleger,
3. Gesundheits- und Kinderkrankenpflegerin oder Gesundheits- und Kinderkrankenpfleger oder
4. Altenpflegerin oder Altenpfleger

eine praktische Berufserfahrung in dem erlernten Ausbildungsberuf von zwei Jahren innerhalb der letzten acht Jahre erforderlich. $_2$Bei ambulanten Pflegeeinrichtungen, die überwiegend behinderte Menschen pflegen und betreuen, gelten auch nach Landesrecht ausgebildete Heilerziehungspflegerinnen und Heilerziehungspfleger sowie Heilerzieherinnen und Heilerzieher mit einer praktischen Berufserfahrung von zwei Jahren innerhalb der letzten acht Jahre als ausgebildete Pflegefachkraft. $_3$Bei Betreuungsdiensten kann anstelle der verantwortlichen Pflegefachkraft eine entsprechend qualifizierte, fachlich geeignete und zuverlässige Fachkraft mit praktischer Berufserfahrung im erlernten Beruf von zwei Jahren innerhalb der letzten acht Jahre (verantwortliche Fachkraft) eingesetzt werden. $_4$Die Rahmenfrist nach den Sätzen 1, 2 oder 3 beginnt acht Jahre vor dem Tag, zu dem die verantwortliche Pflegefachkraft im Sinne des Absatzes 1 oder 2 bestellt werden soll. $_5$Für die Anerkennung als verantwortliche Pflegefachkraft ist ferner Voraussetzung, dass eine Weiterbildungsmaßnahme für leitende Funktionen mit einer Mindeststundenzahl, die 460 Stunden nicht unterschreiten soll, erfolgreich durchgeführt wurde. $_6$Anerkennungen als verantwortliche Fachkraft, die im Rahmen der Durchführung des Modellvorhabens zur Erprobung von Leistungen der häuslichen Betreuung durch Betreuungsdienste erfolgt sind, gelten fort. $_7$Für die Anerkennung einer verantwortlichen Fachkraft ist ferner ab dem 1. Januar 2023 ebenfalls Voraussetzung, dass eine Weiterbildungsmaßnahme im Sinne von Satz 5 durchgeführt wurde.

(4) Keine Pflegeeinrichtungen im Sinne des Absatzes 2 sind

1. stationäre Einrichtungen, in denen die Leistungen zur medizinischen Vorsorge,

zur medizinischen Rehabilitation, zur Teilhabe am Arbeitsleben, zur Teilhabe an Bildung oder zur sozialen Teilhabe, die schulische Ausbildung oder die Erziehung kranker Menschen oder von Menschen mit Behinderungen im Vordergrund des Zweckes der Einrichtung stehen,

2. Krankenhäuser sowie
3. Räumlichkeiten,
   a) in denen der Zweck des Wohnens von Menschen mit Behinderungen und der Erbringung von Leistungen der Eingliederungshilfe für diese im Vordergrund steht,
   b) auf deren Überlassung das Wohn- und Betreuungsvertragsgesetz Anwendung findet und
   c) in denen der Umfang der Gesamtversorgung der dort wohnenden Menschen mit Behinderungen durch Leistungserbringer regelmäßig einen Umfang erreicht, der weitgehend der Versorgung in einer vollstationären Einrichtung entspricht; bei einer Versorgung der Menschen mit Behinderungen sowohl in Räumlichkeiten im Sinne der Buchstaben a und b als auch in Einrichtungen im Sinne der Nummer 1 ist eine Gesamtbetrachtung anzustellen, ob der Umfang der Versorgung durch Leistungserbringer weitgehend der Versorgung in einer vollstationären Einrichtung entspricht.

(5) 1Mit dem Ziel, eine einheitliche Rechtsanwendung zu fördern, erlässt der Spitzenverband Bund der Pflegekassen spätestens bis zum 1. Juli 2019 Richtlinien zur näheren Abgrenzung, wann die in Absatz 4 Nummer 3 Buchstabe c in der ab dem 1. Januar 2020 geltenden Fassung genannten Merkmale vorliegen und welche Kriterien bei der Prüfung dieser Merkmale mindestens heranzuziehen sind. 2Die Richtlinien nach Satz 1 sind im Benehmen mit dem Verband der privaten Krankenversicherung e. V., der Bundesarbeitsgemeinschaft der überörtlichen Träger der Sozialhilfe und den kommunalen Spitzenverbänden auf Bundesebene zu beschließen; die Länder, die Bundesarbeitsgemeinschaft der Freien Wohlfahrtspflege sowie die Vereinigungen der Träger der Pflegeeinrichtungen auf Bundesebene sind zu beteiligen. 3Für die Richtlinien nach Satz 1 gilt § 17 Absatz 2 entsprechend mit der Maßgabe, dass das Bundesministerium für Gesundheit die Genehmigung im Einvernehmen mit dem Bundesministerium für Arbeit und Soziales erteilt und die Genehmigung als erteilt gilt, wenn die Richtlinien nicht innerhalb von zwei Monaten, nachdem sie dem Bundesministerium für Gesundheit vorgelegt worden sind, beanstandet werden.

IV

Sechzehntes Kapitel Überleitungs- und Übergangsrecht

Erster Abschnitt Regelungen zur Rechtsanwendung im Übergangszeitraum, zur Überleitung in die Pflegegrade, zum Besitzstandsschutz für Leistungen der Pflegeversicherung sowie Übergangsregelungen im Begutachtungsverfahren im Rahmen der Einführung des neuen Pflegebedürftigkeitsbegriffs

§ 140 Anzuwendendes Recht und Überleitung in die Pflegegrade

(1) 1Die Feststellung des Vorliegens von Pflegebedürftigkeit oder einer erheblich eingeschränkten Alltagskompetenz nach § 45a in der am 31. Dezember 2016 geltenden Fassung erfolgt jeweils auf der Grundlage des zum Zeitpunkt der Antragstellung geltenden Rechts. 2Der Erwerb einer Anspruchsberechtigung auf Leistungen der Pflegeversicherung richtet sich ebenfalls nach dem zum Zeitpunkt der Antragstellung geltenden Recht.

(2) 1Versicherte der sozialen Pflegeversicherung und der privaten Pflege-Pflichtversicherung,

1. bei denen das Vorliegen einer Pflegestufe im Sinne der §§ 14 und 15 in der am 31. Dezember 2016 geltenden Fassung oder einer erheblich eingeschränkten Alltagskompetenz nach § 45a in der am

31. Dezember 2016 geltenden Fassung festgestellt worden ist und

2. bei denen spätestens am 31. Dezember 2016 alle Voraussetzungen für einen Anspruch auf eine regelmäßig wiederkehrende Leistung der Pflegeversicherung vorliegen,

werden mit Wirkung ab dem 1. Januar 2017 ohne erneute Antragstellung und ohne erneute Begutachtung nach Maßgabe von Satz 3 einem Pflegegrad zugeordnet. ₂Die Zuordnung ist dem Versicherten schriftlich mitzuteilen. ₃Für die Zuordnung gelten die folgenden Kriterien:

1. Versicherte, bei denen eine Pflegestufe nach den §§ 14 und 15 in der am 31. Dezember 2016 geltenden Fassung, aber nicht zusätzlich eine erheblich eingeschränkte Alltagskompetenz nach § 45a in der am 31. Dezember 2016 geltenden Fassung festgestellt wurde, werden übergeleitet
   a) von Pflegestufe I in den Pflegegrad 2,
   b) von Pflegestufe II in den Pflegegrad 3,
   c) von Pflegestufe III in den Pflegegrad 4 oder
   d) von Pflegestufe III in den Pflegegrad 5, soweit die Voraussetzungen für Leistungen nach § 36 Absatz 4 oder § 43 Absatz 3 in der am 31. Dezember 2016 geltenden Fassung festgestellt wurden;
2. Versicherte, bei denen eine erheblich eingeschränkte Alltagskompetenz nach § 45a in der am 31. Dezember 2016 geltenden Fassung festgestellt wurde, werden übergeleitet
   a) bei nicht gleichzeitigem Vorliegen einer Pflegestufe nach den §§ 14 und 15 in der am 31. Dezember 2016 geltenden Fassung in den Pflegegrad 2,
   b) bei gleichzeitigem Vorliegen der Pflegestufe I nach den §§ 14 und 15 in der am 31. Dezember 2016 geltenden Fassung in den Pflegegrad 3,
   c) bei gleichzeitigem Vorliegen der Pflegestufe II nach den §§ 14 und 15 in der am 31. Dezember 2016 geltenden Fassung in den Pflegegrad 4,
   d) bei gleichzeitigem Vorliegen der Pflegestufe III nach den §§ 14 und 15 in der am 31. Dezember 2016 geltenden Fassung, auch soweit zusätzlich die Voraussetzungen für Leistungen nach § 36 Absatz 4 oder § 43 Absatz 3 in der am 31. Dezember 2016 geltenden Fassung festgestellt wurden, in den Pflegegrad 5.

(3) ₁Die Zuordnung zu dem Pflegegrad, in den der Versicherte gemäß Absatz 2 übergeleitet worden ist, bleibt auch bei einer Begutachtung nach dem ab dem 1. Januar 2017 geltenden Recht erhalten, es sei denn, die Begutachtung führt zu einer Anhebung des Pflegegrades oder zu der Feststellung, dass keine Pflegebedürftigkeit im Sinne der §§ 14 und 15 in der ab dem 1. Januar 2017 geltenden Fassung mehr vorliegt. ₂Satz 1 gilt auch bei einem Erlöschen der Mitgliedschaft im Sinne von § 35 ab dem 1. Januar 2017, wenn die neue Mitgliedschaft unmittelbar im Anschluss begründet wird. ₃Die Pflegekasse, bei der die Mitgliedschaft beendet wird, ist verpflichtet, der Pflegekasse, bei der die neue Mitgliedschaft begründet wird, die bisherige Einstufung des Versicherten rechtzeitig schriftlich mitzuteilen. ₄Entsprechendes gilt bei einem Wechsel zwischen privaten Krankenversicherungsunternehmen und einem Wechsel von sozialer zu privater sowie von privater zu sozialer Pflegeversicherung.

(4) ₁Stellt ein Versicherter, bei dem das Vorliegen einer Pflegebedürftigkeit oder einer erheblich eingeschränkten Alltagskompetenz nach § 45a in der am 31. Dezember 2016 geltenden Fassung festgestellt wurde, ab dem 1. Januar 2017 einen erneuten Antrag auf Feststellung von Pflegebedürftigkeit und lagen die tatsächlichen Voraussetzungen für einen höheren als durch die Überleitung erreichten Pflegegrad bereits vor dem 1. Januar 2017 vor, richten sich die ab dem Zeitpunkt der Änderung der tatsächlichen Verhältnisse zu erbringenden Leistungen im Zeitraum vom 1. November 2016 bis 31. Dezember 2016 nach dem ab 1. Januar 2017 geltenden Recht.

$_{2}$Entsprechendes gilt für Versicherte bei einem privaten Pflegeversicherungsunternehmen.

§ 141 Besitzstandsschutz und Übergangsrecht zur sozialen Sicherung von Pflegepersonen

(1) $_{1}$Versicherte der sozialen Pflegeversicherung und der privaten Pflege-Pflichtversicherung sowie Pflegepersonen, die am 31. Dezember 2016 Anspruch auf Leistungen der Pflegeversicherung haben, erhalten Besitzstandsschutz auf die ihnen unmittelbar vor dem 1. Januar 2017 zustehenden, regelmäßig wiederkehrenden Leistungen nach den §§ 36, 37, 38, 38a, 40 Absatz 2, den §§ 41, 44a, 45b, 123 und 124 in der am 31. Dezember 2016 geltenden Fassung. $_{2}$Hinsichtlich eines Anspruchs auf den erhöhten Betrag nach § 45b in der am 31. Dezember 2016 geltenden Fassung richtet sich die Gewährung von Besitzstandsschutz abweichend von Satz 1 nach Absatz 2. $_{3}$Für Versicherte, die am 31. Dezember 2016 Leistungen nach § 43 bezogen haben, richtet sich der Besitzstandsschutz nach Absatz 3. $_{4}$Kurzfristige Unterbrechungen im Leistungsbezug lassen den Besitzstandsschutz jeweils unberührt.

(2) $_{1}$Versicherte,

1. die am 31. Dezember 2016 einen Anspruch auf den erhöhten Betrag nach § 45b Absatz 1 in der am 31. Dezember 2016 geltenden Fassung haben und
2. deren Höchstleistungsansprüche, die ihnen nach den §§ 36, 37 und 41 unter Berücksichtigung des § 140 Absatz 2 und 3 ab dem 1. Januar 2017 zustehen, nicht um jeweils mindestens 83 Euro monatlich höher sind als die entsprechenden Höchstleistungsansprüche, die ihnen nach den §§ 36, 37 und 41 unter Berücksichtigung des § 123 in der am 31. Dezember 2016 geltenden Fassung am 31. Dezember 2016 zustanden,

haben ab dem 1. Januar 2017 Anspruch auf einen Zuschlag auf den Entlastungsbetrag nach § 45b in der ab dem 1. Januar 2017 jeweils geltenden Fassung. $_{2}$Die Höhe des monatlichen Zuschlags ergibt sich aus der Differenz zwischen 208 Euro und dem Leistungsbetrag, der in § 45b Absatz 1 Satz 1 in der ab dem 1. Januar 2017 jeweils geltenden Fassung festgelegt ist. $_{3}$Das Bestehen eines Anspruchs auf diesen Zuschlag ist den Versicherten schriftlich mitzuteilen und zu erläutern. $_{4}$Für den Zuschlag auf den Entlastungsbetrag gilt § 45b Absatz 3 entsprechend. $_{5}$Bei Versicherten, die keinen Anspruch auf einen Zuschlag haben und deren Ansprüche nach § 45b zum 1. Januar 2017 von 208 Euro auf 125 Euro monatlich abgesenkt werden, sind zur Sicherstellung des Besitzstandsschutzes monatlich Leistungen der Pflegeversicherung in Höhe von bis zu 83 Euro nicht auf Fürsorgeleistungen zur Pflege anzurechnen.

IV

(3) $_{1}$Ist bei Pflegebedürftigen der Pflegegrade 2 bis 5 in der vollstationären Pflege der einrichtungseinheitliche Eigenanteil nach § 92e oder nach § 84 Absatz 2 Satz 3 im ersten Monat nach der Einführung des neuen Pflegebedürftigkeitsbegriffs höher als der jeweilige individuelle Eigenanteil im Vormonat, so ist zum Leistungsbetrag nach § 43 von Amts wegen ein monatlicher Zuschlag in Höhe der Differenz von der Pflegekasse an die Pflegeeinrichtung zu zahlen. $_{2}$In der Vergleichsberechnung nach Satz 1 sind für beide Monate jeweils die vollen Pflegesätze und Leistungsbeträge zugrunde zu legen. $_{3}$Die Sätze 1 und 2 gelten entsprechend, wenn der Leistungsbetrag nach § 43 Absatz 2 Satz 2 die in § 43 Absatz 2 Satz 1 genannten Aufwendungen übersteigt und zur Finanzierung von Aufwendungen für Unterkunft und Verpflegung eingesetzt worden ist. $_{4}$Verringert sich die Differenz zwischen Pflegesatz und Leistungsbetrag in der Folgezeit, ist der Zuschlag entsprechend zu kürzen. $_{5}$Die Pflegekassen teilen die Höhe des monatlichen Zuschlages nach Satz 1 sowie jede Änderung der Zuschlagshöhe den Pflegebedürftigen schriftlich mit. $_{6}$Die Sätze 1 bis 5 gelten entsprechend für Versicherte der privaten Pflege-Pflichtversicherung.

(3a) $_{1}$Für Pflegebedürftige, die am 31. Dezember 2016 Leistungen der Kurzzeitpflege nach § 42 Absatz 1 und 2 in Anspruch nehmen, gilt der am 31. Dezember 2016 gezahlte Pflegesatz für die Dauer der Kurzzeitpflege fort. 2Nehmen Pflegebedürftige am 31. Dezember 2016 Leistungen der Kurzzeitpflege nach § 42 und nach dem Ende der Kurzzeitpflege ohne Unterbrechung des Heimaufenthalts auch Sachleistungen der vollstationären Pflege nach § 43 in derselben Einrichtung in Anspruch, so ermittelt sich der von der Pflegekasse an die Pflegeeinrichtung nach Absatz 3 Satz 1 von Amts wegen ab dem Zeitpunkt der Inanspruchnahme von vollstationärer Pflege nach § 43 zu zahlende monatliche Zuschlag aus der Differenz zwischen dem einrichtungseinheitlichen Eigenanteil nach § 92e oder nach § 84 Absatz 2 Satz 3 und dem individuellen Eigenanteil, den die Pflegebedürftigen im Monat Dezember 2016 in der Einrichtung zu tragen gehabt hätten. 3Absatz 3 Satz 4 bis 6 gilt entsprechend.

IV

(3b) 1Wechseln Pflegebedürftige im Sinne der Absätze 3 und 3a zwischen dem 1. Januar 2017 und dem 31. Dezember 2021 die vollstationäre Pflegeeinrichtung, so ermittelt sich der von der Pflegekasse an die neue Pflegeeinrichtung nach Absatz 3 Satz 1 von Amts wegen ab dem Zeitpunkt des Wechsels zu zahlende monatliche Zuschlag aus der Differenz zwischen dem einrichtungseinheitlichen Eigenanteil nach § 92e oder nach § 84 Absatz 2 Satz 3, den die Pflegebedürftigen im Monat Januar 2017 in der neuen Einrichtung zu tragen haben oder zu tragen gehabt hätten, und dem individuellen Eigenanteil, den die Pflegebedürftigen im Monat Dezember 2016 in der neuen Einrichtung zu tragen gehabt hätten. 2Bei einem Wechsel in eine neu zugelassene vollstationäre Pflegeeinrichtung, die erstmalig ab 1. Januar 2017 oder später eine Pflegesatzvereinbarung abgeschlossen hat, behalten Pflegebedürftige mit ihrem Wechsel ihren nach Absatz 3 ermittelten monatlichen Zuschlagsbetrag. 3Absatz 3 Satz 2 bis 6 gilt entsprechend.

(3c) 1Erhöht sich der einrichtungseinheitliche Eigenanteil nach § 92e oder nach § 84 Absatz 2 Satz 3 für Pflegebedürftige im Sinne der Absätze 3, 3a und 3b im Zeitraum vom 1. Februar 2017 bis 31. Dezember 2017, findet Absatz 3 entsprechende Anwendung, sofern sich die Erhöhung aus der erstmaligen Vereinbarung der neuen Pflegesätze im Rahmen der Überleitung, Einführung und Umsetzung des neuen Pflegebedürftigkeitsbegriffs ergibt. 2Dies gilt auch für Pflegebedürftige, die im Dezember 2016 in einer vollstationären Pflegeeinrichtung versorgt wurden, und die durch die Erhöhung erstmals einen höheren einrichtungseinheitlichen Eigenanteil zu tragen hätten im Vergleich zum jeweiligen individuellen Eigenanteil im Dezember 2016. 3Der Vergleichsberechnung ist neben dem Monat Dezember 2016 der Monat im Zeitraum vom 1. Februar 2017 bis 31. Dezember 2017 zugrunde zu legen, in dem der einrichtungseinheitliche Eigenanteil erstmalig höher als der jeweilige individuelle Eigenanteil im Monat Dezember 2016 ist oder in den Fällen des Absatzes 3a gewesen wäre.

(4) 1Für Personen, die am 31. Dezember 2016 wegen nicht erwerbsmäßiger Pflege rentenversicherungspflichtig waren und Anspruch auf die Zahlung von Beiträgen zur gesetzlichen Rentenversicherung nach § 44 in der am 31. Dezember 2016 geltenden Fassung hatten, besteht die Versicherungspflicht für die Dauer dieser Pflegetätigkeit fort. 2Die beitragspflichtigen Einnahmen ab dem 1. Januar 2017 bestimmen sich in den Fällen des Satzes 1 nach Maßgabe des § 166 Absatz 2 und 3 des Sechsten Buches in der am 31. Dezember 2016 geltenden Fassung, wenn sie höher sind als die beitragspflichtigen Einnahmen, die sich aus dem ab dem 1. Januar 2017 geltenden Recht ergeben.

(4a) 1In den Fällen des § 140 Absatz 4 richten sich die Versicherungspflicht als Pflegeperson in der Rentenversicherung und die Bestimmung der beitragspflichtigen Einnahmen für Zeiten vor dem 1. Januar 2017 nach den §§ 3 und 166 des Sechsten Buches in der bis zum 31. Dezember 2016 geltenden Fassung. 2Die dabei anzusetzende Pflegestufe erhöht sich entsprechend dem Anstieg des Pflegegrades gegenüber dem durch die Überleitung erreichten Pflegegrad.

(5) 1Absatz 4 ist ab dem Zeitpunkt nicht mehr anwendbar, zu dem nach dem ab dem 1. Januar 2017 geltenden Recht festgestellt wird, dass

1. bei der versorgten Person keine Pflegebedürftigkeit im Sinne der §§ 14 und 15 in der ab dem 1. Januar 2017 geltenden Fassung vorliegt oder
2. die pflegende Person keine Pflegeperson im Sinne des § 19 in der ab dem 1. Januar 2017 geltenden Fassung ist.

₂Absatz 4 ist auch nicht mehr anwendbar, wenn sich nach dem 31. Dezember 2016 eine Änderung in den Pflegeverhältnissen ergibt, die zu einer Änderung der beitragspflichtigen Einnahmen nach § 166 Absatz 2 des Sechsten Buches in der ab dem 1. Januar 2017 geltenden Fassung führt oder ein Ausschlussgrund nach § 3 Satz 2 oder 3 des Sechsten Buches eintritt.

(6) Für Pflegepersonen im Sinne des § 44 Absatz 2 gelten die Absätze 4, 4a und 5 entsprechend.

(7) ₁Für Personen, die am 31. Dezember 2016 wegen nicht erwerbsmäßiger Pflege in der gesetzlichen Unfallversicherung versicherungspflichtig waren, besteht die Versicherungspflicht für die Dauer dieser Pflegetätigkeit fort. ₂Satz 1 gilt, soweit und solange sich aus dem ab dem 1. Januar 2017 geltenden Recht keine günstigeren Ansprüche ergeben. ₃Satz 1 ist ab dem Zeitpunkt nicht mehr anwendbar, zu dem nach dem ab dem 1. Januar 2017 geltenden Recht festgestellt wird, dass bei der versorgten Person keine Pflegebedürftigkeit im Sinne der §§ 14 und 15 in der ab dem 1. Januar 2017 geltenden Fassung vorliegt.

(8) ₁Pflegebedürftige, die am 31. Dezember 2016 von zugelassenen Pflegeeinrichtungen ohne Vergütungsvereinbarung versorgt werden, haben ab dem 1. Januar 2017 Anspruch auf Erstattung der Kosten für die pflegebedingten Aufwendungen gemäß § 91 Absatz 2 in Höhe des ihnen für den Monat Dezember 2016 zustehenden Leistungsbetrages, wenn dieser höher ist als der ihnen für Januar 2017 zustehende Leistungsbetrag. ₂Dies gilt entsprechend für Versicherte der privaten Pflege-Pflichtversicherung.

Zum 1. Januar 2022 werden Absatz 3 bis 3c aufgehoben.

§ 142 Übergangsregelungen im Begutachtungsverfahren

₁Bei Versicherten, die nach § 140 von einer Pflegestufe in einen Pflegegrad übergeleitet wurden, werden bis zum 1. Januar 2019 keine Wiederholungsbegutachtungen nach § 18 Absatz 2 Satz 5 durchgeführt; auch dann nicht, wenn die Wiederholungsbegutachtung vor diesem Zeitpunkt vom Medizinischen Dienst oder anderen unabhängigen Gutachtern empfohlen wurde. ₂Abweichend von Satz 1 können Wiederholungsbegutachtungen durchgeführt werden, wenn eine Verbesserung der gesundheitlich bedingten Beeinträchtigungen der Selbständigkeit oder der Fähigkeiten, insbesondere aufgrund von durchgeführten Operationen oder Rehabilitationsmaßnahmen, zu erwarten ist.

§ 143 Sonderanpassungsrecht für die Allgemeinen Versicherungsbedingungen und die technischen Berechnungsgrundlagen privater Pflegeversicherungsverträge

(1) Bei einer Pflegeversicherung, bei der die Prämie nach Art der Lebensversicherung berechnet wird und bei der das ordentliche Kündigungsrecht des Versicherers gesetzlich oder vertraglich ausgeschlossen ist, kann der Versicherer seine Allgemeinen Versicherungsbedingungen auch für bestehende Versicherungsverhältnisse entsprechend den Vorgaben nach § 140 ändern, soweit der Versicherungsfall durch den Pflegebedürftigkeitsbegriff nach den §§ 14 und 15 bestimmt wird.

(2) ₁Der Versicherer ist zudem berechtigt, auch für bestehende Versicherungsverhältnisse die technischen Berechnungsgrundlagen insoweit zu ändern, als die Leistungen an die Pflegegrade nach § 140 Absatz 2 und die Prämien daran angepasst werden. ₂§ 155 Absatz 1 und 2 des Versicherungsaufsichtsgesetzes findet Anwendung.

(3) ₁Dem Versicherungsnehmer sind die geänderten Versicherungsbedingungen nach Absatz 1 und die Neufestsetzung der Prämie nach Absatz 2 unter Kenntlichmachung der Unterschiede sowie unter Hinweis auf die

IV

hierfür maßgeblichen Gründe in Textform mitzuteilen. 2Anpassungen nach den Absätzen 1 und 2 werden zu Beginn des zweiten Monats wirksam, der auf die Benachrichtigung des Versicherungsnehmers folgt.

(4) Gesetzlich oder vertraglich vorgesehene Sonderkündigungsrechte des Versicherungsnehmers bleiben hiervon unberührt.

Zweiter Abschnitt Sonstige Überleitungs-, Übergangs- und Besitzstandsschutzregelungen

IV

§ 144 Überleitungs- und Übergangsregelungen, Verordnungsermächtigung

(1) Für Personen, die am 31. Dezember 2014 einen Anspruch auf einen Wohngruppenzuschlag nach § 38a in der am 31. Dezember 2014 geltenden Fassung haben, wird diese Leistung weiter erbracht, wenn sich an den tatsächlichen Verhältnissen nichts geändert hat.

(2) 1Am 31. Dezember 2016 nach Landesrecht anerkannte niedrigschwellige Betreuungsangebote und niedrigschwellige Entlastungsangebote im Sinne der §§ 45b und 45c in der zu diesem Zeitpunkt geltenden Fassung gelten auch ohne neues Anerkennungsverfahren als nach Landesrecht anerkannte Angebote zur Unterstützung im Alltag im Sinne des § 45a in der ab dem 1. Januar 2017 geltenden Fassung. 2Die Landesregierungen werden ermächtigt, durch Rechtsverordnung hiervon abweichende Regelungen zu treffen.

(3) 1Soweit Versicherte im Zeitraum vom 1. Januar 2015 bis zum 31. Dezember 2016 die Anspruchsvoraussetzungen nach § 45b Absatz 1 oder Absatz 1a in der bis zum 31. Dezember 2016 geltenden Fassung erfüllt haben und ab dem 1. Januar 2017 die Anspruchsvoraussetzungen nach § 45b Absatz 1 Satz 1 in der ab dem 1. Januar 2017 geltenden Fassung erfüllen, können sie Leistungsbeträge nach § 45b, die sie in der Zeit vom 1. Januar 2015 bis zum 31. Dezember 2016 nicht zum Bezug von Leistungen nach § 45b Absatz 1 Satz 6 in der bis zum 31. Dezember 2016 geltenden Fassung genutzt haben, bis zum 31. Dezember 2018 zum Bezug von Leistungen nach § 45b Absatz 1 Satz 3 in der ab dem 1. Januar 2017 geltenden Fassung einsetzen. 2Die in Satz 1 genannten Mittel können ebenfalls zur nachträglichen Kostenerstattung für Leistungen nach § 45b Absatz 1 Satz 6 in der bis zum 31. Dezember 2016 geltenden Fassung genutzt werden, die von den Anspruchsberechtigten in der Zeit vom 1. Januar 2015 bis zum 31. Dezember 2016 bezogen worden sind. 3Die Kostenerstattung nach Satz 2 ist bis zum Ablauf des 31. Dezember 2018 zu beantragen. 4Dem Antrag sind entsprechende Belege über entstandene Eigenbelastungen im Zusammenhang mit der Inanspruchnahme der bezogenen Leistungen beizufügen.

(4) Die im Jahr 2015 gemäß § 45c zur Verfügung gestellten Fördermittel, die nach § 45c Absatz 5 Satz 2 in der bis zum 31. Dezember 2016 geltenden Fassung auf das Folgejahr 2016 übertragen und bis zum Ende des Jahres 2016 in den Ländern nicht in Anspruch genommen worden sind, können im Jahr 2017 gemäß § 45c Absatz 6 Satz 3 bis 9 in der ab dem 1. Januar 2017 geltenden Fassung von den Ländern beantragt werden, die im Jahr 2015 mindestens 80 Prozent der auf sie gemäß § 45c Absatz 5 Satz 1 in der bis zum 31. Dezember 2016 geltenden Fassung nach dem Königsteiner Schlüssel entfallenden Mittel ausgeschöpft haben.

(5) 1In Fällen, in denen am 31. Dezember 2016 der Bezug von Leistungen der Pflegeversicherung mit Leistungen der Eingliederungshilfe für Menschen mit Behinderungen nach dem Zwölften Buch, dem Bundesversorgungsgesetz oder dem Achten Buch bereits zusammentrifft, muss eine Vereinbarung nach § 13 Absatz 4 in der ab dem 1. Januar 2017 geltenden Fassung nur dann abgeschlossen werden, wenn einer der beteiligten Träger oder der Leistungsbezieher dies verlangt. 2Trifft der Bezug von Leistungen der Pflegeversicherung außerdem mit Leistungen der Hilfe zur Pflege nach dem Zwölften Buch oder dem Bundesversorgungsgesetz zusammen, gilt Satz 1 entsprechend.

§ 145 Besitzstandsschutz für pflegebedürftige Menschen mit Behinderungen in häuslicher Pflege

1Für pflegebedürftige Menschen mit Behinderungen, die am 1. Januar 2017 Anspruch auf Leistungen der Pflegeversicherung bei häuslicher Pflege haben und in einer Wohnform leben, auf die § 43a in der am 1. Januar 2017 geltenden Fassung keine Anwendung findet, findet § 43a auch in der ab dem 1. Januar 2020 geltenden Fassung keine Anwendung. 2Wechseln diese pflegebedürftigen Menschen mit Behinderungen nach dem 1. Januar 2017 die Wohnform, findet Satz 1 keine Anwendung, solange sie in einer Wohnform leben, auf die § 43a in der am 1. Januar 2017 geltenden Fassung Anwendung gefunden hätte, wenn sie am 1. Januar 2017 in einer solchen Wohnform gelebt hätten.

§ 146 Übergangs- und Überleitungsregelung zur Beratung nach § 37 Absatz 3

(1) Für die jeweilige beratende Stelle gelten die Vergütungssätze nach § 37 Absatz 3 Satz 5 und 6 in der am 31. Dezember 2018 geltenden Fassung so lange, bis die Vergütung für Beratungseinsätze erstmals für die jeweilige beratende Stelle vereinbart oder durch die Landesverbände der Pflegekassen festgelegt wird.

(2) Zugelassene stationäre Pflegeeinrichtungen im Sinne des § 71 Absatz 2, die Beratungseinsätze nach § 37 Absatz 3 in der bis zum 31. Dezember 2018 geltenden Fassung durchgeführt haben, gelten ab dem 1. Januar 2019 als nach § 37 Absatz 7 anerkannte Beratungsstellen.

Dritter Abschnitt
Maßnahmen zur Aufrechterhaltung der pflegerischen Versorgung während der durch das neuartige Coronavirus SARS-CoV-2 verursachten Pandemie

§ 147 Verfahren zur Feststellung der Pflegebedürftigkeit nach § 18

(1) 1Abweichend von § 18 Absatz 2 Satz 1 kann die Begutachtung bis einschließlich 30. Juni 2021 ohne Untersuchung des Versicherten in seinem Wohnbereich erfolgen, wenn dies zur Verhinderung des Risikos einer Ansteckung des Versicherten oder des Gutachters mit dem Coronavirus SARS-CoV-2 zwingend erforderlich ist. 2Grundlage für die Begutachtung bilden bis zu diesem Zeitpunkt insbesondere die zum Versicherten zur Verfügung stehenden Unterlagen sowie die Angaben und Auskünfte, die beim Versicherten, seinen Angehörigen und sonstigen zur Auskunft fähigen Personen einzuholen sind. 3Der Medizinische Dienst des Spitzenverbandes Bund der Krankenkassen entwickelt im Benehmen mit dem Spitzenverband Bund der Pflegekassen bis zum 31. Oktober 2020 bundesweit einheitliche Maßgaben dafür, unter welchen Schutz- und Hygieneanforderungen eine Begutachtung durch eine Untersuchung des Versicherten in seinem Wohnbereich stattfindet und in welchen Fällen, insbesondere bei welchen Personengruppen, eine Begutachtung ohne Untersuchung des Versicherten in seinem Wohnbereich zwingend erforderlich ist.

(2) Abweichend von § 18 Absatz 2 Satz 5 werden bis einschließlich 31. März 2021 keine Wiederholungsbegutachtungen durchgeführt, auch dann nicht, wenn die Wiederholungsbegutachtung vor diesem Zeitpunkt vom Medizinischen Dienst oder anderen unabhängigen Gutachterinnen und Gutachtern empfohlen wurde.

(3) 1Abweichend von § 18 Absatz 3 Satz 2 ist die Frist, in welcher dem Antragsteller die Entscheidung der Pflegekasse schriftlich mitzuteilen ist, bis einschließlich 30. September 2020 unbeachtlich. 2Abweichend von Satz 1 ist einem Antragsteller, bei dem ein beson-

IV

ders dringlicher Entscheidungsbedarf vorliegt, spätestens 25 Arbeitstage nach Eingang des Antrags bei der zuständigen Pflegekasse die Entscheidung der Pflegekasse schriftlich mitzuteilen. 3Der Spitzenverband Bund der Pflegekassen entwickelt unverzüglich, spätestens bis einschließlich 9. April 2020, bundesweit einheitliche Kriterien für das Vorliegen, die Gewichtung und die Feststellung eines besonders dringlichen Entscheidungsbedarfs. 4Die Pflegekassen und die privaten Versicherungsunternehmen berichten in der nach § 18 Absatz 3b Satz 4 zu veröffentlichenden Statistik über die Anwendung der Kriterien zum Vorliegen und zur Feststellung eines besonders dringlichen Entscheidungsbedarfs.

(4) Abweichend von § 18 Absatz 3a Satz 1 Nummer 2 ist die Pflegekasse bis einschließlich 30. September 2020 nur bei Vorliegen eines besonders dringlichen Entscheidungsbedarfs gemäß Absatz 3 dazu verpflichtet, dem Antragsteller mindestens drei unabhängige Gutachter zur Auswahl zu benennen, wenn innerhalb von 20 Arbeitstagen nach Antragstellung keine Begutachtung erfolgt ist.

(5) § 18 Absatz 3b Satz 1 bis 3 findet bis einschließlich 30. September 2020 keine Anwendung.

(6) Absatz 1 gilt für Anträge auf Pflegeleistungen, die zwischen dem 1. Oktober 2020 und dem 30. Juni 2021 gestellt werden.

Zu beachten hierzu § 1 der Verordnung zur Verlängerung von Maßnahmen zur Aufrechterhaltung der pflegerischen Versorgung während der durch das Coronavirus SARS-CoV-2 verursachten Pandemie vom 28. Juni 2021 (BAnz. AT 30.06.2021 V2):

(1) Die Frist nach § 147 Absatz 1 Satz 1 des Elften Buches Sozialgesetzbuch wird bis einschließlich 30. September 2021 verlängert.

(2) Der Zeitraum nach § 147 Absatz 6 des Elften Buches Sozialgesetzbuch wird bis einschließlich 30. September 2021 verlängert.

§ 148 Beratungsbesuche nach § 37

Abweichend von § 37 Absatz 3 Satz 1 erfolgt die von den Pflegebedürftigen abzurufende Beratung bis einschließlich 30. Juni 2021 telefonisch, digital oder per Videokonferenz, wenn die oder der Pflegebedürftige dies wünscht.

Zu beachten hierzu § 1 der Verordnung zur Verlängerung von Maßnahmen zur Aufrechterhaltung der pflegerischen Versorgung während der durch das Coronavirus SARS-CoV-2 verursachten Pandemie vom 28. Juni 2021 (BAnz. AT 30.06.2021 V2):

. . .

(3) Die Frist nach § 148 des Elften Buches Sozialgesetzbuch wird bis einschließlich 30. September 2021 verlängert.

§ 149 Einrichtungen zur Inanspruchnahme von Kurzzeitpflege und anderweitige vollstationäre pflegerische Versorgung

(1) 1Bis einschließlich 30. September 2020 besteht der Anspruch auf Kurzzeitpflege in Einrichtungen, die stationäre Leistungen zur medizinischen Vorsorge oder Rehabilitation erbringen, abweichend von § 42 Absatz 4 auch ohne dass gleichzeitig eine Maßnahme der medizinischen Vorsorge oder Rehabilitation für eine Pflegeperson erbracht wird. 2Die Vergütung richtet sich nach dem durchschnittlichen Vergütungssatz gemäß § 111 Absatz 5 des Fünften Buches der Vorsorge- oder Rehabilitationseinrichtung.

(2) Abweichend von § 42 Absatz 2 Satz 2 übernehmen die Pflegekassen bei Kurzzeitpflege in dem Zeitraum vom 28. März 2020 bis einschließlich 30. September 2020 in Einrichtungen, die stationäre Leistungen zur medizinischen Vorsorge oder Rehabilitation erbringen, Aufwendungen bis zu einem Gesamtbetrag von 2418 Euro.

(3) 1Ist eine pflegerische Versorgung von bereits vollstationär versorgten Pflegebedürftigen in einer vollstationären Pflegeeinrichtung auf Grund der SARS-CoV-2-Pandemie quarantänebedingt nicht zu gewährleisten, kann diese für die Dauer von maximal 14 Kalendertagen in dem Zeitraum vom 23. Mai 2020 bis einschließlich 30. September 2020 auch in einer Einrichtung erbracht werden, die Leistungen zur medizinischen Vorsorge oder Rehabilitation er-

bringt (anderweitige vollstationäre pflegerische Versorgung). 2Im begründeten Einzelfall kann in Abstimmung mit der Pflegekasse des Pflegebedürftigen auch eine pflegerische Versorgung von mehr als 14 Tagen in einer Einrichtung erbracht werden, die Leistungen zur medizinischen Vorsorge oder Rehabilitation erbringt. 3Der Pflegeplatz des Pflegebedürftigen ist von der bisherigen vollstationären Pflegeeinrichtung während seiner Abwesenheit freizuhalten. 4Die Berechnung des Heimentgeltes und seine Zahlung an die bisherige vollstationäre Pflegeeinrichtung sowie der nach § 43 von der Pflegekasse an die bisherige vollstationäre Pflegeeinrichtung zu gewährende Leistungsbetrag bleiben unverändert. 5Die Vergütung der anderweitigen vollstationären pflegerischen Versorgung richtet sich nach dem durchschnittlichen Vergütungssatz nach § 111 Absatz 5 des Fünften Buches für die Vorsorge- oder Rehabilitationseinrichtung. 6Sie wird der Einrichtung von den Pflegekassen entsprechend dem Verfahren nach § 150 Absatz 2 Satz 2 bis 4 erstattet. 7Der Spitzenverband Bund der Pflegekassen kann im Benehmen mit den Verbänden der Träger von vollstationären Pflegeeinrichtungen sowie im Benehmen mit den Verbänden der stationären medizinischen Rehabilitations- und Vorsorgeeinrichtungen Empfehlungen zur formellen Abwicklung des Abrechnungsverfahrens abgeben.

§ 150 Sicherstellung der pflegerischen Versorgung, Kostenerstattung für Pflegeeinrichtungen und Pflegebedürftige

(1) 1Im Fall einer wesentlichen Beeinträchtigung der Leistungserbringung infolge des neuartigen Coronavirus SARS-CoV-2 ist der Träger einer nach § 72 zugelassenen Pflegeeinrichtung verpflichtet, diese umgehend den Pflegekassen gegenüber anzuzeigen. 2Es genügt die Anzeige an eine als Partei des Versorgungsvertrages beteiligte Pflegekasse. 3In Abstimmung mit den weiteren hierbei zuständigen Stellen, insbesondere den nach Landesrecht bestimmten heimrechtlichen Aufsichtsbehörden, haben die Pflegekassen zusammen mit der Pflegeeinrichtung zur Sicherstellung der pflegerischen Versorgung die erforderlichen Maßnahmen und Anpassungen vorzunehmen, wobei auch von der vereinbarten Personalausstattung einschließlich deren gesetzlichen Bestimmungen nach diesem Buch abgewichen werden kann. 4Dabei sind zum flexiblen Einsatz des Personals in anderen Versorgungsbereichen alle bestehenden Instrumente und Mittel einschließlich des Vertragsrechts zu nutzen, bei denen zulassungsrechtliche Voraussetzungen zweckgerichtet und unbürokratisch angewandt werden können. 5Dies gilt auch für den Einsatz von Beschäftigten für die Leistungen der zusätzlichen Betreuung nach § 43b in anderen Bereichen.

(2) 1Den zugelassenen Pflegeeinrichtungen werden die ihnen infolge des neuartigen Coronavirus SARS-CoV-2 anfallenden, außerordentlichen Aufwendungen sowie Mindereinnahmen im Rahmen ihrer Leistungserbringung, die nicht anderweitig finanziert werden, erstattet. 2Der Anspruch auf Erstattung kann bei einer Pflegekasse regelmäßig zum Monatsende geltend gemacht werden, die Partei des Versorgungsvertrages ist. 3Die Auszahlung des gesamten Erstattungsbetrages hat innerhalb von 14 Kalendertagen über eine Pflegekasse zu erfolgen. 4Die Auszahlung kann vorläufig erfolgen. 5Für zugelassene Pflegeeinrichtungen, die eine vertragliche Regelung der Pflegevergütung nach den §§ 85 und 89 abgeschlossen haben, findet § 85 Absatz 7 insoweit keine Anwendung. 6Dabei sind bei Unterschreitungen der vereinbarten Personalausstattung keine Vergütungskürzungsverfahren nach § 115 Absatz 3 Satz 1 durchzuführen.

(3) 1Der Spitzenverband Bund der Pflegekassen legt im Benehmen mit den Bundesvereinigungen der Träger stationärer und ambulanter Pflegeeinrichtungen unverzüglich das Nähere für das Erstattungsverfahren und die erforderlichen Nachweise für seine Mitglieder fest. 2Dabei sind gemessen an der besonderen Herausforderung von allen Beteiligten pragmatische Lösungen in der Umsetzung vorzusehen. 3Die Festlegungen bedürfen der Zustimmung des Bundesministeriums für Gesundheit. 4Der Spitzenverband Bund

der Pflegekassen berichtet dem Bundesministerium für Gesundheit regelmäßig über die Ausgabenentwicklung.

(4) 1Bei ambulanten Pflegeeinrichtungen tragen die gesetzlichen Krankenkassen und die soziale Pflegeversicherung die nach Absatz 2 entstehenden Erstattungen entsprechend dem Verhältnis, das dem Verhältnis zwischen den Ausgaben der Krankenkassen für die häusliche Krankenpflege und den Ausgaben der sozialen Pflegeversicherung für Pflegesachleistungen im vorangegangenen Kalenderjahr entspricht. 2Bei den in § 39a Absatz 1 des Fünften Buches genannten stationären Hospizen, mit denen ein Versorgungsvertrag als stationäre Pflegeeinrichtung nach § 72 besteht, tragen die gesetzlichen Krankenkassen 80 Prozent der nach Absatz 2 entstehenden Erstattungen. 3Zur Finanzierung der den Krankenkassen nach den Sätzen 1 und 2 entstehenden Kosten erhebt der Spitzenverband Bund der Krankenkassen von den Krankenkassen eine Umlage gemäß dem Anteil der Versicherten der Krankenkassen an der Gesamtzahl der Versicherten aller Krankenkassen. 4Das Nähere zum Umlageverfahren und zur Zahlung an die Pflegeversicherung bestimmt der Spitzenverband Bund der Krankenkassen. 5Die privaten Versicherungsunternehmen, die die private Pflege-Pflichtversicherung durchführen, beteiligen sich mit einem Anteil von 7 Prozent an den Kosten, die sich gemäß Absatz 2 ergeben. 6Das Bundesamt für Soziale Sicherung stellt die Höhe des Finanzierungsanteils der privaten Versicherungsunternehmen auf Basis der vierteljährlichen Finanzstatistiken der gesetzlichen Kranken- und Pflegekassen fest. 7Die entsprechende Zahlung wird binnen vier Wochen fällig. 8Der jeweilige Finanzierungsanteil, der auf die privaten Versicherungsunternehmen entfällt, kann von dem Verband der privaten Krankenversicherung e. V. unmittelbar an das Bundesamt für Soziale Sicherung zugunsten des Ausgleichsfonds der Pflegeversicherung nach § 65 geleistet werden.

(5) 1Die Pflegekassen können nach ihrem Ermessen zur Vermeidung von durch das neuartige Coronavirus SARS-CoV-2 im Einzelfall im häuslichen Bereich verursachten pflegerischen Versorgungsengpässen, Kostenerstattung in Höhe der ambulanten Sachleistungsbeträge (§ 36) nach vorheriger Antragstellung gewähren, wenn die Maßnahmen nach Absatz 1 Satz 3 nicht ausreichend sind; dabei haben sie vorrangig Leistungserbringer zu berücksichtigen, die von Pflegefachkräften geleitet werden. 2Entsprechende Kostenerstattungszusagen sind jeweils auf bis zu drei Monate zu begrenzen. 3Der Spitzenverband Bund der Pflegekassen legt Einzelheiten dazu in Empfehlungen fest. 4Die Pflegekassen können bei Bedarf bereits vor dem Vorliegen der Empfehlungen Kostenerstattungen zusagen. 5Die Pflegekassen können aus wichtigen Gründen die Kostenerstattungszusage jederzeit widerrufen.

(5a) 1Den nach Maßgabe des gemäß § 45a Absatz 3 erlassenen Landesrechts anerkannten Angeboten zur Unterstützung im Alltag werden die ihnen infolge des neuartigen Coronavirus SARS-CoV-2 anfallenden, außerordentlichen Aufwendungen sowie Mindereinnahmen im Rahmen ihrer Leistungserbringung, die nicht anderweitig finanziert werden, aus Mitteln der Pflegeversicherung erstattet, wenn sie diese Aufwendungen nachweisen oder die Mindereinnahmen glaubhaft machen. 2Die Erstattung der Mindereinnahmen wird begrenzt auf eine monatliche Summe aus der Multiplikation von

1. 125 Euro und
2. der Differenz, die sich beim Vergleich der Anzahl der im letzten Quartal des Jahres 2019 monatsdurchschnittlich betreuten Pflegebedürftigen und der Anzahl der in dem Monat, für den Mindereinnahmen geltend gemacht werden, betreuten Pflegebedürftigen ergibt.

3Die Auszahlung kann vorläufig erfolgen. 4Der Spitzenverband Bund der Pflegekassen legt in Abstimmung mit dem Bundesministerium für Gesundheit unverzüglich das Nähere für das Erstattungsverfahren fest. 5Absatz 4 Satz 5 bis 8 gilt entsprechend.

(5b) 1Abweichend von § 45b Absatz 1 Satz 3 können Pflegebedürftige des Pflegegrades 1 den Entlastungsbetrag auch für die Inanspruchnahme anderer Hilfen im Wege der Kostenerstattung einsetzen, wenn dies zur Überwindung von infolge des neuartigen Coronavirus SARS-CoV-2 verursachten Versorgungsengpässen erforderlich ist. 2§ 45b Absatz 2 Satz 3 und Absatz 4 findet keine Anwendung. 3Der Spitzenverband Bund der Pflegekassen legt Einzelheiten zum Einsatz des Entlastungsbetrags für andere Hilfen nach Satz 1 in Empfehlungen fest.

(5c) Abweichend von § 45b Absatz 1 Satz 5 zweiter Halbsatz kann der im Jahr 2019 sowie der im Jahr 2020 nicht verbrauchte Betrag für die Leistung nach § 45b Absatz 1 Satz 1 in den Zeitraum bis zum 30. September 2021 übertragen werden.

(5d) 1Abweichend von § 44a Absatz 3 Satz 1 haben Beschäftigte im Sinne des § 7 Absatz 1 des Pflegezeitgesetzes Anspruch auf Pflegeunterstützungsgeld für bis zu insgesamt 20 Arbeitstage, um die Pflege eines pflegebedürftigen nahen Angehörigen im Sinne des § 7 Absatz 3 des Pflegezeitgesetzes sicherzustellen oder zu organisieren, unabhängig davon, ob eine kurzzeitige Arbeitsverhinderung im Sinne des § 2 des Pflegezeitgesetzes vorliegt, wenn

1. die Beschäftigten glaubhaft darlegen, dass sie die Pflege oder die Organisation der Pflege auf Grund der SARS-CoV-2-Pandemie übernehmen,
2. die Beschäftigten keinen Anspruch auf Entgeltfortzahlung vom Arbeitgeber, Kranken- oder Verletztengeld bei Erkrankung oder Unfall eines Kindes nach § 45 des Fünften Buches oder nach § 45 Absatz 4 des Siebten Buches haben und
3. die häusliche Pflege nicht anders sichergestellt werden kann.

2Abweichend von § 44a Absatz 6 Satz 1 haben landwirtschaftliche Unternehmer nach § 2 Absatz 1 Nummer 1 und 2 des Zweiten Gesetzes über die Krankenversicherung der Landwirte Anspruch auf Betriebshilfe für bis zu insgesamt 20 Arbeitstage, um die Pflege eines pflegebedürftigen nahen Angehörigen im Sinne des § 7 Absatz 3 des Pflegezeitgesetzes sicherzustellen oder zu organisieren, unabhängig davon, ob eine akut aufgetretene Pflegesituation vorliegt, sofern die Voraussetzungen nach Satz 1 Nummer 1 und 3 erfüllt sind. 3Abweichend von § 44a Absatz 6 Satz 3 haben privat pflegeversicherte landwirtschaftliche Unternehmer Anspruch auf Kostenerstattung für bis zu insgesamt 20 Arbeitstage Betriebshilfe, um die Pflege eines pflegebedürftigen nahen Angehörigen im Sinne des § 7 Absatz 3 des Pflegezeitgesetzes sicherzustellen oder zu organisieren, unabhängig davon, ob eine akut aufgetretene Pflegesituation vorliegt, sofern die Voraussetzungen nach Satz 1 Nummer 1 und 3 erfüllt sind.

(6) 1Die Absätze 1 bis 5b gelten bis einschließlich 30. Juni 2021. 2Absatz 5d gilt in dem Zeitraum vom 23. Mai 2020 bis einschließlich 30. Juni 2021.

Zu beachten hierzu § 1 der Verordnung zur Verlängerung von Maßnahmen zur Aufrechterhaltung der pflegerischen Versorgung während der durch das Coronavirus SARS-CoV-2 verursachten Pandemie vom 28. Juni 2021 (BAnz. AT 30.06.2021 V2):

...

(4) Die Frist nach § 150 Absatz 6 Satz 1 des Elften Buches Sozialgesetzbuch wird bis einschließlich 30. September 2021 verlängert.

(5) Der Zeitraum nach § 150 Absatz 6 Satz 2 des Elften Buches Sozialgesetzbuch wird bis einschließlich 31. Dezember 2021 verlängert.

§ 150a Sonderleistung während der Coronavirus-SARS-CoV-2-Pandemie

(1) 1Die zugelassenen Pflegeeinrichtungen werden verpflichtet, ihren Beschäftigten im Jahr 2020 zum Zweck der Wertschätzung für die besonderen Anforderungen während der Coronavirus-SARS-CoV-2-Pandemie eine für jeden Beschäftigten einmalige Sonderleistung nach Maßgabe der Absätze 2 bis 6 und 8 zu zahlen (Corona-Prämie). 2Gleiches gilt für Arbeitgeber, deren Arbeitnehmerinnen oder Arbeitnehmer in Einrichtungen nach Satz 1 im Rahmen einer Arbeitnehmerüberlassung oder eines Werk- oder Dienstleistungsvertrags eingesetzt werden.

IV

(2) $_1$Die Corona-Prämie ist für Vollzeitbeschäftigte, die in dem Zeitraum vom 1. März 2020 bis einschließlich zum 31. Oktober 2020 (Bemessungszeitraum) mindestens drei Monate in einer zugelassenen oder für eine zugelassene Pflegeeinrichtung tätig waren, in folgender Höhe auszuzahlen:

1. in Höhe von 1000 Euro für Beschäftigte, die Leistungen nach diesem Buch oder im ambulanten Bereich nach dem Fünften Buch durch die direkte Pflege und Betreuung von Pflegebedürftigen erbringen,
2. in Höhe von 667 Euro für andere Beschäftigte, die in einem Umfang von mindestens 25 Prozent ihrer Arbeitszeit gemeinsam mit Pflegebedürftigen tagesstrukturierend, aktivierend, betreuend oder pflegend tätig sind,
3. in Höhe von 334 Euro für alle übrigen Beschäftigten.

$_2$Freiwillige im Sinne des § 2 des Bundesfreiwilligendienstgesetzes und Freiwillige im Sinne des § 2 des Jugendfreiwilligendienstgesetzes im freiwilligen sozialen Jahr erhalten eine Corona-Prämie in Höhe von 100 Euro.

(3) $_1$Den folgenden Auszubildenden, die mit einer zugelassenen Pflegeeinrichtung einen Ausbildungsvertrag geschlossen haben oder im Bemessungszeitraum mindestens drei Monate in einer zugelassenen Pflegeeinrichtung zur Durchführung der praktischen Ausbildung tätig waren, ist eine Corona-Prämie in Höhe von 600 Euro zu zahlen:

1. Auszubildenden zur Altenpflegerin oder zum Altenpfleger nach § 58 Absatz 2 des Pflegeberufegesetzes,
2. Auszubildenden zur Altenpflegerin oder zum Altenpfleger nach § 66 Absatz 2 des Pflegeberufegesetzes,
3. Auszubildenden zur Gesundheits- und Krankenpflegerin oder zum Gesundheits- und Krankenpfleger nach § 66 Absatz 1 Satz 1 Nummer 1 des Pflegeberufegesetzes,
4. Auszubildenden zur Gesundheits- und Kinderkrankenpflegerin oder zum Gesundheits- und Kinderkrankenpfleger nach § 58 Absatz 1 des Pflegeberufegesetzes,
5. Auszubildenden zur Gesundheits- und Kinderkrankenpflegerin oder zum Gesundheits- und Kinderkrankenpfleger nach § 66 Absatz 1 Satz 1 Nummer 2 des Pflegeberufegesetzes oder
6. Auszubildenden zur Pflegefachfrau oder zum Pflegefachmann nach dem Pflegeberufegesetz.

$_2$Satz 1 gilt entsprechend für Auszubildende in landesrechtlich geregelten Assistenz- oder Helferausbildungen in der Pflege von mindestens einjähriger Dauer.

(4) $_1$An Beschäftigte, die im Bemessungszeitraum mindestens drei Monate in einer zugelassenen Pflegeeinrichtung tätig waren und in dieser Zeit ganz oder teilweise in Teilzeit gearbeitet haben, ist die Corona-Prämie anteilig im Verhältnis zu den in Absatz 2 Satz 1 genannten Höhen zu zahlen. $_2$Der jeweilige Anteil entspricht dem Anteil der von ihnen wöchentlich durchschnittlich in dem Bemessungszeitraum tatsächlich geleisteten Stunden im Verhältnis zur regelmäßigen Wochenarbeitszeit der bei derselben Pflegeeinrichtung Vollzeitbeschäftigten, mindestens jedoch dem Anteil der mit ihnen vertraglich vereinbarten durchschnittlichen Wochenarbeitszeit im Verhältnis zur regelmäßigen Wochenarbeitszeit der bei der Pflegeeinrichtung Vollzeitbeschäftigten. $_3$Abweichend von Satz 1 ist die Corona-Prämie nach Absatz 2 ungekürzt an Teilzeitbeschäftigte zu zahlen, wenn sie im Bemessungszeitraum mindestens drei Monate in einer zugelassenen Pflegeeinrichtung tätig waren und ihre wöchentliche tatsächliche oder vertragliche Arbeitszeit in diesem Zeitraum 35 Stunden oder mehr betrug.

(5) Die folgenden Unterbrechungen der Tätigkeit im Bemessungszeitraum sind für die Berechnung des dreimonatigen Zeitraums, in dem die Beschäftigten im Bemessungszeitraum mindestens in einer zugelassenen Pflegeeinrichtung tätig sein müssen, unbeachtlich:

1. Unterbrechungen von bis zu 14 Kalendertagen,
2. Unterbrechungen auf Grund einer COVID-19-Erkrankung,

3. Unterbrechungen auf Grund von Quarantänemaßnahmen,
4. Unterbrechungen auf Grund eines Arbeitsunfalls oder
5. Unterbrechungen wegen Erholungsurlaubs.

(6) $_{1}$Soweit Beschäftigte einer Pflegeeinrichtung im Bemessungszeitraum ganz oder teilweise in Kurzarbeit gearbeitet haben, sind für die Bemessung der diesen Beschäftigten jeweils zustehenden Corona-Prämie die von ihnen wöchentlich durchschnittlich im Bemessungszeitraum tatsächlich geleisteten Stunden maßgeblich. $_{2}$Absatz 4 gilt im Übrigen entsprechend.

(7) $_{1}$Die zugelassenen Pflegeeinrichtungen erhalten im Wege der Vorauszahlung von der sozialen Pflegeversicherung den Betrag, den sie für die Auszahlung der in den Absätzen 2 bis 4 und 6 genannten Corona-Prämien benötigen, erstattet. $_{2}$Gleiches gilt für Arbeitgeber nach Absatz 1 Satz 2. $_{3}$Die in den Absätzen 2 bis 4 und 6 genannten Corona-Prämien sowie weitere von den zugelassenen Pflegeeinrichtungen an ihre Beschäftigten gezahlten, vergleichbaren Sonderleistungen können nicht nach § 150 Absatz 2 erstattet werden und dürfen auch nicht zu finanziellen Belastungen der Pflegebedürftigen führen. $_{4}$Bei ambulanten Pflegeeinrichtungen tragen die gesetzlichen Krankenkassen und die soziale Pflegeversicherung die nach Satz 1 entstehenden Erstattungen entsprechend dem Verhältnis, das dem Verhältnis zwischen den Ausgaben der Krankenkassen für die häusliche Krankenpflege und den Ausgaben der sozialen Pflegeversicherung für Pflegesachleistungen im vorangegangenen Kalenderjahr entspricht. $_{5}$Zur Finanzierung der den Krankenkassen nach Satz 4 entstehenden Kosten erhebt der Spitzenverband Bund der Krankenkassen von den Krankenkassen eine Umlage gemäß dem Anteil der Versicherten der Krankenkassen an der Gesamtzahl der Versicherten aller Krankenkassen. $_{6}$Das Nähere zum Umlageverfahren und zur Zahlung an die Pflegeversicherung bestimmt der Spitzenverband Bund der Krankenkassen. $_{7}$Die Pflegekassen stellen sicher, dass alle Pflegeeinrichtungen und alle Arbeitgeber im Sinne von Absatz 1 Satz 2 den Betrag, den sie für die Auszahlung der in den Absätzen 2 bis 4 und 6 genannten Corona-Prämien benötigen und den sie an die Pflegekassen gemeldet haben, von der sozialen Pflegeversicherung zu den folgenden Zeitpunkten erhalten:

1. bis spätestens 15. Juli 2020 für die Beschäftigten und Arbeitnehmer nach Absatz 1 Satz 2, die bis zum 1. Juni 2020 die Voraussetzungen erfüllen, und
2. bis spätestens 15. Dezember 2020 für die Beschäftigten und Arbeitnehmer nach Absatz 1 Satz 2, die die Voraussetzungen bis zum 1. Juni 2020 noch nicht erfüllen, aber diese bis zum 31. Oktober 2020 erfüllen.

$_{8}$Die Pflegeeinrichtungen und die Arbeitgeber im Sinne von Absatz 1 Satz 2 haben den Pflegekassen bis spätestens 15. Februar 2021 die tatsächliche Auszahlung der Corona-Prämien anzuzeigen. $_{9}$Der Spitzenverband Bund der Pflegekassen legt im Benehmen mit den Bundesvereinigungen der Träger stationärer und ambulanter Pflegeeinrichtungen und geeigneten Verbänden der Arbeitgeber nach Absatz 1 Satz 2 auf Bundesebene unverzüglich das Nähere für das Verfahren einschließlich der Information der Beschäftigten und Arbeitnehmer nach Absatz 1 Satz 2 über ihren Anspruch fest. $_{10}$Die Verfahrensregelungen bedürfen der Zustimmung des Bundesministeriums für Gesundheit.

(8) $_{1}$Die Auszahlung der jeweiligen Corona-Prämie durch die jeweilige zugelassene Pflegeeinrichtung oder die Arbeitgeber nach Absatz 1 Satz 2 an ihre Beschäftigten hat unverzüglich nach Erhalt der Vorauszahlung nach Absatz 7, spätestens mit der nächstmöglichen regelmäßigen Entgeltauszahlung zu erfolgen. $_{2}$Sie ist den Beschäftigten in der gesamten ihnen nach den Absätzen 2 bis 4 und 6 zustehenden Höhe in Geld über das Arbeitsentgelt und sonstige Bezüge hinaus auszuzahlen. $_{3}$Eine Aufrechnung mit Ansprüchen der Pflegeeinrichtung oder der Arbeitgeber nach Absatz 1 Satz 2 gegen den Beschäftigten oder Arbeitnehmer nach Absatz 1 Satz 2 ist ausgeschlossen. $_{4}$Die Corona-Prämie ist unpfändbar. $_{5}$Die Sätze 1 bis 4 gelten

entsprechend für die Ausbildungsvergütung sowie für das Taschengeld für Freiwillige im Sinne des § 2 des Bundesfreiwilligendienstgesetzes und für Freiwillige im Sinne des § 2 des Jugendfreiwilligendienstgesetzes im freiwilligen sozialen Jahr.

(9) 1Die Corona-Prämie kann durch die Länder oder die zugelassenen Pflegeeinrichtungen unter Berücksichtigung der Bemessungsgrundlagen der Absätze 1 bis 6 über die dort genannten Höchstbeträge hinaus auf folgende Beträge erhöht werden:

1. auf bis zu 1500 Euro für Vollzeit-, Teilzeit- oder in Kurzarbeit Beschäftigte, die die in Absatz 2 Satz 1 Nummer 1 genannten Voraussetzungen erfüllen,
2. auf bis zu 1000 Euro für Vollzeit-, Teilzeit- oder in Kurzarbeit Beschäftigte, die die in Absatz 2 Satz 1 Nummer 2 genannten Voraussetzungen erfüllen,
3. auf bis zu 500 Euro für alle übrigen Vollzeit-, Teilzeit- oder in Kurzarbeit Beschäftigten einer zugelassenen Pflegeeinrichtung,
4. auf bis zu 150 Euro für die in Absatz 2 Satz 2 genannten Personen sowie
5. auf bis zu 900 Euro für die in nach Absatz 3 genannten Auszubildenden.

2Gleiches gilt für die Arbeitgeber und Arbeitnehmer nach Absatz 1 Satz 2. 3Die Länder regeln ihr Verfahren. 4Sie können sich dabei an den Verfahrensregelungen dieser Vorschrift, insbesondere an den genannten Fristen, orientieren.

§ 150b Nichtanrechnung von Arbeitstagen mit Bezug von Pflegeunterstützungsgeld, Betriebshilfe oder Kostenerstattung gemäß § 150 Absatz 5d

Die Arbeitstage, für die Pflegeunterstützungsgeld gemäß § 150 Absatz 5d Satz 1, Betriebshilfe gemäß § 150 Absatz 5d Satz 2 oder Kostenerstattung gemäß § 150 Absatz 5d Satz 3 in Anspruch genommen worden ist, werden auf die Arbeitstage, für die Pflegeunterstützungsgeld gemäß § 44a Absatz 3, Betriebshilfe gemäß § 44a Absatz 6 Satz 1 oder Kostenerstattung gemäß § 44a Absatz 6 Satz 3 in Anspruch genommen werden kann, nicht angerechnet.

§ 151 Qualitätsprüfungen nach § 114

Abweichend von § 114 Absatz 2 Satz 1 und 2 finden bis einschließlich 30. September 2020 keine Regelprüfungen statt.

§ 152 Verordnungsermächtigung

Das Bundesministerium für Gesundheit kann nach einer erneuten Risikobeurteilung bei Fortbestehen oder erneutem Risiko für ein Infektionsgeschehen im Zusammenhang mit dem neuartigen Coronavirus SARS-CoV-2 den Befristungszeitraum der §§ 147 bis 151 jeweils durch Rechtsverordnung mit Zustimmung des Bundesrates um jeweils bis zu einem halben Jahr verlängern.

§ 153 Erstattung pandemiebedingter Kosten durch den Bund; Verordnungsermächtigung

1Wenn der Mittelbestand der sozialen Pflegeversicherung aufgrund pandemiebedingter Mehrausgaben absehbar das gesetzliche Betriebsmittel- und Rücklagesoll der Pflegekassen zu unterschreiten droht, gewährt der Bundeshaushalt der sozialen Pflegeversicherung im Jahr 2021 einen Zuschuss in erforderlicher Höhe (Bundeszuschuss). 2Das Bundesministerium für Gesundheit wird ermächtigt, das Nähere durch Rechtsverordnung im Einvernehmen mit dem Bundesministerium der Finanzen ohne Zustimmung des Bundesrates zu bestimmen.

Anlage 1
(zu § 15)

Einzelpunkte der Module 1 bis 6; Bildung der Summe der Einzelpunkte in jedem Modul

Modul 1: Einzelpunkte im Bereich der Mobilität

Das Modul umfasst fünf Kriterien, deren Ausprägungen in den folgenden Kategorien mit den nachstehenden Einzelpunkten gewertet werden:

Ziffer	Kriterien	selbständig	überwiegend selbständig	überwiegend unselbständig	unselbständig
1.1	Positionswechsel im Bett	0	1	2	3
1.2	Halten einer stabilen Sitzposition	0	1	2	3
1.3	Umsetzen	0	1	2	3
1.4	Fortbewegen innerhalb des Wohnbereichs	0	1	2	3
1.5	Treppensteigen	0	1	2	3

Modul 2: Einzelpunkte im Bereich der kognitiven und kommunikativen Fähigkeiten

Das Modul umfasst elf Kriterien, deren Ausprägungen in den folgenden Kategorien mit den nachstehenden Einzelpunkten gewertet werden:

Ziffer	Kriterien	Fähigkeit vorhanden/ unbeeinträchtigt	Fähigkeit größtenteils vorhanden	Fähigkeit in geringem Maße vorhanden	Fähigkeit nicht vorhanden
2.1	Erkennen von Personen aus dem näheren Umfeld	0	1	2	3
2.2	Örtliche Orientierung	0	1	2	3
2.3	Zeitliche Orientierung	0	1	2	3
2.4	Erinnern an wesentliche Ereignisse oder Beobachtungen	0	1	2	3
2.5	Steuern von mehrschrittigen Alltagshandlungen	0	1	2	3
2.6	Treffen von Entscheidungen im Alltag	0	1	2	3
2.7	Verstehen von Sachverhalten und Informationen	0	1	2	3
2.8	Erkennen von Risiken und Gefahren	0	1	2	3
2.9	Mitteilen von elementaren Bedürfnissen	0	1	2	3

IV

Ziffer	Kriterien	Fähigkeit vorhanden/ unbeeinträchtigt	Fähigkeit größtenteils vorhanden	Fähigkeit in geringem Maße vorhanden	Fähigkeit nicht vorhanden
2.10	Verstehen von Aufforderungen	0	1	2	3
2.11	Beteiligen an einem Gespräch	0	1	2	3

Modul 3: Einzelpunkte im Bereich der Verhaltensweisen und psychische Problemlagen

Das Modul umfasst dreizehn Kriterien, deren Häufigkeit des Auftretens in den folgenden Kategorien mit den nachstehenden Einzelpunkten gewertet wird:

Ziffer	Kriterien	nie oder selten	selten (ein- bis dreimal innerhalb von zwei Wochen)	häufig (zweimal bis mehrmals wöchentlich, aber nicht täglich)	täglich
3.1	Motorisch geprägte Verhaltensauffälligkeiten	0	1	3	5
3.2	Nächtliche Unruhe	0	1	3	5
3.3	Selbstschädigendes und autoaggressives Verhalten	0	1	3	5
3.4	Beschädigen von Gegenständen	0	1	3	5
3.5	Physisch aggressives Verhalten gegenüber anderen Personen	0	1	3	5
3.6	Verbale Aggression	0	1	3	5
3.7	Andere pflegerelevante vokale Auffälligkeiten	0	1	3	5
3.8	Abwehr pflegerischer und anderer unterstützender Maßnahmen	0	1	3	5
3.9	Wahnvorstellungen	0	1	3	5
3.10	Ängste	0	1	3	5
3.11	Antriebslosigkeit bei depressiver Stimmungslage	0	1	3	5
3.12	Sozial inadäquate Verhaltensweisen	0	1	3	5
3.13	Sonstige pflegerelevante inadäquate Handlungen	0	1	3	5

Modul 4: Einzelpunkte im Bereich der Selbstversorgung

Das Modul umfasst dreizehn Kriterien:

Einzelpunkte für die Kriterien der Ziffern 4.1 bis 4.12

Die Ausprägungen der Kriterien 4.1 bis 4.12 werden in den folgenden Kategorien mit den nachstehenden Punkten gewertet:

Ziffer	Kriterien	selbständig	überwiegend selbständig	überwiegend unselbständig	unselbständig
4.1	Waschen des vorderen Oberkörpers	0	1	2	3
4.2	Körperpflege im Bereich des Kopfes (Kämmen, Zahnpflege/Prothesenreinigung, Rasieren)	0	1	2	3
4.3	Waschen des Intimbereichs	0	1	2	3
4.4	Duschen und Baden einschließlich Waschen der Haare	0	1	2	3
4.5	An- und Auskleiden des Oberkörpers	0	1	2	3
4.6	An- und Auskleiden des Unterkörpers	0	1	2	3
4.7	Mundgerechtes Zubereiten der Nahrung und Eingießen von Getränken	0	1	2	3
4.8	Essen	0	3	6	9
4.9	Trinken	0	2	4	6
4.10	Benutzen einer Toilette oder eines Toilettenstuhls	0	2	4	6
4.11	Bewältigen der Folgen einer Harninkontinenz und Umgang mit Dauerkatheter und Urostoma	0	1	2	3
4.12	Bewältigen der Folgen einer Stuhlinkontinenz und Umgang mit Stoma	0	1	2	3

Die Ausprägungen des Kriteriums der Ziffer 4.8 sowie die Ausprägung der Kriterien der Ziffern 4.9 und 4.10 werden wegen ihrer besonderen Bedeutung für die pflegerische Versorgung stärker gewichtet.

Die Einzelpunkte für die Kriterien der Ziffern 4.11 und 4.12 gehen in die Berechnung nur ein, wenn bei der Begutachtung beim Versicherten darüber hinaus die Feststellung „überwiegend inkontinent" oder „vollständig inkontinent" getroffen wird oder eine künstliche Ableitung von Stuhl oder Harn erfolgt.

IV

Einzelpunkte für das Kriterium der Ziffer 4.13

Die Ausprägungen des Kriteriums der Ziffer 4.13 werden in den folgenden Kategorien mit den nachstehenden Einzelpunkten gewertet:

Ziffer	Kriterium	entfällt	teilweise	vollständig
4.13	Ernährung parental oder über Sonde	0	6	3

Das Kriterium ist mit „entfällt" (0 Punkte) zu bewerten, wenn eine regelmäßige und tägliche parenterale Ernährung oder Sondenernährung auf Dauer, voraussichtlich für mindestens sechs Monate, nicht erforderlich ist. Kann die parenterale Ernährung oder Sondenernährung ohne Hilfe durch andere selbständig durchgeführt werden, werden ebenfalls keine Punkte vergeben.

IV

Das Kriterium ist mit „teilweise" (6 Punkte) zu bewerten, wenn eine parenterale Ernährung oder Sondenernährung zur Vermeidung von Mangelernährung mit Hilfe täglich und zusätzlich zur oralen Aufnahme von Nahrung oder Flüssigkeit erfolgt.

Das Kriterium ist mit „vollständig" (3 Punkte) zu bewerten, wenn die Aufnahme von Nahrung oder Flüssigkeit ausschließlich oder nahezu ausschließlich parenteral oder über eine Sonde erfolgt.

Bei einer vollständigen parenteralen Ernährung oder Sondenernährung werden weniger Punkte vergeben als bei einer teilweisen parenteralen Ernährung oder Sondenernährung, da der oft hohe Aufwand zur Unterstützung bei der oralen Nahrungsaufnahme im Fall ausschließlich parenteraler oder Sondenernährung weitgehend entfällt.

Einzelpunkte für das Kriterium der Ziffer 4.K

Bei Kindern im Alter bis 18 Monate werden die Kriterien der Ziffern 4.1 bis 4.13 durch das Kriterium 4.K ersetzt und wie folgt gewertet:

Ziffer	Kriterium	Einzelpunkte
4.K	Bestehen gravierender Probleme bei der Nahrungsaufnahme bei Kindern bis zu 18 Monaten, die einen außergewöhnlich pflegeintensiven Hilfebedarf auslösen	20

Modul 5: Einzelpunkte im Bereich der Bewältigung von und des selbständigen Umgangs mit krankheits- oder therapiebedingten Anforderungen und Belastungen

Das Modul umfasst sechzehn Kriterien.

Einzelpunkte für die Kriterien der Ziffern 5.1 bis 5.7

Die durchschnittliche Häufigkeit der Maßnahmen pro Tag bei den Kriterien der Ziffern 5.1 bis 5.7 wird in den folgenden Kategorien mit den nachstehenden Einzelpunkten gewertet:

Ziffer	Kriterien in Bezug auf	entfällt oder selbständig	Anzahl der Maßnahmen pro Tag	Anzahl der Maßnahmen pro Woche	Anzahl der Maßnahmen pro Monat
5.1	Medikation	0			
5.2	Injektionen (subcutan oder intramuskulär)	0			
5.3	Versorgung intravenöser Zugänge (Port)	0			
5.4	Absaugen und Sauerstoffgabe	0			
5.5	Einreibungen oder Kälte- und Wärmeanwendungen	0			
5.6	Messung und Deutung von Körperzuständen	0			
5.7	Körpernahe Hilfsmittel	0			
Summe der Maßnahmen aus 5.1 bis 5.7		0			
Umrechnung in Maßnahmen pro Tag		0			

Einzelpunkte für die Kriterien der Ziffern 5.1 bis 5.7

Maßnahme pro Tag	keine oder seltener als einmal täglich	mindestens einmal bis maximal dreimal täglich	mehr als dreimal bis maximal achtmal täglich	mehr als achtmaltäglich
Einzelpunkte	0	1	2	3

Für jedes der Kriterien 5.1 bis 5.7 wird zunächst die Anzahl der durchschnittlich durchgeführten Maßnahmen, die täglich und auf Dauer, voraussichtlich für mindestens sechs Monate, vorkommen, in der Spalte pro Tag, die Maßnahmen, die wöchentlich und auf Dauer, voraussichtlich für mindestens sechs Monate, vorkommen, in der Spalte pro Woche und die Maßnahmen, die monatlich und auf Dauer, voraussichtlich für mindestens sechs Monate, vorkommen, in der Spalte pro Monat erfasst. Berücksichtigt werden nur Maßnahmen, die vom Versicherten nicht selbständig durchgeführt werden können.

Die Zahl der durchschnittlich durchgeführten täglichen, wöchentlichen und monatlichen Maßnahmen wird für die Kriterien 5.1 bis 5.7 summiert (erfolgt zum Beispiel täglich dreimal eine Medikamentengabe – Kriterium 5.1 – und einmal Blutzuckermessen – Kriterium 5.6 –, entspricht dies vier Maßnahmen pro Tag). Diese Häufigkeit wird umgerechnet in einen Durchschnittswert pro Tag. Für die Umrechnung der Maßnahmen pro Monat in Maßnahmen pro Tag wird die Summe der Maßnahmen pro Monat durch 30 geteilt. Für die Umrechnung der Maßnahmen pro Woche in Maßnahmen pro Tag wird die Summe der Maßnahmen pro Woche durch 7 geteilt.

Einzelpunkte für die Kriterien der Ziffern 5.8 bis 5.11

Die durchschnittliche Häufigkeit der Maßnahmen pro Tag bei den Kriterien der Ziffern 5.8 bis 5.11 wird in den folgenden Kategorien mit den nachstehenden Einzelpunkten gewertet:

Ziffer	Kriterien in Bezug auf	entfällt oder selbständig	Anzahl der Maßnahmen pro Tag	Anzahl der Maßnahmen pro Woche	Anzahl der Maßnahmen pro Monat
5.8	Verbandswechsel und Wundversorgung	0			
5.9	Versorgung mit Stoma	0			
5.10	RegelmäßigeEinmalkatheterisierung und Nutzung von Abführmethoden	0			
5.11	Therapiemaßnahmen in häuslicher Umgebung	0			
Summe der Maßnahmen aus 5.8 bis 5.11		0			
Umrechnung in Maßnahmen pro Tag		0			

Einzelpunkte für die Kriterien der Ziffern 5.8 bis 5.11

Maßnahme pro Tag	keine oder seltener als einmal wöchentlich	ein- bis mehrmals wöchentlich	ein- bis unter dreimal täglich	mindestens dreimal täglich
Einzelpunkte	0	1	2	3

Für jedes der Kriterien 5.8 bis 5.11 wird zunächst die Anzahl der durchschnittlich durchgeführten Maßnahmen, die täglich und auf Dauer, voraussichtlich für mindestens sechs Monate, vorkommen, in der Spalte pro Tag, die Maßnahmen, die wöchentlich und auf Dauer, voraussichtlich für mindestens sechs Monate, vorkommen, in der Spalte pro Woche und die Maßnahmen, die monatlich und auf Dauer, voraussichtlich für mindestens sechs Monate, vorkommen, in der Spalte pro Monat erfasst. Berücksichtigt werden nur Maßnahmen, die vom Versicherten nicht selbständig durchgeführt werden können.

Die Zahl der durchschnittlich durchgeführten täglichen, wöchentlichen und monatlichen Maßnahmen wird für die Kriterien 5.8 bis 5.11 summiert. Diese Häufigkeit wird umgerechnet in einen Durchschnittswert pro Tag. Für die Umrechnung der Maßnahmen pro Monat in Maßnahmen pro Tag wird die Summe der Maßnahmen pro Monat durch 30 geteilt. Für die Umrechnung der Maßnahmen pro Woche in Maßnahmen pro Tag wird die Summe der Maßnahmen pro Woche durch 7 geteilt.

Einzelpunkte für die Kriterien der Ziffern 5.12 bis 5.K

Die durchschnittliche wöchentliche oder monatliche Häufigkeit von zeit- und technikintensiven Maßnahmen in häuslicher Umgebung, die auf Dauer, voraussichtlich für mindestens sechs

Monate, vorkommen, wird in den folgenden Kategorien mit den nachstehenden Einzelpunkten gewertet:

Ziffer	Kriterium in Bezug auf	entfällt oder selbständig	täglich	wöchentliche Häufigkeit multipliziert mit	monatliche Häufigkeit multipliziert mit
5.12	Zeit- und technikintensive Maßnahmen in häuslicher Umgebung	0	60	8,6	2

Für das Kriterium der Ziffer 5.12 wird zunächst die Anzahl der regelmäßig und mit durchschnittlicher Häufigkeit durchgeführten Maßnahmen, die wöchentlich vorkommen, und die Anzahl der regelmäßig und mit durchschnittlicher Häufigkeit durchgeführten Maßnahmen, die monatlich vorkommen, erfasst. Kommen Maßnahmen regelmäßig täglich vor, werden 60 Punkte vergeben.

Jede regelmäßige wöchentliche Maßnahme wird mit 8,6 Punkten gewertet. Jede regelmäßige monatliche Maßnahme wird mit zwei Punkten gewertet.

Die durchschnittliche wöchentliche oder monatliche Häufigkeit der Kriterien der Ziffern 5.13 bis 5.K wird wie folgt erhoben und mit den nachstehenden Punkten gewertet:

Ziffer	Kriterien	entfällt oder selbständig	wöchentliche Häufigkeit multipliziert mit	monatliche Häufigkeit multipliziert mit
5.13	Arztbesuche	0	4,3	1
5.14	Besuch anderer medizinischer oder therapeutischer Einrichtungen (bis zu drei Stunden)	0	4,3	1
5.15	Zeitlich ausgedehnte Besuche anderer medizinischer oder therapeutischer Einrichtungen (länger als drei Stunden)	0	8,6	2
5.K	Besuche von Einrichtungen zur Frühförderung bei Kindern	0	4,3	1

Für jedes der Kriterien der Ziffern 5.13 bis 5.K wird zunächst die Anzahl der regelmäßig und mit durchschnittlicher Häufigkeit durchgeführten Besuche, die wöchentlich und auf Dauer, voraussichtlich für mindestens sechs Monate, vorkommen, und die Anzahl der regelmäßig und mit durchschnittlicher Häufigkeit durchgeführten Besuche, die monatlich und auf Dauer, voraussichtlich für mindestens sechs Monate, vorkommen, erfasst. Jeder regelmäßige monatliche Besuch wird mit einem Punkt gewertet. Jeder regelmäßige wöchentliche Besuch wird mit 4,3 Punkten gewertet. Handelt es sich um zeitlich ausgedehnte Arztbesuche oder Besuche von anderen medizinischen oder therapeutischen Einrichtungen, werden sie doppelt gewertet.

Die Punkte der Kriterien 5.12 bis 5.15 – bei Kindern bis 5.K – werden addiert. Die Kriterien der Ziffern 5.12 bis 5.15 – bei Kindern bis 5.K – werden anhand der Summe der so erreichten Punkte mit den nachstehenden Einzelpunkten gewertet:

Summe	Einzelpunkte
0 bis unter 4,3	0
4,3 bis unter 8,6	1
8,6 bis unter 12,9	2
12,9 bis unter 60	3
60 und mehr	6

Einzelpunkte für das Kriterium der Ziffer 5.16

Die Ausprägungen des Kriteriums der Ziffer 5.16 werden in den folgenden Kategorien mit den nachstehenden Einzelpunkten gewertet:

Ziffer	Kriterien	entfällt oder selbständig	überwiegend selbständig	überwiegend unselbständig	unselbständig
5.16	Einhaltung einer Diät und anderer krankheits- oder therapiebedingter Verhaltensvorschriften	0	1	2	3

Modul 6: Einzelpunkte im Bereich der Gestaltung des Alltagslebens und sozialer Kontakte

Das Modul umfasst sechs Kriterien, deren Ausprägungen in den folgenden Kategorien mit den nachstehenden Punkten gewertet werden:

Ziffer	Kriterien	selbständig	überwiegend selbständig	überwiegend unselbständig	unselbständig
6.1	Gestaltung des Tagesablaufs und Anpassung an Veränderungen	0	1	2	3
6.2	Ruhen und Schlafen	0	1	2	3
6.3	Sichbeschäftigen	0	1	2	3
6.4	Vornehmen von in die Zukunft gerichteten Planungen	0	1	2	3
6.5	Interaktion mit Personen im direkten Kontakt	0	1	2	3
6.6	Kontaktpflege zu Personen außerhalb des direkten Umfelds	0	1	2	3

Anlage 2
(zu § 15)

Bewertungssystematik (Summe der Punkte und gewichtete Punkte) Schweregrad der Beeinträchtigungen der Selbständigkeit oder der Fähigkeiten im Modul

Module		Gewichtung	0 Keine	1 Geringe	2 Erhebliche	3 Schwere	4 Schwerste	
1	Mobilität	**10 %**	0 – 1	2 – 3	4 – 5	6 – 9	10 – 15	Summe der Einzelpunkte im Modul 1
			0	**2,5**	**5**	**7,5**	**10**	**Gewichtete Punkte im Modul 1**
2	Kognitive und kommunikative Fähigkeiten		0 – 1	2 – 5	6 – 10	11 – 16	17 – 33	Summe der Einzelpunkte im Modul 2
3	Verhaltensweisen und psychische Problemlagen	**15 %**	0	1 – 2	3 – 4	5 – 6	7 – 65	Summe der Einzelpunkte im Modul 3
	Höchster Wert aus Modul 2 oder Modul 3		**0**	**3,75**	**7,5**	**11,25**	**15**	**Gewichtete Punkte für die Module 2 und 3**
4	Selbstversorgung	**40 %**	0 – 2	3 – 7	8 – 18	19 – 36	37 – 54	Summe der Einzelpunkte im Modul 4
			0	**10**	**20**	**30**	**40**	**Gewichtete Punkte im Modul 4**
5	Bewältigung von und selbständiger Umgang mit krankheits- oder therapiebedingten Anforderungen und Belastungen	**20 %**	0	1	2 –3	4 – 5	6 – 15	Summe der Einzelpunkte im Modul 5
			0	**5**	**10**	**15**	**20**	**Gewichtete Punkte im Modul 5**
6	Gestaltung des Alltagslebens und sozialer Kontakte	**15 %**	0	1 – 3	4 – 6	7 – 11	12 – 18	Summe der Einzelpunkte im Modul 6
			0	**3,75**	**7,5**	**11,25**	**15**	**Gewichtete Punkte im Modul 6**
7	Außerhäusliche Aktivitäten		Die Berechnung einer Modulbewertung ist entbehrlich, da die Darstellung der qualitativen Ausprägungen bei den einzelnen Kriterien ausreichend ist, um Anhaltspunkte für eine Versorgungs- und Pflegeplanung ableiten zu können.					
8	Haushaltsführung							

IV

Eingliederungshilfe, Existenzsicherungsleistungen

V

Sozialgesetzbuch (SGB) Zwölftes Buch (XII) – Sozialhilfe – (SGB XII)

Vom 27. Dezember 2003 (BGBl. I S. 3022, 2004 S. 3305)

Zuletzt geändert durch
Kitafinanzhilfenänderungsgesetz
vom 25. Juni 2021 (BGBl. I S. 2020)[1])

Inhaltsübersicht

[1]) Die am 1. Januar 2022 in Kraft tretenden Änderungen durch das Teilhabestärkungsgesetz sind als Anmerkungen eingearbeitet. Hintergrund dieser Änderung ist der Beschluss des Bundesverfassungsgerichts vom 7. Juli 2020 (Az.: 2 BvR 696/12), der Teile des kommunalen Bildungspakets im SGB XII für nicht mit dem Grundgesetz vereinbar erklärt. Die betreffenden Regelungen (§ 34 und § 34a SGB XII) enthalten demnach eine unzulässige Aufgabenübertragung durch Bundesgesetz auf Kommunen. Aus diesem Grund wird die Trägerbestimmung im SGB XII durchgehend geändert (siehe die Anmerkungen in den §§ 34 (neu: 34c), 34a, 34b, 42, 97, 98).

V

V

V

V

Erstes Kapitel
Allgemeine Vorschriften

§ 1 Aufgabe der Sozialhilfe

1Aufgabe der Sozialhilfe ist es, den Leistungsberechtigten die Führung eines Lebens zu ermöglichen, das der Würde des Menschen entspricht. 2Die Leistung soll sie so weit wie möglich befähigen, unabhängig von ihr zu leben; darauf haben auch die Leistungsberechtigten nach ihren Kräften hinzuarbeiten. 3Zur Erreichung dieser Ziele haben die Leistungsberechtigten und die Träger der Sozialhilfe im Rahmen ihrer Rechte und Pflichten zusammenzuwirken.

§ 2 Nachrang der Sozialhilfe

(1) Sozialhilfe erhält nicht, wer sich vor allem durch Einsatz seiner Arbeitskraft, seines Einkommens und seines Vermögens selbst helfen kann oder wer die erforderliche Leistung von anderen, insbesondere von Angehörigen oder von Trägern anderer Sozialleistungen, erhält.

(2) 1Verpflichtungen anderer, insbesondere Unterhaltspflichtiger oder der Träger anderer Sozialleistungen, bleiben unberührt. 2Auf Rechtsvorschriften beruhende Leistungen anderer dürfen nicht deshalb versagt werden, weil nach dem Recht der Sozialhilfe entsprechende Leistungen vorgesehen sind.

§ 3 Träger der Sozialhilfe

(1) Die Sozialhilfe wird von örtlichen und überörtlichen Trägern geleistet.

(2) 1Örtliche Träger der Sozialhilfe sind die kreisfreien Städte und die Kreise, soweit nicht nach Landesrecht etwas anderes bestimmt wird. 2Bei der Bestimmung durch Landesrecht ist zu gewährleisten, dass die zukünftigen örtlichen Träger mit der Übertragung dieser Aufgaben einverstanden sind, nach ihrer Leistungsfähigkeit zur Erfüllung der Aufgaben nach diesem Buch geeignet sind und dass die Erfüllung dieser Aufgaben in dem gesamten Kreisgebiet sichergestellt ist.

(3) Die Länder bestimmen die überörtlichen Träger der Sozialhilfe.

§ 4 Zusammenarbeit

(1) 1Die Träger der Sozialhilfe arbeiten mit anderen Stellen, deren gesetzliche Aufgaben dem gleichen Ziel dienen oder die an Leistungen beteiligt sind oder beteiligt werden sollen, zusammen, insbesondere mit den Trägern von Leistungen nach dem Zweiten, dem Achten, dem Neunten und dem Elften Buch, sowie mit anderen Trägern von Sozialleistungen und mit Verbänden. 2Darüber hinaus sollen die Träger der Sozialhilfe gemeinsam mit den Beteiligten der Pflegestützpunkte nach § 7c des Elften Buches alle für die wohnortnahe Versorgung und Betreuung in Betracht kommenden Hilfe- und Unterstützungsangebote koordinieren. 3Die Rahmenverträge nach § 7a Absatz 7 des Elften Buches sind zu berücksichtigen und die Empfehlungen nach § 8a des Elften Buches sollen berücksichtigt werden.

(2) Ist die Beratung und Sicherung der gleichmäßigen, gemeinsamen oder ergänzenden Erbringung von Leistungen geboten, sollen zu diesem Zweck Arbeitsgemeinschaften gebildet werden.

(3) Soweit eine Verarbeitung personenbezogener Daten erfolgt, ist das Nähere in einer Vereinbarung zu regeln.

§ 5 Verhältnis zur freien Wohlfahrtspflege

(1) Die Stellung der Kirchen und Religionsgesellschaften des öffentlichen Rechts sowie der Verbände der freien Wohlfahrtspflege als Träger eigener sozialer Aufgaben und ihre Tätigkeit zur Erfüllung dieser Aufgaben werden durch dieses Buch nicht berührt.

(2) 1Die Träger der Sozialhilfe sollen bei der Durchführung dieses Buches mit den Kirchen und Religionsgesellschaften des öffentlichen Rechts sowie den Verbänden der freien Wohlfahrtspflege zusammenarbeiten. 2Sie achten dabei deren Selbständigkeit in Zielsetzung und Durchführung ihrer Aufgaben.

(3) 1Die Zusammenarbeit soll darauf gerichtet sein, dass sich die Sozialhilfe und die Tätigkeit der freien Wohlfahrtspflege zum Wohle der Leistungsberechtigten wirksam ergänzen. 2Die Träger der Sozialhilfe sollen die

Verbände der freien Wohlfahrtspflege in ihrer Tätigkeit auf dem Gebiet der Sozialhilfe angemessen unterstützen.

(4) 1Wird die Leistung im Einzelfall durch die freie Wohlfahrtspflege erbracht, sollen die Träger der Sozialhilfe von der Durchführung eigener Maßnahmen absehen. 2Dies gilt nicht für die Erbringung von Geldleistungen.

(5) 1Die Träger der Sozialhilfe können allgemein an der Durchführung ihrer Aufgaben nach diesem Buch die Verbände der freien Wohlfahrtspflege beteiligen oder ihnen die Durchführung solcher Aufgaben übertragen, wenn die Verbände mit der Beteiligung oder Übertragung einverstanden sind. 2Die Träger der Sozialhilfe bleiben den Leistungsberechtigten gegenüber verantwortlich.

(6) § 4 Abs. 3 findet entsprechende Anwendung.

V

§ 6 Fachkräfte

(1) Bei der Durchführung der Aufgaben dieses Buches werden Personen beschäftigt, die sich hierfür nach ihrer Persönlichkeit eignen und in der Regel entweder eine ihren Aufgaben entsprechende Ausbildung erhalten haben oder über vergleichbare Erfahrungen verfügen.

(2) 1Die Träger der Sozialhilfe gewährleisten für die Erfüllung ihrer Aufgaben eine angemessene fachliche Fortbildung ihrer Fachkräfte. 2Diese umfasst auch die Durchführung von Dienstleistungen, insbesondere von Beratung und Unterstützung.

§ 7 Aufgabe der Länder

1Die obersten Landesbehörden unterstützten die Träger der Sozialhilfe bei der Durchführung ihrer Aufgaben nach diesem Buch. 2Dabei sollen sie insbesondere den Erfahrungsaustausch zwischen den Trägern der Sozialhilfe sowie die Entwicklung und Durchführung von Instrumenten der Dienstleistungen, der zielgerichteten Erbringung und Überprüfung von Leistungen und der Qualitätssicherung fördern.

Zweites Kapitel
Leistungen der Sozialhilfe

Erster Abschnitt
Grundsätze der Leistungen

§ 8 Leistungen

Die Sozialhilfe umfasst:

1. Hilfe zum Lebensunterhalt (§§ 27 bis 40),
2. Grundsicherung im Alter und bei Erwerbsminderung (§§ 41 bis 46b),
3. Hilfen zur Gesundheit (§§ 47 bis 52),
4. Hilfe zur Pflege (§§ 61 bis 66a),
5. Hilfe zur Überwindung besonderer sozialer Schwierigkeiten (§§ 67 bis 69),
6. Hilfe in anderen Lebenslagen (§§ 70 bis 74)

sowie die jeweils gebotene Beratung und Unterstützung.

§ 9 Sozialhilfe nach der Besonderheit des Einzelfalles

(1) Die Leistungen richten sich nach der Besonderheit des Einzelfalles, insbesondere nach der Art des Bedarfs, den örtlichen Verhältnissen, den eigenen Kräften und Mitteln der Person oder des Haushalts bei der Hilfe zum Lebensunterhalt.

(2) 1Wünschen der Leistungsberechtigten, die sich auf die Gestaltung der Leistung richten, soll entsprochen werden, soweit sie angemessen sind. 2Wünschen der Leistungsberechtigten, den Bedarf stationär oder teilstationär zu decken, soll nur entsprochen werden, wenn dies nach der Besonderheit des Einzelfalles erforderlich ist, weil anders der Bedarf nicht oder nicht ausreichend gedeckt werden kann und wenn mit der Einrichtung Vereinbarungen nach den Vorschriften des Zehnten Kapitels dieses Buches bestehen. 3Der Träger der Sozialhilfe soll in der Regel Wünschen nicht entsprechen, deren Erfüllung mit unverhältnismäßigen Mehrkosten verbunden wäre.

(3) Auf Wunsch der Leistungsberechtigten sollen sie in einer Einrichtung untergebracht werden, in der sie durch Geistliche ihres Bekenntnisses betreut werden können.

§ 10 Leistungsformen

(1) Die Leistungen werden erbracht in Form von

1. Dienstleistungen,
2. Geldleistungen und
3. Sachleistungen.

(2) Zur Dienstleistung gehören insbesondere die Beratung in Fragen der Sozialhilfe und die Beratung und Unterstützung in sonstigen sozialen Angelegenheiten.

(3) Geldleistungen haben Vorrang vor Gutscheinen oder Sachleistungen, soweit dieses Buch nicht etwas anderes bestimmt oder mit Gutscheinen oder Sachleistungen das Ziel der Sozialhilfe erheblich besser oder wirtschaftlicher erreicht werden kann oder die Leistungsberechtigten es wünschen.

§ 11 Beratung und Unterstützung, Aktivierung

(1) Zur Erfüllung der Aufgaben dieses Buches werden die Leistungsberechtigten beraten und, soweit erforderlich, unterstützt.

(2) $_1$Die Beratung betrifft die persönliche Situation, den Bedarf sowie die eigenen Kräfte und Mittel sowie die mögliche Stärkung der Selbsthilfe zur aktiven Teilnahme am Leben in der Gemeinschaft und zur Überwindung der Notlage. $_2$Die aktive Teilnahme am Leben in der Gemeinschaft umfasst auch ein gesellschaftliches Engagement. $_3$Zur Überwindung der Notlage gehört auch, die Leistungsberechtigten für den Erhalt von Sozialleistungen zu befähigen. $_4$Die Beratung umfasst auch eine gebotene Budgetberatung.

(3) $_1$Die Unterstützung umfasst Hinweise und, soweit erforderlich, die Vorbereitung von Kontakten und die Begleitung zu sozialen Diensten sowie zu Möglichkeiten der aktiven Teilnahme am Leben in der Gemeinschaft unter Einschluss des gesellschaftlichen Engagements. $_2$Soweit Leistungsberechtigte zumutbar einer Tätigkeit nachgehen können, umfasst die Unterstützung auch das Angebot einer Tätigkeit sowie die Vorbereitung und Begleitung der Leistungsberechtigten. $_3$Auf die Wahrnehmung von Unterstützungsangeboten ist hinzuwirken. $_4$Können Leistungsberechtigte durch Aufnahme einer zumutbaren Tätigkeit Einkommen erzielen, sind sie hierzu sowie zur Teilnahme an einer erforderlichen Vorbereitung verpflichtet. $_5$Leistungsberechtigte nach dem Dritten und Vierten Kapitel erhalten die gebotene Beratung für den Umgang mit dem durch den Regelsatz zur Verfügung gestellten monatlichen Pauschalbetrag (§ 27a Absatz 3 Satz 2).

(4) $_1$Den Leistungsberechtigten darf eine Tätigkeit nicht zugemutet werden, wenn

1. sie wegen Erwerbsminderung, Krankheit, Behinderung oder Pflegebedürftigkeit hierzu nicht in der Lage sind oder
2. sie ein der Regelaltersgrenze der gesetzlichen Rentenversicherung (§ 35 des Sechsten Buches) entsprechendes Lebensalter erreicht oder überschritten haben oder
3. der Tätigkeit ein sonstiger wichtiger Grund entgegensteht.

$_2$Ihnen darf eine Tätigkeit insbesondere nicht zugemutet werden, soweit dadurch die geordnete Erziehung eines Kindes gefährdet würde. $_3$Die geordnete Erziehung eines Kindes, das das dritte Lebensjahr vollendet hat, ist in der Regel nicht gefährdet, soweit unter Berücksichtigung der besonderen Verhältnisse in der Familie der Leistungsberechtigten die Betreuung des Kindes in einer Tageseinrichtung oder in Tagespflege im Sinne der Vorschriften des Achten Buches sichergestellt ist; die Träger der Sozialhilfe sollen darauf hinwirken, dass Alleinerziehenden vorrangig ein Platz zur Tagesbetreuung des Kindes angeboten wird. $_4$Auch sonst sind die Pflichten zu berücksichtigen, die den Leistungsberechtigten durch die Führung eines Haushalts oder die Pflege eines Angehörigen entstehen.

(5) $_1$Auf die Beratung und Unterstützung von Verbänden der freien Wohlfahrtspflege, von Angehörigen der rechtsberatenden Berufe und von sonstigen Stellen ist zunächst hinzuweisen. $_2$Ist die weitere Beratung durch eine Schuldnerberatungsstelle oder andere Fachberatungsstellen geboten, ist auf ihre Inanspruchnahme hinzuwirken. $_3$Angemessene Kosten einer Beratung nach Satz 2 sollen übernommen werden, wenn eine Lebenslage, die Leistungen der Hilfe zum Lebensun-

V

terhalt erforderlich macht oder erwarten lässt, sonst nicht überwunden werden kann; in anderen Fällen können Kosten übernommen werden. $_{4}$Die Kostenübernahme kann auch in Form einer pauschalierten Abgeltung der Leistung der Schuldnerberatungsstelle oder anderer Fachberatungsstellen erfolgen.

§ 12 Leistungsabsprache

$_{1}$Vor oder spätestens bis zu vier Wochen nach Beginn fortlaufender Leistungen sollen in einer schriftlichen Leistungsabsprache die Situation der leistungsberechtigten Personen sowie gegebenenfalls Wege zur Überwindung der Notlage und zu gebotenen Möglichkeiten der aktiven Teilnahme in der Gemeinschaft gemeinsam festgelegt und die Leistungsabsprache unterzeichnet werden. $_{2}$Soweit es auf Grund bestimmbarer Bedarfe erforderlich ist, ist ein Förderplan zu erstellen und in die Leistungsabsprache einzubeziehen. $_{3}$Sind Leistungen im Hinblick auf die sie tragenden Ziele zu überprüfen, kann dies in der Leistungsabsprache näher festgelegt werden. $_{4}$Die Leistungsabsprache soll regelmäßig gemeinsam überprüft und fortgeschrieben werden. $_{5}$Abweichende Regelungen in diesem Buch gehen vor.

§ 13 Leistungen für Einrichtungen, Vorrang anderer Leistungen

(1) $_{1}$Die Leistungen nach dem Fünften bis Neunten Kapitel können entsprechend den Erfordernissen des Einzelfalles für die Deckung des Bedarfs außerhalb von Einrichtungen (ambulante Leistungen), für teilstationäre oder stationäre Einrichtungen (teilstationäre oder stationäre Leistungen) erbracht werden. $_{2}$Vorrang haben ambulante Leistungen vor teilstationären und stationären Leistungen sowie teilstationäre vor stationären Leistungen. $_{3}$Der Vorrang der ambulanten Leistung gilt nicht, wenn eine Leistung für eine geeignete stationäre Einrichtung zumutbar und eine ambulante Leistung mit unverhältnismäßigen Mehrkosten verbunden ist. $_{4}$Bei der Entscheidung ist zunächst die Zumutbarkeit zu prüfen. $_{5}$Dabei sind die persönlichen, familiären und örtlichen Umstände angemessen zu berücksichtigen. $_{6}$Bei Unzumutbarkeit ist ein Kostenvergleich nicht vorzunehmen.

(2) Einrichtungen im Sinne des Absatzes 1 sind alle Einrichtungen, die der Pflege, der Behandlung oder sonstigen nach diesem Buch zu deckenden Bedarfe oder der Erziehung dienen.

§ 14 (weggefallen)

§ 15 Vorbeugende und nachgehende Leistungen

(1) $_{1}$Die Sozialhilfe soll vorbeugend geleistet werden, wenn dadurch eine drohende Notlage ganz oder teilweise abgewendet werden kann. $_{2}$§ 47 ist vorrangig anzuwenden.

(2) Die Sozialhilfe soll auch nach Beseitigung einer Notlage geleistet werden, wenn dies geboten ist, um die Wirksamkeit der zuvor erbrachten Leistung zu sichern.

§ 16 Familiengerechte Leistungen

$_{1}$Bei Leistungen der Sozialhilfe sollen die besonderen Verhältnisse in der Familie der Leistungsberechtigten berücksichtigt werden. $_{2}$Die Sozialhilfe soll die Kräfte der Familie zur Selbsthilfe anregen und den Zusammenhalt der Familie festigen.

Zweiter Abschnitt
Anspruch auf Leistungen

§ 17 Anspruch

(1) $_{1}$Auf Sozialhilfe besteht ein Anspruch, soweit bestimmt wird, dass die Leistung zu erbringen ist. $_{2}$Der Anspruch kann nicht übertragen, verpfändet oder gepfändet werden.

(2) $_{1}$Über Art und Maß der Leistungserbringung ist nach pflichtgemäßem Ermessen zu entscheiden, soweit das Ermessen nicht ausgeschlossen wird. $_{2}$Werden Leistungen auf Grund von Ermessensentscheidungen erbracht, sind die Entscheidungen im Hinblick auf die sie tragenden Gründe und Ziele zu überprüfen und im Einzelfall gegebenenfalls abzuändern.

§ 18 Einsetzen der Sozialhilfe

(1) Die Sozialhilfe, mit Ausnahme der Leistungen der Grundsicherung im Alter und bei Erwerbsminderung, setzt ein, sobald dem Träger der Sozialhilfe oder den von ihm be-

auftragten Stellen bekannt wird, dass die Voraussetzungen für die Leistung vorliegen.

(2) 1Wird einem nicht zuständigen Träger der Sozialhilfe oder einer nicht zuständigen Gemeinde im Einzelfall bekannt, dass Sozialhilfe beansprucht wird, so sind die darüber bekannten Umstände dem zuständigen Träger der Sozialhilfe oder der von ihm beauftragten Stelle unverzüglich mitzuteilen und vorhandene Unterlagen zu übersenden. 2Ergeben sich daraus die Voraussetzungen für die Leistung, setzt die Sozialhilfe zu dem nach Satz 1 maßgebenden Zeitpunkt ein.

§ 19 Leistungsberechtigte

(1) Hilfe zum Lebensunterhalt nach dem Dritten Kapitel ist Personen zu leisten, die ihren notwendigen Lebensunterhalt nicht oder nicht ausreichend aus eigenen Kräften und Mitteln, insbesondere aus ihrem Einkommen und Vermögen, bestreiten können.

(2) 1Grundsicherung im Alter und bei Erwerbsminderung nach dem Vierten Kapitel dieses Buches ist Personen zu leisten, die die Altersgrenze nach § 41 Absatz 2 erreicht haben oder das 18. Lebensjahr vollendet haben und dauerhaft voll erwerbsgemindert sind, sofern sie ihren notwendigen Lebensunterhalt nicht oder nicht ausreichend aus eigenen Kräften und Mitteln, insbesondere aus ihrem Einkommen und Vermögen, bestreiten können. 2Die Leistungen der Grundsicherung im Alter und bei Erwerbsminderung gehen der Hilfe zum Lebensunterhalt nach dem Dritten Kapitel vor.

(3) Hilfen zur Gesundheit, Hilfe zur Pflege, Hilfe zur Überwindung besonderer sozialer Schwierigkeiten und Hilfen in anderen Lebenslagen werden nach dem Fünften bis Neunten Kapitel dieses Buches geleistet, soweit den Leistungsberechtigten, ihren nicht getrennt lebenden Ehegatten oder Lebenspartnern und, wenn sie minderjährig und unverheiratet sind, auch ihren Eltern oder einem Elternteil die Aufbringung der Mittel aus dem Einkommen und Vermögen nach den Vorschriften des Elften Kapitels dieses Buches nicht zuzumuten ist.

(4) Lebt eine Person bei ihren Eltern oder einem Elternteil und ist sie schwanger oder betreut ihr leibliches Kind bis zur Vollendung des sechsten Lebensjahres, werden Einkommen und Vermögen der Eltern oder des Elternteils nicht berücksichtigt.

(5) 1Ist den in den Absätzen 1 bis 3 genannten Personen die Aufbringung der Mittel aus dem Einkommen und Vermögen im Sinne der Absätze 1 und 2 möglich oder im Sinne des Absatzes 3 zuzumuten und sind Leistungen erbracht worden, haben sie dem Träger der Sozialhilfe die Aufwendungen in diesem Umfang zu ersetzen. 2Mehrere Verpflichtete haften als Gesamtschuldner.

(6) Der Anspruch der Berechtigten auf Leistungen für Einrichtungen oder auf Pflegegeld steht, soweit die Leistung den Berechtigten erbracht worden wäre, nach ihrem Tode demjenigen zu, der die Leistung erbracht oder die Pflege geleistet hat.

§ 20 Eheähnliche Gemeinschaft

1Personen, die in eheähnlicher oder lebenspartnerschaftsähnlicher Gemeinschaft leben, dürfen hinsichtlich der Voraussetzungen sowie des Umfangs der Sozialhilfe nicht besser gestellt werden als Ehegatten. 2§ 39 gilt entsprechend.

§ 21 Sonderregelung für Leistungsberechtigte nach dem Zweiten Buch

1Personen, die nach dem Zweiten Buch als Erwerbsfähige oder als Angehörige dem Grunde nach leistungsberechtigt sind, erhalten keine Leistungen für den Lebensunterhalt. 2Abweichend von Satz 1 können Personen, die nicht hilfebedürftig nach § 9 des Zweiten Buches sind, Leistungen nach § 36 erhalten. 3Bestehen über die Zuständigkeit zwischen den beteiligten Leistungsträgern unterschiedliche Auffassungen, so ist der zuständige Träger der Sozialhilfe für die Leistungsberechtigung nach dem Dritten oder Vierten Kapitel an die Feststellung einer vollen Erwerbsminderung im Sinne des § 43 Absatz 2 Satz 2 des Sechsten Buches und nach Abschluss des Widerspruchsverfahrens an die Entscheidung der Agentur für Arbeit zur Erwerbsfähigkeit nach § 44a Absatz 1 des Zweiten Buches gebunden.

§ 22 Sonderregelungen für Auszubildende

(1) 1Auszubildende, deren Ausbildung im Rahmen des Bundesausbildungsförderungsgesetzes oder der §§ 51, 57 und 58 des Dritten Buches dem Grunde nach förderungsfähig ist, haben keinen Anspruch auf Leistungen nach dem Dritten und Vierten Kapitel. 2In besonderen Härtefällen können Leistungen nach dem Dritten oder Vierten Kapitel als Beihilfe oder Darlehen gewährt werden.

(2) Absatz 1 findet keine Anwendung auf Auszubildende,

1. die auf Grund von § 2 Abs. 1a des Bundesausbildungsförderungsgesetzes keinen Anspruch auf Ausbildungsförderung oder auf Grund von § 60 Absatz 1 und 2 des Dritten Buches keinen Anspruch auf Berufsausbildungsbeihilfe haben,
2. deren Bedarf sich nach § 12 Abs. 1 Nr. 1 des Bundesausbildungsförderungsgesetzes oder nach § 62 Absatz 1 des Dritten Buches bemisst oder
3. die eine Abendhauptschule, eine Abendrealschule oder ein Abendgymnasium besuchen, sofern sie aufgrund von § 10 Abs. 3 des Bundesausbildungsförderungsgesetzes keinen Anspruch auf Ausbildungsförderung haben.

§ 23 Sozialhilfe für Ausländerinnen und Ausländer

(1) 1Ausländern, die sich im Inland tatsächlich aufhalten, ist Hilfe zum Lebensunterhalt, Hilfe bei Krankheit, Hilfe bei Schwangerschaft und Mutterschaft sowie Hilfe zur Pflege nach diesem Buch zu leisten. 2Die Vorschriften des Vierten Kapitels bleiben unberührt. 3Im Übrigen kann Sozialhilfe geleistet werden, soweit dies im Einzelfall gerechtfertigt ist. 4Die Einschränkungen nach Satz 1 gelten nicht für Ausländer, die im Besitz einer Niederlassungserlaubnis oder eines befristeten Aufenthaltstitels sind und sich voraussichtlich dauerhaft im Bundesgebiet aufhalten. 5Rechtsvorschriften, nach denen außer den in Satz 1 genannten Leistungen auch sonstige Sozialhilfe zu leisten ist oder geleistet werden soll, bleiben unberührt.

(2) Leistungsberechtigte nach § 1 des Asylbewerberleistungsgesetzes erhalten keine Leistungen der Sozialhilfe.

(3) 1Ausländer und ihre Familienangehörigen erhalten keine Leistungen nach Absatz 1 oder nach dem Vierten Kapitel, wenn

1. sie weder in der Bundesrepublik Deutschland Arbeitnehmer oder Selbständige noch auf Grund des § 2 Absatz 3 des Freizügigkeitsgesetzes/EU freizügigkeitsberechtigt sind, für die ersten drei Monate ihres Aufenthalts,
2. sie kein Aufenthaltsrecht haben oder sich ihr Aufenthaltsrecht allein aus dem Zweck der Arbeitsuche ergibt oder
3. sie eingereist sind, um Sozialhilfe zu erlangen.

2Satz 1 Nummer 1 und 3 gilt nicht für Ausländerinnen und Ausländer, die sich mit einem Aufenthaltstitel nach Kapitel 2 Abschnitt 5 des Aufenthaltsgesetzes in der Bundesrepublik Deutschland aufhalten. 3Hilfebedürftigen Ausländern, die Satz 1 unterfallen, werden bis zur Ausreise, längstens jedoch für einen Zeitraum von einem Monat, einmalig innerhalb von zwei Jahren nur eingeschränkte Hilfen gewährt, um den Zeitraum bis zur Ausreise zu überbrücken (Überbrückungsleistungen); die Zweijahresfrist beginnt mit dem Erhalt der Überbrückungsleistungen nach Satz 3. 4Hierüber und über die Möglichkeit der Leistungen nach Absatz 3a sind die Leistungsberechtigten zu unterrichten. 5Die Überbrückungsleistungen umfassen:

1. Leistungen zur Deckung der Bedarfe für Ernährung sowie Körper- und Gesundheitspflege,
2. Leistungen zur Deckung der Bedarfe für Unterkunft und Heizung in angemessener Höhe, einschließlich der Bedarfe nach § 35 Absatz 4 und § 30 Absatz 7,
3. die zur Behandlung akuter Erkrankungen und Schmerzzustände erforderliche ärztli-

che und zahnärztliche Behandlung einschließlich der Versorgung mit Arznei- und Verbandmitteln sowie sonstiger zur Genesung, zur Besserung oder zur Linderung von Krankheiten oder Krankheitsfolgen erforderlichen Leistungen und
4. Leistungen nach § 50 Nummer 1 bis 3.

6Soweit dies im Einzelfall besondere Umstände erfordern, werden Leistungsberechtigten nach Satz 3 zur Überwindung einer besonderen Härte andere Leistungen im Sinne von Absatz 1 gewährt; ebenso sind Leistungen über einen Zeitraum von einem Monat hinaus zu erbringen, soweit dies im Einzelfall auf Grund besonderer Umstände zur Überwindung einer besonderen Härte und zur Deckung einer zeitlich befristeten Bedarfslage geboten ist. 7Abweichend von Satz 1 Nummer 2 erhalten Ausländer und ihre Familienangehörigen Leistungen nach Absatz 1 Satz 1 und 2, wenn sie sich seit mindestens fünf Jahren ohne wesentliche Unterbrechung im Bundesgebiet aufhalten; dies gilt nicht, wenn der Verlust des Rechts nach § 2 Absatz 1 des Freizügigkeitsgesetzes/EU festgestellt wurde. 8Die Frist nach Satz 7 beginnt mit der Anmeldung bei der zuständigen Meldebehörde. 9Zeiten des nicht rechtmäßigen Aufenthalts, in denen eine Ausreisepflicht besteht, werden auf Zeiten des tatsächlichen Aufenthalts nicht angerechnet. 10Ausländerrechtliche Bestimmungen bleiben unberührt.

(3a) 1Neben den Überbrückungsleistungen werden auf Antrag auch die angemessenen Kosten der Rückreise übernommen. 2Satz 1 gilt entsprechend, soweit die Personen allein durch die angemessenen Kosten der Rückreise die in Absatz 3 Satz 5 Nummer 1 und 2 genannten Bedarfe nicht aus eigenen Mitteln oder mit Hilfe Dritter decken können. 3Die Leistung ist als Darlehen zu erbringen.

(4) Ausländer, denen Sozialhilfe geleistet wird, sind auf für sie zutreffende Rückführungs- und Weiterwanderungsprogramme hinzuweisen; in geeigneten Fällen ist auf eine Inanspruchnahme solcher Programme hinzuwirken.

(5) 1Hält sich ein Ausländer entgegen einer räumlichen Beschränkung im Bundesgebiet auf oder wählt er seinen Wohnsitz entgegen einer Wohnsitzauflage oder einer Wohnsitzregelung nach § 12a des Aufenthaltsgesetzes im Bundesgebiet, darf der für den Aufenthaltsort örtlich zuständige Träger nur die nach den Umständen des Einzelfalls gebotene Leistung erbringen. 2Unabweisbar geboten ist regelmäßig nur eine Reisebeihilfe zur Deckung des Bedarfs für die Reise zu dem Wohnort, an dem ein Ausländer seinen Wohnsitz zu nehmen hat. 3In den Fällen des § 12a Absatz 1 und 4 des Aufenthaltsgesetzes ist regelmäßig eine Reisebeihilfe zu dem Ort im Bundesgebiet zu gewähren, an dem der Ausländer die Wohnsitznahme begehrt und an dem seine Wohnsitznahme zulässig ist. 4Der örtlich zuständige Träger am Aufenthaltsort informiert den bislang örtlich zuständigen Träger darüber, ob Leistungen nach Satz 1 bewilligt worden sind. 5Die Sätze 1 und 2 gelten auch für Ausländer, die eine räumlich nicht beschränkte Aufenthaltserlaubnis nach den §§ 23a, 24 Absatz 1 oder § 25 Absatz 4 oder 5 des Aufenthaltsgesetzes besitzen, wenn sie sich außerhalb des Landes aufhalten, in dem der Aufenthaltstitel erstmals erteilt worden ist. 6Satz 5 findet keine Anwendung, wenn der Wechsel in ein anderes Land zur Wahrnehmung der Rechte zum Schutz der Ehe und Familie nach Artikel 6 des Grundgesetzes oder aus vergleichbar wichtigen Gründen gerechtfertigt ist.

§ 24 Sozialhilfe für Deutsche im Ausland

(1) 1Deutsche, die ihren gewöhnlichen Aufenthalt im Ausland haben, erhalten keine Leistungen. 2Hiervon kann im Einzelfall nur abgewichen werden, soweit dies wegen einer außergewöhnlichen Notlage unabweisbar ist und zugleich nachgewiesen wird, dass eine Rückkehr in das Inland aus folgenden Gründen nicht möglich ist:

1. Pflege und Erziehung eines Kindes, das aus rechtlichen Gründen im Ausland bleiben muss,
2. längerfristige stationäre Betreuung in einer Einrichtung oder Schwere der Pflegebedürftigkeit oder
3. hoheitliche Gewalt.

V

(2) Leistungen werden nicht erbracht, soweit sie von dem hierzu verpflichteten Aufenthaltsland oder von anderen erbracht werden oder zu erwarten sind.

(3) Art und Maß der Leistungserbringung sowie der Einsatz des Einkommens und des Vermögens richten sich nach den besonderen Verhältnissen im Aufenthaltsland.

(4) $_1$Die Leistungen sind abweichend von § 18 zu beantragen. $_2$Für die Leistungen zuständig ist der überörtliche Träger der Sozialhilfe, in dessen Bereich die antragstellende Person geboren ist. $_3$Liegt der Geburtsort im Ausland oder ist er nicht zu ermitteln, wird der örtlich zuständige Träger von einer Schiedsstelle bestimmt. $_4$§ 108 Abs. 1 Satz 2 gilt entsprechend.

(5) $_1$Leben Ehegatten oder Lebenspartner, Verwandte und Verschwägerte bei Einsetzen der Sozialhilfe zusammen, richtet sich die örtliche Zuständigkeit nach der ältesten Person von ihnen, die im Inland geboren ist. $_2$Ist keine dieser Personen im Inland geboren, ist ein gemeinsamer örtlich zuständiger Träger nach Absatz 4 zu bestimmen. $_3$Die Zuständigkeit bleibt bestehen, solange eine der Personen nach Satz 1 der Sozialhilfe bedarf.

(6) Die Träger der Sozialhilfe arbeiten mit den deutschen Dienststellen im Ausland zusammen.

§ 25 Erstattung von Aufwendungen anderer

$_1$Hat jemand in einem Eilfall einem anderen Leistungen erbracht, die bei rechtzeitigem Einsetzen von Sozialhilfe nicht zu erbringen gewesen wären, sind ihm die Aufwendungen in gebotenem Umfang zu erstatten, wenn er sie nicht auf Grund rechtlicher oder sittlicher Pflicht selbst zu tragen hat. $_2$Dies gilt nur, wenn die Erstattung innerhalb angemessener Frist beim zuständigen Träger der Sozialhilfe beantragt wird.

§ 26 Einschränkung, Aufrechnung

(1) $_1$Die Leistung soll bis auf das zum Lebensunterhalt Unerlässliche eingeschränkt werden

1. bei Leistungsberechtigten, die nach Vollendung des 18. Lebensjahres ihr Einkommen oder Vermögen vermindert haben in der Absicht, die Voraussetzungen für die Gewährung oder Erhöhung der Leistung herbeizuführen,
2. bei Leistungsberechtigten, die trotz Belehrung ihr unwirtschaftliches Verhalten fortsetzen.

$_2$So weit wie möglich ist zu verhüten, dass die unterhaltsberechtigten Angehörigen oder andere mit ihnen in Haushaltsgemeinschaft lebende Leistungsberechtigte durch die Einschränkung der Leistung mitbetroffen werden.

(2) $_1$Die Leistung kann bis auf das jeweils Unerlässliche mit Ansprüchen des Trägers der Sozialhilfe gegen eine leistungsberechtigte Person aufgerechnet werden, wenn es sich um Ansprüche auf Erstattung zu Unrecht erbrachter Leistungen der Sozialhilfe handelt, die die leistungsberechtigte Person oder ihr Vertreter durch vorsätzlich oder grob fahrlässig unrichtige oder unvollständige Angaben oder durch pflichtwidriges Unterlassen veranlasst hat, oder wenn es sich um Ansprüche auf Kostenersatz nach den §§ 103 und 104 handelt. $_2$Die Aufrechnungsmöglichkeit wegen eines Anspruchs ist auf drei Jahre beschränkt; ein neuer Anspruch des Trägers der Sozialhilfe auf Erstattung oder auf Kostenersatz kann erneut aufgerechnet werden.

(3) Eine Aufrechnung nach Absatz 2 kann auch erfolgen, wenn Leistungen für einen Bedarf übernommen werden, der durch vorangegangene Leistungen der Sozialhilfe an die leistungsberechtigte Person bereits gedeckt worden war.

(4) Eine Aufrechnung erfolgt nicht, soweit dadurch der Gesundheit dienende Leistungen gefährdet werden.

Drittes Kapitel
Hilfe zum Lebensunterhalt

Erster Abschnitt
Leistungsberechtigte, notwendiger Lebensunterhalt, Regelbedarfe und Regelsätze

§ 27 Leistungsberechtigte

(1) Hilfe zum Lebensunterhalt ist Personen zu leisten, die ihren notwendigen Lebensunter-

halt nicht oder nicht ausreichend aus eigenen Kräften und Mitteln bestreiten können.

(2) 1Eigene Mittel sind insbesondere das eigene Einkommen und Vermögen. 2Bei nicht getrennt lebenden Ehegatten oder Lebenspartnern sind das Einkommen und Vermögen beider Ehegatten oder Lebenspartner gemeinsam zu berücksichtigen. 3Gehören minderjährige unverheiratete Kinder dem Haushalt ihrer Eltern oder eines Elternteils an und können sie den notwendigen Lebensunterhalt aus ihrem Einkommen und Vermögen nicht bestreiten, sind vorbehaltlich des § 39 Satz 3 Nummer 1 auch das Einkommen und das Vermögen der Eltern oder des Elternteils gemeinsam zu berücksichtigen.

(3) 1Personen, die ihren Lebensunterhalt aus eigenen Mitteln und Kräften bestreiten können, jedoch einzelne im Haushalt erforderliche Tätigkeiten nicht verrichten können, erhalten auf Antrag einen angemessenen Zuschuss, wenn ihnen die Aufbringung der für die geleistete Hilfe und Unterstützung notwendigen Kosten nicht in voller Höhe zumutbar ist. 2Als angemessen gelten Aufwendungen, die üblicherweise als Anerkennung für unentgeltlich geleistete Hilfen und Unterstützungen oder zur Abgeltung des entsprechenden Aufwandes geleistet werden. 3Den Zuschuss erhält nicht, wer einen entsprechenden Anspruch auf Assistenzleistungen nach § 78 des Neunten Buches hat.

§ 27a Notwendiger Lebensunterhalt, Regelbedarfe und Regelsätze

(1) 1Der für die Gewährleistung des Existenzminimums notwendige Lebensunterhalt umfasst insbesondere Ernährung, Kleidung, Körperpflege, Hausrat, Haushaltsenergie ohne die auf Heizung und Erzeugung von Warmwasser entfallenden Anteile, persönliche Bedürfnisse des täglichen Lebens sowie Unterkunft und Heizung. 2Zu den persönlichen Bedürfnissen des täglichen Lebens gehört in vertretbarem Umfang eine Teilhabe am sozialen und kulturellen Leben in der Gemeinschaft; dies gilt in besonderem Maß für Kinder und Jugendliche. 3Für Schülerinnen und Schüler umfasst der notwendige Lebensunterhalt auch die erforderlichen Hilfen für den Schulbesuch.

(2) 1Der gesamte notwendige Lebensunterhalt nach Absatz 1 mit Ausnahme der Bedarfe nach dem Zweiten bis Vierten Abschnitt ergibt den monatlichen Regelbedarf. 2Dieser ist in Regelbedarfsstufen unterteilt; für Abgrenzung und Höhe der Regelbedarfsstufen sind zu berücksichtigen:

1. bei Kindern und Jugendlichen altersbedingte Unterschiede,
2. bei Erwachsenen die Art der Unterkunft, in der sie leben, und zusätzlich bei in Wohnungen oder sonstigen Unterkünften nach § 42a Absatz 2 Satz 1 Nummer 1 und 3 lebenden Erwachsenen, ob sie in einer Paarbeziehung oder ohne Paarbeziehung zusammenleben.

(3) 1Für Leistungsberechtigte nach diesem Kapitel sind zur Deckung der Regelbedarfe, die sich nach den Regelbedarfsstufen der Anlage zu § 28 ergeben, monatliche Regelsätze als Bedarf anzuerkennen; dies gilt nicht für Leistungsberechtigte, deren notwendiger Lebensunterhalt sich nach § 27b bestimmt. 2Der Regelsatz stellt einen monatlichen Pauschalbetrag zur Bestreitung des Regelbedarfs dar, über dessen Verwendung die Leistungsberechtigten eigenverantwortlich entscheiden; dabei haben sie das Eintreten unregelmäßig anfallender Bedarfe zu berücksichtigen. 3Besteht die Leistungsberechtigung für weniger als einen Monat, ist der Regelsatz anteilig als Bedarf anzuerkennen. 4Zur Deckung der Regelbedarfe von Personen, die in einer sonstigen Unterkunft oder vorübergehend nicht in einer Unterkunft untergebracht sind, sind als Bedarfe monatliche Regelsätze anzuerkennen, die sich in entsprechender Anwendung der Regelbedarfsstufen nach der Anlage zu § 28 ergeben.

(4) 1Im Einzelfall wird der Regelsatz abweichend von der maßgebenden Regelbedarfsstufe festgesetzt (abweichende Regelsatzfestsetzung), wenn ein durch die Regelbedarfe abgedeckter Bedarf nicht nur einmalig, sondern für eine Dauer von voraussichtlich mehr als einem Monat

1. nachweisbar vollständig oder teilweise anderweitig gedeckt ist oder

V

2. unausweichlich in mehr als geringem Umfang oberhalb durchschnittlicher Bedarfe liegt, wie sie sich nach den bei der Ermittlung der Regelbedarfe zugrundeliegenden durchschnittlichen Verbrauchsausgaben ergeben, und die dadurch bedingten Mehraufwendungen begründbar nicht anderweitig ausgeglichen werden können.

$_{2}$Bei einer abweichenden Regelsatzfestsetzung nach Satz 1 Nummer 1 sind für die monatlich ersparten Verbrauchsausgaben die sich nach § 5 Absatz 1 oder nach § 6 Absatz 1 des Regelbedarfs-Ermittlungsgesetzes für die jeweilige Abteilung ergebenden Beträge zugrunde zu legen. $_{3}$Beschränkt sich die anderweitige Bedarfsdeckung auf einzelne in die regelbedarfsrelevanten Verbrauchsausgaben je Abteilung eingegangenen Verbrauchspositionen, sind die regelbedarfsrelevanten Beträge zugrunde zu legen, auf denen die in § 5 Absatz 1 und § 6 Absatz 1 des Regelbedarfs-Ermittlungsgesetzes genannten Beträge für die einzelnen Abteilungen beruhen. $_{4}$Für Leistungsberechtigte, die nicht in einer Wohnung leben und deren Regelbedarf sich aus der Regelbedarfsstufe 2 der Anlage zu § 28 ergibt, ist Satz 1 Nummer 1 nicht anwendbar für Bedarfe, die durch einen Vertrag über die Überlassung von Wohnraum nach § 42a Absatz 5 Satz 4 Nummer 3 gedeckt werden. $_{5}$Für Leistungsberechtigte, die in einer Unterkunft nach § 42a Absatz 2 Satz 1 Nummer 2 und Satz 3 leben und denen Aufwendungen für Unterkunft und Heizung nach § 42a Absatz 5 und 6 anzuerkennen sind, ist Satz 1 Nummer 1 nicht anwendbar für Bedarfe, die durch einen Vertrag über die Überlassung von Wohnraum nach § 42a Absatz 5 Satz 6 Nummer 1, 3 und 4 gedeckt werden. $_{6}$Für Leistungsberechtigte, denen ein Mehrbedarf nach § 42b Absatz 2 anzuerkennen ist, ist Satz 1 für die dadurch abgedeckten Aufwendungen nicht anwendbar.

(5) Sind minderjährige Leistungsberechtigte in einer anderen Familie, insbesondere in einer Pflegefamilie, oder bei anderen Personen als bei ihren Eltern oder einem Elternteil untergebracht, so wird in der Regel der individuelle Bedarf abweichend von den Regelsätzen in Höhe der tatsächlichen Kosten der Unterbringung festgesetzt, sofern die Kosten einen angemessenen Umfang nicht übersteigen.

§ 27b Notwendiger Lebensunterhalt in Einrichtungen

(1) $_{1}$Der notwendige Lebensunterhalt umfasst

1. in Einrichtungen den darin erbrachten Lebensunterhalt,
2. in stationären Einrichtungen zusätzlich den weiteren notwendigen Lebensunterhalt.

$_{2}$Der notwendige Lebensunterhalt in stationären Einrichtungen entspricht dem Umfang

1. der Regelbedarfsstufe 3 nach der Anlage zu § 28 bei Leistungsberechtigten, die das 18. Lebensjahr vollendet haben, und den Regelbedarfsstufen 4 bis 6 nach der Anlage zu § 28 bei Leistungsberechtigten, die das 18. Lebensjahr noch nicht vollendet haben,
2. der zusätzlichen Bedarfe nach dem Zweiten Abschnitt des Dritten Kapitels,
3. der Bedarfe für Unterkunft und Heizung nach § 42 Nummer 4 Buchstabe b.

(2) Der weitere notwendige Lebensunterhalt nach Absatz 1 Nummer 2 umfasst insbesondere einen Barbetrag nach Absatz 3 sowie Bekleidung und Schuhe (Bekleidungspauschale) nach Absatz 4; § 31 Absatz 2 Satz 2 ist nicht anzuwenden.

(3) $_{1}$Der Barbetrag nach Absatz 2 steht für die Abdeckung von Bedarfen des notwendigen Lebensunterhalts nach § 27a Absatz 1 zur Verfügung, soweit diese nicht nach Absatz 1 von der stationären Einrichtung gedeckt werden. $_{2}$Die Höhe des Barbetrages beträgt für Leistungsberechtigte nach diesem Kapitel,

1. die das 18. Lebensjahr vollendet haben, mindestens 27 Prozent der Regelbedarfsstufe 1 nach der Anlage zu § 28,
2. haben diese das 18. Lebensjahr noch nicht vollendet, setzen die zuständigen Landesbehörden oder die von ihnen bestimmten Stellen für die in ihrem Bereich bestehenden Einrichtungen die Höhe des Barbetrages fest.

$_{3}$Der Barbetrag ist in der sich nach Satz 2 ergebenden Höhe an die Leistungsberechtigten zu zahlen; er ist zu vermindern, wenn und soweit dessen bestimmungsgemäße Verwendung durch oder für die Leistungsberechtigten nicht möglich ist.

(4) 1Die Höhe der Bekleidungspauschale nach Absatz 2 setzen die zuständigen Landesbehörden oder die von ihnen bestimmten Stellen für die in ihrem Bereich bestehenden Einrichtungen fest. 2Sie ist als Geld- oder Sachleistung zu gewähren; im Falle einer Geldleistung hat die Zahlung monatlich, quartalsweise oder halbjährlich zu erfolgen.

§ 27c Sonderregelung für den Lebensunterhalt

(1) Für Leistungsberechtigte, die nicht in einer Wohnung nach § 42a Absatz 2 Satz 1 Nummer 1 und Satz 2 leben, bestimmen sich der notwendige Lebensunterhalt nach Absatz 2 und der weitere notwendige Lebensunterhalt nach Absatz 3, wenn sie

1. minderjährig sind und ihnen Leistungen nach Teil 2 des Neunten Buches über Tag und Nacht erbracht werden oder
2. volljährig sind und ihnen Leistungen über Tag und Nacht erbracht werden, denen Vereinbarungen nach § 134 Absatz 4 des Neunten Buches zugrunde liegen.

(2) Der notwendige Lebensunterhalt nach Absatz 1 umfasst die Bedarfe nach § 27b Absatz 1 Satz 2, darüber hinaus sind Bedarfe für Bildung und Teilhabe nach dem Dritten Abschnitt mit umfasst, soweit nicht entsprechende Leistungen nach § 75 des Neunten Buches erbracht werden.

(3) Für den weiteren notwendigen Lebensunterhalt gilt § 27b Absatz 2 bis 4.

(4) Der sich nach Absatz 2 ergebende monatliche Betrag für den notwendigen Lebensunterhalt ist bei Leistungsberechtigten nach Absatz 1 Nummer 1 abzüglich der aufzubringenden Mittel nach § 142 Absatz 1 und 2 des Neunten Buches sowie bei Leistungsberechtigten nach Absatz 1 Nummer 2 abzüglich der aufzubringenden Mittel nach § 142 Absatz 3 des Neunten Buches quartalsweise dem für die Leistungen nach Teil 2 des Neunten Buches zuständigen Träger der Eingliederungshilfe zu erstatten.

§ 28 Ermittlung der Regelbedarfe

(1) Liegen die Ergebnisse einer bundesweiten neuen Einkommens- und Verbrauchsstichprobe vor, wird die Höhe der Regelbedarfe in einem Bundesgesetz neu ermittelt.

(2) 1Bei der Ermittlung der bundesdurchschnittlichen Regelbedarfsstufen nach § 27a Absatz 2 sind Stand und Entwicklung von Nettoeinkommen, Verbraucherverhalten und Lebenshaltungskosten zu berücksichtigen. 2Grundlage hierfür sind die durch die Einkommens- und Verbrauchsstichprobe nachgewiesenen tatsächlichen Verbrauchsausgaben unterer Einkommensgruppen.

(3) 1Für die Ermittlung der Regelbedarfsstufen beauftragt das Bundesministerium für Arbeit und Soziales das Statistische Bundesamt mit Sonderauswertungen, die auf der Grundlage einer neuen Einkommens- und Verbrauchsstichprobe vorzunehmen sind. 2Sonderauswertungen zu den Verbrauchsausgaben von Haushalten unterer Einkommensgruppen sind zumindest für Haushalte (Referenzhaushalte) vorzunehmen, in denen nur eine erwachsene Person lebt (Einpersonenhaushalte), sowie für Haushalte, in denen Paare mit einem Kind leben (Familienhaushalte). 3Dabei ist festzulegen, welche Haushalte, die Leistungen nach diesem Buch und dem Zweiten Buch beziehen, nicht als Referenzhaushalte zu berücksichtigen sind. 4Für die Bestimmung des Anteils der Referenzhaushalte an den jeweiligen Haushalten der Sonderauswertungen ist ein für statistische Zwecke hinreichend großer Stichprobenumfang zu gewährleisten.

(4) 1Die in Sonderauswertungen nach Absatz 3 ausgewiesenen Verbrauchsausgaben der Referenzhaushalte sind für die Ermittlung der Regelbedarfsstufen als regelbedarfsrelevant zu berücksichtigen, soweit sie zur Sicherung des Existenzminimums notwendig sind und eine einfache Lebensweise ermöglichen, wie sie einkommensschwache Haushalte aufweisen, die ihren Lebensunterhalt nicht ausschließlich aus Leistungen nach diesem oder dem Zweiten Buch bestreiten. 2Nicht als regelbedarfsrelevant zu berücksichtigen sind Verbrauchsausgaben der Refe-

renzhaushalte, wenn sie bei Leistungsberechtigten nach diesem Buch oder dem Zweiten Buch

1. durch bundes- oder landesgesetzliche Leistungsansprüche, die der Finanzierung einzelner Verbrauchspositionen der Sonderauswertungen dienen, abgedeckt sind und diese Leistungsansprüche kein anrechenbares Einkommen nach § 82 oder § 11 des Zweiten Buches darstellen oder
2. nicht anfallen, weil bundesweit in einheitlicher Höhe Vergünstigungen gelten.

(5) 1Die Summen der sich nach Absatz 4 ergebenden regelbedarfsrelevanten Verbrauchsausgaben der Referenzhaushalte sind Grundlage für die Prüfung der Regelbedarfsstufen, insbesondere für die Altersabgrenzungen bei Kindern und Jugendlichen. 2Die nach Satz 1 für die Ermittlung der Regelbedarfsstufen zugrunde zu legenden Summen der regelbedarfsrelevanten Verbrauchsausgaben aus den Sonderauswertungen sind jeweils mit der sich nach § 28a Absatz 2 ergebenden Veränderungsrate entsprechend fortzuschreiben. 3Die sich durch die Fortschreibung nach Satz 2 ergebenden Summenbeträge sind jeweils bis unter 0,50 Euro abzurunden sowie von 0,50 Euro an aufzurunden und ergeben die Regelbedarfsstufen (Anlage).

§ 28a Fortschreibung der Regelbedarfsstufen

(1) 1In Jahren, in denen keine Neuermittlung nach § 28 erfolgt, werden die Regelbedarfsstufen jeweils zum 1. Januar mit der sich nach Absatz 2 ergebenden Veränderungsrate fortgeschrieben. 2§ 28 Absatz 5 Satz 3 gilt entsprechend.

(2)1Die Fortschreibung der Regelbedarfsstufen erfolgt aufgrund der bundesdurchschnittlichen Entwicklung der Preise für regelbedarfsrelevante Güter und Dienstleistungen sowie der bundesdurchschnittlichen Entwicklung der Nettolöhne und -gehälter je beschäftigten Arbeitnehmer nach der Volkswirtschaftlichen Gesamtrechnung (Mischindex). 2Maßgeblich ist jeweils die Veränderungsrate, die sich aus der Veränderung in dem Zwölfmonatszeitraum, der mit dem 1. Juli des Vorvorjahres beginnt und mit dem 30. Juni des Vorjahres endet, gegenüber dem davorliegenden Zwölfmonatszeitraum ergibt. 3Für die Ermittlung der jährlichen Veränderungsrate des Mischindexes wird die sich aus der Entwicklung der Preise aller regelbedarfsrelevanten Güter und Dienstleistungen ergebende Veränderungsrate mit einem Anteil von 70 vom Hundert und die sich aus der Entwicklung der Nettolöhne und -gehälter je beschäftigten Arbeitnehmer ergebende Veränderungsrate mit einem Anteil von 30 vom Hundert berücksichtigt.

(3) Das Bundesministerium für Arbeit und Soziales beauftragt das Statistische Bundesamt mit der Ermittlung der jährlichen Veränderungsrate für den Zeitraum nach Absatz 2 Satz 2 für

1. die Preise aller regelbedarfsrelevanten Güter und Dienstleistungen und
2. die durchschnittliche Nettolohn- und -gehaltssumme je durchschnittlich beschäftigten Arbeitnehmer.

Entscheidung des Bundesverfassungsgerichts
vom 23. Juli 2014 (BGBl. I S. 1581)

§ 28a ist nach Maßgabe der Gründe mit Artikel 1 Absatz 1 des Grundgesetzes in Verbindung mit dem Sozialstaatsprinzip des Artikels 20 Absatz 1 des Grundgesetzes vereinbar.

§ 29 Festsetzung und Fortschreibung der Regelsätze

(1) 1Werden die Regelbedarfsstufen nach § 28 neu ermittelt, gelten diese als neu festgesetzte Regelsätze (Neufestsetzung), solange die Länder keine abweichende Neufestsetzung vornehmen. 2Satz 1 gilt entsprechend, wenn die Regelbedarfe nach § 28a fortgeschrieben werden.

(2) 1Nehmen die Länder eine abweichende Neufestsetzung vor, haben sie die Höhe der monatlichen Regelsätze entsprechend der Abstufung der Regelbedarfe nach der Anlage zu § 28 durch Rechtsverordnung neu festzusetzen. 2Sie können die Ermächtigung für die Neufestsetzung nach Satz 1 auf die zuständigen Landesministerien übertragen. 3Für die abweichende Neufestsetzung sind anstelle der bundesdurchschnittlichen Regelbedarfs-

V

stufen, die sich nach § 28 aus der bundesweiten Auswertung der Einkommens- und Verbrauchsstichprobe ergeben, entsprechend aus regionalen Auswertungen der Einkommens- und Verbrauchsstichprobe ermittelte Regelbedarfsstufen zugrunde zu legen. 4Die Länder können bei der Neufestsetzung der Regelsätze auch auf ihr Land bezogene besondere Umstände, die die Deckung des Regelbedarfs betreffen, berücksichtigen. Regelsätze, die nach Absatz 1 oder nach den Sätzen 1 bis 4 festgesetzt worden sind, können von den Ländern als Mindestregelsätze festgesetzt werden. 5§ 28 Absatz 4 Satz 4 und 5 gilt für die Festsetzung der Regelsätze nach den Sätzen 1 bis 4 entsprechend.

(3) 1Die Länder können die Träger der Sozialhilfe ermächtigen, auf der Grundlage von nach Absatz 2 Satz 5 bestimmten Mindestregelsätzen regionale Regelsätze festzusetzen; bei der Festsetzung können die Träger der Sozialhilfe regionale Besonderheiten sowie statistisch nachweisbare Abweichungen in den Verbrauchsausgaben berücksichtigen. 2§ 28 Absatz 4 Satz 4 und 5 gilt für die Festsetzung der Regelsätze nach Satz 1 entsprechend.

(4) Werden die Regelsätze nach den Absätzen 2 und 3 abweichend von den Regelbedarfsstufen nach § 28 festgesetzt, sind diese in den Jahren, in denen keine Neuermittlung der Regelbedarfe nach § 28 erfolgt, jeweils zum 1. Januar durch Rechtsverordnung der Länder mit der Veränderungsrate der Regelbedarfe fortzuschreiben, die sich nach der Rechtsverordnung nach § 40 ergibt.

(5) Die nach den Absätzen 2 und 3 festgesetzten und nach Absatz 4 fortgeschriebenen Regelsätze gelten als Regelbedarfsstufen nach der Anlage zu § 28.

Zweiter Abschnitt Zusätzliche Bedarfe

§ 30 Mehrbedarf

(1) Für Personen, die

1. die Altersgrenze nach § 41 Abs. 2 erreicht haben oder
2. die Altersgrenze nach § 41 Abs. 2 noch nicht erreicht haben und voll erwerbsgemindert nach dem Sechsten Buch sind

und durch einen Bescheid der nach § 152 Absatz 4 des Neunten Buches zuständigen Behörde oder einen Ausweis nach § 152 Absatz 5 des Neunten Buches die Feststellung des Merkzeichens G nachweisen, wird ein Mehrbedarf von 17 vom Hundert der maßgebenden Regelbedarfsstufe anerkannt, soweit nicht im Einzelfall ein abweichender Bedarf besteht.

(2) Für werdende Mütter nach der zwölften Schwangerschaftswoche bis zum Ende des Monats, in welchen die Entbindung fällt, wird ein Mehrbedarf von 17 vom Hundert der maßgebenden Regelbedarfsstufe anerkannt, soweit nicht im Einzelfall ein abweichender Bedarf besteht.

(3) Für Personen, die mit einem oder mehreren minderjährigen Kindern zusammenleben und allein für deren Pflege und Erziehung sorgen, ist, soweit kein abweichender Bedarf besteht, ein Mehrbedarf anzuerkennen

1. in Höhe von 36 vom Hundert der Regelbedarfsstufe 1 nach der Anlage zu § 28 für ein Kind unter sieben Jahren oder für zwei oder drei Kinder unter sechzehn Jahren, oder
2. in Höhe von 12 vom Hundert der Regelbedarfsstufe 1 nach der Anlage zu § 28 für jedes Kind, wenn die Voraussetzungen nach Nummer 1 nicht vorliegen, höchstens jedoch in Höhe von 60 vom Hundert der Regelbedarfsstufe 1 nach der Anlage zu § 28.

(4) § 42b Absatz 3 ist entsprechend anzuwenden auf Leistungsberechtigte, die das 15. Lebensjahr vollendet haben.

(5) 1Für Leistungsberechtigte wird ein Mehrbedarf anerkannt, wenn deren Ernährungsbedarf aus medizinischen Gründen von allgemeinen Ernährungsempfehlungen abweicht und die Aufwendungen für die Ernährung deshalb unausweichlich und in mehr als geringem Umfang oberhalb eines durchschnittlichen Bedarfs für Ernährung liegen (ernährungsbedingter Mehrbedarf). 2Dies gilt entsprechend für aus medizinischen Gründen erforderliche Aufwendungen für Produkte zur erhöhten Versorgung des Stoffwechsels mit bestimmten Nähr- oder

V

Wirkstoffen, soweit hierfür keine vorrangigen Ansprüche bestehen. 3Die medizinischen Gründe nach den Sätzen 1 und 2 sind auf der Grundlage aktueller medizinischer und ernährungswissenschaftlicher Erkenntnisse zu bestimmen. 4Dabei sind auch die durchschnittlichen Mehraufwendungen zu ermitteln, die für die Höhe des anzuerkennenden ernährungsbedingten Mehrbedarfs zugrunde zu legen sind, soweit im Einzelfall kein abweichender Bedarf besteht.

(6) Die Summe des nach den Absätzen 1 bis 5 insgesamt anzuerkennenden Mehrbedarfs darf die Höhe der maßgebenden Regelbedarfsstufe nicht übersteigen.

(7) 1Für Leistungsberechtigte wird ein Mehrbedarf anerkannt, soweit Warmwasser durch in der Wohnung, in der besonderen Wohnform oder der sonstigen Unterkunft nach § 42a Absatz 2 installierte Vorrichtungen erzeugt wird (dezentrale Warmwassererzeugung) und denen deshalb kein Bedarf für Warmwasser nach § 35 Absatz 4 anerkannt wird. 2Der Mehrbedarf beträgt für jede leistungsberechtigte Person entsprechend der für sie geltenden Regelbedarfsstufe nach der Anlage zu § 28 jeweils

1. 2,3 Prozent der Regelbedarfsstufen 1 und 2,
2. 1,4 Prozent der Regelbedarfsstufe 4,
3. 1,2 Prozent der Regelbedarfsstufe 5 oder
4. 0,8 Prozent der Regelbedarfsstufe 6.

3Höhere Aufwendungen sind abweichend von Satz 2 nur zu berücksichtigen, soweit sie durch eine separate Messeinrichtung nachgewiesen werden.

(8) § 42b Absatz 2 ist entsprechend anzuwenden.

(9) Soweit eine Schülerin oder ein Schüler aufgrund der jeweiligen schulrechtlichen Bestimmungen oder schulischen Vorgaben Aufwendungen zur Anschaffung oder Ausleihe von Schulbüchern oder gleichstehenden Arbeitsheften hat, sind sie als Mehrbedarf anzuerkennen.

§ 31 Einmalige Bedarfe

(1) Leistungen zur Deckung von Bedarfen für

1. Erstausstattungen für die Wohnung einschließlich Haushaltsgeräten,
2. Erstausstattungen für Bekleidung und Erstausstattungen bei Schwangerschaft und Geburt sowie
3. Anschaffung und Reparaturen von orthopädischen Schuhen, Reparaturen von therapeutischen Geräten und Ausrüstungen sowie die Miete von therapeutischen Geräten

werden gesondert erbracht.

(2) 1Einer Person, die Sozialhilfe beansprucht (nachfragende Person), werden, auch wenn keine Regelsätze zu gewähren sind, für einmalige Bedarfe nach Absatz 1 Leistungen erbracht, wenn sie diese nicht aus eigenen Kräften und Mitteln vollständig decken kann. 2In diesem Falle kann das Einkommen berücksichtigt werden, das sie innerhalb eines Zeitraums von bis zu sechs Monaten nach Ablauf des Monats erwerben, in dem über die Leistung entschieden worden ist.

(3) 1Die Leistungen nach Absatz 1 Nr. 1 und 2 können als Pauschalbeträge erbracht werden. 2Bei der Bemessung der Pauschalbeträge sind geeignete Angaben über die erforderlichen Aufwendungen und nachvollziehbare Erfahrungswerte zu berücksichtigen.

§ 32 Bedarfe für eine Kranken- und Pflegeversicherung

(1) Angemessene Beiträge für eine Kranken- und Pflegeversicherung sind als Bedarf anzuerkennen, soweit Leistungsberechtigte diese nicht aus eigenem Einkommen tragen können. Leistungsberechtigte können die Beiträge so weit aus eigenem Einkommen tragen, wie diese im Wege der Einkommensbereinigung nach § 82 Absatz 2 Satz 1 Nummer 2 und 3 abzusetzen sind. Der Bedarf nach Satz 1 erhöht sich entsprechend, wenn bei der Einkommensbereinigung für das Einkommen geltende Absetzbeträge nach § 82 Absatz 2 Satz 2 und Absatz 3 bis 6 zu berücksichtigen sind.

(2) Bei Personen, die in der gesetzlichen Krankenversicherung

1. nach § 5 Absatz 1 Nummer 13 des Fünften Buches oder nach § 2 Absatz 1 Nummer 7 des Zweiten Gesetzes über die Krankenversicherung der Landwirte pflichtversichert sind,
2. nach § 9 Absatz 1 Nummer 1 des Fünften Buches oder nach § 6 Absatz 1 Nummer 1 des Zweiten Gesetzes über die Krankenversicherung der Landwirte weiterversichert sind,
3. als Rentenantragsteller nach § 189 des Fünften Buches als Mitglied einer Krankenkasse gelten,
4. nach § 9 Absatz 1 Nummer 2 bis 8 des Fünften Buches oder nach § 6 Absatz 1 Nummer 2 des Zweiten Gesetzes über die Krankenversicherung der Landwirte freiwillig versichert sind oder
5. nach § 188 Absatz 4 des Fünften Buches oder nach § 22 Absatz 3 des Zweiten Gesetzes über die Krankenversicherung der Landwirte weiterversichert sind,

gilt der monatliche Beitrag als angemessen.

(3) Bei Personen, denen Beiträge nach Absatz 2 als Bedarf anerkannt werden, gilt auch der Zusatzbeitragssatz nach § 242 Absatz 1 des Fünften Buches als angemessen.

(4) 1Bei Personen, die gegen das Risiko Krankheit bei einem privaten Krankenversicherungsunternehmen versichert sind, sind angemessene Beiträge nach den Sätzen 2 und 3 anzuerkennen. Angemessen sind Beiträge

1. bis zu der Höhe des sich nach § 152 Absatz 4 des Versicherungsaufsichtsgesetzes ergebenden halbierten monatlichen Beitrags für den Basistarif, sofern die Versicherungsverträge der Versicherungspflicht nach § 193 Absatz 3 des Versicherungsvertragsgesetzes genügen, oder
2. für eine Absicherung im brancheneinheitlichen Standardtarif nach § 257 Absatz 2a des Fünften Buches in der bis zum 31. Dezember 2008 geltenden Fassung.

2Ein höherer Beitrag kann als angemessen anerkannt werden, wenn die Leistungsberechtigung nach diesem Kapitel voraussichtlich nur für einen Zeitraum von bis zu drei Monaten besteht. 3Im begründeten Ausnahmefall kann auf Antrag ein höherer Beitrag auch im Fall einer Leistungsberechtigung für einen Zeitraum von bis zu sechs Monaten als angemessen anerkannt werden, wenn vor Ablauf der drei Monate oder bereits bei Antragstellung davon auszugehen ist, dass die Leistungsberechtigung nach diesem Kapitel für einen begrenzten, aber mehr als drei Monate andauernden Zeitraum bestehen wird.

(5) Bei Personen, die in der sozialen Pflegeversicherung nach

1. den §§ 20 und 21 des Elften Buches pflichtversichert sind oder
2. § 26 des Elften Buches weiterversichert sind oder
3. § 26a des Elften Buches der sozialen Pflegeversicherung beigetreten sind,

gilt der monatliche Beitrag als angemessen.

(6) 1Bei Personen, die gegen das Risiko Pflegebedürftigkeit bei einem privaten Krankenversicherungsunternehmen in Erfüllung ihrer Versicherungspflicht nach § 23 des Elften Buches versichert sind oder nach § 26a des Elften Buches der privaten Pflegeversicherung beigetreten sind, gilt bei Versicherung im brancheneinheitlichen Standardtarif nach § 257 Absatz 2a des Fünften Buches in der bis zum 31. Dezember 2008 geltenden Fassung der geschuldete Beitrag als angemessen, im Übrigen höchstens jedoch bis zu einer Höhe des nach § 110 Absatz 2 Satz 3 des Elften Buches halbierten Höchstbeitrags in der sozialen Pflegeversicherung. 2Für die Höhe des im Einzelfall angemessenen monatlichen Beitrags gilt Absatz 4 Satz 3 und 4 entsprechend.

V

§ 32a Zeitliche Zuordnung und Zahlung von Beiträgen für eine Kranken- und Pflegeversicherung

(1) Die Bedarfe nach § 32 sind unabhängig von der Fälligkeit des Beitrags jeweils in dem Monat als Bedarf anzuerkennen, für den die Versicherung besteht.

(2) 1Die Beiträge für eine Kranken- und Pflegeversicherung, die nach § 82 Absatz 2

Nummer 2 und 3 vom Einkommen abgesetzt und nach § 32 als Bedarf anerkannt werden, sind als Direktzahlung zu leisten, wenn der Zahlungsanspruch nach § 43a Absatz 2 größer oder gleich der Summe dieser Beiträge ist. ${}_2$Die Zahlung nach Satz 1 erfolgt an diejenige Krankenkasse oder dasjenige Versicherungsunternehmen, bei der beziehungsweise dem die leistungsberechtigte Person versichert ist. ${}_3$Die Leistungsberechtigten sowie die zuständigen Krankenkassen oder die zuständigen Versicherungsunternehmen sind über Beginn, Höhe des Beitrags und den Zeitraum sowie über die Beendigung einer Direktzahlung nach den Sätzen 1 und 2 schriftlich zu unterrichten. ${}_4$Die Leistungsberechtigten sind zusätzlich über die jeweilige Krankenkasse oder das Versicherungsunternehmen zu informieren, die zuständigen Krankenkassen und Versicherungsunternehmen zusätzlich über Namen und Anschrift der Leistungsberechtigten.

V

(3) Die Zahlung nach Absatz 2 hat in Fällen des § 32 Absatz 2, 3 und 5 bis zum Ende, in Fällen des § 32 Absatz 4 und 6 zum Ersten des sich nach Absatz 1 ergebenden Monats zu erfolgen.

§ 33 Bedarfe für die Vorsorge

(1) ${}_1$Um die Voraussetzungen eines Anspruchs auf eine angemessene Alterssicherung zu erfüllen, können die erforderlichen Aufwendungen als Bedarf berücksichtigt werden, soweit sie nicht nach § 82 Absatz 2 Satz 1 Nummer 2 und 3 vom Einkommen abgesetzt werden. ${}_2$Aufwendungen nach Satz 1 sind insbesondere

1. Beiträge zur gesetzlichen Rentenversicherung,
2. Beiträge zur landwirtschaftlichen Alterskasse,
3. Beiträge zu berufsständischen Versorgungseinrichtungen, die den gesetzlichen Rentenversicherungen vergleichbare Leistungen erbringen,
4. Beiträge für eine eigene kapitalgedeckte Altersvorsorge in Form einer lebenslangen Leibrente, wenn der Vertrag nur die Zahlung einer monatlichen auf das Leben des Steuerpflichtigen bezogenen lebenslangen Leibrente nicht vor Vollendung des 60. Lebensjahres vorsieht, sowie
5. geförderte Altersvorsorgebeiträge nach § 82 des Einkommensteuergesetzes, soweit sie den Mindesteigenbeitrag nach § 86 des Einkommensteuergesetzes nicht überschreiten.

(2) Weisen Leistungsberechtigte Aufwendungen zur Erlangung eines Anspruchs auf ein angemessenes Sterbegeld vor Beginn der Leistungsberechtigung nach, so werden diese in angemessener Höhe als Bedarf anerkannt, soweit sie nicht nach § 82 Absatz 2 Nummer 3 vom Einkommen abgesetzt werden.

Dritter Abschnitt
Bildung und Teilhabe

§ 34 Bedarfe für Bildung und Teilhabe

(1) ${}_1$Bedarfe für Bildung nach den Absätzen 2 bis 6 von Schülerinnen und Schülern, die eine allgemein- oder berufsbildende Schule besuchen, sowie Bedarfe von Kindern und Jugendlichen für Teilhabe am sozialen und kulturellen Leben in der Gemeinschaft nach Absatz 7 werden neben den maßgebenden Regelbedarfsstufen gesondert berücksichtigt. ${}_2$Leistungen hierfür werden nach den Maßgaben des § 34a gesondert erbracht.

(2) ${}_1$Bedarfe werden bei Schülerinnen und Schülern in Höhe der tatsächlichen Aufwendungen anerkannt für

1. Schulausflüge und
2. mehrtägige Klassenfahrten im Rahmen der schulrechtlichen Bestimmungen.

${}_2$Für Kinder, die eine Tageseinrichtung besuchen oder für die Kindertagespflege geleistet wird, gilt Satz 1 entsprechend.

(3) ${}_1$Bedarfe für die Ausstattung mit persönlichem Schulbedarf werden bei Schülerinnen und Schülern für den Monat, in dem der erste Schultag eines Schuljahres liegt, in Höhe von 100 Euro und für den Monat, in dem das zweite Schulhalbjahr eines Schuljahres beginnt, in Höhe von 50 Euro anerkannt. ${}_2$Abweichend von Satz 1 ist Schülerinnen und

Schülern für die Ausstattung mit persönlichem Schulbedarf ein Bedarf anzuerkennen

1. in Höhe von 100 Euro für das erste Schulhalbjahr, wenn die erstmalige Aufnahme innerhalb des Schuljahres nach dem Monat erfolgt, in dem das erste Schulhalbjahr beginnt, aber vor Beginn des Monats, in dem das zweite Schulhalbjahr beginnt,
2. in Höhe des Betrags für das erste und das zweite Schulhalbjahr, wenn die erstmalige Aufnahme innerhalb des Schuljahres in oder nach dem Monat erfolgt, in dem das zweite Schulhalbjahr beginnt,
3. in Höhe von 50 Euro, wenn der Schulbesuch nach dem Monat, in dem das Schuljahr begonnen hat, unterbrochen wird und die Wiederaufnahme nach dem Monat erfolgt, in dem das zweite Schulhalbjahr beginnt.

(3a) 1Der nach Absatz 3 anzuerkennende Teilbetrag für ein erstes Schulhalbjahr eines Schuljahres wird kalenderjährlich mit dem in der maßgeblichen Regelbedarfsstufen-Fortschreibungsverordnung nach den §§ 28a und 40 Nummer 1 bestimmten Prozentsatz fortgeschrieben; der fortgeschriebene Wert ist bis unter 0,50 Euro auf den nächsten vollen Euro abzurunden und ab 0,50 Euro auf den nächsten vollen Euro aufzurunden (Anlage). 2Der Teilbetrag für das zweite Schulhalbjahr eines Schuljahres nach Absatz 3 beträgt 50 Prozent des sich nach Satz 1 für das jeweilige Kalenderjahr ergebenden Teilbetrags (Anlage). 3Liegen die Ergebnisse einer bundesweiten neuen Einkommens- und Verbrauchsstichprobe vor, ist der Teilbetrag nach Satz 1 durch Bundesgesetz um den Betrag zu erhöhen, der sich aus der prozentualen Erhöhung der Regelbedarfsstufe 1 nach § 28 für das jeweilige Kalenderjahr durch Bundesgesetz ergibt, das Ergebnis ist entsprechend Satz 1 zweiter Teilsatz zu runden und die Anlage zu ergänzen. 4Aus dem sich nach Satz 3 ergebenden Teilbetrag für das erste Schulhalbjahr ist der Teilbetrag für das zweite Schulhalbjahr des jeweiligen Kalenderjahres entsprechend Satz 2 durch Bundesgesetz zu bestimmen und die Anlage um den sich ergebenden Betrag zu ergänzen.

(4) 1Bei Schülerinnen und Schülern, die für den Besuch der nächstgelegenen Schule des gewählten Bildungsgangs auf Schülerbeförderung angewiesen sind, werden die dafür erforderlichen tatsächlichen Aufwendungen berücksichtigt, soweit sie nicht von Dritten übernommen werden. 2Als nächstgelegene Schule des gewählten Bildungsgangs gilt auch eine Schule, die aufgrund ihres Profils gewählt wurde, soweit aus diesem Profil eine besondere inhaltliche oder organisatorische Ausgestaltung des Unterrichts folgt; dies sind insbesondere Schulen mit naturwissenschaftlichem, musischem, sportlichem oder sprachlichem Profil sowie bilinguale Schulen, und Schulen mit ganztägiger Ausrichtung.

(5) 1Für Schülerinnen und Schüler wird eine schulische Angebote ergänzende angemessene Lernförderung berücksichtigt, soweit diese geeignet und zusätzlich erforderlich ist, um die nach den schulrechtlichen Bestimmungen festgelegten wesentlichen Lernziele zu erreichen. 2Auf eine bestehende Versetzungsgefährdung kommt es dabei nicht an.

(6) 1Bei Teilnahme an einer gemeinschaftlichen Mittagsverpflegung werden die entstehenden Aufwendungen berücksichtigt für

1. Schülerinnen und Schüler und
2. Kinder, die eine Tageseinrichtung besuchen oder für die Kindertagespflege geleistet wird.

2Für Schülerinnen und Schüler gilt dies unter der Voraussetzung, dass die Mittagsverpflegung in schulischer Verantwortung angeboten wird oder durch einen Kooperationsvertrag zwischen Schule und Tageseinrichtung vereinbart ist.

(7) 1Für die Teilhabe am sozialen und kulturellen Leben in der Gemeinschaft werden pauschal 15 Euro monatlich berücksichtigt, sofern bei Leistungsberechtigten, die das 18. Lebensjahr noch nicht vollendet haben, tatsächliche Aufwendungen entstehen im Zusammenhang mit der Teilnahme an

1. Aktivitäten in den Bereichen Sport, Spiel, Kultur und Geselligkeit,
2. Unterricht in künstlerischen Fächern (zum Beispiel Musikunterricht) und vergleichba-

re angeleitete Aktivitäten der kulturellen Bildung und

3. Freizeiten.

$_{2}$Neben der Berücksichtigung von Bedarfen nach Satz 1 können auch weitere tatsächliche Aufwendungen berücksichtigt werden, wenn sie im Zusammenhang mit der Teilnahme an Aktivitäten nach Satz 1 Nummer 1 bis 3 entstehen und es den Leistungsberechtigten im Einzelfall nicht zugemutet werden kann, diese aus den Leistungen nach Satz 1 und aus dem Regelbedarf zu bestreiten.

Entscheidung des Bundesverfassungsgerichts

vom 7. Juli 2020 (BGBl. I S. 1992)

Aus dem Beschluss des Bundesverfassungsgerichts vom 7. Juli 2020 – 2 BvR 696/12 – wird folgende Entscheidungsformel veröffentlicht:

1. § 34 Absatz 1, Absatz 2 Satz 1 Nummer 1 und Satz 2, Absatz 4 bis Absatz 7 und § 34a Sozialgesetzbuch Zwölftes Buch in der Fassung von Artikel 3 Nummer 12 des Gesetzes zur Ermittlung von Regelbedarfen und zur Änderung des Zweiten und Zwölften Buches Sozialgesetzbuch vom 24. März 2011 (Bundesgesetzblatt I Seite 453) sind in Verbindung mit § 3 Absatz 2 Satz 1 Sozialgesetzbuch Zwölftes Buch in der Fassung vom 27. Dezember 2003 (Bundesgesetzblatt I Seite 3022) mit Artikel 28 Absatz 2 Satz 1 und Satz 3 in Verbindung mit Artikel 84 Absatz 1 Satz 7 des Grundgesetzes unvereinbar.
2. Die Vorschriften sind bis zu einer Neuregelung, spätestens bis zum 31. Dezember 2021, weiter anwendbar.

Aufgrund dieses Beschlusses erfolgte mit dem Teilhabestärkungsgesetz eine ab 1. Januar 2022 geltende Änderung der Trägerbestimmung im SGB XII; ab 1. Januar 2021 gilt für die Erbringung der Leistungen für Bildung und Teilhabe (§ 34a) bzw. für die Kostenerstattung aufgrund Selbsthilfe (§ 34b) der neu eingefügte § 34c SGB XII. Er lautet:

§ 34c Zuständigkeit

(1) Die für die Ausführung des Gesetzes nach diesem Abschnitt zuständigen Träger werden nach Landesrecht bestimmt.

(2) Die §§ 3, 6 und 7 sind nicht anzuwenden.

§ 34a Erbringung der Leistungen für Bildung und Teilhabe

(1) $_{1}$Leistungen zur Deckung der Bedarfe nach § 34 Absatz 2 und 4 bis 7 werden auf Antrag erbracht; gesonderte Anträge sind nur für Leistungen nach § 34 Absatz 5 erforderlich. $_{2}$Einer nachfragenden Person werden, auch wenn keine Regelsätze zu gewähren sind, für Bedarfe nach § 34 Leistungen erbracht, wenn sie diese nicht aus eigenen Kräften und Mitteln vollständig decken kann. $_{3}$Die Leistungen zur Deckung der Bedarfe nach § 34 Absatz 7 bleiben bei der Erbringung von Leistungen nach Teil 2 des Neunten Buches unberücksichtigt.

(2) $_{1}$Leistungen zur Deckung der Bedarfe nach § 34 Absatz 2 und 5 bis 7 werden erbracht durch

1. Sach- und Dienstleistungen, insbesondere in Form von personalisierten Gutscheinen,
2. Direktzahlungen an Anbieter von Leistungen zur Deckung dieser Bedarfe (Anbieter) oder
3. Geldleistungen.

$_{2}$Die zuständigen Träger der Sozialhilfe bestimmen, in welcher Form sie die Leistungen erbringen. $_{3}$Die Leistungen zur Deckung der Bedarfe nach § 34 Absatz 3 und 4 werden jeweils durch Geldleistungen erbracht. $_{4}$Die zuständigen Träger der Sozialhilfe können mit Anbietern pauschal abrechnen.

(3) $_{1}$Werden die Bedarfe durch Gutscheine gedeckt, gelten die Leistungen mit Ausgabe des jeweiligen Gutscheins als erbracht. $_{2}$Die zuständigen Träger der Sozialhilfe gewährleisten, dass Gutscheine bei geeigneten vorhandenen Anbietern oder zur Wahrnehmung ihrer eigenen Angebote eingelöst werden können. $_{3}$Gutscheine können für den gesamten Bewilligungszeitraum im Voraus ausgegeben werden. $_{4}$Die Gültigkeit von Gutscheinen ist angemessen zu befristen. $_{5}$Im Fall des Verlustes soll ein Gutschein erneut in dem Umfang ausgestellt werden, in dem er noch nicht in Anspruch genommen wurde.

(4) $_{1}$Werden die Bedarfe durch Direktzahlungen an Anbieter gedeckt, gelten die Leistungen mit der Zahlung als erbracht. $_{2}$Eine Direktzahlung ist für den gesamten Bewilligungszeitraum im Voraus möglich.

(5) Werden die Leistungen für Bedarfe nach § 34 Absatz 2 und 5 bis 7 durch Geldleistungen erbracht, erfolgt dies

1. monatlich in Höhe der im Bewilligungszeitraum bestehenden Bedarfe oder
2. nachträglich durch Erstattung verauslagter Beträge.

(6) 1Im Einzelfall kann der zuständige Träger der Sozialhilfe einen Nachweis über eine zweckentsprechende Verwendung der Leistung verlangen. 2Soweit der Nachweis nicht geführt wird, soll die Bewilligungsentscheidung widerrufen werden.

(7) Abweichend von den Absätzen 2 bis 5 können Leistungen nach § 34 Absatz 2 Satz 1 Nummer 1 gesammelt für Schülerinnen und Schüler an eine Schule ausgezahlt werden, wenn die Schule

1. dies bei dem zuständigen Träger der Sozialhilfe beantragt,
2. die Leistungen für die leistungsberechtigten Schülerinnen und Schüler verauslagt und
3. sich die Leistungsberechtigung von den Leistungsberechtigten nachweisen lässt.

Der zuständige Träger der Sozialhilfe kann mit der Schule vereinbaren, dass monatliche oder schulhalbjährliche Abschlagszahlungen geleistet werden.

§ 34b Berechtigte Selbsthilfe

1Geht die leistungsberechtigte Person durch Zahlung an Anbieter in Vorleistung, ist der Träger der Sozialhilfe zur Übernahme der berücksichtigungsfähigen Aufwendungen verpflichtet, soweit

1. unbeschadet des Satzes 2 die Voraussetzungen einer Leistungsgewährung zur Deckung der Bedarfe im Zeitpunkt der Selbsthilfe nach § 34 Absatz 2 und 5 bis 7 vorlagen und
2. zum Zeitpunkt der Selbsthilfe der Zweck der Leistung durch Erbringung als Sach- oder Dienstleistung ohne eigenes Verschulden nicht oder nicht rechtzeitig zu erreichen war.

2War es dem Leistungsberechtigten nicht möglich, rechtzeitig einen Antrag zu stellen, gilt dieser als zum Zeitpunkt der Selbstvornahme gestellt.

Der Beschluss des Bundesverfassungsgericht vom 7. Juli 2020 – 2 BvR 696/12 erklärt die § 34 und § 34a als mit dem Grundgesetz nicht vereinbar (siehe Wortlaut der Entscheidungsformel des Bundesverfassungsgerichts oben in der Anmerkung zu § 34); eine Anwendung darf nur noch bis 31. Dezember 2021 erfolgen. Aus diesem Grund erfolgte mit dem Teilhabestärkungsgesetz eine ab 1. Januar 2022 geltende Änderung der Trägerbestimmung im SGB XII; ab 1. Januar 2021 gilt für die Erbringung der Leistungen für Bildung und Teilhabe der neu eingefügte § 34c SGB XII (Wortlaut siehe oben in der Anmerkung zu § 34). Auf diesen § 34c wird in § 34b Satz 1 hingewiesen (die Wörter „zuständiger Träger der Sozialhilfe" werden durch die Wörter „nach § 34c Absatz 1 zuständigen Träger der Sozialhilfe" ersetzt).

Vierter Abschnitt
Bedarfe für Unterkunft und Heizung

§ 35 Bedarfe für Unterkunft und Heizung

(1) 1Bedarfe für die Unterkunft werden in Höhe der tatsächlichen Aufwendungen anerkannt. 2Bedarfe für die Unterkunft sind auf Antrag der leistungsberechtigten Person durch Direktzahlung an den Vermieter oder andere Empfangsberechtigte zu decken. 3Direktzahlungen an den Vermieter oder andere Empfangsberechtigte sollen erfolgen, wenn die zweckentsprechende Verwendung durch die leistungsberechtigte Person nicht sichergestellt ist. 4Das ist insbesondere der Fall, wenn

1. Mietrückstände bestehen, die zu einer außerordentlichen Kündigung des Mietverhältnisses berechtigen,
2. Energiekostenrückstände bestehen, die zu einer Unterbrechung der Energieversorgung berechtigen,
3. konkrete Anhaltspunkte für ein krankheits- oder suchtbedingtes Unvermögen der leistungsberechtigten Person bestehen, die Mittel zweckentsprechend zu verwenden, oder
4. konkrete Anhaltspunkte dafür bestehen, dass die im Schuldnerverzeichnis eingetragene leistungsberechtigte Person die Mittel nicht zweckentsprechend verwendet.

5Werden die Bedarfe für die Unterkunft und Heizung durch Direktzahlung an den Vermieter oder andere Empfangsberechtigte gedeckt, hat der Träger der Sozialhilfe die leistungsberechtigte Person darüber schriftlich zu unterrichten.

(2) 1Übersteigen die Aufwendungen für die Unterkunft den der Besonderheit des Einzelfalles angemessenen Umfang, sind sie insoweit als Bedarf der Personen, deren Einkommen und Vermögen nach § 27 Absatz 2 zu berücksichtigen sind, anzuerkennen. 2Satz 1 gilt so lange, als es diesen Personen nicht möglich oder nicht zuzumuten ist, durch einen Wohnungswechsel, durch Vermieten oder auf andere Weise die Aufwendungen zu senken, in der Regel jedoch längstens für sechs Monate. 3Vor Abschluss eines Vertrages über eine neue Unterkunft haben Leistungsberechtigte den dort zuständigen Träger der Sozialhilfe über die nach den Sätzen 1 und 2 maßgeblichen Umstände in Kenntnis zu setzen. 4Sind die Aufwendungen für die neue Unterkunft unangemessen hoch, ist der Träger der Sozialhilfe nur zur Übernahme angemessener Aufwendungen verpflichtet, es sei denn, er hat den darüber hinausgehenden Aufwendungen vorher zugestimmt. 5Wohnungsbeschaffungskosten, Mietkautionen und Umzugskosten können bei vorheriger Zustimmung übernommen werden; Mietkautionen sollen als Darlehen erbracht werden. 6Eine Zustimmung soll erteilt werden, wenn der Umzug durch den Träger der Sozialhilfe veranlasst wird oder aus anderen Gründen notwendig ist und wenn ohne die Zustimmung eine Unterkunft in einem angemessenen Zeitraum nicht gefunden werden kann.

(3) 1Der Träger der Sozialhilfe kann für seinen Bereich die Bedarfe für die Unterkunft durch eine monatliche Pauschale festsetzen, wenn auf dem örtlichen Wohnungsmarkt hinreichend angemessener freier Wohnraum verfügbar und in Einzelfällen die Pauschalierung nicht unzumutbar ist. 2Bei der Bemessung der Pauschale sind die tatsächlichen Gegebenheiten des örtlichen Wohnungsmarkts, der örtliche Mietspiegel sowie die familiären Verhältnisse der Leistungsberechtigten zu berücksichtigen. 3Absatz 2 Satz 1 gilt entsprechend.

(4) 1Bedarfe für Heizung und zentrale Warmwasserversorgung werden in tatsächlicher Höhe anerkannt, soweit sie angemessen sind. 2Die Bedarfe können durch eine monatliche Pauschale festgesetzt werden. 3Bei der Bemessung der Pauschale sind die persönlichen und familiären Verhältnisse, die Größe und Beschaffenheit der Wohnung, die vorhandenen Heizmöglichkeiten und die örtlichen Gegebenheiten zu berücksichtigen.

(5) 1Leben Leistungsberechtigte in einer Unterkunft nach § 42a Absatz 2 Satz 1 Nummer 2 und Satz 3, sind Aufwendungen für Unterkunft und Heizung nach § 42a Absatz 5 und 6 anzuerkennen. 2Leben Leistungsberechtigte in einer sonstigen Unterkunft nach § 42a Absatz 2 Satz 1 Nummer 3 sind Aufwendungen für Unterkunft und Heizung nach § 42a Absatz 7 anzuerkennen.

§ 35a Satzung

1Hat ein Kreis oder eine kreisfreie Stadt eine Satzung nach den §§ 22a bis 22c des Zweiten Buches erlassen, so gilt sie für die Höhe der anzuerkennenden Bedarfe für die Unterkunft nach § 35 Absatz 1 und 2 des zuständigen Trägers der Sozialhilfe entsprechend, sofern darin nach § 22b Absatz 3 des Zweiten Buches Sonderregelungen für Personen mit einem besonderen Bedarf für Unterkunft und Heizung getroffen werden und dabei zusätzlich auch die Bedarfe älterer Menschen berücksichtigt werden. 2Dies gilt auch für die Höhe der anzuerkennenden Bedarfe für Heizung nach § 35 Absatz 4, soweit die Satzung Bestimmungen nach § 22b Absatz 1 Satz 2 und 3 des Zweiten Buches enthält. 3In Fällen der Sätze 1 und 2 ist § 35 Absatz 3 und 4 Satz 2 und 3 nicht anzuwenden.

§ 36 Sonstige Hilfen zur Sicherung der Unterkunft

(1) 1Schulden können nur übernommen werden, wenn dies zur Sicherung der Unterkunft oder zur Behebung einer vergleichbaren Notlage gerechtfertigt ist. 2Sie sollen übernommen werden, wenn dies gerechtfertigt und

notwendig ist und sonst Wohnungslosigkeit einzutreten droht. 3Geldleistungen können als Beihilfe oder als Darlehen erbracht werden.

(2) 1Geht bei einem Gericht eine Klage auf Räumung von Wohnraum im Falle der Kündigung des Mietverhältnisses nach § 543 Absatz 1, 2 Satz 1 Nummer 3 in Verbindung mit § 569 Absatz 3 des Bürgerlichen Gesetzbuchs ein, teilt das Gericht dem zuständigen örtlichen Träger der Sozialhilfe oder der Stelle, die von ihm zur Wahrnehmung der in Absatz 1 bestimmten Aufgaben beauftragt wurde, unverzüglich Folgendes mit:

1. den Tag des Eingangs der Klage,
2. die Namen und die Anschriften der Parteien,
3. die Höhe der monatlich zu entrichtenden Miete,
4. die Höhe des geltend gemachten Mietrückstandes und der geltend gemachten Entschädigung sowie
5. den Termin zur mündlichen Verhandlung, sofern dieser bereits bestimmt ist.

2Außerdem kann der Tag der Rechtshängigkeit mitgeteilt werden. 3Die Übermittlung unterbleibt, wenn die Nichtzahlung der Miete nach dem Inhalt der Klageschrift offensichtlich nicht auf Zahlungsunfähigkeit des Mieters beruht. 4Die übermittelten Daten dürfen auch für entsprechende Zwecke der Kriegsopferfürsorge nach dem Bundesversorgungsgesetz gespeichert, verändert, genutzt, übermittelt und in der Verarbeitung eingeschränkt werden.

Fünfter Abschnitt
Gewährung von Darlehen

§ 37 Ergänzende Darlehen

(1) Kann im Einzelfall ein von den Regelbedarfen umfasster und nach den Umständen unabweisbar gebotener Bedarf auf keine andere Weise gedeckt werden, sollen auf Antrag hierfür notwendige Leistungen als Darlehen erbracht werden.

(2) 1Der Träger der Sozialhilfe übernimmt für Leistungsberechtigte, die einen Barbetrag nach § 27b Absatz 3 Satz 2 Nummer 1 erhalten, die jeweils von ihnen bis zur Belastungsgrenze (§ 62 des Fünften Buches) zu leistenden Zuzahlungen in Form eines ergänzenden Darlehens, sofern der Leistungsberechtigte nicht widerspricht. 2Die Auszahlung der für das gesamte Kalenderjahr zu leistenden Zuzahlungen erfolgt unmittelbar an die zuständige Krankenkasse zum 1. Januar oder bei Aufnahme in eine stationäre Einrichtung. 3Der Träger der Sozialhilfe teilt der zuständigen Krankenkasse spätestens bis zum 1. November des Vorjahres die Leistungsberechtigten nach § 27b Absatz 3 Satz 2 Nummer 1 mit, soweit diese der Darlehensgewährung nach Satz 1 für das laufende oder ein vorangegangenes Kalenderjahr nicht widersprochen haben.

(3) In den Fällen des Absatzes 2 Satz 3 erteilt die Krankenkasse über den Träger der Sozialhilfe die in § 62 Absatz 1 Satz 1 des Fünften Buches genannte Bescheinigung jeweils bis zum 1. Januar oder bei Aufnahme in eine stationäre Einrichtung und teilt dem Träger der Sozialhilfe die Höhe der der leistungsberechtigten Person zu leistenden Zuzahlungen mit; Veränderungen im Laufe eines Kalenderjahres sind unverzüglich mitzuteilen.

(4) 1Für die Rückzahlung von Darlehen nach Absatz 1 können von den monatlichen Regelsätzen Teilbeträge bis zur Höhe von jeweils 5 vom Hundert der Regelbedarfsstufe 1 nach der Anlage zu § 28 einbehalten werden. 2Die Rückzahlung von Darlehen nach Absatz 2 erfolgt in gleichen Teilbeträgen über das ganze Kalenderjahr.

§ 37a Darlehen bei am Monatsende fälligen Einkünften

(1) 1Kann eine leistungsberechtigte Person in dem Monat, in dem ihr erstmals eine Rente zufließt, bis zum voraussichtlichen Zufluss der Rente ihren notwendigen Lebensunterhalt nicht vollständig aus eigenen Mitteln bestreiten, ist ihr insoweit auf Antrag ein Darlehen zu gewähren. 2Satz 1 gilt entsprechend für Einkünfte und Sozialleistungen, die am Monatsende fällig werden.

V

(2) 1Das Darlehen ist in monatlichen Raten in Höhe von 5 Prozent der Regelbedarfsstufe 1 nach der Anlage zu § 28 zu tilgen; insgesamt ist jedoch höchstens ein Betrag in Höhe von 50 Prozent der Regelbedarfsstufe 1 nach der Anlage zu § 28 zurückzuzahlen. 2Beträgt der monatliche Leistungsanspruch der leistungsberechtigten Person weniger als 5 Prozent der Regelbedarfsstufe 1 nach der Anlage zu § 28 wird die monatliche Rate nach Satz 1 in Höhe des Leistungsanspruchs festgesetzt.

(3) 1Die Rückzahlung nach Absatz 2 beginnt mit Ablauf des Kalendermonats, der auf die Auszahlung des Darlehens folgt. 2Die Rückzahlung des Darlehens erfolgt während des Leistungsbezugs durch Aufrechnung nach § 44b.

V

§ 38 Darlehen bei vorübergehender Notlage

1Sind Leistungen nach § 27a Absatz 3 und 4, der Barbetrag nach § 27b Absatz 2 sowie nach den §§ 30, 32, 33 und 35 voraussichtlich nur für kurze Dauer zu erbringen, können Geldleistungen als Darlehen gewährt werden. 2Darlehen an Mitglieder von Haushaltsgemeinschaften im Sinne des § 27 Absatz 2 Satz 2 und 3 können an einzelne Mitglieder oder an mehrere gemeinsam vergeben werden.

Sechster Abschnitt Einschränkung von Leistungsberechtigung und -umfang

§ 39 Vermutung der Bedarfsdeckung

1Lebt eine nachfragende Person gemeinsam mit anderen Personen in einer Wohnung oder in einer entsprechenden anderen Unterkunft, so wird vermutet, dass sie gemeinsam wirtschaften (Haushaltsgemeinschaft) und dass die nachfragende Person von den anderen Personen Leistungen zum Lebensunterhalt erhält, soweit dies nach deren Einkommen und Vermögen erwartet werden kann. 2Soweit nicht gemeinsam gewirtschaftet wird oder die nachfragende Person von den Mitgliedern der Haushaltsgemeinschaft keine ausreichenden Leistungen zum Lebensunterhalt erhält, ist ihr Hilfe zum Lebensunterhalt zu gewähren. 3Satz 1 gilt nicht

1. für Schwangere oder Personen, die ihr leibliches Kind bis zur Vollendung seines sechsten Lebensjahres betreuen und mit ihren Eltern oder einem Elternteil zusammenleben, oder
2. für Personen, die in der Eingliederungshilfe leistungsberechtigt im Sinne des § 99 Absatz 1 bis 3 des Neunten Buches sind oder im Sinne des § 61a pflegebedürftig sind und von in Satz 1 genannten Personen betreut werden; dies gilt auch, wenn die genannten Voraussetzungen einzutreten drohen und das gemeinsame Wohnen im Wesentlichen zum Zweck der Sicherstellung der Hilfe und Versorgung erfolgt.

§ 39a Einschränkung der Leistung

(1) 1Lehnen Leistungsberechtigte entgegen ihrer Verpflichtung die Aufnahme einer Tätigkeit oder die Teilnahme an einer erforderlichen Vorbereitung ab, vermindert sich die maßgebende Regelbedarfsstufe in einer ersten Stufe um bis zu 25 vom Hundert, bei wiederholter Ablehnung in weiteren Stufen um jeweils bis zu 25 vom Hundert. 2Die Leistungsberechtigten sind vorher entsprechend zu belehren.

(2) § 26 Abs. 1 Satz 2 findet Anwendung.

Siebter Abschnitt Verordnungsermächtigung

§ 40 Verordnungsermächtigung

1Das Bundesministerium für Arbeit und Soziales hat im Einvernehmen mit dem Bundesministerium der Finanzen durch Rechtsverordnung mit Zustimmung des Bundesrates

1. den für die Fortschreibung der Regelbedarfsstufen nach § 28a und für die Fortschreibung des Teilbetrags nach § 34 Absatz 3a Satz 1 maßgeblichen Prozentsatz zu bestimmen und
2. die Anlagen zu den §§ 28 und 34 um die sich durch die Fortschreibung nach Nummer 1 zum 1. Januar eines Jahres ergebenden Regelbedarfsstufen sowie um die

sich aus der Fortschreibung nach § 34 Absatz 3a Satz 1 und 2 ergebenden Teilbeträge zu ergänzen.

$_2$Der Vomhundertsatz nach Satz 1 Nummer 1 ist auf zwei Dezimalstellen zu berechnen; die zweite Dezimalstelle ist um eins zu erhöhen, wenn sich in der dritten Dezimalstelle eine der Ziffern von 5 bis 9 ergibt. $_3$Die Bestimmungen nach Satz 1 erfolgen bis spätestens zum Ablauf des 31. Oktober des jeweiligen Jahres.

Viertes Kapitel Grundsicherung im Alter und bei Erwerbsminderung

Erster Abschnitt Grundsätze

§ 41 Leistungsberechtigte

(1) Leistungsberechtigt nach diesem Kapitel sind Personen mit gewöhnlichem Aufenthalt im Inland, die ihren notwendigen Lebensunterhalt nicht oder nicht ausreichend aus Einkommen und Vermögen nach § 43 bestreiten können, wenn sie die Voraussetzungen nach Absatz 2, 3 oder 3a erfüllen.

(2) $_1$Leistungsberechtigt sind Personen nach Absatz 1 wegen Alters, wenn sie die Altersgrenze erreicht haben. $_2$Personen, die vor dem 1. Januar 1947 geboren sind, erreichen die Altersgrenze mit Vollendung des 65. Lebensjahres. $_3$Für Personen, die nach dem 31. Dezember 1946 geboren sind, wird die Altersgrenze wie folgt angehoben:

für den Geburtsjahrgang	erfolgt eine Anhebung um Monate	auf Vollendung eines Lebensalters von
1947	1	65 Jahren und 1 Monat
1948	2	65 Jahren und 2 Monaten
1949	3	65 Jahren und 3 Monaten
1950	4	65 Jahren und 4 Monaten
1951	5	65 Jahren und 5 Monaten
1952	6	65 Jahren und 6 Monaten
1953	7	65 Jahren und 7 Monaten
1954	8	65 Jahren und 8 Monaten
1955	9	65 Jahren und 9 Monaten
1956	10	65 Jahren und 10 Monaten
1957	11	65 Jahren und 11 Monaten
1958	12	66 Jahren
1959	14	66 Jahren und 2 Monaten
1960	16	66 Jahren und 4 Monaten
1961	18	66 Jahren und 6 Monaten
1962	20	66 Jahren und 8 Monaten
1963	22	66 Jahren und 10 Monaten
ab 1964	24	67 Jahren.

(3) Leistungsberechtigt sind Personen nach Absatz 1 wegen einer dauerhaften vollen Erwerbsminderung, wenn sie das 18. Lebensjahr vollendet haben, unabhängig von der jeweiligen Arbeitsmarktlage voll erwerbsgemindert im Sinne des § 43 Absatz 2 des Sechsten Buches sind und bei denen unwahrscheinlich ist, dass die volle Erwerbsminderung behoben werden kann.

(3a) Leistungsberechtigt sind Personen nach Absatz 1, die das 18. Lebensjahr vollendet haben, für den Zeitraum, in dem sie

1. in einer Werkstatt für behinderte Menschen (§ 57 des Neunten Buches) oder bei einem anderen Leistungsanbieter (§ 60 des Neunten Buches) das Eingangsverfahren und den Berufsbildungsbereich durchlaufen oder
2. in einem Ausbildungsverhältnis stehen, für das sie ein Budget für Ausbildung (§ 61a des Neunten Buches) erhalten.

(4) Keinen Anspruch auf Leistungen nach diesem Kapitel hat, wer in den letzten zehn Jahren die Hilfebedürftigkeit vorsätzlich oder grob fahrlässig herbeigeführt hat.

§ 41a Vorübergehender Auslandsaufenthalt

Leistungsberechtigte, die sich länger als vier Wochen ununterbrochen im Ausland aufhalten, erhalten nach Ablauf der vierten Woche bis zu ihrer nachgewiesenen Rückkehr ins Inland keine Leistungen.

§ 42 Bedarfe

Die Bedarfe nach diesem Kapitel umfassen:

1. die Regelsätze nach den Regelbedarfsstufen der Anlage zu § 28; § 27a Absatz 3 und Absatz 4 ist anzuwenden; § 29 Absatz 1 Satz 1 letzter Halbsatz und Absatz 2 bis 5 ist nicht anzuwenden,
2. die zusätzlichen Bedarfe nach dem Zweiten Abschnitt des Dritten Kapitels sowie Bedarfe nach § 42b,
3. die Bedarfe für Bildung und Teilhabe nach dem Dritten Abschnitt des Dritten Kapitels, ausgenommen die Bedarfe nach § 34 Absatz 7,
4. Bedarfe für Unterkunft und Heizung
   a) bei Leistungsberechtigten außerhalb von Einrichtungen nach § 42a,
   b) bei Leistungsberechtigten, deren notwendiger Lebensunterhalt sich nach § 27b Absatz 1 Nummer 2 oder nach § 27c Absatz 1 Nummer 2 ergibt, in Höhe der durchschnittlichen angemessenen tatsächlichen Aufwendungen für die Warmmiete eines Einpersonenhaushalts im Bereich des nach § 46b zuständigen Trägers,
5. ergänzende Darlehen nach § 37 Absatz 1 und Darlehen bei am Monatsende fälligen Einkommen nach § 37a.

Ab 1. Januar 2022 lautet Ziffer 4b wie folgt (Änderung durch Teilhabestärkungsgesetz):

4. Bedarfe für Unterkunft und Heizung
   a) …,
   b) bei Leistungsberechtigten, deren notwendiger Lebensunterhalt sich nach § 27b Absatz 1 Satz 2 oder nach § 27c Absatz 1 Nummer 2 ergibt, in Höhe der nach § 45a ermittelten durchschnittlichen Warmmiete von Einpersonenhaushalten,

§ 42a Bedarfe für Unterkunft und Heizung

(1) Für Leistungsberechtigte sind angemessene Bedarfe für Unterkunft und Heizung nach dem Vierten Abschnitt des Dritten Kapitels sowie nach § 42 Nummer 4 Buchstabe b anzuerkennen, soweit in den folgenden Absätzen nichts Abweichendes geregelt ist.

(2) $_1$Für die Anerkennung von Bedarfen für Unterkunft und Heizung bei

1. Leistungsberechtigten, die in einer Wohnung nach Satz 2 leben, gelten die Absätze 3 und 4,
2. Leistungsberechtigten, die nicht in einer Wohnung nach Nummer 1 leben, weil ihnen zur Erbringung von Leistungen nach Teil 2 des Neunten Buches allein oder zu zweit ein persönlicher Wohnraum und zusätzliche Räumlichkeiten zur gemeinschaftlichen Nutzung nach Satz 3 zu Wohnzwecken überlassen werden, gelten die Absätze 5 und 6,
3. Leistungsberechtigten, die weder in einer Wohnung nach Nummer 1 noch in einem persönlichen Wohnraum und zusätzlichen Räumlichkeiten nach Nummer 2 untergebracht sind und für die § 42 Nummer 4 Buchstabe b nicht anzuwenden ist, gilt Absatz 7.

$_2$Wohnung ist die Zusammenfassung mehrerer Räume, die von anderen Wohnungen oder Wohnräumen baulich getrennt sind und die in ihrer Gesamtheit alle für die Führung eines Haushalts notwendigen Einrichtungen, Ausstattungen und Räumlichkeiten umfassen. $_3$Persönlicher Wohnraum ist ein Wohnraum, der Leistungsberechtigten allein oder zu zweit zur alleinigen Nutzung überlassen wird, und zusätzliche Räumlichkeiten sind Räume, die Leistungsberechtigten zusammen mit weiteren Personen zur gemeinschaftlichen Nutzung überlassen werden.

(3) $_1$Lebt eine leistungsberechtigte Person

1. zusammen mit mindestens einem Elternteil, mit mindestens einem volljährigen Geschwisterkind oder einem volljährigen Kind in einer Wohnung im Sinne von Absatz 2 Satz 2 und sind diese Mieter oder Eigentümer der gesamten Wohnung (Mehrpersonenhaushalt) und
2. ist sie nicht vertraglich zur Tragung von Unterkunftskosten verpflichtet,

sind ihr Bedarfe für Unterkunft und Heizung nach den Sätzen 2 bis 5 anzuerkennen. ₂Als Bedarf sind leistungsberechtigten Personen nach Satz 1 diejenigen Aufwendungen für Unterkunft als Bedarf anzuerkennen, die sich aus der Differenz der angemessenen Aufwendungen für den Mehrpersonenhaushalt entsprechend der Anzahl der dort wohnenden Personen ergeben und für einen Haushalt mit einer um eins verringerten Personenzahl. ₃Für die als Bedarf zu berücksichtigenden angemessenen Aufwendungen für Heizung ist der Anteil an den tatsächlichen Gesamtaufwendungen für die Heizung der Wohnung zu berücksichtigen, der sich für die Aufwendungen für die Unterkunft nach Satz 2 ergibt. ₄Abweichend von § 35 kommt es auf die nachweisbare Tragung von tatsächlichen Aufwendungen für Unterkunft und Heizung nicht an. ₅Die Sätze 2 und 3 gelten nicht, wenn die mit der leistungsberechtigten Person zusammenlebenden Personen darlegen, dass sie ihren Lebensunterhalt einschließlich der ungedeckten angemessenen Aufwendungen für Unterkunft und Heizung aus eigenen Mitteln nicht decken können; in diesen Fällen findet Absatz 4 Satz 1 Anwendung.

(4) ₁Lebt eine leistungsberechtigte Person zusammen mit anderen Personen in einer Wohnung im Sinne von Absatz 2 Satz 2 (Wohngemeinschaft) oder lebt die leistungsberechtigte Person zusammen mit in Absatz 3 Satz 1 Nummer 1 genannten Personen und ist sie vertraglich zur Tragung von Unterkunftskosten verpflichtet, sind die von ihr zu tragenden Aufwendungen für Unterkunft und Heizung bis zu dem Betrag als Bedarf anzuerkennen, der ihrem nach der Zahl der Bewohner zu bemessenden Anteil an den Aufwendungen für Unterkunft und Heizung entspricht, die für einen entsprechenden Mehrpersonenhaushalt als angemessen gelten. ₂Satz 1 gilt nicht, wenn die leistungsberechtigte Person auf Grund einer mietvertraglichen Vereinbarung nur für konkret bestimmte Anteile des Mietzinses zur Zahlung verpflichtet ist; in diesem Fall sind die tatsächlichen Aufwendungen für Unterkunft und Heizung bis zu dem Betrag als Bedarf anzuerkennen, der für einen Einpersonenhaushalt angemessen ist, soweit der von der leistungsberechtigten Person zu zahlende Mietzins zur gesamten Wohnungsmiete in einem angemessenen Verhältnis steht. ₃Übersteigen die tatsächlichen Aufwendungen der leistungsberechtigten Person die nach den Sätzen 1 und 2 angemessenen Aufwendungen für Unterkunft und Heizung, gilt § 35 Absatz 2 entsprechend.

V

(5) ₁Für leistungsberechtigte Personen, die in Räumlichkeiten nach Absatz 2 Satz 1 Nummer 2 leben, werden die tatsächlichen Aufwendungen für die Unterkunft, soweit sie angemessen sind, als Bedarf berücksichtigt für

1. den persönlichen Wohnraum in voller Höhe, wenn er allein bewohnt wird, und jeweils hälftig, wenn er von zwei Personen bewohnt wird,
2. einen Zuschlag für den persönlichen Wohnraum, der vollständig oder teilweise möbliert zur Nutzung überlassen wird, in der sich daraus ergebenden Höhe,
3. die Räumlichkeiten, die vorrangig zur gemeinschaftlichen Nutzung der leistungsberechtigten Person und anderer Bewohner bestimmt sind (Gemeinschaftsräume), mit einem Anteil, der sich aus der Anzahl der vorgesehenen Nutzer bei gleicher Aufteilung ergibt.

₂Für die tatsächlichen Aufwendungen für die Heizung werden die auf den persönlichen Wohnraum und die auf die Gemeinschaftsräume entfallenden Anteile als Bedarf anerkannt, soweit sie angemessen sind. ₃Tatsächliche Aufwendungen für Unterkunft und Heizung nach den Sätzen 1 und 2 gelten als angemessen, wenn sie die Höhe der durchschnittlichen angemessenen tatsächlichen Aufwendungen für die Warmmiete von Einpersonenhaushalten nach § 45a nicht überschreiten. ₄Überschreiten die tatsächlichen Aufwendungen die Angemessenheitsgrenze nach Satz 3, sind um bis zu 25 Prozent höhere als die angemessenen Aufwendungen anzuerkennen, wenn die leistungsberechtigte Person die höheren Aufwendungen durch einen Vertrag mit gesondert ausgewiesenen zusätzlichen Kosten nachweist für

1. Zuschläge nach Satz 1 Nummer 2,
2. Wohn- und Wohnnebenkosten, sofern diese Kosten im Verhältnis zu vergleichbaren Wohnformen angemessen sind,
3. Haushaltsstrom, Instandhaltung des persönlichen Wohnraums und der Räumlichkeiten zur gemeinschaftlichen Nutzung sowie die Ausstattung mit Haushaltsgroßgeräten oder
4. Gebühren für Telekommunikation sowie Gebühren für den Zugang zu Rundfunk, Fernsehen und Internet.

₅Die zusätzlichen Aufwendungen nach Satz 4 Nummer 2 bis 4 sind nach der Anzahl der in einer baulichen Einheit lebenden Personen zu gleichen Teilen aufzuteilen.

(6) ₁Übersteigen die Aufwendungen für die Unterkunft nach Absatz 4 den der Besonderheit des Einzelfalles angemessenen Umfang und hat der für die Ausführung des Gesetzes nach diesem Kapitel zuständige Träger Anhaltspunkte dafür, dass ein anderer Leistungsträger diese Aufwendungen ganz oder teilweise zu übernehmen verpflichtet ist, wirkt er auf eine sachdienliche Antragstellung bei diesem Leistungsträger hin. ₂Übersteigen die tatsächlichen Aufwendungen die Angemessenheitsgrenze nach Absatz 5 Satz 3 um mehr als 25 Prozent, umfassen die Leistungen nach Teil 2 des Neunten Buches auch diese Aufwendungen.

(7) ₁Lebt eine leistungsberechtigte Person in einer sonstigen Unterkunft nach Absatz 2 Satz 1 Nummer 3 allein, so sind höchstens die durchschnittlichen angemessenen tatsächlichen Aufwendungen für die Warmmiete eines Einpersonenhaushaltes im örtlichen Zuständigkeitsbereich des für die Ausführung des Gesetzes nach diesem Kapitel zuständigen Trägers als Bedarf anzuerkennen. ₂Lebt die leistungsberechtigte Person zusammen mit anderen Bewohnern in einer sonstigen Unterkunft, so sind höchstens die angemessenen tatsächlichen Aufwendungen als Bedarf anzuerkennen, die die leistungsberechtigte Person nach der Zahl der Bewohner anteilig an einem entsprechenden Mehrpersonenhaushalt zu tragen hätte. ₃Höhere als die sich nach Satz 1 oder 2 ergebenden Aufwendungen können im Einzelfall als Bedarf anerkannt werden, wenn

1. eine leistungsberechtigte Person voraussichtlich innerhalb von sechs Monaten ab der erstmaligen Anerkennung von Bedarfen nach Satz 1 oder Satz 2 in einer angemessenen Wohnung untergebracht werden kann oder, sofern dies als nicht möglich erscheint, voraussichtlich auch keine hinsichtlich Ausstattung und Größe sowie Höhe der Aufwendungen angemessene Unterbringung in einer sonstigen Unterkunft verfügbar ist oder
2. die Aufwendungen zusätzliche haushaltsbezogene Aufwendungen beinhalten, die ansonsten über die Regelbedarfe abzudecken wären.

§ 42b Mehrbedarfe

(1) Für Bedarfe, die nicht durch den Regelsatz abgedeckt sind, werden ergänzend zu den Mehrbedarfen nach § 30 die Mehrbedarfe nach den Absätzen 2 bis 4 anerkannt.

(2) ₁Für die Mehraufwendungen bei gemeinschaftlicher Mittagsverpflegung wird ein Mehrbedarf anerkannt

1. in einer Werkstatt für behinderte Menschen nach § 56 des Neunten Buches,
2. bei einem anderen Leistungsanbieter nach § 60 des Neunten Buches oder
3. im Rahmen vergleichbarer anderer tagesstrukturierender Angebote.

₂Dies gilt unter der Voraussetzung, dass die Mittagsverpflegung in Verantwortung eines Leistungsanbieters nach Satz 1 Nummer 1 bis 3 angeboten wird oder durch einen Kooperationsvertrag zwischen diesem und dem für die gemeinschaftliche Mittagsverpflegung an einem anderen Ort Verantwortlichen vereinbart ist. 3Die Mehraufwendungen je Arbeitstag sind ein Dreißigstel des Betrags, der sich nach § 2 Absatz 1 Satz 2 der Sozialversicherungsentgeltverordnung in der jeweiligen Fassung ergibt.

(3) 1Für Leistungsberechtigte mit Behinderungen, denen Hilfen zur Schulbildung oder Hilfen zur schulischen oder hochschulischen Ausbildung nach § 112 Absatz 1 Satz 1 Nummer 1 und 2 des Neunten Buches geleistet werden, wird ein Mehrbedarf von 35 Prozent der maßgebenden Regelbedarfsstufe anerkannt. 2In besonderen Einzelfällen ist der Mehrbedarf nach Satz 1 über die Beendigung der dort genannten Leistungen hinaus während einer angemessenen Einarbeitungszeit von bis zu drei Monaten anzuerkennen. In den Fällen des Satzes 1 oder des Satzes 2 ist § 30 Absatz 1 Nummer 2 nicht anzuwenden.

(4) Die Summe des nach Absatz 3 und § 30 Absatz 1 bis 5 insgesamt anzuerkennenden Mehrbedarfs darf die Höhe der maßgebenden Regelbedarfsstufe nicht übersteigen.

§ 43 Einsatz von Einkommen und Vermögen

(1) 1Für den Einsatz des Einkommens sind die §§ 82 bis 84 und für den Einsatz des Vermögens die §§ 90 und 91 anzuwenden, soweit in den folgenden Absätzen nichts Abweichendes geregelt ist. 2Einkommen und Vermögen des nicht getrennt lebenden Ehegatten oder Lebenspartners sowie des Partners einer eheähnlichen oder lebenspartnerschaftsähnlichen Gemeinschaft, die dessen notwendigen Lebensunterhalt nach § 27a übersteigen, sind zu berücksichtigen.

(2) Zusätzlich zu den nach § 82 Absatz 2 vom Einkommen abzusetzenden Beträgen sind Einnahmen aus Kapitalvermögen abzusetzen, soweit sie einen Betrag von 26 Euro im Kalenderjahr nicht übersteigen.

(3) 1Die Verletztenrente nach dem Siebten Buch ist teilweise nicht als Einkommen zu berücksichtigen, wenn sie auf Grund eines in Ausübung der Wehrpflicht bei der Nationalen Volksarmee der ehemaligen Deutschen Demokratischen Republik erlittenen Gesundheitsschadens erbracht wird. 2Dabei bestimmt sich die Höhe des nicht zu berücksichtigenden Betrages nach der Höhe der Grundrente nach § 31 des Bundesversorgungsgesetzes, die für den Grad der Schädigungsfolgen zu zahlen ist, der der jeweiligen Minderung der Erwerbsfähigkeit entspricht. 3Bei einer Minderung der Erwerbsfähigkeit um 20 Prozent beträgt der nicht zu berücksichtigende Betrag zwei Drittel, bei einer Minderung der Erwerbsfähigkeit um 10 Prozent ein Drittel der Mindestgrundrente nach dem Bundesversorgungsgesetz.

(4) Erhalten Leistungsberechtigte nach dem Dritten Kapitel in einem Land nach § 29 Absatz 1 letzter Halbsatz und Absatz 2 bis 5 festgesetzte und fortgeschriebene Regelsätze und sieht das Landesrecht in diesem Land für Leistungsberechtigte nach diesem Kapitel eine aufstockende Leistung vor, dann ist diese Leistung nicht als Einkommen nach § 82 Absatz 1 zu berücksichtigen.

(5) § 39 Satz 1 ist nicht anzuwenden.

Zweiter Abschnitt
Verfahrensbestimmungen

§ 43a Gesamtbedarf, Zahlungsanspruch und Direktzahlung

(1) Der monatliche Gesamtbedarf ergibt sich aus der Summe der nach § 42 Nummer 1 bis 4 anzuerkennenden monatlichen Bedarfe.

(2) Die Höhe der monatlichen Geldleistung im Einzelfall (monatlicher Zahlungsanspruch) ergibt sich aus dem Gesamtbedarf nach Absatz 1 zuzüglich Nachzahlungen und abzüglich des nach § 43 Absatz 1 bis 4 einzusetzenden Einkommens und Vermögens sowie abzüglich von Aufrechnungen und Verrechnungen nach § 44b.

(3) 1Sehen Vorschriften des Dritten Kapitels vor, dass Bedarfe, die in den Gesamtbedarf eingehen, durch Zahlungen des zuständigen Trägers an Empfangsberechtigte gedeckt werden können oder zu decken sind (Direkt-

V

zahlung), erfolgt die Zahlung durch den für die Ausführung des Gesetzes nach diesem Kapitel zuständigen Träger, und zwar bis zur Höhe des jeweils anerkannten Bedarfs, höchstens aber bis zu der sich nach Absatz 2 ergebenden Höhe des monatlichen Zahlungsanspruchs; die §§ 34a und 34b bleiben unberührt. 2Satz 1 gilt entsprechend, wenn Leistungsberechtigte eine Direktzahlung wünschen. 3Erfolgt eine Direktzahlung, hat der für die Ausführung des Gesetzes nach diesem Kapitel zuständige Träger die leistungsberechtigte Person darüber schriftlich zu informieren.

(4) Der für die Ausführung des Gesetzes nach diesem Kapitel zuständige Träger kann bei Zahlungsrückständen aus Stromlieferverträgen für Haushaltsstrom, die zu einer Unterbrechung der Energielieferung berechtigen, für die laufenden Zahlungsverpflichtungen einer leistungsberechtigten Person eine Direktzahlung entsprechend Absatz 3 Satz 1 vornehmen.

V

§ 44 Antragserfordernis, Erbringung von Geldleistungen, Bewilligungszeitraum

(1) 1Leistungen nach diesem Kapitel werden auf Antrag erbracht. 2Gesondert zu beantragen sind Leistungen zur Deckung von Bedarfen nach § 42 Nummer 2 in Verbindung mit den §§ 31 und 33 sowie zur Deckung der Bedarfe nach § 42 Nummer 3 in Verbindung mit § 34 Absatz 5 und nach § 42 Nummer 5.

(2) 1Ein Antrag nach Absatz 1 wirkt auf den Ersten des Kalendermonats zurück, in dem er gestellt wird, wenn die Voraussetzungen des § 41 innerhalb dieses Kalendermonats erfüllt werden. 2Leistungen zur Deckung von Bedarfen nach § 42 werden vorbehaltlich Absatz 4 Satz 2 nicht für Zeiten vor dem sich nach Satz 1 ergebenden Kalendermonat erbracht.

(3) 1Leistungen zur Deckung von Bedarfen nach § 42 werden in der Regel für einen Bewilligungszeitraum von zwölf Kalendermonaten bewilligt. 2Sofern über den Leistungsanspruch nach § 44a vorläufig entschieden wird, soll der Bewilligungszeitraum nach Satz 1 auf höchstens sechs Monate verkürzt werden. 3Bei einer Bewilligung nach dem Bezug von Arbeitslosengeld II oder Sozialgeld nach dem Zweiten Buch, der mit Erreichen der Altersgrenze nach § 7a des Zweiten Buches endet, beginnt der Bewilligungszeitraum erst mit dem Ersten des Monats, der auf den sich nach § 7a des Zweiten Buches ergebenden Monat folgt.

(4) 1Leistungen zur Deckung von wiederkehrenden Bedarfen nach § 42 Nummer 1, 2 und 4 werden monatlich im Voraus erbracht. 2Für Leistungen zur Deckung der Bedarfe nach § 42 Nummer 3 sind die §§ 34a und 34b anzuwenden.

§ 44a Vorläufige Entscheidung

(1) Über die Erbringung von Geldleistungen ist vorläufig zu entscheiden, wenn die Voraussetzungen des § 41 Absatz 2 und 3 feststehen und

1. zur Feststellung der weiteren Voraussetzungen des Anspruchs auf Geldleistungen voraussichtlich längere Zeit erforderlich ist und die weiteren Voraussetzungen für den Anspruch mit hinreichender Wahrscheinlichkeit vorliegen oder
2. ein Anspruch auf Geldleistungen dem Grunde nach besteht und zur Feststellung seiner Höhe voraussichtlich längere Zeit erforderlich ist.

(2) 1Der Grund der Vorläufigkeit der Entscheidung ist im Verwaltungsakt des ausführenden Trägers anzugeben. 2Eine vorläufige Entscheidung ergeht nicht, wenn die leistungsberechtigte Person die Umstände, die einer sofortigen abschließenden Entscheidung entgegenstehen, zu vertreten hat.

(3) Soweit die Voraussetzungen des § 45 Absatz 1 des Zehnten Buches vorliegen, ist die vorläufige Entscheidung mit Wirkung für die Zukunft zurückzunehmen; § 45 Absatz 2 des Zehnten Buches findet keine Anwendung.

(4) Steht während des Bewilligungszeitraums fest, dass für Monate, für die noch keine vorläufig bewilligten Leistungen erbracht wurden, kein Anspruch bestehen wird und steht die Höhe des Anspruchs für die Monate endgültig fest, für die bereits vorläufig Geldleistungen erbracht worden sind, kann der aus-

führende Träger für den gesamten Bewilligungszeitraum eine abschließende Entscheidung bereits vor dessen Ablauf treffen.

(5) 1Nach Ablauf des Bewilligungszeitraums hat der für die Ausführung des Gesetzes nach diesem Kapitel zuständige Träger abschließend über den monatlichen Leistungsanspruch zu entscheiden, sofern die vorläufig bewilligte Geldleistung nicht der abschließend festzustellenden entspricht. 2Anderenfalls trifft der ausführende Träger nur auf Antrag der leistungsberechtigten Person eine abschließende Entscheidung für den gesamten Bewilligungszeitraum. 3Die leistungsberechtigte Person ist nach Ablauf des Bewilligungszeitraums verpflichtet, die von dem der für die Ausführung des Gesetzes nach diesem Kapitel zuständige Träger zum Erlass einer abschließenden Entscheidung geforderten leistungserheblichen Tatsachen nachzuweisen; die §§ 60, 61, 65 und 65a des Ersten Buches gelten entsprechend. 4Kommt die leistungsberechtigte Person ihrer Nachweispflicht trotz angemessener Fristsetzung und schriftlicher Belehrung über die Rechtsfolgen bis zur abschließenden Entscheidung nicht, nicht vollständig oder nicht fristgemäß nach, setzt der für die Ausführung des Gesetzes nach diesem Kapitel zuständige Träger die zu gewährenden Geldleistungen für diese Kalendermonate nur in der Höhe endgültig fest, soweit der Leistungsanspruch nachgewiesen ist. 5Für die übrigen Kalendermonate wird festgestellt, dass ein Leistungsanspruch nicht bestand.

(6) 1Ergeht innerhalb eines Jahres nach Ablauf des Bewilligungszeitraums keine abschließende Entscheidung nach Absatz 4, gelten die vorläufig bewilligten Geldleistungen als abschließend festgesetzt. 2Satz 1 gilt nicht, wenn

1. die leistungsberechtigte Person innerhalb der Frist nach Satz 1 eine abschließende Entscheidung beantragt oder
2. der Leistungsanspruch aus einem anderen als dem nach Absatz 2 anzugebenden Grund nicht oder nur in geringerer Höhe als die vorläufigen Leistungen besteht und der für die Ausführung des Gesetzes nach diesem Kapitel zuständige Träger über diesen innerhalb eines Jahres seit Kenntnis von diesen Tatsachen, spätestens aber nach Ablauf von zehn Jahren nach der Bekanntgabe der vorläufigen Entscheidung abschließend entschieden hat.

3Satz 2 Nummer 2 findet keine Anwendung, wenn der für die Ausführung des Gesetzes nach diesem Kapitel zuständige Träger die Unkenntnis von den entscheidungserheblichen Tatsachen zu vertreten hat.

(7) 1Die auf Grund der vorläufigen Entscheidung erbrachten Geldleistungen sind auf die abschließend festgestellten Geldleistungen anzurechnen. 2Soweit im Bewilligungszeitraum in einzelnen Kalendermonaten vorläufig zu hohe Geldleistungen erbracht wurden, sind die sich daraus ergebenden Überzahlungen auf die abschließend bewilligten Geldleistungen anzurechnen, die für andere Kalendermonate dieses Bewilligungszeitraums nachzuzahlen wären. 3Überzahlungen, die nach der Anrechnung fortbestehen, sind zu erstatten.

§ 44b Aufrechnung, Verrechnung

(1) Die für die Ausführung des Gesetzes nach diesem Kapitel zuständigen Träger können mit einem bestandskräftigen Erstattungsanspruch nach § 44a Absatz 7 gegen den monatlichen Leistungsanspruch aufrechnen.

(2) Die Höhe der Aufrechnung nach Absatz 1 beträgt monatlich 5 Prozent der maßgebenden Regelbedarfsstufe nach der Anlage zu § 28.

(3) 1Die Aufrechnung ist gegenüber der leistungsberechtigten Person schriftlich durch Verwaltungsakt zu erklären. 2Die Aufrechnung endet spätestens drei Jahre nach Ablauf des Monats, in dem die Bestandskraft der in Absatz 1 genannten Ansprüche eingetreten ist. 3Zeiten, in denen die Aufrechnung nicht vollziehbar ist, verlängern den Aufrechnungszeitraum entsprechend.

(4) 1Ein für die Ausführung des Gesetzes nach diesem Kapitel zuständiger Träger kann nach Ermächtigung eines anderen Trägers im Sinne dieses Buches dessen bestandskräftige Ansprüche mit dem monatlichen Zahlungsanspruch nach § 43a nach Maßgabe der Absätze 2 und 3 verrechnen. 2Zwischen den für die

Ausführung des Gesetzes nach diesem Kapitel zuständigen Trägern findet keine Erstattung verrechneter Forderungen statt, soweit die miteinander verrechneten Ansprüche auf der Bewilligung von Leistungen nach diesem Kapitel beruhen.

§ 44c Erstattungsansprüche zwischen Trägern

Im Verhältnis der für die Ausführung des Gesetzes nach diesem Kapitel zuständigen Träger untereinander sind die Vorschriften über die Erstattung nach

1. dem Zweiten Abschnitt des Dreizehnten Kapitels sowie
2. dem Zweiten Abschnitt des Dritten Kapitels des Zehnten Buches

V

für Geldleistungen nach diesem Kapitel nicht anzuwenden.

§ 45 Feststellung der dauerhaften vollen Erwerbsminderung

1Der jeweils für die Ausführung des Gesetzes nach diesem Kapitel zuständige Träger ersucht den nach § 109a Absatz 2 des Sechsten Buches zuständigen Träger der Rentenversicherung, die medizinischen Voraussetzungen des § 41 Absatz 3 zu prüfen, wenn es auf Grund der Angaben und Nachweise des Leistungsberechtigten als wahrscheinlich erscheint, dass diese erfüllt sind und das zu berücksichtigende Einkommen und Vermögen nicht ausreicht, um den Lebensunterhalt vollständig zu decken. 2Die Entscheidung des Trägers der Rentenversicherung ist bindend für den ersuchenden Träger, der für die Ausführung des Gesetzes nach diesem Kapitel zuständig ist; dies gilt auch für eine Entscheidung des Trägers der Rentenversicherung nach § 109a Absatz 3 des Sechsten Buches. 3Ein Ersuchen nach Satz 1 erfolgt nicht, wenn

1. ein Träger der Rentenversicherung bereits die Voraussetzungen des § 41 Absatz 3 im Rahmen eines Antrags auf eine Rente wegen Erwerbsminderung festgestellt hat,
2. ein Träger der Rentenversicherung bereits nach § 109a Absatz 2 und 3 des Sechsten Buches eine gutachterliche Stellungnahme abgegeben hat,
3. Personen in einer Werkstatt für behinderte Menschen das Eingangsverfahren oder den Berufsbildungsbereich durchlaufen oder im Arbeitsbereich beschäftigt sind oder
4. der Fachausschuss einer Werkstatt für behinderte Menschen über die Aufnahme in eine Werkstatt oder Einrichtung eine Stellungnahme nach den §§ 2 und 3 der Werkstättenverordnung abgegeben und dabei festgestellt hat, dass ein Mindestmaß an wirtschaftlich verwertbarer Arbeitsleistung nicht vorliegt.

4In Fällen des Satzes 3 Nummer 4 wird die Stellungnahme des Fachausschusses bei Durchführung eines Teilhabeplanverfahrens nach den §§ 19 bis 23 des Neunten Buches durch eine entsprechende Feststellung im Teilhabeplanverfahren ersetzt; dies gilt entsprechend, wenn ein Gesamtplanverfahren nach den §§ 117 bis 121 des Neunten Buches durchgeführt wird.

§ 45a Ermittlung der durchschnittlichen Warmmiete

(1) 1Die Höhe der durchschnittlichen Warmmiete von Einpersonenhaushalten ergibt sich aus den tatsächlichen Aufwendungen, die für allein in Wohnungen (§ 42a Absatz 2 Satz 1 Nummer 1 und Satz 2) lebende Leistungsberechtigte im Durchschnitt als angemessene Bedarfe für Unterkunft und Heizung anerkannt worden sind. 2Hierfür sind die Bedarfe derjenigen Leistungsberechtigten in Einpersonenhaushalten heranzuziehen, die im Zuständigkeitsbereich desjenigen für dieses Kapitel zuständigen Trägers der Sozialhilfe leben, in dem die nach § 42 Nummer 4 Buchstabe b oder nach § 42a Absatz 5 Satz 1 maßgebliche Unterkunft liegt. 3Zuständiger Träger der Sozialhilfe im Sinne des Satzes 2 ist derjenige Träger, der für in Wohnungen lebende Leistungsberechtigte zuständig ist, die zur gleichen Zeit keine Leistungen nach dem Siebten bis Neunten Kapitel oder nach Teil 2 des Neunten Buches erhalten. 4Hat ein nach Satz 3 zuständiger Träger innerhalb seines

örtlichen Zuständigkeitsbereiches mehrere regionale Angemessenheitsgrenzen festgelegt, so sind die sich daraus ergebenden örtlichen Abgrenzungen für die Durchschnittsbildung zu Grunde zu legen.

(2) $_{1}$Die durchschnittliche Warmmiete ist jährlich bis spätestens zum 1. August eines Kalenderjahres neu zu ermitteln. $_{2}$Zur Neuermittlung ist der Durchschnitt aus den anerkannten angemessenen Bedarfen für Unterkunft und Heizung in einem vom zuständigen Träger festzulegenden Zwölfmonatszeitraum zu bilden, sofern dieser nicht von einem Land einheitlich für alle zuständigen Träger festgelegt worden ist. $_{3}$Bei der Ermittlung bleiben die anerkannten Bedarfe derjenigen Leistungsberechtigten außer Betracht, für die

1. keine Aufwendungen für Unterkunft und Heizung,
2. Aufwendungen für selbstgenutztes Wohneigentum,
3. Aufwendungen nach § 35 Absatz 2 Satz 1

anerkannt worden sind. $_{4}$Die neu ermittelte durchschnittliche Warmmiete ist ab dem 1. Januar des jeweils folgenden Kalenderjahres für die nach § 42 Nummer 4 Buchstabe b und § 42a Absatz 5 Satz 3 anzuerkennenden Bedarfe für Unterkunft und Heizung anzuwenden.

§ 46 Zusammenarbeit mit den Trägern der Rentenversicherung

$_{1}$Der zuständige Träger der Rentenversicherung informiert und berät leistungsberechtigte Personen nach § 41, die rentenberechtigt sind, über die Leistungsvoraussetzungen und über das Verfahren nach diesem Kapitel. $_{2}$Personen, die nicht rentenberechtigt sind, werden auf Anfrage beraten und informiert. $_{3}$Liegt die Rente unter dem 27-fachen Betrag des geltenden aktuellen Rentenwertes in der gesetzlichen Rentenversicherung (§§ 68, 68a des Sechsten Buches), ist der Information zusätzlich ein Antragsformular beizufügen. $_{4}$Der Träger der Rentenversicherung übersendet einen eingegangenen Antrag mit einer Mitteilung über die Höhe der monatlichen Rente und über das Vorliegen der Voraussetzungen der Leistungsberechtigung an den jeweils für die Ausführung des Gesetzes nach diesem Kapitel zuständigen Träger. $_{5}$Eine Verpflichtung des Trägers der Rentenversicherung nach Satz 1 besteht nicht, wenn eine Inanspruchnahme von Leistungen nach diesem Kapitel wegen der Höhe der gezahlten Rente sowie der im Rentenverfahren zu ermittelnden weiteren Einkommen nicht in Betracht kommt.

Dritter Abschnitt
Erstattung und Zuständigkeit

§ 46a Erstattung durch den Bund

(1) Der Bund erstattet den Ländern

1. im Jahr 2013 einen Anteil von 75 Prozent und
2. ab dem Jahr 2014 jeweils einen Anteil von 100 Prozent

der im jeweiligen Kalenderjahr den für die Ausführung des Gesetzes nach diesem Kapitel zuständigen Trägern entstandenen Nettoausgaben für Geldleistungen nach diesem Kapitel.

(2) $_{1}$Die Höhe der Nettoausgaben für Geldleistungen nach Absatz 1 ergibt sich aus den Bruttoausgaben der für die Ausführung des Gesetzes nach diesem Kapitel zuständigen Träger, abzüglich der auf diese Geldleistungen entfallenden Einnahmen. $_{2}$Einnahmen nach Satz 1 sind insbesondere Einnahmen aus Aufwendungen, Kostenersatz und Ersatzansprüchen nach dem Dreizehnten Kapitel, soweit diese auf Geldleistungen nach diesem Kapitel entfallen, aus dem Übergang von Ansprüchen nach § 93 sowie aus Erstattungen anderer Sozialleistungsträger nach dem Zehnten Buch.

(3) $_{1}$Der Abruf der Erstattungen durch die Länder erfolgt quartalsweise. $_{2}$Die Abrufe sind

1. vom 15. März bis 14. Mai,
2. vom 15. Juni bis 14. August,
3. vom 15. September bis 14. November und
4. vom 1. Januar bis 28. Februar des Folgejahres

zulässig (Abrufzeiträume). 3Werden Leistungen für Leistungszeiträume im folgenden Haushaltsjahr zur fristgerechten Auszahlung an den Leistungsberechtigten bereits im laufenden Haushaltsjahr erbracht, sind die entsprechenden Nettoausgaben im Abrufzeitraum 15. März bis 14. Mai des Folgejahres abzurufen. 4Der Abruf für Nettoausgaben aus Vorjahren, für die bereits ein Jahresnachweis vorliegt, ist in den darauf folgenden Jahren nach Maßgabe des Absatzes 1 jeweils nur vom 15. Juni bis 14. August zulässig.

(4) 1Die Länder gewährleisten die Prüfung, dass die Ausgaben für Geldleistungen der für die Ausführung des Gesetzes nach diesem Kapitel zuständigen Träger begründet und belegt sind und den Grundsätzen für Wirtschaftlichkeit und Sparsamkeit entsprechen. 2Sie haben dies dem Bundesministerium für Arbeit und Soziales für das jeweils abgeschlossene Quartal in tabellarischer Form zu belegen (Quartalsnachweis). 3In den Quartalsnachweisen sind

1. die Bruttoausgaben für Geldleistungen nach § 46a Absatz 2 sowie die darauf entfallenden Einnahmen,
2. die Bruttoausgaben und Einnahmen nach Nummer 1, differenziert nach Leistungen für Leistungsberechtigte außerhalb und in Einrichtungen,
3. erstmals ab dem Jahr 2016 die Bruttoausgaben und Einnahmen nach Nummer 1, differenziert nach Leistungen für Leistungsberechtigte nach § 41 Absatz 2 und 3

zu belegen. 4Die Quartalsnachweise für die Abrufzeiträume nach Absatz 3 Satz 2 Nummer 1 bis 3 sind dem Bundesministerium für Arbeit und Soziales durch die Länder jeweils zwischen dem 15. und dem 20. der Monate Mai, August und November für das jeweils abgeschlossene Quartal vorzulegen, für den Abrufzeitraum nach Absatz 3 Satz 2 Nummer 4 zwischen dem 1. und 5. März des Folgejahres. 5Die Länder können die Quartalsnachweise auch vor den sich nach Satz 4 ergebenden Terminen vorlegen; ein weiterer Abruf in dem für das jeweilige Quartal nach Absatz 3 Satz 1 geltenden Abrufzeitraum ist nach Vorlage des Quartalsnachweises nicht zulässig.

(5) 1Die Länder haben dem Bundesministerium für Arbeit und Soziales die Angaben nach

1. Absatz 4 Satz 3 Nummer 1 und 2 entsprechend ab dem Kalenderjahr 2015 und
2. Absatz 4 Satz 3 Nummer 3 entsprechend ab dem Kalenderjahr 2016

bis 31. März des jeweils folgenden Jahres in tabellarischer Form zu belegen (Jahresnachweis). 2Die Angaben nach Satz 1 sind zusätzlich für die für die Ausführung nach diesem Kapitel zuständigen Träger zu differenzieren.

§ 46b Zuständigkeit

(1) Die für die Ausführung des Gesetzes nach diesem Kapitel zuständigen Träger werden nach Landesrecht bestimmt, sofern sich nach Absatz 3 nichts Abweichendes ergibt.

(2) Die §§ 3, 6 und 7 sind nicht anzuwenden.

(3) 1Das Zwölfte Kapitel ist nicht anzuwenden, sofern sich aus den Sätzen 2 bis 5 nichts Abweichendes ergibt. 2Im Fall der Auszahlung der Leistungen nach § 34 Absatz 2 Satz 1 Nummer 1 und nach § 34a Absatz 7 ist § 98 Absatz 1a entsprechend anzuwenden. 3Bei Leistungsberechtigten nach diesem Kapitel gilt der Aufenthalt in einer stationären Einrichtung und in Einrichtungen zum Vollzug richterlich angeordneter Freiheitsentziehung nicht als gewöhnlicher Aufenthalt; § 98 Absatz 2 Satz 1 bis 3 ist entsprechend anzuwenden. 4Für die Leistungen nach diesem Kapitel an Personen, die Leistungen nach dem Siebten und Achten Kapitel in Formen ambulanter betreuter Wohnmöglichkeiten erhalten, ist § 98 Absatz 5 entsprechend anzuwenden. 5Soweit Leistungen der Eingliederungshilfe nach Teil 2 des Neunten Buches und Leistungen nach diesem Kapitel gleichzeitig zu erbringen sind, ist § 98 Absatz 6 entsprechend anzuwenden.

Fünftes Kapitel
Hilfen zur Gesundheit

§ 47 Vorbeugende Gesundheitshilfe

1Zur Verhütung und Früherkennung von Krankheiten werden die medizinischen Vorsorgeleistungen und Untersuchungen erbracht. 2Andere Leistungen werden nur erbracht, wenn ohne diese nach ärztlichem Urteil eine Erkrankung oder ein sonstiger Gesundheitsschaden einzutreten droht.

§ 48 Hilfe bei Krankheit

1Um eine Krankheit zu erkennen, zu heilen, ihre Verschlimmerung zu verhüten oder Krankheitsbeschwerden zu lindern, werden Leistungen zur Krankenbehandlung entsprechend dem Dritten Kapitel Fünften Abschnitt Ersten Titel des Fünften Buches erbracht. 2Die Regelungen zur Krankenbehandlung nach § 264 des Fünften Buches gehen den Leistungen der Hilfe bei Krankheit nach Satz 1 vor.

§ 49 Hilfe zur Familienplanung

1Zur Familienplanung werden die ärztliche Beratung, die erforderliche Untersuchung und die Verordnung der empfängnisregelnden Mittel geleistet. 2Die Kosten für empfängnisverhütende Mittel werden übernommen, wenn diese ärztlich verordnet worden sind.

§ 50 Hilfe bei Schwangerschaft und Mutterschaft

Bei Schwangerschaft und Mutterschaft werden

1. ärztliche Behandlung und Betreuung sowie Hebammenhilfe,
2. Versorgung mit Arznei-, Verband- und Heilmitteln,
3. Pflege in einer stationären Einrichtung und
4. häusliche Pflege nach den §§ 64c und 64f sowie die angemessenen Aufwendungen der Pflegeperson

geleistet.

§ 51 Hilfe bei Sterilisation

Bei einer durch Krankheit erforderlichen Sterilisation werden die ärztliche Untersuchung, Beratung und Begutachtung, die ärztliche Behandlung, die Versorgung mit Arznei-, Verband- und Heilmitteln sowie die Krankenhauspflege geleistet.

§ 52 Leistungserbringung, Vergütung

(1) 1Die Hilfen nach den §§ 47 bis 51 entsprechen den Leistungen der gesetzlichen Krankenversicherung. 2Soweit Krankenkassen in ihrer Satzung Umfang und Inhalt der Leistungen bestimmen können, entscheidet der Träger der Sozialhilfe über Umfang und Inhalt der Hilfen nach pflichtgemäßem Ermessen.

(2) 1Leistungsberechtigte haben die freie Wahl unter den Ärzten und Zahnärzten sowie den Krankenhäusern entsprechend den Bestimmungen der gesetzlichen Krankenversicherung. 2Hilfen werden nur in dem durch Anwendung des § 65a des Fünften Buches erzielbaren geringsten Umfang geleistet.

(3) 1Bei Erbringung von Leistungen nach den §§ 47 bis 51 sind die für die gesetzlichen Krankenkassen nach dem Vierten Kapitel des Fünften Buches geltenden Regelungen mit Ausnahme des Dritten Titels des Zweiten Abschnitts anzuwenden. 2Ärzte, Psychotherapeuten im Sinne des § 28 Abs. 3 Satz 1 des Fünften Buches und Zahnärzte haben für ihre Leistungen Anspruch auf die Vergütung, welche die Ortskrankenkasse, in deren Bereich der Arzt, Psychotherapeut oder der Zahnarzt niedergelassen ist, für ihre Mitglieder zahlt. 3Die sich aus den §§ 294, 295, 300 bis 302 des Fünften Buches für die Leistungserbringer ergebenden Verpflichtungen gelten auch für die Abrechnung von Leistungen nach diesem Kapitel mit dem Träger der Sozialhilfe. 4Die Vereinbarungen nach § 303 Abs. 1 sowie § 304 des Fünften Buches gelten für den Träger der Sozialhilfe entsprechend.

(4) Leistungsberechtigten, die nicht in der gesetzlichen Krankenversicherung versichert sind, wird unter den Voraussetzungen von § 39a Satz 1 des Fünften Buches zu stationärer und teilstationärer Versorgung in Hospi-

V

zen der von den gesetzlichen Krankenkassen entsprechend § 39a Satz 3 des Fünften Buches zu zahlende Zuschuss geleistet.

Sechstes Kapitel (weggefallen)

§§ 53 bis 60a (weggefallen)

Siebtes Kapitel Hilfe zur Pflege

§ 61 Leistungsberechtigte

₁Personen, die pflegebedürftig im Sinne des § 61a sind, haben Anspruch auf Hilfe zur Pflege, soweit ihnen und ihren nicht getrennt lebenden Ehegatten oder Lebenspartnern nicht zuzumuten ist, dass sie die für die Hilfe zur Pflege benötigten Mittel aus dem Einkommen und Vermögen nach den Vorschriften des Elften Kapitels aufbringen. ₂Sind die Personen minderjährig und unverheiratet, so sind auch das Einkommen und das Vermögen ihrer Eltern oder eines Elternteils zu berücksichtigen.

§ 61a Begriff der Pflegebedürftigkeit

(1) ₁Pflegebedürftig sind Personen, die gesundheitlich bedingte Beeinträchtigungen der Selbständigkeit oder der Fähigkeiten aufweisen und deshalb der Hilfe durch andere bedürfen. ₂Pflegebedürftige Personen im Sinne des Satzes 1 können körperliche, kognitive oder psychische Beeinträchtigungen oder gesundheitlich bedingte Belastungen oder Anforderungen nicht selbständig kompensieren oder bewältigen.

(2) Maßgeblich für die Beurteilung der Beeinträchtigungen der Selbständigkeit oder Fähigkeiten sind die folgenden Bereiche mit folgenden Kriterien:

1. Mobilität mit den Kriterien
   a) Positionswechsel im Bett,
   b) Halten einer stabilen Sitzposition,
   c) Umsetzen,
   d) Fortbewegen innerhalb des Wohnbereichs,
   e) Treppensteigen;
2. kognitive und kommunikative Fähigkeiten mit den Kriterien
   a) Erkennen von Personen aus dem näheren Umfeld,
   b) örtliche Orientierung,
   c) zeitliche Orientierung,
   d) Erinnern an wesentliche Ereignisse oder Beobachtungen,
   e) Steuern von mehrschrittigen Alltagshandlungen,
   f) Treffen von Entscheidungen im Alltagsleben,
   g) Verstehen von Sachverhalten und Informationen,
   h) Erkennen von Risiken und Gefahren,
   i) Mitteilen von elementaren Bedürfnissen,
   j) Verstehen von Aufforderungen,
   k) Beteiligen an einem Gespräch;
3. Verhaltensweisen und psychische Problemlagen mit den Kriterien
   a) motorisch geprägte Verhaltensauffälligkeiten,
   b) nächtliche Unruhe,
   c) selbstschädigendes und autoaggressives Verhalten,
   d) Beschädigen von Gegenständen,
   e) physisch aggressives Verhalten gegenüber anderen Personen,
   f) verbale Aggression,
   g) andere pflegerelevante vokale Auffälligkeiten,
   h) Abwehr pflegerischer und anderer unterstützender Maßnahmen,
   i) Wahnvorstellungen,
   j) Ängste,
   k) Antriebslosigkeit bei depressiver Stimmungslage,
   l) sozial inadäquate Verhaltensweisen,
   m) sonstige pflegerelevante inadäquate Handlungen;
4. Selbstversorgung mit den Kriterien
   a) Waschen des vorderen Oberkörpers,
   b) Körperpflege im Bereich des Kopfes,
   c) Waschen des Intimbereichs,

V

d) Duschen und Baden einschließlich Waschen der Haare,
e) An- und Auskleiden des Oberkörpers,
f) An- und Auskleiden des Unterkörpers,
g) mundgerechtes Zubereiten der Nahrung und Eingießen von Getränken,
h) Essen,
i) Trinken,
j) Benutzen einer Toilette oder eines Toilettenstuhls,
k) Bewältigen der Folgen einer Harninkontinenz und Umgang mit Dauerkatheter und Urostoma,
l) Bewältigen der Folgen einer Stuhlinkontinenz und Umgang mit Stoma,
m) Ernährung parenteral oder über Sonde,
n) Bestehen gravierender Probleme bei der Nahrungsaufnahme bei Kindern bis zu 18 Monaten, die einen außergewöhnlich pflegeintensiven Hilfebedarf auslösen;

5. Bewältigung von und selbständiger Umgang mit krankheits- oder therapiebedingten Anforderungen und Belastungen in Bezug auf
   a) Medikation,
   b) Injektionen,
   c) Versorgung intravenöser Zugänge,
   d) Absaugen und Sauerstoffgabe,
   e) Einreibungen sowie Kälte- und Wärmeanwendungen,
   f) Messung und Deutung von Körperzuständen,
   g) körpernahe Hilfsmittel,
   h) Verbandswechsel und Wundversorgung,
   i) Versorgung mit Stoma,
   j) regelmäßige Einmalkatheterisierung und Nutzung von Abführmethoden,
   k) Therapiemaßnahmen in häuslicher Umgebung,
   l) zeit- und technikintensive Maßnahmen in häuslicher Umgebung,
   m) Arztbesuche,
   n) Besuch anderer medizinischer oder therapeutischer Einrichtungen,
   o) zeitlich ausgedehnte Besuche medizinischer oder therapeutischer Einrichtungen,
   p) Besuche von Einrichtungen zur Frühförderung bei Kindern,
   q) Einhalten einer Diät oder anderer krankheits- oder therapiebedingter Verhaltensvorschriften;
6. Gestaltung des Alltagslebens und sozialer Kontakte mit den Kriterien
   a) Gestaltung des Tagesablaufs und Anpassung an Veränderungen,
   b) Ruhen und Schlafen,
   c) Sichbeschäftigen,
   d) Vornehmen von in die Zukunft gerichteten Planungen,
   e) Interaktion mit Personen im direkten Kontakt,
   f) Kontaktpflege zu Personen außerhalb des direkten Umfelds.

§ 61b Pflegegrade

(1) Für die Gewährung von Leistungen der Hilfe zur Pflege sind pflegebedürftige Personen entsprechend den im Begutachtungsverfahren nach § 62 ermittelten Gesamtpunkten in einen der Schwere der Beeinträchtigungen der Selbständigkeit oder der Fähigkeiten entsprechenden Pflegegrad einzuordnen:

1. Pflegegrad 1: geringe Beeinträchtigungen der Selbständigkeit oder der Fähigkeiten (ab 12,5 bis unter 27 Gesamtpunkte),
2. Pflegegrad 2: erhebliche Beeinträchtigungen der Selbständigkeit oder der Fähigkeiten (ab 27 bis unter 47,5 Gesamtpunkte),
3. Pflegegrad 3: schwere Beeinträchtigungen der Selbständigkeit oder der Fähigkeiten (ab 47,5 bis unter 70 Gesamtpunkte),
4. Pflegegrad 4: schwerste Beeinträchtigungen der Selbständigkeit oder der Fähigkeiten (ab 70 bis unter 90 Gesamtpunkte),
5. Pflegegrad 5: schwerste Beeinträchtigungen der Selbständigkeit oder Fähigkeiten

mit besonderen Anforderungen an die pflegerische Versorgung (ab 90 bis 100 Gesamtpunkte).

(2) Pflegebedürftige mit besonderen Bedarfskonstellationen, die einen spezifischen, außergewöhnlich hohen Hilfebedarf mit besonderen Anforderungen an die pflegerische Versorgung aufweisen, können aus pflegefachlichen Gründen dem Pflegegrad 5 zugeordnet werden, auch wenn ihre Gesamtpunkte unter 90 liegen.

§ 61c Pflegegrade bei Kindern

(1) Bei pflegebedürftigen Kindern, die 18 Monate oder älter sind, ist für die Einordnung in einen Pflegegrad nach § 61b der gesundheitlich bedingte Grad der Beeinträchtigungen ihrer Selbständigkeit und ihrer Fähigkeiten im Verhältnis zu altersentsprechend entwickelten Kindern maßgebend.

(2) Pflegebedürftige Kinder im Alter bis zu 18 Monaten sind in einen der nachfolgenden Pflegegrade einzuordnen:

1. Pflegegrad 2: ab 12,5 bis unter 27 Gesamtpunkte,
2. Pflegegrad 3: ab 27 bis unter 47,5 Gesamtpunkte,
3. Pflegegrad 4: ab 47,5 bis unter 70 Gesamtpunkte,
4. Pflegegrad 5: ab 70 bis 100 Gesamtpunkte.

§ 62 Ermittlung des Grades der Pflegebedürftigkeit

$_{1}$Die Ermittlung des Pflegegrades erfolgt durch ein Begutachtungsinstrument nach Maßgabe des § 15 des Elften Buches. $_{2}$Die auf Grund des § 16 des Elften Buches erlassene Verordnung sowie die auf Grund des § 17 des Elften Buches erlassenen Richtlinien der Pflegekassen finden entsprechende Anwendung.

§ 62a Bindungswirkung

$_{1}$Die Entscheidung der Pflegekasse über den Pflegegrad ist für den Träger der Sozialhilfe bindend, soweit sie auf Tatsachen beruht, die bei beiden Entscheidungen zu berücksichtigen sind. $_{2}$Bei seiner Entscheidung kann sich der Träger der Sozialhilfe der Hilfe sachverständiger Dritter bedienen. $_{3}$Auf Anforderung unterstützt der Medizinische Dienst gemäß § 278 des Fünften Buches den Träger der Sozialhilfe bei seiner Entscheidung und erhält hierfür Kostenersatz, der zu vereinbaren ist.

§ 63 Leistungen für Pflegebedürftige

(1) $_{1}$Die Hilfe zur Pflege umfasst für Pflegebedürftige der Pflegegrade 2, 3, 4 oder 5

1. häusliche Pflege in Form von
   a) Pflegegeld (§ 64a),
   b) häuslicher Pflegehilfe (§ 64b),
   c) Verhinderungspflege (§ 64c),
   d) Pflegehilfsmitteln (§ 64d),
   e) Maßnahmen zur Verbesserung des Wohnumfeldes (§ 64e),
   f) anderen Leistungen (§ 64f),
   g) digitalen Pflegeanwendungen (§ 64j),
   h) ergänzender Unterstützung bei Nutzung von digitalen Pflegeanwendungen (§ 64k),
2. teilstationäre Pflege (§ 64g),
3. Kurzzeitpflege (§ 64h),
4. einen Entlastungsbetrag (§ 64i) und
5. stationäre Pflege (§ 65).

$_{2}$Die Hilfe zur Pflege schließt Sterbebegleitung mit ein.

(2) Die Hilfe zur Pflege umfasst für Pflegebedürftige des Pflegegrades 1

1. Pflegehilfsmittel (§ 64d),
2. Maßnahmen zur Verbesserung des Wohnumfeldes (§ 64e),
3. digitale Pflegeanwendungen (§ 64j),
4. ergänzende Unterstützung bei Nutzung von digitalen Pflegeanwendungen (§ 64k) und
5. einen Entlastungsbetrag (§ 66).

(3) $_{1}$Die Leistungen der Hilfe zur Pflege werden auf Antrag auch als Teil eines Persönlichen Budgets ausgeführt. $_{2}$§ 29 des Neunten Buches ist insoweit anzuwenden.

§ 63a Notwendiger pflegerischer Bedarf

Die Träger der Sozialhilfe haben den notwendigen pflegerischen Bedarf zu ermitteln und festzustellen.

§ 63b Leistungskonkurrenz

(1) Leistungen der Hilfe zur Pflege werden nicht erbracht, soweit Pflegebedürftige gleichartige Leistungen nach anderen Rechtsvorschriften erhalten.

(2) $_1$Abweichend von Absatz 1 sind Leistungen nach § 72 oder gleichartige Leistungen nach anderen Rechtsvorschriften mit 70 Prozent auf das Pflegegeld nach § 64a anzurechnen. $_2$Leistungen nach § 45b des Elften Buches gehen den Leistungen nach den §§ 64i und 66 vor; auf die übrigen Leistungen der Hilfe zur Pflege werden sie nicht angerechnet.

(3) $_1$Pflegebedürftige haben während ihres Aufenthalts in einer teilstationären oder vollstationären Einrichtung dort keinen Anspruch auf häusliche Pflege. $_2$Abweichend von Satz 1 kann das Pflegegeld nach § 64a während einer teilstationären Pflege nach § 64g oder einer vergleichbaren nicht nach Teil 2 des Neunten Buches durchgeführten Maßnahme angemessen gekürzt werden.

(4) $_1$Absatz 3 Satz 1 gilt nicht für vorübergehende Aufenthalte in einem Krankenhaus nach § 108 des Fünften Buches oder in einer Vorsorge- oder Rehabilitationseinrichtung nach § 107 Absatz 2 des Fünften Buches, soweit Pflegebedürftige ihre Pflege durch von ihnen selbst beschäftigte besondere Pflegekräfte (Arbeitgebermodell) sicherstellen. $_2$Die vorrangigen Leistungen des Pflegegeldes für selbst beschaffte Pflegehilfen nach den §§ 37 und 38 des Elften Buches sind anzurechnen. $_3$§ 39 des Fünften Buches bleibt unberührt.

(5) Das Pflegegeld kann um bis zu zwei Drittel gekürzt werden, soweit die Heranziehung einer besonderen Pflegekraft erforderlich ist, Pflegebedürftige Leistungen der Verhinderungspflege nach § 64c oder gleichartige Leistungen nach anderen Rechtsvorschriften erhalten.

(6) $_1$Pflegebedürftige, die ihre Pflege im Rahmen des Arbeitgebermodells sicherstellen, können nicht auf die Inanspruchnahme von Sachleistungen nach dem Elften Buch verwiesen werden. $_2$In diesen Fällen ist das geleistete Pflegegeld nach § 37 des Elften Buches auf die Leistungen der Hilfe zur Pflege anzurechnen.

(7) Leistungen der stationären Pflege nach § 65 werden auch bei einer vorübergehenden Abwesenheit von Pflegebedürftigen aus der stationären Einrichtung erbracht, solange die Voraussetzungen des § 87a Absatz 1 Satz 5 und 6 des Elften Buches vorliegen.

§ 64 Vorrang

Soweit häusliche Pflege ausreicht, soll der Träger der Sozialhilfe darauf hinwirken, dass die häusliche Pflege durch Personen, die dem Pflegebedürftigen nahestehen, oder als Nachbarschaftshilfe übernommen wird.

§ 64a Pflegegeld

(1) $_1$Pflegebedürftige der Pflegegrade 2, 3, 4 oder 5 haben bei häuslicher Pflege Anspruch auf Pflegegeld in Höhe des Pflegegeldes nach § 37 Absatz 1 des Elften Buches. $_2$Der Anspruch auf Pflegegeld setzt voraus, dass die Pflegebedürftigen und die Sorgeberechtigten bei pflegebedürftigen Kindern die erforderliche Pflege mit dem Pflegegeld in geeigneter Weise selbst sicherstellen.

(2) $_1$Besteht der Anspruch nach Absatz 1 nicht für den vollen Kalendermonat, ist das Pflegegeld entsprechend zu kürzen. $_2$Bei der Kürzung ist der Kalendermonat mit 30 Tagen anzusetzen. $_3$Das Pflegegeld wird bis zum Ende des Kalendermonats geleistet, in dem die pflegebedürftige Person gestorben ist.

(3) Stellt die Pflegekasse ihre Leistungen nach § 37 Absatz 6 des Elften Buches ganz oder teilweise ein, entfällt insoweit die Leistungspflicht nach Absatz 1.

§ 64b Häusliche Pflegehilfe

(1) $_1$Pflegebedürftige der Pflegegrade 2, 3, 4 oder 5 haben Anspruch auf körperbezogene Pflegemaßnahmen und pflegerische Betreuungsmaßnahmen sowie auf Hilfen bei der Haushaltsführung als Pflegesachleistung (häusliche Pflegehilfe), soweit die häusliche Pflege nach § 64 nicht sichergestellt werden kann. $_2$Der Anspruch auf häusliche Pflegehilfe umfasst auch die pflegefachliche Anleitung von Pflegebedürftigen und Pflegepersonen.

₃Mehrere Pflegebedürftige der Pflegegrade 2, 3, 4 oder 5 können die häusliche Pflege gemeinsam in Anspruch nehmen. ₄Häusliche Pflegehilfe kann auch Betreuungs- und Entlastungsleistungen durch Unterstützungsangebote im Sinne des § 45a des Elften Buches umfassen; § 64i bleibt unberührt.

(2) Pflegerische Betreuungsmaßnahmen umfassen Unterstützungsleistungen zur Bewältigung und Gestaltung des alltäglichen Lebens im häuslichen Umfeld, insbesondere

1. bei der Bewältigung psychosozialer Problemlagen oder von Gefährdungen,
2. bei der Orientierung, bei der Tagesstrukturierung, bei der Kommunikation, bei der Aufrechterhaltung sozialer Kontakte und bei bedürfnisgerechten Beschäftigungen im Alltag sowie
3. durch Maßnahmen zur kognitiven Aktivierung.

V

§ 64c Verhinderungspflege

Ist eine Pflegeperson im Sinne von § 64 wegen Erholungsurlaubs, Krankheit oder aus sonstigen Gründen an der häuslichen Pflege gehindert, sind die angemessenen Kosten einer notwendigen Ersatzpflege zu übernehmen.

§ 64d Pflegehilfsmittel

(1) ₁Pflegebedürftige haben Anspruch auf Versorgung mit Pflegehilfsmitteln, die

1. zur Erleichterung der Pflege der Pflegebedürftigen beitragen,
2. zur Linderung der Beschwerden der Pflegebedürftigen beitragen oder
3. den Pflegebedürftigen eine selbständigere Lebensführung ermöglichen.

₂Der Anspruch umfasst die notwendige Änderung, Instandsetzung und Ersatzbeschaffung von Pflegehilfsmitteln sowie die Ausbildung in ihrem Gebrauch.

(2) Technische Pflegehilfsmittel sollen den Pflegebedürftigen in geeigneten Fällen leihweise zur Verfügung gestellt werden.

§ 64e Maßnahmen zur Verbesserung des Wohnumfeldes

Maßnahmen zur Verbesserung des Wohnumfeldes der Pflegebedürftigen können gewährt werden,

1. soweit sie angemessen sind und
2. durch sie
   a) die häusliche Pflege ermöglicht oder erheblich erleichtert werden kann oder
   b) eine möglichst selbständige Lebensführung der Pflegebedürftigen wiederhergestellt werden kann.

§ 64f Andere Leistungen

(1) Zusätzlich zum Pflegegeld nach § 64a Absatz 1 sind die Aufwendungen für die Beiträge einer Pflegeperson oder einer besonderen Pflegekraft für eine angemessene Alterssicherung zu erstatten, soweit diese nicht anderweitig sichergestellt ist.

(2) Ist neben der häuslichen Pflege nach § 64 eine Beratung der Pflegeperson geboten, sind die angemessenen Kosten zu übernehmen.

(3) Soweit die Sicherstellung der häuslichen Pflege für Pflegebedürftige der Pflegegrade 2, 3, 4 oder 5 im Rahmen des Arbeitgebermodells erfolgt, sollen die angemessenen Kosten übernommen werden.

§ 64g Teilstationäre Pflege

₁Pflegebedürftige der Pflegegrade 2, 3, 4 oder 5 haben Anspruch auf teilstationäre Pflege in Einrichtungen der Tages- oder Nachtpflege, soweit die häusliche Pflege nicht in ausreichendem Umfang sichergestellt werden kann oder die teilstationäre Pflege zur Ergänzung oder Stärkung der häuslichen Pflege erforderlich ist. ₂Der Anspruch umfasst auch die notwendige Beförderung des Pflegebedürftigen von der Wohnung zur Einrichtung der Tages- oder Nachtpflege und zurück.

§ 64h Kurzzeitpflege

(1) Pflegebedürftige der Pflegegrade 2, 3, 4 oder 5 haben Anspruch auf Kurzeitpflege in einer stationären Pflegeeinrichtung, soweit die häusliche Pflege zeitweise nicht, noch nicht oder nicht im erforderlichen Umfang

erbracht werden kann und die teilstationäre Pflege nach § 64g nicht ausreicht.

(2) Wenn die Pflege in einer zur Kurzzeitpflege zugelassenen Pflegeeinrichtung nach den §§ 71 und 72 des Elften Buches nicht möglich ist oder nicht zumutbar erscheint, kann die Kurzzeitpflege auch erbracht werden

1. durch geeignete Erbringer von Leistungen nach Teil 2 des Neunten Buches oder
2. in geeigneten Einrichtungen, die nicht als Einrichtung zur Kurzzeitpflege zugelassen sind.

(3) Soweit während einer Maßnahme der medizinischen Vorsorge oder Rehabilitation für eine Pflegeperson eine gleichzeitige Unterbringung und Pflege der Pflegebedürftigen erforderlich ist, kann Kurzzeitpflege auch in Vorsorge- oder Rehabilitationseinrichtungen nach § 107 Absatz 2 des Fünften Buches erbracht werden.

§ 64i Entlastungsbetrag bei den Pflegegraden 2, 3, 4 oder 5

1Pflegebedürftige der Pflegegrade 2, 3, 4 oder 5 haben Anspruch auf einen Entlastungsbetrag in Höhe von bis zu 125 Euro monatlich. 2Der Entlastungsbetrag ist zweckgebunden einzusetzen zur

1. Entlastung pflegender Angehöriger oder nahestehender Pflegepersonen,
2. Förderung der Selbständigkeit und Selbstbestimmung der Pflegebedürftigen bei der Gestaltung ihres Alltags oder
3. Inanspruchnahme von Unterstützungsangeboten im Sinne des § 45a des Elften Buches.

§ 64j Digitale Pflegeanwendungen

(1) Pflegebedürftige haben Anspruch auf eine notwendige Versorgung mit Anwendungen, die wesentlich auf digitalen Technologien beruhen, die von den Pflegebedürftigen oder in der Interaktion von Pflegebedürftigen, Angehörigen und zugelassenen ambulanten Pflegeeinrichtungen genutzt werden, um insbesondere Beeinträchtigungen der Selbständigkeit oder der Fähigkeiten des Pflegebedürftigen zu mindern und einer Verschlimmerung der Pflegebedürftigkeit entgegenzuwirken (digitale Pflegeanwendungen).

(2) Der Anspruch umfasst nur solche digitalen Pflegeanwendungen, die vom Bundesinstitut für Arzneimittel und Medizinprodukte in das Verzeichnis für digitale Pflegeanwendungen nach § 78a Absatz 3 des Elften Buches aufgenommen wurden.

§ 64k Ergänzende Unterstützung bei Nutzung von digitalen Pflegeanwendungen

Pflegebedürftige haben bei der Nutzung digitaler Pflegeanwendungen im Sinne des § 64j Anspruch auf erforderliche ergänzende Unterstützungsleistungen, die das Bundesinstitut für Arzneimittel und Medizinprodukte nach § 78a Absatz 5 Satz 6 des Elften Buches festgelegt hat, durch nach dem Recht des Elften Buches zugelassene ambulante Pflegeeinrichtungen.

§ 65 Stationäre Pflege

1Pflegebedürftige der Pflegegrade 2, 3, 4 oder 5 haben Anspruch auf Pflege in stationären Einrichtungen, wenn häusliche oder teilstationäre Pflege nicht möglich ist oder wegen der Besonderheit des Einzelfalls nicht in Betracht kommt. 2Der Anspruch auf stationäre Pflege umfasst auch Betreuungsmaßnahmen; § 64b Absatz 2 findet entsprechende Anwendung.

§ 66 Entlastungsbetrag bei Pflegegrad 1

1Pflegebedürftige des Pflegegrades 1 haben Anspruch auf einen Entlastungsbetrag in Höhe von bis zu 125 Euro monatlich. 2Der Entlastungsbetrag ist zweckgebunden einzusetzen zur

1. Entlastung pflegender Angehöriger oder nahestehender Pflegepersonen,
2. Förderung der Selbständigkeit und Selbstbestimmung der Pflegebedürftigen bei der Gestaltung ihres Alltags,
3. Inanspruchnahme von
   a) Leistungen der häuslichen Pflegehilfe im Sinne des § 64b,
   b) Maßnahmen zur Verbesserung des Wohnumfeldes nach § 64e,

V

c) anderen Leistungen nach § 64f,
d) Leistungen zur teilstationären Pflege im Sinne des § 64g,

4. Inanspruchnahme von Unterstützungsangeboten im Sinne des § 45a des Elften Buches.

§ 66a Sonderregelungen zum Einsatz von Vermögen

Für Personen, die Leistungen nach diesem Kapitel erhalten, gilt ein zusätzlicher Betrag von bis zu 25 000 Euro für die Lebensführung und die Alterssicherung im Sinne von § 90 Absatz 3 Satz 2 als angemessen, sofern dieser Betrag ganz oder überwiegend als Einkommen aus selbständiger und nichtselbständiger Tätigkeit der Leistungsberechtigten während des Leistungsbezugs erworben wird; § 90 Absatz 3 Satz 1 bleibt unberührt.

Achtes Kapitel
Hilfe zur Überwindung besonderer sozialer Schwierigkeiten

§ 67 Leistungsberechtigte

$_1$Personen, bei denen besondere Lebensverhältnisse mit sozialen Schwierigkeiten verbunden sind, sind Leistungen zur Überwindung dieser Schwierigkeiten zu erbringen, wenn sie aus eigener Kraft hierzu nicht fähig sind. $_2$Soweit der Bedarf durch Leistungen nach anderen Vorschriften dieses Buches oder des Achten und Neunten Buches gedeckt wird, gehen diese der Leistung nach Satz 1 vor.

§ 68 Umfang der Leistungen

(1) $_1$Die Leistungen umfassen alle Maßnahmen, die notwendig sind, um die Schwierigkeiten abzuwenden, zu beseitigen, zu mildern oder ihre Verschlimmerung zu verhüten, insbesondere Beratung und persönliche Betreuung für die Leistungsberechtigten und ihre Angehörigen, Hilfen zur Ausbildung, Erlangung und Sicherung eines Arbeitsplatzes sowie Maßnahmen bei der Erhaltung und Beschaffung einer Wohnung. $_2$Zur Durchführung der erforderlichen Maßnahmen ist in geeigneten Fällen ein Gesamtplan zu erstellen.

(2) $_1$Die Leistung wird ohne Rücksicht auf Einkommen und Vermögen erbracht, soweit im Einzelfall Dienstleistungen erforderlich sind. $_2$Einkommen und Vermögen der in § 19 Abs. 3 genannten Personen ist nicht zu berücksichtigen und von der Inanspruchnahme nach bürgerlichem Recht Unterhaltspflichtiger abzusehen, soweit dies den Erfolg der Hilfe gefährden würde.

(3) Die Träger der Sozialhilfe sollen mit den Vereinigungen, die sich die gleichen Aufgaben zum Ziel gesetzt haben, und mit den sonst beteiligten Stellen zusammenarbeiten und darauf hinwirken, dass sich die Sozialhilfe und die Tätigkeit dieser Vereinigungen und Stellen wirksam ergänzen.

§ 69 Verordnungsermächtigung

Das Bundesministerium für Arbeit und Soziales kann durch Rechtsverordnung mit Zustimmung des Bundesrates Bestimmungen über die Abgrenzung des Personenkreises nach § 67 sowie über Art und Umfang der Maßnahmen nach § 68 Abs. 1 erlassen.

Neuntes Kapitel
Hilfe in anderen Lebenslagen

§ 70 Hilfe zur Weiterführung des Haushalts

(1) $_1$Personen mit eigenem Haushalt sollen Leistungen zur Weiterführung des Haushalts erhalten, wenn weder sie selbst noch, falls sie mit anderen Haushaltsangehörigen zusammenleben, die anderen Haushaltsangehörigen den Haushalt führen können und die Weiterführung des Haushalts geboten ist. $_2$Die Leistungen sollen in der Regel nur vorübergehend erbracht werden. $_3$Satz 2 gilt nicht, wenn durch die Leistungen die Unterbringung in einer stationären Einrichtung vermieden oder aufgeschoben werden kann.

(2) Die Leistungen umfassen die persönliche Betreuung von Haushaltsangehörigen sowie die sonstige zur Weiterführung des Haushalts erforderliche Tätigkeit.

(3) $_1$Personen im Sinne des Absatzes 1 sind die angemessenen Aufwendungen für eine

haushaltsführende Person zu erstatten. $_{2}$Es können auch angemessene Beihilfen geleistet sowie Beiträge der haushaltsführenden Person für eine angemessene Alterssicherung übernommen werden, wenn diese nicht anderweitig sichergestellt ist. $_{3}$Ist neben oder anstelle der Weiterführung des Haushalts die Heranziehung einer besonderen Person zur Haushaltsführung erforderlich oder eine Beratung oder zeitweilige Entlastung der haushaltsführenden Person geboten, sind die angemessenen Kosten zu übernehmen.

(4) Die Leistungen können auch durch Übernahme der angemessenen Kosten für eine vorübergehende anderweitige Unterbringung von Haushaltsangehörigen erbracht werden, wenn diese Unterbringung in besonderen Fällen neben oder statt der Weiterführung des Haushalts geboten ist.

§ 71 Altenhilfe

(1) $_{1}$Alten Menschen soll außer den Leistungen nach den übrigen Bestimmungen dieses Buches sowie den Leistungen der Eingliederungshilfe nach Teil 2 des Neunten Buches Altenhilfe gewährt werden. $_{2}$Die Altenhilfe soll dazu beitragen, Schwierigkeiten, die durch das Alter entstehen, zu verhüten, zu überwinden oder zu mildern und alten Menschen die Möglichkeit zu erhalten, selbstbestimmt am Leben in der Gemeinschaft teilzunehmen und ihre Fähigkeit zur Selbsthilfe zu stärken.

(2) Als Leistungen der Altenhilfe kommen insbesondere in Betracht:

1. Leistungen zu einer Betätigung und zum gesellschaftlichen Engagement, wenn sie vom alten Menschen gewünscht wird,
2. Leistungen bei der Beschaffung und zur Erhaltung einer Wohnung, die den Bedürfnissen des alten Menschen entspricht,
3. Beratung und Unterstützung im Vor- und Umfeld von Pflege, insbesondere in allen Fragen des Angebots an Wohnformen bei Unterstützungs-, Betreuungs- oder Pflegebedarf sowie an Diensten, die Betreuung oder Pflege leisten,
4. Beratung und Unterstützung in allen Fragen der Inanspruchnahme altersgerechter Dienste,
5. Leistungen zum Besuch von Veranstaltungen oder Einrichtungen, die der Geselligkeit, der Unterhaltung, der Bildung oder den kulturellen Bedürfnissen alter Menschen dienen,
6. Leistungen, die alten Menschen die Verbindung mit nahe stehenden Personen ermöglichen.

(3) Leistungen nach Absatz 1 sollen auch erbracht werden, wenn sie der Vorbereitung auf das Alter dienen.

(4) Altenhilfe soll ohne Rücksicht auf vorhandenes Einkommen oder Vermögen geleistet werden, soweit im Einzelfall Beratung und Unterstützung erforderlich sind.

(5) $_{1}$Die Leistungen der Altenhilfe sind mit den übrigen Leistungen dieses Buches, den Leistungen der Eingliederungshilfe nach dem Neunten Buch, den Leistungen der örtlichen Altenhilfe und der kommunalen Infrastruktur zur Vermeidung sowie Verringerung der Pflegebedürftigkeit und der Inanspruchnahme der Leistungen der Eingliederungshilfe zu verzahnen. $_{2}$Die Ergebnisse der Teilhabeplanung und Gesamtplanung nach dem Neunten Buch sind zu berücksichtigen.

§ 72 Blindenhilfe

(1) $_{1}$Blinden Menschen wird zum Ausgleich der durch die Blindheit bedingten Mehraufwendungen Blindenhilfe gewährt, soweit sie keine gleichartigen Leistungen nach anderen Rechtsvorschriften erhalten. $_{2}$Auf die Blindenhilfe sind Leistungen bei häuslicher Pflege nach dem Elften Buch, auch soweit es sich um Sachleistungen handelt, bei Pflegebedürftigen des Pflegegrades 2 mit 50 Prozent des Pflegegeldes des Pflegegrades 2 und bei Pflegebedürftigen der Pflegegrade 3, 4 oder 5 mit 40 Prozent des Pflegegeldes des Pflegegrades 3, höchstens jedoch mit 50 Prozent des Betrages nach Absatz 2, anzurechnen. $_{3}$Satz 2 gilt sinngemäß für Leistungen nach dem Elften Buch aus einer privaten Pflegeversicherung und nach beamtenrechtlichen

Vorschriften. 4§ 39a ist entsprechend anzuwenden.

(2) 1Die Blindenhilfe beträgt bis 30. Juni 2004 für blinde Menschen nach Vollendung des 18. Lebensjahres 585 Euro monatlich, für blinde Menschen, die das 18. Lebensjahr noch nicht vollendet haben, beträgt sie 293 Euro monatlich. 2Sie verändert sich jeweils zu dem Zeitpunkt und in dem Umfang, wie sich der aktuelle Rentenwert in der gesetzlichen Rentenversicherung verändert.

(3) 1Lebt der blinde Mensch in einer stationären Einrichtung und werden die Kosten des Aufenthalts ganz oder teilweise aus Mitteln öffentlich-rechtlicher Leistungsträger getragen, so verringert sich die Blindenhilfe nach Absatz 2 um die aus diesen Mitteln getragenen Kosten, höchstens jedoch um 50 vom Hundert der Beträge nach Absatz 2. 2Satz 1 gilt vom ersten Tage des zweiten Monats an, der auf den Eintritt in die Einrichtung folgt, für jeden vollen Kalendermonat des Aufenthalts in der Einrichtung. 3Für jeden vollen Tag vorübergehender Abwesenheit von der Einrichtung wird die Blindenhilfe in Höhe von je einem Dreißigstel des Betrages nach Absatz 2 gewährt, wenn die vorübergehende Abwesenheit länger als sechs volle zusammenhängende Tage dauert; der Betrag nach Satz 1 wird im gleichen Verhältnis gekürzt.

(4) 1Neben der Blindenhilfe wird Hilfe zur Pflege wegen Blindheit nach dem Siebten Kapitel außerhalb von stationären Einrichtungen sowie ein Barbetrag (§ 27b Absatz 2) nicht gewährt. 2Neben Absatz 1 ist § 30 Abs. 1 Nr. 2 nur anzuwenden, wenn der blinde Mensch nicht allein wegen Blindheit voll erwerbsgemindert ist. 3Die Sätze 1 und 2 gelten entsprechend für blinde Menschen, die nicht Blindenhilfe, sondern gleichartige Leistungen nach anderen Rechtsvorschriften erhalten.

(5) Blinden Menschen stehen Personen gleich, deren beidäugige Gesamtsehschärfe nicht mehr als ein Fünfzigstel beträgt oder bei denen dem Schweregrad dieser Sehschärfe gleichzuachtende, nicht nur vorübergehende Störungen des Sehvermögens vorliegen.

(6) Die Blindenhilfe wird neben Leistungen nach Teil 2 des Neunten Buches erbracht.

§ 73 Hilfe in sonstigen Lebenslagen

1Leistungen können auch in sonstigen Lebenslagen erbracht werden, wenn sie den Einsatz öffentlicher Mittel rechtfertigen. 2Geldleistungen können als Beihilfe oder als Darlehen erbracht werden.

§ 74 Bestattungskosten

Die erforderlichen Kosten einer Bestattung werden übernommen, soweit den hierzu Verpflichteten nicht zugemutet werden kann, die Kosten zu tragen.

Zehntes Kapitel Vertragsrecht

§ 75 Allgemeine Grundsätze

(1) 1Der Träger der Sozialhilfe darf Leistungen nach dem Siebten bis Neunten Kapitel mit Ausnahme der Leistungen der häuslichen Pflege, soweit diese gemäß § 64 durch Personen, die dem Pflegebedürftigen nahe stehen, oder als Nachbarschaftshilfe übernommen werden, durch Dritte (Leistungserbringer) nur bewilligen, soweit eine schriftliche Vereinbarung zwischen dem Träger des Leistungserbringers und dem für den Ort der Leistungserbringung zuständigen Träger der Sozialhilfe besteht. 2Die Vereinbarung kann auch zwischen dem Träger der Sozialhilfe und dem Verband, dem der Leistungserbringer angehört, geschlossen werden, soweit der Verband eine entsprechende Vollmacht nachweist. 3Die Vereinbarungen sind für alle übrigen Träger der Sozialhilfe bindend. 4Die Vereinbarungen müssen den Grundsätzen der Wirtschaftlichkeit, Sparsamkeit und Leistungsfähigkeit entsprechen und dürfen das Maß des Notwendigen nicht überschreiten. 5Sie sind vor Beginn der jeweiligen Wirtschaftsperiode für einen zukünftigen Zeitraum abzuschließen (Vereinbarungszeitraum); nachträgliche Ausgleiche sind nicht zulässig. 6Die Ergebnisse sind den Leistungsberechtigten in einer wahrnehmbaren Form zugänglich zu machen.

(2) 1Sind geeignete Leistungserbringer vorhanden, soll der Träger der Sozialhilfe zur Erfüllung seiner Aufgaben eigene Angebote nicht neu schaffen. 2Geeignet ist ein Leistungserbringer, der unter Sicherstellung der Grundsätze des § 9 Absatz 1 die Leistungen wirtschaftlich und sparsam erbringen kann. 3Geeignete Träger von Einrichtungen dürfen nur solche Personen beschäftigen oder ehrenamtliche Personen, die in Wahrnehmung ihrer Aufgaben Kontakt mit Leistungsberechtigten haben, mit Aufgaben betrauen, die nicht rechtskräftig wegen einer Straftat nach den §§ 171, 174 bis 174c, 176 bis 180a, 181a, 182 bis 184g, 184i bis 184l, 201a Absatz 3, §§ 225, 232 bis 233a, 234, 235 oder 236 des Strafgesetzbuchs verurteilt worden sind. 4Die Leistungserbringer sollen sich von Fach- und anderem Betreuungspersonal, die in Wahrnehmung ihrer Aufgaben Kontakt mit Leistungsberechtigten haben, vor deren Einstellung oder Aufnahme einer dauerhaften ehrenamtlichen Tätigkeit und in regelmäßigen Abständen ein Führungszeugnis nach § 30a Absatz 1 des Bundeszentralregistergesetzes vorlegen lassen. 5Nimmt der Leistungserbringer Einsicht in ein Führungszeugnis nach § 30a Absatz 1 des Bundeszentralregistergesetzes, so speichert er nur den Umstand der Einsichtnahme, das Datum des Führungszeugnisses und die Information, ob die das Führungszeugnis betreffende Person wegen einer in Satz 3 genannten Straftat rechtskräftig verurteilt worden ist. 6Der Träger der Einrichtung darf diese Daten nur verändern und nutzen, soweit dies zur Prüfung der Eignung einer Person erforderlich ist. 7Die Daten sind vor dem Zugriff Unbefugter zu schützen. 8Sie sind unverzüglich zu löschen, wenn im Anschluss an die Einsichtnahme keine Tätigkeit für den Leistungserbringer wahrgenommen wird. 9Sie sind spätestens drei Monate nach der letztmaligen Ausübung einer Tätigkeit für den Leistungserbringer zu löschen. 10Die durch den Leistungserbringer geforderte Vergütung ist wirtschaftlich angemessen, wenn sie im Vergleich mit der Vergütung vergleichbarer Leistungserbringer im unteren Drittel liegt (externer Vergleich). 11Liegt die geforderte Vergütung oberhalb des unteren Drittels, kann sie wirtschaftlich angemessen sein, sofern sie nachvollziehbar auf einem höheren Aufwand des Leistungserbringers beruht und wirtschaftlicher Betriebsführung entspricht. 12In den externen Vergleich sind die im Einzugsbereich tätigen Leistungserbringer einzubeziehen. 13Tariflich vereinbarte Vergütungen sowie entsprechende Vergütungen nach kirchlichen Arbeitsrechtsregelungen sind grundsätzlich als wirtschaftlich anzusehen, auch soweit die Vergütung aus diesem Grunde oberhalb des unteren Drittels liegt.

(3) Sind mehrere Leistungserbringer im gleichen Maße geeignet, hat der Träger der Sozialhilfe Vereinbarungen vorrangig mit Leistungserbringern abzuschließen, deren Vergütung bei vergleichbarem Inhalt, Umfang und vergleichbarer Qualität der Leistung nicht höher ist als die anderer Leistungserbringer.

(4) Besteht eine schriftliche Vereinbarung, ist der Leistungserbringer im Rahmen des vereinbarten Leistungsangebotes verpflichtet, Leistungsberechtigte aufzunehmen und zu betreuen.

(5) Der Träger der Sozialhilfe darf die Leistungen durch Leistungserbringer, mit denen keine schriftliche Vereinbarung getroffen wurde, nur erbringen, soweit

1. dies nach der Besonderheit des Einzelfalles geboten ist,
2. der Leistungserbringer ein schriftliches Leistungsangebot vorlegt, das für den Inhalt einer Vereinbarung nach § 76 gilt,
3. der Leistungserbringer sich schriftlich verpflichtet, die Grundsätze der Wirtschaftlichkeit und Qualität der Leistungserbringung zu beachten,
4. die Vergütung für die Erbringung der Leistungen nicht höher ist als die Vergütung, die der Träger der Sozialhilfe mit anderen Leistungserbringern für vergleichbare Leistungen vereinbart hat.

Die allgemeinen Grundsätze der Absätze 1 bis 4 und 6 sowie die Vorschriften zum Inhalt der Vereinbarung (§ 76), zur Verbindlichkeit der vereinbarten Vergütung (§ 77a), zur Wirtschaftlichkeits- und Qualitätsprüfung

V

(§ 78), zur Kürzung der Vergütung (§ 79) und zur außerordentlichen Kündigung der Vereinbarung (§ 79a) gelten entsprechend.

(6) Der Leistungserbringer hat gegen den Träger der Sozialhilfe einen Anspruch auf Vergütung der gegenüber dem Leistungsberechtigten erbrachten Leistungen.

§ 76 Inhalt der Vereinbarungen

(1) In der schriftlichen Vereinbarung mit Erbringern von Leistungen nach dem Siebten bis Neunten Kapitel sind zu regeln:

1. Inhalt, Umfang und Qualität einschließlich der Wirksamkeit der Leistungen (Leistungsvereinbarung) sowie
2. die Vergütung der Leistung (Vergütungsvereinbarung).

V

(2) In die Leistungsvereinbarung sind als wesentliche Leistungsmerkmale insbesondere aufzunehmen:

1. die betriebsnotwendigen Anlagen des Leistungserbringers,
2. der zu betreuende Personenkreis,
3. Art, Ziel und Qualität der Leistung,
4. die Festlegung der personellen Ausstattung,
5. die Qualifikation des Personals sowie
6. die erforderliche sächliche Ausstattung.

(3) $_1$Die Vergütungsvereinbarung besteht mindestens aus

1. der Grundpauschale für Unterkunft und Verpflegung,
2. der Maßnahmepauschale sowie
3. einem Betrag für betriebsnotwendige Anlagen einschließlich ihrer Ausstattung (Investitionsbetrag).

$_2$Förderungen aus öffentlichen Mitteln sind anzurechnen. $_3$Die Maßnahmepauschale ist nach Gruppen für Leistungsberechtigte mit vergleichbarem Bedarf sowie bei Leistungen der häuslichen Pflegehilfe für die gemeinsame Inanspruchnahme durch mehrere Leistungsberechtigte zu kalkulieren. $_4$Abweichend von Satz 1 können andere geeignete Verfahren zur Vergütung und Abrechnung der Leistung unter Beteiligung der Interessenvertretungen der Menschen mit Behinderungen vereinbart werden.

§ 76a Zugelassene Pflegeeinrichtungen

(1) Bei zugelassenen Pflegeeinrichtungen im Sinne des § 72 des Elften Buches richten sich Art, Inhalt, Umfang und Vergütung

1. der ambulanten und teilstationären Pflegeleistungen,
2. der Leistungen der Kurzzeitpflege,
3. der vollstationären Pflegeleistungen,
4. der Leistungen bei Unterkunft und Verpflegung und
5. der Zusatzleistungen in Pflegeheimen

nach dem Achten Kapitel des Elften Buches, soweit die Vereinbarungen nach dem Achten Kapitel des Elften Buches im Einvernehmen mit dem Träger der Sozialhilfe getroffen worden sind und nicht nach dem Siebten Kapitel weitergehende Leistungen zu erbringen sind.

(2) Bestehen tatsächliche Anhaltspunkte, dass eine zugelassene Pflegeeinrichtung ihre vertraglichen oder gesetzlichen Pflichten nicht erfüllt, findet § 78 entsprechende Anwendung, soweit nicht eine Wirtschaftlichkeits- und Abrechnungsprüfung nach § 79 des Elften Buches erfolgt oder soweit nicht ein Auftrag für eine Anlassprüfung nach § 114 des Elften Buches durch die Landesverbände der Pflegekassen erteilt worden ist.

(3) Der Träger der Sozialhilfe ist zur Übernahme gesondert berechneter Investitionskosten nach dem Elften Buch nur verpflichtet, soweit die zuständige Landesbehörde ihre Zustimmung nach § 82 Absatz 3 Satz 3 des Elften Buches erteilt oder der Träger der Sozialhilfe mit dem Träger der Einrichtung eine entsprechende Vereinbarung nach dem Zehnten Kapitel über die gesondert berechneten Investitionskosten nach § 82 Absatz 4 des Elften Buches getroffen hat.

§ 77 Verfahren und Inkrafttreten der Vereinbarung

(1) $_1$Der Leistungserbringer oder der Träger der Sozialhilfe hat die jeweils andere Partei schriftlich zu Verhandlungen über den Abschluss einer Vereinbarung gemäß § 76 auf-

zufordern. 2Bei einer Aufforderung zum Abschluss einer Folgevereinbarung sind die Verhandlungsgegenstände zu benennen. 3Die Aufforderung durch den Leistungsträger kann an einen unbestimmten Kreis von Leistungserbringern gerichtet werden. 4Auf Verlangen einer Partei sind geeignete Nachweise zu den Verhandlungsgegenständen vorzulegen.

(2) 1Kommt es nicht innerhalb von drei Monaten, nachdem eine Partei zu Verhandlungen aufgefordert wurde, zu einer schriftlichen Vereinbarung, so kann jede Partei hinsichtlich der strittigen Punkte die gemeinsame Schiedsstelle anrufen. 2Die Schiedsstelle hat unverzüglich über die strittigen Punkte zu entscheiden. 3Gegen die Entscheidung der Schiedsstelle ist der Rechtsweg zu den Sozialgerichten gegeben, ohne dass es eines Vorverfahrens bedarf. 4Die Klage ist nicht gegen die Schiedsstelle, sondern gegen den Verhandlungspartner zu richten.

(3) 1Vereinbarungen und Schiedsstellenentscheidungen treten zu dem darin bestimmten Zeitpunkt in Kraft. 2Wird in einer Vereinbarung ein Zeitpunkt nicht bestimmt, wird die Vereinbarung mit dem Tag ihres Abschlusses wirksam. 3Festsetzungen der Schiedsstelle werden, soweit keine Festlegung erfolgt ist, rückwirkend mit dem Tag wirksam, an dem der Antrag bei der Schiedsstelle eingegangen ist. 4Soweit in den Fällen des Satzes 3 während des Schiedsstellenverfahrens der Antrag geändert wurde, ist auf den Tag abzustellen, an dem der geänderte Antrag bei der Schiedsstelle eingegangen ist. 5Ein jeweils vor diesem Zeitpunkt zurückwirkendes Vereinbaren oder Festsetzen von Vergütungen ist in den Fällen der Sätze 1 bis 4 nicht zulässig.

§ 77a Verbindlichkeit der vereinbarten Vergütung

(1) 1Mit der Zahlung der vereinbarten Vergütung gelten alle während des Vereinbarungszeitraums entstandenen Ansprüche des Leistungserbringers auf Vergütung der Leistung als abgegolten. 2Die im Einzelfall zu zahlende Vergütung bestimmt sich auf der Grundlage der jeweiligen Vereinbarung nach dem Betrag, der dem Leistungsberechtigten vom zuständigen Träger der Sozialhilfe bewilligt worden ist. 3Sind Leistungspauschalen nach Gruppen von Leistungsberechtigten kalkuliert (§ 76 Absatz 3 Satz 2), richtet sich die zu zahlende Vergütung nach der Gruppe, die dem Leistungsberechtigten vom zuständigen Träger der Sozialhilfe bewilligt wurde.

(2) Einer Erhöhung der Vergütung auf Grund von Investitionsmaßnahmen, die während des laufenden Vereinbarungszeitraums getätigt werden, muss der Träger der Sozialhilfe zustimmen, soweit er der Maßnahme zuvor dem Grunde und der Höhe nach zugestimmt hat.

(3) 1Bei unvorhergesehenen wesentlichen Änderungen der Annahmen, die der Vergütungsvereinbarung oder der Entscheidung der Schiedsstelle über die Vergütung zugrunde lagen, sind die Vergütungen auf Verlangen einer Vertragspartei für den laufenden Vereinbarungszeitraum neu zu verhandeln. 2Für eine Neuverhandlung gelten die Vorschriften zum Verfahren und Inkrafttreten (§ 77) entsprechend.

(4) Nach Ablauf des Vereinbarungszeitraums gelten die vereinbarten oder durch die Schiedsstelle festgesetzten Vergütungen bis zum Inkrafttreten einer neuen Vergütungsvereinbarung weiter.

§ 78 Wirtschaftlichkeits- und Qualitätsprüfung

(1) 1Soweit tatsächliche Anhaltspunkte dafür bestehen, dass ein Leistungserbringer seine vertraglichen oder gesetzlichen Pflichten nicht erfüllt, prüft der Träger der Sozialhilfe oder ein von diesem beauftragter Dritter die Wirtschaftlichkeit und Qualität einschließlich der Wirksamkeit der vereinbarten Leistungen des Leistungserbringers. 2Die Leistungserbringer sind verpflichtet, dem Träger der Sozialhilfe auf Verlangen die für die Prüfung erforderlichen Unterlagen vorzulegen und Auskünfte zu erteilen. 3Zur Vermeidung von Doppelprüfungen arbeiten die Träger der Sozialhilfe mit den Leistungsträgern nach Teil 2 des Neunten Buches, mit den für die Heim-

V

aufsicht zuständigen Behörden sowie mit dem Medizinischen Dienst gemäß § 278 des Fünften Buches zusammen. 4Der Träger der Sozialhilfe ist berechtigt und auf Anforderung verpflichtet, den für die Heimaufsicht zuständigen Behörden die Daten über den Leistungserbringer sowie die Ergebnisse der Prüfungen mitzuteilen, soweit sie für die Zwecke der Prüfung durch den Empfänger erforderlich sind. 5Personenbezogene Daten sind vor der Datenübermittlung zu anonymisieren. 6Abweichend von Satz 5 dürfen personenbezogene Daten in nicht anonymisierter Form an die für die Heimaufsicht zuständigen Behörden übermittelt werden, soweit sie zu deren Aufgabenerfüllung erforderlich sind. 7Durch Landesrecht kann von der Einschränkung in Satz 1 erster Halbsatz abgewichen werden.

V

(2) Die Prüfung erfolgt ohne vorherige Ankündigung und erstreckt sich auf Inhalt, Umfang, Wirtschaftlichkeit und Qualität einschließlich der Wirksamkeit der erbrachten Leistungen.

(3) 1Der Träger der Sozialhilfe hat den Leistungserbringer über das Ergebnis der Prüfung schriftlich zu unterrichten. 2Das Ergebnis der Prüfung ist dem Leistungsberechtigten in einer wahrnehmbaren Form zugänglich zu machen.

§ 79 Kürzung der Vergütung

(1) 1Hält ein Leistungserbringer seine gesetzlichen oder vertraglichen (vereinbarten) Verpflichtungen ganz oder teilweise nicht ein, ist die vereinbarte Vergütung für die Dauer der Pflichtverletzung entsprechend zu kürzen. 2Über die Höhe des Kürzungsbetrags ist zwischen den Vertragsparteien Einvernehmen herzustellen. 3Kommt eine Einigung nicht zustande, entscheidet auf Antrag einer Vertragspartei die Schiedsstelle. 4Für das Verfahren bei Entscheidungen durch die Schiedsstelle gilt § 77 Absatz 2 und 3 entsprechend.

(2) Der Kürzungsbetrag ist an den Träger der Sozialhilfe bis zu der Höhe zurückzuzahlen, in der die Leistung vom Träger der Sozialhilfe erbracht worden ist, und im Übrigen an den Leistungsberechtigten zurückzuzahlen.

(3) 1Der Kürzungsbetrag kann nicht über die Vergütungen refinanziert werden. 2Darüber hinaus besteht hinsichtlich des Kürzungsbetrags kein Anspruch auf Nachverhandlung gemäß § 77a Absatz 2.

§ 79a Außerordentliche Kündigung der Vereinbarungen

1Der Träger der Sozialhilfe kann die Vereinbarungen mit einem Leistungserbringer fristlos kündigen, wenn ihm ein Festhalten an den Vereinbarungen auf Grund einer groben Verletzung einer gesetzlichen oder vertraglichen Verpflichtung durch die Vertragspartei nicht mehr zumutbar ist. 2Eine grobe Pflichtverletzung liegt insbesondere dann vor, wenn in der Prüfung nach § 78 oder auf andere Weise festgestellt wird, dass

1. Leistungsberechtigte infolge der Pflichtverletzung zu Schaden kommen,
2. gravierende Mängel bei der Leistungserbringung vorhanden sind,
3. dem Leistungserbringer nach heimrechtlichen Vorschriften die Betriebserlaubnis entzogen ist,
4. dem Leistungserbringer der Betrieb untersagt wird oder
5. der Leistungserbringer nicht erbrachte Leistungen gegenüber dem Leistungsträger abrechnet.

3Die Kündigung bedarf der Schriftform. 4§ 59 des Zehnten Buches bleibt unberührt.

§ 80 Rahmenverträge

(1) 1Die überörtlichen Träger der Sozialhilfe und die örtlichen Träger der Sozialhilfe im Zuständigkeitsbereich des überörtlichen Trägers schließen mit den Vereinigungen der Leistungserbringer gemeinsam und einheitlich Rahmenverträge zu den Vereinbarungen nach § 76 ab. 2Die Rahmenverträge bestimmen

1. die nähere Abgrenzung der den Vergütungspauschalen und -beträgen nach § 76 zugrunde zu legenden Kostenarten und -bestandteile sowie die Zusammensetzung der Investitionsbeträge nach § 76,
2. den Inhalt und die Kriterien für die Ermittlung und Zusammensetzung der Maßnah-

mepauschalen, die Merkmale für die Bildung von Gruppen mit vergleichbarem Bedarf nach § 76 Absatz 3 Satz 3 sowie die Zahl der zu bildenden Gruppen,

3. die Festlegung von Personalrichtwerten oder anderen Methoden zur Festlegung der personellen Ausstattung,
4. die Grundsätze und Maßstäbe für die Wirtschaftlichkeit und Qualitätssicherung einschließlich der Wirksamkeit der Leistungen sowie Inhalt und Verfahren zur Durchführung von Wirtschaftlichkeits- und Qualitätsprüfungen und
5. das Verfahren zum Abschluss von Vereinbarungen.

$_3$Für Leistungserbringer, die einer Kirche oder Religionsgemeinschaft des öffentlichen Rechts oder einem sonstigen freigemeinnützigen Träger zuzuordnen sind, können die Rahmenverträge auch von der Kirche oder Religionsgemeinschaft oder von dem Wohlfahrtsverband abgeschlossen werden, dem der Leistungserbringer angehört. $_4$In den Rahmenverträgen sollen die Merkmale und Besonderheit der jeweiligen Leistungen berücksichtigt werden.

(2) Die durch Landesrecht bestimmten maßgeblichen Interessenvertretungen der Menschen mit Behinderungen wirken bei der Erarbeitung und Beschlussfassung der Rahmenverträge mit.

(3) Die Bundesarbeitsgemeinschaft der überörtlichen Träger der Sozialhilfe, die Bundesvereinigung der kommunalen Spitzenverbände und die Bundesvereinigungen der Leistungserbringer vereinbaren gemeinsam und einheitlich Empfehlungen zum Inhalt der Rahmenverträge nach Absatz 1.

(4) Kommt es nicht innerhalb von sechs Monaten nach schriftlicher Aufforderung durch die Landesregierung zu einem Rahmenvertrag, kann die Landesregierung durch Rechtsverordnung die Inhalte regeln.

§ 81 Schiedsstelle

(1) Für jedes Land oder für Teile eines Landes wird eine Schiedsstelle gebildet.

(2) Die Schiedsstelle besteht aus Vertretern der Leistungserbringer und Vertretern der örtlichen und überörtlichen Träger der Sozialhilfe in gleicher Zahl sowie einem unparteiischen Vorsitzenden.

(3) $_1$Die Vertreter der Leistungserbringer und deren Stellvertreter werden von den Vereinigungen der Leistungserbringer bestellt. $_2$Bei der Bestellung ist die Trägervielfalt zu beachten. $_3$Die Vertreter der Träger der Sozialhilfe und deren Stellvertreter werden von diesen bestellt. $_4$Der Vorsitzende und sein Stellvertreter werden von den beteiligten Organisationen gemeinsam bestellt. $_5$Kommt eine Einigung nicht zustande, werden sie durch Los bestimmt. $_6$Soweit beteiligte Organisationen keinen Vertreter bestellen oder im Verfahren nach Satz 3 keine Kandidaten für das Amt des Vorsitzenden und des Stellvertreters benennen, bestellt die zuständige Landesbehörde auf Antrag einer der beteiligten Organisationen die Vertreter und benennt die Kandidaten.

(4) $_1$Die Mitglieder der Schiedsstelle führen ihr Amt als Ehrenamt. $_2$Sie sind an Weisungen nicht gebunden. $_3$Jedes Mitglied hat eine Stimme. $_4$Die Entscheidungen werden mit der Mehrheit der Mitglieder getroffen. $_5$Ergibt sich keine Mehrheit, entscheidet die Stimme des Vorsitzenden.

(5) Die Landesregierungen werden ermächtigt, durch Rechtsverordnung das Nähere über

1. die Zahl der Schiedsstellen,
2. die Zahl der Mitglieder und deren Bestellung,
3. die Amtsdauer und Amtsführung,
4. die Erstattung der baren Auslagen und die Entschädigung für den Zeitaufwand der Mitglieder der Schiedsstelle,
5. die Geschäftsführung,
6. das Verfahren,
7. die Erhebung und die Höhe der Gebühren,
8. die Verteilung der Kosten sowie
9. die Rechtsaufsicht zu bestimmen.

V

Elftes Kapitel
Einsatz des Einkommens und des Vermögens

Erster Abschnitt
Einkommen

§ 82 Begriff des Einkommens

(1) $_{1}$Zum Einkommen gehören alle Einkünfte in Geld oder Geldeswert. $_{2}$Nicht zum Einkommen gehören

1. Leistungen nach diesem Buch,
2. die Grundrente nach dem Bundesversorgungsgesetz und nach den Gesetzen, die eine entsprechende Anwendung des Bundesversorgungsgesetzes vorsehen,
3. Renten oder Beihilfen nach dem Bundesentschädigungsgesetz für Schaden an Leben sowie an Körper oder Gesundheit bis zur Höhe der vergleichbaren Grundrente nach dem Bundesversorgungsgesetz und
4. Aufwandsentschädigungen nach § 1835a des Bürgerlichen Gesetzbuchs kalenderjährlich bis zu dem in § 3 Nummer 26 Satz 1 des Einkommensteuergesetzes genannten Betrag.

$_{3}$Einkünfte aus Rückerstattungen, die auf Vorauszahlungen beruhen, die Leistungsberechtigte aus dem Regelsatz erbracht haben, sind kein Einkommen. $_{4}$Bei Minderjährigen ist das Kindergeld dem jeweiligen Kind als Einkommen zuzurechnen, soweit es bei diesem zur Deckung des notwendigen Lebensunterhaltes, mit Ausnahme der Bedarfe nach § 34, benötigt wird.

(2) $_{1}$Von dem Einkommen sind abzusetzen

1. auf das Einkommen entrichtete Steuern,
2. Pflichtbeiträge zur Sozialversicherung einschließlich der Beiträge zur Arbeitsförderung,
3. Beiträge zu öffentlichen oder privaten Versicherungen oder ähnlichen Einrichtungen, soweit diese Beiträge gesetzlich vorgeschrieben oder nach Grund und Höhe angemessen sind, sowie geförderte Altersvorsorgebeiträge nach § 82 des Einkommensteuergesetzes, soweit sie den Mindesteigenbetrag nach § 86 des Einkommensteuergesetzes nicht überschreiten, und
4. die mit der Erzielung des Einkommens verbundenen notwendigen Ausgaben.

$_{2}$Erhält eine leistungsberechtigte Person aus einer Tätigkeit Bezüge oder Einnahmen, die nach § 3 Nummer 12, 26 oder 26a des Einkommensteuergesetzes steuerfrei sind oder die als Taschengeld nach § 2 Nummer 4 des Bundesfreiwilligendienstgesetzes oder nach § 2 Absatz 1 Nummer 4 des Jugendfreiwilligendienstegesetzes gezahlt werden, ist abweichend von Satz 1 Nummer 2 bis 4 und den Absätzen 3 und 6 ein Betrag von bis zu 250 Euro monatlich nicht als Einkommen zu berücksichtigen. $_{3}$Soweit ein Betrag nach Satz 2 in Anspruch genommen wird, gelten die Beträge nach Absatz 3 Satz 1 zweiter Halbsatz und nach Absatz 6 Satz 1 zweiter Halbsatz insoweit als ausgeschöpft.

(3) $_{1}$Bei der Hilfe zum Lebensunterhalt und Grundsicherung im Alter und bei Erwerbsminderung ist ferner ein Betrag in Höhe von 30 vom Hundert des Einkommens aus selbständiger und nichtselbständiger Tätigkeit der Leistungsberechtigten abzusetzen, höchstens jedoch 50 vom Hundert der Regelbedarfsstufe 1 nach der Anlage zu § 28. $_{2}$Abweichend von Satz 1 ist bei einer Beschäftigung in einer Werkstatt für behinderte Menschen oder bei einem anderen Leistungsanbieter nach § 60 des Neunten Buches von dem Entgelt ein Achtel der Regelbedarfsstufe 1 nach der Anlage zu § 28 zuzüglich 50 vom Hundert des diesen Betrag übersteigenden Entgelts abzusetzen. $_{3}$Im Übrigen kann in begründeten Fällen ein anderer als in Satz 1 festgelegter Betrag vom Einkommen abgesetzt werden.

(4) Bei der Hilfe zum Lebensunterhalt und Grundsicherung im Alter und bei Erwerbsminderung ist ferner ein Betrag von 100 Euro monatlich aus einer zusätzlichen Altersvorsorge der Leistungsberechtigten zuzüglich 30 vom Hundert des diesen Betrag übersteigenden Einkommens aus einer zusätzlichen Altersvorsorge der Leistungsberechtigten abzusetzen, höchstens jedoch 50 vom Hundert der Regelbedarfsstufe 1 nach der Anlage zu § 28.

(5) $_{1}$Einkommen aus einer zusätzlichen Altersvorsorge im Sinne des Absatzes 4 ist jedes monatlich bis zum Lebensende ausgezahlte Einkommen, auf das der Leistungsberechtigte vor Erreichen der Regelaltersgrenze auf freiwilliger Grundlage Ansprüche erworben hat und das dazu bestimmt und geeignet ist, die Einkommenssituation des Leistungsberechtigten gegenüber möglichen Ansprüchen aus Zeiten einer Versicherungspflicht in der gesetzlichen Rentenversicherung nach den §§ 1 bis 4 des Sechsten Buches, nach § 1 des Gesetzes über die Alterssicherung der Landwirte, aus beamtenrechtlichen Versorgungsansprüchen und aus Ansprüchen aus Zeiten einer Versicherungspflicht in einer Versicherungs- und Versorgungseinrichtung, die für Angehörige bestimmter Berufe errichtet ist, zu verbessern. $_{2}$Als Einkommen aus einer zusätzlichen Altersvorsorge gelten auch laufende Zahlungen aus

1. einer betrieblichen Altersversorgung im Sinne des Betriebsrentengesetzes,
2. einem nach § 5 des Altersvorsorgeverträge-Zertifizierungsgesetzes zertifizierten Altersvorsorgevertrag und
3. einem nach § 5a des Altersvorsorgeverträge-Zertifizierungsgesetzes zertifizierten Basisrentenvertrag.

$_{3}$Werden bis zu zwölf Monatsleistungen aus einer zusätzlichen Altersvorsorge, insbesondere gemäß einer Vereinbarung nach § 10 Absatz 1 Nummer 2 Satz 3 erster Halbsatz des Einkommensteuergesetzes, zusammengefasst, so ist das Einkommen gleichmäßig auf den Zeitraum aufzuteilen, für den die Auszahlung erfolgte.

(6) Für Personen, die Leistungen der Hilfe zur Pflege, der Blindenhilfe oder Leistungen der Eingliederungshilfe nach dem Neunten Buch erhalten, ist ein Betrag in Höhe von 40 Prozent des Einkommens aus selbständiger und nichtselbständiger Tätigkeit der Leistungsberechtigten abzusetzen, höchstens jedoch 65 Prozent der Regelbedarfsstufe 1 nach der Anlage zu § 28.

(7) $_{1}$Einmalige Einnahmen, bei denen für den Monat des Zuflusses bereits Leistungen ohne Berücksichtigung der Einnahme erbracht worden sind, werden im Folgemonat berücksichtigt. $_{2}$Entfiele der Leistungsanspruch durch die Berücksichtigung in einem Monat, ist die einmalige Einnahme auf einen Zeitraum von sechs Monaten gleichmäßig zu verteilen und mit einem entsprechenden Teilbetrag zu berücksichtigen. $_{3}$In begründeten Einzelfällen ist der Anrechnungszeitraum nach Satz 2 angemessen zu verkürzen. $_{4}$Die Sätze 1 und 2 sind auch anzuwenden, soweit während des Leistungsbezugs eine Auszahlung zur Abfindung einer Kleinbetragsrente im Sinne des § 93 Absatz 3 Satz 2 des Einkommensteuergesetzes oder nach § 3 Absatz 2 des Betriebsrentengesetzes erfolgt und durch den ausgezahlten Betrag das Vermögen überschritten wird, welches nach § 90 Absatz 2 Nummer 9 und Absatz 3 nicht einzusetzen ist.

§ 82a Freibetrag für Personen mit Grundrentenzeiten oder entsprechenden Zeiten aus anderweitigen Alterssicherungssystemen

(1) Bei der Hilfe zum Lebensunterhalt und Grundsicherung im Alter und bei Erwerbsminderung ist für Personen, die mindestens 33 Jahre an Grundrentenzeiten nach § 76g Absatz 2 des Sechsten Buches erreicht haben, ein Betrag in Höhe von 100 Euro monatlich aus der gesetzlichen Rente zuzüglich 30 Prozent des diesen Betrag übersteigenden Einkommens aus der gesetzlichen Rente vom Einkommen nach § 82 Absatz 1 abzusetzen, höchstens jedoch ein Betrag in Höhe von 50 Prozent der Regelbedarfsstufe 1 nach der Anlage zu § 28.

(2) Absatz 1 gilt entsprechend für Personen, die mindestens 33 Jahre an Grundrentenzeiten vergleichbaren Zeiten in

1. einer Versicherungspflicht nach § 1 des Gesetzes über die Alterssicherung der Landwirte haben,
2. einer sonstigen Beschäftigung, in der Versicherungsfreiheit nach § 5 Absatz 1 Satz 1 Nummer 2 und 3 und Satz 2 des Sechsten Buches oder Befreiung von der Versicherungspflicht nach § 6 Absatz 1 Satz 1

Nummer 2 des Sechsten Buches bestand, haben oder

3. einer Versicherungspflicht in einer Versicherungs- oder Versorgungseinrichtung, die für Angehörige bestimmter Berufe errichtet ist, haben.

Absatz 1 gilt auch, wenn die 33 Jahre durch die Zusammenrechnung der Zeiten nach Satz 1 Nummer 1 bis 3 und der Grundrentenzeiten nach § 76g Absatz 2 des Sechsten Buches erfüllt werden. Je Kalendermonat wird eine Grundrentenzeit oder eine nach Satz 1 vergleichbare Zeit angerechnet.

§ 83 Nach Zweck und Inhalt bestimmte Leistungen

V

(1) Leistungen, die auf Grund öffentlich-rechtlicher Vorschriften zu einem ausdrücklich genannten Zweck erbracht werden, sind nur so weit als Einkommen zu berücksichtigen, als die Sozialhilfe im Einzelfall demselben Zweck dient.

(2) Eine Entschädigung, die wegen eines Schadens, der nicht Vermögensschaden ist, nach § 253 Abs. 2 des Bürgerlichen Gesetzbuches geleistet wird, ist nicht als Einkommen zu berücksichtigen.

§ 84 Zuwendungen

(1) 1Zuwendungen der freien Wohlfahrtspflege bleiben als Einkommen außer Betracht. 2Dies gilt nicht, soweit die Zuwendung die Lage der Leistungsberechtigten so günstig beeinflusst, dass daneben Sozialhilfe ungerechtfertigt wäre.

(2) Zuwendungen, die ein anderer erbringt, ohne hierzu eine rechtliche oder sittliche Pflicht zu haben, sollen als Einkommen außer Betracht bleiben, soweit ihre Berücksichtigung für die Leistungsberechtigten eine besondere Härte bedeuten würde.

Zweiter Abschnitt Einkommensgrenzen für die Leistungen nach dem Fünften bis Neunten Kapitel

§ 85 Einkommensgrenze

(1) Bei der Hilfe nach dem Fünften bis Neunten Kapitel ist der nachfragenden Person und ihrem nicht getrennt lebenden Ehegatten oder Lebenspartner die Aufbringung der Mittel nicht zuzumuten, wenn während der Dauer des Bedarfs ihr monatliches Einkommen zusammen eine Einkommensgrenze nicht übersteigt, die sich ergibt aus

1. einem Grundbetrag in Höhe des Zweifachen der Regelbedarfsstufe 1 nach der Anlage zu § 28,
2. den Aufwendungen für die Unterkunft, soweit diese den der Besonderheit des Einzelfalles angemessenen Umfang nicht übersteigen und
3. einem Familienzuschlag in Höhe des auf volle Euro aufgerundeten Betrages von 70 vom Hundert der Regelbedarfsstufe 1 nach der Anlage zu § 28 für den nicht getrennt lebenden Ehegatten oder Lebenspartner und für jede Person, die von der nachfragenden Person, ihrem nicht getrennt lebenden Ehegatten oder Lebenspartner überwiegend unterhalten worden ist oder für die sie nach der Entscheidung über die Erbringung der Sozialhilfe unterhaltspflichtig werden.

(2) 1Ist die nachfragende Person minderjährig und unverheiratet, so ist ihr und ihren Eltern die Aufbringung der Mittel nicht zuzumuten, wenn während der Dauer des Bedarfs das monatliche Einkommen der nachfragenden Person und ihrer Eltern zusammen eine Einkommensgrenze nicht übersteigt, die sich ergibt aus

1. einem Grundbetrag in Höhe des Zweifachen der Regelbedarfsstufe 1 nach der Anlage zu § 28,
2. den Aufwendungen für die Unterkunft, soweit diese den der Besonderheit des Einzelfalles angemessenen Umfang nicht übersteigen und
3. einem Familienzuschlag in Höhe des auf volle Euro aufgerundeten Betrages von 70 vom Hundert der Regelbedarfsstufe 1 nach der Anlage zu § 28 für einen Elternteil, wenn die Eltern zusammenleben, sowie für die nachfragende Person und für jede Person, die von den Eltern oder der nachfragenden Person überwiegend un-

terhalten worden ist oder für die sie nach der Entscheidung über die Erbringung der Sozialhilfe unterhaltspflichtig werden.

2Leben die Eltern nicht zusammen, richtet sich die Einkommensgrenze nach dem Elternteil, bei dem die nachfragende Person lebt. 3Lebt sie bei keinem Elternteil, bestimmt sich die Einkommensgrenze nach Absatz 1.

(3) 1Die Regelbedarfsstufe 1 nach der Anlage zu § 28 bestimmt sich nach dem Ort, an dem der Leistungsberechtigte die Leistung erhält. 2Bei der Leistung in einer Einrichtung sowie bei Unterbringung in einer anderen Familie oder bei den in § 107 genannten anderen Personen bestimmt er sich nach dem gewöhnlichen Aufenthalt des Leistungsberechtigten oder, wenn im Falle des Absatzes 2 auch das Einkommen seiner Eltern oder eines Elternteils maßgebend ist, nach deren gewöhnlichen Aufenthalt. 3Ist ein gewöhnlicher Aufenthalt im Inland nicht vorhanden oder nicht zu ermitteln, ist Satz 1 anzuwenden.

§ 86 Abweichender Grundbetrag

Die Länder und, soweit landesrechtliche Vorschriften nicht entgegenstehen, auch die Träger der Sozialhilfe können für bestimmte Arten der Hilfe nach dem Fünften bis Neunten Kapitel der Einkommensgrenze einen höheren Grundbetrag zu Grunde legen.

§ 87 Einsatz des Einkommens über der Einkommensgrenze

(1) 1Soweit das zu berücksichtigende Einkommen die Einkommensgrenze übersteigt, ist die Aufbringung der Mittel in angemessenem Umfang zuzumuten. 2Bei der Prüfung, welcher Umfang angemessen ist, sind insbesondere die Art des Bedarfs, die Art oder Schwere der Behinderung oder der Pflegebedürftigkeit, die Dauer und Höhe der erforderlichen Aufwendungen sowie besondere Belastungen der nachfragenden Person und ihrer unterhaltsberechtigten Angehörigen zu berücksichtigen. 3Bei Pflegebedürftigen der Pflegegrade 4 und 5 und blinden Menschen nach § 72 ist ein Einsatz des Einkommens über der Einkommensgrenze in Höhe von mindestens 60 vom Hundert nicht zuzumuten.

(2) Verliert die nachfragende Person durch den Eintritt eines Bedarfsfalles ihr Einkommen ganz oder teilweise und ist ihr Bedarf nur von kurzer Dauer, so kann die Aufbringung der Mittel auch aus dem Einkommen verlangt werden, das sie innerhalb eines angemessenen Zeitraumes nach dem Wegfall des Bedarfs erwirbt und das die Einkommensgrenze übersteigt, jedoch nur insoweit, als ihr ohne den Verlust des Einkommens die Aufbringung der Mittel zuzumuten gewesen wäre.

(3) Bei einmaligen Leistungen zur Beschaffung von Bedarfsgegenständen, deren Gebrauch für mindestens ein Jahr bestimmt ist, kann die Aufbringung der Mittel nach Maßgabe des Absatzes 1 auch aus dem Einkommen verlangt werden, das die in § 19 Abs. 3 genannten Personen innerhalb eines Zeitraumes von bis zu drei Monaten nach Ablauf des Monats, in dem über die Leistung entschieden worden ist, erwerben.

§ 88 Einsatz des Einkommens unter der Einkommensgrenze

(1) 1Die Aufbringung der Mittel kann, auch soweit das Einkommen unter der Einkommensgrenze liegt, verlangt werden,

1. soweit von einem anderen Leistungen für einen besonderen Zweck erbracht werden, für den sonst Sozialhilfe zu leisten wäre,
2. wenn zur Deckung des Bedarfs nur geringfügige Mittel erforderlich sind.

2Darüber hinaus soll in angemessenem Umfang die Aufbringung der Mittel verlangt werden, wenn eine Person für voraussichtlich längere Zeit Leistungen in einer stationären Einrichtung bedarf.

(2) 1Bei einer stationären Leistung in einer stationären Einrichtung wird von dem Einkommen, das der Leistungsberechtigte aus einer entgeltlichen Beschäftigung erzielt, die Aufbringung der Mittel in Höhe von einem Achtel der Regelbedarfsstufe 1 nach der Anlage zu § 28 zuzüglich 50 vom Hundert des diesen Betrag übersteigenden Einkommens

V

aus der Beschäftigung nicht verlangt. 2§ 82 Absatz 3 und 6 ist nicht anzuwenden.

§ 89 Einsatz des Einkommens bei mehrfachem Bedarf

(1) Wird im Einzelfall der Einsatz eines Teils des Einkommens zur Deckung eines bestimmten Bedarfs zugemutet oder verlangt, darf dieser Teil des Einkommens bei der Prüfung, inwieweit der Einsatz des Einkommens für einen anderen gleichzeitig bestehenden Bedarf zuzumuten ist oder verlangt werden kann, nicht berücksichtigt werden.

(2) 1Sind im Fall des Absatzes 1 für die Bedarfsfälle verschiedene Träger der Sozialhilfe zuständig, hat die Entscheidung über die Leistung für den zuerst eingetretenen Bedarf den Vorrang. 2Treten die Bedarfsfälle gleichzeitig ein, ist das über der Einkommensgrenze liegende Einkommen zu gleichen Teilen bei den Bedarfsfällen zu berücksichtigen. 3Bestehen neben den Bedarfen für Leistungen nach diesem Buch gleichzeitig Bedarfe für Leistungen nach Teil 2 des Neunten Buches, so ist das über der Einkommensgrenze liegende Einkommen nur zur Hälfte zu berücksichtigen.

Dritter Abschnitt
Vermögen

§ 90 Einzusetzendes Vermögen

(1) Einzusetzen ist das gesamte verwertbare Vermögen.

(2) Die Sozialhilfe darf nicht abhängig gemacht werden vom Einsatz oder von der Verwertung

1. eines Vermögens, das aus öffentlichen Mitteln zum Aufbau oder zur Sicherung einer Lebensgrundlage oder zur Gründung eines Hausstandes erbracht wird,
2. eines nach § 10a oder Abschnitt XI des Einkommensteuergesetzes geförderten Altersvorsorgevermögens im Sinne des § 92 des Einkommensteuergesetzes; dies gilt auch für das in der Auszahlungsphase insgesamt zur Verfügung stehende Kapital, soweit die Auszahlung als monatliche oder als sonstige regelmäßige Leistung im Sinne von § 82 Absatz 5 Satz 3 erfolgt; für diese Auszahlungen ist § 82 Absatz 4 und 5 anzuwenden,
3. eines sonstigen Vermögens, solange es nachweislich zur baldigen Beschaffung oder Erhaltung eines Hausgrundstücks im Sinne der Nummer 8 bestimmt ist, soweit dieses Wohnzwecken von Menschen mit einer wesentlichen Behinderung oder einer drohenden wesentlichen Behinderung (§ 99 Absatz 1 und 2 des Neunten Buches) oder von blinden Menschen (§ 72) oder pflegebedürftigen Menschen (§ 61) dient oder dienen soll und dieser Zweck durch den Einsatz oder die Verwertung des Vermögens gefährdet würde,
4. eines angemessenen Hausrats; dabei sind die bisherigen Lebensverhältnisse der nachfragenden Person zu berücksichtigen,
5. von Gegenständen, die zur Aufnahme oder Fortsetzung der Berufsausbildung oder der Erwerbstätigkeit unentbehrlich sind,
6. von Familien- und Erbstücken, deren Veräußerung für die nachfragende Person oder ihre Familie eine besondere Härte bedeuten würde,
7. von Gegenständen, die zur Befriedigung geistiger, insbesondere wissenschaftlicher oder künstlerischer Bedürfnisse dienen und deren Besitz nicht Luxus ist,
8. eines angemessenen Hausgrundstücks, das von der nachfragenden Person oder einer anderen in den § 19 Abs. 1 bis 3 genannten Person allein oder zusammen mit Angehörigen ganz oder teilweise bewohnt wird und nach ihrem Tod von ihren Angehörigen bewohnt werden soll. Die Angemessenheit bestimmt sich nach der Zahl der Bewohner, dem Wohnbedarf (zum Beispiel behinderter, blinder oder pflegebedürftiger Menschen), der Grundstücksgröße, der Hausgröße, dem Zuschnitt und der Ausstattung des Wohngebäudes sowie dem Wert des Grundstücks einschließlich des Wohngebäudes,
9. kleinerer Barbeträge oder sonstiger Geldwerte; dabei ist eine besondere Notlage

der nachfragenden Person zu berücksichtigen.

(3) 1Die Sozialhilfe darf ferner nicht vom Einsatz oder von der Verwertung eines Vermögens abhängig gemacht werden, soweit dies für den, der das Vermögen einzusetzen hat, und für seine unterhaltsberechtigten Angehörigen eine Härte bedeuten würde. 2Dies ist bei der Leistung nach dem Fünften bis Neunten Kapitel insbesondere der Fall, soweit eine angemessene Lebensführung oder die Aufrechterhaltung einer angemessenen Alterssicherung wesentlich erschwert würde.

§ 91 Darlehen

1Soweit nach § 90 für den Bedarf der nachfragenden Person Vermögen einzusetzen ist, jedoch der sofortige Verbrauch oder die sofortige Verwertung des Vermögens nicht möglich ist oder für die, die es einzusetzen hat, eine Härte bedeuten würde, soll die Sozialhilfe als Darlehen geleistet werden. 2Die Leistungserbringung kann davon abhängig gemacht werden, dass der Anspruch auf Rückzahlung dinglich oder in anderer Weise gesichert wird.

Vierter Abschnitt
Einschränkung der Anrechnung

§ 92 Beschränkung des Einkommenseinsatzes auf die häusliche Ersparnis

(1) 1Erhält eine Person, die nicht in einer Wohnung nach § 42a Absatz 2 Satz 2 lebt, Leistungen nach dem Dritten, Vierten, Fünften, Siebten, Achten oder Neunten Kapitel oder Leistungen für ärztliche oder ärztlich verordnete Maßnahmen, so kann die Aufbringung der Mittel für die Leistungen nach dem Dritten und Vierten Kapitel von ihr und den übrigen in § 19 Absatz 3 genannten Personen verlangt werden, soweit Aufwendungen für den häuslichen Lebensunterhalt erspart werden. 2Für Leistungsberechtigte nach § 27c Absatz 1 und die übrigen in § 19 Absatz 3 genannten Personen sind Leistungen nach § 27c ohne die Berücksichtigung von vorhandenem Vermögen zu erbringen; Absatz 2 findet keine Anwendung. 3Die Aufbringung der Mittel nach Satz 1 ist aus dem Einkommen nicht zumutbar, wenn Personen, bei denen nach § 138 Absatz 1 Nummer 3 und 6 des Neunten Buches ein Beitrag zu Leistungen der Eingliederungshilfe nicht verlangt wird, einer selbständigen und nicht selbständigen Tätigkeit nachgehen und das Einkommen aus dieser Tätigkeit einen Betrag in Höhe des Zweifachen der Regelbedarfsstufe 1 nach der Anlage zu § 28 nicht übersteigt; Satz 2 gilt entsprechend.

(2) 1Darüber hinaus soll in angemessenem Umfang die Aufbringung der Mittel aus dem gemeinsamen Einkommen der leistungsberechtigten Person und ihres nicht getrennt lebenden Ehegatten oder Lebenspartners verlangt werden, wenn die leistungsberechtigte Person auf voraussichtlich längere Zeit Leistungen in einer stationären Einrichtung bedarf. 2Bei der Prüfung, welcher Umfang angemessen ist, ist auch der bisherigen Lebenssituation des im Haushalt verbliebenen, nicht getrennt lebenden Ehegatten oder Lebenspartners sowie der im Haushalt lebenden minderjährigen unverheirateten Kinder Rechnung zu tragen.

(3) 1Hat ein anderer als ein nach bürgerlichem Recht Unterhaltspflichtiger nach sonstigen Vorschriften Leistungen für denselben Zweck zu erbringen, wird seine Verpflichtung durch Absatz 2 nicht berührt. 2Soweit er solche Leistungen erbringt, kann abweichend von Absatz 2 von den in § 19 Absatz 3 genannten Personen die Aufbringung der Mittel verlangt werden.

Fünfter Abschnitt
Verpflichtungen anderer

§ 93 Übergang von Ansprüchen

(1) 1Hat eine leistungsberechtigte Person oder haben bei Gewährung von Hilfen nach dem Fünften bis Neunten Kapitel auch ihre Eltern, ihr nicht getrennt lebender Ehegatte oder ihr Lebenspartner für die Zeit, für die Leistungen erbracht werden, einen Anspruch gegen einen anderen, der kein Leistungsträger im Sinne des § 12 des Ersten Buches ist,

kann der Träger der Sozialhilfe durch schriftliche Anzeige an den anderen bewirken, dass dieser Anspruch bis zur Höhe seiner Aufwendungen auf ihn übergeht. $_{2}$Er kann den Übergang dieses Anspruchs auch wegen seiner Aufwendungen für diejenigen Leistungen des Dritten und Vierten Kapitels bewirken, die er gleichzeitig mit den Leistungen für die in Satz 1 genannte leistungsberechtigte Person, deren nicht getrennt lebenden Ehegatten oder Lebenspartner und deren minderjährigen unverheirateten Kindern erbringt. $_{3}$Der Übergang des Anspruchs darf nur insoweit bewirkt werden, als bei rechtzeitiger Leistung des anderen entweder die Leistung nicht erbracht worden wäre oder in den Fällen des § 19 Abs. 5 Aufwendungsersatz oder ein Kostenbeitrag zu leisten wäre. $_{4}$Der Übergang ist nicht dadurch ausgeschlossen, dass der Anspruch nicht übertragen, verpfändet oder gepfändet werden kann.

(2) $_{1}$Die schriftliche Anzeige bewirkt den Übergang des Anspruchs für die Zeit, für die der leistungsberechtigten Person die Leistung ohne Unterbrechung erbracht wird. $_{2}$Als Unterbrechung gilt ein Zeitraum von mehr als zwei Monaten.

(3) Widerspruch und Anfechtungsklage gegen den Verwaltungsakt, der den Übergang des Anspruchs bewirkt, haben keine aufschiebende Wirkung.

(4) Die §§ 115 und 116 des Zehnten Buches gehen der Regelung des Absatzes 1 vor.

§ 94 Übergang von Ansprüchen gegen einen nach bürgerlichem Recht Unterhaltspflichtigen

(1) $_{1}$Hat die leistungsberechtigte Person für die Zeit, für die Leistungen erbracht werden, nach bürgerlichem Recht einen Unterhaltsanspruch, geht dieser bis zur Höhe der geleisteten Aufwendungen zusammen mit dem unterhaltsrechtlichen Auskunftsanspruch auf den Träger der Sozialhilfe über. $_{2}$Der Übergang des Anspruchs ist ausgeschlossen, soweit der Unterhaltsanspruch durch laufende Zahlung erfüllt wird. $_{3}$Der Übergang des Anspruchs ist auch ausgeschlossen, wenn die unterhaltspflichtige Person zum Personenkreis des § 19 gehört oder die unterhaltspflichtige Person mit der leistungsberechtigten Person vom zweiten Grad an verwandt ist. $_{4}$Gleiches gilt für Unterhaltsansprüche gegen Verwandte ersten Grades einer Person, die schwanger ist oder ihr leibliches Kind bis zur Vollendung seines sechsten Lebensjahres betreut. $_{5}$§ 93 Abs. 4 gilt entsprechend.

(1a) $_{1}$Unterhaltsansprüche der Leistungsberechtigten gegenüber ihren Kindern und Eltern sind nicht zu berücksichtigen, es sei denn, deren jährliches Gesamteinkommen im Sinne des § 16 des Vierten Buches beträgt jeweils mehr als 100 000 Euro (Jahreseinkommensgrenze). $_{2}$Der Übergang von Ansprüchen der Leistungsberechtigten ist ausgeschlossen, sofern Unterhaltsansprüche nach Satz 1 nicht zu berücksichtigen sind. $_{3}$Es wird vermutet, dass das Einkommen der unterhaltsverpflichteten Personen nach Satz 1 die Jahreseinkommensgrenze nicht überschreitet. $_{4}$Zur Widerlegung der Vermutung nach Satz 3 kann der jeweils für die Ausführung des Gesetzes zuständige Träger von den Leistungsberechtigten Angaben verlangen, die Rückschlüsse auf die Einkommensverhältnisse der Unterhaltspflichtigen nach Satz 1 zulassen. $_{5}$Liegen im Einzelfall hinreichende Anhaltspunkte für ein Überschreiten der Jahreseinkommensgrenze vor, so ist § 117 anzuwenden. $_{6}$Die Sätze 1 bis 5 gelten nicht bei Leistungen nach dem Dritten Kapitel an minderjährige Kinder.

(2) $_{1}$Der Anspruch einer volljährigen unterhaltsberechtigten Person, die in der Eingliederungshilfe leistungsberechtigt im Sinne des § 99 Absatz 1 bis 3 des Neunten Buches oder pflegebedürftig im Sinne von § 61a ist, gegenüber ihren Eltern wegen Leistungen nach dem Siebten Kapitel geht nur in Höhe von bis zu 26 Euro, wegen Leistungen nach dem Dritten und Vierten Kapitel nur in Höhe von bis zu 20 Euro monatlich über. $_{2}$Es wird vermutet, dass der Anspruch in Höhe der genannten Beträge übergeht und mehrere Unterhaltspflichtige zu gleichen Teilen haften; die Vermutung kann widerlegt werden. $_{3}$Die in Satz 1 genannten Beträge verändern sich zum gleichen Zeitpunkt und um denselben

Vomhundertsatz, um den sich das Kindergeld verändert.

(3) 1Ansprüche nach Absatz 1 und 2 gehen nicht über, soweit

1. die unterhaltspflichtige Person Leistungsberechtigte nach dem Dritten und Vierten Kapitel ist oder bei Erfüllung des Anspruchs würde oder
2. der Übergang des Anspruchs eine unbillige Härte bedeuten würde.

2Der Träger der Sozialhilfe hat die Einschränkung des Übergangs nach Satz 1 zu berücksichtigen, wenn er von ihren Voraussetzungen durch vorgelegte Nachweise oder auf andere Weise Kenntnis hat.

(4) 1Für die Vergangenheit kann der Träger der Sozialhilfe den übergegangenen Unterhalt außer unter den Voraussetzungen des bürgerlichen Rechts nur von der Zeit an fordern, zu welcher er dem Unterhaltspflichtigen die Erbringung der Leistung schriftlich mitgeteilt hat. 2Wenn die Leistung voraussichtlich auf längere Zeit erbracht werden muss, kann der Träger der Sozialhilfe bis zur Höhe der bisherigen monatlichen Aufwendungen auch auf künftige Leistungen klagen.

(5) 1Der Träger der Sozialhilfe kann den auf ihn übergegangenen Unterhaltsanspruch im Einvernehmen mit der leistungsberechtigten Person auf diesen zur gerichtlichen Geltendmachung rückübertragen und sich den geltend gemachten Unterhaltsanspruch abtreten lassen. 2Kosten, mit denen die leistungsberechtigte Person dadurch selbst belastet wird, sind zu übernehmen. 3Über die Ansprüche nach den Absätzen 1, 2 bis 4 ist im Zivilrechtsweg zu entscheiden.

§ 95 Feststellung der Sozialleistungen

1Der erstattungsberechtigte Träger der Sozialhilfe kann die Feststellung einer Sozialleistung betreiben sowie Rechtsmittel einlegen. 2Der Ablauf der Fristen, die ohne sein Verschulden verstrichen sind, wirkt nicht gegen ihn. 3Satz 2 gilt nicht für die Verfahrensfristen, soweit der Träger der Sozialhilfe das Verfahren selbst betreibt.

Sechster Abschnitt Verordnungsermächtigungen

§ 96 Verordnungsermächtigungen

(1) Die Bundesregierung kann durch Rechtsverordnung mit Zustimmung des Bundesrates Näheres über die Berechnung des Einkommens nach § 82, insbesondere der Einkünfte aus Land- und Forstwirtschaft, aus Gewerbebetrieb und aus selbständiger Arbeit bestimmen.

(2) Das Bundesministerium für Arbeit und Soziales kann durch Rechtsverordnung mit Zustimmung des Bundesrates die Höhe der Barbeträge oder sonstigen Geldwerte im Sinne des § 90 Abs. 2 Nr. 9 bestimmen.

Zwölftes Kapitel Zuständigkeit der Träger der Sozialhilfe

Erster Abschnitt Sachliche und örtliche Zuständigkeit

§ 97 Sachliche Zuständigkeit

(1) Für die Sozialhilfe sachlich zuständig ist der örtliche Träger der Sozialhilfe, soweit nicht der überörtliche Träger sachlich zuständig ist.

(2) 1Die sachliche Zuständigkeit des überörtlichen Trägers der Sozialhilfe wird nach Landesrecht bestimmt. 2Dabei soll berücksichtigt werden, dass so weit wie möglich für Leistungen im Sinne von § 8 Nr. 1 bis 6 jeweils eine einheitliche sachliche Zuständigkeit gegeben ist.

(3) Soweit Landesrecht keine Bestimmung nach Absatz 2 Satz 1 enthält, ist der überörtliche Träger der Sozialhilfe für

1. (weggefallen)
2. Leistungen der Hilfe zur Pflege nach den §§ 61 bis 66,
3. Leistungen der Hilfe zur Überwindung besonderer sozialer Schwierigkeiten nach den §§ 67 bis 69,
4. Leistungen der Blindenhilfe nach § 72

sachlich zuständig.

V

(4) Die sachliche Zuständigkeit für eine stationäre Leistung umfasst auch die sachliche Zuständigkeit für Leistungen, die gleichzeitig nach anderen Kapiteln zu erbringen sind, sowie für eine Leistung nach § 74.

(5) 1Die überörtlichen Träger sollen, insbesondere bei verbreiteten Krankheiten, zur Weiterentwicklung von Leistungen der Sozialhilfe beitragen. 2Hierfür können sie die erforderlichen Einrichtungen schaffen oder fördern.

Zum 1. Januar 2022 wird Absatz 5 durch das Teilhabestärkungsgesetz aufgehoben.

§ 98 Örtliche Zuständigkeit

(1) 1Für die Sozialhilfe örtlich zuständig ist der Träger der Sozialhilfe, in dessen Bereich sich die Leistungsberechtigten tatsächlich aufhalten. 2Diese Zuständigkeit bleibt bis zur Beendigung der Leistung auch dann bestehen, wenn die Leistung außerhalb seines Bereichs erbracht wird.

(1a) 1Abweichend von Absatz 1 ist im Fall der Auszahlung der Leistungen nach § 34 Absatz 2 Satz 1 Nummer 1 und nach § 34a Absatz 7 der Träger der Sozialhilfe zuständig, in dessen örtlichem Zuständigkeitsbereich die Schule liegt. 2Die Zuständigkeit nach Satz 1 umfasst auch Leistungen an Schülerinnen und Schüler, für die im Übrigen ein anderer Träger der Sozialhilfe nach Absatz 1 örtlich zuständig ist oder wäre.

(2) 1Für die stationäre Leistung ist der Träger der Sozialhilfe örtlich zuständig, in dessen Bereich die Leistungsberechtigten ihren gewöhnlichen Aufenthalt im Zeitpunkt der Aufnahme in die Einrichtung haben oder in den zwei Monaten vor der Aufnahme zuletzt gehabt hatten. 2Waren bei Einsetzen der Sozialhilfe die Leistungsberechtigten aus einer Einrichtung im Sinne des Satzes 1 in eine andere Einrichtung oder von dort in weitere Einrichtungen übergetreten oder tritt nach dem Einsetzen der Leistung ein solcher Fall ein, ist der gewöhnliche Aufenthalt, der für die erste Einrichtung maßgebend war, entscheidend. 3Steht innerhalb von vier Wochen nicht fest, ob und wo der gewöhnliche Aufenthalt nach Satz 1 oder 2 begründet worden ist oder ist ein gewöhnlicher Aufenthaltsort nicht vorhanden oder nicht zu ermitteln oder liegt ein Eilfall vor, hat der nach Absatz 1 zuständige Träger der Sozialhilfe über die Leistung unverzüglich zu entscheiden und sie vorläufig zu erbringen. 4Wird ein Kind in einer Einrichtung im Sinne des Satzes 1 geboren, tritt an die Stelle seines gewöhnlichen Aufenthalts der gewöhnliche Aufenthalt der Mutter.

(3) In den Fällen des § 74 ist der Träger der Sozialhilfe örtlich zuständig, der bis zum Tod der leistungsberechtigten Person Sozialhilfe leistete, in den anderen Fällen der Träger der Sozialhilfe, in dessen Bereich der Sterbeort liegt.

(4) Für Hilfen an Personen, die sich in Einrichtungen zum Vollzug richterlich angeordneter Freiheitsentziehung aufhalten oder aufgehalten haben, gelten die Absätze 1 und 2 sowie die §§ 106 und 109 entsprechend.

(5) 1Für die Leistungen nach diesem Buch an Personen, die Leistungen nach dem Siebten und Achten Kapitel in Formen ambulanter betreuter Wohnmöglichkeiten erhalten, ist der Träger der Sozialhilfe örtlich zuständig, der vor Eintritt in diese Wohnform zuletzt zuständig war oder gewesen wäre. 2Vor Inkrafttreten dieses Buches begründete Zuständigkeiten bleiben hiervon unberührt.

(6) Soweit Leistungen der Eingliederungshilfe nach Teil 2 des Neunten Buches zu erbringen sind, richtet sich die örtliche Zuständigkeit für gleichzeitig zu erbringende Leistungen nach diesem Buch nach § 98 des Neunten Buches, soweit das Landesrecht keine abweichende Regelung trifft.

Mit Geltung ab 1. Januar 2022 wird § 98 Absatz 1a durch das Teilhabestärkungsgesetz neu gefasst; er lautet dann:

(1a) Abweichend von Absatz 1 ist im Falle der Auszahlung der Leistungen nach § 34 Absatz 2 Satz 1 Nummer 1 und bei Anwendung von § 34a Absatz 7 der nach § 34c zuständige Träger der Sozialhilfe zuständig, in dessen örtlichem Zuständigkeitsbereich die Schule liegt. Die Zuständigkeit nach Satz 1 umfasst auch Leistungen an Schülerinnen und Schüler, für die im Übrigen ein anderer Träger der Sozialhilfe nach Absatz 1 örtlich zuständig ist oder wäre.

§ 99 Vorbehalt abweichender Durchführung

(1) Die Länder können bestimmen, dass und inwieweit die Kreise ihnen zugehörige Gemeinden oder Gemeindeverbände zur Durchführung von Aufgaben nach diesem Buch heranziehen und ihnen dabei Weisungen erteilen können; in diesen Fällen erlassen die Kreise den Widerspruchsbescheid nach dem Sozialgerichtsgesetz.

(2) Die Länder können bestimmen, dass und inwieweit die überörtlichen Träger der Sozialhilfe örtliche Träger der Sozialhilfe sowie diesen zugehörige Gemeinden und Gemeindeverbände zur Durchführung von Aufgaben nach diesem Buch heranziehen und ihnen dabei Weisungen erteilen können; in diesen Fällen erlassen die überörtlichen Träger den Widerspruchsbescheid nach dem Sozialgerichtsgesetz, soweit nicht nach Landesrecht etwas anderes bestimmt wird.

Zweiter Abschnitt Sonderbestimmungen

§ 100 (weggefallen)

§ 101 Behördenbestimmung und Stadtstaaten-Klausel

(1) Welche Stellen zuständige Behörden sind, bestimmt die Landesregierung, soweit eine landesrechtliche Regelung nicht besteht.

(2) Die Senate der Länder Berlin, Bremen und Hamburg werden ermächtigt, die Vorschriften dieses Buches über die Zuständigkeit von Behörden dem besonderen Verwaltungsaufbau ihrer Länder anzupassen.

Dreizehntes Kapitel Kosten

Erster Abschnitt Kostenersatz

§ 102 Kostenersatz durch Erben

(1) 1Der Erbe der leistungsberechtigten Person oder ihres Ehegatten oder ihres Lebenspartners, falls diese vor der leistungsberechtigten Person sterben, ist vorbehaltlich des Absatzes 5 zum Ersatz der Kosten der Sozialhilfe verpflichtet. 2Die Ersatzpflicht besteht nur für die Kosten der Sozialhilfe, die innerhalb eines Zeitraumes von zehn Jahren vor dem Erbfall aufgewendet worden sind und die das Dreifache des Grundbetrages nach § 85 Abs. 1 übersteigen. 3Die Ersatzpflicht des Erben des Ehegatten oder Lebenspartners besteht nicht für die Kosten der Sozialhilfe, die während des Getrenntlebens der Ehegatten oder Lebenspartner geleistet worden sind. 4Ist die leistungsberechtigte Person der Erbe ihres Ehegatten oder Lebenspartners, ist sie zum Ersatz der Kosten nach Satz 1 nicht verpflichtet.

(2) 1Die Ersatzpflicht des Erben gehört zu den Nachlassverbindlichkeiten. 2Der Erbe haftet mit dem Wert des im Zeitpunkt des Erbfalles vorhandenen Nachlasses.

(3) Der Anspruch auf Kostenersatz ist nicht geltend zu machen,

1. soweit der Wert des Nachlasses unter dem Dreifachen des Grundbetrages nach § 85 Abs. 1 liegt,
2. soweit der Wert des Nachlasses unter dem Betrag von 15 340 Euro liegt, wenn der Erbe der Ehegatte oder Lebenspartner der leistungsberechtigten Person oder mit dieser verwandt ist und nicht nur vorübergehend bis zum Tod der leistungsberechtigten Person mit dieser in häuslicher Gemeinschaft gelebt und sie gepflegt hat,
3. soweit die Inanspruchnahme des Erben nach der Besonderheit des Einzelfalles eine besondere Härte bedeuten würde.

(4) 1Der Anspruch auf Kostenersatz erlischt in drei Jahren nach dem Tod der leistungsbe-

rechtigten Person, ihres Ehegatten oder ihres Lebenspartners. [2]§ 103 Abs. 3 Satz 2 und 3 gilt entsprechend.

(5) Der Ersatz der Kosten durch die Erben gilt nicht für Leistungen nach dem Vierten Kapitel und für die vor dem 1. Januar 1987 entstandenen Kosten der Tuberkulosehilfe.

§ 102a Rücküberweisung und Erstattung im Todesfall

Für Geldleistungen nach diesem Buch, die für Zeiträume nach dem Todesmonat der leistungsberechtigten Person überwiesen wurden, ist § 118 Absatz 3 bis 4a des Sechsten Buches entsprechend anzuwenden.

§ 103 Kostenersatz bei schuldhaftem Verhalten

(1) [1]Zum Ersatz der Kosten der Sozialhilfe ist verpflichtet, wer nach Vollendung des 18. Lebensjahres für sich oder andere durch vorsätzliches oder grob fahrlässiges Verhalten die Voraussetzungen für die Leistungen der Sozialhilfe herbeigeführt hat. [2]Zum Kostenersatz ist auch verpflichtet, wer als leistungsberechtigte Person oder als deren Vertreter die Rechtswidrigkeit des der Leistung zu Grunde liegenden Verwaltungsaktes kannte oder infolge grober Fahrlässigkeit nicht kannte. [3]Von der Heranziehung zum Kostenersatz kann abgesehen werden, soweit sie eine Härte bedeuten würde.

(2) [1]Eine nach Absatz 1 eingetretene Verpflichtung zum Ersatz der Kosten geht auf den Erben über. [2]§ 102 Abs. 2 Satz 2 findet Anwendung.

(3) [1]Der Anspruch auf Kostenersatz erlischt in drei Jahren vom Ablauf des Jahres an, in dem die Leistung erbracht worden ist. [2]Für die Hemmung, die Ablaufhemmung, den Neubeginn und die Wirkung der Verjährung gelten die Vorschriften des Bürgerlichen Gesetzbuchs sinngemäß. [3]Der Erhebung der Klage steht der Erlass eines Leistungsbescheides gleich.

(4) [1]Die §§ 44 bis 50 des Zehnten Buches bleiben unberührt. [2]Zum Kostenersatz nach Absatz 1 und zur Erstattung derselben Kosten nach § 50 des Zehnten Buches Verpflichtete haften als Gesamtschuldner.

§ 104 Kostenersatz für zu Unrecht erbrachte Leistungen

[1]Zum Ersatz der Kosten für zu Unrecht erbrachte Leistungen der Sozialhilfe ist in entsprechender Anwendung des § 103 verpflichtet, wer die Leistungen durch vorsätzliches oder grob fahrlässiges Verhalten herbeigeführt hat. [2]Zum Kostenersatz nach Satz 1 und zur Erstattung derselben Kosten nach § 50 des Zehnten Buches Verpflichtete haften als Gesamtschuldner.

§ 105 Kostenersatz bei Doppelleistungen

Hat ein vorrangig verpflichteter Leistungsträger in Unkenntnis der Leistung des Trägers der Sozialhilfe an die leistungsberechtigte Person geleistet, ist diese zur Herausgabe des Erlangten an den Träger der Sozialhilfe verpflichtet.

Zweiter Abschnitt
Kostenerstattung zwischen den Trägern der Sozialhilfe

§ 106 Kostenerstattung bei Aufenthalt in einer Einrichtung

(1) [1]Der nach § 98 Abs. 2 Satz 1 zuständige Träger der Sozialhilfe hat dem nach § 98 Abs. 2 Satz 3 vorläufig leistenden Träger die aufgewendeten Kosten zu erstatten. [2]Ist in den Fällen des § 98 Abs. 2 Satz 3 oder 4 ein gewöhnlicher Aufenthalt nicht vorhanden oder nicht zu ermitteln und war für die Leistungserbringung ein örtlicher Träger der Sozialhilfe sachlich zuständig, sind diesem die aufgewendeten Kosten von dem überörtlichen Träger der Sozialhilfe zu erstatten, zu dessen Bereich der örtliche Träger gehört.

(2) Als Aufenthalt in einer stationären Einrichtung gilt auch, wenn jemand außerhalb der Einrichtung untergebracht wird, aber in ihrer Betreuung bleibt, oder aus der Einrichtung beurlaubt wird.

(3) [1]Verlässt in den Fällen des § 98 Abs. 2 die leistungsberechtigte Person die Einrichtung

und erhält sie im Bereich des örtlichen Trägers, in dem die Einrichtung liegt, innerhalb von einem Monat danach Leistungen der Sozialhilfe, sind dem örtlichen Träger der Sozialhilfe die aufgewendeten Kosten von dem Träger der Sozialhilfe zu erstatten, in dessen Bereich die leistungsberechtigte Person ihren gewöhnlichen Aufenthalt im Sinne des § 98 Abs. 2 Satz 1 hatte. $_{2}$Absatz 1 Satz 2 gilt entsprechend. $_{3}$Die Erstattungspflicht wird nicht durch einen Aufenthalt außerhalb dieses Bereichs oder in einer Einrichtung im Sinne des § 98 Abs. 2 Satz 1 unterbrochen, wenn dieser zwei Monate nicht übersteigt; sie endet, wenn für einen zusammenhängenden Zeitraum von zwei Monaten Leistungen nicht zu erbringen waren, spätestens nach Ablauf von zwei Jahren seit dem Verlassen der Einrichtung.

§ 107 Kostenerstattung bei Unterbringung in einer anderen Familie

§ 98 Abs. 2 und § 106 gelten entsprechend, wenn ein Kind oder ein Jugendlicher in einer anderen Familie oder bei anderen Personen als bei seinen Eltern oder bei einem Elternteil untergebracht ist.

§ 108 Kostenerstattung bei Einreise aus dem Ausland

(1) $_{1}$Reist eine Person, die weder im Ausland noch im Inland einen gewöhnlichen Aufenthalt hat, aus dem Ausland ein und setzen innerhalb eines Monats nach ihrer Einreise Leistungen der Sozialhilfe ein, sind die aufgewendeten Kosten von dem von einer Schiedsstelle bestimmten überörtlichen Träger der Sozialhilfe zu erstatten. $_{2}$Bei ihrer Entscheidung hat die Schiedsstelle die Einwohnerzahl und die Belastungen, die sich im vorangegangenen Haushaltsjahr für die Träger der Sozialhilfe nach dieser Vorschrift sowie nach den §§ 24 und 115 ergeben haben, zu berücksichtigen. $_{3}$Satz 1 gilt nicht für Personen, die im Inland geboren sind oder bei Einsetzen der Leistung mit ihnen als Ehegatte, Lebenspartner, Verwandte oder Verschwägerte zusammenleben. $_{4}$Leben Ehegatten, Lebenspartner, Verwandte oder Verschwägerte bei Einsetzen der Leistung zusammen, ist ein gemeinsamer erstattungspflichtiger Träger der Sozialhilfe zu bestimmen.

(2) $_{1}$Schiedsstelle im Sinne des Absatzes 1 ist das Bundesverwaltungsamt. $_{2}$Die Länder können durch Verwaltungsvereinbarung eine andere Schiedsstelle bestimmen.

(3) Ist ein Träger der Sozialhilfe nach Absatz 1 zur Erstattung der für eine leistungsberechtigte Person aufgewendeten Kosten verpflichtet, hat er auch die für den Ehegatten, den Lebenspartner oder die minderjährigen Kinder der leistungsberechtigten Personen aufgewendeten Kosten zu erstatten, wenn diese Personen später einreisen und Sozialhilfe innerhalb eines Monats einsetzt.

(4) Die Verpflichtung zur Erstattung der für Leistungsberechtigten aufgewendeten Kosten entfällt, wenn für einen zusammenhängenden Zeitraum von drei Monaten Sozialhilfe nicht zu leisten war.

(5) Die Absätze 1 bis 4 sind nicht anzuwenden für Personen, deren Unterbringung nach der Einreise in das Inland bundesrechtlich oder durch Vereinbarung zwischen Bund und Ländern geregelt ist.

§ 109 Ausschluss des gewöhnlichen Aufenthalts

Als gewöhnlicher Aufenthalt im Sinne des Zwölften Kapitels und des Dreizehnten Kapitels, Zweiter Abschnitt, gelten nicht der Aufenthalt in einer Einrichtung im Sinne von § 98 Abs. 2 und der auf richterlich angeordneter Freiheitsentziehung beruhende Aufenthalt in einer Vollzugsanstalt.

§ 110 Umfang der Kostenerstattung

(1) $_{1}$Die aufgewendeten Kosten sind zu erstatten, soweit die Leistung diesem Buch entspricht. $_{2}$Dabei gelten die am Aufenthaltsort der Leistungsberechtigten zur Zeit der Leistungserbringung bestehenden Grundsätze für die Leistung von Sozialhilfe.

(2) $_{1}$Kosten unter 2560 Euro, bezogen auf einen Zeitraum der Leistungserbringung von bis zu zwölf Monaten, sind außer in den Fällen einer vorläufigen Leistungserbringung nach § 98 Abs. 2 Satz 3 nicht zu erstatten.

[2]Die Begrenzung auf 2560 Euro gilt, wenn die Kosten für die Mitglieder eines Haushalts im Sinne von § 27 Absatz 2 Satz 2 und 3 zu erstatten sind, abweichend von Satz 1 für die Mitglieder des Haushalts zusammen.

§ 111 Verjährung

(1) Der Anspruch auf Erstattung der aufgewendeten Kosten verjährt in vier Jahren, beginnend nach Ablauf des Kalenderjahres, in dem er entstanden ist.

(2) Für die Hemmung, die Ablaufhemmung, den Neubeginn und die Wirkung der Verjährung gelten die Vorschriften des Bürgerlichen Gesetzbuchs sinngemäß.

§ 112 Kostenerstattung auf Landesebene

Die Länder können Abweichendes über die Kostenerstattung zwischen den Trägern der Sozialhilfe ihres Bereichs regeln.

Dritter Abschnitt Sonstige Regelungen

§ 113 Vorrang der Erstattungsansprüche

Erstattungsansprüche der Träger der Sozialhilfe gegen andere Leistungsträger nach § 104 des Zehnten Buches gehen einer Übertragung, Pfändung oder Verpfändung des Anspruchs vor, auch wenn sie vor Entstehen des Erstattungsanspruchs erfolgt sind.

§ 114 Ersatzansprüche der Träger der Sozialhilfe nach sonstigen Vorschriften

Bestimmt sich das Recht des Trägers der Sozialhilfe, Ersatz seiner Aufwendungen von einem anderen zu verlangen, gegen den die Leistungsberechtigten einen Anspruch haben, nach sonstigen gesetzlichen Vorschriften, die dem § 93 vorgehen, gelten als Aufwendungen

1. die Kosten der Leistung für diejenige Person, die den Anspruch gegen den anderen hat, und
2. die Kosten für Leistungen nach dem Dritten und Vierten Kapitel, die gleichzeitig mit der Leistung nach Nummer 1 für den nicht getrennt lebenden Ehegatten oder Lebenspartner und die minderjährigen unverheirateten Kinder geleistet wurden.

§ 115 Übergangsregelung für die Kostenerstattung bei Einreise aus dem Ausland

Die Pflicht eines Trägers der Sozialhilfe zur Kostenerstattung, die nach der vor dem 1. Januar 1994 geltenden Fassung des § 108 des Bundessozialhilfegesetzes entstanden oder von der Schiedsstelle bestimmt worden ist, bleibt bestehen.

Vierzehntes Kapitel Verfahrensbestimmungen

§ 116 Beteiligung sozial erfahrener Dritter

(1) Soweit Landesrecht nichts Abweichendes bestimmt, sind vor dem Erlass allgemeiner Verwaltungsvorschriften sozial erfahrene Dritte zu hören, insbesondere aus Vereinigungen, die Bedürftige betreuen, oder aus Vereinigungen von Sozialleistungsempfängern.

(2) Soweit Landesrecht nichts Abweichendes bestimmt, sind vor dem Erlass des Verwaltungsaktes über einen Widerspruch gegen die Ablehnung der Sozialhilfe oder gegen die Festsetzung ihrer Art und Höhe Dritte, wie sie in Absatz 1 bezeichnet sind, beratend zu beteiligen.

§ 116a Rücknahme von Verwaltungsakten

§ 44 des Zehnten Buches gilt mit der Maßgabe, dass

1. rechtswidrige nicht begünstigende Verwaltungsakte nach den Absätzen 1 und 2 nicht später als vier Jahre nach Ablauf des Jahres, in dem der Verwaltungsakt bekanntgegeben wurde, zurückzunehmen sind; ausreichend ist, wenn die Rücknahme innerhalb dieses Zeitraumes beantragt wird,

2. anstelle des Zeitraums von vier Jahren nach Absatz 4 Satz 1 ein Zeitraum von einem Jahr tritt.

§ 117 Pflicht zur Auskunft

(1) 1Die Unterhaltspflichtigen, ihre nicht getrennt lebenden Ehegatten oder Lebenspartner und die Kostenersatzpflichtigen haben dem Träger der Sozialhilfe über ihre Einkommens- und Vermögensverhältnisse Auskunft zu geben, soweit die Durchführung dieses Buches es erfordert. 2Dabei haben sie die Verpflichtung, auf Verlangen des Trägers der Sozialhilfe Beweisurkunden vorzulegen oder ihrer Vorlage zuzustimmen. 3Auskunftspflichtig nach Satz 1 und 2 sind auch Personen, von denen nach § 39 trotz Aufforderung unwiderlegt vermutet wird, dass sie Leistungen zum Lebensunterhalt an andere Mitglieder der Haushaltsgemeinschaft erbringen. 4Die Auskunftspflicht der Finanzbehörden nach § 21 Abs. 4 des Zehnten Buches erstreckt sich auch auf diese Personen.

(2) Wer jemandem, der Leistung nach diesem Buch beantragt hat oder bezieht, Leistungen erbringt oder erbracht hat, die geeignet sind oder waren, diese Leistungen auszuschließen oder zu mindern, hat dem Träger der Sozialhilfe auf Verlangen hierüber Auskunft zu geben, soweit es zur Durchführung der Aufgaben nach diesem Buch im Einzelfall erforderlich ist.

(3) 1Wer jemandem, der Leistungen nach diesem Buch beantragt hat oder bezieht, zu Leistungen verpflichtet ist oder war, die geeignet sind oder waren, Leistungen auszuschließen oder zu mindern, oder für ihn Guthaben führt oder Vermögensgegenstände verwahrt, hat dem Träger der Sozialhilfe auf Verlangen hierüber sowie über damit im Zusammenhang stehendes Einkommen oder Vermögen Auskunft zu erteilen, soweit es zur Durchführung der Leistungen nach diesem Buch im Einzelfall erforderlich ist. 2§ 21 Abs. 3 Satz 4 des Zehnten Buches gilt entsprechend.

(4) Der Arbeitgeber ist verpflichtet, dem Träger der Sozialhilfe über die Art und Dauer der Beschäftigung, die Arbeitsstätte und das Arbeitsentgelt der bei ihm beschäftigten Leistungsberechtigten, Unterhaltspflichtigen und deren nicht getrennt lebenden Ehegatten oder Lebenspartner sowie Kostenersatzpflichtigen Auskunft zu geben, soweit die Durchführung dieses Buches es erfordert.

(5) Die nach den Absätzen 1 bis 4 zur Erteilung einer Auskunft Verpflichteten können Angaben verweigern, die ihnen oder ihnen nahe stehenden Personen (§ 383 Abs. 1 Nr. 1 bis 3 der Zivilprozessordnung) die Gefahr zuziehen würden, wegen einer Straftat oder einer Ordnungswidrigkeit verfolgt zu werden.

(6) 1Ordnungswidrig handelt, wer vorsätzlich oder fahrlässig die Auskünfte nach den Absätzen 2, 3 Satz 1 und Absatz 4 nicht, nicht richtig, nicht vollständig oder nicht rechtzeitig erteilt. 2Die Ordnungswidrigkeit kann mit einer Geldbuße geahndet werden.

V

§ 118 Überprüfung, Verwaltungshilfe

(1) 1Die Träger der Sozialhilfe können Personen, die Leistungen nach diesem Buch beziehen, auch regelmäßig im Wege des automatisierten Datenabgleichs daraufhin überprüfen,

1. ob und in welcher Höhe und für welche Zeiträume von ihnen Leistungen der Bundesagentur für Arbeit (Auskunftsstelle) oder der Träger der gesetzlichen Unfall- oder Rentenversicherung (Auskunftsstellen) bezogen werden oder wurden,
2. ob und in welchem Umfang Zeiten des Leistungsbezuges nach diesem Buch mit Zeiten einer Versicherungspflicht oder Zeiten einer geringfügigen Beschäftigung zusammentreffen,
3. ob und welche Daten nach § 45d Abs. 1 und § 45e des Einkommensteuergesetzes dem Bundeszentralamt für Steuern (Auskunftsstelle) übermittelt worden sind,
4. ob und in welcher Höhe ein Kapital nach § 90 Abs. 2 Nr. 2 nicht mehr dem Zweck einer geförderten zusätzlichen Altersvorsorge im Sinne des § 10a oder des Abschnitts XI des Einkommensteuergesetzes dient und
5. ob und in welcher Höhe und für welche Zeiträume von ihnen Leistungen der Ein-

gliederungshilfe nach Teil 2 des Neunten Buches bezogen werden oder wurden.

$_2$Sie dürfen für die Überprüfung nach Satz 1 Name, Vorname (Rufname), Geburtsdatum, Geburtsort, Nationalität, Geschlecht, Anschrift und Versicherungsnummer der Personen, die Leistungen nach diesem Buch beziehen, den Auskunftsstellen übermitteln. $_3$Die Auskunftsstellen führen den Abgleich mit den nach Satz 2 übermittelten Daten durch und übermitteln die Daten über Feststellungen im Sinne des Satzes 1 an die Träger der Sozialhilfe. $_4$Die ihnen überlassenen Daten und Datenträger sind nach Durchführung des Abgleichs unverzüglich zurückzugeben, zu löschen oder zu vernichten. $_5$Die Träger der Sozialhilfe dürfen die ihnen übermittelten Daten nur zur Überprüfung nach Satz 1 nutzen. $_6$Die übermittelten Daten der Personen, bei denen die Überprüfung zu keinen abweichenden Feststellungen führt, sind unverzüglich zu löschen.

(1a) Liegt ein Vermögen vor, das nach § 90 Absatz 2 Nummer 2 nicht einzusetzen ist, so melden die Träger der Sozialhilfe auf elektronischem Weg der Datenstelle der Rentenversicherung als Vermittlungsstelle, um eine Mitteilung zu einer schädlichen Verwendung nach § 94 Absatz 3 des Einkommensteuergesetzes zu erhalten, den erstmaligen Bezug nach dem Dritten und Vierten Kapitel sowie die Beendigung des jeweiligen Leistungsbezugs.

(2) $_1$Die Träger der Sozialhilfe sind befugt, Personen, die Leistungen nach diesem Buch beziehen, auch regelmäßig im Wege des automatisierten Datenabgleichs daraufhin zu überprüfen, ob und in welcher Höhe und für welche Zeiträume von ihnen Leistungen nach diesem Buch durch andere Träger der Sozialhilfe bezogen werden oder wurden. $_2$Hierzu dürfen die erforderlichen Daten nach Absatz 1 Satz 2 anderen Trägern der Sozialhilfe oder einer zentralen Vermittlungsstelle im Sinne des § 120 Nr. 1 übermittelt werden. $_3$Diese führen den Abgleich der ihnen übermittelten Daten durch und leiten Feststellungen im Sinne des Satzes 1 an die übermittelnden Träger der Sozialhilfe zurück. $_4$Sind die ihnen übermittelten Daten oder Datenträger für die Überprüfung nach Satz 1 nicht mehr erforderlich, sind diese unverzüglich zurückzugeben, zu löschen oder zu vernichten. $_5$Überprüfungsverfahren nach diesem Absatz können zusammengefasst und mit Überprüfungsverfahren nach Absatz 1 verbunden werden.

(3) $_1$Die Datenstelle der Rentenversicherung darf als Vermittlungsstelle für das Bundesgebiet die nach den Absätzen 1, 1a und 2 übermittelten Daten speichern und nutzen, soweit dies für die Datenabgleiche nach den Absätzen 1, 1a und 2 erforderlich ist. $_2$Sie darf die Daten der Stammsatzdatei (§ 150 des Sechsten Buches) und des bei ihr für die Prüfung bei den Arbeitgebern geführten Dateisystems (§ 28p Absatz 8 Satz 2 des Vierten Buches) nutzen, soweit die Daten für die Datenabgleiche erforderlich sind. $_3$Die nach Satz 1 bei der Datenstelle der Rentenversicherung gespeicherten Daten sind unverzüglich nach Abschluss der Datenabgleiche zu löschen.

(4) $_1$Die Träger der Sozialhilfe sind befugt, zur Vermeidung rechtswidriger Inanspruchnahme von Sozialhilfe Daten von Personen, die Leistungen nach diesem Buch beziehen, bei anderen Stellen ihrer Verwaltung, bei ihren wirtschaftlichen Unternehmen und bei den Kreisen, Kreisverwaltungsbehörden und Gemeinden zu überprüfen, soweit diese für die Erfüllung dieser Aufgaben erforderlich sind. $_2$Sie dürfen für die Überprüfung die in Absatz 1 Satz 2 genannten Daten übermitteln. $_3$Die Überprüfung kann auch regelmäßig im Wege des automatisierten Datenabgleichs mit den Stellen durchgeführt werden, bei denen die in Satz 4 jeweils genannten Daten zuständigkeitshalber vorliegen. $_4$Nach Satz 1 ist die Überprüfung folgender Daten zulässig:

1. Geburtsdatum und -ort,
2. Personen- und Familienstand,
3. Wohnsitz,
4. Dauer und Kosten von Miet- oder Überlassungsverhältnissen von Wohnraum,
5. Dauer und Kosten von bezogenen Leistungen über Elektrizität, Gas, Wasser, Fernwärme oder Abfallentsorgung und
6. Eigenschaft als Kraftfahrzeughalter.

5Die in Satz 1 genannten Stellen sind verpflichtet, die in Satz 4 genannten Daten zu übermitteln. 6Sie haben die ihnen im Rahmen der Überprüfung übermittelten Daten nach Vorlage der Mitteilung unverzüglich zu löschen. 7Eine Übermittlung durch diese Stellen unterbleibt, soweit ihr besondere gesetzliche Verwendungsregelungen entgegenstehen.

§ 119 Wissenschaftliche Forschung im Auftrag des Bundes

1Der Träger der Sozialhilfe darf einer wissenschaftlichen Einrichtung, die im Auftrag des Bundesministeriums für Arbeit und Soziales ein Forschungsvorhaben durchführt, das dem Zweck dient, die Erreichung der Ziele von Gesetzen über soziale Leistungen zu überprüfen oder zu verbessern, Sozialdaten übermitteln, soweit

1. dies zur Durchführung des Forschungsvorhabens erforderlich ist, insbesondere das Verfahren mit anonymisierten oder pseudoanonymisierten Daten nicht durchgeführt werden kann, und
2. das öffentliche Interesse an dem Forschungsvorhaben das schutzwürdige Interesse der Betroffenen an einem Ausschluss der Übermittlung erheblich überwiegt.

2Vor der Übermittlung sind die Betroffenen über die beabsichtigte Übermittlung, den Zweck des Forschungsvorhabens sowie ihr Widerspruchsrecht nach Satz 3 schriftlich zu unterrichten. 3Sie können der Übermittlung innerhalb eines Monats nach der Unterrichtung widersprechen. 4Im Übrigen bleibt das Zweite Kapitel des Zehnten Buches unberührt.

§ 120 Verordnungsermächtigung

Das Bundesministerium für Arbeit und Soziales wird ermächtigt, durch Rechtsverordnung mit Zustimmung des Bundesrates

1. das Nähere über das Verfahren des automatisierten Datenabgleichs nach § 118 Abs. 1 und die Kosten des Verfahrens zu regeln; dabei ist vorzusehen, dass die Zuleitung an die Auskunftsstellen durch eine zentrale Vermittlungsstelle (Kopfstelle) zu erfolgen hat, deren Zuständigkeitsbereich zumindest das Gebiet eines Bundeslandes umfasst, und
2. das Nähere über die Verfahren und die Kosten nach § 118 Absatz 1a und 2 zu regeln.

Fünfzehntes Kapitel Statistik

Erster Abschnitt Bundesstatistik für das Dritte und Fünfte bis Neunte Kapitel

§ 121 Bundesstatistik für das Dritte und Fünfte bis Neunte Kapitel

Zur Beurteilung der Auswirkungen des Dritten und Fünften bis Neunten Kapitels und zu deren Fortentwicklung werden Erhebungen über

1. die Leistungsberechtigten, denen
   a) Hilfe zum Lebensunterhalt nach dem Dritten Kapitel (§§ 27 bis 40),
   b) Hilfen zur Gesundheit nach dem Fünften Kapitel (§§ 47 bis 52),
   c) (weggefallen)
   d) Hilfe zur Pflege nach dem Siebten Kapitel (§§ 61 bis 66),
   e) Hilfe zur Überwindung besonderer sozialer Schwierigkeiten nach dem Achten Kapitel (§§ 67 bis 69) und
   f) Hilfe in anderen Lebenslagen nach dem Neunten Kapitel (§§ 70 bis 74),

   geleistet wird,
2. die Einnahmen und Ausgaben der Träger der Sozialhilfe nach dem Dritten und Fünften bis Neunten Kapitel

als Bundesstatistik durchgeführt.

§ 122 Erhebungsmerkmale

(1) Erhebungsmerkmale bei der Erhebung nach § 121 Nummer 1 Buchstabe a sind:

1. für Leistungsberechtigte, denen Leistungen nach dem Dritten Kapitel für mindestens einen Monat erbracht werden:
   a) Geschlecht, Geburtsmonat und -jahr, Staatsangehörigkeit, Migrationshintergrund, bei Ausländern auch aufenthaltsrechtlicher Status, Regelbedarfsstufe, Art der geleisteten Mehrbedarfe,

b) für Leistungsberechtigte, die das 15. Lebensjahr vollendet, die Altersgrenze nach § 41 Abs. 2 aber noch nicht erreicht haben, zusätzlich zu den unter Buchstabe a genannten Merkmalen: Beschäftigung, Einschränkung der Leistung,

c) für Leistungsberechtigte in Personengemeinschaften, für die eine gemeinsame Bedarfsberechnung erfolgt, und für einzelne Leistungsberechtigte: Wohngemeinde und Gemeindeteil, Art des Trägers, Leistungen in und außerhalb von Einrichtungen, Beginn der Leistung nach Monat und Jahr, Beginn der ununterbrochenen Leistungserbringung für mindestens ein Mitglied der Personengemeinschaft nach Monat und Jahr, die in den § 27a Absatz 3, §§ 27b, 30 bis 33, §§ 35 bis 38 und 133a genannten Bedarfe je Monat, Nettobedarf je Monat, Art und jeweilige Höhe der angerechneten oder in Anspruch genommenen Einkommen und übergegangenen Ansprüche, Zahl aller Haushaltsmitglieder, Zahl aller Leistungsberechtigten im Haushalt,

d) bei Änderung der Zusammensetzung der Personengemeinschaft und bei Beendigung der Leistungserbringung zusätzlich zu den unter den Buchstaben a bis c genannten Merkmalen: Monat und Jahr der Änderung der Zusammensetzung oder der Beendigung der Leistung, bei Ende der Leistung auch Grund der Einstellung der Leistungen,

e) für Leistungsberechtigte mit Bedarfen für Bildung und Teilhabe nach § 34 Absatz 2 bis 7:

   aa) Geschlecht, Geburtsmonat und -jahr, Wohngemeinde und Gemeindeteil, Staatsangehörigkeit, bei Ausländern auch aufenthaltsrechtlicher Status,

   bb) die in § 34 Absatz 2 bis 7 genannten Bedarfe je Monat getrennt nach Schulausflügen, mehrtägigen Klassenfahrten, Ausstattung mit persönlichem Schulbedarf, Schülerbeförderung, Lernförderung, Teilnahme an einer gemeinsamen Mittagsverpflegung sowie Teilhabe am sozialen und kulturellen Leben in der Gemeinschaft und

2. für Leistungsberechtigte, die nicht zu dem Personenkreis der Nummer 1 zählen: Geschlecht, Altersgruppe, Staatsangehörigkeit, Vorhandensein eigenen Wohnraums, Art des Trägers.

(2) (weggefallen)

(3) Erhebungsmerkmale bei den Erhebungen nach § 121 Nummer 1 Buchstabe b bis f sind für jeden Leistungsberechtigten:

1. Geschlecht, Geburtsmonat und -jahr, Wohngemeinde und Gemeindeteil, Staatsangehörigkeit, bei Ausländern auch aufenthaltsrechtlicher Status, Art des Trägers, erbrachte Leistung im Laufe und am Ende des Berichtsjahres sowie in und außerhalb von Einrichtungen nach Art der Leistung nach § 8, am Jahresende erbrachte Leistungen nach dem Dritten und Vierten Kapitel jeweils getrennt nach in und außerhalb von Einrichtungen,
2. bei Leistungsberechtigten nach dem Siebten Kapitel auch die einzelne Art der Leistungen und die Ausgaben je Fall, Beginn und Ende der Leistungserbringung nach Monat und Jahr sowie Art der Unterbringung, Leistung durch ein Persönliches Budget,
3. (weggefallen)
4. bei Leistungsberechtigten nach dem Siebten Kapitel zusätzlich
   a) das Bestehen einer Pflegeversicherung,
   b) die Erbringung oder Gründe der Nichterbringung von Pflegeleistungen von Sozialversicherungsträgern und einer privaten Pflegeversicherung,
   c) die Höhe des anzurechnenden Einkommens, Bezug von Leistungen der Eingliederungshilfe nach Teil 2 des Neunten Buches.

(4) Erhebungsmerkmale bei der Erhebung nach § 121 Nummer 2 sind: Art des Trägers, Ausgaben für Leistungen in und außerhalb von Einrichtungen nach § 8, Einnahmen in

und außerhalb von Einrichtungen nach Einnahmearten und Leistungen nach § 8.

§ 123 Hilfsmerkmale

(1) Hilfsmerkmale für Erhebungen nach § 121 sind

1. Name und Anschrift des Auskunftspflichtigen,
2. für die Erhebung nach § 122 Absatz 1 Nummer 1 und Absatz 3 die Kennnummern der Leistungsberechtigten,
3. Name und Telefonnummer der für eventuelle Rückfragen zur Verfügung stehenden Person.

(2) 1Die Kennnummern nach Absatz 1 Nummer 2 dienen der Prüfung der Richtigkeit der Statistik und der Fortschreibung der jeweils letzten Bestandserhebung. 2Sie enthalten keine Angaben über persönliche und sachliche Verhältnisse der Leistungsberechtigten und sind zum frühestmöglichen Zeitpunkt spätestens nach Abschluss der wiederkehrenden Bestandserhebung zu löschen.

§ 124 Periodizität, Berichtszeitraum und Berichtszeitpunkte

(1) 1Die Erhebungen nach § 122 Absatz 1 Nummer 1 Buchstabe a bis c werden als Bestandserhebungen jährlich zum 31. Dezember durchgeführt. 2Die Angaben sind darüber hinaus bei Beginn und Ende der Leistungserbringung sowie bei Änderung der Zusammensetzung der Personengemeinschaft nach § 122 Absatz 1 Nummer 1 Buchstabe c zu erteilen. 3Die Angaben zu § 122 Absatz 1 Nummer 1 Buchstabe d sind ebenfalls zum Zeitpunkt der Beendigung der Leistungserbringung und der Änderung der Zusammensetzung der Personengemeinschaft zu erteilen.

(2) 1Die Erhebung nach § 122 Absatz 1 Nummer 1 Buchstabe e wird für jedes abgelaufene Quartal eines Kalenderjahres durchgeführt. 2Dabei sind die Merkmale für jeden Monat eines Quartals zu erheben.

(3) Die Erhebung nach § 122 Absatz 1 Nummer 2 wird als Bestandserhebung vierteljährlich zum Quartalsende durchgeführt.

(4) Die Erhebungen nach § 122 Absatz 3 und 4 erfolgen jährlich für das abgelaufene Kalenderjahr.

§ 125 Auskunftspflicht

(1) 1Für die Erhebungen nach § 121 besteht Auskunftspflicht. 2Die Angaben nach § 123 Absatz 1 Nummer 3 sowie die Angaben zum Gemeindeteil nach § 122 Absatz 1 Nummer 1 Buchstabe c und e sowie Absatz 3 Nummer 1 sind freiwillig.

(2) Auskunftspflichtig sind die zuständigen örtlichen und überörtlichen Träger der Sozialhilfe sowie die kreisangehörigen Gemeinden und Gemeindeverbände, soweit sie Aufgaben dieses Buches wahrnehmen.

§ 126 Übermittlung, Veröffentlichung

(1) 1An die fachlich zuständigen obersten Bundes- oder Landesbehörden dürfen für die Verwendung gegenüber den gesetzgebenden Körperschaften und für Zwecke der Planung, jedoch nicht für die Regelung von Einzelfällen, vom Statistischen Bundesamt und den statistischen Ämtern der Länder Tabellen mit statistischen Ergebnissen nach § 121 übermittelt werden, auch soweit Tabellenfelder nur einen einzigen Fall ausweisen. 2Tabellen, deren Tabellenfelder nur einen einzigen Fall ausweisen, dürfen nur dann übermittelt werden, wenn sie nicht differenzierter als auf Regierungsbezirksebene, bei Stadtstaaten auf Bezirksebene, aufbereitet sind.

(2) Die statistischen Ämter der Länder stellen dem Statistischen Bundesamt zu den Erhebungen nach § 121 für Zusatzaufbereitungen des Bundes jährlich unverzüglich nach Aufbereitung der Bestandserhebung und der Erhebung im Laufe des Berichtsjahres Einzelangaben aus einer Zufallsstichprobe mit einem Auswahlsatz von 25 vom Hundert der Leistungsberechtigten zur Verfügung.

(3) Die Ergebnisse der Sozialhilfestatistik dürfen auf die einzelne Gemeinde bezogen veröffentlicht werden.

§ 127 Übermittlung an Kommunen

(1) Für ausschließlich statistische Zwecke dürfen den zur Durchführung statistischer

V

Aufgaben zuständigen Stellen der Gemeinden und Gemeindeverbände für ihren Zuständigkeitsbereich Einzelangaben aus der Erhebung nach § 122 mit Ausnahme der Hilfsmerkmale übermittelt werden, soweit die Voraussetzungen nach § 16 Abs. 5 des Bundesstatistikgesetzes gegeben sind.

(2) Die Daten können auch für interkommunale Vergleichszwecke übermittelt werden, wenn die betreffenden Träger der Sozialhilfe zustimmen und sichergestellt ist, dass die Datenerhebung der Berichtsstellen nach standardisierten Erfassungs- und Melderegelungen sowie vereinheitlichter Auswertungsroutine erfolgt.

§ 128 Zusatzerhebungen

Über Leistungen und Maßnahmen nach dem Dritten und Fünften bis Neunten Kapitel, die nicht durch die Erhebungen nach § 121 Nummer 1 erfasst sind, können bei Bedarf Zusatzerhebungen als Bundesstatistiken durchgeführt werden.

Zweiter Abschnitt
Bundesstatistik für das Vierte Kapitel

§ 128a Bundesstatistik für das Vierte Kapitel

(1) 1Zur Beurteilung der Auswirkungen des Vierten Kapitels sowie zu seiner Fortentwicklung sind Erhebungen über die Leistungsberechtigten als Bundesstatistik durchzuführen. 2Die Erhebungen erfolgen zentral durch das Statistische Bundesamt.

(2) Die Statistik nach Absatz 1 umfasst folgende Merkmalkategorien:

1. Persönliche Merkmale,
2. Art und Höhe der Bedarfe,
3. Art und Höhe der angerechneten Einkommen und der nach § 82 Absatz 2 Satz 2, Absatz 3, 4 und 6 sowie nach § 82a abgesetzten Beträge.

§ 128b Persönliche Merkmale

Erhebungsmerkmale nach § 128a Absatz 2 Nummer 1 sind

1. Geschlecht, Geburtsjahr, Staatsangehörigkeit und Bundesland,
2. Geburtsmonat, Wohngemeinde und Gemeindeteil, bei Ausländern auch aufenthaltsrechtlicher Status,
3. Leistungsbezug in und außerhalb von Einrichtungen, bei Leistungsberechtigten außerhalb von Einrichtungen zusätzlich die Anzahl der im Haushalt lebenden Personen, bei Leistungsberechtigten in Einrichtungen die Art der Unterbringung,
4. Träger der Leistung,
5. Beginn der Leistungsgewährung nach Monat und Jahr sowie Ursache der Leistungsgewährung, Ende des Leistungsbezugs nach Monat und Jahr sowie Grund für die Einstellung der Leistung,
6. Dauer des Leistungsbezugs in Monaten,
7. gleichzeitiger Bezug von Leistungen nach dem Dritten und Fünften bis Neunten Kapitel,
8. Bezug einer Grundrente.

§ 128c Art und Höhe der Bedarfe

Erhebungsmerkmale nach § 128a Absatz 2 Nummer 2 sind

1. Regelbedarfsstufe, gezahlter Regelsatz in den Regelbedarfsstufen und abweichende Regelsatzfestsetzung,
2. Mehrbedarfe nach Art und Höhe,
3. einmalige Bedarfe nach Art und Höhe,
4. Beiträge zur Kranken- und Pflegeversicherung, getrennt nach
   a) Beiträgen für eine Pflichtversicherung in der gesetzlichen Krankenversicherung,
   b) Beiträgen für eine freiwillige Versicherung in der gesetzlichen Krankenversicherung,
   c) Beiträgen, die auf Grund des Zusatzbeitragssatzes nach dem Fünften Buch gezahlt werden,
   d) Beiträgen für eine private Krankenversicherung,
   e) Beiträgen für eine soziale Pflegeversicherung,
   f) Beiträgen für eine private Pflegeversicherung,
5. Beiträge für die Vorsorge, getrennt nach

   a) Beiträgen für die Altersvorsorge,
   b) Aufwendungen für Sterbegeldversicherungen,
6. Bedarfe für Bildung und Teilhabe, getrennt nach
   a) Schulausflügen,
   b) mehrtägigen Klassenfahrten,
   c) Ausstattung mit persönlichem Schulbedarf,
   d) Schulbeförderung,
   e) Lernförderung,
   f) Teilnahme an einer gemeinschaftlichen Mittagsverpflegung,
7. Aufwendungen für Unterkunft und Heizung sowie sonstige Hilfen zur Sicherung der Unterkunft, getrennt nach Leistungsberechtigten,
   a) die in einer Wohnung
      aa) allein leben,
      bb) mit einem Ehegatten oder in eheähnlicher Gemeinschaft zusammenleben,
      cc) mit Verwandten ersten und zweiten Grades zusammenleben,
      dd) in einer Wohngemeinschaft leben,
   b) die in einer stationären Einrichtung oder in einem persönlichen Wohnraum und zusätzlichen Räumlichkeiten
      aa) allein leben,
      bb) mit einer oder mehreren Personen zusammenleben,
8. Brutto- und Nettobedarf,
9. Darlehen getrennt nach
   a) Darlehen nach § 37 Absatz 1 und
   b) Darlehen bei am Monatsende fälligen Einkünften nach § 37a.

§ 128d Art und Höhe der angerechneten Einkommen und abgesetzten Beträge

(1) Erhebungsmerkmale nach § 128a Absatz 2 Nummer 3 sind die jeweilige Höhe der angerechneten Einkommensart, getrennt nach

1. Altersrente aus der gesetzlichen Rentenversicherung,
2. Hinterbliebenenrente aus der gesetzlichen Rentenversicherung,
3. Renten wegen Erwerbsminderung,
4. Versorgungsbezüge,
5. Renten aus betrieblicher Altersvorsorge,
6. Renten aus privater Vorsorge,
7. Vermögenseinkünfte,
8. Einkünfte nach dem Bundesversorgungsgesetz,
9. Erwerbseinkommen,
10. übersteigendes Einkommen eines im gemeinsamen Haushalt lebenden Partners,
11. öffentlich-rechtliche Leistungen für Kinder,
12. sonstige Einkünfte.

(2) Weitere Erhebungsmerkmale nach § 128a Absatz 2 Nummer 3 sind die Art und Höhe der nach § 82 Absatz 2 Satz 2, Absatz 3, 4 und 6 sowie nach § 82a abgesetzten Beträge.

§ 128e Hilfsmerkmale

(1) Hilfsmerkmale für die Bundesstatistik nach § 128a sind

1. Name und Anschrift der nach § 128g Auskunftspflichtigen,
2. die Kennnummern des Leistungsberechtigten,
3. Name und Telefonnummer sowie Adresse für elektronische Post der für eventuelle Rückfragen zur Verfügung stehenden Person.

(2) $_1$Die Kennnummern nach Absatz 1 Nummer 2 dienen der Prüfung der Richtigkeit der Statistik und der Fortschreibung der jeweils letzten Bestandserhebung. $_2$Sie enthalten keine Angaben über persönliche und sachliche Verhältnisse des Leistungsberechtigten und sind zum frühestmöglichen Zeitpunkt, spätestens nach Abschluss der wiederkehrenden Bestandserhebung, zu löschen.

§ 128f Periodizität, Berichtszeitraum und Berichtszeitpunkte

(1) Die Bundesstatistik nach § 128a wird quartalsweise durchgeführt.

(2) Die Merkmale nach den §§ 128b bis 128d, ausgenommen das Merkmal nach § 128b

V

Nummer 5, sind als Bestandserhebung zum Quartalsende zu erheben, wobei sich die Angaben zu den Bedarfen nach § 128c Nummer 1 bis 8 sowie den angerechneten Einkommen und abgesetzten Beträgen nach § 128d jeweils auf den gesamten letzten Monat des Berichtsquartals beziehen.

(3) 1Die Merkmale nach § 128b Nummer 5 sind für den gesamten Quartalszeitraum zu erheben, wobei gleichzeitig die Merkmale nach § 128b Nummer 1 und 2 zu erheben sind. 2Bei den beendeten Leistungen ist zudem die bisherige Dauer der Leistungsgewährung nach § 128b Nummer 6 zu erheben.

(4) Die Merkmale nach § 128c Nummer 6 sind für jeden Monat eines Quartals zu erheben, wobei gleichzeitig die Merkmale nach § 128b Nummer 1 und 2 zu erheben sind.

V

§ 128g Auskunftspflicht

(1) 1Für die Bundesstatistik nach § 128a besteht Auskunftspflicht. 2Die Auskunftserteilung für die Angaben nach § 128e Nummer 3 und zum Gemeindeteil nach § 128b Nummer 2 sind freiwillig.

(2) Auskunftspflichtig sind die für die Ausführung des Gesetzes nach dem Vierten Kapitel zuständigen Träger.

§ 128h Datenübermittlung, Veröffentlichung

(1) 1Die in sich schlüssigen und nach einheitlichen Standards formatierten Einzeldatensätze sind von den Auskunftspflichtigen elektronisch bis zum Ablauf von 30 Arbeitstagen nach Ende des jeweiligen Berichtsquartals nach § 128f an das Statistische Bundesamt zu übermitteln. 2Soweit die Übermittlung zwischen informationstechnischen Netzen von Bund und Ländern stattfindet, ist dafür nach § 3 des Gesetzes über die Verbindung der informationstechnischen Netze des Bundes und der Länder – Gesetz zur Ausführung von Artikel 91c Absatz 4 des Grundgesetzes – vom 10. August 2009 (BGBl. I S. 2702, 2706) das Verbindungsnetz zu nutzen. 3Die zu übermittelnden Daten sind nach dem Stand der Technik fortgeschritten zu signieren und zu verschlüsseln.

(2) Das Statistische Bundesamt übermittelt dem Bundesministerium für Arbeit und Soziales für Zwecke der Planung, jedoch nicht für die Regelung von Einzelfällen, Tabellen mit den Ergebnissen der Bundesstatistik nach § 128a, auch soweit Tabellenfelder nur einen einzigen Fall ausweisen.

(3) 1Zur Weiterentwicklung des Systems der Grundsicherung im Alter und bei Erwerbsminderung übermittelt das Statistische Bundesamt auf Anforderung des Bundesministeriums für Arbeit und Soziales Einzelangaben aus einer Stichprobe, die vom Statistischen Bundesamt gezogen wird und nicht mehr als 10 Prozent der Grundgesamtheit der Leistungsberechtigten umfasst. 2Die zu übermittelnden Einzelangaben dienen der Entwicklung und dem Betrieb von Mikrosimulationsmodellen durch das Bundesministerium für Arbeit und Soziales und dürfen nur im hierfür erforderlichen Umfang und mittels eines sicheren Datentransfers ausschließlich an das Bundesministerium für Arbeit und Soziales übermittelt werden. 3Angaben zu den Erhebungsmerkmalen nach § 128b Nummer 2 und 4 und den Hilfsmerkmalen nach § 128e dürfen nicht übermittelt werden; Angaben zu monatlichen Durchschnittsbeträgen in den Einzelangaben werden vom Statistischen Bundesamt auf volle Euro gerundet.

(4) 1Bei der Verarbeitung der Daten nach Absatz 3 ist das Statistikgeheimnis nach § 16 des Bundesstatistikgesetzes zu wahren. 2Dafür ist die Trennung von statistischen und nichtstatistischen Aufgaben durch Organisation und Verfahren zu gewährleisten. 3Die nach Absatz 3 übermittelten Daten dürfen nur für die Zwecke gespeichert, verändert, genutzt, übermittelt oder in der Verarbeitung eingeschränkt werden, für die sie übermittelt wurden. 4Eine Weitergabe von Einzelangaben aus einer Stichprobe nach Absatz 3 Satz 1 durch das Bundesministerium für Arbeit und Soziales an Dritte ist nicht zulässig. 5Die übermittelten Einzeldaten sind nach dem Erreichen des Zweckes zu löschen, zu dem sie übermittelt wurden.

(5) 1Das Statistische Bundesamt übermittelt den statistischen Ämtern der Länder Tabellen

mit den Ergebnissen der Bundesstatistik für die jeweiligen Länder und für die für die Ausführung des Gesetzes nach dem Vierten Kapitel zuständigen Träger. 2Das Bundesministerium für Arbeit und Soziales erhält diese Tabellen ebenfalls. 3Die statistischen Ämter der Länder erhalten zudem für ihr Land die jeweiligen Einzeldatensätze für Sonderaufbereitungen auf regionaler Ebene.

(6) Die Ergebnisse der Bundesstatistik nach diesem Abschnitt dürfen auf die einzelnen Gemeinden bezogen veröffentlicht werden.

Dritter Abschnitt Verordnungsermächtigung

§ 129 Verordnungsermächtigung

Das Bundesministerium für Arbeit und Soziales kann für Zusatzerhebungen nach § 128 im Einvernehmen mit dem Bundesministerium des Innern, für Bau und Heimat durch Rechtsverordnung mit Zustimmung des Bundesrates das Nähere regeln über

a) den Kreis der Auskunftspflichtigen nach § 125 Abs. 2,
b) die Gruppen von Leistungsberechtigten, denen Hilfen nach dem Dritten und Fünften bis Neunten Kapitel geleistet werden,
c) die Leistungsberechtigten, denen bestimmte einzelne Leistungen der Hilfen nach dem Dritten und Fünften bis Neunten Kapitel geleistet werden,
d) den Zeitpunkt der Erhebungen,
e) die erforderlichen Erhebungs- und Hilfsmerkmale im Sinne der §§ 122 und 123 und
f) die Art der Erhebung (Vollerhebung oder Zufallsstichprobe).

Sechzehntes Kapitel Übergangs- und Schlussbestimmungen

§ 130 Übergangsregelung für ambulant Betreute

Für Personen, die Leistungen der Eingliederungshilfe für behinderte Menschen oder der Hilfe zur Pflege empfangen, deren Betreuung am 26. Juni 1996 durch von ihnen beschäftigte Personen oder ambulante Dienste sichergestellt wurde, gilt § 3a des Bundessozialhilfegesetzes in der am 26. Juli 1996 geltenden Fassung.

§ 131 Übergangsregelung für die Statistik über Einnahmen und Ausgaben nach dem Vierten Kapitel

1Die Erhebungen nach § 121 Nummer 2 in Verbindung mit § 122 Absatz 4 in der am 31. Dezember 2014 geltenden Fassung über die Ausgaben und Einnahmen der nach Landesrecht für die Ausführung von Geldleistungen nach dem Vierten Kapitel zuständigen Träger sind dabei auch in den Berichtsjahren 2015 und 2016 durchzuführen. 2Die §§ 124 bis 127 sind in der am 31. Dezember 2014 geltenden Fassung anzuwenden.

§ 132 Übergangsregelung zur Sozialhilfegewährung für Deutsche im Ausland

(1) Deutsche, die am 31. Dezember 2003 Leistungen nach § 147b des Bundessozialhilfegesetzes in der zu diesem Zeitpunkt geltenden Fassung bezogen haben, erhalten diese Leistungen bei fortdauernder Bedürftigkeit weiter.

(2) 1Deutsche,

1. die in den dem 1. Januar 2004 vorangegangenen 24 Kalendermonaten ohne Unterbrechung Leistungen nach § 119 des Bundessozialhilfegesetzes in der am 31. Dezember 2003 geltenden Fassung bezogen haben und
2. in dem Aufenthaltsstaat über eine dauerhafte Aufenthaltsgenehmigung verfügen,

erhalten diese Leistungen bei fortdauernder Bedürftigkeit weiter. 2Für Deutsche, die am 31. Dezember 2003 Leistungen nach § 119 des Bundessozialhilfegesetzes in der am 31. Dezember 2003 geltenden Fassung bezogen haben und weder die Voraussetzungen nach Satz 1 noch die Voraussetzungen des § 24 Abs. 1 erfüllen, enden die Leistungen bei

V

fortdauernder Bedürftigkeit mit Ablauf des 31. März 2004.

(3) Deutsche, die die Voraussetzungen des § 1 Abs. 1 des Bundesentschädigungsgesetzes erfüllen und

1. zwischen dem 30. Januar 1933 und dem 8. Mai 1945 das Gebiet des Deutschen Reiches oder der Freien Stadt Danzig verlassen haben, um sich einer von ihnen nicht zu vertretenden und durch die politischen Verhältnisse bedingten besonderen Zwangslage zu entziehen oder aus den gleichen Gründen nicht in das Gebiet des Deutschen Reiches oder der Freien Stadt Danzig zurückkehren konnten oder
2. nach dem 8. Mai 1945 und vor dem 1. Januar 1950 das Gebiet des Deutschen Reiches nach dem Stande vom 31. Dezember 1937 oder das Gebiet der Freien Stadt Danzig verlassen haben,

können, sofern sie in dem Aufenthaltsstaat über ein dauerhaftes Aufenthaltsrecht verfügen, in außergewöhnlichen Notlagen Leistungen erhalten, auch wenn sie nicht die Voraussetzungen nach den Absätzen 1 und 2 oder nach § 24 Abs. 1 erfüllen; § 24 Abs. 2 gilt.

§ 133 Übergangsregelung für besondere Hilfen an Deutsche nach Artikel 116 Abs. 1 des Grundgesetzes

(1) 1Deutsche, die außerhalb des Geltungsbereiches dieses Gesetzes, aber innerhalb des in Artikel 116 Abs. 1 des Grundgesetzes genannten Gebiets geboren sind und dort ihren gewöhnlichen Aufenthalt haben, können in außergewöhnlichen Notlagen besondere Hilfen erhalten, auch wenn sie nicht die Voraussetzungen des § 24 Abs. 1 erfüllen. 2§ 24 Abs. 2 gilt. 3Die Höhe dieser Leistungen bemisst sich nach den im Aufenthaltsstaat in vergleichbaren Lebensumständen üblichen Leistungen. 4Die besonderen Hilfen werden unter Übernahme der Kosten durch den Bund durch Träger der freien Wohlfahrtspflege mit Sitz im Inland geleistet.

(2) Die Bundesregierung wird ermächtigt, durch Rechtsverordnung mit Zustimmung des Bundesrates die persönlichen Bezugsvoraussetzungen, die Bemessung der Leistungen sowie die Trägerschaft und das Verfahren zu bestimmen.

§ 133a Übergangsregelung für Hilfeempfänger in Einrichtungen

Für Personen, die am 31. Dezember 2004 einen Anspruch auf einen zusätzlichen Barbetrag nach § 21 Abs. 3 Satz 4 des Bundessozialhilfegesetzes haben, wird diese Leistung in der für den vollen Kalendermonat Dezember 2004 festgestellten Höhe weiter erbracht.

§ 133b Übergangsregelung zu Bedarfen für Unterkunft und Heizung

1§ 42a Absatz 3 und 4 findet keine Anwendung auf Leistungsberechtigte, bei denen vor dem 1. Juli 2017 Bedarfe für Unterkunft und Heizung nach § 35 anerkannt worden sind, die

1. dem Kopfteil an den Aufwendungen für Unterkunft und Heizung entsprechen, die für einen entsprechenden Mehrpersonenhaushalt als angemessen gelten, oder
2. nach ihrer Höhe der durchschnittlichen Warmmiete eines Einpersonenhaushaltes im örtlichen Zuständigkeitsbereich des für die Ausführung des Gesetzes nach diesem Kapitel zuständigen Trägers nicht übersteigen.

2Satz 1 findet Anwendung, solange die leistungsberechtigte Person mit mehreren Personen in derselben Wohnung lebt.

§ 134 Übergangsregelung für die Fortschreibung der Regelbedarfsstufe 6

Abweichend von § 28a ist die Regelbedarfsstufe 6 der Anlage zu § 28 nicht mit dem sich nach der Verordnung nach § 40 ergebenden Prozentsatz fortzuschreiben, solange sich durch die entsprechende Fortschreibung des Betrages nach § 8 Absatz 1 Satz 1 Nummer 6 des Regelbedarfs-Ermittlungsgesetzes kein höherer Betrag ergeben würde.

§ 135 Übergangsregelung aus Anlass des Zweiten Rechtsbereinigungsgesetzes

(1) 1Erhielten am 31. Dezember 1986 Tuberkulosekranke, von Tuberkulose Bedrohte

oder von Tuberkulose Genesene laufende Leistungen nach Vorschriften, die durch das Zweite Rechtsbereinigungsgesetz außer Kraft treten, sind diese Leistungen nach den bisher maßgebenden Vorschriften weiterzugewähren, längstens jedoch bis zum 31. Dezember 1987. 2Sachlich zuständig bleibt der überörtliche Träger der Sozialhilfe, soweit nicht nach Landesrecht der örtliche Träger zuständig ist.

(2) Die Länder können für die Verwaltung der im Rahmen der bisherigen Tuberkulosehilfe gewährten Darlehen andere Behörden bestimmen.

§ 136 Erstattung des Barbetrags durch den Bund in den Jahren 2017 bis 2019

(1) Für Leistungsberechtigte nach dem Vierten Kapitel, die zugleich Leistungen der Eingliederungshilfe nach dem Sechsten Kapitel in einer stationären Einrichtung erhalten, erstattet der Bund den Ländern in den Jahren 2017 bis 2019 für jeden Leistungsberechtigten je Kalendermonat einen Betrag, dessen Höhe sich nach einem Anteil von 14 Prozent der Regelbedarfsstufe 1 nach der Anlage zu § 28 bemisst.

(2) 1Die Länder teilen dem Bundesministerium für Arbeit und Soziales die Zahl der Leistungsberechtigten je Kalendermonat nach Absatz 1 für jeden für die Ausführung des Gesetzes nach diesem Kapitel zuständigen Träger mit, sofern diese in einem Kalendermonat für mindestens 15 Kalendertage einen Barbetrag erhalten haben. 2Die Meldungen nach Satz 1 erfolgen

1. bis zum Ablauf der 35. Kalenderwoche des Jahres 2017 für den Meldezeitraum Januar bis Juni 2017,
2. bis zum Ablauf der 42. Kalenderwoche des Jahres 2018 für den Meldezeitraum Juli 2017 bis Juni 2018,
3. bis zum Ablauf der 42. Kalenderwoche des Jahres 2019 für den Meldezeitraum Juli 2018 bis Juni 2019 und
4. bis zum Ablauf der 16. Kalenderwoche des Jahres 2020 für den Meldezeitraum Juli 2019 bis Dezember 2019.

(3) 1Der Erstattungsbetrag für jeden Kalendermonat im Meldezeitraum nach Absatz 2 errechnet sich aus

1. der Anzahl der jeweils gemeldeten Leistungsberechtigten,
2. multipliziert mit dem Anteil von 14 Prozent des für jeden Kalendermonat jeweils geltenden Betrags der Regelbedarfsstufe 1 nach der Anlage zu § 28.

2Der Erstattungsbetrag für den jeweiligen Meldezeitraum ergibt sich aus der Summe der Erstattungsbeträge je Kalendermonat nach Satz 1.

(4) Zu zahlen ist der Erstattungsbetrag

1. zum 15. Oktober 2017 für den Meldezeitraum Januar bis Juni 2017,
2. zum 15. November 2018 für den Meldezeitraum Juli 2017 bis Juni 2018,
3. zum 15. November 2019 für den Meldezeitraum Juli 2018 bis Juni 2019,
4. zum 15. Mai 2020 für den Meldezeitraum Juli 2019 bis Dezember 2019.

§ 136a Erstattung des Barbetrags durch den Bund ab dem Jahr 2020

(1) 1Für Leistungsberechtigte nach dem Vierten Kapitel, die zugleich Leistungen in einer stationären Einrichtung erhalten, erstattet der Bund den Ländern ab dem Jahr 2020 je Kalendermonat einen Betrag, dessen Höhe sich nach den in Satz 2 genannten Anteilen der Regelbedarfsstufe 1 nach der Anlage zu § 28 bemisst. 2Die Anteile an der Regelbedarfsstufe 1 belaufen sich

1. für das Jahr 2020 auf 5,2Prozent,
2. für das Jahr 2021 auf 5,0 Prozent,
3. für das Jahr 2022 auf 4,9 Prozent,
4. für das Jahr 2023 auf 4,7 Prozent,
5. für das Jahr 2024 auf 4,6 Prozent und
6 für das Jahr 2025 auf 4,4 Prozent.

(2) Die Länder teilen dem Bundesministerium für Arbeit und Soziales für jedes Kalenderjahr (Meldezeitraum) von 2020 bis 2025 jeweils bis zum 30. Juni des Folgejahres für jeden Träger, der für die Ausführung des Gesetzes nach diesem Kapitel zuständig ist, die Zahl der Leistungsberechtigten mit, die in einem

V

Kalendermonat des Meldezeitraums für mindestens 15 Kalendertage einen Barbetrag erhalten haben.

(3) 1Der Erstattungsbetrag für jeden Kalendermonat im Meldezeitraum errechnet sich aus der Anzahl der jeweils gemeldeten Leistungsberechtigten multipliziert mit dem Betrag, der sich aus dem sich für das jeweilige Jahr ergebenden Anteil nach Absatz 1 Satz 2 an dem jeweils geltenden Betrag der Regelbedarfsstufe 1 nach der Anlage zu § 28 ergibt. 2Der Erstattungsbetrag für den jeweiligen Meldezeitraum ergibt sich aus der Summe der Erstattungsbeträge je Kalendermonat nach Satz 1.

(4) Der Erstattungsbetrag nach Absatz 3 Satz 2 ist zum 31. August des Kalenderjahres zu zahlen, das auf den jeweiligen Meldezeitraum folgt.

V

§ 137 Überleitung in Pflegegrade zum 1. Januar 2017

1Pflegebedürftige, deren Pflegebedürftigkeit nach den Vorschriften des Siebten Kapitels in der am 31. Dezember 2016 geltenden Fassung festgestellt worden ist und bei denen spätestens am 31. Dezember 2016 die Voraussetzungen auf Leistungen nach den Vorschriften des Siebten Kapitels vorliegen, werden ab dem 1. Januar 2017 ohne erneute Antragstellung und ohne erneute Begutachtung wie folgt in die Pflegegrade übergeleitet:

1. Pflegebedürftige mit Pflegestufe I in den Pflegegrad 2,
2. Pflegebedürftige mit Pflegestufe II in den Pflegegrad 3,
3. Pflegebedürftige mit Pflegestufe III in den Pflegegrad 4.

2Die Überleitung in die Pflegegrade nach § 140 des Elften Buches ist für den Träger der Sozialhilfe bindend.

§ 138 Übergangsregelung für Pflegebedürftige aus Anlass des Dritten Pflegestärkungsgesetzes

1Einer Person, die am 31. Dezember 2016 einen Anspruch auf Leistungen nach dem Siebten Kapitel in der am 31. Dezember 2016 geltenden Fassung hat, sind die ihr am 31. Dezember 2016 zustehenden Leistungen über den 31. Dezember 2016 hinaus bis zum Abschluss des von Amts wegen zu betreibenden Verfahrens zur Ermittlung und Feststellung des Pflegegrades und des notwendigen pflegerischen Bedarfs nach § 63a in der ab dem 1. Januar 2017 geltenden Fassung weiter zu gewähren. 2Soweit eine Person zugleich Leistungen nach dem Elften Buch in der ab dem 1. Januar 2017 geltenden Fassung erhält, sind diese anzurechnen. 3Dies gilt nicht für die Zuschläge nach § 141 Absatz 2 des Elften Buches sowie für den Entlastungsbetrag nach § 45b des Elften Buches. 4Ergibt das Verfahren, dass für die Zeit ab dem 1. Januar 2017 die Leistungen für den notwendigen pflegerischen Bedarf, die nach dem Siebten Kapitel in der ab dem 1. Januar 2017 geltenden Fassung zu gewähren sind, geringer sind als die nach Satz 1 gewährten Leistungen, so sind die nach Satz 1 gewährten höheren Leistungen nicht vom Leistungsbezieher zu erstatten; § 45 des Zehnten Buches bleibt unberührt. 5Ergibt das Verfahren, dass für die Zeit ab dem 1. Januar 2017 die Leistungen für den notwendigen pflegerischen Bedarf, die nach dem Siebten Kapitel in der ab dem 1. Januar 2017 geltenden Fassung zu gewähren sind, höher sind als die nach Satz 1 gewährten Leistungen, so sind die Leistungen rückwirkend nach den Vorschriften des Siebten Kapitels in der ab dem 1. Januar 2017 geltenden Fassung zu gewähren.

§ 139 Übergangsregelung für Bedarfe für Unterkunft und Heizung ab dem Jahr 2020

(1) Für Leistungsberechtigte,

1. die am 31. Dezember 2019 nach dem Dritten oder Vierten Kapitel und zugleich nach dem Sechsten Kapitel leistungsberechtigt sind und
2. die am 31. Dezember 2019 in einer Unterkunft leben, für die Bedarfe für Unterkunft und Heizung nach § 35 anerkannt werden,

sind, wenn

3. sie am 1. Januar 2020 leistungsberechtigt nach dem Dritten oder Vierten Kapitel sind

und zugleich Leistungen nach Teil 2 des Neunten Buches beziehen und

4. die Unterkunft nach Nummer 2 am 1. Januar 2020 als persönlicher Wohnraum und zusätzliche Räumlichkeiten nach § 42a Absatz 2 Satz 1 Nummer 2 gilt,

für diese Unterkunft die Bedarfe für Unterkunft und Heizung nach § 42a Absatz 2 Satz 1 Nummer 1 und Satz 2 zu berücksichtigen.

(2) Leistungsberechtigten,

1. die am 31. Dezember 2019 nach dem Dritten oder Vierten Kapitel und zugleich nach dem Sechsten Kapitel leistungsberechtigt sind und
2. denen am 31. Dezember 2019 Bedarfe für Unterkunft und Heizung nach § 27b Absatz 1 Satz 2 in Verbindung mit § 42 Nummer 4 Buchstabe b anzuerkennen sind,

sind, wenn sie am 1. Januar 2020 leistungsberechtigt nach dem Dritten oder Vierten Kapitel sind und zugleich Leistungen nach Teil 2 des Neunten Buches beziehen, für diese Unterkunft ab dem 1. Januar 2020 Bedarfe für Unterkunft und Heizung nach § 42a Absatz 2 Satz 1 Nummer 2 und Satz 3 anzuerkennen, solange sich keine Veränderung in der Unterbringung ergibt, durch die diese die Voraussetzungen einer Wohnung nach § 42a Absatz 2 Satz 1 Nummer 1 und Satz 2 erfüllt.

§ 140 Übergangsregelung zur Verhinderung einer Zahlungslücke

(1) 1Leistungsberechtigte,

1. die am 31. Dezember 2019 Leistungen nach dem Sechsten Kapitel und ab dem 1. Januar 2020 Leistungen nach Teil 2 des Neunten Buches beziehen,
2. die nach dem Dritten oder Vierten Kapitel leistungsberechtigt sind und deren notwendiger Lebensunterhalt sich am 31. Dezember 2019 nach § 27b ergibt und für die sich ab dem 1. Januar 2020 der notwendige Lebensunterhalt
   a) bei einer Leistungsberechtigung nach dem Dritten Kapitel nach § 27a ergibt,
   b) bei einer Leistungsberechtigung nach dem Vierten Kapitel nach § 42 Nummer 1 bis 3, 4 Buchstabe a und Nummer 5 ergibt und
3. denen ab dem Monat Januar 2020 erstmals eine Rente aus der gesetzlichen Rentenversicherung zufließt,

haben abweichend von § 82 die zufließende Rente im Umstellungsmonat nicht für ihren notwendigen Lebensunterhalt nach dem Dritten oder Vierten Kapitel einzusetzen. 2Umstellungsmonat nach Satz 1 ist der Kalendermonat im ersten Quartal des Jahres 2020, in dem die Rente der leistungsberechtigten Person erstmals zufließt. 3Die Sätze 1 und 2 gelten entsprechend für alle laufend gezahlten und am Monatsende zufließenden Einkommen.

(2) 1Personen,

1. die am 31. Dezember 2019 Leistungen nach dem Sechsten Kapitel und ab dem 1. Januar 2020 Leistungen nach Teil 2 des Neunten Buches beziehen,
2. die ihren sich am 31. Dezember 2019 nach § 27b ergebenden notwendigen Lebensunterhalt nach dem Dritten oder Vierten Kapitel ebenso aus eigenen Mitteln bestreiten können wie ihren sich ab dem 1. Januar 2020
   a) bei einer Leistungsberechtigung nach dem Dritten Kapitel nach § 27a,
   b) bei einer Leistungsberechtigung nach dem Vierten Kapitel nach § 42 Nummer 1 bis 3, 4 Buchstabe a und Nummer 5

   ergebenden notwendigen Lebensunterhalt und
3. denen ab dem Monat Januar 2020 eine Rente aus der gesetzlichen Rentenversicherung zufließt,

erhalten im Umstellungsmonat einen Zuschuss. 2Für den Umstellungsmonat gilt Absatz 1 Satz 2 entsprechend; dies gilt auch, sofern die Rente bereits vor Januar 2020 zugeflossen ist und letztmalig für Dezember 2019 als eigene Mittel für den Lebensunterhalt einzusetzen war. 3Die Höhe des Zuschusses ergibt sich aus den zu Beginn des Umstellungsmonats nicht gedeckten Auf-

V

wendungen für den Lebensunterhalt nach Satz 1 Nummer 2; die Höhe des Zuschusses ist begrenzt auf die Höhe der zufließenden Rente. $_{4}$Der Zuschuss nach den Sätzen 1 bis 3 gilt

1. als Geldleistung nach dem Vierten Kapitel für Personen,
   a) die unabhängig von der jeweiligen Arbeitsmarktlage voll erwerbsgemindert im Sinne des § 43 Absatz 2 des Sechsten Buches sind und bei denen unwahrscheinlich ist, dass die volle Erwerbsminderung behoben werden kann oder
   b) die in einer Werkstatt für behinderte Menschen nach § 56 des Neunten Buches oder bei einem anderen Leistungsanbieter nach § 60 des Neunten Buches tätig sind oder
   c) die die Altersgrenze nach § 41 Absatz 2 erreicht oder überschritten haben,
2. als Leistung nach dem Dritten Kapitel für Personen, bei denen die Voraussetzungen der Nummer 1 nicht vorliegen.

$_{5}$Bei Personen, für die Satz 4 Nummer 1 gilt, ist § 44 Absatz 1 Satz 1 nicht anzuwenden. $_{6}$Die Sätze 1 bis 5 gelten entsprechend für alle laufend gezahlten und am Monatsende zufließenden Einkommen. $_{7}$Der Zuschuss nach den Sätzen 1 bis 3 gilt nicht als Leistung nach § 7 Absatz 1 Satz 1 Nummer 5 und 6 des Wohngeldgesetzes.

§ 141 Übergangsregelung aus Anlass der COVID-19-Pandemie

(1) Leistungen nach dem Dritten und Vierten Kapitel werden für Bewilligungszeiträume, die in der Zeit vom 1. März 2020 bis zum 31. Dezember 2021 beginnen, nach Maßgabe der Absätze 2 bis 4 erbracht.

(2) $_{1}$Abweichend von § 2 Absatz 1, § 19 Absatz 1, 2 und 5, § 27 Absatz 1 und 2, § 39, § 41 Absatz 1, § 43 Absatz 1, § 43a Absatz 2 und § 90 wird Vermögen für die Dauer von sechs Monaten nicht berücksichtigt. $_{2}$Satz 1 gilt nicht, wenn das Vermögen erheblich ist; es wird vermutet, dass kein erhebliches Vermögen vorhanden ist, wenn die leistungsnachsuchenden Personen dies im Antrag erklären.

(3) $_{1}$Abweichend von § 35 und § 42a Absatz 1 gelten die tatsächlichen Aufwendungen für Unterkunft und Heizung für die Dauer von sechs Monaten als angemessen. $_{2}$Nach Ablauf des Zeitraums nach Satz 1 ist § 35 Absatz 2 Satz 2 mit der Maßgabe anzuwenden, dass der Zeitraum nach Satz 1 nicht auf die in § 35 Absatz 2 Satz 2 genannte Frist anzurechnen ist. $_{3}$Satz 1 gilt nicht in den Fällen, in denen im vorangegangenen Bewilligungszeitraum die angemessenen und nicht die tatsächlichen Aufwendungen als Bedarf anerkannt wurden.

(4) Sofern Geldleistungen der Grundsicherung im Alter und bei Erwerbsminderung nach § 44a Absatz 1 vorläufig oder Geldleistungen der Hilfe zum Lebensunterhalt vorschussweise nach § 42 des Ersten Buches zu bewilligen sind, ist über den monatlichen Leistungsanspruch für Bewilligungszeiträume, die bis zum 31. März 2021 begonnen haben, nur auf Antrag der leistungsberechtigten Person abschließend zu entscheiden; § 44a Absatz 5 Satz 1 findet keine Anwendung.

(5) $_{1}$Abweichend von § 34a Absatz 1 Satz 1 gilt der Antrag auf Leistungen nach § 34 Absatz 5 in der Zeit vom 1. Juli 2021 bis zum Ablauf des 31. Dezember 2023 als von dem Antrag auf Leistungen zur Sicherung des Lebensunterhalts mit umfasst. $_{2}$Dies gilt für ab dem 1. Juli 2021 entstehende Lernförderungsbedarfe auch dann, wenn die jeweiligen Bewilligungszeiträume nur teilweise in den in Satz 1 genannten Zeitraum fallen, weil sie entweder bereits vor dem 1. Juli 2021 begonnen haben oder erst nach dem 31. Dezember 2023 enden.

§ 142 Übergangsregelung für die gemeinschaftliche Mittagsverpflegung aus Anlass der COVID-19-Pandemie

(1) $_{1}$Abweichend von § 34 Absatz 6 Satz 1 kommt es im Zeitraum vom 1. März 2020 bis zur Aufhebung der Feststellung einer epidemischen Lage von nationaler Tragweite we-

gen der dynamischen Ausbreitung der Coronavirus-Krankheit-2019 (COVID-19) nach § 5 Absatz 1 Satz 2 des Infektionsschutzgesetzes durch den Deutschen Bundestag, längstens jedoch bis zum Ablauf des 31. Dezember 2021, auf eine Gemeinschaftlichkeit der Mittagsverpflegung nicht an. 2Zu den Aufwendungen im Sinne des § 34 Absatz 6 Satz 1 zählen bei den Leistungsberechtigten anfallende Zahlungsverpflichtungen auch dann, wenn sie pandemiebedingt in geänderter Höhe oder aufgrund abweichender Abgabewege berechnet werden. 3Dies umfasst auch die Kosten einer Belieferung. 4§ 34 Absatz 6 Satz 2 findet keine Anwendung.

(2) 1Wurde im Februar 2020 ein Mehrbedarf nach § 42b Absatz 2 anerkannt, wird dieser für den Zeitraum vom 1. Mai 2020 bis zum 31. Dezember 2020 in unveränderter Höhe weiterhin anerkannt. 2Für den Zeitraum vom 1. Januar 2021 bis zur Aufhebung der Feststellung einer epidemischen Lage von nationaler Tragweite wegen der dynamischen Ausbreitung der Coronavirus-Krankheit-2019 (COVID-19) nach § 5 Absatz 1 Satz 2 des Infektionsschutzgesetzes durch den Deutschen Bundestag, längstens jedoch bis zum Ablauf des 31. Dezember 2021, gilt dies mit der Maßgabe, dass für die Berechnung der Höhe des Mehrbedarfs die Anzahl der für Februar 2020 berücksichtigten Arbeitstage und die nach § 42b Absatz 2 Satz 3 sich ergebenden Mehraufwendungen je Arbeitstag zugrunde zu legen sind. 3Abweichend von § 42b Absatz 2 Satz 1 und 2 kommt es im Zeitraum vom 1. Mai 2020 bis zur Aufhebung der Feststellung einer epidemischen Lage von nationaler Tragweite wegen der dynamischen Ausbreitung der Coronavirus-Krankheit-2019 (COVID-19) nach § 5 Absatz 1 Satz 2 des Infektionsschutzgesetzes durch den Deutschen Bundestag, längstens jedoch bis zum Ablauf des 31. Dezember 2021, nicht auf die Gemeinschaftlichkeit der Mittagsverpflegung und die Essenseinnahme in der Verantwortung des Leistungsanbieters an.

§ 143 Übergangsregelung zum Freibetrag für Grundrentenzeiten und vergleichbare Zeiten

Der Träger der Sozialhilfe hat über Leistungen der Hilfe zum Lebensunterhalt und der Grundsicherung im Alter und bei Erwerbsminderung ohne Berücksichtigung eines eventuellen Freibetrages nach § 82a zu entscheiden, so lange ihm nicht durch eine Mitteilung des Rentenversicherungsträgers oder berufsständischer Versicherungs- oder Versorgungseinrichtungen nachgewiesen ist, dass die Voraussetzungen für die Einräumung des Freibetrages vorliegen.

§ 144 Einmalzahlung aus Anlass der COVID-19-Pandemie

1Leistungsberechtigte, denen für den Monat Mai 2021 Leistungen nach dem Dritten oder Vierten Kapitel gezahlt werden und deren Regelsatz sich nach der Regelbedarfsstufe 1, 2 oder 3 der Anlage zu § 28 ergibt, erhalten für den Zeitraum vom 1. Januar 2021 bis zum 30. Juni 2021 zum Ausgleich der mit der COVID-19-Pandemie in Zusammenhang stehenden Mehraufwendungen eine Einmalzahlung in Höhe von 150 Euro. 2Leistungsberechtigten, für die die Regelbedarfsstufe 3 gilt, ist die Leistung nach Satz 1 zusammen mit dem Barbetrag nach § 27b Absatz 3 oder § 27c Absatz 3 auszuzahlen; die Einmalzahlungen für Leistungsberechtigte nach dem Vierten Kapitel sind Bruttoausgaben nach § 46a Absatz 2 Satz 1. 3Die Sätze 1 und 2 gelten nur, sofern bei Leistungsberechtigten kein für sie gewährtes und an sie unmittelbar ausgezahltes oder weitergeleitetes Kindergeld als Einkommen berücksichtigt wird.

V

Anlage
(zu § 28)

Regelbedarfsstufen nach § 28

gültig ab 1. Januar 2021

Regelbedarfsstufe 1	446 Euro
Regelbedarfsstufe 2	401 Euro
Regelbedarfsstufe 3	357 Euro
Regelbedarfsstufe 4	373 Euro
Regelbedarfsstufe 5	309 Euro
Regelbedarfsstufe 6	283 Euro

gültig ab 1. Januar 2020

Regelbedarfsstufe 1	432 Euro
Regelbedarfsstufe 2	389 Euro
Regelbedarfsstufe 3	345 Euro
Regelbedarfsstufe 4	328 Euro
Regelbedarfsstufe 5	308 Euro
Regelbedarfsstufe 6	250 Euro

gültig ab 1. Januar 2019

Regelbedarfsstufe 1	424 Euro
Regelbedarfsstufe 2	382 Euro
Regelbedarfsstufe 3	339 Euro
Regelbedarfsstufe 4	322 Euro
Regelbedarfsstufe 5	302 Euro
Regelbedarfsstufe 6	245 Euro

gültig ab 1. Januar 2018

Regelbedarfsstufe 1	416 Euro
Regelbedarfsstufe 2	374 Euro
Regelbedarfsstufe 3	332 Euro
Regelbedarfsstufe 4	316 Euro
Regelbedarfsstufe 5	296 Euro
Regelbedarfsstufe 6	240 Euro

gültig ab 1. Januar 2017

Regelbedarfsstufe 1	409 Euro
Regelbedarfsstufe 2	368 Euro
Regelbedarfsstufe 3	327 Euro
Regelbedarfsstufe 4	311 Euro
Regelbedarfsstufe 5	291 Euro
Regelbedarfsstufe 6	237 Euro

gültig ab 1. Januar 2016

Regelbedarfsstufe 1	404 Euro
Regelbedarfsstufe 2	364 Euro
Regelbedarfsstufe 3	324 Euro
Regelbedarfsstufe 4	306 Euro
Regelbedarfsstufe 5	270 Euro
Regelbedarfsstufe 6	237 Euro

gültig ab 1. Januar 2015

Regelbedarfsstufe 1	399 Euro
Regelbedarfsstufe 2	360 Euro
Regelbedarfsstufe 3	320 Euro
Regelbedarfsstufe 4	302 Euro
Regelbedarfsstufe 5	267 Euro
Regelbedarfsstufe 6	234 Euro

gültig ab 1. Januar 2014

Regelbedarfsstufe 1	391 Euro
Regelbedarfsstufe 2	353 Euro
Regelbedarfsstufe 3	313 Euro
Regelbedarfsstufe 4	296 Euro
Regelbedarfsstufe 5	261 Euro
Regelbedarfsstufe 6	229 Euro

gültig ab 1. Januar 2013

Regelbedarfsstufe 1	382 Euro
Regelbedarfsstufe 2	345 Euro
Regelbedarfsstufe 3	306 Euro
Regelbedarfsstufe 4	289 Euro
Regelbedarfsstufe 5	255 Euro
Regelbedarfsstufe 6	224 Euro

gültig ab 1. Januar 2012

Regelbedarfsstufe 1	374 Euro
Regelbedarfsstufe 2	337 Euro
Regelbedarfsstufe 3	299 Euro
Regelbedarfsstufe 4	287 Euro
Regelbedarfsstufe 5	251 Euro
Regelbedarfsstufe 6	219 Euro

gültig ab 1. Januar 2011

Regelbedarfsstufe 1	364 Euro
Regelbedarfsstufe 2	328 Euro
Regelbedarfsstufe 3	291 Euro
Regelbedarfsstufe 4	287 Euro
Regelbedarfsstufe 5	251 Euro
Regelbedarfsstufe 6	215 Euro

Regelbedarfsstufe 1:

Für jede erwachsene Person, die in einer Wohnung nach § 42a Absatz 2 Satz 2 lebt und für die nicht Regelbedarfsstufe 2 gilt.

Regelbedarfsstufe 2:

Für jede erwachsene Person, wenn sie

1. in einer Wohnung nach § 42a Absatz 2 Satz 2 mit einem Ehegatten oder Lebenspartner oder in eheähnlicher oder lebenspartnerschaftsähnlicher Gemeinschaft mit einem Partner zusammenlebt oder
2. nicht in einer Wohnung lebt, weil ihr allein oder mit einer weiteren Person ein persönlicher Wohnraum und mit weiteren Personen zusätzliche Räumlichkeiten nach § 42a Absatz 2 Satz 3 zur gemeinschaftlichen Nutzung überlassen sind.

Regelbedarfsstufe 3:

Für eine erwachsene Person, deren notwendiger Lebensunterhalt sich nach § 27b bestimmt.

Regelbedarfsstufe 4:

Für eine Jugendliche oder einen Jugendlichen vom Beginn des 15. bis zur Vollendung des 18. Lebensjahres.

Regelbedarfsstufe 5:

Für ein Kind vom Beginn des siebten bis zur Vollendung des 14. Lebensjahres.

Regelbedarfsstufe 6:

Für ein Kind bis zur Vollendung des sechsten Lebensjahres.

Anlage
(zu § 34)

Ausstattung mit persönlichem Schulbedarf in Euro

gültig im Kalenderjahr	Teilbetrag für das im jeweiligen Kalenderjahr beginnende erste Schulhalbjahr	Teilbetrag für das im jeweiligen Kalenderjahr beginnende zweite Schulhalbjahr
2019	100 Euro	–
2020	100 Euro	50 Euro
2021	103 Euro	51,50 Euro

V

Verordnung nach § 60 des Zwölften Buches Sozialgesetzbuch (Eingliederungshilfe-Verordnung)

in der Fassung der Bekanntmachung vom 1. Februar 1975 (BGBl. I S. 433)

Zuletzt geändert durch
Bundesteilhabegesetz
vom 23. Dezember 2016 (BGBl. I S. 3234)[1])

Inhaltsübersicht

[1]) Die Eingliederungshilfe-Verordnung ist mit Wirkung vom 1.1.2020 außer Kraft getreten. Die Paragraphen 1 bis 3 gelten aufgrund von § 99 SGB IX fort.

Abschnitt I
Personenkreis

§ 1 Körperlich wesentlich behinderte Menschen

Durch körperliche Gebrechen wesentlich in ihrer Teilhabefähigkeit eingeschränkt im Sinne des § 53 Abs. 1 Satz 1 des Zwölften Buches Sozialgesetzbuch sind

1. Personen, deren Bewegungsfähigkeit durch eine Beeinträchtigung des Stütz- oder Bewegungssystems in erheblichem Umfange eingeschränkt ist,
2. Personen mit erheblichen Spaltbildungen des Gesichts oder des Rumpfes oder mit abstoßend wirkenden Entstellungen vor allem des Gesichts,
3. Personen, deren körperlichen Leistungsvermögen infolge Erkrankung, Schädigung oder Fehlfunktion eines inneren Organs oder der Haut in erheblichem Umfange eingeschränkt ist,
4. Blinden oder solchen Sehbehinderten, bei denen mit Gläserkorrektion ohne besondere optische Hilfsmittel
   a) auf dem besseren Auge oder beidäugig im Nahbereich bei einem Abstand von mindestens 30 cm oder im Fernbereich eine Sehschärfe von nicht mehr als 0,3 besteht oder
   b) durch Buchstabe a nicht erfaßte Störungen der Sehfunktion von entsprechendem Schweregrad vorliegen,
5. Personen, die gehörlos sind oder denen eine sprachliche Verständigung über das Gehör nur mit Hörhilfen möglich ist,
6. Personen, die nicht sprechen können, Seelentauben und Hörstummen, Personen mit erheblichen Stimmstörungen sowie Personen, die stark stammeln, stark stottern oder deren Sprache stark unartikuliert ist.

§ 2 Geistig wesentlich behinderte Menschen

Geistig wesentlich behindert im Sinne des § 53 Abs. 1 Satz 1 des Zwölften Buches Sozialgesetzbuch sind Personen, die infolge einer Schwäche ihrer geistigen Kräfte in erheblichem Umfange in ihrer Fähigkeit zur Teilhabe am Leben in der Gesellschaft eingeschränkt sind.

§ 3 Seelisch wesentlich behinderte Menschen

Seelische Störungen, die eine wesentliche Einschränkung der Teilhabefähigkeit im Sinne des § 53 Abs. 1 Satz 1 des Zwölften Buches Sozialgesetzbuch zur Folge haben können, sind

1. körperlich nicht begründbare Psychosen,
2. seelische Störungen als Folge von Krankheiten oder Verletzungen des Gehirns, von Anfallsleiden oder von anderen Krankheiten oder körperlichen Beeinträchtigungen,
3. Suchtkrankheiten,
4. Neurosen und Persönlichkeitsstörungen.

§ 4 (weggefallen)

§ 5 (weggefallen)

Verordnung zur Durchführung des § 82 des Zwölften Buches Sozialgesetzbuch

Vom 28. November 1962 (BGBl. I S. 692)

Zuletzt geändert durch
Gesetz zur Änderung des Zwölften Buches Sozialgesetzbuch und weiterer Vorschriften
vom 21. Dezember 2015 (BGBl. I S. 2557)

Inhaltsübersicht

Auf Grund des § 76 Abs. 3 des Bundessozialhilfegesetzes vom 30. Juni 1961 (Bundesgesetzbl. I S. 815) verordnet die Bundesregierung mit Zustimmung des Bundesrates:

§ 1 Einkommen

Bei der Berechnung der Einkünfte in Geld oder Geldeswert, die nach § 82 Abs. 1 des Zwölften Buches Sozialgesetzbuch zum Einkommen gehören, sind alle Einnahmen ohne Rücksicht auf ihre Herkunft und Rechtsnatur sowie ohne Rücksicht darauf, ob sie zu den Einkunftsarten im Sinne des Einkommensteuergesetzes gehören und ob sie der Steuerpflicht unterliegen, zugrunde zu legen.

§ 2 Bewertung von Sachbezügen

(1) Für die Bewertung von Einnahmen, die nicht in Geld bestehen (Kost, Wohnung und sonstige Sachbezüge), sind die auf Grund des § 17 Abs. 2 des Vierten Buches Sozialgesetzbuch für die Sozialversicherung zuletzt festgesetzten Werte der Sachbezüge maßgebend; soweit der Wert der Sachbezüge nicht festgesetzt ist, sind der Bewertung die üblichen Mittelpreise des Verbrauchsortes zu Grunde zu legen. Die Verpflichtung, den notwendigen Lebensunterhalt im Einzelfall nach dem Dritten Kapitel des Zwölften Buches Sozialgesetzbuch sicherzustellen, bleibt unberührt.

(2) Absatz 1 gilt auch dann, wenn in einem Tarifvertrag, einer Tarifordnung, einer Betriebs- oder Dienstordnung, einer Betriebsvereinbarung, einem Arbeitsvertrag oder einem sonstigen Vertrag andere Werte festgesetzt worden sind.

§ 3 Einkünfte aus nichtselbständiger Arbeit

(1) Welche Einkünfte zu den Einkünften aus nichtselbständiger Arbeit gehören, bestimmt sich nach § 19 Abs. 1 Ziff. 1 des Einkommensteuergesetzes.

(2) Als nichtselbständige Arbeit gilt auch die Arbeit, die in einer Familiengemeinschaft von einem Familienangehörigen des Betriebsinhabers gegen eine Vergütung geleistet wird. Wird die Arbeit nicht nur vorübergehend geleistet, so ist in Zweifelsfällen anzunehmen, daß der Familienangehörige eine Vergütung erhält, wie sie einem Gleichaltrigen für eine gleichartige Arbeit gleichen Umfangs in einem fremden Betrieb ortsüblich gewährt wird.

(3) Bei der Berechnung der Einkünfte ist von den monatlichen Bruttoeinnahmen auszugehen. Sonderzuwendungen, Gratifikationen und gleichartige Bezüge und Vorteile, die in größeren als monatlichen Zeitabständen gewährt werden, sind wie einmalige Einnahmen zu behandeln.

(4) Zu den mit der Erzielung der Einkünfte aus nichtselbständiger Arbeit verbundenen Ausgaben im Sinne des § 82 Abs. 2 Nr. 4 des Zwölften Buches Sozialgesetzbuch gehören vor allem

1. notwendige Aufwendungen für Arbeitsmittel,
2. notwendige Aufwendungen für Fahrten zwischen Wohnung und Arbeitsstätte,
3. notwendige Beiträge für Berufsverbände,
4. notwendige Mehraufwendungen infolge Führung eines doppelten Haushalts nach näherer Bestimmung des Absatzes 7.

Ausgaben im Sinne des Satzes 1 sind nur insoweit zu berücksichtigen, als sie von dem Bezieher des Einkommens selbst getragen werden.

(5) Als Aufwendungen für Arbeitsmittel (Absatz 4 Nr. 1) kann ein monatlicher Pauschbetrag von 5,20 Euro berücksichtigt werden, wenn nicht im Einzelfall höhere Aufwendungen nachgewiesen werden.

(6) Wird für die Fahrt zwischen Wohnung und Arbeitsstätte (Absatz 4 Nr. 2) ein eigenes Kraftfahrzeug benutzt, gilt folgendes:

1. Wäre bei Nichtvorhandensein eines Kraftfahrzeuges die Benutzung eines öffentlichen Verkehrsmittels notwendig, so ist ein Betrag in Höhe der Kosten der tariflich günstigsten Zeitkarte abzusetzen.
2. Ist ein öffentliches Verkehrsmittel nicht vorhanden oder dessen Benutzung im Einzelfall nicht zumutbar und deshalb die Benutzung eines Kraftfahrzeuges notwen-

dig, so sind folgende monatliche Pauschbeträge abzusetzen:

a) bei Benutzung eines Kraftwagens 5,20 Euro,
b) bei Benutzung eines Kleinstkraftwagens (drei- oder vierrädriges Kraftfahrzeug, dessen Motor einen Hubraum von nicht mehr als 500 ccm hat) 3,70 Euro,
c) bei Benutzung eines Motorrades oder eines Motorrollers 2,30 Euro,
d) bei Benutzung eines Fahrrades mit Motor 1,30 Euro

für jeden vollen Kilometer, den die Wohnung von der Arbeitsstätte entfernt liegt, jedoch für nicht mehr als 40 Kilometer. Bei einer Beschäftigungsdauer von weniger als einem Monat sind die Beträge anteilmäßig zu kürzen.

(7) Ist der Bezieher des Einkommens außerhalb des Ortes beschäftigt, an dem er einen eigenen Hausstand unterhält, und kann ihm weder der Umzug noch die tägliche Rückkehr an den Ort des eigenen Hausstandes zugemutet werden, so sind die durch Führung des doppelten Haushalts ihm nachweislich entstehenden Mehraufwendungen, höchstens ein Betrag von 130 Euro monatlich, sowie die unter Ausnutzung bestehender Tarifvergünstigungen entstehenden Aufwendungen für Fahrtkosten der zweiten Wagenklasse für eine Familienheimfahrt im Kalendermonat abzusetzen. Ein eigener Hausstand ist dann anzunehmen, wenn der Bezieher des Einkommens eine Wohnung mit eigener oder selbstbeschaffter Möbelausstattung besitzt. Eine doppelte Haushaltsführung kann auch dann anerkannt werden, wenn der Bezieher des Einkommens nachweislich ganz oder überwiegend die Kosten für einen Haushalt trägt, den er gemeinsam mit nächsten Angehörigen führt.

§ 4 Einkünfte aus Land- und Forstwirtschaft, Gewerbebetrieb und selbständiger Arbeit

(1) Welche Einkünfte zu den Einkünften aus Land- und Forstwirtschaft, Gewerbebetrieb und selbständiger Arbeit gehören, bestimmt sich nach § 13 Abs. 1 und 2, § 15 Abs. 1 und § 18 Abs. 1 des Einkommensteuergesetzes; der Nutzungswert der Wohnung im eigenen Haus bleibt unberücksichtigt.

(2) Die Einkünfte sind für das Jahr zu berechnen, in dem der Bedarfszeitraum liegt (Berechnungsjahr).

(3) Als Einkünfte ist bei den einzelnen Einkunftsarten ein Betrag anzusetzen, der auf der Grundlage früherer Betriebsergebnisse aus der Gegenüberstellung der im Rahmen des Betriebes im Berechnungsjahr bereits erzielten Einnahmen und geleisteten notwendigen Ausgaben sowie der im Rahmen des Betriebes im Berechnungsjahr noch zu erwartenden Einnahmen und notwendigen Ausgaben zu errechnen ist. Bei der Ermittlung früherer Betriebsergebnisse (Satz 1) kann ein durch das Finanzamt festgestellter Gewinn berücksichtigt werden.

(4) Soweit im Einzelfall geboten, kann abweichend von der Regelung des Absatzes 3 als Einkünfte ein Betrag angesetzt werden, der nach Ablauf des Berechnungsjahres aus der Gegenüberstellung der im Rahmen des Betriebes im Berechnungsjahr erzielten Einnahmen und geleisteten notwendigen Ausgaben zu errechnen ist. Als Einkünfte im Sinne des Satzes 1 kann auch der vom Finanzamt für das Berechnungsjahr festgestellte Gewinn angesetzt werden.

(5) Wird der vom Finanzamt festgestellte Gewinn nach Absatz 3 Satz 2 berücksichtigt oder nach Absatz 4 Satz 2 als Einkünfte angesetzt, so sind Absetzungen, die bei Gebäuden und sonstigen Wirtschaftsgütern durch das Finanzamt nach

1. den §§ 7, 7b und 7e des Einkommensteuergesetzes,
2. den Vorschriften des Berlinförderungsgesetzes,
3. den §§ 76, 77 und 78 Abs. 1 der Einkommensteuer-Durchführungsverordnung,
4. der Verordnung über Steuervergünstigungen zur Förderung des Baues von Landarbeiterwohnungen in der Fassung der Bekanntmachung vom 6. August 1974 (Bundesgesetzbl. I S. 1869)

vorgenommen worden sind, dem durch das Finanzamt festgestellten Gewinn wieder hinzuzurechnen. Soweit jedoch in diesen Fällen notwendige Ausgaben für die Anschaffung oder Herstellung der in Satz 1 genannten Wirtschaftsgüter im Feststellungszeitraum geleistet worden sind, sind sie vom Gewinn abzusetzen.

§ 5 Sondervorschrift für die Einkünfte aus Land- und Forstwirtschaft

(1) Die Träger der Sozialhilfe können mit Zustimmung der zuständigen Landesbehörde die Einkünfte aus Land- und Forstwirtschaft abweichend von § 4 nach § 7 der Dritten Verordnung über Ausgleichsleistungen nach dem Lastenausgleichsgesetz (3. Leistungs-DV-LA) berechnen; der Nutzungswert der Wohnung im eigenen Haus bleibt jedoch unberücksichtigt.

(2) Von der Berechnung der Einkünfte nach Absatz 1 ist abzusehen,

1. wenn sie im Einzelfall offenbar nicht den besonderen persönlichen oder wirtschaftlichen Verhältnissen entspricht oder
2. wenn der Bezieher der Einkünfte zur Einkommensteuer veranlagt wird, es sei denn, daß der Gewinn auf Grund von Durchschnittssätzen ermittelt wird.

§ 6 Einkünfte aus Kapitalvermögen

(1) Welche Einkünfte zu den Einkünften aus Kapitalvermögen gehören, bestimmt sich nach § 20 Abs. 1 bis 3 des Einkommensteuergesetzes.

(2) Als Einkünfte aus Kapitalvermögen sind die Jahresroheinnahmen anzusetzen, vermindert um die Kapitalertragsteuer sowie um die mit der Erzielung der Einkünfte verbundenen notwendigen Ausgaben (§ 82 Abs. 2 Nr. 4 des Zwölften Buches Sozialgesetzbuch).

(3) Die Einkünfte sind auf der Grundlage der vor dem Berechnungsjahr erzielten Einkünfte unter Berücksichtigung der im Berechnungsjahr bereits eingetretenen und noch zu erwartenden Veränderungen zu errechnen. Soweit im Einzelfall geboten, können hiervon abweichend die Einkünfte für das Berechnungsjahr auch nachträglich errechnet werden.

§ 7 Einkünfte aus Vermietung und Verpachtung

(1) Welche Einkünfte zu den Einkünften aus Vermietung und Verpachtung gehören, bestimmt sich nach § 21 Abs. 1 und 3 des Einkommensteuergesetzes.

(2) Als Einkünfte aus Vermietung und Verpachtung ist der Überschuß der Einnahmen über die mit ihrer Erzielung verbundenen notwendigen Ausgaben (§ 82 Abs. 2 Nr. 4 des Zwölften Buches Sozialgesetzbuch) anzusetzen; zu den Ausgaben gehören

1. Schuldzinsen und dauernde Lasten,
2. Steuern vom Grundbesitz, sonstige öffentliche Abgaben und Versicherungsbeiträge,
3. Leistungen auf die Hypothekengewinnabgabe und die Kreditgewinnabgabe, soweit es sich um Zinsen nach § 211 Abs. 1 Nr. 2 des Lastenausgleichsgesetzes handelt,
4. der Erhaltungsaufwand,
5. sonstige Aufwendungen zur Bewirtschaftung des Haus- und Grundbesitzes, ohne besonderen Nachweis Aufwendungen in Höhe von 1 vom Hundert der Jahresroheinnahmen.

Zum Erhaltungsaufwand im Sinne des Satzes 1 Nr. 4 gehören die Ausgaben für Instandsetzung und Instandhaltung, nicht jedoch die Ausgaben für Verbesserungen; ohne Nachweis können bei Wohnungsgrundstücken, die vor dem 1. Januar 1925 bezugsfähig geworden sind, 15 vom Hundert, bei Wohnungsgrundstücken, die nach dem 31. Dezember 1924 bezugsfähig geworden sind, 10 vom Hundert der Jahresroheinnahmen als Erhaltungsaufwand berücksichtigt werden.

(3) Die in Absatz 2 genannten Ausgaben sind von den Einnahmen insoweit nicht abzusetzen, als sie auf den vom Vermieter oder Verpächter selbst genutzten Teil des vermieteten oder verpachteten Gegenstandes entfallen.

(4) Als Einkünfte aus der Vermietung von möblierten Wohnungen und von Zimmern sind anzusetzen

bei möblierten Wohnungen 80 vom Hundert,

bei möblierten Zimmern 70 vom Hundert,

bei Leerzimmern 90 vom Hundert

der Roheinnahmen. Dies gilt nicht, wenn geringe Einkünfte nachgewiesen werden.

(5) Die Einkünfte sind als Jahreseinkünfte, bei der Vermietung von möblierten Wohnungen und von Zimmern jedoch als Monatseinkünfte zu berechnen. Sind sie als Jahreseinkünfte zu berechnen, gilt § 6 Abs. 3 entsprechend.

§ 8 Andere Einkünfte

(1) Andere als die in den §§ 3, 4, 6 und 7 genannten Einkünfte sind, wenn sie nicht monatlich oder wenn sie monatlich in unterschiedlicher Höhe erzielt werden, als Jahreseinkünfte zu berechnen. Zu den anderen Einkünften im Sinne des Satzes 1 gehören auch die in § 19 Abs. 1 Ziff. 2 des Einkommensteuergesetzes genannten Bezüge sowie Renten und sonstige wiederkehrende Bezüge. § 3 Abs. 3 gilt entsprechend.

(2) Sind die Einkünfte als Jahreseinkünfte zu berechnen, gilt § 6 Abs. 3 entsprechend.

§ 9 Einkommensberechnung in besonderen Fällen

Ist der Bedarf an Sozialhilfe einmalig oder nur von kurzer Dauer und duldet die Entscheidung über die Hilfe keinen Aufschub, so kann der Träger der Sozialhilfe nach Anhörung des Beziehers des Einkommens die Einkünfte schätzen.

§ 10 Verlustausgleich

Ein Verlustausgleich zwischen einzelnen Einkunftsarten ist nicht vorzunehmen. In Härtefällen kann jedoch die gesamtwirtschaftliche Lage des Beziehers des Einkommens berücksichtigt werden.

§ 11 Maßgebender Zeitraum

(1) Soweit die Einkünfte als Jahreseinkünfte berechnet werden, gilt der zwölfte Teil dieser Einkünfte zusammen mit den monatlich berechneten Einkünften als monatliches Einkommen im Sinne des Zwölften Buches Sozialgesetzbuch. § 8 Abs. 1 Satz 3 geht der Regelung des Satzes 1 vor.

(2) Ist der Betrieb oder die sonstige Grundlage der als Jahreseinkünfte zu berechnenden Einkünfte nur während eines Teils vorhanden oder zur Einkommenserzielung genutzt, so sind die Einkünfte aus der betreffenden Einkunftsart nur für diesen Zeitraum zu berechnen; für ihn gilt als monatliches Einkommen im Sinne des Zwölften Buches Sozialgesetzbuch derjenige Teil der Einkünfte, der der Anzahl der in den genannten Zeitraum fallenden Monate entspricht. Satz 1 gilt nicht für Einkünfte aus Saisonbetrieben und andere ihrer Natur nach auf einen Teil des Jahres beschränkte Einkünfte, wenn die Einkünfte den Hauptbestandteil des Einkommens bilden.

§ 12 Ausgaben nach § 82 Abs. 2 Nr. 1 bis 3 des Zwölften Buches Sozialgesetzbuch

Die in § 82 Abs. 2 Nr. 1 bis 3 des Zwölften Buches Sozialgesetzbuch bezeichneten Ausgaben sind von der Summe der Einkünfte abzusetzen, soweit sie nicht bereits nach den Bestimmungen dieser Verordnung bei den einzelnen Einkunftsarten abzuziehen sind.

§ 13 (weggefallen)

§ 14 Inkrafttreten

Diese Verordnung tritt am 1. Januar 1963 in Kraft.

Verordnung zur Durchführung des § 90 Abs. 2 Nr. 9 des Zwölften Buches Sozialgesetzbuch

Vom 11. Februar 1988 (BGBl. I S. 150)

Zuletzt geändert durch
Zweite Verordnung zur Änderung der Verordnung zur Durchführung des § 90 Abs. 2 Nr. 9 des Zwölften Buches Sozialgesetzbuch
vom 22. März 2017 (BGBl. I S. 519)

Auf Grund des § 88 Abs. 4 des Bundessozialhilfegesetzes in der Fassung der Bekanntmachung vom 20. Januar 1987 (BGBl. I S. 401) wird mit Zustimmung des Bundesrates verordnet:

§ 1 (Freigrenzen)

Kleinere Barbeträge oder sonstige Geldwerte im Sinne des § 90 Absatz 2 Nummer 9 des Zwölften Buches Sozialgesetzbuch sind:

1. für jede in § 19 Absatz 3, § 27 Absatz 1 und 2, § 41 und § 43 Absatz 1 Satz 2 des Zwölften Buches Sozialgesetzbuch genannte volljährige Person sowie für jede alleinstehende minderjährige Person, 5000 Euro,
2. für jede Person, die von einer Person nach Nummer 1 überwiegend unterhalten wird, 500 Euro.

Eine minderjährige Person ist alleinstehend im Sinne des Satzes 1 Nummer 1, wenn sie unverheiratet und ihr Anspruch auf Leistungen nach dem Zwölften Buch Sozialgesetzbuch nicht vom Vermögen ihrer Eltern oder eines Elternteils abhängig ist.

§ 2 (Erhöhung im Einzelfall)

(1) Der nach § 1 maßgebende Betrag ist angemessen zu erhöhen, wenn im Einzelfall eine besondere Notlage der nachfragenden Person besteht. Bei der Prüfung, ob eine besondere Notlage besteht, sowie bei der Entscheidung über den Umfang der Erhöhung sind vor allem Art und Dauer des Bedarfs sowie besondere Belastungen zu berücksichtigen.

(2) Der nach § 1 maßgebende Betrag kann angemessen herabgesetzt werden, wenn die Voraussetzungen der §§ 103 oder 94 des Gesetzes vorliegen.

§ 3 (Überleitungsvorschrift)

Diese Verordnung gilt nach § 14 des Dritten Überleitungsgesetzes in Verbindung mit § 136 des Zwölften Buches Sozialgesetzbuch auch im Land Berlin.

§ 4 (Inkrafttreten)

Diese Verordnung tritt am 1. April 1988 in Kraft. Gleichzeitig tritt die Verordnung zur Durchführung des § 88 Abs. 2 Nr. 8 des Bundessozialhilfegesetzes vom 9. November 1970 (BGBl. I S. 1529), zuletzt geändert durch die Verordnung vom 6. Dezember 1979 (BGBl. I S. 2004) außer Kraft.

Sozialgesetzbuch (SGB) Zweites Buch (II) – Grundsicherung für Arbeitsuchende – (SGB II)

in der Fassung der Bekanntmachung vom 13. Mai 2011 (BGBl. I S. 850, S. 2094)

Zuletzt geändert durch
Kitafinanzhilfenänderungsgesetz
vom 25. Juni 2021 (BGBl. I S. 2020)[1])

– Auszug –

Inhaltsübersicht

[1]) Die ab 1. Juli 2021 bzw. 1. Januar 2022 geltenden Änderungen durch das Teilhabestärkungsgesetz vom 2. Juni 2021 (BGBl. I S. 1387) sind berücksichtigt.

V

V

Kapitel 1
Fördern und Fordern

§ 1 Aufgabe und Ziel der Grundsicherung für Arbeitsuchende

(1) Die Grundsicherung für Arbeitsuchende soll es Leistungsberechtigten ermöglichen, ein Leben zu führen, das der Würde des Menschen entspricht.

(2) 1Die Grundsicherung für Arbeitsuchende soll die Eigenverantwortung von erwerbsfähigen Leistungsberechtigten und Personen, die mit ihnen in einer Bedarfsgemeinschaft leben, stärken und dazu beitragen, dass sie ihren Lebensunterhalt unabhängig von der Grundsicherung aus eigenen Mitteln und Kräften bestreiten können. 2Sie soll erwerbsfähige Leistungsberechtigte bei der Aufnahme oder Beibehaltung einer Erwerbstätigkeit unterstützen und den Lebensunterhalt sichern, soweit sie ihn nicht auf andere Weise bestreiten können. 3Die Gleichstellung von Männern und Frauen ist als durchgängiges Prinzip zu verfolgen. 4Die Leistungen der Grundsicherung sind insbesondere darauf auszurichten, dass

1. durch eine Erwerbstätigkeit Hilfebedürftigkeit vermieden oder beseitigt, die Dauer der Hilfebedürftigkeit verkürzt oder der Umfang der Hilfebedürftigkeit verringert wird,
2. die Erwerbsfähigkeit einer leistungsberechtigten Person erhalten, verbessert oder wieder hergestellt wird,
3. geschlechtsspezifischen Nachteilen von erwerbsfähigen Leistungsberechtigten entgegengewirkt wird,
4. die familienspezifischen Lebensverhältnisse von erwerbsfähigen Leistungsberechtigten, die Kinder erziehen oder pflegebedürftige Angehörige betreuen, berücksichtigt werden,
5. behinderungsspezifische Nachteile überwunden werden,
6. Anreize zur Aufnahme und Ausübung einer Erwerbstätigkeit geschaffen und aufrechterhalten werden.

(3) Die Grundsicherung für Arbeitsuchende umfasst Leistungen zur

1. Beratung,
2. Beendigung oder Verringerung der Hilfebedürftigkeit insbesondere durch Eingliederung in Ausbildung oder Arbeit und
3. Sicherung des Lebensunterhalts.

§ 2 Grundsatz des Forderns

(1) 1Erwerbsfähige Leistungsberechtigte und die mit ihnen in einer Bedarfsgemeinschaft lebenden Personen müssen alle Möglichkeiten zur Beendigung oder Verringerung ihrer Hilfebedürftigkeit ausschöpfen. 2Eine erwerbsfähige leistungsberechtigte Person muss aktiv an allen Maßnahmen zu ihrer Eingliederung in Arbeit mitwirken, insbesondere eine Eingliederungsvereinbarung abschließen. 3Wenn eine Erwerbstätigkeit auf dem allgemeinen Arbeitsmarkt in absehbarer Zeit nicht möglich ist, hat die erwerbsfähige leistungsberechtigte Person eine ihr angebotene zumutbare Arbeitsgelegenheit zu übernehmen.

(2) 1Erwerbsfähige Leistungsberechtigte und die mit ihnen in einer Bedarfsgemeinschaft lebenden Personen haben in eigener Verantwortung alle Möglichkeiten zu nutzen, ihren Lebensunterhalt aus eigenen Mitteln und Kräften zu bestreiten. 2Erwerbsfähige Leistungsberechtigte müssen ihre Arbeitskraft zur Beschaffung des Lebensunterhalts für sich und die mit ihnen in einer Bedarfsgemeinschaft lebenden Personen einsetzen.

§ 3 Leistungsgrundsätze

(1) 1Leistungen zur Eingliederung in Arbeit können erbracht werden, soweit sie zur Vermeidung oder Beseitigung, Verkürzung oder Verminderung der Hilfebedürftigkeit für die Eingliederung erforderlich sind. 2Bei den Leistungen zur Eingliederung in Arbeit sind

1. die Eignung,
2. die individuelle Lebenssituation, insbesondere die familiäre Situation,
3. die voraussichtliche Dauer der Hilfebedürftigkeit und
4. die Dauerhaftigkeit der Eingliederung

der erwerbsfähigen Leistungsberechtigten zu berücksichtigen. 3Vorrangig sollen Maßnahmen eingesetzt werden, die die unmittelbare Aufnahme einer Erwerbstätigkeit ermöglichen. 4Bei der Leistungserbringung sind die Grundsätze von Wirtschaftlichkeit und Sparsamkeit zu beachten.

(2) 1Bei der Beantragung von Leistungen nach diesem Buch sollen unverzüglich Leistungen zur Eingliederung in Arbeit nach dem Ersten Abschnitt des Dritten Kapitels erbracht werden. 2Bei fehlendem Berufsabschluss sind insbesondere die Möglichkeiten zur Vermittlung in eine Ausbildung zu nutzen.

(2a) 1Die Agentur für Arbeit hat darauf hinzuwirken, dass erwerbsfähige Leistungsberechtigte, die

1. nicht über ausreichende deutsche Sprachkenntnisse verfügen, an einem Integrationskurs nach § 43 des Aufenthaltsgesetzes teilnehmen, oder
2. darüber hinaus notwendige berufsbezogene Sprachkenntnisse benötigen, an der berufsbezogenen Deutschsprachförderung nach § 45a des Aufenthaltsgesetzes teilnehmen,

sofern sie teilnahmeberechtigt sind und nicht unmittelbar in eine Ausbildung oder Arbeit vermittelt werden können und ihnen eine Teilnahme an einem Integrationskurs oder an der berufsbezogenen Deutschsprachförderung daneben nicht zumutbar ist. 2Für die Teilnahmeberechtigung, die Verpflichtung zur Teilnahme und die Zugangsvoraussetzungen gelten die Bestimmungen der §§ 44, 44a und 45a des Aufenthaltsgesetzes sowie des § 9 Absatz 1 Satz 1 des Bundesvertriebenengesetzes in Verbindung mit der Integrationskursverordnung und der Verordnung über die berufsbezogene Deutschsprachförderung. 3Eine Verpflichtung zur Teilnahme ist in die Eingliederungsvereinbarung als vorrangige Maßnahme aufzunehmen.

(3) Leistungen zur Sicherung des Lebensunterhalts dürfen nur erbracht werden, soweit die Hilfebedürftigkeit nicht anderweitig beseitigt werden kann; die nach diesem Buch vorgesehenen Leistungen decken den Bedarf der erwerbsfähigen Leistungsberechtigten und der mit ihnen in einer Bedarfsgemeinschaft lebenden Personen.

§ 4 Leistungsformen

(1) Die Leistungen der Grundsicherung für Arbeitsuchende werden erbracht in Form von

1. Dienstleistungen,
2. Geldleistungen und
3. Sachleistungen.

(2) 1Die nach § 6 zuständigen Träger wirken darauf hin, dass erwerbsfähige Leistungsberechtigte und die mit ihnen in einer Bedarfsgemeinschaft lebenden Personen die erforderliche Beratung und Hilfe anderer Träger, insbesondere der Kranken- und Rentenversicherung, erhalten. 2Die nach § 6 zuständigen Träger wirken auch darauf hin, dass Kinder und Jugendliche Zugang zu geeigneten vorhandenen Angeboten der gesellschaftlichen Teilhabe erhalten. 3Sie arbeiten zu diesem Zweck mit Schulen und Kindertageseinrichtungen, den Trägern der Jugendhilfe, den Gemeinden und Gemeindeverbänden, freien Trägern, Vereinen und Verbänden und sonstigen handelnden Personen vor Ort zusammen. 4Sie sollen die Eltern unterstützen und in geeigneter Weise dazu beitragen, dass Kinder und Jugendliche Leistungen für Bildung und Teilhabe möglichst in Anspruch nehmen.

§ 5 Verhältnis zu anderen Leistungen

(1) 1Auf Rechtsvorschriften beruhende Leistungen Anderer, insbesondere der Träger anderer Sozialleistungen, werden durch dieses Buch nicht berührt. 2Ermessensleistungen dürfen nicht deshalb versagt werden, weil dieses Buch entsprechende Leistungen vorsieht.

(2) 1Der Anspruch auf Leistungen zur Sicherung des Lebensunterhalts nach diesem Buch schließt Leistungen nach dem Dritten Kapitel des Zwölften Buches aus. 2Leistungen nach dem Vierten Kapitel des Zwölften Buches sind gegenüber dem Sozialgeld vorrangig.

(3) 1Stellen Leistungsberechtigte trotz Aufforderung einen erforderlichen Antrag auf Leistungen eines anderen Trägers nicht, können die Leistungsträger nach diesem Buch den

V

Antrag stellen sowie Rechtsbehelfe und Rechtsmittel einlegen. 2Der Ablauf von Fristen, die ohne Verschulden der Leistungsträger nach diesem Buch verstrichen sind, wirkt nicht gegen die Leistungsträger nach diesem Buch; dies gilt nicht für Verfahrensfristen, soweit die Leistungsträger nach diesem Buch das Verfahren selbst betreiben. 3Wird eine Leistung aufgrund eines Antrages nach Satz 1 von einem anderen Träger nach § 66 des Ersten Buches bestandskräftig entzogen oder versagt, sind die Leistungen zur Sicherung des Lebensunterhalts nach diesem Buch ganz oder teilweise so lange zu entziehen oder zu versagen, bis die leistungsberechtigte Person ihrer Verpflichtung nach den §§ 60 bis 64 des Ersten Buches gegenüber dem anderen Träger nachgekommen ist. 4Eine Entziehung oder Versagung nach Satz 3 ist nur möglich, wenn die leistungsberechtigte Person vom zuständigen Leistungsträger nach diesem Buch zuvor schriftlich auf diese Folgen hingewiesen wurde. 5Wird die Mitwirkung gegenüber dem anderen Träger nachgeholt, ist die Versagung oder Entziehung rückwirkend aufzuheben. 6Die Sätze 3 bis 5 gelten nicht für die vorzeitige Inanspruchnahme einer Rente wegen Alters.

V

(4) Leistungen zur Eingliederung in Arbeit nach dem Ersten Abschnitt des Dritten Kapitels werden nicht an oder für erwerbsfähige Leistungsberechtigte erbracht, die einen Anspruch auf Arbeitslosengeld oder Teilarbeitslosengeld haben.

(5) Leistungen nach den §§ 16a, 16b, 16d sowie 16f bis 16i können auch an erwerbsfähige Leistungsberechtigte erbracht werden, sofern ein Rehabilitationsträger im Sinne des Neunten Buches zuständig ist; § 22 Absatz 2 Satz 1 und 2 des Dritten Buches ist entsprechend anzuwenden.

Kapitel 2
Anspruchsvoraussetzungen

§ 7 Leistungsberechtigte

(1) 1Leistungen nach diesem Buch erhalten Personen, die

1. das 15. Lebensjahr vollendet und die Altersgrenze nach § 7a noch nicht erreicht haben,
2. erwerbsfähig sind,
3. hilfebedürftig sind und
4. ihren gewöhnlichen Aufenthalt in der Bundesrepublik Deutschland haben (erwerbsfähige Leistungsberechtigte).

2Ausgenommen sind

1. Ausländerinnen und Ausländer, die weder in der Bundesrepublik Deutschland Arbeitnehmerinnen, Arbeitnehmer oder Selbständige noch aufgrund des § 2 Absatz 3 des Freizügigkeitsgesetzes/EU freizügigkeitsberechtigt sind, und ihre Familienangehörigen für die ersten drei Monate ihres Aufenthalts,
2. Ausländerinnen und Ausländer,
   a) die kein Aufenthaltsrecht haben oder
   b) deren Aufenthaltsrecht sich allein aus dem Zweck der Arbeitsuche ergibt,

   und ihre Familienangehörigen,
3. Leistungsberechtigte nach § 1 des Asylbewerberleistungsgesetzes.

3Satz 2 Nummer 1 gilt nicht für Ausländerinnen und Ausländer, die sich mit einem Aufenthaltstitel nach Kapitel 2 Abschnitt 5 des Aufenthaltsgesetzes in der Bundesrepublik Deutschland aufhalten. 4Abweichend von Satz 2 Nummer 2 erhalten Ausländerinnen und Ausländer und ihre Familienangehörigen Leistungen nach diesem Buch, wenn sie seit mindestens fünf Jahren ihren gewöhnlichen Aufenthalt im Bundesgebiet haben; dies gilt nicht, wenn der Verlust des Rechts nach § 2 Absatz 1 des Freizügigkeitsgesetzes/EU festgestellt wurde. 5Die Frist nach Satz 4 beginnt mit der Anmeldung bei der zuständigen Meldebehörde. 6Zeiten des nicht rechtmäßigen Aufenthalts, in denen eine Ausreisepflicht besteht, werden auf Zeiten des gewöhnlichen Aufenthalts nicht angerechnet. 7Aufenthaltsrechtliche Bestimmungen bleiben unberührt.

(2) 1Leistungen erhalten auch Personen, die mit erwerbsfähigen Leistungsberechtigten in einer Bedarfsgemeinschaft leben. 2Dienstleistungen und Sachleistungen werden ihnen nur

erbracht, wenn dadurch Hemmnisse bei der Eingliederung der erwerbsfähigen Leistungsberechtigten beseitigt oder vermindert werden. $_{3}$Zur Deckung der Bedarfe nach § 28 erhalten die dort genannten Personen auch dann Leistungen für Bildung und Teilhabe, wenn sie mit Personen in einem Haushalt zusammenleben, mit denen sie nur deshalb keine Bedarfsgemeinschaft bilden, weil diese aufgrund des zu berücksichtigenden Einkommens oder Vermögens selbst nicht leistungsberechtigt sind.

(3) Zur Bedarfsgemeinschaft gehören

1. die erwerbsfähigen Leistungsberechtigten,
2. die im Haushalt lebenden Eltern oder der im Haushalt lebende Elternteil eines unverheirateten erwerbsfähigen Kindes, welches das 25. Lebensjahr noch nicht vollendet hat, und die im Haushalt lebende Partnerin oder der im Haushalt lebende Partner dieses Elternteils,
3. als Partnerin oder Partner der erwerbsfähigen Leistungsberechtigten
   a) die nicht dauernd getrennt lebende Ehegattin oder der nicht dauernd getrennt lebende Ehegatte,
   b) die nicht dauernd getrennt lebende Lebenspartnerin oder der nicht dauernd getrennt lebende Lebenspartner,
   c) eine Person, die mit der erwerbsfähigen leistungsberechtigten Person in einem gemeinsamen Haushalt so zusammenlebt, dass nach verständiger Würdigung der wechselseitige Wille anzunehmen ist, Verantwortung füreinander zu tragen und füreinander einzustehen,
4. die dem Haushalt angehörenden unverheirateten Kinder der in den Nummern 1 bis 3 genannten Personen, wenn sie das 25. Lebensjahr noch nicht vollendet haben, soweit sie die Leistungen zur Sicherung ihres Lebensunterhalts nicht aus eigenem Einkommen oder Vermögen beschaffen können.

(3a) Ein wechselseitiger Wille, Verantwortung füreinander zu tragen und füreinander einzustehen, wird vermutet, wenn Partner

1. länger als ein Jahr zusammenleben,
2. mit einem gemeinsamen Kind zusammenleben,
3. Kinder oder Angehörige im Haushalt versorgen oder
4. befugt sind, über Einkommen oder Vermögen des anderen zu verfügen.

(4) $_{1}$Leistungen nach diesem Buch erhält nicht, wer in einer stationären Einrichtung untergebracht ist, Rente wegen Alters oder Knappschaftsausgleichsleistung oder ähnliche Leistungen öffentlich-rechtlicher Art bezieht. $_{2}$Dem Aufenthalt in einer stationären Einrichtung ist der Aufenthalt in einer Einrichtung zum Vollzug richterlich angeordneter Freiheitsentziehung gleichgestellt. $_{3}$Abweichend von Satz 1 erhält Leistungen nach diesem Buch,

1. wer voraussichtlich für weniger als sechs Monate in einem Krankenhaus (§ 107 des Fünften Buches) untergebracht ist oder
2. wer in einer stationären Einrichtung nach Satz 1 untergebracht und unter den üblichen Bedingungen des allgemeinen Arbeitsmarktes mindestens 15 Stunden wöchentlich erwerbstätig ist.

$_{4}$Die Sätze 1 und 3 Nummer 2 gelten für Bewohner von Räumlichkeiten im Sinne des § 42a Absatz 2 Satz 1 Nummer 2 und Satz 3 des Zwölften Buches entsprechend.

(4a) $_{1}$Erwerbsfähige Leistungsberechtigte erhalten keine Leistungen, wenn sie sich ohne Zustimmung des zuständigen Trägers nach diesem Buch außerhalb des zeit- und ortsnahen Bereichs aufhalten und deshalb nicht für die Eingliederung in Arbeit zur Verfügung stehen. $_{2}$Die Zustimmung ist zu erteilen, wenn für den Aufenthalt außerhalb des zeit- und ortsnahen Bereichs ein wichtiger Grund vorliegt und die Eingliederung in Arbeit nicht beeinträchtigt wird. $_{3}$Ein wichtiger Grund liegt insbesondere vor bei

1. Teilnahme an einer ärztlich verordneten Maßnahme der medizinischen Vorsorge oder Rehabilitation,
2. Teilnahme an einer Veranstaltung, die staatspolitischen, kirchlichen oder ge-

werkschaftlichen Zwecken dient oder sonst im öffentlichen Interesse liegt, oder

3. Ausübung einer ehrenamtlichen Tätigkeit.

$_{4}$Die Zustimmung kann auch erteilt werden, wenn für den Aufenthalt außerhalb des zeit- und ortsnahen Bereichs kein wichtiger Grund vorliegt und die Eingliederung in Arbeit nicht beeinträchtigt wird. $_{5}$Die Dauer der Abwesenheiten nach Satz 4 soll in der Regel insgesamt drei Wochen im Kalenderjahr nicht überschreiten.

(5) $_{1}$Auszubildende, deren Ausbildung im Rahmen des Bundesausbildungsförderungsgesetzes dem Grunde nach förderungsfähig ist, haben über die Leistungen nach § 27 hinaus keinen Anspruch auf Leistungen zur Sicherung des Lebensunterhalts. $_{2}$Satz 1 gilt auch für Auszubildende, deren Bedarf sich nach § 61 Absatz 2, § 62 Absatz 3, § 123 Nummer 2 sowie § 124 Nummer 2 des Dritten Buches bemisst.

(6) Absatz 5 Satz 1 ist nicht anzuwenden auf Auszubildende,

1. die aufgrund von § 2 Absatz 1a des Bundesausbildungsförderungsgesetzes keinen Anspruch auf Ausbildungsförderung haben,
2. deren Bedarf sich nach den §§ 12, 13 Absatz 1 in Verbindung mit Absatz 2 Nummer 1 oder nach § 13 Absatz 1 Nummer 1 in Verbindung mit Absatz 2 Nummer 2 des Bundesausbildungsförderungsgesetzes bemisst und die Leistungen nach dem Bundesausbildungsförderungsgesetz
   a) erhalten oder nur wegen der Vorschriften zur Berücksichtigung von Einkommen und Vermögen nicht erhalten oder
   b) beantragt haben und über deren Antrag das zuständige Amt für Ausbildungsförderung noch nicht entschieden hat; lehnt das zuständige Amt für Ausbildungsförderung die Leistungen ab, findet Absatz 5 mit Beginn des folgenden Monats Anwendung, oder
3. die eine Abendhauptschule, eine Abendrealschule oder ein Abendgymnasium besuchen, sofern sie aufgrund des § 10 Absatz 3 des Bundesausbildungsförderungsgesetzes keinen Anspruch auf Ausbildungsförderung haben.

§ 7a Altersgrenze

$_{1}$Personen, die vor dem 1. Januar 1947 geboren sind, erreichen die Altersgrenze mit Ablauf des Monats, in dem sie das 65. Lebensjahr vollenden. $_{2}$Für Personen, die nach dem 31. Dezember 1946 geboren sind, wird die Altersgrenze wie folgt angehoben:

für den Geburtsjahrgang	erfolgt eine Anhebung um Monate	auf den Ablauf des Monats, in dem ein Lebensalter vollendet wird von
1947	1	65 Jahren und 1 Monat
1948	2	65 Jahren und 2 Monaten
1949	3	65 Jahren und 3 Monaten
1950	4	65 Jahren und 4 Monaten
1951	5	65 Jahren und 5 Monaten
1952	6	65 Jahren und 6 Monaten
1953	7	65 Jahren und 7 Monaten
1954	8	65 Jahren und 8 Monaten
1955	9	65 Jahren und 9 Monaten
1956	10	65 Jahren und 10 Monaten
1957	11	65 Jahren und 11 Monaten
1958	12	66 Jahren
1959	14	66 Jahren und 2 Monaten
1960	16	66 Jahren und 4 Monaten
1961	18	66 Jahren und 6 Monaten
1962	20	66 Jahren und 8 Monaten
1963	22	66 Jahren und 10 Monaten
ab 1964	24	67 Jahren.

§ 8 Erwerbsfähigkeit

(1) Erwerbsfähig ist, wer nicht wegen Krankheit oder Behinderung auf absehbare Zeit außerstande ist, unter den üblichen Bedingungen des allgemeinen Arbeitsmarktes mindestens drei Stunden täglich erwerbstätig zu sein.

(2) 1Im Sinne von Absatz 1 können Ausländerinnen und Ausländer nur erwerbstätig sein, wenn ihnen die Aufnahme einer Beschäftigung erlaubt ist oder erlaubt werden könnte. 2Die rechtliche Möglichkeit, eine Beschäftigung vorbehaltlich einer Zustimmung nach § 39 des Aufenthaltsgesetzes aufzunehmen, ist ausreichend.

§ 9 Hilfebedürftigkeit

(1) Hilfebedürftig ist, wer seinen Lebensunterhalt nicht oder nicht ausreichend aus dem zu berücksichtigenden Einkommen oder Vermögen sichern kann und die erforderliche Hilfe nicht von anderen, insbesondere von Angehörigen oder von Trägern anderer Sozialleistungen, erhält.

(2) 1Bei Personen, die in einer Bedarfsgemeinschaft leben, sind das Einkommen und Vermögen des Partners zu berücksichtigen. 2Bei unverheirateten Kindern, die mit ihren Eltern oder einem Elternteil in einer Bedarfsgemeinschaft leben und die ihren Lebensunterhalt nicht aus eigenem Einkommen oder Vermögen sichern können, sind auch das Einkommen und Vermögen der Eltern oder des Elternteils und dessen in Bedarfsgemeinschaft lebender Partnerin oder lebenden Partners zu berücksichtigen. 3Ist in einer Bedarfsgemeinschaft nicht der gesamte Bedarf aus eigenen Kräften und Mitteln gedeckt, gilt jede Person der Bedarfsgemeinschaft im Verhältnis des eigenen Bedarfs zum Gesamtbedarf als hilfebedürftig, dabei bleiben die Bedarfe nach § 28 außer Betracht. 4In den Fällen des § 7 Absatz 2 Satz 3 ist Einkommen und Vermögen, soweit es die nach Satz 3 zu berücksichtigenden Bedarfe übersteigt, im Verhältnis mehrerer Leistungsberechtigter zueinander zu gleichen Teilen zu berücksichtigen.

(3) Absatz 2 Satz 2 findet keine Anwendung auf ein Kind, das schwanger ist oder sein Kind bis zur Vollendung des sechsten Lebensjahres betreut.

(4) Hilfebedürftig ist auch derjenige, dem der sofortige Verbrauch oder die sofortige Verwertung von zu berücksichtigendem Vermögen nicht möglich ist oder für den dies eine besondere Härte bedeuten würde.

(5) Leben Hilfebedürftige in Haushaltsgemeinschaft mit Verwandten oder Verschwägerten, so wird vermutet, dass sie von ihnen Leistungen erhalten, soweit dies nach deren Einkommen und Vermögen erwartet werden kann.

§ 10 Zumutbarkeit

(1) Einer erwerbsfähigen leistungsberechtigten Person ist jede Arbeit zumutbar, es sei denn, dass

1. sie zu der bestimmten Arbeit körperlich, geistig oder seelisch nicht in der Lage ist,
2. die Ausübung der Arbeit die künftige Ausübung der bisherigen überwiegenden Arbeit wesentlich erschweren würde, weil die bisherige Tätigkeit besondere körperliche Anforderungen stellt,
3. die Ausübung der Arbeit die Erziehung ihres Kindes oder des Kindes ihrer Partnerin oder ihres Partners gefährden würde; die Erziehung eines Kindes, das das dritte Lebensjahr vollendet hat, ist in der Regel nicht gefährdet, soweit die Betreuung in einer Tageseinrichtung oder in Tagespflege im Sinne der Vorschriften des Achten Buches oder auf sonstige Weise sichergestellt ist; die zuständigen kommunalen Träger sollen darauf hinwirken, dass erwerbsfähigen Erziehenden vorrangig ein Platz zur Tagesbetreuung des Kindes angeboten wird,
4. die Ausübung der Arbeit mit der Pflege einer oder eines Angehörigen nicht vereinbar wäre und die Pflege nicht auf andere Weise sichergestellt werden kann,
5. der Ausübung der Arbeit ein sonstiger wichtiger Grund entgegensteht.

V

(2) Eine Arbeit ist nicht allein deshalb unzumutbar, weil

1. sie nicht einer früheren beruflichen Tätigkeit entspricht, für die die erwerbsfähige leistungsberechtigte Person ausgebildet ist oder die früher ausgeübt wurde,
2. sie im Hinblick auf die Ausbildung der erwerbsfähigen leistungsberechtigten Person als geringerwertig anzusehen ist,
3. der Beschäftigungsort vom Wohnort der erwerbsfähigen leistungsberechtigten Person weiter entfernt ist als ein früherer Beschäftigungs- oder Ausbildungsort,
4. die Arbeitsbedingungen ungünstiger sind als bei den bisherigen Beschäftigungen der erwerbsfähigen leistungsberechtigten Person,
5. sie mit der Beendigung einer Erwerbstätigkeit verbunden ist, es sei denn, es liegen begründete Anhaltspunkte vor, dass durch die bisherige Tätigkeit künftig die Hilfebedürftigkeit beendet werden kann.

(3) Die Absätze 1 und 2 gelten für die Teilnahme an Maßnahmen zur Eingliederung in Arbeit entsprechend.

§ 11 Zu berücksichtigendes Einkommen

(1) $_1$Als Einkommen zu berücksichtigen sind Einnahmen in Geld abzüglich der nach § 11b abzusetzenden Beträge mit Ausnahme der in § 11a genannten Einnahmen. $_2$Dies gilt auch für Einnahmen in Geldeswert, die im Rahmen einer Erwerbstätigkeit, des Bundesfreiwilligendienstes oder eines Jugendfreiwilligendienstes zufließen. $_3$Als Einkommen zu berücksichtigen sind auch Zuflüsse aus darlehensweise gewährten Sozialleistungen, soweit sie dem Lebensunterhalt dienen. $_4$Der Kinderzuschlag nach § 6a des Bundeskindergeldgesetzes ist als Einkommen dem jeweiligen Kind zuzurechnen. $_5$Dies gilt auch für das Kindergeld für zur Bedarfsgemeinschaft gehörende Kinder, soweit es bei dem jeweiligen Kind zur Sicherung des Lebensunterhalts, mit Ausnahme der Bedarfe nach § 28, benötigt wird.

(2) $_1$Laufende Einnahmen sind für den Monat zu berücksichtigen, in dem sie zufließen. $_2$Zu den laufenden Einnahmen zählen auch Einnahmen, die an einzelnen Tagen eines Monats aufgrund von kurzzeitigen Beschäftigungsverhältnissen erzielt werden. $_3$Für laufende Einnahmen, die in größeren als monatlichen Zeitabständen zufließen, gilt Absatz 3 entsprechend.

(3) $_1$Einmalige Einnahmen sind in dem Monat, in dem sie zufließen, zu berücksichtigen. $_2$Zu den einmaligen Einnahmen gehören auch als Nachzahlung zufließende Einnahmen, die nicht für den Monat des Zuflusses erbracht werden. $_3$Sofern für den Monat des Zuflusses bereits Leistungen ohne Berücksichtigung der einmaligen Einnahme erbracht worden sind, werden sie im Folgemonat berücksichtigt. $_4$Entfiele der Leistungsanspruch durch die Berücksichtigung in einem Monat, ist die einmalige Einnahme auf einen Zeitraum von sechs Monaten gleichmäßig aufzuteilen und monatlich mit einem entsprechenden Teilbetrag zu berücksichtigen.

§ 11a Nicht zu berücksichtigendes Einkommen

(1) Nicht als Einkommen zu berücksichtigen sind

1. Leistungen nach diesem Buch,
2. die Grundrente nach dem Bundesversorgungsgesetz und nach den Gesetzen, die eine entsprechende Anwendung des Bundesversorgungsgesetzes vorsehen,
3. die Renten oder Beihilfen, die nach dem Bundesentschädigungsgesetz für Schaden an Leben sowie an Körper oder Gesundheit erbracht werden, bis zur Höhe der vergleichbaren Grundrente nach dem Bundesversorgungsgesetz,
4. Aufwandsentschädigungen nach § 1835a des Bürgerlichen Gesetzbuchs kalenderjährlich bis zu dem in § 3 Nummer 26 Satz 1 des Einkommensteuergesetzes genannten Betrag.

(2) Entschädigungen, die wegen eines Schadens, der kein Vermögensschaden ist, nach § 253 Absatz 2 des Bürgerlichen Gesetzbuchs geleistet werden, sind nicht als Einkommen zu berücksichtigen.

(3) [1]Leistungen, die aufgrund öffentlich-rechtlicher Vorschriften zu einem ausdrücklich genannten Zweck erbracht werden, sind nur so weit als Einkommen zu berücksichtigen, als die Leistungen nach diesem Buch im Einzelfall demselben Zweck dienen. [2]Abweichend von Satz 1 sind als Einkommen zu berücksichtigen

1. die Leistungen nach § 39 des Achten Buches, die für den erzieherischen Einsatz erbracht werden,
   a) für das dritte Pflegekind zu 75 Prozent,
   b) für das vierte und jedes weitere Pflegekind vollständig,
2. die Leistungen nach § 23 des Achten Buches,
3. die Leistungen der Ausbildungsförderung nach dem Bundesausbildungsförderungsgesetz sowie vergleichbare Leistungen der Begabtenförderungswerke; § 14b Absatz 2 Satz 1 des Bundesausbildungsförderungsgesetzes bleibt unberührt,
4. die Berufsausbildungsbeihilfe nach dem Dritten Buch mit Ausnahme der Bedarfe nach § 64 Absatz 3 Satz 1 des Dritten Buches sowie
5. Reisekosten zur Teilhabe am Arbeitsleben nach § 127 Absatz 1 Satz 1 des Dritten Buches in Verbindung mit § 73 des Neunten Buches.

(4) Zuwendungen der freien Wohlfahrtspflege sind nicht als Einkommen zu berücksichtigen, soweit sie die Lage der Empfängerinnen und Empfänger nicht so günstig beeinflussen, dass daneben Leistungen nach diesem Buch nicht gerechtfertigt wären.

(5) Zuwendungen, die ein anderer erbringt, ohne hierzu eine rechtliche oder sittliche Pflicht zu haben, sind nicht als Einkommen zu berücksichtigen, soweit

1. ihre Berücksichtigung für die Leistungsberechtigten grob unbillig wäre oder
2. sie die Lage der Leistungsberechtigten nicht so günstig beeinflussen, dass daneben Leistungen nach diesem Buch nicht gerechtfertigt wären.

(6) Überbrückungsgeld nach § 51 des Strafvollzugsgesetzes oder vergleichbare Leistungen nach landesrechtlichen Regelungen sind nicht als Einkommen zu berücksichtigen.

§ 11b Absetzbeträge

(1) [1]Vom Einkommen abzusetzen sind

1. auf das Einkommen entrichtete Steuern,
2. Pflichtbeiträge zur Sozialversicherung einschließlich der Beiträge zur Arbeitsförderung,
3. Beiträge zu öffentlichen oder privaten Versicherungen oder ähnlichen Einrichtungen, soweit diese Beiträge gesetzlich vorgeschrieben oder nach Grund und Höhe angemessen sind; hierzu gehören Beiträge
   a) zur Vorsorge für den Fall der Krankheit und der Pflegebedürftigkeit für Personen, die in der gesetzlichen Krankenversicherung nicht versicherungspflichtig sind,
   b) zur Altersvorsorge von Personen, die von der Versicherungspflicht in der gesetzlichen Rentenversicherung befreit sind,

   soweit die Beiträge nicht nach § 26 bezuschusst werden,
4. geförderte Altersvorsorgebeiträge nach § 82 des Einkommensteuergesetzes, soweit sie den Mindesteigenbeitrag nach § 86 des Einkommensteuergesetzes nicht überschreiten,
5. die mit der Erzielung des Einkommens verbundenen notwendigen Ausgaben,
6. für Erwerbstätige ferner ein Betrag nach Absatz 3,
7. Aufwendungen zur Erfüllung gesetzlicher Unterhaltsverpflichtungen bis zu dem in einem Unterhaltstitel oder in einer notariell beurkundeten Unterhaltsvereinbarung festgelegten Betrag,
8. bei erwerbsfähigen Leistungsberechtigten, deren Einkommen nach dem Vierten Abschnitt des Bundesausbildungsförderungsgesetzes oder nach § 67 oder § 126 des Dritten Buches bei der Berechnung der Leistungen der Ausbildungsförderung für mindestens ein Kind berücksichtigt wird,

V

der nach den Vorschriften der Ausbildungsförderung berücksichtigte Betrag.

2Bei der Verteilung einer einmaligen Einnahme nach § 11 Absatz 3 Satz 4 sind die auf die einmalige Einnahme im Zuflussmonat entfallenden Beträge nach den Nummern 1, 2, 5 und 6 vorweg abzusetzen.

(2) 1Bei erwerbsfähigen Leistungsberechtigten, die erwerbstätig sind, ist anstelle der Beträge nach Absatz 1 Satz 1 Nummer 3 bis 5 ein Betrag von insgesamt 100 Euro monatlich von dem Einkommen aus Erwerbstätigkeit abzusetzen. 2Beträgt das monatliche Einkommen aus Erwerbstätigkeit mehr als 400 Euro, gilt Satz 1 nicht, wenn die oder der erwerbsfähige Leistungsberechtigte nachweist, dass die Summe der Beträge nach Absatz 1 Satz 1 Nummer 3 bis 5 den Betrag von 100 Euro übersteigt. 3Erhält eine leistungsberechtigte Person mindestens aus einer Tätigkeit Bezüge oder Einnahmen, die nach § 3 Nummer 12, 26 oder 26a des Einkommensteuergesetzes steuerfrei sind, gelten die Sätze 1 und 2 mit den Maßgaben, dass jeweils an die Stelle des Betrages von

1. 100 Euro monatlich der Betrag von 250 Euro monatlich, höchstens jedoch der Betrag, der sich aus der Summe von 100 Euro und dem Betrag der steuerfreien Bezüge oder Einnahmen ergibt, und
2. 400 Euro der Betrag, der sich nach Nummer 1 ergibt,

tritt. 4§ 11a Absatz 3 bleibt unberührt. 5Von den in § 11a Absatz 3 Satz 2 Nummer 3 bis 5 genannten Leistungen, von dem Ausbildungsgeld nach dem Dritten Buch sowie von dem erhaltenen Unterhaltsbeitrag nach § 10 Absatz 2 des Aufstiegsfortbildungsförderungsgesetzes sind für die Absetzbeträge nach § 11b Absatz 1 Satz 1 Nummer 3 bis 5 mindestens 100 Euro abzusetzen, wenn die Absetzung nicht bereits nach den Sätzen 1 bis 3 erfolgt. 6Von dem Taschengeld nach § 2 Nummer 4 des Bundesfreiwilligendienstgesetzes oder § 2 Absatz 1 Nummer 4 des Jugendfreiwilligendienstegesetzes ist anstelle der Beträge nach § 11b Absatz 1 Satz 1 Nummer 3 bis 5 ein Betrag von insgesamt 250 Euro monatlich abzusetzen, soweit die Absetzung nicht bereits nach den Sätzen 1 bis 3 erfolgt.

(2a) § 82a des Zwölften Buches gilt entsprechend.

(3) 1Bei erwerbsfähigen Leistungsberechtigten, die erwerbstätig sind, ist von dem monatlichen Einkommen aus Erwerbstätigkeit ein weiterer Betrag abzusetzen. 2Dieser beläuft sich

1. für den Teil des monatlichen Einkommens, der 100 Euro übersteigt und nicht mehr als 1000 Euro beträgt, auf 20 Prozent und
2. für den Teil des monatlichen Einkommens, der 1000 Euro übersteigt und nicht mehr als 1200 Euro beträgt, auf 10 Prozent.

3Anstelle des Betrages von 1200 Euro tritt für erwerbsfähige Leistungsberechtigte, die entweder mit mindestens einem minderjährigen Kind in Bedarfsgemeinschaft leben oder die mindestens ein minderjähriges Kind haben, ein Betrag von 1500 Euro.

§ 12 Zu berücksichtigendes Vermögen

(1) Als Vermögen sind alle verwertbaren Vermögensgegenstände zu berücksichtigen.

(2) 1Vom Vermögen sind abzusetzen

1. ein Grundfreibetrag in Höhe von 150 Euro je vollendetem Lebensjahr für jede in der Bedarfsgemeinschaft lebende volljährige Person und deren Partnerin oder Partner, mindestens aber jeweils 3100 Euro; der Grundfreibetrag darf für jede volljährige Person und ihre Partnerin oder ihren Partner jeweils den nach Satz 2 maßgebenden Höchstbetrag nicht übersteigen,

1a. ein Grundfreibetrag in Höhe von 3100 Euro für jedes leistungsberechtigte minderjährige Kind,

2. Altersvorsorge in Höhe des nach Bundesrecht ausdrücklich als Altersvorsorge geförderten Vermögens einschließlich seiner Erträge und der geförderten laufenden Altersvorsorgebeiträge, soweit die Inhaberin oder der Inhaber das Altersvorsorgevermögen nicht vorzeitig verwendet,

3. geldwerte Ansprüche, die der Altersvorsorge dienen, soweit die Inhaberin oder der Inhaber sie vor dem Eintritt in den Ruhestand aufgrund einer unwiderruflichen vertraglichen Vereinbarung nicht verwerten kann und der Wert der geldwerten Ansprüche 750 Euro je vollendetem Lebensjahr der erwerbsfähigen leistungsberechtigten Person und deren Partnerin oder Partner, höchstens jedoch jeweils den nach Satz 2 maßgebenden Höchstbetrag nicht übersteigt,
4. ein Freibetrag für notwendige Anschaffungen in Höhe von 750 Euro für jeden in der Bedarfsgemeinschaft lebenden Leistungsberechtigten.

$_2$Bei Personen, die

1. vor dem 1. Januar 1958 geboren sind, darf der Grundfreibetrag nach Satz 1 Nummer 1 jeweils 9750 Euro und der Wert der geldwerten Ansprüche nach Satz 1 Nummer 3 jeweils 48 750 Euro,
2. nach dem 31. Dezember 1957 und vor dem 1. Januar 1964 geboren sind, darf der Grundfreibetrag nach Satz 1 Nummer 1 jeweils 9900 Euro und der Wert der geldwerten Ansprüche nach Satz 1 Nummer 3 jeweils 49 500 Euro,
3. nach dem 31. Dezember 1963 geboren sind, darf der Grundfreibetrag nach Satz 1 Nummer 1 jeweils 10 050 Euro und der Wert der geldwerten Ansprüche nach Satz 1 Nummer 3 jeweils 50 250 Euro

nicht übersteigen.

(3) $_1$Als Vermögen sind nicht zu berücksichtigen

1. angemessener Hausrat,
2. ein angemessenes Kraftfahrzeug für jede in der Bedarfsgemeinschaft lebende erwerbsfähige Person,
3. von der Inhaberin oder dem Inhaber als für die Altersvorsorge bestimmt bezeichnete Vermögensgegenstände in angemessenem Umfang, wenn die erwerbsfähige leistungsberechtigte Person oder deren Partnerin oder Partner von der Versicherungspflicht in der gesetzlichen Rentenversicherung befreit ist,
4. ein selbst genutztes Hausgrundstück von angemessener Größe oder eine entsprechende Eigentumswohnung,
5. Vermögen, solange es nachweislich zur baldigen Beschaffung oder Erhaltung eines Hausgrundstücks von angemessener Größe bestimmt ist, soweit dieses zu Wohnzwecken von Menschen mit Behinderungen oder pflegebedürftigen Menschen dient oder dienen soll und dieser Zweck durch den Einsatz oder die Verwertung des Vermögens gefährdet würde,
6. Sachen und Rechte, soweit ihre Verwertung offensichtlich unwirtschaftlich ist oder für den Betroffenen eine besondere Härte bedeuten würde.

$_2$Für die Angemessenheit sind die Lebensumstände während des Bezugs der Leistungen zur Grundsicherung für Arbeitsuchende maßgebend.

(4) $_1$Das Vermögen ist mit seinem Verkehrswert zu berücksichtigen. $_2$Für die Bewertung ist der Zeitpunkt maßgebend, in dem der Antrag auf Bewilligung oder erneute Bewilligung der Leistungen der Grundsicherung für Arbeitsuchende gestellt wird, bei späterem Erwerb von Vermögen der Zeitpunkt des Erwerbs. $_3$Wesentliche Änderungen des Verkehrswertes sind zu berücksichtigen.

§ 12a Vorrangige Leistungen

$_1$Leistungsberechtigte sind verpflichtet, Sozialleistungen anderer Träger in Anspruch zu nehmen und die dafür erforderlichen Anträge zu stellen, sofern dies zur Vermeidung, Beseitigung, Verkürzung oder Verminderung der Hilfebedürftigkeit erforderlich ist. $_2$Abweichend von Satz 1 sind Leistungsberechtigte nicht verpflichtet,

1. bis zur Vollendung des 63. Lebensjahres eine Rente wegen Alters vorzeitig in Anspruch zu nehmen oder
2. Wohngeld nach dem Wohngeldgesetz oder Kinderzuschlag nach dem Bundeskindergeldgesetz in Anspruch zu nehmen, wenn dadurch nicht die Hilfebedürftigkeit

aller Mitglieder der Bedarfsgemeinschaft für einen zusammenhängenden Zeitraum von mindestens drei Monaten beseitigt würde.

§ 13 Verordnungsermächtigung

(1) Das Bundesministerium für Arbeit und Soziales wird ermächtigt, im Einvernehmen mit dem Bundesministerium der Finanzen ohne Zustimmung des Bundesrates durch Rechtsverordnung zu bestimmen,

1. welche weiteren Einnahmen nicht als Einkommen zu berücksichtigen sind und wie das Einkommen im Einzelnen zu berechnen ist,
2. welche weiteren Vermögensgegenstände nicht als Vermögen zu berücksichtigen sind und wie der Wert des Vermögens zu ermitteln ist,
3. welche Pauschbeträge für die von dem Einkommen abzusetzenden Beträge zu berücksichtigen sind,
4. welche durchschnittlichen monatlichen Beträge für einzelne Bedarfe nach § 28 für die Prüfung der Hilfebedürftigkeit zu berücksichtigen sind und welcher Eigenanteil des maßgebenden Regelbedarfs bei der Bemessung des Bedarfs nach § 28 Absatz 6 zugrunde zu legen ist.

(2) Das Bundesministerium für Arbeit und Soziales wird ermächtigt, ohne Zustimmung des Bundesrates durch Rechtsverordnung zu bestimmen, unter welchen Voraussetzungen und für welche Dauer Leistungsberechtigte nach Vollendung des 63. Lebensjahres ausnahmsweise zur Vermeidung von Unbilligkeiten nicht verpflichtet sind, eine Rente wegen Alters vorzeitig in Anspruch zu nehmen.

(3) Das Bundesministerium für Arbeit und Soziales wird ermächtigt, durch Rechtsverordnung ohne Zustimmung des Bundesrates nähere Bestimmungen zum zeit- und ortsnahen Bereich (§ 7 Absatz 4a) sowie dazu zu treffen, wie lange und unter welchen Voraussetzungen sich erwerbsfähige Leistungsberechtigte außerhalb des zeit- und ortsnahen Bereichs aufhalten dürfen, ohne Ansprüche auf Leistungen nach diesem Buch zu verlieren.

Kapitel 3
Leistungen

Abschnitt 1
Leistungen zur Eingliederung in Arbeit

§ 14 Grundsatz des Förderns

(1) Die Träger der Leistungen nach diesem Buch unterstützen erwerbsfähige Leistungsberechtigte umfassend mit dem Ziel der Eingliederung in Arbeit.

(2) $_1$Leistungsberechtigte Personen erhalten Beratung. $_2$Aufgabe der Beratung ist insbesondere die Erteilung von Auskunft und Rat zu Selbsthilfeobliegenheiten und Mitwirkungspflichten, zur Berechnung der Leistungen zur Sicherung des Lebensunterhalts und zur Auswahl der Leistungen im Rahmen des Eingliederungsprozesses. $_3$Art und Umfang der Beratung richten sich nach dem Beratungsbedarf der leistungsberechtigten Person. $_4$Beratungsleistungen, die Leistungsberechtigte nach den §§ 29 bis 33 des Dritten Buches von den für die Arbeitsförderung zuständigen Dienststellen der Bundesagentur für Arbeit erhalten, sollen dabei Berücksichtigung finden. $_5$Hierbei arbeiten die Träger der Leistungen nach diesem Buch mit den in Satz 4 genannten Dienststellen eng zusammen.

(3) Die Agentur für Arbeit soll eine persönliche Ansprechpartnerin oder einen persönlichen Ansprechpartner für jede erwerbsfähige leistungsberechtigte Person und die mit dieser in einer Bedarfsgemeinschaft lebenden Person benennen.

(4) Die Träger der Leistungen nach diesem Buch erbringen unter Berücksichtigung der Grundsätze von Wirtschaftlichkeit und Sparsamkeit alle im Einzelfall für die Eingliederung in Arbeit erforderlichen Leistungen.

§ 15 Eingliederungsvereinbarung

(1) $_1$Die Agentur für Arbeit soll unverzüglich zusammen mit jeder erwerbsfähigen leistungsberechtigten Person die für die Eingliederung erforderlichen persönlichen Merkmale, berufliche Fähigkeiten und die Eignung feststellen (Potenzialanalyse). $_2$Die Feststellungen erstrecken sich auch darauf, ob und

durch welche Umstände die berufliche Eingliederung voraussichtlich erschwert sein wird. 3Tatsachen, über die die Agentur für Arbeit nach § 9a Satz 2 Nummer 2 des Dritten Buches unterrichtet wird, müssen von ihr nicht erneut festgestellt werden, es sei denn, es liegen Anhaltspunkte dafür vor, dass sich eingliederungsrelevante Veränderungen ergeben haben.

(2) 1Die Agentur für Arbeit soll im Einvernehmen mit dem kommunalen Träger mit jeder erwerbsfähigen leistungsberechtigten Person unter Berücksichtigung der Feststellungen nach Absatz 1 die für ihre Eingliederung erforderlichen Leistungen vereinbaren (Eingliederungsvereinbarung). 2In der Eingliederungsvereinbarung soll bestimmt werden,

1. welche Leistungen zur Eingliederung in Ausbildung oder Arbeit nach diesem Abschnitt die leistungsberechtigte Person erhält,
2. welche Bemühungen erwerbsfähige Leistungsberechtigte in welcher Häufigkeit zur Eingliederung in Arbeit mindestens unternehmen sollen und in welcher Form diese Bemühungen nachzuweisen sind,
3. wie Leistungen anderer Leistungsträger in den Eingliederungsprozess einbezogen werden.

3Die Eingliederungsvereinbarung kann insbesondere bestimmen, in welche Tätigkeiten oder Tätigkeitsbereiche die leistungsberechtigte Person vermittelt werden soll.

(3) 1Die Eingliederungsvereinbarung soll regelmäßig, spätestens jedoch nach Ablauf von sechs Monaten, gemeinsam überprüft und fortgeschrieben werden. 2Bei jeder folgenden Eingliederungsvereinbarung sind die bisher gewonnenen Erfahrungen zu berücksichtigen. 3Soweit eine Vereinbarung nach Absatz 2 nicht zustande kommt, sollen die Regelungen durch Verwaltungsakt getroffen werden.

(4) 1In der Eingliederungsvereinbarung kann auch vereinbart werden, welche Leistungen die Personen erhalten, die mit der oder dem erwerbsfähigen Leistungsberechtigten in einer Bedarfsgemeinschaft leben. 2Diese Personen sind hierbei zu beteiligen.

§ 16 Leistungen zur Eingliederung

(1) 1Zur Eingliederung in Arbeit erbringt die Agentur für Arbeit Leistungen nach § 35 des Dritten Buches. 2Sie kann folgende Leistungen des Dritten Kapitels des Dritten Buches erbringen:

1. die übrigen Leistungen der Beratung und Vermittlung nach dem Ersten Abschnitt mit Ausnahme der Leistung nach § 31a,
2. Leistungen zur Aktivierung und beruflichen Eingliederung nach dem Zweiten Abschnitt,
3. Leistungen zur Berufsausbildung nach dem Vierten Unterabschnitt des Dritten Abschnitts und Leistungen nach den § 54a Absatz 1 bis 5,
4. Leistungen zur beruflichen Weiterbildung nach dem Vierten Abschnitt, mit Ausnahme von Leistungen nach § 82 Absatz 6, und Leistungen nach den §§ 131a und 131b,
5. Leistungen zur Aufnahme einer sozialversicherungspflichtigen Beschäftigung nach dem Ersten Unterabschnitt des Fünften Abschnitts.

3Für Eingliederungsleistungen an erwerbsfähige Leistungsberechtigte mit Behinderungen nach diesem Buch gelten entsprechend

1. die §§ 112 bis 114, 115 Nummer 1 bis 3 mit Ausnahme berufsvorbereitender Bildungsmaßnahmen und der Berufsausbildungsbeihilfe sowie § 116 Absatz 1, 2, 5 und 6 des Dritten Buches,
2. § 117 Absatz 1 und § 118 Nummer 3 des Dritten Buches für die besonderen Leistungen zur Förderung der beruflichen Weiterbildung,
3. die §§ 127 und 128 des Dritten Buches für die besonderen Leistungen zur Förderung der beruflichen Weiterbildung.

4§ 1 Absatz 2 Nummer 4 sowie § 36 und § 81 Absatz 2 und 3 des Dritten Buches sind entsprechend anzuwenden.

(2) 1Soweit dieses Buch nichts Abweichendes regelt, gelten für die Leistungen nach Absatz 1 die Regelungen des Dritten Buches mit Ausnahme der Verordnungsermächtigung nach § 47 des Dritten Buches sowie der An-

V

ordnungsermächtigungen für die Bundesagentur und mit der Maßgabe, dass an die Stelle des Arbeitslosengeldes das Arbeitslosengeld II tritt. $_2$§ 44 Absatz 3 Satz 3 des Dritten Buches gilt mit der Maßgabe, dass die Förderung aus dem Vermittlungsbudget auch die anderen Leistungen nach dem Zweiten Buch nicht aufstocken, ersetzen oder umgehen darf. $_3$Für die Teilnahme erwerbsfähiger Leistungsberechtigter an einer Maßnahme zur beruflichen Weiterbildung im Rahmen eines bestehenden Arbeitsverhältnisses werden Leistungen nach Absatz 1 Satz 2 Nummer 4 in Verbindung mit § 82 des Dritten Buches nicht gewährt, wenn die betreffende Maßnahme auf ein nach § 2 Absatz 1 des Aufstiegsfortbildungsförderungsgesetzes förderfähiges Fortbildungsziel vorbereitet.

V

(3) Abweichend von § 44 Absatz 1 Satz 1 des Dritten Buches können Leistungen auch für die Anbahnung und Aufnahme einer schulischen Berufsausbildung erbracht werden.

(3a) $_1$Abweichend von § 81 Absatz 4 des Dritten Buches kann die Agentur für Arbeit unter Anwendung des Vergaberechts Träger mit der Durchführung von Maßnahmen der beruflichen Weiterbildung beauftragen, wenn die Maßnahme den Anforderungen des § 180 des Dritten Buches entspricht und

1. eine dem Bildungsziel entsprechende Maßnahme örtlich nicht verfügbar ist oder
2. die Eignung und persönlichen Verhältnisse der erwerbsfähigen Leistungsberechtigten dies erfordern.

$_2$§ 176 Absatz 2 des Dritten Buches findet keine Anwendung.

(4) $_1$Die Agentur für Arbeit als Träger der Grundsicherung für Arbeitsuchende kann die Ausbildungsvermittlung durch die für die Arbeitsförderung zuständigen Stellen der Bundesagentur wahrnehmen lassen. $_2$Das Bundesministerium für Arbeit und Soziales wird ermächtigt, durch Rechtsverordnung ohne Zustimmung des Bundesrates das Nähere über die Höhe, Möglichkeiten der Pauschalierung und den Zeitpunkt der Fälligkeit der Erstattung von Aufwendungen bei der Ausführung des Auftrags nach Satz 1 festzulegen.

§ 16a Kommunale Eingliederungsleistungen

Zur Verwirklichung einer ganzheitlichen und umfassenden Betreuung und Unterstützung bei der Eingliederung in Arbeit können die folgenden Leistungen, die für die Eingliederung der oder des erwerbsfähigen Leistungsberechtigten in das Erwerbsleben erforderlich sind, erbracht werden:

1. die Betreuung minderjähriger Kinder oder von Kindern mit Behinderungen oder die häusliche Pflege von Angehörigen,
2. die Schuldnerberatung,
3. die psychosoziale Betreuung,
4. die Suchtberatung.

§ 16b Einstiegsgeld

(1) $_1$Zur Überwindung von Hilfebedürftigkeit kann erwerbsfähigen Leistungsberechtigten bei Aufnahme einer sozialversicherungspflichtigen oder selbständigen Erwerbstätigkeit ein Einstiegsgeld erbracht werden, wenn dies zur Eingliederung in den allgemeinen Arbeitsmarkt erforderlich ist. $_2$Das Einstiegsgeld kann auch erbracht werden, wenn die Hilfebedürftigkeit durch oder nach Aufnahme der Erwerbstätigkeit entfällt.

(2) $_1$Das Einstiegsgeld wird, soweit für diesen Zeitraum eine Erwerbstätigkeit besteht, für höchstens 24 Monate erbracht. $_2$Bei der Bemessung der Höhe des Einstiegsgeldes sollen die vorherige Dauer der Arbeitslosigkeit sowie die Größe der Bedarfsgemeinschaft berücksichtigt werden, in der die oder der erwerbsfähige Leistungsberechtigte lebt.

(3) $_1$Das Bundesministerium für Arbeit und Soziales wird ermächtigt, im Einvernehmen mit dem Bundesministerium der Finanzen ohne Zustimmung des Bundesrates durch Rechtsverordnung zu bestimmen, wie das Einstiegsgeld zu bemessen ist. $_2$Bei der Bemessung ist neben der Berücksichtigung der in Absatz 2 Satz 2 genannten Kriterien auch ein Bezug zu dem für die oder den erwerbsfähigen Leistungsberechtigten jeweils maßgebenden Regelbedarf herzustellen.

§ 16c Leistungen zur Eingliederung von Selbständigen

(1) $_{1}$Erwerbsfähige Leistungsberechtigte, die eine selbständige, hauptberufliche Tätigkeit aufnehmen oder ausüben, können Darlehen und Zuschüsse für die Beschaffung von Sachgütern erhalten, die für die Ausübung der selbständigen Tätigkeit notwendig und angemessen sind. $_{2}$Zuschüsse dürfen einen Betrag von 5000 Euro nicht übersteigen.

(2) $_{1}$Erwerbsfähige Leistungsberechtigte, die eine selbständige, hauptberufliche Tätigkeit ausüben, können durch geeignete Dritte durch Beratung oder Vermittlung von Kenntnissen und Fertigkeiten gefördert werden, wenn dies für die weitere Ausübung der selbständigen Tätigkeit erforderlich ist. $_{2}$Die Vermittlung von beruflichen Kenntnissen ist ausgeschlossen.

(3) $_{1}$Leistungen zur Eingliederung von erwerbsfähigen Leistungsberechtigten, die eine selbständige, hauptberufliche Tätigkeit aufnehmen oder ausüben, können nur gewährt werden, wenn zu erwarten ist, dass die selbständige Tätigkeit wirtschaftlich tragfähig ist und die Hilfebedürftigkeit durch die selbständige Tätigkeit innerhalb eines angemessenen Zeitraums dauerhaft überwunden oder verringert wird. $_{2}$Zur Beurteilung der Tragfähigkeit der selbständigen Tätigkeit soll die Agentur für Arbeit die Stellungnahme einer fachkundigen Stelle verlangen.

§ 16d Arbeitsgelegenheiten

(1) $_{1}$Erwerbsfähige Leistungsberechtigte können zur Erhaltung oder Wiedererlangung ihrer Beschäftigungsfähigkeit, die für eine Eingliederung in Arbeit erforderlich ist, in Arbeitsgelegenheiten zugewiesen werden, wenn die darin verrichteten Arbeiten zusätzlich sind, im öffentlichen Interesse liegen und wettbewerbsneutral sind. $_{2}$§ 18d Satz 2 findet Anwendung.

(2) $_{1}$Arbeiten sind zusätzlich, wenn sie ohne die Förderung nicht, nicht in diesem Umfang oder erst zu einem späteren Zeitpunkt durchgeführt würden. $_{2}$Arbeiten, die auf Grund einer rechtlichen Verpflichtung durchzuführen sind oder die üblicherweise von juristischen Personen des öffentlichen Rechts durchgeführt werden, sind nur förderungsfähig, wenn sie ohne die Förderung voraussichtlich erst nach zwei Jahren durchgeführt würden. $_{3}$Ausgenommen sind Arbeiten zur Bewältigung von Naturkatastrophen und sonstigen außergewöhnlichen Ereignissen.

(3) $_{1}$Arbeiten liegen im öffentlichen Interesse, wenn das Arbeitsergebnis der Allgemeinheit dient. $_{2}$Arbeiten, deren Ergebnis überwiegend erwerbswirtschaftlichen Interessen oder den Interessen eines begrenzten Personenkreises dient, liegen nicht im öffentlichen Interesse. $_{3}$Das Vorliegen des öffentlichen Interesses wird nicht allein dadurch ausgeschlossen, dass das Arbeitsergebnis auch den in der Maßnahme beschäftigten Leistungsberechtigten zugute kommt, wenn sichergestellt ist, dass die Arbeiten nicht zu einer Bereicherung Einzelner führen.

(4) Arbeiten sind wettbewerbsneutral, wenn durch sie eine Beeinträchtigung der Wirtschaft infolge der Förderung nicht zu befürchten ist und Erwerbstätigkeit auf dem allgemeinen Arbeitsmarkt weder verdrängt noch in ihrer Entstehung verhindert wird.

(5) Leistungen zur Eingliederung in Arbeit nach diesem Buch, mit denen die Aufnahme einer Erwerbstätigkeit auf dem allgemeinen Arbeitsmarkt unmittelbar unterstützt werden kann, haben Vorrang gegenüber der Zuweisung in Arbeitsgelegenheiten.

(6) $_{1}$Erwerbsfähige Leistungsberechtigte dürfen innerhalb eines Zeitraums von fünf Jahren nicht länger als insgesamt 24 Monate in Arbeitsgelegenheiten zugewiesen werden. $_{2}$Der Zeitraum beginnt mit Eintritt in die erste Arbeitsgelegenheit. $_{3}$Abweichend von Satz 1 können erwerbsfähige Leistungsberechtigte nach Ablauf der 24 Monate bis zu zwölf weitere Monate in Arbeitsgelegenheiten zugewiesen werden, wenn die Voraussetzungen der Absätze 1 und 5 weiterhin vorliegen.

(7) $_{1}$Den erwerbsfähigen Leistungsberechtigten ist während einer Arbeitsgelegenheit zuzüglich zum Arbeitslosengeld II von der Agentur für Arbeit eine angemessene Entschädigung für Mehraufwendungen zu zahlen. $_{2}$Die Arbeiten begründen kein Arbeits-

verhältnis im Sinne des Arbeitsrechts und auch kein Beschäftigungsverhältnis im Sinne des Vierten Buches; die Vorschriften über den Arbeitsschutz und das Bundesurlaubsgesetz mit Ausnahme der Regelungen über das Urlaubsentgelt sind entsprechend anzuwenden. $_{3}$Für Schäden bei der Ausübung ihrer Tätigkeit haften die erwerbsfähigen Leistungsberechtigten wie Arbeitnehmerinnen und Arbeitnehmer.

(8) $_{1}$Auf Antrag werden die unmittelbar im Zusammenhang mit der Verrichtung von Arbeiten nach Absatz 1 erforderlichen Kosten erstattet. $_{2}$Hierzu können auch Personalkosten gehören, die entstehen, wenn eine besondere Anleitung, eine tätigkeitsbezogene Unterweisung oder eine sozialpädagogische Betreuung notwendig ist.

§ 16e Eingliederung von Langzeitarbeitslosen

(1) $_{1}$Arbeitgeber können für die nicht nur geringfügige Beschäftigung von erwerbsfähigen Leistungsberechtigten, die trotz vermittlerischer Unterstützung nach § 16 Absatz 1 Satz 1 unter Einbeziehung der übrigen Eingliederungsleistungen nach diesem Buch seit mindestens zwei Jahren arbeitslos sind, durch Zuschüsse zum Arbeitsentgelt gefördert werden, wenn sie mit einer erwerbsfähigen leistungsberechtigten Person ein Arbeitsverhältnis für die Dauer von mindestens zwei Jahren begründen. $_{2}$Für die Berechnung der Dauer der Arbeitslosigkeit nach Satz 1 findet § 18 des Dritten Buches entsprechende Anwendung.

(2) $_{1}$Der Zuschuss nach Absatz 1 wird in den ersten beiden Jahren des Bestehens des Arbeitsverhältnisses geleistet. $_{2}$Er beträgt im ersten Jahr des Arbeitsverhältnisses 75 Prozent des zu berücksichtigenden Arbeitsentgelts und im zweiten Jahr des Arbeitsverhältnisses 50 Prozent des zu berücksichtigenden Arbeitsentgelts. $_{3}$Für das zu berücksichtigende Arbeitsentgelt findet § 91 Absatz 1 des Dritten Buches mit der Maßgabe entsprechende Anwendung, dass nur der pauschalierte Anteil des Arbeitgebers am Gesamtsozialversicherungsbeitrag abzüglich des Beitrags zur Arbeitsförderung zu berücksichtigen ist. $_{4}$§ 22 Absatz 4 Satz 1 des Mindestlohngesetzes gilt nicht für Arbeitsverhältnisse, für die der Arbeitgeber einen Zuschuss nach Absatz 1 erhält.

(3) $_{1}$§ 92 Absatz 1 des Dritten Buches findet entsprechende Anwendung. $_{2}$§ 92 Absatz 2 Satz 1 erste Alternative, Satz 2 und 3 des Dritten Buches ist mit der Maßgabe entsprechend anzuwenden, dass abweichend von § 92 Absatz 2 Satz 3 zweiter Halbsatz des Dritten Buches der für die letzten sechs Monate bewilligte Förderbetrag zurückzuzahlen ist.

(4) $_{1}$Während einer Beschäftigung in einem Arbeitsverhältnis nach Absatz 1 soll eine erforderliche ganzheitliche beschäftigungsbegleitende Betreuung durch die Agentur für Arbeit oder einen durch diese beauftragten Dritten erbracht werden. $_{2}$In den ersten sechs Monaten der Beschäftigung in einem Arbeitsverhältnis nach Absatz 1 hat der Arbeitgeber die Arbeitnehmerin oder den Arbeitnehmer in angemessenem Umfang für eine ganzheitliche beschäftigungsbegleitende Betreuung nach Satz 1 unter Fortzahlung des Arbeitsentgelts freizustellen.

§ 16f Freie Förderung

(1) $_{1}$Die Agentur für Arbeit kann die Möglichkeiten der gesetzlich geregelten Eingliederungsleistungen durch freie Leistungen zur Eingliederung in Arbeit erweitern. $_{2}$Die freien Leistungen müssen den Zielen und Grundsätzen dieses Buches entsprechen.

(2) $_{1}$Die Ziele der Leistungen sind vor Förderbeginn zu beschreiben. $_{2}$Eine Kombination oder Modularisierung von Inhalten ist zulässig. $_{3}$Die Leistungen der Freien Förderung dürfen gesetzliche Leistungen nicht umgehen oder aufstocken. $_{4}$Ausgenommen hiervon sind Leistungen für

1. Langzeitarbeitslose und
2. erwerbsfähige Leistungsberechtigte, die das 25. Lebensjahr noch nicht vollendet haben und deren berufliche Eingliederung auf Grund von schwerwiegenden Vermittlungshemmnissen besonders erschwert ist,

bei denen in angemessener Zeit von in der Regel sechs Monaten nicht mit Aussicht auf Erfolg auf einzelne Gesetzesgrundlagen dieses Buches oder des Dritten Buches zurückgegriffen werden kann. 5Bei Leistungen an Arbeitgeber ist darauf zu achten, Wettbewerbsverfälschungen zu vermeiden. 6Projektförderungen im Sinne von Zuwendungen sind nach Maßgabe der §§ 23 und 44 der Bundeshaushaltsordnung zulässig. 7Bei längerfristig angelegten Förderungen ist der Erfolg regelmäßig zu überprüfen und zu dokumentieren.

§ 16g Förderung bei Wegfall der Hilfebedürftigkeit

(1) Entfällt die Hilfebedürftigkeit der oder des Erwerbsfähigen während einer Maßnahme zur Eingliederung, kann sie weiter gefördert werden, wenn dies wirtschaftlich erscheint und die oder der Erwerbsfähige die Maßnahme voraussichtlich erfolgreich abschließen wird.

(2) 1Zur nachhaltigen Eingliederung in Arbeit können Leistungen nach dem Ersten Abschnitt des Dritten Kapitels, nach § 44 oder § 45 Absatz 1 Satz 1 Nummer 5 des Dritten Buches oder nach § 16a oder § 16f bis zu sechs Monate nach Beschäftigungsaufnahme auch erbracht werden, wenn die Hilfebedürftigkeit der oder des Erwerbsfähigen aufgrund des zu berücksichtigenden Einkommens entfallen ist. 2Während der Förderdauer nach Satz 1 gilt § 15 entsprechend.

(3) Leistungen zur ganzheitlichen beschäftigungsbegleitenden Betreuung nach § 16e Absatz 4 und § 16i Absatz 4 dieses Buches können während der gesamten Dauer der jeweiligen Förderung auch erbracht werden, wenn die Hilfebedürftigkeit entfällt.

§ 16h Förderung schwer zu erreichender junger Menschen

(1) 1Für Leistungsberechtigte, die das 25. Lebensjahr noch nicht vollendet haben, kann die Agentur für Arbeit Leistungen erbringen mit dem Ziel, die aufgrund der individuellen Situation der Leistungsberechtigten bestehenden Schwierigkeiten zu überwinden,

1. eine schulische, ausbildungsbezogene oder berufliche Qualifikation abzuschließen oder anders ins Arbeitsleben einzumünden und
2. Sozialleistungen zu beantragen oder anzunehmen.

2Die Förderung umfasst zusätzliche Betreuungs- und Unterstützungsleistungen mit dem Ziel, dass Leistungen der Grundsicherung für Arbeitsuchende in Anspruch genommen werden, erforderliche therapeutische Behandlungen eingeleitet werden und an Regelangebote dieses Buches zur Aktivierung und Stabilisierung und eine frühzeitige intensive berufsorientierte Förderung herangeführt wird.

(2) 1Leistungen nach Absatz 1 können erbracht werden, wenn die Voraussetzungen der Leistungsberechtigung mit hinreichender Wahrscheinlichkeit vorliegen oder zu erwarten sind oder eine Leistungsberechtigung dem Grunde nach besteht. 2Einer Leistung nach Absatz 1 steht eine fehlende Antragstellung der leistungsberechtigten Person nicht entgegen.

(3) Über die Leistungserbringung stimmen sich die Agentur für Arbeit und der örtlich zuständige Träger der öffentlichen Jugendhilfe ab.

(4) Träger bedürfen einer Zulassung nach dem Fünften Kapitel des Dritten Buches, um Maßnahmen nach Absatz 1 durchzuführen.

(5) Zuwendungen sind nach Maßgabe der §§ 23 und 44 der Bundeshaushaltsordnung zulässig.

§ 16i Teilhabe am Arbeitsmarkt

(1) Zur Förderung von Teilhabe am Arbeitsmarkt können Arbeitgeber für die Beschäftigung von zugewiesenen erwerbsfähigen Leistungsberechtigten Zuschüsse zum Arbeitsentgelt erhalten, wenn sie mit einer erwerbsfähigen leistungsberechtigten Person ein sozialversicherungspflichtiges Arbeitsverhältnis begründen.

(2) 1Der Zuschuss nach Absatz 1 beträgt

1. in den ersten beiden Jahren des Arbeitsverhältnisses 100 Prozent,

2. im dritten Jahr des Arbeitsverhältnisses 90 Prozent,
3. im vierten Jahr des Arbeitsverhältnisses 80 Prozent,
4. im fünften Jahr des Arbeitsverhältnisses 70 Prozent

der Höhe des Mindestlohns nach dem Mindestlohngesetz zuzüglich des auf dieser Basis berechneten pauschalierten Anteils des Arbeitgebers am Gesamtsozialversicherungsbeitrag abzüglich des Beitrags zur Arbeitsförderung. 2Ist der Arbeitgeber durch oder aufgrund eines Tarifvertrages oder nach kirchlichen Arbeitsrechtsregelungen zur Zahlung eines höheren Arbeitsentgelts verpflichtet, bemisst sich der Zuschuss nach Satz 1 auf Grundlage des zu zahlenden Arbeitsentgelts. 3§ 91 Absatz 1 des Dritten Buches findet mit der Maßgabe entsprechende Anwendung, dass nur der pauschalierte Anteil des Arbeitgebers am Gesamtsozialversicherungsbeitrag abzüglich des Beitrags zur Arbeitsförderung zu berücksichtigen ist. 4Der Zuschuss bemisst sich nach der im Arbeitsvertrag vereinbarten Arbeitszeit. 5§ 22 Absatz 4 Satz 1 des Mindestlohngesetzes gilt nicht für Arbeitsverhältnisse, für die der Arbeitgeber einen Zuschuss nach Absatz 1 erhält.

(3) 1Eine erwerbsfähige leistungsberechtigte Person kann einem Arbeitgeber zugewiesen werden, wenn

1. sie das 25. Lebensjahr vollendet hat,
2. sie für insgesamt mindestens sechs Jahre innerhalb der letzten sieben Jahre Leistungen zur Sicherung des Lebensunterhalts nach diesem Buch erhalten hat,
3. sie in dieser Zeit nicht oder nur kurzzeitig sozialversicherungspflichtig oder geringfügig beschäftigt oder selbständig tätig war und
4. für sie Zuschüsse an Arbeitgeber nach Absatz 1 noch nicht für eine Dauer von fünf Jahren erbracht worden sind.

2In der Regel soll die erwerbsfähige leistungsberechtigte Person bereits für einen Zeitraum von mindestens zwei Monaten eine ganzheitliche Unterstützung erhalten haben. 3Abweichend von Satz 1 Nummer 2 kann eine erwerbsfähige leistungsberechtigte Person, die in den letzten fünf Jahren Leistungen zur Sicherung des Lebensunterhalts nach diesem Buch erhalten hat, einem Arbeitgeber zugewiesen werden, wenn sie in einer Bedarfsgemeinschaft mit mindestens einem minderjährigen Kind lebt oder schwerbehindert im Sinne des § 2 Absatz 2 und 3 des Neunten Buches ist.

(4) 1Während einer Förderung nach Absatz 1 soll eine erforderliche ganzheitliche beschäftigungsbegleitende Betreuung durch die Agentur für Arbeit oder einen durch diese beauftragten Dritten erbracht werden. 2Im ersten Jahr der Beschäftigung in einem Arbeitsverhältnis nach Absatz 1 hat der Arbeitgeber die Arbeitnehmerin oder den Arbeitnehmer in angemessenem Umfang für eine ganzheitliche beschäftigungsbegleitende Betreuung nach Satz 1 unter Fortzahlung des Arbeitsentgelts freizustellen. 3Begründet die Arbeitnehmerin oder der Arbeitnehmer im Anschluss an eine nach Absatz 1 geförderte Beschäftigung ein sozialversicherungspflichtiges Arbeitsverhältnis bei einem anderen Arbeitgeber, so können Leistungen nach Satz 1 bis zu sechs Monate nach Aufnahme der Anschlussbeschäftigung erbracht werden, auch wenn die Hilfebedürftigkeit während der Förderung nach Absatz 1 entfallen ist, sofern sie ohne die Aufnahme der Anschlussbeschäftigung erneut eintreten würde; § 16g Absatz 2 bleibt im Übrigen unberührt.

(5) 1Angemessene Zeiten einer erforderlichen Weiterbildung oder eines betrieblichen Praktikums bei einem anderen Arbeitgeber, für die der Arbeitgeber die Arbeitnehmerin oder den Arbeitnehmer unter Fortzahlung des Arbeitsentgelts freistellt, sind förderfähig. 2Für Weiterbildung nach Satz 1 kann der Arbeitgeber je Förderfall Zuschüsse zu den Weiterbildungskosten von insgesamt bis zu 3000 Euro erhalten.

(6) 1Die Agentur für Arbeit soll die Arbeitnehmerin oder den Arbeitnehmer umgehend abberufen, wenn sie diese Person in eine zumutbare Arbeit oder Ausbildung vermitteln kann oder die Förderung aus anderen Grün-

den beendet wird. $_{2}$Die Arbeitnehmerin oder der Arbeitnehmer kann das Arbeitsverhältnis ohne Einhaltung einer Frist kündigen, wenn sie oder er eine Arbeit oder Ausbildung aufnehmen kann, an einer Maßnahme der Berufsausbildung oder beruflichen Weiterbildung zum Erwerb eines Berufsabschlusses teilnehmen kann oder nach Satz 1 abberufen wird. $_{3}$Der Arbeitgeber kann das Arbeitsverhältnis ohne Einhaltung einer Frist kündigen, wenn die Arbeitnehmerin oder der Arbeitnehmer nach Satz 1 abberufen wird.

(7) Die Zahlung eines Zuschusses nach Absatz 1 ist ausgeschlossen, wenn zu vermuten ist, dass der Arbeitgeber

1. die Beendigung eines anderen Arbeitsverhältnisses veranlasst hat, um einen Zuschuss nach Absatz 1 zu erhalten, oder
2. eine bisher für das Arbeitsverhältnis erbrachte Förderung ohne besonderen Grund nicht mehr in Anspruch nimmt.

(8) $_{1}$Die Befristung eines Arbeitsvertrages mit einer zugewiesenen erwerbsfähigen leistungsberechtigten Person im Sinne von Absatz 3 ist bis zu einer Dauer von fünf Jahren zulässig, wenn dem Arbeitgeber zur Förderung der Teilhabe am Arbeitsmarkt ein Zuschuss zum Arbeitsentgelt nach Absatz 1 gewährt wird. $_{2}$Bis zu der Gesamtdauer von fünf Jahren ist auch die höchstens einmalige Verlängerung des Arbeitsvertrages zulässig.

(9) $_{1}$Zu den Einsatzfeldern der nach Absatz 1 geförderten Arbeitsverhältnisse hat die Agentur für Arbeit jährlich eine Stellungnahme der Vertreterinnen und Vertreter der Sozialpartner im Örtlichen Beirat, insbesondere zu möglichen Wettbewerbsverzerrungen sowie Verdrängungseffekten, einzuholen. $_{2}$Die Stellungnahme muss einvernehmlich erfolgen. $_{3}$Eine von der Stellungnahme abweichende Festlegung der Einsatzfelder hat die Agentur für Arbeit schriftlich zu begründen. $_{4}$§ 18d Satz 2 gilt entsprechend.

(10) $_{1}$Abweichend von Absatz 3 Nummer 2 und 3 kann eine erwerbsfähige leistungsberechtigte Person auch dann einem Arbeitgeber zugewiesen werden, wenn sie seit dem 1. Januar 2015 für mehr als sechs Monate in einem Arbeitsverhältnis beschäftigt war, das durch einen Zuschuss nach § 16e in der bis zum 31. Dezember 2018 geltenden Fassung oder im Rahmen des Bundesprogramms „Soziale Teilhabe am Arbeitsmarkt" gefördert wurde, und sie dieses Arbeitsverhältnis nicht selbst gekündigt hat. $_{2}$Zeiten eines nach § 16e in der bis zum 31. Dezember 2018 geltenden Fassung oder nach dem Bundesprogramm „Soziale Teilhabe am Arbeitsmarkt" geförderten Arbeitsverhältnisses werden bei der Ermittlung der Förderdauer und Förderhöhe nach Absatz 2 Satz 1 berücksichtigt und auf die Förderdauer nach Absatz 3 Nummer 4 angerechnet.

§ 17 Einrichtungen und Dienste für Leistungen zur Eingliederung

(1) $_{1}$Zur Erbringung von Leistungen zur Eingliederung in Arbeit sollen die zuständigen Träger der Leistungen nach diesem Buch eigene Einrichtungen und Dienste nicht neu schaffen, soweit geeignete Einrichtungen und Dienste Dritter vorhanden sind, ausgebaut oder in Kürze geschaffen werden können. $_{2}$Die zuständigen Träger der Leistungen nach diesem Buch sollen Träger der freien Wohlfahrtspflege in ihrer Tätigkeit auf dem Gebiet der Grundsicherung für Arbeitsuchende angemessen unterstützen.

(2) $_{1}$Wird die Leistung von einem Dritten erbracht und sind im Dritten Buch keine Anforderungen geregelt, denen die Leistung entsprechen muss, sind die Träger der Leistungen nach diesem Buch zur Vergütung für die Leistung nur verpflichtet, wenn mit dem Dritten oder seinem Verband eine Vereinbarung insbesondere über

1. Inhalt, Umfang und Qualität der Leistungen,
2. die Vergütung, die sich aus Pauschalen und Beträgen für einzelne Leistungsbereiche zusammensetzen kann, und
3. die Prüfung der Wirtschaftlichkeit und Qualität der Leistungen

besteht. $_{2}$Die Vereinbarungen müssen den Grundsätzen der Wirtschaftlichkeit, Sparsamkeit und Leistungsfähigkeit entsprechen.

§ 18 Örtliche Zusammenarbeit

(1) Die zuständigen Träger der Leistungen arbeiten im Rahmen ihrer Aufgaben und Befugnisse mit den Gemeinden, Kreisen und Bezirken sowie den weiteren Beteiligten des örtlichen Ausbildungs- und Arbeitsmarktes zusammen, insbesondere mit den

1. Leistungsträgern im Sinne des § 12 des Ersten Buches sowie Trägern von Leistungen nach dem Bundesversorgungsgesetz und dem Asylbewerberleistungsgesetz,
2. Vertreterinnen und Vertretern der Arbeitgeber sowie der Arbeitnehmerinnen und Arbeitnehmer,
3. Kammern und berufsständischen Organisationen,
4. Ausländerbehörden und dem Bundesamt für Migration und Flüchtlinge,
5. allgemein- und berufsbildenden Schulen und Stellen der Schulverwaltung sowie Hochschulen,
6. Einrichtungen und Stellen des öffentlichen Gesundheitsdienstes und sonstigen Einrichtungen und Diensten des Gesundheitswesens sowie
7. Trägern der freien Wohlfahrtspflege und Dritten, die Leistungen nach diesem Buch erbringen.

(2) 1Die Zusammenarbeit mit den Stellen nach Absatz 1 erfolgt auf der Grundlage der Gegenseitigkeit insbesondere, um

1. eine gleichmäßige oder gemeinsame Durchführung von Maßnahmen zu beraten oder zu sichern und
2. Leistungsmissbrauch zu verhindern oder aufzudecken.

2Dies gilt insbesondere, wenn

1. Hemmnisse bei der Eingliederung der erwerbsfähigen leistungsberechtigten Person in Ausbildung und Arbeit nur unter Einbeziehung der gesamten Bedarfsgemeinschaft beseitigt werden können und für die Mitglieder der Bedarfsgemeinschaft die Erbringung weiterer Leistungen erforderlich ist, oder
2. zur Eingliederung insbesondere sozial benachteiligter und individuell beeinträchtigter junger Menschen zwischen den nach Absatz 1 beteiligten Stellen und Einrichtungen abgestimmte, den individuellen Bedarf deckende Leistungen erforderlich sind.

(3) Die Leistungen nach diesem Buch sind in das regionale Arbeitsmarktmonitoring der Agenturen für Arbeit nach § 9 Absatz 2 des Dritten Buches einzubeziehen.

(4) 1Die Agenturen für Arbeit sollen mit Gemeinden, Kreisen und Bezirken auf deren Verlangen Vereinbarungen über das Erbringen von Leistungen zur Eingliederung nach diesem Gesetz mit Ausnahme der Leistungen nach § 16 Absatz 1 schließen, wenn sie den durch eine Rechtsverordnung festgelegten Mindestanforderungen entsprechen. 2Satz 1 gilt nicht für die zugelassenen kommunalen Träger.

(5) Das Bundesministerium für Arbeit und Soziales wird ermächtigt, ohne Zustimmung des Bundesrates durch Rechtsverordnung zu bestimmen, welchen Anforderungen eine Vereinbarung nach Absatz 3 mindestens genügen muss.

§ 18a Zusammenarbeit mit den für die Arbeitsförderung zuständigen Stellen

1Beziehen erwerbsfähige Leistungsberechtigte auch Leistungen der Arbeitsförderung, so sind die Agenturen für Arbeit, die zugelassenen kommunalen Träger und die gemeinsamen Einrichtungen verpflichtet, bei der Wahrnehmung der Aufgaben nach diesem Buch mit den für die Arbeitsförderung zuständigen Dienststellen der Bundesagentur eng zusammenzuarbeiten. 2Sie unterrichten diese unverzüglich über die ihnen insoweit bekannten, für die Wahrnehmung der Aufgaben der Arbeitsförderung erforderlichen Tatsachen, insbesondere über

1. die für erwerbsfähige Leistungsberechtigte, die auch Leistungen der Arbeitsförderung beziehen, vorgesehenen und erbrachten Leistungen zur Eingliederung in Arbeit,
2. den Wegfall der Hilfebedürftigkeit bei diesen Personen.

§ 18b Kooperationsausschuss

(1) 1Die zuständige oberste Landesbehörde und das Bundesministerium für Arbeit und Soziales bilden einen Kooperationsausschuss. 2Der Kooperationsausschuss koordiniert die Umsetzung der Grundsicherung für Arbeitsuchende auf Landesebene. 3Im Kooperationsausschuss vereinbaren das Land und der Bund jährlich die Ziele und Schwerpunkte der Arbeitsmarkt- und Integrationspolitik in der Grundsicherung für Arbeitsuchende auf Landesebene. 4§ 48b bleibt unberührt. 5Die Verfahren zum Abschluss der Vereinbarungen zwischen Bund und Ländern werden mit den Verfahren zum Abschluss der Zielvereinbarungen zwischen dem Bundesministerium für Arbeit und Soziales und der Bundesagentur sowie deren Konkretisierung in den Zielvereinbarungen der Bundesagentur und den gemeinsamen Einrichtungen abgestimmt. 6Der Kooperationsausschuss kann sich über die Angelegenheiten der gemeinsamen Einrichtungen unterrichten lassen. 7Der Kooperationsausschuss entscheidet darüber hinaus bei einer Meinungsverschiedenheit über die Weisungszuständigkeit im Verfahren nach § 44e, berät die Trägerversammlung bei der Bestellung und Abberufung eines Geschäftsführers nach § 44c Absatz 2 Nummer 1 und gibt in den Fällen einer Weisung in grundsätzlichen Angelegenheiten nach § 44b Absatz 3 Satz 4 eine Empfehlung ab.

(2) 1Der Kooperationsausschuss besteht aus sechs Mitgliedern, von denen drei Mitglieder von der zuständigen obersten Landesbehörde und drei Mitglieder vom Bundesministerium für Arbeit und Soziales entsandt werden. 2Die Mitglieder des Kooperationsausschusses können sich vertreten lassen. 3An den Sitzungen soll in der Regel jeweils mindestens eine Mitarbeiterin oder ein Mitarbeiter der zuständigen obersten Landesbehörde und des Bundesministeriums für Arbeit und Soziales teilnehmen.

(3) 1Die Mitglieder wählen eine Vorsitzende oder einen Vorsitzenden. 2Kann im Kooperationsausschuss keine Einigung über die Person der oder des Vorsitzenden erzielt werden, wird die oder der Vorsitzende von den Vertreterinnen und Vertretern des Bundesministeriums für Arbeit und Soziales oder den Vertreterinnen und Vertretern der zuständigen obersten Landesbehörde abwechselnd jeweils für zwei Jahre bestimmt; die erstmalige Bestimmung erfolgt durch die Vertreterinnen und Vertreter des Bundesministeriums für Arbeit und Soziales. 3Der Kooperationsausschuss gibt sich eine Geschäftsordnung.

§ 18c Bund-Länder-Ausschuss

(1) 1Beim Bundesministerium für Arbeit und Soziales wird ein Ausschuss für die Grundsicherung für Arbeitsuchende gebildet. 2Er beobachtet und berät die zentralen Fragen der Umsetzung der Grundsicherung für Arbeitsuchende und Fragen der Aufsicht nach den §§ 47 und 48, Fragen des Kennzahlenvergleichs nach § 48a Absatz 2 sowie Fragen der zu erhebenden Daten nach § 51b Absatz 1 Satz 2 und erörtert die Zielvereinbarungen nach § 48b Absatz 1.

(2) 1Bei der Beobachtung und Beratung zentraler Fragen der Umsetzung der Grundsicherung für Arbeitsuchende sowie Fragen des Kennzahlenvergleichs nach § 48a Absatz 2 und Fragen der zu erhebenden Daten nach § 51b Absatz 1 Satz 2 ist der Ausschuss besetzt mit Vertreterinnen und Vertretern der Bundesregierung, der Länder, der kommunalen Spitzenverbände und der Bundesagentur. 2Der Ausschuss kann sich von den Trägern berichten lassen.

(3) 1Bei der Beratung von Fragen der Aufsicht nach den §§ 47 und 48 ist der Ausschuss besetzt mit Vertreterinnen und Vertretern der Bundesregierung und der Aufsichtsbehörden der Länder. 2Bund und Länder können dazu einvernehmlich Vertreterinnen und Vertreter der kommunalen Spitzenverbände und der Bundesagentur einladen, sofern dies sachdienlich ist.

§ 18d Örtlicher Beirat

1Bei jeder gemeinsamen Einrichtung nach § 44b wird ein Beirat gebildet. 2Der Beirat berät die Einrichtung bei der Auswahl und Gestaltung der Eingliederungsinstrumente und -maßnahmen; Stellungnahmen des Bei-

V

rats, insbesondere diejenigen der Vertreter der Arbeitgeber und Arbeitnehmer, hat die gemeinsame Einrichtung zu berücksichtigen. $_{3}$Die Trägerversammlung beruft die Mitglieder des Beirats auf Vorschlag der Beteiligten des örtlichen Arbeitsmarktes, insbesondere den Trägern der freien Wohlfahrtspflege, den Vertreterinnen und Vertretern der Arbeitgeber und Arbeitnehmer sowie den Kammern und berufsständischen Organisationen. $_{4}$Vertreterinnen und Vertreter von Beteiligten des örtlichen Arbeitsmarktes, die Eingliederungsleistungen nach diesem Buch anbieten, dürfen nicht Mitglied des Beirats sein. $_{5}$Der Beirat gibt sich eine Geschäftsordnung. $_{6}$Die Sätze 1 bis 5 gelten entsprechend für die zugelassenen kommunalen Träger mit der Maßgabe, dass die Berufung der Mitglieder des Beirats durch den zugelassenen kommunalen Träger erfolgt.

§ 18e Beauftragte für Chancengleichheit am Arbeitsmarkt

(1) $_{1}$Die Trägerversammlungen bei den gemeinsamen Einrichtungen bestellen Beauftragte für Chancengleichheit am Arbeitsmarkt aus dem Kreis der Beamtinnen und Beamten, Arbeitnehmerinnen und Arbeitnehmer, denen in den gemeinsamen Einrichtungen Tätigkeiten zugewiesen worden sind. $_{2}$Sie sind unmittelbar der jeweiligen Geschäftsführerin oder dem jeweiligen Geschäftsführer zugeordnet.

(2) $_{1}$Die Beauftragten unterstützen und beraten die gemeinsamen Einrichtungen in Fragen der Gleichstellung von Frauen und Männern in der Grundsicherung für Arbeitsuchende, der Frauenförderung sowie der Vereinbarkeit von Familie und Beruf bei beiden Geschlechtern. $_{2}$Hierzu zählen insbesondere Fragen der Beratung, der Eingliederung in Arbeit und Ausbildung sowie des beruflichen Wiedereinstiegs von Frauen und Männern nach einer Familienphase.

(3) $_{1}$Die Beauftragten sind bei der Erarbeitung des örtlichen Arbeitsmarkt- und Integrationsprogramms der Grundsicherung für Arbeitsuchende sowie bei der geschlechter- und familiengerechten fachlichen Aufgabenerledigung der gemeinsamen Einrichtung zu beteiligen. $_{2}$Sie haben ein Informations-, Beratungs- und Vorschlagsrecht in Fragen, die Auswirkungen auf die Chancengleichheit von Frauen und Männern haben.

(4) $_{1}$Die Beauftragten unterstützen und beraten erwerbsfähige Leistungsberechtigte und die mit diesen in einer Bedarfsgemeinschaft lebenden Personen, Arbeitgeber sowie Arbeitnehmer- und Arbeitgeberorganisationen in übergeordneten Fragen der Gleichstellung von Frauen und Männern in der Grundsicherung für Arbeitsuchende, der Frauenförderung sowie der Vereinbarkeit von Familie und Beruf bei beiden Geschlechtern. $_{2}$Zur Sicherung der gleichberechtigten Teilhabe von Frauen und Männern am Arbeitsmarkt arbeiten die Beauftragten mit den in Fragen der Gleichstellung im Erwerbsleben tätigen Stellen im Zuständigkeitsbereich der gemeinsamen Einrichtung zusammen.

(5) Die gemeinsamen Einrichtungen werden in den Sitzungen kommunaler Gremien zu Themen, die den Aufgabenbereich der Beauftragten betreffen, von den Beauftragten vertreten.

(6) Die Absätze 1 bis 5 gelten entsprechend für die zugelassenen kommunalen Träger.

Abschnitt 2
Leistungen zur Sicherung des Lebensunterhalts

Unterabschnitt 1
Leistungsanspruch

§ 19 Arbeitslosengeld II, Sozialgeld und Leistungen für Bildung und Teilhabe

(1) $_{1}$Erwerbsfähige Leistungsberechtigte erhalten Arbeitslosengeld II. $_{2}$Nichterwerbsfähige Leistungsberechtigte, die mit erwerbsfähigen Leistungsberechtigten in einer Bedarfsgemeinschaft leben, erhalten Sozialgeld, soweit sie keinen Anspruch auf Leistungen nach dem Vierten Kapitel des Zwölften Buches haben. $_{3}$Die Leistungen umfassen den Regelbedarf, Mehrbedarfe und den Bedarf für Unterkunft und Heizung.

(2) $_1$Leistungsberechtigte haben unter den Voraussetzungen des § 28 Anspruch auf Leistungen für Bildung und Teilhabe, soweit sie keinen Anspruch auf Leistungen nach dem Vierten Kapitel des Zwölften Buches haben. $_2$Soweit für Kinder Leistungen zur Deckung von Bedarfen für Bildung und Teilhabe nach § 6b des Bundeskindergeldgesetzes gewährt werden, haben sie keinen Anspruch auf entsprechende Leistungen zur Deckung von Bedarfen nach § 28.

(3) $_1$Die Leistungen zur Sicherung des Lebensunterhalts werden in Höhe der Bedarfe nach den Absätzen 1 und 2 erbracht, soweit diese nicht durch das zu berücksichtigende Einkommen und Vermögen gedeckt sind. $_2$Zu berücksichtigendes Einkommen und Vermögen deckt zunächst die Bedarfe nach den §§ 20, 21 und 23, darüber hinaus die Bedarfe nach § 22. $_3$Sind nur noch Leistungen für Bildung und Teilhabe zu leisten, deckt weiteres zu berücksichtigendes Einkommen und Vermögen die Bedarfe in der Reihenfolge der Absätze 2 bis 7 nach § 28.

Unterabschnitt 2
Arbeitslosengeld II und Sozialgeld

§ 20 Regelbedarf zur Sicherung des Lebensunterhalts

(1) $_1$Der Regelbedarf zur Sicherung des Lebensunterhalts umfasst insbesondere Ernährung, Kleidung, Körperpflege, Hausrat, Haushaltsenergie ohne die auf die Heizung und Erzeugung von Warmwasser entfallenden Anteile sowie persönliche Bedürfnisse des täglichen Lebens. $_2$Zu den persönlichen Bedürfnissen des täglichen Lebens gehört in vertretbarem Umfang eine Teilhabe am sozialen und kulturellen Leben in der Gemeinschaft. $_3$Der Regelbedarf wird als monatlicher Pauschalbetrag berücksichtigt. $_4$Über die Verwendung der zur Deckung des Regelbedarfs erbrachten Leistungen entscheiden die Leistungsberechtigten eigenverantwortlich; dabei haben sie das Eintreten unregelmäßig anfallender Bedarfe zu berücksichtigen.

(1a) $_1$Der Regelbedarf wird in Höhe der jeweiligen Regelbedarfsstufe entsprechend § 28 des Zwölften Buches in Verbindung mit dem Regelbedarfs-Ermittlungsgesetz und den §§ 28a und 40 des Zwölften Buches in Verbindung mit der für das jeweilige Jahr geltenden Regelbedarfsstufen-Fortschreibungsverordnung anerkannt. $_2$Soweit in diesem Buch auf einen Regelbedarf oder eine Regelbedarfsstufe verwiesen wird, ist auf den Betrag der für den jeweiligen Zeitraum geltenden Neuermittlung entsprechend § 28 des Zwölften Buches in Verbindung mit dem Regelbedarfs-Ermittlungsgesetz abzustellen. $_3$In Jahren, in denen keine Neuermittlung nach § 28 des Zwölften Buches erfolgt, ist auf den Betrag abzustellen, der sich für den jeweiligen Zeitraum entsprechend der Regelbedarfsstufen-Fortschreibungsverordnung nach den §§ 28a und 40 des Zwölften Buches ergibt.

(2) $_1$Als Regelbedarf wird bei Personen, die alleinstehend oder alleinerziehend sind oder deren Partnerin oder Partner minderjährig ist, monatlich ein Betrag in Höhe der Regelbedarfsstufe 1 anerkannt. $_2$Für sonstige erwerbsfähige Angehörige der Bedarfsgemeinschaft wird als Regelbedarf anerkannt:

1. monatlich ein Betrag in Höhe der Regelbedarfsstufe 4, sofern sie das 18. Lebensjahr noch nicht vollendet haben,
2. monatlich ein Betrag in Höhe der Regelbedarfsstufe 3 in den übrigen Fällen.

(3) Abweichend von Absatz 2 Satz 1 ist bei Personen, die das 25. Lebensjahr noch nicht vollendet haben und ohne Zusicherung des zuständigen kommunalen Trägers nach § 22 Absatz 5 umziehen, bis zur Vollendung des 25. Lebensjahres der in Absatz 2 Satz 2 Nummer 2 genannte Betrag als Regelbedarf anzuerkennen.

(4) Haben zwei Partner der Bedarfsgemeinschaft das 18. Lebensjahr vollendet, ist als Regelbedarf für jede dieser Personen monatlich ein Betrag in Höhe der Regelbedarfsstufe 2 anzuerkennen.

Regelbedarfsstufen ab 1. Januar 2021
Regelbedarfsstufe 1: 446 Euro
Regelbedarfsstufe 2: 401 Euro
Regelbedarfsstufe 3: 357 Euro
Regelbedarfsstufe 4: 373 Euro

Regelbedarfsstufe 5: 309 Euro
Regelbedarfsstufe 6: 283 Euro

§21 Mehrbedarfe

(1) Mehrbedarfe umfassen Bedarfe nach den Absätzen 2 bis 7, die nicht durch den Regelbedarf abgedeckt sind.

(2) Bei werdenden Müttern wird nach der zwölften Schwangerschaftswoche bis zum Ende des Monats, in welchen die Entbindung fällt, ein Mehrbedarf von 17 Prozent des nach § 20 maßgebenden Regelbedarfs anerkannt.

(3) Bei Personen, die mit einem oder mehreren minderjährigen Kindern zusammenleben und allein für deren Pflege und Erziehung sorgen, ist ein Mehrbedarf anzuerkennen

1. in Höhe von 36 Prozent des nach § 20 Absatz 2 maßgebenden Bedarfs, wenn sie mit einem Kind unter sieben Jahren oder mit zwei oder drei Kindern unter sechzehn Jahren zusammenleben, oder
2. in Höhe von 12 Prozent der nach § 20 Absatz 2 maßgebenden Bedarfs für jedes Kind, wenn sich dadurch ein höherer Prozentsatz als nach der Nummer 1 ergibt, höchstens jedoch in Höhe von 60 Prozent des nach § 20 Absatz 2 maßgebenden Regelbedarfs.

(4) $_1$Bei erwerbsfähigen Leistungsberechtigten mit Behinderungen, denen Leistungen zur Teilhabe am Arbeitsleben nach § 49 des Neunten Buches mit Ausnahme der Leistungen nach § 49 Absatz 3 Nummer 2 und 5 des Neunten Buches sowie sonstige Hilfen zur Erlangung eines geeigneten Platzes im Arbeitsleben oder Eingliederungshilfen nach § 112 des Neunten Buches erbracht werden, wird ein Mehrbedarf von 35 Prozent des nach § 20 maßgebenden Regelbedarfs anerkannt. $_2$Satz 1 kann auch nach Beendigung der dort genannten Maßnahmen während einer angemessenen Übergangszeit, vor allem einer Einarbeitungszeit, angewendet werden.

(5) Bei Leistungsberechtigten, die aus medizinischen Gründen einer kostenaufwändigen Ernährung bedürfen, wird ein Mehrbedarf in angemessener Höhe anerkannt.

(6) $_1$Bei Leistungsberechtigten wird ein Mehrbedarf anerkannt, soweit im Einzelfall ein unabweisbarer, besonderer Bedarf besteht; bei einmaligen Bedarfen ist weitere Voraussetzung, dass ein Darlehen nach § 24 Absatz 1 ausnahmsweise nicht zumutbar oder wegen der Art des Bedarfs nicht möglich ist. $_2$Der Mehrbedarf ist unabweisbar, wenn er insbesondere nicht durch die Zuwendungen Dritter sowie unter Berücksichtigung von Einsparmöglichkeiten der Leistungsberechtigten gedeckt ist und seiner Höhe nach erheblich von einem durchschnittlichen Bedarf abweicht.

(6a) Soweit eine Schülerin oder ein Schüler aufgrund der jeweiligen schulrechtlichen Bestimmungen oder schulischen Vorgaben Aufwendungen zur Anschaffung oder Ausleihe von Schulbüchern oder gleichstehenden Arbeitsheften hat, sind sie als Mehrbedarf anzuerkennen.

(7) $_1$Bei Leistungsberechtigten wird ein Mehrbedarf anerkannt, soweit Warmwasser durch in der Unterkunft installierte Vorrichtungen erzeugt wird (dezentrale Warmwassererzeugung) und deshalb keine Bedarfe für zentral bereitgestelltes Warmwasser nach § 22 anerkannt werden. $_2$Der Mehrbedarf beträgt für jede im Haushalt lebende leistungsberechtigte Person jeweils

1. 2,3 Prozent des für sie geltenden Regelbedarfs nach § 20 Absatz 2 Satz 1 oder Satz 2 Nummer 2, Absatz 3 oder 4,
2. 1,4 Prozent des für sie geltenden Regelbedarfs nach § 20 Absatz 2 Satz 2 Nummer 1 oder § 23 Nummer 1 bei Leistungsberechtigten im 15. Lebensjahr,
3. 1,2 Prozent des Regelbedarfs nach § 23 Nummer 1 bei Leistungsberechtigten vom Beginn des siebten bis zur Vollendung des 14. Lebensjahres oder
4. 0,8 Prozent des Regelbedarfs nach § 23 Nummer 1 bei Leistungsberechtigten bis zur Vollendung des sechsten Lebensjahres.

$_3$Höhere Aufwendungen sind abweichend von Satz 2 nur zu berücksichtigen, soweit sie durch eine separate Messeinrichtung nachgewiesen werden.

(8) Die Summe des insgesamt anerkannten Mehrbedarfs nach den Absätzen 2 bis 5 darf die Höhe des für erwerbsfähige Leistungsbe-

rechtigte maßgebenden Regelbedarfs nicht übersteigen.

§ 22 Bedarfe für Unterkunft und Heizung

(1) 1Bedarfe für Unterkunft und Heizung werden in Höhe der tatsächlichen Aufwendungen anerkannt, soweit diese angemessen sind. 2Erhöhen sich nach einem nicht erforderlichen Umzug die Aufwendungen für Unterkunft und Heizung, wird nur der bisherige Bedarf anerkannt. 3Soweit die Aufwendungen für die Unterkunft und Heizung den der Besonderheit des Einzelfalles angemessenen Umfang übersteigen, sind sie als Bedarf so lange anzuerkennen, wie es der oder dem alleinstehenden Leistungsberechtigten oder der Bedarfsgemeinschaft nicht möglich oder nicht zuzumuten ist, durch einen Wohnungswechsel, durch Vermieten oder auf andere Weise die Aufwendungen zu senken, in der Regel jedoch längstens für sechs Monate. 4Eine Absenkung der nach Satz 1 unangemessenen Aufwendungen muss nicht gefordert werden, wenn diese unter Berücksichtigung der bei einem Wohnungswechsel zu erbringenden Leistungen unwirtschaftlich wäre.

(2) 1Als Bedarf für die Unterkunft werden auch unabweisbare Aufwendungen für Instandhaltung und Reparatur bei selbst bewohntem Wohneigentum im Sinne des § 12 Absatz 3 Satz 1 Nummer 4 anerkannt, soweit diese unter Berücksichtigung der im laufenden sowie den darauffolgenden elf Kalendermonaten anfallenden Aufwendungen insgesamt angemessen sind. 2Übersteigen unabweisbare Aufwendungen für Instandhaltung und Reparatur den Bedarf für die Unterkunft nach Satz 1, kann der kommunale Träger zur Deckung dieses Teils der Aufwendungen ein Darlehen erbringen, das dinglich gesichert werden soll.

(3) Rückzahlungen und Guthaben, die dem Bedarf für Unterkunft und Heizung zuzuordnen sind, mindern die Aufwendungen für Unterkunft und Heizung nach dem Monat der Rückzahlung oder der Gutschrift; Rückzahlungen, die sich auf die Kosten für Haushaltsenergie oder nicht anerkannte Aufwendungen für Unterkunft und Heizung beziehen, bleiben außer Betracht.

(4) 1Vor Abschluss eines Vertrages über eine neue Unterkunft soll die leistungsberechtigte Person die Zusicherung des für die neue Unterkunft örtlich zuständigen kommunalen Trägers zur Berücksichtigung der Aufwendungen für die neue Unterkunft einholen. 2Der kommunale Träger ist zur Zusicherung verpflichtet, wenn die Aufwendungen für die neue Unterkunft angemessen sind.

(5) 1Sofern Personen, die das 25. Lebensjahr noch nicht vollendet haben, umziehen, werden Bedarfe für Unterkunft und Heizung für die Zeit nach einem Umzug bis zur Vollendung des 25. Lebensjahres nur anerkannt, wenn der kommunale Träger dies vor Abschluss des Vertrages über die Unterkunft zugesichert hat. 2Der kommunale Träger ist zur Zusicherung verpflichtet, wenn

1. die oder der Betroffene aus schwerwiegenden sozialen Gründen nicht auf die Wohnung der Eltern oder eines Elternteils verwiesen werden kann,
2. der Bezug der Unterkunft zur Eingliederung in den Arbeitsmarkt erforderlich ist oder
3. ein sonstiger, ähnlich schwerwiegender Grund vorliegt.

3Unter den Voraussetzungen des Satzes 2 kann vom Erfordernis der Zusicherung abgesehen werden, wenn es der oder dem Betroffenen aus wichtigem Grund nicht zumutbar war, die Zusicherung einzuholen. 4Bedarfe für Unterkunft und Heizung werden bei Personen, die das 25. Lebensjahr noch nicht vollendet haben, nicht anerkannt, wenn diese vor der Beantragung von Leistungen in eine Unterkunft in der Absicht umziehen, die Voraussetzungen für die Gewährung der Leistungen herbeizuführen.

(6) 1Wohnungsbeschaffungskosten und Umzugskosten können bei vorheriger Zusicherung durch den bis zum Umzug örtlich zuständigen kommunalen Träger als Bedarf anerkannt werden; Aufwendungen für eine Mietkaution und für den Erwerb von Genos-

V

senschaftsanteilen können bei vorheriger Zusicherung durch den am Ort der neuen Unterkunft zuständigen kommunalen Träger als Bedarf anerkannt werden. 2Die Zusicherung soll erteilt werden, wenn der Umzug durch den kommunalen Träger veranlasst oder aus anderen Gründen notwendig ist und wenn ohne die Zusicherung eine Unterkunft in einem angemessenen Zeitraum nicht gefunden werden kann. 3Aufwendungen für eine Mietkaution und für Genossenschaftsanteile sollen als Darlehen erbracht werden.

(7) 1Soweit Arbeitslosengeld II für den Bedarf für Unterkunft und Heizung geleistet wird, ist es auf Antrag der leistungsberechtigten Person an den Vermieter oder andere Empfangsberechtigte zu zahlen. 2Es soll an den Vermieter oder andere Empfangsberechtigte gezahlt werden, wenn die zweckentsprechende Verwendung durch die leistungsberechtigte Person nicht sichergestellt ist. 3Das ist insbesondere der Fall, wenn

1. Mietrückstände bestehen, die zu einer außerordentlichen Kündigung des Mietverhältnisses berechtigen,
2. Energiekostenrückstände bestehen, die zu einer Unterbrechung der Energieversorgung berechtigen,
3. konkrete Anhaltspunkte für ein krankheits- oder suchtbedingtes Unvermögen der leistungsberechtigten Person bestehen, die Mittel zweckentsprechend zu verwenden, oder
4. konkrete Anhaltspunkte dafür bestehen, dass die im Schuldnerverzeichnis eingetragene leistungsberechtigte Person die Mittel nicht zweckentsprechend verwendet.

4Der kommunale Träger hat die leistungsberechtigte Person über eine Zahlung der Leistungen für die Unterkunft und Heizung an den Vermieter oder andere Empfangsberechtigte schriftlich zu unterrichten.

(8) 1Sofern Arbeitslosengeld II für den Bedarf für Unterkunft und Heizung erbracht wird, können auch Schulden übernommen werden, soweit dies zur Sicherung der Unterkunft oder zur Behebung einer vergleichbaren Notlage gerechtfertigt ist. 2Sie sollen übernommen werden, wenn dies gerechtfertigt und notwendig ist und sonst Wohnungslosigkeit einzutreten droht. 3Vermögen nach § 12 Absatz 2 Satz 1 Nummer 1 ist vorrangig einzusetzen. 4Geldleistungen sollen als Darlehen erbracht werden.

(9) 1Geht bei einem Gericht eine Klage auf Räumung von Wohnraum im Falle der Kündigung des Mietverhältnisses nach § 543 Absatz 1, 2 Satz 1 Nummer 3 in Verbindung mit § 569 Absatz 3 des Bürgerlichen Gesetzbuchs ein, teilt das Gericht dem örtlich zuständigen Träger nach diesem Buch oder der von diesem beauftragten Stelle zur Wahrnehmung der in Absatz 8 bestimmten Aufgaben unverzüglich Folgendes mit:

1. den Tag des Eingangs der Klage,
2. die Namen und die Anschriften der Parteien,
3. die Höhe der monatlich zu entrichtenden Miete,
4. die Höhe des geltend gemachten Mietrückstandes und der geltend gemachten Entschädigung und
5. den Termin zur mündlichen Verhandlung, sofern dieser bereits bestimmt ist.

2Außerdem kann der Tag der Rechtshängigkeit mitgeteilt werden. 3Die Übermittlung unterbleibt, wenn die Nichtzahlung der Miete nach dem Inhalt der Klageschrift offensichtlich nicht auf Zahlungsunfähigkeit der Mieterin oder des Mieters beruht.

(10) 1Zur Beurteilung der Angemessenheit der Aufwendungen für Unterkunft und Heizung nach Absatz 1 Satz 1 ist die Bildung einer Gesamtangemessenheitsgrenze zulässig. 2Dabei kann für die Aufwendungen für Heizung der Wert berücksichtigt werden, der bei einer gesonderten Beurteilung der Angemessenheit der Aufwendungen für Unterkunft und der Aufwendungen für Heizung ohne Prüfung der Angemessenheit im Einzelfall höchstens anzuerkennen wäre. 3Absatz 1 Satz 2 bis 4 gilt entsprechend.

§ 22a Satzungsermächtigung

(1) $_{1}$Die Länder können die Kreise und kreisfreien Städte durch Gesetz ermächtigen oder verpflichten, durch Satzung zu bestimmen, in welcher Höhe Aufwendungen für Unterkunft und Heizung in ihrem Gebiet angemessen sind. $_{2}$Eine solche Satzung bedarf der vorherigen Zustimmung der obersten Landesbehörde oder einer von ihr bestimmten Stelle, wenn dies durch Landesgesetz vorgesehen ist. $_{3}$Die Länder Berlin und Hamburg bestimmen, welche Form der Rechtsetzung an die Stelle einer nach Satz 1 vorgesehenen Satzung tritt. $_{4}$Das Land Bremen kann eine Bestimmung nach Satz 3 treffen.

(2) $_{1}$Die Länder können die Kreise und kreisfreien Städte auch ermächtigen, abweichend von § 22 Absatz 1 Satz 1 die Bedarfe für Unterkunft und Heizung in ihrem Gebiet durch eine monatliche Pauschale zu berücksichtigen, wenn auf dem örtlichen Wohnungsmarkt ausreichend freier Wohnraum verfügbar ist und dies dem Grundsatz der Wirtschaftlichkeit entspricht. $_{2}$In der Satzung sind Regelungen für den Fall vorzusehen, dass die Pauschalierung im Einzelfall zu unzumutbaren Ergebnissen führt. $_{3}$Absatz 1 Satz 2 bis 4 gilt entsprechend.

(3) $_{1}$Die Bestimmung der angemessenen Aufwendungen für Unterkunft und Heizung soll die Verhältnisse des einfachen Standards auf dem örtlichen Wohnungsmarkt abbilden. $_{2}$Sie soll die Auswirkungen auf den örtlichen Wohnungsmarkt berücksichtigen hinsichtlich:

1. der Vermeidung von Mietpreis erhöhenden Wirkungen,
2. der Verfügbarkeit von Wohnraum des einfachen Standards,
3. aller verschiedenen Anbietergruppen und
4. der Schaffung und Erhaltung sozial ausgeglichener Bewohnerstrukturen.

§ 22b Inhalt der Satzung

(1) $_{1}$In der Satzung ist zu bestimmen,

1. welche Wohnfläche entsprechend der Struktur des örtlichen Wohnungsmarktes als angemessen anerkannt wird und
2. in welcher Höhe Aufwendungen für die Unterkunft als angemessen anerkannt werden.

$_{2}$In der Satzung kann auch die Höhe des als angemessen anerkannten Verbrauchswertes oder der als angemessen anerkannten Aufwendungen für die Heizung bestimmt werden. $_{3}$Bei einer Bestimmung nach Satz 2 kann sowohl eine Quadratmeterhöchstmiete als auch eine Gesamtangemessenheitsgrenze unter Berücksichtigung der in den Sätzen 1 und 2 genannten Werte gebildet werden. $_{4}$Um die Verhältnisse des einfachen Standards auf dem örtlichen Wohnungsmarkt realitätsgerecht abzubilden, können die Kreise und kreisfreien Städte ihr Gebiet in mehrere Vergleichsräume unterteilen, für die sie jeweils eigene Angemessenheitswerte bestimmen.

(2) $_{1}$Der Satzung ist eine Begründung beizufügen. $_{2}$Darin ist darzulegen, wie die Angemessenheit der Aufwendungen für Unterkunft und Heizung ermittelt wird. $_{3}$Die Satzung ist mit ihrer Begründung ortsüblich bekannt zu machen.

(3) $_{1}$In der Satzung soll für Personen mit einem besonderen Bedarf für Unterkunft und Heizung eine Sonderregelung getroffen werden. $_{2}$Dies gilt insbesondere für Personen, die einen erhöhten Raumbedarf haben wegen

1. einer Behinderung oder
2. der Ausübung ihres Umgangsrechts.

§ 22c Datenerhebung, -auswertung und -überprüfung

(1) $_{1}$Zur Bestimmung der angemessenen Aufwendungen für Unterkunft und Heizung sollen die Kreise und kreisfreien Städte insbesondere

1. Mietspiegel, qualifizierte Mietspiegel und Mietdatenbanken und
2. geeignete eigene statistische Datenerhebungen und -auswertungen oder Erhebungen Dritter

einzeln oder kombiniert berücksichtigen. $_{2}$Hilfsweise können auch die monatlichen Höchstbeträge nach § 12 Absatz 1 des Wohngeldgesetzes berücksichtigt werden.

[3]In die Auswertung sollen sowohl Neuvertrags- als auch Bestandsmieten einfließen. [4]Die Methodik der Datenerhebung und -auswertung ist in der Begründung der Satzung darzulegen.

(2) Die Kreise und kreisfreien Städte müssen die durch Satzung bestimmten Werte für die Unterkunft mindestens alle zwei Jahre und die durch Satzung bestimmten Werte für die Heizung mindestens jährlich überprüfen und gegebenenfalls neu festsetzen.

§ 23 Besonderheiten beim Sozialgeld

Beim Sozialgeld gelten ergänzend folgende Maßgaben:

1. Als Regelbedarf wird bis zur Vollendung des sechsten Lebensjahres ein Betrag in Höhe der Regelbedarfsstufe 6, vom Beginn des siebten bis zur Vollendung des 14. Lebensjahres ein Betrag in Höhe der Regelbedarfsstufe 5 und im 15. Lebensjahr ein Betrag in Höhe der Regelbedarfsstufe 4 anerkannt;
2. Mehrbedarfe nach § 21 Absatz 4 werden auch bei Menschen mit Behinderungen, die das 15. Lebensjahr vollendet haben, anerkannt, wenn Leistungen der Eingliederungshilfe nach § 112 des Neunten Buches erbracht werden;
3. § 21 Absatz 4 Satz 2 gilt auch nach Beendigung der in § 112 des Neunten Buches genannten Maßnahmen;
4. bei nicht erwerbsfähigen Personen, die voll erwerbsgemindert nach dem Sechsten Buch sind, wird ein Mehrbedarf von 17 Prozent der nach § 20 maßgebenden Regelbedarfe anerkannt, wenn sie Inhaberin oder Inhaber eines Ausweises nach § 152 Absatz 5 des Neunten Buches mit dem Merkzeichen G sind; dies gilt nicht, wenn bereits ein Anspruch auf einen Mehrbedarf wegen Behinderung nach § 21 Absatz 4 oder nach der vorstehenden Nummer 2 oder 3 besteht.

Unterabschnitt 3
Abweichende Leistungserbringung und weitere Leistungen

§ 24 Abweichende Erbringung von Leistungen

(1) [1]Kann im Einzelfall ein vom Regelbedarf zur Sicherung des Lebensunterhalts umfasster und nach den Umständen unabweisbarer Bedarf nicht gedeckt werden, erbringt die Agentur für Arbeit bei entsprechendem Nachweis den Bedarf als Sachleistung oder als Geldleistung und gewährt der oder dem Leistungsberechtigten ein entsprechendes Darlehen. [2]Bei Sachleistungen wird das Darlehen in Höhe des für die Agentur für Arbeit entstandenen Anschaffungswertes gewährt. [3]Weiter gehende Leistungen sind ausgeschlossen.

(2) Solange sich Leistungsberechtigte, insbesondere bei Drogen- oder Alkoholabhängigkeit sowie im Falle unwirtschaftlichen Verhaltens, als ungeeignet erweisen, mit den Leistungen für den Regelbedarf nach § 20 ihren Bedarf zu decken, kann das Arbeitslosengeld II bis zur Höhe des Regelbedarfs für den Lebensunterhalt in voller Höhe oder anteilig in Form von Sachleistungen erbracht werden.

(3) [1]Nicht vom Regelbedarf nach § 20 umfasst sind Bedarfe für

1. Erstausstattungen für die Wohnung einschließlich Haushaltsgeräten,
2. Erstausstattungen für Bekleidung und Erstausstattungen bei Schwangerschaft und Geburt sowie
3. Anschaffung und Reparaturen von orthopädischen Schuhen, Reparaturen von therapeutischen Geräten und Ausrüstungen sowie die Miete von therapeutischen Geräten.

[2]Leistungen für diese Bedarfe werden gesondert erbracht. [3]Leistungen nach Satz 2 werden auch erbracht, wenn Leistungsberechtigte keine Leistungen zur Sicherung des Lebensunterhalts einschließlich der angemessenen Kosten für Unterkunft und Heizung benötigen, den Bedarf nach Satz 1 jedoch aus

eigenen Kräften und Mitteln nicht voll decken können. 4In diesem Fall kann das Einkommen berücksichtigt werden, das Leistungsberechtigte innerhalb eines Zeitraumes von bis zu sechs Monaten nach Ablauf des Monats erwerben, in dem über die Leistung entschieden wird. 5Die Leistungen für Bedarfe nach Satz 1 Nummer 1 und 2 können als Sachleistung oder Geldleistung, auch in Form von Pauschalbeträgen, erbracht werden. 6Bei der Bemessung der Pauschalbeträge sind geeignete Angaben über die erforderlichen Aufwendungen und nachvollziehbare Erfahrungswerte zu berücksichtigen.

(4) 1Leistungen zur Sicherung des Lebensunterhalts können als Darlehen erbracht werden, soweit in dem Monat, für den die Leistungen erbracht werden, voraussichtlich Einnahmen anfallen. 2Satz 1 gilt auch, soweit Leistungsberechtigte einmalige Einnahmen nach § 11 Absatz 3 Satz 4 vorzeitig verbraucht haben.

(5) 1Soweit Leistungsberechtigten der sofortige Verbrauch oder die sofortige Verwertung von zu berücksichtigendem Vermögen nicht möglich ist oder für sie eine besondere Härte bedeuten würde, sind Leistungen als Darlehen zu erbringen. 2Die Leistungen können davon abhängig gemacht werden, dass der Anspruch auf Rückzahlung dinglich oder in anderer Weise gesichert wird.

(6) In Fällen des § 22 Absatz 5 werden Leistungen für Erstausstattungen für die Wohnung nur erbracht, wenn der kommunale Träger die Übernahme der Leistungen für Unterkunft und Heizung zugesichert hat oder vom Erfordernis der Zusicherung abgesehen werden konnte.

§ 25 Leistungen bei medizinischer Rehabilitation der Rentenversicherung und bei Anspruch auf Verletztengeld aus der Unfallversicherung

1Haben Leistungsberechtigte dem Grunde nach Anspruch auf Übergangsgeld bei medizinischen Leistungen der gesetzlichen Rentenversicherung in Höhe des Betrages des Arbeitslosengeldes II, erbringen die Träger der Leistungen nach diesem Buch die bisherigen Leistungen als Vorschuss auf die Leistungen der Rentenversicherung weiter; dies gilt entsprechend bei einem Anspruch auf Verletztengeld aus der gesetzlichen Unfallversicherung. 2Werden Vorschüsse länger als einen Monat geleistet, erhalten die Träger der Leistungen nach diesem Buch von den zur Leistung verpflichteten Trägern monatliche Abschlagszahlungen in Höhe der Vorschüsse des jeweils abgelaufenen Monats. 3§ 102 des Zehnten Buches gilt entsprechend.

§ 26 Zuschüsse zu Beiträgen zur Krankenversicherung und Pflegeversicherung

(1) 1Für Bezieherinnen und Bezieher von Arbeitslosengeld II oder Sozialgeld, die gegen das Risiko Krankheit bei einem privaten Krankenversicherungsunternehmen im Rahmen von Versicherungsverträgen, die der Versicherungspflicht nach § 193 Absatz 3 des Versicherungsvertragsgesetzes genügen, versichert sind, wird für die Dauer des Leistungsbezugs ein Zuschuss zum Beitrag geleistet; der Zuschuss ist begrenzt auf die Höhe des nach § 152 Absatz 4 des Versicherungsaufsichtsgesetzes halbierten Beitrags für den Basistarif in der privaten Krankenversicherung, den Hilfebedürftige zu leisten haben. 2Für Bezieherinnen und Bezieher von Sozialgeld, die in der gesetzlichen Krankenversicherung versicherungspflichtig oder freiwillig versichert sind, wird für die Dauer des Leistungsbezugs ein Zuschuss in Höhe des Beitrags geleistet, soweit dieser nicht nach § 11b Absatz 1 Satz 1 Nummer 2 abgesetzt wird; Gleiches gilt für Bezieherinnen und Bezieher von Arbeitslosengeld II, die nicht nach § 5 Absatz 1 Nummer 2a des Fünften Buches versicherungspflichtig sind.

(2) 1Für Personen, die

1. in der gesetzlichen Krankenversicherung versicherungspflichtig oder freiwillig versichert sind oder
2. unter den Voraussetzungen des Absatzes 1 Satz 1 erster Halbsatz privat krankenversichert sind und die

V

allein durch die Zahlung des Beitrags hilfebedürftig würden, wird ein Zuschuss zum Beitrag in Höhe des Betrages geleistet, der notwendig ist, um die Hilfebedürftigkeit zu vermeiden. 2In den Fällen des Satzes 1 Nummer 2 gilt die Begrenzung des Zuschusses nach Absatz 1 Satz 1 zweiter Halbsatz entsprechend.

(3) 1Für Bezieherinnen und Bezieher von Arbeitslosengeld II oder Sozialgeld, die gegen das Risiko Pflegebedürftigkeit bei einem privaten Versicherungsunternehmen in Erfüllung ihrer Versicherungspflicht nach § 23 des Elften Buches versichert sind, wird für die Dauer des Leistungsbezugs ein Zuschuss zum Beitrag geleistet; der Zuschuss ist begrenzt auf die Hälfte des Höchstbeitrags in der sozialen Pflegeversicherung. 2Für Bezieherinnen und Bezieher von Sozialgeld, die in der sozialen Pflegeversicherung versicherungspflichtig sind, wird für die Dauer des Leistungsbezugs ein Zuschuss in Höhe des Beitrags geleistet, soweit dieser nicht nach § 11b Absatz 1 Satz 1 Nummer 2 abgesetzt wird; Gleiches gilt für Bezieherinnen und Bezieher von Arbeitslosengeld II, die nicht nach § 20 Absatz 1 Satz 2 Nummer 2a des Elften Buches versicherungspflichtig sind.

(4) 1Für Personen, die

1. in der sozialen Pflegeversicherung versicherungspflichtig sind oder
2. unter den Voraussetzungen des Absatzes 3 Satz 1 erster Halbsatz privat pflegeversichert sind und die

allein durch die Zahlung des Beitrags hilfebedürftig würden, wird ein Zuschuss zum Beitrag in Höhe des Betrages geleistet, der notwendig ist, um die Hilfebedürftigkeit zu vermeiden. 2In den Fällen des Satzes 1 Nummer 2 gilt die Begrenzung des Zuschusses nach Absatz 3 Satz 1 zweiter Halbsatz entsprechend.

(5) 1Der Zuschuss nach Absatz 1 Satz 1, nach Absatz 2 Satz 1 Nummer 2, nach Absatz 3 Satz 1 und nach Absatz 4 Satz 1 Nummer 2 ist an das private Versicherungsunternehmen zu zahlen, bei dem die leistungsberechtigte Person versichert ist. 2Der Zuschuss nach Absatz 1 Satz 2 und Absatz 3 Satz 2 ist an die Krankenkasse zu zahlen, bei der die leistungsberechtigte Person versichert ist.

§ 27 Leistungen für Auszubildende

(1) 1Auszubildende im Sinne des § 7 Absatz 5 erhalten Leistungen zur Sicherung des Lebensunterhalts nach Maßgabe der folgenden Absätze. 2Die Leistungen für Auszubildende im Sinne des § 7 Absatz 5 gelten nicht als Arbeitslosengeld II.

(2) Leistungen werden in Höhe der Mehrbedarfe nach § 21 Absatz 2, 3, 5 und 6 und in Höhe der Leistungen nach § 24 Absatz 3 Nummer 2 erbracht, soweit die Mehrbedarfe nicht durch zu berücksichtigendes Einkommen oder Vermögen gedeckt sind.

(3) 1Leistungen können für Regelbedarfe, den Mehrbedarf nach § 21 Absatz 7, Bedarfe für Unterkunft und Heizung, Bedarfe für Bildung und Teilhabe und notwendige Beiträge zur Kranken- und Pflegeversicherung als Darlehen erbracht werden, sofern der Leistungsausschluss nach § 7 Absatz 5 eine besondere Härte bedeutet. 2Eine besondere Härte ist auch anzunehmen, wenn Auszubildenden, deren Bedarf sich nach §§ 12 oder 13 Absatz 1 Nummer 1 des Bundesausbildungsförderungsgesetzes bemisst, aufgrund von § 10 Absatz 3 des Bundesausbildungsförderungsgesetzes keine Leistungen zustehen, diese Ausbildung im Einzelfall für die Eingliederung der oder des Auszubildenden in das Erwerbsleben zwingend erforderlich ist und ohne die Erbringung von Leistungen zum Lebensunterhalt der Abbruch der Ausbildung droht; in diesem Fall sind Leistungen als Zuschuss zu erbringen. 3Für den Monat der Aufnahme einer Ausbildung können Leistungen entsprechend § 24 Absatz 4 Satz 1 erbracht werden. Leistungen nach Satz 1 sind gegenüber den Leistungen nach Absatz 2 nachrangig.

Unterabschnitt 4
Leistungen für Bildung und Teilhabe

§ 28 Bedarfe für Bildung und Teilhabe

(1) 1Bedarfe für Bildung und Teilhabe am sozialen und kulturellen Leben in der Gemein-

schaft werden bei Kindern, Jugendlichen und jungen Erwachsenen neben dem Regelbedarf nach Maßgabe der Absätze 2 bis 7 gesondert berücksichtigt. 2Bedarfe für Bildung werden nur bei Personen berücksichtigt, die das 25. Lebensjahr noch nicht vollendet haben, eine allgemein- oder berufsbildende Schule besuchen und keine Ausbildungsvergütung erhalten (Schülerinnen und Schüler).

(2) 1Bei Schülerinnen und Schülern werden die tatsächlichen Aufwendungen anerkannt für

1. Schulausflüge und
2. mehrtägige Klassenfahrten im Rahmen der schulrechtlichen Bestimmungen.

2Für Kinder, die eine Tageseinrichtung besuchen oder für die Kindertagespflege geleistet wird, gilt Satz 1 entsprechend.

(3) Für die Ausstattung von Schülerinnen und Schülern mit persönlichem Schulbedarf ist § 34 Absatz 3 und 3a des Zwölften Buches mit der Maßgabe entsprechend anzuwenden, dass der nach § 34 Absatz 3 Satz 1 und Absatz 3a des Zwölften Buches anzuerkennende Bedarf für das erste Schulhalbjahr regelmäßig zum 1. August und für das zweite Schulhalbjahr regelmäßig zum 1. Februar zu berücksichtigen ist.

(4) 1Bei Schülerinnen und Schülern, die für den Besuch der nächstgelegenen Schule des gewählten Bildungsgangs auf Schülerbeförderung angewiesen sind, werden die dafür erforderlichen tatsächlichen Aufwendungen berücksichtigt, soweit sie nicht von Dritten übernommen werden. 2Als nächstgelegene Schule des gewählten Bildungsgangs gilt auch eine Schule, die aufgrund ihres Profils gewählt wurde, soweit aus diesem Profil eine besondere inhaltliche oder organisatorische Ausgestaltung des Unterrichts folgt; dies sind insbesondere Schulen mit naturwissenschaftlichem, musischem, sportlichem oder sprachlichem Profil sowie bilinguale Schulen, und Schulen mit ganztägiger Ausrichtung.

(5) 1Bei Schülerinnen und Schülern wird eine schulische Angebote ergänzende angemessene Lernförderung berücksichtigt, soweit diese geeignet und zusätzlich erforderlich ist, um die nach den schulrechtlichen Bestimmungen festgelegten wesentlichen Lernziele zu erreichen. 2Auf eine bestehende Versetzungsgefährdung kommt es dabei nicht an.

(6) 1Bei Teilnahme an einer gemeinschaftlichen Mittagsverpflegung werden die entstehenden Aufwendungen berücksichtigt für

1. Schülerinnen und Schüler und
2. Kinder, die eine Tageseinrichtung besuchen oder für die Kindertagespflege geleistet wird.

2Für Schülerinnen und Schüler gilt dies unter der Voraussetzung, dass die Mittagsverpflegung in schulischer Verantwortung angeboten wird oder durch einen Kooperationsvertrag zwischen Schule und Tageseinrichtung vereinbart ist. 3In den Fällen des Satzes 2 ist für die Ermittlung des monatlichen Bedarfs die Anzahl der Schultage in dem Land zugrunde zu legen, in dem der Schulbesuch stattfindet.

(7) 1Für die Teilhabe am sozialen und kulturellen Leben in der Gemeinschaft werden pauschal 15 Euro monatlich berücksichtigt, sofern bei Leistungsberechtigten, die das 18. Lebensjahr noch nicht vollendet haben, tatsächliche Aufwendungen entstehen im Zusammenhang mit der Teilnahme an

1. Aktivitäten in den Bereichen Sport, Spiel, Kultur und Geselligkeit,
2. Unterricht in künstlerischen Fächern (zum Beispiel Musikunterricht) und vergleichbare angeleitete Aktivitäten der kulturellen Bildung und
3. Freizeiten.

2Neben der Berücksichtigung von Bedarfen nach Satz 1 können auch weitere tatsächliche Aufwendungen berücksichtigt werden, wenn sie im Zusammenhang mit der Teilnahme an Aktivitäten nach Satz 1 Nummer 1 bis 3 entstehen und es den Leistungsberechtigten im Einzelfall nicht zugemutet werden kann, diese aus den Leistungen nach Satz 1 und aus dem Regelbedarf zu bestreiten.

V

§ 29 Erbringung der Leistungen für Bildung und Teilhabe

(1) $_{1}$Leistungen zur Deckung der Bedarfe nach § 28 Absatz 2 und 5 bis 7 werden erbracht durch

1. Sach- und Dienstleistungen, insbesondere in Form von personalisierten Gutscheinen,
2. Direktzahlungen an Anbieter von Leistungen zur Deckung dieser Bedarfe (Anbieter) oder
3. Geldleistungen.

$_{2}$Die kommunalen Träger bestimmen, in welcher Form sie die Leistungen erbringen. $_{3}$Die Leistungen zur Deckung der Bedarfe nach § 28 Absatz 3 und 4 werden jeweils durch Geldleistungen erbracht. $_{4}$Die kommunalen Träger können mit Anbietern pauschal abrechnen.

(2) $_{1}$Werden die Bedarfe durch Gutscheine gedeckt, gelten die Leistungen mit Ausgabe des jeweiligen Gutscheins als erbracht. $_{2}$Die kommunalen Träger gewährleisten, dass Gutscheine bei geeigneten vorhandenen Anbietern oder zur Wahrnehmung ihrer eigenen Angebote eingelöst werden können. $_{3}$Gutscheine können für den gesamten Bewilligungszeitraum im Voraus ausgegeben werden. $_{4}$Die Gültigkeit von Gutscheinen ist angemessen zu befristen. $_{5}$Im Fall des Verlustes soll ein Gutschein erneut in dem Umfang ausgestellt werden, in dem er noch nicht in Anspruch genommen wurde.

(3) $_{1}$Werden die Bedarfe durch Direktzahlungen an Anbieter gedeckt, gelten die Leistungen mit der Zahlung als erbracht. $_{2}$Eine Direktzahlung ist für den gesamten Bewilligungszeitraum im Voraus möglich.

(4) Werden die Leistungen für Bedarfe nach § 28 Absatz 2 und 5 bis 7 durch Geldleistungen erbracht, erfolgt dies

1. monatlich in Höhe der im Bewilligungszeitraum bestehenden Bedarfe oder
2. nachträglich durch Erstattung verauslagter Beträge.

(5) $_{1}$Im Einzelfall kann ein Nachweis über eine zweckentsprechende Verwendung der Leistung verlangt werden. $_{2}$Soweit der Nachweis nicht geführt wird, soll die Bewilligungsentscheidung widerrufen werden.

(6) $_{1}$Abweichend von den Absätzen 1 bis 4 können Leistungen nach § 28 Absatz 2 Satz 1 Nummer 1 gesammelt für Schülerinnen und Schüler an eine Schule ausgezahlt werden, wenn die Schule

1. dies bei dem örtlich zuständigen kommunalen Träger (§ 36 Absatz 3) beantragt,
2. die Leistungen für die leistungsberechtigten Schülerinnen und Schüler verauslagt und
3. sich die Leistungsberechtigung von den Leistungsberechtigten nachweisen lässt.

$_{2}$Der kommunale Träger kann mit der Schule vereinbaren, dass monatliche oder schulhalbjährliche Abschlagszahlungen geleistet werden.

§ 30 Berechtigte Selbsthilfe

$_{1}$Geht die leistungsberechtigte Person durch Zahlung an Anbieter in Vorleistung, ist der kommunale Träger zur Übernahme der berücksichtigungsfähigen Aufwendungen verpflichtet, soweit

1. unbeschadet des Satzes 2 die Voraussetzungen einer Leistungsgewährung zur Deckung der Bedarfe im Zeitpunkt der Selbsthilfe nach § 28 Absatz 2 und 5 bis 7 vorlagen und
2. zum Zeitpunkt der Selbsthilfe der Zweck der Leistung durch Erbringung als Sach- oder Dienstleistung ohne eigenes Verschulden nicht oder nicht rechtzeitig zu erreichen war.

$_{2}$War es dem Leistungsberechtigten nicht möglich, rechtzeitig einen Antrag zu stellen, gilt dieser als zum Zeitpunkt der Selbstvornahme gestellt.

Unterabschnitt 5
Sanktionen

§ 31 Pflichtverletzungen

(1) $_{1}$Erwerbsfähige Leistungsberechtigte verletzen ihre Pflichten, wenn sie trotz schriftlicher Belehrung über die Rechtsfolgen oder deren Kenntnis

1. sich weigern, in der Eingliederungsvereinbarung oder in dem diese ersetzenden Verwaltungsakt nach § 15 Absatz 3 Satz 3 festgelegte Pflichten zu erfüllen, insbesondere in ausreichendem Umfang Eigenbemühungen nachzuweisen,
2. sich weigern, eine zumutbare Arbeit, Ausbildung, Arbeitsgelegenheit nach § 16d oder ein nach § 16e gefördertes Arbeitsverhältnis aufzunehmen, fortzuführen oder deren Anbahnung durch ihr Verhalten verhindern,
3. eine zumutbare Maßnahme zur Eingliederung in Arbeit nicht antreten, abbrechen oder Anlass für den Abbruch gegeben haben.

$_{2}$Dies gilt nicht, wenn erwerbsfähige Leistungsberechtigte einen wichtigen Grund für ihr Verhalten darlegen und nachweisen.

(2) Eine Pflichtverletzung von erwerbsfähigen Leistungsberechtigten ist auch anzunehmen, wenn

1. sie nach Vollendung des 18. Lebensjahres ihr Einkommen oder Vermögen in der Absicht vermindert haben, die Voraussetzungen für die Gewährung oder Erhöhung des Arbeitslosengeldes II herbeizuführen,
2. sie trotz Belehrung über die Rechtsfolgen oder deren Kenntnis ihr unwirtschaftliches Verhalten fortsetzen,
3. ihr Anspruch auf Arbeitslosengeld ruht oder erloschen ist, weil die Agentur für Arbeit das Eintreten einer Sperrzeit oder das Erlöschen des Anspruchs nach den Vorschriften des Dritten Buches festgestellt hat, oder
4. sie die im Dritten Buch genannten Voraussetzungen für das Eintreten einer Sperrzeit erfüllen, die das Ruhen oder Erlöschen eines Anspruchs auf Arbeitslosengeld begründen.

§ 31a Rechtsfolgen bei Pflichtverletzungen

(1) $_{1}$Bei einer Pflichtverletzung nach § 31 mindert sich das Arbeitslosengeld II in einer ersten Stufe um 30 Prozent des für die erwerbsfähige leistungsberechtigte Person nach § 20 maßgebenden Regelbedarfs. $_{2}$Bei der ersten wiederholten Pflichtverletzung nach § 31 mindert sich das Arbeitslosengeld II um 60 Prozent des für die erwerbsfähige leistungsberechtigte Person nach § 20 maßgebenden Regelbedarfs. $_{3}$Bei jeder weiteren wiederholten Pflichtverletzung nach § 31 entfällt das Arbeitslosengeld II vollständig. $_{4}$Eine wiederholte Pflichtverletzung liegt nur vor, wenn bereits zuvor eine Minderung festgestellt wurde. $_{5}$Sie liegt nicht vor, wenn der Beginn des vorangegangenen Minderungszeitraums länger als ein Jahr zurückliegt. $_{6}$Erklären sich erwerbsfähige Leistungsberechtigte nachträglich bereit, ihren Pflichten nachzukommen, kann der zuständige Träger die Minderung der Leistungen nach Satz 3 ab diesem Zeitpunkt auf 60 Prozent des für sie nach § 20 maßgebenden Regelbedarfs begrenzen.

(2) $_{1}$Bei erwerbsfähigen Leistungsberechtigten, die das 25. Lebensjahr noch nicht vollendet haben, ist das Arbeitslosengeld II bei einer Pflichtverletzung nach § 31 auf die für die Bedarfe nach § 22 zu erbringenden Leistungen beschränkt. $_{2}$Bei wiederholter Pflichtverletzung nach § 31 entfällt das Arbeitslosengeld II vollständig. $_{3}$Absatz 1 Satz 4 und 5 gilt entsprechend. $_{4}$Erklären sich erwerbsfähige Leistungsberechtigte, die das 25. Lebensjahr noch nicht vollendet haben, nachträglich bereit, ihren Pflichten nachzukommen, kann der Träger unter Berücksichtigung aller Umstände des Einzelfalles ab diesem Zeitpunkt wieder die für die Bedarfe nach § 22 zu erbringenden Leistungen gewähren.

(3) $_{1}$Bei einer Minderung des Arbeitslosengeldes II um mehr als 30 Prozent des nach § 20 maßgebenden Regelbedarfs kann der Träger auf Antrag in angemessenem Umfang ergänzende Sachleistungen oder geldwerte Leistungen erbringen. $_{2}$Der Träger hat Leistungen nach Satz 1 zu erbringen, wenn Leistungsberechtigte mit minderjährigen Kindern in einem Haushalt leben. $_{3}$Bei einer Minderung des Arbeitslosengeldes II um mindestens 60 Prozent des für den erwerbsfähigen Leistungsberechtigten nach § 20 maßgebenden Regelbedarfs soll das Arbeitslosengeld II,

soweit es für den Bedarf für Unterkunft und Heizung nach § 22 Absatz 1 erbracht wird, an den Vermieter oder andere Empfangsberechtigte gezahlt werden.

(4) Für nichterwerbsfähige Leistungsberechtigte gilt Absatz 1 und 3 bei Pflichtverletzungen nach § 31 Absatz 2 Nummer 1 und 2 entsprechend.

Entscheidung des Bundesverfassungsgerichts

vom 5. November 2019 (BGBl. I S. 2046)

Aus dem Urteil des Bundesverfassungsgerichts vom 5. November 2019 – 1 BvL 7/16 – wird die Entscheidungsformel veröffentlicht:

1. § 31a Absatz 1 Sätze 1, 2 und 3 Sozialgesetzbuch Zweites Buch in der Fassung des Gesetzes zur Ermittlung von Regelbedarfen und zur Änderung des Zweiten und Zwölften Buches Sozialgesetzbuch vom 24. März 2011 (Bundesgesetzblatt I Seite 453) sowie der Bekanntmachung der Neufassung des Zweiten Buches Sozialgesetzbuch vom 13. Mai 2011 (Bundesgesetzblatt I Seite 850), geändert durch das Gesetz zur Verbesserung der Eingliederungschancen am Arbeitsmarkt vom 20. Dezember 2011 (Bundesgesetzblatt I Seite 2854), geändert durch das Neunte Gesetz zur Änderung des Zweiten Buches Sozialgesetzbuch – Rechtsvereinfachung – sowie zur vorübergehenden Aussetzung der Insolvenzantragspflicht vom 26. Juli 2016 (Bundesgesetzblatt I Seite 1824), ist für Fälle des § 31 Absatz 1 Sozialgesetzbuch Zweites Buch in der genannten Fassung mit Artikel 1 Absatz 1 Grundgesetz in Verbindung mit dem Sozialstaatsprinzip des Artikel 20 Absatz 1 Grundgesetz unvereinbar, soweit die Höhe der Leistungsminderung bei einer erneuten Verletzung einer Pflicht nach § 31 Absatz 1 Sozialgesetzbuch Zweites Buch die Höhe von 30 Prozent des maßgebenden Regelbedarfs übersteigt, soweit eine Sanktion nach § 31a Absatz 1 Sätze 1 bis 3 Sozialgesetzbuch Zweites Buch zwingend zu verhängen ist, auch wenn außergewöhnliche Härten vorliegen, und soweit § 31b Absatz 1 Satz 3 Sozialgesetzbuch Zweites Buch für alle Leistungsminderungen ungeachtet der Erfüllung einer Mitwirkungspflicht oder der Bereitschaft dazu eine starre Dauer von drei Monaten vorgibt.
2. Bis zum Inkrafttreten der Neuregelung durch den Gesetzgeber sind § 31a Absatz 1 Sätze 1, 2 und 3 und § 31b Absatz 1 Satz 3 in Fällen des § 31 Absatz 1 Sozialgesetzbuch Zweites Buch in der Fassung folgender Übergangsregelungen weiter anwendbar:
   a) § 31a Absatz 1 Satz 1 Sozialgesetzbuch Zweites Buch ist in den Fällen des § 31 Absatz 1 Sozialgesetzbuch Zweites Buch mit der Maßgabe anzuwenden, dass die Leistungsminderung wegen einer Pflichtverletzung nach § 31 Absatz 1 SGB II nicht erfolgen muss, wenn dies im konkreten Einzelfall unter Berücksichtigung aller Umstände zu einer außergewöhnlichen Härte führen würde. Insbesondere kann von einer Minderung abgesehen werden, wenn nach Einschätzung der Behörde die Zwecke des Gesetzes nur erreicht werden können, indem eine Sanktion unterbleibt.
   b) § 31a Absatz 1 Sätze 2 und 3 Sozialgesetzbuch Zweites Buch sind in den Fällen des § 31 Absatz 1 Sozialgesetzbuch Zweites Buch mit der Maßgabe anwendbar, dass wegen wiederholter Pflichtverletzungen eine Minderung der Regelbedarfsleistungen nicht über 30 Prozent des maßgebenden Regelbedarfs hinausgehen darf. Von einer Leistungsminderung kann abgesehen werden, wenn dies im konkreten Einzelfall unter Berücksichtigung aller Umstände zu einer außergewöhnlichen Härte führen würde. Insbesondere kann von einer Minderung abgesehen werden, wenn nach Einschätzung der Behörde die Zwecke des Gesetzes nur erreicht werden können, indem eine Sanktion unterbleibt.
   c) . . . (betrifft § 31b)

Die vorstehende Entscheidungsformel hat gemäß § 31 Absatz 2 des Bundesverfassungsgerichtsgesetzes Gesetzeskraft.

§ 31b Beginn und Dauer der Minderung

(1) 1Der Auszahlungsanspruch mindert sich mit Beginn des Kalendermonats, der auf das Wirksamwerden des Verwaltungsaktes folgt, der die Pflichtverletzung und den Umfang der Minderung der Leistung feststellt. 2In den Fällen des § 31 Absatz 2 Nummer 3 tritt die Minderung mit Beginn der Sperrzeit oder mit dem Erlöschen des Anspruchs nach dem Dritten Buch ein. 3Der Minderungszeitraum beträgt drei Monate. 4Bei erwerbsfähigen Leistungsberechtigten, die das 25. Lebensjahr noch nicht vollendet haben, kann der Träger die Minderung des Auszahlungsanspruchs in Höhe der Bedarfe nach den §§ 20

und 21 unter Berücksichtigung aller Umstände des Einzelfalls auf sechs Wochen verkürzen. 5Die Feststellung der Minderung ist nur innerhalb von sechs Monaten ab dem Zeitpunkt der Pflichtverletzung zulässig.

(2) Während der Minderung des Auszahlungsanspruchs besteht kein Anspruch auf ergänzende Hilfe zum Lebensunterhalt nach den Vorschriften des Zwölften Buches.

Entscheidung des Bundesverfassungsgerichts
vom 5. November 2019 (BGBl. I S. 2046)

1. . . . (betrifft § 31a)
2. Bis zum Inkrafttreten der Neuregelung durch den Gesetzgeber sind § 31a Absatz 1 Sätze 1, 2 und 3 und § 31b Absatz 1 Satz 3 in Fällen des § 31 Absatz 1 Sozialgesetzbuch Zweites Buch in der Fassung folgender Übergangsregelungen weiter anwendbar:
   a)-b) . . . (betrifft § 31a)
   c) § 31b Absatz 1 Satz 3 Sozialgesetzbuch Zweites Buch ist in den Fällen des § 31 Absatz 1 Sozialgesetzbuch Zweites Buch mit folgender Maßgabe anzuwenden: Wird die Mitwirkungspflicht erfüllt oder erklären sich Leistungsberechtigte nachträglich ernsthaft und nachhaltig bereit, ihren Pflichten nachzukommen, kann die zuständige Behörde unter Berücksichtigung aller Umstände des Einzelfalls ab diesem Zeitpunkt die Leistung wieder in vollem Umfang erbringen. Die Minderung darf ab diesem Zeitpunkt nicht länger als einen Monat andauern.

Die vorstehende Entscheidungsformel hat gemäß § 31 Absatz 2 des Bundesverfassungsgerichtsgesetzes Gesetzeskraft.

§ 32 Meldeversäumnisse

(1) 1Kommen Leistungsberechtigte trotz schriftlicher Belehrung über die Rechtsfolgen oder deren Kenntnis einer Aufforderung des zuständigen Trägers, sich bei ihm zu melden oder bei einem ärztlichen oder psychologischen Untersuchungstermin zu erscheinen, nicht nach, mindert sich das Arbeitslosengeld II oder das Sozialgeld jeweils um 10 Prozent des für sie nach § 20 maßgebenden Regelbedarfs. 2Dies gilt nicht, wenn Leistungsberechtigte einen wichtigen Grund für ihr Verhalten darlegen und nachweisen.

(2) 1Die Minderung nach dieser Vorschrift tritt zu einer Minderung nach § 31a hinzu. 2§ 31a Absatz 3 und § 31b gelten entsprechend.

Unterabschnitt 6
Verpflichtungen Anderer

§ 33 Übergang von Ansprüchen

(1) 1Haben Personen, die Leistungen zur Sicherung des Lebensunterhalts beziehen, für die Zeit, für die Leistungen erbracht werden, einen Anspruch gegen einen Anderen, der nicht Leistungsträger ist, geht der Anspruch bis zur Höhe der geleisteten Aufwendungen auf die Träger der Leistungen nach diesem Buch über, wenn bei rechtzeitiger Leistung des Anderen Leistungen zur Sicherung des Lebensunterhalts nicht erbracht worden wären. 2Satz 1 gilt auch, soweit Kinder unter Berücksichtigung von Kindergeld nach § 11 Absatz 1 Satz 4 keine Leistungen empfangen haben und bei rechtzeitiger Leistung des Anderen keine oder geringere Leistungen an die Mitglieder der Haushaltsgemeinschaft erbracht worden wären. 3Der Übergang wird nicht dadurch ausgeschlossen, dass der Anspruch nicht übertragen, verpfändet oder gepfändet werden kann. 4Unterhaltsansprüche nach bürgerlichem Recht gehen zusammen mit dem unterhaltsrechtlichen Auskunftsanspruch auf die Träger der Leistungen nach diesem Buch über.

(2) 1Ein Unterhaltsanspruch nach bürgerlichem Recht geht nicht über, wenn die unterhaltsberechtigte Person

1. mit der oder dem Verpflichteten in einer Bedarfsgemeinschaft lebt,
2. mit der oder dem Verpflichteten verwandt ist und den Unterhaltsanspruch nicht geltend macht; dies gilt nicht für Unterhaltsansprüche
   a) minderjähriger Leistungsberechtigter,
   b) Leistungsberechtigter, die das 25. Lebensjahr noch nicht vollendet und die Erstausbildung noch nicht abgeschlossen haben,

   gegen ihre Eltern,

V

3. in einem Kindschaftsverhältnis zur oder zum Verpflichteten steht und
   a) schwanger ist oder
   b) ihr leibliches Kind bis zur Vollendung seines sechsten Lebensjahres betreut.

$_2$Der Übergang ist auch ausgeschlossen, soweit der Unterhaltsanspruch durch laufende Zahlung erfüllt wird. $_3$Der Anspruch geht nur über, soweit das Einkommen und Vermögen der unterhaltsverpflichteten Person das nach den §§ 11 bis 12 zu berücksichtigende Einkommen und Vermögen übersteigt.

(3) $_1$Für die Vergangenheit können die Träger der Leistungen nach diesem Buch außer unter den Voraussetzungen des bürgerlichen Rechts nur von der Zeit an den Anspruch geltend machen, zu welcher sie der oder dem Verpflichteten die Erbringung der Leistung schriftlich mitgeteilt haben. $_2$Wenn die Leistung voraussichtlich auf längere Zeit erbracht werden muss, können die Träger der Leistungen nach diesem Buch bis zur Höhe der bisherigen monatlichen Aufwendungen auch auf künftige Leistungen klagen.

(4) $_1$Die Träger der Leistungen nach diesem Buch können den auf sie übergegangenen Anspruch im Einvernehmen mit der Empfängerin oder dem Empfänger der Leistungen auf diese oder diesen zur gerichtlichen Geltendmachung rückübertragen und sich den geltend gemachten Anspruch abtreten lassen. $_2$Kosten, mit denen die Leistungsempfängerin oder der Leistungsempfänger dadurch selbst belastet wird, sind zu übernehmen. $_3$Über die Ansprüche nach Absatz 1 Satz 4 ist im Zivilrechtsweg zu entscheiden.

(5) Die §§ 115 und 116 des Zehnten Buches gehen der Regelung des Absatzes 1 vor.

§ 34 Ersatzansprüche bei sozialwidrigem Verhalten

(1) $_1$Wer nach Vollendung des 18. Lebensjahres vorsätzlich oder grob fahrlässig die Voraussetzungen für die Gewährung von Leistungen nach diesem Buch an sich oder an Personen, die mit ihr oder ihm in einer Bedarfsgemeinschaft leben, ohne wichtigen Grund herbeigeführt hat, ist zum Ersatz der deswegen erbrachten Geld- und Sachleistungen verpflichtet. $_2$Als Herbeiführung im Sinne des Satzes 1 gilt auch, wenn die Hilfebedürftigkeit erhöht, aufrechterhalten oder nicht verringert wurde. $_3$Sachleistungen sind, auch wenn sie in Form eines Gutscheins erbracht wurden, in Geld zu ersetzen. $_4$§ 40 Absatz 6 Satz 2 gilt entsprechend. $_5$Der Ersatzanspruch umfasst auch die geleisteten Beiträge zur Sozialversicherung. $_6$Von der Geltendmachung eines Ersatzanspruchs ist abzusehen, soweit sie eine Härte bedeuten würde.

(2) $_1$Eine nach Absatz 1 eingetretene Verpflichtung zum Ersatz der Leistungen geht auf den Erben über. $_2$Sie ist auf den Nachlasswert zum Zeitpunkt des Erbfalls begrenzt.

(3) $_1$Der Ersatzanspruch erlischt drei Jahre nach Ablauf des Jahres, für das die Leistung erbracht worden ist. $_2$Die Bestimmungen des Bürgerlichen Gesetzbuchs über die Hemmung, die Ablaufhemmung, den Neubeginn und die Wirkung der Verjährung gelten sinngemäß; der Erhebung der Klage steht der Erlass eines Leistungsbescheides gleich.

§ 34a Ersatzansprüche für rechtswidrig erbrachte Leistungen

(1) $_1$Zum Ersatz rechtswidrig erbrachter Geld- und Sachleistungen nach diesem Buch ist verpflichtet, wer diese durch vorsätzliches oder grob fahrlässiges Verhalten an Dritte herbeigeführt hat. $_2$Sachleistungen sind, auch wenn sie in Form eines Gutscheins erbracht wurden, in Geld zu ersetzen. $_3$§ 40 Absatz 6 Satz 2 gilt entsprechend. $_4$Der Ersatzanspruch umfasst auch die geleisteten Beiträge zur Sozialversicherung entsprechend § 40 Absatz 2 Nummer 5.

(2) $_1$Der Ersatzanspruch verjährt in vier Jahren nach Ablauf des Kalenderjahres, in dem der Verwaltungsakt, mit dem die Erstattung nach § 50 des Zehnten Buches festgesetzt worden ist, unanfechtbar geworden ist. $_2$Soweit gegenüber einer rechtswidrig begünstigten Person ein Verwaltungsakt nicht aufgehoben werden kann, beginnt die Frist nach Satz 1 mit dem Zeitpunkt, ab dem die Behörde Kenntnis von der Rechtswidrigkeit der Leis-

tungserbringung hat. 3§ 34 Absatz 3 Satz 2 gilt entsprechend.

(3) 1§ 34 Absatz 2 gilt entsprechend. 2Der Ersatzanspruch erlischt drei Jahre nach dem Tod der Person, die gemäß Absatz 1 zum Ersatz verpflichtet war; § 34 Absatz 3 Satz 2 gilt entsprechend.

(4) Zum Ersatz nach Absatz 1 und zur Erstattung nach § 50 des Zehnten Buches Verpflichtete haften als Gesamtschuldner.

§ 34b Erstattungsanspruch bei Doppelleistungen

(1) 1Hat ein vorrangig verpflichteter Leistungsträger in Unkenntnis der Leistung durch Träger nach diesem Buch an eine leistungsberechtigte Person geleistet, ist diese zur Erstattung der Leistung des vorrangigen Trägers an die Träger nach diesem Buch verpflichtet. 2Der Erstattungsanspruch besteht in der Höhe, in der ein Erstattungsanspruch nach dem Zweiten Abschnitt des Dritten Kapitels des Zehnten Buches bestanden hätte. 3§ 34c ist entsprechend anwendbar.

(2) Ein Erstattungsanspruch besteht nicht, soweit der geleistete Betrag als Einkommen nach den Vorschriften dieses Buches berücksichtigt werden kann.

(3) Der Erstattungsanspruch verjährt vier Jahre nach Ablauf des Kalenderjahres, in dem der vorrangig verpflichtete Leistungsträger die Leistung erbracht hat.

§ 34c Ersatzansprüche nach sonstigen Vorschriften

Bestimmt sich das Recht des Trägers nach diesem Buch, Ersatz seiner Aufwendungen von einem anderen zu verlangen, gegen den die Leistungsberechtigten einen Anspruch haben, nach sonstigen gesetzlichen Vorschriften, die dem § 33 vorgehen, gelten als Aufwendungen auch solche Leistungen zur Sicherung des Lebensunterhalts, die an die mit der leistungsberechtigten Person in einer Bedarfsgemeinschaft lebenden Personen erbracht wurden.

§ 35 (weggefallen)

Kapitel 4 Gemeinsame Vorschriften für Leistungen

Abschnitt 1 Zuständigkeit und Verfahren

§ 36 Örtliche Zuständigkeit

(1) 1Für die Leistungen nach § 6 Absatz 1 Satz 1 Nummer 1 ist die Agentur für Arbeit zuständig, in deren Bezirk die erwerbsfähige leistungsberechtigte Person ihren gewöhnlichen Aufenthalt hat. 2Für die Leistungen nach § 6 Absatz 1 Satz 1 Nummer 2 ist der kommunale Träger zuständig, in dessen Gebiet die erwerbsfähige leistungsberechtigte Person ihren gewöhnlichen Aufenthalt hat. 3Für Leistungen nach den Sätzen 1 und 2 an Minderjährige, die Leistungen für die Zeit der Ausübung des Umgangsrechts nur für einen kurzen Zeitraum beanspruchen, ist der jeweilige Träger an dem Ort zuständig, an dem die umgangsberechtigte Person ihren gewöhnlichen Aufenthalt hat. 4Kann ein gewöhnlicher Aufenthaltsort nicht festgestellt werden, so ist der Träger nach diesem Buch örtlich zuständig, in dessen Bereich sich die oder der erwerbsfähige Leistungsberechtigte tatsächlich aufhält. 5Für nicht erwerbsfähige Personen, deren Leistungsberechtigung sich aus § 7 Absatz 2 Satz 3 ergibt, gelten die Sätze 1 bis 4 entsprechend.

(2) 1Abweichend von Absatz 1 ist für die jeweiligen Leistungen nach diesem Buch der Träger zuständig, in dessen Gebiet die leistungsberechtigte Person nach § 12a Absatz 1 bis 3 des Aufenthaltsgesetzes ihren Wohnsitz zu nehmen hat. 2Ist die leistungsberechtigte Person nach § 12a Absatz 4 des Aufenthaltsgesetzes verpflichtet, ihren Wohnsitz an einem bestimmten Ort nicht zu nehmen, kann eine Zuständigkeit der Träger in diesem Gebiet für die jeweiligen Leistungen nach diesem Buch nicht begründet werden; im Übrigen gelten die Regelungen des Absatzes 1.

(3) 1Abweichend von den Absätzen 1 und 2 ist im Fall der Auszahlung der Leistungen nach § 28 Absatz 2 Satz 1 Nummer 1 nach § 29 Absatz 6 der kommunale Träger zuständig, in dessen Gebiet die Schule liegt. 2Die Zustän-

V

digkeit nach Satz 1 umfasst auch Leistungen an Schülerinnen und Schüler, für die im Übrigen ein anderer kommunaler Träger nach den Absätzen 1 oder 2 zuständig ist oder wäre.

§ 36a Kostenerstattung bei Aufenthalt im Frauenhaus

Sucht eine Person in einem Frauenhaus Zuflucht, ist der kommunale Träger am bisherigen gewöhnlichen Aufenthaltsort verpflichtet, dem durch die Aufnahme im Frauenhaus zuständigen kommunalen Träger am Ort des Frauenhauses die Kosten für die Zeit des Aufenthaltes im Frauenhaus zu erstatten.

§ 37 Antragserfordernis

(1) $_1$Leistungen nach diesem Buch werden auf Antrag erbracht. $_2$Leistungen nach § 24 Absatz 1 und 3 und Leistungen für die Bedarfe nach § 28 Absatz 5 sind gesondert zu beantragen.

(2) $_1$Leistungen nach diesem Buch werden nicht für Zeiten vor der Antragstellung erbracht. $_2$Der Antrag auf Leistungen zur Sicherung des Lebensunterhalts wirkt auf den Ersten des Monats zurück.

§ 38 Vertretung der Bedarfsgemeinschaft

(1) $_1$Soweit Anhaltspunkte dem nicht entgegenstehen, wird vermutet, dass die oder der erwerbsfähige Leistungsberechtigte bevollmächtigt ist, Leistungen nach diesem Buch auch für die mit ihm in einer Bedarfsgemeinschaft lebenden Personen zu beantragen und entgegenzunehmen. $_2$Leben mehrere erwerbsfähige Leistungsberechtigte in einer Bedarfsgemeinschaft, gilt diese Vermutung zugunsten der Antrag stellenden Person.

(2) Für Leistungen an Kinder im Rahmen der Ausübung des Umgangsrechts hat die umgangsberechtigte Person die Befugnis, Leistungen nach diesem Buch zu beantragen und entgegenzunehmen, soweit das Kind dem Haushalt angehört.

§ 39 Sofortige Vollziehbarkeit

Keine aufschiebende Wirkung haben Widerspruch und Anfechtungsklage gegen einen Verwaltungsakt,

1. der Leistungen der Grundsicherung für Arbeitsuchende aufhebt, zurücknimmt, widerruft, entzieht, die Pflichtverletzung und die Minderung des Auszahlungsanspruchs feststellt oder Leistungen zur Eingliederung in Arbeit oder Pflichten erwerbsfähiger Leistungsberechtigter bei der Eingliederung in Arbeit regelt,
2. mit dem zur Beantragung einer vorrangigen Leistung aufgefordert wird oder
3. mit dem nach § 59 in Verbindung mit § 309 des Dritten Buches zur persönlichen Meldung bei der Agentur für Arbeit aufgefordert wird.

§ 40 Anwendung von Verfahrensvorschriften

(1) $_1$Für das Verfahren nach diesem Buch gilt das Zehnte Buch. $_2$Abweichend von Satz 1 gilt § 44 des Zehnten Buches mit der Maßgabe, dass

1. rechtswidrige nicht begünstigende Verwaltungsakte nach den Absätzen 1 und 2 nicht später als vier Jahre nach Ablauf des Jahres, in dem der Verwaltungsakt bekanntgegeben wurde, zurückzunehmen sind; ausreichend ist, wenn die Rücknahme innerhalb dieses Zeitraums beantragt wird,
2. anstelle des Zeitraums von vier Jahren nach Absatz 4 Satz 1 ein Zeitraum von einem Jahr tritt.

(2) Entsprechend anwendbar sind die Vorschriften des Dritten Buches über

1. und 2. (weggefallen)
3. die Aufhebung von Verwaltungsakten (§ 330 Absatz 2, 3 Satz 1 und 4);
4. die vorläufige Zahlungseinstellung nach § 331 mit der Maßgabe, dass die Träger auch zur teilweisen Zahlungseinstellung berechtigt sind, wenn sie von Tatsachen Kenntnis erhalten, die zu einem geringeren Leistungsanspruch führen;
5. die Erstattung von Beiträgen zur Kranken-, Renten- und Pflegeversicherung (§ 335 Absatz 1, 2 und 5); § 335 Absatz 1 Satz 1 und Absatz 5 in Verbindung mit Absatz 1 Satz 1 ist nicht anwendbar, wenn in einem Kalendermonat für mindestens einen Tag rechtmäßig Arbeitslosengeld II gewährt wurde; in den Fällen des § 335 Absatz 1

V

Satz 2 und Absatz 5 in Verbindung mit Absatz 1 Satz 2 besteht kein Beitragserstattungsanspruch.

(3) $_1$Liegen die in § 44 Absatz 1 Satz 1 des Zehnten Buches genannten Voraussetzungen für die Rücknahme eines rechtswidrigen nicht begünstigenden Verwaltungsaktes vor, weil dieser auf einer Rechtsnorm beruht, die nach Erlass des Verwaltungsaktes

1. durch eine Entscheidung des Bundesverfassungsgerichts für nichtig oder für unvereinbar mit dem Grundgesetz erklärt worden ist oder
2. in ständiger Rechtsprechung anders als durch den für die jeweilige Leistungsart zuständigen Träger der Grundsicherung für Arbeitsuchende ausgelegt worden ist,

so ist der Verwaltungsakt, wenn er unanfechtbar geworden ist, nur mit Wirkung für die Zeit nach der Entscheidung des Bundesverfassungsgerichts oder ab dem Bestehen der ständigen Rechtsprechung zurückzunehmen. $_2$Bei der Unwirksamkeit einer Satzung oder einer anderen im Rang unter einem Landesgesetz stehenden Rechtsvorschrift, die nach § 22a Absatz 1 und dem dazu ergangenen Landesgesetz erlassen worden ist, ist abweichend von Satz 1 auf die Zeit nach der Entscheidung durch das Landessozialgericht abzustellen.

(4) Der Verwaltungsakt, mit dem über die Gewährung von Leistungen nach diesem Buch abschließend entschieden wurde, ist mit Wirkung für die Zukunft ganz aufzuheben, wenn in den tatsächlichen Verhältnissen der leistungsberechtigten Person Änderungen eintreten, aufgrund derer nach Maßgabe des § 41a vorläufig zu entscheiden wäre.

(5) $_1$Verstirbt eine leistungsberechtigte Person oder eine Person, die mit der leistungsberechtigten Person in häuslicher Gemeinschaft lebt, bleiben im Sterbemonat allein die dadurch eintretenden Änderungen in den bereits bewilligten Leistungsansprüchen der leistungsberechtigten Person und der mit ihr in Bedarfsgemeinschaft lebenden Personen unberücksichtigt; die §§ 48 und 50 Absatz 2 des Zehnten Buches sind insoweit nicht anzuwenden. $_2$§ 118 Absatz 3 bis 4a des Sechsten Buches findet mit der Maßgabe entsprechend Anwendung, dass Geldleistungen, die für die Zeit nach dem Monat des Todes der leistungsberechtigten Person überwiesen wurden, als unter Vorbehalt erbracht gelten.

(6) $_1$§ 50 Absatz 1 des Zehnten Buches ist mit der Maßgabe anzuwenden, dass Gutscheine in Geld zu erstatten sind. $_2$Die leistungsberechtigte Person kann die Erstattungsforderung auch durch Rückgabe des Gutscheins erfüllen, soweit dieser nicht in Anspruch genommen wurde. $_3$Eine Erstattung der Leistungen nach § 28 erfolgt nicht, soweit eine Aufhebungsentscheidung allein wegen dieser Leistungen zu treffen wäre. $_4$Satz 3 gilt nicht im Fall des Widerrufs einer Bewilligungsentscheidung nach § 29 Absatz 5 Satz 2.

(7) § 28 des Zehnten Buches gilt mit der Maßgabe, dass der Antrag unverzüglich nach Ablauf des Monats, in dem die Ablehnung oder Erstattung der anderen Leistung bindend geworden ist, nachzuholen ist.

(8) Für die Vollstreckung von Ansprüchen der in gemeinsamen Einrichtungen zusammenwirkenden Träger nach diesem Buch gilt das Verwaltungs-Vollstreckungsgesetz des Bundes; im Übrigen gilt § 66 des Zehnten Buches.

§ 40a Erstattungsanspruch

$_1$Wird einer leistungsberechtigten Person für denselben Zeitraum, für den ein Träger der Grundsicherung für Arbeitsuchende Leistungen nach diesem Buch erbracht hat, eine andere Sozialleistung bewilligt, so steht dem Träger der Grundsicherung für Arbeitsuchende unter den Voraussetzungen des § 104 des Zehnten Buches ein Erstattungsanspruch gegen den anderen Sozialleistungsträger zu. $_2$Der Erstattungsanspruch besteht auch, soweit die Erbringung des Arbeitslosengeldes II allein auf Grund einer nachträglich festgestellten vollen Erwerbsminderung rechtswidrig war oder rückwirkend eine Rente wegen Alters oder eine Knappschaftsausgleichsleistung zuerkannt wird. $_3$Die §§ 106 bis 114 des Zehnten Buches gelten entsprechend. $_4$§ 44a Absatz 3 bleibt unberührt.

§ 41 Berechnung der Leistungen und Bewilligungszeitraum

(1) $_{1}$Anspruch auf Leistungen zur Sicherung des Lebensunterhalts besteht für jeden Kalendertag. $_{2}$Der Monat wird mit 30 Tagen berechnet. $_{3}$Stehen die Leistungen nicht für einen vollen Monat zu, wird die Leistung anteilig erbracht.

(2) $_{1}$Berechnungen werden auf zwei Dezimalstellen durchgeführt, wenn nichts Abweichendes bestimmt ist. $_{2}$Bei einer auf Dezimalstellen durchgeführten Berechnung wird die letzte Dezimalstelle um eins erhöht, wenn sich in der folgenden Dezimalstelle eine der Ziffern 5 bis 9 ergeben würde.

(3) $_{1}$Über den Anspruch auf Leistungen zur Sicherung des Lebensunterhalts ist in der Regel für ein Jahr zu entscheiden (Bewilligungszeitraum). $_{2}$Der Bewilligungszeitraum soll insbesondere in den Fällen regelmäßig auf sechs Monate verkürzt werden, in denen

1. über den Leistungsanspruch vorläufig entschieden wird (§ 41a) oder
2. die Aufwendungen für die Unterkunft und Heizung unangemessen sind.

$_{3}$Die Festlegung des Bewilligungszeitraums erfolgt einheitlich für die Entscheidung über die Leistungsansprüche aller Mitglieder einer Bedarfsgemeinschaft. $_{4}$Wird mit dem Bescheid über Leistungen zur Sicherung des Lebensunterhalts nicht auch über die Leistungen zur Deckung der Bedarfe nach § 28 Absatz 2, 4, 6 und 7 entschieden, ist die oder der Leistungsberechtigte in dem Bescheid über Leistungen zur Sicherung des Lebensunterhalts darauf hinzuweisen, dass die Entscheidung über Leistungen zur Deckung der Bedarfe nach § 28 Absatz 2, 4, 6 und 7 gesondert erfolgt.

§ 41a Vorläufige Entscheidung

(1) $_{1}$Über die Erbringung von Geld- und Sachleistungen ist vorläufig zu entscheiden, wenn

1. zur Feststellung der Voraussetzungen des Anspruchs auf Geld- und Sachleistungen voraussichtlich längere Zeit erforderlich ist und die Voraussetzungen für den Anspruch mit hinreichender Wahrscheinlichkeit vorliegen oder
2. ein Anspruch auf Geld- und Sachleistungen dem Grunde nach besteht und zur Feststellung seiner Höhe voraussichtlich längere Zeit erforderlich ist.

$_{2}$Besteht eine Bedarfsgemeinschaft aus mehreren Personen, ist unter den Voraussetzungen des Satzes 1 über den Leistungsanspruch aller Mitglieder der Bedarfsgemeinschaft vorläufig zu entscheiden. $_{3}$Eine vorläufige Entscheidung ergeht nicht, wenn Leistungsberechtigte die Umstände, die einer sofortigen abschließenden Entscheidung entgegenstehen, zu vertreten haben.

(2) $_{1}$Der Grund der Vorläufigkeit ist anzugeben. $_{2}$Die vorläufige Leistung ist so zu bemessen, dass der monatliche Bedarf der Leistungsberechtigten zur Sicherung des Lebensunterhalts gedeckt ist; dabei kann der Absetzbetrag nach § 11b Absatz 1 Satz 1 Nummer 6 ganz oder teilweise unberücksichtigt bleiben. $_{3}$Hierbei sind die im Zeitpunkt der Entscheidung bekannten und prognostizierten Verhältnisse zugrunde zu legen. $_{4}$Soweit die vorläufige Entscheidung nach Absatz 1 rechtswidrig ist, ist sie für die Zukunft zurückzunehmen. $_{5}$§ 45 Absatz 2 des Zehnten Buches findet keine Anwendung.

(3) $_{1}$Die Träger der Grundsicherung für Arbeitsuchende entscheiden abschließend über den monatlichen Leistungsanspruch, sofern die vorläufig bewilligte Leistung nicht der abschließend festzustellenden entspricht oder die leistungsberechtigte Person eine abschließende Entscheidung beantragt. $_{2}$Die leistungsberechtigte Person und die mit ihr in Bedarfsgemeinschaft lebenden Personen sind nach Ablauf des Bewilligungszeitraums verpflichtet, die von den Trägern der Grundsicherung für Arbeitsuchende zum Erlass einer abschließenden Entscheidung geforderten leistungserheblichen Tatsachen nachzuweisen; die §§ 60, 61, 65 und 65a des Ersten Buches gelten entsprechend. $_{3}$Kommen die leistungsberechtigte Person oder die mit ihr in Bedarfsgemeinschaft lebenden Personen ihrer Nachweis- oder Auskunftspflicht bis zur abschließenden Entscheidung nicht, nicht vollständig oder trotz angemessener Fristsetzung und schriftlicher Belehrung über die Rechts-

folgen nicht fristgemäß nach, setzen die Träger der Grundsicherung für Arbeitsuchende den Leistungsanspruch für diejenigen Kalendermonate nur in der Höhe abschließend fest, in welcher seine Voraussetzungen ganz oder teilweise nachgewiesen wurden. $_{4}$Für die übrigen Kalendermonate wird festgestellt, dass ein Leistungsanspruch nicht bestand.

(4) Die abschließende Entscheidung nach Absatz 3 soll nach Ablauf des Bewilligungszeitraums erfolgen.

(5) $_{1}$Ergeht innerhalb eines Jahres nach Ablauf des Bewilligungszeitraums keine abschließende Entscheidung nach Absatz 3, gelten die vorläufig bewilligten Leistungen als abschließend festgesetzt. $_{2}$Dies gilt nicht, wenn

1. die leistungsberechtigte Person innerhalb der Frist nach Satz 1 eine abschließende Entscheidung beantragt oder
2. der Leistungsanspruch aus einem anderen als dem nach Absatz 2 Satz 1 anzugebenden Grund nicht oder nur in geringerer Höhe als die vorläufigen Leistungen besteht und der Träger der Grundsicherung für Arbeitsuchende über den Leistungsanspruch innerhalb eines Jahres seit Kenntnis von diesen Tatsachen, spätestens aber nach Ablauf von zehn Jahren nach der Bekanntgabe der vorläufigen Entscheidung, abschließend entscheidet.

(6) $_{1}$Die aufgrund der vorläufigen Entscheidung erbrachten Leistungen sind auf die abschließend festgestellten Leistungen anzurechnen. $_{2}$Soweit im Bewilligungszeitraum in einzelnen Kalendermonaten vorläufig zu hohe Leistungen erbracht wurden, sind die sich daraus ergebenden Überzahlungen auf die abschließend bewilligten Leistungen anzurechnen, die für andere Kalendermonate dieses Bewilligungszeitraums nachzuzahlen wären. $_{3}$Überzahlungen, die nach der Anrechnung fortbestehen, sind zu erstatten. $_{4}$Das gilt auch im Fall des Absatzes 3 Satz 3 und 4.

(7) $_{1}$Über die Erbringung von Geld- und Sachleistungen kann vorläufig entschieden werden, wenn

1. die Vereinbarkeit einer Vorschrift dieses Buches, von der die Entscheidung über den Antrag abhängt, mit höherrangigem Recht Gegenstand eines Verfahrens bei dem Bundesverfassungsgericht oder dem Gerichtshof der Europäischen Union ist oder
2. eine entscheidungserhebliche Rechtsfrage von grundsätzlicher Bedeutung Gegenstand eines Verfahrens beim Bundessozialgericht ist.

$_{2}$Absatz 2 Satz 1, Absatz 3 Satz 2 bis 4 sowie Absatz 6 gelten entsprechend.

§ 42 Fälligkeit, Auszahlung und Unpfändbarkeit der Leistungen

(1) Leistungen sollen monatlich im Voraus erbracht werden.

(2) $_{1}$Auf Antrag der leistungsberechtigten Person können durch Bewilligungsbescheid festgesetzte, zum nächsten Zahlungszeitpunkt fällige Leistungsansprüche vorzeitig erbracht werden. $_{2}$Die Höhe der vorzeitigen Leistung ist auf 100 Euro begrenzt. $_{3}$Der Auszahlungsanspruch im Folgemonat verringert sich entsprechend. $_{4}$Soweit eine Verringerung des Auszahlungsanspruchs im Folgemonat nicht möglich ist, verringert sich der Auszahlungsanspruch für den zweiten auf die Bewilligung der vorzeitigen Leistung folgenden Monat. $_{5}$Die vorzeitige Leistung ist ausgeschlossen,

1. wenn im laufenden Monat oder im Monat der Verringerung des Leistungsanspruches eine Aufrechnung zu erwarten ist,
2. wenn der Leistungsanspruch im Folgemonat durch eine Sanktion gemindert ist oder
3. wenn sie bereits in einem der vorangegangenen zwei Kalendermonate in Anspruch genommen wurde.

(weggefallen)

(4) $_{1}$Der Anspruch auf Leistungen zur Sicherung des Lebensunterhaltes kann nicht abgetreten, übertragen, verpfändet oder gepfändet werden. $_{2}$Die Abtretung und Übertragung nach § 53 Absatz 2 des Ersten Buches bleibt unberührt.

§ 42a Darlehen

(1) $_{1}$Darlehen werden nur erbracht, wenn ein Bedarf weder durch Vermögen nach § 12 Absatz 2 Satz 1 Nummer 1, 1a und 4 noch auf andere Weise gedeckt werden kann. $_{2}$Darle-

hen können an einzelne Mitglieder von Bedarfsgemeinschaften oder an mehrere gemeinsam vergeben werden. 3Die Rückzahlungsverpflichtung trifft die Darlehensnehmer.

(2) 1Solange Darlehensnehmer Leistungen zur Sicherung des Lebensunterhalts beziehen, werden Rückzahlungsansprüche aus Darlehen ab dem Monat, der auf die Auszahlung folgt, durch monatliche Aufrechnung in Höhe von 10 Prozent des maßgebenden Regelbedarfs getilgt. 2§ 43 Absatz 3 gilt entsprechend. 3Die Aufrechnung ist gegenüber den Darlehensnehmern schriftlich durch Verwaltungsakt zu erklären. 4Satz 1 gilt nicht, soweit Leistungen zur Sicherung des Lebensunterhaltes als Darlehen erbracht werden.

(3) 1Rückzahlungsansprüche aus Darlehen nach § 24 Absatz 5 sind nach erfolgter Verwertung sofort in voller Höhe und Rückzahlungsansprüche aus Darlehen nach § 22 Absatz 6 bei Rückzahlung durch den Vermieter sofort in Höhe des noch nicht getilgten Darlehensbetrages fällig. 2Deckt der erlangte Betrag den noch nicht getilgten Darlehensbetrag nicht, soll eine Vereinbarung über die Rückzahlung des ausstehenden Betrags unter Berücksichtigung der wirtschaftlichen Verhältnisse der Darlehensnehmer getroffen werden.

(4) 1Nach Beendigung des Leistungsbezuges ist der noch nicht getilgte Darlehensbetrag sofort fällig. 2Über die Rückzahlung des ausstehenden Betrags soll eine Vereinbarung unter Berücksichtigung der wirtschaftlichen Verhältnisse der Darlehensnehmer getroffen werden.

(5) 1Rückzahlungsansprüche aus Darlehen nach § 27 Absatz 3 sind abweichend von Absatz 4 Satz 1 erst nach Abschluss der Ausbildung fällig. 2Absatz 4 Satz 2 gilt entsprechend.

(6) Sofern keine abweichende Tilgungsbestimmung getroffen wird, werden Zahlungen, die zur Tilgung der gesamten fälligen Schuld nicht ausreichen, zunächst auf das zuerst erbrachte Darlehen angerechnet.

§ 43 Aufrechnung

(1) Die Jobcenter können gegen Ansprüche von leistungsberechtigten Personen auf Geldleistungen zur Sicherung des Lebensunterhalts aufrechnen mit

1. Erstattungsansprüchen nach § 50 des Zehnten Buches,
2. Ersatzansprüchen nach den §§ 34 und 34a,
3. Erstattungsansprüchen nach § 34b oder
4. Erstattungsansprüchen nach § 41a Absatz 6 Satz 3.

(2) 1Die Höhe der Aufrechnung beträgt bei Erstattungsansprüchen, die auf § 41a oder auf § 48 Absatz 1 Satz 2 Nummer 3 in Verbindung mit § 50 des Zehnten Buches beruhen, 10 Prozent des für die leistungsberechtigte Person maßgebenden Regelbedarfs, in den übrigen Fällen 30 Prozent. 2Die Aufrechnung, die zusammen mit bereits laufenden Aufrechnungen nach Absatz 1 und nach § 42a Absatz 2 insgesamt 30 Prozent des maßgebenden Regelbedarfs übersteigen würde, ist unzulässig.

(3) 1Eine Aufrechnung ist nicht zulässig für Zeiträume, in denen der Auszahlungsanspruch nach § 31b Absatz 1 Satz 1 um mindestens 30 Prozent des maßgebenden Regelbedarfs gemindert ist. 2Ist die Minderung des Auszahlungsanspruchs geringer, ist die Höhe der Aufrechnung auf die Differenz zwischen dem Minderungsbetrag und 30 Prozent des maßgebenden Regelbedarfs begrenzt.

(4) 1Die Aufrechnung ist gegenüber der leistungsberechtigten Person schriftlich durch Verwaltungsakt zu erklären. 2Sie endet spätestens drei Jahre nach dem Monat, der auf die Bestandskraft der in Absatz 1 genannten Entscheidungen folgt. 3Zeiten, in denen die Aufrechnung nicht vollziehbar ist, verlängern den Aufrechnungszeitraum entsprechend.

§ 43a Verteilung von Teilzahlungen

Teilzahlungen auf Ersatz- und Erstattungsansprüche der Träger nach diesem Buch gegen Leistungsberechtigte oder Dritte mindern die Aufwendungen der Träger der Aufwendungen im Verhältnis des jeweiligen Anteils an der Forderung zueinander.

§ 44 Veränderung von Ansprüchen

Die Träger von Leistungen nach diesem Buch dürfen Ansprüche erlassen, wenn deren Einziehung nach Lage des einzelnen Falles unbillig wäre.

Kapitel 8
Mitwirkungspflichten

§ 56 Anzeige- und Bescheinigungspflicht bei Arbeitsunfähigkeit

(1) 1Die Agentur für Arbeit soll erwerbsfähige Leistungsberechtigte, die Leistungen zur Sicherung des Lebensunterhalts beantragt haben oder beziehen, in der Eingliederungsvereinbarung oder in dem diese ersetzenden Verwaltungsakt nach § 15 Absatz 3 Satz 3 verpflichten,

1. eine eingetretene Arbeitsunfähigkeit und deren voraussichtliche Dauer unverzüglich anzuzeigen und
2. spätestens vor Ablauf des dritten Kalendertages nach Eintritt der Arbeitsunfähigkeit eine ärztliche Bescheinigung über die Arbeitsunfähigkeit und deren voraussichtliche Dauer vorzulegen.

2§ 31 Absatz 1 findet keine Anwendung. 3Die Agentur für Arbeit ist berechtigt, die Vorlage der ärztlichen Bescheinigung früher zu verlangen. 4Dauert die Arbeitsunfähigkeit länger als in der Bescheinigung angegeben, so ist der Agentur für Arbeit eine neue ärztliche Bescheinigung vorzulegen. 5Die Bescheinigungen müssen einen Vermerk des behandelnden Arztes darüber enthalten, dass dem Träger der Krankenversicherung unverzüglich eine Bescheinigung über die Arbeitsunfähigkeit mit Angaben über den Befund und die voraussichtliche Dauer der Arbeitsunfähigkeit übersandt wird. 6Zweifelt die Agentur für Arbeit an der Arbeitsunfähigkeit der oder des erwerbsfähigen Leistungsberechtigten, so gilt § 275 Absatz 1 Nummer 3b und Absatz 1a des Fünften Buches entsprechend.

(2) 1Die Bundesagentur erstattet den Krankenkassen die Kosten für die Begutachtung durch den Medizinischen Dienst nach Absatz 1 Satz 6. 2Die Bundesagentur und der Spitzenverband Bund der Krankenkassen vereinbaren das Nähere über das Verfahren und die Höhe der Kostenerstattung; der Medizinische Dienst Bund ist zu beteiligen. 3In der Vereinbarung kann auch eine pauschale Abgeltung der Kosten geregelt werden.

§ 57 Auskunftspflicht von Arbeitgebern

1Arbeitgeber haben der Agentur für Arbeit auf deren Verlangen Auskunft über solche Tatsachen zu geben, die für die Entscheidung über einen Anspruch auf Leistungen nach diesem Buch erheblich sein können; die Agentur für Arbeit kann hierfür die Benutzung eines Vordrucks verlangen. 2Die Auskunftspflicht erstreckt sich auch auf Angaben über das Ende und den Grund für die Beendigung des Beschäftigungsverhältnisses.

§ 58 Einkommensbescheinigung

(1) 1Wer jemanden, der laufende Geldleistungen nach diesem Buch beantragt hat oder bezieht, gegen Arbeitsentgelt beschäftigt, ist verpflichtet, diesem unverzüglich Art und Dauer dieser Erwerbstätigkeit sowie die Höhe des Arbeitsentgelts oder der Vergütung für die Zeiten zu bescheinigen, für die diese Leistung beantragt worden ist oder bezogen wird. 2Dabei ist der von der Agentur für Arbeit vorgesehene Vordruck zu benutzen. 3Die Bescheinigung ist der- oder demjenigen, die oder der die Leistung beantragt hat oder bezieht, unverzüglich auszuhändigen.

(2) Wer eine laufende Geldleistung nach diesem Buch beantragt hat oder bezieht und gegen Arbeitsentgelt beschäftigt wird, ist verpflichtet, dem Arbeitgeber den für die Bescheinigung des Arbeitsentgelts vorgeschriebenen Vordruck unverzüglich vorzulegen.

§ 59 Meldepflicht

Die Vorschriften über die allgemeine Meldepflicht, § 309 des Dritten Buches, und über die Meldepflicht bei Wechsel der Zuständigkeit, § 310 des Dritten Buches, sind entsprechend anzuwenden.

§ 60 Auskunftspflicht und Mitwirkungspflicht Dritter

(1) Wer jemandem, der Leistungen nach diesem Buch beantragt hat oder bezieht, Leistungen erbringt, die geeignet sind, diese Leistungen nach diesem Buch auszuschließen oder zu mindern, hat der Agentur für Arbeit auf Verlangen hierüber Auskunft zu erteilen, soweit es zur Durchführung der Aufgaben nach diesem Buch erforderlich ist.

(2) 1Wer jemandem, der eine Leistung nach diesem Buch beantragt hat oder bezieht, zu Leistungen verpflichtet ist, die geeignet sind, Leistungen nach diesem Buch auszuschließen oder zu mindern, oder wer für ihn Guthaben führt oder Vermögensgegenstände verwahrt, hat der Agentur für Arbeit auf Verlangen hierüber sowie über damit im Zusammenhang stehendes Einkommen oder Vermögen Auskunft zu erteilen, soweit es zur Durchführung der Aufgaben nach diesem Buch erforderlich ist. 2§ 21 Absatz 3 Satz 4 des Zehnten Buches gilt entsprechend. 3Für die Feststellung einer Unterhaltsverpflichtung ist § 1605 Absatz 1 des Bürgerlichen Gesetzbuchs anzuwenden.

(3) Wer jemanden, der

1. Leistungen nach diesem Buch beantragt hat oder bezieht oder dessen Partnerin oder Partner oder
2. nach Absatz 2 zur Auskunft verpflichtet ist,

beschäftigt, hat der Agentur für Arbeit auf Verlangen über die Beschäftigung, insbesondere über das Arbeitsentgelt, Auskunft zu erteilen, soweit es zur Durchführung der Aufgaben nach diesem Buch erforderlich ist.

(4) 1Sind Einkommen oder Vermögen der Partnerin oder des Partners zu berücksichtigen, haben

1. diese Partnerin oder dieser Partner,
2. Dritte, die für diese Partnerin oder diesen Partner Guthaben führen oder Vermögensgegenstände verwahren,

der Agentur für Arbeit auf Verlangen hierüber Auskunft zu erteilen, soweit es zur Durchführung der Aufgaben nach diesem Buch erforderlich ist. 2§ 21 Absatz 3 Satz 4 des Zehnten Buches gilt entsprechend.

(5) Wer jemanden, der Leistungen nach diesem Buch beantragt hat, bezieht oder bezogen hat, beschäftigt, hat der Agentur für Arbeit auf Verlangen Einsicht in Geschäftsbücher, Geschäftsunterlagen und Belege sowie in Listen, Entgeltverzeichnisse und Entgeltbelege für Heimarbeiterinnen oder Heimarbeiter zu gewähren, soweit es zur Durchführung der Aufgaben nach diesem Buch erforderlich ist.

§ 61 Auskunftspflichten bei Leistungen zur Eingliederung in Arbeit

(1) 1Träger, die eine Leistung zur Eingliederung in Arbeit erbracht haben oder erbringen, haben der Agentur für Arbeit unverzüglich Auskünfte über Tatsachen zu erteilen, die Aufschluss darüber geben, ob und inwieweit Leistungen zu Recht erbracht worden sind oder werden. 2Sie haben Änderungen, die für die Leistungen erheblich sind, unverzüglich der Agentur für Arbeit mitzuteilen.

(2) 1Die Teilnehmerinnen und Teilnehmer an Maßnahmen zur Eingliederung sind verpflichtet,

1. der Agentur für Arbeit auf Verlangen Auskunft über den Eingliederungserfolg der Maßnahme sowie alle weiteren Auskünfte zu erteilen, die zur Qualitätsprüfung benötigt werden, und
2. eine Beurteilung ihrer Leistung und ihres Verhaltens durch den Maßnahmeträger zuzulassen.

2Die Maßnahmeträger sind verpflichtet, ihre Beurteilungen der Teilnehmerin oder des Teilnehmers unverzüglich der Agentur für Arbeit zu übermitteln.

§ 62 Schadenersatz

Wer vorsätzlich oder fahrlässig

1. eine Einkommensbescheinigung nicht, nicht richtig oder nicht vollständig ausfüllt,
2. eine Auskunft nach § 57 oder § 60 nicht, nicht richtig oder nicht vollständig erteilt,

ist zum Ersatz des daraus entstehenden Schadens verpflichtet.

Kapitel 11
Übergangs- und Schlussvorschriften

§ 67 Vereinfachtes Verfahren für den Zugang zu sozialer Sicherung aus Anlass der COVID-19-Pandemie

(1) Leistungen für Bewilligungszeiträume, die in der Zeit vom 1. März 2020 bis zum 31. De-

zember 2021 beginnen, werden nach Maßgabe der Absätze 2 bis 4 erbracht.

(2) $_{1}$Abweichend von den §§ 9, 12 und 19 Absatz 3 wird Vermögen für die Dauer von sechs Monaten nicht berücksichtigt. $_{2}$Satz 1 gilt nicht, wenn das Vermögen erheblich ist; es wird vermutet, dass kein erhebliches Vermögen vorhanden ist, wenn die Antragstellerin oder der Antragsteller dies im Antrag erklärt.

(3) $_{1}$§ 22 Absatz 1 ist mit der Maßgabe anzuwenden, dass die tatsächlichen Aufwendungen für Unterkunft und Heizung für die Dauer von sechs Monaten als angemessen gelten. $_{2}$Nach Ablauf des Zeitraums nach Satz 1 ist § 22 Absatz 1 Satz 3 mit der Maßgabe anzuwenden, dass der Zeitraum nach Satz 1 nicht auf die in § 22 Absatz 1 Satz 3 genannte Frist anzurechnen ist. $_{3}$Satz 1 gilt nicht in den Fällen, in denen im vorangegangenen Bewilligungszeitraum die angemessenen und nicht die tatsächlichen Aufwendungen als Bedarf anerkannt wurden.

(4) $_{1}$Sofern über die Leistungen nach § 41a Absatz 1 Satz 1 vorläufig zu entscheiden ist, ist über den Anspruch auf Leistungen zur Sicherung des Lebensunterhalts abweichend von § 41 Absatz 3 Satz 1 und 2 für sechs Monate zu entscheiden. $_{2}$In den Fällen des Satzes 1 entscheiden die Träger der Grundsicherung für Arbeitsuchende für Bewilligungszeiträume, die bis zum 31. März 2021 begonnen haben, abweichend von § 41a Absatz 3 nur auf Antrag abschließend über den monatlichen Leistungsanspruch.

§ 68 Regelungen zu Bedarfen für Bildung aus Anlass der COVID-19-Pandemie

$_{1}$Abweichend von § 28 Absatz 6 Satz 1 kommt es im Zeitraum vom 1. März 2020 bis zur Aufhebung der Feststellung einer epidemischen Lage von nationaler Tragweite wegen der dynamischen Ausbreitung der Coronavirus-Krankheit-2019 (COVID-19) nach § 5 Absatz 1 Satz 2 des Infektionsschutzgesetzes durch den Deutschen Bundestag, längstens jedoch bis zum Ablauf des 31. Dezember 2021, auf eine Gemeinschaftlichkeit der Mittagsverpflegung nicht an. $_{2}$Zu den Aufwendungen im Sinne des § 28 Absatz 6 Satz 1 zählen bei den Leistungsberechtigten anfallende Zahlungsverpflichtungen auch, wenn sie pandemiebedingt in geänderter Höhe oder aufgrund abweichender Abgabewege berechnet werden. $_{3}$Dies umfasst auch die Kosten einer Belieferung. $_{4}$§ 28 Absatz 6 Satz 2 findet keine Anwendung.

§ 69 Übergangsregelung zum Freibetrag für Grundrentenzeiten und vergleichbare Zeiten

Über die Erbringung der Leistungen zur Sicherung des Lebensunterhalts ist ohne Berücksichtigung eines möglichen Freibetrages nach § 11b Absatz 2a in Verbindung mit § 82a des Zwölften Buches zu entscheiden, solange nicht durch eine Mitteilung des Rentenversicherungsträgers oder einer berufsständischen Versicherungs- oder Versorgungseinrichtung nachgewiesen ist, dass die Voraussetzungen für die Einräumung des Freibetrages vorliegen.

§ 70 Einmalzahlung aus Anlass der COVID-19-Pandemie

$_{1}$Leistungsberechtigte, die für den Monat Mai 2021 Anspruch auf Arbeitslosengeld II oder Sozialgeld haben und deren Bedarf sich nach Regelbedarfsstufe 1 oder 2 richtet, erhalten für den Zeitraum vom 1. Januar 2021 bis zum 30. Juni 2021 zum Ausgleich der mit der COVID-19-Pandemie in Zusammenhang stehenden Mehraufwendungen eine Einmalzahlung in Höhe von 150 Euro. $_{2}$Satz 1 gilt auch für Leistungsberechtigte, deren Bedarf sich nach Regelbedarfsstufe 3 richtet, sofern bei ihnen kein Kindergeld als Einkommen berücksichtigt wird.

Verordnung zur Berechnung von Einkommen sowie zur Nichtberücksichtigung von Einkommen und Vermögen beim Arbeitslosengeld II/Sozialgeld (Arbeitslosengeld II/Sozialgeld-Verordnung – Alg II-V)

Vom 17. Dezember 2007 (BGBl. I S. 2942)

Zuletzt geändert durch
Zehnte Verordnung zur Änderung der Arbeitslosengeld II/Sozialgeld-Verordnung
vom 16. März 2021 (BGBl. I S. 358)

Inhaltsübersicht

Auf Grund des § 13 des Zweiten Buches Sozialgesetzbuch – Grundsicherung für Arbeitsuchende – (Artikel 1 des Gesetzes vom 24. Dezember 2003, BGBl. I S. 2954, 2955), der durch Artikel 1 Nr. 11 des Gesetzes vom 20. Juli 2006 (BGBl. I S. 1706) geändert worden ist, verordnet das Bundesministerium für Arbeit und Soziales im Einvernehmen mit dem Bundesministerium der Finanzen:

§ 1 Nicht als Einkommen zu berücksichtigende Einnahmen

(1) Außer den in § 11a des Zweiten Buches Sozialgesetzbuch genannten Einnahmen sind nicht als Einkommen zu berücksichtigen:

1. Einnahmen, wenn sie innerhalb eines Kalendermonats 10 Euro nicht übersteigen,
2. (weggefallen)
3. Einnahmen aus Kapitalvermögen, soweit sie 100 Euro kalenderjährlich nicht übersteigen,
4. nicht steuerpflichtige Einnahmen einer Pflegeperson für Leistungen der Grundpflege und der hauswirtschaftlichen Versorgung,
5. bei Soldaten der Auslandsverwendungszuschlag,
6. die aus Mitteln des Bundes gezahlte Überbrückungsbeihilfe nach Artikel IX Abs. 4 des Abkommens zwischen den Parteien des Nordatlantikvertrages über die Rechtsstellung ihrer Truppen (NATO-Truppenstatut) vom 19. Juni 1951 (BGBl. 1961 II S. 1190) an ehemalige Arbeitnehmer bei den Stationierungsstreitkräften und nach Artikel 5 des Gesetzes zu den Notenwechseln vom 25. September 1990 und 23. September 1991 über die Rechtsstellung der in Deutschland stationierten verbündeten Streitkräfte und zu den Übereinkommen vom 25. September 1990 zur Regelung bestimmter Fragen in Bezug auf Berlin vom 3. Januar 1994 (BGBl. 1994 II S. 26) an ehemalige Arbeitnehmer bei den alliierten Streitkräften in Berlin,
7. (weggefallen)
8. Kindergeld für Kinder des Hilfebedürftigen, soweit es nachweislich an das nicht im Haushalt des Hilfebedürftigen lebende Kind weitergeleitet wird,
9. bei Sozialgeldempfängern, die das 15. Lebensjahr noch nicht vollendet haben, Einnahmen aus Erwerbstätigkeit, soweit sie einen Betrag von 100 Euro monatlich nicht übersteigen,
10. nach § 3 Nummer 11a des Einkommensteuergesetzes steuerfrei gewährte Leistungen auf Grund der COVID-19-Pandemie sowie diesen Leistungen entsprechende Zahlungen aus den Haushalten des Bundes und der Länder,
11. Verpflegung, die außerhalb der in den §§ 2, 3 und 4 Nummer 4 genannten Einkommensarten bereitgestellt wird,
12. Geldgeschenke an Minderjährige anlässlich der Firmung, Kommunion, Konfirmation oder vergleichbarer religiöser Feste sowie anlässlich der Jugendweihe, soweit sie den in § 12 Absatz 2 Satz 1 Nummer 1a des Zweiten Buches Sozialgesetzbuch genannten Betrag nicht überschreiten,
13. die auf Grund eines Bundesprogramms gezahlten Außerordentlichen Wirtschaftshilfen zur Abfederung von Einnahmeausfällen, die ab dem 2. November 2020 infolge der vorübergehenden Schließung von Betrieben und Einrichtungen entstanden sind (Novemberhilfe und Dezemberhilfe),
14. die pauschalierten Betriebskostenzuschüsse, die auf Grund des Förderelements „Neustarthilfe" des Bundesprogramms Überbrückungshilfe III gezahlt werden,
15. Hilfen zur Beschaffung von Hygiene- oder Gesundheitsartikeln, die auf Grund einer epidemischen Lage von nationaler Tragweite, die vom Deutschen Bundestag gemäß § 5 Absatz 1 Satz 1 des Infektionsschutzgesetzes festgestellt worden ist, aus Mitteln des Bundes oder der Länder gezahlt werden.

(2) 1Bei der § 9 Abs. 5 des Zweiten Buches Sozialgesetzbuch zugrunde liegenden Vermutung, dass Verwandte und Verschwägerte an mit ihnen in Haushaltsgemeinschaft lebende Hilfebedürftige Leistungen erbringen, sind die um die Absetzbeträge nach § 11b des Zweiten

V

Buches Sozialgesetzbuch bereinigten Einnahmen in der Regel nicht als Einkommen zu berücksichtigen, soweit sie einen Freibetrag in Höhe des doppelten Betrags des nach § 20 Absatz 2 Satz 1 maßgebenden Regelbedarfs zuzüglich der anteiligen Aufwendungen für Unterkunft und Heizung sowie darüber hinausgehend 50 Prozent der diesen Freibetrag übersteigenden bereinigten Einnahmen nicht überschreiten. $_2$§ 11a des Zweiten Buches Sozialgesetzbuch gilt entsprechend.

(3) $_1$Die Verletztenrente nach dem Siebten Buch Sozialgesetzbuch ist teilweise nicht als Einkommen zu berücksichtigen, wenn sie auf Grund eines in Ausübung der Wehrpflicht bei der Nationalen Volksarmee der ehemaligen Deutschen Demokratischen Republik erlittenen Gesundheitsschadens erbracht wird. $_2$Dabei bestimmt sich die Höhe des nicht zu berücksichtigenden Betrages nach der Höhe der Grundrente nach § 31 des Bundesversorgungsgesetzes, die für den Grad der Schädigungsfolgen zu zahlen ist, der der jeweiligen Minderung der Erwerbsfähigkeit entspricht. $_3$Bei einer Minderung der Erwerbsfähigkeit um 20 Prozent beträgt der nicht zu berücksichtigende Betrag zwei Drittel, bei einer Minderung der Erwerbsfähigkeit um 10 Prozent ein Drittel der Mindestgrundrente nach dem Bundesversorgungsgesetz.

(4) $_1$Nicht als Einkommen zu berücksichtigen sind Einnahmen von Schülerinnen und Schülern allgemein- oder berufsbildender Schulen, die das 25. Lebensjahr noch nicht vollendet haben, aus Erwerbstätigkeiten, die in den Schulferien ausgeübt werden, soweit diese einen Betrag in Höhe von 2400 Euro kalenderjährlich nicht überschreiten. $_2$Satz 1 gilt nicht für Schülerinnen und Schüler, die einen Anspruch auf Ausbildungsvergütung haben. $_3$Die Bestimmungen des Jugendarbeitsschutzgesetzes bleiben unberührt.

§ 2 Berechnung des Einkommens aus nichtselbständiger Arbeit

(1) Bei der Berechnung des Einkommens aus nichtselbständiger Arbeit (§ 14 des Vierten Buches Sozialgesetzbuch) ist von den Bruttoeinnahmen auszugehen.

(2) bis (4) (weggefallen)

(5) $_1$Bei der Berechnung des Einkommens ist der Wert der vom Arbeitgeber bereitgestellten Vollverpflegung mit täglich 1 Prozent des nach § 20 des Zweiten Buches Sozialgesetzbuch maßgebenden monatlichen Regelbedarfs anzusetzen. $_2$Wird Teilverpflegung bereitgestellt, entfallen auf das Frühstück ein Anteil von 20 Prozent und auf das Mittag- und Abendessen Anteile von je 40 Prozent des sich nach Satz 1 ergebenden Betrages.

(6) Sonstige Einnahmen in Geldeswert sind mit ihrem Verkehrswert als Einkommen anzusetzen.

(7) Das Einkommen kann nach Anhörung geschätzt werden, wenn

1. Leistungen der Grundsicherung für Arbeitsuchende einmalig oder für kurze Zeit zu erbringen sind oder Einkommen nur für kurze Zeit zu berücksichtigen ist oder
2. die Entscheidung über die Erbringung von Leistungen der Grundsicherung für Arbeitsuchende im Einzelfall keinen Aufschub duldet.

§ 3 Berechnung des Einkommens aus selbständiger Arbeit, Gewerbebetrieb oder Land- und Forstwirtschaft

(1) $_1$Bei der Berechnung des Einkommens aus selbständiger Arbeit, Gewerbebetrieb oder Land- und Forstwirtschaft ist von den Betriebseinnahmen auszugehen. $_2$Betriebseinnahmen sind alle aus selbständiger Arbeit, Gewerbebetrieb oder Land- und Forstwirtschaft erzielten Einnahmen, die im Bewilligungszeitraum nach § 41 Absatz 3 des Zweiten Buches Sozialgesetzbuch tatsächlich zufließen. $_3$Wird eine Erwerbstätigkeit nach Satz 1 nur während eines Teils des Bewilligungszeitraums ausgeübt, ist das Einkommen nur für diesen Zeitraum zu berechnen.

(1a) Nicht zu den Betriebseinnahmen zählen abweichend von Absatz 1 Satz 2 die pauschalierten Betriebskostenzuschüsse, die auf Grund des Förderelements „Neustarthilfe“ des Bundesprogramms Überbrückungshilfe III gezahlt werden.

(2) Zur Berechnung des Einkommens sind von den Betriebseinnahmen die im Bewilligungszeitraum tatsächlich geleisteten notwendigen Ausgaben mit Ausnahme der nach § 11b des Zweiten Buches Sozialgesetzbuch abzusetzenden Beträge ohne Rücksicht auf steuerrechtliche Vorschriften abzusetzen.

(3) ₁Tatsächliche Ausgaben sollen nicht abgesetzt werden, soweit diese ganz oder teilweise vermeidbar sind oder offensichtlich nicht den Lebensumständen während des Bezuges der Leistungen zur Grundsicherung für Arbeitsuchende entsprechen. ₂Nachgewiesene Einnahmen können bei der Berechnung angemessen erhöht werden, wenn anzunehmen ist, dass die nachgewiesene Höhe der Einnahmen offensichtlich nicht den tatsächlichen Einnahmen entspricht. ₃Ausgaben können bei der Berechnung nicht abgesetzt werden, soweit das Verhältnis der Ausgaben zu den jeweiligen Erträgen in einem auffälligen Missverhältnis steht. ₄Ausgaben sind ferner nicht abzusetzen, soweit für sie Darlehen oder Zuschüsse nach dem Zweiten Buch Sozialgesetzbuch erbracht oder betriebliche Darlehen aufgenommen worden sind. ₅Dies gilt auch für Ausgaben, soweit zu deren Finanzierung andere Darlehen verwandt werden.

(4) ₁Für jeden Monat ist der Teil des Einkommens zu berücksichtigen, der sich bei der Teilung des Gesamteinkommens im Bewilligungszeitraum durch die Anzahl der Monate im Bewilligungszeitraum ergibt. ₂Im Fall des Absatzes 1 Satz 3 gilt als monatliches Einkommen derjenige Teil des Einkommens, der der Anzahl der in den in Absatz 1 Satz 3 genannten Zeitraum fallenden Monate entspricht. ₃Von dem Einkommen sind die Beträge nach § 11b des Zweiten Buches Sozialgesetzbuch abzusetzen.

(5) (weggefallen)

(6) (weggefallen)

(7) ₁Wird ein Kraftfahrzeug überwiegend betrieblich genutzt, sind die tatsächlich geleisteten notwendigen Ausgaben für dieses Kraftfahrzeug als betriebliche Ausgabe abzusetzen. ₂Für private Fahrten sind die Ausgaben um 0,10 Euro für jeden gefahrenen Kilometer zu vermindern. ₃Ein Kraftfahrzeug gilt als überwiegend betrieblich genutzt, wenn es zu mindestens 50 Prozent betrieblich genutzt wird. ₄Wird ein Kraftfahrzeug überwiegend privat genutzt, sind die tatsächlichen Ausgaben keine Betriebsausgaben. ₅Für betriebliche Fahrten können 0,10 Euro für jeden mit dem privaten Kraftfahrzeug gefahrenen Kilometer abgesetzt werden, soweit der oder die erwerbsfähige Leistungsberechtigte nicht höhere notwendige Ausgaben für Kraftstoff nachweist.

§ 4 Berechnung des Einkommens in sonstigen Fällen

₁Für die Berechnung des Einkommens aus Einnahmen, die nicht unter die §§ 2 und 3 fallen, ist § 2 entsprechend anzuwenden. ₂Hierzu gehören insbesondere Einnahmen aus

1. Sozialleistungen,
2. Vermietung und Verpachtung,
3. Kapitalvermögen sowie
4. Wehr-, Ersatz- und Freiwilligendienstverhältnissen.

§ 5 Begrenzung abzugsfähiger Ausgaben

₁Ausgaben sind höchstens bis zur Höhe der Einnahmen aus derselben Einkunftsart abzuziehen. ₂Einkommen darf nicht um Ausgaben einer anderen Einkommensart vermindert werden.

§ 5a Beträge für die Prüfung der Hilfebedürftigkeit

Bei der Prüfung der Hilfebedürftigkeit ist zugrunde zu legen

1. für die Schulausflüge (§ 28 Absatz 2 Satz 1 Nummer 1 des Zweiten Buches Sozialgesetzbuch) ein Betrag von drei Euro monatlich,
2. für die mehrtägigen Klassenfahrten (§ 28 Absatz 2 Satz 1 Nummer 2 des Zweiten Buches Sozialgesetzbuch) monatlich der Betrag, der sich bei der Teilung der Aufwendungen, die für die mehrtägige Klassenfahrt entstehen, auf einen Zeitraum

von sechs Monaten ab Beginn des auf den Antrag folgenden Monats ergibt.

§ 6 Pauschbeträge für vom Einkommen abzusetzende Beträge

(1) Als Pauschbeträge sind abzusetzen

1. von dem Einkommen volljähriger Leistungsberechtigter ein Betrag in Höhe von 30 Euro monatlich für die Beiträge zu privaten Versicherungen nach § 11b Absatz 1 Satz 1 Nummer 3 des Zweiten Buches Sozialgesetzbuch, die nach Grund und Höhe angemessen sind,
2. von dem Einkommen Minderjähriger ein Betrag in Höhe von 30 Euro monatlich für die Beiträge zu privaten Versicherungen nach § 11b Absatz 1 Satz 1 Nummer 3 des Zweiten Buches Sozialgesetzbuch, die nach Grund und Höhe angemessen sind, wenn der oder die Minderjährige eine entsprechende Versicherung abgeschlossen hat,
3. von dem Einkommen Leistungsberechtigter monatlich ein Betrag in Höhe eines Zwölftels der zum Zeitpunkt der Entscheidung über den Leistungsanspruch nachgewiesenen Jahresbeiträge zu den gesetzlich vorgeschriebenen Versicherungen nach § 11b Absatz 1 Satz 1 Nummer 3 des Zweiten Buches Sozialgesetzbuch,
4. von dem Einkommen Leistungsberechtigter ein Betrag in Höhe von 3 Prozent des Einkommens, mindestens 5 Euro, für die zu einem geförderten Altersvorsorgevertrag entrichteten Beiträge nach § 11b Absatz 1 Satz 1 Nummer 4 des Zweiten Buches Sozialgesetzbuch; der Prozentwert mindert sich um 1,5 Prozentpunkte je zulageberechtigtes Kind im Haushalt der oder des Leistungsberechtigten,
5. von dem Einkommen Erwerbstätiger für die Beträge nach § 11b Absatz 1 Satz 1 Nummer 5 des Zweiten Buches Sozialgesetzbuch bei Benutzung eines Kraftfahrzeuges für die Fahrt zwischen Wohnung und Arbeitsstätte für Wegstrecken zur Ausübung der Erwerbstätigkeit 0,20 Euro für jeden Entfernungskilometer der kürzesten Straßenverbindung, soweit der oder die erwerbsfähige Leistungsberechtigte nicht höhere notwendige Ausgaben nachweist.

(2) Sofern die Berücksichtigung des Pauschbetrags nach Absatz 1 Nummer 5 im Vergleich zu den bei Benutzung eines zumutbaren öffentlichen Verkehrsmittels anfallenden Fahrtkosten unangemessen hoch ist, sind nur diese als Pauschbetrag abzusetzen.

(3) Für Mehraufwendungen für Verpflegung ist, wenn die erwerbsfähige leistungsberechtigte Person vorübergehend von seiner Wohnung und dem Mittelpunkt seiner dauerhaft angelegten Erwerbstätigkeit entfernt erwerbstätig ist, für jeden Kalendertag, an dem die erwerbsfähige leistungsberechtigte Person wegen dieser vorübergehenden Tätigkeit von seiner Wohnung und dem Tätigkeitsmittelpunkt mindestens zwölf Stunden abwesend ist, ein Pauschbetrag in Höhe von 6 Euro abzusetzen.

§ 7 Nicht zu berücksichtigendes Vermögen

(1) Außer dem in § 12 Abs. 3 des Zweiten Buches Sozialgesetzbuch genannten Vermögen sind Vermögensgegenstände nicht als Vermögen zu berücksichtigen, die zur Aufnahme oder Fortsetzung der Berufsausbildung oder der Erwerbstätigkeit unentbehrlich sind.

(2) Bei der § 9 Abs. 5 des Zweiten Buches Sozialgesetzbuch zu Grunde liegenden Vermutung, dass Verwandte und Verschwägerte an mit ihnen in Haushaltsgemeinschaft lebende Leistungsberechtigte Leistungen erbringen, ist Vermögen nicht zu berücksichtigen, das nach § 12 Abs. 2 des Zweiten Buches Sozialgesetzbuch abzusetzen oder nach § 12 Abs. 3 des Zweiten Buches Sozialgesetzbuch nicht zu berücksichtigen ist.

§ 8 Wert des Vermögens

Das Vermögen ist ohne Rücksicht auf steuerrechtliche Vorschriften mit seinem Verkehrswert zu berücksichtigen.

§ 9 Übergangsvorschrift

§ 6 Absatz 1 Nummer 3 und 4 in der ab dem 1. August 2016 geltenden Fassung ist erstmals anzuwenden für Bewilligungszeiträume, die nach dem 31. Juli 2016 begonnen haben.

§ 10 Inkrafttreten, Außerkrafttreten

1Diese Verordnung tritt am 1. Januar 2008 in Kraft. 2Gleichzeitig tritt die Arbeitslosengeld II/Sozialgeld-Verordnung vom 20. Oktober 2004 (BGBl. I S. 2622), zuletzt geändert durch Artikel 3 Abs. 3 der Verordnung vom 21. Dezember 2006 (BGBl. I S. 3385), außer Kraft.

V

Blindenhilfe, weiterführende Hilfen in den Bundesländern

Gesetz über die Landesblindenhilfe (Blindenhilfegesetz – BliHG)

Vom 8. Februar 1972 (GBl. S. 56)

Zuletzt geändert durch
Gesetz zur Änderung des Blindenhilfegesetzes und zur Aufhebung der Medizinprodukte-Kostenverordnung
vom 18. Juli 2017 (GBl. S. 334)

Der Landtag hat am 19. Januar 1972 das folgende Gesetz beschlossen, das hiermit verkündet wird:

§ 1 Anspruchsvoraussetzungen

(1) Blinde, die das erste Lebensjahr vollendet und ihren gewöhnlichen Aufenthalt in Baden-Württemberg haben, oder nach der Verordnung (EG) Nr. 883/2004 des Europäischen Parlaments und des Rates vom 29. April 2004 zur Koordinierung der Systeme der sozialen Sicherheit (ABl. L 166 vom 30. April 2004, S. 1, zuletzt ber. ABl. L 204 vom 4. August 2007, S. 30), zuletzt geändert durch Verordnung (EU) Nr. 1244/2010 (ABl. L 338 vom 22. Dezember 2010, S. 35), in der jeweils geltenden Fassung anspruchsberechtigt sind, erhalten zum Ausgleich der durch die Blindheit bedingten Mehraufwendungen und Benachteiligungen eine Landesblindenhilfe. Blindengeld erhalten auch Blinde, die sich in Heimen oder gleichartigen Einrichtungen im übrigen Geltungsbereich des Grundgesetzes aufhalten, wenn sie zur Zeit der Aufnahme in die Einrichtung ihren gewöhnlichen Aufenthalt im Land Baden-Württemberg hatten und nicht nach der Regelung im Aufenthaltsland Blindengeld erhalten.

(2) Dieses Gesetz gilt auch für Personen,

1. deren Sehschärfe auf keinem Auge und auch nicht bei beidäugiger Prüfung mehr als 1/50 beträgt oder
2. bei denen durch Nr. 1 nicht erfaßte, nicht nur vorübergehende Störungen des Sehvermögens von einem solchen Schweregrad vorliegen, daß sie der Beeinträchtigung der Sehschärfe nach Nr. 1 gleichzuachten sind.

(3) Blinde haben keinen Anspruch auf Landesblindenhilfe, wenn sie

1. sich weigern, eine zumutbare Arbeit zu leisten oder sich zu einem angemessenen Beruf oder einer sonstigen angemessenen Tätigkeit ausbilden, fortbilden oder umschulen zu lassen,
2. eine Freiheitsstrafe verbüßen,
3. sich in Sicherungsverwahrung befinden,
4. auf Grund eines strafgerichtlichen Urteils in einem psychiatrischen Krankenhaus, einer Entziehungsanstalt oder auf Grund einer sonstigen richterlichen Entscheidung andernorts untergebracht sind.

§ 2 Höhe der Leistung

(1) Die Landesblindenhilfe wird Blinden nach Vollendung des 18. Lebensjahres in Höhe eines Betrages von 410 Euro monatlich, Blinden, die das 18. Lebensjahr noch nicht vollendet haben, in Höhe eines Betrages von 205 Euro monatlich gewährt.

(2) Die Landesblindenhilfe beträgt 50 vom Hundert der Beträge nach Absatz 1, wenn sich Blinde in einem Heim oder einer gleichartigen Einrichtung befinden und

1. Leistungen zur stationären Pflege nach § 43 des Elften Buches Sozialgesetzbuch (SGB XI) oder entsprechende Leistungen aus einem bestehenden Pflegeversicherungsvertrag mit einem privaten Versicherungsunternehmen oder entsprechende Leistungen nach beamtenrechtlichen Vorschriften gewährt werden oder
2. die Kosten des Aufenthalts ganz oder überwiegend aus Mitteln öffentlich-rechtlicher Leistungsträger getragen werden.

Dies gilt von dem ersten Tage des zweiten Monats an, der auf den Eintritt in die Einrichtung folgt, für jeden vollen Kalendermonat des Aufenthalts in der Einrichtung. Für jeden vol-

VI

len Tag vorübergehender Abwesenheit von der Einrichtung wird die Blindenhilfe in Höhe von je einem Dreißigstel des Betrages nach Absatz 1 gewährt, wenn die vorübergehende Abwesenheit länger als sechs volle zusammenhängende Tage dauert; der Betrag nach Satz 1 wird im gleichen Verhältnis gekürzt.

§ 3 Anrechnung von Pflegeleistungen bei pflegebedürftigen blinden Menschen und von sonstigen Leistungen

(1) Leistungen, die Blinden zum Ausgleich der durch die Blindheit bedingten Mehraufwendungen nach anderen Rechtsvorschriften zustehen, werden auf die Landesblindenhilfe angerechnet. Entsprechendes gilt insbesondere für Blindenhilfe, die nach den Vorschriften der anderen Bundesländer erbracht wird, und für vergleichbare Leistungen aus anderen Staaten.

VI

(2) Leistungen bei häuslicher Pflege nach den §§ 36 bis 39 SGB XI, bei teilstationärer Pflege nach § 41 SGB XI und bei Kurzzeitpflege nach § 42 SGB XI werden, auch soweit es sich um Sachleistungen handelt, bei Pflegegrad 2 mit 46 vom Hundert des Pflegegeldes dieses Pflegegrades und bei den Pflegegraden 3 bis 5 mit jeweils 33 vom Hundert des Pflegegeldes des Pflegegrades 3 nach § 37 Absatz 1 Satz 3 und Absatz 2 SGB XI angerechnet. Entsprechende Leistungen auf Grund eines Pflegeversicherungsvertrages mit einem privaten Versicherungsunternehmen werden höchstens in dem sich aus Satz 1 ergebenden Umfang angerechnet. Die Sätze 1 und 2 gelten auch für entsprechende Leistungen nach beamtenrechtlichen Vorschriften.

(3) Bei Minderjährigen verringert sich der nach Absatz 2 jeweils anzurechnende Betrag um 50 vom Hundert.

§ 3a Übergangsvorschrift

Leistungsbeziehende, bei denen sich die Landesblindenhilfe aufgrund der Änderung der Anrechnungsvorschriften von Pflegeleistungen nach § 3 Absatz 2 Satz 1 dieses Gesetzes in der Fassung vom 1. Januar 2017 vermindern würde, erhalten weiterhin den für Dezember 2016 rechtmäßig festgestellten Zahlbetrag, solange und soweit nach dem 1. Januar 2017 keine Erhöhung des Pflegegrades festgestellt wird, keine Aufnahme in eine Einrichtung erfolgt und die übrigen Anspruchsvoraussetzungen nach diesem Gesetz weiterhin vorliegen.

§ 4 Unübertragbarkeit, Unpfändbarkeit, Unvererblichkeit

Der Anspruch auf Landesblindenhilfe kann nicht übertragen, verpfändet oder gepfändet werden. Er ist nicht vererblich.

§ 5 Antragstellung, Beginn und Ende der Leistung

(1) Die Landesblindenhilfe wird auf Antrag gewährt. Ändert sich die Zuständigkeit des örtlichen Trägers der Sozialhilfe durch Aufenthaltswechsel des Berechtigten innerhalb des Geltungsbereiches dieses Gesetzes, so bedarf es keines neuen Antrags; die Leistungspflicht des bis zum Aufenthaltswechsel zuständigen örtlichen Trägers der Sozialhilfe endet mit Ablauf des Monats, der auf den Monat des Aufenthaltswechsels folgt.

(2) Die Gewährung der Landesblindenhilfe beginnt mit dem ersten Tag des Monats, in dem die Voraussetzungen erfüllt sind, frühestens jedoch mit dem ersten Tag des Antragsmonats.

(3) Eine Änderung oder Einstellung der Zahlung der Landesblindenhilfe wird mit Ablauf des Monats wirksam, in dem die Voraussetzungen sich geändert haben oder weggefallen sind. § 2 Abs. 2 bleibt unberührt. Überzahlte Beträge sind anzurechnen oder einzuziehen. Auf die Rückforderung kann verzichtet werden, wenn sie zu einer unbilligen Härte führen würde.

(4) Werden Leistungen, die nach § 3 auf die Landesblindenhilfe anzurechnen sind, nachgezahlt, so hat der Blinde die überzahlten Beträge der Landesblindenhilfe zurückzuerstatten.

§ 6 Anzeigepflichten der Leistungsempfänger

(1) Leistungsempfänger haben jede Änderung der Tatsachen, die für die Gewährung

der Landesblindenhilfe maßgebend sind, unverzüglich anzuzeigen. Bei Beschränkung der Geschäftsfähigkeit trifft die Verpflichtung die gesetzliche Vertretung.

(2) Verstoßen Leistungsempfänger vorsätzlich gegen die nach Absatz 1 Satz 1 obliegende Verpflichtung, so kann die Landesblindenhilfe gekürzt oder entzogen werden.

§ 7 Zuständigkeit

(1) Die Aufgaben nach diesem Gesetz obliegen den örtlichen Trägern der Sozialhilfe.

(2) Zuständig ist der Träger der Sozialhilfe, in dessen Bereich die blinde Person ihren gewöhnlichen Aufenthalt hat. Hält sich die blinde Person in einem Heim oder einer gleichartigen Einrichtung im Geltungsbereich des Grundgesetzes auf, so ist der Träger der Sozialhilfe zuständig, in dessen Bereich sie im Zeitpunkt der Aufnahme ihren gewöhnlichen Aufenthalt hatte oder in den zwei Monaten vor der Aufnahme zuletzt gehabt hatte. Bei Übertritten von einer solchen Einrichtung in eine andere ist der gewöhnliche Aufenthalt entscheidend, der für die erste Einrichtung maßgebend war. Ist ein gewöhnlicher Aufenthalt nach Satz 2 und 3 nicht vorhanden oder nicht zu ermitteln oder liegt er außerhalb des Geltungsbereiches dieses Gesetzes, findet Satz 1 Anwendung. Die Unterbringung von Kindern und Jugendlichen in einer anderen Familie oder bei anderen Personen als bei ihren Eltern oder bei einem Elternteil ist dem Aufenthalt in einer Einrichtung gleichgestellt. Der auf richterlich angeordneter Freiheitsentziehung beruhende Aufenthalt in einer Vollzugsanstalt begründet keinen gewöhnlichen Aufenthalt. Wird ein Kind in einer Einrichtung geboren, tritt an die Stelle seines gewöhnlichen Aufenthalts der gewöhnliche Aufenthalt der Mutter. Hält sich die blinde Person in einer ambulant betreuten Wohnmöglichkeit im Sinne des § 98 Absatz 5 des Zwölften Buches Sozialgesetzbuch auf, gilt § 98 Absatz 5 des Zwölften Buches Sozialgesetzbuch entsprechend. Liegt der nach Satz 8 ermittelte Träger nicht im Geltungsbereich dieses Gesetzes, findet Satz 1 Anwendung. Gründet sich der Anspruch auf die zweite Alternative des § 1 Absatz 1 Satz 1, ist der Träger der Sozialhilfe zuständig, in dessen Bereich die Beschäftigung oder die selbstständige Tätigkeit schwerpunktmäßig stattfindet.

§ 8 Verfahren

(1) Soweit dieses Gesetz keine abweichende Regelung enthält, findet das Erste Buch Sozialgesetzbuch und das Zehnte Buch Sozialgesetzbuch entsprechende Anwendung.

(2) Über Streitigkeiten in Angelegenheiten dieses Gesetzes entscheiden die Gerichte der Sozialgerichtsbarkeit.

§ 9 (Inkrafttreten)

Dieses Gesetz tritt am 1. Januar 1972 in Kraft.

Bayerisches Blindengeldgesetz (BayBlindG)

Vom 7. April 1995 (GVBl. S. 150)

Zuletzt geändert durch
2. Nachtragshaushaltsgesetz 2018
vom 24. Juli 2018 (GVBl. S. 613)

Der Landtag des Freistaates Bayern hat das folgende Gesetz beschlossen, das nach Anhörung des Senats hiermit bekanntgemacht wird:

Art. 1 Anspruch

(1) Blinde und hochgradig sehbehinderte Menschen erhalten auf Antrag, soweit sie ihren Wohnsitz oder gewöhnlichen Aufenthalt im Freistaat Bayern haben oder soweit die Verordnung (EG) Nr. 883/2004 dies vorsieht, zum Ausgleich der durch diese Behinderungen bedingten Mehraufwendungen ein monatliches Blindengeld.

(2) $_1$Blind ist, wem das Augenlicht vollständig fehlt. $_2$Als blind gelten auch Personen,

1. deren Sehschärfe auf keinem Auge und auch beidäugig nicht mehr als 1/50 beträgt oder
2. bei denen durch Nummer 1 nicht erfaßte Störungen des Sehvermögens von einem solchen Schweregrad bestehen, daß sie der Beeinträchtigung der Sehschärfe nach Nummer 1 gleichzuachten sind.

(3) Hochgradig sehbehindert ist, wer nicht blind im Sinne von Abs. 2 ist und

1. wessen Sehschärfe auf keinem Auge und auch beidäugig nicht mehr als 1/20 beträgt oder
2. wer so schwere Störungen des Sehvermögens hat, dass sie einen Grad der Behinderung von 100 nach dem SGB IX bedingen.

(4) Taub im Sinne dieses Gesetzes sind Personen mit einem Hörverlust von mindestens 80 %.

(5) $_1$Vorübergehende Seh- oder Hörstörungen sind nicht zu berücksichtigen. $_2$Als vorübergehend gilt ein Zeitraum bis zu sechs Monaten.

Art. 2 Höhe der Leistung

(1) $_1$Blinden Menschen wird monatlich ein Blindengeld in Höhe von 85 % des sich jeweils aus § 72 Abs. 2 SGB XII für Volljährige ergebenden Betrags gezahlt; ein nicht auf volle Euro errechneter Betrag ist von 0,50 € an aufzurunden und im Übrigen abzurunden. $_2$Hochgradig sehbehinderte Menschen erhalten monatlich 30 % des Betrages nach Satz 1. $_3$Menschen, die zusätzlich taub sind, erhalten jeweils den doppelten Betrag nach Satz 1 oder 2.

(2) $_1$Bei Berechtigten, die in einem Heim oder einer gleichartigen Einrichtung leben und bei denen die Kosten des Aufenthalts ganz oder teilweise aus Mitteln öffentlich-rechtlicher Leistungsträger getragen werden oder die Mittel einer privaten Pflegeversicherung im Sinne des SGB XI in Anspruch nehmen, verringert sich das Blindengeld um den aus diesen Mitteln übernommenen Betrag, höchstens jedoch um 50 %. $_2$Die Regelung nach Satz 1 gilt vom ersten Tag des übernächsten Monats an, der auf den Eintritt in die Einrichtung folgt, für jeden vollen Kalendermonat des Aufenthalts.

(3) $_1$Für jeden vollen Tag vorübergehender Abwesenheit von der Einrichtung wird Blindengeld in Höhe von je einem Dreißigstel des Betrags nach Absatz 1 gewährt, wenn die vorübergehende Abwesenheit länger als sechs volle zusammenhängende Tage dauert. $_2$Der Betrag nach Absatz 2 wird im gleichen Verhältnis gekürzt.

Art. 3 Ausgeschlossener Personenkreis

(1) Keinen Anspruch nach diesem Gesetz haben Personen, die Leistungen wegen ihrer Sehbehinderung erhalten

1. nach dem Bundesversorgungsgesetz oder nach den Gesetzen, die eine entsprechende Anwendung des Bundesversorgungsgesetzes vorsehen,

2. aus der gesetzlichen Unfallversicherung,
3. aus öffentlichen Kassen auf Grund gesetzlich geregelter Unfallversorgung oder Unfallfürsorge oder
4. nach einer den Nrn. 1 bis 3 entsprechenden ausländischen Rechtsvorschrift.

(2) Abs. 1 Nr. 1 findet keine Anwendung, soweit ergänzende Blindenhilfe nach § 27d des Bundesversorgungsgesetzes gezahlt wird.

Art. 4 Anrechnung von Pflegeleistungen und von sonstigen Leistungen

(1) 1Leistungen nach dem SGB XI bei häuslicher Pflege werden auf das Blindengeld angerechnet. 2Bei Pflegebedürftigkeit nach § 15 Abs. 3 Satz 4 Nr. 2 SGB XI (Pflegegrad 2) werden 46 % des Betrags nach § 37 Abs. 1 Satz 3 Nr. 1 SGB XI angerechnet, in den übrigen Fällen (Pflegegrade 3 bis 5) 33 % des Betrags nach § 37 Abs. 1 Satz 3 Nr. 2 SGB XI. 3Besteht der Anspruch auf Leistungen bei häuslicher Pflege nicht für den vollen Kalendermonat, gilt § 37 Abs. 2 SGB XI entsprechend.

(2) 1Erhalten Berechtigte Leistungen nach dem SGB XI aus einer privaten Pflegeversicherung, wird an Stelle des Betrags nach Art. 2 Abs. 1 der Betrag gezahlt, der sich durch die Anwendung des Absatzes 1 ergibt. 2Leistungen wegen Pflegebedürftigkeit nach sonstigen inländischen oder nach ausländischen Rechtsvorschriften werden auf das Blindengeld wie das Pflegegeld nach § 37 Abs. 1 Satz 3 Nr. 1 SGB XI mit 46 % angerechnet; dies gilt nicht für Leistungen nach Art. 2 des Bayerischen Landespflegegeldgesetzes.

(3) Leistungen zum Ausgleich der in Art. 1 Abs. 1 genannten Mehraufwendungen nach sonstigen inländischen oder nach ausländischen Rechtsvorschriften werden auf das Blindengeld angerechnet.

(4) Errechnet sich durch die Anrechnung nach den Abs. 1 bis 3 ein geringerer monatlicher Zahlbetrag als 20 €, wird ein Blindengeld in Höhe von 20 € monatlich gezahlt.

Art. 5 Beginn und Ende der Leistung

1Der Anspruch auf Blindengeld entsteht mit dem ersten Tag des Monats, in dem die Voraussetzungen nach diesem Gesetz vorliegen, frühestens mit dem ersten Tag des Antragsmonats; das Blindengeld wird monatlich im voraus gezahlt. 2Der Anspruch auf Blindengeld entfällt mit Ablauf des Monats, in dem die Voraussetzungen weggefallen sind.

Art. 6 Zuständigkeit

Zuständig für den Vollzug dieses Gesetzes ist das Zentrum Bayern Familie und Soziales.

Art. 7 Verfahren

(1) 1Das SGB I und das SGB X finden Anwendung, soweit dieses Gesetz keine abweichende Regelung enthält. 2Abweichend von § 45 Abs. 3 Satz 1 des SGB X kann ein rechtswidriger begünstigender Verwaltungsakt mit Dauerwirkung bis zum Ablauf von vier Jahren nach seiner Bekanntgabe zurückgenommen werden.

(2) § 118 Abs. 3 bis 4a SGB VI gelten entsprechend.

(3) 1Für Streitigkeiten in Angelegenheiten dieses Gesetzes ist der Rechtsweg zu den Sozialgerichten gegeben. 2Soweit das Sozialgerichtsgesetz besondere Vorschriften für die Kriegsopferversorgung enthält, gelten diese auch für Streitigkeiten nach Satz 1.

Art. 8 Übergangsvorschrift

1Wer im Dezember 2016 gleichzeitig Anspruch auf Blindengeld und auf Pflegegeld der Pflegestufe I sowie auf verbesserte Pflegeleistungen für Personen mit erheblich eingeschränkter Alltagskompetenz nach dem SGB XI hatte, erhält das Blindengeld weiterhin in der im Dezember 2016 gezahlten Höhe, solange er nach Art. 1 anspruchsberechtigt ist. 2Allgemeine Anhebungen des Blindengelds nach Art. 2 Abs. 1 Satz 1 kommen ihm erst zugute, wenn und soweit sich danach auch unter Berücksichtigung von Anrechnungen nach Art. 4 Abs. 1 Satz 2 Alternative 2 ein höherer Auszahlungsbetrag ergäbe.

Art. 9 Inkrafttreten

Dieses Gesetz tritt mit Wirkung vom 1. April 1995 in Kraft.

Landespflegegeldgesetz (LPflGG)

Vom 17. Dezember 2003 (GVBl. S. 606)

Zuletzt geändert durch
Berliner Teilhabegesetz
vom 25. September 2019 (GVBl. S. 602)

Das Abgeordnetenhaus hat das folgende Gesetz beschlossen:

§ 1

(1) Blinde, Taubblinde, hochgradig Sehbehinderte und Gehörlose, die ihren Wohnsitz und gewöhnlichen Aufenthalt im Land Berlin haben oder nach der Verordnung (EG) Nr. 883/2004 des Europäischen Parlaments und des Rates vom 29. April 2004 zur Koordinierung der Systeme der sozialen Sicherheit (ABl. L 166 vom 30. 4. 2004, S. 1, L 200 vom 7. 6. 2004, S. 1, L 204 vom 4. 8. 2007, S. 30), die zuletzt durch Artikel 1 der Verordnung (EU) Nr. 1244/210 (ABl. L 338 vom 22. 12. 2010, S. 35) geändert worden ist, oder der Verordnung (EU) Nr. 1231/2010 des Europäischen Parlaments und des Rates vom 24. November 2010 (ABl. L 344 vom 29. 12. 2010, S. 1) in der jeweils geltenden Fassung anspruchsberechtigt sind, erhalten vom vollendeten ersten Lebensjahr an auf Antrag Leistungen zum Ausgleich der durch die Blindheit, Taubblindheit, hochgradige Sehbehinderung oder Gehörlosigkeit bedingten Mehraufwendungen (Pflegegeld) nach diesem Gesetz.

(2) Blinde im Sinne des Absatzes 1 sind Personen, denen das Augenlicht vollständig fehlt. Als blind sind auch diejenigen Personen anzusehen, deren Sehschärfe auf keinem Auge und auch nicht bei beidäugiger Prüfung mehr als ein Fünfzigstel beträgt oder bei denen andere Störungen des Sehvermögens von einem solchen Schweregrad vorliegen, dass sie dieser Beeinträchtigung der Sehschärfe gleich zu achten sind.

(3) Als taubblind im Sinne von Absatz 1 gilt, wer das Merkzeichen nach § 3 Absatz 1 Nummer 8 der Schwerbehindertenausweisverordnung zuerkannt bekommen hat.

(4) Hochgradig Sehbehinderte im Sinne des Absatzes 1 sind Personen, deren Sehschärfe auf keinem Auge und auch nicht bei beidäugiger Prüfung mehr als ein Zwanzigstel beträgt oder bei denen andere hinsichtlich des Schweregrades gleich zu achtende Störungen der Sehfunktion vorliegen. Dies ist der Fall, wenn die Einschränkung des Sehvermögens einen Grad der Behinderung von 100 vom Hundert bedingt und noch nicht Blindheit vorliegt.

(5) Gehörlose im Sinne des Absatzes 1 sind Personen mit angeborener oder bis zum siebenten Lebensjahr erworbener Taubheit oder an Taubheit grenzender Schwerhörigkeit. Personen, die erst später die Taubheit oder an Taubheit grenzende Schwerhörigkeit erworben haben, gelten nur dann als Gehörlose im Sinne des Absatzes 1, wenn der Grad der Behinderung wegen schwerer Sprachstörungen mehr als 90 vom Hundert beträgt.

§ 2

(1) Das Pflegegeld wegen Blindheit beträgt 80 vom Hundert der Blindenhilfe, die nach § 72 Abs. 2 des Zwölften Buches Sozialgesetzbuch für Blinde nach Vollendung des 18. Lebensjahres vorgesehen ist. Liegt Taubblindheit im Sinne von § 1 Absatz 3 vor, ist Pflegegeld in Höhe von 1189 Euro zu gewähren.

(2) Das Pflegegeld wegen hochgradiger Sehbehinderung oder Gehörlosigkeit beträgt 20 vom Hundert der Blindenhilfe, die nach § 72 Abs. 2 des Zwölften Buches Sozialgesetzbuch für Blinde nach Vollendung des 18. Lebensjahres vorgesehen ist. Liegen eine hochgradige Sehbehinderung und Gehörlosigkeit gleichzeitig vor, ist das Pflegegeld nach Satz 1 zu verdoppeln.

§ 3

(1) Leistungen nach diesem Gesetz sind keine Leistungen der Sozialhilfe; sie werden unbe-

schadet des sonstigen Einkommens und Vermögens gewährt.

(2) Pflegegeld nach diesem Gesetz wird nicht gewährt, wenn die Blindheit, Taubblindheit, hochgradige Sehbehinderung oder Gehörlosigkeit die Folge einer gesundheitlichen Schädigung ist, für welche die Gewährung eines Pflegegeldes oder einer gleichartigen Leistung durch Bundesrecht abschließend geregelt ist.

(3) Leistungen, auf die die oder der Berechtigte zum Ausgleich der durch die Blindheit, Taubblindheit, hochgradige Sehbehinderung oder Gehörlosigkeit bedingten Mehraufwendungen aus anderen Rechtsgründen einen Anspruch hat, werden auf das Pflegegeld nach diesem Gesetz angerechnet.

(4) Soweit Berechtigte Geld- oder Sachleistungen bei häuslicher Pflege nach den §§ 36 bis 38, Verhinderungspflege nach § 39, teilstationäre Pflege nach § 41 oder Kurzzeitpflege nach § 42 des Elften Buches Sozialgesetzbuch erhalten, werden diese bei Anerkennung des Pflegegrades 2 nach § 15 Absatz 3 Satz 4 Nummer 2 des Elften Buches Sozialgesetzbuch mit 46 vom Hundert des Pflegegeldes des Pflegegrades 2 nach § 37 Absatz 1 Satz 3 Nummer 1 des Elften Buches Sozialgesetzbuch und bei Anerkennung des Pflegegrades 3, 4 oder 5 nach § 15 Absatz 3 Satz 4 Nummer 3, 4 oder 5 des Elften Buches Sozialgesetzbuch mit 33 vom Hundert des Pflegegeldes des Pflegegrades 3 nach § 37 Absatz 1 Satz 3 Nummer 2 des Elften Buches Sozialgesetzbuch angerechnet, höchstens jedoch mit 50 Prozent des nach § 2 jeweils gewährten Betrages. Gleiches gilt für entsprechende Leistungen aus einem privaten Pflegeversicherungsvertrag nach § 23 des Elften Buches Sozialgesetzbuch und nach beamtenrechtlichen Vorschriften.

§ 4

(1) Befinden sich Blinde oder Taubblinde länger als einen Monat in einer Einrichtung im Sinne des § 72 Abs. 3 des Zwölften Buches Sozialgesetzbuch, ruht das Pflegegeld nach § 1 Abs. 1 in Verbindung mit § 2 Abs. 1 mit Ablauf des Monats der Aufnahme in die Einrichtung, wenn die Kosten des Aufenthalts oder der Pflege und Betreuung ganz oder teilweise von einem öffentlich-rechtlichen Kostenträger oder einem Pflegeversicherung betreibenden Versicherungsunternehmen nach den Vorschriften des Elften Buches Sozialgesetzbuch getragen werden. Mit Beginn des Monats, der dem Aufnahmemonat folgt, ist Pflegegeld in Höhe von 50 vom Hundert des Pflegegeldes nach § 2 Abs. 1 zu gewähren. Das Pflegegeld nach § 1 Abs. 1 in Verbindung mit § 2 Abs. 1 lebt mit Beginn des Entlassungsmonats wieder auf.

(2) Für hochgradig Sehbehinderte und Gehörlose in Einrichtungen im Sinne des § 72 Abs. 3 des Zwölften Buches Sozialgesetzbuch gilt Absatz 1 entsprechend mit der Maßgabe, dass mit Beginn des Monats, der dem Aufnahmemonat folgt, 50 vom Hundert des Pflegegeldes nach § 2 Abs. 2 gewährt werden.

§ 5

(1) Leistungen nach § 1 Abs. 1 werden vom Ersten des Monats, in dem die Voraussetzungen erfüllt sind, frühestens jedoch vom Ersten des Antragsmonats an gewährt.

(2) Eine durch Besserung des Gesundheitszustandes bedingte Minderung oder Entziehung des Pflegegeldes nach diesem Gesetz tritt mit Ablauf des Monats ein, der auf die Bekanntgabe des die Änderung aussprechenden Bescheides folgt. Im Übrigen tritt eine Minderung oder Entziehung der Leistungen nach § 1 Abs. 1 und § 8 mit Ablauf des Monats ein, in dem die Voraussetzungen für ihre Gewährung weggefallen sind. Werden anzurechnende Leistungen (§ 3 Abs. 3 und 4) nachgezahlt, so ist der Zeitpunkt des rückwirkenden Einsetzens der Nachzahlung maßgebend.

§ 6

(1) Die Übertragung, Verpfändung oder Pfändung des Anspruchs auf Leistungen nach § 1 Abs. 1 und § 8 ist ausgeschlossen.

(2) Mit Leistungen nach § 1 Abs. 1 und § 8 dürfen verrechnet werden

1. Beträge, die wegen zu Unrecht gewährter Leistungen nach diesem Gesetz gemäß den §§ 45 und 50 des Zehnten Buches Sozialgesetzbuch zu erstatten sind,

2. Überzahlungen, die durch nachträgliche Gewährung anzurechnender Leistungen (§ 3 Abs. 3 und 4) entstanden sind,
3. die nach § 19 Abs. 5 des Zwölften Buches Sozialgesetzbuch zu ersetzenden Beträge, soweit die Sozialhilfeleistungen für Pflegebedarf gewährt worden sind, für den das Pflegegeld bestimmt ist.

§ 7

Ist beim Tode der oder des Berechtigten das Pflegegeld noch nicht ausgezahlt, so erlischt der Anspruch. In Höhe des nicht ausgezahlten Pflegegeldes wird dem überlebenden Ehegatten oder dem Lebenspartner im Sinne des Lebenspartnerschaftsgesetzes vom 16. Februar 2001 (BGBl. I S. 266), geändert durch Artikel XI des Gesetzes vom 11. Dezember 2001 (BGBl. I S. 3513), den Kindern, den Eltern oder den Geschwistern für den Zeitraum Pflegegeld gewährt, in dem sie die oder den Berechtigten überwiegend allein gepflegt oder betreut haben; sind die Kosten der Pflege beziehungsweise Betreuung ganz oder teilweise übernommen worden, so wird Pflegegeld in Höhe der übernommenen Kosten, höchstens jedoch in Höhe des nicht ausgezahlten Betrages gewährt. Unter denselben Voraussetzungen ist auch anderen Personen das Pflegegeld zu gewähren, wenn eine bezugsberechtigte Person im Sinne des Satzes 2 nicht vorhanden ist.

§ 8

(1) Hilflose, die am 31. März 1995 einen Anspruch auf Pflegegeld nach § 2 Abs. 3 des Gesetzes über Pflegeleistungen in der Fassung vom 14. Juli 1986 (GVBl. S. 1106, 1987 S. 1064), das zuletzt durch Artikel IX des Gesetzes vom 26. Januar 1993 (GVBl. S. 40) geändert worden ist, hatten, erhalten das Pflegegeld weiter, wenn die Hilflosigkeit andauert und die sonstigen Vorschriften dieses Gesetzes den Leistungsbezug nicht ausschließen. Soweit Hilflose Geld- oder Sachleistungen bei häuslicher Pflege nach den §§ 36 bis 38, Verhinderungspflege nach § 39, teilstationäre Pflege nach § 41 oder Kurzzeitpflege nach § 42 des Elften Buches Sozialgesetzbuch erhalten, werden diese Leistungen in Höhe des Pflegegeldes nach § 37 Absatz 1 Satz 3 des Elften Buches Sozialgesetzbuch angerechnet, das dem jeweils anerkannten Pflegegrad nach § 15 Absatz 3 Satz 4 des Elften Buches Sozialgesetzbuch entspricht. Eine Anrechnung erfolgt nicht bei Hilflosen, für die der Pflegegrad 1 nach § 15 Absatz 3 Satz 4 Nummer 1 des Elften Buches Sozialgesetzbuch anerkannt ist. Gleiches gilt für entsprechende Leistungen aus einem privaten Pflegeversicherungsvertrag nach § 23 des Elften Buches Sozialgesetzbuch und gemäß beamtenrechtlichen Vorschriften. Hilflose, die am 31. März 1995 ihren Wohnsitz und gewöhnlichen Aufenthalt in dem Teil des Landes Berlin hatten, in dem das Grundgesetz erst seit dem 3. Oktober 1990 gilt, werden so behandelt, als hätten sie einen Anspruch auf Pflegegeld in der Höhe, wie sie in § 2 Abs. 3 des Gesetzes über Pflegeleistungen in der in Satz 1 genannten Fassung festgesetzt ist.

(2) Blinden und hochgradig Sehbehinderten, die bis zum Außerkrafttreten des Gesetzes über Pflegeleistungen vom 22. Dezember 1994 (GVBl. S. 520), zuletzt geändert durch Artikel IX des Gesetzes vom 16. Juli 2001 (GVBl. S. 260), einen Anspruch auf erhöhtes Pflegegeld wegen zusätzlicher Hilflosigkeit nach § 2 Abs. 1 und 2 des Gesetzes über Pflegeleistungen in der in Halbsatz 1 genannten Fassung hatten und die zugleich am 31. März 1995 einen Anspruch auf erhöhtes Pflegegeld wegen zusätzlicher Hilflosigkeit nach § 2 Abs. 2 Satz 2 des Gesetzes über Pflegeleistungen in der in Absatz 1 Satz 1 genannten Fassung hatten, ist mindestens ein Pflegegeld in Höhe des sich bei entsprechender Anwendung des Absatzes 1 ergebenden Betrages zu gewähren. Dasselbe gilt für Gehörlose, die am 31. März 1995 einen Anspruch auf Pflegegeld wegen Hilflosigkeit nach § 2 Abs. 3 des Gesetzes über Pflegeleistungen in der in Absatz 1 Satz 1 genannten Fassung hatten. Sollte sich nach der neuen Rechtslage ein höherer Pflegegeldbetrag ergeben, ist dieser zu gewähren.

(3) Für das Pflegegeld nach den Absätzen 1 und 2 gilt § 4 Abs. 1 Satz 1 und 3 entsprechend.

(4) Für das Pflegegeld nach den Absätzen 1 und 2 ist eine Anhebung der Pflegestufe ausgeschlossen. Tritt eine dauerhafte Verbesserung des Gesundheitszustandes ein, die eine Absenkung der Pflegestufe oder den Entzug der Leistungen rechtfertigt, ist der Pflegegeldanspruch entsprechend zu mindern oder zu entziehen.

(5) Personen, die Berechtigte nach den Absätzen 1 oder 2 mit einem Anspruch auf Pflegegeld der Stufen IV bis VI überwiegend alleine pflegen (Pflegepersonen) und denen bis zum Außerkrafttreten des Gesetzes über Pflegeleistungen vom 22. Dezember 1994 (GVBl. S. 520), zuletzt geändert durch Artikel IX des Gesetzes vom 16. Juli 2001 (GVBl. S. 260), Beiträge zu einer privaten Lebensversicherung nach § 8 Abs. 4 des Gesetzes über Pflegeleistungen in der im ersten Halbsatz genannten Fassung erstattet wurden, erhalten bei Vorliegen der sonstigen Voraussetzungen dieses Gesetzes die Leistungen weiter, wenn die Umwandlung der Lebensversicherung in eine prämienfreie Versicherung von dem Versicherer noch nicht verlangt werden kann, weil die dafür vereinbarte Mindestrente noch nicht erreicht worden ist. Pflegepersonen, denen bis zum Außerkrafttreten des Gesetzes über Pflegeleistungen in der in Satz 1 genannten Fassung freiwillige Beiträge zur gesetzlichen Rentenversicherung nach § 2a des Gesetzes über Pflegeleistungen in der in Satz 1 genannten Fassung gewährt wurden, erhalten bei Vorliegen der sonstigen Voraussetzungen dieses Gesetzes die Leistungen bis zur Erfüllung der allgemeinen Wartezeit von fünf Jahren für einen Anspruch auf Regelaltersrente nach § 50 Abs. 1 Nr. 1 des Sechsten Buches Sozialgesetzbuch weiter.

§ 9

Soweit dieses Gesetz nichts anderes bestimmt, gelten die Vorschriften des Ersten und Zehnten Buches Sozialgesetzbuch entsprechend.

§ 10

Die für das Sozialwesen zuständige Senatsverwaltung wird ermächtigt, die zur Ausführung dieses Gesetzes erforderlichen Verwaltungsvorschriften zu erlassen.

§ 11

(1) Die mit der Durchführung dieses Gesetzes befassten Behörden und sonstigen öffentlichen Stellen dürfen personenbezogene Daten verarbeiten, soweit dies zur Erfüllung ihrer Aufgaben nach diesem Gesetz erforderlich ist. Die für das Sozialwesen zuständige Senatsverwaltung wird ermächtigt, durch Rechtsverordnung nähere Regelungen über die Verarbeitung personenbezogener Daten zu treffen, insbesondere über Art und Umfang der Daten, ihre Verarbeitung in Dateien und auf sonstigen Datenträgern, ihre Löschung sowie die Datensicherung.

(2) Zur Durchführung der Aufgaben nach diesem Gesetz durch die in Absatz 1 genannten Stellen gilt § 5 Absatz 1 des Gesetzes zur Ausführung des Zwölften Buches Sozialgesetzbuch entsprechend.

(3) Die für Sozialwesen zuständige Senatsverwaltung bestimmt das für die Leistungsgewährung nach diesem Gesetz landeseinheitlich einzusetzende ITFachverfahren. Sie kann zur Gewährleistung der Einheitlichkeit und Sicherheit des Verfahrensbetriebs und zur Gewährleistung statistischer Erhebungen die Verfahrensverantwortung für das IT-Fachverfahren ganz oder in Teilen wahrnehmen und das Verfahren unter Beachtung der Vorgaben der für die IKTSteuerung zuständigen Senatsverwaltung bereitstellen.

(4) Zur Gewährleistung des Datenschutzes gilt bei der Durchführung der Aufgaben nach diesem Gesetz durch die in Absatz 1 genannten Stellen § 6 Absatz 2 des Gesetzes zur Ausführung des Zwölften Buches Sozialgesetzbuch entsprechend.

§ 12

Dieses Gesetz tritt am ersten Tage des auf die Verkündung im Gesetz- und Verordnungsblatt für Berlin folgenden Kalendermonats in Kraft. Gleichzeitig tritt das Gesetz über Pflegeleistungen vom 22. Dezember 1994 (GVBl. S. 520), zuletzt geändert durch Artikel IX des Gesetzes vom 16. Juli 2001 (GVBl. S. 260), außer Kraft.

Gesetz über die Leistung von Pflegegeld an Schwerbehinderte, Blinde und Gehörlose (Landespflegegeldgesetz – LPflGG)

in der Fassung der Bekanntmachung vom 11. Oktober 1995 (GVBl. I S. 259)

Zuletzt geändert durch
Gesetz zur Umsetzung des Bundesteilhabegesetzes
vom 18. Dezember 2018 (GVBl. I Nr. 38)

§ 1 Anspruch

(1) Schwerbehinderte, blinde und gehörlose Menschen mit gewöhnlichem Aufenthalt im Lande Brandenburg haben nach Vollendung des ersten Lebensjahres zum Ausgleich der durch ihre Behinderung bedingten Mehraufwendungen ohne Rücksicht auf Einkommen und Vermögen einen Anspruch auf Pflegegeld. Der Anspruch kann nicht übertragen, verpfändet oder gepfändet werden.

(2) Pflegegeld erhalten auch Personen gemäß § 2, die nach der Verordnung (EG) Nr. 883/2004 des Europäischen Parlaments und des Rates vom 29. April 2004 zur Koordinierung der Systeme der sozialen Sicherheit (ABl. L 166 vom 30. 4. 2004, S. 1, L 200 S. 1, L 204 vom 4. 8. 2007, S. 30), die zuletzt durch die Verordnung (EU) Nr. 1244/2010 (ABl. L 338 vom 22. 12. 2010, S. 35) geändert worden ist, in der jeweils geltenden Fassung anspruchsberechtigt sind sowie Bürgerinnen und Bürger aus Vertragsstaaten des Europäischen Wirtschaftsraums und der Schweiz, wenn dieselben Voraussetzungen erfüllt sind.

(3) Asylbewerber und ihre Familienangehörigen, soweit sie nicht Deutsche im Sinne des Artikels 116 Abs. 1 des Grundgesetzes sind, haben bis zum rechtskräftigen Abschluß des Asylverfahrens keinen Anspruch. Sie haben außerdem keinen Anspruch, wenn sie nach rechtskräftiger Ablehnung des Asylantrages ausgewiesen oder abgeschoben werden können.

§ 2 Anspruchsberechtigte Personen

Anspruchsberechtigte im Sinne dieses Gesetzes sind

1. Personen ohne Anspruch auf Leistungen nach dem Elften Buch Sozialgesetzbuch
   a) mit Verlust beider Beine im Oberschenkelbereich oder beider Hände,
   b) mit Lähmungen oder gleichartigen Behinderungen,

   wenn dadurch auf Dauer, voraussichtlich für mindestens sechs Monate, Betreuungsbedarf zur Sicherung der körperlichen Mobilität und hauswirtschaftlichen Versorgung besteht;
2. blinde Menschen und ihnen nach § 72 Absatz 5 des Zwölften Buches Sozialgesetzbuch gleichgestellte Personen;
3. Gehörlose Menschen ohne Anspruch auf Leistungen nach dem Elften Buch Sozialgesetzbuch mit angeborener oder bis zum 7. Lebensjahr erworbener Taubheit oder an Taubheit grenzender Schwerhörigkeit. Personen, die erst später die Taubheit oder an Taubheit grenzende Schwerhörigkeit erworben haben, gelten nur dann als gehörlos im Sinne dieses Gesetzes, wenn der Grad der Behinderung wegen schwerer Sprachstörungen 100 vom Hundert beträgt.

§ 3 Höhe des Pflegegeldes

(1) Das Pflegegeld beträgt je Kalendermonat

1. für anspruchsberechtigte Menschen nach § 2 Nummer 1
   a) 177,60 Euro ab 1. Januar 2016,
   b) 192,40 Euro ab 1. Januar 2018,
2. für blinde Menschen nach § 2 Nummer 2
   a) 319,20 Euro ab 1. Januar 2016,
   b) 345,80 Euro ab 1. Januar 2018,

3. für gehörlose Menschen nach § 2 Nummer 3
   a) 98,40 Euro ab 1. Januar 2016,
   b) 106,60 Euro ab 1. Januar 2018.

Blinde Menschen nach § 2 Nummer 2, die das 18. Lebensjahr noch nicht vollendet haben, erhalten ein monatliches Pflegegeld in Höhe von 50 Prozent des Pflegegeldes nach Satz 1 Nummer 2.

(2) Erfüllt ein Anspruchsberechtigter mehrere Voraussetzungen nach § 2 Nr. 1 bis 3, wird Pflegegeld nach diesem Gesetz nur einmal gewährt. In diesem Fall wird der höhere Betrag gewährt.

§ 4 Ausschluß des Anspruchs

(1) Schwerbehinderte, blinde und gehörlose Menschen in Anstalten, Heimen und gleichartigen Einrichtungen erhalten kein Pflegegeld nach diesem Gesetz.

(2) Während der Dauer eines Freiheitsentzuges aufgrund einer gerichtlichen Entscheidung ist der Anspruch ausgeschlossen.

(3) Anspruchsberechtigte nach § 2 haben keinen Anspruch auf Pflegegeld nach diesem Gesetz, wenn sie Entschädigungsleistungen für die gleiche Behinderung, wegen der sie nach § 2 anspruchsberechtigt sind,

1. nach dem Bundesversorgungsgesetz und nach den Gesetzen, die eine entsprechende Anwendung des Bundesversorgungsgesetzes vorsehen,
2. aus der gesetzlichen Unfallversicherung,
3. aus öffentlichen Kassen aufgrund gesetzlich geregelter Unfallversorgung oder Unfallfürsorge oder
4. nach ausländischen Rechtsvorschriften

erhalten.

§ 5 Anrechnung gleichartiger Leistungen

(1) Leistungen, die der Berechtigte zum Ausgleich der durch seine Behinderung bedingten Mehraufwendungen nach anderen Rechtsvorschriften erhält, werden auf das Pflegegeld angerechnet. Ausgenommen sind Leistungen aus bürgerlich-rechtlichen Unterhaltsansprüchen. Gleichartige Leistungen, die auf das Pflegegeld anzurechnen sind, sind insbesondere Leistungen nach dem Elften Buch Sozialgesetzbuch. Satz 1 gilt entsprechend für Leistungen nach ausländischen Rechtsvorschriften.

(2) Leistungen bei häuslicher Pflege nach den §§ 36 bis 38 des Elften Buches Sozialgesetzbuch werden, auch soweit es sich um Sachleistungen handelt, bei Blinden nach § 2 Nr. 2 mit 50 Prozent angerechnet. Entsprechende Leistungen aufgrund eines Pflegeversicherungsvertrages mit einem privaten Versicherungsunternehmen werden höchstens in dem sich aus Satz 1 ergebenden Umfang angerechnet. Die Sätze 1 und 2 gelten entsprechend, wenn Leistungen zusammen mit Leistungen nach beihilferechtlichen Vorschriften erbracht werden.

(3) Werden Leistungen nachgezahlt, die auf das Pflegegeld anzurechnen sind, so hat der Berechtigte die überzahlten Beträge des Pflegegeldes zu erstatten.

§ 6 Versagung und Kürzung des Pflegegeldes

(1) Das Pflegegeld ist zu versagen oder angemessen zu kürzen, wenn der Anspruchsberechtigte ihm nach anderen Rechtsvorschriften zustehende Sach- oder Geldleistungen, die zum Ausgleich der behinderungsbedingten Mehraufwendungen bestimmt sind, nicht in Anspruch nimmt.

(2) Das Pflegegeld kann angemessen gekürzt werden, wenn der Anspruchsberechtigte eine Einrichtung zur teilstationären Betreuung besucht. Bei fünf Ganztagsbetreuungen pro Woche sind in der Regel 20 vom Hundert angemessen.

(3) Werden dem Anspruchsberechtigten Pflegesachleistungen nach anderen Rechtsvorschriften gewährt, kann das Pflegegeld um bis zu zwei Drittel gekürzt werden.

§ 7 Antrag

(1) Das Pflegegeld wird auf Antrag geleistet.

(2) Der Empfänger von Pflegegeld ist verpflichtet, Änderungen der Tatsachen, die für die Gewährung maßgebend sind, insbesondere Leistungen, die nach § 6 anzurechnen sind, oder die Aufnahme in einer Anstalt, ei-

nem Heim oder einer gleichartigen Einrichtung, unverzüglich anzuzeigen. Ist der Berechtigte geschäftsunfähig oder in der Geschäftsfähigkeit beschränkt, so trifft die Verpflichtung den gesetzlichen Vertreter.

§ 8 Beginn und Einstellung der Pflegegeldleistung

(1) Die Gewährung des Pflegegeldes beginnt mit dem Ersten des Monats, in dem die Voraussetzungen erfüllt sind, frühestens aber mit dem Ersten des Antragsmonats. Es wird monatlich im voraus gezahlt.

(2) Änderungen von Tatsachen, die eine Herabsetzung oder eine Einstellung des Pflegegeldes bewirken, sind vom Ersten des Monats an zu berücksichtigen, der auf den Monat ihres Eintritts folgt.

(3) Der Anspruch auf Pflegegeld erlischt mit dem Ende des Monats, in dem der Berechtigte stirbt. Wurde das Pflegegeld vor dem Tode des Berechtigten festgestellt, aber noch nicht ausgezahlt, oder hätte der Anspruch bei rechtzeitiger Bearbeitung vor dem Tode des Berechtigten festgestellt werden müssen, so steht das Pflegegeld den Angehörigen des Berechtigten zu, welche ihn bis zu seinem Tode unentgeltlich gepflegt oder die Kosten seiner Pflege getragen haben. Ist ein Angehöriger im Sinne des Satzes 2 nicht vorhanden, kann das Pflegegeld auch anderen Personen unter den gleichen Voraussetzungen übertragen werden, wenn dies der Billigkeit entspricht.

§ 9 Anwendung des Sozialgesetzbuches

Das Erste und Zehnte Buch Sozialgesetzbuch finden Anwendung, soweit dieses Gesetz keine abweichende Regelung enthält.

§ 10 Zuständigkeit

(1) Zuständig für die Durchführung dieses Gesetzes sind die Landkreise und kreisfreien Städte, in deren Bezirk die anspruchsberechtigte Person ihren gewöhnlichen Aufenthalt hat; sie nehmen diese Aufgaben als pflichtige Selbstverwaltungsaufgaben wahr. Besteht kein gewöhnlicher Aufenthalt im Land Brandenburg, ist das Landesamt für Soziales und Versorgung zuständige Behörde.

(2) Zur Beurteilung, ob die Voraussetzungen des § 2 vorliegen, holen die zuständigen Behörden Gutachten ein. Sie sollen nach Möglichkeit Vereinbarungen mit dem Medizinischen Dienst der Krankenversicherung mit dem Ziel abschließen, von diesem die Begutachtung durchführen zu lassen. Von einer Begutachtung soll abgesehen werden, wenn behördliche Unterlagen die Voraussetzungen belegen.

§ 11 Kostenregelung

Die Aufwendungen für die Leistungen nach diesem Gesetz tragen die nach § 10 zuständigen Stellen. Das Land erstattet den Landkreisen und kreisfreien Städten die Kosten der Leistungen für den Personenkreis der blinden und gehörlosen Menschen. Das für Soziales zuständige Mitglied der Landesregierung wird ermächtigt, durch Rechtsverordnung das Nähere zum Erstattungsverfahren zu regeln. Zuständige Behörde für das Erstattungsverfahren ist das Landesamt für Soziales und Versorgung.

§ 12 Übergangsregelung

(1) Schwerbehinderte Menschen, die am 31. März 1995 nach den zu diesem Zeitpunkt geltenden Bestimmungen Pflegegeld nach diesem Gesetz bezogen haben, erhalten ein monatliches Pflegegeld in Höhe von 410 Euro. Dies gilt nicht, soweit sich ihr Anspruch auf § 2 Abs. 1 Nr. 7 (Blinde) der zu dieser Zeit geltenden Fassung des Gesetzes stützt. Sofern zusätzlich bis zum 31. März 1995 nach § 57 des Fünften Buches Sozialgesetzbuch Pflegegeld gezahlt wurde, erhöht sich das monatliche Pflegegeld nach Satz 1 auf 512 Euro. Die Zahlung des Pflegegeldes nach den Sätzen 1 bis 3 erfolgt nach Maßgabe der Absätze 2 bis 4.

(2) Leistungen nach Absatz 1 werden nur gewährt, soweit der schwerbehinderten Person, der nicht von ihr getrennt lebenden durch Ehe oder eingetragene Lebenspartnerschaft verbundenen Person und, wenn sie minderjährig und unverheiratet ist, auch ihren Eltern die Aufbringung der Mittel aus dem Einkommen und Vermögen nach den Bestimmungen des Abschnittes 4 des Bundessozialhilfegesetzes nicht zuzumuten ist. Dabei ist als maßgeben-

der Grundbetrag der Einkommensgrenze ein Betrag von 1196 Euro und als maßgebender Betrag nach § 1 Abs. 1 Nr. 1 der Verordnung zur Durchführung des § 88 Abs. 2 Nr. 8 des Bundessozialhilfegesetzes ein Betrag von 4091 Euro zugrunde zu legen.

(3) Neben der Anwendung des § 5 Abs. 1 und 3 und des § 6 mindern sich die Leistungen nach Absatz 1 um

1. den Betrag des Pflegegeldes nach § 37 des Elften Buches Sozialgesetzbuch,
2. den Wert der Sachleistung nach § 36 des Elften Buches Sozialgesetzbuch,
3. den Wert der Kombinationsleistung nach § 38 oder § 41 des Elften Buches Sozialgesetzbuch.

(4) Der Anspruch nach Absatz 1 ruht für die Dauer einer Unterbringung in einer vollstationären Einrichtung und während der Dauer eines Freiheitsentzugs aufgrund einer gerichtlichen Entscheidung. Er entfällt, wenn

1. die Voraussetzungen des § 2 Abs. 1 in der am 31. März 1995 geltenden Fassung dieses Gesetzes nicht mehr vorliegen oder
2. die Dauer der Unterbringung nach Satz 1 zwölf Monate übersteigt.

VI

Bremisches Gesetz über die Gewährung von Pflegegeld an Blinde und Schwerstbehinderte (Landespflegegeldgesetz)

in der Fassung der Bekanntmachung vom 10. Januar 2013 (Brem. GBl. S. 28)

Zuletzt geändert durch
Bekanntmachung über die Änderung von Zuständigkeiten
vom 2. August 2016 (Brem. GBl. S. 434)

VI

§ 1

(1) Blinde und schwerstbehinderte Menschen, die ihren gewöhnlichen Aufenthalt im Lande Bremen haben und die das 1. Lebensjahr vollendet haben, erhalten ohne Rücksicht auf Einkommen oder Vermögen zum Ausgleich der durch ihre Behinderung bedingten Mehraufwendungen ein Pflegegeld. Pflegegeld erhalten auch blinde und schwerstbehinderte Menschen, die in einer stationären Einrichtung im übrigen Bundesgebiet leben und im Zeitpunkt der Aufnahme in die Einrichtung im Lande Bremen ihren gewöhnlichen Aufenthalt haben oder in den letzten zwei Monaten vor der Aufnahme zuletzt gehabt hatten. § 109 des Zwölften Buches Sozialgesetzbuch findet entsprechende Anwendung. Pflegegeld erhalten auch blinde und schwerstbehinderte Menschen ab Vollendung des 1. Lebensjahres, die ihren gewöhnlichen Aufenthalt nicht im Lande Bremen haben, die aber nach der Verordnung (EG) Nr. 883/2004 des Europäischen Parlaments und des Rates vom 29. April 2004 zur Koordinierung der Systeme der sozialen Sicherheit (ABl. L 166 vom 30. April 2004, S. 1, ABl. L 200 vom 7. Juni 2004, S. 1; ABl. L 204 vom 4. August 2007, S. 30), die zuletzt durch die Verordnung (EG) Nr. 1244/2010 (ABl. L 338 vom 22. Dezember 2010, S. 35) geändert worden ist, in der jeweils geltenden Fassung anspruchsberechtigt sind oder die Bürgerinnen oder Bürger der Vertragsstaaten des Europäischen Wirtschaftsraums oder der Schweiz sind, wenn dieselben Voraussetzungen erfüllt sind.

(2) Personen, deren Sehschärfe auf dem besseren Auge nicht mehr als 1/50 beträgt oder bei denen dem Schweregrad dieser Sehschärfe gleichzuachtende, nicht nur vorübergehende Störungen des Sehvermögens vorliegen, sind blinden Menschen gleichgestellt.

(3) Schwerstbehindert sind folgende Personen:

1. Menschen mit Behinderungen der oberen Extremitäten, die dem Fehlen beider Hände gleichkommen (Ohnhänder) mit einer weiteren wesentlichen Behinderung;
2. Personen mit Verlust beider Arme im Bereich der Oberarme;
3. Personen mit Verlust dreier Gliedmaßen;
4. Personen mit Lähmungen oder sonstigen Bewegungsbehinderungen, wenn die Behinderung dem Verlust dreier Gliedmaßen gleichkommen;
5. querschnittsgelähmte Menschen mit Blasen- und Mastdarmlähmungen;
6. hirngeschädigte Menschen mit schweren physischen und psychischen Störungen und Gebrauchsbehinderung mehrerer Gliedmaßen;
7. andere Personen, deren dauerndes Krankenlager erfordernder Leidenszustand oder deren Pflegebedürftigkeit so außergewöhnlich ist, dass ihre Behinderung der Behinderung der in den Nummern 1 bis 6 genannten Personen vergleichbar ist.

§ 2

(1) Blinde und schwerstbehinderte Menschen erhalten nach Vollendung des 18. Lebensjahres Pflegegeld in Höhe von 369,52 Euro monatlich. Das Pflegegeld verändert sich jeweils um den Vomhundertsatz, um den sich die Blindenhilfe nach § 72 des Zwölften Buches Sozialgesetzbuch verändert. Haben sie das 18. Lebensjahr noch nicht vollendet, so wird

Pflegegeld in Höhe von 50 vom Hundert des Betrages nach Satz 1 gezahlt.

(2) Leben blinde und schwerstbehinderte Menschen in einer stationären Einrichtung und werden die Kosten des Aufenthalts vollständig aus Mitteln öffentlich-rechtlicher Leistungsträger getragen, erhalten sie Pflegegeld in Höhe von 50 vom Hundert der Beträge nach Absatz 1. Das Pflegegeld wird zum Zwecke der individuellen Teilhabe am Leben in der Gemeinschaft gewährt zur Ergänzung der Leistungen der Einrichtungsträger.

(3) Werden die Kosten des Aufenthalts in einer stationären Einrichtung von dem blinden Menschen, dem schwerstbehinderten Menschen oder von nach bürgerlichem Recht Unterhaltspflichtigen voll getragen, so wird das Pflegegeld nach Absatz 1 gezahlt. Bei anteiliger Kostentragung ruht das nach Absatz 1 zu zahlende Pflegegeld in Höhe des Unterschiedsbetrages zwischen den vollen Aufenthaltskosten und dem Eigenanteil des Berechtigten. Pflegegeld ist jedoch mindestens in der in Absatz 2 geregelten Höhe zu zahlen.

§ 3

Der Anspruch auf Pflegegeld kann nicht übertragen, verpfändet oder gepfändet werden.

§ 4

(1) Leistungen, die Berechtigte zum Ausgleich ihrer durch die Behinderung bedingten Mehraufwendungen nach anderen Rechtsvorschriften, insbesondere nach den §§ 36 bis 39 und §§ 41 bis 43a des Elften Buches Sozialgesetzbuch erhalten oder erhalten haben, werden vollständig auf das Landespflegegeld angerechnet. Satz 1 gilt entsprechend für Pflegeleistungen aus einer privaten Pflegeversicherung oder aufgrund beamtenrechtlicher Vorschriften sowie für vergleichbare Leistungen aus anderen Staaten.

(2) Pflegegeld nach § 37 des Elften Buches Sozialgesetzbuch, das an schwerstbehinderte Menschen gezahlt wird, die vor In-Kraft-Treten des Pflegeversicherungsgesetzes am 1. April 1995 Landespflegegeld und Pflegegeld nach dem Fünften Buch Sozialgesetzbuch bezogen haben, bleibt in Höhe eines monatlichen Betrages von 103,00 Euro anrechnungsfrei. Auf das Landespflegegeld sind künftige Erhöhungen der Pflegeversicherungsleistungen vollständig anzurechnen. Das gilt auch bei einer Änderung der Pflegestufe.

(3) Leben blinde und schwerstbehinderte Menschen in einer stationären Einrichtung und werden die Kosten des Aufenthalts nach Anrechnung der Leistungen nach Absatz 1 teilweise aus Mitteln öffentlich-rechtlicher Leistungsträger getragen, erhalten sie das Pflegegeld in Höhe von 50 vom Hundert der Beträge nach § 2 Absatz 1.

§ 5

(1) Die Aufwendungen für das Pflegegeld trägt das Land Bremen.

(2) Mit der Durchführung dieses Gesetzes werden in der Stadtgemeinde Bremen das Amt für Soziale Dienste, in der Stadtgemeinde Bremerhaven der Magistrat beauftragt.

(3) Die Senatorin für Soziales, Jugend, Frauen, Integration und Sport kann für die Durchführung Anweisungen erlassen.

§ 6

(1) Das Pflegegeld wird auf Antrag gewährt.

(2) Die Leistungsberechtigten sind verpflichtet, Änderungen der Tatsachen, die für die Gewährung maßgebend sind, insbesondere Leistungen, die nach § 4 anzurechnen sind, oder die Aufnahme in eine stationäre Einrichtung, unverzüglich anzuzeigen. Sind Leistungsberechtigte geschäftsunfähig oder in der Geschäftsfähigkeit beschränkt, so trifft die Verpflichtung den gesetzlichen Vertreter.

§ 7

(1) Die Gewährung des Pflegegeldes beginnt mit dem Ersten des Monats, in dem die Voraussetzungen erfüllt sind, frühestens aber mit dem Ersten des Antragsmonats. Es wird monatlich im Voraus gezahlt. Für die Zahlung eines höheren Pflegegeldes gilt Satz 1 entsprechend.

(2) Pflegegeld nach § 2 Absatz 2 und 3 wird vom ersten Tag des zweiten Monats an gezahlt, der auf den Eintritt in die Einrichtung folgt, für jeden vollen Kalendermonat des Aufenthalts. Für jeden vollen Tag vorüberge-

VI

hender Abwesenheit von der Einrichtung wird das Pflegegeld in Höhe von je einem Dreißigstel des Betrages nach § 2 Absatz 1 gewährt, wenn die Abwesenheit länger als sechs zusammenhängende volle Tage dauert.

(3) Änderungen von Tatsachen, die eine Herabsetzung oder eine Einstellung des Pflegegeldes bewirken, sind vom Ersten des Monats an zu berücksichtigen, der auf den Monat ihres Eintritts folgt. Absatz 2 Satz 1 bleibt unberührt.

(4) Werden Leistungen nachgezahlt, die nach § 4 auf das Pflegegeld anzurechnen sind, so hat der Berechtigte die überzahlten Beträge des Pflegegeldes zu erstatten.

(5) Das Pflegegeld wird bis zum Ende des Monats geleistet, in dem der blinde oder schwerstbehinderte Mensch gestorben ist. § 118 Absatz 3 und 4 des Sechsten Buches Sozialgesetzbuch findet entsprechende Anwendung, wenn für die Zeit nach dem Sterbemonat Pflegegeld überwiesen wurde.

§ 8

Ein Anspruch auf Pflegegeld besteht nicht, wenn der blinde oder schwerstbehinderte Mensch eine Freiheitsstrafe verbüßt, sich in Sicherungsverwahrung befindet oder auf Grund eines strafgerichtlichen Urteils in einem psychiatrischen Krankenhaus, einer Entziehungsanstalt oder einer sozialtherapeutischen Anstalt untergebracht ist.

§ 9

(1) Bei der Durchführung dieses Gesetzes sind die Vorschriften des Ersten und des Zehnten Buches Sozialgesetzbuch entsprechend anzuwenden.

(2) Für Streitigkeiten in Angelegenheiten nach diesem Gesetz ist der Rechtsweg vor den Gerichten der Sozialgerichtsbarkeit gegeben. Die Vorschriften des Sozialgerichtsgesetzes finden entsprechende Anwendung.

Gesetz über die Gewährung von Blindengeld (Hamburgisches Blindengeldgesetz – HmbBlindGG)

Vom 19. Februar 1971 (HmbGVBl. S. 29)

Zuletzt geändert durch
Sechstes Gesetz zur Änderung des Hamburgischen Blindengeldgesetzes
vom 7. März 2017 (HmbGVBl. S. 65)

Der Senat verkündet das nachstehende von der Bürgerschaft beschlossene Gesetz:

§ 1

(1) Blinde Menschen und die in § 72 Absatz 5 des Zwölften Buches Sozialgesetzbuch (BGBl. I S. 3022, 3023), geändert am 30. Juli 2004 (BGBl. I S. 1950, 2003), in der jeweils geltenden Fassung genannten Personen erhalten, unabhängig davon, ob sie erwerbstätig sind, zum Ausgleich der durch die Blindheit bedingten Mehraufwendungen Blindengeld.

(2) Blindengeld erhalten blinde Menschen, die in der Freien und Hansestadt Hamburg ihren gewöhnlichen Aufenthalt haben. Blindengeld erhalten auch blinde Menschen, die sich in Anstalten, Wohneinrichtungen, Heimen oder gleichartigen Einrichtungen im übrigen Geltungsbereich des Grundgesetzes aufhalten, wenn sie zum Zeitpunkt der Aufnahme in die Einrichtung ihren gewöhnlichen Aufenthalt in der Freien und Hansestadt Hamburg hatten. § 109 des Zwölften Buches Sozialgesetzbuch in der jeweils geltenden Fassung findet entsprechende Anwendung.

(3) Blindengeld erhalten auch blinde Menschen, die nach unmittelbar geltendem europäischem Recht anspruchsberechtigt sind, auch wenn sie ihren gewöhnlichen Aufenthalt nicht in der Freien und Hansestadt Hamburg haben.

§ 2

(1) Das Blindengeld beträgt monatlich 453 Euro. Die Höhe des Blindengeldes verändert sich jeweils zum 1. Juli der Folgejahre um den Vomhundertsatz, um den sich der aktuelle Rentenwert in der gesetzlichen Rentenversicherung verändert.

(2) Befinden sich blinde Menschen in einer Anstalt, Wohneinrichtung, einem Heim oder einer gleichartigen Einrichtung und werden die damit verbundenen Kosten aus Mitteln öffentlich-rechtlicher Leistungsträger getragen, so verringert sich das Blindengeld um diese Leistungen, höchstens jedoch um 50 vom Hundert (v. H.) des Betrags gemäß § 2 Absatz 1. Gleiches gilt, soweit die blinden Menschen Leistungen einer privaten Pflegeversicherung im Sinne des Elften Buches Sozialgesetzbuch (SGB XI) vom 26. Mai 1994 (BGBl. I S. 1014, 1015), zuletzt geändert am 27. Dezember 2003 (BGBl. I S. 3022, 3058), in der jeweils geltenden Fassung erhalten. Die Verringerung des Blindengeldes darf bei Anwendung der Sätze 1 und 2 insgesamt nicht mehr als 50 v. H. des oben genannten Betrages betragen.

§ 3

(1) Leistungen, die der blinde Mensch zum Ausgleich der durch die Blindheit bedingten Mehraufwendungen nach anderen öffentlich-rechtlichen Vorschriften erhält, werden auf das Blindengeld angerechnet. Angerechnet werden auch ausländische Leistungen, auf die wegen einer in § 1 Absatz 1 genannten Behinderung ein Anspruch besteht.

(2) Leistungen bei häuslicher Pflege nach den §§ 36 bis 38 SGB XI werden, auch soweit es sich um Sachleistungen handelt, bei dem Pflegegrad 2 mit 46,33 v. H. des Pflegegeldes dieses Pflegegrades und bei den Pflegegraden 3 bis 5 mit 33,61 v. H. des Pflegegeldes des Pflegegrades 3 nach § 37 Absatz 1 Satz 3 und Absatz 2 SGB XI angerechnet. Mindestens wird jedoch ein Betrag in Höhe von 50 v. H. des Betrages gemäß § 2 Absatz 1 gewährt. Entsprechende Leistungen auf Grund eines Pflegeversicherungsvertrages mit einem privaten Versicherungsunternehmen werden höchstens in dem sich aus den Sätzen 1 und 2 ergebenden Umfang angerechnet. Die Sätze 1 und 2 gelten entsprechend, wenn die Leistungen zusammen mit Leistungen nach beihilferechtlichen Vorschriften erbracht werden.

VI

§ 4

Der Anspruch auf Blindengeld kann nicht übertragen, verpfändet oder gepfändet werden. Er ist nicht vererblich.

§ 5

Das Blindengeld kann versagt werden,

a) wenn der blinde Mensch sich weigert, eine ihm zumutbare Arbeit zu leisten oder sich zu einem angemessenen Beruf oder zu einer sonstigen angemessenen Tätigkeit ausbilden, fortbilden oder umschulen zu lassen oder

b) wenn er eine Freiheitsstrafe von mehr als drei Monaten verbüßt oder

c) für die Zeit der gerichtlich angeordneten Unterbringung in einer Heil- oder Pflegeanstalt, Entziehungsanstalt oder in Sicherungsverwahrung.

§ 6

(1) Blindengeld wird auf Antrag gewährt.

(2) Die Gewährung des Blindengeldes beginnt mit dem Ersten des Monats, in dem die Voraussetzungen erfüllt sind, frühestens mit dem Ersten des Antragsmonats. Es wird monatlich im voraus jeweils bis zum fünften Werktag eines Monats gezahlt.

(3) Eine Änderung der Tatsachen, die eine Herabsetzung oder eine Einstellung des Blindengeldes bewirkt, ist vom Ersten des Monats an zu berücksichtigen, der auf den Monat folgt, in dem die Tatsachen sich geändert haben.

(4) Werden Leistungen, die nach § 2 Absatz 2 und § 3 auf das Blindengeld anzurechnen sind, nachgezahlt, so hat der blinde Mensch die überzahlten Beträge des Blindengeldes zurückzuerstatten.

§ 7

Der blinde Mensch hat jede Änderung der Tatsachen, die für die Gewährung des Blindengeldes maßgebend sind, unverzüglich anzuzeigen. Ist er geschäftsunfähig oder in der Geschäftsfähigkeit beschränkt, so trifft die Verpflichtung den gesetzlichen Vertreter.

§ 8

Wenn zum 31. Dezember 2016 sowohl ein Anspruch auf Blindengeld als auch ein Anspruch auf verbesserte Pflegeleistungen für Personen mit erheblich eingeschränkter Alltagskompetenz nach § 123 SGB XI ohne Pflegestufe oder in der Pflegestufe 1 bestand, wird das Blindengeld in unveränderter Höhe gezahlt. Allgemeine Änderungen des Blindengeldes nach § 2 Absatz 1 Satz 2 werden dabei berücksichtigt.

§ 9

Dieses Gesetz tritt am Ersten des auf die Verkündung folgenden Monats in Kraft.

Gesetz über das Landesblindengeld (Landesblindengeldgesetz – LBliGG)

Vom 6. Oktober 2011 (GVBl. I S. 572)

Zuletzt geändert durch
Drittes Gesetz zur Änderung des Landesblindengeldgesetzes
vom 13. Dezember 2019 (GVBl. S. 432)

Der Landtag hat das folgende Gesetz beschlossen:

§ 1 Grundsatz

Leistungsberechtigte Personen nach § 2 erhalten nach Maßgabe der Bestimmungen dieses Gesetzes Blindengeld zum Ausgleich der durch die Sehbehinderung bedingten Mehraufwendungen.

§ 2 Leistungsberechtigte

(1) Anspruch auf Blindengeld haben Personen,

1. a) denen das Augenlicht vollständig fehlt (blinde Menschen),
   b) deren Sehschärfe auf keinem Auge und auch nicht bei beidäugiger Prüfung mehr als ein Fünfzigstel beträgt oder bei denen nicht nur vorübergehende Störungen des Sehvermögens im Bereich des zentralen visuellen Systems von einem solchen Schweregrad vorliegen, dass sie dieser Beeinträchtigung der Sehschärfe gleichzuachten sind (blinden Menschen Gleichgestellte), oder
   c) deren Sehschärfe auf keinem Auge und auch nicht bei beidäugiger Prüfung mehr als ein Zwanzigstel beträgt oder bei denen nicht nur vorübergehende Störungen des Sehvermögens im Bereich des zentralen visuellen Systems von einem solchen Schweregrad vorliegen, dass sie dieser Beeinträchtigung der Sehschärfe gleichzuachten sind (hochgradig in der Sehfähigkeit behinderte Menschen),

   und
2. die
   a) ihren gewöhnlichen Aufenthalt im Land Hessen haben oder
   b) in den persönlichen Geltungsbereich der Verordnung (EG) Nr. 883/2004 des Europäischen Parlaments und des Rates vom 29. April 2004 zur Koordinierung der Systeme der sozialen Sicherheit (ABl. EU Nr. L 166 S. 1, Nr. L 200 S. 1, 2007 Nr. L 204 S. 30), zuletzt geändert durch Verordnung (EU) Nr. 2019/1149 des Europäischen Parlaments und des Rates vom 20. Juni 2019 (ABl. EU Nr. L 186 S. 21), in der jeweils geltenden Fassung fallen.

Als vorübergehend gilt eine Störung des Sehvermögens, die nicht länger als sechs Monate andauert.

(2) § 109 des Zwölften Buches Sozialgesetzbuch gilt entsprechend.

§ 3 Versagung und Kürzung des Blindengeldes

(1) Die Gewährung von Blindengeld ist zu versagen, wenn Leistungsberechtigte eine Freiheitsstrafe verbüßen, in Sicherungsverwahrung oder aufgrund strafgerichtlichen Urteils in einem psychiatrischen Krankenhaus, einer Entziehungseinrichtung, einer sozialtherapeutischen Einrichtung oder einer vergleichbaren Einrichtung untergebracht sind.

(2) Das Blindengeld kann versagt oder angemessen verringert werden, soweit die Nutzung durch oder für Leistungsberechtigte zum Ausgleich des durch die Sehbehinderung bedingten Mehraufwandes nicht möglich ist.

§ 4 Höhe des Blindengeldes

(1) Das Blindengeld beträgt für

1. blinde Menschen und blinden Menschen Gleichgestellte

VI

a) nach Vollendung des 18. Lebensjahres 86 Prozent der Blindenhilfe nach § 72 Abs. 2 Satz 1 erster Halbsatz und Satz 2,
b) vor Vollendung des 18. Lebensjahres 100 Prozent der Blindenhilfe nach § 72 Abs. 2 Satz 1 zweiter Halbsatz und Satz 2

des Zwölften Buches Sozialgesetzbuch in der jeweils geltenden Fassung,

2. hochgradig in der Sehfähigkeit behinderte Menschen 30 Prozent des maßgeblichen Blindengeldes nach Nr. 1.

(2) Bei Leistungsberechtigten nach § 2, die sich im Land Hessen in stationären Einrichtungen nach § 13 des Zwölften Buches Sozialgesetzbuch, in einer gleichartigen Einrichtung oder in besonderen Wohnformen nach § 71 Abs. 4 Nr. 3 des Elften Buches Sozialgesetzbuch befinden und in den letzten zwei Monaten bis zur Aufnahme in die Einrichtung, gleichartige Einrichtung oder besondere Wohnform entweder ihren gewöhnlichen Aufenthalt in Hessen hatten oder als Angehörige eines anderen Mitgliedstaates der Europäischen Union in Hessen beschäftigt waren oder eine selbstständige Tätigkeit ausgeübt haben, verringert sich das Blindengeld, wenn

1. die Kosten des Aufenthalts ganz oder teilweise aus Mitteln öffentlich-rechtlicher Leistungsträger getragen,
2. für die Kosten des Aufenthalts Mittel einer privaten Pflegeversicherung im Sinne des Elften Buches Sozialgesetzbuch in Anspruch genommen oder
3. Leistungen nach beamtenrechtlichen Vorschriften

erbracht werden. Das Blindengeld verringert sich um den Betrag der Leistungen nach Satz 1 Nr. 1 bis 3, höchstens jedoch für

1. blinde Menschen und blinden Menschen Gleichgestellte auf 50 Prozent und
2. hochgradig in der Sehfähigkeit behinderte Menschen auf 10 Prozent

des Betrages nach Abs. 1 Nr. 1. Die Verringerung nach Satz 2 gilt vom ersten Tag des zweiten Monats, der auf den Eintritt in die Einrichtung, gleichartige Einrichtung oder besondere Wohnform folgt, für jeden vollen Kalendermonat des Aufenthalts in der Einrichtung, gleichartigen Einrichtung oder besonderen Wohnform.

(3) Abweichend von Abs. 2 Satz 1 wird bei vorübergehender Abwesenheit von einer Einrichtung, gleichartigen Einrichtung oder besonderen Wohnform von mehr als sechs vollen zusammenhängenden Tagen für jeden vollen Tag der Abwesenheit ein Dreißigstel des maßgeblichen Betrages nach Abs. 1 gewährt. Insoweit ist der maßgebliche Betrag nach Abs. 2 Satz 1 unter Anrechnung der bereits gezahlten Beträge für den gleichen Zeitraum zu kürzen.

§5 Anrechnung anderer Leistungen

(1) Pflegeleistungen bei häuslicher Pflege nach den §§ 36 bis 39 des Elften Buches Sozialgesetzbuch, bei teilstationärer Pflege nach § 41 des Elften Buches Sozialgesetzbuch und bei Kurzzeitpflege nach § 42 des Elften Buches Sozialgesetzbuch werden, auch soweit es sich um Sachleistungen handelt,

1. bei dem Pflegegrad 2 mit 46 Prozent des Pflegegeldes nach § 37 Abs. 1 Satz 3 Nr. 1 des Elften Buches Sozialgesetzbuch in der jeweils geltenden Fassung und
2. bei den Pflegegraden 3 bis 5 mit 33 Prozent des Pflegegeldes des Pflegegrades 3 nach § 37 Abs. 1 Satz 3 Nr. 2 des Elften Buches Sozialgesetzbuch in der jeweils geltenden Fassung

auf das Blindengeld angerechnet. Diese Anrechnung gilt auch bei Überleitung in die Pflegegrade nach § 140 Abs. 2 des Elften Buches Sozialgesetzbuch. Vergleichbare Leistungen aufgrund eines privatrechtlichen Pflegeversicherungsvertrages oder nach beamtenrechtlichen Vorschriften sind in tatsächlich erbrachter Höhe, höchstens jedoch in dem Umfang der Anrechnung nach Satz 1 anzurechnen.

(2) Der nach Abs. 1 anzurechnende Betrag verringert sich bei

1. Personen, die das 18. Lebensjahr noch nicht vollendet haben, um 50 Prozent,

auch wenn sie zugleich hochgradig in der Sehfähigkeit behindert sind,
2. bei hochgradig in der Sehfähigkeit behinderten Menschen um 30 Prozent.

(3) Auf das Blindengeld werden die Leistungen angerechnet, die der leistungsberechtigten Person zum Ausgleich der durch die Sehbehinderung bedingten Mehraufwendungen nach anderen Rechtsvorschriften zustehen.

(4) Hat ein Leistungsberechtigter nach § 2 für die Zeit, für die ihm Blindengeld gewährt wird, gegen einen anderen einen Anspruch auf Leistungen nach Abs. 1 Satz 1 oder 3 oder Abs. 3, so kann der Landeswohlfahrtsverband Hessen durch schriftliche Anzeige an den anderen bewirken, dass dieser Anspruch bis zur Höhe des gewährten Blindengeldes auf ihn übergeht.

§ 6 Verfahren

(1) Das Blindengeld wird auf Antrag gewährt. Der Antrag ist schriftlich oder zur Niederschrift beim Landeswohlfahrtsverband Hessen als zuständigem Leistungsträger zu stellen. Dem Antrag ist eine augenfachärztliche Bescheinigung, die nicht älter als sechs Monate sein sollte und aus der der Schweregrad der Störung des Sehvermögens hervorgeht, beizufügen. Die augenfachärztliche Bescheinigung ist nach dem Muster der Anlage zu erstellen. Die Kosten der augenfachärztlichen Bescheinigung für den Erstantrag und für Änderungsanträge trägt der Antragsteller. Über die Gewährung von Blindengeld wird durch schriftlichen Verwaltungsakt entschieden.

(2) Im Übrigen gelten für das Verfahren die Vorschriften des Ersten Buches Sozialgesetzbuch und des Zehnten Buches Sozialgesetzbuch entsprechend, soweit dieses Gesetz nichts anderes bestimmt und mit der Maßgabe, dass abweichend von

1. § 51 Abs. 2 des Ersten Buches Sozialgesetzbuch Ansprüche auf Erstattung zu Unrecht gezahlten Blindengeldes uneingeschränkt mit dem Anspruch auf laufende Geldleistungen nach diesem Gesetz aufgerechnet werden können,
2. § 48 Abs. 1 des Zehnten Buches Sozialgesetzbuch ein Bescheid, der eine Änderung oder die Einstellung der Blindengeldzahlung zur Folge hat, stets mit Ablauf des Monats wirksam wird, in dem die Voraussetzungen sich geändert haben oder weggefallen sind.

§ 7 Auszahlung

(1) Die Auszahlung beginnt, auch im Falle der Gewährung eines höheren Blindengeldes, mit dem Ersten des Monats, in dem der Antrag gestellt ist, und erfolgt monatlich im Voraus.

(2) Für den Fall des Todes der oder des Leistungsberechtigten gelten § 102 Abs. 5 und § 118 Abs. 3 und 4 des Sechsten Buches Sozialgesetzbuch entsprechend.

§ 8 Höchstpersönlichkeit des Anspruchs

Der Anspruch auf Blindengeld kann nicht übertragen, verpfändet oder gepfändet werden. Er ist nicht vererblich.

§ 9 Inkrafttreten, Außerkrafttreten

Dieses Gesetz tritt am 1. Januar 2012 in Kraft. Es tritt mit Ablauf des 31. Dezember 2026 außer Kraft.

Anlage
zu § 6 Abs. 1 Landesblindengeldgesetz

Anlage zu § 6 Abs 1 Landesblindengeldgesetz

Name und Anschrift d. Augenarztes / Augenärztin / Arztstempel		Ort, Datum

AUGENFACHÄRZTLICHE BESCHEINIGUNG

Angaben zur Person

1.

Name, Vorname (ggf. Geburtsname)	Geburtsdatum
Anschrift (Straße, Hausnummer, PLZ, Wohnort)	
Staatsangehörigkeit	Telefon
Name und Anschrift des / der Erziehungsberechtigten bei Kindern	

VI

Angaben zur Sehbehinderung

2.

Der / die Sehbehinderte steht bei mir in Behandlung seit
Datum der letzten augenärztlichen Untersuchung
Augenärztlicher Befund (Erhebungsdatum und exakte Beschreibung der krankhaften Veränderungen der Augenabschnitte)
Diagnose

LWV 01 - 3 - 608 (01.11)

Welche Erkrankung führte vorwiegend zur Sehminderung?

Untersuchungsergebnisse bei Blindheit

3. Zentrale Sehschärfe (in Bruch- oder Dezimalzahlen) ohne **und** mit Korrektion (bitte auch Höhe der Korrektion angeben oder G.b.n.)

Rechts ohne __________ **mit** bestmöglicher Korrektion: __________

Links ohne __________ **mit** bestmöglicher Korrektion: __________

3.1 ☐ Sehschärfe beträgt auf keinem Auge auch nicht beidäugig mehr als 0,02 (1/50)

3.2 ☐ Sehschärfe beträgt auf mindestens einem Auge mehr als 0,02 (1/50), jedoch liegen nicht nur vorübergehende Störungen des Sehvermögens von einem solchen Schweregrad vor, dass sie dieser Beeinträchtigung der Sehschärfe gleichzustellen sind. **(bitte 3.2.1 - 3.2.8 prüfen und ggf. ankreuzen)**.

3.2.1 ☐ Bei einer Einengung des Gesichtsfeldes, wenn bei einer Sehschärfe von 0,03 (1/30) oder weniger die Grenze des Restgesichtsfeldes in keiner Richtung mehr als 30° vom Zentrum entfernt ist. Dabei bleiben Gesichtfeldreste jenseits von 50° unberücksichtigt.

3.2.2 ☐ Bei einer Einengung des Gesichtsfeldes, wenn bei einer Sehschärfe von 0,05 (1/20) oder weniger die Grenze des Restgesichtsfeldes in keiner Richtung mehr als 15° vom Zentrum entfernt ist. Dabei bleiben Gesichtsfeldreste jenseits von 50° unberücksichtigt.

3.2.3 ☐ Bei einer Einengung des Gesichtsfeldes, wenn bei einer Sehschärfe von 0,1 (1/10) oder weniger die Grenze des Restgesichtsfeldes in keiner Richtung mehr als 7,5 ° vom Zentrum entfernt ist. Dabei bleiben Gesichtsfeldreste jenseits von 50° unberücksichtigt.

3.2.4 ☐ Bei einer Einengung des Gesichtsfeldes, auch bei normaler Sehschärfe, wenn die Grenze der Gesichtsfeldinsel in keiner Richtung mehr als 5° vom Zentrum entfernt ist. Dabei bleiben Gesichtsfeldreste jenseits von 50° unberücksichtigt.

3.2.5 ☐ Bei großen Skotomen im zentralen Gesichtsfeldbereich, wenn die Sehschärfe nicht mehr als 0,1 (1/10) beträgt und im 50°-Gesichtsfeld unterhalb des horizontalen Meridians mehr als die Hälfte ausgefallen ist.

3.2.6 ☐ Bei homonymen Hemianopsien, wenn die Sehschärfe nicht mehr als 0,1 (1/10) beträgt und das erhaltene Gesichtsfeld in der Horizontalen nicht mehr als 30° Durchmesser besitzt.

3.2.7 ☐ Bei bitemporalen oder binasalen Hemianopsien, wenn die Sehschärfe nicht mehr als 0,1 (1/10) beträgt und kein Binokularsehen besteht.

3.2.8 ☐ Sehschädigungen, die nach Ansicht des Untersuchers einer Sehschärfenherabsetzung auf 0,02 (1/50) gleichkommen, die aber durch die vorstehenden Abgrenzungen nicht erfasst sind.
Bitte unter Ziffer 8 ausführlich begründen.

3.3 Ich empfehle die Einstufung als blind. ☐ nein ☐ ja

VI

3.4	Das angegebene Sehvermögen entspricht dem objektiven Befund. ☐ nein ☐ ja	

- Im Falle der Position 3.2.1 bis 3.2.8 müssen Gesichtsfeldschemata beigefügt werden! -

Untersuchungsergebnisse bei hochgradiger Sehbehinderung

4.	Zentrale Sehschärfe (in Bruch- oder Dezimalzahlen) ohne **und** mit Korrektion (bitte auch Höhe der Korrektion angeben oder G.b.n.) Rechts ohne ________________ **mit** bestmöglicher Korrektion: ____________________________ Links ohne ________________ **mit** bestmöglicher Korrektion: ____________________________	
4.1	☐	Sehschärfe beträgt auf dem besseren Auge nicht mehr als 0,05 (1/20).
4.2	☐	Sehschärfe beträgt auf dem besseren Auge mehr als 1/20 (0,05), jedoch liegen nicht nur vorübergehende Störungen des Sehvermögens von einem solchen Schweregrad vor, dass sie der Beeinträchtigung der Sehschärfe von nicht mehr als 0,05 (1/20) gleichzuachten sind (bitte 4.2.1 - 4.2.7 prüfen und ggf. ankreuzen).
4.2.1	☐	Bei einer Einengung des Gesichtsfeldes, wenn bei einer Sehschärfe von 0,1 (1/10) oder weniger die Grenze des Restgesichtsfeldes in keiner Richtung mehr als 30° vom Zentrum entfernt ist. Dabei bleiben Gesichtsfeldreste jenseits von 50° unberücksichtigt.
4.2.2	☐	Bei einer Einengung des Gesichtsfeldes, wenn bei einer Sehschärfe von 0,2 (2/10) oder weniger die Grenze des Restgesichtsfeldes in keiner Richtung mehr als 20° vom Zentrum entfernt ist. Dabei bleiben Gesichtfeldreste jenseits von 50° unberücksichtigt.
4.2.3	☐	Bei einer Einengung des Gesichtsfeldes, wenn bei einer Sehschärfe von 0,3 (3/10) oder weniger die Grenze des Restgesichtsfeldes in keiner Richtung mehr als 10° vom Zentrum entfernt ist. Dabei bleiben Gesichtfeldreste jenseits von 50° unberücksichtigt.
4.2.4	☐	Bei großen Skotomen im zentralen Gesichtsfeldbereich, wenn die Sehschärfe nicht mehr als 0,2 (2/10) beträgt und im 50°-Gesichtsfeld unterhalb des horizontalen Meridians mehr als 2/3 ausgefallen ist.
4.2.5	☐	Bei homonymen Hemianopsien, wenn die Sehschärfe nicht mehr als 0,2 (2/10) beträgt und das erhaltene Gesichtsfeld in der Horizontalen nicht mehr als 30° Durchmesser besitzt.
4.2.6	☐	Bei bitemporalen oder binasalen Hemianopsien, wenn die Sehschärfe nicht mehr als 0,2 (2/10) beträgt und kein Binokularsehen besteht.
4.2.7	☐	Sehschädigungen, die nach Ansicht des Untersuchers einer Sehschärfenherabsetzung auf 0,05 (1/20) gleichkommen, die aber durch die vorstehenden Abgrenzungen nicht erfasst sind. **Bitte unter Ziffer 8 ausführlich begründen.**
4.3		Ich empfehle die Einstufung als hochgradig sehbehindert. ☐ nein ☐ ja
4.4		Das angegebene Sehvermögen entspricht dem objektiven Befund. ☐ nein ☐ ja

VI

- Im Falle der Positionen 4.2.1 bis 4.2.7 müssen Gesichtsfeldschemata beigefügt werden! -

5. **Zur Beachtung durch den behandelnden Arzt / die behandelnde Ärztin**

5.1 Der Beurteilung ist die Sehschärfe des besseren Auges und das beidäugig geprüfte Gesichtsfeld zugrunde zu legen (Ausnahmen: 3.2.8 bzw. 4.2.7).
Falls der perimetrische Befund zur Zuerkennung von Blindengeld für Blinde oder hochgradig Sehbehinderte führt, muss ein Befund beigelegt sein, der mit einer manuell kinetischen Methode entsprechend Goldmann III/4e (Prüfmarkendurchmesser 30 Winkelminuten; Prüfmarkenleuchtdichte 320 cd/m², entsprechend Filterstellung e, Bezeichnung 1,0 , Umfeldleuchtdichte 10 cd/m²) erstellt wurde.

5.2 Die Ausmessung bzw. Abschätzung des blinden Bereiches in der unteren Gesichtshälfte (Pos. 3.2.5 bzw. 4.2.4) soll auf dem Perimeterformular und nicht in der Perimeterkugel geschehen.

5.3 Grundlage für die Beurteilung der Sehstörung sind ausschließlich Störungen im Bereich der optischen Bahnen. Visuell agnostische Störungen (wie z.B. im Rahmen von Demenz, apallischem Syndrom, Wachkoma u.a.) finden keine Berücksichtigung.

6. **Kann die Sehbehinderung durch ärztliche Behandlung oder einen ärztlichen Eingriff behoben oder das Sehvermögen verbessert werden?**

☐ nein

☐ ja, folgendermaßen:

7. **Ist in den nächsten 6 Monaten die Durchführung einer Augenoperation geplant?**

☐ nein

☐ ja, folgender Eingriff:

8. **Weitere Ausführungen des Augenarztes / der Augenärztin**

VI

zurück an:

Landeswohlfahrtsverband Hessen
Blindengeldstelle
Kölnische Str. 30

34117 Kassel

Unterschrift des Augenarztes / der Augenärztin und Arztstempel

VI

Gesetz über die Gewährung von Landesblindengeld (Landesblindengeldgesetz – LBlGG M-V)

Vom 12. März 2009 (GVOBl. M-V S. 278)

Zuletzt geändert durch
Gesetz zur Umsetzung des Bundesteilhabegesetzes
vom 16. Dezember 2019 (GVOBl. M-V S. 796)

§ 1 Berechtigte

(1) Blinde und hochgradig sehbehinderte Menschen, die ihren gewöhnlichen Aufenthalt in Mecklenburg-Vorpommern haben, erhalten Landesblindengeld zum Ausgleich der durch die Blindheit oder Sehbehinderung bedingten Mehraufwendungen. Landesblindengeld erhalten auch Blinde und hochgradig sehbehinderte Menschen, die sich in stationären Einrichtungen oder Räumlichkeiten nach § 42a Absatz 2 Satz 1 Nummer 2 und Satz 3 SGB XII im übrigen Geltungsbereich des Grundgesetzes aufhalten, wenn sie zum Zeitpunkt der Aufnahme in die Einrichtung ihren gewöhnlichen Aufenthalt in Mecklenburg-Vorpommern hatten. Die §§ 109 und 23 Absatz 1 des Zwölften Buches Sozialgesetzbuch gelten entsprechend.

(2) Blinde und hochgradig sehbehinderte Menschen, die ihren gewöhnlichen Aufenthalt nicht in Mecklenburg-Vorpommern haben, erhalten Landesblindengeld, soweit die Verordnung (EG) Nr. 883/2004 des Europäischen Parlaments und des Rates vom 29. April 2004 zur Koordinierung der Systeme der sozialen Sicherheit (ABl. L 166 vom 30. 4. 2004, S. 1; L 200 vom 7. 6. 2004, S. 1; L 204 vom 4. 8. 2007, S. 30), die zuletzt durch die Verordnung (EU) Nr. 1372/2013 (ABl. L 346 vom 20. 12. 2013, S. 27; 2015 L 213 S. 65) geändert worden ist, in der jeweils geltenden Fassung oder andere Rechtsakte der Europäischen Union dies vorsehen.

(3) Blind ist der behinderte Mensch, dem das Augenlicht vollständig fehlt. Als blind ist auch der behinderte Mensch anzusehen,

1. dessen Sehschärfe auf keinem Auge und auch nicht bei beidäugiger Prüfung mehr als 0,02 (1/50) beträgt oder
2. wenn andere, nicht nur vorübergehende Störungen des Sehvermögens von einem solchen Schweregrad vorliegen, dass sie der Beeinträchtigung der Sehschärfe nach Nummer 1 gleichzuachten sind oder
3. mit einem nachgewiesenen vollständigen Ausfall der Sehrinde (Rindenblindheit), nicht aber mit einer visuellen Agnosie oder anderen gnostischen Störungen.

(4) Hochgradig in seiner Sehfähigkeit behindert ist derjenige,

1. dessen Sehschärfe auf keinem Auge und auch nicht bei beidäugiger Prüfung mehr als 0,05 (1/20) beträgt oder
2. wenn andere, durch Nummer 1 nicht erfasste, hinsichtlich des Schweregrades gleichzuachtende, nicht nur vorübergehende Störungen der Sehfunktion vorliegen. Dies ist der Fall, wenn die Einschränkung des Sehvermögens einen Grad der Behinderung von 100 bedingt und noch nicht Blindheit vorliegt.

(5) Blindheit ist durch einen Feststellungsbescheid nach § 152 Absatz 1 Satz 1 des Neunten Buches Sozialgesetzbuch und die hochgradige Sehbehinderung durch eine Bescheinigung der für die Feststellung der Behinderung nach § 152 Absatz 1 Satz 1 des Neunten Buches Sozialgesetzbuch zuständigen Behörde nachzuweisen. Das Ministerium für Soziales, Integration und Gleichstellung kann für die Feststellung der hochgradigen Sehbehinderung durch Verwaltungsvorschrift andere Nachweise zulassen.

(6) Zur Feststellung der Blindheit und der hochgradigen Sehbehinderung für den in Absatz 2 benannten Personenkreis kann das Ministerium für Soziales, Integration und Gleichstellung durch Verwaltungsvorschrift weitere Nachweise zulassen.

VI

§ 2 Höhe der Leistungen

(1) Blinde Menschen erhalten monatlich Landesblindengeld

1. nach Vollendung des 18. Lebensjahres in Höhe von 430 Euro,
2. vor Vollendung des 18. Lebensjahres in Höhe von 273,05 Euro.

(2) Hochgradig sehbehinderte Menschen erhalten monatlich Landesblindengeld

1. nach Vollendung des 18. Lebensjahres in Höhe von 107,50 Euro,
2. vor Vollendung des 18. Lebensjahres in Höhe von 68,26 Euro.

§ 3 Leistungen bei Aufenthalt in einer Einrichtung

(1) Befindet sich der blinde Mensch in einer stationären oder teilstationären Einrichtung und werden die Kosten dieser Betreuung ganz oder teilweise von anderen Leistungsträgern getragen, beträgt das monatlich zu gewährende Landesblindengeld

1. nach Vollendung des 18. Lebensjahres 215 Euro,
2. vor Vollendung des 18. Lebensjahres 136,53 Euro.

Die Absenkung des Landesblindengeldes nach Satz 1 erfolgt von dem ersten Tag des zweiten Monats an, der auf den Eintritt in die Einrichtung folgt, für jeden vollen Kalendermonat des Aufenthaltes in der Einrichtung. Für jeden vollen Tag vorübergehender Abwesenheit von der Einrichtung wird das Landesblindengeld in Höhe von je einem Dreißigstel des Betrages nach § 2 Absatz 1 gewährt, wenn die vorübergehende Abwesenheit länger als sechs volle zusammenhängende Tage dauert; der Betrag nach Satz 1 wird im gleichen Verhältnis gekürzt. Bei der Festsetzung des Landesblindengeldes sich ergebende Bruchteile von 0,005 und mehr werden auf ganze Hundertstel aufgerundet, im Übrigen abgerundet.

(2) Befindet sich der hochgradig sehbehinderte Mensch in einer stationären Einrichtung, erhält er neben dem Barbetrag nach § 27b des Zwölften Buches Sozialgesetzbuch monatlich Landesblindengeld

1. nach Vollendung des 18. Lebensjahres in Höhe von 26,64 Euro,
2. vor Vollendung des 18. Lebensjahres in Höhe von 13,65 Euro.

Dies gilt auch für Leistungsberechtigte nach § 27c Absatz 1 Nummer 1 SGB XII. Erhält der hochgradig sehbehinderte Mensch Leistungen der Sozialen Pflegeversicherung und deckt er mit seinem Einkommen die übrigen Kosten der Betreuung ab, beträgt das monatlich zu gewährende Landesblindengeld

1. nach Vollendung des 18. Lebensjahres 53,75 Euro,
2. vor Vollendung des 18. Lebensjahres 34,13 Euro.

Bei der Betreuung eines hochgradig sehbehinderten Menschen in teilstationären Einrichtungen nach § 41 SGB XI wird monatlich Landesblindengeld

1. nach Vollendung des 18. Lebensjahres in Höhe von 64,50 Euro,
2. vor Vollendung des 18. Lebensjahres in Höhe von 40,96 Euro gewährt.

Absatz 1 Satz 3 bis 5 gilt entsprechend.

(3) Leistungen nach § 134 SGB IX gelten als Unterbringung in einer stationären Einrichtung, wenn die Unterkunftskosten im Rahmen der Eingliederungshilfe als stationäre Leistung getragen werden.

§ 4 Anrechnung anderer Leistungen

(1) Leistungen, die dem Berechtigten nach § 1 zum Ausgleich der durch Blindheit oder Sehbehinderung bedingten Mehraufwendungen nach anderen öffentlich-rechtlichen Vorschriften zustehen, insbesondere Leistungen

1. nach dem Bundesversorgungsgesetz und nach den Gesetzen, die eine entsprechende Anwendung des Bundesversorgungsgesetzes vorsehen,
2. aus der gesetzlichen Unfallversicherung und
3. aus öffentlichen Kassen aufgrund gesetzlich geregelter Unfallversorgung oder Unfallfürsorge,

werden auf das Landesblindengeld angerechnet. Eine Anrechnung auf das Landesblindengeld erfolgt auch bei Leistungen der Kriegsopferfürsorge nach § 27d Absatz 1 Nummer 4 des Bundesversorgungsgesetzes, die gegenüber dem Landesblindengeld vorrangig zu gewähren sind.

(2) Auf das Landesblindengeld angerechnet werden Leistungen der Sozialen Pflegeversicherung nach den §§ 36 bis 38, 41 und 42 des Elften Buches Sozialgesetzbuch, auch soweit es sich um Sachleistungen handelt,

1. bei dem Pflegegrad 2 mit 38,6 Prozent des Betrages nach § 37 Absatz 1 Satz 3 Nummer 1 des Elften Buches Sozialgesetzbuch,
2. bei dem Pflegegrad 3 mit 28,1 Prozent des Betrages nach § 37 Absatz 1 Satz 3 Nummer 2 des Elften Buches Sozialgesetzbuch,
3. bei dem Pflegegrad 4 mit 25,0 Prozent des Betrages nach § 37 Absatz 1 Satz 3 Nummer 3 des Elften Buches Sozialgesetzbuch und
4. bei dem Pflegegrad 5 mit 20,2 Prozent des Betrages nach § 37 Absatz 1 Satz 3 Nummer 4 des Elften Buches Sozialgesetzbuch.

(3) Leistungen aus einer privaten Pflegeversicherung werden in gleicher Höhe wie Leistungen aus der Sozialen Pflegeversicherung angerechnet.

(4) Hat der Berechtigte nach § 1 für die Zeit, für die Landesblindengeld gewährt wird, gegen einen anderen Leistungsträger einen Anspruch auf Leistungen nach Absatz 1, so kann der Landkreis oder die kreisfreie Stadt bewirken, dass dieser Anspruch bis zur Höhe des gewährten Landesblindengeldes auf das Land übergeht.

(5) Werden Leistungen, die auf das Landesblindengeld anzurechnen sind, rückwirkend bewilligt, so hat der Berechtigte nach § 1 die überzahlten Beträge des Landesblindengeldes zu erstatten. Der Erstattungsanspruch kann gegen den Anspruch auf Landesblindengeld aufgerechnet werden. Im Übrigen bleiben die §§ 44 bis 50 des Zehnten Buches Sozialgesetzbuch unberührt.

§ 5 Ausschluss

Keinen Anspruch auf Landesblindengeld hat, wer

1. sich weigert, eine ihm zumutbare Arbeit zu leisten oder sich zu einem angemessenen Beruf oder zu einer sonstigen angemessenen Tätigkeit ausbilden, fortbilden oder umschulen zu lassen,
2. vorsätzlich gegen eine Verpflichtung nach § 8 verstößt,
3. eine Freiheitsstrafe verbüßt, in Sicherungsverwahrung oder aufgrund strafrechtlichen Urteils in einem psychiatrischen Krankenhaus oder einer Entziehungsanstalt untergebracht ist,
4. in den Fällen des § 1 Absatz 2 einen gleichartigen Anspruch nach ausländischen Rechtsvorschriften hat.

§ 6 Antragsverfahren, Übertragung, Pfändung und Vererbbarkeit

(1) Das Landesblindengeld wird auf Antrag gewährt. Der Antrag ist schriftlich oder zur Niederschrift bei der nach § 9 zuständigen Behörde zu stellen.

(2) Der Anspruch auf Landesblindengeld kann nicht übertragen, verpfändet oder gepfändet werden. Er ist nicht vererblich.

§ 7 Beginn, Änderung und Ende der Leistung

Der Anspruch auf Landesblindengeld entsteht mit dem Ersten des Monats, in dem die Voraussetzungen erfüllt sind, frühestens mit dem Ersten des Antragsmonats. Er endet mit Ablauf des Monats, in dem die Voraussetzungen weggefallen sind. Eine Änderung, die sich auf die Höhe des Landesblindengeldes auswirkt, ist mit Ablauf des Monats zu berücksichtigen, in der sie eingetreten ist; dies gilt nicht für die gesetzliche Änderung der Höhe der Beträge des Pflegegeldes nach § 37 Absatz 1 Satz 3 des Elften Buches Sozialgesetzbuch. § 3 Absatz 1 Satz 3 und Absatz 2 Satz 5 bleibt unberührt.

§ 8 Änderung von Tatsachen

Der Berechtigte nach § 1 ist verpflichtet, Änderungen der Tatsachen, die für die Gewährung des Landesblindengeldes maßgebend sind, insbesondere Leistungen gemäß § 4 oder die Aufnahme in eine stationäre oder teilstationäre Einrichtung unverzüglich anzuzeigen. Ist der Berechtigte nach § 1 geschäftsunfähig oder in der Geschäftsfähigkeit beschränkt, trifft die Verpflichtung den gesetzlichen Vertreter.

§ 9 Aufgabenwahrnehmung und Zuständigkeit

(1) Die Aufgaben nach diesem Gesetz werden vom Land wahrgenommen. Zuständige Behörde ist das Ministerium für Soziales, Integration und Gleichstellung. Zur Durchführung der Aufgaben werden die Landkreise und kreisfreien Städte herangezogen. Sie entscheiden im eigenen Namen. Das Ministerium kann Weisungen erteilen. Der Kommunale Sozialverband Mecklenburg-Vorpommern erlässt den Widerspruchsbescheid.

(2) Für den Personenkreis des § 1 Absatz 1 ist der Landkreis oder die kreisfreie Stadt zuständig, in dessen oder deren Bereich die leistungsberechtigte Person ihren gewöhnlichen Aufenthalt hat. Die Landkreise und kreisfreien Städte können ihre Aufgaben auf andere Landkreise und kreisfreie Städte durch öffentlich-rechtlichen Vertrag nach § 165 der Kommunalverfassung übertragen. Hält sich der blinde oder hochgradig sehbehinderte Mensch in einer stationären Einrichtung im übrigen Geltungsbereich des Grundgesetzes auf, so ist der Landkreis oder die kreisfreie Stadt zuständig, in dessen oder deren Bereich der blinde oder hochgradig sehbehinderte Mensch zum Zeitpunkt der Aufnahme seinen gewöhnlichen Aufenthalt hatte oder in den letzten zwei Monaten vor der Aufnahme zuletzt gehabt hat; § 109 des Zwölften Buches Sozialgesetzbuch gilt entsprechend.

(3) Für den Personenkreis des § 1 Absatz 2 ist zuständig

1. in Angelegenheiten, die sich auf eine Beschäftigung oder eine selbstständige Erwerbstätigkeit beziehen, der Landkreis oder die kreisfreie Stadt, in dessen oder deren Zuständigkeitsbereich die Beschäftigung oder die selbstständige Erwerbstätigkeit ausgeübt wird,
2. in Angelegenheiten, die sich auf den Sitz eines Unternehmens beziehen, der Landkreis oder die kreisfreie Stadt, in dessen oder deren Zuständigkeitsbereich das Unternehmen seinen Sitz hat oder hatte.

(4) Das Ministerium für Soziales, Integration und Gleichstellung wird ermächtigt, seine Zuständigkeit durch Rechtsverordnung auf das Landesamt für Gesundheit und Soziales zu übertragen.

§ 10 Verfahren

Soweit sich aus diesem Gesetz nichts Abweichendes ergibt, finden das Erste und Zehnte Buch Sozialgesetzbuch entsprechende Anwendung. Abweichend von § 45 Absatz 3 Satz 1 des Zehnten Buches Sozialgesetzbuch kann ein rechtswidriger begünstigender Verwaltungsakt mit Dauerwirkung bis zum Ablauf von vier Jahren nach seiner Bekanntgabe zurückgenommen werden. Für nach dem Tod der leistungsberechtigten Person erbrachte Geldleistungen gilt § 118 Absatz 3 bis 4a des Sechsten Buches Sozialgesetzbuch entsprechend.

§ 11 Erstattung

(1) Das Land erstattet die den Landkreisen und kreisfreien Städten entstehenden Aufwendungen mit Ausnahme der Verwaltungskosten.

(2) Eine Erstattungspflicht besteht nicht, soweit Leistungen zu Unrecht erbracht worden sind und Verschulden vorliegt.

§ 12 Inkrafttreten

(1) Dieses Gesetz tritt am 1. Mai 2009 in Kraft.

(2) Mit dem Inkrafttreten dieses Gesetzes tritt das Landesblindengeldgesetz in der Fassung der Bekanntmachung vom 28. August 1995 (GVOBl. M-V S. 426), zuletzt geändert durch Artikel 12 des Gesetzes vom 23. Mai 2006 (GVOBl. M-V S. 194; LVerfGE GVOBl. M-V 2007 S. 318), außer Kraft.

Gesetz über das Landesblindengeld für Zivilblinde

in der Fassung der Bekanntmachung vom 18. Januar 1993 (Nds. GVBl. S. 25)

Zuletzt geändert durch
Haushaltsbegleitgesetz 2021
vom 10. Dezember 2020 (Nds. GVBl. S. 477)

§ 1

(1) Zivilblinde (blinde Menschen) erhalten Landesblindengeld (Blindengeld) zum Ausgleich der durch die Blindheit bedingten Mehraufwendungen, wenn sie

1. ihren gewöhnlichen Aufenthalt in Niedersachsen haben oder
2. sich in einer stationären Einrichtung in der Bundesrepublik Deutschland aufhalten und im Zeitpunkt der Aufnahme in die Einrichtung ihren gewöhnlichen Aufenthalt in Niedersachsen hatten; als stationäre Einrichtung im Sinne dieses Gesetzes gilt auch eine Wohnform nach § 42 a Abs. 2 Satz 1 Nr. 2 des Zwölften Buchs des Sozialgesetzbuchs (SGB XII).

(2) $_1$ Blindengeld erhalten auch die nach der Verordnung (EG) Nr. 883/2004 des Europäischen Parlaments und des Rates vom 29. April 2004 zur Koordinierung der Systeme der sozialen Sicherheit (ABl. EU Nr. L 166 S. 1; Nr. L 200 S. 1; 2007 Nr. L 204 S. 30), zuletzt geändert durch Verordnung (EU) Nr. 517/2013 vom 13. Mai 2013 (ABl. EU Nr. L 158 S. 1), in der jeweils geltenden Fassung Anspruchsberechtigten. $_2$Dies sind insbesondere blinde Menschen, die ihren gewöhnlichen Aufenthalt außerhalb der Bundesrepublik Deutschland in einem anderen Mitgliedstaat der Europäischen Union, einem anderen Vertragsstaat des Abkommens über den Europäischen Wirtschaftsraum oder der Schweiz haben und

1. in Niedersachsen eine Beschäftigung oder eine selbständige Erwerbstätigkeit ausüben,
2. in einem Beamten- oder Richterverhältnis zu einem niedersächsischen Dienstherrn stehen oder dienstordnungsmäßig Angestellte eines niedersächsischen Arbeitgebers sind,
3. in einem dieser Staaten voraussichtlich nicht länger als 24 Monate
   a) für ein Unternehmen mit Sitz in Niedersachsen eine Beschäftigung ausüben und keine andere Person ablösen oder
   b) eine Tätigkeit ausüben und gewöhnlich in Niedersachsen die gleiche oder eine vergleichbare selbständige Erwerbstätigkeit ausüben,
4. aufgrund oder infolge ihrer Beschäftigung oder selbständigen Erwerbstätigkeit Altersrente nach dem Sechsten Buch des Sozialgesetzbuchs oder Altersrente von einer berufsständischen Versorgungseinrichtung mit Sitz in der Bundesrepublik Deutschland beziehen und ihren letzten gewöhnlichen Aufenthalt in der Bundesrepublik Deutschland in Niedersachsen hatten,
5. aufgrund oder infolge eines Beamtenverhältnisses zu einem deutschen Dienstherrn Ruhegehalt beziehen und ihren letzten gewöhnlichen Aufenthalt in der Bundesrepublik Deutschland in Niedersachsen hatten,
6. familienversicherte Angehörige nach § 10 des Fünften Buchs des Sozialgesetzbuchs einer Person nach Nummer 1, 2, 3, 4 oder 5 sind oder familienversicherte Angehörige wären, wenn die Person nach Nummer 1, 2, 3, 4 oder 5 in der gesetzlichen Krankenversicherung versichert wäre, oder
7. als Witwen, Witwer, hinterbliebene Lebenspartnerinnen, hinterbliebene Lebenspartner, Waisen oder Halbwaisen (Hinterbliebene) einer Person nach Nummer 1, 2, 3, 4 oder 5, Leistungen nach dem Sechsten

Buch des Sozialgesetzbuchs, einer berufsständischen Versorgungseinrichtung mit Sitz in der Bundesrepublik Deutschland oder der beamtenversorgungsrechtlichen Hinterbliebenenversorgung beziehen und ihren letzten gewöhnlichen Aufenthalt in der Bundesrepublik Deutschland in Niedersachsen hatten.

3Bei mehreren Beschäftigungen oder selbständigen Erwerbstätigkeiten nach Satz 1 Nrn. 1 und 3 besteht der Anspruch auf Blindengeld nur, wenn der blinde Mensch den größten Teil seiner Tätigkeit in Niedersachsen oder für ein Unternehmen mit Sitz in Niedersachsen ausübt. 4Einen Anspruch auf Blindengeld nach Satz 1 hat nicht, wer einen gleichartigen Anspruch gegen einen Träger der sozialen Sicherung in dem Staat des gewöhnlichen Aufenthalts hat.

(3) Einen Anspruch auf Blindengeld nach Absatz 1 hat nicht, wer aufgrund oder infolge einer Beschäftigung oder selbständigen Erwerbstätigkeit einen gleichartigen Anspruch gegen einen Träger der sozialen Sicherung in einem anderen Mitgliedstaat der Europäischen Union, einem anderen Vertragsstaat des Abkommens über den Europäischen Wirtschaftsraum oder der Schweiz hat.

VI

(4) Im Sinne der Absätze 2 und 3 sind

1. eine Beschäftigung eine solche nach § 7 des Vierten Buchs des Sozialgesetzbuchs (SGB IV) und
2. eine selbständige Erwerbstätigkeit eine Tätigkeit, aus der ein Arbeitseinkommen nach § 15 SGB IV erzielt wird.

(5) § 109 SGB XII findet entsprechende Anwendung.

(6) Als blinde Menschen gelten auch Personen,

1. deren Sehschärfe auf dem besseren Auge nicht mehr als 1/50 beträgt,
2. bei denen durch Nummer 1 nicht erfasste, nicht nur vorübergehende Störungen des Sehvermögens von einem solchen Schweregrad vorliegen, dass sie der Beeinträchtigung der Sehschärfe nach Nummer 1 gleichzuachten sind.

(7) Die Blindheit oder die Sehstörung nach Absatz 6 ist durch einen Feststellungsbescheid nach § 152 Abs. 1 Satz 1 des Neunten Buchs des Sozialgesetzbuchs nachzuweisen.

§ 2

(1) Das Blindengeld beträgt 410 Euro je Monat.

(2) 1Hält sich der blinde Mensch in einer stationären Einrichtung auf, so verringert sich das Blindengeld nach Absatz 1 auf 205 Euro je Monat. 2Dies gilt von dem ersten Tage des zweiten Monats an, der auf den Eintritt in die Einrichtung folgt. 3Für jeden vollen Tag vorübergehender Abwesenheit von der Einrichtung wird das Blindengeld in Höhe von je einem Dreißigstel des Betrages nach Absatz 1 gewährt, wenn die vorübergehende Abwesenheit länger als sechs volle zusammenhängende Tage dauert; der Betrag nach Satz 1 wird im gleichen Verhältnis gekürzt. 4Im Falle der Entlassung aus der Einrichtung wird vom Ersten des Entlassungsmonats an der Betrag nach Absatz 1 gewährt.

§ 3

(1) Auf das Blindengeld werden die Leistungen angerechnet, die dem blinden Menschen zum Ausgleich der durch die Blindheit bedingten Mehraufwendungen nach anderen Rechtsvorschriften zustehen.

(2) 1Leistungen bei häuslicher Pflege nach den §§ 36 bis 38 des Elften Buchs des Sozialgesetzbuchs (SGB XI) werden, auch soweit es sich um Sachleistungen handelt,

1. in Fällen des Pflegegrades 2 mit 135 Euro sowie
2. in Fällen der Pflegegrade 3 bis 5 mit 165 Euro

angerechnet. 2Entsprechende Leistungen aufgrund eines Pflegeversicherungsvertrages mit einem privaten Versicherungsunternehmen werden höchstens in dem sich aus Satz 1 ergebenden Umfang angerechnet. 3Die Sätze 1 und 2 gelten entsprechend, wenn die Leistungen zusammen nach beihilferechtlichen Vorschriften erbracht werden.

§ 4

1Der Anspruch auf Blindengeld kann nicht übertragen, verpfändet oder gepfändet werden. 2Er ist nicht vererblich.

§ 5

Die Aufwendungen für das Blindengeld trägt das Land.

§ 6

Der blinde Mensch hat keinen Anspruch auf Blindengeld, wenn er

a) sich weigert, eine ihm zumutbare Arbeit zu leisten oder sich zu einem angemessenen Beruf oder zu einer sonstigen angemessenen Tätigkeit ausbilden, fortbilden oder umschulen zu lassen,
b) vorsätzlich gegen eine Verpflichtung nach § 8 verstößt,
c) eine Freiheitsstrafe verbüßt, in Sicherungsverwahrung oder auf Grund strafgerichtlichen Urteils in einem psychiatrischen Krankenhaus, einer Entziehungsanstalt oder einer sozialtherapeutischen Anstalt untergebracht ist.

§ 7

(1) 1Das Blindengeld wird auf Antrag gewährt. 2Die Zahlung beginnt mit dem Ersten des Monats, in dem die gesetzlichen Voraussetzungen erfüllt sind, frühestens jedoch mit dem Ersten des Monats, in dem der Antrag gestellt ist. 3Wird nach dem Zwölften Buch des Sozialgesetzbuchs Blindenhilfe geleistet oder ist ein Antrag auf Gewährung von Blindenhilfe gestellt, so ist der Antrag entbehrlich.

(2) 1Ändern sich die für die Gewährung von Blindengeld maßgeblichen Voraussetzungen zum Nachteil des blinden Menschen, so wird die Änderung erst im folgenden Monat berücksichtigt. 2§ 2 Abs. 2 bleibt unberührt. 3Gegen den Anspruch auf Blindengeld kann mit Rückforderungen von zu Unrecht geleistetem Blindengeld aufgerechnet werden.

(3) Hat ein blinder Mensch für die Zeit, für die Blindengeld gewährt wird, gegen einen anderen einen Anspruch auf Leistungen nach § 3, so kann der überörtliche Träger der Sozialhilfe durch schriftliche Anzeige an den anderen bewirken, daß dieser Anspruch bis zur Höhe des gewährten Blindengeldes auf das Land übergeht.

§ 8

Der Empfänger des Blindengeldes ist verpflichtet, Änderungen der Tatsachen, die für die Gewährung des Blindengeldes maßgebend sind, insbesondere Leistungen gemäß § 3 oder Aufnahme in eine stationäre Einrichtung unverzüglich anzuzeigen.

§ 9

(1) 1Die Aufgaben nach diesem Gesetz obliegen dem überörtlichen Träger der Sozialhilfe. 2Zur Durchführung dieser Aufgaben werden die örtlichen Träger der Sozialhilfe sowie die nach § 4 Abs. 2 des Niedersächsischen Gesetzes zur Ausführung des Neunten und des Zwölften Buchs des Sozialgesetzbuchs herangezogenen Städte und die Landeshauptstadt Hannover herangezogen. 3Diese entscheiden im eigenen Namen. 4Für die Durchführung der Aufgaben kann der überörtliche Träger Weisungen erteilen.

(2) 1Die Aufwendungen, die den in Absatz 1 Satz 2 genannten Körperschaften entstehen, werden mit Ausnahme der Verwaltungskosten vom überörtlichen Träger der Sozialhilfe erstattet. 2Zu den Aufwendungen nach Satz 1 gehören nicht solche Aufwendungen, die durch grob fahrlässig zu Unrecht erbrachte Leistungen verursacht sind.

(3) Soweit dieses Gesetz nichts anderes bestimmt, gilt für das Verwaltungsverfahren das Sozialgesetzbuch (Erstes und Zehntes Buch) entsprechend.

(4) Für Streitigkeiten nach diesem Gesetz ist der Rechtsweg zu den Sozialgerichten gegeben.

§ 10

Hat ein blinder Mensch vor dem 1. Januar 2017 sowohl Blindengeld bezogen oder beantragt als auch Leistungen bei häuslicher Pflege nach den §§ 36 bis 38 SGB XI bezogen oder beantragt, so erfolgt bei der Bewilligung für die Zeit ab dem 1. Januar 2017

VI

1. bei blinden Menschen mit Leistungsansprüchen nach § 123 Abs. 2 SGB XI in der bis zum 31. Dezember 2016 geltenden Fassung, die ab dem 1. Januar 2017 dem Pflegegrad 2 zugeordnet werden, abweichend von § 3 Abs. 2 Satz 1 Nr. 1 keine Anrechnung auf das Blindengeld,
2. bei blinden Menschen mit Leistungsansprüchen nach § 123 Abs. 3 SGB XI in der bis zum 31. Dezember 2016 geltenden Fassung, die ab dem 1. Januar 2017 dem Pflegegrad 3 zugeordnet werden, abweichend von § 3 Abs. 2 Satz 1 Nr. 2 eine Anrechnung auf das Blindengeld gemäß § 3 Abs. 2 Satz 1 Nr. 1.

Gesetz über die Hilfen für Blinde und Gehörlose (GHBG)

Vom 25. November 1997 (GV. NW. S. 430)

Zuletzt geändert durch
Zweites Gesetz zur Änderung des Gesetzes über die Hilfen für Blinde und Gehörlose
vom 21. März 2017 (GV. NRW. S. 372)

1. Teil: Blindengeld

§ 1

(1) Blinde erhalten zum Ausgleich der durch die Blindheit bedingten Mehraufwendungen Blindengeld. Als Blinde im Sinne dieses Gesetzes gelten auch

1. Personen, deren Sehschärfe auf dem besseren Auge nicht mehr als 1/50 beträgt,
2. Personen, bei denen durch Nummer 1 nicht erfaßte, nicht nur vorübergehende Störungen des Sehvermögens von einem solchen Schweregrad vorliegen, daß sie der Beeinträchtigung nach Nummer 1 gleichzusetzen sind.

(2) Blindengeld erhalten Blinde, die im Land Nordrhein-Westfalen ihren gewöhnlichen Aufenthalt haben, und Blinde, die sich in Anstalten, Heimen oder gleichartigen Einrichtungen im übrigen Geltungsbereich des Grundgesetzes aufhalten, wenn sie zur Zeit der Aufnahme in die Einrichtung ihren gewöhnlichen Aufenthalt im Land Nordrhein-Westfalen hatten.

§ 2

(1) Die Höhe des Blindengeldes bestimmt sich nach den Vorschriften über die Blindenhilfe gemäß § 72 des Zwölften Buches Sozialgesetzbuch in der jeweils geltenden Fassung. Ab dem vollendeten 60. Lebensjahr der Blinden beträgt es 473 Euro. Das für die Behindertenpolitik federführende Ministerium wird ermächtigt, durch Rechtsverordnung nach Zustimmung des für die kommunale Selbstverwaltung zuständigen Ausschusses des Landtags die Höhe des Blindengelds nach Satz 2 anzuheben.

(2) Befinden sich Blinde in einer Anstalt, einem Heim oder einer gleichartigen Einrichtung und werden die Kosten des Aufenthalts ganz oder teilweise aus Mitteln öffentlich-rechtlicher Leistungsträger getragen, so verringert sich das Blindengeld nach Absatz 1 um die aus diesen Mitteln getragenen Kosten, höchstens jedoch um 50 vom Hundert der Beträge nach Absatz 1; dies gilt vom ersten Tag des zweiten Monats an, der auf den Eintritt in die Einrichtung folgt, für jeden Kalendermonat des Aufenthalts in der Einrichtung. Für jeden vollen Tag vorübergehender Abwesenheit von der Einrichtung wird das Blindengeld in Höhe von je 1/30 des Betrages nach Absatz 1 gewährt, wenn die vorübergehende Abwesenheit länger als 6 volle zusammenhängende Tage dauert, der Betrag nach Satz 1 wird im gleichen Verhältnis gekürzt. Satz 2 gilt für Blinde, die das 18. Lebensjahr noch nicht vollendet haben, bereits wenn die vorübergehende Abwesenheit mindestens einen vollen Tag dauert.

§ 3

(1) Leistungen, die Blinde zum Ausgleich der durch die Blindheit bedingten Mehraufwendungen nach anderen Rechtsvorschriften erhalten, werden auf das Blindengeld angerechnet. Ausgenommen sind Leistungen aus bürgerlich-rechtlichen Unterhaltsansprüchen, jedoch nicht Leistungen von Schadensersatz.

(2) Leistungen bei häuslicher Pflege nach den §§ 36 bis 38 des Elften Buches Sozialgesetzbuch – Soziale Pflegeversicherung – (Artikel 1 des Gesetzes vom 26. Mai 1994, BGBl. I S. 1014, 1015) in der jeweils geltenden Fassung (SGB XI), bei Tages- und Nachtpflege nach § 41 SGB XI und bei Kurzzeitpflege nach § 42 SGB XI werden, auch soweit es sich um Sachleistungen handelt, bei Pflegebedürftigkeit nach § 15 Absatz 3 Satz 4 Nummer 2 SGB XI (Pflegegrad 2) mit 54 Prozent des Betrages nach § 37 Absatz 1 Satz 3 Nummer 1 SGB XI auf das Blindengeld angerechnet, bei

Pflegebedürftigkeit nach § 15 Absatz 3 Satz 4 Nummern 3 bis 5 SGB XI (Pflegegrad 3 bis 5) mit 29 Prozent des Betrages nach § 37 Absatz 1 Satz 3 Nummer 2 SGB XI. Besteht der Anspruch auf Leistungen bei häuslicher Pflege nicht für den vollen Kalendermonat, gilt § 37 Abs. 2 SGB XI entsprechend. Die Anrechnung nach Satz 1 ist jedoch nur bis zu einem Betrag von 50 vom Hundert des Betrages nach § 2 Abs. 1 zulässig. Satz 1 gilt nicht für Blinde, die das 18. Lebensjahr noch nicht vollendet haben.

(3) Erhalten Blinde Leistungen nach dem SGB XI aus einer privaten Pflegeversicherung, wird anstelle des Betrages nach § 2 Abs. 1 der Betrag gezahlt, der sich durch die entsprechende Anwendung von Absatz 2 sowie § 2 Abs. 2 ergibt. Satz 1 gilt auch für entsprechende Leistungen nach beamtenrechtlichen Vorschriften.

2. Teil: Hilfe für hochgradig Sehbehinderte

§ 4

(1) Hochgradig Sehbehinderte, die das 16. Lebensjahr vollendet haben, erhalten zum Ausgleich der durch die hochgradige Sehbehinderung bedingten Mehraufwendungen eine Hilfe von 77 Euro monatlich, soweit sie keine entsprechenden Leistungen nach anderen bundes- oder landesrechtlichen Vorschriften erhalten und ihren gewöhnlichen Aufenthalt in Nordrhein-Westfalen haben. Leistungen nach Satz 1 bleiben als Einkommen bei Sozialleistungen, deren Gewährung von anderen Einkommen abhängig ist, unberücksichtigt.

(2) Hochgradig sehbehindert sind Personen, die sich zwar in einer ihnen nicht vertrauten Umgebung ohne fremde Hilfe noch zurechtfinden, ihr restliches Sehvermögen aber für eine Teilnahme am Leben in der Gemeinschaft, vor allem an einem angemessenem Platz im Arbeitsleben, nicht oder nur unzureichend verwerten können. Diese Voraussetzungen sind erfüllt, wenn das bessere Auge mit Gläserkorrektion ohne besondere optische Hilfsmittel eine Sehschärfe von nicht mehr als 1/20 oder krankhafte Veränderungen aufweist, die das Sehvermögen in entsprechendem Maße einschränken.

3. Teil: Hilfe für Gehörlose

§ 5

Gehörlose erhalten zum Ausgleich der durch die Gehörlosigkeit bedingten Mehraufwendungen eine Hilfe von 77 Euro monatlich, soweit sie keine entsprechenden Leistungen nach bundes- oder anderen landesrechtlichen Vorschriften erhalten und ihren gewöhnlichen Aufenthalt im Land Nordrhein-Westfalen haben. Gehörlos sind Personen mit angeborener oder bis zum 18. Lebensjahr erworbener Taubheit oder an Taubheit grenzender Schwerhörigkeit.

Leistungen nach Satz 1 bleiben als Einkommen bei Sozialleistungen, deren Gewährung von anderen Einkommen abhängig sind, unberücksichtigt.

4. Teil: Umsetzung des Rechts der Europäischen Union

§ 5a

(1) Leistungen nach diesem Gesetz erhalten auch Blinde, hochgradig Sehbehinderte und Gehörlose, wenn sie ihren gewöhnlichen Aufenthalt nicht in Nordrhein-Westfalen haben, soweit sie nach der Verordnung (EG) Nr. 883/2004 des Europäischen Parlaments und des Rates vom 29. April 2004 zur Koordinierung der Systeme der sozialen Sicherheit (ABl. L 166 vom 30. April 2004, S. 1, L 200 S. 1, L 204 vom 4. August 2007, S. 30, ABl. L 338 vom 22. Dezember 2010, S. 35) in der jeweils geltenden Fassung anspruchsberechtigt sind. Gleiches gilt für Bürgerinnen und Bürger aus Vertragsstaaten des Europäischen Wirtschaftsraums und der Schweiz, wenn dieselben Voraussetzungen erfüllt sind.

(2) Leistungen, die wegen einer in diesem Gesetz genannten Behinderung nach ausländischem Recht zustehen, werden angerechnet.

5. Teil: Verfahrensvorschriften, Zuständigkeit

§ 6

(1) Leistungen nach diesem Gesetz werden auf Antrag gewährt.

(2) Die Leistungen nach diesem Gesetz sind zu versagen, wenn eine bestimmungsgemäße Verwendung durch oder für die Blinden, hochgradig Sehbehinderten und Gehörlosen nicht möglich ist.

§ 7

Im übrigen gelten die Vorschriften des Sozialgesetzbuchs (SGB) entsprechend.

§ 8

Die Landschaftsverbände führen dieses Gesetz durch und tragen die Kosten.

§ 9

Das Landesblindengeldgesetz in der Fassung der Bekanntmachung vom 24. November 1992 (GV. NW. S. 446) wird aufgehoben.

VI

Landesblindengeldgesetz (LBlindenGG)

Vom 28. März 1995 (GVBl. S. 55)

Zuletzt geändert durch
Landesinklusionsgesetz
vom 17. Dezember 2020 (GVBl. S. 719)

§ 1 Anspruch

(1) Blinde Menschen, die in Rheinland-Pfalz ihren gewöhnlichen Aufenthalt haben oder nach der Verordnung (EG) Nr. 883/2004 des Europäischen Parlaments und des Rates vom 29. April 2004 zur Koordinierung der Systeme der sozialen Sicherheit (ABl. EU Nr. L 166 S. 1; Nr. L 200 S. 1; 2007 Nr. L 204 S. 30) in der jeweils geltenden Fassung oder anderen Rechtsakten der Europäischen Union anspruchsberechtigt sind, erhalten zum Ausgleich der durch ihre Blindheit bedingten Mehraufwendungen Blindengeld nach diesem Gesetz. Keinen Anspruch auf Blindengeld haben Personen, die Leistungen wegen Blindheit nach dem Bundesversorgungsgesetz oder nach Gesetzen, die eine entsprechende Anwendung des Bundesversorgungsgesetzes vorsehen, erhalten.

(2) Blind ist, wer völlig ohne Sehvermögen ist.

(3) Den blinden Menschen gleichgestellt sind Personen,

1. deren Sehschärfe auf dem besseren Auge nicht mehr als ein Fünfzigstel beträgt oder
2. bei denen dem Schweregrad der Beeinträchtigung der Sehschärfe nach Nummer 1 gleichzuachtende, nicht nur vorübergehende Störungen des Sehvermögens vorliegen.

(4) Bis zum rechtskräftigem Abschluß des Asylverfahrens haben Asylbegehrende und ihre Familienangehörigen, soweit sie nicht Deutsche im Sinne des Artikels 116 Abs. 1 des Grundgesetzes sind, keinen Anspruch. Sie haben außerdem keinen Anspruch, wenn sie nach rechtskräftiger Ablehnung des Asylantrages ausgewiesen oder abgeschoben werden können.

(5) Der Anspruch kann nicht übertragen, verpfändet oder gepfändet werden.

§ 2 Höhe des Blindengeldes

(1) Das Blindengeld beträgt 410,00 EUR monatlich. Bei blinden Menschen, die im April 2003 Blindengeld erhalten haben, beträgt das Blindengeld 529,50 EUR monatlich; dies gilt auch, wenn der Anspruch auf Blindengeld im April 2003 nach § 3 geruht hat.

(2) Blinde Menschen, die das 18. Lebensjahr noch nicht vollendet haben, erhalten 50 v. H. der in Absatz 1 genannten Beträge; nach Vollendung des 18. Lebensjahres erhalten sie den in Absatz 1 Satz 1 genannten Betrag.

§ 3 Ruhen des Anspruches

(1) Der Anspruch auf Blindengeld ruht, wenn und solange blinde Menschen sich in Anstalten, Heimen oder gleichartigen Einrichtungen aufhalten. Satz 1 gilt nicht, wenn der Aufenthalt nicht länger als vier Wochen dauert. Die Sätze 1 und 2 gelten auch, wenn Menschen mit Behinderungen in Einrichtungen mit umfassendem Leistungsangebot nach § 4 des Landesgesetzes über Wohnformen und Teilhabe vom 22. Dezember 2009 (GVBl. S. 399), zuletzt geändert durch Artikel 17 des Gesetzes vom 19. Dezember 2018 (GVBl. S. 448), BS 217-1, leben.

(2) Dauert der Aufenthalt länger als vier Wochen, wird die Leistung des Blindengeldes am ersten Tag der fünften Woche nach der Aufnahme in die Einrichtung eingestellt und am Tag nach dem Verlassen der Einrichtung wieder aufgenommen. Ist dabei das Blindengeld nach Tagen zu bemessen, ist für jeden Tag ein Dreißigstel der in § 2 genannten Beträge zu leisten. In gleicher Weise ist das Blindengeld für jeden vollen Tag vorübergehender Abwesenheit von der Einrichtung zu leisten.

§ 4 Anrechnung anderer Leistungen

(1) Leistungen, die blinde Menschen nach anderen Rechtsvorschriften für den gleichen Zweck wie das Blindengeld erhalten, werden, auch soweit es sich um Sachleistungen handelt, auf das Blindengeld angerechnet.

(2) Auf das Blindengeld sind Leistungen bei häuslicher Pflege nach den §§ 36 bis 38 des Elften Buches Sozialgesetzbuch, auch soweit es sich um Sachleistungen handelt, bei Pflegebedürftigen des Pflegegrades 2 mit 46 v. H. des Pflegegeldes des Pflegegrades 2 und bei Pflegebedürftigen der Pflegegrade 3 bis 5 mit jeweils 33 v. H. des Pflegegeldes des Pflegegrades 3 nach § 37 Abs. 1 Satz 3 und Abs. 2 des Elften Buches Sozialgesetzbuch anzurechnen. Entsprechende Leistungen auf Grund eines Pflegeversicherungsvertrages mit einem privaten Versicherungsunternehmen werden höchstens in dem sich aus Satz 1 ergebenden Umfang angerechnet. Die Sätze 1 und 2 gelten entsprechend, wenn die Leistungen zusammen mit Leistungen nach beihilferechtlichen Vorschriften erbracht werden.

(3) Werden anzurechnende Leistungen für einen zurückliegenden Zeitraum, für den Blindengeld geleistet worden ist, erbracht, sind die überzahlten Beträge des Blindengeldes zu erstatten.

§ 5 Versagung und Kürzung des Blindengeldes

(1) Das Blindengeld ist zu versagen oder angemessen zu kürzen, wenn blinde Menschen ihnen nach anderen Rechtsvorschriften zustehende Leistungen, die dem gleichen Zweck wie das Blindengeld dienen, nicht in Anspruch nehmen.

(2) Ein Anspruch auf Blindengeld besteht nicht, wenn blinde Menschen vorsätzlich gegen eine Verpflichtung nach § 8 verstoßen, eine Freiheitsstrafe verbüßen, sich in Sicherungsverwahrung befinden oder auf Grund eines strafgerichtlichen Urteils in einem psychiatrischen Krankenhaus, einer Entziehungsanstalt oder einer sozialtherapeutischen Anstalt untergebracht sind.

(3) Besuchen blinde Menschen eine Einrichtung zur teilstationären Betreuung, eine Kindertagesstätte oder eine Schule, ist das Blindengeld unter Berücksichtigung der Dauer des Aufenthaltes um bis zu 25 v. H. zu kürzen.

§ 6 Antrag

Das Blindengeld wird auf Antrag geleistet. Der Antrag ist bei der Kreisverwaltung oder der Stadtverwaltung der kreisfreien Stadt des gewöhnlichen Aufenthaltes des blinden Menschen oder, wenn kein gewöhnlicher Aufenthalt in Rheinland-Pfalz besteht, beim Landesamt für Soziales, Jugend und Versorgung zu stellen.

§ 7 Beginn und Einstellung der Blindengeldleistung

(1) Blindengeld wird vom Beginn des Monats an geleistet, in dem die gesetzlichen Voraussetzungen erfüllt sind, frühestens jedoch vom Beginn des Monats an, in dem der Antrag nach § 6 gestellt worden ist.

(2) Eine Einstellung der Leistung von Blindengeld oder eine Herabsetzung, die auf einer Änderung der für die Leistung maßgebenden Umstände beruht, wird mit Ablauf des Monats wirksam, in den die Änderung fällt. § 3 bleibt unberührt.

(3) Der Anspruch auf Blindengeld erlischt mit dem Ablauf des Sterbemonats.

§ 8 Mitteilungspflichten

Blinde Menschen oder ihre gesetzlichen Vertreterinnen oder Vertreter haben jede Änderung der Umstände, welche für die Leistung des Blindengeldes maßgeblich sind, der nach § 10 Abs. 1 zuständigen Behörde mitzuteilen. Dies gilt insbesondere für Änderungen des Sehvermögens oder des gewöhnlichen Aufenthaltes, für die Aufnahme in eine Einrichtung nach § 3 und die Fälle der §§ 4 und 5.

§ 9 Verwaltungsverfahren

Soweit dieses Gesetz nichts anderes bestimmt, gelten für das Verwaltungsverfahren und die Kostenerstattung zwischen den Leistungsträgern das Erste und das Zehnte Buch Sozialgesetzbuch entsprechend.

§ 10 Zuständigkeit

(1) Zuständige Behörde für die Durchführung dieses Gesetzes ist die Kreisverwaltung, in kreisfreien Städten die Stadtverwaltung, in deren Bezirk die blinden Menschen ihren gewöhnlichen Aufenthalt haben; besteht kein gewöhnlicher Aufenthalt in Rheinland-Pfalz, ist das Landesamt für Soziales, Jugend und Versorgung zuständige Behörde. Die Landkreise und die kreisfreien Städte nehmen die Aufgaben als Auftragsangelegenheit wahr.

(2) Als Nachweis, ob Blindheit im Sinne des § 1 Abs. 2 oder eine gemäß § 1 Abs. 3 vergleichbare Beeinträchtigung der Sehschärfe vorliegt, dient die Zuerkennung des Merkzeichens „Bl" im Rahmen der Feststellung einer Behinderung nach § 69 des Neunten Buches Sozialgesetzbuch. Ersatzweise holt die Behörde ein amtsärztliches Gutachten ein. Von den Verfahren nach Satz 1 und 2 soll abgesehen werden, wenn behördliche Unterlagen die Blindheit oder die vergleichbare Beeinträchtigung der Sehschärfe ausweisen.

§ 11 Kostenregelung

Die Landkreise und die kreisfreien Städte tragen die Aufwendungen für das von ihnen geleistete Blindengeld. Das Land erstattet ihnen nach Ablauf des Haushaltsjahres zwei Drittel des geleisteten Blindengeldes. Zum 1. April und zum 1. Oktober eines jeden Jahres werden Abschlagszahlungen von je 45 v. H. des voraussichtlichen Jahreserstattungsbetrages geleistet. Das Erstattungsverfahren wird vom Landesamt für Soziales, Jugend und Versorgung durchgeführt.

§ 12 Übergangsbestimmung

Blinde Menschen, die bis zum 31. März 1995 Leistungen nach dem Landespflegegeldgesetz erhalten haben, erhalten Blindengeld nach diesem Gesetz ohne Antrag und ohne Einholung eines amtsärztlichen Gutachtens, soweit die Voraussetzungen für die Leistung von Blindengeld vorliegen.

Gesetz über die Gewährung einer Blindheitshilfe

in der Fassung der Bekanntmachung
vom 19. Dezember 1995 (Amtsbl. 1996 S. 58)

Zuletzt geändert durch
Gesetz zur Änderung des Gesetzes über die Gewährung einer Blindheitshilfe
vom 8. Dezember 2020 (Amtsbl. I S. 1346)

§ 1

(1) Blinde erhalten auf Antrag, soweit sie ihren Wohnsitz oder gewöhnlichen Aufenthalt im Saarland haben oder soweit die Verordnung (EG) Nr. 883/2004 des Europäischen Parlaments und des Rates zur Koordinierung der Systeme der sozialen Sicherheit vom 29. April 2004 (ABl. L 166 vom 30. 4. 2004, S. 1, ber. ABl. L 200 vom 7. 6. 2004, S. 1, ber. ABl. L 204 vom 4. 8. 2007, S. 30), zuletzt geändert durch Verordnung (EU) Nr. 1224/2012 (ABl. L 349 vom 19. 12. 2012, S. 45), in der jeweils geltenden Fassung dies vorsieht, zum Ausgleich der blindheitsbedingten Mehraufwendungen eine Blindheitshilfe.

(2) Blinden Menschen, die das 18. Lebensjahr vollendet haben, wird Blindheitshilfe in Höhe von monatlich 450,– Euro gewährt. Blinden Menschen, die das 18. Lebensjahr noch nicht vollendet haben, wird Blindheitshilfe in Höhe von monatlich 317,– Euro gewährt.

(3) Blinden stehen Personen gleich, deren beidäugige Gesamtsehschärfe nicht mehr als ein Fünfzigstel beträgt oder bei denen dem Schweregrad dieser Sehschärfe gleichzuachtende, nicht nur vorübergehende Störungen des Sehvermögens vorliegen.

§ 2

Der Anspruch auf Blindheitshilfe kann nicht übertragen, verpfändet oder gepfändet werden.

§ 3

(1) Auf die Blindheitshilfe werden gleichartige Leistungen angerechnet, die der Blinde zum Ausgleich der durch die Blindheit bedingten Mehraufwendungen aufgrund anderer Rechtsvorschriften erhält. Entsprechendes gilt für vergleichbare Leistungen aus anderen Staaten.

(2) Leistungen bei häuslicher Pflege nach den §§ 36 bis 38 des Elften Buches Sozialgesetzbuch werden, auch soweit es sich um Sachleistungen handelt, bei dem Pflegegrad 2 mit 46,30 vom Hundert des Pflegegeldes dieses Pflegegrades und bei den Pflegegraden 3, 4 und 5 mit 33,60 vom Hundert des Pflegegeldes des Pflegegrades 3 nach § 37 Abs. 1 Satz 3 und Abs. 2 des Elften Buches Sozialgesetzbuch angerechnet.

(3) Entsprechende Leistungen aufgrund eines Pflegeversicherungsvertrages mit einem privaten Versicherungsunternehmen werden höchstens in dem sich aus Absatz 2 ergebenden Umfang angerechnet. Dies gilt entsprechend, wenn die Leistungen zusammen mit den Leistungen nach beihilferechtlichen Vorschriften erbracht werden.

(4) Zur Realisierung des Anspruches auf vorrangige gleichartige Leistungen nach anderen Rechtsvorschriften kann der Träger der Blindheitshilfe den Anspruch bis zur Höhe seiner Leistungen auf sich überleiten.

§ 4

Befinden sich Blinde in einer Anstalt, einem Heim oder einer gleichartigen Einrichtung, und werden die Kosten des Aufenthaltes ganz oder teilweise aus Mitteln öffentlich-rechtlicher Leistungsträger oder einer privaten Pflegeversicherung im Sinne des Elften Buches Sozialgesetzbuch – Soziale Pflegeversicherung – (SGB XI) getragen, so verringert sich die Blindheitshilfe nach § 1 Abs. 2 um die aus diesen Mitteln getragenen Kosten, höchstens jedoch um 50 v. H. der Beträge aus § 1 Abs. 2; dies gilt von dem ersten Tag des zweiten Monats an, der auf den Eintritt in die Einrichtung oder im Falle schon bestehender Unterbringung auf die erstmalige Beteiligung öffentlich-rechtlicher Leistungsträger an der

VI

Kostenerstattung folgt, für jeden vollen Kalendermonat des Aufenthaltes in der Einrichtung. Für jeden vollen Tag vorübergehender Abwesenheit von der Einrichtung wird die Blindheitshilfe in Höhe von je 1/30 des Betrages nach § 1 Abs. 2 gewährt, wenn die vorübergehende Abwesenheit länger als sechs volle zusammenhängende Tage dauert; der Betrag nach Satz 1 wird im gleichen Verhältnis gekürzt. Die Sätze 1 und 2 gelten entsprechend, wenn die Leistungen zusammen mit den Leistungen nach beihilferechtlichen Vorschriften erbracht werden.

§ 5

Die Aufwendungen für die Blindheitshilfe trägt das Saarland.

§ 6

(1) Die Leistungen werden in Monatbeträgen zuerkannt, auf volle Euro aufgerundet und monatlich im voraus gezahlt. Sie sind kostenfrei auf ein Konto, das die Empfangsberechtigten angegeben haben, zu überweisen.

(2) Die Zahlung der Blindheitshilfe beginnt mit dem Ersten des Monats, in dem die Voraussetzungen erfüllt sind, frühestens mit dem Ersten des Monats, in dem der Antrag gestellt wird.

Dies gilt auch dann, wenn eine Erhöhung der Leistung beantragt wird. Eine Erhöhung der Leistungen von Amts wegen wird vom Ersten des Monats an wirksam, in dem die Umstände oder das Ereignis, welche die Erhöhung bedingen, der nach § 8 zuständigen Behörde bekannt geworden sind.

(3) Eine Minderung oder Entziehung der Blindheitshilfe wird mit Ablauf des Monats wirksam, in dem die Voraussetzungen weggefallen sind; werden anrechnungsfähige andere Leistungen nach § 3 nachgezahlt, so ist für deren Anrechnung der Zeitpunkt des rückwirkenden Einsetzens der Zahlung maßgebend. Eine durch Besserung der Sehfähigkeit bedingte Minderung oder Entziehung der Blindheitshilfe tritt mit Ablauf des Monats ein, der auf die Bekanntgabe des die Änderung aussprechenden Bescheides folgt.

(4) Ist die Überzahlung dadurch entstanden, daß die Empfänger oder die gesetzlichen Vertreter bzw. Betreuer die Wiederherstellung der Sehfähigkeit nicht mitgeteilt und insoweit ihre Mitteilungspflicht nach § 7 versäumt haben, sind die Blinden unter Beachtung des Zehnten Buches Sozialgesetzbuch zur Rückerstattung der überzahlten Leistungen verpflichtet.

§ 7

Der Empfänger der Blindheitshilfe ist verpflichtet, jede Änderung von Tatsachen, die für die Gewährung der Blindheitshilfe maßgebend sind, unverzüglich anzuzeigen. Ist er geschäftsunfähig oder in der Geschäftsfähigkeit beschränkt, so trifft die Verpflichtung den gesetzlicher Vertreter oder den Betreuer.

§ 8

(1) Dieses Gesetz wird von den zur Durchführung des Bundesversorgungsgesetzes zuständigen Behörden durchgeführt.

(2) Soweit dieses Gesetz nichts anderes bestimmt, finden das Sozialgesetzbuch (I. und X. Buch), das Gesetz über das Verwaltungsverfahren der Kriegsopferversorgung und die Vorschriften des Sozialgerichtsgesetzes über das Vorverfahren entsprechende Anwendung.

(3) Für Streitigkeiten in Angelegenheiten nach diesem Gesetz ist der Rechtsweg vor den Gerichten der Sozialgerichtsbarkeit gegeben.

§ 9

(1) Hochgradig Sehschwache, die zum Zeitpunkt des Änderungsgesetzes vom 24. März 1982 (Amtsbl. S. 390) Anspruch auf Gewährung einer Blindheitshilfe hatten, erhalten diese Leistungen weiter.

(2) Abweichend von § 4 gilt für Blinde, die zum Zeitpunkt des Inkrafttretens dieses Gesetzes die erforderliche Pflege in einer Anstalt, einem Heim oder einer sonstigen Einrichtung erhalten, § 4 des Gesetzes über die Gewährung einer Blindheitshilfe in der Fassung vom 20. April 1982 weiter.

Diese vor dem Inkrafttreten zustehende Blindheitshilfe darf jedoch solange nicht erhöht werden, bis der Betrag erreicht ist, wie er sich nach der Neufassung ergibt.

§ 10*)

(1) Dieses Gesetz tritt am 1. Januar 1962 in Kraft.

(2) Mit dem Inkrafttreten dieses Gesetzes werden alle früheren Vorschriften, die den gleichen Gegenstand regeln, aufgehoben, insbesondere

1. das Gesetz über die Gewährung einer Blindheitshilfe an Zivilblinde vom 22. Juni 1950 (Amtsbl. S. 750);
2. das Gesetz zur Änderung des Gesetzes über die Gewährung einer Blindheitshilfe an Zivilblinde vom 22. Juni 1950 (Amtsbl. S. 750) vom 29. Januar 1952 (Amtsbl. S. 290);
3. das Zweite Gesetz zur Änderung des Gesetzes Nr. 188 über die Gewährung einer Blindheitshilfe an Zivilblinde vom 22. Juni 1950 (Amtsbl. S. 750) vom 9. Juli 1956 (Amtsbl. S. 967);
4. das Dritte Gesetz zur Änderung des Gesetzes Nr. 188 über die Gewährung einer Blindheitshilfe an Zivilblinde vom 22. Juni 1950 (Amtsbl. S. 750) vom 27. Juni 1959 (Amtsbl. S. 1077);
5. die Ausführungsbestimmungen zum Gesetz vom 22. Juni 1950 über die Gewährung einer Blindheitshilfe an Zivilblinde (Amtsbl. S. 750) vom 1. August 1950 (Amtsbl. S. 752).

VI

*) Die Vorschrift betrifft das Inkrafttreten des Gesetzes vom 2. Juli 1962 (Amtsbl. S. 501).

Gesetz über die Gewährung eines Landesblindengeldes und anderer Nachteilsausgleiche (Landesblindengeldgesetz – LBlindG)

in der Fassung der Bekanntmachung vom 14. Dezember 2001 (SächsGVBl. S. 714)

Zuletzt geändert durch
Gesetz zur Unterstützung der selbstbestimmten Teilhabe von Menschen mit Behinderungen im Freistaat Sachsen
vom 2. Juli 2019 (SächsGVBl. S. 542)

Der Sächsische Landtag hat am 13. Dezember 2001 das folgende Gesetz beschlossen:

§ 1 Berechtigte

(1) Blinde, hochgradig Sehbehinderte, Gehörlose und schwerstbehinderte Kinder, die das erste Lebensjahr vollendet haben und im Freistaat Sachsen ihren Wohnsitz oder gewöhnlichen Aufenthalt haben oder nach der Verordnung VO (EG) Nr. 883/2004 des Europäischen Parlaments und des Rates vom 29. April 2004 zur Koordinierung der Systeme der sozialen Sicherheit (ABl. L 166 vom 30. April 2004, S. 1, L 200 S. 1, L 204 vom 4. August 2007, S. 30), geändert durch die Verordnung (EG) Nr. 988/2009 (ABl. L 284 vom 30. Oktober 2009, S. 43), in der jeweils geltenden Fassung, anspruchsberechtigt sind, erhalten zum Ausgleich ihrer behinderungsbedingten Mehraufwendungen Leistungen nach diesem Gesetz.

(2) Blind ist, wem das Augenlicht vollständig fehlt. Als blind gelten auch Personen,

1. deren Sehschärfe auf keinem Auge auch nicht bei beidäugiger Prüfung mehr als ein Fünfzigstel beträgt oder
2. bei denen durch Nummer 1 nicht erfasste, nicht nur vorübergehende Störungen des Sehvermögens von einem solchen Schweregrad vorliegen, dass sie der Beeinträchtigung der Sehschärfe nach Nummer 1 gleichzusetzen sind.

(3) Hochgradig sehbehindert sind Personen,

1. deren Sehschärfe auf keinem Auge und auch nicht bei beidäugiger Prüfung mehr als ein Zwanzigstel beträgt oder
2. bei denen durch Nummer 1 nicht erfasste, gleichschwere Störungen der Sehfunktion vorliegen. Dies ist dann der Fall, wenn die Einschränkung des Sehvermögens einen Grad der Behinderung von 100 bedingt und Blindheit noch nicht vorliegt.

(4) Gehörlos im Sinne dieses Gesetzes sind Personen mit angeborener oder bis zum siebenten Lebensjahr erworbener Taubheit oder an Taubheit grenzender Schwerhörigkeit, wenn bei ihnen allein wegen der Taubheit und wegen der mit der Taubheit einhergehenden schweren Störung des Spracherwerbs ein Grad der Behinderung von 100 festgestellt ist. Personen, die erst später die Taubheit oder an Taubheit grenzende Schwerhörigkeit erworben haben, gelten nur dann als gehörlos, wenn bei ihnen allein wegen der Taubheit und der mit der Taubheit einhergehenden schweren Sprachstörung ein Grad der Behinderung von 100 festgestellt ist.

(5) Schwerstbehinderte Kinder im Sinne dieses Gesetzes sind Personen, die das 18. Lebensjahr noch nicht vollendet haben und bei denen ein Grad der Behinderung von 100 festgestellt ist.

§ 2 Höhe der Leistungen

(1) Blinde erhalten ein monatliches Blindengeld in Höhe von 350 Euro.

Der monatliche Nachteilsausgleich beträgt für

1. hochgradig Sehbehinderte 80 Euro,
2. Gehörlose 130 Euro und für
3. schwerstbehinderte Kinder 100 Euro.

(2) Blinde, die das 14. Lebensjahr noch nicht vollendet haben, erhalten 75 Prozent der Leistungen nach Absatz 1 Satz 1.

(3) Die Leistungen nach diesem Gesetz sind einkommens- und vermögensunabhängig. Beim Zusammentreffen mehrerer Ansprüche nach diesem Gesetz wird die Summe der entsprechenden Einzelleistungen gewährt. Blinde erhalten zum Blindengeld nicht zusätzlich den Nachteilsausgleich für hochgradig Sehbehinderte. Bei schwerstbehinderten Kindern entstehen mehrere Ansprüche, wenn Blindengeld oder hochgradige Sehbehinderung oder Gehörlosigkeit gegeben ist und weitere Behinderungen vorliegen, die für sich allein einen Grad der Behinderung von 100 ergeben.

(4) Gleichzeitig Blinde und Gehörlose im Sinne dieses Gesetzes erhalten zusätzlich monatlich 300 Euro.

§ 3 Ausgeschlossener Personenkreis

Auf eine Leistung nach diesem Gesetz hat keinen Anspruch, wer wegen einer in § 1 genannten Behinderung bereits einen Anspruch

1. auf eine Leistung nach dem Bundesversorgungsgesetz in der Fassung der Bekanntmachung vom 22. Januar 1982 (BGBl. I S. 21), das zuletzt durch Artikel 3 des Gesetzes vom 17. August 2017 (BGBl. I S. 3214) geändert worden ist, in der jeweils geltenden Fassung, oder nach Gesetzen, die eine entsprechende Anwendung des Bundesversorgungsgesetzes vorsehen,
2. auf eine Leistung aus der gesetzlichen Unfallversicherung,
3. auf eine Leistung aus öffentlichen Kassen aufgrund der gesetzlich geregelten Unfallversorgung oder Unfallfürsorge oder
4. auf eine den Nummern 1 bis 3 entsprechende ausländische Leistung hat.

§ 4 Kürzung des Blindengeldes

(1) Das Blindengeld wird um 50 Prozent des Betrages nach § 2 Abs. 1 Satz 1 gekürzt, wenn sich der Blinde in einer Anstalt, einem Heim oder einer gleichartigen Einrichtung befindet und Leistungen zur stationären Pflege nach § 43 des Elften Buches Sozialgesetzbuch – Soziale Pflegeversicherung – (Artikel 1 des Gesetzes vom 26. Mai 1994, BGBl. I S. 1014, 1015), das zuletzt durch Artikel 9 des Gesetzes vom 18. Juli 2017 (BGBl. I S. 2757) geändert worden ist, in der jeweils geltenden Fassung, oder entsprechende Leistungen aus einer privaten Pflegeversicherung im Sinne des § 1 des Elften Buches Sozialgesetzbuch oder Leistungen nach beamtenrechtlichen Vorschriften gewährt werden.

(2) Werden die Kosten des Aufenthalts in einer Anstalt, einem Heim oder einer gleichartigen Einrichtung ganz oder teilweise aus Mitteln öffentlich-rechtlicher Leistungsträger getragen, verringert sich das Blindengeld um die aus diesen Mitteln bestrittenen Kosten, höchstens jedoch um 50 Prozent des Betrages nach § 2 Abs. 1 Satz 1. Die Kürzung setzt voraus, dass in der Einrichtung dem Blinden über die Gewährung von Wohnung und Verpflegung hinaus Leistungen geboten werden, die zu einer erheblichen Minderung der durch die Blindheit bedingten Mehraufwendungen führen.

(3) Liegen die Voraussetzungen einer Kürzung nach den Absätzen 1 und 2 gleichzeitig vor, darf das Blindengeld um nicht mehr als 50 Prozent gekürzt werden. Die Kürzung gilt für jeden vollen Kalendermonat. Sie gilt ab dem ersten Tag des Folgemonats, der auf den Eintritt in die Einrichtung folgt. Eine Kürzung des Blindengeldes erfolgt nicht durch Leistungen im Sinne der Absätze 1 und 2, welche nach dem Pflegegrad 1 gewährt werden.

(4) Für jeden vollen Tag der vorübergehenden Abwesenheit von der Einrichtung wird das Blindengeld in Höhe von einem Dreißigstel des Betrages nach § 2 Abs. 1 Satz 1 geleistet, wenn die vorübergehende Abwesenheit länger als sechs volle zusammenhängende Tage dauert oder regelmäßig eine Betreuung an den Wochenenden außerhalb des Heimes erfolgt. Der Betrag nach Absatz 1 oder 2 wird in gleichem Verhältnis gekürzt.

§ 5 Anrechnung anderer Leistungen

(1) Leistungen, die der Berechtigte zum Ausgleich der durch seine Behinderung bedingten Mehraufwendungen nach anderen öffentlich-rechtlichen Vorschriften mit Ausnahme der Leistungen nach dem Elften Buch

VI

Sozialgesetzbuch erhält, werden voll auf die Leistungen nach diesem Gesetz angerechnet. Leistungen nach § 2 Absatz 4 sind anrechnungsfrei.

(2) Leistungen bei häuslicher Pflege nach den §§ 36 bis 38 des Elften Buches Sozialgesetzbuch, bei Tages- und Nachtpflege nach § 41 des Elften Buches Sozialgesetzbuch sowie bei Kurzzeitpflege nach § 42 des Elften Buches Sozialgesetzbuch werden bei Blinden, auch soweit es sich um Sachleistungen handelt,

1. bei dem Pflegegrad 2 mit 40 Prozent des Betrages nach § 37 Absatz 1 Satz 3 Nummer 1 des Elften Buches Sozialgesetzbuch,
2. bei dem Pflegegrad 3 mit 30 Prozent des Betrages nach § 37 Absatz 1 Satz 3 Nummer 2 des Elften Buches Sozialgesetzbuch,
3. bei dem Pflegegrad 4 mit 30 Prozent des Betrages nach § 37 Absatz 1 Satz 3 Nummer 3 des Elften Buches Sozialgesetzbuch und
4. bei dem Pflegegrad 5 mit 30 Prozent des Betrages nach § 37 Absatz 1 Satz 3 Nummer 4 des Elften Buches Sozialgesetzbuch

auf das Blindengeld angerechnet. Das Blindengeld darf nicht um mehr als 50 Prozent gekürzt werden.

(3) Absatz 2 gilt entsprechend, wenn der Blinde Leistungen aus einer privaten Pflegeversicherung im Sinne des Elften Buches Sozialgesetzbuch oder diese Leistungen zusammen mit Pflegeleistungen nach beihilferechtlichen Vorschriften oder entsprechende ausländische Leistungen erhält.

(4) Liegen die Voraussetzungen der Absätze 2 oder 3 und des § 4 Abs. 2 zusammen vor, wird das Blindengeld nur nach § 4 gekürzt. Leistungen im Sinne der Absätze 2 und 3, welche nach Pflegegrad 1 gewährt werden, sind nicht auf das Blindengeld anzurechnen.

§ 6 Antragsverfahren, Übertragung, Pfändung und Vererbbarkeit

(1) Leistungen nach diesem Gesetz werden auf Antrag gewährt. Der Antrag ist schriftlich oder zur Niederschrift bei der nach § 7 zuständigen Behörde zu stellen. Der Anspruch auf Leistungen nach diesem Gesetz entsteht mit dem ersten Tag des Monats, in dem die Voraussetzungen erfüllt sind, frühestens jedoch mit dem ersten Tag des Antragsmonats. Er endet mit Ablauf des Monats, in dem die Voraussetzungen weggefallen sind.

(2) Der Anspruch auf Leistungen nach diesem Gesetz kann nicht übertragen, verpfändet und gepfändet werden. Er ist nicht vererblich.

(3) Die Leistungen nach diesem Gesetz werden monatlich im Voraus gezahlt. Der Betrag wird auf volle Euro aufgerundet. Für Leistungen nach dem Tod des Berechtigten gilt § 118 Absatz 3 und 4 des Sechsten Buches Sozialgesetzbuch – Gesetzliche Rentenversicherung – in der Fassung der Bekanntmachung vom 19. Februar 2002 (BGBl. I S. 754, 1404, 3384), das zuletzt durch Artikel 1 des Gesetzes vom 17. Juli 2017 (BGBl. I S. 2575) geändert worden ist, in der jeweils geltenden Fassung, entsprechend.

§ 7 Zuständige Behörde

Sachlich zuständig für den Vollzug dieses Gesetzes sind die Landkreise und Kreisfreien Städte. Rechtsaufsichtsbehörde ist insoweit der Kommunale Sozialverband Sachsen. Ihm stehen die Befugnisse nach den §§ 113 bis 116 der Sächsischen Gemeindeordnung in der Fassung der Bekanntmachung vom 3. März 2014 (SächsGVBl. S. 146), die zuletzt durch Artikel 2 des Gesetzes vom 13. Dezember 2016 (SächsGVBl. S. 652) geändert worden ist, in der jeweils geltenden Fassung, zu. Er ist zuständig für Grundsatzangelegenheiten.

§ 8 Verfahren

(1) Soweit dieses Gesetz nichts anderes bestimmt, finden das Erste Buch Sozialgesetzbuch – Allgemeiner Teil – (Artikel 1 des Gesetzes vom 11. Dezember 1975, BGBl. I S. 3015), das zuletzt durch Artikel 5 des Gesetzes vom 17. August 2017 (BGBl. I S. 3214) geändert worden ist, in der jeweils geltenden Fassung, und das Zehnte Buch Sozialgesetzbuch – Sozialverwaltungsverfahren und Sozialdatenschutz – in der Fassung der Bekanntmachung vom 18. Januar 2001 (BGBl. I S. 130), das zuletzt durch Artikel 10 Absatz 11

des Gesetzes vom 30. Oktober 2017 (BGBl. I S. 3618) geändert worden ist, in der jeweils geltenden Fassung, entsprechend Anwendung. Abweichend von § 45 Absatz 3 Satz 1 des Zehnten Buches Sozialgesetzbuch kann ein rechtswidriger begünstigender Verwaltungsakt mit Dauerwirkung jederzeit mit Wirkung für die Zukunft zurückgenommen werden. Leistungen, die zu einer Minderung des Anspruches auf Blindengeld führen, gelten als Einkommen im Sinne des § 48 Absatz 1 Satz 2 Nummer 3 des Zehnten Buches Sozialgesetzbuch.

(2) Für Streitigkeiten in Angelegenheiten dieses Gesetzes ist der Rechtsweg zu den Sozialgerichten gegeben.

(3) Die nach § 7 zuständige Behörde erhält zur Prüfung des Fortbestandes der Anspruchsvoraussetzungen anhand der ihr bekannten Wohnorte der Leistungsempfänger von der jeweils zuständigen Meldebehörde folgende Angaben:

a) im Sterbefall den Sterbetag,
b) bei Umzug die neue Wohnanschrift und den Tag des Auszuges.

Die Übermittlung erfolgt einmal kalenderjährlich auf Veranlassung der nach § 7 zuständigen Behörde. Zur Identifizierung werden von beiden Behörden der vollständige Name, einschließlich früherer Namen, die zuletzt bekannte Anschrift, der Geburtstag und das Geschlecht des Betroffenen verwendet.

§ 9 Kosten

Die Aufwendungen für die Leistungen nach diesem Gesetz trägt der Freistaat Sachsen. An den Ausgaben zum Blindengeld gemäß § 2 Abs. 1 Satz 1 beteiligt sich der Kommunale Sozialverband Sachsen zur Hälfte. Den Landkreisen und Kreisfreien Städten wird zur Erfüllung der Aufgaben nach diesem Gesetz der sich nach den Sätzen 1 und 2 ergebende Landesanteil zweckgebunden zur Bewirtschaftung übertragen.

§ 10 Übergangsvorschrift

Entscheidungen über Leistungen nach dem Gesetz über die Gewährung eines Landesblindengeldes und anderer Nachteilsausgleiche vom 11. Februar 1992 (SächsGVBl. S. 53), zuletzt geändert durch Artikel 52 des Gesetzes vom 28. Juni 2001 (SächsGVBl. S. 426, 431), gelten ab dem 1. Januar 2002 als Entscheidungen im Sinne dieses Gesetzes.

§ 11 In-Kraft-Treten und Außer-Kraft-Treten

Dieses Gesetz tritt am 1. Januar 2002 in Kraft. Gleichzeitig tritt das Gesetz über die Gewährung eines Landesblindengeldes und anderer Nachteilsausgleiche vom 11. Februar 1992 (SächsGVBl. S. 53), zuletzt geändert durch Artikel 52 des Gesetzes vom 28. Juni 2001 (SächsGVBl. S. 426, 431), außer Kraft.

Gesetz über das Blinden- und Gehörlosengeld im Land Sachsen-Anhalt

Vom 19. Juni 1992 (GVBl. LSA S. 565)

Zuletzt geändert durch
Gesetz zur Verbesserung des Blinden- und Gehörlosengeldes sowie der finanziellen Ausstattung von Beratungsangeboten im sozialen Bereich
vom 18. Januar 2019 (GVBl. LSA S. 17)

Der Landtag von Sachsen-Anhalt hat das folgende Gesetz beschlossen, das hiermit verkündet wird:

§ 1

(1) Blinde und Gehörlose, die ihren Wohnsitz oder gewöhnlichen Aufenthalt im Sinne von § 30 Abs. 3 des Ersten Buches Sozialgesetzbuch im Land Sachsen-Anhalt haben oder nach der Verordnung (EG) Nr. 883/2004 des Europäischen Parlaments und des Rates vom 29. April 2004 zur Koordinierung der Systeme der sozialen Sicherheit (ABl. L 166 vom 30. 4. 2004, S. 1, ABl. L 200 vom 7. 6. 2004. S. 1, ABl. L 204 vom 4. 8. 2007, S. 30), geändert durch die Verordnung (EG) Nr. 988/2009 (ABl. L 284 vom 30. 10. 2009, S. 43), anspruchsberechtigt sind, erhalten zum Ausgleich der durch die Blindheit oder Gehörlosigkeit bedingten Mehraufwendungen Blindengeld oder Gehörlosengeld ohne Rücksicht auf Einkommen und Vermögen. Dies gilt auch für Leistungsberechtigte aus den Vertragsstaaten des Abkommens über den Europäischen Wirtschaftsraum und der Schweiz sowie Hilfskräfte der Europäischen Union.

(2) Blindengeld erhalten auch Personen,

1. deren Sehschärfe auf keinem Auge und auch nicht bei beidäugiger Prüfung mehr als ein Fünfzigstel beträgt,
2. bei denen durch Nummer 1 nicht erfasste Störungen des Sehvermögens von einem solchen Schweregrad vorliegen, dass sie der Beeinträchtigung der Sehschärfe nach Nummer 1 gleich zu achten sind,
3. die hochgradig sehbehindert mit einer Sehschärfe auf keinem Auge und auch nicht bei beidäugiger Prüfung von mehr als einem Zwanzigstel sind,
4. bei denen durch Nummer 3 nicht erfasste Störungen der Sehfunktion von einem solchen Schweregrad vorliegen, dass sie der Beeinträchtigung der Sehschärfe nach Nummer 3 gleich zu achten sind.

Vorübergehende Störungen sind nicht zu berücksichtigen. Als vorübergehend gilt ein Zeitraum von bis zu sechs Monaten.

(3) Gehörlosengeld erhalten Personen

1. mit angeborener oder bis zum 7. Lebensjahr erworbener Taubheit oder an Taubheit grenzender Schwerhörigkeit, soweit der Grad der Behinderung infolge schwerer Störungen des Spracherwerbs 100 beträgt,
2. mit später erworbener Taubheit, wenn der Grad der Behinderung allein infolge Taubheit und mit der Taubheit einhergehender schwerer Sprachstörung 100 beträgt.

(4) Das Blindengeld nach Absatz 1 und 2 Satz 1 Nrn. 1 und 2 beträgt 360 Euro monatlich, für Minderjährige 250 Euro monatlich. Hochgradig Sehbehinderte nach Absatz 2 Satz 1 Nrn. 3 und 4 und Gehörlose nach Absatz 3 erhalten Blinden- oder Gehörlosengeld in Höhe von 52 Euro monatlich. Die Höhe des Blinden- oder Gehörlosengeldes nach den Sätzen 1 und 2 verändert sich jeweils zum 1. Juli um den von der Bundesregierung für die neuen Bundesländer ermittelten Rentenanpassungssatz in der gesetzlichen Rentenversicherung. Die Anpassung nach Satz 3 wird erstmals zum 1. Juli 2020 vorgenommen.

(5) Der Nachweis über das Vorliegen von Blindheit, hochgradiger Sehbehinderung oder Gehörlosigkeit nach den Absätzen 1 bis 3 ist durch einen Feststellungsbescheid nach § 152 Abs. 1 Satz 1 des Neunten Buches Sozialgesetzbuch zu erbringen.

§ 1a

Leistungen nach diesem Gesetz erhalten nicht Personen,

1. die wegen ihrer anerkannten Blindheit Versorgung nach dem Bundesversorgungsgesetz oder nach den Gesetzen, die eine entsprechende Anwendung des Bundesversorgungsgesetzes vorsehen, beziehen,
2. die wegen Blindheit aufgrund eines Versicherungsfalles nach dem Siebten Buch Sozialgesetzbuch Leistungen aus der gesetzlichen Unfallversicherung beziehen,
3. bei denen die Nutzung der Leistung durch oder für sie zum Ausgleich des durch die Sehbehinderung bedingten Mehraufwandes nicht möglich ist.

§ 2

(1) Auf das Blindengeld nach § 1 Abs. 1 und 2 Satz 1 Nrn. 1 und 2 werden nur gleichartige Leistungen angerechnet, die der Blinde zum Ausgleich der durch die Blindheit bedingten Mehraufwendungen auf Grund anderer öffentlich-rechtlicher Vorschriften erhält. Dies gilt auch für vergleichbare Leistungen aus anderen Staaten der Europäischen Union, Vertragsstaaten des Abkommens über den Europäischen Wirtschaftsraum und der Schweiz; bei Ausübung einer Erwerbstätigkeit in diesen Staaten sind die Leistungen des Beschäftigungsstaates grundsätzlich vorrangig. Hilfskräfte der Europäischen Union haben ein Wahlrecht, welches nationale Recht angewendet wird.

(2) Leistungen nach dem Elften Buch Sozialgesetzbuch werden auf das Blindengeld nach § 1 Abs. 1 und 2 Satz 1 Nrn. 1 und 2 angerechnet bei

1. häuslicher Pflege nach den §§ 36 bis 38 des Elften Buches Sozialgesetzbuch und
2. Tages- und Nachtpflege nach § 41 des Elften Buches Sozialgesetzbuch,

auch soweit es sich um Sachleistungen handelt. Bei einer Einordnung in den Pflegegrad 2 nach § 15 Abs. 3 Satz 4 Nr. 2 des Elften Buches Sozialgesetzbuch werden 46 v. H. des Betrages nach § 37 Abs. 1 Satz 3 Nr. 1 des Elften Buches Sozialgesetzbuch und bei einer Einordnung in die Pflegegrade 3 bis 5 nach § 15 Abs. 3 Satz 4 Nrn. 3 bis 5 des Elften Buches Sozialgesetzbuch werden 33 v. H. des Betrages nach § 37 Abs. 1 Satz 3 Nr. 2 des Elften Buches Sozialgesetzbuch angerechnet. Besteht der Anspruch auf Leistungen bei häuslicher Pflege nicht für den ganzen Kalendermonat, gilt § 37 Abs. 2 des Elften Buches Sozialgesetzbuch entsprechend.

(3) Leistungen aus einer privaten Pflegeversicherung werden in gleicher Höhe wie Leistungen aus der sozialen Pflegeversicherung angerechnet. Dies gilt auch für entsprechende Leistungen nach beamtenrechtlichen Vorschriften.

§ 3

(1) Das Blindengeld nach § 1 Abs. 1 und 2 Satz 1 Nrn. 1 und 2 und Abs. 4 Satz 1 erster Teilsatz vermindert sich um die Hälfte, solange der Berechtigte sich in einem Heim oder einer gleichartigen Einrichtung aufhält, es sei denn, dass die Kosten dieses Aufenthaltes überwiegend von ihm oder einem nach bürgerlichem Recht unterhaltspflichtigen Dritten getragen werden. Satz 1 gilt nicht für stationäre Einrichtungen zur schulischen und beruflichen Ausbildung. Die Kürzung gilt für jeden vollen Kalendermonat. Sie gilt ab dem ersten Tag des Folgemonats, der auf den Eintritt in die Einrichtung folgt.

(2) Das Blindengeld nach § 1 Abs. 1 und 2 Satz 1 Nrn. 1 und 2 und Abs. 4 Satz 1 erster Teilsatz vermindert sich um die Hälfte für die Dauer der Verbüßung einer freiheitsentziehenden Maßnahme aufgrund rechtskräftiger Verurteilung durch ein deutsches Gericht oder für die Zeit einer gerichtlich angeordneten Unterbringung in einem psychiatrischen Krankenhaus, einer Unterbringung in einer geschlossenen Einrichtung der Jugendhilfe oder einer vergleichbaren Einrichtung. Die Kürzung gilt für jeden vollen Kalendermonat. Sie gilt ab dem ersten Tag des Folgemonats, der auf den Eintritt in die Einrichtung folgt.

(3) Für jeden vollen Tag vorübergehender Abwesenheit von der Einrichtung nach Absatz 1 Satz 1 und Absatz 2 Satz 1 wird die Leistung in Höhe von je einem Dreißigstel des Betrages nach § 1 Abs. 4 Satz 1 erster Teilsatz gewährt, wenn die vorübergehende Abwe-

senheit länger als sechs volle zusammenhängende Tage dauert; der Betrag nach Absatz I Satz I oder Absatz 2 Satz 1 wird im gleichen Verhältnis gekürzt.

§ 4

(1) Das Blinden- oder Gehörlosengeld wird auf Antrag gewährt. Der Anspruch entsteht mit dem Ersten des Monats, in dem die gesetzlichen Voraussetzungen erfüllt sind, frühestens mit dem Ersten des Monats, in dem der Antrag gestellt wird. Satz 2 gilt entsprechend, wenn eine höhere Leistung beantragt wird. Die Minderung oder Entziehung der Leistung wird mit dem ersten Tag des Folgemonats wirksam, in dem die Voraussetzungen für ihre Gewährung weggefallen sind. Ist beim Tod der blinden oder gehörlosen Person das Blinden- oder Gehörlosengeld noch nicht ausgezahlt, erlischt der Anspruch.

(2) Der Anspruch entsteht für jeden Monat, in dem die Voraussetzungen an einem Tage vorliegen.

(3) Das Blinden- oder Gehörlosengeld wird in Monatsbeträgen im voraus gezahlt.

(4) Der Anspruch auf Leistungen nach diesem Gesetz kann nicht übertragen, verpfändet oder gepfändet werden. Er ist nicht vererblich.

§ 5

Empfänger von Blinden- oder Gehörlosengeld sind verpflichtet, Änderungen, die für die Gewährung der Leistungen maßgebend sind, unverzüglich anzuzeigen. Dazu gehören insbesondere:

1. Änderungen des gewöhnlichen Aufenthaltes,
2. Änderungen des Seh- oder Hörvermögens,
3. die Aufnahme in ein Heim oder gleichartige Einrichtung,
4. die in § 3 Abs. 2 genannten Tatbestände,
5. Leistungen aufgrund anderer Rechtsvorschriften zum Ausgleich der durch die Blindheit bedingten Mehraufwendungen.

§ 6

(1) Zuständig für die Durchführung dieses Gesetzes ist das Landesverwaltungsamt.

(2) Soweit dieses Gesetz nichts anderes bestimmt, finden das Erste und das Zehnte Buch Sozialgesetzbuch, das Gesetz über das Verwaltungsverfahren der Kriegsopferversorgung und die Vorschriften des Sozialgerichtsgesetzes über das Vorverfahren entsprechende Anwendung. Abweichend von § 51 Abs. 2 des Ersten Buches Sozialgesetzbuch können Ansprüche auf Erstattung zu Unrecht gezahlten Blinden- und Gehörlosengeldes uneingeschränkt mit dem Anspruch auf laufende Geldleistungen nach diesem Gesetz aufgerechnet werden. Abweichend von § 45 Abs. 3 Satz 1 des Zehnten Buches Sozialgesetzbuch kann ein rechtswidrig begünstigender Verwaltungsakt mit Dauerwirkung jederzeit mit Wirkung für die Zukunft zurückgenommen werden. Leistungen, die zu einer Minderung des Anspruches auf Blindengeld führen, gelten als Einkommen im Sinne des § 48 Abs. 1 Satz 2 Nr. 3 des Zehnten Buches Sozialgesetzbuch. Für Leistungen für die Zeit nach dem Tode des Berechtigten findet § 118 Abs. 3 bis 4a des Sechsten Buches Sozialgesetzbuch entsprechende Anwendung.

(3) Für Streitigkeiten nach diesem Gesetz ist der Rechtsweg zu den Gerichten der Sozialgerichtsbarkeit gegeben.

(4) Die nach Absatz 1 zuständige Behörde erhält anhand der ihr bekannten Wohnorte der Leistungsempfänger von der jeweils zuständigen Meldebehörde folgende Angaben:

1. im Sterbefall den Sterbetag,
2. bei Umzug die neue Anschrift und den Tag des Auszuges.

Die Übermittlung erfolgt einmal kalenderjährlich auf Veranlassung der nach Absatz 1 zuständigen Behörde. Zur Identifizierung werden von beiden Behörden der vollständige Name einschließlich früherer Namen, die zuletzt bekannte Anschrift, der Geburtstag und das Geschlecht des Betroffenen verwendet.

§ 7

Wer für den Monat Dezember 2016 gleichzeitig Anspruch auf Blindengeld ohne Pflegegeld oder auf Blindengeld und auf Pflegegeld der Pflegestufe I sowie auf verbesserte Pflegeleistungen für Personen mit erheblich eingeschränkter Alltagskompetenz nach dem Elften Buch Sozialgesetzbuch in der bis zum 31. Dezember 2016 geltenden Fassung hatte, erhält das Blindengeld weiterhin in der für den Monat Dezember 2016 gezahlten Höhe, solange er nach § 1 anspruchsberechtigt ist. Allgemeine Anhebungen des Blindengeldes nach § 1 Abs. 4 kommen ihm erst zugute, wenn und soweit sich danach unter Berücksichtigung von Anrechnungen nach § 2 Abs. 2 Satz 2 ein höherer Auszahlungsbetrag ergibt.

Landesblindengeldgesetz (LBlGG)

in der Fassung der Bekanntmachung vom 12. Mai 1997 (GVOBl. Schl.-H. S. 313)

Zuletzt geändert durch
Haushaltsbegleitgesetz 2017
vom 14. Dezember 2016 (GVOBl. Schl.-H. S. 999)

Präambel

In Erkenntnis der schweren Beeinträchtigung eines Menschen durch Blindheit in seiner gesamten Existenz gewährt das Land Schleswig-Holstein ein Landesblindengeld als Einordnungshilfe in die Gesellschaft.

§ 1

(1) Zivilblinde, die ihren gewöhnlichen Aufenthalt im Lande Schleswig-Holstein haben oder nach der Verordnung VO (EG) Nr. 883/2004 des Europäischen Parlaments und des Rates vom 29. April 2004 zur Koordinierung der Systeme der sozialen Sicherheit (ABl. L 166 vom 30. April 2004, S. 1, L 200 S. 1, L 204 vom 4. August 2007, S. 30), geändert durch Verordnung (EG) Nr. 988/2009 (ABl. L 284 vom 30. Oktober 2009, S. 43), anspruchsberechtigt sind, erhalten ein Landesblindengeld zum Ausgleich der durch die Blindheit bedingten Mehraufwendungen. Blindengeld erhalten auch Blinde, die sich in Anstalten, Heimen oder gleichartigen Einrichtungen im übrigen Geltungsbereich des Grundgesetzes aufhalten, wenn sie im Zeitpunkt der Aufnahme in die Einrichtung ihren gewöhnlichen Aufenthalt im Lande Schleswig-Holstein hatten. § 23 und § 109 des Zwölften Buches Sozialgesetzbuch vom 23. Dezember 2003 (BGBl. I S. 3022), zuletzt geändert durch Art. 10 des Gesetzes zur Vereinfachung des Verwaltungsverfahrens im Sozialrecht vom 21. März 2005 (BGBl. I S. 818) gelten entsprechend.

(2) Auf das Landesblindengeld nach diesem Gesetz werden Landesblindengelder, die nach den Vorschriften der anderen Bundesländer erbracht werden, angerechnet. Entsprechendes gilt für vergleichbare Leistungen aus anderen EU-Mitgliedstaaten.

(3) Landesblindengeld wird Blinden monatlich nach Vollendung des 18. Lebensjahres in Höhe von 300 Euro und Blinden, die das 18. Lebensjahr noch nicht vollendet haben, in Höhe von 200 Euro gewährt. Taubblinde erhalten 400 Euro.

(4) Als Blinde im Sinne dieses Gesetzes gelten auch Personen,

1. deren Sehschärfe auf dem besseren Auge nicht mehr als 1/50 beträgt,
2. bei denen durch Nummer 1 nicht erfaßte, nicht nur vorübergehende Störungen des Sehvermögens von einem solchen Schweregrad vorliegen, daß sie der Beeinträchtigung der Sehschärfe nach Nummer 1 gleichzuachten sind.

§ 2

Die Blindheit oder eine ihr nach § 1 Abs. 4 gleichgestellte Sehbehinderung ist durch die Vorlage eines Feststellungsbescheides gemäß § 69 Abs. 1 Neuntes Buch Sozialgesetzbuch vom 19. Juni 2001 (BGBl. I S. 1046), zuletzt geändert durch Artikel 13 Abs. 26 des Gesetzes vom 12. April 2012 (BGBl. I S. 579), nachzuweisen.

§ 3

Der Anspruch auf Blindengeld kann nicht übertragen, verpfändet oder gepfändet werden.

§ 4

(1) Leistungen, die der Blinde zum Ausgleich der durch Blindheit bedingten Mehraufwendungen nach anderen Vorschriften erhält, werden auf das Blindengeld angerechnet.

(2) Leistungen bei häuslicher Pflege nach den §§ 36 bis 38 des Elften Buches Sozialgesetzbuch werden, auch soweit es sich um Sach-

leistungen handelt, bei Pflegebedürftigen mit Pflegegrad 2 mit 40 % des Pflegegeldes für Pflegegrad 2 und bei Pflegebedürftigen mit Pflegegrad 3 bis 5 mit 40 % des Pflegegeldes für Pflegegrad 3 angerechnet. Bei Minderjährigen beträgt die Anrechnung 20 % der Leistungen nach Satz 1. Entsprechende Leistungen aufgrund eines Pflegeversicherungsvertrages mit einem privaten Versicherungsunternehmen werden höchstens in dem sich aus Satz 1 und 2 ergebenen Umfang angerechnet. Die Sätze 1 bis 3 gelten entsprechend, wenn die Leistungen zusammen mit Leistungen nach beihilferechtlichen Vorschriften erbracht werden.

§ 5

Befindet sich der Blinde in einer Anstalt, einem Heim oder einer gleichartigen Einrichtung und werden die Kosten des Aufenthalts ganz oder teilweise aus Mitteln öffentlich-rechtlicher Leistungsträger oder einer privaten Pflegeversicherung im Sinne des Elften Buches Sozialgesetzbuch getragen, so verringert sich das Blindengeld nach § 1 Abs. 3 um die aus diesen Mitteln getragenen Kosten, höchstens jedoch um 50 % der Beträge nach § 1 Abs. 3. Dies gilt von dem ersten Tage des zweiten Monats an, der auf den Eintritt in die Einrichtung folgt, für jeden vollen Kalendermonat des Aufenthalts in der Einrichtung. Für jeden vollen Tag vorübergehender Abwesenheit von der Einrichtung wird das Blindengeld in Höhe von je einem Dreißigstel des Betrages nach § 1 Abs. 3 gewährt, wenn die vorübergehende Abwesenheit länger als sechs volle zusammenhängende Tage dauert; der Betrag nach Satz 1 wird im gleichen Verhältnis gekürzt.

§ 6

Die Aufwendungen für das Blindengeld trägt das Land.

§ 7

(1) Der Blinde hat keinen Anspruch auf Blindengeld, wenn er

1. die Annahme ihm zumutbarer Arbeit ablehnt oder sich weigert, sich zu einem angemessenen Beruf oder für die Ausübung einer sonstigen angemessenen Tätigkeit ausbilden, fortbilden oder umschulen zu lassen,
2. vorsätzlich gegen eine Verpflichtung nach § 9 verstößt,
3. eine Freiheitsstrafe verbüßt, in Sicherungsverwahrung oder aufgrund strafgerichtlichen Urteils in einem psychiatrischen Krankenhaus oder einer Entziehungsanstalt untergebracht ist.

(2) Das Blindengeld kann versagt werden, soweit seine bestimmungsgemäße Verwendung durch oder für den Blinden nicht möglich ist.

§ 8

(1) Das Blindengeld wird auf Antrag gewährt.

(2) Die Zahlung beginnt mit dem Ersten des Monats, in dem die Voraussetzungen erfüllt sind, frühestens mit dem Ersten des Antragsmonats.

(3) Eine Änderung oder Entziehung des Bindengeldes wird unbeschadet des § 5 mit Ablauf des Monats wirksam, in dem die Voraussetzungen sich geändert haben oder weggefallen sind. Überzahlte Beträge sind anzurechnen oder einzuziehen, wenn den Empfänger des Blindengeldes ein Verschulden trifft.

(4) Werden Leistungen, die nach § 4 auf das Blindengeld anzurechnen sind, nachgezahlt, so hat der Blinde die überzahlten Beträge des Blindengeldes zu erstatten.

§ 9

(1) Der Empfänger des Blindengeldes ist verpflichtet, Änderungen der Tatsachen, die für die Gewährung des Blindengeldes maßgebend sind, insbesondere Leistungen gemäß § 4 oder Aufnahme in ein Heim oder in eine Anstalt unverzüglich anzuzeigen. Ist der Empfänger des Blindengeldes geschäftsunfähig oder in der Geschäftsfähigkeit beschränkt, trifft die Verpflichtung den gesetzlichen Vertreter.

(2) Verstößt der Blinde vorsätzlich gegen die ihm nach Absatz 1 Satz 1 obliegende Verpflichtung, kann das Blindengeld gekürzt oder entzogen werden.

§ 10

Die Aufgaben nach diesem Gesetz führen die Kreise und kreisfreien Städte als Selbstverwaltungsangelegenheit durch.

VI

Thüringer Gesetz über das Sinnesbehindertengeld (Thüringer Sinnesbehindertengeldgesetz – ThürSinnbGG)

in der Fassung der Bekanntmachung vom 7. Oktober 2010 (GVBl. S. 319)

Zuletzt geändert durch
Siebtes Gesetz zur Änderung des Thüringer Blindengeldgesetzes
vom 10. April 2018 (GVBl. S. 69)

§ 1 Anspruchsberechtigte Personen, Begriffsbestimmungen

(1) Menschen mit Sinnesbehinderungen, die ihren Wohnsitz oder gewöhnlichen Aufenthalt im Sinne des § 30 Abs. 3 des Ersten Buches Sozialgesetzbuch in Thüringen haben, erhalten zum Ausgleich von durch diese Sinnesbehinderungen bedingten Mehraufwendungen Sinnesbehindertengeld ohne Anrechnung von Einkommen und Vermögen.

(2) Sinnesbehindertengeld erhalten auch Menschen mit Sinnesbehinderungen, die sich in stationären Einrichtungen im übrigen Geltungsbereich des Grundgesetzes aufhalten, wenn sie zurzeit der Aufnahme in die Einrichtung ihren gewöhnlichen Aufenthalt in Thüringen hatten und am Ort der Einrichtung keinen Anspruch auf Sinnesbehindertengeld nach den dortigen landesrechtlichen Vorschriften haben.

(3) Sinnesbehindertengeld erhalten auch Menschen mit Sinnesbehinderungen, die ihren Wohnsitz oder gewöhnlichen Aufenthalt nicht in Thüringen haben, soweit sie nach der Verordnung (EG) Nr. 883/2004 des Europäischen Parlaments und des Rates vom 29. April 2004 zur Koordinierung der Systeme der sozialen Sicherheit (ABl. L 166 vom 30. 4. 2004, S. 1, L 200 vom 7. 6. 2004, S. 1, L 204 vom 4. 8. 2007, S. 30, L 213 vom 12. 8. 2015, S. 65) in der jeweils geltenden Fassung anspruchsberechtigt sind.

(4) Sinnesbehindert im Sinne dieses Gesetzes sind blinde, gehörlose und taubblinde Menschen.

(5) Blind im Sinne dieses Gesetzes ist, wem das Augenlicht vollständig fehlt. Gleichgestellt sind Personen, deren Sehschärfe auf keinem Auge und auch nicht beidäugig mehr als ein Fünfzigstel beträgt oder bei denen andere Störungen des Sehvermögens von einem solchen Schweregrad vorliegen, dass sie dieser Beeinträchtigung der Sehschärfe gleichzustellen sind.

(6) Gehörlos im Sinne dieses Gesetzes sind Menschen mit angeborener oder erworbener Taubheit beiderseits oder Menschen mit angeborener oder erworbener an Taubheit grenzender Schwerhörigkeit beiderseits, soweit ihnen aufgrund der Hörbehinderung das Merkzeichen „Gl" nach Maßgabe der Versorgungsmedizin-Verordnung vom 10. Dezember 2008 (BGBl. I S. 2412) in der jeweils geltenden Fassung zuerkannt worden ist.

(7) Taubblind im Sinne dieses Gesetzes ist, bei wem wegen einer Störung der Hörfunktion ein Grad der Behinderung von mindestens 70 und wegen einer Störung des Sehvermögens ein Grad der Behinderung von 100 anerkannt ist.

(8) Ausländer können Leistungen nach diesem Gesetz nur beanspruchen, wenn sie rechtmäßig oder aufgrund einer ausländerrechtlichen Duldung ihren gewöhnlichen Aufenthalt im Geltungsbereich dieses Gesetzes haben.

§ 2 Höhe des Sinnesbehindertengeldes

(1) Das Sinnesbehindertengeld für blinde Menschen beträgt:

1. ab dem 1. Juli 2017 360 Euro und
2. ab dem 1. Juli 2018 400 Euro

monatlich. Für taubblinde Menschen erhöhen sich die Beträge nach Satz 1 um jeweils 100 Euro.

(2) Gehörlose Menschen erhalten ab dem 1. Juli 2017 ein Sinnesbehindertengeld in Höhe von 100 Euro monatlich.

(3) Blinde und gehörlose Menschen, die in einer stationären Einrichtung leben, erhalten abweichend von Absatz 1 Sinnesbehindertengeld:

1. ab dem 1. Juli 2017 in Höhe von 82,10 Euro und
2. ab dem 1. Juli 2018 in Höhe von 91,20 Euro

monatlich. Taubblinde Menschen, die in einer stationären Einrichtung leben, erhalten das Sinnesbehindertengeld nach Satz 1 in doppelter Höhe.

(4) Blinde und gehörlose Menschen, die eine Freiheitsstrafe verbüßen, in Sicherungsverwahrung oder aufgrund strafgerichtlichen Urteils in einem psychiatrischen Krankenhaus, einer Entziehungsanstalt oder einer sozialtherapeutischen Anstalt untergebracht sind, erhalten abweichend von Absatz 1 Sinnesbehindertengeld:

1. ab dem 1. Juli 2017 in Höhe von 82,10 Euro und
2. ab dem 1. Juli 2018 in Höhe von 91,20 Euro

monatlich. Taubblinde Menschen, die eine Freiheitsstrafe verbüßen oder entsprechend Satz 1 untergebracht sind, erhalten das Sinnesbehindertengeld nach Satz 1 in doppelter Höhe.

§ 3 Ausgeschlossener Personenkreis

Keinen Anspruch nach diesem Gesetz haben Personen, die Leistungen wegen Blindheit, Gehörlosigkeit oder Taubblindheit nach dem Bundesversorgungsgesetz (BVG) oder nach den Gesetzen, die eine entsprechende Anwendung des Bundesversorgungsgesetzes vorsehen, erhalten. Entsprechendes gilt:

1. für Leistungen aus der gesetzlichen Unfallversicherung, die wegen Blindheit, Gehörlosigkeit oder Taubblindheit gewährt werden, oder
2. für Leistungen wegen Blindheit, Gehörlosigkeit oder Taubblindheit nach ausländischen Rechtsvorschriften.

§ 4 Anrechnung anderer Leistungen

(1) Leistungen, die blinde, gehörlose oder taubblinde Menschen zum Ausgleich der durch die Blindheit, Gehörlosigkeit oder Taubblindheit bedingten Mehraufwendungen nach anderen Rechtsvorschriften erhalten, werden, auch soweit es sich um Sachleistungen handelt, auf das Sinnesbehindertengeld angerechnet. Entsprechendes gilt auch für Leistungen wegen Blindheit, Gehörlosigkeit nach ausländischen Rechtsvorschriften.

(2) Erhalten blinde oder taubblinde Menschen Leistungen der häuslichen Pflege nach den §§ 36 bis 38 des Elften Buches Sozialgesetzbuch (SGB XI), der teilstationären Pflege nach § 41 SGB XI oder der Kurzzeitpflege nach § 42 SGB XI, beträgt das Sinnesbehindertengeld nach § 2 Abs. 1:

1. bei dem Pflegegrad 2
   a) ab dem 1. Juli 2017 164,20 Euro und
   b) ab dem 1. Juli 2018 182,40 Euro oder
2. bei den Pflegegraden 3 bis 5 jeweils:
   a) ab dem 1. Juli 2017 114,80 Euro und
   b) ab dem 1. Juli 2018 127,50 Euro

   monatlich. § 2 Abs. 1 Satz 2 bleibt davon unberührt.

Satz 1 gilt entsprechend für blinde Menschen, die Leistungen aufgrund eines Pflegeversicherungsvertrages mit einem privaten Versicherungsunternehmen erhalten oder wenn derartige Leistungen zusammen mit Leistungen nach beihilferechtlichen Vorschriften erbracht werden.

(3) Erhalten blinde, gehörlose oder taubblinde Menschen Leistungen für einen zurückliegenden Zeitraum, für den Sinnesbehindertengeld geleistet worden ist, nachgezahlt, sind die überzahlten Beträge des Sinnesbehindertengeldes zurückzuerstatten.

§ 5 Versagung oder Kürzung des Sinnesbehindertengeldes

(1) Das Sinnesbehindertengeld ist zu versagen oder angemessen zu kürzen, wenn blinde, gehörlose oder taubblinde Menschen ihnen nach anderen Rechtsvorschriften zustehende Leistungen, die dem gleichen Zweck wie das Sinnesbehindertengeld dienen, nicht in Anspruch nehmen. § 4 Abs. 1 Satz 2 gilt entsprechend.

(2) Das Sinnesbehindertengeld kann versagt oder angemessen gekürzt werden, soweit eine bestimmungsgemäße Verwendung des Sinnesbehindertengeldes durch oder für den Berechtigten nicht möglich ist.

§ 6 Unveräußerlichkeit

(1) Der Anspruch auf das Sinnesbehindertengeld kann nicht übertragen, verpfändet oder gepfändet werden.

(2) Der Anspruch ist nicht vererblich. Eine Sonderrechtsnachfolge ist ausgeschlossen. Ist beim Tode des Berechtigten das Sinnesbehindertengeld noch nicht ausgezahlt, so erlischt der Anspruch.

§ 7 Verfahren

(1) Soweit dieses Gesetz nichts anderes bestimmt, gelten das Erste und das Zehnte Buch Sozialgesetzbuch entsprechend.

(2) Für Streitigkeiten in Angelegenheiten dieses Gesetzes ist der Rechtsweg zu den Sozialgerichten gegeben.

(3) § 118 Abs. 3 und 4 des Sechsten Buches Sozialgesetzbuch findet entsprechende Anwendung.

§ 8 Zuständigkeit, Aufsicht, Kostenerstattung

(1) Die Aufgaben nach diesem Gesetz obliegen den Landkreisen und kreisfreien Städten jeweils im übertragenen Wirkungskreis, soweit nicht durch ein Gesetz oder durch Rechtsverordnung des für das Sinnesbehindertengeld zuständigen Ministeriums etwas anderes geregelt ist. Örtlich zuständig ist der Landkreis oder die kreisfreie Stadt, in dem oder in der der Berechtigte seinen Wohnsitz oder gewöhnlichen Aufenthalt hat. Sofern der Berechtigte eine Leistung nach dem Zwölften Buch Sozialgesetzbuch von einem in Thüringen zuständigen Sozialhilfeträger erhält, richtet sich die örtliche Zuständigkeit für die Gewährung des Sinnesbehindertengeldes nach der örtlichen Zuständigkeit für die Gewährung der Leistung nach dem Zwölften Buch Sozialgesetzbuch.

(2) Oberste Fachaufsichtsbehörde über die für den Vollzug zuständigen Behörden nach diesem Gesetz und der aufgrund dieses Gesetzes erlassenen Rechtsverordnungen ist das für das Sinnesbehindertengeld zuständige Ministerium.

(3) Das Land erstattet den für den Vollzug zuständigen Landkreisen und kreisfreien Städten die Leistungen aufgrund dieses Gesetzes bei Vorlage geeigneter Nachweise jeweils nach Ablauf eines Kalenderhalbjahres. Zuständige Behörde für die Erstattung ist das Landesverwaltungsamt.

§ 8a Mehrbelastungsausgleich

Die Landkreise und kreisfreien Städte erhalten vom Land zum Ausgleich der durch den Vollzug dieses Gesetzes hinsichtlich des Sinnesbehindertengeldes für gehörlose Menschen entstehenden Mehrbelastungen im Sinne des § 23 Abs. 5 Satz 1 des Thüringer Finanzausgleichsgesetzes vom 31. Januar 2013 (GVBl. S. 10) in der jeweils geltenden Fassung eine Verwaltungskostenpauschale in Höhe von 42,18 Euro je Antrag auf Sinnesbehindertengeld für gehörlose Menschen, die entsprechend § 8 Abs. 3 zu erstatten ist.

§ 9 Antragsverfahren

(1) Sinnesbehindertengeld wird auf Antrag gewährt. Die zusätzliche Leistung für taubblinde Menschen nach § 2 Abs. 1 Satz 2 wird auf gesonderten Antrag gewährt. Der Nachweis der medizinischen Voraussetzungen ist durch Vorlage eines Feststellungsbescheids nach § 152 Abs. 1 Satz 1 des Neunten Buches Sozialgesetzbuch zu führen. Bei Personen, denen Blindengeld nach der bis zum 30. Juni 2016 geltenden Fassung dieses Gesetzes gewährt wurde, kann auf diesen Nachweis verzichtet werden. Die §§ 20 und 21 des Zehnten Buchs Sozialgesetzbuch bleiben unberührt.

(2) Sinnesbehindertengeld wird vom Beginn des Monats an geleistet, in dem die gesetzlichen Voraussetzungen erfüllt sind, frühestens jedoch von Beginn des Monats an, in dem der Antrag nach Absatz 1 Satz 1 und 2 gestellt worden ist. Das Sinnesbehindertengeld wird monatlich im Voraus gezahlt. Abweichend von den Sätzen 1 und 2 wird Sinnesbehindertengeld nach § 2 Abs. 1 Satz 2 ab dem 1. Juli 2016 geleistet, wenn ein früherer An-

VI

trag auf Gewährung des Sinnesbehindertengeldes für taubblinde Menschen vor dem Inkrafttreten des Siebten Gesetzes zur Änderung des Thüringer Blindengeldgesetzes abgelehnt worden ist und der neue Antrag innerhalb von drei Kalendermonaten nach Ablauf des Kalendermonats gestellt wird, in welchem das Siebte Gesetz zur Änderung des Thüringer Blindengeldgesetzes im Gesetz- und Verordnungsblatt verkündet worden ist; frühestens jedoch von Beginn des Monats an, in dem die gesetzlichen Voraussetzungen nach § 1 Abs. 7 erfüllt sind. Abweichend von den Sätzen 1 und 2 wird Sinnesbehindertengeld nach § 2 Abs. 2 ab dem Zeitpunkt des Inkrafttretens des Siebten Gesetzes zur Änderung des Thüringer Blindengeldgesetzes geleistet, wenn der Antrag auf Gewährung des Sinnesbehindertengeldes für gehörlose Menschen innerhalb von drei Kalendermonaten nach Ablauf des Kalendermonats gestellt wird, in welchem das Siebte Gesetz zur Änderung des Thüringer Blindengeldgesetzes im Gesetz- und Verordnungsblatt verkündet worden ist; frühestens jedoch von Beginn des Monats an, in dem die gesetzlichen Voraussetzungen erfüllt sind.

(3) Eine Änderung der Tatsachen, die eine Herabsetzung oder eine Einstellung des Sinnesbehindertengeldes bewirken, ist vom Ersten des Monats an zu berücksichtigen, der auf den Monat folgt, in dem die Tatsachen sich geändert haben.

§ 10 Anzeigepflichten

Empfänger von Sinnesbehindertengeld haben jede Änderung der Tatsachen, die für die Gewährung des Sinnesbehindertengeldes maßgebend sind, unverzüglich der nach § 8 Abs. 1 zuständigen Behörde anzuzeigen.

§ 11 Übergangsbestimmungen für blinde Menschen unter 27 Jahren

(1) Leben blinde Menschen, die das 27. Lebensjahr noch nicht vollendet und vor dem 1. Januar 2008 bereits Blindengeld erhalten haben, sowie Berechtigte, die das 27. Lebensjahr noch nicht vollendet und einen Antrag auf Blindengeld vor dem 1. Januar 2008 gestellt haben, in einer stationären Einrichtung, so beträgt das Sinnesbehindertengeld bei Vorliegen der Voraussetzungen bis zur Vollendung des 27. Lebensjahres 150 Euro monatlich. Taubblinde Menschen erhalten zusätzlich die Leistung nach § 2 Abs. 3 Satz 1.

(2) Erhalten blinde Menschen, die das 27. Lebensjahr noch nicht vollendet und vor dem 1. Januar 2008 bereits Blindengeld erhalten haben, sowie Berechtigte, die das 27. Lebensjahr noch nicht vollendet und einen Antrag auf Blindengeld vor dem 1. Januar 2008 gestellt haben, Leistungen der häuslichen Pflege nach den §§ 36 bis 38 SGB XI, der teilstationären Pflege nach § 41 SGB XI oder der Kurzzeitpflege nach § 42 SGB XI, so beträgt das Sinnesbehindertengeld bei Vorliegen der Voraussetzungen bis zur Vollendung des 27. Lebensjahres bei dem Pflegegrad 2 238 Euro monatlich und bei den Pflegegraden 3 bis 5 jeweils 218 Euro monatlich. Satz 1 gilt entsprechend für blinde Menschen, die das 27. Lebensjahr noch nicht vollendet und vor dem 1. Januar 2008 bereits Blindengeld erhalten haben sowie für Berechtigte, die das 27. Lebensjahr noch nicht vollendet und einen Antrag auf Blindengeld vor dem 1. Januar 2008 gestellt haben und Leistungen aufgrund eines Pflegeversicherungsvertrages mit einem privaten Versicherungsunternehmen erhalten oder wenn derartige Leistungen zusammen mit Leistungen nach beihilferechtlichen Vorschriften erbracht werden. Taubblinde Menschen erhalten zusätzlich die Leistung nach § 2 Abs. 1 Satz 2.

§ 12 (weggefallen)

§ 13 Gleichstellungsbestimmung

Status- und Funktionsbezeichnungen in diesem Gesetz gelten jeweils in männlicher und weiblicher Form.

§ 14 Inkrafttreten

Dieses Gesetz tritt mit Wirkung vom 1. Januar 1992 in Kraft.

Stichwortverzeichnis

Sie finden das jeweilige Stichwort über die fettgedruckte Angabe der Leitziffer. Im angegebenen Paragraphen finden Sie das gesuchte Stichwort.
Um mehr Übersichtlichkeit zu erreichen, sind die Bezeichnungen der Gesetze zum Teil verkürzt wiedergegeben. Wo die männliche Form verwendet wurde, ist implizit auch die weibliche gemeint.

Findex

Findex

Findex

Findex

Findex

Findex

Findex

Findex

Findex

Findex

Findex

Findex

Alphabetische Schnellübersicht

Abkürzungen der Bundesländer:

BW Baden-Württemberg

BY Bayern

BE Berlin

BB Brandenburg

HB Bremen

HH Hamburg

HE Hessen

MV Mecklenburg-Vorpommern

NI Niedersachsen

NW Nordrhein-Westfalen

RP Rheinland-Pfalz

SL Saarland

SN Sachsen

ST Sachsen-Anhalt

SH Schleswig-Holstein

TH Thüringen